Nicolas Rouiller

Droit des sociétés

PdS Précis de droit Stämpfli

Nicolas Rouiller
Docteur en droit, avocat au barreau

Droit des sociétés

Stämpfli
Éditions

Information bibliographique de la Deutsche Nationalbibliothek
La Deutsche Nationalbibliothek a répertorié cette publication dans la Deutsche Natio-nalbibliografie; les données bibliographiques détaillées peuvent être consultées sur Internet à l'adresse http://dnb.d-nb.de.

© Stämpfli Éditions SA Berne · 2024 · www.staempflidroit.ch

ISBN 978-3-7272-5726-1

Dans notre librairie en ligne www.staempflidroit.ch,
la version suivante est également disponible :
E-Book   ISBN 978-3-7272-3024-0

Le scribe symbolise notre volonté
de produire, en collaboration avec
nos auteurs, du contenu d'exception.

FSC
www.fsc.org
MIXTE
Papier | Pour une
gestion forestière
responsable
FSC® C016087

printed in
switzerland

Préface

Ces lignes introductives visent d'abord à expliciter quelques choix de méthode et de terminologie.

Le but du présent précis est de rendre aussi aisé que possible l'accès à la très vaste matière qu'est le droit des sociétés. Depuis plus de 140 ans, le législateur l'a compartimentée selon les types de sociétés. Cela influence évidemment la façon usuelle de l'étudier. Celle-ci fait cependant courir le risque de ne pas percevoir l'ampleur des convergences. Sans négliger les particularités de chaque type social, le présent précis met d'abord en exergue toutes les règles communes à l'ensemble des sociétés, qu'elles le soient formellement ou matériellement, en dépit d'emplacements divers et d'expressions divergentes. Il identifie ensuite les règles communes à différentes catégories d'entités : les personnes morales, les sociétés de personnes, l'ensemble des sociétés de capitaux et des coopératives et les sociétés de capitaux seules. Il en ressort ensuite d'autant plus nettement ce qui fait la spécificité de chaque forme de société.

Cela étant, dans un système de droit codifié, cette méthode ne donne des résultats fiables que si l'on reste parfaitement attentif à l'agencement exact des mots opéré par le législateur. Ainsi, tout en rapprochant, comparant, commentant et mettant en perspective les différentes dispositions, on évitera de paraphraser le texte légal, que l'on cite systématiquement entre guillemets.

La pratique du droit montre que les formulations élaborées par la jurisprudence jouent un rôle, elles aussi, « au mot près ». Chaque terme compte : les décisions des autorités de première instance ou de recours les reprennent telles quelles et se fondent véritablement sur elles. Dès lors, pour être utile aux praticiens et à ceux qui se préparent à l'être, on cite textuellement les passages clefs des arrêts, c'est-à-dire ce qui constitue leur substantifique moelle sémantique : la règle jurisprudentielle de portée générale, décisive pour l'espèce (*ratio decidendi*). La citation textuelle permet parfois d'identifier, au fil des arrêts, des évolutions marquées par de légers glissements lexicaux. D'autres fois, on peut au contraire constater une impressionnante constance, même sur près d'un siècle et malgré la difficulté que représente le fait que les décisions se succèdent en trois langues différentes. Ainsi, lorsque cela est opportun – pour repérer une évolution ou s'assurer de la constance –, les citations jurisprudentielles sont abondantes ; cela induit alors un recours intense aux notes de bas de page. Celles-ci contiennent par ailleurs souvent un résumé des circonstances factuelles essentielles.

L'hommage aux formulations de la jurisprudence est de l'ordre de la nécessité. Mais on a également estimé que les réflexions des auteurs de doctrine ne sont pas moins cristallisées dans des choix lexicaux précis. Pour elles aussi, on a souvent opté en faveur de citations littérales des passages cruciaux, sauf lorsqu'il s'agit de se référer à une idée qui peut être aisément résumée. On procède de même avec les extraits des travaux législatifs, qui sont d'une grande importance pour l'interprétation historique et téléologique.

Dans l'ensemble, la méthode retenue par ce précis doit permettre à ses usagers d'accéder aisément à l'ample matière, tout en ayant un instrument qui permet d'utiliser immédiatement, sans le danger induit par le filtre de la paraphrase, les sources jurisprudentielles et doctrinales auxquelles on se réfère.

Sur le plan purement formel, certains compromis ont dû être adoptés pour l'équilibre entre la lisibilité et la concision. Par exemple, on renonce aux abréviations (SA, Sàrl, SNC, etc.) dans le corps du propos principal, mais on y recourt dans les parenthèses et dans les notes de bas de page. Comme d'autres auteurs, on emploie l'expression elliptique « la coopérative » au lieu de « la société coopérative » employée par le texte légal. On dit aussi « les coopérateurs » plutôt que « les associés de la société coopérative ». Enfin, le terme « sociétaires » a été choisi pour englober autant les actionnaires que les associés ou membres des diverses autres sociétés (sociétés de personnes, Sàrl, coopératives et associations) lorsqu'il faut les désigner ensemble.

***

Le plus important dans toute préface est sans doute de tenter de dire, en très concentré, l'immense gratitude à tous ceux qui ont permis à l'auteur d'œuvrer. Je remercie tous les avocats et juristes de l'étude SwissLegal Rouiller & Associés, à Lausanne et Genève, dont le travail, du début de l'année 2022 à 2024, m'a donné la possibilité de consacrer le temps nécessaire à la confection de ce précis, soit Me Colette Lasserre Rouiller, Me Valentin Marmillod, Me Daria Solenik, Me Alexandra Simonetti, Me Alban Matthey, Me Isabelle Fellrath, Me Charlène Thorin, Me Sabine Comisetti et Me Isabelle Mayor, avocats, Me Diego Segantini, Me Éric Meystre, Me Antoine Reymond et Me Tania Diaco, avocats-stagiaires, ainsi que Léonore Lebedeva, Tatiana Eberhard, Leonila Guglya, Tamara Khovrina, Gleb Primilionni, Loïc Nicolas Prince et Alexandre Hok, juristes.

Je salue tout particulièrement le travail de Me Meystre pour l'index, de Mes Reymond et Diaco pour la bibliographie et de Me Thorin pour les aperçus du droit de l'Union européenne ; ils ont également procédé, avec MM. Prince et Hok, à une relecture complète. Il faut encore relever avec reconnaissance la relecture très bénéfique que Claude Rouiller, ancien président du Tribunal fédéral, a faite de l'ensemble de ce précis. Enfin, outre l'infini mérite de gérer l'étude, entre bien d'autres choses, Me Lasserre Rouiller a apporté des remarques très précieuses sur le contenu de l'ouvrage.

Bien entendu, l'ensemble de l'aventure éditoriale doit énormément au soutien irremplaçable des éditions Stämpfli, tout spécialement de Mme Fanny Weiss, auxquelles reviennent l'initiative de l'ouvrage et son accueil dans la très belle collection des Précis de droit suisse.

Lausanne, avril 2024   Nicolas Rouiller

L'auteur

Nicolas Rouiller est docteur en droit de l'Université de Bâle (2001) et avocat au barreau depuis 2002.

Il est l'un des fondateurs de l'étude SwissLegal Rouiller & Associés Avocats SA à Lausanne et Genève, après avoir été associé au sein de l'étude MCE Avocats de 2003 à 2018.

Professeur invité dans des universités hors de Suisse dans le domaine des contrats transnationaux et des groupes de sociétés (notamment à l'Université des finances près le gouvernement, Moscou) de 2005 à 2021, il enseigne actuellement le droit des affaires dans des programmes de master en Suisse.

Il est membre de groupes d'experts de l'ONU et de l'OSCE sur divers sujets de droit patrimonial, en particulier en rapport avec les nouveaux moyens de paiement (dont les cryptomonnaies) et les mesures coercitives unilatérales (sanctions économiques). Il a été élu en 2021 juge suppléant au Tribunal intercantonal des jeux d'argent (TJAR).

Il a écrit plusieurs traités en droit des contrats, en droit financier et en droit des sociétés, dont trois éditions d'un manuel sur la société anonyme.

Sommaire

X

Table des matières

Liste des abréviations et des locutions latines

Les abréviations utilisées sont celles du répertoire publié chaque année par le Tribunal fédéral suisse, récapitulées, complétées et précisées dans la liste qui suit. Par concision, on ne note pas la référence au canton lorsqu'elle est évidente au vu de la revue (p. ex. TC, RVJ 1993 391 ; CJ, SJ 2000 I 437). Sauf indication d'un numéro marginal (N) ou d'une note de bas de page (n.), les chiffres d'une référence renvoient à la page. Pour les arrêts, on cite toujours la première page et la page topique (ainsi que le considérant). Lorsqu'un arrêt n'est pas publié, on cite, outre le numéro de référence, la date à laquelle il a été rendu (p. ex. TF 13. 2. 2020, 4A_545/2019 ; AppGer BS 23. 9. 2019, ZB.2018.36 ; TC VD 3. 8. 2021, HC/2021/600).

aCO	Acronyme se référant aux dispositions abrogées du Code des obligations (dans la mesure utile pour les distinguer de celles-ci, il est fait référence aux dispositions les remplaçant par l'acronyme nCO) ; la version initiale du Code des obligations, de 1881, est abrégée aCFO pour (ancien) Code fédéral des obligations. Le même procédé est employé pour les autres lois (p. ex. « aLTVA », etc.). Quand cela est utile, l'année d'adoption de la disposition concernée pour éviter toute confusion (p. ex. « aCO-1991 » ou « aCO-1936 »).
ad	relatif à
AFC	Administration fédérale des contributions ; Administration fiscale cantonale (Genève)
al.	alinéa/*alii* (dans *et al.*)
AMF	Autorité (française) des marchés financiers
AP-CO	Avant-projet de révision du Code des obligations (AP-CO pour le texte mis en consultation le 18 décembre 2014 ; l'année est indiquée pour les avant-projets précédents, notamment celui du 2 décembre 2005 [AP-CO-2005]).
Archives	Archives de droit fiscal suisse (parfois sous l'abréviation ASA, pour Archiv für Schweizerisches Abgaberecht)
art.	article
AT	Allgemeiner Teil (= partie générale)
ATAF	Recueil officiel des arrêts du Tribunal administratif fédéral
ATF	Recueil officiel des arrêts du Tribunal fédéral suisse
BaK	Commentaire bâlois (Basler Kommentar)
BBl.	Bundesblatt (version allemande de la Feuille fédérale, FF ; de 2000 à 2020, la pagination de la version allemande s'écarte nettement de la version française ; depuis 2021, la coordination entre les versions linguistiques est largement rétablie)

BGB	Bürgerliches Gesetzbuch (Code civil allemand)
BGH	Bundesgerichtshof (Tribunal suprême allemand en matière civile)
BK	Commentaire bernois (Berner Kommentar)
BJM	Basler Juristische Mitteilungen, Bâle
BNS	Banque nationale suisse
BO	Bulletin officiel de l'Assemblée fédérale (N : procès-verbal du Conseil national ; E : procès-verbal du Conseil des États)
Bourse	cf. SIX et BX
BT	Besonderer Teil (= partie spéciale)
Bulletin ASA	Bulletin de l'Association suisse de l'arbitrage
Bulletin ICC	Bulletin de la Cour d'arbitrage de la Chambre de commerce internationale
BX ou BX Swiss	bourse exploitée par BX Swiss AG
c.	considérant
c.-à-d.	c'est-à-dire
CApp	Cour d'appel
Cass.	Cour de cassation
CC	Code civil suisse du 10 décembre 1907 (RS 210)
CCfr	Code civil français
CCI	Chambre de commerce internationale (ICC)
CCit	Code civil italien
CCom	Code de commerce français, dans lequel le droit français des sociétés anonymes (anciennement LSC) a été intégré.
CE	Communautés supranationales de l'Union européenne
CEE	Communauté économique européenne
CEO	Chief Executive Officer
cep.	cependant
cf.	*conferre* (comparer, voir)
CFB	Commission fédérale des banques (remplacée par la FINMA)
CFO	*Chief Financial Officer* (le Code fédéral des obligations de 1881 s'abrégeait CFO ; il est ici cité par aCFO et, quand cela est utile, aCFO-1881)
ch.	chiffre
CHF	franc(s) suisse(s)
CHK	Handkommentar zum Schweizer Privatrecht
cit.	cité

CJ	Cour de justice (essentiellement : tribunal d'appel de la République et canton de Genève)
CJUE	Cour de justice de l'Union européenne
CN	Conseil national
CO	Code des obligations (Loi fédérale du 30 mars 1911 complétant le Code civil suisse, Livre cinquième : Droit des obligations ; RS 220) ; quand cela est nécessaire, par l'adjonction de l'année d'adoption (« CO-2020 », « CO-2017 », « CO-1991 », « CO-1936 »)
com.	commentaire
CP	Code pénal suisse du 21 décembre 1937 (RS 311.0)
CPC	Code de procédure civile du 19 décembre 2008 (RS 272)
CR	Commentaire romand
CS	Commentaire Stämpfli
CSBP	Code suisse de bonne pratique pour le gouvernement d'entreprise, *economiesuisse* (éd.), du 25 mars 2002 (Swiss Code of Best Practice)
Cst	Constitution fédérale de la Confédération suisse du 18 avril 1999 (RS 101)
CVIM	Convention sur la vente internationale de marchandises
DCG	Directive de SIX Swiss Exchange (Bourse suisse) concernant les informations relatives à la Corporate Governance, des 17 avril 2002 et 29 mars 2006 (avec annexe)
DCGK	Deutscher Corporate Governance Kodex du 26 février 2002 (version amendée du 7. 2. 2017)
DFJP	Département fédéral de justice et police
D&O	Directors & Officers
EBIT	*Earnings Before Interest and Tax*
EBITA	*Earnings Before Interest, Tax and Amortisation*
EBITDA	Earnings Before Interest, Taxes, Depreciation, and Amortization
ECS	L'Expert-comptable suisse (revue), Zurich
ECFR	European Company and Financial Law Review, Hambourg
éd.	édition, éditeur(s)
ég.	également
ESTV	Eidgenössische Steuerverwaltung (Administration fédérale des contributions, AFC)
FASB	Financial Accounting Standards Board
FF	Feuille fédérale (BBl en allemand ; depuis 2000, la pagination de la version allemande s'écarte nettement de la version française)
FINMA	Autorité fédérale de surveillance des marchés financiers

FOSC	Feuille officielle suisse du commerce
FT	Financial Times (quotidien), Londres
GesKR	Gesellschafts- und Kapitalmarktrecht (revue), Zurich
GesRZ	Der Gesellschafter (revue), Vienne
HGB	Handelsgesetzbuch (Code de commerce allemand)
HGer	Handelsgericht (tribunal de commerce)
IAS	International Accounting Standards (v. ég. « IFRS »)
IASB	International Accounting Standards Board (Bureau international des normes comptables)
ibid.	*ibidem* (au même endroit)
idem	le même
i.c.	*in casu* (en l'espèce)
id.	idem (le même auteur)
i.d.t.o.	italique dans le texte original
i. e.	*id est* (c'est-à-dire)
i.f.	*in fine*
IFRS	International Financial Reporting Standards (Normes internationales d'information financière), élaborés par l'*International Accounting Standards Board* (« IASB »), Londres
i.i.	*in initio* (au début)
in	dans/au sein de (notamment pour désigner un article dans un ouvrage collectif)
in casu	en l'espèce
in fine	à la fin
in initio	au début
JOCE	Journal officiel des Communautés européennes (remplacé par le JOUE)
JOUE	Journal officiel de l'Union européenne (ayant succédé au JOCE depuis le traité de Nice de 2001, entré en vigueur en 2003)
JdT	Journal des Tribunaux, Lausanne
KGer	Kantonsgericht (tribunal cantonal)
LAVS	Loi fédérale du 20 décembre 1946 sur l'assurance-vieillesse et survivants, en vigueur depuis le 1er janvier 1948 (RS 831.10)
LB	Loi fédérale du 8 novembre 1934 sur les banques et les caisses d'épargne, en vigueur depuis le 1er mars 1935 (RS 952.0)
LBA	Loi fédérale du 10 octobre 1997 concernant la lutte contre le blanchiment d'argent dans le secteur financier, en vigueur depuis le 1er avril 1998 (Loi sur le blanchiment d'argent ; RS 955.0)

LBVM	Loi fédérale du 24 mars 1995 sur les bourses et le commerce des valeurs mobilières (Loi sur les bourses), en vigueur depuis le 1er février 1997 (RS 954.1)
LDIP	Loi fédérale du 18 décembre 1987 sur le droit international privé, en vigueur depuis le 1er janvier 1989 (RS 291)
LEFin	Loi fédérale sur les établissements financiers du 15 juin 2018, en vigueur depuis le 1er janvier 2020
LFisc-VS	Loi fiscale (valaisanne) du 10 mars 1976
LFors	Loi fédérale du 24 mars 2000 sur les fors en matière civile (Loi sur les fors, RS 272), en vigueur du 1. 1. 2001 au 31. 12. 2010
LFP	Loi fédérale du 18 mars 1994 sur les fonds de placement (RS 951.31), remplacée par la LPCC depuis le 1er janvier 2007
LFus	Loi fédérale du 3 octobre 2003 sur la fusion, la scission, la transformation et le transfert de patrimoine, entrée en vigueur le 1er juillet 2004 (Loi sur la fusion ; RS 221.301)
LHID	Loi fédérale du 14 décembre 1990 sur l'harmonisation des impôts directs des cantons et des communes, entrée en vigueur le 1er janvier 1993 (RS 642.14)
LIA	Loi fédérale du 13 octobre 1965 sur l'impôt anticipé, entrée en vigueur le 1er janvier 1967 (RS 642.21)
LICD-FR	Loi (fribourgeoise) sur les impôts cantonaux directs du 6 juin 2000
LIFD	Loi fédérale du 14 décembre 1990 sur l'impôt fédéral direct, entrée en vigueur le 1er janvier 1995 (RS 642.11)
lit.	*littera* (lettre)
LIMF	Loi sur l'infrastructure des marchés financiers du 19 juin 2015 (RS 958.1), en vigueur depuis le 1er janvier 2016
LIMP-GE	Loi (genevoise) sur l'imposition des personnes morales du 23 septembre 1994
LIPP-GE	Loi (genevoise) sur l'imposition des personnes physiques du 27 septembre 2009
LI-VD	Loi (vaudoise) sur les impôts du 4 juillet 2000
loc. cit.	*loco citato* (à l'endroit cité)
Loi sur la fusion	Loi fédérale du 3 octobre 2003 sur la fusion, la scission, la transformation et le transfert de patrimoine, cf. LFus (RS 221.301), en vigueur depuis le 1er juillet 2004
LP	Loi fédérale du 11 avril 1889 sur la poursuite pour dettes et la faillite, en vigueur depuis le 1er janvier 1892 (RS 281.1)
LPA	Loi sur la procédure administrative (abréviation employée par plusieurs cantons pour leur loi de procédure administrative)

LPCC	Loi fédérale du 23 juin 2006 sur les placements collectifs de capitaux (Loi sur les placements collectifs), en vigueur depuis le 1er janvier 2007 (RS 951.31)
LSFin	Loi fédérale sur les services financiers du 15 juin 2018 (RS 950.1), entrée en vigueur le 1er janvier 2020
LT	Le Temps, Genève (quotidien)
LT	Loi fédérale du 27 juin 1973 sur les droits de timbre (RS 641.10)
LTF	Loi fédérale du 17 juin 2005 sur le Tribunal fédéral, en vigueur le 1er janvier 2007 (RS 173.110)
LTI	Loi fédérale sur les titres intermédiés du 3 octobre 2008, en vigueur depuis le 1er octobre 2009 (RS 957.1)
LTVA	Loi fédérale du 12 juin 2009 régissant la taxe sur la valeur ajoutée (Loi sur la TVA), en vigueur depuis le 1er janvier 2010 (RS 641.20)
Mél.	Mélanges
Message	Message du Conseil fédéral accompagnant un projet de loi, cf. bibliographies choisies en tête de chapitre
MSA	Manuel suisse d'audit, Zurich 2016
MSR	Manuel suisse de révision, édité par la Chambre fiduciaire suisse, Zurich 1992 ; désormais MSA (depuis la 3e éd., de 1998)
N	numéro (marginal)
n.	note (note de bas de page)
NA	Normes d'audit (Chambre fiduciaire)
NAS	Normes d'audit suisses (Chambre fiduciaire)
NAV	*Net asset value* (actif net)
nCO	Désigne, dans la mesure utile pour les distinguer des dispositions antérieures (« aCO »), les dispositions du Code des obligations adoptées le 19 juin 2020 ; vu leur entrée en vigueur par étapes, v. les précisions sous « CO »
NdA	Note des auteurs
NdT	Note du (des) traducteur(s)
not.	notamment
NZZ	Neue Zürcher Zeitung, Zurich
OB	Ordonnance du 30 avril 2014 sur les banques et les caisses d'épargne, en vigueur depuis le 1er janvier 2015 (RS 952.02)
OBVM	Ordonnance du 2 décembre 1996 sur les bourses et le commerce des valeurs mobilières (Ordonnance sur les bourses), en vigueur depuis le 1er février 1997 (RS 954.11), en vigueur jusqu'au 31. 12. 2019
OBVM-FINMA	Ordonnance de l'Autorité fédérale de surveillance des marchés financiers du 25 octobre 2008 sur les bourses et le commerce des valeurs mobilières, en vigueur du 1. 1. 2009 au 31. 12. 2015 (RS 954.193)

OEFin	Ordonnance sur les établissements financiers du 6 novembre 2019 (RS 954.11)
OFK	Orell Füssli Kommentar
OGer	Obergericht (Tribunal supérieur ou Cour suprême d'un canton, en Suisse alémanique)
OIMF-FINMA	Ordonnance de l'Autorité fédérale de surveillance des marchés financiers du 3 décembre 2015 sur l'infrastructure des marchés financiers, en vigueur depuis le 1er janvier 2016 (RS 958.111)
OFRC	Office fédéral du registre du commerce
OFS	Office fédéral de la statistique
OIA	Ordonnance d'exécution du 19 décembre 1966 sur l'impôt anticipé, en vigueur depuis le 1er janvier 1967 (RS 642.211)
OJ	Loi fédérale d'organisation judiciaire, du 16 décembre 1943 (Organisation judiciaire ; RS 173.110), abrogée et remplacée par la LTF à compter du 1er janvier 2007
Olico	Ordonnance du 24 avril 2002 concernant la tenue et la conservation des livres de comptes (RS 221.431)
ONCR	Ordonnance sur les normes comptables reconnues du 21 novembre 2012 (RS 221.432)
OOPA	Ordonnance de la Commission des OPA du 21 juillet 1997 sur les offres publiques d'acquisition, en vigueur depuis le 1er janvier 1998 (RS 954.195.1)
op. cit.	*opere citato* ou *opus citatum* (ouvrage cité)
ORC	Ordonnance du 17 octobre 2007 sur le registre du commerce, en vigueur depuis le 1er janvier 2008 (RS 221.411 ; elle a remplacé l'ordonnance du 7 juin 1937 sur le registre du commerce, en vigueur du 1er juillet 1937 au 31 décembre 2007).
OSFin	Ordonnance du 6 novembre 2019 sur les services financiers (RS 950.11), en vigueur depuis le 1er janvier 2020
OTVA	Ordonnance régissant la taxe sur la valeur ajoutée du 27 novembre 2009 (RS 641.201), en vigueur depuis le 1er janvier 2010
PA	Loi fédérale du 20 décembre 1968 sur la procédure administrative, en vigueur depuis le 1er octobre 1969 (RS 172.021), aussi abrégée « LPA »
par.	paragraphe(s) (articles des normes IAS/IFRS)
part.	partie
PE	Principes du droit européen des contrats
p. ex.	par exemple
phr.	phrase
PJA	Pratique juridique actuelle, St-Gall (dès 1992 ; revue)
PME	petites et moyennes entreprises

pr.	*principio* (en préambule, avant une suite numérotée)
Pra.	Praxis des Bundesgerichts (revue), Bâle
PU	Principes UNIDROIT
publ.	publié(s)/publication
RA	Recommandations d'audit (Chambre fiduciaire)
RAVS	Règlement du 31 octobre 1947 sur l'assurance-vieillesse et survivants (RS 831.101), en vigueur depuis le 1er novembre 1947
RC	registre du commerce
RCot	Règlement de cotation de la bourse suisse SIX Swiss Exchange (en vigueur depuis le 1er juillet 2009)
RDS	Revue de droit suisse, Bâle
réf.	référence(s)
Règlement de cotation	cf. RCot
Reprax	Droit des sociétés et droit du registre du commerce : revue de la législation et de la pratique, Zurich
rés.	résumé
Revue	Revue fiscale (Steuerrevue, StR), Berne
RF	registre foncier
RFJ	Revue fribourgeoise de jurisprudence, Fribourg
RJB	Revue de la Société des juristes bernois, Berne
RJJ	Revue jurassienne de jurisprudence, Porrentruy (jusqu'en 2017)
RJN	Revue de jurisprudence neuchâteloise, Neuchâtel
RNRF	Revue suisse du notariat et du registre foncier, Zurich
RO	Recueil officiel du droit fédéral
ROA	*Return On Assets*
ROI	*Return On Interests*
ROS	*Return On Sales*
RPC	Recommandations relatives à la présentation des comptes édictées par la Commission pour les recommandations relatives à la présentation des comptes et publiées par la Fondation pour les recommandations relatives à la présentation des comptes, Zurich (dès 1984), rebaptisées « Swiss GAAP RPC » en 2004 (en allemand : « FER » pour « Fachempfehlungen zur Rechnungslegung »)
RPS-TRV	Revue pratique des sociétés civiles et commerciales – Tijdschrift voor rechtspersoon en vennootschap (Belgique)
RR-VR	Recht relevant. für Verwaltungsräte (revue, dès 2020)
RS	Recueil systématique du droit fédéral suisse

RSDA	Revue suisse de droit des affaires (qui a succédé en 1989 à « La société anonyme suisse », SAS)
RSE 2001	Règlement (CE) du Conseil du 8 octobre 2001 relatif au statut de la société européenne (SE) du 10 novembre 2001
RSES	Revue Suisse d'Économie et de Statistique, Zurich
RSJ	Revue suisse de jurisprudence, Zurich
RTDciv.	Revue trimestrielle de droit civil, Paris
RVJ	Revue valaisanne de jurisprudence, Sion
s./ss	suivant(es)
SA	société anonyme
Sarbanes-Oxley Act	Loi fédérale des États-Unis d'Amérique du 30 juillet 2002 sur des thèmes choisis relatifs à la *corporate governance*, Public Law 107-204, H.R. 3763
Sàrl	société à responsabilité limitée (art. 772 ss CO)
SAS	La société anonyme suisse (revue), jusqu'en 1989, prédécesseur de la revue RSDA
SCBP	Swiss Code of Best Practice for Corporate Governance, *economiesuisse* (édit.), du 25 mars 2002, révisé en 2007, 2014 et 2023 (abréviation française : « CSBP »)
SCm	société en commandite
SCmA	société en commandite par actions
SE	Societas Europaea, Statut de la société européenne du 8 octobre 2001, cf. « RSE 2001 »
SEA	*Securities and Exchange Act* (USA)
SEC	*Securities and Exchange Commission* (autorité américaine de sur-veillance en matière de papiers-valeurs et de Bourse), Washington D.C.
sec.	*section* (article ou chapitre en anglais)
SJ	Semaine judiciaire, Genève
SNC	société en nom collectif
spéc.	spécialement
SOA	cf. Sarbanes-Oxley Act
SSHW	Schweizer Schriften zum Handels- und Wirtschaftsrecht, Zurich
SSJ	Société suisse des juristes
Swiss GAAP RPC	cf. RPC
SIX	cf. SIX Swiss Exchange (Bourse suisse SIX)
SIX Swiss Exchange	Bourse suisse SIX, Zurich
SRIA	Swiss Rules of International Arbitration

T-CE	Traité instituant la Communauté européenne (version consolidée, Traité de Nice ; modifié par le Traité de Lisbonne en 2009 et désormais TFUE)
TApp.	tribunal d'appel
TC	Tribunal cantonal
TF	Tribunal fédéral
th.	thèse
TFUE	Traité sur le fonctionnement de l'Union européenne (anciennement Traité sur la Communauté européenne [« TCE »] ou « Traité de Rome ») ; la version consolidée est parue au JOUE du 26. 10. 2012 (C326)
trad.	traduit/traduction
TUE	Traité sur l'Union européenne (communément nommé « Traité de Maastricht » depuis 1993, puis « Traité de Lisbonne » depuis 2009).
UE	Union européenne
USA	United States of America, États-Unis d'Amérique
USC	United States Code (recueil officiel des lois américaines)
US GAAP	United States Generally Accepted Accounting Principles (principes comptables généralement admis aux États-Unis d'Amérique)
v.	voir
VerwGer	Verwaltungsgericht (tribunal administratif)
vol.	volume
vs	*versus* (contre)
ZGR	Zeitschrift für Unternehmens- und Gesellschaftsrecht, Francfort-sur-le-Main
ZK	Commentaire zurichois (Zürcher Kommentar ; Zurich, éd. Oser et al.)
ZPO	Zivilprozessordnung
ZR	Blätter für Zürcherische Rechtsprechung, Zurich

Bibliographie

Dans ce précis, les ouvrages sont cités en principe par le prénom et le nom de l'auteur, suivis de la date de publication. Le nom est en petites capitales. Si un ouvrage a plusieurs auteurs, seuls les noms de famille sont employés, suivis de la date. Si plusieurs ouvrages du même auteur sont parus la même année, le titre ou une partie de celui-ci est également utilisé. Ces règles ont pour but la concision. Des exceptions sont possibles lorsque l'indication du titre est un réel apport dans la note elle-même.

Les ouvrages ont été classés ci-après en quelques catégories afin d'offrir au lecteur une sélection thématique en un coup d'œil. Toute classification relève inévitablement d'une espèce de compromis. Les ouvrages regroupés dans une catégorie sont évidemment loin, pour la plupart, de traiter les matières de manière étanche. La consultation de l'ensemble de la bibliographie est utile à celui qui se livre à une recherche approfondie.

I.   Ouvrages en droit général des sociétés

ARMOUR JOHN/WHINCOP MICHAEL J., The Proprietary Foundations of Corporate Law, *in* : Oxford Journal of Legal Studies, Vol. 27, N° 3, 2007, p. 429 ss.

BAHAR RASHID, Commentaire LFus ad art. 70 LFus, Zurich 2005.

BAHAR RASHID, Le capital social : à quand la révolution ? Questions choisies autour des révisions des règles sur le capital, *in* : RDS 2009 p. 253 ss.

BEILSTEIN WERNER/WATTER ROLF, Going Public der Immobiliengesellschaft Eine Entgegnung zur Kolumne von Andreas Frei : Keine wirtschaftliche Handänderung, *in* : ECS 2000 p. 659 ss.

BAHAR RASHID, Scission au sens strict et substituts fonctionnels : réflexions théoriques, *in* : Les restructurations en droit des sociétés, du travail et international privé 2010, p. 13 ss.

BLANC MATHIEU/DEMIERRE RAFAELLA, Chronique de jurisprudence en matière de droit des sociétés, *in* : Not@lex 2020 p. 117 ss.

BÖCKLI PETER, Liquiditätsplan – Neuer Fokus in einer Finanznotlage, *in* : RSDA 2015 p. 490 ss.

BRUGGER DANIEL/VON DER CRONE HANS CASPAR, Gerichtliche Beurteilung von Geschäftsentscheiden, *in* : RSDA 2013 p. 178 ss.

CANAPA DAMIANO/GRISONI ARTHUR, La qualité pour agir en responsabilité du créancier social, *in* : RDS 2022 p. 67 ss.

CAPITAINE GEORGES, Existe-t-il un secret de fonction à l'égard des administrateurs d'une SA et d'une société coopérative ?, *in* : SAS 1960 p. 238 ss.

CHABLOZ ISABELLE/VRACA ALEXANDRA, Le droit des sociétés 2021/2022, *in* : RSDA 2022 p. 264 ss.

CHAUDET FRANÇOIS/CHERPILLOD ANNE/LANDROVE JUAN CARLOS, Droit suisse des affaires, 3ᵉ éd., Bâle 2010.

CHAUDET FRANÇOIS/LANDROVE JUAN CARLOS/JUNOD VALÉRIE/MACALUSO ALAIN/ CHAUDET FLORIAN, Droit suisse des affaires, 4ᵉ éd., Bâle 2023.

CHERPILLOD IVAN, CR ad art. 956 CO, 2ᵉ éd. (Tercier Pierre, Amstutz Marc, Trigo Trindade Rita éd.), Bâle 2017.

CHRISTEN ALEX, « Quo vadis, BJR ? », *in* : PJA 2015 p. 123 ss.

COOLS SOFIE, Europe's Ius Commune on Director Revocability, *in* : European Company and Financial Law Review 2011, p. 199 ss.

CRAMER CONRADIN, Zweigniederlassungen in der Schweiz, *in* : GesKR 2015 p. 243 ss.

DESSEMONTET FRANÇOIS, Droit des sociétés, *in* : Die Europavertraglichkeit des schweizerischen Rechts. Le droit suisse et le droit européen : convergences et divergences, Zurich 1990.

DONDERO BRUNO/LE CANNU PAUL, Droit des sociétés, 9ᵉ éd., Paris 2022.

DRUEY JEAN NICOLAS, Gesellschafts- und Handelsrecht, Zurich 2011.

DÜRR DAVID/SETTLENEN BALZ, Verantwortlichkeit des Verwaltungsrats und der Geschäftsleitung, *in* : Unternehmensführung und Recht/Droit et gestion d'entreprise (Dürr David, Lardi Mauro, Rouiller Nicolas éd.), 2ᵉ éd., Zurich 2020.

ENGEL PIERRE, Le calcul des votes et des majorités en droit privé suisse, *in* : RSJ 1985 p. 302 ss.

GANZ ELIANE E., Der Gründervertrag, *in* : RSDA 2017 p. 436 ss.

GAUCH PETER, Der Zweigbetrieb im schweizerischen Zivilrecht mit Einschluss des Prozess- und Zwangsvollstreckungsrecht, Zurich 1974.

GEORGE CHRISTOPHE, Corporate Governance and Corporate Social Responsibility : How to Tackle Environmental Imperatives in Company Law ? Legal Management Perspectives, th. Lausanne 2023.

GERBER SIMON, Wozu Compliance ?, *in* : Unternehmensführung und Recht/Droit et gestion d'entreprise (Dürr David, Lardi Mauro, Rouiller Nicolas éd.), 2ᵉ éd., Zurich 2020, p. 285 ss.

GERICKE DIETER et al., Entwicklungen im Gesellschaftsrecht IX, Berne 2014.

GERICKE DIETER/WALLER STEFAN, BaK ad art. 918 OR (Honsell Heinrich, Vogt Nedim Peter, Watter Rolf éd.), Bâle 2008.

GINDIS DAVID, Conceptualizing the Business Corporation : Insights from History, *in* : Journal of Institutional Economics 2020 p. 569 ss.

GLANZMANN LUKAS, Umstrukturierungen, Eine systematische Darstellung des schweizerischen Fusionsgesetzes, 3ᵉ éd., Berne 2014.

GLANZMANN LUKAS, Umstrukturierungen, Eine systematische Darstellung des schweizerischen Fusionsgesetzes, 2ᵉ éd., Berne 2008.

GRONER ROGER/VOGT HANS-UELI, Zur Haftung der Revisionsstelle gegenüber Investoren, *in* : Recht 1998 p. 257 ss.

GUILLAUME FLORENCE, CR ad art. 161 LDIP, 1ʳᵉ éd. (Bucher Andreas éd.), Bâle 2011.

GWELESSIANI MICHAEL, Praxiskommentar zur Handelsregisterverordnung, 2ᵉ éd., Zurich 2012.

GWELESSANI MICHAEL/SCHINDLER NIELS, Commentaire pratique de l'Ordonnance sur le registre du commerce, 2ᵉ éd., Zurich 2017.

HARI OLIVIER, Carences dans l'organisation d'une société (art. 731b CO) et liquidation forcée en application des règles du droit de la faillite, *in* : GesKR 2015 p. 272 ss.

HAUSER SILVAN/POLA MICHAEL, Übertragungsverträge, *in* : Unternehmensnachfolge/Succession d'entreprise, 2ᵉ éd. (Lardi Mauro, Dürr David, Rouiller Nicolas éd.), Zurich 2022, p. 19 ss.

HIRSCH ALAIN, La responsabilité des réviseurs envers les investisseurs, *in* : RSDA 1999 p. 48 ss.

HOFSTETTER KARL, Corporate Governance im Konzern, *in* : Festschrift für Peter Forstmoser, Zurich 2003.

HOFSTETTER KARL, Le gouvernement d'entreprise en Suisse : Rapport final du groupe d'expert sur le gouvernement d'entreprise, *in* : Vol. 54 CEDIDAC, Lausanne 2003.

HOFSTETTER KARL/LANG RENATE, Konzern(mutter)haftung, *in* : Entwicklungen im Gesellschaftsrecht 2013 p. 231 ss.

JAQUES CHARLES, Subordination (postposition) et exécution, *in* : ECS 1999 p. 899 ss.

JENSEN MICHAEL C./MECKLING WILLIAM H., Theory of the Firm : Managerial Behavior, Agency Costs and Ownership Structure, *in* : Journal of Financial Economics 1976, Vol. 3, N° 4, p. 305 ss.

JUNG PETER/KUNZ PETER V./BÄRTSCHI HARALD, Gesellschaftsrecht, 2ᵉ éd., Zurich 2018.

KÄLIN OLIVER, Der Niederlassungskonkurs, *in* : PCEF 2014 p. 189 ss.

KARAMETAXAS XENIA ÉLISA, L'engagement des investisseurs institutionnels : enjeux et perspectives de la prise de décisions collectives, th. Genève/Zurich 2020.

KLAUS FRED J., Das Bally-Lehrstück : ein Insider-Bericht, Zurich 1985.

KNEPPER WILLIAM E./BAILEY DAN A., Liability of Corporate Officers and Directors, 8ᵉ éd., St. Paul 2015.

KORNBLUM UDO, Bundesweite Rechtstatsachen zum Unternehmens- und Gesellschaftsrecht, *in* : GmbHR 2021 p. 681 ss.

KRAAKMAN REINER et al., The Anatomy of Corporate Law : A Comparative and Functional Approach, 3ᵉ éd., Oxford 2017.

KREN-KOSTKIEWICZ JOLANTA, BaK, Art. 161 IPRG, 4ᵉ éd. (Grolimund Pascal, Loacker Leander D., Schnyder Anton K. éd.), Bâle 2019.

KRIZAJ THOMAS, Yin und Yang. Oder das Verhältnis der Verantwortlichkeitsklage zur paulianischen Anfechtungsklage, *in* : PJA 2013 p. 819 ss.

KUNZ PETER V., BJR – Fluch oder Segen ?, *in* : RSDA 2014/2 p. 274 ss.

KUNZ PETER V., Schweizer Wirtschaftsrecht im 21. Jahrhundert : Ausblicke zwischen Hoffen und Bangen, *in* : PJA 2015 p. 411 ss.

KUNZ PETER, Rundflug über's schweizerische Gesellschaftsrecht, Berne 2012.

LANGENEGGER ROLF, Unternehmensbewertung, *in* : Unternehmensnachfolge/Succession d'entreprise (Lardi Mauro, Dürr David, Rouiller Nicolas éd.), Zurich 2022, p. 209 ss.

LARDI MAURO, Pflichten der mit der Unternehmensführung betrauten Personen, *in* : Unternehmensführung und Recht/Droit et gestion d'entreprise (Dürr David, Lardi Mauro, Rouiller Nicolas éd.), 2e éd., Zurich 2020, p. 49 ss.

LARDI MAURO, Umstrukturierungen, *in* : Unternehmensnachfolge/Succession d'entreprise, 2e éd. (Lardi Mauro, Dürr David, Rouiller Nicolas éd.), Zurich 2022, p. 33 ss.

LE CANNU PAUL, Rapport de synthèse, *in* : Le pouvoir dans les sociétés, Paris 2014.

MARCHAND SYLVAIN, Clauses de sortie dans les contrats de joint venture, *in* : Économie, environnement, éthique : de la responsabilité sociale et sociétale : Liber amicorum Anne Petitpierre-Sauvain (Rita Trigo Trindade, Henry Peter, Christian Bovet éd.), Zurich 2009, p. 237 ss.

MAUCHLE YVES/VON DER CRONE HANS CASPAR, Wie lange darf der Verwaltungsrat mit der Überschuldungsanzeige zuwarten ?, *in* : RSDA 2014 p. 227 ss.

MEIER PHILIPPE, Droit des personnes, Personnes physiques et morales, art. 11-89a CC, 2e éd., Zurich 2021.

MEIER-HAYOZ ARTHUR/FORSTMOSER PETER, Droit suisse des sociétés (éd. fr. par Iordanov Peter), Berne 2015.

MEIER-HAYOZ ARTHUR/FORSTMOSER PETER, Schweizerisches Gesellschaftsrecht : mit neuem Aktienrecht, 13e éd., Berne 2023.

MEIER-HAYOZ ARTHUR/FORSTMOSER PETER/SETHE ROLF, Schweizerisches Gesellschaftsrecht : mit neuem Firmen- und künftigem Handelsregisterrecht und unter Einbezug der Aktienrechtsreform, 12e éd., Berne 2018.

MESTRE JACQUES/PANCRAZI MARIE-ÈVE et al., Droit commercial ; droit interne et aspects de droit international, 29e éd., Paris 2012.

MONTAVON PASCAL, Abrégé de droit commercial, 4e éd., Lausanne 2008.

MONTAVON PASCAL/JABBOUR IVAN, La révision du droit de la SA complétée des modifications du droit des Sàrl et SCoo au 1er janvier 2023, *in* : TREX 2023 p. 228 ss.

MONTAVON PASCAL/MONTAVON MICHAEL/BUCHELER RÉMY/MATTHEY ALBAN/JABBOUR IVAN/REICHLIN JEREMY, Abrégé de droit commercial, 6e éd., Zurich 2017.

MÜLLER LUKAS/MÜLLER PASCAL, Organisationsmängel in der Praxis, *in* : PJA 2016 p. 42 ss.

MÜLLER ROLAND/LIPP LORENZ/PLÜSS ADRIAN, Der Verwaltungsrat – Ein Handbuch für Theorie und Praxis, 5e éd., Zurich 2021.

NERI-CASTRACANE GIULIA, Sustainable Purpose-Driven Enterprises : Swiss Legal Framework in a Comparative Law Perspective, *in* : RSDA 2023 p. 416 ss.

NERI-CASTRACANE GIULIA/BRANDER TEYMOUR, Les enjeux de la CSRD pour les entreprises suisses, *in* : RSDA 2023 p. 587 ss.

OERTLI REINHARD, CHK, Art. 954a, 955, 956 OR (Roberto Vito, Trüeb Hans Rudolf éd.), Zurich 2016.

PAPAUX BENJAMIN, L'indépendance de l'organe de révision en droit des sociétés, Zurich 2022.

PATRY ROBERT, Précis de droit suisse des sociétés, Vol. I, Berne 1976.

PATRY ROBERT, Précis de droit suisse des sociétés, Vol. II, Berne 1977.

PETER HENRY/ROCHER AURÉLIEN, The Normative Effects of ESG Expectations on Companies and their Directors, *in* : RSDA 2023 p. 453 ss.

PETER HENRY/TRIGO TRINDADE RITA, Commentaire LFus, Commentaire de la loi fédérale sur la fusion, la scission, la transformation et le transfert de patrimoine ainsi que des dispositions des lois fédérales modifiées par la LFus, Zurich 2005.

RAPPAPORT ALFRED, Creating Shareholder Value : The New Standard for Business Performance, New York 1986.

REITZE CHRISTOPHE PETER, BaK ad art. 57-58 ZGB (Geiser Thomas, Fountoulakis Christiana éd.), Bâle 2022.

REYMOND CLAUDE, Le contrat de « Joint Venture », *in* : Innominatverträge, Mélanges Walter Schluep, Zurich 1988, p. 383 ss.

ROSS STEVEN, The Economic Theory of Agency : The Principal's Problem, *in* : American Economic Review 1973, Vol. 63, N° 2, p. 134 ss.

ROUILLER NICOLAS, Économie solidaire : les instruments juridiques et leur contexte, Tallinn/Hong Kong 2021.

ROUILLER NICOLAS, International Business Law : An Introduction to the Legal Instruments and to the Legal Environment of Business from an International Perspective, Zurich/Tallinn/Hong Kong 2015.

ROUILLER NICOLAS, La prise du pouvoir dans les sociétés commerciales en Suisse, Berne 2013.

ROUILLER NICOLAS/LASSERRE ROUILLER COLETTE, La gestion juridique de l'incertitude dans les accords successoraux, *in* : Unternehmensnachfolge/Succession d'entreprise, 2e éd. (Lardi Mauro, Dürr David, Rouiller Nicolas éd.), Zurich 2022, p. 121 ss.

ROUILLER NICOLAS/LASSERRE ROUILLER COLETTE, Le refus de la succession d'entreprise par les associés : l'exclusion d'un héritier de la société, *in* : Unternehmensnachfolge/Succession d'entreprise, 2e éd. (Lardi Mauro, Dürr David, Rouiller Nicolas éd.), Zurich 2022, p. 149 ss.

ROUILLER NICOLAS/LASSERRE ROUILLER COLETTE, Planification insuffisante dans la succession d'entreprise ; les actions transitoires, *in* : Unternehmensnachfolge/Succession d'entreprise, 2e éd. (Lardi Mauro, Dürr David, Rouiller Nicolas éd.), Zurich 2022, p. 133 ss.

ROUSSEAU STÉPHANE, « L'acquisition du pouvoir dans les sociétés : rapport général » dans le pouvoir dans les sociétés, *in* : Association Henri Capitant, Journées chiliennes 2012, Bruxelles 2014, p. 23 ss.

RUEDIN ROLAND, Droit des sociétés, 2ᵉ éd., Berne 2006.

SANWALD RETO, Austritt und Ausschluss aus AG und GmbH, Zurich 2009.

SCHUMACHER RETO, Die Vermögensübertragung nach dem Fusionsgesetz, th. Zurich/ Bâle/Genève 2005.

SETHE ROLF, Geschäftsentscheide, Expertenrat und Verantwortlichkeit des Verwaltungsrats, in : Verantwortlichkeit im Unternehmensrecht 2014, p. 165 ss.

RIEMER HANS MICHAEL, BK, Art. 52-59 ZGB, Berne 1993.

SI ZENG JAMES, The Case for Disregarding Entity Shielding, in : Berkeley Business Law Journal 2022, Vol. 19, N° 2, p. 216 ss.

SIFFERT RINO, BK, Art. 944-956 OR, Berne 2017.

STIFFERT RINO, BK, Art. 927-943 OR, Berne 2021.

STOFFEL WALTER A., Le droit des sociétés 2006/2007, in : RSDA 2008 p. 86 ss.

TRIGO TRINDADE RITA, Commentaire LFus ad art. 9 LFus (Peter Henry, Trigo Trindad Rita éd.), Zurich 2005.

TRÜEB HANS RUDOLF, Handkommentar zum Schweizer Privatrecht, Personengesellschaften und Aktiengesellschaft ; Vergütungsverordnung, 3ᵉ éd., Zurich 2016.

TRÜEB HANS RUDOLF/BHEND JULIA, Handkommentar zum Schweizer Privatrecht, GmbH, Genossenschaft, Handelsregister und Wertpapiere inkl. Bucheffektengesetz. Art. 772-1186 OR, 3ᵉ éd. (Roberto Vito, Trüeb Hans Rudolf éd.), Zurich 2016.

VISCHER MARKUS, Dividenden der Aktiengesellschaft in Liquidation, in : RSJ 2019 p. 555 ss.

VOGEL ALEXANDER, Kommentar zur Handelsregisterverordnung, 2ᵉ éd., Zurich 2023.

WYTTENBACH MICHAEL, Formelle, materielle und faktische Organe : einheitlicher Organbegriff ?, Bâle 2012.

VIANIN GUILLAUME, CR ad art. 935 CO, 2ᵉ éd. (Tercier Pierre, Amstutz Marc, Trigo Trindade Rita éd.), Bâle 2017.

VOGEL ALEXANDER, HRegV Kommentar, Art. 126, Zurich 2020.

XOUDIS JULIA, CR ad art. 54 et 55 CC, 2ᵉ éd. (Pichonnaz Pascal et al. éd.), Bâle 2010.

II.   Sociétés de personnes

A.   En général

BLANC MATHIEU/FISCHER BENOÎT, Les sociétés de personnes, Zurich 2020.

HANDSCHIN LUKAS/CHOU HAN-LIN, ZK, Art. 552-619 OR, 4ᵉ éd., Zurich 2015.

HARI OLIVIER, Les sociétés commerciales de personnes – sociétés en nom collectif et en commandite – chronique d'une mort programmée ?, in : RSDA 2014 p. 383 ss.

HARTMANN WILHELM, BK, Art. 552-619 OR, Berne 1943.

PHILIPPIN EDGAR, Les principales difficultés de la rédaction du contrat de société de personnes, *in* : Vol. 95 CEDIDAC, Lausanne 2015, p. 57 ss.

VAUTIER NICOLAS, La faillite de la société en nom collectif et de la société en commandite, th. Lausanne 2008.

VON STEIGER WERNER, Die Personengesellschaften, *in* : Handelsrecht, Bâle 1976.

ZOBL DIETER, Die Behandlung der fehlerhaften Personengesellschaft im schweizerischen Recht, Mélanges Pierre Engel, Lausanne 1989, p. 471 ss.

B. Société simple

BECKER HERMANN, BK, Art. 184-551 OR, Berne 1934.

CHAIX FRANÇOIS, CR ad art. 530, 531, 533, 534, 537, 538, 540, 542 et 548 à 550 CO, 2ᵉ éd. (Tercier Pierre, Amstutz Marc, Trigo Trindade Rita éd.), Bâle 2017.

FELLMANN WALTER/MÜLLER KARIN, BK, Art. 530-544 OR, Berne 2006.

GABELLON ADRIEN/TEDJANI MEHDI, La fin de la société simple [1/2]. La dissolution et ses conséquences, *in* : SJ 2016 II p. 209 ss.

HANDSCHIN LUKAS/VONZUN RETO, Art. 530.441, 4ᵉ éd. Berne 2009.

HOCH PATRICK M., Auflösung und Liquidation der einfachen Gesellschaft, Zurich 2001.

PETER HENRY/BIRCHLER FRANCESCA, Les groupes de sociétés sont des sociétés simples, *in* : RSDA 1998 p. 113 ss.

SIEGWART ALFRED, ZK ad Art. 530-531 et 534 OR, Zurich 1938.

C. Société en nom collectif

BAUDENBACHER CARL, BaK ad Art. 552 OR (Honsell Heinrich et al. éd.), Bâle 2012.

COMBOEUF ALBERT, CHK, Art. 552-556 OR, Zurich 2012.

HANDSCHIN LUKAS, BaK, Art. 557 OR, 3ᵉ éd. (Honsell Heinrich, Vogt Nedim Peter, Watter Rolf éd.), Bâle 2008.

PESTALOZZI CHRISTOPHE/VOGT HANS-UELI, BaK, Art. 566 OR, 5ᵉ éd. (Honsell Heinrich, Vogt Nedim Peter, Watter Rolf éd.), Bâle 2016.

RECORDON PIERRE-ALAIN, CR ad art. 557, 558, 561, 562, 564, 565, 566, 577, 594, 601, 606, 609 et 611 CO, 2ᵉ éd. (Tercier Pierre, Amstutz Marc, Trigo Trindade Rita éd.), Bâle 2017.

STRITTMATTER RETO, CHK, Art. 574-593 OR, 3ᵉ éd. (Amstutz Marc et al. éd.), Zurich 2016.

VULLIETY JEAN-PAUL, CR ad art. 552, 567, 583 CO, 2ᵉ éd. (Tercier Pierre, Amstutz Marc, Trigo Trindade Rita éd.), Bâle 2017.

D.   Société en commandite

HIRSCH ALAIN, L'ambiguïté de la commandite, *in* : Mélanges Max Kommer (Merz Hans, Schluep Walter éd.), Berne 1980, p. 161 ss.

PESTALOZZI CHRISTOPH/VOGT HANS-UELI, BaK, Art. 606 OR, 5ᵉ éd. (Honsell Heinrich, Vogt Nedim Peter, Watter Rolf éd.), Bâle 2016.

VIANDIER ALAIN/HILAIRE JEAN et al., La société en commandite entre son passé et son avenir : étude du Centre de recherche sur le droit des affaires, Paris 1983.

VIANDIER ALAIN/HILAIRE JEAN et al., La société en commandite entre son passé et son avenir, *in* : Revue internationale de droit comparé, 1984, Vol. 36 N° 1, p. 276 ss.

VULLIETY JEAN-PAUL, CR ad art. 596 CO, 2ᵉ éd. (Tercier Pierre, Amstutz Marc, Trigo Trindade Rita éd.), Bâle 2017.

III.   Sociétés de capitaux, société coopérative et autres personnes morales

A.   Société anonyme

ANCESCHI FABIO/VISCHER MARKUS, BGer 4A_19/2020 vom 19. August 2020, Aktienrechtliche Verantwortlichkeit ; Löschung der Gesellschaft im Handelsregister ; Auswirkungen auf die Abtretungsgläubiger nach Art. 260 SchKG, *in* : PJA 2020 p. 1619 ss.

BAHAR RASHID, ZK, Art. 660-697m OR (Handschin Lukas, Jung Peter éd.), Zurich 2021.

BÄRTSCHI HARALD, Rahmenbedingungen für die Verantwortlichkeitsklage eines Kleinaktionärs, *in* : Verantwortlichkeit im Unternehmensrecht 2014, p. 39 ss.

BAUEN MARC/BERNET ROBERT/ROUILLER NICOLAS, La société anonyme suisse, Zurich/Paris/Bruxelles 2007.

BÉNÉDICT JÉRÔME/JACQUIER JÉRÔME, Les actionnaires face aux risques et aux conséquences d'une dilution de leurs droits en cas d'augmentation de capital, *in* : Vol. 64 CEDIDAC, Lausanne 2005, p. 149 ss.

BISCHOF ELIAS, Verantwortlichkeit des Verwaltungsrates bei Beschlüssen auf Grundlage eines Rechtsgutachtens, *in* : RSJ 2014 p. 197 ss.

BLANC MATTHIEU, La délégation de compétences par le conseil d'administration, *in* : Vol. 64 CEDIDAC, Lausanne 2005, p. 289 ss.

BLOCH OLIVIER, Les conventions d'actionnaires et le droit de la société anonyme en droit suisse, 3ᵉ éd., Zurich 2021.

BÖCKLI PETER, Schweizer Aktienrecht : Aktienrecht mit Rechnungslegung, 5ᵉ éd., Zurich 2022.

BÖCKLI PETER, Schweizer Aktienrecht : mit Fusionsgesetz, Börsengesellschaftsrecht, Konzernrecht, Corporate Governance, Recht der Revisionsstelle und der Abschlussprüfung in neuer Fassung unter Berücksichtigung der angelaufenen Revision des Aktien- und Rechnungslegungsrechts, 4e éd., Zurich 2009.

BÖCKLI PETER, Schweizer Aktienrecht : mit Fusionsgesetz, Internationalen Rechnungslegungsgrundsätzen IFRS, Börsengesellschaftsrecht, Konzernrecht und Corporate Governance, 3e éd., Zurich 2004.

BÖCKLI PETER, Schweizer Aktienrecht : Darstellung für den Praktiker, 2e éd., Zurich 1996.

BÖCKLI PETER, Zankapfel der Aktienrechtsrevision : die Vinkulierung der Namenaktien, in : RSDA 1988 p. 149 ss.

BÖCKLI PETER, Eine Blütenlese der Neuerungen im Vorentwurf zur Aktienrechtsrevision, in : GesKR 2015 p. 1 ss.

BÖCKLI PETER/HUGUENIN CLAIRE/DESSEMONTET FRANÇOIS, Rapport du groupe de travail « Gouvernement d'entreprise » en vue de la révision partielle du droit de la société anonyme du 30 septembre 2002, accompagné de commentaires et d'un projet de loi destiné à réviser le titre vingt-sixième du Code des obligations « La société anonyme » (en collaboration avec Nicolas Turin et Nicolas Duc, cité sous forme de tiré à part in Schriften zum neuen Aktienrecht 21, Zurich/Bâle/Genève 2004.

BÜHLER THEODOR, Geschichte des Aktienrechts in der Schweiz 1863-1991, Zurich 2019.

BÜRGI WOLFHART, ZK, Art. 660-697 OR, Zurich 1957.

BÜRGI WOLFHART, ZK, Art. 702 OR, Zurich 1969.

CANAPA DAMIANO, CR ad art. 95 Cst. (Martenet Vincent, Dubey Jacques éd.), Bâle 2021.

CARLSON ANDERS/KELEMEN MELINDA/STOLLT MICHAEL, Overview of Current State of SE founding in Europe, European Trade Union Institute, Bruxelles 2014.

CHABLOZ ISABELLE, CR ad art. 643 CO, 2e éd. (Tercier Pierre, Amstutz Marc, Trigo Trindade Rita éd.), Bâle 2017.

CHABLOZ ISABELLE, Actionnaires dans les sociétés cotées : actions légales et gouvernance : étude comparée : Suisse, Australie, Allemagne, Genève 2012.

CHENAUX JEAN-LUC/GACHET ALEXANDRE, CR ad art. 678 et 680 CO, 2e éd. (Tercier Pierre, Amstutz Marc, Trigo Trindade Rita éd.), Bâle 2017.

CORBOZ BERNARD, CR ad art. 753 CO, 1re éd. (Thévenoz Luc éd.), Bâle 2008.

CORBOZ BERNARD/AUBRY GIRARDIN FLORENCE, CR ad art. 754, 755, 757, 758, 759, 760 CO, 2e éd. (Tercier Pierre, Amstutz Marc, Trigo Trindade Rita éd.), Bâle 2017.

COUCHEPIN GASPARD, Le transfert d'actions d'une société dormante (manteau d'actions) : situation actuelle et perspectives, in : SJ 2014 II p. 197 ss.

CRAMER CONRADIN, ZK, Art. 630 OR (Handschin Lukas éd.), Zurich 2016.

DEKKER STEPHAN, ZK, Art. 727 OR (Kren Kostkiewicz Jolanta, Wolf Stephan éd.), Zurich 2016.

DE RAVEL D'ESCLAPON THIBAULT, Société anonyme : révocabilité ad nutum et pacte d'actionnaires, in : BJS 2017, No 9, p. 532 ss.

DITESHEIM ROLF, La représentation de la société anonyme par ses organes ordinaires, fondés de procuration et mandataires commerciaux, th. Lausanne/Berne 2001.

DUBS DIETER/TRUFFER ROLAND, BaK, Art. 702 OR, 5ᵉ éd. (Honsell Heinrich, Vogt Nedim Peter, Watter Rolf éd.), Bâle 2016.

DUBS DIETER/TRUFFER ROLAND, BaK, Art. 704 OR, 3ᵉ éd. (Honsell Heinrich, Vogt Nedim Peter, Watter Rolf éd.), Bâle 2008.

DÜRR ROGER, Die Rückerstattungsklage nach Art. 678 Abs. 2 OR im System der unrechtmässigen Vermögensverlagerung – unter besonderer Berücksichtigung übermässiger Entschädigungen an Mitglieder des Verwaltungsrates oder der Geschäftsleitung, th. Zurich 2006.

FORSTMOSER PETER/MEIER-HAYOZ ARTHUR/NOBEL PETER, Schweizerisches Aktienrecht, Berne 1996.

GEHRER CAROLE LEA, Statutarische Abwehrmassnahmen gegen Übernahmen : eine Untersuchung der an der SWX kotierten Schweizer Aktiengesellschaften, th. Zurich 2003.

GERICKE DIETER/LAMBERT CLAUDE, BK ad art. 650-657, 659-659b OR (Nobel Peter, Müller Christophe éd.), Berne 2023.

GERICKE DIETER/WALLER STEFAN, BaK ad art. 754-761 OR (Honsell Heinrich éd.), Bâle 2012.

GNOS URS, Prospekthaftung/Haftung gegenüber Investoren, in : Entwicklungen im Gesellschaftsrecht, Berne 2014.

HÉRITIER LACHAT ANNE, Les conventions d'actionnaires ou la face cachée de la lune, in : Le contrat dans tous ses états (François Bellanger, François Chaix Christine Chappuis, Anne Héritier Lachat éd.), Genève 2004, p. 101 ss.

HOMBURGER ERIC, ZK, Art. 707-726 OR, Zurich 1997.

HEINZMANN MICHEL, Die Herabsetzung des Aktienkapitals, th. Fribourg/Zurich 2004.

IFFLAND JACQUES, BK, Transfert et restriction à la transmissibilité, Art. 683 ss OR (Nobel Peter, Müller Christophe éd.), Berne 2023.

JACQUEMOUD PHILIPPE/PASQUIER AURÉLIEN, Responsabilité du conseil d'administration avant et après le surendettement : réflexions sur la restructuration d'entreprise (assainissement), in : SJ 2013 II p. 62 ss.

KILLIAS PIERRE-ALAIN/BERTHOLET JULIE, Le contrôle spécial, in : Vol. 64 CEDIDAC, Lausanne 2005, p. 241 ss.

KUNZ PETER, Die Klagen im Schweizer Aktienrecht, Zurich 1997.

LANZ MARTIN/FANKHAUSER ROGER, Festübernahmeverfahren impliziert keinen Ausschluss des Bezugsrechts, in : Reprax 2004, N° 4, p. 1 ss.

LE RUYET ARMEL, L'agrément en droit des sociétés : contribution à une simplification du droit, th. Rennes 2017.

LÜPOLD MARTIN, Der Ausbau der « Festung Schweiz » : Aktienrecht und Corporate Governance in der Schweiz, 1881-1961, th. Zurich 2008.

LUTENBACHER THIERRY, Die Schadenminderungspflicht : unter besonderer Berücksichtigung der aktienrechtlichen Verantwortlichkeit, th. Zurich 2005.

LIEBI MARTIN, Vorzugsaktien : eine Darstellung nach gesellschaftsrechtlichen, bilanzierungsrechtlichen und steuerrechtlichen Gesichtspunkten, th. Zurich 2008.

LOMBARDINI CARLO, CR ad art. 620, 634a et 645 CO, 2e éd. (Tercier Pierre, Amstutz Marc, Trigo Trindade Rita éd.), Bâle 2017.

LUTERBACHER THIERRY, Die Schadenminderungspflicht : unter besonderer Berücksichtigung der aktienrechtlichen Verantwortlichkeit, th. Zurich 2005.

MONTAVON PASCAL, Droit suisse de la SA, 3e éd., Lausanne 2004.

MONTAVON PASCAL, La société anonyme, Lausanne 1999.

MÜLLER KEVIN, Die Einheit der Materie bei Generalversammlungsbeschlüssen, th. Saint-Gall/Zurich 2021.

MÜLLER ROLAND/LIPP LORENZ/PLÜSS ADRIAN, Der Verwaltungsrat, Ein Handbuch für Theorie und Praxis, Vol. 2, 5e éd., Zurich 2021.

MÜLLER ROLAND/LIPP LORENZ/PLÜSS ADRIAN, Der Verwaltungsrat, Ein Handbuch für Theorie und Praxis, 4e éd., Zurich 2014.

MÜLLER THOMAS FRIEDRICH, Der Schutz der Aktiengesellschaft vor unzulässigen Kapitalentnahmen, th. Berne 1997.

NOBEL PETER, BK, Das Aktienrecht : Systematische Darstellung, Berne 2017.

NOBEL PETER, Internationales und Transnationales Aktienrecht, 2e éd., Berne 2012.

OERTLE MATTHIAS/DU PASQUIER SHELBY, BaK ad art. 685a OR (Honsell Heinrich, Vogt Nedim Peter, Watter Rolf éd.), Bâle 2008.

OULEVEY XAVIER/LEVRAT JÉRÔME, La société anonyme, Zurich 2023.

OULEVEY XAVIER, L'institution de la décharge en droit de la société anonyme, th. Fribourg/Zurich 2008.

PETER HENRY/CAVADINI FRANCESCA, CR ad art. 698, 701, 706, 706b, 714, 716b, 717, 718a, 718b, 719, 722 CO, 2e éd. (Tercier Pierre, Amstutz Marc, Trigo Trindade Rita éd.), Bâle 2017.

PETER HENRY/GENEQUAND EMMANUEL/CAVADINI FRANCESCA, CR ad art. 727 CO, 2e éd. (Tercier Pierre, Amstutz Marc, Trigo Trindade Rita éd.), Bâle 2017.

PHILIPPIN EDGAR, Les comités du conseil d'administration, in : Vol. 64 CEDIDAC, Lausanne 2005, p. 331 ss.

RAYROUX FRANÇOIS, CR ad art. 736 et 743 CO, 2e éd. (Tercier Pierre, Amstutz Marc, Trigo Trindade Rita éd.), Bâle 2017.

RAYROUX FRANÇOIS, CR ad art. 736 CO, 1re éd. (Honsell Heinrich, Vogt Nedim Peter, Watter Rolf éd.), Bâle 2008.

REUTTER THOMAS, Bezugsrechte, Festübernahme und Übernahmevertrag, in : ECS 2006 p. 44 ss.

ROUILLER NICOLAS/BAUEN MARC/BERNET ROBERT/LASSERRE ROUILLER COLETTE, La société anonyme suisse. Droit commercial, droit comptable, responsabilité, loi sur la fusion, droit boursier, droit fiscal, 3e éd., Zurich 2022.

ROUILLER NICOLAS/BAUEN MARC/BERNET ROBERT/LASSERRE ROUILLER COLETTE, La société anonyme suisse. Droit commercial, droit comptable, responsabilité, loi sur la fusion, droit boursier, droit fiscal, 2ᵉ éd., Zurich 2017.

SCHNEIDER JACQUES-ANDRÉ, Le droit de l'actionnaire de proposer une résolution au vote de l'Assemblée générale, in : PJA 1998 p. 547 ss.

SCHWEIGHOFER FLORIAN, Die aktienrechtliche Geschäftschancenlehre – Ein Beitrag zur Tragweite der Treuepflicht nach Artikel 717 Absatz 1 OR, Zurich 2023.

SECRÉTAN ROGER, La notion de « valeur réelle » des actions non cotées au sens de l'article 686, alinéa 4, du Code des obligations, in : Études de droit commercial en l'honneur de Paul Carry, Bâle 1964, p. 123 ss.

SOMMER CHRISTA, Die Treuepflicht des Verwaltungsrats gemäss Art. 717 Abs. 1 OR, th. Zurich 2010.

SPÖRRI BEAT, Die aktienrechtliche Rückerstattungspflicht : zivilrechtliche und steuerrechtliche Aspekte, th. Zurich 1996.

STOFFEL WALTER A./GABELLON ANNE, Montesquieu en droit des sociétés anonymes : le principe de la parité constitue-t-il une distribution des pouvoirs bénéfiques ou plutôt un lit de Procuste ?, in : RSDA 2015 p. 434 ss.

TANNER BRIGITTE, ZK, Art. 698-706b OR, 2ᵉ éd., Zürich 2003.

TOGNI LORENZO, Standstill Agreements nach U.S.-amerikanischem und schweizerischem Recht : vertragsrechtliche, aktienrechtliche und börsenrechtliche Aspekte, th. Saint-Gall/Zurich 2010.

TRIGO TRINDADE RITA, CR ad art. 656e, 659-659a, 685a, 685b, 685c, 685d CO, 2ᵉ éd. (Tercier Pierre, Amstutz Marc, Trigo Trindade Rita éd.), Bâle 2017.

TRIGO TRINDADE RITA, CR ad art. 659-659a CO, 1ʳᵉ éd. (Thévenoz Luc et al. éd.), Bâle 2008.

TRIGO TRINDADE RITA, Le Conseil d'administration de la société anonyme : composition, organisation et responsabilité en cas de pluralité d'administrateurs, Bâle 1996.

TRIGO TRINDADE RITA/HÉRITIER LACHAT ANNE, CR ad art. 695 CO, 2ᵉ éd. (Tercier Pierre, Amstutz Marc, Trigo Trindade Rita éd.), Bâle 2017.

VILLA MARCO, Invalidation d'une souscription d'actions pour vice du consentement, in : Vol. 64 CEDIDAC, Lausanne 2005, p. 47 ss.

VIONNET GUILLAUME, Sanctions à l'inégalité de traitement des actionnaires, in : Vol. 64 CEDIDAC, Lausanne 2005, p. 125 ss.

VISCHER MARKUS, BK, Art. 689c OR (Nobel Peter, Müller Christophe éd.), Berne 2023.

VISCHER MARKUS, Aktien als individualisierte Rechte und die dadurch in der Trias Mitgliedschaft –Wertpapier/Wertrecht –Bucheffekte verursachten Probleme, in : RSDA 2022 p. 217 ss.

VISCHER MARKUS, Dividenden bei der Aktiengesellschaft in Liquidation, in : RSJ 2019 p. 555 ss.

VOGT HANS-UELI, BaK ad Art. 678 et 680 OR, 3ᵉ éd. (Heinrich Honsell et al. éd.), Bâle 2008.

VOGT HANS-UELI/BÄNZIGER MICHAEL, Das Bundesgericht anerkennt die Business Judgment Rule als Grundsatz des schweizerischen Aktienrechts, *in* : GesKR 2012 p. 607 ss.

VON BÜREN ROLAND/STOFFEL WALTER/WEBER ROLF H., Grundriss des Aktienrechts, 3ᵉ éd., Zurich 2011.

VON DER CRONE HANS CASPAR, Aktienrecht, 2ᵉ éd., Berne 2020.

VON DER CRONE HANS CASPAR et al., Das Fusionsgesetz, 2ᵉ éd., Zurich 2017.

VON DER CRONE HANS CASPAR/BUFF FELIX, Ist die aktienrechtliche Verantwortlichkeit noch zeitgemäss ?, *in* : RSDA 2015 p. 444 ss.

VON GREYERZ CHRISTOPH, *in* : Besprechung von BGE 100 II 384, SAS 1976 p. 172 ss.

VON STEIGER FRITZ, Bemerkungen zum Rückkauf von Genussscheinen, *in* : Information der Internationalen Treuhand AG, 1963.

VON STEIGER FRITZ, Le droit des sociétés anonymes en Suisse, Berne 1978.

WATTER ROLF, Die Verpflichtung der AG aus rechtsgeschäftlichem Handeln ihrer Stellvertreter, Prokuristen und Organe : speziell bei sogenanntem « Missbrauch der Vertretungsmacht », Zurich 1985.

WATTER ROLF, BaK, Art. 718a, 719, 722, 752 et 753 OR, 5ᵉ éd. (Honsell Heinrich, Vogt Nedim Peter, Watter Rolf éd.), Bâle 2016.

WATTER ROLF/ROTH PELLANDA KATJA, BaK, Art. 717 OR, 5ᵉ éd. (Honsell Heinrich, Vogt Nedim Peter, Watter Rolf éd.), Bâle 2016.

WATTER ROLF/ROTH PELLANDA KATJA, BaK, Art. 718b OR, 4ᵉ éd. (Honsell Heinrich éd.), Bâle 2012.

WATTER ROLF/PELLANDA KATJA, BaK ad Art. 717 OR, 3ᵉ éd. (Heinrich Honsell et al. éd.), Bâle 2008.

WATTER ROLF/MAIZAR KARIM, BaK, Art. 727 OR, 3ᵉ éd. (Heinrich Honsell et al. éd.), Bâle 2008.

WEBER ROLF H., BaK, Art. 697g OR, 3ᵉ éd. (Heinrich Honsell et al. éd.), Bâle 2008.

WEBER ROLF, BK, Art. 110-113 OR, 2ᵉ éd. (Nobel Peter, Müller Christophe éd.), Berne 2022.

WERNLI MARCO, BaK, Art. 714 OR, Bâle 2002.

WERNLI MARCO/RIZZI MARTIN, BaK, Art. 714 OR, 5ᵉ éd. (Honsell Heinrich, Vogt Nedim Peter, Watter Rolf éd.), Bâle 2016.

WIDMER LÜCHINGER/GERICKE DIETER/WALLER STEFAN, BaK ad Art. 755 OR, 3ᵉ éd. (Honsell Heinrich, Vogt Nedim Peter, Watter Rolf éd.), Bâle 2008.

WILHELM CHRISTOPHE/VARRIN OCÉANE, L'« exercice mesuré » des droits et l'abus de majorité en droit suisse de la société anonyme, Zurich 2022.

WILHELM CHRISTOPHE/ROMY CLAUDE, « Surveiller la solvabilité » : une nouvelle obligation du conseil d'administration, Comment aborder l'art. 725, al. 1, nCO ?, *in* : EF 2022 p. 422 ss.

ZELLWEGER-GUTKNECHT CORINNE/MONNERAT LUCIEN, Internationaler Kontext : Schweizerisches Registerwertrecht, *in* : Elektronische Wertpapiere 2021, p. 7 ss.

ZEN-RUFFINEN MARIE-NOËLLE/BAUEN MARC, Le conseil d'administration, 2ᵉ éd., Zurich 2017.

ZINDLER GAUDENZ G./ISLER PETER R., BaK, Art. 650-653i OR, Art. 786 ff. OR, 5ᵉ éd. (Honsell Heinrich, Vogt Nedim Peter, Watter Rolf éd.), Bâle 2016.

B.   Société à responsabilité limitée

BLANC MATHIEU, La répartition des compétences entre les associés et les gérants dans le droit révisé de la Sàrl, *in* : RSJ 2006 p. 221 ss.

BUCHWALDER CHRISTOPHE, CR ad art. 809, 812, 815, 818 822a et 823 CO, 2ᵉ éd. (Tercier Pierre, Amstutz Marc, Trigo Trindade Rita éd.), Bâle 2017.

CHAPPUIS FERNAND/JACCARD MICHEL, CR ad art. 785-786, 795,796, 797, 803 CO, 2ᵉ éd. (Tercier Pierre, Amstutz Marc, Trigo Trindade Rita éd.), Bâle 2017.

CORBOZ BERNARD/AUBRY GIRARDIN FLORENCE, CR ad art. 827 CO, 2ᵉ éd. (Tercier Pierre, Amstutz Marc, Trigo Trindade Rita éd.), Bâle 2017.

GARBARSKI ANDREW, CR ad art. 817 CO, 2ᵉ éd. (Tercier Pierre, Amstutz Marc, Trigo Trindade Rita éd.), Bâle 2017.

IYNEDJAN NICOLAS, CR ad art. 804 et 806a CO, 2ᵉ éd. (Tercier Pierre, Amstutz Marc, Trigo Trindade Rita éd.), Bâle 2017.

VON PLANTA ANDREAS, L'Organisation, Nouveau droit de la société à responsabilité limitée : travaux de la journée d'étude organisée à l'Université de Lausanne le 6 octobre 2005.

VON STEIGER WERNER, ZK, Art. 772-827 OR, Zurich 1965.

WATTER ROLF, BaK, Art. 815 OR, 5ᵉ éd. (Honsell Heinrich, Vogt Nedim Peter, Watter Rolf éd.), Bâle 2016.

WATTER ROLF/ROTH PELLANDA KATJA, BaK, Art. 809 OR, 5ᵉ éd. (Honsell Heinrich, Vogt Nedim Peter, Watter Rolf éd.), Bâle 2016.

C.   Société coopérative

ALLIANCE COOPÉRATIVE INTERNATIONALE, Exploring the cooperative economy, World cooperative monitor, rapport 2022.

AMSTUTZ MARC/WIPRÄCHTIGER STEFAN, CR ad art. 913, 921-925, 924 CO, 2ᵉ éd. (Tercier Pierre, Amstutz Marc, Trigo Trindade Rita éd.), Bâle 2017.

CARRON BLAISE/CHABLOZ ISABELLE, CR ad art. 876, 879, 880, 882, 884, 886, 887, 892, 891, 899, 902, 903 et 906 CO, 2ᵉ éd. (Tercier Pierre, Amstutz Marc, Trigo Trindade Rita éd.), Bâle 2017.

CHABLOZ ISABELLE, CR *ad* art. 839, 847, 849, 850, 853, 859, 866, 869, 871, 872, 876 CO, 2ᵉ éd. (Tercier Pierre, Amstutz Marc, Trigo Trindade Rita éd.), Bâle 2017.

CORBOZ BERNARD/AUBRY GIRARDIN FLORENCE, CR ad art. 916 et 918 CO, 2ᵉ éd. (Tercier Pierre, Amstutz Marc, Trigo Trindade Rita éd.), Bâle 2017.

DAVE GRACE ET AL., rapport pour le Département des affaires économiques et sociales de l'ONU, Measuring the Size and Scope of the Cooperative Economy : Results of the 2014 Global Census on Cooperatives, 2014.

GACHET NICOLAS/GONIN MICHAËL, La gouvernance participative dans les coopératives : colloque interdisciplinaire sur les défis et les bonnes pratiques en matière de gouvernance participative, Lausanne 2013.

GUTZWILLER MAX, ZK, Art. 879-926 OR, 2ᵉ éd., Zurich 1974.

KILGUS SABINE/FABRIZIO NADJA, BK, Art. 828-838 OR, Berne 2021.

LOEB BERNARD, Migros et Coop en société anonyme ? L'idée ne convainc pas les spécialistes, in : Bilan 2011.

LOMBARDINI CARLO/CLEMETSON CAROLINE, CR ad art. 838 CO, 2ᵉ éd. (Tercier Pierre, Amstutz Marc, Trigo Trindade Rita éd.), Bâle 2017.

NOLL ANDREAS, BaK, Art. 880 et 892 OR, 5ᵉ éd. (Honsell Heinrich, Vogt Nedim Peter, Watter Rolf éd.), Bâle 2016.

MONTAVON PASCAL, SCOOP : société coopérative, in : IREF 1999.

NIGG HANS, BaK, Art. 869 OR (Honsell Heinrich, Vogt Nedim Peter, Watter Rolf éd.), Bâle 2016.

REYMOND JACQUES-ANDRÉ, La coopérative, Bâle 1996.

SCHENKER FRANZ, BaK, Art. 838 OR, 5ᵉ éd. (Honsell Heinrich, Vogt Nedim Peter, Watter Rolf éd.), Bâle 2016.

TROLLER PETER, Betrachtungen zur Gründung der Genossenschaft mit spezieller Berücksichtigung der rechtlichen Verhältnisse während der Gründungsphase, th. Bâle 1948.

D.   Association

HARI Olivier/JEANNERET Lionel, CR ad art. 60 CC, 2ᵉ éd. (Pichonnaz Pascal, Foëx Bénédict éd.), Bâle 2023.

JEANNERET VINCENT/HARI OLIVIER, CR ad art. 78 CC, 1ʳᵉ éd. (Pichonnaz Pascal, Foëx Béénédict éd.), Bâle 2010.

PERRIN JEAN-FRANÇOIS/CHAPPUIS CHRISTINE, Droit de l'association, 3ᵉ éd., Genève 2008.

RIEMER HANS MICHAEL, BK, Art. 60-79 ZGB, 1ʳᵉ éd., Berne 1990.

RIEMER HANS MICHAEL, BK, Art. 60-79 ZGB, 2ᵉ éd., Berne 2023.

SCHERRER URS/BRÄGGER RAFAEL, BaK, Art. 60, 65, 67, 68, 70, 73, 74 et 77 ZGB, 7ᵉ éd. (Geiser Thomas, Fountoulakis Christiana éd.), Bâle 2022.

WYNNE JULIE/GILLIÉRON HUBERT ORSO, L'association, Zurich 2023.

E.   Fondation

PFISTER LOÏC, La fondation, 2ᵉ éd., Zurich/Genève 2024.

F.   Sociétés de droit public

POLTIER ÉTIENNE, CR ad art. 763 CO, 2ᵉ éd. (Tercier Pierre, Amstutz Marc, Trigo Trindade Rita éd.), Bâle 2017.

IV.   Droit comptable

ACHLEITNER ANN-KRISTIN, The History of Financial Reporting in Switzerland, *in* : European Financial Reporting : A History 1995 p. 241 ss.

ANNEN MICHAEL, Comparaison entre le contrôle restreint et la review selon la NAS 910 : quel est l'instrument qui convient le mieux au paysage suisse de l'audit ?, *in* : ECS 2014 p. 283 ss.

BESSE PASCALE, Pour une approche pragmatique des normes fondée sur le compte de résultat, 2ᵉˢ États généraux de la recherche comptable, Paris 2011.

BÖCKLI PETER, Neue OR-Rechnungslegung, Zurich 2014.

BUCHELER RÉMY, Abrégé de droit comptable, Articles 957 ss CO et législation sur les sociétés et autres entités, 2ᵉ éd., Zurich 2018.

BUSH TIM, Pourquoi l'IASB n'emploie-t-il pas un langage approprié ?, 2ᵉˢ États généraux de la recherche comptable, Paris 2011.

CAMFFERMAN KEES/ZEFF STEPHEN A., Aiming for global accounting standards : the International Accounting Standards Board, 2001-2011, Oxford 2015, p. 517 ss.

CANZIANI ARNALDO, The Transition to IFRS in Italy and Elsewhere, or from *Code Napoléon* to the Devolution of Sovereignty, *in* : IFRS in a Global World : International and Critical Perspectives on Accounting 2016 p. 295 ss.

COMITÉ CONFÉRENCE SUISSE DES IMPÔTS (CSI), Analyse sur le nouveau droit comptable, 2013.

DOUSSE VINCENT/OYON DANIEL, Mise en œuvre des Swiss GAAP RPC, Processus de mise en œuvre (2ᵉ partie), *in* : EF 2016 p. 665 ss.

ESPOSITO CANO ANTOINETTE, Global GAAP : nouvel Esperanto comptable et financier ? modèle unique d'information financière : revue sous le prisme des référentiels IFRS et US GAAP, *in* : ECS 2011 p. 694 ss.

FEARNLEY STELLA, L'Europe devrait abandonner la complexité des IFRS au profit de solutions comptables plus adaptées, *in* : 2ᵉˢ États généraux de la recherche comptable, Paris 2011.

GILLIÉRON PHILIPPE, La valorisation des biens immatériels dans la vie d'une société anonyme, *in* : Vol. 64 CEDIDAC, Lausanne 2005, p. 639 ss.

HANDSCHIN LUKAS, Rechnungslegung im Gesellschaftsrecht, 2ᵉ éd., Bâle 2016.

JEITZINER ROLAND, Un nouveau droit comptable en consultation ; éléments essentiels de l'avant-projet, *in* : Reprax 1999 p. 79 ss.

FUCHS SANDRO et al., Regulierungskosten des Rechnungslegungs- und Revisions (aufsichts)rechts, *in* : ECS 2015 p. 398 ss.

LEIBFRIED PETER, Swiss GAAP FER : Vision 2020, *in* : EF 2016 p. 122 ss.

MANUEL SUISSE D'AUDIT (MSA), Tenue de la comptabilité et présentation des comptes, Zurich 2014.

MANUEL SUISSE D'AUDIT (MSA), Contrôle ordinaire, Zurich 2016.

MEYER CONRAD, Le concept Swiss GAAP RPC, Clôture claire avec rapport coût/prestations raisonnable, *in* : TREX 2008 p. 358 ss.

MEYER CONRAD/TEITLER EVELYN, Swiss GAAP FER auf dem Weg zu einem eigenen Profil Accounting Standard für KMU, *in* : ECS 2004 p. 715 ss.

MONFERRINI ISABELLE, Immaterielle Werte in der Rechnungslegung, Zürcher Studien zum Privatrecht, Zurich 2016.

MULLER GEORGES, Le droit comptable, *in* : Vol. 23 CEDIDAC, Lausanne 1993, p. 85 ss.

PFAFF DIETER, Réserves latentes. Une image faussée du patrimoine, des finances et des résultats, *in* : ECS 2015 p. 457 ss.

RAFFOURNIER BERNARD, La consolidation des comptes selon les IFRS, Louvain-la-Neuve 2020.

RAFFOURNIER BERNARD, Les normes comptables internationales (IFRS), 6ᵉ éd., Paris 2015.

RAFFOURNIER BERNARD, Les normes comptables internationales (IFRS), 7ᵉ éd., Paris 2019.

ROUILLER NICOLAS, Do Accounting and Taxation Rules Hinder Corporate Social Responsibility ? A Historical and Prospective View from Switzerland : Hidden Reserves, Transparency and Sustainability, *in* : Company Law and CSR : New Legal and Economic Challenges 2018.

SELLING THOMAS, Bumps in the Road to IFRS Adoption : Is a U-Turn Possible ?, *in* : Accounting Horizons 2013, Vol. 27, p. 155 ss.

STERCHI WALTER/MATTLE HERBERT/HELBING MARKUS, Plan comptable suisse PME, 2014.

SULZER ROBERT, Internes Kontrollsystem (IKS), *in* : Unternehemensführung und Recht/Droit et gestion d'entreprise, 2ᵉ éd. (Dürr David, Lardi Mauro, Rouiller Nicolas éd.), Zurich 2020, p. 345 ss.

V. Droit fiscal

BARAKAT AURÉLIEN, Les incidences fiscales du nouveau droit comptable, *in* : RDAF 2016 II p. 231 ss.

BELLANGER FRANÇOIS et al., Les procédures en droit fiscal, 4ᵉ éd., Berne 2021.

BODEMANN CARLA, Aus der Rechtsprechung zur Mehrwertsteuer im Jahr 2021, *in* : IFF 2022 p. 277 ss.

BÖHI ROLAND, Das verdeckte Eigenkapital im Steuerrecht, Zurich 2014.

DANON ROBERT, La responsabilité fiscale solidaire des organes en cas de liquidation d'une société de capitaux, *in* : Quelques actions en responsabilité (François Bohnet éd.), Zurich 2008, p. 199 ss.

DIRECTION GÉNÉRALE DU DÉVELOPPEMENT ÉCONOMIQUE, DE LA RECHERCHE ET DE L'INNOVATION, Guide : Émissions de jetons numériques dans le canton de Genève, 2018.

GLAUSER PIERRE-MARIE/PACHE MARC-ETIENNE, Assainissement d'entreprises. Aspects fiscaux, *in* : Aspects pratiques du droit de l'entreprise : travaux de la journée d'étude organisée à l'Université de Lausanne le 3 février 2009, 2010, p. 191 ss.

GLAUSER PIERRE-MARIE, Donations consenties et reçues par des sociétés en matière d'impôts directs : une analyse de la portée de l'article 60 let. c LIFD, *in* : IFF 2006 p. 251 ss.

GLAUSER PIERRE-MARIE, IFRS et droit fiscal, Les normes true and fair et le principe de déterminance en droit fiscal suisse actuel, *in* : ASA 74 p. 529 ss.

MOUSEL FRANÇOIS, Quel impact fiscal suite à l'adoption des normes IFRS par l'Union européenne ?, Paris 2006.

NEMO PHILIPPE, Philosophie de l'impôt, Paris 2017.

NORDIN MICHAEL/PORTMANN REGULA, Verantwortlichkeit im Unternehmenssteuerrecht, *in* : Entwicklung im Gesellschaftsrecht IX/2014, p. 196 ss.

RIVIER JEAN-MARC, La fiscalité de l'entreprise, 2ᵉ éd., Lausanne 1994.

VI. Histoire du droit et sociologie du droit

ABGODJAN PRINCE HERVÉ, Rapport général : Mondialisation et investissements, *in* : Association Henri Capitant des amis de la culture juridique française, Bruxelles 2017, p. 483 ss.

BEAUCHET LUDOVIC, Histoire du droit privé de la République athénienne, Vol. IV, Chevalier-Marescq et Cie, Paris 1897.

BOURGEOIS LÉON, Solidarité, Paris 1897.

CAVIGELLI MARIO, Entstehung und Bedeutung des Bündner Zivilgesetzbuches von 1861 : Beitrag zur schweizerischen und bündnerischen Kodifikationsgeschichte, th. Fribourg 1994.

DE GENTILE PIERRE, Du nauticum foenus en droit romain et de l'hypothèque maritime en droit français, th. Paris 1889.

DESSAUX CHARLES-ISIDORE, Civilisation universelle. Doctrine du solidarisme, Paris-Auteuil 1886.

DEUVE LOUIS, Études sur le solidarisme et ses applications économiques, th. Paris 1906.

DULCKEIT GERHARD/SCHWARZ FRITZ/WALDSTEIN WOLFGANG, Römische Rechtsgeschichte, 9ᵉ éd., Munich 1995.

FRIEDMAN MILTON, A Friedman doctrine : The Social Responsibility of Business is to increase its Profits, New York 1970.

GIERKE OTTO (VON), Die Genossenschaftstheorie und die Deutsche Rechtsprechung, Berlin 1887.

GLÉMAIN PASCAL, L'Économie sociale et solidaire. De ses fondements à son « à venir », Rennes 2019.

GOETZMANN WILLIAM N./POUGET SEBASTIEN, A Shareholder Lawsuit in Fourteenth-Century Toulouse, in : Origins of Shareholder Advocacy 2011, p. 215 ss.

GRUNDMANN STEFAN, Language in Law and in German Universities' Legal Education : with a Glance on European Networks, in : Bilingual Study and Research : The Need and the Challenges, Springer International Publishing 2021, p. 155 ss.

GUINNANE TIMOTHY W./HARRIS RON/LAMOREAUX NAOMI R./ROSENTHAL JEAN-LAURENT, Pouvoir et propriété dans l'entreprise : Pour une histoire internationale des sociétés à responsabilité limitée, in : Annales Histoire, Sciences sociales, 2008, Nᵒ 1, p. 73 ss.

HANSMANN HENRY/KRAAKMAN REINER/SQUIRE RICHARD, Law and the Rise of the Firm, in : Harvard Law Review 2006, Vol. 119, Nᵒ 5.

HANSMANN HENRY/KRAAKMAN REINER, The Essential Role of Organizational Law, in : Yale Law Journal 2000, Vol. 110, Nᵒ 3.

HANSMANN HENRY/SQUIRE RICHARD, External and Internal Asset Partitioning : Corporations and Their Subsidiaries, in : The Oxford Handbook of Corporate Law and Governance 2018.

HARRIS RON, The Institutional Dynamics of Early Modern Eurasian Trade : The Commenda and the Corporation, in : Journal of Economic Behaviour & Organization 2009, Vol. 71, Nᵒ 3, p. 606 ss.

HELMIG BERND et al., The Swiss Civil Society Sector in a Comparative Perspective, 2011.

HOLYOAKE GEORGE-JACOB, Histoire des Équitables Pionniers de Rochdale, 2ᵉ éd. (trad. de Marie Moret 2017).

KASER MAX, Römisches Privatrecht, 16ᵉ éd., Munich 1992.

KESSLER WILLIAM C., A Statistical Study of the New York General Incorporation Act of 1811, in : Journal of Political Economy 1940, Vol. 48, Nᵒ 6.

LEROY-BEAULIEU PAUL, Les sociétés anonymes en Angleterre et en Italie, in : Revue des Deux Mondes 1869, Vol. 84, Nᵒ 3, p. 730 ss.

LEVASSEUR ÉMILE, Recherches historiques sur le Système de Law, Paris 1854.

LIEBS DETLEF, Lateinische Rechtsregeln und Rechtssprichwörter, 7ᵉ éd., Munich 2007.

JHERING RUDOLPH (VON), Geist des römischen Rechts, Leipzig 1858.

JOBERT PHILIPPE/CHEVAILLER JEAN-CLAUDE, La démographie des entreprises en France au XIXᵉ siècle. Quelques pistes, Malakoff 1986.

MAIER PAULINE, The Revolutionary Origins of the American Corporation, the William and Mary Quarterly, in : Law and Society in Early America 1993, Vol. 50, N° 1, p. 51 ss.

MUNZINGER WALTHER, Motifs du projet de code de commerce suisse (trad. de Marc Dufraisse), Zurich 1865.

RABEL ERNST, Die Stellvertretung in den hellenischen Rechten und in Rom, in : Atti del Congresso Internazionale di Diritto Romano 1934, Vol. I.

RANDAZZO SALVO, The Nature of Partnership in Roman Law, in : Australian Journal of Legal History 2005, Vol. 9, p. 119 ss.

REHME PAUL, Geschichte des Handelsrechts, Leipzig 1913.

RIVOIRE ÉMILE, Les sources du droit du Canton de Genève, Vol. IV de 1621 à 1700, Aarau 1935.

SAVARY JACQUES, Le Parfait Négociant (ou Instruction générale pour ce qui regarde le commerce de toute sorte de marchandises, tant de France que des pays estrangers par le sieur Jacques Savary), Paris 1675.

SAVIGNY FRIEDRICH CARL (VON), System des heutigen römischen Rechts, Berlin 1840.

SICARD GERMAIN, Aux origines des sociétés anonymes : Les moulins de Toulouse au Moyen Age, in : Bibliothèque de l'École des chartes, Vol. 112, 1954, p. 286 ss.

SMITH ADAM, An Inquiry into the Nature and Causes of the Wealth of Nations, livre 4, 1776.

ZWEIGERT KONRAD/KÖTZ HEIN, Einführung in die Rechtsvergleichung auf dem Gebiete des Privatrechts, 3ᵉ éd., Tübingen 1996.

VII.   Ouvrages juridiques hors du droit des sociétés

ACHTARI ANNICK, Le devoir du lésé de minimiser son dommage, étude en droit des obligations, th. Zurich 2008.

ACOCELLA DOMENICO, Nichtigkeitsbegriff und Konzept einer einheitlichen vertragsrechtlichen Rückabwicklung gescheiterter Verträge, in : RSJ 2003 p. 494 ss.

AMIGUET ANTOINE, CR ad art. 41 et 47 LSFin, 1ʳᵉ éd. (Richa Alexandre, Philipp Fischer éd.), Bâle 2022.

BAHAR RASHID, Dynamique des ordres juridiques : droit comparé, cascades et effets de modes, in : Économie, environnement, éthique : de la responsabilité sociale et sociétale, Liber amicorum Anne Petitpierre-Sauvain (Rita Trigo Trindade, Henry Peter, Christian Bovet éd.), Zurich 2009.

BAUEN MARC/ROUILLER NICOLAS, Relations bancaires en Suisse : un aperçu pour le client des banques et ses conseillers. Opérations bancaires et contrats, financements, gestion de patrimoine et conseil, secret bancaire, responsabilités, Zurich 2011.

BAUMANN MAX, ZK, Art 2 ZGB, 3ᵉ éd., Zurich 1998.

BARUH EROL, Les commissions d'enquête parlementaires : Cadre juridique d'une procédure politique, Étude de droit suisse et cantonal, th. Lausanne, Berne 2007.

BECKER HERMANN, BK, Art. 1-183 OR, Berne 1941.

BERGAMELLI MANUEL/COTTI FIORENZO, Commentaire du droit des successions ad art. 517, 2ᵉ éd. (Eigenmann Antoine, Rouiller Nicolas éd.), Berne 2023.

BOHNET FRANÇOIS, CR ad art. 88 CPC, 2ᵉ éd. (Bohnet François et al. éd.), Bâle 2019.

BRON HENRI, Les conséquences juridiques de l'union libre notamment à l'égard des tiers, th. Lausanne 1940.

BRULHART VINCENT, Droit des assurances privées, 2ᵉ éd., Berne 2017.

BUCHER EUGEN, OR Allgemeiner Teil, 2ᵉ éd., Zurich 1988.

CARRON BLAISE/WESSNER PIERRE, Le droit des obligations. Partie générale, Vol. I : les concepts généraux et la représentation – l'enrichissement illégitime – la relation précontractuelle, Berne 2022.

CHAPPUIS CHRISTINE, CR ad art. 459, 460 et 462 CO, 3ᵉ éd. (Thévenoz Luc, Werro Franz éd.), Bâle 2021.

CHAPPUIS CHRISTINE, Abus du pouvoir de représentation : le fondé de procuration devenu organe, in : PJA 1997 p. 689 ss.

CHEESEMAN HENRY, Business Law : Legal, E-Commerce, Ethical, and International Environments, 5ᵉ éd., Hoboken 2004.

CONSEIL DES DROITS DE L'HOMME DE L'ONU, Expert Consultation on « The Notion, Characteristics, Legal Status and Targets of Unilateral Sanctions », convened on 26 April 2021 by the Special Rapporteur on the Negative Impact of Unilateral Coercive Measures on the Enjoyment of Human Rights, Prof. Dr. Alena F. Douhan, Genève 2021.

COOKE JOHN, Law of Tort, 2007.

CORBOZ BERNARD, Les infractions en droit suisse, Vol. I, Berne 2010.

DAVID LUCAS, Der Rechtsschutz im Immaterialgüterrecht, in : SIWR 2011 I/2.

DAVID RENÉ/JAUFFRET-SPINOSI CAMILLE/GORÉ MARIE, Les grands systèmes de droit contemporains, 12ᵉ éd., Paris 2016.

DESSEMONTET RAPHAËL, Le consortium de construction et sa fin prématurée en droit suisse, in : Vol. 68 CEDIDAC, Lausanne 2006.

DUCOULOMBIER PEGGY, Les conflits de droits fondamentaux devant la Cour européenne des droits de l'homme, 2011.

DUTOIT BERNARD, Commentaire LDIP, 4ᵉ éd., Bâle 2005.

DUTOIT BERNARD/BONOMI ANDREA, Commentaire LDIP, 5ᵉ éd., Bâle 2022.

ENGEL PIERRE, Contrats de droit suisse, 2ᵉ éd., Berne 2000.

ENGEL PIERRE, L'apparence efficace en droit privé, SJ 1989 p. 73 ss.

ENGEL PIERRE, Traité des obligations en droit suisse : dispositions générales du CO, 2ᵉ éd., Berne 1997.

FLÜCKIGER ALEXANDRE, (Re)faire la loi : traité de légistique à l'ère du droit souple, Berne 2019.

GAUTSCHI GEORG, BK, Art. 425-491 OR, Berne 1974.

GEINOZ ANTOINE, La Constituante, auteur éphémère d'une œuvre durable, in : RFJ 2005 p. 7 ss.

GIERKE OTTO (VON), Deutsches Privatrecht, Leipzig 1895.

GILLIÉRON PHILIPPE, Les divers régimes de protection des signes distinctifs et leurs rapports avec le droit des marques, th. Berne 2000.

GILLIÉRON PIERRE-ROBERT, Poursuite pour dettes, faillite et concordat, 5ᵉ éd., Bâle 2012.

DE GOTTRAU NICOLAS/REBORD JEAN-YVES, CR ad art. 69 LSFin (Richa Alexandre, Fischer Philippe éd.), Bâle 2022.

GRISEL GUILLAUME, Le trust en Suisse, Zurich 2020.

GÖKSU TARKAN, Präjudizienbuch ad art. 32-40 OR, 10ᵉ éd, Zurich 2021.

GUGGENHEIM DANIEL, L'invalidité des actes juridiques en droit suisse et comparé : essai d'une théorie générale, th. Genève/Paris 1970.

GUGGENHEIM DANIEL, Le droit suisse des contrats, Tome 2 : Les effets des contrats, Chêne-Bourg 1995.

GUHL THEO/DRUEY JEAN NICOLAS/DRUEY JUST EVA/GLANZMANN LUKAS, Das Schweizerische Obligationenrecht, 12ᵉ éd., Zurich 2021.

GUHL THEO et al., Das Schweizerische Obligationenrecht, 9ᵉ éd., Zurich 2020.

GUILLOD OLIVIER/STEFFEN GABRIELLE, CR ad art. 19-20 CO, 3ᵉ éd. (Thévenoz Luc, Werro Franz éd.), Bâle 2021.

FOURNIER ANNICK, L'imputation de la connaissance, Étude de droit privé suisse, th. Zurich 2021.

HAUSHEER HEINZ/AEBI-MÜLLER REGINA E., Das Personenrecht des Schweizerischen Zivilgesetzbuches, 5ᵉ éd., Berne 2020.

HUGUENIN CLAIRE, Nichtigkeit und Unverbindlichkeit als Folgen anfänglicher Vertragsmängel : eine Auseinandersetzung mit der bundesgerichtlichen Rechtsprechung zu Art. 20 OR, th. Berne 1984.

JÄGGI PETER/GAUCH PETER, ZK, Art. 18 OR, Zurich 1980.

JEANDIN ETIENNE, La profession de notaire, 2ᵉ éd., Zurich 2023.

JEANNERET VINCENT/CARRON VINCENT, CR ad art. 260 LP, 1ʳᵉ éd. (Dallèves Louis, Foëx Bénédict, Jeandin Nicolas éd.), Bâle 2005.

JEANNERET VINCENT/HARI OLIVIER, CR ad art. 167 CP, 1ʳᵉ éd. (Macaluso Alain, Moreillon Laurent, Queloz Nicolas éd.), Bâle 2017.

JUBIN ORIANA, Les effets de l'union libre : Comparaison des différents modes de conjugalités et propositions normatives, th. Zurich 2017.

KILLIAS PIERRE-ALAIN, La mise en œuvre de la protection des signes distinctifs, in : Vol. 50 CEDIDAC, Lausanne 2002.

KLEIN JEAN-PHILIPPE, ZK, Art. 32-40 OR, Stellvertretung, ad art. 32-40 OR, 3ᵉ éd., Zurich 2020.

KOLLER ALFRED, Schweizerisches Obligationenrecht Allgemeiner Teil, Berne 1996.

KÖTZ HEIN, Europäisches Vertragsrecht, Tübingen 1996.

KRAMER ERNST A., BK, Art. 18 OR, Berne 1986.

KRAMER ERNST A., BK, Art. 21 OR, Berne 1990.

KRAMER ERNST A., Juristische Methodenlehre, 6ᵉ éd., Berne 2019.

LASSERRE COLETTE, Les avoirs bancaires non réclamés : étude de droit suisse, th. Lausanne/Zurich 2003.

LOMBARDINI CARLO, Droit bancaire suisse, 2ᵉ éd., Zurich 2008.

MARTY-SCHMIDT HELEN, La situation patrimoniale des concubins à la fin de l'union libre : étude des droits suisse, français et allemand, th. Genève 1986.

MERZ HANS, Droit des obligations, Partie générale, Tome I (trad. française de Pierre Giovannoni), Traité de droit privé suisse VI, tome I, Fribourg 1993.

MORIN ARIANE, Définition de la responsabilité fondée sur la confiance au regard de la jurisprudence récente du Tribunal fédéral, in : SJ 2000 II p. 161 ss.

MORIN ARIANE, Les caractéristiques de la responsabilité fondée sur la confiance. Note à propos des ATF 128 III 324 et 130 III 345, in : JdT 2005 I p. 41 ss.

MORIN ARIANE, La responsabilité fondée sur la confiance : étude critique des fondements d'une innovation controversée, th. Genève/Bâle 2002.

MOOSER MICHEL, Le droit notarial en Suisse, 2ᵉ éd., Berne 2014.

MÜLLER CHRISTOPH, Les « Smart Contracts » en droit des obligations suisse, Neuchâtel 2018.

NAYLER PETER, Business Law in the Global Marketplace : the Effects on International Business, Oxford 2006.

NOBEL PETER, Schweizerisches Finanzmarktrecht, 4ᵉ éd., Berne 2019.

NOBEL PETER, Schweizerisches Finanzmarktrecht und internationale Standards, 3ᵉ éd., Berne 2010.

OSER HUGO/SCHÖNENBERGER WILHELM, ZK, Art. 460 CO, 2ᵉ. éd., Zurich 1945.

PIOTET DENIS, L'acte authentique cantonal et le registre foncier fédéral, in : RNRF 2003 p. 130 ss.

PIOTET PAUL, La formation du contrat en doctrine générale et en droit privé suisse, Berne 1956.

PICHONNAZ PASCAL, Le point sur la partie Générale du droit des obligations/Entwicklungen im Obligationenrecht, Allgemeiner Teil, in : RSJ 2016 p. 201 ss.

PICHONNAZ PASCAL, CR ad art. 139 CO, 3ᵉ éd. (Thévenoz Luc, Werro Franz éd.), Bâle 2021.

POUDRET JEAN-FRANÇOIS/HALDY JACQUES/TAPPY DENIS, Procédure civile vaudoise : code de procédure civile du canton de Vaud du 14 décembre 1966, commenté et comparé avec le droit fédéral et huit procédures cantonales (AG, BE, FR, GE, JU, NE, VS, ZH), suivi de la loi vaudoise d'organisation judiciaire du 12 décembre 1979 et de la loi fédérale sur les fors en matière civile du 24 mars 2000, 3ᵉ éd., Lausanne 2002.

REHBINDER MANFRED, BK, Der Arbeitsvertrag, Art. 319-362 OR, Berne 1985.

REYMOND JEAN-FRÉDÉRIC, La promesse de vente pour soi ou son nommable, th. Lausanne 1945.

REYMOND PHILIPPE, La cession des contrats, Lausanne 1989.

ROMY ISABELLE, CR ad art. 145, 146, 148 et 149 CO, 3ᵉ éd. (Thévenoz Luc, Werro Franz éd.), Bâle 2021.

ROUILLER CLAUDE, Protection contre l'arbitraire et protection de la bonne foi, *in* : Droit constitutionnel suisse, 1ʳᵉ éd., Zurich 2001, p. 677 ss.

ROUILLER NICOLAS, Commentaire du droit des successions ad art. 602, 603, 634-640, 2ᵉ éd. (Eigenmann Antoine, Rouiller Nicolas éd.), Berne 2023.

ROUILLER NICOLAS, Commentaire du droit des successions ad art. 602, 603, 634-640 CC, 1ʳᵉ éd. (Eigenmann Antoine, Rouiller Nicolas éd.), Berne 2012.

ROUILLER NICOLAS, Contrat et immatériel en Suisse, Tallinn/Hong Kong 2018.

ROUILLER NICOLAS, Cryptocurrencies : Current Realities, Philosophical Principles and Legal Mechanisms, 2ᵉ éd., Tallin/Hong Kong 2020.

ROUILLER NICOLAS, Cryptomonnaies, registres distribués et entreprises, *in* : Unternehmensführung und Recht/Droit et gestion d'entreprise (Dürr David, Lardi Mauro, Rouiller Nicolas éd.), 2ᵉ éd., Zurich 2020.

ROUILLER NICOLAS, Der widerrechtliche Vertrag : die verbotsdurchsetzende Nichtigkeit – Schicksal des privatrechtlichen Vertrags, der gegen das öffentliche Recht verstösst, th. Bâle/Berne 2002.

ROUILLER NICOLAS, Droit suisse des obligations et principes du droit européen des contrats, *in* : Vol. 72 CEDIDAC, Lausanne 2007.

ROUILLER NICOLAS, L'évolution du régime de l'annulation et de la nullité en général et la sanction civile de la corruption, *in* : SJ 2004 I p. 44 ss.

ROUILLER NICOLAS/SOLENIK DARIA, Mondialisation et investissements en Suisse, *in* : Journées allemandes, Association Henri Capitant des amis de la culture juridique française 2017, p. 635 ss.

ROUILLER NICOLAS/UFFER MATTHIAS, Concepts, intérêts et valeurs dans l'interprétation du droit privé en Suisse, *in* : Concepts, intérêts et valeurs dans l'interprétation du droit positif : Tome LXVII/2017, Journées italiennes, Association Henri Capitant des amis de la culture juridique française 2018, p. 209 ss.

SCHLOSSER RALPH, La péremption en matière de signes distinctifs, *in* : sic ! 2006 p. 549 ss.

SCHLOSSER RALPH, Les conditions d'octroi des mesures provisionnelles en matière de propriété intellectuelle et de concurrence déloyale, *in* : sic ! 2005 p. 339 ss.

SCHWENZER INGEBORG/FOUNTOULAKIS CHRISTIANA, Schweizerisches Obligationenrecht Allgemeiner Teil, 8ᵉ éd., Berne 2020.

STEINAUER PAUL-HENRI, Le droit des successions, 2ᵉ éd., Berne 2016.

SZABO NICK, The Idea of Smart Contracts, 1997.

TERCIER PIERRE/BIERI LAURENT/CARRON BLAISE, Les contrats spéciaux, 5ᵉ éd., Zurich 2016.

TERCIER PIERRE/PICHONNAZ PASCAL, Le droit des obligations, 6ᵉ éd., Zurich 2019.

TERCIER PIERRE, Note sur l'arrêt TF (BGr.) 14. 6. 2000, *in* : DC 2001 p. 86 ss.

THÉVENOZ LUC, CR ad art. 97 CO, 3ᵉ éd. (Thévenoz Luc, Werro Franz éd.), Bâle 2021.

VON TUHR ANDREAS/ESCHER ARNOLD, Allgemeiner Teil des Schweizerischen Obligationenrechts, 3ᵉ éd., Zurich 1979.

VON TUHR ANDREAS/PETER HANS, Allgemeiner Teil des Schweizerischen Obligationenrechts, 2ᵉ éd., Zurich 1974.

UFFER MATTHIAS, Die Grundrechtskollision, Ein Beitrag zu einer folgenethischen Grundrechtsdogmatik, th. Berne/Zurich 2021.

WATTER ROLF, BaK, Art. 33 OR, 6ᵉ éd. (von Honsell Heinrich, Vogt Nedim Peter, Wiegand Wolfgang éd.), Bâle 2016.

WATTER ROLF, BaK, Art. 460 et 462 OR, 7ᵉ éd. (Widmer Lüchinger Corinne, Oser David éd.), Bâle 2020.

WENIGER OLIVIER, La protection des secrets économiques et du savoir-faire (« Know-how ») : étude comparative des droits allemand, français et suisse, th. Genève 1994.

WINIGER OLIVIER, CR ad art. 18 CO, 3ᵉ éd. (Thévenoz Luc, Werro Franz éd.), Bâle 2021.

ZÄCH ROGER, BK, Art. 32-40 OR, Berne 1993.

ZÄCH ROGER/KÜNZLER ADRIAN, BK, Art. 32-40 OR, 2ᵉ éd., Berne 2014.

ZELLWEGER-GUTKNECHT CORINNE, BK, Art. 120-126 OR, Berne 2012.

ZOBL DIETER/KRAMER STEFAN, Schweizerisches Kapitalmarktrecht, Zurich 2004.

ZUFFEREY MATHIEU, La représentation indirecte, Étude d'une institution de droit suisse des obligations, th. Fribourg/Zurich 2018.

ZUFFEREY JEAN-BAPTISTE/BRAIDI GUILLAUME, CR ad art. 36 LSFin, 1ʳᵉ éd. (Richa Alexandre, Philipp Fischer éd.), Bâle 2022.

ZUMSTEIN THIERRY, La gestion des risques opérationnels : l'exemple des banques, *in* : Jusletter, 3 avril 2023.

VIII. Ouvrages dans d'autres domaines, dont l'économie

AYDOGDU ROMAN, Économie sociale en Belgique, *in* : La solidarité : Tome LXIX/ 2019, Journées françaises, Association Henri Capitant des amis de la culture juridique française 2021, p. 390 ss.

BELLOC HILAIRE, The Servile State, Londres 1912.

BERCEA LUCIAN, Économie sociale en Roumanie, *in* : La solidarité : Tome LXIX/2019, Journées françaises, Association Henri Capitant des amis de la culture juridique française 2021, p. 445 ss.

BOTSMAN RACHEL/ROGERS ROO, What's Mine is Yours : The Rise of Collaborative Consumption, 2010.

CHENG MINGMING, Sharing Economy : A Review and Agenda for Future Research, International Journal of Hospitality Management, Vol. 57, 2016, p. 60-70.

DALRYMPLE WILLIAM, Anarchie : l'implacable ascension de l'East India Company, Lausanne 2021 (trad. française).

DE ROUGEMONT DENIS, La Suisse ou l'histoire d'un peuple heureux, Lausanne 1970.

FOLLIN HENRI-LÉON, Le Solidarisme, la science économique et les doctrines sociales, *in* : Journal des économistes, Paris 1897, p. 15 ss.

FOUCAULT MICHEL, Les mots et les choses : une archéologie des sciences humaines, Paris 1968.

GACHET NICOLAS/GONIN MICHAËL, Spécificités et contributions de la nébuleuse de l'économie sociale et solidaire, Lausanne 2015.

GAVET GASTON, Solidarisme et quasi-contrat social, Nancy 1908.

GLÉMAIN PASCAL, L'économie sociale et solidaire : des fondements à son « à venir », Rennes 2019.

GUESLIN ANDRÉ, Le paternalisme revisité en Europe occidentale – seconde moitié du XIXe siècle, début du XXe siècle, *in* : Genèses 1992 p. 201 ss.

HAYEK FRIEDRICH (VON), The Road to Serfdom, Chicago 1944.

HAYEK FRIEDRICH (VON), La route de la servitude, Paris 1946 (trad. française).

HIEZ DAVID, Économie sociale et solidaire au Luxembourg, *in* : La solidarité : Tome LXIX/2019, Journées françaises, Association Henri Capitant des amis de la culture juridique française 2021, p. 429 ss.

HIEZ DAVID, L'Économie sociale et solidaire dans les territoires. Les enjeux d'une coopération d'avenir, *in* : Revue internationale de l'économie sociale 2021, Vol. 362, p. 160 ss.

JOUVENEL BERTRAND (DE), Du pouvoir. Histoire naturelle de sa croissance, 2e éd., Paris 1947.

KROPOTKINE PIERRE, L'entraide. Un facteur de l'évolution (trad. de Louise Bréal), Paris 1906.

KURNATOWSKI JERZY/KURNATOVSKI GEORGES, Esquisse d'évolution solidariste, Paris 1907.

LANGENDORF JEAN-JACQUES, La Suisse dans les tempêtes du XXᵉ siècle, Genève 2001.

MAZBOURI MALIK, L'émergence de la place financière suisse (1890-1913), Lausanne 2005.

McTAGGART JAMES M./MANKINS MICHAEL C./KONTES PETER, The Value Imperative : Managing for Superior Shareholder Returns, New York 1994.

NOIRIEL GÉRARD, Du « patronage » au « paternalisme » : la restructuration des formes de domination de la main-d'œuvre ouvrière dans l'industrie métallurgique française, *in* : Le mouvement social 1988, Nᵒ 144, p. 17 ss.

PETRAM LODEWIJK, The World's First Stock Exchange, th. Amsterdam 2011.

PIKETTY THOMAS, Le capital au XXIᵉ siècle, Paris 2013.

REGINBOGIN HERBERT, Guerre et neutralité (trad. de Jean-Jacques Langendorf), Bière 2008.

REINER GÜNTER, Économie solidaire en Allemagne, *in* : La solidarité : Tome LXIX/ 2019, Journées françaises, Association Henri Capitant des amis de la culture juridique française 2021, p. 363 ss.

RICHARD JACQUES, The Dangerous Dynamics of Modern Capitalism, *in* : Critical Perspectives on Accounting 2015, Vol. 30, p. 35 ss.

SLIM ASSEN/PRIETO MARC, Idées reçues sur l'économie collaborative, Paris 2018.

SUNDARARAJAN ARUN, The Sharing Economy : The End of Employment and the Rise of Crowd-Based Capitalism, 2016.

TERRASSE PASCAL/BARBEZIEUX PHILIPPE/HERODY CAMILLE, Rapport au Premier ministre sur l'économie collaborative, 8 février 2016.

THALER RICHARD H./SUSTEIN CASS R., Libertarian Paternalism, *in* : American Economic Review 2003 p. 175 ss.

ZWEIG STEFAN, Le monde d'hier (trad. de Dominique Tassel [texte allemand de 1941]), Paris 2016.

§ 1 Introduction

I. Vue d'ensemble

L'essence et la réalité concrète du droit des sociétés sont caractérisées par un trait simple : dans ce domaine, les règles juridiques créent des *instruments* à disposition des entrepreneurs. Les observations qui peuvent être faites, en particulier, sur la démographie des sociétés en Suisse et dans bien d'autres pays au cours des derniers siècles enseignent qu'une forme de société se répandra surtout si elle offre des aspects juridiques utiles aux entrepreneurs. Ce sont en effet ceux-ci qui déterminent si une société est créée. Une société est d'abord un instrument choisi pour mener une entreprise. 1

Cette description simple et générale du phénomène des sociétés n'est pas simpliste. D'une part, la notion d'entrepreneur recouvre différents rôles possibles. Elle inclut notamment celle d'investisseur qui ne conduit pas les affaires de l'entreprise, mais fournit les apports financiers permettant qu'elle soit lancée. 2

D'autre part, cette description permet de se garder des illusions séduisantes qu'une théorie typologique peut créer : la réalité du droit des sociétés ne s'explique pas par ce qui serait l'essence fondamentale de la société anonyme, de la société en nom collectif, de la société en commandite ou de la coopérative. Elle s'explique par les combinaisons d'instruments choisis, ou offerts aux entrepreneurs, par le législateur sur des plans très pratiques et prosaïques : la limitation de la responsabilité des propriétaires, les pouvoirs confiés aux gérants et le contrôle qui peut s'exercer à leur égard, la facilité de céder des parts ou au contraire de restreindre la cessibilité, entre autres aspects[1]. Pour tenter l'usage d'un vocabulaire philosophique, on peut dire que l'étude du droit des sociétés bénéficiera d'une approche existentialiste plutôt qu'essentialiste. Il faut s'attacher à l'examen de règles de détail et en cerner les effets : ceux-ci sont les effets juridiques *concrets*, à savoir les droits subjectifs qu'elles créent, et les conséquences de nature sociale et économique qui découlent de l'existence et de l'exercice de ces droits[2]. 3

---

[1] Si la *fiscalité* est différente d'une forme de société à l'autre, elle a alors évidemment une importance indéniable, mais l'histoire du droit montre que ce n'est pas le facteur déterminant à long terme sur le plan de la propagation d'une forme de société de préférence à une autre.

[2] Sur les différentes approches conséquentialistes, cf. Alexandre FLÜCKIGER, (Re)faire la loi (2019), p. 50, 78, 122 s. et 491. V. aussi ROUILLER/UFFER, Concepts, intérêts et valeurs dans l'interprétation du droit privé en Suisse (2018), p. 221-224 et 235-238.

4   La définition choisie et le traitement de la matière qui en découle permettent aussi de rendre compte de l'admission puis de la propagation de la société unipersonnelle (de capitaux) – phénomène majeur sur les plans conceptuel, pratique et économique.

5   Cette analyse générale exprimée, on peut dévoiler ici qu'il en résulte une direction fondamentale quant au contenu et à la structure de ce précis. Il examine les règles concrètes du droit suisse des sociétés, en s'attachant à en présenter les différents effets *dans la pratique juridique quotidienne tant non contentieuse que contentieuse*. La pratique non contentieuse représente évidemment un nombre d'opérations incommensurablement supérieur aux litiges soumis aux tribunaux (pour estimer très approximativement un ordre de grandeur : de l'ordre du million de fois plus grand) ; mais les solutions données aux différends judiciaires fixent des limites ou donnent des orientations qui servent ensuite à traiter d'innombrables situations qui ne sont pas litigieuses.

6   Le droit suisse actuel permet d'identifier *un grand nombre de règles générales*. Certaines se présentent comme telles, comme le droit du registre du commerce, celui des raisons sociales et le droit comptable. D'autres résultent d'une unité matérielle, comme les devoirs des gérants, la représentation et les principes en matière de dissolution et liquidation. Ensuite, les deux grandes catégories de sociétés, celles dites « de personnes » et celles dites « de capitaux », comprennent chacune de nombreuses règles générales (au-delà même du renvoi au droit de la société simple par les dispositions régissant les autres sociétés de personnes ou au droit de la société anonyme pour les autres sociétés de capitaux). Les coopératives ne sont pas des sociétés de capitaux, mais on rattachera leur description à celle qui est faite de ces dernières, tant elles partagent concrètement de traits fonctionnels communs (dans une moindre mesure, il en va ainsi de l'association). La présentation *commencera* chaque fois par ces règles générales, mais on gardera à l'esprit que les *règles particulières*, spécifiques à chaque type de société, sont d'une importance cruciale puisqu'elles sont décisives pour la propagation d'une forme de société plutôt qu'une autre. En d'autres termes, la partie spéciale n'est pas moins importante que la partie générale.

7   Même si le format du présent précis ne permet pas de développements très étendus sur ce plan, des repères historiques et de droit comparé sont nécessaires. Certes, le droit suisse des sociétés actuel présente maints traits originaux et constitue un sujet d'étude légitime pour lui-même. Il est cependant le fruit d'une évolution commune à la civilisation occidentale au sens large, de l'époque romaine à la fin du XIXe siècle. Une fois codifié au niveau fédéral dès 1881, il a connu des étapes dont chacune est utile pour bien comprendre le droit actuel. Par ailleurs, l'économie suisse étant très étroitement intégrée aux flux internationaux, et les sociétés suisses étant actives presque partout dans le

monde, on ne peut ignorer les réflexions et choix législatifs qui se font dans l'Union européenne, aux États-Unis d'Amérique ou en Grande-Bretagne, tout comme dans d'autres pays et ensembles géopolitiques qui, fonctionnellement, sont désormais en contacts permanents avec les entreprises helvétiques. Cela est d'autant plus important que les entreprises sont aujourd'hui plus qu'avant – et c'est sans doute heureux – sous le regard critique des citoyens quasiment en permanence et sur l'ensemble de la planète. Au-delà de la « mécanique juridique » qui a permis de bâtir les sociétés commerciales telles qu'on les connaît, un traité contemporain de droit des sociétés bénéficie assurément d'une attention à ces aspects de nature économique, politique et sociale.

II. Repères historiques généraux

A. De l'antiquité aux codifications modernes

L'archéologie juridique permet d'identifier des éléments épars que l'on peut rattacher au droit des sociétés dans les civilisations babylonienne[3], phénicienne, égyptienne et grecque[4]. Leur caractère parcellaire ne permet pas d'en tirer une vue générale utile pour le présent précis. 8

Le droit romain, si riche et lumineux en matière de contrats et d'obligations, connaît la société en tant que contrat déployant des effets entre parties (*societas*)[5]. Il ne paraît pas avoir créé la possibilité à plusieurs personnes de conduire une entreprise commerciale commune apparaissant comme telle aux yeux de tiers, susceptible d'acquérir des droits et de s'obliger collectivement. Les personnes morales, à savoir des sujets de droit artificiels, distincts des personnes physiques et ayant un patrimoine propre, existaient, en ceci que diverses collectivités publiques étaient ainsi conçues (*universitas*)[6]. Dans les matières qui se rattachent au droit commercial, le droit romain comprenait par ailleurs des instruments sophistiqués pour le transport en mer et l'assurance[7]. 9

Après la chute de l'Empire romain d'Occident, l'ensemble de ces matières ne montre pas de développements clairement déterminés en Europe occidentale pendant le Haut Moyen Âge. Les ensembles géopolitiques voisins, comme le 10

---

[3] Cf. Paul REHME (1913), p. 60 ss.

[4] Cf. p. ex. Ludovic BEAUCHET (1897), vol. IV, sect. V, p. 340-371.

[5] Cf. p. ex. Max KASER (1992), § 43/I/2 ; DULCKEIT/SCHWARZ/WALDSTEIN (1995), § 13/II/5 et § 22/II/3 ; Salvo RANDAZZO, Australian Journal of Legal History 2005 p. 119 s.

[6] Cf. p. ex. Max KASER (1992), § 17/I.

[7] Cf. p. ex. Max KASER (1992), § 39/I/3, § 42/IV/4 ; Pierre DE GENTILE (1889), p. 17 ss et 118.

3

monde byzantin et le monde arabe, plus prospères, ne paraissent pas alors développer de façon identifiable le droit des sociétés, bien que certaines innovations intéressant le droit commercial, comme les assignations et billets à ordre (précurseur du chèque du XIXe siècle), émergent à ces époques.

11 Les sociétés commerciales apparaissent de manière perceptible dans les républiques marchandes italiennes dès le XIe siècle. Une forme aboutie, aux importantes fonctions, est la *commenda* associant l'entrepreneur (marchand) et un financier[8]. Celui-ci (*commendator*) fournissait ou s'engageait à fournir un capital qui n'était pas un prêt, mais une participation : le *commendator* avait droit à une partie des gains en cas d'entreprise fructueuse ; il ne pouvait récupérer l'investissement en cas d'échec des opérations commerciales. Sa responsabilité était limitée à cet apport. Cette société regroupant des associés aux rôles très différents, originellement conçue pour des opérations maritimes ponctuelles (elle était désignée comme *société de mer*), s'est progressivement répandue ; elle a pu servir aussi à des opérations durables. Cette forme de société peut très clairement être décrite comme l'ancêtre de la société en commandite contemporaine. Dans le chapitre consacré spécifiquement à cette forme de société, on reviendra de façon plus approfondie sur l'historique de société en commandite ; on relèvera ici uniquement que son régime sera notamment codifié, en France, dans l'Ordonnance sur le commerce de terre de Colbert de 1673.

12 Une autre forme de société, aux buts potentiellement divers, et durable, regroupant des associés tous personnellement responsables, la *compagnia*, peut être identifiée en particulier à Venise au XIIe siècle. Elle était alors soumise à des règles strictes, les associés devant être de dix à vingt, les parts étant non cessibles. La rigueur de ces aspects, conférant à l'entreprise commune un très fort aspect personnel, s'est progressivement atténuée, ce qui a permis à cette forme de société de se répandre. Elle semble par ailleurs avoir surgi également dans les pays germaniques sous la forme de société en main commune *(Gesellschaft zur gesamten Hand)*[9]. Fondamentalement, ses traits se retrouvent dans l'actuelle société en nom collectif. Elle est devenue la forme dominante de société jusqu'à l'avènement des sociétés de capitaux.

13 Les sociétés de capitaux, personnes morales, apparaissent progressivement, d'abord toujours par concessions particulières du pouvoir politique. Leurs caractéristiques sont notamment une cessibilité plus aisée des parts et une responsabilité limitée de tous les propriétaires. On relève une telle entité déjà au

---

[8] Cf. p. ex. Paul REHME (1913), p. 193 ; HANSMANN/KRAAKMAN/SQUIRE, Harvard Law Review 2006, p. 1333 ss, spéc. 1364-1372 ; Ron HARRIS, Journal of Economic Behaviour & Organization 2009, p. 606 ss, spéc. 611 s. ; David GINDIS, Journal of Institutional Economics 2020, p. 570.

[9] Voir le très bon résumé par Roland RUEDIN (2006), N 38 s.

XIIe siècle dans la région de Toulouse pour l'exploitation de moulins[10]. Cela étant, ce sont les compagnies à charte anglaises qui donnent à ce modèle une grande visibilité du fait de leur rôle dans le commerce international, voire dans la colonisation de régions économiquement très importantes. Ainsi, on observe la création en Angleterre de la *Company of Merchant Adventurers to New Lands* fondée en 1551 par 250 actionnaires, devenue la *Muscovy Company* en 1555[11], et, surtout, la *British East India Company*, en 1600[12]. Sur le continent européen, fut fondée en 1602, l'illustre Compagnie hollandaise des Indes orientales, *Vereenigde Oost-Indische Compagnie* (VOC), dont les titres étaient librement cessibles et négociables en bourse (sur six places différentes[13]). La combinaison de la responsabilité limitée des investisseurs et de la cessibilité des parts permit notamment de rassembler des capitaux abondants. Certaines des compagnies à charte s'avérèrent particulièrement durables, la structure juridique et les facteurs géopolitiques contribuant ensemble à ce phénomène spectaculaire. Des banqueroutes considérables peuvent aussi être observées, comme celle de la Compagnie française des Indes occidentales en 1720[14].

Les sociétés de capitaux deviennent une forme juridique ordinaire – légale –, ne nécessitant pas de privilège spécial, en vertu des codifications contemporaines, à commencer par le Code de commerce français qui institue en 1807 la société anonyme. Depuis lors, elles deviendront en moins d'un siècle la forme dominante de société commerciale et, sous l'angle des volumes économiques, canaliseront la majeure part de l'entrepreneuriat, cela dans le monde entier. Diverses catégories de sociétés de capitaux émergeront, sans que les sociétés de personnes soient pour autant évincées.

14

---

[10]   Cf. Germain Sicard, Aux origines des sociétés anonymes : Les Moulins de Toulouse au Moyen Âge (1953) ; voir aussi Goetzman/Pouget, A Shareholder Lawsuit in Fourteenth-Century Toulouse, *in* : Origins of Shareholder Advocacy (Koppell, 2011), p. 216 ss.

[11]   Cf. Nicolas Rouiller, International Business Law (2015), n. 615. V. aussi Peter Nobel, BK, Das Aktienrecht : Systematische Darstellung (2017), § 3, N 37.

[12]   Sur le rôle de cette structure juridique dans la conquête du sous-continent indien, on peut se référer au livre de William Dalrymple, Anarchie (éd. française, Lausanne 2021), p. 475 : « *Il se peut que la principale exportation de la Grande-Bretagne en Inde soit l'idée d'une société par actions qui, pour le meilleur ou pour le pire, aura autant changé l'Asie du Sud-Est que toute autre idée européenne. Son influence pèse certainement plus lourd que celle du communisme et du protestantisme, voire que celle de la démocratie* ».

[13]   V. Lodewijk Petram, The world's first stock exchange, th. Amsterdam 2011.

[14]   Cf. p. ex. Émile Levasseur, Recherches historiques sur le Système de Law (Paris 1854).

B. Les codifications du XIXe siècle

15   Dans une première phase, la responsabilité limitée, l'ampleur des entreprises créées et la perception d'un risque de fraudes induisent craintes et restrictions. Le Code de commerce napoléonien de 1807, s'il crée un régime légal pour la société anonyme, exige une autorisation gouvernementale pour qu'elle puisse être constituée[15]. La plupart des nombreux codes nationaux – et cantonaux – qui suivront le modèle français conserveront, comme celui-ci, ce trait pendant environ un demi-siècle[16]. Aux États-Unis d'Amérique, la société anonyme émerge dans l'État de New York en 1811[17] sans nécessiter d'autorisation, mais n'est possible que pour les activités manufacturières. En revanche, l'État du Connecticut admet dès 1837, sans nécessité d'une autorisation, la société par actions pour toute activité (« *any lawful business* »). Le Royaume-Uni l'admet lui aussi, au terme de débats parlementaires vifs, en 1855 et étend le champ d'application en 1862[18]. Le droit français abolit le régime d'agrément en 1867. Conformément à l'opinion clairement dominante depuis 1865[19], la Confédéra-

---

[15]   Article 37 du Code de commerce de 1807 : « *La société anonyme ne peut exister qu'avec l'autorisation du gouvernement, et avec son approbation pour l'acte qui la constitue* » (cette exigence est demeurée en vigueur jusqu'en 1867). Comme on le voit dans l'édition par Jean François FOURNEL de 1807 (p. 29-30), le *Discours préliminaire* de 1802 insistait sur cette autorisation étatique (« *C'est à l'administration publique qu'il appartient de juger les avantages et les dangers de ces sortes d'association ; elle est plus à portée d'en calculer les effets* » ; dans le même sens, le rapporteur ST-JEAN D'ANGELY : « *l'intervention du gouvernement était nécessaire pour vérifier d'avance sur quelles bases on voulait faire reposer les opérations de la société, et quelles pouvaient en être les conséquences* »).

[16]   Le rapport de Walther MUNZINGER (1865), p. 113, rapporte que le canton de Neuchâtel avait, seul en Suisse, « *proclamé la liberté de la société par actions* » en 1833.

[17]   Cf. Pauline MAIER, The revolutionary origins of the American corporation, The William and Mary Quarterly, 1993, p. 53-58, qui fait état d'une telle loi dans le Massachusetts en 1809 déjà ; cf. ég. William C. KESSLER, A statistical study of the New York General Incorporation Act of 1811, Journal of Political Economy, 1940, p. 877-882. Cf. aussi, en français, GUINNANE/HARRIS/LAMOREAUX/ROSENTH, Annales HSS 2008, p. 73 ss, spéc. 82.

[18]   Ainsi le Comte GREY au Parlement : « *[the Bill] proposes to depart from the old-established maxim that all the partners are individually liable for the whole of the debts of the concern* ». La loi – *Limited Liability Act* – n'en fut pas moins adoptée en 1855, notamment en suivant l'argumentation du Comte GRANVILLE, qui se référait aux nécessités découlant de l'intervention militaire franco-anglaise de Crimée face à l'Empire russe : « *a time of war is the very time which you ought to free commerce from restrictions* ». Le *Company Act* de 1862 reprend le principe.

[19]   Cf. le rapport de Walther MUNZINGER (1865), p. 117 : « *En matière de société anonyme, l'autorisation de l'État est donc une anomalie, dont il faut imputer la persistance à ce funeste préjugé que l'État est armé par-là du pouvoir de prévenir les abus, qui pourraient résulter de cette forme si puissante du principe de l'association* » ; p. 121 : « *Nous croyons*

tion suisse consacre dans le Code fédéral des obligations adopté en 1881 la faculté de créer une société anonyme sans que ni l'État fédéral ni les cantons ne puissent soumettre cette création à une autorisation au titre de la forme juridique (sont bien sûr réservées les autorisations de police, en particulier pour les activités bancaires ou d'assurances). Dès que la nécessité d'une autorisation est abolie, plus rien n'entrave le développement des sociétés anonymes, qui s'imposent comme la forme juridique portant les grandes entreprises, et cela dans le monde entier[20].

Dans la seconde partie du XIXe siècle, la plupart des pays créent également une forme simplifiée de société à responsabilité limitée, où l'élément personnel reste plus présent que dans la société anonyme. La Suisse se refusera à le faire jusqu'en 1936.   16

Un phénomène marquant, qui s'inscrit en réaction au capitalisme matérialisé par les sociétés anonymes, est l'apparition des sociétés coopératives dans la législation. À vrai dire – indépendamment d'équivalences informelles existant   17

---

avoir démontré que l'autorisation de l'État n'atteint pas le but qu'elle se propose et que souvent, au contraire, elle a un résultat funeste. Toutefois, nous ne contestons pas l'existence même du mal auquel l'autorisation devait obvier. En effet, il y a beaucoup d'abus dont les actionnaires crédules et les prêteurs imprévoyants sont les victimes [...] » ; p. 122 s. : «*placer la société par actions sous l'empire de règles rigoureuses. Nous ne voulons donc pas un système de licence désordonnée, mais la liberté qui consiste dans l'égalité devant la loi. C'est là une sévérité dont nul ne peut se plaindre, parce qu'elle est la même pour chacun ; elle ne présente pas le danger d'empêcher de bonnes entreprises, et enfin elle est plus efficace que le veto d'une autorité administrative [...]. Une responsabilité rigoureuse est la conséquence des larges pouvoirs qu'il est nécessaire de concentrer dans les mains de la direction d'une société par actions* ».

20 V. l'enthousiasme, dans un écrit de jeunesse, de l'économiste et juriste français Paul LEROY-BEAULIEU (1843-1916), Les Sociétés anonymes en Angleterre et en Italie, Revue des Deux Mondes 1869, p. 730 s. : «*Entre toutes les formes que l'association peut revêtir, il n'en est pas qui ait autant remué le monde que celle des sociétés anonymes, où la responsabilité de chaque associé est restreinte au montant de sa mise. Ce n'est pas à des circonstances fortuites, à un pur engouement qu'est due la faveur dont les sociétés anonymes jouissent de nos jours chez tous les peuples civilisés. L'universalité même du phénomène est la preuve qu'il a de profondes racines dans l'état de nos mœurs, de nos idées et de nos besoins. [...] N'est-ce pas la combinaison où se rencontre l'alternative d'un gain illimité et d'une perte réduite ? Dans un temps où l'esprit d'aventure a perdu en intensité et gagné en étendue, où il n'est presque aucun homme qui ne veuille faire dans sa vie une part au hasard et presque aucun qui consente à s'abandonner tout entier à lui, la conception la plus séduisante est celle qui mêle dans les proportions les plus ingénieuses l'élément aléatoire avec la sécurité du placement. Telles sont les raisons qui font de la société anonyme l'instrument le plus usuel de notre temps, le ressort principal de nos progrès et l'agent le plus efficace de notre civilisation* ».

« de tout temps » –, le phénomène coopératif moderne précède d'au moins plusieurs décennies l'apparition de cette forme juridique de société dans les codes. L'un des exemples célèbres est la *Rochdale Society of Equitable Pioneers*, une coopérative de consommation créée par les tisserands d'une ville proche de Manchester (Rochdale). Ayant échoué à obtenir des hausses de salaire, ils créèrent en 1844 un magasin coopératif offrant des produits à bas prix, que l'on peut désigner comme une *coopérative de consommation*. La coopérative comptait une quarantaine de souscripteurs en 1844, près de 400 membres cinq ans plus tard et 10 000 vers 1880. Cette coopérative élargit progressivement son champ d'activités en fondant une *coopérative d'habitation* vers 1860 puis acquérant une usine textile (ce qui permit de créer une entreprise « intégrée », réunissant, pour les produits textiles, la production et la vente au sein de la coopérative)[21]. Les conceptions solidaristes, susceptibles de donner naissance à des projets exploités sous forme de sociétés coopératives, ont été un mouvement philosophique important dans le dernier tiers du XIXᵉ siècle[22].

18 En Suisse, le Code fédéral des obligations institue cette forme juridique en 1881[23]. Elle jouera un rôle important dans l'agriculture, mais également dans le secteur des assurances (caisses maladie, *Rentenanstalt*[24]) et du crédit (les

---

[21] L'Histoire des *Equitables pionniers de Rochdale* a été traduite en français en 1890 par Marie MORET dans la revue *Le Devoir* du Familistère de Guise (sur ce sujet, cf. *infra* N 2653 ; cf. pour une publication récente, George-Jacob HOLYOAKE, Histoire des équitables pionniers de Rochdale, Rennes 2017). Voir aussi Pascal GLÉMAIN, L'Économie sociale et solidaire – De ses fondements à son « à venir », Paris 2019, p. 8.

[22] Pour ne citer que quelques auteurs, on se référera à Léon BOURGEOIS, Solidarité, Paris 1897 ; Charles-Isidore DESSAUX, Civilisation universelle, Bruxelles 1862, puis Civilisation universelle – Doctrine du solidarisme, Paris 1896 ; Henri-Léon FOLLIN, Le Solidarisme, la science économique et les doctrines sociales, Paris 1897 ; Louis DEUVE, Études sur le solidarisme et ses applications économiques, Paris 1906 ; Georges KURNATOVSKI, Esquisse d'évolution solidariste, Paris 1907 ; Gaston GAVET, Solidarisme et quasi-contrat social, Nancy 1908. En lien avec la philosophie anarchiste, il faut citer Pierre KROPOTKINE, L'entr'aide – Un facteur de l'évolution, Paris 1906 (initialement paru en anglais sous le titre *Mutual Aid - A Factor of Evolution*, New York 1902), dont la pensée avait été marquée en 1872 par sa découverte des associations d'aide mutuelle des horlogers dans le Jura suisse.

[23] Cf. le Message du Conseil fédéral, FF 1880 I 181 (sous le terme « d'associations », à but économique, par opposition à celles poursuivant un « *but intellectuel ou moral* »). Walther MUNZINGER (1865) évoque notamment des « *fromageries par actions* » (p. 163-165), qui semblent correspondre à des coopératives.

[24] C'est le nom de l'assureur connu sous le nom de « Swiss Life » depuis 2004. Elle était une coopérative de 1857 à 1997, date à laquelle elle a été transformée en société anonyme.

caisses Raiffeisen). Le régime légal très libéral conduira à une prolifération des coopératives[25] (que le législateur bridera en 1936).

Les sociétés de personnes, soit la société en nom collectif et la société en com- 19
mandite, sont loin de disparaître et les codes du XIXᵉ siècle leur font une bonne
place. C'est notamment le cas du Code fédéral des obligations de 1881 qui
porte unification du droit commercial en Suisse. Mais leur importance relative
ne cesse de décroître. Leur régime juridique ne connaît quasiment pas d'évolution, ce qui traduit notamment qu'elles ne sont pas au centre de l'attention, étant
devenues secondaires dans l'activité économique[26].

En Suisse, la société simple, désormais un type de contrat prévu explicitement 20
par le Code fédéral, joue un rôle pratique étendu en traitant une infinité de situations ponctuelles et durables, y compris de grande importance entrepreneuriale (p. ex. les pactes d'actionnaires ou des consortiums de construction).
L'une des raisons en est que le législateur helvétique a fait le choix de ne permettre qu'aux personnes physiques d'être associées dans une société en nom
collectif.

C. L'évolution aux XXᵉ et XXIᵉ siècles : modernisations et harmonisations

De façon générale, les bouleversements politiques et économiques de la pre- 21
mière moitié du XXᵉ siècle n'emportent pas de grandes modifications du droit
des sociétés. En Suisse, après l'adoption du Code civil en 1907 – qui inclut la
codification du droit des associations à but non lucratif et du droit des fondations –, il faut attendre 1936 pour que le droit des sociétés soit modernisé[27]. Les
principaux traits de la modernisation consistent dans l'adoption du nouveau
droit des sociétés anonymes, dont la structure fondamentale demeure jusqu'à
ce jour. Le droit des coopératives est rendu beaucoup plus rigoureux, afin qu'il

---

[25] Le Message du Conseil fédéral de 1928 dénonçait « *la pratique abusive qui consiste à
adopter la forme de la société coopérative uniquement pour faciliter la constitution d'une
entreprise dont le but exigerait en réalité la forme de la société anonyme* » (FF 1928 I
317).

[26] L'évolution paraît semblable dans le monde entier, cf. p. ex. GUINNANE/HARRIS/
LAMOREAUX/ROSENTH, Annales HSS 2008, p. 73 ss et spéc. les tableaux fort instructifs,
voire spectaculaires, en p. 84 pour la France de 1852 à 1978, en p. 86 pour l'Allemagne
de 1867 à 1932, et en p. 100 pour les États-Unis de 1947 à 1997.

[27] Les hésitations fondamentales qui ont donné lieu à ce long temps de maturation sont résumées dans le Message du Conseil fédéral publié à la FF 1928 I 234 et surtout 238 s.

serve strictement aux entreprises qui visent à apporter des avantages économiques à leurs membres par leur activité même, hors de la réalisation d'un profit financier à distribuer, de sorte que cette forme juridique se distingue nettement des sociétés anonymes. Enfin, l'innovation marquante est l'introduction
de la société à responsabilité limitée. Le droit de 1936 ne connaîtra quasiment
pas d'évolution jusqu'en 1991.

22 Dans d'autres pays et ensembles géopolitiques, plusieurs évolutions méritent
d'être relevées, même si elles n'emportent pas de changements conceptuels essentiels. Sur le continent européen, une volonté émerge d'associer les employés
à la gestion des grandes entreprises (parfois sous le vocable de « cogestion »).
Elle se concrétisera en Allemagne dès 1951 pour les entreprises dans le secteur
minier et sidérurgique [28] et en 1952 pour les sociétés à responsabilité limitée
de plus de 500 employés et toutes les sociétés anonymes non familiales : un
tiers des membres du conseil de surveillance doivent être des représentants des
employés ; cette représentation des employés sera portée en 1976 à la moitié
du conseil de surveillance, sous réserve de la voix prépondérante du président,
qui reste un représentant des propriétaires[29]. Dans d'autres pays d'Europe occidentale, les syndicats seront plus étroitement associés à certains processus –
notamment pour prévenir les licenciements –, sans aller jusqu'à une intégration
équivalente à celle du droit allemand dans les organes de la société. Les expériences soviétiques et yougoslaves jusqu'à la fin des années 1980, bien que les
entreprises y aient souvent été qualifiées de coopératives ou d'entités pratiquant
la cogestion, relèvent en réalité de l'économie dirigée ou d'une forme non monétaire de capitalisme d'État. Trop liées aux directives et dotations de la puissance publique, ces entreprises ne donneront pas naissance à un modèle de gestion ou de propriété entrepreneuriale.

23 Dans la construction européenne, une demi-douzaine de directives sont adoptées dans les années 1970. Elles produisent concrètement une harmonisation
des règles de publicité et de la comptabilité des entreprises. Une évolution
marquante est l'adoption, en 2001 (après des décennies de discussions) de la
« société européenne » (*Societas Europaea*, SE)[30]. Cette forme de société est

---

[28] Il s'agit des entreprises actives dans les domaines régis par la CECA dès 1951 (Communauté européenne du charbon et de l'acier, prédécesseur de la Communauté économique
européenne, CEE, de 1957) ; cf. *Gesetz über die Mitbestimmung der Arbeitnehmer in den
Aufsichtsräten und Vorständen der Unternehmen des Bergbaus und der Eisen und Stahl
erzeugenden Industrie* du 21. 5. 1951. Cette règle s'impose au regard des craintes issues
du comportement des industries allemandes pendant la période nazie.

[29] *Gesetz über die Mitbestimmung der Arbeitnehmer* du 4. 5. 1976.

[30] Règlement CE n° 2157/2001 du Conseil du 8 octobre 2001 relatif au statut de la société
européenne.

fondamentalement une société anonyme classique, mais elle sert de plus en plus de référence commune. Grâce aux facilités d'action dans l'ensemble de l'Union européenne, le nombre d'entreprises qui y recourent s'accroît, lentement, mais constamment[31].

Dans les pays où l'influence anglo-américaine est la plus forte, plusieurs mouvements se dessinent. L'un est la faculté offerte aux sociétés à responsabilité limitée de n'avoir qu'un capital symbolique, voire nul. Ce trait les distingue de la conception française, allemande, suisse, italienne ou belge, selon laquelle bon nombre de règles sont articulées en fonction du capital social avec valeur nominale. L'absence de toute exigence d'un capital minimal ou son très faible montant contribuent à ce que les sociétés à responsabilité limitée évincent presque entièrement les sociétés de personnes. Un autre mouvement est la volonté de protéger les actionnaires face aux organes dirigeants, en identifiant sous le vocable d'*agency theory* un conflit d'intérêts fondamental entre eux, qui doit être maîtrisé par des droits de contrôle accrus[32]. Dès les années 1980, les mots clefs seront *corporate governance* et *shareholder value*[33]. Les effets concrets se manifesteront notamment dans la comptabilité : le *principe de prudence* qui permettait la constitution de provisions, notamment une sous-estimation de beaucoup d'actifs par rapport à la valeur courante, perd du terrain au profit d'une quasi-sacralisation des concepts de *fair value* ou de *true and fair view* («image fidèle»)[34]. En bref, afficher des bénéfices importants,

24

---

[31] Entré en vigueur en 2004, ce régime juridique n'avait été choisi que par 658 sociétés au 16. 11. 2010 ; ce chiffre a rapidement crû depuis, pour atteindre 2125 au 15. 3. 2014 (cf. CARLSON/KELEMEN/STOLLT [European Trade Union Institute], Overview of current state of SE founding in Europe, Bruxelles 2014). Au 1. 7. 2021, l'Institut syndical européen en recensait 3361. D'importantes sociétés comme Airbus Group, BASF, Dassault Systèmes, LVMH, SAP, Scor, Schneider Electric ou Total (depuis le 16. 7. 2020) sont des SE.

[32] Cf. Steven ROSS, The Economic Theory of Agency : The Principal's Problem, American Economic Review 1973, p. 134-139 ; JENSEN/MECKLING, Theory of the firm : Managerial behavior, agency costs and ownership structure, Journal of Financial Economics 1976, p. 305-360.

[33] On cite souvent comme fondement doctrinal le livre d'Alfred RAPPAPORT, Creating Shareholder Value : The New Standard for Business Performance, paru en 1986. L'idée paraît avoir circulé avant (on se réfère fréquemment à une allocution du 12. 8. 1981 du directeur général de General Electric John WELCH « *Growing fast in a slow-growth economy* »). Une intensification de la doctrine peut être observée notamment *in* MCTAGGART/MANKINS/KONTE, The value imperative : managing for superior shareholder returns, 1994.

[34] L'expression en français figure notamment dans le droit communautaire, ainsi les consid. 4 et 8 du préambule de la Directive 78/660/CEE du 25. 7. 1978 ainsi que les art. 1bis par. 5, 2 par. 3-5 et 51bis par. 1 lit. c (la Directive 2013/34/UE, qui la remplace, maintient ce vocabulaire). Le concept est à la base du droit comptable des États-Unis (US-GAAP)

11

notamment en évaluant les actifs au prix courant lorsque les marchés sont haussiers, devient le signe apparent d'une bonne gestion et donne en pratique le droit à de considérables dividendes (pour les actionnaires) et rémunérations (pour les dirigeants). Ces dernières représenteront dès les années 1990 de vastes multiples de ce qui se pratiquait quelques décennies plus tôt[35].

25   L'ensemble de ces évolutions dans la comptabilité et les rémunérations, initiées aux États-Unis et en Grande-Bretagne, se répandent dans la plupart des pays. La perception d'excès sur ce plan, parmi d'autres phénomènes, conduira à ce que les préoccupations de responsabilité sociale de l'entreprise (*corporate social responsibility*)[36] et de durabilité (*sustainability*) émergent au début du XXIe siècle. Elles donneront souvent lieu à de multiples réglementations (qu'il s'agisse d'autorégulation ou de normes étatiques).

26   Dans la deuxième décennie du XXIe siècle, on observe aussi dans plusieurs pays d'Europe et d'Amérique latine des tentatives de créer des régimes juridiques de sociétés propres à mettre en œuvre l'idée d'« économie solidaire », dont la mise en œuvre ne s'inscrit pas entièrement dans le secteur non lucratif (très vaste selon les pays) ; il s'agit plutôt de lucrativité (volontairement) limitée[37].

---

et des Normes internationales d'information financière, connues sous l'appellation anglaise *International Financial Reporting Standards* (IFRS), ou, de 1973 à 2000, *International Accounting Standards* (IAS).

[35]   L'étude la plus systématique paraît être celle de Thomas PIKETTY, Le capital au XXIe siècle, Paris 2013 (qui, à ce sujet, emploie notamment la notion de « super-cadres », chap. 9, spéc. p. 496 ss).

[36]   Ce mouvement s'inscrit en porte-à-faux avec la doctrine de l'École de Chicago, exprimée notamment par Milton FRIEDMAN, A Friedman doctrine – The Social Responsibility Of Business Is to Increase Its Profits, New York Times 13. 9. 1970, p. 17 (« *[in a free society] there is one and only one social responsibility of business—to use its resources and engage in activities designed to increase its profits so long as it stays within the rules of the game, which is to say, engages in open and free competition without deception fraud* » ; le corpus de la doctrine, auquel l'article se réfère, figure dans le livre *Capitalism and Freedom* de 1962). Cette doctrine est fondamentalement proche de l'analyse d'Adam SMITH, selon laquelle le bien public est servi par la poursuite égoïste des intérêts personnels par chacun (An Inquiry into the Nature and Causes of the Wealth of Nations, 1776, livre 4, chap. 3 : « *By pursuing his own interest he frequently promotes that of the society more effectually than when he really intends to promote it. I have never known much good done by those who affected to trade for the public good* »).

[37]   Sur ces questions, voir Nicolas ROUILLER, Économie solidaire – Les instruments juridiques et leur contexte, Hong Kong/Tallinn 2021, p. 53 ss (version complétée du rapport général à l'Association Capitant des amis de la culture juridique française en 2019).

En Suisse, le droit des sociétés connaîtra une très forte accélération du rythme   27
des réformes. Dans la société anonyme, les droits des actionnaires minoritaires
sont renforcés par une réforme de 1991 – discutée pendant une trentaine d'années –, notamment sur le plan du droit aux renseignements et par la création du
droit à un « contrôle spécial » en cas de soupçons d'activité dommageable du
conseil d'administration. Le droit de la société à responsabilité limitée est modernisé pour se rapprocher de celui de la société anonyme, auquel le nouveau
régime renvoie très largement. Cela permettra l'essor de cette forme de société :
de quasi inexistantes en 1993, elles seront plus de 100 000 au 1. 1. 2008 et plus
de 257 000 au 1. 1. 2024 (dépassant depuis 2021 le nombre de sociétés anonymes). Un vaste « paquet » de réformes est proposé en 2005, et sera adopté
par étapes : droit de la révision en 2007, droit comptable en 2011, doit des raisons sociales en 2015, droit du registre du commerce en 2017 et modernisation
générale en 2020 (notamment sur la dénomination du capital en monnaie étrangère, par la codification de règles sur les assemblées « virtuelles », et, pour les
sociétés anonymes, par la possibilité de créer un capital variable, au moyen
d'une « marge de fluctuation du capital »). D'autres réformes encadrent les rémunérations des dirigeants de sociétés cotées (en 2005 et, par une votation populaire, en 2013). Les actions au porteur voient leur champ d'application réduit
comme peau de chagrin de 2015 à 2021, sous la pression internationale. Outre
le Code des obligations lui-même, une loi sur les titres intermédiés (LTI) voit
le jour en 2008 : elle joue un rôle important pour déterminer le cadre juridique
contemporain de la conservation des actions et autres titres émis en grand
nombre. Le droit boursier est codifié au niveau fédéral en 1995 (et modifié
assez fréquemment jusqu'en 2015). On doit aussi observer un bon nombre de
réformes dans le droit fiscal des sociétés, agité par des travaux internationaux
d'envergure destinés à répartir plus équitablement la substance imposable entre
les pays[38].

Dans ce contexte qui peut donner l'impression d'une espèce de frénésie légi-   28
slative, le droit des sociétés de personnes reste par contraste très stable. Cela
est cependant lié aussi à leur importance « démographiquement » réduite : les
sociétés en nom collectif inscrites au registre du commerce ne sont plus qu'environ 11 400 au 1. 1. 2024 et les sociétés en commandite 1 180 (soit l'équivalent
de 2 %, respectivement 0,2 %, des sociétés de capitaux). Elles sont par ailleurs
insensibles aux problématiques fiscales, puisqu'elles ne sont pas imposables
elles-mêmes, seuls leurs sociétaires l'étant.

---

[38] Pour un bref aperçu, cf. p. ex. ROUILLER/BAUEN/BERNET/LASSERRE ROUILLER (2022),
      N 1233a-1251.

III. La réalité contemporaine du droit des sociétés en Suisse

A. État « démographique » des entreprises

29 L'aperçu historique ci-dessus a montré que, depuis que les sociétés de capitaux ont été autorisées, elles n'ont cessé d'accroître la part qu'elles représentent dans l'économie et par rapport à l'ensemble des sociétés.

30 Le phénomène est particulièrement marqué en Suisse, notamment par l'importance relative des sociétés anonymes. Concrètement, au 1. 1. 2024, les formes juridiques suivantes étaient inscrites au registre du commerce :

1. Sociétés de personnes (commerciales)
1.1 Sociétés en nom collectif : 11 404 (au 1. 1. 2007 : 14 662)
1.2 Sociétés en commandite : 1180 (au 1. 1. 2007 : 2617)

2. Sociétés de capitaux (types principaux) et coopératives
2.1 Sociétés anonymes : 239 362 (au 1. 1. 2007 : 175 459)
2.2 Sociétés à responsabilité limitée : 257 519 (au 1. 1. 2007 : 92 448)
2.3 Sociétés coopératives : 8186 (au 1. 1. 2007 : 11 579)

3. Principales personnes morales suisses autres que les sociétés commerciales
3.1 Associations : 11 572 (au 1. 1. 2007 : 5900)
3.2 Fondations : 17 874 (au 1. 1. 2007 : 18 658)

4. Autres entités
4.1 Entreprises individuelles : 172 094 (au 1. 1. 2007 : 150 050)
4.2 Autres formes juridiques (p. ex. sociétés en commandite par actions, sociétés de droit public) : 559
4.3 Succursales étrangères : 3295 (au 1. 1. 2007 : 3787)

31 L'Office fédéral de la statistique (OFS) fournit des données sur le « registre des entreprises »[39], qui reflète notamment les assujettissements à la taxe sur la valeur ajoutée (TVA). Elles permettent de décompter une partie des entités non inscrites au registre du commerce (mais de loin pas toutes[40]) :

5. Raisons individuelles non inscrites : 246 173
6. Associations non inscrites : 49 364
7. Sociétés simples : 14 420

---

[39] Parfois désigné sous l'appellation « Registre des entreprises et des établissements ». L'adresse en ligne actuelle est www.uid.admin.ch.
[40] *Infra* N 34 s. L'état est au 19. 12. 2023.

Cet état « démographique » peut appeler de très nombreuses précisions et remarques. On se bornera à celles qui nous semblent essentielles.   32

Toutes les sociétés de capitaux sont nécessairement inscrites au registre du commerce. Faute de cela, elles n'existent pas[41]. La statistique ne montre pas les sociétés en commandite par actions, car elles représentent apparemment moins d'une dizaine d'entités[42].   33

Parmi les sociétés de personnes, celles qui sont commerciales sont obligatoirement inscrites au registre du commerce. Elles peuvent toutefois exister juridiquement sans inscription[43]. L'inscription étant nécessaire pour fonctionner, cette situation irrégulière ne peut représenter que quelques cas isolés. La statistique du registre du commerce est donc juste à quelques unités près. En revanche, les sociétés simples *ne peuvent pas* être inscrites. Celles que révèle la statistique de l'OFS ne sont qu'une petite partie des sociétés simples, dont beaucoup ne sont pas inscrites au registre des entreprises malgré leur importance économique (ainsi les pactes d'actionnaires) ou simplement parce qu'elles n'entrent pas dans les catégories de cette statistique (notamment toutes les sociétés simples à but purement privé, dont la plupart ne font l'objet d'aucun contrat écrit). Il est vain de tenter une approximation, même s'il semble certain qu'il existe sans doute des centaines de milliers de sociétés simples.   34

Une remarque similaire peut être faite à propos des associations : l'immense majorité n'a pas à s'inscrire au registre du commerce ; la plupart n'entreront pas non plus dans la statistique de l'OFS, car elles n'ont pas d'activité économique (emportant notamment un assujettissement à la TVA), mais bel et bien une activité purement idéale. On peut estimer aussi à plusieurs centaines de milliers les associations qui existent bel et bien (ce qui suppose qu'elles soient dotées de statuts et d'organes) et ne figurent pas dans les chiffres officiels précités.   35

---

[41]   Cf. *infra* N 72.

[42]   Une recherche systématique permettait d'en recenser au moins huit en 2017. Parmi celles-ci a figuré la – très connue – Compagnie Financière Michelin fondée en 1960 (« Compagnie Financière Michelin SCmA » de 2016 à 2020 [auparavant : « Compagnie Financière du Groupe Michelin, Senard et Cie »]) et trois sociétés liées à la banque Lombard Odier. Toutes ont été transformées en SA en 2020 sauf la Compagnie Lombard Odier SCmA. En 2021, un recensement analogue ne permet de répertorier que trois sociétés à Genève, dont Bordier & Cie SCmA (fondée en 2016) et une société inscrite suite à un transfert du Luxembourg en décembre 2016.

[43]   Cf. *infra* N 78.

36   Les entreprises individuelles doivent impérativement être inscrites dès que leur chiffre d'affaires dépasse CHF 100 000.– (art. 931 CO), sauf « *les membres des professions libérales et les agriculteurs lorsqu'ils n'exploitent pas une entreprise en la forme commerciale* ». On sait qu'il existe 22 298 entreprises dans le domaine médical recensées par l'OFS et non inscrites au registre du commerce, 14 240 dans le domaine de l'avocature et du notariat et 95 183 dans le domaine agricole[44]. Avec celles inscrites au registre du commerce, on peut donc retenir que les entreprises individuelles d'une certaine importance sont environ 300 000.

37   Les fondations sont en principe inscrites au registre du commerce, car leur existence en dépend[45].

38   De cet état démographique brut, on peut retirer un tableau général. Les sociétés de capitaux sont ensemble les plus nombreuses, les sociétés anonymes et les sociétés à responsabilité limitée étant, les unes et les autres, plus de 25 fois plus nombreuses que les coopératives. Les sociétés de personnes existent surtout par la société en nom collectif : celle-ci n'est qu'à peine plus répandue que la coopérative.

39   Les associations représentent un phénomène important. Les fondations également.

40   Les succursales étrangères inscrites au registre suisse du commerce sont assez peu nombreuses. Bien que les sociétés étrangères puissent évidemment avoir des activités en Suisse sans inscription dans ce registre[46], cela montre que l'activité entrepreneuriale dans le pays n'est pas exercée principalement par des sociétés régies par le droit étranger.

41   Sur la forme de sociétés, une comparaison internationale montre que les sociétés anonymes en Suisse sont particulièrement nombreuses. Dans les pays voisins, on en compte seulement environ 15 000 en Allemagne, soit à peu près 7 % de celles recensées en Suisse, alors que la population allemande est près de 10 fois supérieure ; elles sont environ 130 000 en France[47], soit environ 50 % de celles recensées en Suisse, alors que la population française est près de 8 fois supérieure. Les sociétés à responsabilité limitée sont également nombreuses en

---

[44] Ces chiffres sont ceux publiés par l'OFS au 19. 12. 2023.

[45] Cf. *infra* N 75.

[46] D'autres ordres juridiques peuvent être plus sourcilleux.

[47] Il faut toutefois relever que la *société anonyme simplifiée* (SAS) est devenue la forme la plus souvent utilisée dans les créations d'entreprises depuis 2015 (de 31 243 par an en 2012, le nombre de créations est passé à 83 179 en 2015 et 190 384 en 2022, tandis que les Sàrl créées par an étaient 119 548 en 2012, 82 427 en 2015 et 82 110 en 2022).

Suisse, mais la disproportion est moindre[48]. Quant aux entreprises individuelles, une certaine disproportion semble pouvoir être observée, mais elle est
atténuée. Les sociétés commerciales de personnes semblent relativement rares
dans l'ensemble des pays.

B. Fonctions économiques comparées des différentes formes de sociétés et d'entreprises

Le présent tableau ne peut être qu'un survol et les approximations sont inévitables. 42

Les **raisons individuelles** sont pour la plupart des entreprises de très petite taille, 43
mais certaines – d'ailleurs non inscrites au registre du commerce le plus souvent – ont une activité économiquement substantielle (p. ex. certains cabinets
médicaux ou études d'avocats[49], dans lesquels le médecin ou l'avocat emploie
des confrères).

À l'autre bout du spectre, les **sociétés anonymes** ne sont pas toutes des grandes 44
entreprises. Beaucoup sont des sociétés unipersonnelles, certaines sont des micro-entreprises qui pourraient tout aussi bien exister comme raisons individuelles ; d'autres sont « dormantes ». Cela énoncé, presque toutes les grandes
entreprises sont des sociétés anonymes. Par exemple, toutes les sociétés suisses
cotées en bourse le sont (cela est dû aux exigences relatives à la transférabilité
des titres[50]). La plupart des fonds de placement (SICAV et SICAF) le sont également.

En Suisse, les **sociétés à responsabilité limitée** sont souvent formées avant 45
tout en raison de la somme moindre qu'il est nécessaire de payer au moment
de la constitution (CHF 20 000.– pour une Sàrl, contre CHF 50 000.– pour une
SA). Cela traduit le fait que, tendanciellement, les Sàrl sont plutôt des entreprises de moindre envergure. Le transfert des titres de participations (parts sociales) est très sensiblement moins facile, tout changement devant être inscrit
au registre du commerce. Cela est sans nul doute une entrave à la diffusion de

---

[48] Le nombre de GmbH en Allemagne est estimé à 1 150 000 en 2016 (cf. Udo KORNBLUM,
Bundesweite Rechtstatsachen zum Unternehmens- und Gesellschaftsrecht, GmbHR 2016,
p. 691-701 ; le site listflix.de en recense 1 199 297 le 15. 1. 2024) et celui de Sàrl à un peu
moins d'un million en France (chiffre reconstitué à partir des notices « Démographie des
sociétés et des EI » de l'INSEE qui indiquent le stock total des sociétés et les créations de
2008 à 2020).

[49] Cf. *supra* N 36.

[50] Cf. p. ex. pour la bourse suisse SIX, art. 21 al. 2 RCot. Cf. aussi *infra* N 2027.

cette forme de société. Il peut toutefois exister quelques raisons fondamentales d'opter pour la Sàrl : certaines obligations à la charge des sociétaires peuvent être prévues dans les statuts d'une Sàrl, mais pas d'une SA, telles des restrictions étendues à la transférabilité (y compris des droits de préemption, cf. art. 786 CO), des obligations de fournir des versements complémentaires (art. 795 CO), une interdiction de concurrence (art. 803 al. 2, 3e phr., CO) et différents droits de se prononcer sur la gestion (art. 811 CO), avec droit de veto (art. 807 CO), ainsi qu'un droit de sortie (art. 822 CO) ou le droit d'exclure un associé (art. 823 CO). Certes, dans une SA, toutes ces obligations peuvent être stipulées dans un pacte d'actionnaires. Toutefois, la force juridique des pactes d'actionnaires, qui sont purement contractuels et n'ont pas d'effet direct en droit des sociétés, peut être jugée insuffisante par certains ; ou encore, la pluralité de sources juridiques (loi, statuts, pacte) peut être jugée trop complexe (bien que cela soit aisément gérable, notamment en limitant les statuts au strict nécessaire). Enfin, il arrive que les exigences de régimes fiscaux internationaux induisent une préférence pour la mise en place d'une Sàrl. Quoi qu'il en soit, on peut relever quelques Sàrl de grande envergure économique.

46 Si l'on compare les deux formes de sociétés sur le plan économique, il reste que le total des valeurs nominales du capital des sociétés anonymes dépasse probablement de plus de 20 fois celui des Sàrl, notamment en raison de sociétés cotées. Les volumes de chiffre d'affaires, de bénéfice et d'investissement doivent être de proportions semblables.

47 Comme déjà signalé, les **sociétés de personnes** ont perdu beaucoup d'importance dans la démographie des entreprises. Les sociétés en nom collectif, qui ont été initialement de loin les principales entreprises commerciales collectives, ont vu leur nombre diminuer de 30 % de 2007 à 2022 (pour n'être plus que l'équivalent de 2 % du nombre de sociétés de capitaux). Elles n'ont plus qu'un rôle économiquement réduit. Parmi les éléments marquants sur ce plan, il faut avoir à l'esprit que jusqu'au début du XXIe siècle, les « banquiers privés » (p. ex. les banques Pictet, Lombard Odier, Mirabaud, etc.) étaient constitués juridiquement en sociétés en nom collectif[51]. Cela donnait un poids économique substantiel à cette forme de société. Depuis 2010, ces banques se sont presque toutes transformées en sociétés anonymes (pour quelques-unes par l'étape intermédiaire de la société en commandite par actions, l'espace de quelques années[52]).

---

[51] Cf. art. 1 al. 1 LB ; cf. ég. BAUEN/ROUILLER (2011), p. 5, 11, 57, 139 et 615.
[52] Pour une description, cf. ROUILLER/BAUEN/BERNET/LASSERRE ROUILLER (2022), N 21b s., spéc. n. 65.

Cela étant, il faut noter que les fonds de placement peuvent revêtir la forme de   48
la société en commandite (art. 9-15 et 98 ss LPCC : « société en commandite
de placements collectifs »[53]). Il reste que le nombre de sociétés en commandite,
qui ont préfiguré la société à responsabilité limitée voici près d'un millénaire,
a récemment diminué de 50 % en quinze ans (pour ne représenter que l'équivalent d'à peine 0,2 % des sociétés de capitaux).

Les sociétés **coopératives** présentent un visage contrasté : tout consommateur   49
suisse connaît les géants de la distribution Coop et Migros, qui dominent le
commerce de détail (elles détiennent au surplus de nombreuses entreprises, y
compris des banques d'importance). Les caisses Raiffeisen, qui constituent ensemble le troisième groupe bancaire helvétique, totalisent plus de 200 sociétés
coopératives[54]. Pour le reste, les sociétés coopératives sont pour beaucoup des
coopératives d'habitation ou des entreprises agricoles, certaines étant de grande
ampleur. Cela étant, de 2007 à 2022, le nombre de coopératives a baissé de
30 %. La dénomination correspondant parfois à ce que l'on peut nommer « l'esprit du temps »[55], certains projets sont initialement conçus sous forme de coopératives, mais la concrétisation se heurte à des obstacles liés en fin de compte
au trait consubstantiel de la coopérative qu'est la participation uniforme de
chaque coopérateur à la formation de la volonté sociale[56].

Hors des sociétés commerciales à proprement parler, il faut remarquer le poids   50
économique colossal des **associations** et des **fondations**[57]. Notamment, les fédérations sportives internationales sont pour la plupart des associations. Elles

---

[53] La particularité est que l'associé indéfiniment responsable, qui ne peut être une personne
     morale dans le régime ordinaire (art. 594 al. 2, 1re phr., CO), doit impérativement être dans
     le régime de l'art. 98 LPCC une société anonyme suisse (al. 2, 1re phr. : « *Les associés
     indéfiniment responsables doivent être des sociétés anonymes ayant leur siège en
     Suisse* »).

[54] Au 6. 7. 2022, elles étaient exactement 222 (regroupées en 21 fédérations régionales). Par
     contraste, à cette même date, les coopératives Migros n'étaient que 12.

[55] Voir p. ex. en français, TERRASSE/BARBEZIEUX/HERODY, Rapport au Premier Ministre sur
     l'économie collaborative (8. 2. 2016) ; v. aussi SLIM/PRIETO, Idées reçues sur l'économie
     collaborative (2018). En anglais, cf. BOTSMAN/ROGERS, What's Mine is Yours : The rise
     of collaborative consumption, 2010 ; Arun SUNDARARAJAN, The Sharing Economy : The
     End of Employment and the Rise of Crowd-Based Capitalism (2016), p. 116 ; Mingming
     CHENG, Sharing economy : A review and agenda for future research, International Journal
     of Hospitality Management 2016, p. 60 ss.

[56] Cf. p. ex. Nicolas ROUILLER, Économie solidaire (2021), p. 89 s.

[57] GACHET/GONIN, Spécificités et contributions de la nébuleuse de l'économie sociale et so-
     lidaire (2015), p. 31, estiment le produit annuel du secteur « non-lucratif » à 29 milliards
     de francs et lui attribuent 180 000 emplois. Voir aussi HELMIG ET AL., The Swiss civil
     society sector in a comparative perspective (2011).

gèrent des flux financiers vertigineux. Par ailleurs, de nombreuses associations à but idéal disposent de moyens financiers considérables, qu'elles utilisent pour soutenir les activités scientifiques ou culturelles, ou encore de pure bienfaisance. Qui plus est, des structures de pouvoir essentielles à la vie sociale sont des associations, tels les partis politiques et les syndicats. Les fondations jouent elles aussi un rôle essentiel dans le secteur non lucratif. Certaines ont été créées par des familles très fortunées, d'autres par les pouvoirs publics. Un phénomène récent, observé depuis 2014, est le lancement de cryptomonnaies ou d'écosystèmes de registres distribués par des fondations suisses ; la capitalisation estimée des valeurs virtuelles ainsi émises (ou « masse crypto-monétaire ») par les cinq plus importantes fondations suisses dans ce domaine[58] variait au premier semestre 2022 entre 700 et 170 milliards de dollars des États-Unis ; les volumes échangés quotidiennement dépassent plusieurs dizaines de milliards. Malgré l'évidente volatilité, il s'agit d'un secteur méritant l'attention, également au regard des innovations technologiques considérables qu'il utilise ou engendre.

51 Enfin, le présent tableau doit faire référence aux rôles multiples, dont certains sont très substantiels, que remplissent les opérations économiques accomplies par des **sociétés simples**. N'étant pas une entreprise « commerciale » en ceci qu'elle n'est pas susceptible d'être enregistrée au registre du commerce ni d'interagir comme une entité distincte des associés auprès de tiers, la société simple ne peut pas faire l'objet de recensements complets. Les pactes d'actionnaires et consortiums de construction sont des illustrations du rôle économiquement majeur de la société simple. L'impossibilité, certes fort contingente conceptuellement, pour les personnes morales d'être membres d'une société en nom collectif en Suisse[59] augmente encore le rôle de la société simple, seule forme du partenariat entre personnes morales hors des sociétés de capitaux. Excepté les opérations économiques d'envergure, la société simple sert à une infinité d'interactions en matière civile ou commerciale. En un mot, elle est une forme de société majeure.

---

[58]   Il s'agit des fondations Ethereum, Solana, Cardano, Interchain et Tezos.
[59]   Cf. *infra* N 1357 et surtout 1439 (notamment ad n. 2120), ainsi que N 1497.

Titre 1 : Partie générale du droit des sociétés

Chapitre 1 : Les dispositions explicitement communes et les règles matériellement communes

§ 2 Les différents types de convergences

I. Dispositions légales explicitement communes à toutes les sociétés

Le Code civil et le Code des obligations ne comprennent pas à proprement parler 52 une partie générale du droit des sociétés[60], contrairement à ce que représente la partie générale du droit des obligations (art. 1-183 CO) pour le droit des contrats (art. 184-529 CO). Il existe cependant des dispositions qui sont explicitement communes à toutes les entités ayant des activités commerciales : le droit du registre du commerce (art. 927-943 CO)[61], le droit des raisons de commerce (raisons sociales ; art. 944-956 CO)[62] et le droit comptable (art. 957-963b CO)[63]. Ces normes sont constitutives d'un véritable « droit des entreprises » unifié[64].

---

[60] Cela avait été proposé par Eugen HUBER en 1919. Le Message du Conseil fédéral de 1928 expose cependant qu'il y a été renoncé délibérément (FF 1928 I 238 : « *ces 'dispositions communes' donnèrent lieu à de vives critiques ; on réclama leur suppression. Tout en reconnaissant qu'au point de vue scientifique il y a intérêt à embrasser dans une formule unique les faits qui sont identiques, nous ne saurions nous dissimuler les inconvénients que comporte, pour l'application de la loi, l'adoption de principes communs tels que les prévoyait le projet de 1919. On ne peut se défendre de l'impression que les matières traitées dans les 'dispositions communes' étaient réunies assez arbitrairement* »).

[61] *Infra* N 63-160.

[62] *Infra* N 178-244.

[63] *Infra* N 245-514.

[64] Ce caractère unifié est le résultat de réformes adoptées dès 2011 pour le droit comptable, puis 2015 pour les raisons de commerce et 2017 pour le droit du registre du commerce. Auparavant, le droit comptable matériel figurait essentiellement dans le droit de la société anonyme (art. 662-670 aCO), et le droit des autres sociétés de capitaux y renvoyait (art. 805 aCO, pour toutes les Sàrl, et 858 al. 2 aCO pour les coopératives de crédit et d'assurance ; pour la SCmA, cela résultait du renvoi général au droit de la SA, art. 764 al. 2 CO). Les sociétés de personnes et la plupart des coopératives n'étaient en revanche pas soumises de par la loi à ces règles matérielles. Il existait aussi des règles spécifiques à chaque forme de société pour la raison sociale (art. 947-951 aCO).

53   Un autre régime juridique commun à toutes les entreprises est le droit de la représentation commerciale (soit les règles applicables aux fondés de procuration et mandataires commerciaux), car les chapitres consacrés à chacune des formes de société y renvoient tous (art. 566, 721 et 816 CO *cum* art. 458-462 CO). De façon plus approfondie, il faut observer que le droit général de la représentation (art. 32-40 CO) est commun à toutes les entreprises – et c'est d'ailleurs évidemment l'un des aspects essentiels de leur activité. Il n'y a pas de renvoi explicite dans les chapitres régissant spécifiquement chaque forme de société, mais les art. 32 à 40 CO, et l'abondant droit non codifié en cette matière[65], s'appliquent bel et bien, de par leur champ d'application général que n'entravent pas les dispositions légales relatives aux différentes sociétés. Ainsi, la question de la perception des pouvoirs par les tiers, soit leur étendue et leur validité en cas de double représentation ou de conflit d'intérêts, soit en général la protection du tiers de bonne foi, ne se distingue pas d'une société à l'autre[66]. Ce sont les processus *internes* d'octroi, de limitation et de révocation des pouvoirs qui peuvent différer selon la forme de société.

54   On relèvera enfin que les règles sur les succursales sont fondamentalement identiques d'une société à l'autre[67].

II.   Dispositions légales communes à l'ensemble des personnes morales

55   Outre les règles susmentionnées formellement communes à toutes les entreprises, il existe des normes applicables à l'ensemble des personnes morales, soit celles sur la personnalité juridique, concrètement l'exercice et la jouissance des droits civils (art. 53 CC)[68], l'étanchéité des patrimoines[69] et l'interdiction du but illicite[70]. La responsabilité pour le comportement des organes (art. 55 al. 2 CC) vaut aussi pour l'ensemble des personnes morales[71]. On remarquera que le bref chapitre du Code civil consacré aux personnes morales en général (art. 52-59 CC) n'est pas intégralement applicable à l'ensemble de celles-ci, le domaine des divergences entre les différentes personnes morales étant substantiel (art. 52 al. 3, art. 54, art. 56 et 58 CC).

---

[65]   Sur la part du droit non codifié par rapport aux règles codifiées, cf. p. ex. Nicolas ROUILLER (2007), p. 284-440.

[66]   *Infra* N 515-635.

[67]   *Infra* N 640-668.

[68]   *Infra* N 669-689.

[69]   *Infra* N 723-781.

[70]   *Infra* N 782-822.

[71]   *Infra* N 690-722.

III. Règles matériellement communes ou convergentes

Une portion très importante de la partie générale du droit des sociétés est cons-   56
tituée par les règles *matériellement* générales, qui ne font pas l'objet de dispositions légales formellement unifiées.

Cela concerne au premier chef la responsabilité *des gérants* (et non des associés   57
en tant que tels) pour les actes fautifs qui s'avèrent dommageables. Même si la
structure des sociétés de personnes s'écarte fondamentalement de celle des sociétés de capitaux en raison de la responsabilité illimitée des associés (dans la
société simple et la SNC) ou d'au moins l'un d'eux (dans la société en commandite), et que cette responsabilité illimitée éclipse pour les créanciers l'importance pratique de la responsabilité des gérants[72], il n'y a en fin de compte[73]
pas de raison de soumettre la définition et la mesure des devoirs de loyauté et
de diligence à des critères différents selon la forme de société.

Un autre vaste aspect de la vie des sociétés matériellement commun à toutes,   58
indépendamment de leur forme, consiste dans les rapports économiques entre
la société et les associés à un autre titre que celui d'associé : les rémunérations
pour les travaux (honoraires, salaires) et les conditions des prêts doivent être
conformes à l'intérêt de la société, comme si elles étaient convenues avec des
tiers[74]. Cette problématique attire moins l'attention dans l'étude des sociétés de
personnes, pour des raisons qui, du point de vue du droit commercial, relèvent
de la contingence : ce n'est que pour les sociétés de capitaux qu'un département
de l'administration fiscale fédérale se focalise sur ces aspects et donne ainsi
lieu à de nombreuses décisions[75]. Il n'en demeure pas moins qu'en droit des
sociétés, ces questions doivent être traitées de façon convergente pour tous les
types de sociétés (ce qui induira notamment d'avoir égard aussi au fait que dans
le cours réaliste des choses, l'associé peut, plus souvent qu'un autre cocontractant de la société, prendre des risques lorsqu'il agit *en une autre qualité* – de
prêteur, fournisseur ou acheteur –, l'intérêt social justifiant objectivement que

---

[72] Comme on le verra en détail (N 969), la responsabilité des gérants est importante *pour la
société de personnes* intéressée à demander réparation du dommage. Elle l'est pour les
créanciers en cas d'insolvabilité des associés.

[73] Le principe de la responsabilité limitée a impressionné les juristes lors de la création ou
de la propagation de la société anonyme (cf. les citations tirées des débats de 1855 au
Parlement anglais, *supra* n. 18, et du rapport de Walther MUNZINGER de 1862/1865, *supra*
n. 19). On examinera *infra* N 968-970 qu'il n'est ni praticable ni justifiable de distinguer
les devoirs de gestion et de loyauté des gérants selon la forme de société.

[74] *Infra* N 1199-1228.

[75] Elles prélèvent concrètement un impôt au titre de la partie excessive des rémunérations ou
des intérêts payés par la société, ou sur l'insuffisance des rémunérations et intérêts reçus
par elle (cf. *infra* N 1205-1206).

ces risques soient rémunérés). Cette problématique est essentielle et délicate ; elle peut survenir pour toute société dans des termes similaires indépendamment de sa forme. Il n'est pas justifiable de développer des approches divergentes d'une forme à l'autre.

59 Un aspect qui ne relève pas de la vie quotidienne de la société, et se manifeste plutôt dans des circonstances rares, consiste dans la nécessité d'indemniser un associé pour sa participation, lorsqu'il est visé par une exclusion ou qu'un successeur est refusé par la société. Il existe ici de grandes différences selon la forme de société quant aux situations concernées. Ce qui est en revanche commun à l'ensemble des sociétés est la façon d'estimer la valeur déterminante pour l'indemnisation (« valeur réelle »)[76].

60 Par ailleurs, il existe des convergences essentielles pour toutes les formes de sociétés en ce qui concerne certains types de dissolution, dont celle qui peut être obtenue pour justes motifs ou pour impossibilité d'atteindre le but social[77]. Enfin, le processus de liquidation présente aussi des traits communs pour toutes les sociétés[78].

61 Les règles formellement ou matériellement communes concernant ces différents aspects constituent ce qu'il nous apparaît opportun de considérer comme la partie générale du droit des sociétés. Elle n'a de loin pas la nature systématique et bien ordonnée qui caractérise la partie générale du droit des obligations. L'identifier et l'étudier en tant que telle facilite grandement l'accès au droit des sociétés, en évitant de le parcelliser à l'excès en fonction du type de société. Cela ne revient nullement à négliger les spécificités de chaque type ; celles-ci ont leur fonction, par exemple, dans la détermination des droits des associés les uns envers les autres et à l'égard des organes, mais cela n'a pas d'impact sur les aspects répertoriés ici et constitutifs de ce qu'il convient de nommer la partie générale.

62 Pour conclure cette introduction, on précisera qu'il existe des règles formellement et matériellement communes pour les deux grandes catégories, à savoir les sociétés de personnes et les sociétés de capitaux. Pour les premières, cela consistera par exemple dans la responsabilité illimitée. Pour les secondes, les relations au capital, notamment les réserves et la gestion du surendettement, sont identiques. Cela ne relève pas de la partie générale commune à l'ensemble des sociétés et n'est donc traité que dans la partie spéciale[79].

---

[76] *Infra* N 1229-1260.

[77] *Infra* N 1261-1283.

[78] *Infra* N 1284-1353.

[79] Pour les règles communes aux sociétés de personnes, cf. *infra* N 1360-1422. Pour les règles communes aux sociétés de capitaux et à la coopérative, cf. *infra* N 1649-1783. Pour les règles communes aux sociétés de capitaux, cf. *infra* N 1784-2014.

Chapitre 2 : Les dispositions légales communes à l'ensemble des sociétés

§ 3 Le registre du commerce

I. Fonctions du registre et faits inscrits au registre

A. L'enregistrement et la publication des « faits pertinents »

Le chapitre du Code des obligations relatif au registre du commerce a fait l'ob- 63 jet d'une refonte formelle complète en 2017, mais les fonctions fondamentales du registre du commerce et les règles essentielles n'ont pas été altérées. Un des traits principaux de cette réforme est de faire figurer dans la loi des règles jusqu'alors nichées dans l'ordonnance sur le registre du commerce (ORC). La lisibilité du droit du registre du commerce en est indubitablement améliorée.

Notamment, la loi commence désormais le chapitre consacré au registre du 64 commerce en indiquant le but qu'il poursuit : le registre du commerce, ensemble de bases de données gérées par l'État (art. 927 al. 1, 1ʳᵉ phr., CO), « *vise notamment à enregistrer et publier les faits juridiquement pertinents des entités juridiques en vue de contribuer à la sécurité du droit et à la protection des tiers* » (2ᵉ phr.). Cette proclamation téléologique, d'un genre assez rare en droit privé suisse[80], est nouvelle[81]. Mais en soi, depuis son origine, le droit suisse des sociétés commerciales attache une importance primordiale à la publicité assurée par un registre du commerce hautement fiable[82].

---

[80] Cela distingue le droit suisse des règlements et directives de l'Union européenne, qui comprennent une introduction (de plus en plus étendue au fil des ans) constituant un véritable exposé des motifs cristallisé dans le texte légal.

[81] Le Code fédéral des obligations de 1881 commençait directement par l'organisation du registre (art. 859 aCFO), de même que le Code des obligations dans sa mouture de 1936 en vigueur jusqu'en 2020 (art. 927 aCO). L'art. 1, 2ᵉ phr., aORC (en vigueur de 2007 à 2020), contenait une formulation semblable à celle de l'actuel art. 927 al. 1, 2ᵉ phr., CO.

[82] Le rapport de Walther MUNZINGER (1865) exposant les *Motifs du projet de Code de commerce suisse* commence ses développements de substance en insistant sur la nature fondamentale pour le commerce d'une publicité assurée par un registre du commerce performant (c'est-à-dire qui récolte efficacement les faits pertinents pour les tiers) et accessible (p. 23-41) ; en défendant le principe selon lequel les sociétés anonymes doivent pouvoir être fondées sans autorisation de l'État (*supra* n. 19), il insiste sur le rôle du registre du commerce pour protéger les intérêts légitimes (p. 122 : « *Une large publicité est la meilleure base de la société par actions* »).

B.   La notion de « faits pertinents »

65   Les « faits juridiquement pertinents » sont en première ligne ceux dont la connaissance est nécessaire ou utile pour les tiers qui souhaitent ou doivent interagir avec la société[83]. Les tiers n'ont pas, en principe, d'autre accès complet aux actes organisant la société que celui que fournit le registre du commerce. Ainsi, les *pouvoirs de représentation* (en tout cas ceux qui sont à la base d'éventuels pouvoirs non inscrits[84]) sont de tels « faits juridiquement pertinents » ; l'existence d'un pouvoir inscrit du représentant permet au tiers de contracter en toute sûreté, tandis que la publication d'une radiation de pouvoirs l'informe du contraire avec certitude[85]. La *composition des organes* l'est aussi, en ceci qu'elle permet notamment de déterminer *prima facie* si une décision de la société est valide (car prise par les personnes actuellement compétentes) ; l'accès aux *statuts* est également utile pour cette détermination. En ce qui concerne les sociétés de capitaux, l'inscription au registre indique, outre l'existence elle-même de la personne morale, l'ampleur de son *capital*, le type des apports et leur libération complète ou partielle : ces faits ont une pertinence pour cerner l'assise financière de la société. La mention de *restrictions à la transmissibilité des titres de participation* ou d'une clause arbitrale renseigne utilement une personne envisageant l'acquisition de tels titres. Pour toutes les sociétés, l'inscription d'une *entrée en liquidation* volontaire ou par voie de faillite est évidemment de la plus haute pertinence.

---

[83]   Cette fonction d'information du public est essentielle depuis qu'existent des institutions préfigurant les registres du commerce contemporains. On citera le Règlement sur le commerce du 6. 9. 1698 édicté par le Conseil des Deux-Cents de Genève, dont l'art. 3 prescrivait : « *tous les négociants [...] seront obligés de se faire inscrire ou immatriculer sur un livre qui sera tenu dans la Chambre du Négoce, dans lequel on inscrira leurs noms et surnoms, ainsi que tous ceux qui auront part dans une société [...] tous les associés seront obligés d'insérer dans leur inscription les clauses de leurs sociétés qui auront quelque rapport au public ; et qu'arrivant pendant le cours de la société quelque changement aux susdites clauses, les associés seront obligés de les faire incontinent enregistrer au susdit livre afin que le public en soit instruit ; entendants que le susdit livre sera communiqué à tous ceux qui le désireront* » (cité par Émile RIVOIRE, Les sources du droit du Canton de Genève, vol. IV, Aarau 1935, p. 649).

[84]   Cf. *infra* N 601-602.

[85]   Sur ce point aussi, l'histoire du droit enseigne qu'il s'agit d'une fonction consubstantielle à toute institution préfigurant le registre du commerce. Ainsi les Édits civils de la République de Genève, approuvés en Conseil Général le 5 octobre 1713 (Genève 1735), Titre XVI, p. 66 s., prescrivaient-ils : « *III. [Tous les négociants feront aussi enregistrer dans ce livre [...] les procurations qu'ils donneront à leurs facteurs, agens [...] pour agir, gérer ou négocier en leur nom et les révocations d'icelles* ».

Outre l'accessibilité d'informations sur la société aux tiers, le registre du com-   66
merce fournit une base sûre pour les sociétaires[86]. Certes, ceux-ci pourraient en
principe obtenir de la société elle-même ces informations[87], mais l'accès par le
registre du commerce est souvent plus aisé et présente l'avantage que les données en cause ont été vérifiées et confirmées par une autorité. L'inscription au
registre leur confirmera utilement, par exemple, l'achèvement de processus qui
peuvent être longs, comme une augmentation de capital[88] ou une restructuration (fusion, scission, déplacement de siège de l'étranger)[89].

Cela étant, malgré l'effort de clarification qu'a constitué la récente refonte du   67
chapitre consacré au registre du commerce, la loi ne dresse pas elle-même une
liste exhaustive ou systématique répertoriant les « faits juridiquement pertinents »[90], qu'elle énonce sans les définir. L'art. 936 CO indique incidemment

---

[86]   On relèvera que dans leur commentaire, GWELESSANI/SCHINDLER (2017), N 5 (ad art. 1
aORC, cf. *supra* n. 81), estiment que « *il s'agit [...] de se limiter aux normes de droit
impératif ayant une fonction de protection de l'intérêt public et des tiers. Il appartient aux
autorités du registre du commerce d'assurer l'application de ce droit impératif. Le droit
dispositif ainsi que le droit impératif dont le seul but est de protéger les relations internes
des personnes faisant partie de l'entité juridique (par ex. les actionnaires), se trouvent
dès lors en dehors du pouvoir cognitif du registre du commerce* ». Même si cette vue
restrictive repose sur des préoccupations légitimes, il nous semble qu'elle est trop étroite
et crée un risque de difficultés à distinguer chaque fois le but de la norme impérative en
cause ; qui plus est, en particulier dans les grandes sociétés, la situation d'un actionnaire
n'est pas toujours très différente de celle d'un tiers en ce qui concerne l'accès aux informations et actes de la société.

[87]   Les sociétés cotées sont obligées *par la bourse* de publier un grand nombre d'informations, dont certaines correspondent à celles qui figurent au registre du commerce (« publicité régulière » ; cf. pour la bourse suisse SIX, art. 55 RCot et 9 ch. 1 et 5 de la Directive
Devoirs d'annonce réguliers [DDAR] et *infra* N 2390-2396 ; plus détaillé sur le sujet en
français, ROUILLER/BAUEN/BERNET/LASSERRE ROUILLER [2022], N 889-891).

[88]   Cf. *infra* N 1837-1863 (augmentations ordinaires) et 2156-2174 (augmentations autorisées et augmentations offertes au public).

[89]   Cf. *infra* N 2854-2876 (restructurations) et 2846-2853 (immigration).

[90]   Par contraste, la Directive (UE) 2017/1132 du Parlement européen et du Conseil du
14. 6. 2017 « relative à certains aspects du droit des sociétés » dispose à son art. 14 (« *Actes
et indications soumis à publicité* ») que « *les États membres prennent les mesures nécessaires pour que les sociétés publient obligatoirement au moins les actes et indications
suivants* », qui consistent concrètement dans « l'acte constitutif, et les statuts » (lit. a) et
leurs modifications (lit. b et c, ég. lit. g), la nomination ou la cessation des fonctions des
membres d'un organe ayant le pouvoir d'engager, individuellement ou collectivement, la
société (lit. d [i]) ou participant à l'administration et la surveillance (lit. d [ii]), l'état du
capital (lit. e), certains documents comptables (lit. f), ainsi que sur la dissolution (lit. h),
ou la nullité (lit. i), et la liquidation (lit. j-k). Cette directive a remplacé celle du 9. 3. 1968
(68/151/CEE, « Première directive du Conseil ») « tendant à coordonner, pour les rendre

que les statuts et actes de fondation (ainsi que les réquisitions et pièces justificatives) doivent être accessibles et qu'il ne s'agit pas des seuls éléments à publier, puisqu'ils se distinguent des *inscriptions* proprement dites. Ce qui fait concrètement l'objet des inscriptions n'est cependant pas défini par le chapitre consacré au registre du commerce, excepté par la définition générale de l'art. 927 CO, soit les faits juridiquement pertinents.

68 Ainsi, le devoir d'inscription précis résulte des dispositions légales relatives aux diverses formes de société, qui indiquent à propos de différents actes ou événements de la vie de la société qu'ils doivent être inscrits au registre[91]. Une vue systématique se dégage de l'Ordonnance sur le registre du commerce[92] et, sous un angle pratique – et tautologique –, de la structure que l'Office fédéral du registre du commerce a élaborée pour la base de données qui est concrètement accessible au public[93] : les faits qui y figurent sont très concrètement ceux qui sont soumis à inscription[94].

69 Même si l'on peut dire que cela tombe sous le sens, la loi précise que « *toute modification de faits inscrits au registre doit elle aussi être inscrite* » (art. 933 al. 1 CO).

II.   Entités juridiques inscrites au registre

70 On peut distinguer entre (a) les entités qui sont nécessairement inscrites au registre, en ceci qu'elles ne peuvent exister sans inscription, (b) les entités qui, de par leur nature, doivent toujours être inscrites, mais qui existent même sans inscription, (c) les entités qui doivent être inscrites dans certains cas, si des

---

équivalentes, les garanties qui sont exigées […] des sociétés […] pour protéger les intérêts tant des associés que des tiers » qui comprenait également une liste analogue à son art. 2.

[91]   Pour la SNC : art. 553-555, 563, 565 al. 2, 574 al. 2, 575 al. 3, 581, 583 al. 3 et 589 CO. Pour la SA : art. 622 al. 2bis, 633 al. 2, 640, 643, 647, 650 al. 3, 653j al. 4, 653o, 718a al. 2, 727a al. 5, 737, 740 al. 2, 746 et 751 CO.

[92]   Pour la SNC : art. 41 al. 1 ORC. Pour la SA : art. 45 ORC. Pour la Sàrl : art. 71 ORC. Pour la coopérative : art. 87 ORC.

[93]   C'est une observation pratique, car on ne peut déduire de cette réalité aucune portée normative. Comme le remarque notamment l'ATF 121 III 368 c. 4b (376, à propos des restrictions combinées au pouvoir de signature pouvant être inscrites au registre, *infra* N 545 s., spéc. n. 809 et 811), « *une considération de ce genre n'a pas à dicter l'interprétation de la loi, pas plus que les arguments fondés sur la circonstance que certains systèmes informatiques ont été conçus selon une autre conception* ».

[94]   Il faut relever que l'art. 30 al. 1 ORC permet aussi l'inscription de faits supplémentaires : « *Les faits dont l'inscription n'est pas prévue par la loi ou par l'ordonnance peuvent être inscrits sur demande : (a) si leur inscription est compatible avec le but du registre du commerce, et (b) si un intérêt public majeur justifie la publication* ».

conditions déterminées sont réunies, et qui existent ainsi forcément sans inscription, et (d) les entités qui ne peuvent pas être inscrites.

Ce qu'il est important d'avoir d'emblée à l'esprit, c'est que les règles du registre du commerce (notamment les exigences relatives aux inscriptions et les effets de celles-ci à l'égard des tiers) sont essentiellement les mêmes pour toutes les entités, indépendamment des catégories énoncées ci-dessus dont elles relèvent. 71

A.   Les entités nécessairement inscrites au registre

Les **sociétés de capitaux et la coopérative** ne commencent à exister juridiquement qu'une fois qu'elles sont inscrites au registre du commerce. Elles n'ont jusqu'à ce moment pas la personnalité juridique (cf. art. 52 al. 1 CC). La loi le précise explicitement pour la société anonyme (art. 643 al. 1 CO), la société à responsabilité limitée (art. 779 al. 1 CO) et la coopérative (art. 838 al. 1 CO). Pour la société en commandite par actions, cela résulte du renvoi général au droit de la société anonyme (art. 764 al. 2 CO). Vu ces dispositions explicites, le chapitre consacré au registre du commerce ne redit pas cette nécessité (cf. art. 931 CO *a contrario* ; v. ég. art. 927 al. 2 CO). 72

On peut observer que la loi mentionne spécifiquement parmi les entités susceptibles d'être inscrites les « sociétés d'investissement à capital fixe » et les « sociétés d'investissement à capital variable » (art. 927 al. 2 ch. 11 s. CO). Il s'agit là simplement de sociétés anonymes dont une partie du régime figure dans la Loi sur les placements collectifs de capitaux (art. 36-52 LPCC pour les SICAV et 110-118 pour les SICAF). De par leur nature de société anonyme, elles font partie des entités nécessairement inscrites. 73

Parmi les **entités créées par une loi particulière de droit public**, certaines sont des sociétés anonymes (l'une des plus connues étant la Banque nationale suisse, créée par une loi spéciale de 1907, une autre étant La Poste suisse SA, créée en 2010)[95]. Étant donné que ce sont des lois spéciales qui fondent leur existence, elles peuvent ne pas prévoir d'inscription au registre du commerce s'il s'agit de droit fédéral (puisqu'une telle loi a le même rang dans la hiérarchie des normes que le Code des obligations). S'il s'agit de droit cantonal, l'art. 763 CO autorise une dispense d'inscription si le canton est solidairement responsable (ou si la société a été fondée avant 1883). Il reste que, sur un plan concret, la plupart des sociétés anonymes de droit public sont inscrites au registre du commerce, même si, théoriquement, elles peuvent exister sans une telle ins- 74

---

[95]   Pour d'autres exemples, cf. *infra* N 2838-2840.

cription. En revanche, si une ou plusieurs collectivité(s) publique(s) décide(nt) de fonder une société anonyme sans créer un statut spécial[96], celle-ci n'existe qu'une fois inscrite au registre[97]. On précisera à toutes fins utiles que les collectivités publiques créent également des établissements *sui generis*, qui ne sont pas des sociétés anonymes, même s'ils ont souvent maints traits communs à celles-ci[98] et sont concrètement inscrits au registre (cf. art. 927 al. 2 ch. 13 et 932 CO).

75 Sur le plan de la relation au registre du commerce, la **fondation** se distingue des sociétés de capitaux en ceci que, si l'acquisition de la personnalité requiert l'inscription au registre (art. 52 al. 1 CC), la jurisprudence retient qu'elle a déjà la jouissance des droits civils et la qualité pour agir et pour défendre en justice dès qu'est passé l'acte constitutif (acte notarié du fondateur entre vifs, ou décès du fondateur qui crée une fondation par acte pour cause de mort), à condition qu'elle soit ensuite inscrite[99] ; on peut considérer que la personnalité est acquise dès que l'acte constitutif est exécutable, sous condition résolutoire d'un défaut permanent d'inscription[100]. Cet aspect permet de caractériser la fondation

---

[96] Dans le domaine de l'électricité, on peut citer Romande Énergie SA, propriété à 38,6 % de l'État de Vaud et à 3,02 % de la Commune de Lausanne (état au 2. 8. 2022) ou Groupe E SA (propriété à 80,3 % de l'État de Fribourg, de l'État de Neuchâtel à 2,5 % et de communes neuchâteloises à 0,8 %).

[97] Les seules particularités concernent alors la nomination de représentants au conseil d'administration (art. 762 CO).

[98] Toujours dans le domaine de l'électricité, un tel choix a été fait, notamment, pour les Services industriels de Genève (SIG, dont l'IDE est CHE-108.955.185) selon une loi de 1973 ou pour les Services industriels de la Ville de Fribourg (CHE-468.662.831) selon un règlement de 1988. Sur les convergences (traits communs) et divergences, et leurs conséquences pratiques, cf. ROUILLER/BAUEN/BERNET/LASSERRE ROUILLER (2022), N 1136a (spéc. n. 3001).

[99] ATF 103 Ib 6 c. 1 (8) ; 99 II 246 c. 9g (265 : « *Eine Stiftung, die in gehöriger Form errichtet wurde und zur Erlangung der Rechtspersönlichkeit nur noch der Eintragung ins Handelsregister bedarf, ist nicht schlechthin nichtexistent [...]. Vielmehr ist sie in diesem Stadium unter der Bedingung, dass sie eingetragen wird, rechtsfähig, ähnlich wie ein Kind vor der Geburt (nasciturus)* »).

[100] La différence d'avec les sociétés de capitaux se justifie matériellement au regard du fait que rien ne peut juridiquement arrêter l'inscription de la fondation une fois l'acte constitutif exécutable (l'autorité de surveillance compétente doit sommer les organes désignés de procéder à l'inscription, et peut nommer un curateur), tandis que si tous les associés d'une société de capitaux décident de ne pas l'inscrire, rien ne forcera l'accomplissement du processus (la relation restera alors régie par les règles de la société simple – cf. art. 530 al. 2 CO [*infra* N 1459-1466] –, l'art. 645 al. 1 CO prévoyant une responsabilité personnelle et solidaire des auteurs des actes antérieurs à l'inscription).

comme une entité obligatoirement inscrite plutôt que nécessairement inscrite[101].

Pour les entités nécessairement inscrites, la **radiation** du registre signifie que   76
leur personnalité cesse d'exister[102]. Dans des cas particuliers où un intérêt le
justifie après la radiation, en particulier lorsque des actifs non réalisés sont dé-
couverts (art. 935 al. 2 ch. 1 CO), une réinscription est possible[103] (d'un point
de vue pratique, elle équivaut à une résurrection juridique).

B.   Les entités obligatoirement inscrites au registre

La catégorie, que nous proposons, des entités *obligatoirement* inscrites au re-   77
gistre regroupe celles que la loi oblige à s'inscrire au registre, mais qui existent
avant une telle inscription et même indéfiniment si ce défaut perdure[104].

Ces entités sont avant tout les **sociétés commerciales de personnes**. Les associés   78
d'une société en nom collectif ou en commandite doivent la faire inscrire au registre (art. 552 al. 2 et 594 al. 3 CO). La jurisprudence a eu l'occasion d'observer
que l'inscription est déclarative[105] : *la société* existe juridiquement avant celle-ci,

---

[101]   Les fondations de famille ou les fondations ecclésiastiques ne sont, dans le droit en vigueur au 1. 1. 2024, pas soumises à la *surveillance* (art. 87 CC) ; mais elles sont obligatoirement inscrites au registre.

[102]   *Infra* N 155.

[103]   *Infra* N 158-160.

[104]   L'obligation de procéder à l'inscription d'une société commerciale de personnes, comme
de tout fait soumis à l'inscription, est catégorique (art. 938 al. 1 CO), et d'ailleurs renforcée par la loi pénale qui punit l'acte consistant à avoir « *tu [au registre] un fait devant être
inscrit* » (art. 153, 2e hypothèse, CP, cf. *infra* N 93). Une exécution d'office peut d'ailleurs
avoir lieu (art. 938 al. 2 CO). Il n'en demeure pas moins qu'en pratique, des inscriptions
obligatoires peuvent ne pas être opérées pendant de très nombreuses années voire indéfiniment si le fait échappe à la connaissance du préposé et ne lui est pas dénoncé (cf. p. ex.
ATF 124 III 363 c. II.2.b [366] pour une SNC ; v. ég. *supra* N 36 et *infra* N 83 ad n. 118).
Lorsque le registre apprend un fait, il peut *sommer* et prononcer lui-même une *amende
d'ordre* (art. 940 CO), ce qui est réellement mis en œuvre (à la différence de l'art. 153 CP,
dont l'application au défaut d'inscription paraît relever de la théorie).

[105]   ATF 135 III 370 c. 3.2.1 (372) ; 134 III 643 c. 5 (647 : « *elle est née à la vie juridique dès
la conclusion du contrat [de société], car l'inscription au registre du commerce est seulement déclarative dans ce cas de figure* »). Dans plusieurs arrêts publiés, l'existence
d'une SNC a été admise sans inscription, ainsi ATF 124 III 363 c. II.2.a (364 : « *Betreibt
sie eine selbständige, auf dauernden Erwerb gerichtete wirtschaftliche Tätigkeit, bedarf
sie als kaufmännische Gesellschaft zu ihrer Konstituierung keines Eintrages im Handelsregister* ») et 73 I 311 (« *Für die Begründung einer Kollektivgesellschaft ist weder ein
schriftlicher Vertrag, noch die Eintragung im Handelsregister erforderlich [...]. Der*

31

car elle n'est rien d'autre qu'un contrat entre des associés qui préexistent, n'étant elle-même jamais dotée de la personnalité juridique. Étant donné que les sociétés en nom collectif et en commandite sont censées n'avoir – par définition – un but que commercial (art. 552 al. 1 et 594 al. 1 CO), la loi précise qu'un contrat de société qui ne donne concrètement pas lieu à une activité commerciale peut constituer (malgré cela) une société en nom collectif ou en commandite si et dès qu'elle est inscrite au registre du commerce (cf. art. 553 et 595 CO) ; à notre connaissance, cela n'est que fort rarement appliqué[106].

79   Sous cette réserve, l'inscription n'étant pas constitutive, on reconnaît que la radiation n'est, de même, que déclarative pour les sociétés en nom collectif et en commandite et qu'elles continuent d'exister après avoir été radiées[107] (une réinscription est toutefois possible pour des raisons pratiques[108]).

80   Les **succursales** doivent elles aussi être inscrites au registre du commerce (au « lieu où elles se trouvent », art. 931 al. 2 CO). Elles ne sont pas des personnes distinctes de la « maison mère » et il est ainsi évident que l'inscription ne fait pas naître de personnalité juridique. De plus, les conséquences juridiques de l'existence d'une succursale, notamment quant à la création d'un for au lieu de son établissement pour juger des actions relatives aux activités commerciales et professionnelles de la succursale (art. 12 CPC), ne dépendent pas de l'inscription[109]. Il faut relever que tant les sociétés suisses que les sociétés de droit étranger doivent faire inscrire leurs succursales en Suisse.

Handelsregistereintrag ergeht über ein bestehendes Gesellschaftsverhältnis [Art. 552, Abs. 2 OR]. Er hat nicht konstitutive Bedeutung »).

[106]   La qualification de caractère non commercial est admise p. ex. dans la décision ACI du 31. 10. 2023, NHI/112.853.86. Si une *exploitation* est admise (cf. p. ex. TC VD 22. 12. 2014, FI.2012.0071), ce qui présente un avantage en matière de restructurations (art. 103 LFus, qui prévoit l'exonération des droits de mutation), cela induit forcément un caractère commercial.

[107]   ATF 135 III 370 c. 3.2.2 (372) : « *les auteurs admettent tous que la radiation de la société en nom collectif est déclarative et que celle-ci continue d'exister tant que sa liquidation n'est effectivement pas terminée* ».

[108]   Cela clarifie la situation d'une façon assurément utile pour les tiers (cf. pour les détails, *infra* N 158 s.).

[109]   En pratique, plusieurs grandes entreprises – notamment les grandes banques – ont adopté dès le début du XXIe siècle une approche consistant à ne plus inscrire de succursales (cf. ROUILLER/BAUEN/BERNET/LASSERRE ROUILLER [2022], N 132, n. 308). Dans la mesure où elles se sont soumises à leurs obligations fiscales en matière de répartition intercantonale, aucune autorité n'a exigé qu'elles s'inscrivent au registre du commerce. Ce sont ainsi plutôt les petites entreprises qui, pour des raisons de visibilité, continuent d'inscrire leurs succursales dans les différents lieux où elles entendent établir une présence.

Comme énoncé dans la section précédente, les **fondations** relèvent en principe 81
elles aussi de la catégorie des entités obligatoirement inscrites, puisque la jouissance des droits lui est reconnue avant l'inscription[110].

C. Les entités à inscrire au registre à certaines conditions

Parmi les sociétés au sens large, l'**association** n'est tenue de se faire inscrire 82
au registre que si elle exerce une activité commerciale pour atteindre son but
(art. 61 al. 2 ch. 1 CC) ou si elle est tenue de faire réviser ses comptes (ch. 2).
On rappellera que le *but* d'une association ne peut être commercial ou « économique » (cf. art. 60 al. 1 CC) en ceci qu'elle ne peut viser à générer directement par une activité commerciale un revenu à distribuer à ses membres, mais
peut défendre et promouvoir des intérêts économiques correspondant, le cas
échéant, à ceux de ses membres[111] ; on admet qu'une telle orientation, bel et
bien économique, est idéale[112]. Si une soi-disant « association » a un but économique dans le sens que l'activité commerciale tendant à la distribution d'un
revenu pour ses membres est sa réelle finalité, elle ne peut être inscrite au registre, car elle ne peut exister en tant qu'association (elle est alors « assimilée
à une société simple », en vertu de l'art. 62 CC)[113]. Si une association à but
idéal – notion large pouvant inclure une orientation économique – exerce une
activité commerciale, son inscription est obligatoire, mais déclarative[114]. La
personnalité juridique de l'association exerçant une activité commerciale dans
un tel contexte n'est pas entravée par le retard ou le défaut d'inscription.

---

[110] *Supra* N 75.
[111] Une prétendue « association » qui a un but directement « économique » au sens d'activité
commerciale visant à générer un revenu pour ses membres ne correspond pas à la définition de l'association ; pour un effet concret (soit la possible nullité d'une poursuite au titre
de l'inexistence de la poursuivante, ATF 140 III 175 c. 4.3 [179] ; dans la même affaire,
CJ GE 12. 3. 2015, A/2037/2013-CS, annulé par TF 11. 8. 2015, 5A_262/2015).
[112] La jurisprudence a pu avoir des hésitations à l'époque où les cartels ne faisaient pas l'objet
d'une législation permettant de combattre leurs activités, cf. ATF 88 II 209 c. I.2.d (226 :
le but purement économique n'est, en l'espèce, pas considéré comme idéal).
[113] Si une association à but économique est néanmoins inscrite au registre du commerce, on
doit admettre un « effet guérisseur » de l'inscription (pour des préoccupations liées à la
sécurité des transactions et à la protection des tiers de bonne foi) ; la jurisprudence a adopté
une approche consistant à admettre l'effet guérisseur de l'inscription pour les personnes
morales même en cas de but illicite, ce qui implique qu'elles ne sont pas inexistantes –
alors que cela résulterait du texte de l'art. 52 al. 3 CC – mais doivent être dissoutes par
décision judiciaire (*infra* N 784-795) ; il doit en aller ainsi *a fortiori* lorsque le vice n'est
que la nature économique du but de l'association.
[114] ATF 100 III 19 c. 2 (23).

83 Une autre « entité juridique » qui doit s'inscrire au registre à certaines conditions est l'**entrepreneur individuel** qui a réalisé un chiffre d'affaires d'au
moins CHF 100 000.– dans l'exercice précédent (art. 931 al. 1, 1ʳᵉ phr., CO).
Les personnes qui exercent une profession libérale, à savoir en particulier les
avocats, médecins, dentistes, architectes et ingénieurs[115], ainsi que les agriculteurs sont libérés de cette obligation si leur entreprise n'est pas « exploitée en
la forme commerciale » (2ᵉ phr.). La jurisprudence considère que cette exception ne s'applique pas aux médecins ou avocats si « *l'activité commerciale
prend le dessus sur la relation avec le patient ou le client* »[116]. Il s'agit de cerner
s'il existe une « *planification visant à la plus grande rentabilité possible [...],
qu'une attention spéciale est accordée à l'organisation*», et que sont recherchés « *un financement optimal et une publicité efficace* »[117]. Ces critères et l'appréciation d'ensemble ne sauraient être schématiques et, comme on le verra,
au-delà de la détermination de l'obligation pour l'entrepreneur individuel de
s'inscrire, ils sont décisifs également pour déterminer si une société de personnes est une société simple ou une société en nom collectif dont l'inscription
est obligatoire. Dans les faits, une majorité des études d'avocats et des cabinets

---

[115] Cette liste figure notamment à l'ATF 130 III 707 c. 4.2 (711).

[116] Ainsi la formulation française dans le Message du Conseil fédéral (FF 2015 3278), reprenant en substance l'ATF 124 III 363 c. II.2.a (365 : « *[es] liegt dabei auch bei der
Ausübung der sog. 'freien Berufe' eine kaufmännische Betriebsführung vor, wenn das
Streben nach Wirtschaftlichkeit gegenüber der persönlichen Beziehung zum Klienten in
den Vordergrund tritt, indem etwa im Hinblick auf eine möglichst hohe Rentabilität Planung betrieben, Organisationsbelangen besondere Aufmerksamkeit geschenkt, einer op-
timalen Finanzierung Sorge getragen, wirksame Werbung betrieben wird etc.* »).

[117] ATF 130 III 707 c. 4.2 (711 : « *Tel est le cas lorsque l'objectif de rentabilité apparaît au
premier plan par rapport aux relations personnelles avec le patient ou le client, en particulier quand une planification visant à la plus grande rentabilité possible est prévue,
qu'une attention spéciale est accordée à l'organisation, qu'un financement optimal et une
publicité efficace sont recherchés [...]. Si une profession libérale est effectivement exercée
à la façon d'une exploitation commerciale, l'on peut présumer que l'entreprise, selon sa
nature et son importance, exige une organisation commerciale et la tenue d'une comptabilité régulière [...]. Sur la base de ces principes, il a été admis sans autre qu'à l'heure
actuelle du moins toutes les plus grandes études d'avocats sont organisées selon des principes commerciaux et ont besoin d'une comptabilité ordonnée. Dans cette mesure, il s'agit
d'une activité soumise à inscription* ») et 4.3 (712 : « *Il faut toutefois se garder d'un trop
grand schématisme, dès lors que le point [...] dépend avant tout du cas d'espèce et suppose de tenir compte de l'ensemble des circonstances dans lesquelles l'activité en cause
est exercée [...]. Parmi les éléments déterminants à cet égard figurent notamment un
chiffre d'affaires élevé, des dépenses importantes en personnel et autres charges, comme
des tâches d'administration, ainsi que le versement d'un goodwill en cas de reprise* »). Le
c. 4.2 est repris quasi à l'identique, en allemand, dans l'arrêt TF 21. 1. 2009, 4A_526/2008,
c. 4.2.

médicaux non constitués en sociétés de capitaux ne sont pas inscrits au registre du commerce[118].

La loi précise que les **instituts de droit public** doivent être inscrits au registre du commerce s'ils «*exercent principalement une activité lucrative privée*» (art. 932 al. 1 CO). L'existence, ou non, de la personnalité morale ne dépend pas d'une telle inscription. Par ailleurs, les instituts de droit public qui ne sont pas soumis à l'obligation de s'inscrire peuvent choisir de le faire (al. 2). Pour ces derniers, il y a donc une inscription véritablement facultative.   84

D.   Les entités qui ne peuvent être inscrites au registre

Les entités qui ne peuvent être inscrites au registre du commerce sont notamment en premier lieu les **sociétés simples**. Le caractère opportun de cette impossibilité est une sérieuse question de légistique, dans la mesure où le Code des obligations ne permet pas aux personnes morales de constituer une société en nom collectif (art. 552 al. 1 CO)[119]. Il s'ensuit que des sociétés constituées de personnes morales exerçant ensemble une activité commerciale ne sont pas inscrites, puisqu'elles sont par défaut des sociétés simples (art. 530 al. 2 C) et le législateur a décidé que celles-ci ne seraient pas inscrites.   85

À toutes fins utiles, on précisera qu'une **entité étrangère** ne peut pas se faire inscrire en tant que telle au registre du commerce suisse, même si elle a une certaine présence en Suisse (p. ex. détention d'immeubles, fourniture de financement). Elle ne peut faire inscrire au registre suisse qu'une succursale suisse. L'inscription ne la transforme pas en entité suisse : la société (ou autre entité) étrangère reste régie par le droit étranger en vertu duquel elle est constituée (art. 154 LDIP). Ce n'est que la succursale à proprement parler qui est régie par le droit suisse, en particulier en ce qui concerne la représentation (art. 160 al. 1 et 2 LDIP).   86

---

[118] Sur les chiffres accessibles, v. *supra* N 36.

[119] Cette problématique est bien identifiée depuis longtemps. Le législateur a cependant délibérément renoncé à supprimer ces empêchements. Ainsi, une intervention parlementaire de 1997 (motion de Hansueli RAGGENBASS du 20. 3. 1997 : «*Associés indéfiniment responsables des sociétés de personnes - Admission des personnes morales*») a été classée (cf. Message du Conseil fédéral, FF 2002 2949 ; cf. *infra* n. 2207 et 2268).

III. Contenu des inscriptions

A. Support des faits enregistrés

87 De façon générale, comme vu lorsque l'on a cerné la notion de « faits juridiquement pertinents », les inscriptions résultent de la production au registre de réquisitions accompagnées de pièces justificatives et de leur traitement par l'office du registre du commerce qui rend ces données accessibles de trois façons : (i) par les données visibles dans l'« extrait du registre », formulées par le registre du commerce de façon concentrée, publiées dans la Feuille officielle suisse du commerce (FOSC) et immédiatement lisibles en ligne ; (ii) par certaines pièces justificatives accessibles en ligne immédiatement ; (iii) par d'autres documents, accessibles sur demande, soit les réquisitions et les autres pièces justificatives[120].

88 L'**extrait** joue un rôle essentiel, car, formulé par le registre du commerce, il traduit l'état juridique de la société vérifié par l'autorité. C'est sur l'extrait que les tiers se fondent presque toujours pour connaître l'état de la société avec laquelle ils interagissent.

89 L'extrait indique les données essentielles identifiant la société, soit la raison sociale et son siège, la date de son inscription et de ses statuts. Il mentionne son but, en principe reformulé de façon concentrée (et sans les buts accessoires) par le registre. Il fournit ensuite les indications essentielles sur la structure de la société (pour les sociétés de capitaux : le montant du capital et le type d'actions, l'existence de restrictions à leur transfert, les précisions sur les apports – entièrement libérés ou non, en espèces ou en nature, le fait qu'ils ont été fournis par compensation –, l'existence d'un capital-participations ou de bons de jouissance, les possibilités d'augmenter ou réduire le capital ; pour les sociétés de personnes : les associés). L'extrait montre aussi la composition des organes des corporations (pour les SA et coopératives : administrateurs, directeurs, organe de révision ; pour les Sàrl : associés, gérants et organe de révision) et des gérants pour les sociétés de personnes. Il indique également les pouvoirs de représentation (des organes, associés et autres gérants, ainsi que d'autres personnes, comme les fondés de procuration), en précisant si ces pouvoirs sont individuels (« signature individuelle ») ou soumis à restrictions (« signature collective à deux », le cas échéant limitée à certaines combinaisons de personnes[121]).

---

[120] Sur la *publicité* du registre en détail, *infra* N 133.
[121] Cf. *infra* N 543-552.

B.   Principes juridiques relatifs aux inscriptions

La loi impose des **règles générales portant sur la formulation des inscriptions** : (i) la véracité, (ii) l'interdiction de l'induction en erreur et (iii) l'interdiction de la contravention à l'intérêt public[122]. 90

Le principe de **véracité** est le plus simple. En exigeant que les inscriptions soient conformes à la vérité, il exige nécessairement une haute diligence du registre du commerce (comme si procéder à des inscriptions véridiques relevait d'une obligation de résultat) et impose un devoir de vérité à ceux qui œuvrent en vue de ces inscriptions, à savoir les signataires des réquisitions (requérants) et les éventuels autres intervenants qui élaborent les documents sur lesquels elles sont fondées (les notaires[123] et les experts réviseurs pour certains actes, les signataires de procès-verbaux de séances de conseil d'administration ou d'assemblées générales, voire les juristes et conseillers qui préparent ces actes[124], sachant – ou devant savoir, art. 3 al. 2 CC – qu'ils serviront de pièces justificatives à une inscription). 91

Il existe plusieurs corolaires au devoir de véracité. 92

L'un est la très forte protection conférée par le droit pénal, qui réprime à de multiples titres les agissements tendant à violer le principe de véracité. Il existe ainsi l'infraction pénale de *fausse communication au registre du commerce* (art. 153 CP)[125], dont l'infraction d'*obtention frauduleuse d'une constatation fausse* (art. 253 CP) peut être considérée comme une forme aggravée[126] ; elle peut être en concours avec le *faux dans les titres* (art. 251 CP) et si les requérants ont un pouvoir de gestion ou de représentation, elle peut être en concours 93

---

[122] Art. 929 al. 1 CO : « *Les inscriptions au registre du commerce doivent être conformes à la vérité et ne rien contenir qui soit de nature à induire en erreur ou contraire à un intérêt public* ».

[123] La portée de l'*obligation de véracité* du notaire en rapport avec les constatations à faire dans les assemblées générales est parfois délicate, cf. *infra* N 1660.

[124] Le Message du Conseil fédéral le précise utilement, FF 2015 3275 : « *Les personnes visées par ces deux principes* [NdA : soit aussi l'interdiction d'induire en erreur] *sont, sous réserve de la structure et de la formulation des inscriptions dans le registre du commerce, à la fois les personnes tenues de requérir l'inscription et celles qui les assistent (notaires, avocats, fiduciaires, etc.)* ».

[125] Art. 153 CP : « *Celui qui aura déterminé une autorité chargée du registre du commerce à procéder à l'inscription d'un fait contraire à la vérité ou lui aura tu un fait devant être inscrit sera puni d'une peine privative de liberté de trois ans au plus ou d'une peine pécuniaire* ». Cf. ég. *supra* n. 104.

[126] Pour une fausse inscription au RC, v. TC, RJJ 1993 365 ; ég. Tribunal régional du Littoral (NE) 28. 3. 2023, PORD 83.2020, c. 5.3.2, et MP NE 18. 8. 2023, MP.2020.2654 (p. 2), suite à TC NE, ARMP.2021.124 c. 5e (p. 13).

avec la gestion déloyale (art. 158 CP, spéc. al. 2 pour l'abus du pouvoir de re-présentation)[127]. Les préposés du registre sont également exposés au grief pénal de faux dans les titres commis dans l'exercice de fonctions publiques (art. 317 CP), qui est un délit grave s'il est commis intentionnellement, mais peut égale-ment être punissable, à titre de contravention, en cas de négligence (al. 2). Ces sanctions pénales ont un effet dissuasif indéniable[128].

94   Un autre corolaire du principe de véracité, logique et cohérent dans l'ordre ju-ridique, est que l'inscription vaut preuve du fait inscrit, si le contraire n'est pas prouvé (art. 9 CC[129]).

95   L'**interdiction d'induire en erreur** est plus vaste et ses contours sont beau-coup moins nets[130]. La véracité peut être qualifiée d'arithmétique ou binaire (la conformité avec la vérité peut être constatée de façon incontestable), tandis que l'on peut parfois longuement débattre pour déterminer si une inscription induit réellement en erreur. Il s'agit de traiter – et de tenter d'éviter – l'ambiguïté. L'exigence s'appliquera aux requérants dans le choix de la raison sociale et du but social, dont la formulation ne doit pas être trompeuse (pour les raisons so-ciales, on se rapporte à l'art. 944 al. 1 CO, traité *infra* au § 4[131]). Pour le registre du commerce, il s'agit d'une exigence de clarté. Cela se manifeste dans la ri-gueur rédactionnelle à observer, qui doit conduire à une parfaite intelligibilité (p. ex. dans la façon dont il est rendu compte des apports en nature ou dont un régime de signatures collectives est exprimé[132]).

---

[127]   La contravention prévue à l'art. 326ter CP vise l'obligation d'agir de façon conforme aux inscriptions (en matière de raisons sociales), et non de faire inscrire correctement un fait (cf. *infra* N 244).

[128]   L'effet préventif du droit pénal ne suffit pas forcément : c'est alors une situation typique où la justice civile doit assurer une protection superprovisionnelle ; v. p. ex. les décisions provisionnelles d'extrême urgence qu'a dû rendre le Tribunal régional du Littoral (NE) les 25. 5. 2020 et 8. 6. 2020, puis provisionnelle le 3. 8. 2020 (MPROV.2020.28) dans le cas d'un requérant ayant requis d'être inscrit seul administrateur sur la base d'une fausse « assemblée générale universelle » des actionnaires (en général, *infra* N 126).

[129]   Art. 9 CC : « *Les registres publics et les titres authentiques font foi des faits qu'ils consta-tent et dont l'inexactitude n'est pas prouvée* ». GWELESSANI/SCHINDLER (2017), N 118 (ad art. 26 aORC) estiment que ce principe est « une émanation » de l'art. 9 CC, ce qui ne paraît pas incorrect.

[130]   À cet égard, la formulation figurant dans le Message du Conseil fédéral *in* FF 2015 3275 ad n. 43 paraît erronée.

[131]   *Infra* N 183 ss.

[132]   Sur ce plan, v. ATF 60 I 55 c. 2 (58).

L'interdiction de contrevenir à un intérêt public doit être comprise de façon 96
bien circonscrite[133]. Concrètement, cela coïncide partiellement avec les limitations au pouvoir d'examen du registre du commerce par rapport aux normes légales dont il vérifie le respect : sa cognition se borne aux règles spécifiques du droit du registre du commerce et à « *la violation indiscutable de normes impératives protégeant les tiers ou l'intérêt public* »[134]. Matériellement, excepté dans la formation des raisons sociales (problématique traitée à l'art. 944 CO)[135], ni la jurisprudence ni la doctrine n'abonde en illustrations des normes d'intérêt public qui seraient touchées par une inscription au registre[136]. Cela étant, on peut certainement avoir à l'esprit l'inscription d'une activité interdite[137] (à cet égard, les offices du registre du commerce sont attentifs à ce que les statuts de sociétés excluent une activité prohibée par la Loi sur l'acquisition d'immeubles par des personnes à l'étranger[138]). Un but illicite ne pouvant donner lieu à une inscription valable (art. 52 CC), l'inscription d'une société poursuivant un tel but serait également contraire au principe de véracité et à l'interdiction d'induire en erreur.

---

[133] Cf. Message du Conseil fédéral, FF 2015 3275 ad n. 44 : « *Par intérêt public, on entend ici l'intérêt général de la collectivité, supérieur à celui des personnes impliquées dans la procédure d'inscription. Il s'agit de protéger des intérêts concrets et non pas simplement des intérêts économiques, sociaux ou fiscaux de nature générale. On ne peut en effet exiger des autorités du registre du commerce qu'elles préservent des intérêts publics allant au-delà de ce que la loi exige explicitement* ».

[134] ATF 133 III 368 c. 2.2.3 (374). Il s'agit d'une jurisprudence constante, cf. p. ex. ATF 114 II 68 c. 2. Une formulation légèrement différente figure à l'ATF 125 III 18 c. 3b (22), citée *infra* n. 174.

[135] Cf. *infra* N 178-212.

[136] La jurisprudence antérieure à la loi sur la fusion a évoqué sous cet angle la transformation d'une Sàrl en SA (ATF 125 III 18 c. 3b [22]) ou l'intérêt à la protection du capital dans le cadre d'une augmentation (TF 18. 7. 2006, 4A.9/2006, c. 3.1 et 3.2), en énonçant la protection des tiers et l'intérêt public. La doctrine évoque l'interdiction des fidéicommis de famille (Rino SIFFERT, BK ad art. 929 CO [2017], N 12 *in fine* ; cet auteur relève ainsi que les dispositions d'intérêt public – pour autant que l'interdiction en cause puisse être considérée ainsi [v. *infra* n. 1217 sur l'évolution des conceptions] – ne sont pas forcément des normes de droit public, mais peuvent bien faire partie du droit privé, ce qui nous semble parfaitement exact).

[137] On pourrait imaginer que les inscriptions ne puissent porter atteinte aux relations avec un État étranger, mais cela ne peut que rejoindre le critère de l'activité interdite ; si l'activité déplaisant à un État étranger n'est pas interdite, il faut être fort prudent – dans un État de droit – et réticent à admettre qu'elle viole un intérêt public.

[138] Concrètement, elles demandent que la société atteste avoir le droit d'effectuer des opérations immobilières, à défaut de quoi elles demandent que les statuts excluent ces activités. Il est d'ailleurs probable que ces exigences sont excessives, car la seule chose qui devrait être légitimement visée est qu'une activité immobilière résidentielle ne figure pas explicitement dans les statuts si la société n'a pas le droit de l'exercer.

97 De façon générale, pour limiter le risque d'entraves excessives à un fonctionnement efficace du registre, il est important que la notion d'intérêt public ne soit pas utilisée par les offices pour exiger des requérants qu'ils fournissent des précisions sans qu'une disposition claire d'une loi le demande. La garantie de la rapidité du processus d'inscription en dépend, et elle est indispensable au fonctionnement de l'économie. De façon plus générale, le fonctionnement du registre dépend aussi du respect accordé à la primauté de la liberté des entreprises (cf. art. 27 Cst[139]), soit à la prohibition de leur demander des informations que la loi n'exige pas d'obtenir d'elles.

C. Le contenu et la présentation des extraits du registre

98 Du point de vue pratique, les inscriptions sont présentées au public par le registre du commerce sous forme d'**extraits** ; la présentation doit permettre à celui qui consulte l'extrait de connaître immédiatement les éléments essentiels de la société, soit notamment – comme exposé à propos des fonctions du registre – la nature (ou type) de la société, son but, ses organes, les pouvoirs de représentation, ainsi que la structure (soit le capital pour les sociétés de capitaux et les associés pour les sociétés de personnes). L'extrait montre toujours la situation actuelle, mais la consultation permet aussi de voir les modifications (avec leurs dates), c'est-à-dire de reconstituer les situations antérieures (« extrait avec radiation »)[140].

99 En ce qui concerne la **formulation**, la présentation des extraits doit être parfaitement claire, limpide et sans ambiguïté. Les extraits emploient un style que l'on peut qualifier de « télégraphique ». Cela étant, si la définition de l'inscription et donc le contenu de l'extrait qui en est l'émanation résultent des dispositions de l'ORC sur chaque forme de société[141], ni le Code ni l'ORC ne contiennent de prescriptions sur la formulation des extraits. L'art. 11 al. 5 ORC prescrit

---

139 Dans l'application des règles qui ont un caractère formel ou « bureaucratique » (ici : de contrôle par une autorité administrative), il importe de garder à l'esprit que la Constitution garantit « *le libre accès à une activité économique privée et son libre exercice* » (art. 27 al. 2 Cst), ce qui suppose qu'aucune entrave par des formalités n'aille au-delà de ce qui est strictement nécessaire, en vertu du principe de proportionnalité (art. 36 al. 3 Cst), ce principe s'appliquant en droit privé (cf. p. ex. ROUILLER/UFFER [2018], p. 212 s. et 218, et *infra* N 1272-1279 en rapport avec la dissolution judiciaire, et aussi N 796 ss, spéc. 817, en rapport avec le but illicite ; ég. N 152 [spéc. n. 225], 1342, 1701, 1733 et 1744 ainsi que n. 3376) à plus forte raison à l'égard de règles ne protégeant pas les particuliers mais un intérêt public.

140 L'art. 936 al. 4 CO dit utilement que « *les modifications opérées dans le registre du commerce doivent pouvoir être retracées chronologiquement* ».

141 Cf. *supra* N 68, spéc. n. 92.

que l'office fédéral « *veille à l'uniformité de la structure et de la présentation des extraits* » et édicte une directive. Concrètement, parmi les documents normatifs publiés, il existe une instruction de l'OFRC adressée aux concepteurs et opérateurs de la base de données informatique ; elle indique les intitulés des rubriques et les termes à employer, avec les équivalences dans les trois langues officielles[142]. Le langage employé dans les extraits est ainsi *standardisé.* L'expérience montre qu'il reste cependant possible de tenir compte de situations très particulières, les préposés du registre du commerce étant – fort justement – attachés à ce que les situations compatibles avec la loi choisies par les sociétés soient mises en œuvre et correctement reflétées dans les extraits[143].

IV. Organisation du registre et processus d'inscription ; rectifications

A. Les offices cantonaux et l'office fédéral

Le registre du commerce est ainsi **organisé** que les entreprises n'interagissent en principe directement qu'avec le registre cantonal. L'office fédéral exerce une fonction de surveillance aux multiples facettes. Outre l'édiction des directives à l'intention des offices cantonaux (art. 5 al. 2 lit. a), des inspections de ceux-ci (lit. c) et la formation de recours contre des décisions judiciaires (lit. d), il exerce un contrôle de tous les instants en approuvant (ou refusant d'approuver) les inscriptions que les offices cantonaux ont l'intention d'effectuer (lit. b[144]). Ce ne sont que dans des cas très particuliers, par exemple lorsqu'une situation juridiquement complexe implique de déterminer ce qu'un avis de droit (demandé par l'OFRC) doit élucider, que des contacts directs peuvent avoir lieu entre une entreprise (soit ses conseils) et l'office fédéral[145].

100

---

[142] Il est nommé « Blue Book - Swiss Commercial Registry, Excerpt Specification (XML Data Model) », version 1.1 du 19. 12. 2012.

[143] P. ex., une société devant avoir un président, alors qu'aucun de deux groupes d'actionnaires ne voulait laisser la préséance à l'autre, le préposé du registre du commerce du Valais Central a accepté en 2012 la notion de « co-présidents », bien qu'elle ne fût pas prévue dans le CO ou l'ORC (mais nullement exclue par ceux-ci ; CHE-101.270.301, FOSC 19. 09. 2012 ; cf. *infra* n. 3142).

[144] « *vérifier que les inscriptions cantonales dans le registre journalier sont conformes aux prescriptions et les approuver* ».

[145] Cela peut notamment survenir en matière d'immigration d'une société étrangère en Suisse (art. 161 LDIP et 126 al. 2 ORC, lequel énonce un certain nombre de pièces justificatives à fournir, dont « *la preuve que l'entité juridique peut s'adapter à une forme juridique du*

B.   Le processus d'inscription

101   L'interaction entre le registre et l'entreprise, qui tend à ce qu'une inscription soit opérée, se fait par des **réquisitions d'inscription**[146] émanant de la société. Ne font exception que des cas particuliers, ainsi lorsqu'une personne démissionnant de sa fonction requiert elle-même sa radiation[147], ou lorsqu'un tribunal ou une autorité administrative, p. ex. l'Autorité fédérale de surveillance des marchés financiers (FINMA) ou l'autorité de surveillance des fondations, requiert l'inscription d'un objet de sa compétence[148] (nomination d'un curateur ou de chargés d'enquête, faillite[149], sursis concordataire[150], etc.).

102   Concrètement, toute réquisition est **adressée** au registre cantonal du siège (ou de la succursale pour les inscriptions concernant celle-ci).

103   La réquisition doit être **signée** de personnes habilitées à représenter la société (contrairement au droit en vigueur de 2008 à 2020[151], elle ne doit plus émaner forcément de membres de l'organe supérieur de direction ; art. 17 al. 1 lit. a et b ORC). Les signatures de ces personnes doivent être déjà enregistrées au registre du commerce ; si elles ne le sont pas (p. ex. lorsque la société se fait inscrire lors de sa constitution ou lorsque les nouveaux représentants signent la

---

droit suisse » [lit. c], ce qui se fait par la production d'un avis de droit, cf. p. ex. Alexander VOGEL, HRegV Kommentar, ad art. 126 [2020], N 29, et *infra* N 2852).

[146]   Art. 929 al. 2, 1re phr., CO : « *L'inscription au registre du commerce repose sur une réquisition* ».

[147]   Art. 933 al. 2 CO ; la présence dans le texte de la loi elle-même de cette règle d'application rare (car la société requiert dans l'immense majorité des cas elle-même la radiation d'une personne qui quitte ses fonctions) s'explique par le fait que la question était controversée (de par son caractère d'exception conceptuelle, bien qu'il n'y ait aucun motif raisonnable de refuser au démissionnaire la faculté de requérir sa radiation) et d'importance pour la personne concernée au regard du risque de responsabilité lié à une inscription qui perdure.

[148]   Cf. art. 929 al. 3 CO et 19 ORC (qui précise que la décision doit être *exécutoire*, ce qui ne se confond pas avec le caractère définitif ou la force de chose jugée).

[149]   Sur les différents objets communiqués par le juge au registre du commerce, cf. art. 176 LP : faillite, sa révocation, sa clôture, l'éventuel effet suspensif (accordé à un recours contre un prononcé de faillite) et les mesures conservatoires ordonnées.

[150]   Art. 296 LP.

[151]   L'art. 931a aCO-2005 prescrivait : « *Toute réquisition d'inscription au registre du commerce concernant une personne morale incombe à l'organe supérieur de gestion ou d'administration* ». Cette règle posait de sérieux problèmes pratiques, même si l'on peut comprendre le besoin de sécurité qui l'avait inspirée ; l'équilibre et la satisfaction du besoin de sécurité peuvent être assurés selon nous par une réponse énergique des tribunaux, en particulier par une rectification immédiate du registre par voie superprovisionnelle, dans des cas pathologiques (cf. *infra* N 116-124).

réquisition), elles doivent être légalisées[152] et les pouvoirs établis par les pièces produites à l'appui de la réquisition[153].

Le **contenu** des réquisitions doit consister matériellement à demander une ins-   104 cription (d'une société, d'un pouvoir de représentation, d'une modification du capital, etc.). Les formulations employées par les requérants ne doivent pas forcément correspondre littéralement à celles employées par le registre du commerce, qui, comme on l'a vu[154], emploie un langage standardisé alors que diverses expressions sont équivalentes, correctes et légitimes[155]. La réquisition doit être rédigée dans la langue officielle du canton[156], alors que les pièces justificatives ne doivent pas forcément l'être.

Les **pièces justificatives** sont les documents qui actent des décisions de droit   105 des sociétés et les mettent en œuvre. Par la force des choses, leur contenu dépend étroitement de chaque type de société et de la décision concernée. Il existe donc peu de règles générales à leur sujet. L'une est que, si elles sont en format papier (et non en format électronique certifié[157]), elles doivent être produites en original ou en copie légalisée[158]. Il faut encore préciser qu'il est légitime et

---

[152]   C'est-à-dire que la signature doit être certifiée authentique par un notaire suisse ou par une autorité suisse (consulat, commune) ou étrangère, ou par un officier public étranger (de surcroît, pour les légalisations faites à l'étranger, une apostille doit être apposée selon la Convention de La Haye du 5.10.1961 [«supprimant l'exigence de la légalisation des actes publics étrangers»]). – Sur la signature électronique certifiée, admissible pour les réquisitions (art. 18 al. 3 ORC), cf. *infra* n. 157.

[153]   Cf. art. 18 al. 2, 1re et 2e phr., ORC : «*Les réquisitions sur papier doivent être [...] produites munies de signatures légalisées. Une légalisation n'est pas requise [...] lorsque les signatures ont déjà été produites sous une forme légalisée pour la même entité juridique*». Le registre peut exiger une légalisation en cas de doute (3e phr.). En théorie, la législation n'est pas exigée pour la signature du porteur d'une procuration établie par des personnes enregistrées (cf. al. 2, 2e phr. *in initio*) ; toutefois, excepté pour des personnes bien connues du registre, comme des notaires ou des avocats pratiquant le droit des sociétés, la légalisation de la signature du porteur de la procuration sera concrètement exigée.

[154]   *Supra* N 99 ad n. 142.

[155]   L'art. 16 al 1 ORC ne peut que d'autant moins être interprété de façon à exiger des formulations identiques à celles employées par le registre qu'il permettrait aussi de simplement se référer aux pièces justificatives, ce qui est certes très rare en pratique («*La réquisition doit permettre d'identifier clairement l'entité juridique et mentionner les faits à inscrire ou se référer aux pièces justificatives, qui doivent être mentionnées individuellement*»).

[156]   Art. 16 al. 4 ORC.

[157]   La base légale actuelle de la certification numérique est la Loi fédérale du 18.3.2016 «sur les services de certification dans le domaine de la signature électronique et des autres applications des certificats numériques» (RS 943.03, en version courte «Loi sur la signature électronique», abrégée SCSE). L'art. 20 al. 2 ORC y renvoie.

[158]   Art. 20 al. 1 ORC.

usuel de ne produire qu'un *extrait* d'une décision[159], par exemple uniquement la partie d'un procès-verbal relative à l'inscription (les parties concernant d'autres objets pouvant être omises[160]) ; l'extrait doit en principe être signé par les mêmes personnes que les signataires de la pièce complète, mais il est licite que l'extrait soit signé par le président et le secrétaire d'une assemblée ou autre réunion alors que la pièce complète était, par exemple, signée par l'ensemble des sociétaires ou des membres de l'organe. Les pièces justificatives peuvent être dans une langue qui n'est pas la langue officielle du canton ; le registre peut cependant demander une traduction « *si celle-ci est nécessaire pour l'examen* [par le registre] *ou pour la consultation par les tiers* »[161]. Il est fréquent que les pièces justificatives soient uniquement rédigées en anglais, à l'exception des statuts, pour lesquels les registres du commerce exigent un texte dans une langue officielle[162].

106   Si la réquisition répond aux exigences légales, le registre procède à l'inscription. Concrètement, cela signifie que l'office cantonal porte l'inscription à son journal des opérations (« registre journalier ») et la soumet à **l'approbation de l'office fédéral**. Si celui-ci approuve, il s'ensuit une **publication** dans la

---

[159]   L'art. 23 ORC le mentionne spécifiquement, sans dire s'il est admissible de ne produire que la partie décisionnelle. L'al. 2 dit simplement que l'extrait doit être signé du président et du rédacteur du procès-verbal (ce qui correspond à la règle procédurale applicable à la rédaction du procès-verbal dans la société anonyme, art. 713 al. 3 CO). D'après GWELESSANI/SCHINDLER (2017), N 112 (ad art. 23 ORC), il est toujours possible de faire établir un extrait par un officier public, auquel cas l'extrait n'a pas à être signé par le président et le rédacteur.

[160]   Il est certain que les *objets* d'un ordre du jour non concernés par l'inscription peuvent être omis grâce à la production d'un extrait ; en revanche, il est probablement inadmissible, d'exclure par la production d'un extrait, les éléments du procès-verbal qui seraient susceptibles de faire percevoir au registre du commerce que les conditions de l'inscription ne sont pas réunies (p. ex. le compte-rendu de débats ou une déclaration qui montrent que les conditions d'une assemblée générale universelle, soit la présence de tous les actionnaires, sont douteuses). Un tel mode de faire, contraire en tous cas à l'obligation d'agir de bonne foi (art. 2 s. CC), peut être à tout le moins un aspect aggravant dans les infractions pénales de fausse communication au registre du commerce (art. 153 CP) et d'obtention frauduleuse d'une constatation fausse (art. 253 CP), voire tout simplement de faux dans les titres (art. 251 CP). La protection de *secrets d'affaires* peut en soi justifier que ne soit produit qu'un extrait de la partie consacrée à l'objet de l'inscription, mais ce motif ne saurait être un prétexte : le besoin de protection doit être réel, manifestement prépondérant et incontestable.

[161]   Art. 20 al. 4 ORC.

[162]   Ils exigent parfois la mention que le texte dans la langue officielle prévaut en cas de discordance entre les textes. Cela étant, cette exigence ne figure pas dans les dispositions légales.

Feuille officielle suisse du commerce (FOSC), qui est désormais une publication en ligne (cf. art. 936a CO et 35 ORC). Les extraits conformes à la publication dans la FOSC sont disponibles le même jour que celle-ci, mais un extrait anticipé sur papier peut être fourni par l'office cantonal dès qu'il a reçu l'approbation fédérale (cf. art. 34 ORC).

Les réquisitions d'inscription peuvent être **rejetées** par le registre du commerce   107 si elles ne remplissent pas les exigences légales, étant précisé que les décisions des offices cantonaux peuvent faire l'objet d'un recours de droit administratif devant un tribunal cantonal[163] et que celles de l'office fédéral peuvent être portées devant le Tribunal administratif fédéral[164]. Cela soulève la question du pouvoir d'examen des autorités du registre du commerce.

C. Le pouvoir d'examen (« cognition ») du registre

L'obligation et le droit de l'autorité administrative chargée d'une inscription   108 dans un registre de procéder à un examen qui va au-delà de la vérification de la conformité de la réquisition aux exigences formelles est une question délicate. Elle se pose d'ailleurs en des termes semblables en relation avec le registre foncier pour l'inscription des effets découlant des transactions immobilières[165]

---

[163]   L'art. 942 CO rappelle explicitement le recours cantonal contre les décisions des offices cantonaux. La nécessité de leur existence découle de l'art. 29 aCst Ils sont réglés par le droit cantonal, le droit fédéral imposant cependant une instance unique (art. 942 al. 2 CO).

[164]   Vu le caractère souvent illusoire des voies de droit en raison des besoins d'enregistrement rapide (cf. *infra* n. 169), l'art. 33 ORC prévoit une procédure qui permet la correction des erreurs : « *(1) Lorsque l'OFRC refuse d'approuver les inscriptions, il communique sa décision à l'office cantonal du registre du commerce, accompagnée d'une motivation sommaire. La communication est une décision incidente qui n'est pas séparément susceptible de recours. (2) Lorsque le refus de l'approbation repose sur une irrégularité à laquelle il ne peut remédier, l'office cantonal du registre du commerce le communique aux personnes qui ont déposé la réquisition. Il leur octroie l'occasion de prendre position par écrit à l'intention de l'OFRC. [...] (4) Lorsque l'OFRC refuse définitivement d'approuver l'inscription, il rend une décision susceptible de recours* ». La pratique montre que l'échange de vues avec l'entreprise (soit ses conseils) dans des questions complexes (cf. p. ex. *supra* n. 145) permet aussi de faire évoluer la position de l'office. Cela étant, il est possible et fréquent de demander une décision préalable (soit un *ruling*), formellement ou informellement (sur la construction juridique fondée sur la protection de la bonne foi, cf. p. ex. Claude ROUILLER, Protection contre l'arbitraire et protection de la bonne foi, *in* Droit constitutionnel suisse, Thürer/Aubert/Müller éd. [2001], p. 677 ss, spéc. p. 684-689 ; v. ég. les considérations générales dans deux arrêts en matière fiscale, ATF 141 I 161 c. 3.1 [164] et TF 5. 10. 2012, 2C_708/2011, c. 4.3.2).

[165]   Cf. à ce propos p. ex. Denis PIOTET, RNRF 2003 137 s.

ou, dans une certaine mesure, avec d'autres registres publics (comme en matière d'opérations sur des biens de propriété intellectuelle). Du point de vue de la **politique juridique**, il existe des motifs qui plaident en faveur d'un examen étendu, par exemple si une réquisition d'inscription repose sur un acte invalide (pour une raison de pur droit civil, ou parce qu'il consiste en une infraction pénale ou en est le résultat), mais d'autres motifs, dont la rapidité des inscriptions, plaident en sens contraire, c'est-à-dire en faveur d'un examen purement formel et, dans cette mesure, superficiel. Le législateur doit donc faire un choix qui relève de l'ordre du compromis ; on peut parler d'équilibrisme.

109   Le Code des obligations comprend depuis 2021 une disposition dont la teneur est un peu plus large que ce qui figurait dans le droit antérieur ; l'art. 937 CO dispose désormais que « *les autorités du registre du commerce vérifient que les conditions légales requises pour une inscription sont remplies, notamment que la réquisition et les pièces justificatives ne dérogent pas à des dispositions impératives et que leur contenu est conforme aux exigences légales* »[166]. Les travaux préparatoires permettent de comprendre que le législateur n'a pas entendu modifier la portée de la jurisprudence développée depuis environ un siècle, sans entraver d'éventuels développements ultérieurs[167]. Il faut constater que le texte légal demeure compatible avec différentes étendues du pouvoir d'examen[168]. Les

---

[166]   L'art. 940 aCO-1936, en vigueur de 1937 à 2020 (non modifié par la novelle du 16. 12. 2005), prescrivait : « *(1) Le préposé au registre du commerce doit vérifier si les conditions légales requises pour l'inscription sont remplies. (2) Il recherche en particulier, lors de l'inscription de personnes morales, si les statuts ne dérogent pas à des dispositions légales de caractère impératif et s'ils contiennent les clauses exigées par la loi* ». Les art. 859-864 aCFO-1881 ne comprenaient pas de disposition sur la cognition du registre, mais insistaient sur son pouvoir d'exiger que les inscriptions requises par la loi soient opérées (art. 862 aCFO-1881).

[167]   Message du Conseil fédéral, FF 2015 3285 : « *La reproduction fidèle de la formule de cognition du Tribunal fédéral a été sciemment évitée afin que les tribunaux puissent continuer à développer la jurisprudence en la matière [...]* ». Il est précisé en p. 3286 que « *conformément à la pratique, dans le cadre de la vérification des conditions légales requises pour une inscription, les autorités du registre du commerce sont également chargées de veiller à l'application de certaines dispositions du droit spécial, par exemple dans le domaine de la prévoyance professionnelle ou des banques* » et que le choix de l'expression « pièces justificatives » au lieu de « clauses des statuts » « *vise surtout à élargir le champ du contrôle aux exigences de la loi au sens matériel. Il faut par exemple s'assurer que les pièces justificatives satisfont aussi aux exigences de l'ORC* ».

[168]   Un récent arrêt, relatif à l'art. 940 aCO, le dit de façon assez crue : TAF 16. 8. 2021, B-951/2020, c. 5.3 i.i. : « *Der Gesetzgeber hat die Kognition der Handelsregisterbehörden zwar weder geregelt noch gar eingeschränkt* ».

distinctions jurisprudentielles et, tout simplement, la **pratique des autorités du registre**[169] demeurent ainsi déterminantes.

On peut encore observer que les exigences posées sur le contenu du registre, soit la véracité, l'interdiction de l'induction en erreur et l'interdiction de la contravention à l'intérêt public (art. 929 CO)[170], ne permettent pas de déduire entièrement les contours du pouvoir d'examen.   110

Cela étant, la jurisprudence nous apparaît constante et sa formulation est claire, même si la concrétisation des critères qu'elle pose laisse de la place à l'appréciation.   111

Ainsi, le pouvoir d'examen de l'office du registre du commerce est libre (ou « illimité ») en ce qui concerne les **conditions formelles de l'inscription**, à savoir la compétence territoriale, la légitimation des auteurs de la réquisition, le caractère enregistrable du fait dont l'inscription est requise et l'existence des pièces justificatives établissant que ce fait est réalisé[171] (étant précisé que l'ORC dresse une liste exhaustive des pièces nécessaires pour la plupart des faits usuels, tels l'inscription d'une société, le changement de pouvoirs de représentation ou la modification du capital). Sous l'angle des normes concernées, on peut parler des règles qui constituent le *droit du registre du commerce* (« Registerrecht ») ou des « *normes qui régissent immédiatement la tenue du registre* »[172].   112

Ces objets à propos desquels le pouvoir d'examen est libre ou illimité se distinguent de la *validité matérielle des actes* qui fondent l'inscription. Pour cette question-là – qualifiée de « *condition indirecte de l'inscription* » –, le pouvoir d'examen du registre est limité[173]. Telle qu'elle est formulée, la jurisprudence   113

---

[169] Les entreprises ayant le besoin que les inscriptions les concernant soient opérées rapidement (dans un délai de quelques jours ou semaines), elles n'ont quasiment jamais la faculté pratique de contester les décisions de l'office du registre du commerce auprès des tribunaux, en raison de la durée des procédures judiciaires. Ce ne sont que dans des cas exceptionnels, lorsque le temps n'est pas compté (cela peut concerner la constitution d'une fondation pour cause de mort), ou lorsqu'un protagoniste souhaite obtenir une décision de principe, que les tribunaux sont amenés à traiter le pouvoir de cognition du registre (pour un cas relativement récent, TAF 12. 11. 2014, B-633/2013, cité *infra* n. 297).

[170] *Supra* N 90-97.

[171] Ainsi TAF 16. 8. 2021, B-951/2020, c. 5.3 : « *Das EHRA hat volle Prüfungsbefugnis hinsichtlich der als formelle Voraussetzungen bezeichneten Aspekte (etwa mit Bezug auf die örtliche Zuständigkeit sowie in Bezug auf die Legitimation des Anmelders, die Eintragungsfähigkeit des Angemeldeten oder das Vorliegen der erforderlichen Belege)* ».

[172] ATF 121 IIII 368 c. 2a (371, cité amplement en n. 173 *infra*).

[173] La citation complète de ce passage de l'ATF 121 III 368 c. 2a (371) montre comment cette distinction est conceptualisée : « *le préposé vérifie d'abord les conditions formelles posées par le droit en matière de registre du commerce, soit la portée des normes qui régissent immédiatement la tenue du registre. Il jouit à cet égard d'un plein pouvoir d'examen. Il*

montre que le pouvoir porte sur l'application du droit (et non l'établissement de faits autres que la réalité des signatures fondant la réquisition et des pièces justificatives). D'une part, l'examen doit se borner à « *vérifier le respect des dispositions impératives de la loi qui sont édictées dans l'intérêt public ou en vue de la protection de tiers* » ; d'autre part, ce n'est que si la violation en cause de telles dispositions est « *manifeste et indiscutable* » qu'une inscription pourra être refusée, et non lorsque celle-ci serait compatible avec une interprétation plausible (bien que contestable) de la loi[174].

114 Il faut avoir à l'esprit que la mise en œuvre du pouvoir d'examen a connu une **évolution** pour les cas où des tiers s'opposent à une inscription. Jusqu'en 2007,

---

vérifie aussi, mais avec un pouvoir limité, les conditions matérielles, soit l'interprétation des règles, de droit civil ou de droit public, qui fondent la conformité de la réalité constatée avec la loi et dont le respect constitue donc la condition indirecte de l'inscription ».

[174] Outre la formulation succincte à l'ATF 133 III 368 c. 2.2.3 (374) citée *supra* N 96 ad n. 134, v. p. ex. ATF 132 III 668 c 3.1 (372) et, en français, ATF 125 III 18 c. 3b (22) : « *le préposé examine, avant de procéder à l'inscription de modifications statutaires, si celles-ci ne dérogent pas à des dispositions légales de caractère impératif et si elles contiennent les éléments exigés par la loi. Il se borne à vérifier le respect des dispositions impératives de la loi qui sont édictées dans l'intérêt public ou en vue de la protection de tiers. Il doit renvoyer à agir devant le juge civil les justiciables qui invoquent des prescriptions de droit dispositif ou concernant uniquement des intérêts privés. Comme la délimitation entre les unes et les autres peut s'avérer difficile, l'inscription ne sera refusée que s'il est manifeste et indiscutable qu'elle est contraire au droit ; elle ne devra en revanche pas l'être si elle repose sur une interprétation plausible de la loi, dont l'appréciation doit être laissée en définitive au juge* ». V. aussi TF 16. 10. 2000, 4A.1/2000 c. 3 : « *le préposé a le devoir de vérifier le respect des dispositions impératives de la loi qui sont édictées dans l'intérêt public ou en vue de la protection de tiers ; l'inscription ne doit être refusée que s'il est manifeste et indiscutable qu'elle est contraire au droit* ». V. aussi ATF 114 II 68 c. 2 (70 : « *die Eintragung [ist] nur dann abzulehnen, wenn sie offensichtlich und unzweideutig dem Recht widerspricht, nicht dagegen, falls sie auf einer ebenfalls denkbaren Gesetzesauslegung beruht, deren Beurteilung dem Richter überlassen bleiben muss* », circonstances niées *in casu*) ainsi que ATF 107 II 246 c. 1 (248 : refus d'office admis, vu la contrariété à une norme évidente), 91 I 360 c. 2 (362 *in fine* : « *un refus n'est justifié qu'autant que le droit s'oppose manifestement et certainement à l'inscription* », ce qui a été nié *in casu*, avec référence à sept arrêts plus anciens, dont les ATF 86 I 105 *pr.*, avec formulation identique, et 85 I 62 *pr.* [« *Une opération doit être inscrite même s'il est contestable que le droit civil l'autorise* »], nié dans les deux espèces). V. aussi TF 28. 4. 2014, 4A_363/2013, c. 2.1 (trad. in FF 2015 3285) et TAF 16. 8. 2021, B-951/2020, c. 5.3 *in fine* (« *Aber selbst bei den Vorschriften, welche im öffentlichen Interesse oder zum Schutz Dritter aufgestellt sind, darf der Handelsregistereintrag lediglich bei einer offensichtlichen sowie unzweideutigen Verletzung verweigert werden. Wenn die Gesetzesauslegung mehrere Lösungen zulässt, ist die Beurteilung dem Zivilrichter zu überlassen [...]. Die Prüfung der materiellen Rechtmässigkeit soll mithin nur offensichtliche, klare Fehler vermeiden und die Vereinbarkeit mit bestimmten qualifizierten Rechtsnormen sicherstellen* »).

l'ORC permettait explicitement à l'office de surseoir à une inscription en cas d'opposition d'un tiers, en impartissant à celui-ci un délai pour agir en justice (art. 32 aORC-1936) afin d'obtenir des mesures provisionnelles. De 2008 à 2020, l'opposition notifiée au registre avant l'inscription bloquait celle-ci automatiquement si, dans un délai de 10 jours, le tiers saisissait un tribunal d'une requête de mesures provisionnelles ; le blocage était maintenu *ex lege* jusqu'à l'entrée en force de la décision rejetant sa requête (art. 162 s. aORC-2007). Ce système de blocage a été jugé insatisfaisant et abrogé, délibérément sans être remplacé[175]. Il en résulte que si le tiers met en évidence des éléments factuels ou juridiques qui induisent que, selon les critères susmentionnés, l'inscription doit être refusée, elle le sera d'office. Sinon, il reste à employer la voie judiciaire, notamment celle des mesures provisionnelles et superprovisionnelles, lesquelles peuvent aboutir à des rectifications d'extrême urgence ; on le décrit dans la section suivante.

On précisera encore que le pouvoir de cognition du registre est **spécifiquement** **réglé par l'ORC sur plusieurs points**, comme l'établissement de l'existence de personnes morales autres que l'entreprise requérant une inscription[176] (p. ex. si cette entité doit être inscrite au registre en tant qu'associée d'une société à responsabilité limitée ou commanditaire d'une société en commandite). Elle précise également quels documents doivent être produits pour prouver l'existence et l'identité d'une personne physique ; vu les règles contemporaines sur la protection des données, les documents peuvent (ou doivent) être détruits après que l'inscription a été opérée[177].   115

D. L'intervention judiciaire d'urgence et les rectifications

L'abolition du système de blocage automatique en cas d'opposition adressée « à temps » au registre (c'est-à-dire avant l'inscription)[178] place l'intégralité des litiges impliquant les tiers dans les mains des **tribunaux**.   116

---

[175] Sur cet historique, ROUILLER/BAUEN/BERNET/LASSERRE ROUILLER (2022), N 111 s.

[176] L'art. 24 ORC précise que l'existence des entités suisses ne doit pas être prouvée, l'office pouvant consulter la base de données du registre suisse du commerce (al. 1), tandis que « *l'existence d'une entité juridique qui n'est pas inscrite au registre du commerce suisse est établie par un extrait attesté conforme actuel du registre du commerce étranger ou par un document de même valeur* » (al. 2). On précisera que l'existence des comparants à un acte ne doit pas être prouvée au registre ; c'est la responsabilité des personnes tenant l'assemblée, le cas échéant du notaire en cas d'acte authentique, de vérifier leur existence et l'effectivité des pouvoirs de représentation.

[177] Art. 24a s. ORC.

[178] *Supra* N 114.

117   Cela est parfaitement satisfaisant si les tribunaux n'hésitent pas, lorsque la situation est claire, à ordonner la **rectification immédiate du registre**.

118   En effet, si une personne parvient à se faire inscrite illégitimement comme représentant d'une société, celle-ci est potentiellement en danger de mort : de par la protection de la bonne foi en faveur des tiers, des engagements insoutenables peuvent être conclus au nom de la société ; des transferts d'actifs appauvrissant voire ruinant la société peuvent être effectués de manière *de facto* irréversible.

119   En sens inverse, la radiation des représentants légitimes crée un risque de paralysie qui peut, lui aussi, mettre en péril la survie de la société.

120   La viabilité du droit suisse des sociétés suppose donc qu'une rectification d'une inscription illégitime puisse être obtenue d'urgence.

121   Le droit de procédure permet d'obtenir des **mesures provisionnelles** à très bref délai si le besoin est avéré. Le requérant doit « *rend[re] vraisemblable qu'une prétention dont il est titulaire [...] est l'objet d'une atteinte ou risque de l'être [et que] cette atteinte risque de lui causer un préjudice difficilement réparable* » (art. 261 al. 1 CPC) et il est spécifiquement prévu que le tribunal peut donner un « *ordre [...] à une autorité qui tient un registre* » (art. 262 CPC), ce qui inclut manifestement le registre du commerce.

122   L'expérience montre que sur la base d'une requête bien motivée et en ayant égard aux contraintes de l'urgence (qui peuvent donner lieu à des imperfections de la requête), les tribunaux ordonnent des **mesures superprovisionnelles** de blocage avant qu'une inscription viciée soit opérée ou, lorsqu'une inscription a été obtenue frauduleusement ou sur la base de graves vices rendus vraisemblables par l'opposant, ils en ordonnent la radiation immédiate[179] et le rétablissement du *statu quo ante*, notamment à titre superprovisionnel[180], soit *ex parte* (c'est-à-dire immédiatement) ou sans audience après avoir octroyé un *très bref* délai à l'autre partie (soit p. ex. 24 h ou 48 h).

123   En matière d'inscription notamment de pouvoirs de représentation erronés, le critère de l'extrême urgence est presque toujours rempli, vu le risque d'actes de disposition et d'autres engagements pris au nom de la société par des personnes apparemment habilitées alors que leur pouvoir est vicié.

---

[179]   Un « cas d'école » est constitué par la décision du Tribunal régional du Littoral (NE) du 25. 5. 2020 dans la cause MPROV.2020.28, prise à 12h30 suite à une requête déposée à 8h30 (radiation de l'administrateur unique « élu » par une prétendue « assemblée générale universelle » illicite).

[180]   Dans la même cause que celle à laquelle il est fait référence en n. 179 *supra*, la *réinscription* d'administrateurs radiés a été ordonnée le 8. 6. 2020 par le Tribunal régional du Littoral (NE) suite à l'exercice du droit d'être entendu par les différents protagonistes.

Les mesures ordonnées à titre d'extrême urgence doivent faire l'objet d'un exa- 124
men plus approfondi après que les protagonistes autres que le requérant ont pu
être entendus (cf. art. 265 al. 2 CPC) ; une ordonnance de mesures provisionnelles est alors rendue pour les confirmer, les révoquer ou les modifier. On doit
aussi relever que les mesures superprovisionnelles peuvent être révoquées à
titre d'extrême urgence s'il est démontré que le requérant les a obtenues en
distordant les faits et que ce sont elles qui créent un risque pour la survie de la
société.

Indépendamment d'une décision rendue à titre d'éventuelle extrême urgence, 125
la pratique montre des **radiations et réinscriptions à titre provisionnel**[181].

De façon générale en cette matière, il est essentiel que des arguments pseudo- 126
logiques (p. ex. la conception schématique selon laquelle une décision provisionnelle ne devrait pas ordonner un acte constituant l'objet de l'action au
fond[182]) n'entravent pas la voie provisionnelle et superprovisionnelle et n'empêchent pas la radiation urgente d'une inscription obtenue frauduleusement ou
la réinscription lorsque le besoin est avéré. La justice civile a ici un rôle incontournable ou irremplaçable, car elle seule peut ordonner en temps utile le maintien ou des rectifications du registre du commerce (malgré ses moyens d'investigation et de contrainte étendus, la justice pénale intervient sur un autre plan,
répressif, dont l'effet de prévention générale est indispensable notamment pour
décourager l'usage de faux[183], mais cela – bien que nécessaire – est insuffisant
pour assurer le fonctionnement du droit des sociétés).

---

[181] Outre l'affaire citée en n. 179 s., voir aussi p. ex. CJ GE 11. 5. 2012, ACJC/659/2012,
c. 2.3 *in fine* (« *Il sera en conséquence ordonné au Préposé du Registre du commerce de
radier, à titre provisionnel, l'inscription portée le 7 juin 2011 et de réinscrire l'appelant
en qualité d'administrateur [...]. Dès lors que l'inscription sur le Registre du commerce
est publiée intégralement et sans délai dans la Feuille officielle suisse du commerce [...],
la publication de cette radiation sera également ordonnée à titre provisionnel [...]* »). Cf.
ég. CJ GE 18. 11. 2011, ACJC/1510/2011, c. 3.1 (« *Lorsque l'inscription est déjà opérée,
l'opposition n'a en soi aucun effet sur l'inscription déjà réalisée. L'opposant peut toutefois requérir du juge qu'il ordonne à l'office de radier l'inscription à titre provisionnel* »).
Voir aussi TC VD 11. 7. 2013, AP/2012/31, lit. A et c. 3.2.2 (confirmant une ordonnance
provisionnelle ordonnant la suppression immédiate d'une inscription).

[182] Il convient de ne pas donner de portée extensive à des considérants comme p. ex. le c. 2.7
de l'ATF 138 III 728 (732 ; « *sur le principe, le juge ne peut pas ordonner dans le cadre
provisionnel une mesure qui, de par sa nature, implique un jugement définitif de la prétention à juger* »), repris notamment à l'ATF 141 III 564 (c. 4.2.2, 568), car le rétablissement provisionnel (et superprovisionnel) des inscriptions antérieures à une inscription apparemment frauduleuse est bel et bien de nature conservatoire. Un tel rétablissement ne
présuppose pas de jugement définitif des relations juridiques en cause.

[183] Sur les dispositions pénales les plus topiques, cf. *supra* N 93.

127   Il faut évoquer le pouvoir du préposé au registre du commerce de procéder à une **rectification d'office** (cf. art. 929 al. 3 *in fine* CO[184]). Pourtant, comme l'illustrent les dispositions de l'ORC qui ne font référence qu'à des rectifications d'omissions ou d'erreurs commises par le registre sur un plan rédactionnel (art. 27 s. ORC[185]), ce pouvoir ne concerne pas les hypothèses traitées ci-dessus.

128   Par ailleurs, il faut distinguer le contrôle de la validité des inscriptions et le pouvoir d'examen, traités ci-dessus, et la correction des **carences d'organisation** qui résultent d'une évolution de la situation, au regard de laquelle la société ne remplit plus les conditions légales. Il y a toutefois une convergence en ceci que certaines inscriptions sont bel et bien obtenues sur la base d'actes viciés, mais ne peuvent être traitées par une rectification du registre en raison de ce que l'on peut nommer l'effet curatif (ou guérisseur) de l'inscription (art. 643 al. 2 CO[186]), lequel concrétise la nécessité de protéger la sécurité des transactions et les tiers : c'est le cas de l'inscription d'une société de capitaux sur la base d'un acte constitutif vicié. La dissolution peut être requise « *lorsque les intérêts de créanciers ou d'actionnaires sont gravement menacés ou compromis par le fait que des dispositions légales ou statutaires ont été violées lors de la fondation* » (art. 643 al. 3 CO, ce qui suppose l'ouverture d'une action en justice dans les trois mois qui suivent la publication de l'inscription dans la FOSC, al. 4), mais dans bon nombre de cas, le vice correspond à une carence qui peut être corrigée[187]. Le traitement des carences fait l'objet d'une section distincte[188].

---

[184]   « *Les inscriptions peuvent également reposer sur un jugement ou une décision d'un tribunal ou d'une autorité administrative ou être opérées d'office* ».

[185]   Art. 27, 1re phr., ORC : « *L'office du registre du commerce corrige d'office ou sur demande ses propres erreurs de rédaction et ses erreurs d'écriture* » ; art. 28, 1re phr., ORC : « *L'office du registre du commerce inscrit, d'office ou sur demande, les faits établis dont l'inscription a été requise mais qui, par mégarde, n'ont pas été inscrits* ».

[186]   Pour la Sàrl, art. 779 al. 2-4 CO (identiques à l'art. 643 al. 2-4 CO). Pour la société en commandite par actions, l'identité de régime résulte du renvoi général de l'art. 764 al. 2 CO. Pour la coopérative, art. 838 al. 1 CO.

[187]   Même si le but est affecté d'illicéité, il est concevable dans bon nombre de cas de l'amender pour éliminer les éléments illicites (cf. *infra* N 793 et 818 s.).

[188]   VI ci-dessous (N 145-151).

V. Consultation du registre et effets des inscriptions

A. Le lien entre publicité et protection de la bonne foi ; évolution récente

La publicité du registre du commerce correspond à la **fonction** première de celui-ci : informer les tiers sur la situation juridique d'une entreprise[189]. Le **corolaire** de la publicité est que les tiers peuvent en principe **se fier aux inscriptions ou à l'absence d'une inscription** ; concrètement, ils peuvent fonder leur interaction avec la société sur l'idée, d'une part, que les faits inscrits sont conformes à la réalité (*véracité* du registre[190]) et, d'autre part, que les faits qui devraient être inscrits le sont, soit en d'autres termes qu'il n'existe pas de faits soumis à inscription qui ne sont pas inscrits (*complétude* du registre). 129

D'un point de vue concret, la publicité s'est très considérablement accrue depuis que les extraits sont accessibles en ligne, soit depuis la seconde moitié de la dernière décennie du XXe siècle, et cela s'est encore sensiblement renforcé depuis 2010, lorsque progressivement tous les cantons ont mis en œuvre la gratuité de la consultation des extraits. À cela s'ajoute désormais la gratuité de la consultation – en ligne – de différents actes, tels les statuts. 130

Si l'on compare la situation actuelle avec celle selon laquelle il fallait solliciter du registre un extrait par courrier et toujours contre paiement d'un émolument, il est évident que la publicité *vécue* de nos jours est d'un ordre de grandeur incomparablement plus vaste. Cette amplification lui a presque fait changer de nature : devenue une réalité vécue, la publicité n'est plus seulement une fiction juridique, ce qu'elle était autrefois. Elle rend d'autant plus justifiées les règles sur la protection des personnes qui se fient au registre. D'un point de vue de « sociologie juridique », ces règles correspondent bien davantage à ce qui est réaliste et vécu aujourd'hui que ce ne l'était par le passé. 131

Cet accroissement du caractère concrètement public du registre du commerce s'inscrit bien sûr dans le cadre d'un changement fondamental universel dans l'accès à l'information en général. Ce qui est crucial dans l'accessibilité au registre suisse du commerce est que l'information qui y est – gratuitement – accessible est le fruit de processus rigoureux et minutieux et qu'elle est donc hautement *fiable*[191]. Il s'agit d'une particularité dans un univers de surabondance d'information où la fiabilité des sources et les imprécisions des bases de don- 132

---

[189] Voir *supra* N 63-67.
[190] Cf. *supra* N 91-94.
[191] Sur les règles juridiques qui créent la base de cette fiabilité, cf. *supra* N 90-97.

nées (dont beaucoup opèrent par agrégations automatiques, ce qui peut répliquer et propager des éléments erronés) sont un problème majeur, et de profonde complexité.

B. La publicité du registre

133 L'art. 936 al. 1 CO entré en vigueur en 2021 proclame, comme le texte de 1936, que « *le registre du commerce est public* »[192]. Il précise ensuite concrètement que « *la publicité s'applique aux inscriptions, aux réquisitions et aux pièces justificatives* ». Plus concrètement encore, l'al. 2 précise que « *les inscriptions, les statuts et les actes de fondation peuvent être consultés en ligne gratuitement. Les autres pièces justificatives et les réquisitions peuvent être consultées auprès de l'office du registre du commerce compétent ; celui-ci peut également permettre leur consultation en ligne, sur demande* ».

134 À toutes fins utiles, on rappelle ici que les inscriptions correspondent à ce qui figure dans *l'extrait*, lequel permet au tiers d'appréhender la situation juridique de la société « en un coup d'œil » en ceci qu'il indique (« sur une page »[193]) les faits juridiques pertinents pour l'interaction avec les tiers (type de société, but social, pouvoirs de représentation, associés dans les sociétés de personnes, organes et structure du capital dans les sociétés de capitaux, etc.)[194]. L'extrait peut se borner à la situation actuelle ou s'étendre aux évolutions en montrant les inscriptions anciennes (extrait « avec radiations »)[195].

135 On précisera que la Feuille officielle suisse du commerce, dans laquelle toutes les inscriptions sont publiées (la parution dans la FOSC étant le moment où les inscriptions s'affichent sur l'extrait dans la base de données consultable du registre du commerce et « déploient leurs effets », art. 936a al. 1, 2e phr., CO[196]), est désormais un média électronique accessible gratuitement.

---

[192] En revanche, les art. 859-864 aCFO-1881 ne contenaient pas cette disposition proclamatoire (malgré le plaidoyer éloquent – presque une ode – que constitue le rapport de Walther MUNZINGER [1865] pour la publicité du registre du commerce [p. 30-34]). Ils comprenaient cependant quasiment toutes les règles actuelles sur les effets de la publicité.

[193] La longueur est presque toujours de l'ordre d'une page sauf si : (i) de nombreux changements de capital, avec apports en nature, ou des restructurations ont eu lieu, car les inscriptions correspondantes peuvent être longues ; ou (ii) si la politique de la société est d'inscrire au registre un bon nombre de personnes habilitées à représenter la société, ou pas (sur les différentes politiques possibles, cf. *infra* N 602 ad n. 902 ainsi que N 544, spéc. n. 808).

[194] *Supra* N 88 s.

[195] *Supra* N 98.

[196] Cf. ég. art. 34, 2e phr., ORC.

La loi exige que l'interface avec l'usager consultant le registre lui permette de faire des « recherches par critères » (art. 936 al. 3 CO[197]). Cela signifie concrètement qu'outre par le nom de la société[198], l'usager peut rechercher toutes les sociétés dans lesquelles une personne déterminée a une fonction inscrite.

136

C. La protection spécifique de la sécurité des transactions et de la bonne foi – effets de publicité « positif » et « négatif »

Outre la fonction pratique qui consiste à informer véritablement les personnes qui interagissent avec la société sur l'état de celle-ci, le registre du commerce produit des *effets juridiques relatifs à l'information.* En vertu de dispositions légales, elles sont juridiquement censées connaître les faits inscrits au registre ; en sens inverse, elles ne sont juridiquement pas censées connaître les faits qu'elles auraient pu connaître en faisant preuve de l'attention usuelle s'ils correspondent à des faits qui doivent être inscrits, mais ne l'ont pas été. Le droit du registre du commerce crée ainsi, d'une part, une connaissance normative catégorique pour les faits inscrits, et, d'autre part, libère de tout devoir de diligence quant à la connaissance des faits dont l'inscription a été omise.

137

La première règle figure à l'art. 936b al. 1 CO : « *Dès lors qu'un fait a été inscrit au registre du commerce, nul ne peut se prévaloir de ne pas en avoir eu connaissance* »[199]. Cette règle est nommée **effet de publicité positif**[200]. On peut parler de présomption irréfragable de notoriété ; sous cet angle, il s'agit d'une fiction juridique[201] (*praesumptio juris et de jure*). Il en résulte de multiples conséquences en droit civil (même si, comme toujours, l'abus de droit

138

---

[197]   « *Les inscriptions au registre du commerce publiées en ligne doivent pouvoir faire l'objet de recherches par critères* ».

[198]   Sur l'importance que les possibilités de recherche ont sur les règles de graphie des raisons sociales, cf. *infra* N 197, spéc. ad n. 288.

[199]   Cette règle figurait déjà en substance à l'art. 863 al. 1 aCFO-1881 (« *Les inscriptions sur le registre du commerce ne sont opposables aux tiers qu'à partir du moment où ils ont pu en avoir connaissance par la publication officielle qui en a été faite* ») et, quasiment identique au texte actuel, à l'art. 933 al. 1 aCO-1936 : « *Les tiers auxquels une inscription est devenue opposable ne peuvent se prévaloir de ce qu'ils l'ont ignorée* ».

[200]   Ainsi (pour l'expression en français), ATF 106 II 346, regeste, ch. 3 ; 123 III 220 (regeste).

[201]   Le Message du Conseil fédéral, FF 2015 3284, le dit expressément (« *Le législateur crée ainsi la fiction que le contenu du registre est connu de tous* »).

doit être réservé[202]) : les devoirs d'information ne portent pas sur les faits ins-crits au registre ; une erreur (art. 23-27 CO) ne peut concerner un fait inscrit. En procédure civile, un fait inscrit au registre ne doit pas être prouvé[203].

139 L'art. 936b al. 2 CO énonce la deuxième règle : « *Lorsqu'un fait dont l'inscrip-tion est requise n'a pas été enregistré, il ne peut être opposé à un tiers que s'il est établi que celui-ci en a eu connaissance* »[204]. L'effet de cette règle – **effet de publicité négatif** – est de se fonder uniquement sur la connaissance réelle d'un fait par un tiers pour la lui opposer. Contrairement à la règle générale du droit privé, qui ne présume la bonne foi de chacun qu'à condition qu'il agisse selon « *l'attention que les circonstances permettaient d'exiger de lui* » (art. 3 al. 2 CC), une personne qui ignore effectivement un fait qui aurait dû être ins-crit au registre ne se verra pas imputer la connaissance de ce fait même dans l'hypothèse où, en faisant preuve de l'attention normalement exigible, il aurait pu et dû le connaître[205]. Cette règle incite[206] les personnes responsables des inscriptions au sein de la société à ne pas faillir ni tarder à faire inscrire les faits devant l'être.

---

[202] C'est précisément le cas dans l'ATF 106 II 346 c. 4a ; il s'agissait *prima facie* de dol (art. 28 CO, invoqué comme exception [*exceptio doli*], cf. art. 60 al. 3 CO [qui énonce en droit positif le brocard *quae temporalia sunt ad agendum perpetua sunt ad excipiendum*, cf. Dig. 44, 4, 5, 6]), des contractants ayant fait croire à la permanence d'un fait, à savoir qu'une personne déterminée, digne de confiance, présidait une coopérative.

[203] Voir l'arrêt TF 2. 7. 2009, 5A_62/2009, c. 2.1 (il faut observer que le Tribunal fédéral tient compte de l'accessibilité accrue résultant, déjà à l'époque de l'arrêt et des instances pré-cédentes, de la base de données librement consultable sur Internet ; il précise que « *[les] faits notoires [sont] ceux qu'il n'est pas nécessaire d'alléguer ni de prouver [...] pour être notoire, un renseignement ne doit pas être constamment présent à l'esprit : il suffit qu'il puisse être contrôlé par des publications accessibles à chacun [...] la FOSC paraît dorénavant également sous forme électronique [...] dans la mesure où le fait en question résultait d'une publication accessible à tout un chacun, il s'agissait d'un fait notoire que la créancière n'avait pas à prouver* »).

[204] La règle figurait dans une formulation assez proche (bien qu'apparemment parcellaire) à l'art. 861 al. 3 cCFO-1881 : « *Si l'inscription a été omise, celui qui se prévaut d'une mo-dification qui le concerne, doit, pour pouvoir l'opposer à un tiers, prouver que ce tiers en a eu connaissance d'autre part* ». La formulation de l'art. 933 al. 2 aCO-1936 (« *Lorsqu'un fait dont l'inscription est requise n'a pas été inscrit, il ne peut être opposé aux tiers que s'il est établi que ces derniers en ont eu connaissance* ») était quasiment identique à l'actuelle, adoptée en 2015.

[205] Voir d'ailleurs les passages de l'ATF 65 II 85 cités *infra* n. 208.

[206] Il existe d'autres incitations, comme une amende d'ordre pour ceux qui continuent d'omettre une inscription après sommation (art. 940 CO ; voir aussi l'art. 153 CP, décrit *supra* n. 104). Cela peut aussi engager la responsabilité des administrateurs pour manque de diligence sur le plan civil (art. 754 CO), voire constituer un acte pénal de gestion dé-loyale (art. 158 CP).

Du point de vue du droit matériel, l'effet de publicité négatif signifie qu'il n'y a pas de devoir de diligence des tiers[207] en relation avec la connaissance des faits qu'une société a omis de faire inscrire. En procédure civile, cela implique qu'il doit être prouvé[208] qu'un tiers connaissait réellement le fait dont l'inscription a été omise ; celui qui invoque la connaissance du fait par le tiers a le fardeau de la preuve[209] de cette connaissance effective. Ce n'est qu'en cas d'abus de droit qu'une exception peut être faite.   140

L'art. 936b al. 3 CO traite spécifiquement une des hypothèses où l'abus de droit peut être fréquent, à savoir **la confiance accordée à l'inscription d'un fait erroné** (p. ex. parce que l'acte fondant une inscription est matériellement nul). Il dispose que « *quiconque s'est fondé de bonne foi sur un fait erroné inscrit au registre du commerce est protégé dans sa bonne foi lorsqu'aucun intérêt prépondérant ne s'y oppose* ».   141

Cette règle ne traite pas l'effet de publicité positif, mais bien un certain aspect de l'effet de publicité négatif, en ceci que le fait à l'existence duquel se fie un usager du registre n'aurait pas dû être inscrit, de sorte que, dans bien des cas, *un autre fait aurait dû être inscrit*[210]. Le principe selon l'art. 936b al. 2 CO est donc que cet autre fait, correspondant à la réalité juridique, n'est pas opposable au tiers ; l'al. 3 *nuance et converge* en disposant que le fait correct non inscrit n'est certes pas opposable si l'usager du registre s'est fié de bonne foi (laquelle   142

---

207 L'al. 2, contrairement à l'al. 1 (« *nul* »), emploie la notion de tiers (il en va de même dans les autres versions linguistiques : « *niemand* » et « *einem Dritten* », « *nessuno* » et « *al terzo* »). Il se pose la question de l'opposabilité d'un fait non inscrit à ceux qui participent à l'acte qui produit le fait à inscrire, soit, très souvent, les administrateurs et gérants et, pour les actes auxquels ils participent, les sociétaires : ces personnes ne sont pas « des tiers ».

208 L'ATF 65 II 85 le formule bien (regeste : « *Lorsqu'un fait dont l'inscription est requise n'a pas été inscrit, il ne peut être opposé aux tiers que s'il est <u>établi</u> que ces derniers en avaient une connaissance certaine ; la preuve que les tiers auraient dû le connaître ne suffit pas* » ; 88 : « *Dritte dürfen sich demnach darauf verlassen, dass die Einträge im Handelsregister mit den wirklichen Verhältnissen übereinstimmen, und haben keine weitere Erkundigungspflicht ; nur wenn <u>nachgewiesen</u> ist, dass sie sichere Kenntnis haben von einer eintragspflichtigen, aber nicht eingetragenen Tatsache, so müssen sie diese gegen sich gelten lassen ; blosses Kennenmüssen genügt nicht* »).

209 La *charge* de la preuve peut être organisée en procédure selon les possibilités concrètes des uns et des autres d'apporter les éléments d'élucidation ; puisque la connaissance est un fait intime, si le « tiers » est partie à la procédure, il pourra parfois être exigé qu'il prouve des faits *illustrant* qu'il n'avait pas de connaissance effective.

210 L'analyse qui figure dans le Message du Conseil fédéral *in* FF 2015 3285 ad n. 78 (« *Jusqu'à présent, les tiers de bonne foi ne pouvaient pas se fier d'office aux inscriptions ne correspondant pas à la réalité des faits ou à la réalité juridique. Le droit régissant le registre du commerce ne comprenait aucune disposition sur la protection des tiers de bonne foi* ») nous semble perdre de vue cet aspect.

est présumée, art. 3 al. 1 CC) au fait erroné inscrit, mais en réservant les intérêts prépondérants allant en sens contraire. *Dans cette mesure*, il y a une relativisation de l'effet de publicité négatif.

143 La règle de l'art. 936b al. 3 CO correspond à la solution jurisprudentielle retenue à plusieurs occasions. Ainsi a-t-il été décidé à l'ATF 78 III 33 que les tiers qui s'étaient fiés à l'inscription d'une responsabilité des coopérateurs adoptée par une décision nulle (faute de la majorité qualifiée de l'art. 889 CO[211]) devaient être protégés[212]. C'est bien une *pesée des intérêts* qui y est opérée, notamment au regard du fait que les coopérateurs ne subissent pas d'injustice, puisque ceux dont la responsabilité a été créée par une modification de statuts invalide, mais inscrite au registre auraient pu attaquer la décision l'adoptant, tandis que ceux qui sont devenus coopérateurs après l'inscription étaient informés de la responsabilité statutaire. Dans deux arrêts publiés, ATF 102 Ib 21 et 117 II 290, il a été tranché qu'en raison de la nécessité de protéger les tiers, l'augmentation de capital, une fois inscrite, ne pouvait être contestée pour simulation ou vice de la volonté[213] (même si en théorie, ces actes pourraient signifier que l'acte fondant l'inscription est nul). La pesée des intérêts est égale-

---

[211] Cf. *infra* N 2736.

[212] C. 9 (46 : « *Wägt man die einander gegenüberstehenden Interessen ab, so verdienen die Gläubiger, die sich in guten Treuen auf den Eintrag verlassen haben, geschützt zu werden […]. Den Genossenschaftern geschieht damit kein Unrecht. Denjenigen, die bereits zur Zeit der Beschlussfassung der Genossenschaft angehörten, stand frei, gegen den Beschluss spätestens, als er eingetragen war, auf dem Beschwerdeweg aufzutreten. Waren sie sich aber des Formmangels der Beschlussfassung nicht bewusst, so geschieht ihnen nichts anderes, als was sie von vornherein für den Fall des Konkurses der Genossenschaft erwarten mussten. In derselben Lage befinden sich vollends die erst seit dem Statutenänderungsbeschlusse beigetretenen Genossenschafter, sofern sie über die statutarische Haftung unterrichtet worden waren […]* »).

[213] ATF 117 II 290 c. 4c (295 : « *une fois la fondation de la société ou l'augmentation du capital social inscrite au registre du commerce, elle ne peut plus être attaquée pour, par exemple, simulation ou vice de la volonté* »). L'ATF 102 Ib 21 c. 2 (24) se réfère à une abondante jurisprudence sur l'impossibilité d'attaquer une souscription d'actions pour vices de la volonté en raison de la nécessité de maintenir le capital pour protéger les tiers (seule la réduction du capital est possible ; 24 : « *Was aber der Zeichner von Aktien nicht tun kann, muss auch der Aktiengesellschaft verwehrt sein, wenn sie die neuen Aktien aus Reserven liberiert und sie den Aktionären gratis abgibt. Sobald die Erhöhung des Grundkapitals in das Handelsregister eingetragen worden ist, sind die zur Liberierung verwendeten Beträge auch Dritten gegenüber Teil des Grundkapitals und können daher nicht ohne Beachtung des Verfahrens nach Art. 732 [a]OR wieder den Reserven zugeschlagen werden* »). Sur la portée des arrêts relatifs à l'impossibilité d'annuler pour vice de la volonté (ATF 32 II 102 c. 6 ; 39 II 533 c. 3 ; 41 II 726 c. 10 ; 41 III 147 c. 3 ; 49 II 497 ; 51 II 181 ; 64 II 281), où l'on voit que c'est bel et bien une *pesée des intérêts* qui dicte la solution, voir ROUILLER/BAUEN/BERNET/LASSERRE ROUILLER (2022), n. 348.

ment décisive pour trancher la question de la péremption de la faculté d'attaquer une raison sociale créant un risque de confusion avec une raison sociale inscrite postérieurement[214] ; même s'il ne s'agit pas à proprement parler de la bonne foi accordée à une inscription *erronée*, la problématique est proche[215].

Le critère des intérêts prépondérants – et d'ailleurs aussi celui de la bonne foi (notamment normative, art. 3 al. 2 CC) dans certains cas[216] – laisse une place importante à l'appréciation (art. 4 CC), de sorte que, visant intrinsèquement des résultats matériellement justes, la règle ne sera pas toujours d'une application prévisible[217] ; matériellement, c'est une argumentation minutieuse et, procéduralement, la preuve des faits correspondants qui seront décisifs. 144

VI. Rôle du registre en cas de carences d'organisation

Les carences d'organisation peuvent donner lieu à des actions en justice de la part des sociétaires ou des créanciers (art. 731b CO[218]). Mais la loi permet à **l'office** du registre du commerce de traiter les carences qu'il constate et, le moment venu, d'initier une action en justice pour y remédier. 145

---

[214] *Infra* N 217-223.

[215] On relèvera que ce ne sont pas *les tiers* dont la bonne foi est en jeu, mais celles de la société (ou des sociétaires) à l'égard de la validité de sa propre raison sociale. Le texte de l'art. 936b al. 3 CO peut couvrir ces situations si l'on considère aussi qu'une raison sociale invalide en raison d'un risque de confusion est « un fait erroné » (en ceci qu'elle n'aurait pas dû être inscrite).

[216] Précisément dans la problématique des raisons sociales, la bonne foi de celui qui inscrit postérieurement une raison sociale créant un risque de confusion avec une raison sociale antérieure est une question délicate (aussi, cf. *infra* N 218-226) en raison de l'effet de publicité positif (art. 936b al. 1 CO) qui suppose qu'il soit traité comme s'il avait connu la raison sociale antérieure.

[217] Cela n'échappe pas au Message du Conseil fédéral, FF 2015 3285 ad n. 83 s. : « *Il faut toujours déterminer quels sont les intérêts prédominants dans le cas d'espèce, étant entendu que les intérêts du tiers de bonne foi pèsent très lourd en raison de l'importance du registre du commerce pour le bon fonctionnement des affaires. Cette solution fait pendant au devoir d'examen limité de l'office du registre du commerce : si ce devoir est limité lors de l'inscription, l'existence d'une inscription au registre du commerce ne peut à elle seule remédier à toutes les carences* ».

[218] Cette disposition qui figure dans le droit de la société anonyme est applicable aux autres formes de société (art. 818 CO pour la Sàrl, 831 et 908 CO pour la coopérative), y compris les sociétés de personnes (art. 581a CO : « *Les dispositions du droit de la société anonyme concernant les carences dans l'organisation de la société s'appliquent par analogie à la société en nom collectif* » ; cela implique, vu le renvoi de l'art. 598 al. 2 CO, l'applicabilité à la société en commandite).

146   L'art. 939 al. 1 et 2 CO, entré en vigueur en 2021, a codifié cette intervention : « *(1) Lorsque l'office du registre du commerce constate qu'une société commerciale, une société coopérative, une association, une fondation qui n'est pas soumise à surveillance ou une succursale dont l'établissement principal est à l'étranger, inscrite au registre du commerce, présente des carences dans l'organisation impérativement prescrite par la loi, il somme l'entité juridique concernée d'y remédier et lui impartit un délai. (2) Si elle ne remédie pas aux carences dans le délai imparti, l'office du registre du commerce transmet l'affaire au tribunal. Celui-ci prend les mesures nécessaires* ». L'al. 3 précise qu'en cas de carences constatées chez certaines entités inscrites au registre, mais soumises à la surveillance d'une autre autorité (notamment les sociétés servant au placement collectif de capitaux, soumises à la surveillance de la FINMA[219]), le registre doit transmettre l'affaire à cette autorité.

147   Comme le texte légal le circonscrit, ce ne sont pas toutes les irrégularités qui sont concernées, mais uniquement les **manquements à l'organisation impérativement prescrite par la loi.** En pratique, c'est essentiellement la composition d'organes et le défaut de domicile qui sont concernés. En particulier, si personne ne compose un organe (aucun administrateur, aucun organe de révision alors que la société est soumise à la révision), il y a une évidente carence. S'il manque une personne domiciliée en Suisse parmi les dirigeants capables de représenter la société, la composition des organes est affectée d'une carence entrant dans le champ de l'art. 939 CO.

148   L'office qui constate la carence doit impartir à la société un **délai** (usuellement 30 jours), dont la prolongation peut être sollicitée[220]. La société a droit à une prolongation en présence de justes motifs[221] ; les circonstances, soit le caractère imprévisible du motif et l'absence d'intérêt réclamant une prompte correction de la carence (p. ex. lorsque seul le domicile d'un organe en Suisse fait défaut), peuvent selon nous justifier une longue prolongation (p. ex. 60 jours).

---

[219] Cf. *supra* N 101.

[220] Même lorsque la société n'a pas de représentant formellement inscrit, la requête de prolongation ne devrait pas être rejetée pour ce motif. La personne qui forme la requête agit ou bien en vertu de pouvoirs antérieurs non révoqués, ou bien en vertu d'une gestion d'affaires.

[221] Comme il s'agit d'un délai fixé par l'autorité, il est prolongeable (art. 22 al. 2 PA : « *Le délai imparti par l'autorité peut être prolongé pour des motifs suffisants si la partie en fait la demande avant son expiration* »). Une communication de l'OFRC 4/20 du 10. 12. 2020, ch. 3.10.2, indique : « *Si nécessaire, l'office du registre du commerce peut prolonger le délai à sa propre discrétion* ». Le caractère prolongeable est assurément juste, mais, contrairement à ce qu'indique la communication, cela n'est pas à la *discrétion* de l'office, car les principes constitutionnels (et l'art. 22 al. 2 PA) *obligent* à l'octroi d'une prolongation, notamment au regard du principe de proportionnalité.

Si la carence n'est pas corrigée dans le délai (éventuellement prolongé sur re-   149
quête), le registre transmet l'affaire au **tribunal**[222] du siège de la société. Le
registre a le rôle de requérant, mais n'est pas véritablement partie ; son rôle
s'apparente à celui d'un dénonciateur. La procédure est sommaire[223].

Le traitement par le tribunal doit toujours consister à donner d'abord un **délai**   150
de réponse, dans lequel la société peut se déterminer (p. ex. si un représentant
a bien un domicile en Suisse, mais que celui-ci est considéré comme fictif par
le registre) ; dans ce même délai, elle peut aussi, évidemment, remédier à la
carence (la remédiation revient à supprimer l'objet du procès).

Il faut observer que la décision du tribunal peut ensuite consister à fixer un   151
délai à la société pour remédier à la carence (cf. art. 731b al. 1bis ch. 1 CO et
250 lit. c ch. 6 CPC). La fixation du délai constitue alors le dispositif condamnatoire du jugement sommaire[224]. Il s'agit du dispositif qui laisse le plus de
liberté à la société pour régler sa situation et cette solution est assurément la
plus appropriée lorsque la carence ne met pas en danger le fonctionnement de
la société.

---

[222]   De 2012 à 2019, dans un but d'efficacité, le *préposé au registre du commerce* avait la
faculté de prononcer lui-même la dissolution si la société ne donnait pas suite à la sommation de rétablir un domicile à son siège statutaire (art. 153a al. 1 et 153b al. 1 lit. a
aORC-2011). Ce pouvoir, portant sur l'existence d'une personne morale, était selon nous
exorbitant de ce qui peut revenir à une autorité administrative. Il demeure pour la radiation
des raisons individuelles ou des succursales (art. 934a CO-2017), parce que pour celles-
ci, la radiation du registre du commerce n'emporte pas la fin de l'existence d'une personne. Il subsiste aussi pour les sociétés sans activités ni actif réalisable (cf. *infra* N 157).

[223]   Art. 250 lit. c ch. 6 CPC pour la composition irrégulière des organes : « *[La procédure
sommaire s'applique notamment dans les affaires suivantes :] fixation d'un délai lorsque
le nombre des membres est insuffisant ou que des organes requis font défaut (art. 731b,
819, 908 et 941a CO)* » (étant précisé que la référence à l'art. 941a est erronée et qu'il faut
lire « 939 ») ; le ch. 11 énonce le défaut de l'organe de révision en particulier : « *désignation et révocation de l'organe de révision (art. 731b, 819 et 908 CO)* » ; le ch. 15 mentionne le « *prononcé de la dissolution de la société et de sa liquidation selon les dispositions applicables à la faillite (art. 731b, 819 et 908 CO)* ». L'énumération de l'art. 250
CPC n'étant pas exhaustive (cf. *pr.*), il faut admettre qu'elle s'applique à toutes les hypothèses de carences. Comme le relevaient des auteurs avant l'adaptation du CPC au nouveau droit du registre du commerce (qui a eu lieu par la novelle du 19. 6. 2020, entrée en
vigueur en 2023), cf. MÜLLER/MÜLLER, PJA 2016 53 ad n. 113 : « *Jede Klage auf
Behebung von Organisationsmängeln der Gesellschaft wird im summarischen Verfahren
beurteilt* ».

[224]   À tout le moins le point principal, puisque le tribunal peut assortir cette condamnation
d'un prononcé de dissolution pour le cas où la société ne remédierait pas à la carence dans
le délai. Toutefois, un tel prononcé est le plus souvent inopportun – voire constitutionnel-
lement inadmissible (cf. *infra* ad n. 225) –, puisqu'à défaut de respect du délai, une mesure
moins radicale comme la désignation d'un commissaire est possible (*infra* ad n. 227).

152 À l'autre extrémité du « spectre » des solutions possibles, prononcer la **dissolution** et la liquidation selon les règles de la faillite (cf. art. 731b al. 1bis ch. 3 CO) est la décision qui porte le plus gravement atteinte aux intérêts opposés à la dissolution. Cette solution n'est manifestement pas compatible avec le principe constitutionnel de proportionnalité si une autre solution est envisageable[225]. Une telle solution, lorsqu'il manque une personne domiciliée en Suisse ayant pouvoir de représenter la société[226], sera la désignation d'un commissaire (cf. art. 731b al. 1bis et 2 CO[227]) domicilié en Suisse. En dépit de ce qui semble découler d'une mise en œuvre précise et juridiquement rigoureuse du principe de proportionnalité, il faut cependant relever que la pratique actuelle des tribunaux consiste à prononcer en principe « tout simplement » la dissolution lorsque la carence n'est pas éliminée au cours de la procédure judiciaire, cela sans égard – regrettablement – au principe de proportionnalité ; dans ce contexte, on doit saluer la pratique qui permet de rectifier la situation encore durant la procédure d'appel et de réformer alors le jugement de dissolution rendu en première instance[228].

---

[225] Sur la proportionnalité en matière de droit des sociétés, cf. ROUILLER/UFFER (2018), p. 212 s. et 218 *in fine*. Pour les mêmes raisons que celles qui prévalent pour la dissolution sollicitée par un actionnaire invoquant de « justes motifs » (art. 736 ch. 4 CO) – minutieusement argumentées sous l'angle de la proportionnalité par une longue jurisprudence (qui remonte au moins à l'ATF 67 II 162 c. d [166] et a été constamment confirmée dans des arrêts publiés, récemment à l'ATF 136 III 278, cf. *infra* N 1272-1279, ainsi que N 793, 797, 797, 815, 1342, 1701, 1733 et 1744, tout comme n. 3376 ; v. aussi ATF 147 III 537 c. 3.1.1, qui mentionne, en cas de « situation de pat » rendant impossible l'élection d'un conseil d'administration, la nomination d'un administrateur indépendant ou la vente aux enchères des actions) –, il convient de n'utiliser que de façon très prudente et parcimonieuse la faculté d'ordonner immédiatement la dissolution selon l'art. 731b al. 1 ch. 3 *cum* art. 939 CO (bien que la pratique judiciaire, marquée par le délaissement de sociétés « en déshérence », contienne souvent cette commination dès la notification de l'ouverture de la procédure, cf. p. ex. KGer ZG, ES 2021 743). Les dangers découlant de ce qu'une société souffrant de carences demeure inscrite doivent être évalués de façon non schématique. L'intérêt à la régularité organique *en soi* n'est pas insignifiant (et sa concrétisation permet de prévenir des dangers qui, abstraitement, existent toujours en cas d'irrégularité), mais cet intérêt ne revêt que rarement un caractère d'urgence qui justifierait de renoncer à sommer la société de rétablir une situation conforme aux exigences légales.

[226] Une autre carence existe si *aucun administrateur* (dans la SA) ou *aucun gérant* (dans la Sàrl) n'a de pouvoir de représentation (cf. art. 718 al. 3 et 814 al. 2 CO).

[227] Cf. art. 731b CO : « *(1bis) Le tribunal peut notamment : [...] 2. nommer l'organe qui fait défaut ou un commissaire ; (2) Si le tribunal nomme l'organe qui fait défaut ou un commissaire, il détermine la durée pour laquelle la nomination est valable. Il astreint la société à supporter les frais et à verser une provision aux personnes nommées* ».

[228] On peut ainsi saluer les arrêts TC VD 19.1.2023, HC/2022/2021, c. 3.3 : « *La fixation d'un délai pour rétablir la situation sous menace de dissolution, en vertu de l'art. 731b*

S'il manque l'organe de révision, le tribunal devra dans la règle nommer une   153
société de révision en cette qualité.

Il est vrai que la nomination d'un commissaire ou d'un organe de révision si-   154
gnifie sur un plan pratique que la société devra assumer des **coûts** – et en faire
l'**avance**[229]. Si elle ne le fait pas dans un délai raisonnable (et prolongeable,
selon une ampleur qui dépend des circonstances, notamment du caractère so-
luble de problèmes provisoires et de l'absence d'intérêts prépondérants exigeant un très prompt rétablissement de la situation conforme à la loi), la dissolution, suivie de la liquidation selon les règles de la faillite, devient inévitable.

VII.   Radiation et réinscription

La radiation est une opération technique qu'effectue le registre lorsque la so-   155
ciété est arrivée **au terme de sa liquidation**, volontaire[230] ou décidée par une
autorité[231]. Pour les personnes morales[232], elle met fin à l'existence juridique
de la société.

La radiation peut survenir **sans liquidation**. C'est le cas dans des restructura-   156
tions, p. ex. lorsqu'une société est absorbée par une autre dans une fusion (art. 3
al. 2, 21 al. 3 LFus[233]) ou lorsqu'elle émigre, c'est-à-dire déplace son siège hors

---

*al. 1^(bis) ch. 1 CO, n'a pas d'autre but que d'inciter les administrateurs à rétablir la situa-
tion dans un laps de temps qui leur est laissé avant le prononcé de la dissolution. Si les
administrateurs ne respectent pas le délai, mais remédient néanmoins aux carences avant
la dissolution, on ne discerne pas quel intérêt matériel serait lésé par le maintien de la
société, à tout le moins si aucun actionnaire ni aucun créancier ne démontre qu'il en
résulterait un préjudice pour lui. Si les administrateurs attendent que la décision de dissolution soit rendue pour ce faire, et qu'un appel doive être interjeté pour invoquer le
rétablissement de la situation légale, il ne résulte pas de préjudice procédural pour une
partie adverse, si la procédure a été menée sur signalement de l'office du registre du
commerce ».* Dans le même état d'esprit, TC VD 16. 4. 2020, HC/2020/258, c. 3.3.

[229]   Ainsi explicitement art. 731b al. 2, 2ᵉ phr., CO cité *supra* n. 227.

[230]   Art. 589 CO pour la SNC ; art. 746 CO pour la SA.

[231]   La clôture de la faillite implique la radiation (sauf décision contraire), art. 176 LP et 159a
al. 1 lit. b ORC.

[232]   Pas pour les sociétés de personnes, cf. p. ex. ATF 135 III 370 c. 3.2.2 (372), cité *supra*
n. 105.

[233]   Voir aussi art. 751 CO pour la reprise par une entité de droit public. Pour la scission, voir
art. 29 lit. a et 51 al. 3 LFus.

de Suisse[234]. Cela survient aussi lorsque le tribunal qui a prononcé la dissolution et liquidation par voie de faillite suspend celle-ci faute d'actifs (art. 230 s. LP) ; cette décision conduit à la radiation (art. 176 al. 1 ch. 3 LP et 159a al. 1 lit. a ORC[235]).

157 Le registre dispose de la compétence d'ordonner la radiation sans liquidation d'une **société qui n'a plus d'activités ni d'actifs réalisables** (art. 934 al. 1 CO). Il doit avoir adressé vainement une sommation adressée au domicile de la société (art. 934 al. 2, 1re phr., CO) suivie d'une triple sommation publique (al. 2, 2e phr.) ; si personne ne fait valoir d'intérêt à ce que la société demeure inscrite, l'office peut lui-même prononcer la dissolution et radier la société (al. 2, 3e phr.)[236]. Si un actionnaire ou un créancier fait valoir un intérêt au maintien de l'inscription, le préposé doit saisir le juge (art. 934 al. 3 CO). On doit admettre que celui-ci peut alors ou bien accorder un délai à la société (pour qu'elle reprenne des activités), ou bien prononcer la dissolution, ou la radiation, ou encore renoncer à toute mesure (il n'est, en effet, fondamentalement pas interdit à une société de n'avoir aucune activité ; le maintien de l'existence, qui ne lèse en principe personne[237], ne peut pas être assimilé à un abus de droit).

158 Lorsque la société a été radiée, l'art. 935 CO permet qu'elle soit **réinscrite** à la requête de quiconque rend vraisemblable un intérêt digne de protection[238]. Ces

---

[234] Cf. art. 164 al. 1 LDIP. Lorsqu'une société déplace son siège hors du ressort d'un registre cantonal, celui-ci « radie » l'inscription, mais la société continue d'exister comme société suisse. En cas de déplacement du siège à l'étranger, la société continue d'exister mais sa nature change puisqu'elle n'est plus une société suisse, ce qui peut modifier les droits de personnes ayant interagi avec elle.

[235] Le droit entré en vigueur en 2021 prévoit que cette radiation intervient deux ans après la suspension (art. 159a al. 1 lit. a ORC : « *L'entité juridique est radiée d'office : a. en cas de suspension de la faillite faute d'actif, lorsque, dans les deux ans suivant la publication de l'inscription visée à l'art. 159, let. d, aucune opposition motivée n'a été présentée* »).

[236] La *radiation* est possible dans ce cas – plutôt qu'une dissolution suivie de liquidation – précisément en raison du fait que la société n'a plus d'actif réalisable (de sorte qu'une liquidation n'a pas de sens pratique).

[237] La seule exception sérieusement concevable tient à la raison sociale : si un tiers a un intérêt réel à l'utilisation de la raison sociale, le comportement de l'actionnaire qui souhaite maintenir la société peut être considéré comme abusif. Toutefois, dans un tel cas, la société a probablement, tout bien considéré, un actif réalisable qui consiste dans sa raison sociale (de sorte que l'art. 934 CO ne devrait pas s'appliquer).

[238] Cette disposition, entrée en vigueur en 2021, ne prévoit pas de délai. Cela est cohérent avec le critère qui est l'existence de justes motifs : ceux-ci diminuent tendanciellement avec l'écoulement du temps, mais pas de façon schématique. L'art. 153b al. 3 aORC-2012, qu'elle a remplacé, prévoyait un délai de 3 mois pour demander la révocation de la radiation en cas de rétablissement du domicile légal. Le régime de l'art. 935 CO-2017 est fondé sur les justes motifs, qui ne doivent pas être interprétés de façon artificiellement étroite, vu notamment le principe de proportionnalité.

justes motifs existent, d'après l'al. 2 (liste exemplative) « *notamment lorsque (1) après la liquidation de l'entité juridique radiée, il existe encore des actifs qui n'ont pas été réalisés ou distribués ; (2) l'entité juridique radiée est partie à une procédure judiciaire ; (3) la réinscription est nécessaire pour l'adaptation d'un registre public, ou (4) la réinscription est nécessaire pour que la liquidation de la faillite de l'entité juridique radiée puisse être terminée* ». La requête doit être adressée au tribunal (non au registre), au for où la société avait son siège avant sa radiation[239] ; la procédure est sommaire[240].

La décision consiste à ordonner la réinscription dans **l'état antérieur à la radiation** ; dans les cas où celle-ci a été précédée d'une décision de dissolution (c'est-à-dire que la radiation n'a pas été ordonnée simultanément à la dissolution[241]), ce n'est évidemment pas l'état avant la dissolution qui sera réinscrit, mais bien l'état ultime précédant la radiation[242], sauf si la dissolution a été prononcée en raison de carences d'organisation, et que le tribunal ordonne les mesures y remédiant en même temps que la réinscription[243].

159

La **raison sociale** doit être la même qu'avant la radiation, mais si une société a entretemps été inscrite sous ce nom, il conviendra d'ajouter un élément à la raison sociale réinscrite pour assurer qu'elle se distingue de la nouvelle, qui a ici priorité[244].

160

---

[239] Art. 40 al. 2 CPC : « *Le tribunal du dernier siège inscrit d'une entité juridique radiée est impérativement compétent pour statuer sur sa réinscription au registre du commerce* ». On observera que l'art. 935 CO ne dit qu'incidemment que la requête est adressée au tribunal et non au registre (al. 3 : « *Lorsque l'entité juridique présente des carences dans son organisation, le tribunal prend les mesures nécessaires en même temps qu'il ordonne la réinscription* »).

[240] Art. 250 lit. c ch. 14 CPC (« *réinscription au registre du commerce d'une entité juridique radiée* »).

[241] P. ex. en cas de dissolution-radiation faute d'activité et d'actifs réalisables, selon l'art. 934 CO (*supra* N 157).

[242] Le Message du Conseil fédéral l'énonce explicitement, FF 2015 3282 : « *l'inscription au registre du commerce de l'entité juridique radiée doit être rétablie dans l'état où elle se trouvait au moment de la radiation. Si la réinscription est requise dans le but d'achever la liquidation qui a déjà été opérée, elle n'entraîne pas simultanément la révocation de la décision de dissolution* ».

[243] Cf. *supra* n. 239.

[244] Cf. sur ce point Directive OFRC du 1. 4. 2021 concernant la formation et l'examen des raisons de commerce et des noms, N 122 s. (« *Lorsque le tribunal ordonne la réinscription au registre du commerce d'une entité juridique, sa raison de commerce ou son nom doit être le même qu'avant la radiation. Lorsqu'une nouvelle société avec une raison de commerce identique a été inscrite entre le moment de la dissolution et celui de la réinscription, il y a lieu de compléter la raison de commerce par une adjonction supplémentaire* »).

VIII.   Coup d'œil sur la législation de l'Union européenne

A.   Structure de la législation en matière de droit des sociétés

161   Vu l'importance de l'Union européenne pour la Suisse, qui n'a qu'elle pour voisin et dont la population est 45 fois moindre, le législateur suisse a plusieurs fois insisté sur l'idée que les réformes devaient veiller à ce que le droit des sociétés ne présente pas de disparités inutiles avec le droit de l'UE lorsque celui-ci contient des règles en la matière[245]. Il l'a fait à l'occasion de la réforme votée le 19. 6. 2020 et entrée en vigueur en 2023[246].

162   Il n'existe pas de droit européen des sociétés codifié en tant que tel. Toutefois, un train de mesures a été adopté afin d'harmoniser le droit des sociétés et améliorer la faculté d'agir dans toute l'UE, par un cadre juridique de référence uniforme[247]. Six directives, dont certaines remontaient à plus de trente ans[248], ont été regroupées par la Directive (UE) 2017/1132 du Parlement européen et du Conseil du 14. 6. 2017 relative à certains aspects du droit des sociétés.

163   La Directive (UE) 2017/1132 a été modifiée par la directive 2019/1151 du 20. 6. 2019 relative à l'utilisation d'outils et de processus numériques en droit des sociétés et par la Directive 2019/2121 du 27. 11. 2019 relative aux conversions, scissions et fusions transfrontalières. Elle a également été modifiée par la directive (UE) 2019/1023 du 20. 6. 2019, spécifiquement pour permettre aux États membres d'autoriser des exceptions à certains articles de la Directive (UE) 2017/1132, lorsque cela est nécessaire pour établir des cadres de restructuration préventive.

---

[245]   Il ne s'agit pas d'une préoccupation toute récente. Elle est née dès 1990, lorsque la Suisse a envisagé d'adhérer à l'Espace économique européen ; la compatibilité avec le droit européen (« euro-compatibilité ») a alors été constamment examinée dans tous les processus législatifs (cf., en droit des sociétés, le Rapport final du groupe de réflexion « Droit des sociétés » du 24. 9. 1993, p. 8). Voir aussi le Message du Conseil fédéral, FF 2017 422 (ch. 1.5.1).

[246]   Message du Conseil fédéral, FF 2017 422 ss.

[247]   On rappellera que l'instrument de la directive est contraignant pour les États membres qui sont ses destinataires quant aux résultats à atteindre, tout en laissant aux autorités nationales une marge de manœuvre concernant la forme et les moyens pour y parvenir. Les directives sont ainsi *transposées* par les États membres afin de leur donner force de loi (cf. art. 288 TFUE).

[248]   Directives 82/891/CEE, 89/666/CEE, 2005/56/CE, 2009/101/CE, 2011/35/UE, 2012/30/UE. La Directive 68/151/CEE a elle aussi été remplacée.

B.   Le registre du commerce et le droit de l'UE

1.   Le registre du commerce au niveau européen

L'art. 16 de la Directive (UE) 2017/1132 prévoit que, « *[d]ans chaque État*   164
membre, un dossier est ouvert auprès d'un registre central du commerce ou
des sociétés, pour chacune des sociétés qui y sont inscrites ». Il se réfère aussi
au numéro d'identification unique européen (EUID) dont les sociétés doivent
disposer. Ce numéro permet « *de les identifier sans équivoque dans le cadre*
des communications entre les registres au moyen du système d'interconnexion
des registres établi conformément à l'article 22 ».

À cet égard, l'art. 22 de la Directive (UE) 2017/1132 prévoit l'institution d'une   165
plate-forme centrale européenne, dont le but est d'assurer l'interconnexion
entre les registres des États membres et ainsi faciliter le système d'échange
d'informations.

2.   Modernisation et numérisation du droit des sociétés

La Directive (UE) 2017/1132 instaure une avancée vers la digitalisation et la   166
modernisation du droit des sociétés dans les États membres, par la promotion
des outils et processus numériques. Trois aspects peuvent être mentionnés.

L'une des innovations instaurées par la Directive (UE) 2017/1132 est le méca-   167
nisme de constitution en ligne, par voie électronique, de certaines formes de
sociétés.

Ainsi, aux termes de l'art. 13[octies] al. 1, les États membres doivent veiller à ce   168
que les formes de sociétés énumérées dans une liste non exhaustive en annexe
à la Directive, ainsi que les succursales de sociétés qui sont régies par le droit
d'un autre État membre, puissent être entièrement constituées en ligne, sans
que les fondateurs aient à se présenter en personne devant un organe, une autorité ou une personne.

Cette innovation que représente la constitution électronique de sociétés vise   169
avant tout à encourager la constitution de sociétés sur le sol d'un État membre
étranger, en évitant p. ex. des frais de déplacement.

C'est d'ailleurs dans ce même but de facilitation que la Directive prévoit que   170
les États membres doivent mettre à disposition en ligne des modèles d'actes
constitutifs pour les formes de sociétés concernées (art. 13[nonies]).

171 Un autre aspect prévu par la Directive est le dépôt et la consultation en ligne des actes et informations sur les sociétés. En instaurant des exigences minimales, la Directive vise ainsi essentiellement à uniformiser entre les États membres les informations reprises dans le registre électronique (voir not. art. 13undecies), mais aussi les frais associés à la consultation de celui-ci (voir not. art. 13quinquies et 13sexies).

3. Délai pour la communication au registre du commerce des actes et informations, y compris les modifications

172 Sous réserve de quelques cas (p. ex. le délai de trois mois prévu à l'art. 653h CO), la loi suisse ne prévoit pas de délai dans lequel les actes et informations, respectivement leur modification, doivent être communiqués au registre du commerce. L'art. 13undecies de la Directive (UE) 2017/1132 laisse à cet égard une marge de manœuvre aux États membres, qui sont ainsi libres de prévoir des délais dans leur législation nationale.

4. Délai pour la publication des modifications communiquées au registre du commerce

173 De façon générale, lorsqu'une modification dans les actes et indications figurant au registre du commerce est communiquée au registre du commerce, la loi suisse n'impose pas de délai pour la retranscription de ces modifications. Dans le droit de l'UE, l'art. 15 de la Directive (UE) 2017/1132 prévoit en substance que les États doivent prendre « *les mesures nécessaires* » pour que les modifications intervenues dans les actes et indications figurant au registre du commerce soient rendues publiques « *normalement dans un délai de 21 jours* » à compter de la réception des informations complètes, y compris, le cas échéant, le contrôle de la légalité[249].

---

[249] « *Les États prennent les mesures nécessaires pour veiller à ce que toute modification intervenue dans les actes et indications visés à l'article 14 de la Directive soit transcrite au registre compétent visé à l'article 16, paragraphe 1, premier alinéa, et soit rendue publique, conformément à l'article 16, paragraphes 3 et 6, normalement dans un délai de 21 jours à compter de la réception des informations complètes concernant ces modifications, y compris, le cas échéant, le contrôle de la légalité tel qu'exigé par le droit national pour la transcription dans le dossier* ».

5. Liste des actes et indications à publier au registre du commerce

L'art. 14 de la Directive (UE) 2017/1132 dresse une liste des actes et indica- 174
tions que les États membres doivent publier et qui doivent être rendus accessibles (cf. ég. art. 16 par. 2). Du point de vue législatif, il s'agit d'une différence
d'avec le droit suisse[250].

6. Opposabilité des inscriptions au registre du commerce

L'art. 16 par. 5 de la Directive (UE) 2014/1132 prévoit en substance la même 175
règle que l'art. 936a al. 1 *in fine* CO (soit que les inscriptions au registre du
commerce déploient leurs effets dès la publication[251]) et que l'art. 936b al. 1
CO (dès qu'un fait a été inscrit au registre du commerce, nul ne peut se prévaloir de ne pas en avoir eu connaissance ; effet de publicité positif[252]). En effet,
il prescrit que « *[l]es actes et informations visées au paragraphe 4 ne sont opposables aux tiers par la société qu'une fois publiés conformément au paragraphe 3 du présent article, sauf si la société prouve que ces tiers en avaient
connaissance* ».

Une différence avec le droit suisse résulte de la règle selon laquelle « *pour les* 176
opérations intervenues avant le seizième jour suivant celui de la publication,
les actes et informations ne sont pas opposables aux tiers qui prouvent qu'ils
ont été dans l'impossibilité d'en avoir connaissance ».

Enfin, l'art. 936b al. 2 CO (effet de publicité négatif[253]) correspond à la règle 177
prévue à l'article 16 par. 5 *in fine* de la Directive (UE) 2014/1132.

---

[250] Cf. *supra* N 67, spéc. n. 90.
[251] Cf. *supra* N 135.
[252] Cf. *supra* N 138.
[253] Cf. *supra* N 139-140 et 142.

§ 4 Les raisons sociales

I. Vue d'ensemble

178 Le « nom » d'une société est sa raison sociale. La loi emploie comme titre du chapitre qui traite des raisons sociales (art. 944-956 CO) le terme de « raison de commerce », car ce terme couvre *également* l'appellation donnée à une entreprise individuelle. Le terme « raison de commerce », plus large, englobe le concept de raison sociale. Le terme de « raisons sociales » est cependant bel et bien employé par la loi comme terme générique, en tant que titre marginal des dispositions spécifiquement consacrées au nom des sociétés (art. 950 s. CO)[254].

179 Le droit des raisons sociales est caractérisé par **deux types de règles**.

180 D'une part, il y a celles qui s'appliquent à la raison sociale pour elle-même : elles posent les **critères « intrinsèques »** de la formation des raisons sociales (on peut les nommer de façon abrégée « règles intrinsèques »). Pour reprendre le vocabulaire usuel en droit des marques, on dira qu'elles contiennent concrètement les « motifs absolus » qui s'opposent à l'inscription d'une raison sociale, indépendamment de toute comparaison avec d'autres raisons sociales ou signes distinctifs.

181 D'autre part, il y a les règles dont l'application détermine si une raison sociale est **inadmissible en raison de sa similitude** avec un autre signe distinctif et du risque de confusion qui en découle. Traitant de « motifs relatifs » d'exclusion, elles peuvent aussi être désignées comme les *règles de conflit*.

182 Les règles concernant les motifs absolus d'exclusion doivent être appliquées d'office **par le registre du commerce lors de l'inscription**[255]. La question est plus complexe en ce qui concerne la similitude avec une raison sociale préexistante et le risque de confusion ; la situation où il est manifeste qu'une nouvelle raison sociale se distingue insuffisamment d'une autre entre dans le champ où

---

[254] Cette conceptualisation ne se retrouve pas en allemand, où le terme « Firma » (qui signifie à la fois raison [« de commerce » ou « sociale »] et entité entrepreneuriale) est plus large. Il est décliné en « Geschäftsfirma » (concept le plus large, équivalent à raison de commerce), « Einzelfirma » (raison individuelle, qui en français peut aussi désigner l'entreprise individuelle en plus de la raison de commerce) et « Gesellschaftsfirma » (raison sociale).

[255] Cf. ATF 123 III 220 c. 4b (226 *in initio*). Pour un refus d'inscription par le registre, ATF 130 III 58 B (59), c. 4.1 (61) et 6.2-6.4 (65).

peut s'exercer le pouvoir d'examen du registre[256], sous l'angle de l'interdiction d'induire en erreur[257]. Si l'inscription est effectuée par le registre, cela ne lie nullement **le juge** appelé à statuer dans un litige ultérieur[258], qu'il s'agisse de motifs absolus ou relatifs. En d'autres termes, **l'inscription ne représente nul-**

---

[256] Art. 955 CO : « *Le préposé au registre du commerce doit inviter d'office les intéressés à se conformer aux dispositions concernant la formation des raisons de commerce* » et *supra* N 109 ss, spéc. 113.

[257] L'ATF 123 III 220 distingue entre l'interdiction d'induire en erreur, à examiner d'office, et le risque de confusion, à n'examiner que sur requête d'un intéressé, c. 4b (226, 1er par., *in fine*) : « *Von der Täuschungsgefahr zu unterscheiden ist die Verwechslungsgefahr. Ob sich eine neue Firma von den anderen bestehenden Firmen genügend unterscheidet [...], ist eine Frage des Firmenschutzes [...] und wird vom Richter lediglich auf Begehren eines Betroffenen hin geprüft* ». L'arrêt évoque ensuite qu'une confusion avec une raison sociale antérieure (radiée) enfreint l'interdiction d'induire en erreur, qui est aussi édictée dans l'intérêt public et pour la protection des tiers 4b (226-227) : « *In einem solchen Fall muss die geschaffene Verwechslungsgefahr unter dem Gesichtspunkt von Art. 944 Abs. 1 OR Beachtung finden ; nur auf diesem Weg kann das Interesse des Publikums am Schutz vor Irreführung [...] und das öffentliche Interesse an deutlich unterscheidbaren Firmen [...] berücksichtigt werden. Die Klägerin hat keinerlei Massnahmen getroffen, um eine Verwechslung mit der früheren S.F.M. Services Financiers & Management SA zu verhindern. Vielmehr hat sie es sogar unterlassen, auf die fehlende Identität hinzuweisen, als die Beklagte sie für Ansprüche gegenüber der anderen Gesellschaft belangte [...]. Damit hat die Firmenwahl der Klägerin gegen das in Art. 944 Abs. 1 OR verankerte Täuschungsverbot verstossen* ». À notre sens, comme indiqué dans le corps du texte, seul le critère de la violation *manifeste* permet de cerner le pouvoir d'examen du registre, en cette matière comme dans les autres matières de droit matériel (la violation d'un intérêt public ou de la protection des tiers étant présupposée, *supra* N 113 ; l'ATF 117 II 575 c. 5b/aa [582] va dans ce sens en indiquant que le préposé ne refusera l'inscription que des raisons sociales identiques ou quasi identiques : « *Der Handelsregisterführer weist nur völlig oder beinahe identische Fassungen von Firmen zurück und hat im übrigen die Beurteilung der Verwechslungsgefahr dem Zivilrichter zu überlassen* » ; cela rejoint le critère de la violation manifeste et indiscutable).

[258] Ainsi ATF 123 III 220 c. 4b (227 : « *Dass die Firma trotz der Verwechslungsgefahr offenbar ohne Beanstandung eingetragen wurde, durfte die Klägerin nicht als Zusicherung der Rechtmässigkeit auffassen* »), dans un cas où le jugement ultérieur porte sur l'illicéité du comportement (aussi au regard des règles sur la formation des raisons sociales) et ainsi sa responsabilité (c. 4f [232] : « *Mit ihrem Verhalten verstiess die Klägerin in mehrfacher Hinsicht gegen gesetzliche Bestimmungen, so dass sie für den dadurch adäquat verursachten Schaden haftet* ») et ATF 117 II 575 c 5b/aa *in fine* (582 : « *Dass der Handelsregisterführer die Firma I.com AG trotz der Verwechslungsgefahr ohne Beanstandungen eingetragen hatte, durfte die Beklagte nicht als Zusicherung der Rechtmässigkeit auffassen* »), dans un cas concernant la radiation sur requête d'un intéressé. Tous les cas où le juge civil est saisi au titre de la similitude avec une raison sociale antérieure l'illustrent (*infra* N 215-226 ; ég. N 213).

lement une garantie ou une assurance accordée par l'État à la société ou à ses fondateurs quant à la licéité ou à la validité de la raison sociale.

II. Les règles intrinsèques sur la formation des raisons sociales

183 L'art. 944 al. 1 CO est la règle générale qui énonce les critères intrinsèques applicables à la formation des raisons sociales : « *Toute raison de commerce peut contenir, outre les éléments essentiels prescrits par la loi, des précisions sur les personnes y mentionnées, des indications sur la nature de l'entreprise, ou un nom de fantaisie, pourvu qu'elle soit conforme à la vérité, ne puisse induire en erreur et ne lèse aucun intérêt public* ».

184 À un degré élevé d'abstraction, on retrouve les critères applicables à toutes les inscriptions au registre du commerce, à savoir **la véracité, l'interdiction de l'induction en erreur et l'interdiction de léser un intérêt public** (art. 929 CO)[259].

185 En ce qui concerne les éléments plus concrets qui y sont énoncés, on observe qu'il est question de mentions obligatoires (« éléments prescrits par la loi ») ; dans le droit actuel, cela fait simplement référence à l'indication de la forme de société, obligatoire pour les sociétés commerciales (de personnes ou de capitaux) et les coopératives. Pour le reste, il s'agit d'un régime de liberté, les noms de personnes, les expressions descriptives et les noms de fantaisie étant en soi admis, à condition de ne pas enfreindre les principes de véracité ainsi que les interdictions d'induire en erreur et de léser un intérêt public.

186 Une jurisprudence assez abondante et, surtout, la pratique quotidienne du registre du commerce, ayant au fil du temps traité plus d'un million de raisons sociales, ont permis de dégager un nombre considérable de critères facilitant la concrétisation des principes. À cet égard, l'Office fédéral du registre du commerce a établi une directive fort utile « *concernant la formation et l'examen des raisons de commerce et des noms* » [260]. Cela ne doit pas faire perdre de vue que la règle de base demeure la libre formation de la raison sociale.

187 On peut citer plusieurs concrétisations importantes.

188 Beaucoup comprennent les éléments descriptifs et la **relation entre la raison sociale et le but statutaire**.

---

[259] Cf. *supra* N 90.
[260] La dernière version porte la date du 1. 4. 2021.

Ainsi, la raison sociale ne devrait pas contenir un terme – autre que de fantaisie   189
– qui se rapporte à une **activité qui n'est pas couverte par le but statutaire**.
Il peut en aller de même lorsque la raison sociale ne se réfère qu'à un **but accessoire**, si cela dissimule l'activité principale de la société et donc induit en
erreur[261].

Cependant, la raison sociale ne peut pas consister dans un unique **terme géné-**   190
rique ou descriptif (auquel s'ajouterait uniquement la désignation de la forme
juridique)[262]. Il ne serait en effet pas admissible que chaque terme descriptif ou
générique puisse être monopolisé. L'objectif d'une raison sociale est d'individualiser une entité juridique, de sorte qu'elle doit avoir un certain «*pouvoir
identifiant et distinctif*»[263]. Ainsi, une combinaison de termes descriptifs est
admissible lorsqu'il en résulte un tel pouvoir distinctif – étant précisé que
«*l'examen du caractère original d'une combinaison de termes ne doit pas être
soumis à des exigences trop rigoureuses*»[264]. Concrètement, un critère consiste
à déterminer s'il serait possible de décrire l'activité d'une autre façon; dans
l'affirmative, la raison sociale descriptive est admissible[265]. À plus forte raison,
si une combinaison de désignations génériques constitue un néologisme ou une
association sémantiquement ou esthétiquement originale, elle est un nom de
fantaisie et peut sans nul doute être admise comme raison sociale[266].

---

[261]   À ce sujet, Directive OFRC 2021, N 2, avec réf. à l'ATF 117 II 192, étant ici précisé que
la formulation de la directive est trop catégorique, car cet arrêt retient en l'espèce que la
raison sociale est admissible parce que ce n'est pas un but secondaire insignifiant qui serait
mis en avant (c. 4b/bb, 198 : «*insbesondere wird nicht bloss eine unbedeutende
Nebentätigkeit als repräsentativ vorgeschoben*»), contrairement à l'ATF 91 I 212, où il
est évoqué que de pures possibilités d'activité ne suffisent pas c. 3b (217 : «*blosse
Möglichkeiten*»). La formulation que nous proposons dans le corps du texte nous paraît
refléter l'approche nuancée de la jurisprudence.

[262]   Cf. ATF 101 Ib 361, regeste : «*Une raison de commerce ne peut pas être constituée uniquement par des désignations génériques sans force distinctive. Refus de la raison 'In-
kasso AG'*»; cet arrêt, bien qu'encore cité (ainsi à l'ATF 128 III 224 c. 2b [226]) a été
explicitement nuancé par l'ATF 114 II 284 cité *infra* n. 264.

[263]   Cf. Directive OFRC 2021, N 37.

[264]   Directive OFRC 2021, N 43 i.i.; cf. ég. N 42 («*La combinaison de désignations génériques est admise comme seul élément d'une raison de commerce lorsqu'elle possède un
caractère de fantaisie ou une certaine originalité propre à individualiser l'entreprise*»).
L'ATF 114 II 284 c. 2b (286-287) dit qu'on «*[doit] ne prohiber une raison sociale que
s'il est bien évident* qu'elle comporte uniquement des termes génériques descriptifs*».

[265]   Cf. Directive OFRC 2021, N 43 *in fine* : «*Une raison de commerce peut être formée d'une
combinaison de termes génériques lorsque d'autres expressions permettent de décrire
l'objet ou le but de l'entreprise de la même branche*».

[266]   Cf. Directive OFRC 2021, N 44 («*Les combinaisons de désignations génériques qui
constituent un néologisme ou qui ont un sens fantaisiste sont admises*»).

191 Par ailleurs, si une **activité est soumise à autorisation**, une raison sociale faisant référence à cette activité n'est admissible que si la société a obtenu l'autorisation. Cela concerne en particulier le terme « banque » et ses dérivés[267], l'activité bancaire étant soumise à autorisation en vertu de la Loi sur les banques (art. 3 LB). La Loi sur les placements collectifs de capitaux (LPCC) et la Loi sur les établissements financiers (LEFin) soumettent aussi bon nombre d'activités de gestion de patrimoine à autorisation[268] (y compris l'activité de *trustee*[269], de sorte que cette appellation ne peut figurer dans une raison sociale que si l'autorisation a été octroyée[270])[271].

192 **Certaines lois protègent spécifiquement des appellations**, sans que l'activité soit *stricto sensu* soumise à autorisation. Il en va ainsi dans l'enseignement universitaire. La Loi sur l'encouragement et la coordination des hautes écoles (LEHE) réserve l'appellation « université », « institut universitaire » ou « haute école spécialisée » aux entités qui ont reçu l'accréditation correspondante prévue par cette loi[272]. Il n'est pas interdit d'employer des expressions synonymes faisant référence à l'activité, comme « académie », « haute école » ou « institut », sous réserve de l'interdiction générale d'induire en erreur[273].

---

[267] L'art. 1 al. 4 LB interdit expressément les termes « banque » et « banquier » et constitue à ce titre une loi spéciale. Mais l'interdiction générale de l'induction en erreur de l'art. 944 CO peut conduire le registre à empêcher l'usage du terme « bancaire » (p. ex. institut bancaire) dans la raison sociale. En revanche, le terme « banque » dans un usage non bancaire ne peut être interdit dans une raison sociale (p. ex. « banque de données », « banque de sang », ou « logiciels bancaires », cf. Directive OFRC 2021, N 5).

[268] Art. 6 LEFin.

[269] Art. 17 ss LEFin.

[270] L'art. 13 LEFin le dit explicitement (cf. ég. Directive OFRC 2021, N 6).

[271] La Directive OFRC 2021, N 10, dit de façon générale que « *les termes définis par un acte législatif ne peuvent être mentionnés dans la raison de commerce que s'ils sont justifiés matériellement* », mais cette phrase paraît floue et excessive, car d'innombrables lois comprennent des définitions de termes, et celles-ci ne visent d'ordinaire qu'à faciliter la lecture de la loi ; d'ailleurs, la loi (Loi sur les maisons de jeu, abrogée en 2017) que cite la Directive OFRC 2021 n'interdisait qu'une expression bien spécifique et non pas tous les termes qu'elle définissait (dans la loi qui l'a remplacée, à savoir la Loi sur les jeux d'argent, l'art. 6 al. 3 dit uniquement : « *Seuls les titulaires d'une concession A peuvent utiliser le terme 'Grand Casino'* » ; sur cette question particulière traitée sous l'ancien droit, cf. ATF 132 III 352 et TF 12. 3. 2009, 2C_796/2008).

[272] Art. 62 LEHE : « *Seules les institutions accréditées selon la présente loi ont droit à l'appellation d''université', de 'haute école spécialisée' ou de 'haute école pédagogique', y compris dans ses formes composées ou dérivées telles que 'institut universitaire' ou 'institut de niveau haute école spécialisée', dans une langue nationale ou dans une autre langue* ».

[273] En ce sens explicitement, Directive OFRC 2021, N 8.

Pour les **lieux géographiques**, la règle de base est que leur utilisation est per- 193
mise, mais qu'elle doit être conforme aux principes de véracité et d'interdiction
d'induire en erreur[274]. Ainsi, le nom d'une localité suisse ne devrait être employé que s'il correspond au siège ou du moins à l'agglomération dans laquelle
se trouve la société[275]. L'emploi du nom d'une localité hors de Suisse sera d'ordinaire compris comme une appellation de fantaisie, mais s'il donne l'impression de faire référence à une activité véritablement liée à cette localité, il ne
sera admissible que s'il est conforme au principe de véracité et à l'interdiction
de la tromperie. Le même régime doit s'appliquer aux noms de lieux suisses
qui ne sont pas des localités susceptibles d'être un siège, tels les noms de mon-
tagnes, cols, vallées, rivières et lacs ; à plus forte raison en va-t-il ainsi de tels
types d'appellations faisant référence à des lieux situés hors de Suisse[276] (on
ajoutera les mers[277] et les océans). Un nom de lieu doit cependant toujours être
accompagné d'un autre terme – ou être modifié –, afin de ne pas créer une
monopolisation[278].

---

[274] À cet égard, les termes du N 15 de la Directive OFRC 2021 (laquelle est d'ordinaire très,
voire trop restrictive, cf. p. ex. *supra* n. 271 et *infra* n. 275), soit « *les désignations géographiques peuvent être utilisées librement dans la raison de commerce* », semblent ici
trop laxistes, et d'ailleurs, ne pas introduire correctement le contenu des chiffres suivants
(N 16-23).

[275] La Directive OFRC 2021, N 22, retient que pour l'usage d'une localité autre que le siège,
il faut également qu'il réponde à un intérêt public, en citant « Flughafen Zürich AG » et
« Aéroport International de Genève SA » (« *Dans des circonstances particulières, le nom
d'une commune politique qui n'est pas celle du siège de la société peut figurer dans la
raison de commerce ; l'entreprise doit alors fournir ses services dans l'ensemble de la
région qui jouxte la commune politique à laquelle il est fait référence. La formation d'une
telle raison de commerce doit également obéir à un objectif d'intérêt public* ») ; il s'agit
d'une condition supplémentaire, car elle ne correspond pas exactement à l'exigence de
l'art. 944 CO, qui interdit une raison sociale qui *lèse* un intérêt public. Ne reposant pas sur
une base légale, il n'est pas certain que cette exigence puisse être imposée par l'office.

[276] La tromperie a été retenue pour « American » à l'ATF 91 I 212 c. 2b et 3 (212 ss) et pour
« Oriental » à l'ATF 104 Ib 264 c. 3 et 4 (266-268), ainsi que pour « Middle East » (TF
11. 5. 1976, non publié, cité par l'ATF 104 Ib 264).

[277] Ainsi la Directive OFRC 2021, N 19.

[278] Directive OFRC 2021, N 16 : « *Les désignations nationales, territoriales et régionales,
ainsi que les noms de corporations de droit public et de localités ne peuvent être utilisés
seuls dans la raison de commerce au risque d'être monopolisés. L'indication de la forme
juridique ne suffit pas pour individualiser la raison de commerce* ». Si elles sont modifiées, elles acquièrent un caractère de fantaisie et sont alors admissibles comme unique
élément d'une raison sociale en plus de la forme juridique (cf. N 17). Il en va de même si
elles sont combinées avec un autre mot et acquièrent ainsi un caractère de fantaisie (N 18).
Comme nous l'indiquons en général sur les termes géographiques (*supra* ad n. 274), l'interdiction de la tromperie demeure, mais le risque doit être apprécié *cum grano salis*, en
ayant égard au bon sens élémentaire des participants à la vie économique.

194 Dans l'approche suivie par les autorités qui est de permettre en principe d'employer dans une raison sociale les noms de lieux suisses, le nom qui correspond à celui d'une collectivité publique (Suisse, Genève, Neuchâtel, Fribourg, Valais, Lausanne, etc.) ne peut être refusé pour cette seule raison ; la voie choisie par le législateur pour éviter la confusion avec une entité officielle ou une entité créée par une (ou des) entité(s) officielle(s) consiste dans un **régime restrictif pour l'usage des** *désignations officielles*. Celles-ci sont « Confédération », « fédéral », « canton », « cantonal », « commune », « communal » et « tout autre terme permettant de conclure à une autorité suisse, à une activité étatique ou semi-étatique » (art. 6 de la Loi sur la protection des armoiries de la Suisse et des autres signes publics, « LPAP »). L'art. 9 LPAP dit : « *(1) Les désignations officielles et les termes susceptibles d'être confondus avec elles ne peuvent être utilisés, seuls, que par la collectivité concernée. (2) Les désignations visées à l'al. 1 ne peuvent être utilisées par d'autres personnes que la collectivité concernée que si ces personnes exercent une activité étatique ou semi-étatique. (3) Les désignations visées à l'al. 1 peuvent être utilisées en combinaison avec d'autres éléments verbaux ou figuratifs pour autant qu'un tel emploi ne soit ni trompeur, ni contraire à l'ordre public, aux bonnes mœurs ou au droit* ».

195 Il faut encore préciser que les **noms et abréviations officielles (« sigles ») des organisations internationales** sont protégés de façon absolue et ne peuvent figurer dans une raison sociale[279]. Une liste est tenue à jour par l'Institut fédéral de la propriété intellectuelle[280] (car ces termes ne peuvent pas non plus être enregistrés comme éléments de marques).

196 Les **noms de famille** peuvent être employés si leur utilisation est conforme au principe de véracité et à l'interdiction d'induire en erreur. Alors que l'indication d'au moins un nom de famille était exigée pour les sociétés de personnes – et évidemment pas pour la société anonyme –[281], les règles sont désormais uniformes pour l'ensemble des sociétés. Le principe de véracité suppose que le nom de famille employé ait un lien substantiel avec l'entreprise. Si un tel lien a existé lors de la fondation, la présence de ce nom doit pouvoir être maintenue

---

[279] La Loi fédérale du 15. 12. 1961 concernant la protection des noms et emblèmes de l'Organisation des Nations Unies et d'autres organisations intergouvernementales (RS 232.23) protège, dans les langues officielles suisses et en anglais, les noms et sigles (ainsi que les emblèmes) de l'ONU (art. 1), des organisations intergouvernementales faisant partie du système onusien (art. 2) et de celles « *dont sont membres un ou plusieurs pays de l'Union de Paris pour la protection de la propriété industrielle* » (art. 3), ce qui couvre quasi toutes les organisations internationales (il faut simplement que les noms et sigles aient été « *communiqués à la Suisse par l'intermédiaire du Bureau international pour la protection de la propriété industrielle* », art. 2 et 3).

[280] Cette tâche lui est attribuée par l'art. 4 al. 3 de la loi précitée.

[281] *Infra* N 199, spéc. ad n. 290.

même si la personne dont le rôle l'avait justifiée n'est plus actionnaire ou associée. Même pour les sociétés de personnes, on ne peut retenir, dans le nouveau droit, que ce maintien enfreindrait forcément l'interdiction d'induire en erreur[282].

Les **règles de graphie** sont désormais très libérales. Il est possible d'utiliser 197
toutes combinaisons de lettres de l'alphabet latin (majuscules ou minuscules, sans égard aux règles grammaticales et orthographiques[283]) et de chiffres. Les symboles ne sont pas admis, sauf le signe & et + dans le sens de « et » [284]. Les signes de ponctuation et les tirets sont admis apposés à un signe en lettres ou en chiffres, mais ne peuvent ni figurer seuls ni être répétés (« ! ! » n'est pas admis) ; les espaces, eux non plus, ne peuvent être répétés[285]. Les styles (gras, italique, petites majuscules) ne peuvent être inscrits[286]. Les éléments gra-

---

[282] On ne peut pas non plus le déduire *a contrario* de l'art. 954 CO (« *L'ancienne raison de commerce peut être maintenue si le nom du titulaire ou d'un associé y figurant a été changé de par la loi ou par décision de l'autorité compétente* »), disposition inchangée lors de la réforme de 2015 ; elle s'applique désormais surtout à la raison individuelle (elle écarte les règles sur la formation de la raison de commerce individuelle, art. 945 CO) ou, pour les sociétés de personnes, elle a pour portée d'exclure tout débat sur une éventuelle induction en erreur en cas de changement de nom imposé par la loi (mariage, adoption) ou par décision (changement de nom, y compris lors d'une naturalisation).

[283] La Directive OFRC 2021, N 51, le dit explicitement (« *L'ensemble des lettres de l'alphabet latin, minuscules et majuscules, ainsi que les chiffres arabes peuvent être utilisés librement pour composer la raison de commerce, les règles de grammaire n'étant pas déterminantes* »). C'est là une évolution marquante. L'ATF 111 I 86 (88) se référait strictement au bon usage grammatical. À l'ATF 118 II 319, rendu en 1992, il était encore précisé que : « *L'élément 'MacCooperative' n'est pas admissible dans une raison de commerce ; en effet, la majuscule C insérée contrairement aux règles de la langue au milieu d'une dénomination de fantaisie apparaît comme un signe figuratif* » (regeste) ; c. 4a (320) : « *Firmen [...] haben die Regeln der deutschen Sprache zu beachten [...], wenn die Eintragung in dieser Sprache erfolgen soll* » et 4b (321) : « *Als Phantasiebezeichnung untersteht der streitige Firmenbestandteil nach dem Gesagten den Regeln der deutschen Sprache. Diese verbieten den Grossbuchstaben C inmitten des Wortes 'MacCooperative', der auch nach dem deutschen Sprachempfinden als Fremdkörper und daher zwangsläufig als figuratives Zeichen erscheint, das nur bei Marken, nicht aber bei Firmen zugelassen wird* ». L'arrêt précisait que la pratique de l'époque admettait d'intercaler des minuscules entre des majuscules *dans des abréviations*. Depuis l'abandon de ces restrictions, l'emploi des majuscules au milieu d'un terme est très usité (parmi bien d'autres, cf. p. ex. TF 25. 3. 2019, 4A_590/2018 : « RiverLake »).

[284] Directive OFRC 2021, N 60.

[285] Directive OFRC 2021, N 55-58.

[286] La directive OFRC 2021, N 57, regroupe cela comme « *les particularités graphiques (design, logo, couleurs, caractères gras, écriture italique, etc.)* ».

phiques ou les alphabets autres que le latin ne sont pas admis[287]. La raison invoquée pour ces limitations est que « *la manière d'écrire la raison de commerce ne doit pas gêner la tenue régulière du registre du commerce, ni entraver la recherche des raisons de commerce. Chacun doit pouvoir écrire correctement la raison de commerce telle qu'elle a été inscrite au registre du commerce* »[288].

198   Si la raison sociale est en **plusieurs langues**, les différentes versions linguistiques doivent concorder. Les acronymes (tout comme les éléments intraduisibles comme les noms de famille) doivent demeurer identiques dans toutes les versions linguistiques, sauf s'ils sont une abréviation de chaque version linguistique de la raison sociale[289].

199   Enfin, comme énoncé au début de cette section, il faut avoir à l'esprit que les **indications obligatoires** sont désormais fort limitées, puisqu'elles ne consistent que dans la **référence à la forme juridique** ; l'art. 950 al. 1, 2e phr., CO dit que la raison sociale d'une société commerciale ou coopérative « *doit en désigner la forme juridique* ». Contrairement au régime en vigueur de 1883 (et « de tout temps » selon les règles antérieures) à 2016[290], le nom de famille des associés ou d'un des associés d'une société en nom collectif ou en commandite n'a plus à figurer dans la raison sociale. La formation du nom des sociétés commerciales de personnes suit donc intégralement les mêmes règles que pour les sociétés de capitaux[291].

---

[287] Cela peut théoriquement jouer un rôle dans l'inscription des succursales d'entités de pays où d'autres alphabets ou systèmes d'écriture sont employés, à propos desquelles la Directive OFRC 2021 indique qu'il faut procéder à une translittération (N 53 s.), mais on peut observer que quasiment tous les ordres juridiques étrangers permettent d'indiquer dans leur registre d'origine une raison sociale en caractères latins (qui sera phonétique ou une traduction sémantique, le plus souvent exprimée en anglais) et c'est alors celle-ci qui sera employée pour les succursales.

[288] Directive OFRC 2021, N 50. L'évolution des moteurs de recherche peut rendre cette justification partiellement obsolète.

[289] La Directive OFRC 2021, N 33, cite l'exemple (imaginaire) de « *FMJ Forces Motrices Jurassiennes SA (JKW Jurassische Kraft-Werke AG)* ».

[290] De 1937 à 2016, art. 947 s. aCO-1936 (cf. spéc. 947 al. 1 aCO : « *La raison de commerce d'une société en nom collectif doit, si tous les associés n'y sont pas nommés, contenir au moins le nom de famille de l'un d'entre eux, avec une adjonction indiquant l'existence d'une société* », soit « *Favre & Müller* » ou « *Favre & Cie* »). De 1883 à 1936, art. 869-872 aCFO-1881.

[291] Le terme de « société anonyme » provient précisément de la *possibilité* de ne pas inclure dans la raison sociale le nom d'un associé, ce qu'exprimait l'art. 612 aCFO-1881, à une époque où cela en faisait une caractéristique de la SA, qui constituait alors une relative innovation (cf. *infra* N 2030, spéc. n. 2767). Cela n'a jamais empêché que le nom d'un

L'art. 950 al. 2 CO donne au Conseil fédéral la compétence de déterminer les **abréviations** admissibles. Celles-ci sont déterminées de façon exhaustive dans l'annexe 2 de l'ORC (en français, allemand, italien et romanche) : 200

- société anonyme, SA, AG, SA, SA ;
- société à responsabilité limitée : Sàrl, GmbH, Sagl, Scrl ;
- coopérative : SCoo, Gen, SCoo, SCoo ;
- société en nom collectif : SNC, KlG, SNC, SCl ;
- société en commandite : SCm, KmG, Sac, SCm ;
- société en commandite par actions : SCmA, KmAG, SAcA, SACm.[292]

Il est possible de ne pas employer l'abréviation si la raison sociale comprend la **dénomination entière** de la forme juridique. Il est aussi possible d'intégrer (soit d'accoler) l'indication de la forme juridique à un autre terme lorsqu'elle demeure reconnaissable[293]. 201

Il n'existe pas d'abréviations anglaises arrêtées par l'ORC. La Directive de l'OFRC retient cependant des expressions et, pour certaines, des abréviations **en anglais**, soit[294] : 202

- pour la société anonyme : *Limited (LTD) or (In-) Corporation (INC or CORP)*[295] ;

---

associé figure dans la raison sociale, pourvu que la forme juridique soit clairement présente.

[292] La Directive OFRC 2021, N 90 et 97, indique également les appellations admissibles pour les sociétés d'investissement relevant de la LPCC, soit les sociétés d'investissement à capital variable (SICAV) et à capital fixe (SICAF) ainsi que les sociétés en commandite de placements collectifs (SCMPC). On observera que les abréviations SICAV et SICAF doivent être utilisées dans toutes les langues (y compris dans la traduction anglaise).

[293] Directive OFRC 2021, N 74 (« *L'indication de la forme juridique peut être liée à un autre terme lorsqu'elle demeure reconnaissable* »), qui cite l'exemple de « Immocoopérative vue des alpes ». Le commentaire des exemples « adissa » et « ARMAG » précise – en rapport avec les exemples – que « *l'adjonction de la forme juridique 'sa' ou 'AG' directement liée au corps de la raison de commerce n'est pas reconnaissable* ». À l'époque où les sociétés anonymes ne devaient pas indiquer leur forme juridique, beaucoup se terminaient par « -AG » (p. ex. « ARAG ») ou « -SA » pour des raisons, notamment, de sonorité ou pour constituer un terme de fantaisie plutôt qu'une expression descriptive. Il n'est pas inconcevable, selon nous, que l'abréviation « -AG » ou « -SA » accolée à un autre terme suffise dans un cas particulier à constituer l'indication de la forme juridique, mais, presque toujours (sinon toujours), ces deux lettres sont probablement trop discrètes pour le faire d'une façon suffisamment claire, qui satisfasse l'exigence de l'art. 950 al. 1, 2e phr., CO de l'indication de la forme juridique.

[294] Directive OFRC 2021, N 73.

[295] Il est bien entendu possible d'écrire « Ltd » et « Corp. » autrement qu'en lettres majuscules.

- pour la société à responsabilité limitée : *Limited Liability Company (LTD LIAB CO or LLC)* ;
- pour la coopérative : *Cooperative* ;
- pour la société en nom collectif : *(General) Partnership* ;
- pour la société en commandite : *Limited Partnership* ;
- pour la société en commandite par actions : *Corporation with unlimited partners*.

203 On relèvera que les **associations** inscrites au registre du commerce doivent en principe indiquer explicitement qu'elles sont une association, pour se conformer au principe de véracité et à l'interdiction de la tromperie (art. 929 CO[296])[297]. Mais d'autres expressions sont admissibles (notamment « société »[298], « groupement », « club », « syndicat », « union », ou, en matière sportive, « fédération »[299]). La situation est semblable pour les **fondations**, dont la loi n'exige pas spécifiquement qu'elles indiquent leur forme juridique dans leur nom[300].

---

[296] Et non de l'art. 944 al. 1 CO, car le nom d'une association n'est pas une « raison de commerce ».

[297] L'arrêt TAF 12. 11. 2014, B-633/2013, c. 6, a retenu qu'il n'existe pas de base légale qui permette d'exiger la mention spécifique « d'association » (en l'espèce, PBZ Pestalozzi-Bibliothek Zürich a pu être inscrit). La Directive OFRC 2021, N 101 s. le reconnaît (désormais) : « *Il n'existe pas de base légale prévoyant que les principes régissant les raisons de commerce sont directement applicables aux noms […]. Il ne doit toutefois pas contenir d'indication incorrecte au sujet de la forme juridique ou laissant conclure à une autre forme juridique* ».

[298] Un sondage au 30. 7. 2022 permet de repérer 14 associations inscrites au registre du commerce genevois qui comprennent le terme « société » (dont la Société Genevoise de Droit et Législation, éditrice de la Semaine judiciaire) et 10 au registre du commerce vaudois (dont la Société de la loterie de la Suisse romande et la Société de radiodiffusion et de télévision de la Suisse romande [RTSR] ; on note toutefois une diminution depuis le 8. 4. 2019, le même sondage ayant alors donné respectivement 16 et 13 associations) ; on en compte 12 en Valais. À cette même date, le registre fédéral permet de répertorier 21 associations actives dont le nom actuel principal comprend le terme « Gesellschaft ». Par ailleurs, le terme « société » est très souvent employé également dans le nom français (traduction) d'associations domiciliées en Suisse alémanique et ayant un nom allemand recourant à un terme autre que « Gesellschaft ».

[299] Le terme « comité » est employé dans « Comité international olympique ». Il est *a fortiori* admissible au regard de l'arrêt TAF 12. 11. 2014, B-633/2013 (*supra* n. 297), qui reconnaît que « bibliothèque » peut être inscrit au registre du commerce comme nom d'association.

[300] Art. 80-89 CC. Cf. ég. *supra* n. 297.

III. Les conflits entre raisons sociales ou avec d'autres signes distinctifs

A. Les règles matérielles

L'article 951 CO prescrit que la raison sociale d'une société commerciale ou   204
coopérative doit se « distinguer nettement » de toute autre raison sociale déjà
inscrite en Suisse ; fondamentalement, cela signifie qu'elle ne doit pas créer de
risques de confusion avec une raison sociale préexistante.

La jurisprudence emploie les notions de « confusion directe » pour qualifier la   205
situation où la raison sociale d'une entreprise (l'auteur de la violation) peut être
prise pour une autre (celle de l'ayant droit) et de « confusion indirecte » pour
la situation où les raisons sociales peuvent certes être distinguées, mais qu'elles
donnent l'impression (erronée) qu'il existe des liens juridiques ou économiques
entre les deux entreprises[301]. Il est important de relever que le droit des raisons
sociales ne recourt pas au « principe de la spécialité » (*Branchensystem*), qui
prévaut en droit des marques. La nécessité de distinguer nettement les raisons
sociales existe indépendamment d'un rapport de concurrence ou d'une activité
dans un domaine identique ou similaire[302]. La jurisprudence précise cependant
que « *le risque de confusion doit [...] être jugé de manière plus stricte lorsque
les entreprises ont des activités identiques ou similaires ou qu'elles exercent
leurs activités dans un périmètre géographique restreint* »[303]. D'ailleurs – et

---

[301] En ce sens TF 24. 9. 2019, 4A_170/2019, c. 2.1 : « *Die Gefahr der Verwechslung besteht,
wenn die Firma eines Unternehmens für die eines anderen gehalten werden kann (unmittelbare Verwechslungsgefahr) oder wenn bei Aussenstehenden der unzutreffende Ein-
druck entsteht, die Unternehmen seien wirtschaftlich oder rechtlich verbunden (mittelbare
Verwechslungsgefahr [...]* », avec réf. notamment à l'ATF 118 II 322 c. 1 (324). V. ég.
TF 18. 5. 2021, 4A_28/2021, c. 7.1 ; TF 17. 6. 2019, 4A_630/2018, c. 4.2.1 ; ATF 131 III
572 c. 3 (577) : « *La confusion peut également résider dans le fait que [...] les destinataires parviennent certes à distinguer les signes, par exemple des raisons sociales, mais
sont fondés à croire qu'il y a des liens juridiques ou économiques entre l'utilisateur de la
raison et le titulaire de la raison valablement enregistrée (confusion dite indirecte [...]* »,
avec réf. aux ATF 128 III 146 c. 2a et 127 III 160 c. 2a.
[302] Cf. ATF 140 III 297 c. 3.5 et TF 17. 6. 2019, 4A_630/2018, c. 4.2.1 (« *le champ de protection* [Schutzumfang] *de la raison de commerce peut également couvrir les signes utilisés par d'autres entreprises qui offrent d'autres produits ou services et qui, partant, ne
sont pas dans un rapport de concurrence* »), avec réf. à l'ATF 114 II 432 c. 2a (433). V.
ég. p. ex. Rino SIFFERT, BK ad art. 956 CO (2017), N 79 (« *Eine Firma geniesst bran-
chenübergreifenden Schutz, aber nur wenn ein firmenmässiger Gebrauch vorliegt* »).
[303] TF 17. 6. 2019, 4A_630/2018, c. 4.2.1 *in fine*, avec réf. not. à l'ATF 131 III 572 c. 4.4
(580), TF 1. 10. 2018, 4A_83/2018, c 3.1 (*sic !* 2019 p. 94) ; TF 25. 8. 2015, 4A_123/2015,
c. 4 (*sic !* 2016 p. 16).

ceci va dans le même sens que cette précision – la jurisprudence indique que l'on détermine si deux raisons se distinguent nettement « *sur la base de l'impression d'ensemble qu'elles donnent au public concerné, celui-ci étant défini principalement en fonction des cercles dans lesquels les entreprises (ayant droit et auteur de la violation) sont actives* »[304]. L'existence de confusions concrètes ou effectives n'est pas une condition pour admettre un risque de confusion, mais peut constituer l'indice qu'un tel risque est bien présent[305]. Le risque de confusion est apprécié dans chaque langue nationale[306].

206 L'examen n'est pas essentiellement fondé sur une comparaison attentive des éléments constituant les raisons sociales, mais notamment par le souvenir qu'elles peuvent laisser. Étant donné qu'il s'agit d'éléments verbaux – à la différence des marques qui peuvent être graphiques –, il convient surtout de prendre en compte les éléments frappants sur le plan de la signification ou de la sonorité ; ce sont eux qui ont le plus d'importance pour l'appréciation du risque de confusion[307].

207 En pratique, les **expressions génériques et descriptives** du but social sont souvent choisies, car elles permettent au public de saisir immédiatement quelles prestations seront offertes par la société. Le risque de conflit avec des raisons sociales déjà existantes est alors considérable. Toutefois, dans la mesure où une raison sociale plus ancienne contient elle-même des termes descriptifs, son titulaire ne peut prétendre à leur monopolisation ; sa protection contre l'usage de termes semblables n'est, au mieux, que faible[308]. Mais contrairement au droit des marques (dans lequel les termes descriptifs ne sont pas protégés[309]), une raison sociale purement descriptive est (en réalité) possible[310] et elle sera pro-

---

[304] TF 17. 6. 2019, 4A_630/2018, c. 4.2.2, avec réf. à l'ATF 131 III 572 c. 3 (576), pour « l'impression d'ensemble », et à l'ATF 118 II 322 c. 1 (323), pour la référence aux « cercles concernés ».

[305] TF 17. 6. 2019, 4A_630/2018, c. 4.2.2 *in fine*, avec réf. à l'ATF 122 III 369 c. 2c (373).

[306] TF 17. 6. 2019, 4A_630/2018, c. 4.2.2, avec réf. à l'ATF 106 II 352 c. 1 (353) ; TF 14. 3. 2000, 4C.206/1999, c. 4a (*sic !* 2000 p. 399).

[307] Cf. TF 17. 6. 2019, 4A_630/2018, c. 4.2.2, 2e par., avec réf. aux ATF 131 III 572 c. 3 (576) ; 127 III 160 c. 2b/cc ; 122 III 369 c. 1.

[308] Sur toutes ces questions, v. notamment Philippe GILLIÉRON, Les divers régimes de protection des signes distinctifs et leurs rapports avec le droit des marques, th. Lausanne (2000).

[309] Sous réserve d'une « imposition dans le commerce » (*Verkehrsdurchsetzung*, art. 2 lit. a LPM), dont la preuve est difficile à apporter (et qui ne se présume nullement après un usage même très long, cf. TC BE 29. 1. 2016, HG 13 57, c. 2.3.1 [p. 31] et 2.3.2 [p. 35] ; ATF 131 III 121 c. 6 ; TF 9. 6. 2011, 4A_207/2010, c. 5.1).

[310] Sur la description exacte de la problématique quant à un « *pouvoir identifiant* » minimal de la raison sociale, *supra* N 190.

tégée contre une raison sociale ultérieure *qui ne se distinguerait pas nettement d'elle* (c'est ici la portée spécifique de l'art. 951 CO).

L'utilisation de **noms propres** crée un risque de conflit avec les porteurs de ces noms (art. 29 al. 2 CC). 208

En somme, la voie la plus sûre juridiquement est l'utilisation d'au moins un **terme de fantaisie**, mais cela suppose précisément une certaine créativité et induit certains risques commerciaux (p. ex. que l'activité de la société ne soit pas perçue clairement par le public, ou simplement que le nom créé « ne plaise pas »). 209

Si un risque de confusion existe aux yeux du titulaire d'une raison antérieure ou d'un nom, le **conflit** devra être réglé par l'appréciation d'un tribunal saisi d'une demande tendant à faire cesser l'usage de la raison sociale postérieure et à la faire radier. L'examen par le registre porte bien aussi sur le risque de confusion, mais comme il se limite à la violation manifeste et indiscutable des règles, il n'aboutit à un refus d'inscription par le registre que dans les cas d'identité ou quasi-identité[311]. 210

---

[311] Cf. *supra* n. 257, spéc. la citation de l'ATF 117 II 575 c. 5b/aa (582). Cf. ég. Rino SIFFERT, BK ad art. 956 CO (2017), N 31 : « *Fälle von Firmenidentität zwischen registrierten Firmen kommen in der Praxis kaum vor, da gemäss Art. 955 OR die Handelsregisterbehörden im Rahmen der Voraussetzungsprüfung für die Eintragung von Rechtseinheiten in das Handelsregister die jeweiligen Firmen mit voller Kognition zu prüfen und von Amtes wegen die Eintragung einer Firma zu verweigern haben, wenn diese identisch mit einer bereits eingetragenen Firma ist* »). On observe que cet auteur parle de plein pouvoir d'examen en matière de raisons sociales, mais cela ne semble pas exact ; c'est plutôt l'identité ou la quasi-identité qui est une violation manifeste des règles sur les raisons sociales. Exact selon nous, Reinhard OERTLI, CHK ad art. 955 CO (2016), N 1 : « *Bei der Überprüfung der Einhaltung dieser Grundsätze als materiellrechtliche Voraussetzungen für die Eintragung kommt nach konstanter Rechtsprechung dem Registerführer eine beschränkte Kognitionsbefugnis zu, sodass er nur eine Überprüfung auf offensichtliche und unzweideutige Verletzungen von zwingenden Bestimmungen vornehmen darf* » (avec la précision, réaliste d'un point de vue pratique : « *doch bleibt die Bedeutung dieser Einschränkung der Kognitionsbefugnis in der Praxis unklar* ») ; cela étant, un risque de confusion évident relève aussi de la cognition du registre, ce que cet auteur n'indique pas, se référant à un arrêt ancien (ATF 55 I 189 c. 2 [189] : « *le préposé doit se borner à examiner si la raison dont on requiert l'inscription satisfait aux exigences de la loi et, notamment, si elle se distingue de raisons déjà inscrites. Il refusera d'inscrire une raison identique à une raison qui figure sur le registre, mais il ne lui appartient pas d'écarter une demande d'inscription par le motif qu'il y a une ressemblance, fût-elle très grande, entre les deux raisons* ») et soutenant que le refus d'inscrire les raisons identiques ressortirait au droit coutumier (N 3 : « *Das Verbot des Eintrags identischer Firmen ist gewohnheitsrechtlicher Natur und leitet sich indirekt aus OR 951 II ab* »), alors qu'il est simplement la concrétisation du pouvoir d'examen limité aux violations manifestes et indiscutables de la loi (*supra* N 113 et 182, ainsi que n. 257).

211 On précisera encore que, comme l'énonce l'art. 955a CO, « *l'inscription d'une raison de commerce au registre ne libère pas l'ayant droit de l'obligation de respecter les autres dispositions fédérales, notamment celles qui établissent une protection contre les tromperies dans les relations commerciales* ». Cela rappelle notamment[312] que les règles sur la concurrence déloyale et les autres signes distinctifs (en particulier les marques) peuvent être invoquées par les tiers à l'égard d'une raison sociale inscrite postérieurement à la naissance de leur droit préférable.

212 Concrètement, le titulaire d'un autre signe distinctif prioritaire (p. ex. marque, nom commercial) peut aussi ouvrir action en cessation (et en dommages-intérêts) en se fondant sur le droit de la propriété intellectuelle (Loi sur la protection des marques, LPM) ou la concurrence déloyale (LCD ou art. 8 et 10bis al. 2 de la Convention de l'Union de Paris) en invoquant un risque de confusion.

B. La mise en œuvre de la protection d'une raison sociale antérieure et d'autres droits préférables ; l'éventuelle péremption

213 La mise en œuvre de la protection d'une raison sociale antérieure (ou, selon le point de vue de celui qui inscrit une raison sociale : la contestation de la nouvelle raison sociale) se fait par une action devant la **justice civile**. L'art. 956 al. 2 CO dispose que « *celui qui subit un préjudice du fait de l'usage indu d'une raison de commerce peut demander au juge d'y mettre fin et, s'il y a faute, réclamer des dommages-intérêts* ». La partie demanderesse peut notamment invoquer le droit à l'*usage exclusif* de sa propre raison sociale, que statue l'art. 956 al. 1 CO.

214 En théorie, il n'est pas impossible pour le titulaire d'une raison sociale antérieure de contester par la voie du recours l'inscription d'une raison sociale qui

---

[312] Cette disposition, qui paraît se borner à un évident rappel sans portée propre, s'explique par le contexte de son adoption dans le cadre du projet sur la protection du terme « suisse » (« *projet Swissness* ») qui a surtout emporté des modifications à la LPM. Ainsi, le Message du Conseil fédéral explique, à propos des raisons de commerce qui incluent le terme « suisse » : « *même si une raison de commerce n'est pas trompeuse au sens de l'art. 944, al. 1, CO, elle ne peut cependant pas être utilisée avec des produits ou des services si cela crée un risque de tromperie [...] si cette mention suggère que le produit est fabriqué en Suisse. L'utilisation pourrait s'avérer trompeuse notamment lorsque cette indication est inscrite en évidence sur le produit ou sur son emballage et que les destinataires de ces produits ne voient pas dans cette indication uniquement une référence à l'entreprise elle-même* » (FF 2009 7758).

le lèse[313], car un intérêt digne de protection – condition de la qualité pour recourir par les voies de droit administratif[314] – peut lui être reconnu. Cette voie n'offre toutefois que peu de perspectives, car le tribunal saisi ne peut que vérifier si l'office du registre a enfreint son pouvoir d'examen, lequel se limite aux violations manifestes de la loi[315], ce que ne sera que rarement le risque de confusion au titre du fait qu'une raison sociale se distingue insuffisamment d'une autre[316].

Le procès civil est ordinaire. Les cantons doivent instituer une instance unique[317]. La partie demanderesse conclut usuellement au moins à ce que soit ordonnée la modification de la raison sociale[318] qui crée un risque de confusion,   215

---

313   L'art. 942 CO ne limite pas sa portée d'une façon qui exclurait le recours en matière d'inscriptions portant sur la raison sociale. L'art. 956 al. 2 CO mentionne la voie de droit civil, mais n'élimine pas la voie de droit devant les juridictions administratives.

314   Cf. art. 48 al. 1 PA : «*A qualité pour recourir quiconque : (a) a pris part à la procédure devant l'autorité inférieure ou a été privé de la possibilité de le faire ; (b) est spécialement atteint par la décision attaquée, et (c) a un intérêt digne de protection à son annulation ou à sa modification*». La qualité de partie à la procédure antérieure pourrait poser problème, car l'opinion semble dominer que le titulaire d'une raison antérieure ne serait qu'un dénonciateur (cf. Reinhard OERTLI, CHK ad art. 956 CO [2016], N 8 : «*Wenn der Dritte die Verletzung von Regeln des Firmenrechts geltend macht, die öffentliche Interessen schützen, nimmt der Registerführer dies höchstens als Anzeige entgegen. [...] Dem Dritten kommt diesbezüglich keine Parteistellung zu*») ; cela est contestable (et ne traite pas l'invocation du risque de confusion dans la procédure qui se déroule devant l'office du registre). En pratique, cependant, le titulaire n'apprendra l'inscription qu'une fois qu'elle est publiée et on peut ainsi considérer que, de par cet état des choses, il a été privé de la possibilité d'être partie. Les conditions d'un recours devraient donc être réunies. Mais, comme indiqué ad n. 315, la question est en fin de compte théorique, car la voie n'offre pas de bonnes perspectives.

315   *Supra* N 113 et 182.

316   Rarement, mais pas jamais : notamment, les cas d'identité ou de quasi-identité sont des violations manifestes de la loi (art. 951 CO) et le registre doit alors refuser l'inscription.

317   Art. 5 CPC : «*Le droit cantonal institue la juridiction compétente pour statuer en instance cantonale unique sur : [...] c. les litiges portant sur l'usage d'une raison de commerce*».

318   Précisément, le tribunal qui admet l'action ordonnera aux organes de requérir la modification de la raison sociale, cf. ATF 120 II 144 c. 2b (147) et TF, SJ 1973 244 c. 8 (250 s.) ; v. aussi Rino SIFFERT, BK ad art. 956 CO (2017), N 51 s. Récemment, TF 17. 6. 2019, 4A_630/2018, c. 5.1.1 : «*Lorsque le juge admet l'existence d'un risque de confusion, il lui incombe, selon les conclusions prises par le demandeur (ayant droit), de condamner le défendeur (auteur de la violation) à requérir la modification de sa raison de commerce (cf. art. 956 al. 2 CO). En règle générale, il ordonne au défendeur de modifier celle-ci, sans le soumettre à des conditions particulières, l'exigence prévue à l'art. 951 CO servant quoi qu'il en soit de cautèle. S'il est établi que l'adjonction d'éléments fortement distinctifs à côté de l'élément litigieux [...] ne suffirait pas à écarter le risque de confusion, le juge peut interdire au défendeur d'utiliser l'élément litigieux, celui-ci demeurant ensuite*

mais elle peut de surcroît prendre d'autres conclusions (comme celle tendant à l'interdiction d'utiliser les termes de la raison sociale dans un site Internet, en particulier dans un nom de domaine[319]).

216 Comme cela résulte des conditions matérielles examinées dans la section précédente, l'examen du risque de confusion relève substantiellement de l'argumentation. Il n'est pas nécessaire de prouver que des confusions sont survenues. Toutefois, la preuve que des confusions ont eu lieu a une évidente pertinence pour l'appréciation[320].

217 Même s'il est clair que l'enregistrement et la publication par le registre du commerce ne confèrent pas la moindre garantie contre les prétentions de titulaires de raisons sociales antérieures ou d'autres signes distinctifs prioritaires[321], **l'écoulement du temps** après l'enregistrement – censé connu en vertu de l'ef-

---

libre de modifier complètement sa raison sociale ». Il n'ordonnera pas directement la radiation. L'exécution peut être ordonnée par le tribunal en vertu des art. 353 s. CPC (cf. p. ex. l'intéressante cause TC FR 5. 3. 2020, N° 102 2019 214, bien que le considérant comprenant la thèse que le rejet d'un recours « *implique en principe nécessairement la confirmation des motifs de l'autorité inférieure* » soit manifestement contraire à l'expérience de la vie judiciaire ; en matière de modification d'une raison sociale, les motifs retenus par le Tribunal fédéral, qui peuvent s'écarter grandement de ceux de l'autorité cantonale, sont manifestement pertinents pour que la société défenderesse détermine au mieux la modification à opérer). Par ailleurs, un délai de 30 jours dès l'entrée en force (retenu dans cette cause) est largement trop court pour changer une raison sociale, au vu du rôle que joue celle-ci dans la vie d'une société (*infra* N 221 et 239 ad n. 358).

[319] Cf. TF 17. 6. 2019, 4A_630/2018, c. 6.1 : « *si le signe utilisé comme nom de domaine est protégé par le droit des raisons de commerce, le titulaire des droits exclusifs y afférents peut en principe interdire au tiers non autorisé l'utilisation de ce signe comme nom de domaine. En cas de collision entre divers droits, il convient de peser les intérêts respectifs, afin de parvenir à la solution la plus équitable possible [...]. Pour juger du risque de confusion entre la raison de commerce d'un titulaire et le nom de domaine d'une autre personne, il faut tenir compte de l'adresse Internet qui permet d'accéder à ce site, et non du contenu de celui-ci* ». V. ég. *infra* N 232-239.

[320] On peut lire dans ce sens l'ATF 118 II 322 c. 3 (326) : « *Dass es nämlich zu den vom Firmenrecht ebenfalls verpönten Verwechslungen ausserhalb konkreter Geschäftsbeziehungen [...] gekommen ist, hat das Handelsgericht verbindlich festgestellt [...] und zu Recht als Indiz für die fehlende Unterscheidbarkeit gewertet* ». L'absence de confusions survenues sur une longue période est un indice en sens contraire, ATF 109 II 338 c. 2e (346) : « *während rund 13 Jahren [sind] keine Verwechslungen vorgekommen ; das ist zwar nicht entscheidend, aber doch ein erhebliches Indiz dafür, dass die Gefahr von Rechtsverletzungen als eher gering einzuschätzen ist* ».

[321] *Supra* N 182.

fet de publicité du registre du commerce, art. 936b al. 1 CO[322] – induit que les droits des titulaires de raisons sociales antérieures ou d'autres signes prioritaires sont exposés à une **péremption** quant à leur pouvoir de faire interdire la raison sociale non contestée pendant une longue période[323].

La question est délicate, car l'effet de publicité de l'art. 936b al. 1 CO s'applique aussi à celui qui a inscrit postérieurement sa raison sociale : il est censé avoir connu la raison sociale antérieure et la protection de la bonne foi se pose ainsi en des termes complexes.   218

Ainsi, la jurisprudence a retenu que pour bénéficier de la péremption, la société doit avoir **acquis une position digne de protection** (« *einen eigenen wertvollen Besitzstand erworben [haben]* »). Cette condition constitue « *le véritable fondement de l'objection de péremption en matière de signes distinctifs* »[324]. Il faut que la raison sociale postérieure se soit imposée auprès du public comme étant le signe distinctif de l'entreprise « *ensuite d'un long et paisible usage* », et que son titulaire « *se soit ainsi créé une position concurrentielle avantageuse* »[325].   219

Cette position concurrentielle doit être telle que les désavantages (sérieux) qui résulteraient de l'abandon du signe litigieux pour son titulaire justifient de faire supporter au titulaire de la raison sociale antérieure « *l'inconvénient de ne plus pouvoir faire valoir ses droits exclusifs à son égard* »[326]. Un arrêt récent précise à cet égard que « *le préjudice économique que subirait l'auteur de la violation* [i. e. le titulaire de la raison postérieure] *s'il devait cesser l'utilisation du signe litigieux peut, selon les circonstances, entrer dans la notion de désavantage sérieux (aspect quantitatif)* »[327]. À ce titre, « *l'existence d'un chiffre d'affaires important n'est toutefois, en soi, pas suffisant, mais*[328] *l'auteur de la violation doit*   220

---

[322] Sur cet « effet positif » en général, v. *supra* N 138. Spécifiquement en matière de péremption du droit à faire annuler une raison sociale postérieure, cf. TF 29. 9. 2014, 4A_257/2014 c. 6.2 (« *Pour les raisons de commerce, la jurisprudence prévoit qu'en vertu de l'effet positif du registre du commerce [...] les tiers auxquels une inscription est devenue opposable ne peuvent pas se prévaloir de ce qu'ils l'ont ignorée* »). V. ég. ATF 117 II 575 c. 5a/aa (581 : « *positive Publizitätswirkung* »).

[323] ATF 109 II 338 c. 2a (340 s.). Si la péremption est admise, la raison sociale inscrite postérieurement devra donc être tolérée. La péremption n'emporte pas que la raison sociale antérieure doive être modifiée.

[324] Ainsi TF 30. 6. 2005, 4C.76/2005, c. 3.4.

[325] Dans ce sens, TF 2. 9. 2014, 4A_257/2014, c. 6.5, qui se réfère aux ATF 117 II 575 c. 6a (584) et 109 II 338 c. 2a (341). Dans le même sens, TF 17. 6. 2019, 4A_630/2018, c. 3.3.

[326] TF 17. 6. 2019, 4A_630/2018, c. 3.3, 1er par., avec réf. à l'ATF 117 II 575 c. 6a (584).

[327] TF 17. 6. 2019, 4A_630/2018, c. 3.3, 2e par., avec réf. à TF 30. 6. 2005, 4C.76/2005, c. 3.4 (non publié *in* ATF 131 III 581).

[328] On devrait plutôt dire : « car ».

nécessairement établir le lien entre ce chiffre d'affaires et l'utilisation du signe litigieux [...]. Les désavantages sérieux peuvent également revêtir un aspect qualitatif : cela sera le cas lorsque l'utilisation du signe litigieux a, pour l'auteur de la violation, une importance stratégique vis-à-vis de certains clients »[329].

221   Cela étant, si ces conditions sont remplies, on peut admettre la péremption après un **délai** d'autant plus bref[330] que l'utilisation de la raison sociale est intense. À cet égard, il faut avoir à l'esprit que l'utilisation de la raison sociale survient à chaque interaction de la société avec des tiers et même dans les relations en son sein, contrairement à une marque qui peut n'être utilisée que pour une partie de l'activité de l'entreprise.

222   En sens inverse, il peut exister des motifs qui conduisent le titulaire d'une raison sociale antérieure à ne pas se précipiter dans l'ouverture d'une action tendant à faire modifier la raison sociale postérieure, y compris le choix d'examiner si des confusions vont concrètement survenir, alors qu'a priori, considéré abstraitement, le risque de confusion n'est pas évident[331]. Le temps pendant lequel il n'y a pas péremption peut être d'autant plus long que de tels motifs perdurent[332]. La jurisprudence indique toutefois qu'il importe à tout le moins d'avertir formellement le titulaire de la raison sociale postérieure que celle-ci est considérée comme illicite[333].

223   Il importe de relever que, dans cette problématique, la notion de bonne foi ne peut être utilisée de façon schématique ni jouer directement un rôle décisif.

---

[329] TF 17. 6. 2019, 4A_630/2018, c. 3.3, 2ᵉ par., avec réf. à un arrêt relativement ancien publié *in* RSPI 1974 132 et à TF 30. 6. 2005, 4C.76/2005, c. 3.4.

[330] Des auteurs préconisent une durée de l'ordre de 5 ans en matière de signes distinctifs (ainsi Pierre-Alain KILLIAS [2002], N 392, qui relève que le droit européen des marques prévoit un délai de péremption de 5 ans ; Ivan CHERPILLOD, CR ad art. 956 [2017], N 12 ad n. 23 ; dans le même sens à titre de règle d'orientation [«*Faustregel*»], Rino SIFFERT, BK ad art. 956 CO [2017], N 34). Des arrêts ont admis la péremption après une durée d'inaction sensiblement plus brève (ATF 81 II 284 [288-291], quatre ans ; TF 2. 3. 2006, 4C.371/2005, c. 3.2 et 3.3, deux ans ; TF, JdT 1998 I 347, un an et demi), mais d'autres l'ont refusée après une durée nettement plus longue, cf. Ralph SCHLOSSER, sic ! 2006 549 ss).

[331] Cf. ATF 109 II 338 c. 2a (341) : «*Der Verletzte kann freilich gute Gründe für ein Zuwarten haben ; es kann ihm namentlich bei schwierigen Verhältnissen oder Grenzfällen nicht verwehrt werden, die Bedeutung der Verletzung und die Nachteile, die ihm aus einer Verwechslungsgefahr allenfalls entstehen, zunächst abklären zu lassen*».

[332] Cet aspect joue un rôle important et explique selon nous dans bien des cas les durées fort diverses retenues dans les arrêts cités *supra* n. 330.

[333] ATF 109 II 338 c. 2a (341 *in fine*) : «*Eine rechtzeitige Verwarnung ist aber auch diesfalls angezeigt, damit der Verletzer weiss, dass die Gegenpartei sein Verhalten als widerrechtlich betrachtet und er sich auf eine Rechtsverfolgung gefasst machen muss ; sein guter Glaube wird dadurch zerstört. Der Verletzte handelt daher nicht rechtsmissbräuchlich, wenn er die Verzögerung zu rechtfertigen vermag*».

L'effet de publicité positif du registre du commerce (art. 936b CO)[334] implique que chacun des protagonistes était censé connaître la raison sociale de l'autre (au moment d'inscrire sa raison sociale pour le titulaire de la raison postérieure, respectivement pendant les années où il a manqué de réagir, pour le titulaire de la raison antérieure) ; de surcroît, chacun peut être considéré comme ayant objectivement manqué de diligence sur le plan de l'art. 3 al. 2 CC. Sur le plan subjectif, sauf cas de parasitisme volontaire, chacun est probablement de bonne foi et celle-ci est d'ailleurs présumée (art. 3 al. 1 CC). Si la similitude n'a apporté aucun avantage au titulaire de la raison sociale postérieure – parce que la raison sociale antérieure n'est pas connue ou que la similitude n'implique aucun risque de détournement de clientèle –, on peut présumer qu'un comportement de mauvaise foi du titulaire de la raison postérieure est exclu. Ce n'est donc pas la bonne foi qui permet de résoudre ce conflit.

L'absence de schématisme prévaut aussi en ce qui concerne le **conflit entre** 224 **une raison sociale et un autre signe distinctif**. Le conflit entre une raison sociale valable, car ne créant pas de risque de confusion avec une raison sociale antérieure et une marque inscrite antérieurement peut être résolu par le droit des marques si l'usage de la raison sociale correspond *aussi* à un usage en tant que marque (soit pas uniquement comme nom d'entreprise, mais aussi concrètement comme désignation de produits en étant apposée sur l'emballage, ou de services en figurant sur la documentation) : le droit des marques peut alors conduire à une interdiction. Mais le domaine du droit qui remplit la fonction de charnière est le **droit de la concurrence déloyale** : outre sa fonction de protéger la bonne foi contre toute tromperie (art. 2 LCD : « *Est déloyal et illicite tout comportement ou pratique commerciale qui est trompeur ou qui contrevient de toute autre manière aux règles de la bonne foi et qui influe sur les rapports entre concurrents ou entre fournisseurs et clients* »), la Loi sur la concurrence déloyale interdit aussi la création de tout risque de confusion, de quelque façon que ce soit (art. 3 lit. d LCD : « *Agit de façon déloyale celui qui, notamment : [...] d. prend des mesures qui sont de nature à faire naître une confusion avec les marchandises, les œuvres, les prestations ou les affaires d'autrui* »). Elle ne se restreint pas l'objet de la protection à un signe distinctif d'un type déterminé, et ne limite pas son effet protecteur – c'est-à-dire les interdictions qui peuvent être prononcées – à l'usage d'un certain signe distinctif. Une marque – tout comme un signe distinctif non enregistré – peut être protégée à ce titre contre une raison sociale postérieure. En sens inverse, une raison sociale – tout comme d'ailleurs un autre signe distinctif – peut être protégée contre une marque postérieure.

---

[334] *Supra* N 138.

225   La jurisprudence a eu l'occasion de retenir en particulier qu'agit « *de manière déloyale une partie qui, après la rupture d'un accord de partenariat, dépose comme marque et fait usage d'un signe que l'autre partie a été la première à utiliser, créant ainsi un risque de confusion avec les prestations ou les affaires de la partie qui a utilisé le signe en premier lieu* »[335]. Cela vaut à plus forte raison si le signe employé en premier est une raison sociale. Et ce qui est déloyal pour l'enregistrement d'une marque créant un risque de confusion avec un signe antérieur, fut-il non enregistré, l'est également pour l'inscription d'une raison sociale créant un tel risque.

226   Cela dit, il importe de ne pas confondre cette **fonction correctrice du droit de la concurrence déloyale** avec une importance prioritaire qu'il aurait sur les autres domaines du droit des signes distinctifs. D'une part, sans que la protection puisse être exclue au titre qu'elle créerait un droit en détournant les conditions prévues par les lois créant des biens immatériels[336], il convient de veiller à la cohérence de l'ordre juridique et ne pas aller jusqu'à ignorer entièrement les critères institués par la législation pour la protection de chacun des signes distinctifs[337]. Par ailleurs et justement, la protection que confère la protection

---

[335]   ATF 129 III 353, regeste, lequel dit également : « *Le droit des marques ne constitue pas une réglementation spéciale ayant le pas sur le droit de la concurrence (confirmation de la jurisprudence). Le titulaire d'une marque protégée par le droit des marques peut s'en voir interdire l'usage, si celui-ci est déloyal* ». V. spéc. c. 3.3 (359) : « *So ist als unlauter zu qualifizieren, wenn eine Partei nach dem Auseinanderbrechen einer partnerschaftlichen Kooperation ein von der anderen Partei zuerst verwendetes jedoch nicht registriertes Zeichen hinterlegt und gebraucht und damit die Gefahr der Verwechslung mit den Leistungen oder dem Geschäftsbetrieb der Partei schafft, welche das Zeichen zuerst benutzte* ». En indiquant qu'il s'agit d'une confirmation de jurisprudence, l'arrêt ne révèle pas que la question était auparavant controversée et que l'arrêt antérieur, qui ne traitait que d'un signe de portée territoriale limitée, n'avait concrètement pas accordé la protection (ATF 127 III 33). L'ATF 120 II 144, en plus d'observer que « *le nouveau droit des marques permet au titulaire d'une marque d'agir contre tout usage de sa marque comme signe distinctif dans les affaires, y compris comme raison sociale* » (regeste et c. 2b [148]), reconnaît que l'analyse du risque de confusion au sens de la concurrence déloyale n'est pas restreinte par les limitations des lois spéciales (c. 6 [153]) ; en ce sens antérieurement, ATF 116 II 365 (c. 3 et 4) et 116 II 471 c. 3a (473-476). L'ATF 129 III 353 a été confirmé, avec les cautèles tendant à éviter le manque de cohérence, notamment à l'ATF 134 III 547 c. 2.1 (550, cité *infra* n. 337) et p. ex. TF 23. 5. 2019, 4A_22/2019, c. 3 *pr.* et 3.6.

[336]   La jurisprudence qui envisageait de façon trop catégorique l'exclusion de la protection d'un signe non protégé comme marque, du chef que cela reviendrait à contourner les conditions de la protection « *par le détour de la loi sur la concurrence déloyale* » (ATF 84 II 221 c. 3 [227] et 80 II 174), n'a pas été explicitement abandonnée, mais bien nuancée à l'ATF 120 II 144 c. 5b (154) et ultérieurement (cf. *infra* n. 337).

[337]   Ces nuances sont bien exprimées à l'ATF 134 III 547 c. 2.1 (550 : « *Ausserdem wird in der neueren Rechtsprechung die Eigenständigkeit des Schutzes der Lauterkeit im Wettbe-*

contre la concurrence déloyale suppose toujours l'examen de l'ensemble des circonstances[338] – et dépend donc d'une multitude de détails, de sorte que sa prévisibilité est parfois basse ; par contraste, se fondant sur une comparaison abstraite des signes, et ne donnant ainsi lieu qu'à des procès dans lesquels les faits à instruire sont limités, la protection de la raison sociale au titre de l'art. 956 al. 1 CO est un domaine du droit dont l'application est plutôt prévisible (et, comme énoncé, cette protection ne dépend pas d'un rapport de concurrence[339]). Cette protection peut donc bel et bien être en maintes situations l'instrument le plus efficient à mettre en œuvre. Sur les matières traitées ici, le droit de la concurrence déloyale a surtout pour fonction d'aider à résoudre les questions complexes de conflit entre signes dont chacun a une certaine légitimité, ne serait-ce qu'au regard de la liberté de principe d'utiliser des signes et expressions.

Il faut encore observer que la société qui défend la raison sociale qu'elle a inscrite peut utiliser comme moyen de défense, **à titre d'objection, l'invalidité de la raison sociale de la société demanderesse** qui invoque un risque de confusion. Comme évoqué à plusieurs égards[340], l'inscription n'offre pas de garantie de validité et le juge n'est nullement lié par la décision du registre de procéder à l'inscription ; son pouvoir d'examen ne se borne pas à juger du risque de confusion[341] ; il couvre l'application de l'ensemble des règles juridiques relatives aux raisons sociales. 227

Ce moyen de défense consistera à faire valoir la violation, par la raison sociale de la demanderesse, des critères intrinsèques (ou motifs absolus d'invalidité)[342], soit la contrariété au principe de véracité, à l'interdiction d'induire en erreur et à celle de léser un intérêt public, qu'énonce l'art. 944 CO, voire ceux 228

---

werb gegenüber dem Markenschutz anerkannt [...]. Es ist grundsätzlich davon auszugehen, dass die jeweils spezifischen Schutzvoraussetzungen für jedes beanspruchte Recht eigenständig zu beurteilen sind und keine Abgrenzung der Immaterialgüterrechte in dem Sinne angebracht ist, dass jeweils ein Normbereich ausschliesslich gelten würde. Allerdings widerspräche es der Kohärenz der Rechtsordnung, wenn die für ein Recht ausdrücklich definierten Grenzen mit einer zu weit gezogenen Definition des Schutzes für ein anderes Recht unterlaufen werden könnten ».

[338] Ainsi ATF 140 III 297 c. 7.2.1 (308 : « *Ob eine lauterkeitsrechtliche Verwechslungsgefahr besteht, ist dabei hinsichtlich eines konkreten Wettbewerbsverhaltens zu bestimmen* ») et 7.2.2 (« *die gebotene Beurteilung einer lauterkeitsrechtlichen Verwechslungsgefahr anhand der konkreten Umstände* »).

[339] *Supra* N 205 ad n. 302.

[340] *Supra* N 182 et 217.

[341] Celui du préposé non plus, mais en pratique, l'examen du risque de confusion par le préposé ne se fait que pour les raisons sociales identiques ou quasi identiques (cf. *supra* n. 257, 311 et 316).

[342] *Supra* N 184-202.

qui résultent de lois spéciales[343]. La défenderesse peut aussi invoquer que la demanderesse ne fait pas usage de sa raison sociale : de la sorte, la raison sociale, peut-être initialement valable, est devenue trompeuse par l'inactivité, en ceci qu'elle ne correspond plus à un but réel[344]. Il faut observer que l'objection soulevée par la société défenderesse peut être redoutable : en effet, la cognition du registre du commerce est limitée aux violations manifestes et indiscutables de la loi[345]. Par contraste, le juge a un pouvoir d'examen illimité. De plus, comme on vient de l'évoquer, l'illicéité de la raison sociale peut être survenue après son inscription, de par le défaut d'usage.

C.   La pleine portée de l'usage exclusif (art. 956 al. 1 CO)

229   Dans la section précédente, on a envisagé le conflit sous l'angle de la formation de la raison sociale, c'est-à-dire plutôt dans la perspective de la société qui enregistre une raison sociale et se voit confrontée au titulaire d'une raison sociale antérieure (ou d'un autre signe distinctif prioritaire) qui invoque un risque de confusion, incompatible avec son droit exclusif.

230   La présente section est pour partie un simple changement de perspective, en adoptant celle de la société qui jouit d'une raison sociale antérieure prioritaire et s'oppose à l'usage que représente l'inscription d'une raison sociale postérieure. Ce changement de perspective subjectif ne change pas le fond : on peut donc se rapporter à ce qui y est exposé sur la notion de risque de confusion et, notamment, sur la péremption éventuelle liée à l'écoulement du temps.

231   Mais le droit à « l'usage exclusif » de l'art. 956 CO permet au titulaire d'une raison sociale de s'opposer également à des **comportements autres** que la seule inscription d'une raison sociale postérieure qui crée un risque de confusion.

---

[343]   Cf. spéc. *supra* N 192.

[344]   ATF 93 II 256 c. 3 (258 s.) : « *In Wirklichkeit hat die Klägerin überhaupt kein Unternehmen. [...] Ihr wirklicher Zweck erschöpft sich gegenwärtig und auf unbestimmte Zeit hinaus darin, als juristische Person im Handelsregister eingetragen zu sein, um der Möbel-Pfister AG zu dienen, sobald diese es einmal wünschen sollte. Die Klägerin darf sich daher nicht Möbel- und Teppich-Discount-Haus AG nennen. Diese zur Zeit unwahre und zu Täuschungen Anlass gebende Firma steht ihr überhaupt nicht zu, also auch nicht zu 'ausschliesslichem Gebrauche' im Sinne des Art. 956 Abs. 1 OR. Die Firma der Klägerin geniesst den Schutz des Gesetzes deshalb nicht* ».

[345]   *Supra* N 113 et 182. Spécialement en rapport avec l'inscription des raisons sociales, *supra* n. 257, 311 et 316.

La jurisprudence a eu l'occasion de cerner **les usages entrant en conflit** avec   232
l'usage exclusif du titulaire : « *Constitue un usage à titre de raison de commerce toute utilisation du signe distinctif qui se trouve en relation immédiate avec l'activité commerciale, comme par exemple l'emploi d'une enseigne [...] reproduisant le signe en cause, l'inscription de celui-ci sur des papiers d'affaires à l'instar des catalogues, des listes de prix, des prospectus et des cartes de recommandation et l'utilisation du signe dans des répertoires d'adresses ou des annuaires téléphoniques* »[346]. L'usage du signe correspondant à la raison sociale dans un **nom de domaine Internet** ou dans d'autres emplacements d'un site Internet représente assurément une utilisation qui peut heurter le droit à l'usage exclusif du titulaire de la raison sociale. C'est bel et bien sous l'angle de l'art. 956 CO que l'utilisation de tels noms de domaine est concrètement interdite au terme de l'action en justice[347].

---

[346] ATF 131 III 572 c. 3 (575). Cf. ég. TD Lausanne, sic ! 2002 55 c. III/a (57 : « *Constitue un usage à titre de raison de commerce toute utilisation commerciale du signe* »). Cf. ég. Rino SIFFERT, BK ad art. 956 CO (2017), N 40 (« *Hierbei ist es auch unerheblich, [...] ob das beanstandete Kennzeichen nicht als Firma im Handelsregister eingetragen ist* ») et 48 (« *unzulässige Verwendung einer Firma in einem Webauftritt* ») ; on observe que cet auteur ne mentionne les usages autres que l'inscription d'une raison sociale créant un risque de confusion que dans la dernière partie de son commentaire).

[347] Ainsi, outre le jugement de première instance publié *in* sic ! 2002 55 (*supra* n. 346), en va-t-il dans les arrêts TF 28. 3. 2012, 4A_717/2011, c. 3.1 et TF 17. 6. 2019, 4A_630/2018, c. 6.1 : « *si le signe utilisé comme nom de domaine est protégé par le droit des raisons de commerce, le titulaire des droits exclusifs y afférents peut en principe interdire au tiers non autorisé l'utilisation de ce signe comme nom de domaine. En cas de collision entre divers droits, il convient de peser les intérêts respectifs, afin de parvenir à la solution la plus équitable possible* ». Cet arrêt ajoute (*ibid.*) : « *Pour juger du risque de confusion entre la raison de commerce d'un titulaire et le nom de domaine d'une autre personne, il faut tenir compte de l'adresse Internet qui permet d'accéder à ce site, et non du contenu de celui-ci. C'est uniquement cette adresse qui éveille l'intérêt du public et lui donne l'espoir d'obtenir des informations conformes à l'association d'idées évoquée par le nom de domaine* » (ég. 6.3 : « *lorsqu'il s'agit d'examiner le risque de confusion entre une raison sociale et un nom de domaine, on ne tient pas compte du contenu du site Web. Or, le moteur de recherches qui, de l'avis de la défenderesse, est censé aiguiller la personne intéressée, contient des extraits du contenu des sites Internet trouvés. À cela s'ajoute que les utilisateurs d'Internet ne vont pas nécessairement se servir d'un moteur de recherches, mais qu'ils peuvent également inscrire directement l'adresse Internet du site qui a été portée à leur connaissance préalablement [notamment par les médias]* »). C'est là, notamment, l'intérêt concret de la protection par le droit des raisons sociales, car l'examen est abstrait (c. 6.1, *in fine* : « *il n'importe que les services offerts dans le site soient de nature totalement différente de ceux proposés par le titulaire de la raison de commerce* »).

233 Dans la mesure où l'on admet que l'art. 956 CO permet de combattre d'autres comportements que l'inscription d'une raison sociale, et bien qu'en général, la *notion* de risque de confusion soit la même dans l'ensemble du droit des signes distinctifs, une particularité concrète du droit des raisons sociales découle notamment du fait qu'une raison sociale valable peut être, en réalité, plus descriptive[348] que les signes distinctifs protégés au titre du droit des marques ou par l'effet de la loi sur la concurrence déloyale. Une telle raison sociale permet d'empêcher l'inscription au registre d'une raison sociale qui ne se distinguerait pas d'elle de façon suffisamment nette, vu l'art. 951 CO[349]. Mais le caractère descriptif de la raison sociale entrave les actions en justice contre les comportements autres que l'inscription au registre d'une raison sociale qui s'en distingue insuffisamment, l'art. 951 CO ne s'appliquant pas à ces comportements. C'est ici un point où la portée de l'art. 956 CO peut ne pas se recouper entièrement avec celle de l'art. 951 CO.

234 Cela étant, il faut avoir à l'esprit que plusieurs décisions cantonales sont restrictives quant au champ de ce qui peut être interdit du fait que le titulaire d'une raison sociale en a « l'usage exclusif » ; insistant sur l'idée que c'est un usage « à titre de raison sociale » (*firmenmässigen Gebrauch*) qui est visé, elles adoptent une définition étroite de la protection conférée par l'art. 956 CO et récusent qu'il puisse s'agir de toute utilisation commerciale du signe[350] ; dans cette approche, l'invocation du droit à « l'usage exclusif » de la raison sociale ne pourrait prospérer que contre un signe qui sert à identifier l'entreprise de la défenderesse[351].

235 Sans adhérer à cette vue, la leçon pratique qui doit en être tirée est que, par prudence, la société demanderesse sera bien avisée d'invoquer (à titre subsidiaire) le droit au nom (art. 29 CC)[352] et la loi sur la concurrence dé-

---

[348] Cf. *supra* N 207 ad n. 310 (*cum* N 190).

[349] Cf. *supra* N 190 et 207.

[350] Ainsi HGer ZH 3. 10. 2012, HG110102-O, c. 5 («*die firmenrechtliche Spezialnorm [erlaubt] allerdings einzig die Abwehr eines firmenmässigen Drittgebrauchs der geschützten Firma*») ; il faudrait que la défenderesse utilise le nom de domaine comme signe identificateur de son entreprise («*den Domainnamen als Identitätszeichen ihres Unternehmens [verwenden]*») pour rentrer dans le champ de l'art. 956 CO. Dans le même sens, OGer TG, sic ! 2002 683 c. 4a/bb *in fine* (686 : «*Firmenmässiger Gebrauch heisst, dass der Domainname zur Bezeichnung eines Unternehmensträgers und nicht zur Bezeichnung eines Produkts verwendet wird*»).

[351] Outre les jugements cités en n. 350 *supra*, v. Reinhard Oertli, CHK ad art. 956 CO (2016), N 3 : «*Seitens der als verletzend betrachteten Bezeichnung muss ein firmenmässiger Gebrauch vorliegen [...], d. h. eine Verwendung als Bezeichnung für einen Unternehmensträger*».

[352] La demanderesse avait choisi cette voie dans l'affaire jugée par le HGer ZH, 3. 10. 2012, HG110102-O, c. 5 (*supra* n. 350), et été bien inspirée vu l'approche de cette autorité

loyale[353] ; si elle dispose d'une marque qui a de la pertinence pour le litige, il est opportun de l'invoquer également. Le cadre du présent précis, consacré au droit des sociétés, ne permet pas de traiter ici de façon plus détaillée la protection du nom, de la concurrence déloyale[354] et des marques, au-delà d'une invitation à explorer dans toute défense d'une raison sociale si ces domaines juridiques peuvent apporter un secours à titre subsidiaire, alternatif ou complémentaire[355] (c'est-à-dire le cas échéant pour interdire des comportements qui, certes concomitants, ne sont assurément pas susceptibles d'être visés par la protection de la raison sociale).

Les **conclusions** que le titulaire de la raison sociale peut prendre en justice – au-delà de celles qui conduiront à la modification (ou à la radiation) de l'inscription d'une raison sociale entrant en conflit avec la sienne – peuvent notamment comprendre diverses **interdictions** (actions en cessation et en prévention de trouble) et une **condamnation pécuniaire** (action en dommages-intérêts).   236

Les conclusions en cessation de trouble supposent que l'atteinte existe lors de l'introduction de l'action, tandis que celles en prévention de trouble supposent une atteinte imminente. Ces actions ne sont pas soumises à un délai de prescription, mais à l'existence ou à la menace de l'atteinte.   237

La condamnation à des dommages-intérêts suppose de prouver, outre la violation fautive du droit, un rapport de causalité (naturelle et adéquate) entre cette violation et le dommage patrimonial (des dépenses, *damnum emergens*, ou un gain manqué, *lucrum cessans*). L'action en dommages-intérêts est soumise à un délai de prescription relatif de 3 ans, courant dès la connaissance du dommage, et à un délai absolu de 10 ans, courant dès le jour où le fait dommageable s'est produit (art. 60 al. 1 CO).   238

(« *Der Anwendungsbereich des Namensschutzes geht hingegen darüber hinaus, indem er auch bei nicht firmenmässigen Firmen- bzw. Namensanmassungen zur Anwendung gelangt und so insbesondere firmenverletzenden Domaingebrauch erfasst* »).

[353] C'est ce qui a été fait notamment dans la cause jugée à l'ATF 77 II 321 (327 : « *Der beanstandeten Verwendung der Bezeichnung 'Silta' im Geschäftsverkehr und in der Propaganda ist mit den Bestimmungen des Firmenrechts nicht zu begegnen ; jedoch liegt darin allenfalls eine Verletzung der Persönlichkeits- oder Wettbewerbsrechte der Klägerin* »).

[354] Cf. cependant sur le droit de la concurrence déloyale, *supra* N 226.

[355] À cet égard, pour la protection en vertu de la LCD, cf. p. ex. Rino SIFFERT, BK ad art. 956 CO (2017), N 74 (« *Die Voraussetzungen eines Anspruchs aus UWG entsprechen weitgehend denen des firmenrechtlichen Ausschliesslichkeitsanspruchs, ergänzen den Firmenrechtsschutz und können zusätzlich angerufen werden* ») et 76 (« *Es kann zudem der nicht firmenmässige Gebrauch der Firma überprüft werden* »).

239   Un type de procédure qui revêt une grande importance en général en matière de signes distinctifs consiste dans les **mesures provisionnelles**. Il faut avoir à l'esprit que les tribunaux sont réticents à ordonner à titre provisionnel la modification de la raison sociale[356]. À notre sens, ce n'est pas au titre de l'argument pseudo-logique selon lequel on ne devrait pas accorder à titre provisionnel la prétention au fond, mais plutôt en raison de la proportionnalité[357] : la raison sociale étant utilisée dans chaque interaction de la société avec des tiers et à l'interne, un changement est par nature très lourd de conséquences[358]. Une décision provisoire, prise sur la base de vraisemblance, n'est en principe pas susceptible de fonder un tel changement. Fait exception la situation où des mesures provisionnelles sont requises quasi immédiatement après que la société défenderesse a inscrit sa raison sociale ou commencé son activité ; il n'est alors pas disproportionné de forcer la société défenderesse à modifier sa raison sociale même à titre provisionnel, si la violation est hautement vraisemblable en fait et en droit.

---

[356] En ce sens, Rino Siffert, BK ad art. 956 CO (2017), N 62 : « *Oftmals wird auf das Begehren von vorsorglichen Massnahmen bei Firmenrechtsverletzungen seitens der Gerichte zurückhaltend reagiert, weil eine Rechtseinheit, welcher die Führung einer Firma untersagt würde, faktisch dazu gezwungen wäre, ihre Firma aufzugeben und eine neue anzunehmen. Dies steht im Widerspruch zum Gedanken, dass vorsorgliche Massnahmen reversibel sein sollten* ». V. aussi Reinhard Oertli, CHK ad art. 956 CO (2016), N 9 : « *Vorsorgliche Massnahmen spielen im Firmenrecht kaum eine Rolle, und vorsorgliche Verbote werden nur mit sehr grosser Zurückhaltung gewährt* ».

[357] Cf. p. ex. Lucas David, SIWR I/2 (1998), p. 180 ; Ralph Schlosser, sic ! 2005 350 (352 s.). Cf. *supra* N 126.

[358] À cet égard, cf. ZivilGer BS, sic ! 2005 816 (rés. : « *Lorsqu'une entreprise se voit interdire l'usage de sa raison de commerce, elle est contrainte d'en adopter une autre, ce qui crée une nouvelle situation pratiquement irréversible. Aussi, s'agissant de raisons de commerce, une interdiction ne peut-elle être prononcée à titre provisionnel qu'en cas d'atteinte manifeste et grave aux droits prioritaires de tiers* » ; c. 3a : « *Im Firmenrecht ist jedoch besondere Zurückhaltung beim Erlass vorsorglicher Massnahmen geboten, da das Unternehmen, dem der Gebrauch seiner Firma vorsorglich verboten würde, gezwungen wäre, diese Firma aufzugeben und eine neue anzunehmen, was praktisch nicht mehr rückgängig zu machen wäre [... Diese Zurückhaltung] muss daher dazu führen, dass ein vorsorgliches Verbot nur bei Vorliegen einer offensichtlichen, schweren Verletzung durch die Firma ausgesprochen wird* »). Voir ég. *supra* N 221.

IV. L'obligation d'employer la raison sociale

La loi impose à la société de faire figurer sa raison sociale[359] « *de manière complète et inchangée* » dans sa correspondance, ses factures et ses autres communications (art. 954a al. 1 CO). Il est licite pour la société d'utiliser – en complément – des abréviations, logos, enseignes, noms commerciaux, et indications analogues (al. 2). 240

Cette règle vise la protection du public et la sûreté des transactions[360]. Notamment, il s'agit de faciliter pour les tiers l'identification de l'entreprise avec laquelle ils interagissent. Lorsque différentes sociétés d'un même groupe sont susceptibles d'intervenir, l'obligation d'employer la raison sociale « complète et inchangée » a une importante fonction de clarification. Elle réduit le risque de voir les tiers penser interagir avec la société mère. 241

La violation de l'obligation d'utiliser la raison sociale tel que le prescrit l'art. 954a CO, étant un acte illicite, peut concrètement contribuer à fonder une responsabilité de la société mère pour les dettes d'une filiale (*Durchgriff*)[361] lorsque celle-ci n'a employé que le nom du groupe (*Konzern-Dachbezeichnung*) dans ses communications[362]. 242

La violation de l'obligation d'utiliser la raison sociale peut avoir pour conséquence lourde la perte du droit à l'usage exclusif conféré par l'art. 956 al. 1 CO[363]. 243

Il faut enfin observer que l'acte consistant « *pour désigner une succursale ou un sujet inscrit au registre du commerce, [à] utilise[r] une dénomination non conforme à cette inscription et de nature à induire en erreur* » est aussi une 244

---

[359] Le *nom* des associations et des fondations (qui n'est pas une raison sociale, cf. *supra* N 203) est aussi concerné par cette disposition, s'il est inscrit au registre.

[360] Cette disposition peut de prime abord surprendre puisqu'on ne voit guère ce qui inciterait la société à faire autrement qu'employer sa raison sociale. Le Message du Conseil fédéral dit à juste titre qu'« *en pratique, l'obligation d'utiliser la raison de commerce n'engendre presque aucune restriction lorsque les affaires sont gérées de manière sérieuse* » (FF 2002 3039, 2e par.) et qu'« *on a considéré, à l'origine, que cela allait de soi. Aujourd'hui, [...] l'obligation d'utiliser la raison de commerce revêt un caractère coutumier* » (1er par.).

[361] Sur cette responsabilité potentielle de la société mère en général, cf. *infra* N 712, 739-749 et 1083.

[362] En ce sens, Reinhard OERTLI, CHK ad art. 954a CO (2016), N 9 (« *unrichtige Angaben über die eigene Firma, etwa die blosse Verwendung einer Konzern-Dachbezeichnung, [können] als Argumente für einen Haftungs-Durchgriff von einer Konzerngesellschaft auf eine andere verwendet werden* »).

[363] *Supra* N 228, spéc. ad n. 344.

contravention pénale, punie de l'amende (art. 326ter CP)[364]. Ce comportement peut être constitutif de concurrence déloyale (indications trompeuses selon l'art. 3 lit. b LCD : «*Agit de façon déloyale celui qui, notamment : [...] b. donne des indications inexactes ou fallacieuses sur lui-même, son entreprise, sa raison de commerce [...] ou ses affaires [...]*»[365], ou risque de confusion selon lit. d[366]).

[364] L'application de cette disposition paraît se heurter à des écueils en pratique, cf. p. ex. TF 5. 8. 2014, 6B_115/2014 (annulation et renvoi), et 18. 4. 2016, 6B_597/2015 (acquittement), dans la même affaire.

[365] Il faut garder à l'esprit que les clauses spéciales de la LCD (dont l'art. 3) doivent toujours se lire en relation avec la clause générale de l'art. 2 : «*Est déloyal et illicite tout comportement ou pratique commerciale qui est trompeur ou qui contrevient de toute autre manière aux règles de la bonne foi et qui influe sur les rapports entre concurrents ou entre fournisseurs et clients*»).

[366] *Supra* N 224.

§ 5 Le droit comptable

I. Vue d'ensemble

Le présent précis ne peut traiter l'ensemble du droit comptable de façon appro- 245
fondie. Mais il ne peut non plus en faire abstraction, car la confection et la
présentation des comptes font partie des actes essentiels – et inévitables – de la
vie de toute société. Pour beaucoup d'associés qui ne participent pas à la gestion, la présentation des comptes annuels et l'éventuelle discussion à leur sujet
sont l'unique interaction qu'ils ont, une fois par an, avec la société. D'un point
de vue pratique, mais aussi intellectuellement, on ne peut pas appréhender le
droit des sociétés sans avoir ou acquérir une compréhension robuste du droit
comptable (cela ne suppose nullement la capacité d'effectuer la saisie d'opérations comptables).

Le droit comptable est devenu beaucoup plus aisé d'accès aux juristes. Il n'était 246
à l'origine que balbutié dans le droit de la société anonyme (art. 662-670
aCO)[367], d'une part, et, d'autre part, dans quelques dispositions générales essentiellement formelles (art. 957-962 aCO)[368]. Depuis une réforme adoptée en
2011, entrée en vigueur en 2013, cette matière est réglée de façon uniforme
pour toutes les entreprises en une trentaine d'articles (art. 957-963 CO). Des
dispositions spéciales traitent les questions réellement spécifiques liées au capital ou aux réserves de certaines formes de société.

Il faut avoir à l'esprit qu'outre le droit comptable, des normes comptables pro- 247
fessionnelles peuvent devoir être appliquées si certaines conditions sont réunies, en particulier si un certain nombre d'associés ou une institution boursière
l'exigent (il s'agit essentiellement des normes suisses Swiss GAAP RPC, des
normes internationales IFRS et des normes des États-Unis US GAAP). Ces
normes professionnelles sont sensiblement plus détaillées que les art. 957-963
CO.

Le droit comptable comprend des règles sur la tenue de la comptabilité et sur 248
la présentation des comptes.

---

[367] Dans le droit de 1881, il existait une unique disposition, l'art. 656 aCFO-1881. Il comprenait un principe (al. 1 : sincérité du bilan) et sept règles particulières, correspondant assez
largement aux art. 662-670 aCO-1936 (sans que le Message du Conseil fédéral ne mette
en exergue les modifications matérielles, FF 1928 I 266-270), sous réserve de la consécration consciente (voire enthousiaste) des réserves latentes (FF 1928 I 267-268). Les
règles de 1936 avaient été complétées en 1991.

[368] La portée concrète des quelques règles des art. 877-880 aCFO-1881 peut se résumer au
délai de conservation des livres (10 ans).

249 Les règles sur la tenue portent sur la saisie d'opérations, le caractère infalsifiable du processus et sur la conservation des documents. On peut dire qu'elles concernent l'interne d'une société.

250 Les règles sur la présentation concernent l'établissement des comptes annuels ou intermédiaires communiqués aux sociétaires et, le cas échéant, à quelques tiers (le fisc, certains créanciers et partenaires). Au-delà de règles formelles ou d'ordonnancement, la présentation consiste notamment à refléter des *évaluations* d'actifs et de passifs. Le droit comptable comprend ainsi notamment des règles sur les méthodes d'évaluation. Il *découle* de la correcte application du droit comptable de nombreuses conséquences juridiques régies par d'autres dispositions – ressortissant au droit des sociétés –, comme la faculté, ou non, de distribuer du bénéfice ou de réduire le capital ; le comportement prescrit par la loi en cas de surendettement découle aussi de constats établis par le droit comptable.

II. Obligation d'établir des comptes annuels

251 Toutes les **personnes morales du Code des obligations** doivent tenir une comptabilité et établir des comptes annuels conformes aux dispositions légales (cf. art. 957 al. 1 ch. 2 CO) : la société anonyme, la société à responsabilité limitée, la société en commandite par actions et la coopérative y sont toujours soumises.

252 Pour les **sociétés de personnes** (tout comme pour les entreprises individuelles), ce n'est le cas que si le chiffre d'affaires annuel du dernier exercice est supérieur à CHF 500 000.– (art. 957 al. 1 ch. 1 et al. 2 CO)[369]. Si ce seuil n'est pas atteint, elles ne doivent tenir qu'une « *comptabilité des recettes et des dépenses ainsi que du patrimoine* » (al. 2, *pr.*).

253 Cette comptabilité limitée s'applique aussi aux **associations et fondations** dont l'inscription au registre du commerce n'est pas obligatoire. Si elles sont tenues

---

[369] Les *sociétés simples*, sociétés de personnes, peuvent réaliser d'importants chiffres d'affaires – notamment parce que la SNC est inaccessible aux personnes morales dans la conception actuelle du droit suisse (*infra* N 1436-1441) –, et seraient alors visées par le texte légal lu littéralement, mais les travaux préparatoires suivent une approche dont il doit résulter qu'elles sont écartées de l'obligation de tenir une comptabilité selon les art. 957 ss CO, puisqu'elles ne peuvent être inscrites au registre du commerce (*supra* N 34 et 85, *infra* N 1354 s. ; Message du Conseil fédéral, FF 2008 1515 : « *l'obligation de tenir une comptabilité et de présenter des comptes n'est pas déterminée par l'exploitation d'une activité commerciale mais par l'obligation de requérir l'inscription de l'entreprise dans le registre du commerce* »).

de s'inscrire[370], les art. 958-963 CO s'appliquent comme pour les personnes morales du Code des obligations[371].

III. Les règles légales sur la tenue de la comptabilité

Comme indiqué, certaines règles se rapportent au *processus* selon lequel les faits pertinents (facturations, encaissements, paiements, acquisition ou aliénation d'actifs, création ou libération de dettes, etc.) sont enregistrés comptablement. Il s'agit de règles d'ordre et de méthode, concernant la façon dont le comptable doit travailler quotidiennement, qui visent notamment à prévenir les erreurs et les falsifications, tout comme à faciliter les vérifications. 254

Une partie importante de la réglementation figure dans l'Ordonnance concernant la tenue et la conservation des livres de comptes[372]. Elle porte notamment sur la composition du grand livre et des livres auxiliaires (art. 1), l'authenticité et l'infalsifiabilité (nécessité d'une possibilité de suivre les modifications, art. 3), les procédures et l'infrastructure (art. 4), la faculté de consulter (art. 6), l'archivage (art. 7 et 8), le support et la migration de données (art. 9 et 10). 255

Les écritures comptables pour lesquelles des évaluations et l'appréciation de risques sont nécessaires ne relèvent pas de ce travail quotidien, mais des décisions des organes, qui doivent s'inscrire dans le cadre légal relatif à l'établissement des comptes annuels. Les décisions d'évaluation et, de façon générale, de clôture des comptes annuels, portant p. ex. sur les dépréciations et les provisions, requièrent souvent des organes dirigeants qu'ils procèdent selon leur appréciation[373]. Il ne s'agit pas de décisions que l'on pourrait qualifier de « mécaniques ». 256

---

[370] Cf. *supra* N 82 pour les associations et N 75 pour les fondations.

[371] Une exception concerne les – rares – fondations inscrites libérées de l'obligation de faire réviser leurs comptes. L'ordonnance qui permet cette libération requiert des actifs inférieurs à CHF 200 000.–.

[372] RS 221.431, abrégée « Olico ».

[373] À bien des égards, cette appréciation relève de la *décision* entrepreneuriale (cf. p. ex. Message du Conseil fédéral, FF 2008 1529 : « *Aussi précises que puissent être les prescriptions en matière d'évaluation, il subsistera toujours une marge discrétionnaire et ce tant pour l'évaluation des actifs que pour la détermination du montant des provisions* »). Elle est de ce fait soumise, sur le plan de la responsabilité, au régime de l'*informed business judgment* (cf. *infra*, N 1037-1047 ; au regard de ce régime, qui tient certes compte des risques inhérents aux décisions entrepreneuriales, le terme « discrétionnaire » peut tout de même sembler excessif ; il s'agit plutôt d'une *appréciation* raisonnable).

IV. Structure des comptes annuels

257 Les comptes annuels sont ce que les organes dirigeants établissent pour avoir une vue de l'état financier[374] de la société à un moment donné, c'est-à-dire au terme d'un exercice annuel ou à un moment intermédiaire, et pour présenter cet état financier aux propriétaires (actionnaires, associés, coopérateurs), à l'approbation desquels ils sont soumis, ainsi qu'à divers tiers (créanciers, fisc).

258 Les comptes annuels se composent du compte de résultat, du bilan et de l'annexe (art. 958 al. 2 CO). Chacune de ces composantes a une fonction bien distincte, mais elles sont indissociablement coordonnées entre elles.

259 Les règles matérielles qui président à leur confection sont désignées comme les principes régissant l'établissement régulier des comptes.

260 Selon les termes de la loi, le but des comptes annuels est de présenter la situation économique de la société d'une façon qui permette à un tiers – mais cela concerne en réalité au premier chef les organes dirigeants et les sociétaires – de « s'en faire une opinion fondée » (art. 958 al. 1 CO).

261 À cet égard, la loi prescrit que les chiffres de l'exercice précédent doivent aussi figurer dans les comptes annuels (art. 958d al. 2 CO), de manière à permettre une comparaison immédiate et appréhender l'évolution d'une année à l'autre. Les postes qui affichent un montant nul ou insignifiant ne doivent pas être présentés séparément (art. 958d al. 1, 2ᵉ phr., CO), afin de préserver la lisibilité des comptes.

A. Le bilan

1. L'actif dans son ensemble (« les actifs ») ; lien avec le compte de résultat

262 Le bilan ne rend pas compte de tous les événements comptables qui se sont produits pendant une certaine période – en principe un exercice annuel – mais seulement de la **situation financière de la société à un jour donné** (« date du bilan »).

---

[374] Le terme français qui rend l'expression anglaise désormais usitée de *financial statements* est « états financiers ».

Il doit distinguer les actifs (ou « l'actif ») et les passifs (ou « le passif ») de la 263
société et rendre compte de leur valeur à ce moment (art. 959 al. 1 CO).

Le bénéfice ou la perte que montre le bilan doit être le même que le bénéfice 264
ou la perte découlant du compte de résultat. Toute augmentation de valeur de
l'actif dans son ensemble doit donc être (sous l'angle de la méthode : préalablement) inscrite dans le compte de résultat pour pouvoir figurer au bilan (et
pouvoir, le cas échéant, donner lieu à une distribution de bénéfice)[375].

2. Notion d'actif (poste d'actif ; un actif)

La loi définit de façon assez précise la notion **d'actif** du bilan. Il comprend 265
« *les éléments du patrimoine dont l'entreprise peut disposer en raison d'événements passés, dont elle attend un flux d'avantages économiques et dont la
valeur peut être estimée avec un degré de fiabilité suffisant* » (art. 959 al. 2,
1re phr., CO). Elle marque encore, avec un peu d'insistance, qu'« *aucun autre
élément du patrimoine ne peut être porté au bilan* » (art. 959 al. 2, 2e phr., CO).

Concrètement, les biens matériels et immatériels dont la société est propriétaire 266
doivent figurer à l'actif, tout comme les créances. S'ils répondent aux exigences de la définition légale, dont notamment[376] l'existence d'une faculté pour
la société de pouvoir en disposer en raison d'événements passés, des éléments
comme le *goodwill* (valeur de l'image commerciale ou « fonds de commerce »[377]) et la valeur du savoir-faire (*know-how*) peuvent figurer au bilan[378].

---

[375] Le compte de résultats et le bilan sont inséparablement liés. Le bénéfice inscrit au compte
de résultats est forcément compris dans le bénéfice figurant dans le bilan annuel. Ce lien
(aussi appelé « principe du double contrôle des comptes ») résulte également d'autres
équations : bénéfice inscrit au bilan de l'exercice précédent (après distribution ; « bénéfice
reporté ») + bénéfice de l'exercice concerné = bénéfice inscrit au bilan de l'exercice concerné = bénéfice reporté selon bilan d'ouverture (c'est-à-dire non distribué) + produits
nets (selon compte de résultats) + opérations neutres (financements et désengagements).

[376] Cf. pour l'évaluation concrète (coût de revient), *infra* N 389 ad n. 545.

[377] Cette expression est employée par la Directive 2013/34/UE du 26. 6. 2013 (Annexes III et
IV, C/I/3).

[378] Cela est admis notamment par la Directive 2013/34/UE (Annexes III et IV, C/I/2), si les
« droits et valeurs semblables » à des biens de propriété intellectuelle ont été acquis à titre
onéreux (lit. a) ou créés par l'entreprise, à condition que la législation nationale autorise
l'inscription à l'actif (lit. b). En droit suisse, le *goodwill* correspondant à la valeur d'une
entreprise reprise (*Akquisitions-Goodwill im Zusammenhang mit Unternehmensüber-
nahmen*) peut être activé, tandis que la tradition est de ne guère admettre l'activation des
valeurs immatérielles créées par l'entreprise et de l'exclure absolument pour le *goodwill*
ainsi créé ou « originaire » (cf. Peter BÖCKLI [2009], § 8, N 758, « *Intern generierter*

267 En revanche, des éléments comme les revenus futurs découlant d'activités même déjà convenues contractuellement, mais non encore accomplies ne peuvent figurer au bilan en tant que tels[379] (en revanche, de tels éléments sont susceptibles de se refléter dans la valorisation du *goodwill* qui, à certaines conditions, peut figurer au bilan ; les travaux en cours peuvent aussi être activés à leur coût de revient[380]). Il en va de même des droits dont la naissance est soumise à une condition non encore réalisée (à moins – ce qui s'applique à de nombreux instruments financiers – que ces droits soient cessibles et aient une valeur déterminable à la date du bilan).

268 La loi distingue **l'actif « circulant »** de l'actif « immobilisé ». Le premier inclut la trésorerie (c'est-à-dire les liquidités monétaires) et les actifs dont il est prévisible que, dans les douze mois après la date du bilan ou dans le cycle normal des affaires, ils se convertissent en liquidités ou seront réalisés d'une autre manière[381].

Goodwill ist ohnehin nicht aktivierungsfähig » ; v. ég. Peter BÖCKLI [2014], N 947 ; Isabelle MONFERRINI [2016], § 12, N 146 : « *Die Lehre erachtet den originären Goodwill einhellig zu Recht als nicht aktivierungsfähig* »). D'un point de vue conceptuel, cela pourrait être discuté pour les cas où toutes les caractéristiques d'un actif sont réunies, d'autant plus que la distinction d'avec d'autres valeurs immatérielles n'est pas forcément étanche. – On observera que l'évolution législative, notamment par l'accord ADPIC (art. 39) qui (à l'échelle des 160 pays membres de l'OMC) a fait du secret d'affaire un véritable bien immatériel (cf. Nicolas ROUILLER, International Business Law [2015], p. 333 et 361), tend à rendre parfaitement admissible et banal, à titre de traduction comptable de la réalité juridique, l'inscription à l'actif du savoir-faire et des secrets (pour autant, évidemment, qu'ils remplissent les conditions pour l'inscription à l'actif, notamment quant à la possibilité de les évaluer d'une façon raisonnablement certaine). – Sur la présence à l'actif de frais de recherche en général, TF 9. 6. 2011, 4A_91/2011, c. 3.5 : « *Forschungs- und Entwicklungsaufwand [kann] unter ganz bestimmten Voraussetzungen aktiviert werden* » ; pour un aperçu complet des différentes valeurs immatérielles activables ou non, cf. Isabelle MONFERRINI (2016), § 12, N 118 ss. Le plus souvent, il s'agit d'identifier les dépenses faites pour un projet en cours, qui a une réelle valeur et, concrètement, est cessible en échange d'un prix.

[379] Sur les apports au moment de la fondation, cf. *infra* N 1820-1821.

[380] À ce sujet, *infra* N 360 et 389.

[381] Art. 959 al. 2 CO. Il faut observer que le texte légal français est peu précis ; il convient de se référer aux textes allemand (« *andere Aktiven, die voraussichtlich innerhalb eines Jahres ab Bilanzstichtag oder innerhalb des normalen Geschäftszyklus zu flüssigen Mitteln werden oder anderweitig realisiert werden* ») et italien (« *gli altri attivi che saranno verosimilmente convertiti in liquidità entro un anno dalla data di chiusura del bilancio o nell'ambito del normale ciclo operativo dell'impresa o realizzati in altro modo* »). Cela ne transparaît pas même dans d'excellents commentaires qui reprennent le texte légal français (cf. p. ex. Rémy BUCHELER [2018], § 7/IV/2 [p. 82]). La dernière catégorie comprend les actifs immobilisés dont l'aliénation est prévue (cf. p. ex. Rémy BUCHELER, *ibid.*).

L'actif immobilisé regroupe les autres actifs[382]. À l'art 960d CO, la loi précise 269
qu'il « *comprend les valeurs acquises en vue d'une utilisation ou d'une déten-*
tion à long terme » (al. 1), à savoir « *plus de douze mois* » (al. 2). Une participation doit être entendue comme « *les parts du capital d'une autre entreprise*
qui sont détenues à long terme et confèrent au détenteur une influence no-
table », laquelle est présumée « *lorsque ces parts donnent droit à au moins*
20 % des droits de vote » (al. 3).

Les actifs qu'une société détient **à titre fiduciaire** pour un tiers ne figurent pas 270
au bilan[383] (ils sont « hors bilan », le cas échéant mentionnés dans l'annexe).

3. Structure du bilan à l'actif

La loi prescrit un ordre de **présentation** précis, « *par ordre de liquidité dé-* 271
croissante » (art. 959a al. 1, 1re phr., CO).

La « **structure minimale** » de l'**actif** doit indiquer séparément au moins les 272
postes suivants : (1) pour l'actif circulant, (a) la trésorerie et les actifs cotés en
bourse détenus à court terme, (b) les créances résultant de la vente de biens et
de prestations de services, (c) les autres créances à court terme, (d) les stocks
et prestations de services non facturées[384] et (e) les actifs de régularisation ; (2)
pour l'actif immobilisé, (a) les immobilisations financières, (b) les participations, (c) les immobilisations corporelles, (d) les immobilisations incorporelles
et (e) le capital social non libéré[385].

4. Notion de passif

Le **passif** est constitué, de par la loi, des capitaux étrangers et des capitaux 273
propres (art. 959 al. 4 CO).

---

[382] Art. 959 al. 2, 2e phr., CO.
[383] Cf. *infra* N 767 ss.
[384] Cela comprend en principe les travaux en cours (à tout le moins ceux qui seraient déjà
facturables, c'est-à-dire si leur achèvement n'est juridiquement pas une condition pour
que l'entreprise puisse exiger d'être rémunérée ou si, même dans ce cas, il est déjà connu
au moment de l'établissement des comptes annuels que cet achèvement a eu lieu après la
clôture de l'exercice).
[385] Art. 959a al. 1 CO. La Directive 2013/34/UE du 26. 6. 2013 décrit les postes de l'actif de
manière semblable, mais nettement plus détaillée et dans un ordre différent.

274 La loi définit les **capitaux étrangers** (que la pratique nomme aussi les « fonds étrangers ») comme les engagements[386] « *qui résultent de faits passés, qui entraînent un flux probable d'avantages économiques à la charge de l'entreprise et dont la valeur peut être estimée avec un degré de fiabilité suffisant* » (al. 5). Elle précise que « *[l]es capitaux étrangers à court terme comprennent les dettes qui seront vraisemblablement exigibles dans les douze mois suivant la date du bilan ou dans le cycle normal des affaires* », tandis que « *toutes les autres dettes sont classées dans les capitaux étrangers à long terme* » (al. 6).

275 La distinction entre ces différentes catégories est une information cruciale pour les organes de gestion qui doivent surveiller la **solvabilité** de la société, soit sa capacité à payer les dettes dès leurs échéances respectives[387].

276 Les **capitaux propres** (désignés en pratique, et dans la loi par ailleurs[388], sous le vocable de fonds propres) ne sont pas des dettes ; ce sont des montants qui correspondent à la valeur économique qui revient, en cas de distribution de bénéfice ou de la substance (p. ex. en cas de liquidation), aux propriétaires de la société. Hors d'une telle distribution, cette valeur économique est à disposition de la société indéfiniment – soit plus qu'à long terme –, puisqu'elle ne peut être réclamée par des créanciers.

277 En termes de calcul, l'ensemble « net » des capitaux propres correspond toujours à la différence entre la totalité de l'actif et les capitaux étrangers.

278 Cela étant, les capitaux propres peuvent être structurés de façon complexe : pour toutes les sociétés, il y figure, outre la contrepartie comptable des moyens apportés par les propriétaires, le bénéfice de l'exercice et le bénéfice reporté des exercices précédents (comme valeurs positives, respectivement la perte de l'exercice et la perte reportée, comme valeurs négatives) et les réserves ; dans les sociétés de capitaux, la complexité peut venir d'une structuration différenciée entre le capital proprement dit (soit le capital des actionnaires, associés et coopérateurs), le capital-participation (ne donnant pas le droit de voter) et les

---

[386] Le terme de « dettes » employé en français (et en italien, *debiti*) nous semble impropre à rendre compte, notamment, des montants qui doivent être provisionnés ; or, les provisions font partie des capitaux étrangers (art. 959a al. 2 ch. 2 lit. c CO). Le terme employé par le texte légal allemand est « *Verbindlichkeiten* ».

[387] Le contrôle de la solvabilité, qui a été « de tout temps » l'un des devoirs essentiels des dirigeants, a été expressément codifié par l'art. 725 CO adopté avec la novelle du 19. 6. 2020 (*infra* N 863-865).

[388] Cf. art. 652d, 652e, 659, 704, 781, 783, 795a s., 796, et 825a CO (ou dans d'autres lois, comme la Loi sur les banques et les caisses d'épargne, art. 3g, 4 à 4bis, 9 à 12 et 25). La Directive 2013/34/UE du 26. 6. 2013 emploie uniquement le terme de « capitaux propres » (art. 7 s., 14, 16 s., 24, 27 s., 31 et Annexe III).

prêts convertibles (dans les cas où la décision de conversion en capital est du ressort de la société).

5. *Structure du bilan au passif*

En ce qui concerne la **présentation**, la loi dicte une **structure minimale** « par ordre d'exigibilité »[389], ce qui implique de commencer par les capitaux étrangers[390] à court terme, de continuer par les capitaux étrangers à long terme et de finir par les capitaux propres.

Parmi (1) les **capitaux étrangers à court terme**, il convient d'indiquer séparément (a) les dettes résultant de l'achat de biens et de prestations de services, puis (b) les dettes à court terme portant intérêt, puis (c) les autres dettes à court terme et enfin (d) les passifs de régularisation.

Parmi (2) les **capitaux étrangers à long terme**, il faut indiquer séparément (a) les dettes à long terme portant intérêt, (b) les autres dettes à long terme et (c) les provisions et postes analogues prévus par la loi.

Parmi (3) les **capitaux propres**, il faut mentionner (a) le capital social, le cas échéant les différentes catégories de droits de participation, (b) la réserve légale issue du capital, (c) la réserve légale issue du bénéfice, (d) les réserves facultatives issues du bénéfice[391], (e) les propres parts du capital, à inscrire en chiffres négatifs (en diminution des capitaux propres), (f) le bénéfice reporté ou les pertes cumulées (« perte reportée »), ces dernières devant être inscrites en chiffres négatifs (en diminution des capitaux propres)[392] et (g) le bénéfice de

279

280

281

282

---

[389] C'est bien « par ordre d'exigibilité *décroissante* » (art. 959a al. 2 *pr.* CO). En effet, il s'agit manifestement d'exigibilité décroissante, comme le dit justement le texte italien (« *in ordine di esigibilità decrescente* »), tandis que le texte allemand dit simplement « par ordre d'exigibilité » (« *ihrer Fälligkeit entsprechend* »). Le texte légal français a paru avec le terme erroné « croissante ». Depuis la novelle du 19. 6. 2020, cette erreur semble définitivement corrigée alors que la disposition a été retouchée rédactionnellement (cf. *infra* n. 391 s.).

[390] Sur la distinction – importante d'un point de vue pratique – entre les capitaux étrangers qui sont des dettes envers des actionnaires ou des proches (ou envers des filiales directes ou indirectes), d'une part, et les dettes envers des tiers, le texte légal de l'art. 959a al. 4 CO n'oblige pas à ce qu'elle soit forcément faite dans le bilan ; elle peut figurer dans l'annexe (*infra* N 286 ad n. 395).

[391] Cette disposition a été modifiée par la novelle du 19. 6. 2020, comme les lit. e à g.

[392] Le texte français de l'art. 959a al. 2 ch. 3 lit. f et g CO aurait pu être plus clair : « *bénéfice reporté ou perte reportée en diminution des capitaux propres* » pourrait donner à penser que tous ces éléments devraient être inscrits en diminution des capitaux propres. Ce ne sont évidemment que les pertes qui doivent être inscrites en poste négatif (« *als Minusposten* », « *quale poste negative* »).

l'exercice ou la perte de l'exercice, cette dernière devant être inscrite en chiffres négatifs (en diminution des capitaux propres).

6. Portée des informations figurant au bilan

283 De façon générale, en ce qui concerne le **caractère réellement informatif** du bilan, on doit observer d'emblée plusieurs éléments.

284 En vertu du **principe des coûts historiques**, les actifs ne peuvent pas figurer au bilan pour un prix supérieur à leur prix d'achat ou de revient (cf. art. 960a al. 1 et 2 CO). Dès lors, le bilan est forcément un mélange de valeurs actuelles et passées. Sous ce premier angle, le bilan ne peut donc pas tout dire sur le plan économique.

285 De plus, les **engagements conditionnels** (notamment les garanties pour dettes de tiers, mais aussi des engagements propres, comme ceux résultant d'options) n'y figurent pas en tant que tels. Cela affecte le caractère représentatif des valeurs figurant au passif, celui-ci pouvant augmenter brusquement et massivement dès que des conditions se réalisent. Le caractère représentatif des actifs peut lui aussi être affecté si des biens de la société ont été mis en gage pour des dettes de tiers : en cas de défaut de ces tiers, l'actif peut diminuer brusquement pour des montants qui ne figuraient pas au passif. Certes, les engagements conditionnels doivent être mentionnés dans l'annexe[393], mais il reste que, pour cette raison additionnelle, la valeur informative du bilan en tant que tel est limitée. C'est uniquement en inscrivant des provisions pour des engagements conditionnels que la société peut *rendre visibles dans son bilan* les risques d'accroissement du passif (ou de diminution de l'actif), étant admis que le montant des provisions, qui vise à appréhender l'incertain, a nécessairement une part non négligeable d'arbitraire[394].

---

[393] Art. 959c al. 2 ch. 8, 9 et 10 CO.

[394] Les provisions, sur lesquelles on revient *infra* (spéc. N 434-444), sont largement admissibles en droit suisse (art. 960e al. 2-4 CO) ; leur caractère d'élément fondamentalement incertain les distingue des autres éléments du bilan, dont le montant est censé être déterminable avec précision. – Pour refléter les engagements conditionnels (dont les garanties), le montant approprié de la provision ne peut être systématiquement leur montant nominal. En effet, l'exécution d'une garantie donne souvent au garant un droit de recours (action récursoire) ; s'il est réaliste que la mise en œuvre de ce droit aboutisse à un paiement en faveur du garant, le coût net de l'engagement est ainsi moindre. Par ailleurs, une faible probabilité d'appel à la garantie devrait aussi être prise en compte pour déterminer le montant raisonnable de la provision. Pour plus de détails sur ces évaluations, cf. *infra* N 437 *in fine*, n. 614 s.

On observera enfin que la loi n'exige pas que le bilan lui-même mentionne   286
séparément les créances et les dettes des filiales, des organes, des sociétaires
ou des personnes proches ; mais s'il ne le fait pas, une telle mention doit alors
figurer dans l'annexe[395]. De façon générale, l'annexe doit toujours être lue en
parallèle au bilan, car la loi lui donne la fonction de mentionner les éléments
importants qui ne ressortent pas du bilan[396].

Cela dit, sous l'angle de nombreuses règles essentielles du droit des sociétés de   287
capitaux, le bilan est un instrument qui dicte de nombreuses décisions et a donc
une **pertinence juridique** évidente. Il permet notamment de protéger le capital
social de l'entreprise. La distribution de dividendes aux actionnaires ou associés a en effet pour corollaire une diminution des actifs aux dépens des fonds
propres. Elle n'est possible qu'à la condition de ne pas entamer les éléments du
bilan qui jouent un rôle de verrou, soit le capital-actions (art. 620 al. 1 CO), le
capital-participation (art. 656a al. 1 CO), la partie des réserves issues du capital
ou du bénéfice qui ne peut pas être utilisée (art. 671 al. 2 et 672 al. 3 CO), la
réserve pour les actions propres (art. 659a al. 4 et 659b al. 2 CO) ou parts sociales propres (art. 783 CO) et la réserve légale issue du bénéfice résultant de
réévaluations (art. 725c CO)[397]. De plus, le législateur a prévu une véritable
alarme pour le conseil d'administration de la SA lorsqu'il ressort du bilan que
la moitié du capital-actions n'est plus couverte (art. 725a CO)[398] ou que la société est surendettée (art. 725b CO)[399] ; les mêmes devoirs s'appliquent aux gérants de la Sàrl (art. 820 CO), *mutatis mutandis*, à l'administration de la coopérative (art. 903 CO) ainsi qu'aux dirigeants des autres personnes morales

---

[395] Cf. art. 959a al. 4 CO : « *Les créances et les dettes envers les détenteurs de participations
directes et indirectes, envers les organes et envers les sociétés dans lesquelles l'entreprise
détient une participation directe ou indirecte sont présentées séparément dans le bilan ou
dans l'annexe* ». On observera que cette définition ne couvre pas les personnes proches,
mais on doit considérer que la *ratio legis* impose, pour la présentation, d'assimiler les
dettes et créances des proches à celles des filiales, organes ou associés, toutes ces personnes étant des proches de la société (la justification d'une mention spéciale est le comportement particulier de la société envers les associés et organes, et réciproquement : la
société accorde plus facilement des prêts à des personnes proches, et leur réclame moins
volontiers le remboursement ; réciproquement, les proches sont susceptibles de prêter à la
société, et de postposer leurs prêts, en cas de difficultés, alors que des tiers ne le feraient
pas ; la mention des créances et dettes à des personnes proches est donc réellement informative). Cela dit, il se justifie à titre alternatif – si la société en décide ainsi – de ne pas
mentionner ces dettes et créances de manière séparée au bilan (mais uniquement dans
l'annexe), car la société doit juridiquement traiter ces dettes et créances comme celles de
tiers.
[396] Cf. art. 959a al. 3 CO. Voir *infra* N 304 ss.
[397] À propos des réserves, cf. *infra* N 446 ss et N 1864-1883.
[398] Cf. *infra* N 1918-1930.
[399] Cf. *infra* N 823-825 et 828-862.

(direction des associations inscrites au RC [art. 69d CC] et conseil de fondation [art. 84a CC]).

B. Le compte de résultat

1. Notion et types de présentation

288 Le compte de résultat (parfois « compte de résultats ») comprend les produits et les charges d'exploitation, hors exploitation et exceptionnels de l'exercice concerné. Il fait ressortir le résultat de l'exercice sous la forme d'un bénéfice ou d'une perte. Il est aussi nommé le « compte de pertes et profits » (ou « de profits et pertes »)[400].

289 À l'article 959b CO, le droit comptable autorise deux types alternatifs de présentation : la méthode de l'affectation des charges par nature et la méthode de l'affectation des charges par fonction (al. 1).

290 Le « **compte de résultat par nature** » (al. 2) doit au moins indiquer (i) les produits nets des ventes de biens et de prestations de services, (ii) la variation des stocks de produits finis et semi-finis et la variation des prestations de services non facturées, (iii) les charges de matériel, (iv) les charges de personnel, (v) les autres charges d'exploitation, (vi) les amortissements et corrections de valeur sur les postes de l'actif immobilisé, (vii) les charges et produits financiers, (viii) les charges et produits hors exploitation, (ix) les charges et produits exceptionnels, uniques ou hors période, (x) les impôts directs et (xi) le bénéfice ou la perte de l'exercice.

291 Si la société opte pour une présentation selon l'affectation des charges « **par fonction** » (al. 3), le compte de résultat doit indiquer séparément au moins les catégories suivantes : (i) les produits nets des ventes de biens et de prestations de services, (ii) les coûts d'acquisition ou de production des biens et prestations de services vendus, (iii) les charges d'administration et de distribution, (iv) les charges et produits financiers, (v) les charges et produits hors exploitation, (vi) les charges et produits exceptionnels, uniques ou hors période, (vii) les impôts directs et (viii) le bénéfice ou la perte de l'exercice. En bref, dans la présentation « par fonction », le compte de résultat n'indique pas les charges de personnel séparément, ni les charges de matériel, ni les variations de stock, car ces

---

400 Ainsi la Directive 78/660/CEE du 25. 7. 1978 (art. 2 à 6, 22, 28 à 35 et 43 ss ; les art. 42[quater] et 42[quinquies] employaient le terme de « compte de pertes et profits »), tandis que la Directive 2013/34/UE du 26. 6. 2013, qui la remplace, emploie uniquement le terme de « compte de résultat ».

charges sont incluses dans les catégories fonctionnelles (produits des ventes ou services, coûts d'acquisition ou de production, coûts d'administration ou de distribution, notamment) ; l'affectation des charges « par fonction » résulte ainsi d'une comptabilité analytique, qui permet de rendre compte plus précisément de la profitabilité de chaque processus d'activité. Cependant, vu la spécificité des charges de personnel (à maints égards) et des corrections de valeur, faute de figurer dans le compte de résultats par fonction, la loi prescrit qu'elles soient tout de même mentionnées dans l'annexe (art. 959b al. 4 CO)[401].

2. Contenu nécessaire

Quelle que soit la méthode appliquée, il découle de la loi qu'en tous les cas, le compte de résultat doit permettre d'identifier le résultat **de l'exploitation** (al. 2, ch. 1 à 6 ; al. 3, ch. 1 à 3), le résultat **de l'activité financière** (al. 2, ch. 7 ; al. 3, ch. 7), le résultat **d'activités distinctes de l'exploitation** (al. 2, ch. 8 ; al. 3, ch. 5) et le résultat résultant **d'opérations exceptionnelles** (al. 2, ch. 9 ; al. 3, ch. 6). 292

En prescrivant de distinguer ces types de produits, le législateur veut rendre clairement perceptible tout transfert de produits au sein de l'entreprise. Ainsi, concrètement, une entreprise ne peut pas masquer aux lecteurs du compte de résultat la baisse de ses recettes d'exploitation pendant un exercice par des opérations extraordinaires et des produits qui ne résultent pas de son activité de base. 293

Les chiffres de l'exercice précédent doivent figurer dans le compte de résultat, selon la règle générale[402] applicable aussi au bilan (art. 958d al. 2 CO). 294

3. Informations additionnelles

Les sociétés peuvent présenter des comptes de résultat considérablement plus détaillés que le minimum légal prescrit par l'article 959b CO. 295

Il arrivera par exemple qu'une société active dans le commerce de marchandises et dans les services souhaite présenter les charges et produits des deux activités séparément afin d'isoler la marge réalisée dans les deux secteurs[403]. Cela est parfaitement admissible. 296

---

[401] Voir *infra* N 304 ss.
[402] *Supra* N 261.
[403] Rémy BUCHELER (2018), § 8/II/3.4 (p. 91).

297 Au-delà de cette faculté, la loi – dans une disposition générale exprimée à l'article 959b al. 4 CO – exige que la société apporte d'autres précisions (dans le compte de résultat lui-même ou dans l'annexe) si cela est important pour une bonne compréhension du résultat par des tiers ou si cela est usuel.

4. Flux et opérations non reflétées dans le compte de résultat

298 Il est important d'avoir à l'esprit que certains flux ne se reflètent pas dans le compte de résultat, car ils ne sont ni des charges ni des produits.

299 Une sortie de liquidités qui sert à **acquérir un actif immobilisé** n'est pas une charge ; seuls sont des charges les amortissements de cet actif immobilisé et les éventuelles corrections de sa valeur (ou « dépréciations »). De même, l'**aliénation d'un actif immobilisé**, qui donne lieu à une entrée de liquidités, n'est pas un produit ; seule l'éventuelle différence entre le prix de vente et la valeur comptable est un produit (si cette différence est positive et constitue un gain) ou une charge (si cette différence est négative, l'aliénation constituant alors la réalisation d'une perte).

300 **L'octroi d'un prêt** par la société financé par des liquidités n'est pas une charge et n'influe pas sur le compte de résultat, de même que son remboursement ne constitue pas un produit. La perception des intérêts est en revanche un produit. Dans le même ordre d'idées, le défaut (total ou partiel) de l'emprunteur induit une charge consistant dans l'amortissement (total ou partiel) de l'actif que constitue le prêt.

301 Il en va de même lorsque la société **contracte un emprunt**. Le flux de liquidités entrant, correspondant au prêt reçu, n'est pas un produit. Les intérêts passifs (dus et/ou payés) constituent une charge.

302 Les flux qui ne sont ni des charges ni des produits et n'apparaissent donc pas dans le compte de résultat seront reflétés dans les modifications du bilan, s'ils ne sont pas neutralisés avant la date de clôture (p. ex. si un prêt est octroyé et remboursé avant la fin de l'exercice, il ne figurera pas au bilan[404]). Ces flux figurent en revanche toujours dans le tableau des flux de trésorerie (lequel n'est pas toujours disponible, n'étant pas obligatoire pour les sociétés qui ne sont pas soumises de par la loi au contrôle ordinaire[405]).

---

[404] Cf. *infra* n. 448.
[405] *Infra* N 329.

5. Lien nécessaire avec le bilan

Le lien nécessaire *visible* entre le compte de résultat et le bilan est le bénéfice ou la perte, qui figure toujours (comme montant positif, respectivement négatif) au passif du bilan[406].   303

C. L'annexe

L'annexe complète et commente les informations données dans les comptes annuels.   304

Depuis 2013, la loi prescrit un grand nombre de précisions dont il faut bien reconnaître qu'elles sont **indispensables pour apprécier raisonnablement les chiffres du bilan et du compte de résultat**[407]. Il a déjà été décrit plus haut, en rapport avec le bilan et le compte de résultat, que certaines indications doivent figurer dans l'annexe si le bilan[408], respectivement le compte de résultat[409], ne les contient pas.   305

L'art. 959c al. 1 CO prescrit que **l'annexe doit indiquer en tous les cas** : (i) des informations sur les principes comptables appliqués, lorsqu'ils ne sont pas prescrits par la loi, (ii) des informations et des commentaires concernant certains postes du bilan et du compte de résultat, ainsi que des subdivisions de ces postes[410], (iii) le montant global provenant de la dissolution des réserves de remplacement et d'autres réserves latentes dissoutes, dans la mesure où il dépasse le montant global des réserves similaires créées au cours de l'exercice et   306

---

[406]   Plus en détail, *supra* N 264.

[407]   Auparavant, les règles légales relatives à l'annexe étaient extrêmement limitées, sauf pour les sociétés cotées en bourse. Le droit de 2013 a, notamment par l'annexe, sensiblement réduit les écarts d'information entre les états financiers établis selon les seules exigences légales et ceux établis selon des normes professionnelles (p. ex. les Swiss GAAP RPC, qui continuent toutefois d'exiger sensiblement plus d'information : p. ex. sur les opérations hors bilan et les obligations relatives à la prévoyance professionnelle, cf. Swiss GAAP RPC N° 5 et 16).

[408]   *Supra* N 286 ad n. 395.

[409]   *Supra* N 291 ad n. 401.

[410]   Le texte légal français de l'art. 959c al. 1 ch. 2 CO parle de « *structure détaillée* », ce qui n'est guère éclairant. Il s'agit de subdiviser certains postes du bilan ou du compte de résultat, comme l'expriment bien les textes italien (« *suddivisioni* ») et allemand (« *Aufschlüsselungen* »).

si le résultat de l'exercice apparaît sensiblement amélioré de par cette dissolution[411] et (iv) les autres informations prescrites par la loi.

307 La loi (al. 2) prescrit encore des **indications complémentaires, si elles ne ressortent pas directement du bilan et du compte de résultat** : (i) le nom, la forme juridique et le siège de la société, (ii) le cas échéant, une déclaration attestant que la moyenne annuelle des emplois à plein temps n'est pas supérieure, selon le cas, à 10, 50 ou 250[412], (iii) la raison de commerce, la forme juridique et le siège des entreprises dans lesquelles une participation directe ou une participation indirecte importante est détenue, ainsi que la part du capital et la part des droits de vote, (iv) le nombre de parts de son propre capital détenues par la société et par les entreprises qu'elle contrôle[413], (v) l'acquisition et l'aliénation par la société de ses propres parts sociales et les conditions auxquelles elles ont été acquises ou aliénées, (vi) la valeur résiduelle des dettes découlant d'opérations de crédit-bail (*leasing*) assimilables à des contrats de vente et des autres dettes résultant d'opérations de crédit-bail, dans la mesure où celles-ci n'échoient pas ni ne peuvent être dénoncées dans les douze mois qui suivent la date du bilan, (vii) les dettes envers des institutions de prévoyance, (viii) le montant total des sûretés constituées en faveur de tiers, (ix) le montant total des actifs engagés en garantie des dettes de la société et celui des actifs grevés d'une réserve de propriété, (x) les obligations légales ou effectives pour lesquelles une perte d'avantages économiques apparaît improbable ou est d'une valeur qui ne peut être estimée avec un degré de fiabilité suffisant (engagement conditionnel), (xi) le nombre et la valeur des droits de participation, ou des options sur de tels droits, accordés aux « organes de direction ou d'administration » (administrateurs, directeurs, gérants) et aux collaborateurs, (xii) les explications relatives aux postes extraordinaires, uniques ou hors période du compte de résultat, (xiii) les événements importants survenus après la date du bilan et, (xiv) en cas de démission de l'organe de révision avant le terme de son mandat ou de révocation[414], les raisons de ce départ ;

---

[411] Ici aussi, le texte légal français de l'art. 959c al. 1 ch. 3 CO est peu limpide. La formulation proposée ici, plus proche des textes allemand et italien, prête moins à confusion.

[412] Cette indication est importante (avec les chiffres du bilan ou du compte de résultats) pour que le lecteur des comptes annuels puisse déterminer si la société peut ne pas être soumise à une révision (art. 727a al. 2 CO) et si elle est « une grande entreprise » devant établir des comptes plus élaborés (art. 961 *cum* 727 al. 1 ch. 2 CO, notamment un tableau des flux de trésorerie et un rapport annuel *stricto sensu*) ou des comptes consolidés (art. 963a al. 1 CO).

[413] La novelle du 19. 6. 2020 a remplacé le critère selon lequel l'annexe devait indiquer les parts de son capital détenues par les entreprises « *dans lesquelles elle a des participations* », en recourant désormais au critère du *contrôle* – en cohérence avec l'art. 659b CO (applicable aussi à la Sàrl, vu le renvoi de l'art. 783 al. 4 CO).

[414] La mention de la nécessité d'indiquer les motifs de révocation a été introduite par la novelle du 19. 6. 2020, en même temps que l'art. 730a al. 4 CO, qui limite le pouvoir de

(xv) toutes les augmentations et réductions du capital auxquelles le conseil d'administration a procédé dans les limites de la marge de fluctuation[415].

Parmi les informations les plus cruciales qui ne résultent que de l'annexe, ce sont celles relatives aux **obligations conditionnelles** auxquelles le lecteur des comptes annuels doit accorder son attention. Les obligations conditionnelles comprennent les sûretés consenties pour les dettes de tiers, que le ch. 8 de l'article 959c al. 2 CO prescrit d'indiquer dans l'annexe pour leur montant total. 308

En effet, les **sûretés** (cautionnement, garantie indépendante, gage) ne deviennent en principe des dettes de la société que si le tiers (débiteur principal) fait défaut ; jusqu'à ce stade, elles ne figurent donc pas au bilan, lequel fournit dès lors une information incomplète et potentiellement beaucoup trop favorable (à moins que des provisions aient été inscrites, ce qui – notamment si l'entier du montant des sûretés pour dettes de tiers est provisionné – peut aboutir à un excès de prudence)[416]. On notera, par contraste, que les engagements solidaires (art. 143 ss CO) doivent figurer au bilan ; ce sont en effet des dettes actuelles de la société (vu l'action récursoire envers les coobligés, une précision doit figurer dans l'annexe). 309

La même problématique se retrouve en rapport avec les **autres engagements conditionnels** (résultant par exemple d'options que la société a concédées, mais aussi de toutes autres obligations soumises à condition) : si l'avènement de la condition est improbable ou, en tout cas, moins probable que son non-avènement, la société peut ne pas établir de provision et dans ce cas, seule la mention de ces engagements dans l'annexe (conformément à l'art. 959c al. 2 ch. 10 CO) retranscrira leur existence. 310

De même, une obligation qui, sans qu'elle soit conditionnelle au sens juridique du terme, a **une ampleur ou même une existence incertaine** (p. ex. une prétention en dommages-intérêts contestée) ne figure pas forcément au bilan et doit donc être mentionnée dans l'annexe. 311

---

l'assemblée générale (de la SA) ou des associés (de la Sàrl, vu le renvoi de l'art. 818 al. 1 CO, ou des coopérateurs, art. 906 al. 1 CO) de révoquer l'organe de révision aux seuls cas de justes motifs. Cf. *infra* N 930-932.

[415] Cette indication est parfaitement nécessaire puisqu'au bilan, les modifications du capital-actions ne sont pas visibles sauf par comparaison d'une année à l'autre (mais une augmentation qui serait compensée par une diminution survenue dans le même exercice ne serait pas du tout visible), et qu'elles ne le sont pas directement dans le compte de résultat (*supra* N 298-302 ; les apports et restitutions aux actionnaires ne sont pas inscrits comme tels, et ne peuvent être « décelés » que par les charges liées, p. ex. commissions et impôts éventuels liés aux apports). Ces écritures sont en revanche visibles dans un tableau des flux de trésorerie, mais un tel tableau n'est pas établi par toutes les sociétés (*infra* N 329).

[416] *Supra* N 285 (et *infra* N 434-444).

312 La mention des **actifs mis en gage pour les dettes de la société** (ch. 9) est importante pour déterminer la capacité de la société de réaliser ces actifs.

313 La loi prescrit ensuite quelques **indications complémentaires pour les** *« grandes entreprises»* (art. 961a CO ; on précisera ici que les règles boursières complémentaires sur la présentation des comptes impliquent aussi des précisions additionnelles dans l'annexe ou dans des documents additionnels, tel le rapport de rémunération[417]). Les sociétés considérées comme de grandes entreprises sont celles qui, sous l'angle de la révision, se voient soumises de par la loi au contrôle ordinaire (à savoir, notamment, les sociétés franchissant pendant au moins deux exercices consécutifs deux des trois seuils de CHF 40 millions de chiffre d'affaires, de CHF 20 millions de bilan et de 250 employés, ou les sociétés qui recourent au marché des capitaux)[418]. L'art. 961a CO exige que l'annexe à leurs comptes annuels comprenne des indications supplémentaires, à savoir (i) la ventilation des dettes à long terme portant intérêt, selon leur exigibilité, à savoir de un à cinq ans et plus de cinq ans et (ii) le montant des honoraires versés à l'organe de révision pour les prestations en matière de révision, d'une part, et pour les autres prestations de services, d'autre part. La première exigence est essentielle pour évaluer la solvabilité de l'entreprise (elle l'est d'ailleurs pour toutes les entreprises, et non seulement pour celles obligées de mentionner ces échéances dans l'annexe[419]) : pour le dire en quelques mots, la situation de la société est critique sous cet angle dans la mesure où les dettes arrivent à échéance avant les créances (en l'absence de liquidités suffisantes,

---

[417] Jusqu'à l'entrée en vigueur de la novelle du 19. 6. 2020, les art. 662b^bis et 663c aCO-2005 prévoyaient de nombreuses précisions sur les rémunérations et relations financières (prêts) aux organes de sociétés cotées en bourse. Ces informations (et d'autres) doivent désormais figurer spécifiquement dans le *rapport de rémunération* dont le contenu – abondant – est prescrit par les art. 734 à 734f CO (v. ég. N 317 et 2460-2468). Cela étant, le régime général du droit comptable prévoit que certaines de ces informations dont la divulgation est prescrite par des dispositions du droit boursier font partie de l'annexe, p. ex. les titres de participation accordés aux membres des organes, art. 959c al. 2 ch. 11 CO.

[418] La formulation de l'art. 961 CO (« *entreprises que la loi soumet au contrôle ordinaire* ») exclut les sociétés pour lesquelles le contrôle ordinaire résulte d'une exigence émise par 10 % des actionnaires (art. 727 al. 2 CO, ou des associés dans la Sàrl ou la coopérative, cf. art. 818 et 906 CO), des statuts ou d'une décision de l'assemblée générale (art. 727 al. 3 CO). Le Message (FF 2008 1535) ne se réfère qu'à l'art. 727 al. 1 CO. On notera toutefois que cette question a peu de portée pratique, car 10 % des actionnaires (SA) ou associés (Sàrl, coopérative, cf. *infra* N 336) peuvent spécifiquement exiger l'application du régime de présentation des comptes que la loi prévoit pour les grandes entreprises (art. 961d al. 2 ch. 1 CO), dont en particulier les mentions supplémentaires dans l'annexe discutées ici.

[419] Il est évident que, pour les sociétés non soumises à l'exigence de présenter les dettes dans l'annexe selon leurs échéances, l'organe dirigeant a le devoir d'avoir ces informations à l'esprit – y compris d'ailleurs pour les dettes qui ne portent pas intérêt. Voir aussi *infra* N 863-865 ainsi que n. 451.

lesquelles sont, juridiquement, aussi des créances)[420]. Quant à la seconde exigence relative aux honoraires payés à l'organe de révision, il permet aux lecteurs des comptes annuels d'apprécier eux-mêmes le réel degré d'indépendance de l'organe de révision.

Hormis les « *grandes entreprises* » pour lesquelles ces mentions sont obligatoires de par la loi (sauf si la société fait partie d'un groupe qui établit des comptes consolidés selon une « *norme reconnue* »), ces mentions supplémentaires peuvent être imposées à la société par 10 % des détenteurs du capital social[421] qui en font la demande (art. 961d al. 2 ch. 1 CO), par 10 % des coopérateurs et 20 % des membres d'une association (ch. 2) ou par tout associé répondant personnellement des dettes (dans la SNC, la société en commandite, ou la coopérative[422]) ou soumis à l'obligation d'effectuer des versements complémentaires (dans la Sàrl[423] ou la coopérative[424]).   314

D. Documents comptables complémentaires

1. *Vue d'ensemble*

Certains documents comptables ne doivent être établis par la société que dans des situations déterminées. Certains sont de réels instruments comptables nécessaires à la gestion, tels les comptes consolidés pour les groupes de sociétés et le tableau des flux de trésorerie (prescrit pour toutes les « grandes entreprises »).   315

D'autres sont destinés à améliorer l'information aux actionnaires, tels le rapport annuel (prescrits pour toutes les « grandes entreprises ») et le rapport de rémunération (pour les sociétés cotées en bourse)[425].   316

---

[420] Cela est rarement volontaire au moment où les créances et les dettes sont constituées initialement, mais peut fréquemment survenir quand des débiteurs font défaut (et que des créances doivent être amorties et disparaissent donc du bilan).

[421] La loi emploie ici le terme d'« associés ». Les détenteurs de bons de participations sont assurément inclus. Le Message du Conseil fédéral ne l'explicite pas non plus (cf. FF 2009 1540, relatif à la disposition analogue applicable à la demande de soumettre les comptes à une norme reconnue), mais cela résulte de la notion d'associé, les participants étant des associés – puisqu'ils ne sont pas des créanciers – sans droit de vote.

[422] Sur ce régime, cf. art. 869 et 889 al. 1 CO (v. ATF 78 III 33 cité *supra*, N 143 ad n. 212 ; v. aussi *infra* N 2726-2746).

[423] Art. 795-795d CO, *infra* N 2511-2526.

[424] Art. 871-878 CO, *infra* N 2720-2725.

[425] *Infra* N 2460-2468.

317 Il existe enfin d'autres rapports soumis aux propriétaires d'une façon semblables aux documents comptables. Celui qui est exigé sur la transparence pour les sociétés actives dans le domaine des matières premières peut être réellement rattaché à la comptabilité et sera ainsi traité ici[426]. Ne le sont pas ceux sur la transparence en matière non financière, à savoir sur la protection de l'environnement et les droits de l'homme (art. 964a-964c CO) et sur la représentation des hommes et des femmes au sein des organes dirigeants de sociétés cotées (art. 734f CO)[427] ; ils ne concernent pas des questions rattachées à la comptabilité.

2. Comptes consolidés (« comptes de groupe »)

318 La loi prescrit que toute société qui « **contrôle** » (c'est-à-dire : domine) une ou plusieurs entités juridiques[428] (ce que la pratique nomme « groupe de sociétés » ou « groupe » ou, en allemand, « *Konzern* ») doit établir des comptes annuels consolidés (art. 963 al. 1 CO)[429], que la loi nommait antérieurement également « comptes de groupe »[430].

---

[426] *Infra* N 339-344.

[427] Cf. *infra* N 2879-2881.

[428] L'art. 963 al. 1 *in initio* CO emploie la formulation selon laquelle la domination doit porter sur « une ou plusieurs entreprises tenues d'établir des comptes », ce qui est implicitement une référence à l'art. 957 CO. Cette approche implicitement « helvéto-centrique » pourrait poser problème par rapport au fait que des entités économiquement importantes, qui peuvent être filiales de sociétés suisses, ne sont pas « tenues d'établir des comptes » selon le droit dont elles relèvent ; vu les efforts, notamment de l'OCDE et du GAFI, pour imposer la transparence aux entreprises partout dans le monde, cela est de plus en plus rare, mais pas inexistant, même dans des places financières d'une certaine importance. Vu la *ratio legis* de l'art. 963 CO, il convient sans doute de ne pas exclure de l'obligation de consolidation les sociétés suisses qui détiendraient d'importantes sociétés étrangères non tenues d'établir des comptes.

[429] La loi n'emploie plus le concept de « direction unique » (*infra* n. 432) qui déterminait jusqu'en 2015 l'obligation d'établir des comptes de groupe (art. 663e al. 1 aCO ; le droit fiscal continue de l'employer, cf. art. 13 LTVA, 15 OTVA et 61 al. 3 LIFD [cf. p. ex. ROUILLER/BAUEN/BERNET/LASSERRE ROUILLER {2022}, N 1200 et n. 3027]). Ce concept était problématique, vu l'autonomie juridique des filiales. Le critère du « contrôle » est plus éclairant, ce contrôle étant admis selon que des critères objectifs sont réunis. Pour plus de détails, cf. p. ex. ROUILLER/BAUEN/BERNET/LASSERRE ROUILLER (2022), N 648 ss.

[430] De 2007 à 2022, les expressions ont coexisté, l'art. 652a al. 1 ch. 5, 727 al. 1 *pr.*, ch. 1 et 3, 728a al. 1 ch. 1, 728b al. 2 ch. 4, 731 al. 1 et 3, 755, 804 al. 2 ch. 3 et 810 al. 2 ch. 5 aCO employant encore l'expression « comptes de groupe ». La novelle du 19.6.2020 a systématiquement remplacé ces usages résiduels (FF 2020 5409), respectivement, pour l'art. 652a aCO, la LSFin du 15.6.2018 (entrée en vigueur le 1.1.2020).

La loi présume qu'un tel « contrôle » (ou domination) existe si l'une ou l'autre des trois situations suivantes est donnée : (i) la société dispose directement ou indirectement de la majorité des voix au sein de l'organe suprême ; ou, (ii) elle dispose directement ou indirectement du droit de désigner ou de révoquer la majorité des membres de l'organe supérieur de direction ou d'administration ; ou encore, (iii) elle peut exercer une influence dominante en vertu des statuts, de l'acte de fondation, d'un contrat ou d'instruments analogues[431] (art. 963 al. 2 ch. 1 à 3 CO)[432]. 319

La loi ne définit cependant pas la notion de comptes consolidés (pourtant fréquemment utilisée dans le code), si ce n'est en indiquant que les comptes consolidés d'une société *portent* « *sur l'ensemble des entreprises* » qu'elle domine (art. 963 al. 1 *in fine* CO). On peut **définir** les comptes consolidés en disant qu'ils présentent la situation d'un groupe de sociétés comme s'il était une seule entité juridique. En bref[433], ils éliminent les transactions (produits et charges), participations, dettes et créances envers les sociétés du groupe (« opérations internes »[434]) de sorte que seules y figurent celles envers les tiers (entités non membres du groupe). 320

---

[431] Cela vise notamment les trusts (cf. Message du Conseil fédéral, FF 2008 1543).

[432] L'ancien droit (art. 663e al. 1 aCO) n'imposait l'obligation de consolidation qu'à condition qu'une société « *réuni[sse] avec elle <u>sous une direction unique</u> une ou plusieurs sociétés* ». Le nouveau droit s'est délibérément écarté de ce critère en raison de la grande difficulté à prouver la « direction unique » (« autrement dit que le contrôle soit réellement exercé »), car, selon le Message « *il n'est pratiquement pas possible de prouver l'exercice effectif d'une influence* » (FF 2008 1543). Le nouveau droit « *retient donc exclusivement le critère du contrôle de l'entreprise* ». Même si le diagnostic (impossibilité de prouver l'influence) était sans doute excessif, il semble désormais difficile de soutenir qu'une société qui en détient une autre à titre de pure participation financière puisse éviter la consolidation à son égard (étant précisé que les sociétés relevant de la LPCC sont soumises à des règles particulières, à savoir les art. 88-91 LPCC et les règles édictées par la FINMA). Une telle exception semble pourtant raisonnable pour les sociétés détenues à titre de placement, envers lesquelles il n'y a guère d'opérations croisées ; or, celles-ci sont la justification matérielle de l'exigence de consolidation (même si la consolidation est précisément une opération relativement simple dans de tels cas, puisque les opérations « internes » à éliminer [cf. *supra* N 320 ad n. 434] sont rares).

[433] Pour les méthodes de consolidation dans la mesure où la participation est inférieure à 100 % (poste pour les intérêts des minoritaires) et lorsque le contrôle n'est pas total (p. ex. coentreprise ou participation inférieure à 50 % : « intégration proportionnelle ») ou « mise en équivalence »), voir *infra* N 327. Sur les principes de la consolidation, Bernard RAFFOURNIER (2020), p. 7-12.

[434] Ainsi Rémy BUCHELER (2018), § 47/I (p. 439) et II/1 *in fine* (p. 442) ; Peter BÖCKLI (2009), § 9, N 7 et 50 ss ; Swiss GAAP RPC 30 (2012), N 7 et 8 (éd. 2020, p. 176), ainsi que N 52 et 55 s. (p. 181 s.).

321 Ainsi, les comptes consolidés ont pour **fonctions concrètes** de permettre notamment d'éviter d'additionner le capital des sociétés enchevêtrées les unes aux autres au sein d'un même groupe, une telle addition ne donnant évidemment pas une vision correcte de l'actif net (fonds propres) du groupe ; ils servent aussi à éviter de se méprendre devant des gains affichés par une société qui ne résulteraient que de livraisons de biens et de services entre les sociétés du groupe (de tels gains apparents n'étant financés qu'aux dépens du même ensemble économique et ne représentant, de ce point de vue, que des transferts internes).

322 Les comptes consolidés sont donc un instrument extrêmement utile pour appréhender la réalité économique, même si leur importance ne doit pas occulter le fait que chaque société doit, juridiquement, se comporter comme une entité indépendante (de sorte que les gains d'une société dûment obtenus par des opérations avec d'autres sociétés du groupe relèvent de la réalité juridique) ; les comptes consolidés ne privent donc pas de pertinence les comptes statutaires de chaque société du groupe[435].

323 Une société est **libérée de l'obligation d'établir des comptes consolidés** si, pendant deux exercices consécutifs, la société mère ne dépasse pas, avec ses filiales, deux des grandeurs suivantes : (i) un total du bilan de 20 millions de francs, (ii) un chiffre d'affaires de 40 millions de francs et (iii) une moyenne annuelle de 250 travailleurs en équivalent plein temps (art. 963a al. 1 ch. 1 CO). Il en va de même (selon le ch. 2) si la société est elle-même membre d'un groupe dont les comptes consolidés sont établis conformément au droit suisse ou à des dispositions équivalentes et font l'objet d'une pleine révision

---

[435] Les comptes statutaires demeurent la réalité juridique, tandis que les comptes consolidés s'efforcent de donner un aperçu économique indépendamment des contraintes juridiques considérables faisant obstacle à ce que cet aperçu se transforme en réalité concrète (comme la capacité pour une société mère de réellement bénéficier d'un revenu réalisé ou d'un actif détenu par une filiale, vu les divers obstacles à la distribution de bénéfice ; ou, encore plus nettement vu le principe de la responsabilité limitée, le risque réel de la société mère de devoir assumer une dette d'une filiale) ; l'aperçu offert par les comptes consolidés est ainsi forcément une approximation. La prise en compte des actifs détenus et revenus réalisés par une société contrôlée partiellement, comme de ses dettes et charges, est encore plus complexe dans la mesure où en raison de l'absence d'un contrôle total, les comptes consolidés n'appliquent pas l'intégration globale mais « l'intégration proportionnelle » (pour une coentreprise) ou la « mise en équivalence » (en rapport avec les participations entre 50 % et 20 %, cf. *infra* N 326-327). Sur ces aspects, cf. p. ex. ROUILLER/BAUEN/BERNET/LASSERRE ROUILLER (2022), N 654 n. 2144.

(contrôle ordinaire), auquel cas la société devra communiquer à ses actionnaires (minoritaires)[436] les comptes consolidés de sa société mère (art. 963a
al. 3 CO).

Les comptes de groupe restent cependant **obligatoires** si leur établissement est 324
exigé (i) par des associés qui représentent 20 %[437] au moins du capital social
l'exigent, ou 20 % des membres d'une association ou encore 10 % des coopérateurs (art. 963a al. 2 ch. 2 CO), ou (ii) par un associé personnellement responsable des dettes ou tenu à des versements supplémentaires (ch. 3)[438]. Selon une
formule générale qu'emploie la loi, l'établissement de comptes consolidés est
également obligatoire s'ils sont nécessaires pour « *apprécier de façon fiable la
situation économique* » de la société[439] (art. 963a al. 2 ch. 1 CO).

La loi n'indique pas de règles spécifiques sur la façon d'**établir les comptes** 325
consolidés, si ce n'est qu'elle précise qu'ils « *sont soumis au principe de régularité* » (art. 963b al. 3, 1re phr., CO) et que l'annexe doit indiquer les règles
d'évaluation appliquées par le groupe (et, le cas échéant, les occurrences où il
s'en écarte ; *ibid.*, 2e et 3e phr.[440]).

---

[436] Et aux créanciers dans les cas prévus à l'art. 958e al. 2 CO (cf. ATF 137 III 255 sous
l'angle de l'art. 697h aCO ; sous l'angle de l'art. l'art. 958e al. 2 CO, CJ GE 21. 5. 2021,
ACJC/656/2021, c. 3).

[437] Ce seuil est le double du seuil (de 10 %) qui est normalement fixé pour que les actionnaires
minoritaires puissent faire mettre en œuvre des instruments de contrôle (assemblée générale extraordinaire [art. 699 al. 3 CO], examen spécial [art. 697d al. 1 CO] – ces seuils
étant encore abaissés à 5 % dans les sociétés cotées –, contrôle ordinaire [art. 727 al. 2
CO], dissolution pour justes motifs [art. 736 ch. 4 CO], application à la société des règles
en principe réservées aux « *grandes entreprises* » [art. 961a al. 2 ch. 1 CO]). Ce seuil de
20 % (qui ne fait pas l'objet d'explications dans le Message du Conseil fédéral, FF 2008
1446 ; il s'applique aussi aux associations, tandis qu'il est de 10 % dans les coopératives)
s'explique vraisemblablement par le coût relativement important de l'établissement des
comptes consolidés (lors de la réforme de 2017-2020, le seuil pour les associations a été
porté de 10 % à 20 % ; le seul commentaire du Message est « *la fixation d'un seuil inférieur dans le domaine de la consolidation n'a aucune justification objective* » [FF 2017
563-564], ce qui est lapidaire mais sans doute exact).

[438] Ces catégories d'associés sont répertoriées *supra* N 314 ad n. 422-424.

[439] Cette formulation n'est pas très exigeante, car des comptes établis selon le nouveau droit
comptable (avec les précisions désormais exigées dans l'annexe) permettent en principe
d'apprécier la situation économique d'une société suisse de façon fiable (y compris en
ayant égard au fait que certaines dettes et créances existent envers des entreprises
proches). L'art. 663e al. 3 ch. 4 aCO employait la formule suivante : « *nécessaire pour
révéler aussi exactement que possible l'état du patrimoine et les résultats de la société* »,
ce qui était, littéralement, plus exigeant.

[440] L'objectif est, comme cela ressort de l'art. 963b al. 3, 3e phr. *in fine* CO, de fournir « *les
indications rendant compte de l'état du patrimoine, de la situation financière et des résultats du groupe* ».

326   On relèvera que la consolidation peut être effectuée selon **différentes méthodes**, notamment en fonction de l'importance de la participation[441]. La méthode de l'intégration globale (ou « consolidation intégrale ») est en principe utilisée lorsque la société détient plus de 50 % du capital de la filiale, ce qui est le cas de la plupart des sociétés qui font partie du périmètre de consolidation (puisque sans une telle participation, il n'y a d'ordinaire pas de domination, au sens de l'art. 963 al. 2 CO, induisant l'obligation de consolidation). Dans la mesure où la participation est inférieure à 100 %, un poste d'intérêts minoritaires doit être créé dans le bilan et le compte de résultat pour représenter la part des fonds propres et du résultat revenant aux actionnaires minoritaires de la filiale.

327   La méthode de l'intégration proportionnelle est en principe utilisée pour les entités sous contrôle conjoint (typiquement « *joint ventures* » – « coentreprises » – détenues à parts égales), dans les cas où une telle entité doit faire l'objet de la consolidation[442]. Les postes de la coentreprise doivent être intégrés dans les comptes consolidés au prorata de la participation. Étant observé que d'ordinaire, il n'y a pas de consolidation lorsque la détention est inférieure à 20 %, la consolidation s'effectue selon la méthode de la « mise en équivalence » lorsque la participation est comprise entre 20 % et 50 % (la participation est réévaluée dans les comptes consolidés de façon à représenter une proportion des capitaux propres de la filiale)[443].

328   Il est enfin rappelé que les règles du droit suisse en matière de consolidation peuvent être **écartées au profit d'une « *norme reconnue*»** si la société est cotée en bourse et que la bourse exige l'application d'une telle norme (art. 963b al. 1 ch. 1 CO[444]) ou si des associés représentant 20 % du capital social l'exigent, tout comme 20 % des membres de l'association, 10 % des coopérateurs ou un associé personnellement responsable des dettes ou tenu à des versements supplémentaires[445] (al. 4).

---

[441]   Sur les méthodes, Bernard RAFFOURNIER (2020), p. 23-46.
[442]   Ce peut être le cas au vu des critères relativement larges – et alternatifs – de l'art. 963 al. 2 CO : une société qui, détenant 50 %, ne détient certes pas la majorité (et ne contrôle pas la société selon le ch. 1), peut néanmoins avoir le droit de désigner la majorité de l'organe supérieur de direction (et donc contrôler la coentreprise au sens du ch. 2) ; ou encore, tout simplement, on peut considérer qu'elle exerce une « *influence dominante* » selon le ch. 3 (même si c'est au même titre que l'autre partenaire de la coentreprise ; la « co-domination » est sans doute pertinente selon ce ch. 3).
[443]   À ce sujet, Rémy BUCHELER (2018), § 47/II/2 (p. 443) ; Swiss GAAP RPC 30, N 4 (éd. 2020, p. 175) et N 50 (p. 181). Voir aussi DOUSSE/OYON, EF 2016 667.
[444]   Pour le droit suisse, cf. art. 962 CO (*supra* N 247) et art. 51 RCot-SIX et 6 DPC.
[445]   Cf. *supra* N 314 ad n. 422-424 et N 324 ad n. 438.

3. Tableau des flux de trésorerie

Les « *grandes entreprises* » (c'est-à-dire celles qui sont de par loi soumises au 329
contrôle ordinaire, art. 961 *cum* 727 CO) doivent inclure dans leurs comptes
annuels un « *tableau des flux de trésorerie* ». L'**obligation** de l'établir peut
aussi résulter de la volonté d'associés atteignant un certain seuil d'importance,
comme pour l'établissement du « rapport annuel »[446].

Selon la **définition** succincte qu'en donne l'article 963b CO, ce document 330
« *présente séparément les flux de trésorerie liés aux activités d'exploitation,
aux activités d'investissement et aux activités de financement* ».

Ce tableau de l'évolution des liquidités présente l'intérêt de **compléter très** 331
sensiblement l'information livrée aux destinataires des comptes annuels, car
le compte de résultat ne fournit pas de données sur la trésorerie, tandis que le
bilan ne donne que l'état de la trésorerie à la fin de l'exercice sous revue[447].
Certes, la comparaison entre le bilan au début de l'exercice (ou à la fin de
l'exercice précédent) et le bilan de clôture fournit des données sur l'évolution
du stock de liquidités au cours de l'exercice[448], mais elle ne renseigne pas directement sur l'origine de cette évolution ; en particulier, elle n'indique pas si
un éventuel accroissement de liquidités résulte de bons encaissements dans
l'opérationnel ou de désinvestissements (le cas échéant à des prix d'aliénation
supérieurs aux valeurs comptables[449]), ou si une diminution des liquidités résulte d'une lenteur voire de problèmes dans les encaissements liés à l'activité
opérationnelle, ou plutôt d'investissements[450]. Ainsi, le tableau des flux de trésorerie vise à renseigner efficacement sur l'**origine des liquidités** de la société,

---

[446] *Infra* N 336.
[447] Cf. *supra* N 302.
[448] Le bilan ne reflète pas (sous réserve de quelques variations d'autres postes induites) les
       opérations intégralement exécutées au cours de l'exercice (conclues et dénouées, tel un
       prêt contracté et remboursé, cf. *supra* N 302 ad n. 404).
[449] La vente d'un actif immobilisé à un prix supérieur à sa valeur comptable est typiquement
       la réalisation (dissolution) d'une réserve latente ; dans la mesure où ce type de transaction
       a une influence notable sur le *résultat* de l'exercice, une mention dans l'annexe est obli-
       gatoire (art. 959c al. 1 ch. 3 CO, *supra* N 306 ad n. 411). Une telle mention ne sera toute-
       fois pas forcément aussi perceptible que les données résultant d'une présentation chiffrée
       systématique comme l'est le tableau des flux de financement. Qui plus est, si le résultat
       comptable est favorable (les ventes étant bonnes), et que seuls les encaissements sont en
       souffrance, le *résultat* peut ne pas être sensiblement amélioré par la vente de l'actif indui-
       sant une dissolution des réserves latentes, seul l'état des liquidités étant amélioré ; dans un
       tel cas, la société pourrait considérer qu'il n'y a pas lieu de faire dans l'annexe la mention
       prévue à l'art. 959c al. 1 ch. 3 CO.
[450] En revanche, l'éventuelle relation entre, par hypothèse, une diminution de liquidités et le
       remboursement de dettes (respectivement un accroissement des liquidités et de nouvelles

et concrètement permet de déceler à temps un problème sur ce plan, ce qui est précieux puisque ce sont les (divers) dysfonctionnements en matière de liquidités – plus que le surendettement en soi – qui conduisent les sociétés à l'insolvabilité et donc à la faillite[451].

332 Concrètement, les flux de trésorerie liés aux activités d'exploitation comprennent d'abord les paiements de clients liés aux ventes (de produits ou de services), qui constituent un montant positif, et les paiements faits aux fournisseurs (de biens ou de services) et les frais de personnel, qui sont des montants négatifs ; sont également prises en compte les autres recettes encaissées et dépenses payées rattachées à l'exploitation (assurances, loyers) ; l'ensemble de ces flux est parfois nommé « fonds I »[452]. Les flux de trésorerie liés aux activités d'investissement regroupent les décaissements (montant négatif) nécessités par l'acquisition d'actifs immobilisés (biens mobiliers, immobiliers ou immatériels ; participations) et les encaissements découlant de l'aliénation de tels

---

dettes) est en principe plus facile à percevoir par une comparaison des bilans d'ouverture et de clôture, car les dettes sont (d'ordinaire) réellement remboursées à la valeur nominale (respectivement, un nouveau prêt apporte des liquidités exactement pour le montant libellé), de sorte que les difficultés de perception résultant notamment des différences entre le prix d'aliénation ou d'acquisition d'un actif immobilisé (investissement) et la valeur comptable ne se présentent pas sur ce plan.

[451] Sur ce plan, les organes chargés de la gestion doivent constamment surveiller la question des liquidités (état et flux) – devoir renforcé depuis l'entrée en vigueur de l'art. 725 CO adopté par la novelle du 19. 6. 2020 (v. *infra* N 863-865) – et même lorsque la société n'est pas requise d'établir un tableau des flux de financement au sens de l'art. 963b CO, il est à tout le moins opportun qu'un tel tableau soit tenu et, notamment, examiné par l'organe dirigeant ; dans les sociétés d'une certaine importance, cela paraît nécessaire pour que l'on estime que l'organe dirigeant remplit effectivement de façon diligente ses tâches de haute direction (pour le conseil d'administration de la SA, cf. art. 716a al. 1 ch. 1 CO) et de haute surveillance (ch. 5 ; pour les gérants de la Sàrl, art. 810 al. 2 ch. 1 et 4 CO).

[452] La façon la plus facile d'accès (pour le lecteur) de présenter les flux liés à l'exploitation est la « méthode directe », qui consiste à énoncer expressément les postes qui composent ces flux. La « méthode indirecte » (pour une proposition de tableau l'appliquant, voir STERCHI/MATTLE/HELBING, Plan comptable suisse PME, 2014) consiste à retrancher du résultat comptable les opérations qui n'ont pas d'impact sur la trésorerie (mais qui ont un impact positif sur le résultat, typiquement : l'augmentation des créances ou la diminution de dettes d'exploitation, l'augmentation des stocks, la dissolution de provisions), respectivement à les y ajouter (pour celles qui ont un impact négatif sur le résultat, typiquement : l'augmentation de dettes ou la diminution de créances d'exploitation, la diminution des stocks, la constitution de provisions) ; il en résulte indirectement (par élimination des flux non pertinents) le solde des flux d'exploitation. – On observe que la norme Swiss GAAP RPC N° 4 (éd. 2020, p. 41 ss) n'emploie pas la terminologie de « Fonds I, II et III », tout comme la plupart des auteurs en langue française, ainsi p. ex. Rémy BUCHELER (2018), § 13/II/2 (p. 137) ou, pour le tableau des flux de trésorerie selon les IFRS, Bernard RAFFOURNIER (2019), ad IAS 7, p. 69-82.

actifs (montant positif). L'ensemble des flux liés aux investissements est parfois désigné comme « fonds II ». Les flux liés aux activités de financement regroupent les apports de liquidités résultant de nouveaux emprunts (montant positif), les prélèvements de liquidités utilisés pour rembourser d'anciens emprunts (montant négatif), les apports en capital libérés en espèces par les associés (montant positif) ou le paiement de dividendes ou le remboursement de capital (réduction ou remboursement d'agio dans les sociétés de capitaux ou prélèvements des associés dans les sociétés de personnes ; montant négatif) ; dans la terminologie déjà citée, l'ensemble de ces flux de financement est parfois nommé « fonds III ».

Pour le dire simplement, une société qui se trouve en « vitesse de croisière »   333
devrait afficher un solde positif pour les flux liés aux activités d'exploitation (ce qui traduit la rentabilité de ses activités courantes), un solde négatif pour les flux liés aux activités d'investissement (ce qui traduit qu'elle continue d'investir dans son équipement et son infrastructure d'exploitation) et un solde neutre[453] ou (légèrement) négatif dans ses flux de financement (ce qui reflète qu'elle équilibre ses entrées et sorties en termes de prêts, et, en cas de solde négatif, qu'elle paie des dividendes ou distribue autrement du bénéfice aux associés). Pour une telle société, un solde négatif dans les flux liés aux activités d'exploitation et un solde positif des flux de financement doit être, pour un organe dirigeant diligent et des associés attentifs, un signal d'alarme même si le bilan et le compte de résultat restent rassurants ; c'est à plus forte raison le cas si le solde des flux liés aux investissements est positif[454].

Il est en revanche usuel pour une société en phase de démarrage ou de déve-   334
loppement d'avoir un solde sensiblement négatif des flux liés aux investissements et un solde massivement positif des flux de financement (les associés et autres apporteurs de financement étant très sollicités), tandis que le solde des flux liés à l'exploitation reste encore négatif (même pendant quelques années, suivant le type d'activité).

Enfin, pour une société qui réduit ses activités voire se dirige vers la liquida-   335
tion, un solde positif des flux liés aux investissements (reflétant des ventes d'actifs et autres désinvestissements) et un solde nettement négatif des flux de financement (remboursements des prêts, voire des apports) est une situation ordinaire. Un solde positif des flux de financement est en revanche atypique et peut devoir être interprété comme une anomalie ou un dysfonctionnement.

---

[453] En ce sens, Rémy BUCHELER (2018), § 13/II/4 *in fine* (p. 140).
[454] Cela montre des désinvestissements.

4. Rapport annuel

336 Dans le droit actuel, le « rapport annuel » est un élément du rapport de gestion qui n'est exigé que des « grandes entreprises » (c'est-à-dire celles tenues de par la loi au contrôle ordinaire, art. 961 *cum* 727 CO ; art. 961c CO) ou des sociétés dont des associés représentant 10 % du capital social ont requis qu'il soit établi (art. 961d al. 2 ch. 1 CO), tout comme si une telle demande émane de 10 % des coopérateurs, de 20 % des membres d'une association (ch. 2) ou d'un associé responsable des dettes de la société ou tenu à des versements supplémentaires[455] (ch. 3). Dans le droit en vigueur jusqu'en 2012, le « rapport annuel » était requis de toutes les sociétés anonymes (non des autres sociétés), mais la loi ne précisait pas son contenu ; désormais, avec un champ d'application limité aux « grandes entreprises », l'article 961c CO le prescrit de façon complète.

337 Le rapport annuel doit « *présente[r] la marche des affaires et la situation économique de l'entreprise, le cas échéant de son groupe de sociétés, à la fin de l'exercice* » et « *souligne[r] les aspects qui n'apparaissent pas dans les comptes annuels* » (al. 1). Il doit indiquer « *en particulier les éléments suivants : (1) la moyenne annuelle des emplois à plein temps, (2) la réalisation d'une évaluation des risques, (3) l'état des commandes et des mandats, (4) les activités de recherche et développement, (5) les événements exceptionnels, (6) les perspectives de l'entreprise* » (al. 2). L'art. 963c al. 3 CO relève que « *le rapport annuel ne doit pas être en contradiction avec la situation économique présentée dans les comptes annuels* ».

338 Ce rapport doit se concentrer sur l'essentiel, sans omettre les succès et les échecs importants de l'exercice[456]. L'énumération de l'art. 963c al. 2 CO n'est

---

[455] Ces catégories d'associés sont répertoriées *supra* N 314 ad n. 422-424.

[456] Le Message du Conseil fédéral emploie des termes assez extensifs qui ne se reflètent pas dans le texte légal (FF 2008 1537 : « *Le rapport annuel ne doit pas se contenter de nommer mais doit rendre compte de manière détaillée des principaux facteurs qui ont influé sur l'évolution des affaires durant l'exercice sous revue. Il doit aussi commenter les indicateurs prospectifs et donner une appréciation générale des perspectives économiques de l'entreprise* »). À suivre ces termes littéralement, vu que chaque facteur même « principal » a de multiples implications, le rapport annuel deviendrait un document extrêmement volumineux, alors qu'il s'agit surtout pour l'organe dirigeant de livrer aux associés une analyse compréhensible qui leur permette d'apprécier le bien-fondé de la politique d'entreprise qu'il suit, tout en préservant, lorsque cela est nécessaire pour les intérêts de la société, un certain degré de secret qui implique de ne pas dévoiler tous les ressorts des décisions (ce qui est particulièrement important dans la SA, le rapport annuel étant accessible aux actionnaires qui ne sont, sauf pacte ou position d'administrateur, pas soumis à des devoirs de loyauté ou de confidentialité [cf. p. ex. *infra* N 2225] ; c'est important aussi au vu de l'accès potentiel aux créanciers en vertu de l'art. 958e al. 2 CO).

pas exhaustive. Ainsi, malgré l'absence d'une mention expresse dans la loi à cet égard, on doit admettre que les augmentations (ou réductions) de capital doivent y être évoquées[457]. Une appréciation sur les liquidités et la solvabilité de la société devrait y figurer, dans la mesure où cela est utile en complément, notamment, au tableau des flux de trésorerie, qui doit désormais toujours être dressé lorsque la société est astreinte à l'établissement d'un rapport annuel.

5.   *Rapport exigé des entreprises actives dans les matières premières*

Le droit de l'Union européenne comprend depuis 2013 des prescriptions parti-   339
culières sur la publication des paiements effectués au profit de gouvernements par des entreprises productrices de matières premières[458]. Les États-Unis ont également édicté des règles dans ce domaine[459]. La Suisse a rejoint ce mouvement, en relevant qu'elle était devenue une importante place de négoce et avait ainsi une « *responsabilité particulière* » et devait légiférer à cet égard[460]. Considérant que les pays extracteurs peuvent souffrir du fait que « *les structures de l'état de droit [seraient] souvent insuffisantes* », le législateur a voulu combattre le « *risque que les paiements effectués [aux] gouvernements dans le cadre de l'extraction et du négoce de matières premières soient détournés (mauvaise gestion, corruption) ou servent, dans le pire des cas, à financer des conflits* » [461]. Même s'il s'agit aussi pour la Suisse de préserver sa réputation et

---

[457]   Il s'agissait d'une exigence de l'art. 663d al. 2 aCO-1991, dont la reprise semble simplement avoir été omise lorsque le législateur a fusionné les règles comptables applicables à toutes les entreprises aux art. 957-963b CO. – À notre sens, cette information doit y figurer même si désormais, en vertu de l'art. 959c al. 2 ch. 15 CO, l'annexe doit indiquer les variations du capital (réductions et augmentations) survenues en cours d'exercice *dans le cadre de la marge de fluctuation*, cf. *supra* N 307, spéc. n. 415.

[458]   Directives 2013/50/UE du 23. 10. 2013 et 2013/34/UE du 26. 6. 2013. Les États membres avaient deux ans pour les mettre en œuvre.

[459]   La base est la Section 1504 du « *Dodd-Frank Wall Street Reform and Consumer Protection Act relating to the disclosure of payments by resource extraction issuers* » (un avis de droit de l'ISDC du 18. 6. 2018 [18-055c] expose que « *the section seeks to redress the so-called 'resource curse', wherein countries with substantial natural resource wealth are often home to widespread and deep poverty* ». La législation d'application élaborée par la SEC le 22. 8. 2012 a été affectée par des recours, une première mouture ayant été partiellement annulée par le US District Court for the District of Columbia, ce qui a donné lieu à une nouvelle réglementation adoptée en 2016 devant entrer en vigueur en 2018 ; celle-ci a dû être modifiée de par l'adoption d'une nouvelle loi le 24. 5. 2018, de sorte que la réglementation de la SEC a finalement été adoptée le 16. 12. 2020.

[460]   FF 2017 420 (ch. 1.4.10.3, 2e par.).

[461]   FF 2017 420 (ch. 1.4.10.3, 1er par.).

d'éviter des pressions internationales, le Message du Conseil fédéral note sous l'angle des avantages pratiques de la nouvelle législation que « *les investisseurs et les banques des entreprises de matières premières pourront se faire une idée plus claire de la manière dont ces entreprises interviennent sur les plans économique et financier dans les pays producteurs* »[462]. Concrètement, le 19. 6. 2020, les art. 964d à 964i CO ont été adoptés[463] ; entrés en vigueur le 1. 1. 2021, ils obligent les grandes sociétés (soumises de par la loi au contrôle ordinaire) actives « *directement ou indirectement [...] dans la production de minerais, de pétrole ou de gaz naturel ou dans l'exploitation de forêts primaires* » à « *établir chaque année un **rapport sur les paiements effectués au profit de gouvernements*** » (art. 964d al. 1 CO).

340 Les **paiements concernés** sont notamment définis à l'art. 964b al. 1 CO comme (i) les « *droits à la production* »[464] ; (ii) les impôts ou taxes sur la production, le revenu ou le bénéfice des entreprises (et non pas les taxes sur la valeur ajoutée ou sur le chiffre d'affaires et d'autres impôts ou taxes sur la consommation) ; (iii) les redevances[465] ; (iv) les dividendes (« *à l'exclusion des dividendes versés à un gouvernement en sa qualité d'associé tant que ces dividendes lui sont versés à des conditions identiques à celles applicables aux autres associés* ») ; (v) les primes de signature, de découverte et de production[466] ; (vi) les droits de licence, de location et d'entrée et toute autre contrepartie d'autorisations ou de concessions[467] ; (vii) les paiements pour amélioration des infrastructures. Les « prestations en nature », également visées (et qui peuvent p. ex. inclure la construction d'infrastructures pour l'État, au-delà de

---

[462] FF 2017 420 (ch. 1.4.10.3, 3ᵉ par.).

[463] Ils ont d'abord été adoptés sous les numéros d'articles 964a à 964f, mais l'introduction des dispositions sur la transparence en matière non financière (contre-projet indirect à l'initiative « multinationales responsables » rejetée le 29. 11. 2020), qui ont pris les numéros 964a à 964c, a repoussé les dispositions relatives à la transparence dans le domaine des matières premières aux numéros 964d ss CO.

[464] Le Message du Conseil fédéral donne l'indication suivante sur la signification de cette expression : « *notamment les prestations qui découlent d'un droit du gouvernement à une partie de la production extraite* » (FF 2017 566). Il s'agit donc en réalité d'une prestation en nature.

[465] La définition du Message est « *paiements dont le montant varie selon le volume extrait ou la valeur de celui-ci* » (FF 2017 566).

[466] Le Message donne la définition suivante des « primes de production » : « *paiements qui sont effectués en plus de redevances, en fonction, par ex., de la quantité extraite ou du chiffre d'affaires, lorsque les matières premières extraites ont atteint, voire dépassé, un certain volume ou un certain montant fixé par contrat* » (FF 2017 566). Les termes employés pourraient en réalité faire partie du terme générique de redevances.

[467] Sont visés par cette expression les « *paiements fixes* » effectués en échange du « *droit de produire des matières premières, indépendamment, par exemple, des volumes extraits* » (FF 2017 567).

ce qui est construit pour l'exploitation des matières premières elle-même, ou différents services)[468], doivent aussi être indiquées en faisant mention de « *l'objet, la valeur, le mode d'évaluation et, le cas échéant, le volume de la prestation* » (al. 2). Les différentes catégories ainsi répertoriées ne sont pas forcément très précises, mais l'énonciation n'est qu'exemplative et l'idée en découlant est aisément reconnaissable : il s'agit d'inclure tout paiement et toute prestation, quel que soit leur genre.

La « **production** » est elle-même définie à l'art. 964d al. 4 CO de façon large 341 comme comprenant « *toutes les activités de l'entreprise consistant en l'exploration, la prospection, la découverte, l'exploitation et l'extraction* » (de minerais, de pétrole ou de gaz naturel) respectivement « *en l'exploitation* » (de bois provenant de forêts primaires). La notion de « **gouvernement** » comprend « *les autorités nationales, régionales ou communales* » ainsi que « *les administrations et les entreprises contrôlées par ces dernières* » (al. 5).

Le rapport doit prendre en compte – s'ils sont en rapport avec l'activité[469] de 342 production de minerais, de pétrole ou de gaz naturel ou d'exploitation de forêts primaires – « *tous les paiements qui atteignent au moins 100 000 francs par exercice, qu'ils prennent la forme d'un versement effectué en une seule fois ou d'une série de paiements atteignant ensemble au moins 100 000 francs* » (art. 964f al. 1 et 2 CO) et doit mentionner « *le montant total des paiements et le montant des paiements par types de prestation effectués au profit de chaque gouvernement et pour chaque projet spécifique* » (al. 3). Il doit être approuvé par le conseil d'administration[470].

L'art. 964d al. 2 et 3 CO traite de la responsabilité du rapport dans les groupes 343 de sociétés. Le rapport consolidé (« *rapport sur les paiements du groupe* ») **dispense les filiales** d'en établir[471], à condition qu'il soit établi par une société mère suisse ou soumise à « *des dispositions équivalentes* » (al. 3, 1re phr.). La

---

[468] La remise d'une partie de la production à l'État est en principe une prestation en nature, mais selon la conception du projet de loi, il s'agirait de « *droits à la production* » visés à l'al. 1 ch. 1 de l'art. 964b CO (*supra* n. 464).

[469] La formulation légale n'est pas très précise, car elle dit que, pour être concernés, les paiements doivent *provenir* de l'activité de production (la version allemande n'est pas différente : « *Der Bericht über Zahlungen an staatliche Stellen erstreckt sich nur auf Zahlungen, die sich aus der Geschäftstätigkeit in der mineral-, erdöl- oder erdgasgewinnenden Industrie oder auf dem Gebiet des Holzeinschlags in Primärwäldern ergeben* »).

[470] L'al. 4 dit que le rapport doit être « *approuvé par l'organe supérieur de direction ou d'administration* » (pour la SA, cette expression fait référence au conseil d'administration ; pour la Sàrl, les gérants [art. 810 CO] ; pour la coopérative, l'administration [art. 902 CO]).

[471] L'expression « *remplace le rapport de sociétés du groupe* » n'est pas forcément très limpide, mais c'est bien de dispense d'un rapport individuel qu'il s'agit.

société suisse doit alors indiquer dans ses comptes annuels l'entreprise qui établit ce rapport ; et elle doit publier ce rapport (al. 3, 2ᵉ phr.).

344 Par ailleurs, le rapport doit être **publié** dans les six mois suivant la fin de l'exercice et **rester accessible** dix ans au moins (art. 964g CO). Les règles sur la tenue et la conservation des éléments comptables (art. 958f CO) sont applicables par analogie (art. 964h CO).

6. Comptes intermédiaires

345 La loi contient depuis 2023 une disposition spécifiquement consacrée à la notion de comptes intermédiaires. Elle détermine leur contenu, allégé par rapport aux comptes annuels. Des comptes intermédiaires sont utilisés concrètement pour les situations non problématiques que sont les distributions de dividendes intermédiaires[472], pour les situations particulières, parfois délicates, que sont la réduction de capital[473] et les restructurations[474], ainsi que pour la situation critique qu'est le surendettement[475].

346 L'art. 960f al. 1, 1ʳᵉ phr., CO, pose le principe en vertu duquel les règles applicables aux comptes annuels s'appliquent (« *Les comptes intermédiaires sont établis selon les règles applicables aux comptes annuels et se composent d'un bilan, d'un compte de résultat et d'une annexe* »). L'al. 2 ouvre toutefois la voie à des **allègements**, lesquels sont nécessaires pour que les comptes intermédiaires puissent remplir leur fonction, qui suppose qu'ils soient établis plus rapidement que des comptes annuels. La loi ne précise pas quels allègements concrets sont admissibles, les travaux législatifs reconnaissant que cela dépend de la fonction spécifique que remplissent les comptes intermédiaires[476]. Le

---

[472] *Infra* N 1958.

[473] *Infra* N 1884-1898.

[474] Art. 11, 35, 58, 80 et 89 LFus.

[475] *Infra* N 828-862.

[476] Message du Conseil fédéral, FF 2017 562 : « *Compte tenu de la variété des motifs d'établissement et des destinations des comptes intermédiaires, il n'est pas possible d'inclure la liste de ces simplifications et réductions dans la loi, ce qui la rendrait trop rigide* ». En p. 563, il est mentionné qu'il est possible de « *renonc[er] à tout ou partie d'un inventaire réel* ». Peter Böckli (2022), § 6, N 467 (iii) ad n. 1334-1336, mentionne la faculté de se borner à reprendre telles quelles les provisions, sans les réévaluer (« *die Rückstellungen [...] bloss fortzuschreiben* » ; en ce sens, ég. Pfaff/Zihler, EF 2022 31), tout en relevant que cela peut être problématique (n. 1336 *in fine* : « *eher fragwürdig* »), en tout cas suivant le type de situation (c'est assurément le cas dans les contextes de surendettement, ce qui

texte légal (1re et 2e phr.) se borne à une formule générale et un rappel du principe de la fiabilité : « *Des simplifications ou réductions sont admissibles pour autant que la représentation de la marche des affaires donnée par les comptes intermédiaires ne s'en trouve pas altérée. Les comptes intermédiaires doivent comporter au moins les rubriques et les totaux intermédiaires qui figurent dans les derniers comptes annuels* ». L'annexe doit fournir les précisions qui permettent de cerner la portée des simplifications (al. 3[477]).

V. Principes régissant l'établissement régulier des comptes

La loi énonce plusieurs **principes comptables** (« *règles fondamentales* »[478]), dont celui de l'« *établissement régulier des comptes* », qui est une série d'exigences générales[479] (cf. art. 958c al. 1 CO), que l'on peut aussi définir comme les règles de l'art ou la diligence requise[480].

347

Elle prescrit aussi d'appliquer le principe dit de « *continuité de l'exploitation* » (art. 958a CO) et les principes consistant dans « *la délimitation périodique* » et le « *rattachement des charges aux produits* » (art. 958b CO). Ces principes

348

---

illustre que la remarque du Message et l'absence de développements sur les « simplifications » sont judicieuses ; Meier-Hayoz/Forstmoser [2023], § 8, N 80, ne décrivent d'ailleurs en rien ces simplifications).

[477] « *L'annexe aux comptes intermédiaires contient en outre les indications suivantes : (1) le but des comptes intermédiaires ; (2) les simplifications et réductions, y compris tout écart par rapport aux principes régissant les derniers comptes annuels ; (3) tout autre facteur qui a sensiblement influencé la situation économique de l'entreprise pendant la période considérée, notamment la saisonnalité* ».

[478] Ainsi l'expression choisie pour le titre marginal applicable aux art. 958a et 958b CO (mais pas à l'art. 958c CO prescrivant le principe de l'établissement régulier des comptes, qui est donc abordé par le législateur comme un principe en soi).

[479] Le Message du Conseil fédéral (FF 2008 1520) les définit (de façon assez tautologique) comme les « *principes régissant l'établissement et la présentation des comptes <u>dont les destinataires des états financiers peuvent exiger le respect. Le principe de régularité [...]</u> regroupe et résume ces exigences minimales* » ; il entend laisser la place à l'évolution (*ibid.* : « *Les différentes normes et les ouvrages de doctrine regroupent les différents aspects de ce principe de diverses manières, dans la mesure où il est difficile de les délimiter clairement. L'énumération des principes regroupés sous le terme de 'principe de régularité' n'est donc pas exhaustive et laisse une marge d'appréciation suffisante pour intégrer les développements futurs de la doctrine et de la jurisprudence* »).

[480] En ce sens, Rémy Bucheler (2018), § 15/II/1, 2e par. (p. 152 : « *une façon de résumer le principe de régularité serait [de dire] que la comptabilité doit 'être tenue correctement et dans les règles de l'art'* ») et *in fine* (p. 153, où l'auteur indique que le principe de régularité est « *avant tout plus ou moins* » synonyme d'un « *certain niveau de diligence* »).

étaient, dans le droit comptable appliqué jusqu'en 2012, conçus comme des aspects de l'établissement régulier des comptes[481]. Leur mention désormais distincte dans la loi n'exclut assurément pas de les considérer comme des **aspects du principe de régularité**. Cependant, puisque tel est l'ordre légal, on les traitera en premier ci-après ; il est vrai, au surplus, que ces deux principes présentent un caractère moins abstrait que la plupart des autres aspects du principe de régularité.

349 Quelles que soient leurs subdivisions, tous ces principes – que la loi énonce plus qu'elle ne les définit[482] – visent à présenter la situation économique de la société d'une façon qui permette à un tiers de s'en faire « *une opinion fondée* » (art. 958 al. 1 CO).

A. Principe de continuité d'exploitation

350 Selon l'art. 958a al. 1 CO, « *les comptes sont établis **selon l'hypothèse que l'entreprise poursuivra ses activités dans un avenir prévisible** »* (cette hypothèse est souvent désignée par l'expression anglaise de « *going concern* »). Cette perspective peut en effet être présumée, car elle correspond à ce qui se produit en principe dans la vie des entreprises. Elle implique concrètement que l'entreprise dispose d'un certain temps pour utiliser son équipement (et ne doit pas le vendre à brève échéance, mais seulement au moment qu'elle jugera opportun), pour encaisser ses créances et pour bénéficier de son fonds de commerce (voire pour l'accroître). Ces attentes liées à une continuation de l'exploitation justifient, notamment, les valeurs qui figurent ordinairement à l'actif selon les règles ordinaires.

351 La situation est autre **si une cessation de l'activité est proche**. Ainsi, la loi prescrit de se fonder sur les valeurs de liquidation « *si la cessation [...] est envisagée ou paraît inévitable dans les douze mois qui suivent la date du bilan* » (art. 958a al. 2, 1re phr., CO)[483]. Outre la nécessité d'éliminer du bilan des

---

481 Le « principe de continuation de l'exploitation » était mentionné à l'art. 662a al. 1 ch. 4 aCO, comme l'un des six principes (non exhaustifs) régissant l'établissement régulier des comptes. En revanche, malgré son importance, le principe de la délimitation périodique n'était pas évoqué par la loi (cf. p. ex. BAUEN/BERNET/ROUILLER [2007], N 353).

482 Cf. en revanche les définitions précises données par le Cadre conceptuel *(Framework)* des IAS/IFRS (2018), ch. 2.6-2.36 ; v. ég. Peter BÖCKLI (2009), § 10, N 50-64 et 102-112 ; en français, Bernard RAFFOURNIER (2019), p. 15-27 ; ég. *infra* N 489-491 ; pour les Swiss GAAP RPC, Cadre conceptuel (2014), N 9-14 (« *Base des états financiers* ») et 29-33 (« *Exigences qualitatives* »).

483 Comme le relève le Message du Conseil fédéral, il n'est pas nécessaire que la société puisse « *prouver que sa trésorerie est garantie pour les mois à venir* » pour retenir qu'elle

actifs comme le fonds de commerce (*goodwill*), les valeurs de liquidation des actifs sont généralement nettement inférieures aux valeurs comptables, d'autant plus que les règles qui prescrivent des valeurs maximales (coût d'acquisition ou de revient) continuent de s'appliquer[484] (sous réserve d'une éventuelle réévaluation aux conditions, strictes, de l'art. 725c CO[485] en cas de perte de capital[486] ou de surendettement[487]) ; ainsi, les éventuelles réserves latentes découlant d'une sous-évaluation de certains actifs ne peuvent pas émerger immédiatement (elles ne le peuvent qu'au moment de la réalisation d'un gain lors de l'aliénation de tels actifs)[488]. En outre, le futur processus de liquidation doit donner lieu à des provisions pour les charges qu'il induit (art. 958a al. 1, 2e phr., CO)[489]. Il faut cependant observer que, si la société a formellement décidé de

---

se trouve dans une situation de continuité d'exploitation. La problématique doit être appréhendée dans une perspective inverse, en ceci que « *si des indices clairs laissent à penser que les liquidités seront probablement insuffisantes, la continuité de l'exploitation doit être remise en question* » (FF 2008 1518).

[484] Ainsi Message du Conseil fédéral, FF 2008 1518 : « *Quoi qu'il en soit, les valeurs de liquidation sont soumises aux règles légales sur l'évaluation maximale (cf. art. 960 ss). La seule exception admise concerne les cas où il y a lieu de craindre un surendettement ou une insolvabilité de l'entreprise* ».

[485] *Infra* N 409 ss.

[486] Cf. *infra* N 1918-1930, spéc. N 1927.

[487] Cf. *infra* N 828-862, spéc. N 840, n. 1274.

[488] La situation diffère lorsque la liquidation commence en bonne et due forme. La liquidation volontaire (art. 739 ss CO, *infra* N 1261 ss, spéc. 1268) suppose l'établissement d'un bilan de liquidation (art. 742 CO, cf. *infra* N 1311-1316). Le Manuel suisse d'audit (MSA, tome I), indique : « *lors du passage des valeurs de continuation aux valeurs de réalisation dans les bilans de liquidation, les prescriptions en matière de limites d'évaluation maximales du droit de la société anonyme ne sont plus contraignantes. Il est possible d'appliquer des valeurs de réalisation même si celles-ci dépassent les valeurs d'acquisition* ». Le fait qu'il faille passer aux valeurs de réalisation (MSA, I, p. 358) est exact sous réserve des valeurs maximales qui demeurent importantes, dans la liquidation volontaire (non dans les liquidations forcées) si ce processus est susceptible de durer (car la valeur de réalisation est susceptible de varier sensiblement, y compris à la baisse même pour des immeubles) ; toutefois, on relèvera que si les liquidateurs ne dissolvent pas les réserves latentes, le but de la liquidation, qui est de remettre aux actionnaires le fruit économique de toute l'existence de la société (après satisfaction des créanciers), impose qu'ils produisent un *inventaire des actifs aux valeurs de réalisation* (cf. Peter BÖCKLI [2009], § 17, N 43, c'est-à-dire tenant compte de la dissolution des réserves latentes) ; l'autre solution est d'établir, jusqu'à la réalisation concrète, des provisions correspondant à la plus-value résultant de la dissolution des réserves latentes.

[489] Cette constitution de provision est opportune puisque ces charges s'inscrivent sans être la contrepartie de nouvelles recettes (seules les valeurs déjà présentes dans l'entreprise couvrent les coûts de la liquidation). Ces charges peuvent, outre les frais des liquidateurs, couvrir le coût d'un plan social (ainsi Rémy BUCHELER [2018], § 15/III/2 [p. 157] ;

sa dissolution, les liquidateurs ont le devoir d'établir rapidement un *bilan d'ouverture de liquidation* (dans lequel les réserves latentes peuvent émerger)[490].

352 La loi est nuancée en ceci qu'elle tient compte de ce que la cessation d'activité ne concerne **pas forcément l'ensemble des activités**. Le passage des valeurs d'exploitation aux valeurs de liquidation ne doit se faire que pour les «*parties de l'entreprise*» concernées par la cessation (art. 958a al. 1, 1re phr., 2e part., CO)[491].

353 En outre, l'article 958a al. 3 CO autorise les **dérogations au principe de continuité de l'exploitation**, à condition de les mentionner dans l'annexe et de commenter leur influence sur la présentation de la situation économique de la société[492].

354 Enfin, même si le texte légal ne le précise pas expressément, il est admis que la **vente (cession) de l'exploitation** ou d'une partie de l'exploitation n'est pas une cessation d'activité[493]. En effet, l'activité est en principe reprise par l'acquéreur. Cela justifie manifestement le maintien à l'actif des valeurs d'exploitation (et, le cas échéant, du fonds de commerce [*goodwill*]).

B. Principe d'indépendance des exercices

355 Très lapidaire, l'art. 958b al. 1 CO mentionne que « *les charges et les produits sont présentés conformément aux principes de la délimitation périodique et du rattachement des charges aux produits* ». La loi ne définit pas ces principes. Mais elle prescrit expressément leurs concrétisations, aux art. 959a al. 1 ch. 1

CHAMBRE FIDUCIAIRE, Manuel suisse d'audit, Tenue et présentation des comptes [2014], p. 323).

[490] Cf. *infra* N 1311-1316 ainsi que 1319, spéc. ad n. 1984.

[491] L'art. 958a al. 1, 2e phr. *in fine*, CO en tient compte en évoquant les provisions à constituer « *au titre des charges induites par la cessation ou la réduction de l'activité* ».

[492] Encore une fois, le libellé du texte légal français n'est guère heureux : il ne s'agit pas de commenter les dérogations, mais de les mentionner et de commenter leur influence, ce que les versions allemande et italienne expriment mieux (« *Abweichungen von der Annahme der Fortführung sind im Anhang zu vermerken* » ; « *Le deroghe al principio della continuità di esercizio sono indicate nell'allegato* ») ; les trois versions disent cependant qu'il s'agit de commenter l'influence sur la situation économique, ce qui est elliptique, car la situation économique n'est évidemment pas changée par un mode de présentation ; seule l'est la présentation de cette situation.

[493] Ainsi le Message du Conseil fédéral (FF 2008 1518 : « *La vente de parties de l'entreprise n'est pas considérée comme une cessation d'activité au sens de cette disposition* »).

lit. e et al. 2 ch. 1 lit. d CO, en vertu desquels le bilan doit indiquer les **actifs et passifs «** *de régularisation***»** (aussi nommés actifs et passifs *transitoires*).

Les charges et les produits doivent être inscrits dans les comptes annuels, quelle que soit la date à laquelle les paiements interviennent. Mais lorsque cela implique des décalages dans le temps – ce qui est fréquent –, cela doit être reflété dans des comptes de régularisation.

356

La délimitation périodique signifie concrètement que, si des recettes ont été encaissées avant la date du bilan pour des produits qui ne sont pas encore réalisés (paiement pour des prestations à fournir), leur montant doit être inscrit dans les passifs de régularisation[494] ; réciproquement, si des dépenses ont déjà été effectuées à la date du bilan, mais qu'elles correspondent à des charges qui se réaliseront ultérieurement (loyers ou intérêts payés d'avance), leur montant doit être inscrit dans les actifs de régularisation.

357

Quant au principe du rattachement des charges aux produits (parfois nommé « délimitation matérielle » ou, en anglais, « *matching of cost and revenue* »), il implique que les charges qui servent à générer des produits soient prises en considération en fonction de l'inscription du produit correspondant dans le compte de résultat[495].

358

---

[494] Une situation typique est la collecte de fonds par des entités développant des jetons d'utilité cryptographiques (*utility token*) auprès de personnes qui entendent en acquérir lorsqu'ils auront été développés ; il s'agit en principe de revenus et non d'apports (même si cela serait concevable et a été retenu par plusieurs décisions cantonales, notamment du canton de Zoug). L'AFC a reconnu dans un document de travail du 27. 8. 2019 (repris par un Rapport du Département fédéral des finances (DFF) du 19. 6. 2020), ch. 4.2.1, p. 16 : « *Les fonds collectés sont portés au passif comme engagement ou avance sans droit au remboursement. Leur inscription au passif se justifie par le fait qu'au moment de l'entrée de paiement, la réalisation n'a pas encore eu lieu. Celle-ci n'intervient, dans le cadre d'un rapport de mandat, qu'au moment où l'émetteur agit effectivement* » (la Direction générale du développement économique, de la recherche et de l'innovation [GE] a publié un *Guide : Émissions de jetons numériques dans le canton de Genève*, en 2018, mis à jour le 5. 12. 2019 [il s'agit de la dernière version au 12. 2. 2024], dont la teneur en p. 9 est identique). Alternativement, une provision peut être constituée (*loc. cit.*, n. 1 : « *En effet, il est admis que la publication du White paper constitue une obligation de prestation (contrat de mandat) ayant pour conséquence que les fonds levés constituent soit des paiements d'avance (passif transitoire) soit, s'ils constituent un revenu imposable, justifient la comptabilisation d'une provision avec effet sur les charges* »). On peut ajouter que la livraison du jeton cryptographique n'est pas une réalisation complète, car « l'infrastructure » (réseau ou « écosystème ») doit être constamment développée (cela va de la maintenance à des améliorations sensibles, vu le rythme des innovations dans le domaine), de sorte que des charges continuent d'être encourues par l'entité qui a bénéficié de la collecte de fonds.

[495] Cf. Message du Conseil fédéral, FF 2008 1519.

359 Si une société fabrique des biens manufacturés lors d'un exercice, mais ne les vend que dans un exercice ultérieur, le coût de production de ces biens (matières premières acquises, coût de personnel, utilisation de l'infrastructure) doit être reflété à l'actif (dans le stock de « *produits*[496] *finis et semi-finis* »[497]) avant la vente desdits biens ; la société ne peut pas se limiter à comptabiliser les charges. En cas de vente de ces biens (dans un exercice ultérieur), l'inscription du produit de la vente dans le compte de résultats est accompagnée (dans cet exercice), sur le plan des charges, de l'inscription par laquelle les biens vendus sortent du stock et diminuent donc la valeur de cet actif.

360 Si une société active dans les services n'a pas facturé une partie de ses services, alors que ses charges (loyer, personnel, amortissement de l'infrastructure) ont aussi partiellement servi à les fournir, elle doit en tous les cas refléter la valeur de ces charges dans un actif transitoire[498] (« travaux en cours »)[499] ; l'accroissement de cet actif est, sur le plan comptable, un produit. Cette valeur est passée en charges (et l'actif transitoire est dissous) au moment où les travaux sont facturés (et donc le plein produit comptable inscrit au compte de résultat ; la différence entre ce produit et le coût jusqu'ici activé alors passé en charges reflète, *au cours du même exercice*, la marge d'exploitation).

361 Les règles d'évaluation prescrites par l'art. 960c CO se rapportent, précisément, à ces stocks (de produits non vendus) et à ces prestations de services non facturées. Les règles sur les amortissements de l'infrastructure d'exploitation visent aussi à respecter le principe du rattachement des charges aux produits.

---

[496] Le terme de « <u>produits</u> (finis ou semi-finis) » dans ce contexte (pour désigner des biens manufacturés) peut prêter à confusion, vu l'emploi du terme de « produits » en comptabilité pour désigner une réalité comptable (très large et tout à fait distincte de celle de « produit [manufacturé] fini » ou semi-fini).

[497] L'accroissement du stock est un produit, qui doit être désigné comme tel (art. 959b al. 2 ch. 2 CO pour la méthode de l'affectation des charges par nature ; cf. *supra*, N 290 ; dans la méthode de « l'affectation des charges par fonction », cela est reflété dans les catégories de l'art. 959b al. 3 ch. 1 et 2 CO).

[498] Aussi nommé « actif de régularisation » (*supra* N 355).

[499] Jusqu'à la facturation, *l'évaluation* des travaux en cours se fait (au maximum) au coût de revient (*infra* N 389), et non à la valeur de facturation (comprenant la marge) ; au moment de la facturation, le produit (comprenant la marge) sera donc plus grand que l'actif transitoire (« travaux en cours ») dissous.

C.   Autres aspects du principe de régularité

Selon l'art. 958c al. 1 CO, « *l'établissement régulier des comptes est régi en   362
particulier par les principes suivants : (1) la clarté et l'intelligibilité ; (2) l'intégralité ; (3) la fiabilité ; (4) l'importance relative ; (5) la prudence ; (6) la
permanence de la présentation et des méthodes d'évaluation ; (7) l'interdiction
de la compensation entre les actifs et les passifs et entre les charges et les produits* ».

1.   Clarté et intelligibilité

Les principes de clarté et d'intelligibilité semblent *a priori* être des évidences.   363
Cela étant, on peut tenter de leur donner des définitions ayant quelque consis-
tance.

Le principe de **clarté**[500] requiert que les comptes donnent une vue d'ensemble   364
de l'entreprise, que leur présentation soit adaptée aux spécificités de celle-ci et
que les divers postes soient groupés et dénommés de manière rationnelle[501].
Les ambiguïtés doivent être évitées, de même qu'une terminologie qui ne con-
corderait pas entre les différentes parties des comptes[502].

Le principe de l'**intelligibilité** fait référence au fait que les comptes annuels ne   365
sont pas seulement un instrument utile à leurs auteurs – soit l'organe dirigeant
(conseil d'administration, gérants), assisté de comptables –, mais qu'ils sont
censés être compris tout autant par différentes parties prenantes (actionnaires,
créanciers, autorités fiscales[503]). Cela ne signifie pas qu'ils devraient être formulés de façon pédagogique : on admet que l'intelligibilité se mesure à l'aune
de destinataires disposant d'un certain socle de connaissances dans le domaine

---

[500] Ce principe figurait déjà à l'art. 662a al. 2 ch. 2 aCO, à côté du « *principe du caractère
essentiel des informations* », qui est désormais exprimé par le principe de « *l'importance
relative* » énoncé à l'art. 958c al. 1 ch. 4 CO.

[501] Cf. p. ex. Swiss GAAP RPC, N 33.

[502] On tire du principe de clarté l'exigence, particulièrement importante dans les pays anglo-
saxons, de la « comparabilité » (*comparability*) ; elle se retrouve aussi dans le principe de
la « *permanence de la présentation* » (art. 958c al. 1 ch. 6 CO).

[503] C'est à plus forte raison dans un système comme le droit suisse où les comptes annuels du
droit commercial déterminent en principe le bénéfice sur le plan fiscal (« *principe de déterminance* », *infra* N 423 ad n. 585 ainsi que n. 1839). Cela dit, même dans d'autres systèmes, les comptes annuels servent de base à l'examen de la situation de la société par le
fisc.

comptable[504]. Cela précisé, de tels destinataires doivent pouvoir comprendre les comptes annuels sans difficulté et dans leur intégralité.

2. Intégralité

366 Le principe de l'intégralité des comptes annuels découle du principe de l'**exactitude** du bilan. Il exige que **tous les éléments qui déterminent la situation économique** de l'entreprise[505] soient pris en compte et qu'aucun ne soit écarté des comptes annuels, ni minimisé. Il suffit qu'une partie des recettes ne soit pas enregistrée[506] ou que les dépenses privées d'un associé, par exemple, soient comptabilisées comme des charges pour que ce principe soit violé[507].

3. Fiabilité

367 Le principe de fiabilité semble aussi largement relever de l'évidence. Cela étant, il est bon de garder à l'esprit la nécessité que les destinataires des comptes annuels puissent se fier à leur contenu, qui doit être **exempt d'erreurs et de distorsions**[508]. On peut ainsi considérer que ce principe englobe celui « *d'exactitude des comptes, de sincérité du bilan et d'absence d'arbitraire* »[509].

---

[504] Cela est expressément relevé dans le Message du Conseil fédéral (FF 2008 1520 ; la formulation employée est assez floue : « *de telle sorte que les destinataires disposant de connaissances appropriées dans le domaine comptable puissent les comprendre sans difficulté* »).

[505] Pour autant qu'ils soient susceptibles d'être portés au bilan et, respectivement, dans le compte de résultat, ce qui, pour les *obligations conditionnelles*, n'est souvent pas possible, sauf par des mentions dans l'annexe ou par des provisions – cf. *supra* N 308-310 et *infra* N 437-439.

[506] Dans la pratique, les réviseurs exigent précisément une « déclaration d'intégralité » de l'organe dirigeant, étant donné, notamment, que les omissions de recettes ou de dépenses (si un compte bancaire de la société n'est pas communiqué) ne peuvent pas être décelées.

[507] ATF 122 IV 25 c. 2b (29, où il est précisé qu'avant d'être une règle légale, il s'agit de « *kaufmännische Prinzipien* » connus depuis longtemps). Le Message du Conseil fédéral mentionne : « *en particulier [...] toutes les dettes doivent être complètement enregistrées* » (FF 2008 1520).

[508] Ainsi le Message du Conseil fédéral, FF 2008 1520.

[509] *Ibid.* L'absence d'arbitraire, comme en sens inverse la mention d'une marge « discrétionnaire » (*supra* n. 373 *i.f.*), ne doit pas amener à mal saisir la marge d'appréciation dont disposent les organes chargés d'effectuer les évaluations ou de constituer des provisions.

4. Importance relative

Le principe de l'importance relative énoncé à l'article 958c al. 1 ch. 4 CO a 368
remplacé celui qui était connu sous l'ancien droit comme « *le caractère essentiel des informations* » (art. 662a al. 2 ch. 2, 2e part., aCO)[510].

Il implique que les comptes annuels ne doivent pas être surchargés de détails 369
(qui, d'une part, peuvent créer un sentiment trompeur de précision absolue et,
d'autre part, affecter la lisibilité voire occulter des aspects essentiels)[511]. Ils
doivent contenir les **informations essentielles et indispensables** pour que les
parties intéressées qui en sont les **destinataires** puissent exercer utilement leurs
droits, c'est-à-dire se forger une opinion fondée[512], prendre les décisions et dispositions qui dépendent des comptes annuels.

---

[510] Ce principe visait à transcrire l'exigence de « *materiality* » des droits anglo-américains (FF 1983 II 911 ; le Conseil fédéral exprimait alors la maxime suivante : « *nul n'est tenu de donner des indications non essentielles, nul n'a droit à la communication de données sans importance* »).

[511] Les explications du Message du Conseil fédéral, FF 2008 1520, permettent de cerner et d'illustrer la problématique (« *Les faits et chiffres de moindre importance, qui n'ont aucune influence sur la formation de l'opinion des destinataires des comptes [...] peuvent donc être ignorés. La liste des transactions et autres événements liés à une activité commerciale se traduirait dans la plupart des cas par une liste confuse de détails. [...] Le bilan d'un groupe international établi au centime près pourrait donner un faux sentiment de sécurité, car à cette échelle il est impossible d'obtenir une telle précision. Une foison de détails pourrait aussi rendre plus opaques certains aspects essentiels* »). Toutefois, le critère selon lequel peuvent être ignorés les éléments qui n'ont « aucune influence sur la formation de l'opinion » (dans le même sens, p. 1521 : « *Les informations sont considérées comme essentielles ou indispensables dès lors que leur absence ou des erreurs dans leur présentation peuvent influencer les décisions qui doivent être prises sur la base des comptes annuels* ») ne doit pas être compris de façon trop littérale, car énormément d'éléments sont susceptibles d'avoir une influence sur une opinion. Il convient donc de comprendre que doivent figurer les éléments utiles pour que les destinataires puissent se forger – raisonnablement – une opinion *fondée* sur la situation économique de l'entreprise (art. 958 al. 1 CO). – La problématique de la *confidentialité* de certaines informations vis-à-vis de certains types de sociétaires (dont les actionnaires de la SA) peut naturellement être prise en considération par les auteurs des comptes annuels ; si les intérêts de la société exigent qu'une information soit protégée d'une diffusion aussi large que celle des comptes annuels, elle doit en principe ne pas y figurer. Sur la confidentialité et le droit à l'information des différents types de propriétaires, cf. *infra* N 1602, 2268 et 2279-2297 (actionnaires), N 2499 et 2628-2633 (associés de Sàrl), N 2712 et 2778-2780 (coopérateurs), N 1403-1405 (associés indéfiniment responsables des sociétés de personnes).

[512] C'est l'objectif posé à l'art. art. 958 al. 1 CO, qui doit continuellement être gardé à l'esprit pour appréhender les critères de l'art. 958c CO.

370 Il est reconnu que l'organe dirigeant qui établit les comptes doit déterminer de cas en cas (sans excès de schématisme) si une information est essentielle et qu'il exerce un certain « *pouvoir discrétionnaire* », qui doit l'être « *à bon escient et en considération des objectifs de l'établissement des comptes* »[513].

5. Prudence

371 Le principe de prudence était de 1936 à 2012 le principe cardinal du droit comptable suisse ; il était l'élément le plus explicite de l'établissement régulier des comptes[514]. Dans le projet de révision présenté en 2007, le Conseil fédéral n'en avait conservé la mention explicite que dans l'article 960 CO consacré aux évaluations, tandis qu'il ne figurait plus parmi les aspects de l'établissement régulier des comptes. Il y a été réintroduit dans les débats parlementaires[515] et figure désormais à l'article 958c al. 1 ch. 5 CO.

---

[513] FF 2008 1521 ; en p. 1520, le Message énonce que le principe de l'importance relative « *crée une marge discrétionnaire en matière de présentation et d'évaluation* ». – Le principe du caractère essentiel des informations peut être rapproché de celui de la proportionnalité tel qu'il existe en droit des sociétés (cf. p. ex., dans un autre contexte, *supra* N 152 ad n. 225 ; ég. n. 139 ; cf. ég., dans le même ordre d'idées, *supra* N 152 (spéc. n. 225), et *infra* N 793, 797, 797, 815, 1272-1278, 1342, 1701, 1733 et 1744 ainsi que n. 3376).

[514] Dans le contexte du droit en vigueur de 1936 à 1993, où les règles comptables étaient extrêmement limitées, à l'exception de règles formelles peu nombreuses (art. 958-963 aCO-1936) et de neuf articles dans le droit de la société anonyme (art. 662-670 aCO-1936), ceux-ci comprenaient pour l'essentiel quelques règles d'évaluation (art. 664-670 aCO) et surtout l'autorisation générale des réserves latentes (art. 663 aCO-1936), ce qui traduisait une priorité donnée à la prudence (ce que, sans employer le mot, le Message du Conseil fédéral exprimait sans équivoque, FF 1928 I 267 s.). Dans le droit adopté en 1991, en vigueur jusqu'en 2012, le principe de prudence ressortait d'une part de l'exigence générale de l'art. 662a al. 1 aCO-1991 selon laquelle les comptes devaient donner un aperçu « *aussi sûr que possible* » du patrimoine et des résultats de la société (cf. à ce propos FF 1983 II 911), de l'énonciation explicite du principe de prudence à l'al. 2 ch. 3 et de l'absence de dérogations prescrite par l'al. 3. – Cela étant, les réserves latentes étaient pratiquées, dans une mesure très importante, bien avant la réforme de 1936 ; pour le XIXe siècle, cf. les références de Malik MAZBOURI, *L'émergence de la place financière suisse* (1890-1913), Lausanne 2005, p. 253 ad n. 792.

[515] Il a été introduit à l'art. 958c CO par le Conseil national dans la séance du 20. 9. 2010 (al. 4bis ; pour la Commission des affaires juridiques, le député Luzi STAMM a indiqué souhaiter exprimer dans le nouveau texte légal que, sur le plan du principe de prudence, le régime du droit alors en vigueur – soit l'art. 662a al. 2 ch. 3 aCO – ne devait pas être matériellement modifié, BO 2010 N 1376 : « *Die Überlegung dahinter ist, dass das bereits heutiger Gesetzestext ist ; man wollte damit zum Ausdruck bringen, dass die bisherige Regelung nicht verändert werden soll* »). Le Conseil des États a toutefois d'abord refusé le 16. 3. 2011 cette réintroduction, les intervenants mentionnant toutefois que le principe

En vertu de ce principe, les comptes annuels **ne doivent pas donner une image trop optimiste** de la situation économique de la société. Concrètement, il est compatible avec ce principe que les actifs inscrits au bilan tendent à être plutôt sous-évalués et les passifs plutôt surévalués. Le principe de prudence privilégie ainsi – sans l'exiger – une présentation pessimiste ; sa mise en œuvre systématique peut donner lieu, notamment, à la création (le cas échéant massive) de réserves latentes, dont il est la justification première[516]. Il en découle potentiellement des contradictions avec le principe de fiabilité (sous l'angle de la « sincérité du bilan »)[517] ; ces contradictions-là peuvent être résolues par la création de provisions visibles. On traitera les effets concrets du principe de prudence dans les sections consacrées à l'évaluation[518], aux amortissements et dépréciations[519], aux provisions[520] et aux réserves latentes[521].

Cela étant, il résulte de l'importance accordée au principe de prudence que la présentation selon le droit suisse peut s'écarter de celles qui – sous l'étendard de « l'image fidèle » (*true and fair view*) – donnent à ce principe une portée beaucoup plus réduite. La logique du principe de prudence est d'**anticiper les possibles pertes ou évolutions défavorables**, en optant dans la présentation des comptes pour le scénario futur le moins favorable[522] ; l'objectif – et la portée matérielle – est d'**assurer autant que possible la pérennité de l'entreprise**, puisque les provisions ou sous-évaluations dictées par la vision pessimiste empêchent, dans une certaine mesure, que la société se sépare de ressources au titre de la distribution de bénéfice (dividendes), de réduction de

372

373

---

de prudence figurait de toute façon dans le projet (la Conseillère fédérale Simonetta SOMMARUGA a ainsi déclaré : « *Es ist nicht so, dass das Vorsichtsprinzip in der bundesrätlichen Vorlage nicht enthalten wäre. Wir sind davon ausgegangen, dass es bereits in Artikel 960 Absatz 2 E-OR verankert ist und deshalb hier nicht noch einmal festgehalten werden muss. Das Vorsichtsprinzip gilt also auch mit der Fassung, die Ihre Kommission beantragt* » ; BO 2011 E 258). Le Conseil national a maintenu sa position dans la séance du 1. 6. 2011 (BO 2011 N 877), à laquelle le Conseil des États s'est finalement rallié dans la Conférence de conciliation du 8. 12. 2011 (BO 2011 E 719).

[516] Cf. ég. *infra* N 456 s. et 462 s.

[517] *Supra* N 367.

[518] *Infra* N 382 ss.

[519] *Infra* N 421 ss.

[520] *Infra* N 434 ss.

[521] *Infra* N 453 ss.

[522] Avec la règle qui prescrit de faire une mention dans l'annexe si le montant des réserves latentes dissoutes influe sensiblement sur le résultat de l'exercice (de façon à le faire apparaître plus favorable qu'il n'est en réalité) – art. 959c al. 1 ch. 3 CO –, il ne semble pas exact de dire que la constatation des pertes serait « retardée » (en ce sens Rémy BUCHELER [2018], § 15/II/2.5, 1er par. i.f. [p. 154] ; cela était exact en l'absence de cette règle). La constatation de pertes est simplement « dédramatisée » au vu de l'existence de ressources disponibles pour y faire face.

capital ou de bonus. Ces ressources demeurent donc à disposition de la société en cas de retournement et d'exploitation déficitaire[523]. La portée spécifique donnée au principe de prudence, fondée sur une véritable tradition[524], reste une caractéristique du droit suisse[525]. Son opportunité se manifeste notamment au cours des crises et tend à être remise en cause dans les périodes de haute conjoncture[526].

374 On peut déduire du principe de prudence les **principes de réalisation et d'imparité** (*impairment*). Selon ces principes, les produits ne peuvent être comptabilisés qu'une fois qu'ils sont réalisés, alors que les charges peuvent l'être dès qu'elles sont pertinentes pour la période comptable concernée. Un produit est réalisé lorsqu'une affaire donne lieu à une créance sûre, certaine et réalisable contre un tiers, dans la situation concrète comme du point de vue formel. En revanche, une charge est pertinente aussitôt que les événements antérieurs au jour de la clôture laissent penser que des pertes (soit des paiements futurs ou

---

[523] Outre le déficit d'exploitation, un retournement conjoncturel peut induire des dépréciations d'actifs immobilisés. – On observera la position du Conseil fédéral exprimée par Simonetta SOMMARUGA au Conseil des États le 12. 9. 2011 : « *Es ist heute anerkannt, dass die Fair-Value-Konzeption die Weltfinanzkrise zwar nicht ausgelöst, aber doch erheblich verschlimmert hat* » (BO 2011 E 720 ; cf. aussi Eugen DAVID, BO 2009 E 1195-1196, cité *infra* n. 659).

[524] Ainsi Malik MAZBOURI (2005), cité *supra* n. 514.

[525] Cf. p. ex. Rémy BUCHELER (2018), § 15/II/2.5 i.i. (p. 154). Pour un exemple dans la jurisprudence récente en matière pénale, cf. TF 27. 2. 2015, 6B_697/2014 c. 1.4 ; v. aussi la portée pénale dans les arrêts TF 3. 4. 2012, 6B_778/2011 c. 5.4.2 i.f. (« *Die pflichtwidrige Unterlassung der Verbuchung von Eventualverpflichtungen erfüllt [...] den Tatbestand der Falschbeurkundung, soweit die Jahresrechnung ein besseres Bild als in Wirklichkeit zeigt* ») et ATF 132 IV 12 spéc. c. 8 (résumé en français *pr.* : « *Des engagements éventuels doivent figurer dans les comptes annuels. L'omission de cette comptabilisation réalise l'infraction de faux intellectuel dans les titres, pour autant que les comptes annuels présentent une meilleure image que la réalité* »). Même les autorités fiscales reconnaissent d'ordinaire l'application de ce principe, bien que son effet concret soit de différer – parfois très sensiblement – l'imposition.

[526] C'était le cas du projet de droit comptable, préparé de 2002 à 2007 (FF 2008 1407 et 1417 [un avant-projet remontant à 1999, cf. *infra* n. 642]) – avant la grande crise financière de 2008 – et déposé le 21 décembre 2007 (alors que seules les prémisses de cette crise étaient perceptibles et n'avaient pas été prises en compte). Cela étant, dans les périodes précédentes de haute conjoncture, les critiques parfois virulentes ou narquoises dirigées à l'encontre des règles comptables suisses par des observateurs d'autres pays ne semblent pas avoir (du moins expressément) visé le principe de prudence en tant que tel, mais *l'absence de transparence et les réserves latentes*, cf. p. ex. Ann-Kristin ACHLEITNER (1995), p. 241 : « *International observers often perceive Swiss accounting and reporting to be a mixture between disclosing virtually nothing, hiding profits and creating or dissolving highly mysterious hidden reserves* ». De même, d'un point de vue suisse, François DESSEMONTET (1990), p. 11, cité *infra* n. 661.

des charges sans contrepartie probable) vont se produire ou risquent de se produire[527] et qu'un commerçant avisé devrait raisonnablement compter avec elles ; il convient usuellement d'inscrire une provision pour la perte probable[528]. Dans le droit adopté en 2012, les **comptes de régularisation** (et le principe de rattachement des charges et produits), tout comme le poste des travaux en cours, empêchent que le principe d'imparité aboutisse à une présentation déséquilibrée (trop défavorable) de la situation économique de l'entreprise.

6. Permanence de la présentation et des méthodes d'évaluation

Le principe de permanence de la présentation et des méthodes d'évaluation prescrit que la société s'en tienne d'un exercice à l'autre aux **méthodes de présentation et d'évaluation** qu'elle a choisies. Cela est manifestement nécessaire pour **permettre aux destinataires des comptes de comparer** utilement l'exercice sous revue à l'exercice précédent[529] (et en principe aussi aux exercices antérieurs), et donc d'apprécier l'évolution de la situation économique et les résultats de l'exercice. À ce titre, ce principe est une concrétisation des principes de fiabilité et d'intelligibilité[530].

375

---

[527] Voir le Message du Conseil fédéral, FF 2008 1530. Cf. aussi, sous l'ancien droit, ATF 116 II 533 c. 2a/dd (539 : «*Nach dem [...] Imparitätsprinzip dürfen Erträge erst bei der Realisierung und müssen Verluste bereits bei der Feststellung bilanzmässig berücksichtigt werden*» ; pour la jurisprudence plus récente, sous l'empire de l'art. 958c CO, cf. p. ex. TF 27. 2. 2015, 6B_697/2014 c. 1.4 : «*Der [...] Grundsatz der Imparität besagt, dass Erträge erst realisiert sind, wenn als Folge eines Vorfalls eine rechtlich und tatsächlich durchsetzbare Forderung entstanden ist*») ; ég. Message relatif à l'adoption de l'ancien droit, FF 1983 II 826 («*Le principe de l'imparité interdit qu'il soit fait état d'augmentations de valeurs et de gains non réalisés ; cela, pour empêcher que des bénéfices fictifs soient répartis, au détriment du capital-actions et des réserves affectées*»).

[528] Cf. ATF 116 II 533 c. 2a/aa (536 : «*Die Pflicht zur Bildung entsprechender Passiven setzt mithin die Erkennbarkeit eines Verlustrisikos im Einzelfall voraus [...]. Ein solches Verlustrisiko ist gegeben, wenn die künftige Abwicklung des schwebenden Geschäfts nicht mehr als gewinnbringend oder als erfolgsneutral erscheint*»).

[529] Sur l'art. 958d al. 2 CO qui prescrit la présence des chiffres de l'exercice précédent, cf. *supra* N 261 et 294.

[530] L'exigence de « comparabilité » est un aspect du principe d'intelligibilité (cf. n. 502) tant pour apprécier l'importance respective des postes du bilan et du compte de résultats que pour apprécier l'évolution d'un exercice à l'autre. Cf. aussi p. ex. Rémy BUCHELER (2018), § 15/II/2.6 i.i. (p. 155).

376 On observera qu'une modification même minime des méthodes d'évaluation peut influencer les résultats d'une entreprise sans que cela corresponde à des changements économiques réels. Cela étant, lorsque l'évaluation dépend d'une appréciation, il est bien compris que celle-ci peut être (le cas échéant très sensiblement) différente d'un exercice à l'autre même sans le moindre changement de méthode.

377 Par ailleurs, si ce principe impose que le choix de la présentation et des méthodes soit *durable*, il ne peut cependant pas non plus empêcher que la société **adapte** sa présentation et son choix des méthodes d'évaluation quand cela s'avère nécessaire pour que les comptes annuels remplissent efficacement leur fonction de permettre la formation d'une opinion fondée sur la situation économique de l'entreprise (art. 958 al. 1 CO) et respectent les autres principes constitutifs de l'établissement régulier des comptes (notamment la clarté, l'intelligibilité, la fiabilité, l'importance relative et la prudence, art. 958c al. 1 ch. 1-5 CO). De tels changements (qui ne peuvent évidemment pas avoir pour but de camoufler une évolution défavorable) doivent naturellement être **mentionnés** dans l'annexe[531].

7. *Non-compensation*

378 L'**interdiction de la compensation entre les actifs et les passifs et entre les charges et les produits**. Les produits et les charges ne peuvent pas être compensés entre eux, ni les actifs et les passifs, d'une manière telle que seul le solde apparaisse dans le compte de résultat ou le bilan. Ce principe doit être appliqué avec rigueur. En pratique, on discute cependant souvent de sa portée exacte et de la possibilité d'y apporter des atténuations dans certains cas particuliers[532].

---

[531] L'ancien droit prévoyait expressément que des dérogations au principe de permanence étaient « admissibles si elles sont fondées » (art. 662a al. 3, 1re phr., aCO), ce qui induisait qu'elles devaient être exposées dans l'annexe (*ibid.*, 2e phr.). Le nouveau droit ne prévoit expressément des dérogations que pour le principe de continuité de l'exploitation (cf. *supra* N 353 ad n. 492).

[532] Cf. p. ex. TF 8. 6. 2005, 6S.316/2005 ; TF 3. 2. 2006, 6P.107/2005, c. 5.3.2 ; Peter Böckli (2009), § 8, N 29, 202, 143-146 (et § 10, N 106 s. en cas d'application des IFRS). Le principe de l'interdiction de la compensation prohibe de compenser les charges et les produits financiers. Ce principe ne concerne pas la décomptabilisation de la valeur résiduelle d'un bien d'équipement lorsqu'il est aliéné.

8. Préservation des secrets d'affaires

On notera que le droit en vigueur jusqu'en 2012 prévoyait expressément la pos-   379
sibilité pour la société d'omettre dans ses comptes annuels (ainsi que dans son
rapport annuel ou ses comptes de groupe) des indications risquant de causer
des préjudices importants à la société ou au groupe ; l'organe de révision devait
alors être informé des motifs de cette omission (art. 663h al. 1 aCO)[533]. On retenait que cette exception ne devait cependant jamais avoir pour résultat de
fausser la présentation de la situation patrimoniale ou économique de la société
ou de violer les dispositions sur la protection des créanciers. Cette disposition
n'a pas été reprise dans le nouveau droit. Il reste que la société peut parfaitement choisir dans ses comptes annuels (y compris l'annexe) des expressions
qui préservent ses secrets d'affaires ; c'est même un devoir de l'organe dirigeant d'y veiller rigoureusement. Cela étant, on observera que cela ne peut pas
être utilisé pour dissimuler, le cas échéant, la mauvaise marche des affaires aux
personnes qui ont le droit d'accéder aux comptes annuels.

VI.   Méthodes d'évaluation

A.   Règles générales et particulières

La loi contient, aux articles 960 à 960e CO, plusieurs règles générales et parti-   380
culières portant sur l'évaluation des actifs et des dettes, ainsi que sur la constitution de provisions et de « réserves »[534], qui relèvent aussi de l'évaluation. Les
dispositions sur les réévaluations en cas de perte de capital et de surendettement
comprennent aussi une règle de réévaluation (art. 725c CO).

Les règles légales sont relativement succinctes et laissent une importante marge   381
d'appréciation aux entreprises.

---

[533]   Le principe de transparence en matière comptable joue désormais un rôle central dans la
systématique de la loi. Le conseil d'administration ne peut dès lors renoncer à donner des
informations exigées par la loi que s'il existe dans un cas particulier des justes motifs qui
l'emportent sur ce principe.

[534]   La position que la loi désigne comme « réserve », soit la « réserve de fluctuation » (*infra*
N 397-401), est en réalité une provision.

1. Principe de prudence

382 Parmi les principes généraux, la loi énonce le principe de prudence explicitement (art. 960 al. 2 CO) et le met en œuvre – on y reviendra – en fixant plusieurs **limites maximales aux évaluations** (art. 960a al. 1 et 2, art. 960c CO), ainsi qu'**en autorisant provisions et réserves** (art. 960e al. 2 à 4 CO) ; on peut rappeler que le principe de prudence est également énoncé comme l'un de ceux qui constituent l'établissement régulier des comptes (art. 958c al. 1 ch. 5 CO)[535].

383 Une concrétisation générale du principe de prudence consiste dans l'obligation, prescrite à l'article 960 al. 3 CO, de « vérifier » les évaluations « *lorsque des indices concrets laissent supposer que des actifs sont surévalués ou que des provisions sont insuffisantes* » et, le cas échéant, « d'adapter » ces évaluations ou ces provisions (c'est-à-dire concrètement : déprécier les actifs ou accroître les provisions). Cette concrétisation se manifeste parallèlement par l'absence d'une règle correspondante pour traiter la situation inverse (il n'y a pas d'obligation d'accroître la valorisation d'un actif lorsque celle-ci est inférieure, même sensiblement, à la valeur réelle, ni de supprimer des provisions qui s'avèrent excessives, cf. art. 960e al. 4 CO *a contrario*).

384 Le tempérament que la loi apporte au principe de prudence sur le plan de l'évaluation est formulé en des termes très généraux, selon lesquels l'évaluation prudente « *ne doit pas empêcher une appréciation fiable de la situation économique de l'entreprise* » (art. 960 al. 2 *in fine* CO). Cela revient à prescrire aux sociétés de ne pas abuser du principe de prudence au point de se livrer à des manipulations et à des dissimulations de valeur (sous-évaluations « agressives »[536] ou forcenées). Le cas échéant, cela requerra d'apporter des indications dans l'annexe ou le rapport annuel, étant par ailleurs évoqué ici que le principe de prudence peut être concrétisé – plutôt que par des sous-évaluations – par la constitution de provisions et réserves visibles (et non latentes), auquel cas il n'est **pas en contradiction avec l'objectif de fiabilité**[537].

---

[535] *Supra* N 371-374.
[536] Cf. Message du Conseil fédéral, FF 2008 1529 (« *L'évaluation des actifs et des dettes offre une marge discrétionnaire qui ne doit cependant pas être utilisée de façon agressive* »).
[537] Cf. déjà *supra* N 372 après n. 517 sur cette question ; sur le principe de fiabilité, *supra* N 367.

2. Principe de l'évaluation individuelle

L'autre principe mentionné sur un plan très général est celui de **l'évaluation**   385
individuelle des éléments de l'actif et des dettes, pour autant qu'ils aient une
certaine importance et qu'il ne soit pas habituel de les regrouper en raison de
leur similitude (art. 960 al. 1 CO). L'objectif est d'éviter que, même au sein
d'un même poste ou d'une même catégorie comptable, des pertes de valeur de
certains actifs puissent être compensées avec des augmentations de valeur
d'autres actifs[538]. Ainsi, puisqu'il existe des règles imposant des limites maximales aux évaluations, l'évaluation individuelle a pour effet concret de mettre
en œuvre le principe de prudence : toutes les dépréciations sont prises en
compte (pour chaque actif), mais non les plus-values, puisque leur prise en
compte se heurterait aux règles fixant une limite maximale (p. ex. prix d'acquisition, soumis à amortissements qui plus est), sauf pour les exceptions prévues
par la loi. Bien entendu, les comptes annuels sont présentés[539] en utilisant des
catégories ou postes récapitulatifs (p. ex. « brevets », « immeubles ») et
n'énoncent pas tous les éléments les composant (ces éléments étant cantonnés
au « grand livre ») ; mais les montants qui sont additionnés pour fournir le total
de chaque poste récapitulatif sont chacun le fruit d'une évaluation individuelle.

La loi permet de ne pas appliquer le principe de l'évaluation individuelle pour   386
les actifs similaires, qui sont regroupés d'après les usages commerciaux. Concrètement, cette **exception** est admise pour les stocks de marchandise et les
créances[540] ; les créances, auxquelles il est usuel d'appliquer une décote reflétant les difficultés de recouvrement (« ducroire »), peuvent notamment être
évaluées en catégories globales (débiteurs suisses ou étrangers[541], et parmi ces
derniers, une évaluation différente peut être faite par pays selon le niveau de
risque présenté par celui-ci). Bien entendu, si un débiteur particulier est insol-

---

[538]   Ainsi Rémy BUCHELER (2018), § 17/I (p. 169). Critique, Peter BÖCKLI (2014), N 864-869.
[539]   Il faut avoir à l'esprit que l'art. 960 al. 1 CO est une règle d'évaluation et pas de présentation.
[540]   Cf. Message du Conseil fédéral, FF 2008 1529 (« *En règle générale, l'évaluation individuelle est sans grande importance pour les créances […] et les stocks de marchandises
[…]. Pour déterminer les corrections de valeur sur les créances envers la clientèle, il est
par exemple possible de regrouper toutes les créances envers des clients suisses et de
ventiler les créances envers l'étranger dans plusieurs groupes en fonction du risque pays.
Dans le stock de marchandises, il est possible de considérer toutes les positions individuelles de même nature comme une position unique* »).
[541]   Typiquement, on applique un ducroire de 5 % pour les débiteurs suisses et 10 % pour les
débiteurs étrangers. Outre le cas des débiteurs douteux, la société peut se fonder sur son
historique des pertes pour retenir des taux ordinaires de ducroire différents de 5 %, respectivement 10 %.

vable ou présente un risque très élevé de défaut, on peut appliquer une évaluation individuelle à la créance concernée (le cas échéant en opérant une dépréciation ou un provisionnement de 100 %)[542] ; si plusieurs débiteurs sont dans cette situation, ils peuvent être regroupés (« débiteurs douteux », « créances douteuses »).

3. Évaluation initiale des actifs

387 L'**évaluation initiale** se fait, au plus, au coût d'acquisition ou au coût de revient (art. 960a al. 1 CO) ; ces valeurs sont souvent appelées les « coûts historiques »[543].

388 Le **prix d'acquisition** comprend toutes les charges qui sont liées à l'achat d'un bien. Le prix payé à des tiers (par exemple le prix d'acquisition ou des commissions), les coûts d'entreposage, de transport et d'assurance ainsi que les impôts et les taxes peuvent être portés à l'actif du bilan, à l'instar des coûts de financement étranger. On observera que, sous cet angle, les biens immatériels (y compris le *goodwill*) acquis auprès de tiers[544] par contrat ne présentent pas de difficulté d'évaluation ; il suffit de se fonder sur le contrat, comme pour tout autre actif.

389 Le **coût de revient** englobe notamment les salaires liés à la production, les frais de matériel, les coûts généraux de production et les frais de stockage. Il n'est en revanche pas possible d'y ajouter une partie des frais administratifs et d'exploitation généraux. La prise en compte de biens immatériels *créés par l'entreprise* est, en pratique, considérée avec circonspection ; il est fréquent que ces biens ne soient pas activés ou le soient à une valeur « pro memoria » (p. ex. CHF 1.–). Cela dit, il n'est pas du tout interdit de les porter à l'actif à une autre valeur, si la société peut réellement disposer de l'actif immatériel (c'est la première condition posée par l'art. 959 al. 2 CO pour l'activation), que le coût de revient peut être établi avec un degré de fiabilité suffisant (c'est la deuxième condition posée par l'art. 959 al. 2 CO)[545] et que cela n'aboutisse pas à une surévaluation (art. 960 al. 3 CO). Cela s'applique aux projets en cours, qui peuvent être activés en suivant ces règles d'évaluation[546] ; les travaux en cours

---

[542] Ainsi Rémy BUCHELER (2018), § 17/II/2 (p. 170) § 19/III/4 (p. 182).

[543] Cf. p. ex. Message du Conseil fédéral, FF 2008 1530.

[544] Cette question est très différente d'une éventuelle activation du *goodwill* généré par l'entreprise elle-même, cf. *supra* N 247, spéc. n. 378.

[545] Cf. *supra* N 261 ad n. 377 s.

[546] À l'inverse des frais de fondation, qui ne peuvent plus être activés selon le droit de 2011 entré en vigueur en 2013 (cf. art. 959a al. 1 ch. 2 lit. d CO, ce qui est un changement par

donnant lieu dans l'exercice suivant à une facturation sont en principe toujours un actif transitoire (« de régularisation »)[547].

4.   Évaluations subséquentes des actifs

Les évaluations subséquentes sont soumises à différentes règles selon qu'il   390
s'agit *« d'actifs cotés en bourse ou ayant un autre prix courant observable »*
(art. 960b CO), du stock et des travaux en cours (960c CO), d'immeubles ou
de participations dans la situation particulière d'une « perte de capital »
(art. 725c CO), ou d'autres actifs (art. 960a al. 2 à 4 CO). Pour ces derniers,
seules les règles générales sur les amortissements, les dépréciations et les provisions s'appliquent ; elles font l'objet du sous-chapitre suivant (B)[548]. On traitera donc immédiatement ci-dessous les règles d'évaluation subséquente particulières.

a.   Actifs cotés en bourse ou ayant un prix courant observable

Pour les actifs ayant un prix courant observable, la loi donne à la société la   391
faculté de s'écarter du prix d'acquisition même à la hausse, en employant le
prix courant à la date du bilan[549] (le prix d'acquisition n'est donc pas, pour

---

rapport au droit en vigueur de 1937 à 2012), les frais d'organisation destinés à développer un marché peuvent faire partie des immobilisations incorporelles et donc être portés à l'actif, notamment s'il en résulte un secteur d'activités cessible (la société peut alors, en effet, disposer de cette valeur, cf. Message du Conseil fédéral, FF 2008 1524 : *« Certains frais d'organisation, par exemple pour le développement d'un marché, font partie des immobilisations incorporelles et peuvent donc être portés au bilan à ce titre »*). Il est in-téressant de noter que le droit de 1881 était relativement proche de la conception moderne, en ceci qu'il excluait que les frais de fondation au sens strict soient portés à l'actif, tandis que les frais liés au démarrage de l'activité et à l'extension de l'activité pouvaient être activés et amortis sur 5 ans (art. 656 al. 2 ch. 1 aCFO-1881 [FF 1881 III 210]).

547   *Supra* N 360.

548   *Infra* N 418-445.

549   Le choix législatif en faveur du dernier jour de cotation avant la date de clôture du bilan est un changement par rapport au droit antérieur (de 1881 à 2012), qui permettait que *« les titres cotés en bourse [soient] évalués au plus au cours moyen qu'ils ont enregistré le dernier mois précédant la date du bilan »* (art. 667 al. 1 aCO-1991 ; la même règle existait à l'art. 667 al. 1 aCO-1936, selon lequel les *« papiers-valeurs cotés à la Bourse ne peuvent être comptés pour une somme supérieure à leur cours moyen dans le mois qui précède la date du bilan »*, tout comme à l'art. 656 al. 2 ch. 3 aCFO-1881 : *« Les valeurs cotées ne peuvent être évaluées au-dessus de leur cours moyen dans le mois qui précède la date du bilan »*).

ces actifs, une valeur maximale). La notion légale de prix courant requiert un « marché actif » (art. 960b al. 1 CO), c'est-à-dire offrant une **liquidité suffisante**[550] ; à notre avis, cela doit s'apprécier non de manière abstraite, mais au regard de la quantité d'actifs concernés que détient la société, la liquidité quotidienne ou hebdomadaire devant être suffisante pour absorber l'entier des actifs concernés que possède la société, si tel était son souhait.

392   Les titres (instruments financiers négociés sur un marché organisé) sont les principaux actifs concernés[551], mais les autres actifs standardisés comme les métaux précieux ou les matières premières[552] ont aussi un prix courant observable ; ils peuvent tous être évalués au prix courant à la date du bilan.

393   On observera que cette règle d'évaluation peut s'appliquer aussi bien si ces biens font partie de l'actif circulant que s'ils sont des actifs immobilisés[553].

394   Si la société décide de faire usage de cette règle d'évaluation, elle doit l'appliquer, au sein de chaque poste du bilan pour lequel elle le fait, à tous les actifs qui ont un prix courant observable (art. 960b al. 1, 2e phr., CO[554]). Le choix doit

---

[550] Cf. sur cette notion, p. ex. BAUEN/ROUILLER, Relations bancaires en Suisse (2011), p. 166 (n. 9), 351 (n. 8), 417-432 (panorama de différents produits financiers notamment sur le plan de leur liquidité) et 455. La notion de liquidité d'un actif ne se confond pas avec les liquidités entendues comme les moyens de paiement monétaires disponibles immédiatement ou à très court terme. Le Message du Conseil fédéral (FF 2008 1532) précise à cet égard (étant observé que le projet n'employait pas la notion « d'actif ayant un prix courant observable » mais uniquement celle « d'actif coté en bourse ») : « *Il n'existe par exemple pas de cours boursier au sens de cet alinéa pour les produits structurés sans marché véritable ou pour les actifs qui font occasionnellement l'objet d'échanges* » ; cela a été changé dans les débats parlementaires, cf. l'intervention de Kurt FLURI au Conseil national le 20.9.2010 [BO 2010 N 1380] et, au Conseil des États, celle de Claude JANIAK [BO 2011 E 720] : « *der Begriff des Börsenkurses [ist] für die Praxis zu eng [...] und [bietet] nicht alles Nötige [...]. An der Börse werden natürlich Preise festgelegt, aber für die Preisbestimmung [ist] auch die Liquidität entscheidend* »).

[551] L'art. 667 al. 1 aCO-1991 (*supra* n. 549) prévoyait la possibilité de faire figurer le cours moyen du mois précédant le bilan pour les « *titres cotés en bourse* ». L'art. 667 al. 1 aCO-1936 prévoyait la même règle pour les « *papiers-valeurs cotés à la bourse* ».

[552] Message du Conseil fédéral (FF 2008 1531 : le texte évoque les « marchandises » et lui donne comme synonyme le terme anglais de « *commodities* », alors que ce terme désigne spécifiquement les *produits standardisés* – donc susceptibles de faire l'objet d'un vaste marché et d'avoir ainsi réellement un prix courant –, par opposition aux spécialités).

[553] Message du Conseil fédéral (FF 2008 1531).

[554] Le texte français paraît autoriser la société à limiter l'application de la règle aux actifs ayant un prix courant observable qui font partie d'un même poste du bilan (« *L'entreprise qui fait usage de ce droit évalue tous les actifs du même poste du bilan qui sont liés à un prix courant observable au cours du jour ou au prix courant à la date du bilan* »), tandis que le texte italien indique qu'elle doit s'appliquer à tous les actifs du bilan (« *L'impresa*

être indiqué dans l'annexe (art. 960b al. 1, 3ᵉ phr., CO). En vertu des principes de permanence des méthodes d'évaluation (art. 958c al. 1 ch. 6 CO), ce choix doit être durable[555]. La loi exige enfin d'indiquer séparément la valeur totale des titres et celle des autres actifs ayant un prix courant observable (art. 960b al. 1, 4ᵉ phr., CO).

Dans toute la mesure où des actifs sont évalués selon le cours du jour à la date de clôture du bilan, il n'y aura par définition pas à appliquer d'amortissements – seul un changement de méthode d'évaluation, lequel doit être justifié, peut y conduire.

395

---

che fa uso di questo diritto deve valutare <u>*tutti gli attivi del bilancio*</u> *con un prezzo di mercato rilevabile al corso o al prezzo di mercato della data di chiusura del bilancio*»), cette approche permettant, certes, de mettre en œuvre le principe de comparabilité (cf. p. ex. Rémy Bucheler [2018],§ 21/II/2.2 [p. 189], qui reprend cependant uniquement le texte français). Le texte allemand n'est pas forcément limpide et semble – cette fois – plutôt se rapprocher du texte français («*Wer von diesem Recht Gebrauch macht, muss alle Aktiven der entsprechenden Positionen der Bilanz, die einen beobachtbaren Marktpreis aufweisen, zum Kurs oder Marktpreis am Bilanzstichtag bewerten*»). Le Message du Conseil fédéral insiste également sur la cohérence au sein d'un même poste du bilan (FF 2008 1532 : «*[...] ce mode d'évaluation doit obligatoirement être appliqué à tous les actifs du même poste du bilan qui sont cotés en bourse. Il n'est donc pas possible d'évaluer seulement certains actifs d'un poste du bilan à leur cours boursier afin d'améliorer le résultat global dans les proportions désirées*»). – À notre avis, la société peut avoir des raisons légitimes de choisir pour une certaine catégorie («poste») du bilan l'évaluation au dernier jour de cotation (p. ex. pour les titres ou autres actifs liquides faisant partie de l'actif circulant) et pour une autre catégorie (p. ex. les titres ou autres actifs liquides faisant partie de l'actif immobilisé) le coût historique (sujet le cas échéant à des dépréciations). S'ils se rapportent aux raisons justifiant un changement de méthode, les développements de Peter Böckli (2014), N 391 (spéc. ad n. 726 : «*Das Unternehmen muss jedoch, wenn es* <u>*für eine bestimmte Klasse von Aktiven*</u> *die Stichtagsbewertung nach beobachtbarem Marktpreis* <u>*gewählt hat*</u>, *dieses System nach dem Stetigkeitsprinzip beibehalten, bis neue sachliche Gründe aufkommen, die eine Änderung - und dann eine dauernde Änderung - der Praxis nahelegen*»), montrent qu'il s'agit avant tout de se fonder sur des raisons objectives (une méthode différente peut donc être justifiée selon la fonction que remplissent les uns et les autres actifs ; p. ex., des participations et placements stratégiques, dont l'aliénation n'est pas envisagée, peuvent raisonnablement être évalués au coût historique plutôt qu'au cours boursier). Cela étant, s'il n'y a pas de raisons légitimes de choisir des méthodes différentes pour l'une ou l'autre catégorie, le principe de comparabilité (*supra*, n. 502 et 530), prescrit non seulement pour mesurer l'évolution d'un exercice à l'autre, mais aussi pour appréhender de façon aussi fiable que possible la situation de l'entreprise dans le cadre d'un même exercice, devrait conduire la société à appliquer une même méthode à tous les actifs ayant un prix courant observable.

[555] Peter Böckli (2014), N 391 (cité ci-dessus *in* n. 554) le rappelle expressément, tout comme Rémy Bucheler (2018), § 21/II/2.3 (p. 189).

396 Reposant certes sur une parfaite objectivité et manifestement conforme à la réalité économique à la date retenue pour la clôture du bilan (permettant ainsi une « image fidèle », *true and fair view*), l'évaluation d'actifs à leur cours boursier ou à leur prix courant observable expose évidemment la société aux risques découlant des variations potentiellement très considérables que connaissent les cours boursiers. Dans les hypothèses de hausses des cours (périodes haussières), le risque est la sous-évaluation, puisque les comptes établis selon les cours de la date de clôture (typiquement au 31 décembre) montrent des valeurs inférieures à la réalité à la date à laquelle le bilan (quelques mois plus tard) est concrètement finalisé et présenté. Dans les hypothèses de baisses de cours (périodes baissières), les comptes établis à la date de clôture montrent des valeurs supérieures à la réalité économique existant au moment auquel ils sont finalisés et présentés. La seconde situation – qui peut induire des surévaluations très importantes – est évidemment problématique au regard du principe de prudence.

397 Pour permettre à la société de concilier la méthode d'évaluation selon le cours boursier ou le prix courant et le principe de prudence[556], la loi autorise expressément, à l'article 960b al. 2 CO, la création d'une « correction de valeur », que la pratique désigne usuellement comme une « **réserve de fluctuation** » ; il s'agit concrètement d'une provision destinée à couvrir le risque découlant de baisses futures de cours par rapport à la valeur affichée. Le montant de cette provision est limité en ceci qu'il ne peut en résulter que le bilan affiche pour l'actif concerné une valeur inférieure au prix d'acquisition ou au cours boursier s'il est plus bas que le cours d'acquisition (cf. art. 960b al. 2, 2e phr., CO). En termes pratiques, ces limites maximales à la réserve de fluctuation signifient que : (a) si le cours déterminant pour le bilan est supérieur à la valeur d'acquisition, la différence entre les deux valeurs peut être provisionnée ; (b) si, après la date déterminante pour la valeur à afficher au bilan (typiquement, le 31 décembre), le cours a baissé, même en dessous du prix d'acquisition, au moment où les comptes sont finalisés et présentés, la différence entre la valeur affichée et le cours au jour de la présentation des comptes[557] peut être provisionnée.

---

[556] En ce sens, voir BUCHELER (2018), § 21/III/2 (p. 190). V. ég. BÖCKLI (2014), N 377 (ad n. 698) et 902a.

[557] La loi emploie simplement le terme de « cours boursier » (« Kurswert », « corso di borsa »), qui ne précise donc pas qu'il s'agit du cours au moment de présenter les comptes (et non pas, justement, le dernier cours précédant la date de clôture des comptes). Cela étant, elle emploie une expression qui se distingue de celle déterminante pour la valorisation au bilan (art. 960b al. 1 et 2, 1re phr., CO : « *au cours du jour ou au prix courant à la date du bilan* », « *Börsenkurs oder zum Marktpreis am Bilanzstichtag* », « *al corso o al prezzo di mercato della data di chiusura del bilancio* »). Cette différence lexicale est co-

Un provisionnement plus important ne serait certes pas toujours aberrant – car un actif boursier peut perdre toute valeur – mais le texte de la loi ne le permet pas dans le cadre des actifs valorisés selon le prix courant, seul le correctif résultant de la réserve de fluctuation encadrée dans ces limites étant en principe possible[558].   398

Selon le texte de l'article 960b al. 2 CO, la constitution de la réserve de fluctuation est facultative. Toutefois, elle peut s'avérer nécessaire pour respecter, notamment, le principe de prudence (en cas de chute des cours postérieure à la date de clôture, ou lorsqu'une importante hausse des cours antérieure à la date   399

---

hérente avec l'idée logique que le terme de « cours boursier » (inférieur au prix d'acquisition) ne peut faire référence qu'au cours d'une date ultérieure à celle de clôture du bilan, puisque s'il s'agissait du cours à la date de clôture, comme c'est ce cours qui figure au bilan selon la règle de l'art. 960b al. 1 CO, il n'y aurait pas de différence de cours pouvant servir de base à un provisionnement. Le sens du provisionnement de l'art. 960b al. 2 CO est justement de permettre la mise en œuvre (raisonnable) du principe de prudence (*supra* N 397 ad n. 556), qui a été maintes fois rappelé dans les débats parlementaires relatifs à l'art. 960b CO (cf. p. ex. le rappel de la Conseillère fédérale Simonetta SOMMARUGA en rapport avec l'adoption de cet article, BO 2011 E 720), et la prise en compte de circonstances survenues postérieurement à la date de clôture jusqu'à la date de présentation des comptes est justement un aspect important de la fiabilité et de la transparence (désormais reconnu au-delà de l'habitude helvétique de constituer des provisions, par l'indication obligatoire dans l'annexe des « événements importants survenus après la date du bilan » selon l'art. 959c al. 2 ch. 13 CO, cf. *supra* N 307) ; de toute évidence, tenir compte du cours boursier réel au moment de présenter les comptes est un domaine dans lequel le provisionnement s'inscrit dans une pratique incontestablement raisonnable du principe de prudence (s'il n'existait l'art. 960b al. 2 CO, une telle provision serait requise selon l'art. 960e al. 2 CO).

558 De par le texte de l'art. 960b al. 2 CO (2e phr.) qui fixe clairement un montant maximal au provisionnement, il est cohérent de considérer que cette disposition est une *lex specialis* qui déroge à l'art. 960e CO en ce qui concerne le provisionnement relatif aux actifs ayant un prix courant observable. Cela étant, dans certains cas exceptionnels, on pourrait imaginer un provisionnement encore plus important (p. ex. pour réduire la valeur à zéro) si la perspective de faillite de l'émetteur des titres est probable mais que la société ne peut pas aliéner ces titres pour des raisons très spécifiques (p. ex. parce qu'une aliénation porterait atteinte, particulièrement dans ce contexte difficile, à des relations commerciales importantes ; mais dans la plupart des – très rares – cas de ce genre, la question n'est pas vraiment une exception aux règles sur la réserve de fluctuation définie par l'art. 960b al. 2 CO, mais plutôt l'usage par la société de sa marge d'appréciation pour décider quels actifs elle évalue selon la méthode du cours boursier permise par l'art. 960b al. 1 CO : la société doit pouvoir constituer un poste du bilan spécifique pour un tel actif). Dans la mesure où l'on opte pour un contour de la réserve de fluctuation strictement limité au texte légal, le risque supplémentaire peut être pris en compte dans les provisions générales de l'art. 960e CO, cf. *infra* N 434 ss, spéc. 442 s.

de clôture apparaît comme étant le fruit d'une spéculation probablement passagère).

400   Sur le plan du **compte de résultat**, la constitution de la réserve de fluctuation est une charge. Lorsqu'elle est inscrite la même année qu'un accroissement de la valorisation découlant d'une hausse des cours, lequel est un produit, elle neutralise (sans compensation[559]) l'influence que celui-ci a sur le résultat.

401   Sur le plan de la **présentation du bilan**, la méthode la plus transparente est bien sûr d'indiquer séparément la correction de valeur des titres (ou d'autres actifs ayant un prix courant) comme poste(s) d'actif négatif. Cependant, il n'est pas interdit d'afficher au bilan la valeur nette après déduction du montant provisionné ; dans ce cas, l'article 960b al. 2, 4ᵉ phr., CO exige une mention séparée dans l'annexe.

b.   Stocks et prestations de service non facturées

402   En ce qui concerne les stocks et les prestations de service non facturées, l'art. 960c CO pose plusieurs règles relatives à l'évaluation subséquente. Il définit les stocks, à son al. 2, comme « *les matières premières, les produits en cours de fabrication, les produits finis et les marchandises* » ; ces éléments présentent la caractéristique commune d'être à disposition de la société afin d'être, pour certains après transformation, (re)vendus aux clients. Comme déjà évoqué (et prescrit par l'art. 959a al. 1 lit. d CO)[560], ils font partie de l'actif circulant.

403   L'**évaluation initiale**, qui est le prix d'acquisition ou le coût de revient (art. 960a al. 1 CO)[561], représente une **valeur maximale**. Si la **valeur vénale** diminuée des coûts résiduels prévisibles est moins élevée, c'est cette valeur qui doit être indiquée au bilan (art. 960c al. 1 CO). Dans les cas où la valeur vénale est (même très sensiblement) plus élevée que le coût d'acquisition ou de production (ce qui est la situation ordinaire), elle ne peut pas être portée à l'actif. Ce traitement fondamentalement différent des écarts négatifs et positifs entre la valeur vénale et le coût d'acquisition reflète le principe d'imparité[562].

404   Il en résulte que le **prix d'acquisition** ou de production est de très loin la valeur la plus fréquemment déterminante. **Plusieurs méthodes** sont admissibles et reflètent le fait que le prix d'acquisition des éléments du stock n'est pas constant :

---

[559]   Cf. CHAMBRE FIDUCIAIRE, Manuel suisse d'audit (tome 1 : présentation des comptes, 2014), p. 205.

[560]   Cf. *supra* N 268 ad n. 381 et N 272 ad n. 384.

[561]   Cf. *supra* N 387-389.

[562]   Cf. *supra* N 374 (spéc. ad n. 527).

on peut retenir le coût moyen ou la méthode selon laquelle les éléments acquis chronologiquement en premier sont également vendus en premier (méthode abrégée « FIFO » pour « *First in, first out* », soit « premier entré, premier sorti ») ; la méthode inverse à celle-ci, selon laquelle on considère que les éléments acquis le plus récemment sont les premiers à être vendus (abrégée « LIFO » pour « *Last in, first out* ») n'est guère cohérente et peu satisfaisante intellectuellement[563]. Il convient d'avoir à l'esprit que les coûts directs d'acquisition jusqu'au stockage (frais de transport, droits de douane, primes d'assurances, etc.) sont en principe compris dans le coût d'acquisition[564] (ce ne sont guère que les frais généraux de l'entreprise qui, d'ordinaire, ne le sont pas[565]).

La détermination des **coûts *de production*** (des « produits finis ») est beaucoup plus complexe dans la mesure où elle se rapporte en bonne partie (excepté pour les matières premières) à des coûts internes à l'entreprise (personnel, infrastructure) ou à des frais externes qui ne se matérialisent pas dans des éléments de stock individualisés (p. ex. coûts de sous-traitants). Seule une comptabilité analytique permet une évaluation précise à cet égard. 405

On notera que la pratique (découlant des habitudes en matière fiscale) admet que la valeur du stock déterminée selon les règles comptables décrites ci-dessus fasse encore l'objet d'une **dépréciation forfaitaire** d'un tiers (« *Warendrittel* »)[566]. On peut décrire cet abattement comme la constitution délibérée d'une réserve latente. 406

Sur le plan de l'élaboration de la comptabilité, les stocks figurant dans les comptes annuels sont le résultat ou bien d'un « inventaire permanent » ou bien d'un « inventaire intermittent ». L'**inventaire permanent** implique que les achats sont directement enregistrés dans le stock (et ne constituent donc pas une charge, mais la contrepartie, à l'actif, de la diminution des liquidités payées aux fournisseurs et le cas échéant aux personnes générant les coûts directs tels les transporteurs ou les douanes) ; les ventes constituent, à l'actif, une diminution du stock, par une charge équivalente au coût d'acquisition, en contrepartie du produit que constitue le prix convenu avec les acheteurs (qui induit à l'actif un accroissement des liquidités ou des créances), la différence constituant la 407

---

[563] Cette méthode est surtout répandue aux États-Unis et admise en Europe (cf. art. 12 ch. 9 de la Directive 2013/34/UE du 26. 6. 2013 qui emploie aussi les abréviations FIFO et LIFO). Son intérêt est une optimisation fiscale dans des contextes inflationnistes, puisque les produits achetés les plus récemment sont plus chers, de sorte que leur sortie plus précoce diminue ainsi plus fortement la valeur du stock que dans la méthode alternative FIFO.

[564] Cf. CHAMBRE FIDUCIAIRE, Manuel suisse d'audit (tome 1 : présentation des comptes, 2014), p. 162.

[565] Cf. *supra* N 389.

[566] Message du Conseil fédéral, FF 2008 1530. Cf. ég. Peter BÖCKLI (2014), N 899 ss.

marge. Cette méthode, qui est la plus rigoureuse et la plus cohérente intellectuellement, suppose en pratique un appareil comptable d'une certaine ampleur (dont un système automatique de suivi des stocks et de comptabilisation). Dans l'**inventaire intermittent**, les achats sont directement enregistrés comme des charges et les ventes comme produits (sans passer par un compte de stocks), mais en clôture d'exercice, la différence entre unités achetées et vendues – qui, ajoutée au stock de début d'exercice, représente le stock de clôture – doit être portée dans un compte de régularisation[567].

408 En ce qui concerne les **travaux en cours**, ils sont activés à leur coût d'acquisition (s'ils sont acquis de sous-traitants) ou de revient (ce qui implique, comme pour les produits fabriqués, d'évaluer le coût des facteurs de production, notamment les salaires et frais d'infrastructure, qui peuvent être reliés à la préparation de la prestation).

c.   Immeubles et participations

409 La mention particulière des immeubles et participations dans le chapitre relatif aux évaluations subséquentes se justifie uniquement au vu de la règle de droit des sociétés (art. 725c CO) qui permet une réévaluation dans les **circonstances particulières de perte de capital et de surendettement**. On relèvera que cette règle figure dans le droit de la société anonyme mais que la loi la déclare applicable par analogie en y renvoyant dans les chapitres consacrés aux différentes personnes morales[568].

410 Selon la définition légale, les **participations** sont des parts de capital d'autres entreprises qu'une société détient à long terme (de sorte qu'elles font partie de l'actif immobilisé[569]) et qui confèrent au détenteur une influence notable sur ces entreprises (art. 960d al. 3 CO). Il est présumé que des parts donnant droit à 20 % des droits de vote au moins confèrent une telle influence[570]. Mis à part

---

[567] Art. 959a al. 1 et 2 CO. Cf. *supra* N 355.

[568] Pour la perte de capital (*infra* N 1919) et le surendettement, art. 820 *in fine* (Sàrl). Pour les autres personnes morales, seulement pour le surendettement, cf. art. 903 (coopérative) CO ainsi que 69d *in fine* (association) et 84a al. 4 (fondation) CC. V. ég. *infra* N 823-825.

[569] *Supra* N 269.

[570] Dans des cas rares (mais non plus exceptionnels, car le droit de 2011 a introduit explicitement et délibérément la possibilité de renverser la présomption, cf. FF 2008 1533 ; cf. aussi Peter Böckli [2014], N 366 ad n. 676), un actionnaire dont la participation est inférieure à 20 % des droits de vote peut être considéré comme exerçant une influence notable au sens de la loi lorsque la plupart des autres titres sont répartis de façon diffuse (ou « atomisée ») dans le public (*free float* ou *Streubesitz* ; voir à ce propos Nicolas Rouiller [2013], p. 48 et 59-61).

le cas où le bilan présente un déficit, ce qui autorise une réévaluation extraordinaire (art. 725c CO), la règle générale est que les participations peuvent être évaluées au maximum à leur prix d'acquisition. En sens inverse, un amortissement extraordinaire ne devrait être effectué que si la valeur des participations tombe durablement en dessous de leur valeur au bilan[571].

Les **immeubles** ne sont pas forcément détenus à long terme et ne font donc pas forcément partie de l'actif immobilisé[572], même si c'est le cas habituellement. Ils sont initialement évalués à leur prix d'acquisition ; les amortissements (à un taux faible par rapport à la plupart des autres actifs) ou dépréciations (en cas de constat d'une valeur réelle inférieure à celle au bilan) sont possibles. Par ailleurs, on peut relever qu'un immeuble ne peut pas être considéré comme un objet ayant un prix courant observable, même dans l'hypothèse où un prix au mètre carré particulièrement standard devait être observable dans la localité concernée. Un immeuble n'est jamais identique à un autre. L'évaluation selon l'art. 960b CO ne peut donc pas s'appliquer[573].   411

Une **réévaluation** des participations et des immeubles est possible en cas de perte de capital (art. 725a CO, soit, pour la SA, si « *les actifs, après déduction des dettes, ne couvrent plus la moitié de la somme du capital-actions, de la réserve légale issue du capital et de la réserve légale issue du bénéfice qui ne sont pas remboursables aux actionnaires* ») ou de surendettement (art. 725b CO, soit si « *les dettes de la société ne sont plus couvertes par les actifs* »)[574]. L'art. 725c al. 1 CO indique que dans de tels cas, « *les immeubles ou les participations dont la valeur réelle dépasse le prix d'acquisition ou le coût de revient peuvent être réévalués jusqu'à concurrence de cette valeur au plus* »[575].   412

---

[571]   Telle était la conception sous le droit de 1991. Il était reconnu que les sociétés n'avaient *pas l'obligation d'amortir* les participations à leur valeur réelle ou nominale (méthode dite « de la mise en équivalence », cf. Pierre-Marie GLAUSER, ASA 2006 523 ss, spéc. 552 ad n. 169 ; *equity method*). Selon le droit de 2011, une obligation d'amortissement pourrait résulter de la règle de l'art. 960 al. 3 CO obligeant à amortir ou créer une provision « *lorsque des indices concrets laissent supposer que des actifs sont surévalués ou que des provisions sont insuffisantes* » (cf. *supra* N 383).

[572]   Cf. p. ex. Peter BÖCKLI (2014), N 381 ad n. 706 (« *[Immobilien] gehören [...] in relativ seltenen Fällen zum Umlaufvermögen* »).

[573]   Dans ce sens Peter BÖCKLI (2014), N 381 *in medio* (« *Immobilien sind nicht fungible Güter ; ihr Wert hängt hochgradig vom Standort, dem spezifischen Ausbau und dem individuellen Zustand ab* ») ; même avis, Lukas HANDSCHIN (2013), § 19 N 613 ss (qui cite, en les désapprouvant, des avis contraires).

[574]   Sur ces deux situations, cf. *supra* N 1918-1930 (spéc. N 1927) pour la perte de capital et N 823-862 (spéc. n. 1274) pour le surendettement.

[575]   L'art. 670 aCO-1991, remplacé par l'art. 725c CO, précisait encore « *afin d'équilibrer le bilan déficitaire* ». L'expression n'était pas forcément lumineuse, car la réévaluation ne créait pas de gain, puisqu'elle augmentait les fonds propres par une réserve. Le projet de

Il précise (al. 1, 2ᵉ phr., CO) qu'une réserve de réévaluation doit figurer séparément au passif[576] du bilan pour le montant de la réévaluation (en tant que rubrique spécifique de la réserve légale issue du bénéfice), comme « *réserve de réévaluation* »[577].

5. *Évaluation des dettes*

413 L'article 960e al. 1 CO, l'unique disposition traitant de l'évaluation comptable des dettes, dispose que « *les dettes sont comptabilisées à leur **valeur nominale*** ». Cela proscrit une évaluation qui, pour les dettes non encore exigibles, déduirait un escompte (méthode d'actualisation financière, ou « valeur actuelle »)[578]. Elle exclut également les méthodes qui consisteraient, pour les dettes négociables, à inscrire la valeur à laquelle elles se négocient (cette valeur étant inférieure à la valeur nominale si le marché anticipe une certaine probabilité de défaut)[579].

---

loi de 2007 prévoyait de supprimer totalement la possibilité de réévaluation (FF 2008 1477 : « *Si l'entreprise ne peut se passer des immeubles ou des participations réévalués pour exercer son activité et que ceux-ci ne peuvent donc pas être aliénés, elle ne peut tirer aucun profit de la réévaluation. De nouveaux actifs 'comptables' sont créés à l'actif du bilan et, dans la logique de la comptabilité double, des fonds propres de même ampleur sont inscrits au passif. La réévaluation d'un actif au bilan n'est donc pas une mesure appropriée pour équilibrer un bilan déficitaire et, partant, pour améliorer efficacement l'assise de l'entreprise car il ne s'agit pas d'un véritable assainissement. Il convient donc de renoncer à la possibilité de réévaluer ces actifs* »). Dans la mesure où la réserve constitue bien des fonds propres – certes non libres – ils rééquilibrent tout de même le bilan (ce que reconnaissait le Message, ch. 2.1.12, 3ᵉ par. *in initio* : « *leur réévaluation peut rééquilibrer le bilan déficitaire d'un point de vue comptable* »). L'abandon de l'expression s'inscrit dans le cadre de la suppression totale envisagée en 2007 (du fait que la réévaluation n'est pas un rééquilibrage matériel), à laquelle il a été renoncé en 2017-2020 par l'adoption de l'art. 725c CO (FF 2017 471).

[576] À notre sens, l'inscription comme actif négatif n'est pas forcément fausse – et elle est parfois plus lisible –, mais vu la nature de réserve, l'inscription au passif est plus rigoureuse.

[577] C'est ainsi un passif qui fait partie des fonds propres. C'est une réserve légale non distribuable (sur la notion de réserve légale, cf. *infra* N 1870-1883 ; ég. N 451).

[578] Cette méthode, qui est admise par des normes comptables applicables au secteur financier (mais interdite par l'art. 960e al. 1 CO), revient concrètement à déduire du montant de la dette (nominal dû à l'échéance, qui est ici la « valeur future ») l'intérêt correspondant au coût du capital ou à ce que rapporterait le montant s'il était placé jusqu'à l'échéance.

[579] Les titres de dette émis par la société, qui figurent dans les fonds étrangers, diminuent donc de valeur (et sont inférieurs au nominal). Ainsi, le risque accru de défaut induit un effet positif sur le résultat de l'exercice (par diminution des fonds étrangers ; les banques y procèdent, cf. p. ex. le rapport de l'UBS au 2ᵉ trimestre 2010 lors duquel le « gain sur

Les **intérêts** courus à la date du bilan font partie de la valeur nominale (laquelle   414
ne doit pas être confondue avec le « principal » ou la « valeur en capital »).

Les **dettes postposées**[580] ne sont pas évaluées différemment des autres (même   415
s'il convient en principe de mentionner ce caractère ou bien dans l'annexe, ou
bien en les faisant figurer dans une catégorie particulière au bilan).

Comme évoqué dans le chapitre relatif à la présentation du bilan, les dettes   416
doivent figurer par **ordre d'exigibilité**[581].

En ce qui concerne les **dettes dont l'existence est incertaine**, l'instrument   417
comptable qui permet de les traiter consiste dans les provisions, qui font l'objet
d'un sous-chapitre spécifique ci-dessous.

B.   Amortissements, corrections de valeur et provisions

La loi prescrit de tenir compte de la **diminution de valeur que subissent les**   418
actifs. Dans la mesure où cette diminution résulte de l'utilisation ou de l'écoulement du temps, elle est comptabilisée par des amortissements ; les autres diminutions de valeur donnent lieu à des « *corrections de valeur* » (cf. art. 960a
al. 3, 1re phr., CO).

Sur le plan de la **méthode** d'amortissement ou de correction (leur « calcul »),   419
la loi se réfère simplement aux « *principes généralement admis dans le com-*
merce » (art. 960a al. 3, 2e phr., CO). Quant à leur présentation, elle prescrit que
ces diminutions de valeur doivent, dans le bilan, être imputées (« *directement*
ou indirectement ») sur la valeur de l'actif (ou des actifs) concerné(s) ; elle ne

---

crédit propre » a engendré un revenu de CHF 595 millions [version complète anglaise,
Second Quarter 2010 Report {du 27. 7. 2010}, p. 2, 8, 26-28 et note 11b aux p. 63 s. :
« *own credit gain* »]). Cela correspond à une certaine réalité dans la mesure où la société
est concrètement en mesure de racheter sa dette à un prix inférieur au montant nominal.
C'est en revanche artificiel si elle n'a pas l'intention de le faire et trompeur si elle n'en a
pas les moyens (sur le plan des liquidités ; dans le cas du « gain » susmentionné d'UBS,
le caractère artificiel du bénéfice affiché avait été critiqué et, dans les exercices ultérieurs,
ces gains ont été certes inscrits, mais en principe neutralisés par un correctif, cf. p. ex.
rapport du 2e trimestre 2015, selon communiqué du 27. 7. 2015 [p. 37, 2e §, « résultats
corrigés »] ; cf. également les rapports trimestriels précédents des 28. 10. 2014, 10. 2. 2015
et 5. 5. 2015). On observera qu'en vertu du principe de permanence des méthodes, si le
marché perçoit que la situation de la société s'améliore (réduction du risque de défaut),
l'évaluation des titres de dette augmente (elle rejoint le nominal), ce qui a un effet négatif
sur le résultat.

[580]   Cf. *supra* N 837-839.
[581]   Cf. *supra* N 279 ad n. 389.

permet pas de les afficher au passif (art. 960a al. 3, 3ᵉ phr., CO). Dans le compte de résultat, elles constituent des charges (et réduisent donc le bénéfice).

420 Les **provisions** reflètent des risques de pertes ou des engagements incertains ; dans certains cas, elles jouent économiquement un rôle semblable (et parfois identique) à celui des amortissements et corrections de valeur ; sur le plan de la présentation, elles figurent au passif.

1. Amortissements

421 Les amortissements sont des **ajustements de valeur qui sont planifiés dès l'acquisition**. Ils sont généralement effectués sur plusieurs exercices en fonction de la durée d'utilité d'un actif (ou de sa capacité de rendement[582]) ; la justification économique de cette diminution de valeur est qu'au moment où les amortissements successifs sont égaux à la valeur d'acquisition (de sorte que le total est zéro), cela reflète le fait – fréquent – que l'actif n'a effectivement plus de valeur (et doit être remplacé, si l'activité de la société se poursuit de façon similaire) ; si, contrairement à cette hypothèse, l'actif conserve une valeur au terme des amortissements (alors que ceux-ci égalent la valeur d'acquisition), cette valeur est une réserve latente.

422 Les amortissements successifs sont ou bien **linéaires** (c'est-à-dire : égaux chaque année), **dégressifs** ou géométriques (c'est-à-dire : un même taux est appliqué chaque année sur la valeur en début d'année, de sorte que le montant concrètement amorti est moindre chaque année), ou encore **progressifs** (le montant amorti est chaque année plus grand, ce qui se justifie pour les actifs qui se déprécient peu en début d'utilisation)[583]. Un amortissement **selon l'utilisation effective** est également admissible en droit commercial (à condition que l'on puisse employer une unité de mesure objective et précise – comme, pour un véhicule utilitaire, le kilométrage). En droit commercial, un **amortissement immédiat ou unique** n'est pas systématiquement exclu (il peut en particulier être justifié par le principe de prudence, notamment lorsque le rendement futur de l'actif est douteux ou que sa valeur vénale est très faible ; il s'impose parfois clairement lorsque l'actif ne peut concrètement pas être vendu).

---

[582] Cf. Message du Conseil fédéral, FF 2008 1530.
[583] Le Manuel suisse d'audit (tome I, p. 207) recommande d'éviter l'amortissement progressif, eu égard au principe de prudence.

Cela étant, il importe d'avoir à l'esprit qu'en pratique, les sociétés suivent   423
presque toujours les tabelles d'amortissement publiées par l'administration fiscale[584], qui reflètent les méthodes de l'amortissement linéaire (en prescrivant des durées d'amortissement standards qui varient par catégorie – abstraite – d'actif) ou dégressif (en prescrivant des taux standards, variables selon le type abstrait d'actif). Toutefois, si une durée ou un taux différent de ce que prévoient les tabelles fiscales s'imposent selon le droit commercial (p. ex. selon le principe de prudence), ils sont commercialement justifiés et doivent être appliqués (et lient l'administration fiscale en vertu du principe de déterminance[585] ; cela dit, pour d'importants amortissements immédiats ou uniques, solliciter un rescrit fiscal – « *ruling* » – est de toute évidence opportun[586]).

Sur le plan de la **présentation**, l'art. 960a al. 3, 3e phr., CO donne à la société   424
le choix entre deux méthodes : l'amortissement doit être « *imputé directement ou indirectement sur l'actif* » concerné. La méthode **directe** revient à afficher au bilan une valeur nette de l'actif, directement diminuée du montant (cumulé) des amortissements (le cas échéant, au terme des amortissements, il en résulte que l'actif figure avec une valeur nulle ou « pour mémoire » à 1 franc)[587]. Dans la méthode **indirecte**, la valeur initiale (coût d'acquisition ou de revient) reste affichée comme telle au bilan, mais un poste – qui est un actif négatif – indique le montant des amortissements (il est d'ordinaire intitulé « cumul d'amortissement ») ; le solde de ces deux postes est la valeur nette de l'actif. L'art. 960a al. 3 CO exclut d'appliquer une méthode qui consisterait à afficher les amortissements au passif.

---

[584] Cf. p. ex. Rouiller/Bauen/Bernet/Lasserre Rouiller (2022), N 1077.

[585] Cf. *infra* n. 1839 et art. 62 LIFD (lequel renvoie à l'usage commercial). À cet égard, le Message du Conseil fédéral (FF 2008 1530-1531) paraît inverser – à tort – la perspective lorsqu'il indique : « *Dans les immobilisations corporelles, il peut par exemple s'avérer judicieux, suivant la réglementation fiscale cantonale, d'amortir les grandes installations presque entièrement l'année d'acquisition et en une seule fois (amortissement unique), mais de prévoir un amortissement dégressif pour les machines et les véhicules, au taux maximum prescrit par les autorités fiscales* ». Il est exact qu'il est opportun de procéder à une combinaison de méthodes dans la situation décrite, et qu'il est d'ordinaire admissible et *opportun* de suivre les tabelles fiscales ; mais il n'est pas licite en droit commercial de se fonder uniquement sur les taux standards de l'administration fiscale : si, p. ex., un amortissement immédiat est nécessaire du point de vue du droit commercial (p. ex. en vertu du principe de prudence), il doit être fait.

[586] Cf. à juste titre Rémy Bucheler (2018), § 28/II/2.4, 1er par. (p. 250), pour « *toute méthode d'amortissement correspondant à la réalité économique* ».

[587] Du point de vue informatif, il paraît préférable de laisser une valeur minimale (ne serait-ce qu'un centime) tant qu'un actif existe. La consultation du bilan détaillé (du grand livre) permet alors à celui qui le consulte d'être informé sur les actifs, même totalement amortis, que la société détient.

425 Matériellement, en vertu du principe de la **permanence** des méthodes d'évaluation (art. 958c al. 1 ch. 6 CO)[588], la méthode d'amortissement doit, dans la règle, être maintenue pendant toute la durée de vie de l'actif ; les adaptations qui s'avèrent nécessaires au fil du temps pour refléter au mieux la réalité économique[589] sont cependant admissibles[590].

426 Il convient de distinguer d'une telle adaptation quant aux amortissements qui restent à opérer les **reprises d'amortissements**, qui consistent à supprimer des amortissements déjà effectués dont il s'avère qu'ils ont été trop importants. Concrètement, cela revient à **réévaluer** l'actif concerné. De telles réévaluations sont justifiées au regard du principe de fiabilité lorsqu'il est certain que la valeur réelle d'un actif est supérieure à celle affichée au bilan après amortissements (p. ex. parce qu'un actif entièrement amorti selon une durée de vie standard continue manifestement d'avoir une valeur supérieure à zéro ; ou parce qu'une évolution du marché accroît la valeur vénale de l'actif). Ces réévaluations sont possibles, mais pas obligatoires (cf. la dispense expresse de l'art. 960a al. 4 CO) ; ne pas y procéder revient à maintenir une réserve latente consistant dans la différence entre la valeur comptable de l'actif (après des amortissements trop importants) et la valeur réelle (ce que la loi admet).

427 Lorsque la société y procède, ces réévaluations ne peuvent pas aboutir à dépasser l'évaluation initiale (coût d'acquisition ou de revient), qui est une valeur comptable maximale (art. 960a al. 2 CO) ; en d'autres termes, les amortissements qui se révèlent postérieurement injustifiés peuvent être supprimés, mais la réévaluation ne peut pas aller au-delà. Par ailleurs, ces réévaluations ne peuvent évidemment pas aboutir à une valorisation supérieure à la valeur réelle. Techniquement, dans le compte de résultat, ces réévaluations sont des produits. Comme elles consistent à dissoudre des réserves latentes, elles peuvent donner lieu à une mention dans l'annexe, si le montant des dissolutions dépasse le montant des réserves similaires créées dans le même exercice (et à condition que le résultat de l'exercice soit sensiblement amélioré de ce fait ; cf. art. 959c al. 1 ch. 3 CO[591]). De plus, même lorsque ces dissolutions de réserves latentes n'excèdent pas le montant des réserves de ce genre nouvellement créées, il est à tout le moins opportun ou bien qu'elles soient clairement visibles comme

---

[588] *Supra* N 375 ss.

[589] Cela met en œuvre le principe de fiabilité ancré aux art. 958 al. 1, 958c al. 1 ch. 3 et 960 al. 2 *in fine* CO (cf. not. *supra* N 377). Dans le même sens, TC VS 6. 9. 2022, C1 20 65, c. 3.1.1.2.

[590] Cf. Message du Conseil fédéral, FF 2008 1530 : « *les méthodes et les approches choisies, en application du principe de permanence, doivent être utilisées sans changement d'un exercice à l'autre (il est toutefois permis d'adapter les valeurs discrétionnaires telles que la durée d'utilité ou le taux d'amortissement)* ».

[591] Cf. *supra* N 306 ad n. 411.

telles dans le compte de résultat ou bien que l'annexe contienne un commentaire à leur sujet (art. 959 al. 1 ch. 2 CO), car elles influent sur le résultat sans être un véritable revenu et sans résulter de l'activité au cours de l'exercice[592].

On peut observer que le droit comptable suisse permet expressément, à l'article 960a al. 4, 1re phr., CO, des **amortissements qui ne reflètent pas la perte de valeur d'un actif**, mais visent à assurer que la société dispose des ressources pour remplacer l'actif (il s'agit alors d'une réserve latente jouant le rôle d'une provision spécifique pour couvrir le risque de perte de l'actif – « *à des fins de remplacement* ») ou, tout simplement, « *pour assurer la prospérité de l'entreprise à long terme* » (il s'agit alors d'une réserve latente jouant le rôle d'une provision pour des risques généraux). Ces **réserves latentes arbitraires** sont une nette particularité du droit suisse par rapport, semble-t-il, à tous les autres ordres juridiques ; elles concrétisent l'importance donnée en Suisse au principe de prudence et les crises montrent qu'elles n'ont rien de fondamentalement inopportun. Leurs préoccupations impliquant de ne pas accepter trop aisément la réduction de la substance imposable (ne serait-ce qu'en différant l'imposi-

428

---

[592] Une certaine transparence est indispensable sur ce genre d'améliorations du résultat pour ne pas fausser la présentation dans un sens qui serait contraire tant au principe de fiabilité qu'au principe de prudence (l'approche selon laquelle les réserves latentes devraient pouvoir être dissoutes imperceptiblement « *pour ne pas ébranler le crédit de la société* », cf. p. ex. le Message du Conseil fédéral *in* FF 1928 II 268, pour lequel c'était là le sens des réserves latentes, relèvent d'une vision paternaliste à l'égard des investisseurs et des créanciers qui est manifestement incompatible avec les conceptions contemporaines). Cependant, il faut avoir à l'esprit que le projet du Conseil fédéral contenait, à l'art. 960a AP-CO, un al. 5 (1re phr.) prévoyant une telle mention (« *Le montant total provenant de la dissolution de corrections de valeur et d'amortissements qui ne sont plus justifiés est indiqué séparément dans le compte de résultat ou dans l'annexe* », FF 2008 1531 et 1615). Le Conseil des États (BO 2009 E 1194-1197) l'a supprimé sur proposition du député Konrad GRABER, qui indiquait que le système existant depuis 1991 (soit l'indication du montant *net* des dissolutions de réserves latentes, s'il était sensible, selon l'art. 663b ch. 8 aCO-1991 ; celui-ci se distinguait déjà du projet du Conseil fédéral, cf. FF 1983 II 997, qui prévoyait une indication même lorsque ce montant net n'était pas sensible) ne devait pas être modifié (BO 2009 E 1194 : « *Die Regelung, die wir heute aus dem bestehenden Aktienrecht kennen, geht auf eine vor siebzehn Jahren geführte längere Diskussion zurück [...]. Diese Regelung bewährte sich effektiv auch während siebzehn Jahren. Mir schien es falsch zu sein, hieran etwas zu ändern. Wir sollten vielmehr an der Nettoauflösung festhalten. Sinn und Zweck der gesetzlichen Regelung muss es sein, dass der Bilanzleser sieht, wann die Gesellschaft das ausgewiesene Ergebnis durch die Nettoauflösung von stillen Reserven zu positiv darstellt. [...] Wie gesagt ist die Nettoauflösung der stillen Reserven für den Aktionär eine Schlüsselinformation* » ; cf. aussi le commentaire approbateur d'Eugen DAVID [cité ci-dessus *in* n. 659] et les brefs débats au Conseil national, BO 2010 N 1378 ; voir aussi les modifications apportées dans les débats parlementaires par rapport au projet du Conseil fédéral relatifs à l'art. 960e al. 4, 2e phr. : *infra* n. 625).

tion), les autorités fiscales peuvent toutefois ne pas admettre ces amortissements constitutifs de réserves latentes, qu'elles considèrent comme n'étant en principe pas justifiées commercialement[593] (ce que l'on peut bien reconnaître dans la mesure de leur caractère réellement arbitraire[594]) ; cela induit, par exception au principe de déterminance, une divergence entre le bilan comptable et le bilan fiscal. Ces considérations ne signifient pas que l'amortissement unique ou immédiat reviendrait toujours à constituer une réserve latente : lorsque l'actif n'a pas de valeur réalisable (p. ex. une installation fixe qui, d'un point de vue réaliste, ne peut être détachée et revendue), l'amortissement immédiat est commercialement justifié[595] (et doit dès lors être admis fiscalement[596]).

2. Corrections de valeur (dépréciations)

429   Comme énoncé en début de section[597], les corrections de valeur (aussi nommées « dépréciations » ou parfois « amortissements extraordinaires ») reflètent sur le plan comptable les **pertes de valeur d'un actif qui ne résultent pas de l'écoulement du temps ou de l'utilisation prévue**[598]. Cela peut survenir notamment en cas d'évolution du marché qui induit une baisse de la valeur vénale.

---

[593]   Ainsi, Analyse du Comité CSI [Conférence suisse des impôts] sur le nouveau droit comptable (Décision du Comité CSI du 12. 2. 2013), p. 4 (par. 1 et 2).

[594]   La question fondamentale qui se pose pour admettre ou non le caractère « commercialement justifié » de ces réserves est de savoir si le seul moyen de la société pour se plier à une approche prudente face à ces risques est de reporter le bénéfice ou de créer des réserves ouvertes (décidées par l'assemblée générale, cf. *infra* ad n. 623). La question est subtile, car il s'agit aussi de déterminer s'il est important que le pouvoir de décision relatif aux montants en réserve soit dans les mains de l'organe dirigeant (le conseil d'administration dans la SA, les gérants dans la Sàrl), qui porte la responsabilité de la gestion, ou si aucun motif sérieux ne s'oppose à ce qu'il soit laissé aux sociétaires (surtout aux actionnaires, qui ne portent pas cette responsabilité ; pour la Sàrl, la ligne de partage peut être plus complexe, cf. art. 811 CO, *infra* N 2617-2626). Tenir compte de la nécessité ou non de laisser une décision dans la compétence de l'organe dirigeant ou des propriétaires est complexe, mais, malgré sa difficulté, cet examen ne doit pas être négligé (et l'autorité fiscale ne doit pas prendre à la légère une réflexion, le cas échéant approfondie, arrêtée par la société sur ce plan).

[595]   En ce sens, TC VS 6. 9. 2022, C1 20 65, c. 3.1.1.2.

[596]   L'Analyse du Comité CSI (p. 4, ad n. 13) le reconnaît expressément.

[597]   *Supra* N 418.

[598]   Cf. le Message du Conseil fédéral, FF 2008 1531 : « *Une correction de valeur est judicieuse lorsque des circonstances imprévisibles, qui ne découlent pas de l'utilisation régulière de l'actif, causent une [perte de valeur]* ». On observera qu'il s'agit plutôt des circonstances *imprévues* (cf. la version allemande, « *unvorhergesehenen Umstand* », BBl 2008 1711).

Les corrections de valeur, contrairement aux amortissements[599], ne sont pas planifiées ; elles peuvent concerner des actifs dont il était prévu qu'ils conservent (voire augmentent) leur valeur à long terme (participations, terrains ou encore marques, p. ex.).

Vu l'art. 960 al. 3 CO qui interdit la surévaluation, la société est **obligée** de procéder à une vérification et le cas échéant à une dépréciation lorsque des indices concrets montrent qu'un actif figure au bilan pour un montant supérieur à la valeur réelle. 430

La détermination (ou le calcul) de la dépréciation se fait **au regard de la valeur de marché et de la valeur d'usage.** La dépréciation est requise pour que la valeur comptable nette rejoigne, au plus, la moins basse de ces deux valeurs[600]. 431

Comme les amortissements, une correction de valeur est une charge dans le compte de résultat. Sur le plan de la présentation au bilan, les mêmes règles s'appliquent : la dépréciation peut être directement imputée à la valeur de l'actif concerné (qui figure alors sous sa valeur nette), ou « indirectement », le montant – négatif – de la dépréciation figurant sous la valeur initiale (coût d'acquisition ou de revient). 432

Une correction de valeur qui doit être effectuée selon les art. 960 al. 3 et 960a al. 3 CO est obligatoire et en principe commercialement justifiée (et elle doit donc être reconnue par les autorités fiscales). Si les circonstances qui ont justifié la dépréciation disparaissent, la société peut la supprimer ; dans le compte de résultat, cette suppression constitue un produit (comme les « reprises d'amortissements »)[601]. Le droit comptable suisse autorise la société à ne pas supprimer une dépréciation devenue injustifiée (art. 960a al. 4, 2ᵉ phr., CO) ; cela donne alors lieu à une réserve latente (qui, n'étant plus justifiée commercialement, peut être imposée). Allant encore plus loin, le droit comptable suisse autorise la société à procéder à des corrections de valeurs « *à des fins de remplacement et pour assurer la prospérité de l'entreprise à long terme* » (art. 960a al. 4, 1ʳᵉ phr., CO). Comme évoqué à propos des amortissements effectués à ces fins[602], il s'agit de la constitution de réserves latentes « arbitraires ». Vu ces buts légitimes, et leur utilité indéniable en cas de crises, elles 433

---

[599] Contrairement aux amortissements *ordinaires*, si l'on admet l'expression d'« amortissement extraordinaire » pour dépréciation.

[600] Cf. la norme Swiss GAAP RPC 20 « *Dépréciation d'actifs* », N 4, 1ʳᵉ phr., et 5 s. ainsi que p. 101. (cf. *infra* N 507) et Rémy BUCHELER (2018), § 28/III/1 (p. 255).

[601] Sur la mention dans l'annexe lorsque le montant des suppressions de corrections de valeurs devenues injustifiées et des amortissements trop importants excède le montant de la constitution de corrections de valeurs et d'amortissements, cf. art. 959c al. 1 ch. 3 CO ; cf. *supra* N 306 ad n. 411 et N 427 ad n. 591.

[602] *Supra* N 428 ad n. 593-596.

n'ont manifestement rien de déraisonnable, mais ne sont pas forcément[603] justifiées commercialement ; dans cette mesure (mais uniquement dans cette mesure), elles ne seront pas reconnues par les autorités fiscales comme réduisant
le bénéfice imposable[604].

3. Provisions

434   Les provisions, à inscrire au passif, sont des montants qui couvrent des charges
(ou pertes d'avantages) futures revêtant un **caractère incertain**. Elles obligent
la société à conserver, à l'actif, des ressources correspondantes ; concrètement,
elles préviennent donc des distributions de bénéfice[605] (ou des dépenses) dont
l'ampleur empêcherait la société (sans nouvel apport) de couvrir ces possibles
charges.

435   Les provisions traitant l'incertitude, elles relèvent forcément et substantiellement de **l'appréciation des organes**. Certaines sont indiscutablement nécessaires, ainsi lorsqu'une prétention probablement bien fondée est élevée contre
la société, mais qu'il est provisoirement impossible ou inopportun que celle-ci
la reconnaisse[606]. D'autres sont en revanche facultatives et relèvent de la volonté de la société d'anticiper des charges. D'autres enfin ressortissent à la volonté de constituer de véritables réserves. Les premières sont *dictées* par le principe de prudence, tandis que les autres sont simplement rendues *possibles* par
la large place que peut prendre ce principe en droit suisse. À la différence des
réserves latentes (tels les amortissements excessifs ou dépréciations injustifiées), les provisions présentent la caractéristique d'être explicites et visibles ;
elles ne sont donc en principe pas problématiques sur le plan de la transparence.
À la différence d'une politique d'entreprise qui consisterait simplement à ne

---

[603]   Voir *supra* n. 594.
[604]   Cf. p. ex. ROUILLER/BAUEN/BERNET/LASSERRE ROUILLER (2022), N 1068 ss, spéc. 1073 s.
Comme exposé en n. 594, il importe que les autorités fiscales ne négligent pas non plus la
raison qui peut conduire la société à considérer comme *nécessaire* de laisser le pouvoir
dans la compétence de l'organe dirigeant (en particulier du conseil d'administration dans
la SA), car cette nécessité – qui est une question complexe – peut fonder le caractère commercialement justifié de la constitution des réserves.
[605]   Pour un cas très intéressant, où une provision relative à une créance faisant l'objet d'un
procès a été jugée insuffisante, de sorte qu'une distribution de bénéfice a été excessive,
TF 30. 5. 2023, 4A_465/2022 et 4A_467/2022, lit. B et c. 6.1 et 6.2.1 (c. non publiés à
l'ATF 149 III 310).
[606]   La provision pour procès devrait prendre en considération aussi bien les frais de justice et
d'avocat potentiels que la valeur de prétentions élevées contre la société. Sur la pondération en fonction des probabilités, cf. *infra* n. 613.

pas distribuer une importante proportion du bénéfice, la constitution de provisions est dans les mains de l'organe dirigeant qui établit les comptes annuels ; à moins de refuser les comptes et de changer la composition de l'organe dirigeant afin que l'organe dirigeant nouvellement composé ne constitue pas les provisions contestées – ce qui est une décision complexe, lourde à mettre en œuvre et rarissime en pratique –, les propriétaires (actionnaires, associés nongérants) n'ont pas le pouvoir de s'opposer à la constitution de provisions. Ainsi, celles-ci constituent une importante *ligne de partage du pouvoir dans la société* entre les organes dirigeants et les propriétaires ; et cette ligne de partage ne dépend pas du pouvoir de dissimulation que les organes dirigeants tirent de ce qu'ils connaissent de l'intérieur le fonctionnement de la société et la marche des affaires[607]. On reviendra sur ce sujet dans le sous-chapitre consacré aux réserves[608].

Très concrètement, le droit comptable suisse consacre trois alinéas aux provisions. 436

Le premier, l'art. 960e al. 2 CO, évoque les **provisions obligatoires**, dans les 437 termes suivants : « *Lorsque, en raison d'événements passés, il faut s'attendre à une perte d'avantages économiques pour l'entreprise lors d'exercices futurs, il y a lieu de constituer des provisions à charge du compte de résultat, à hauteur du montant vraisemblablement nécessaire* »[609]. Bien qu'il traite des provisions qui seraient *nécessaires*, ce texte légal donne une importante place à l'appréciation des organes dirigeants. Cela étant, ces provisions sont un aspect du principe d'indépendance des exercices (art. 958b CO)[610] : une charge, même incertaine, est supportée par l'exercice qui cause sa survenance (même si la concrétisation finale, et donc l'ampleur exacte – et la survenance – de la charge, a lieu au cours d'un exercice ultérieur)[611]. Elles sont aussi un moyen de respecter le principe de fiabilité des comptes (art. 958c al. 1 ch. 3 CO), cela dans une

---

[607] Le fait qu'il s'agisse d'une importante ligne de partage de pouvoir entre les administrateurs et les actionnaires est connu depuis longtemps, cf. p. ex. le Message du Conseil fédéral de 1928 (qui indiquait que l'attribution de ce pouvoir aux administrateurs était nécessaire ; FF 1928 I 267-268). C'est essentiellement la faculté des administrateurs de dissimuler la réalité des résultats qui a été critiquée par la suite (cf. Message du Conseil fédéral, FF 1983 II 831 ; cf. ég. *supra* n. 526 et *infra* n. 661).

[608] *Infra* N 446 ss, spéc. N 464.

[609] On peut relever que, dans les débats parlementaires (séances du 3. 12. 2009 [BO 2009 E 1195 s.] et du 20. 09. 2010 [BO 2010 N 1377-1379]), la 2ᵉ phr. de l'art. 960e al. 2 que prévoyait le projet du Conseil fédéral a été supprimée : « *Si ce montant ne peut être estimé avec un degré de fiabilité suffisant, des informations relatives aux provisions requises sont fournies dans l'annexe* » (FF 2008 1533 et 1616).

[610] *Supra* N 355-361.

[611] Comme signalé *supra* en n. 494, la collecte de fonds pour préfinancer la livraison d'un jeton d'utilité donne lieu à un passif ou à une provision (AFC, Document de travail du

approche prudente (art. 959c al. 1 ch. 5 CO), en faveur de laquelle s'applique le principe (voire le biais) de l'imparité[612]. Cela étant, bien qu'il s'agisse forcément d'appréciation, il est certainement nécessaire de constituer des provisions au titre de l'art. 960e al. 2 CO (et de ne plus se contenter d'une mention dans l'annexe) lorsqu'il devient probable que la condition dont dépend l'exigibilité d'engagements conditionnels se réalise[613]. Il convient de garder à l'esprit que c'est en principe le montant de la perte probable résultant de l'engagement

---

27. 8. 2019, ch. 4.2.1, p. 15-16 : «*Les fonds ainsi collectés constituent un revenu imposable et doivent être portés au compte de résultat comme revenu, au moment de l'émission. Une obligation contractuelle de réalisation d'un projet déterminé justifie la comptabilisation d'une provision avec effet sur les charges. La preuve de dite obligation doit être apportée au moyen du Whitepaper ou autres contrats et business plans. Les provisions qui ne se justifient plus sont dissoutes après la phase Go-Live et ajoutées au bénéfice imposable*»).

[612] *Supra* N 401 ad n. 527.

[613] Bien que le provisionnement de l'intégralité du montant soit en principe possible, il est admissible, selon nous, de pondérer le montant éventuellement dû en fonction du degré de probabilité (p. ex., pour une dette conditionnelle de CHF 200 000.–, de constituer une provision de CHF 100 000.– si la probabilité que la condition se réalise est de 50 % ; cf., sous l'empire de l'ancien droit, TF 2. 9. 2010, 4A_277/2010 c. 2.1, par. 1 *in fine* : «*[in] einem solchen Fall [kann] die angemessene Lösung in der Rückstellung eines Teilbetrags des schlimmst möglichen Ausgangs bestehen[,] wenn ein Versicherer, der viele solche Risiken in seinen Büchern hätte, eine Rückstellung in einem Betrag, welcher der Wahrscheinlichkeit entspricht, für nötig erachten würde*» ; dans le même sens, TF 3. 4. 2012, 6B_778/2011, c. 5.4.2. i.f. «*gestützt auf Art. 669 Abs. 1 OR [können] Rückstellungen (in der Höhe eines Teilbetrags des schlimmstmöglichen Ausgangs) unter Umständen bereits bei einer Wahrscheinlichkeit von 50 % oder darunter angebracht sein*» et TF 18. 4. 2013, 6B_496/2012/6B_503/2012, c. 9.6 i.f.). Peter BÖCKLI (2014), N 1023, 1025 s. (et 1031), l'admet pour les engagements conditionnels dont la probabilité est comprise entre 25 % et 75 % (pour les probabilités supérieures à 75 %, il préconise d'inscrire l'intégralité de la somme potentiellement due, tandis qu'en dessous de 25 %, il préconise de se limiter à la mention dans l'annexe). Selon nous, un provisionnement est *possible* même en dessous d'une probabilité de 25 %, étant précisé qu'une pondération est aussi dans ce type de situation un moyen d'ajuster utilement le bilan (alors que les IFRS [norme IAS 37] n'admettent qu'un provisionnement de l'intégralité de la somme si l'événement est «*more likely than not*» [soit plus de 50 %, cf. Bernard RAFFOURNIER {2019}, p. 305], cette règle rigide étant critiquable à maints égards et conduisant souvent en pratique à une sous-évaluation du besoin de provisions par l'artifice d'une évaluation de la probabilité à moins de 50 % ; cf. en général, *infra* N 499 s. ; voir aussi TF 30. 5. 2023, 4A_465/2022 et 4A_467/2022, lit. B et c. 6.1 et 6.2.1 (*supra* n. 605) ; MEYER/TEITLER, ECS 2004 7 : «*Les US GAAP ont laissé dépérir le principe de prudence lors de sa mise en pratique*» ; pour une critique nuancée, Peter BÖCKLI [2015], N 1024). Cela étant, la pondération de pertes dont la probabilité est faible (moins de 25 %) aboutit à faire figurer des montants qui ne sont pas forcément appréhendés utilement ; ce genre de situations justifie clairement selon nous le recours aux provisions générales (art. 960e al. 3 ch. 4 CO).

conditionnel (et non le montant de cet engagement[614]) qui est déterminant pour la provision[615].

Une place encore plus importante est laissée à l'**appréciation pour trois catégories de provisions**, qui sont circonscrites d'une façon relativement précise à l'art. 960e al. 3 ch. 1 à 3 CO : « *En outre, des provisions peuvent être constituées notamment aux titres suivants : (1) charges régulières découlant des obligations de garantie ; (2) remise en état des immobilisations corporelles ; (3) restructurations* ». Le terme « en outre » indique clairement que ces provisions ne correspondent pas à la définition des provisions nécessaires que donne l'al. 2 : elles sont indubitablement **facultatives** ; de plus, elles ne concernent pas des charges nées dans l'exercice courant, mais couvrent clairement des charges futures, qu'elles anticipent sur le plan comptable.

Concrètement, les « *charges régulières découlant des obligations de garantie* » sont celles qu'un vendeur ou autre fournisseur de prestations doit au titre de la garantie de la qualité de ce qu'il a livré[616] (il ne s'agit donc pas des « garanties » au sens de sûretés personnelles ou réelles pour des dettes de tiers, comme les cautionnements, porte-fort – « garantie indépendante » – ou gages, qui sont des engagements conditionnels et peuvent faire l'objet de provisions au titre de l'art. 960e al. 2 ou al. 3 ch. 4 CO[617]). D'une certaine façon, il s'agit de tenir compte du fait que la société, ayant réalisé un revenu par la vente de

438

439

---

[614] Pour les obligations de garantie (et leur *fair market value*), voir en particulier *supra* n. 394.

[615] Concrètement, si la société a vendu un droit d'emption (*call option*) impliquant le droit du cocontractant d'acquérir à un prix d'exercice (*strike price*) de 40 un actif (p. ex. action) dont, vu l'évolution des cours à la date du bilan, il faut s'attendre qu'il vaille 60 au moment de l'échéance (*strike date*), et que la société doit acquérir parce qu'elle ne le détient pas (*naked call*), la provision à inscrire est de 20 (et non pas de 60). Si la société a cédé un droit de lui vendre un actif (*put option*, que l'on devrait rendre en français par « droit de vendition ») à un prix de 70, et qu'il faut s'attendre à la date du bilan (p. ex. de par le consensus des analystes financiers) à ce que la valeur à l'échéance soit de 45, la provision à constituer est de 25 (et non pas de 70). Lorsque l'engagement conditionnel est un cautionnement ou un porte-fort (garantie indépendante), il faut certainement tenir compte du recours (action récursoire) contre le débiteur principal. Il faut encore avoir à l'esprit que si une société a vendu un droit d'emption (*call option*) relatif à un actif qu'elle ne possède pas (*uncovered* ou *naked call*), la perte dépend du dépassement de la valeur de l'actif par rapport au prix d'exercice ; elle peut être potentiellement illimitée, puisqu'il n'y a pas de limite à la hausse ; les provisions peuvent être dans ce cas un multiple des valeurs de référence initiales (p. ex. du prix d'exercice).

[616] Cf. Peter BÖCKLI (2014), N 1037-1039.

[617] Cette précision est particulièrement utile au regard du fait que le droit comptable de 1991 se référait aux « obligations de garantie » à l'art. 663b al. 1 ch. 1 aCO-1991, soit le même terme (y compris en allemand, « *Garantieverpflichtungen* ») dans le sens de sûretés constituées par la société pour des dettes de tiers (cautionnements, garanties indépendantes, gages).

produits ou d'autres prestations, devra probablement assumer certains coûts qui en découlent (au titre du « service après-vente », qui induit des interventions, typiquement par un service technique, ou des remplacements de pièces ou, dans certains cas, de l'intégralité de l'objet vendu) ; la mention du caractère « régulier » des charges fait référence au fait que dans les entreprises traitant des volumes d'une certaine importance, l'expérience statistique permet d'estimer le coût futur de la garantie[618].

440 Les provisions destinées à couvrir la « *remise en état des immobilisations corporelles* » (ch. 2) procèdent de la même idée que les amortissements et peuvent faire double emploi (auquel cas elles ne se justifient pas et relèveraient de l'artifice comptable) ; elles ont une fonction spécifique et sont justifiées si le coût de la remise en l'état dépasse les amortissements[619] ou si la remise en l'état envisagée n'est pas censée aboutir à une augmentation de valeur des immobilisations concernées[620].

441 Le ch. 3 de l'art. 960e al. 3 CO permet d'anticiper les **frais de restructurations**. Une provision à ce titre est raisonnable au vu des frais parfois très considérables qu'induisent les restructurations, lesquelles ne sont pas des dépenses opérationnelles ni des investissements ; avant que leurs effets bénéfiques escomptés se manifestent, elles induisent un pur appauvrissement financier (frais de conseil, plan social, etc., sans compter le temps des organes et des départements d'entreprise consacré à d'autres tâches qu'à l'activité opérationnelle et

---

[618] Peter Böckli (2014), loc. cit., ad n. 1816, parle à cet égard de *Erfahrungszahlen*. On observera que, si les ventes sont stables, les coûts qu'une société supporte au titre de la garantie au cours d'un exercice sont semblables d'une année à l'autre. Une provision ne se justifie donc que si les ventes s'accroissent (de sorte qu'en raison d'un décalage entre le moment des ventes et celui de la réparation des défauts, les coûts découlant des garanties seront plus importants dans un exercice futur que dans l'exercice durant lequel les ventes ont eu lieu, puisque pendant celui-ci, les coûts découlant des garanties étaient proportionnels aux ventes moindres réalisées dans des exercices antérieurs) ou que si des coûts de garantie inférieurs à la moyenne sont subis pendant l'exercice en cause – par l'œuvre de la chance, devrait-on dire –, de sorte que des coûts de garantie supérieurs à celui de l'exercice (conformes à la moyenne) doivent être attendus pour les exercices à venir.

[619] Cela peut survenir si l'on maintient les amortissements linéaires alors qu'une détérioration imprévue a eu lieu, induisant la nécessité de réparations non planifiées.

[620] Cette seconde hypothèse est envisagée par Peter Böckli (2014), N 1042. Cet auteur rappelle à juste titre que, si les travaux aboutissent à un accroissement de valeur de l'actif (ce qui suppose qu'il ne s'agisse pas de simples réparations, suite auxquelles la valeur d'acquisition initiale ne peut pas être dépassée, art. 960a al. 2, 1re phr., CO), une activation doit avoir lieu. Cela signifie concrètement que ces travaux ne seront pas une charge (dont l'anticipation justifierait une provision), mais un investissement (vu l'activation de l'immobilisation faite simultanément à la sortie de liquidités, une provision – qui anticipe une diminution de l'actif – ne se justifie pas).

au développement). Il est donc parfaitement conforme au principe de prudence de faire ressortir ces coûts aussitôt que possible dans la comptabilité (surtout lorsque ces coûts sont proportionnellement importants). Cela étant, il est opportun d'avoir à l'esprit que les normes internationales restreignent nettement la faculté de constituer des provisions à ce titre[621].

L'art. 960e al. 3 ch. 4 CO autorise la constitution de provisions au titre de « *mesures prises pour assurer la prospérité de l'entreprise à long terme* ». En termes clairs, cela relève de la pure épargne[622]. Cela joue exactement le même rôle que des réserves arbitraires constituées par l'assemblée générale[623] ou que sa décision de reporter le bénéfice plutôt que le distribuer aux actionnaires, la différence résidant – comme évoqué en préambule – dans le fait que les provisions relèvent de la compétence de l'organe dirigeant.   442

Cette faculté de constituer de l'épargne est conforme au principe de prudence et est l'expression de la place particulièrement large qui lui est allouée en droit suisse. Elle n'existe, semble-t-il, dans aucun autre ordre juridique. Par ailleurs, au sein même de l'ordre juridique suisse, les autorités fiscales peuvent ne reconnaître que partiellement, voire pas du tout, de telles provisions[624].   443

L'art. 960e al. 4 CO prévoit quant à lui que « *les provisions qui ne se justifient plus ne doivent pas obligatoirement être dissoutes* »[625]. Comme pour la nondissolution d'amortissements ou de corrections de valeur devenus injustifiés   444

---

[621] Cf. p. ex. IAS 37.70/71 (très restrictifs, par. 74-75) ; à ce sujet, *infra* N 501.

[622] Du même avis, Rémy BUCHELER (2018), § 30/II/3 (p. 263 : « *épargne pour le futur* »). Cela a toujours été reconnu – et voulu – dans les travaux législatifs (Messages du Conseil fédéral, FF 1928 I 267 s. et FF 1983 II 830, 832 ; pour le nouveau droit, cf. les débats parlementaires, et en particulier les propos d'Eugen DAVID, BO 2009 E 1195-1196, cités *in* n. 659 *infra*).

[623] Art. 673 al. 1, 2ᵉ hypothèse, CO (cf. *infra* N 451-452, à distinguer des réserves obligatoires, cf. notamment *infra* N 1878-1883).

[624] Dans ce sens, l'Analyse du Comité CSI (Conférence suisse des impôts) sur le nouveau droit comptable (Décision du Comité CSI du 12.2.2013), p. 4 (par. 3) ; cf. déjà *supra* n. 593, pour les amortissements (respectivement la non-dissolution d'amortissements) qui, selon l'art. 960a al. 4, 1ʳᵉ phr. *in fine*, CO, visent à « *assurer la prospérité de l'entreprise à long terme* ». Parmi les provisions de ce type qu'admet le droit fiscal, seule la provision au titre de « *futurs mandats de recherche et de développement confiés à des tiers* » (art. 63 al. 1 lit. d LIFD) ressemble à la provision de l'art. 960e al. 3 ch. 4 CO (et elle n'est admise que « *jusqu'à 10 % au plus du bénéfice commercial imposable, mais au total jusqu'à 1 million de francs au maximum* » ; cf. p. ex. ROUILLER/BAUEN/BERNET/LASSERRE ROUILLER [2022], N 1078).

[625] Supprimé la 2ᵉ phr. de l'art. 960e al. 4 que prévoyait le projet du Conseil fédéral : « *En cas de dissolution, le montant total est indiqué séparément dans le compte de résultat ou dans l'annexe* » (FF 2008 1533 et 1616) ; il s'agit du même débat que celui portant sur l'art. 960a al. 5 AP-CO (*supra* n. 592).

(art. 960a al. 4, 2ᵉ phr., CO) permise « *à des fins de remplacement et pour assurer la prospérité de l'entreprise à long terme* »[626], il s'agit là de l'autorisation explicite de constituer des réserves latentes. À l'instar des réserves latentes résultant de la non-dissolution d'amortissements ou dépréciations devenus injustifiés, et des provisions – transparentes – dictées par la volonté d'épargner au titre de « *mesures prises pour assurer la prospérité de l'entreprise à long terme* » (art. 960e al. 3 ch. 4 CO), c'est une conception particulièrement large du principe de prudence (spécifique au droit suisse, comme déjà relevé) qui la fonde. L'ampleur des crises et des imprévus défavorables étant souvent sous-estimée[627], il est difficile de critiquer une politique de la société consistant à épargner, sauf sous l'angle de la transparence ; c'est la raison pour laquelle les provisions constituées *de façon visible* au titre de l'art. 960e al. 3 ch. 4 CO sont, dans une conception tenant compte des exigences contemporaines de transparence, préférables à la simple non-dissolution de provisions initialement justifiées à un autre titre que l'épargne mais dont le fondement a disparu. On reviendra sur cette problématique dans la section consacrée aux réserves[628].

4. Documentation relative aux amortissements, dépréciations et provisions

445 Les amortissements, dépréciations et provisions sont des charges dans le compte de résultat et ont pour effet de réduire le bénéfice. Contrairement aux autres charges du compte de résultat, ils ne doivent cependant pas faire l'objet de pièces justificatives au sens strict ; il s'agit d'appréciations et parfois de véritables décisions ; leur justification est, fondamentalement, le principe de prudence (ce qui doit faire l'objet de pièces justificatives, c'est le renouvellement d'une immobilisation, la réalisation d'un actif déprécié ou la réalisation de la charge en vue de laquelle une provision avait été constituée). Néanmoins, dans une société bien gérée, les réflexions (choix des méthodes d'amortissement, paramètres de dépréciations, décisions donnant lieu à des provisionnements) devraient être, à notre avis, disponibles par écrit, ne serait-ce que sous la forme d'explications fournies aux personnes établissant la comptabilité (comptables) et aux réviseurs.

---

[626] *Supra* ad n. 593-596 et 602.

[627] Le Message du Conseil fédéral, publié le 21 février 1928 (soit, notamment, plus d'un an et demi avant la grande crise financière de 1929), le disait avec simplicité, lucidité et éloquence (et de manière prémonitoire) : « *Les expériences réalisées durant la guerre et les années d'après-guerre ont démontré combien la réalité peut dépasser les prévisions de crise les mieux étudiées* » (FF 1928 I 267).

[628] *Infra* N 458 ss, spéc. N 461-464.

VII.   Les réserves ouvertes et les réserves latentes

A.   Vue d'ensemble et distinctions fondamentales

On désigne sous le même terme de « réserves » deux phénomènes bien diffé-   446
rents.

Les réserves « ouvertes » traduisent comptablement une opération obligatoire   447
ou volontaire de droit des sociétés : après que les comptes annuels ont été établis par les organes dirigeants et le bénéfice ainsi déterminé, la société – par
l'assemblée des propriétaires – décide de créer un passif d'un certain montant
(« réserve »), afin de s'obliger à avoir un total d'actifs supérieur à ce qu'il serait
sans la constitution de cette réserve. De par sa nature de passif, la réserve n'est
pas directement un avoir gardé en réserve – le terme peut donc être considéré
comme peu éclairant –, mais elle oblige la société à conserver des actifs « en
réserve » en ceci qu'ils sont d'un montant supérieur à ce qui serait strictement
nécessaire si la décision de la constituer n'avait pas été prise ; on ajoutera qu'il
n'y a pas d'actif *spécifique* (p. ex. liquidités bloquées) qui soit « réservé » pour
correspondre à la réserve constituée au passif, sauf lorsqu'il s'agit d'une « réserve de réévaluation » relative à un actif déterminé. Les réserves correspondent par leur fonction aux *provisions* que constituent les organes dirigeants qui
présentent les comptes annuels aux propriétaires de la société.

La constitution de réserves ouvertes dépend de processus précis qui ne sont pas   448
les mêmes dans les sociétés de personnes et dans les sociétés de capitaux. On
ne peut donc les traiter dans la partie générale du droit des sociétés.

Les réserves latentes sont issues d'un processus différent : il s'agit de retenir   449
des évaluations d'actifs inférieures à la valeur réelle et des évaluations de passifs supérieures au coût réel probable des engagements. Elles résultent ainsi de
la préparation des comptes annuels par les organes dirigeants. Bien que critiquées, elles font partie – à un titre ou un autre, et dans une ampleur très variable
– de la vie de toutes les sociétés qui établissent des comptes.

Dans la présente section qui relève de la partie générale, on se bornera pour   450
l'essentiel à un renvoi à la partie spéciale en ce qui concerne les réserves ouvertes, et on traitera les réserves latentes.

B.   Réserves ouvertes (renvoi)

Dans les **sociétés de capitaux**, un régime particulièrement détaillé figure dans   451
le droit de la société anonyme, étant précisé que le droit de la Sàrl et celui

173

de la coopérative y renvoient explicitement[629]. Certaines règles concernent la constitution de réserves **obligatoires** correspondant à une partie du bénéfice, à certains types d'apports et à la détention de parts sociales propres. Les réserves **facultatives** sont des passifs que l'assemblée des propriétaires décide librement de constituer, mais qui ont fondamentalement la même fonction que simplement reporter le bénéfice (c'est-à-dire : ne pas le distribuer).

452 Dans les **sociétés de personnes**, les associés peuvent créer des réserves **facultatives**, c'est-à-dire inscrire des passifs ayant la même fonction qu'un report de bénéfice, comme les propriétaires de sociétés de capitaux le peuvent.

C.   Réserves latentes

1.   Conditions

453 L'organe dirigeant constitue des réserves latentes en présentant, dans le bilan et le compte de résultats, une image péjorée de la situation patrimoniale de la société par rapport à la réalité. C'est notamment le cas en matière d'évaluation des actifs et passifs, lorsque les amortissements sont excessifs, que l'organe dirigeant procède à des corrections de valeur exagérées ou encore qu'il ne dissout pas des amortissements, corrections de valeur ou provisions devenues superflues.

454 Ces réserves ne sont pas présentées comme telles dans le bilan, et leur constitution n'est pas affichée dans le compte de résultat. De leur caractère caché vient leur appellation de réserves latentes.

455 Jusqu'à l'adoption du droit comptable entré en vigueur le 1er janvier 2013, la loi autorisait en toutes lettres le conseil d'administration de la société anonyme à constituer des réserves latentes « *à des fins de remplacement* » (art. 669 al. 2 aCO)[630] et des réserves latentes *supplémentaires* dans la mesure où elles étaient justifiées « *pour assurer d'une manière durable la prospérité de l'entreprise ou la répartition d'un dividende aussi constant que possible* » (le conseil d'administration devait alors tenir compte des intérêts des actionnaires[631] ; art. 669 al. 3 aCO ; le droit de la société anonyme exigeait en tous les cas que la constitution

---

[629]   Cf. *infra* N 1864-1883.

[630]   V. *supra* N 444 (ad n. 626 ss).

[631]   Il s'agit des intérêts de tous les actionnaires, y compris des actionnaires minoritaires. La constitution de réserves latentes ne doit ainsi pas revenir à priver les actionnaires minoritaires de leur droit à un dividende.

de réserves latentes repose sur des motifs objectifs et qu'elle ne poursuive pas des buts étrangers à l'entreprise[632].

Le droit de 2011 n'emploie plus qu'à une reprise le terme de « réserves la-   456
tentes » (à l'art. 959c al. 1 ch. 3 CO, qui traite de l'annexe[633]), mais matériellement[634], il a intégralement maintenu la faculté de l'organe dirigeant (en droit
commercial[635]) d'en constituer en procédant à des amortissements « *à des fins
de remplacement* » ou, au-delà de ce besoin, à des amortissements ou dépréciations supérieurs à la perte de valeur « *afin d'assurer d'une manière durable la
prospérité de l'entreprise* », ou encore en constituant des provisions injustifiées
ou en ne dissolvant pas des amortissements, corrections de valeur ou provisions
devenues injustifiés. Les critiques que de nombreuses voix doctrinales (fondées
sur les normes internationales) exprimaient, depuis des décennies, envers les
réserves latentes[636] n'ont donc pas été suivies à l'occasion de la réforme de
2011. La crise financière de 2008 avait entretemps montré les faiblesses des
systèmes fondés sur des conceptions excluant (ou tendant à exclure) les réserves latentes[637].

---

[632]   Cf. Georges MULLER (1993), p. 98, considérant que toute mise en réserve est légitime à
condition que l'on prenne en considération les intérêts des actionnaires.

[633]   Sur la mention obligatoire de la dissolution des réserves latentes lorsque le montant des
dissolutions dépasse celui des constitutions et qu'il en résulte une amélioration apparente
sensible du résultat ; cf. *supra* N 306 ad n. 411 et N 427 ad n. 591.

[634]   Outre le terme de « réserves latentes » qui n'est plus employé, les dispositions qui autorisent matériellement les réserves latentes (art. 960a al. 4 et 960e al. 3 ch. 4 et al. 4 CO)
« pour assurer de manière durable la prospérité de l'entreprise » ne mentionnent plus le
but d'un « dividende aussi constant que possible » qui figurait à l'art. 669 al. 3 a CO (il
figurait jusqu'en 2022 dans le texte de l'art. 674 al. 2 ch. 2 aCO-1991 pour les réserves
ouvertes décidées par l'assemblée générale, mais plus dans le nouvel art. 673 CO qui l'a
remplacé).

[635]   Sur les aspects en droit fiscal (qui ne reconnaît en principe pas la constitution de réserves
latentes comme des charges), cf. ROUILLER/BAUEN/BERNET/LASSERRE ROUILLER (2022),
N 1061 ss, spéc. 1063, 1068 et 1081.

[636]   Dans la doctrine récente – et, à vrai dire, depuis les tentatives de révision des années 1970
(!), il s'était manifesté une hostilité parfois mordante envers les réserves latentes, dont la
plupart sont incompatibles avec les normes comptables contemporaines, notamment les
IFRS (cf. p. ex. François DESSEMONTET [1990], 5 ss [cité *infra* n. 661] ; Peter BÖCKLI
[2004], III, § 8/IX, N 590 ss [moins mordant, nous semble-t-il, dans l'éd. de 2009, § 8,
N 887 ss] ; Pierre-Marie GLAUSER, ASA 2006 523 ss, spéc. 545 et 552 ss, relativement au
bilan commercial ; pour un résumé des critiques exprimées entre 1960 et 1983, FF 1983
II 761, 779, 798, 826 et surtout 831). Pour une critique persévérant après la réforme entrée
en vigueur le 1. 1. 2013, cf. Dieter PFAFF, ECS 2015 457.

[637]   Cf. *infra* N 498 s ad n. 655-660.

2. Types de réserves latentes

457 On peut distinguer trois types de réserves latentes. Les réserves **automatiques** ou **forcées**[638] (*Zwangsreserven*) naissent en raison de l'application des dispositions légales sur l'évaluation des actifs et des passifs[639]. Les immeubles et les participations peuvent ainsi prendre de la valeur en raison de la conjoncture ou de l'inflation, sans que cela ne puisse être retranscrit dans les comptes[640]. Les réserves **d'appréciation** ou **d'évaluation**[641] (*Ermessensreserven*) sont dues à une évaluation **prudente** des actifs et passifs, sans que ceux-ci soient nécessairement sous-évalués. Les réserves **arbitraires** ou **volontaires**[642] (*Willkür-reserven*[643]) résultent d'une sous-évaluation volontaire des actifs ou d'une surévaluation volontaire des passifs (cf. art. 960a al. 4, 1re et 2e phr. ; art. 960e al. 4 CO). Ce sont celles qui posent particulièrement problème[644].

3. Problématique

458 Les réserves latentes posent problème dans plusieurs domaines. Premièrement, les réserves latentes réduisent le bénéfice et donc les distributions aux associés.

---

[638] Sur ce terme en français, TA VD, RDAF 2006 II 582 c. 2b (593) ; Pierre-Marie GLAUSER, ASA 2006 553.

[639] Pour les actifs, cf. réf. ci-après en n. 640 ; pour les passifs, il peut arriver – bien plus rarement – qu'une dette doive rester inscrite parce qu'elle est juridiquement due, alors que la probabilité que son exécution soit réclamée devient faible (p. ex. en raison de la faillite du créancier, qui n'est pas liquidée ; ou parce que le créancier entend favoriser la société, sans pour autant renoncer formellement à la créance).

[640] En vertu du principe de prudence et des règles qui prévoient des valeurs maximales (prix d'acquisition ou de revient, art. 960a al. 2 CO ; N 362 ss ci-dessus), ces augmentations de valeur ne peuvent pas être inscrites au bilan d'une entreprise par le biais de réévaluations (à l'exception du cas prévu à l'art. 725c CO [*supra* N 409-412]).

[641] Pour l'emploi de ces termes en français, cf. Pierre-Marie GLAUSER, ASA 2006 523 ss, spéc. 553 (« *réserves d'appréciation* ») et 554 (« *réserves d'évaluation* ») ; TA VD, RDAF 2006 II 582 c. 2b (593 : « *réserves d'appréciation* »).

[642] Pour l'emploi de ce terme dans la langue juridique française en Suisse, cf. TA VD, RDAF 2006 II 582 c. 2b (593) ; cf. ég. Pierre-Marie GLAUSER, ASA 2006 523 ss, spéc. 553 ; Roland JEITZINER, Un nouveau droit comptable en consultation ; éléments essentiels de l'avant-projet, Reprax 1999 81.

[643] On emploie aussi en allemand le terme de *Verwaltungsreserven* (Peter BÖCKLI [2014], N 634 ad n. 1140 ; Roland BÖHI [2014], p. 45, n. 251).

[644] Les IFRS/IAS, les Swiss GAAP RPC et le droit européen se fondent en revanche sur le principe de « *true and fair view* » (« image fidèle »), ce qui exclut la constitution de réserves arbitraires. Il s'agit là d'une différence essentielle entre le droit suisse des sociétés et le droit européen.

Quand ces réserves prennent une grande proportion, le droit à recevoir une part du bénéfice est touché dans sa substance. Certes, l'augmentation de la valeur intrinsèque de la société peut compenser ce désavantage.

Cependant, celui qui n'a qu'une part minoritaire dans la société et ne participe 459 pas à la gestion n'est le plus souvent pas informé de la constitution de telles réserves, ce qui peut l'amener à vendre ses parts à un prix inférieur à leur valeur réelle (p. ex. à l'actionnaire majoritaire qui – maîtrisant le conseil d'administration – connaît, lui, l'importance des réserves latentes).

Deuxièmement, les réserves latentes peuvent aussi menacer l'existence même 460 de la société. En effet, un organe dirigeant incompétent ou malchanceux peut se maintenir longtemps en place simplement en compensant ou en masquant les pertes subies dans le cadre de l'activité opérationnelle avec les gains tirés de la réalisation des réserves latentes constituées dans le passé (ce qui signifie que ces réserves étaient dues à une gestion ancienne efficace, désormais révolue, le cas échéant, depuis de nombreuses années)[645].

Ces dangers sont identifiés depuis très longtemps. Ils avaient été délibérément 461 acceptés dans le processus législatif de 1928-1936 (afin que les variations de réserves latentes n'ébranlent pas le crédit de la société)[646], tandis que le processus législatif qui s'est déroulé de 1960 à 1991 (!) a précisément eu pour l'un

---

[645] Une société sous-évaluée en raison de ses réserves latentes peut aussi devenir la cible de tiers conscients de l'existence de ces réserves (cf. p. ex. la prise de contrôle d'un financier sur l'entreprise Bally en raison des réserves latentes qu'il avait repérées, exposée de façon minutieuse par Fred J. KLAUS, Das Bally-Lehrstück : ein Insider-Bericht, Zurich 1985).

[646] Message du Conseil fédéral, FF 1928 I 268 : « *Ces réserves doivent pouvoir être créées par l'administration, si l'on veut qu'elles atteignent leur but. L'assemblée générale a bien le droit d'ordonner de son côté, sous les mêmes conditions, qu'elles soient constituées. Mais elles n'ont plus alors le caractère de 'réserves latentes'. Elles ne remplissent plus leur <u>but essentiel</u> qui est de couvrir les pertes <u>sans ébranler le crédit de la société</u>* ». Dans les débats parlementaires, il a été soutenu vigoureusement (et d'autant plus fortement que la crise avait éclaté), par des esprits modérés, que les réserves latentes ainsi créées étaient une « force secrète de notre économie » (« *eine stille Kraft in unserer Volkswirtschaft* », Oskar WETTSTEIN, BO 1935 E 395 ; voir aussi, BO 1934 N 282-292, notamment les interventions de Pierre AEBY, rapporteur de la majorité de la commission [p. 283 : « *Les réserves latentes ont été un élément de sécurité dans les tempêtes qu'ont traversées notre commerce et notre industrie nationaux. Sans les réserves latentes, jamais nos banques n'eussent pu supporter les coups qu'ont été pour elles la chute des changes anglais et américains et la baisse de valeurs que les plus prudents estimaient devoir être intangibles. Traduire toute perte par des fluctuations du bilan serait provoquer des ébranlements de la confiance publique dans des établissements encore sains, sinon provoquer runs et paniques* »], en particulier sur la compétence de les constituer [p. 290 : « *La réserve latente ne peut être que du ressort du conseil d'administration ou de l'administrateur unique* »]).

de ses objectifs principaux celui de circonscrire ces dangers (sans empêcher la constitution des réserves latentes)[647]. Le régime trouvé en 1991 a été pour l'essentiel considéré comme équilibré tout au long des travaux parlementaires de 2007-2011 et maintenu à leur terme. Ainsi, la loi veut parer à ces dangers en autorisant la constitution de réserves latentes à des conditions qui sont tout de même limitatives, comme déjà exposé[648] (art. 960a al. 4 CO ; la *constitution* de provisions d'épargne doit être déclarée comme telle, cf. art. 960e al. 3 ch. 4 CO). L'organe dirigeant a une obligation d'information lorsque le gain tiré de la dissolution de réserves latentes dépasse le montant des réserves latentes constituées au cours de l'exercice, au point d'influencer le bénéfice réalisé de manière sensible[649]. Dans ce cas, l'organe de révision comme les sociétaires sont informés, car le montant global provenant de la dissolution des réserves latentes doit être mentionné dans l'annexe, dans la mesure où il dépasse le montant global des réserves nouvellement créées (art. 959c al. 1 ch. 3 CO[650]). On peut aussi estimer que, pour les sociétés soumises à révision, une déclaration des réserves latentes à l'organe de révision est nécessaire[651].

462   Les sociétés cotées à la bourse suisse SIX doivent établir leur bilan selon le principe de « *true and fair view* »[652], ce qui exclut à tout le moins la constitution de réserves latentes arbitraires[653]. Jusqu'à la crise financière de 2008, ce prin-

---

L'avocat Alfred WIELAND, membre de la commission d'experts, parlait de la faculté donnée au conseil d'administration de créer des réserves latentes comme une « perle du nouveau droit » (« *Perle des neuen Gesetzes* » ; Procès-verbaux de la Commission d'experts, DFJP 1926 p. 256 ; pour le Conseiller aux États Emil ISLER, *op. cit.*, p. 257, cette compétence était l'âme (« *die Seele* ») de la disposition ; cités aussi, et mis en contexte, par Martin LÜPOLD, *Der Ausbau der „Festung Schweiz" : Aktienrecht und Corporate Governance in der Schweiz*, 1881-1961 [th. Zurich 2010], p. 326 ; voir encore Alfred WIELAND, RSJ 1929 53).

[647]   Cf. l'approche nuancée du Message du Conseil fédéral *in* FF 1983 II 829-835.
[648]   Cf. *supra* N 457 (ainsi que, p. ex., N 444).
[649]   Cette condition est, selon nous, réalisée lorsque le bénéfice est amélioré de plus de 10 % par ces dissolutions (ou, pour des petits bénéfices, de plus de 20 %).
[650]   Cette exigence n'est pas nouvelle ; elle existait depuis 1991 (art. 663b ch. 8 aCO-1991).
[651]   Elle existait expressément dans l'ancien droit (art. 669 al. 4 aCO-1991) et il semble difficile de soutenir que le droit ait évolué dans le sens d'une réduction de la transparence envers l'organe de révision.
[652]   L'art. 66 de l'ancien règlement de cotation le prévoyait expressément. Les nouvelles dispositions (art. 49-51 RCot-SIX) et la Directive concernant la présentation des comptes (DPC, art. 3 et 6-9) renvoient à des normes qui font toutes application de ce principe (cf. p. ex. ROUILLER/BAUEN/BERNET/LASSERRE ROUILLER [2022], N 891 et *infra* N 465 et n. 686).
[653]   *Supra* ad n. 643.

cipe semblait porter la modernité[654] ; les évaluations fondées sur les règles nombreuses et sophistiquées tendant à le mettre en œuvre étaient parées d'une aura quasi scientifique. La crise financière a surtout montré l'extrême volatilité de telles évaluations[655] et les dangers qui en découlent, vu l'imprévisibilité, pour la survie des entreprises insuffisamment provisionnées. Ainsi – alors que l'on avait longtemps pu penser que les réserves latentes constituées au détriment du compte de résultat, grevant le bénéfice de l'exercice, allaient prochainement disparaître[656] –, la leçon de l'histoire récente, comme celles qu'avait apportées la première moitié du XXᵉ siècle[657], semble consister en ceci qu'il n'y a guère que le principe de prudence, qui est certes une espèce de « biais »

---

[654] Le principe de la *fair value* n'a pourtant rien de particulièrement moderne. Comme a eu l'occasion de le rappeler Carsten René BEUL en 2011, alors président de la commission juridique de l'association allemande des réviseurs (Wirtschaftsprüferkammer) : « *L'Allemagne a subi une grande crise provoquée par la 'fair-value' en 1873, la France l'a connue en 1857. Les parallèles avec la crise d'aujourd'hui sont frappants. Le système de la valeur actuelle, la valeur objective, le juste prix était déjà connu au XIXᵉ siècle. Un exemple en est la construction des lignes de chemin de fer. On avait alors comptabilisé des gares, des rails etc., non pas au coût de construction, mais au prix d'un marché inexistant [...]. Après ces crises de la fin du XIXᵉ* siècle, *on a abandonné le système de la valeur actuelle, valeur objective, pour se tourner vers le principe de prudence qui commandait de comptabiliser seulement les coûts* » (Actes des 2ᵉˢ états généraux de la recherche comptable [16.12.2011], p. 16 s.).

[655] Cf. les citations tirées des débats parlementaires ci-dessus *in* n. 523 ; v. aussi *infra* n. 684 et 762.

[656] En revanche, les réserves latentes constituées par la différence entre la valeur comptable (au bilan) et la valeur vénale n'ont guère été « menacées », car elles subsistent aussi dans le cadre des normes IFRS/IAS. On ne pourrait les éliminer que par une évaluation des actifs à leur stricte valeur marchande.

[657] Cf. les citations *infra* en n. 660. Comme exposé en n. 654 *supra*, on peut remonter plus loin ; Carsten René BEUL rappelle également que, dans la 2ᵉ partie du XIXᵉ siècle, pour éviter les crises liées à l'application d'une « valeur actuelle » illusoire, il aurait été possible de se souvenir de réflexions émises deux cents ans plus tôt (!) par l'économiste français Jacques SAVARY, connu dans toute l'Europe pour son traité *Le Parfait Négociant* (Paris 1675, traduit en anglais, italien, allemand et hollandais), qui prescrivait de laisser agir la matrice intellectuelle fondant le principe de prudence. SAVARY exposait notamment (chap. XXXVII, p. 319 ss, « *De l'ordre que les marchands doivent tenir pour faire leurs inventaires* ») que « *[pour] mettre les prix aux marchandises, il faut prendre garde de ne pas les estimer plus qu'elles ne valent, car se seroit vouloir se rendre riche en idée ; mais il faut les estimer d'une manière qu'en les vendant dans la suite, l'on y trouve du profit dans l'inventaire que l'on fera l'année suivante* », ce qui impliquait d'appliquer le prix coûtant s'il n'y a aucun risque que la valeur de marché soit inférieure, qu'il faut déprécier si la concurrence offre des prix inférieurs et qu'il ne faut pas hésiter à « *la diminuer considérablement de prix* », car ainsi, le marchand « *agit plus mûrement* », « *il peut la vendre davantage pour y trouver un profit qui se trouvera plus considérable l'année suivante ; ainsi, il ne se trompe point, et c'est proprement faire un état au vray de son bien* » (p. 326).

simpliste, qui soit véritablement scientifique. Dans ce contexte complexe, bien que nul ne conteste (contrairement au législateur de 1928-1936) la légitimité et la nécessité d'une information transparente envers les sociétaires, le débat législatif[658] – animé – sur les réserves latentes en droit comptable suisse s'est (provisoirement) conclu en faveur de la résistance aux réformes matérielles, sans doute parce que la majorité parlementaire a assimilé les réserves latentes au principe de prudence[659].

463 À certains égards, les préoccupations qui justifient les réserves latentes convergent avec les réflexions contemporaines sur la responsabilité sociale de l'entreprise et la *durabilité (sustainability)*[660].

---

[658] Dans la *pratique*, il faut constater que les Swiss GAAP RPC, largement utilisées même en dehors des sociétés cotées, ne permettent pas de telles réserves (N 509, spéc. ad n. 758 s.).

[659] Il est intéressant de voir la vigueur avec laquelle elles ont été défendues, louées pour leur utilité pratique (comme elles l'avaient été en 1928-1936 et 1975-1991 [*supra* n. 646 et *infra* n. 660) ; cf. FF 2008 p. 1420, 1444, 1453, 1529 et 1534. Parmi les – nombreux – défenseurs au cours des débats parlementaires, on pourra se référer au Conseiller aux États Eugen DAVID, BO 2009 E 1195-1196, qui défendait l'opinion selon laquelle l'indication du montant net des dissolutions de réserves latentes assure la transparence nécessaire, tout en préservant la prudence (« *ich tendiere auch [...] für die Beibehaltung des bestehenden Systems. Aus meiner Erfahrung in der wirtschaftlichen Tätigkeit bin ich auch überzeugt, dass sich das Schweizer System bewährt hat. Das ist ein Grund, warum wir in Krisen stabiler sind als andere, vor allem als die angelsächsischen Länder, die eine Buchführungspraxis haben, die sich selbst beschleunigt, wie wir gerade vor einem Jahr festgestellt haben. Die Schäden werden dann umso grösser, und man hat überhaupt keine Möglichkeiten mehr, die Entwicklung abzufedern. Wir haben in der Schweiz diesen Fehler nicht gemacht. In der Mitte der Neunzigerjahre hat man stark in diese Richtung tendiert. Heute ist die internationale Buchführungsdiskussion wieder etwas vorsichtiger geworden, und [...] das Thema heute wieder auf den Tisch kommt, wie man diese aus der Buchführung entstehenden Beschleunigungseffekte, auch die negativen, bremst. In dem Sinne bin ich der Meinung, dass unsere Praxis der stillen Reserven, die wir letztes Mal eingeführt haben, dem Standort Schweiz eigentlich nützt, ohne dass der Aktionär [...] die wesentlichen Informationen nicht erhält. [...] ich habe eigentlich nicht festgestellt, dass sich daraus irgendwo Nachteile ergeben hätten. Ich bin hier also für das Vorsichtsprinzip* »).

[660] Le discours lié à la *corporate social responsibility* – beaucoup plus répandu depuis la crise financière de 2008 – consiste souvent à critiquer les exigences de rentabilité à court terme (présentées comme irresponsables socialement) de tenants de l'activisme actionnarial ou de thuriféraires du capitalisme financier (sur la description de l'évolution de 1970 à 2010, cf. ROUILLER/BAUEN/BERNET/LASSERRE ROUILLER [2022], N 679-681, avec nombreuses réf. en n. 2193-2208 ; ég. Nicolas ROUILLER, *Économie solidaire* [2021], p. 39 ss). Il est frappant de voir la convergence avec certaines vues exprimées entre 1928 et 1936 à l'occasion de la révision du droit de la société anonyme qui a consacré les réserves latentes

Les réserves latentes n'en demeurent pas moins problématiques comme ligne 464
de partage du pouvoir entre les organes dirigeants et les propriétaires : contrairement aux provisionnements explicites, elles reposent sur une dissimulation par les dirigeants et sont donc soustraites au contrôle ou à la critique que doivent pouvoir exercer les propriétaires, dont le patrimoine est exposé[661]. Ainsi, concrètement, les exigences sociales contemporaines en matière d'information aux sociétaires doivent plutôt conduire les dirigeants qui souhaitent appliquer résolument le principe de prudence à constituer des *provisions* de manière transparente ; le nouveau droit comptable l'autorise expressément (art. 960e al. 3 ch. 4 CO). Cela oblige certainement l'organe dirigeant à se justifier devant les sociétaires bien davantage que lorsqu'il constituait en secret des réserves latentes. On peut dire que, pour être mise en œuvre à bon escient et dans le respect des intérêts légitimes, la prudence requiert désormais une forme de courage.

(dans son Message, le Conseil fédéral exposait [FF 1928 I 267 s.] : « *Les expériences réalisées durant la guerre et les années d'après-guerre ont démontré combien la réalité peut dépasser les prévisions de crise les mieux étudiées. Aussi notre projet permet-il d'assigner, dans le bilan, à des éléments de l'actif une valeur inférieure à celle qu'ils ont au jour où ce document est dressé, de même que de constituer d'autres réserves latentes, essentiellement pour assurer d'une manière durable la prospérité de l'entreprise. [...] Le projet autorise [le conseil d]'administration à constituer des réserves latentes s'il paraît utile de le faire pour assurer la répartition d'un dividende aussi constant que possible. Et ceci est dans l'intérêt non seulement des actionnaires, mais de la collectivité en général. Les variations de cours occasionnées par la spéculation ne sont pas des phénomènes heureux. Il est hautement désirable que le développement de l'entreprise soit régulier, et seules les réserves latentes peuvent assurer cette régularité* » ; pour les débats parlementaires, voir aussi ci-dessus n. 646). Dans le même sens, des opinions rapportées par le Message du Conseil fédéral lors de la réforme proposée par celui-ci en 1983 et achevée en 1991 : « *[...] la nouvelle réglementation des réserves latentes proposée* [NdA : lors de la réforme précédente de 1975, qui fut abandonnée] *fit aussi l'objet de sévères critiques. D'une part, on mit l'accent sur l'importance des réserves latentes pour l'autofinancement et la garantie de l'emploi. On avança que beaucoup d'entrepreneurs n'avaient pas dû recourir à des licenciements pour l'unique raison que les réserves constituées au cours des dernières années leur avaient permis de surmonter les difficultés engendrées par le brusque ralentissement de la conjoncture* » (FF 1983 II 791).

[661] Comme l'exprimait François DESSEMONTET (1990), p. 5, cette ligne de partage du pouvoir est (ou était) hautement problématique : « *Parce que [le conseil d]'administration de la société maîtrise son trésor, son cash flow et le gros de ses réserves, [il] maîtrise tout* » ; v. ég. p. 11 : « *[...] la portée des réserves latentes dans l'équilibre des pouvoirs au sein de la société anonyme n'est pas une question technique. Il s'agit au contraire d'une option fondamentale du droit commercial. [...] presque partout, cette liberté d'action comporte une obligation de rendre compte envers les actionnaires, dont le patrimoine est ainsi exposé. [...] Le seul mandataire qui puisse rendre compte à moitié, c'est le conseil d'administration* ».

VIII. Les normes comptables reconnues (aperçu)

A. Vue d'ensemble

465 La source de la faculté ou de l'obligation pour une société d'établir des comptes annuels (ou « états financiers ») selon une « norme reconnue » est l'art. 962 CO. À son alinéa 1, ch. 1, cette disposition renvoie simplement, pour les sociétés cotées, aux exigences de la bourse (« *En plus des comptes annuels qu'elles établissent conformément au présent titre, [...] sont tenues de dresser des états financiers selon une norme reconnue : 1. les sociétés dont les titres sont cotés en bourse, lorsque la bourse l'exige* »). À son alinéa 2, ch. 1, l'art. 962 CO donne à des associés représentant au moins 20 % du capital social le droit d'exiger que des états financiers soient établis selon une telle norme ; le même droit appartient à 10 % des coopérateurs ou 20 % des membres d'une association (ch. 2), ou aux associés personnellement responsables ou soumis à l'obligation de faire des versements supplémentaires[662] (ch. 3).

466 La loi n'apporte pas de précisions sur la forme et le moment auquel cette requête doit être faite. Il semble indéniable qu'aucune forme particulière n'est exigée[663]. Quant aux délais, vu une apparente analogie des situations, on pourrait *prima facie* partir de l'idée que les règles applicables à la demande de soumettre les comptes à un contrôle ordinaire seraient pertinentes (il conviendrait alors d'admettre que, dans la société anonyme, la demande puisse être formée jusqu'à l'assemblée générale, où les actionnaires peuvent poser au conseil d'administration et à l'organe de révision les questions qui leur permettent de déterminer si un contrôle ordinaire est nécessaire)[664]. Toutefois, il faut avoir à l'esprit que le contrôle ordinaire n'est pas censé induire l'établissement d'une comptabilité différente de celle déjà élaborée avant le vote d'un tel contrôle ; par contraste, des comptes annuels établis selon une norme différente (et potentiellement beaucoup plus détaillés) peuvent impliquer que des informations supplémentaires soient rassemblées (ces informations pouvant même être très nombreuses)[665]. Ainsi, il nous apparaît que le droit d'associés représentant

---

662 Ces catégories d'associés sont répertoriées *supra* N 314 ad n. 422-424.

663 Cf. Peter BÖCKLI (2014), N 1151. Il convient d'adresser la demande au président du conseil d'administration.

664 Cf. *infra* N 890-891.

665 Loin de nier l'importance de l'adaptation découlant de l'application de « normes comptables reconnues », l'arrêt TF 3. 1. 2024, 4A_369/2023 (cité *infra* n. 667), c. 6.5, cite deux études publiées par la Fondation pour les recommandations relatives à la présentation des comptes en 2014 (*Rechnungslegung kleiner und mittelgrosser Unternehmen – Rechnungslegung der an den Nebensegmenten der SIX Swiss Exchange oder der BX Berne eXchange kotierten Unternehmen*, p. 5 8 et 50 s.) et 2018 (*Rechnungslegung in der Schweiz*

20 % du capital social d'exiger l'établissement de comptes selon une « norme reconnue » ne devrait pouvoir s'exercer que pour l'avenir (*pro futuro*). La doctrine a soutenu diverses approches[666]. Le Tribunal fédéral a tranché dans un arrêt de 2024, en retenant que la demande doit être formulée *au moins* six mois avant la date de clôture du bilan[667] (ce qui signifie concrètement, p. ex. au plus tard le 30. 6. 2025 pour l'exercice qui sera clôturé le 31. 12. 2025).

Ce délai vaut en tout cas en tant que cette demande est l'exercice d'un droit protégeant les associés minoritaires. Il nous semble possible d'être plus souple quant au moment auquel la demande doit être formée si l'application d'une norme comptable reconnue est voulue par la *majorité* des associés ; garant de l'intérêt social, l'organe dirigeant (dans la SA le conseil d'administration) peut

467

– *Eine empirische Erhebung zu Swiss GAAP FER*, p. 47), selon lesquelles le temps dont l'entreprise a besoin pour adapter sa comptabilité aux normes Swiss GAAP RPC ne dépasse pas 6 mois dans la plupart des cas. L'arrêt cantonal (confirmé par le TF) met aussi en avant la difficulté additionnelle et les coûts d'un traitement rétroactif selon les « normes comptables reconnues » (OGer ZG 5. 6. 2023, Z1 2022 27, c. 8.6.2 *in fine*).

[666] La solution à laquelle nous nous étions ralliés (cf. ROUILLER/BAUEN/BERNET/ LASSERRE ROUILLER [2022], N 389d ad n. 1195) était la proposition de Peter BÖCKLI (2014), N 1150, selon laquelle la requête devrait être formée au plus tôt, soit au moins deux mois *avant la date du bilan d'ouverture*, afin que la société soit en mesure de préparer son système comptable (« *Das Verlangen der qualifizierten Minderheit ist so frühzeitig zu stellen, dass das oberste Leitungs- oder Verwaltungsorgan die erheblichen organisatorischen Massnahmen treffen und die weitreichenden zusätzlichen Erhebungen von rechnungslegungsrelevanten Fakten veranlassen kann, welche für einen zusätzlichen Abschluss nach anerkanntem Standard nötig sind. Das Gesuch, mit dem die Aufstellung eines solchen anspruchsvollen Abschlusses verlangt wird, muss lange vor dem Stichtag der Eröffnungsbilanz nach anerkanntem Standard, wohl ab besten sechs Monate und mindestens zwei zuvor, eingehen [...]. Andernfalls fehlt dem betroffenen Unternehmen schlicht die Zeit, um die weit reichenden Massnahmen zu treffen, welche mit einem ersten 'true-and-fair-view'-Abschluss verbunden sind. Für die Rechnungslegung und vor allem die Erfolgserfassung nach einem anerkannten Standard muss vom ersten Tag des Geschäftsjahrs an das neue System intern umgesetzt sein* »). L'arrêt TF 3. 1. 2024, 4A_369/2023 (cité *infra* n. 667) a partagé la préoccupation pratique à la base de ces opinions qui mettaient en exergue la nécessité d'une demande précoce (c. 3.3.1 : « *den erforderlichen praktischen Umsetzungsaufwand, der für ein frühzeitiges Verlangen spricht* »).

[667] TF 3. 1. 2024, 4A_369/2023, c. 6.6 : « *Das Recht, gestützt auf Art. 962 Abs. 2 Ziff. 1 OR für ein bestimmtes Geschäftsjahr einen Abschluss nach einem anerkannten Standard zu verlangen, ist spätestens sechs Monate vor dem Stichtag der Abschlussbilanz des betreffenden Geschäftsjahrs auszuüben, jedenfalls bei Aktiengesellschaften* ». Cette solution est conçue comme un équilibre de la protection des intérêts des actionnaires minoritaires et des contraintes pratiques (*in fine* : « *Die Frist [...] ist notwendig, um die vom Gesetzgeber sorgfältig getroffene Abwägung der auf dem Spiel stehenden Interessen zu verwirklichen und fortzuschreiben* »).

toutefois, à notre avis, s'opposer à une décision majoritaire dans les cas où l'établissement *après coup* d'états financiers selon une norme reconnue consommerait les ressources de la société de façon disproportionnée ou serait irréaliste.

468 On observera que l'obligation d'établir des états financiers selon une norme reconnue s'éteint lorsque la société présente des comptes *consolidés* établis selon une telle norme (art. 962 al. 3 CO).

469 Dès qu'il est déterminé que la société doit élaborer des états financiers selon une norme comptable reconnue, il reste à choisir laquelle. La loi donne la compétence à l'organe dirigeant, mais réserve un choix différent par l'assemblée des associés ou les statuts (art. 962 al. 4 CO).

470 Une ordonnance du Conseil fédéral « sur les normes comptables reconnues » (« ONCR »)[668] prévoit quatre normes pouvant être choisies par les sociétés anonymes à capitaux privés. La première nommée (art. 1 lit. a ONCR) est les *International Financial Reporting Standards* (IFRS), de l'IASB, dont l'appellation française est « Normes internationales d'information financière »[669]. L'ordonnance permet de choisir également les normes internationales d'information financière pour PME (soit « *International Financial Reporting Standard for Small and Medium-sized Entities [IFRS for SMEs]* »), de l'IASB (art. 1 lit. b ONCR). Ensuite, l'ordonnance énonce les « *Recommandations relatives à la présentation des comptes (Swiss GAAP RPC)* », de la Fondation pour les recommandations relatives à la présentation des comptes (art. 1 lit. c ONCR ; la désignation allemande est « *Swiss GAAP FER* », pour « *Fachempfehlungen zur Rechnungslegung* »). Enfin, l'ordonnance reconnaît aussi les « *United States Generally Accepted Accounting Principles (US GAAP)* » établis par le FASB (art. 1 lit. d ONCR).

---

[668] RS 221.423. La délégation au Conseil fédéral de la sélection des normes repose sur l'art. 962a al. 5 CO.

[669] Vu le caractère relativement confus de l'information en d'autres langues que l'anglais publiées par l'IASB, et à l'absence d'utilisation de la terminologie en langue française dans l'ordonnance du Conseil fédéral, il convient de se référer aux publications de l'Union européenne. La première version complète (consolidée) a été publiée au JOUE du 29. 11. 2008, L 320/342 ss, constituant le Règlement CE n° 1126/2008 du 3. 11. 2008. Plusieurs amendements sont publiés chaque année (cf. p. ex. *infra* n. 714), et cette terminologie est conservée ; une version consolidée est disponible à chaque nouvelle intégration de normes (sur les 76 changements du 10. 12. 2008 au 31. 8. 2021, cf. *infra* n. 714 *in fine*). Les IAS (progressivement remplacées par les IFRS) sont dénommées « Normes comptables internationales ». Cf. p. ex. Bernard RAFFOURNIER (2019), p. 5 et 347 ss.

Pour les entreprises du secteur public, l'ordonnance énonce aussi les « *International Public Sector Accounting Standards* » (IPSAS) de l'*International Public Sector Accounting Standards Board*[670] (art. 1 lit. e ONCR) que l'on traduit en français par « normes comptables internationales pour le secteur public ».

471

Pour les banques et les négociants en valeurs mobilières, les prescriptions en matière d'établissement des comptes édictées par l'Autorité fédérale de surveillance des marchés financiers (FINMA) sont désignées comme équivalant à une norme comptable reconnue (art. 2 al. 1 ONCR). Il en va de même des prescriptions de la FINMA en matière de placements collectifs de capitaux (art. 91 LPCC) pour les entités qui sont des placements collectifs de capitaux au sens de la LPCC (art. 2 al. 2 ONCR).

472

L'art. 962a CO contient quelques précisions importantes, dont en particulier la nécessité d'appliquer la norme choisie dans son intégralité (al. 2) et de soumettre les états financiers ainsi établis au contrôle ordinaire[671] (d'un expert-réviseur agréé[672] ; al. 3).

473

L'alinéa 4 prévoit que les états financiers établis selon une norme reconnue sont présentés aux associés lors de l'approbation des comptes annuels, mais qu'ils ne sont pas soumis à son approbation[673]. L'absence d'une nécessité de faire approuver par l'assemblée des associés les états financiers établis selon une norme comptable reconnue s'explique aisément parce que le législateur a finalement décidé de maintenir l'obligation de la société de présenter en tous les cas des comptes annuels élaborés selon les articles 957 à 960e CO[674]. Ce sont donc ces comptes annuels qui sont soumis à l'approbation des actionnaires.

474

---

[670] En français, le *Conseil des normes comptables internationales du secteur public* (cf. p. ex. ch. 21.04 du Règlement N° 549/2013 du Parlement européen et du Conseil, du 21. 5. 2013, relatif au système européen des comptes nationaux et régionaux dans l'Union européenne).

[671] Cf. *infra* N 882-906.

[672] Cf. *infra* N 892.

[673] On citera entièrement cette disposition dont, *prima facie,* la teneur peut surprendre : « *Les états financiers dressés selon une norme reconnue sont présentés à l'organe suprême lors de l'approbation des comptes annuels mais ne nécessitent aucune approbation* ».

[674] Le projet de loi publié à la FF 2008 1618 (art. 962 al. 1 P-CO) prévoyait que la société établissant ses comptes selon une norme comptable reconnue ne devait pas présenter de comptes appliquant les art. 957 ss CO. Cet aspect du projet a été vivement critiqué en doctrine (notamment par Peter Böckli [2009], § 1 N 279 ss et § 8 N 81 ss) et rejeté par le Conseil des États le 16. 3. 2011 (BO 2011 E 261), le Conseil national se ralliant à ce rejet.

475 Il faut signaler qu'en pratique, certaines sociétés n'établissent leurs comptes annuels que selon des normes comptables reconnues. Cela ne semble pas illicite dans la mesure où les normes comptables reconnues impliquent de dévoiler davantage d'informations que dans les comptes établis selon les seules règles contenues aux art. 957 à 960e CO ; en d'autres termes, les états financiers établis selon des normes comptables reconnues peuvent en principe être compatibles avec ces dispositions légales. Certaines règles d'évaluations dictées par le droit suisse, qui sont plus prudentes que celles des « normes reconnues », peuvent donner lieu à une divergence ; les effets du droit suisse doivent alors trouver une « traduction » dans les comptes établis selon la norme reconnue. Ainsi, par exemple, une provision non admissible selon la norme reconnue (mais résultant des dispositions légales suisses) devra, selon nous, faire l'objet d'une réserve ouverte non distribuable dans les comptes établis selon une telle norme[675].

476 Les « normes comptables reconnues » sont beaucoup plus détaillées que les dispositions légales des art. 957 à 960e CO. Leur application représente une tâche potentiellement lourde pour la société concernée. Il est certain que l'objectif prioritaire des normes reconnues – qui visent à mettre en œuvre le principe de *true and fair view* – est l'information de l'investisseur, plutôt que la protection des créanciers, ce que l'on a déjà évoqué et que l'on évoquera encore ci-après. Les règles d'évaluation de certains actifs et celles sur les dépréciations sont très considérablement plus complexes que les règles suisses, et la plus-value informative véritable de l'application de ces règles est discutable. Les provisions ne sont admissibles que de façon limitée, ce qui est une approche différente de la pratique issue des dispositions légales du Code des obligations.

477 Quoi que l'on puisse penser des motivations (ou des illusions) ayant donné lieu à l'adoption de ces normes et de leur contenu critiquable à plusieurs égards, il est évident que l'adoption de normes portant une vision harmonisée de l'information financière (ainsi les Swiss GAAP RPC par rapport aux standards internationaux) voire de normes uniformes (les IFRS) présente de nombreux avantages[676] pour les investisseurs internationaux. Dans une économie mondialisée, l'harmonisation, voire l'uniformisation, apparaît comme une nécessité objec-

---

[675] Cf. pour le cas où seuls des états financiers selon les IFRS sont établis, Aurélien BARAKAT, RDAF 2016 II 252 (n. 147) : « *il conviendra cependant de respecter les limitations impératives prévues par le CO, comme l'interdiction de réévaluation vers le haut, sauf cas de CO 670* » (soit art. 725c CO selon le droit actuel).

[676] Dans les crises majeures, les avantages des méthodes utilisant le principe de prudence sont particulièrement importants. Il reste qu'en soi, l'harmonisation ou l'uniformisation est un avantage pour les investisseurs, l'idéal étant des normes harmonisées ou uniformes qui appliqueraient le principe de prudence (cf. *infra* N 502-505 et 512-514).

tive ; sauf bouleversement et puissants mouvements protectionnistes ou isola-
tionnistes, la tendance à l'uniformisation semble inéluctable et ne devrait que
se renforcer.

Il reste que les normes employées aux États-Unis (US GAAP), qui ont com-   478
mencé à s'imposer au milieu des années 1990 à la bourse suisse, ne sont pas un
modèle qui semble pouvoir être raisonnablement suivi. Leur conception et leur
évolution paraissent affectées de réelles faiblesses, voire de défectuosités ; le
nombre démesuré de normes relevant surtout de la casuistique[677], sans véritable
gain d'information pour le destinataire, et l'absence de cohérence sont vivement critiqués[678]. Envisagées selon les points de vue fondés sur la connaissance
de la comptabilité commerciale pratiquée en Europe continentale, il est difficile
de considérer que les US GAAP représenteraient un progrès. Il n'est pas sur-
prenant que l'application de ces normes parmi les sociétés cotées à la bourse
suisse ait connu un sensible reflux[679].

Les normes internationales d'information financière (IFRS) élaborées par un   479
organisme véritablement indépendant (l'IASB) ont connu des débuts réjouis-
sants. Elles ont paru raisonnables dans leur contenu et sont parvenues à s'imposer facilement dans les pays sans tradition comptable solidement ancrée
(notamment dans les pays d'Europe centrale et orientale, sortant de près d'un
demi-siècle d'économie planifiée, et dans les pays en voie de développement
ou d'industrialisation plus récente que l'Europe occidentale)[680]. Une étape
capitale de leur propagation a été leur adoption en 2005 par l'Union européenne comme référentiel comptable obligatoire pour les comptes consolidés

---

[677] Cf. Peter BÖCKLI, (2009), § 10, N 23 (« *in der Methodik noch kasuistischer und [...] auch wesentlich unübersichtlicher [...] als die IFRS* »).

[678] On peut se référer p. ex. à la critique de François MOUSEL (2006), p. 196, portant une appréciation sévère sur les US GAAP : « *Une masse prescriptive indigeste de plusieurs milliers de pages, s'étant développée progressivement parce que les entités abusaient à outrance des dispositions antérieures plus générales. [...] Les critères de comptabilisa-tion des produits commerciaux sont un bel exemple de ce gonflement des dispositions à travers le temps. Est-ce que l'information publiée selon les US GAAP est plus pertinente ? Nous pensons surtout qu'elle est (ou était en tout cas !) plus manipulable. Car mettre en place un système qui contrôle une information aussi complexe est tout simplement trop cher. [...] il est très douteux que la qualité réelle de l'information soit à la hauteur de la qualité théorique !* ».

[679] Ce reflux (voir aussi *infra* n. 686) s'explique aussi parce que plusieurs sociétés suisses ont cessé d'être cotées également à la bourse de New York (NYSE) et surtout parce que l'autorité de surveillance de celle-ci (la SEC) a reconnu en novembre 2007 que les IFRS étaient équivalentes aux US GAAP.

[680] Bernard RAFFOURNIER (2019), p. 13.

des sociétés cotées en bourse[681]. Depuis une quinzaine d'années, leur évolution suscite des critiques condamnant le caractère pléthorique ou frénétique des changements[682] ; les effets pervers de l'application des valeurs « actuelles » (« juste valeur ») sont discutés[683], et les normes parfois aussi très vivement critiquées[684]. En Suisse, après une adoption très large des IFRS par les sociétés cotées[685], un nombre considérable d'entre elles ont, dès 2013,

---

[681] Règlement (CE) N° 1606/2002 du Parlement européen et du Conseil du 19. 7. 2002 sur l'application des normes comptables internationales (JOUE L 243 du 11. 9. 2002). Voir aussi la Directive 2004/109/CE du Parlement européen et du Conseil du 15. 12. 2004 sur l'harmonisation des obligations de transparence concernant l'information sur les émetteurs dont les valeurs mobilières sont admises à la négociation sur un marché réglementé et modifiant la directive 2001/34/CE (JOUE L 390 du 31. 12. 2004), en particulier son art. 5 ch. 3.

[682] La critique s'est exacerbée depuis la crise financière de 2008. Elle existait toutefois avant, cf. p. ex. François MOUSEL (2006), p. 194 : *les IFRS sont des normes extrêmement évolutives. Des nouvelles normes et interprétations sont mises en place bien avant que les normes et interprétations antérieures se soient stabilisées. [...] le tout aboutit à un gaspillage de ressources, une sécurité juridique diminuée et une désorientation généralisée du contribuable*.

[683] Pour une référence – en termes feutrés – à ces critiques, cf. Rapport de la Commission européenne au Parlement 18. 6. 2015 (COM [2015] 301), p. 4 (*Le rôle d'amplificateur de la crise financière qu'a pu jouer l'utilisation des IFRS a beaucoup été débattu, mais à cet égard, il n'a pas été possible de parvenir à des conclusions bien tranchées*).

[684] Pour des critiques plus vives, cf. p. ex. Tim BUSH, Pourquoi l'IASB n'emploie-t-il pas un langage approprié ? (2011), p. 51 (*Non seulement l'IASB ne sait pas compter, mais il ne sait même pas parler correctement l'anglais*), 54 (*les termes erronés aboutissent à des idées erronées qui se traduisent par des montants erronés. Il est évident qu'il existe un problème culturel au sein de l'IASB. L'erreur mathématique est due à un langage effectivement vague qui ne dit pas la vérité*), 55 (*l'absence de distinction entre les profits réalisés et les profits latents dont l'effet est désastreux* ; *L'IASB adopte une attitude de déni, et j'en ferai[s] probablement autant si j'avais provoqué de tels ravages*) ; Stella FEARNLEY, L'Europe devrait abandonner la complexité des IFRS au profit de solutions comptables plus adaptées (2011), p. 58 (*la mise en place des IFRS au sein de l'UE a été une grosse erreur. Nous ignorions ce que cela impliquait. Nous avons fait confiance à un organisme du secteur privé sans savoir du tout si cet organisme était fiable*) ; Pascale BESSE, Pour une approche pragmatique des normes fondée sur le compte de résultat (2011), p. 64 : *les IFRS sont dramatiquement éloignées de la réalité économique. [...] d'abord, la complexité de mise en œuvre de ces normes, ensuite leur instabilité et enfin la volatilité des résultats qu'elles induisent*.

[685] Les sociétés suisses cotées ont été parmi les premières dans le monde à adopter, dès la décennie 1980-1990, les normes IAS pour leurs comptes consolidés (cf. Peter BÖCKLI [2009], § 10, N 23 ; selon PwC, Disclose 12.2012, p. 14 : *au début des IAS, les entreprises suisses représentaient environ la moitié de leurs utilisateurs*).

opté pour les Swiss GAAP RPC[686]. La stabilité relative de ces dernières[687], contrastant avec les IFRS, semble un élément souvent déterminant dans le choix des sociétés. Elles sont souvent choisies également par des sociétés non cotées, qui ne seraient pas obligées d'appliquer une norme reconnue.

Dans ce contexte, les « IFRS pour PME » – version considérablement simpli-   480
fiée des IFRS – n'ont à ce jour guère de succès en Suisse. Lorsqu'elles ne se bornent pas aux règles du Code des obligations, les PME helvétiques optent le plus souvent pour les Swiss GAAP RPC, qui permettent aux entreprises de pe-tite et moyenne taille de se limiter aux « RPC fondamentales » (soit le cadre conceptuel et six recommandations).

Néanmoins, vu l'importance que jouent dans le monde entier les IFRS en tant   481
qu'unique référentiel comptable d'origine réellement internationale, et indénia-blement le plus répandu[688], on les présentera ci-après succinctement. Cela se justifie d'autant plus que les Swiss GAAP RPC, bien que plus répandus en Suisse en dehors des sociétés cotées, peuvent être décrits comme une adapta-tion – filtrée ou atténuée – des IFRS au contexte helvétique. Elles seront ainsi présentées, encore plus succinctement.

B.   Les normes internationales d'information financière – IFRS

1.   Mode d'élaboration des normes ; structure

Les normes IFRS sont élaborées par un organisme privé, l'International Accoun-   482
ting Standards Board (IASB ; en français, le Bureau international des normes

---

[686]   En 2013 et 2014, environ 30 importantes sociétés cotées (sur environ 130), dont Swatch Group SA, ont abandonné les IFRS pour les Swiss GAAP RPC. Dans l'ensemble, la pro-portion de sociétés cotées à la bourse suisse SIX appliquant les Swiss GAAP RPC est passée de 18 % à 27 % de 2012 à 2015 (tandis que la proportion des sociétés cotées em-ployant les IFRS a baissé de 68 % à 61 % ; les autres normes utilisées sont les prescriptions de la FINMA [supra N 472], puis enfin les US GAAP ; cf. PwC, Disclose 1.2016, p. 16 s.). D'après un recensement publié par la Fondation IFRS elle-même, la tendance s'est pour-suivie, avec, au 14. 8. 2019, 56 % (133) des sociétés cotées à la bourse SIX employant les normes IFRS (baisse de 5 %), 33 % (78) employant les Swiss GAAP RPC (hausse de 6 %) et 4 % (10) employant les US GAAP (8 % employant les normes de comptabilité ban-caire).

[687]   V. p. ex. Peter Leibfried (2016), p. 210.

[688]   En 2015, 114 pays prescrivaient les IFRS pour la présentation des comptes des sociétés cotées en bourse (Bernard Raffournier [2015], p. 14). En mai 2017, l'IASB indiquait sur son site que 125 pays en exigeaient l'application ; en 2019, elle indiquait 144 pays.

comptables), issu en 2001 de la transformation de l'International Accounting Standards Committee (IASC) créé en 1973. L'IASB est actuellement composé de 14 à 16 membres (dont au moins quatre pour chacune de trois zones géographiques : Amérique du Nord, Europe, Asie-Océanie) nommés par les membres du conseil (*Trustees*) d'une fondation dont les objectifs sont (a) de développer des normes comptables propres à engendrer des états financiers aidant – grâce à la grande qualité, à la transparence et à la comparabilité de l'information – les investisseurs dans le monde entier à prendre des décisions économiques ; (b) de promouvoir l'utilisation et l'application rigoureuse de ces normes et (c) d'œuvrer à la convergence entre ces normes et les normes comptables nationales[689]. Un comité de 14 membres (*IFRS Interpretations Committee*) publie des « interprétations »[690] lorsque des clarifications des normes de l'IASB apparaissent nécessaires, mais sans trancher des questions d'espèce[691]. Un forum d'une cinquantaine de membres nommés par les Trustees (*IFRS Advisory Council*) conseille l'IASB notamment sur ses projets de nouvelles normes[692].

483   Les normes ont d'abord, de 1973 à 2000, porté le nom d'IAS – *International Accounting Standards* ; il s'agit d'une quarantaine de normes, dont la mise à jour se poursuit depuis 2001, alors que de nouvelles normes sont progressivement adoptées sous l'appellation d'IFRS – *International Financial Reporting Standards*.

484   Un *cadre conceptuel* a été adopté en 1989, révisé en 2010[693] et en 2018[694].

485   Sans les interprétations, les IAS et IFRS représentent des textes dont le volume atteint désormais 3000 pages[695]. Le seul glossaire des définitions représente une quarantaine de pages.

---

[689]   Cf. Bernard RAFFOURNIER (2019), p. 9 s.

[690]   Les interprétations de ce comité sont désignées sous le vocable d'« IFRIC ». Les interprétations de son prédécesseur, le *Standing Interpretations Committee*, étaient désignées par le vocable « SIC ».

[691]   Cf. Peter BÖCKLI (2009), § 10, N 21.

[692]   Cf. Bernard RAFFOURNIER (2019), p. 11.

[693]   Depuis septembre 2010, l'expression employée est « *Cadre conceptuel de l'information financière* » (de 1989 à 2010, on employait les termes : « *Cadre de préparation et de présentation des états financiers* »).

[694]   De 2004 à 2012, l'IASB avait tenté d'établir un cadre commun avec l'organisme américain de normalisation (FASB), ce qui avait conduit en 2010 à l'adoption de deux chapitres consacrés aux objectifs et aux caractéristiques qualitatives de l'information financière (cf. Bernard RAFFOURNIER [2019], p. 15). Après une suspension de 2010 à 2012, l'IASB a repris la tâche seul et a élaboré un cadre conceptuel révisé complet en 2018.

[695]   Peter BÖCKLI (2009), § 10, N 30, rappelle qu'en 1994, l'ensemble des normes tenaient en 500 pages ; le volume normatif a donc été multiplié par six en 15 ans ! En 2009, l'*Implementation Guidance* de la seule norme IAS 39 était lourde de 351 pages...

Les normes peuvent être répertoriées ainsi[696] (en omettant dans la liste ci-après 486
celles qui ont été abrogées ainsi que certaines parmi celles qui concernent des
sujets très spécifiques[697]) :

- IAS 1 : Présentation des états financiers[698]
- IAS 2 : Stocks
- IAS 7 : Tableau des flux de trésorerie
- IAS 8 : Méthodes comptables, changements d'estimations et erreurs comptables
- IAS 10 : Évènements postérieurs à la date de clôture[699]
- IAS 12 : Impôts sur le résultat
- IAS 16 : Immobilisations corporelles[700]
- IAS 17 : Contrats de location[701]
- IAS 19 : Avantages du personnel
- IAS 20 : Comptabilisation des subventions publiques et informations à fournir sur l'aide publique
- IAS 21 : Effets des variations des cours des monnaies étrangères
- IAS 23 : Coûts d'emprunt
- IAS 24 : Informations relatives aux parties liées
- IAS 27 : États financiers individuels
- IAS 28 : Participations dans des entreprises associées et des coentreprises[702]

---

[696] L'«ordre» reflète l'apparition chronologique des normes plutôt que toute autre systématique. Il peut en résulter une impression peu cartésienne rappelant la description que Michel FOUCAULT (citant Jorge Luis BORGES) fait d'une classification employée par «*une certaine encyclopédie*» de la Chine impériale (*Les mots et les choses*, Paris 1966, préface, p. 7-11).

[697] IAS 26, 29, 33 et 41 ; IFRS 6 et 14.

[698] Les nouvelles versions de l'IAS 1 (dont celles adoptées en 2007) ont remplacé l'IAS 5 («*Informations que doit fournir l'entreprise dans ses états financiers*», qui avait été adoptée en 1976), l'IAS 13 («*Présentation de l'actif à court terme et du passif à long terme*», qui avait été adoptée en 1979). Elles ont aussi induit, en décembre 2003, la suppression de l'IAS 15 («*Information reflétant les effets des variations de prix*», adoptée en 1981), laquelle avait remplacé l'IAS 6 («*Traitement comptable des changements de prix*», adoptée en 1977). Ces précisions sont tirées de Bernard RAFFOURNIER (2015), p. 65, 67, 123 et 127.

[699] La norme IAS 11 («*Contrats de construction*») a été remplacée à compter du 1. 1. 2018 par l'IFRS 15, adoptée par l'IASB en 2014 (Bernard RAFFOURNIER [2015], p. 567) et entérinée au sein de l'UE par le Règlement 2016/1905 du 22. 9. 2016 (cf. n. 714).

[700] Cette norme a remplacé, avec l'IAS 38, l'IAS 4 («*Comptabilisation des amortissements*»), laquelle avait été adoptée en 1976.

[701] Comme l'IAS 11, la norme IAS 18 («*Produits des activités ordinaires*») a été remplacée à compter du 1. 1. 2018 par l'IFRS 15 (cf. n. 699 et 714).

[702] Cette norme, révisée en 2011, a remplacé (avec l'IFRS 11), l'IAS 31 («*Participation dans des coentreprises*», révisée en 2003).

- IAS 32 : Instruments financiers : présentation
- IAS 33 : Résultat par action
- IAS 34 : Information financière intermédiaire
- IAS 36 : Dépréciation d'actifs
- IAS 37 : Provisions, passifs éventuels et actifs éventuels
- IAS 38 : Immobilisations incorporelles[703]
- IAS 39 : Instruments financiers : comptabilisation et évaluation[704]
- IAS 40 : Immeubles de placement[705]
- IAS 41 : Agriculture.

Les normes désignées selon la nouvelle nomenclature – IFRS – peuvent être répertoriées ainsi :

- IRFS 1 : Première adoption des normes internationales d'information financière
- IFRS 2 : Paiement fondé sur des actions
- IFRS 3 : Regroupement d'entreprises[706]
- IFRS 4 : Contrats d'assurance
- IFRS 5 : Actifs non courants détenus en vue de la vente et activités abandonnées[707]
- IFRS 7 : Instruments financiers : informations à fournir[708]
- IFRS 8 : Secteurs opérationnels[709]
- IFRS 9 : Instruments financiers
- IFRS 10 : États financiers consolidés[710]
- IFRS 11 : Partenariats[711]
- IFRS 12 : Informations à fournir sur les intérêts détenus dans d'autres entités
- IFRS 13 : Évaluation de la juste valeur
- IFRS 14 : Comptes de report réglementaires

---

[703] Cf. *supra* n. 700. Cette norme a aussi emporté la suppression de l'IAS 9 (« *Frais de recherche et de développement* », adoptée en 1993).

[704] Cette norme, avec l'IAS 40, a remplacé l'IAS 25 (« *Comptabilisation des placements* », adoptée en 1985).

[705] Cf. *supra* n. 704.

[706] Cette norme (révisée en 1998) a remplacé l'IAS 22 (« *Regroupements d'entreprises* », adoptée en 1998).

[707] Cette norme a remplacé l'IAS 35 (« *Abandon d'activités* », adoptée en 1998).

[708] Cette norme a remplacé l'IAS 30 (« *Informations à fournir dans les états financiers des banques et des institutions financières assimilées* », adoptée en 1990).

[709] Cette norme a remplacé l'IAS 14 (« *Information sectorielle* », adoptée en 1981).

[710] Cette norme a remplacé l'IAS 3 (« *États financiers consolidés* », adoptée en 1976, qui avait d'ailleurs été déjà partiellement remplacée par les normes IAS 27 et 28 ; précisions tirées de Bernard RAFFOURNIER [2015], p. 61).

[711] Cf. *supra* n. 702.

- IFRS 15 : Produits des activités ordinaires tirés de contrats conclus avec des clients[712]
- IFRS 16 : Contrats de location
- IFRS 17 : Contrats d'assurance.

En vertu de l'IAS 1 (§ 7, 2e phr.), seuls des états financiers qui appliquent l'intégralité des dispositions peuvent être déclarés conformes aux IFRS ; les entreprises doivent l'indiquer par une déclaration explicite et sans réserve dans les notes[713].   487

Les normes IAS/IFRS sont soumises à des changements très fréquents[714]. C'est une caractéristique indéniable. Elle est largement critiquée[715]. Elle peut paraître paradoxale au vu de l'objectif affiché des IFRS sur le plan de la *comparabilité*[716]. Outre la volonté – qui n'est évidemment pas sans rationalité – de s'adapter à des réalités assurément changeantes, il est probable qu'elle tienne d'une part à la structure de l'IASB, très différente d'un législateur aux compétences   488

---

[712] Cette norme remplace les IAS 11 et 18 à compter du 1.1.2018 (cf. *supra* n. 699 et 701 ainsi qu'*infra* n. 714).

[713] Bernard RAFFOURNIER (2019), p. 32. Peter BÖCKLI (2009), § 10, N 16, observe que jusqu'au milieu de la décennie 1990, les entreprises affectionnaient annoncer une conformité aux IAS, tout en écartant un grand nombre de normes (« *Rosinenpicken* », soit une application « à la carte » ou « picorage »).

[714] On peut notamment le mesurer par les règlements de l'Union européenne qui entérinent les modifications des IFRS. À titre d'exemple, entre novembre 2015 et décembre 2016, soit un peu plus d'un an, on peut répertorier les changements législatifs suivants : Règlement (UE) Nᵒ 2016/2067 du 22.11.2016 portant adoption d'IFRS 9 (Instruments financiers) ; Règlement (UE) Nᵒ 2016/1905 du 22.9.2016 portant adoption de la norme IFRS 15 (Produits des activités ordinaires tirés de contrats conclus avec des clients ; Règlement (UE) Nᵒ 2016/1703 du 22.9.2016 homologuant les amendements à IFRS 10, IFRS 12 et IAS 28 (Entités d'investissement : application de l'exception de consolidation) ; pour les modifications *en novembre et décembre 2015* du seul Règlement (CE) Nᵒ 1126/2008 (portant adoption de certaines normes comptables internationales), v. Règlement (UE) Nᵒ 2015/2441 du 18.12.2015 concernant la norme IAS 27, Règlement (UE) Nᵒ 2015/2343 du 15.12.2015 en ce qui concerne les normes IFRS 5, IFRS 7, IAS 19 et IAS 34 (Améliorations annuelles des IFRS cycle 2012 - 2014), Règlement (UE) Nᵒ 2015/2406 du 18.12.2015 en ce qui concerne la norme IAS 1, Règlement (UE) Nᵒ 2015/2231 du 2.12.2015 en ce qui concerne les normes IAS 16 et IAS 38, Règlement (UE) Nᵒ 2015/2173 du 24.11.2015 en ce qui concerne la norme IFRS 11 et Règlement (UE) Nᵒ 2015/2113 du 23.11.2015 en ce qui concerne les normes IAS 16 et IAS 41. – Du 10.12.2008 au 31.8.2021, il y a eu 76 Règlements modifiant celui du 3.11.2008 adoptant les IFRS comme droit communautaire, et chacun peut emporter la modification de plusieurs normes IAS ou IFRS ; entre ces deux dates, le volume est passé de 481 à 1216 pages (étant précisé que le format des pages est resté inchangé).

[715] V. déjà *supra* n. 678.

[716] Il s'agit de l'une des six *caractéristiques qualitatives* demandées à l'information financière selon les IFRS (v. *infra* N 491 ad n. 722).

larges : celui-ci ne modifiera pas les normes comptables si d'autres domaines appellent des interventions qui paraissent plus impérieuses ; un organisme chargé exclusivement de faire évoluer les normes comptables poursuivra inlassablement cette tâche. D'autre part – et désormais surtout –, l'abondance des normes et leur caractère casuistique sont en soi un très puissant facteur de changements : à l'inverse de principes, qui peuvent longtemps conserver leur pertinence, les solutions casuistiques sont rapidement dépassées et doivent dès lors effectivement être changées à intervalles rapprochés.

2. Survol du cadre conceptuel et de quelques normes d'évaluation

489   Le cadre conceptuel prescrit que l'information financière doit être utile à la prise de décisions économiques ; à cette fin, elle doit avant tout être *pertinente* et donner une *image fidèle* de ce qu'elle prétend représenter[717].

490   Conceptuellement, ces deux **caractéristiques qualitatives essentielles** peuvent être décrites ainsi :

– la **pertinence** (*relevance*) signifie que l'information doit pouvoir être utilisée pour les décisions que sont susceptibles de prendre les utilisateurs des états financiers (soit principalement les investisseurs, prêteurs et autres créanciers[718]). Cela peut résulter de sa valeur prédictive (capacité de faciliter la prévision de performances futures) ou de sa valeur confirmatoire (capacité de confirmer ou infirmer les évaluations antérieures)[719]. Il faut aussi avoir égard à l'importance relative (*materiality*) : ne sont pertinentes que les informations dont l'omission ou l'inexactitude serait susceptible de modifier les décisions des utilisateurs[720].

– la **fidélité** signifie que l'information doit donner une image fidèle (*faithful representation*) et à cette fin être complète, neutre et exempte d'erreurs. Le *caractère complet* suppose que soient présentes toutes les informations nécessaires à l'utilisateur pour comprendre le phénomène dépeint ; concrètement, on considère qu'un groupe d'actifs est décrit « complètement » si l'information financière renseigne sur la nature des actifs, leur évaluation et la convention utilisée pour cette évaluation (p. ex. coût historique, juste valeur ou autre). La *neutralité* suppose l'absence de parti pris, soit de tout

---

[717]   Bernard RAFFOURNIER (2019), p. 17.
[718]   Bernard RAFFOURNIER (2019), p. 16.
[719]   Bernard RAFFOURNIER (2019), p. 17.
[720]   *Ibid.*

biais de minimisation ou de manipulation visant à accroître la probabilité que l'information soit perçue favorablement ou défavorablement par l'utilisateur. L'*absence d'erreurs* signifie qu'il n'y a pas d'erreur ou d'omission dans la description du phénomène ; elle n'est pas synonyme d'une exactitude absolue de l'information[721].

Quatre autres **caractéristiques qualitatives** sont décrites comme **souhaitables ou auxiliaires**, en ceci qu'elles *renforcent l'utilité d'une information* et, de surcroît, constituent des critères qui *permettent de choisir entre plusieurs descriptions jugées aussi pertinentes et fidèles l'une que l'autre*[722] :   491

- la **comparabilité**, qui signifie que l'information présentée doit permettre aux utilisateurs de relever les similitudes et différences entre éléments. Les similitudes et différences doivent être visibles.
- la **vérifiabilité**, qui vise à assurer que des observateurs bien informés et indépendants puissent aboutir à la conclusion que la description du phénomène donnée est fidèle.
- la **rapidité** (*timeliness*), qui signifie que l'information doit parvenir aux utilisateurs en temps utile.
- la **compréhensibilité**, qui exige que l'information soit classée, définie et présentée de façon claire et précise.

Les **éléments des états financiers** sont les actifs, les dettes, les capitaux propres, les produits et les charges. Un élément n'est comptabilisé que (a) s'il est probable qu'il provoquera un flux de liquidités en faveur ou en défaveur de l'entreprise et (b) si son coût ou sa valeur peut être évalué avec fiabilité (soit selon le coût historique, son coût actuel, sa valeur réalisable ou sa valeur actuelle)[723].   492

L'actif est une ressource qui provient d'événements passés, qui est contrôlée par l'entreprise et qui doit procurer à celle-ci des avantages économiques futurs (*future economic benefits*) sous forme de flux positifs de liquidités (encaissements ou réduction des décaissements)[724].   493

Les passifs sont les obligations *actuelles* résultant d'événements passés et dont le règlement doit aboutir, pour l'entreprise, à une sortie de ressources (représentatives d'avantages économiques) ; une obligation est le devoir ou la responsabilité d'agir d'une certaine façon (résultant de la loi, des statuts, d'un   494

---

[721] Bernard RAFFOURNIER (2019), p. 17 s.
[722] Bernard RAFFOURNIER (2019), p. 18. Peter BÖCKLI (2009), § 10, N 59-64, catégorise les caractéristiques qualitatives (« *Qualitative Anforderungen* ») en 14 principes.
[723] Bernard RAFFOURNIER (2019), p. 19 s. et 27.
[724] Bernard RAFFOURNIER (2019), p. 19 s.

contrat, des usages, du souhait de conserver de bonnes relations d'affaires ou d'agir équitablement)[725].

495 Le cadre conceptuel est manifestement intelligible. Il précise cependant que dans les cas où il entre en conflit avec des dispositions prévues par une norme IFRS (ou IAS), celles-ci l'emportent. Alors que les IFRS se conçoivent comme étant *principle-based*, le caractère très détaillé de plusieurs normes (dont le volume total, on l'a évoqué, dépasse 3000 pages) relativise fortement cette conception[726]. Il faut bien constater qu'un bon nombre de normes relèvent de la casuistique, et quelques-unes d'une certaine forme d'arbitraire.

496 Les normes IAS 32 et 39, ainsi qu'IFRS 9, relatives aux instruments financiers, sont extrêmement précises. Les effets de leur application lors des crises financières n'ont pas fini d'être débattus[727] ; les discussions sont parfois virulentes[728]. Concernant une problématique certes très importante, mais spécifique à un certain type d'actifs et d'engagements, il n'est pas possible de les traiter davantage dans le cadre du présent ouvrage.

497 Les normes sur les dépréciations d'actifs (IAS 36) et les provisions, passifs éventuels et actifs éventuels (IAS 37) font partie de celles dont plusieurs aspects sont appréhendés avec circonspection – voire perplexité – d'un point de vue suisse (et plus largement du point de vue des personnes familières des pratiques en Europe occidentale continentale) ; il en va ainsi également des normes relatives aux immobilisations corporelles (IAS 16) et incorporelles (IAS 38)[729]. C'est notamment en rapport avec ces normes que l'absence du principe de prudence[730] peut se manifester.

498 Par exemple, dans le cadre de l'IAS 16, les immobilisations corporelles peuvent être réévaluées périodiquement en fonction de leur « juste valeur » (l'écart de réévaluation figurant dans les capitaux propres)[731]. Dans le cadre de l'IAS 38, des actifs incorporels initialement enregistrés pour une valeur symbolique peuvent être réévalués[732]. Lorsqu'un actif doit être déprécié, la dépréciation doit, selon l'IAS 36, se faire à la valeur recouvrable, soit la valeur d'utilité – calculée selon les cash-flows futurs attendus de l'exploitation et actualisés –

---

[725] Bernard Raffournier (2019), p. 20.
[726] Ainsi le commentaire sévère de Peter Leibfried (2016), p. 122.
[727] Cf. *supra* n. 683.
[728] Cf. *supra* n. 684.
[729] Vu la possibilité très large d'employer la « juste valeur », ces normes doivent se lire en relation avec l'IFRS 13 (« Évaluation de la juste valeur »).
[730] Cf. la réapparition du terme de prudence dans le Cadre conceptuel, *infra* N 503 ad n. 740.
[731] Cf. p. ex. Bernard Raffournier (2019), p. 134 et 142.
[732] Cf. p. ex. Bernard Raffournier (2019), p. 316 et 324.

ou, si elle est inférieure, la juste valeur moins les frais d'aliénation[733]. L'entreprise doit s'interroger chaque année sur la nécessité de réduire ou d'annuler les dépréciations d'actifs comptabilisées antérieurement[734].

Quant aux provisions, elles ne sont admises que de façon limitée en vertu de définitions strictes, les IFRS interdisant que les provisions revêtent un caractère de réserve[735]. Dans cette conception, elles doivent être assimilables à des dettes pour être constituées et inscrites au bilan. La définition générale de la provision selon les IFRS est « une dette dont l'échéance ou le montant est incertain ». 499

La comptabilisation d'une provision suppose (a) que l'entreprise a une obligation[736] actuelle (« juridique ou implicite ») résultant d'un événement passé ; (b) que l'extinction de l'obligation nécessitera probablement une sortie de ressources (représentatives d'avantages économiques) ; (c) que le montant de l'obligation peut être estimé de façon fiable. Une obligation qui n'est pas juridique peut résulter des pratiques passées de l'entreprise ou de déclarations récentes par lesquelles des tiers s'attendent raisonnablement à ce que l'entreprise assume une responsabilité. Lorsque l'existence de l'obligation n'est *pas évidente*, il convient de n'inscrire une provision que *si l'existence est plus probable que la non-existence* ; si la non-existence est plus probable, le risque doit simplement être mentionné dans les « passifs éventuels », qui ne sont pas comptabilisés et figurent uniquement dans des notes. 500

On peut observer que l'IFRS 37 est très précise et restrictive sur les provisions pour restructuration. Elle n'admet pas de provision pour une restructuration décidée mais non encore appliquée ou annoncée[737]. Qui plus est, seules les charges directement liées à la restructuration peuvent être provisionnées à ce titre, ce qui exclut les chargées liées aux activités futures de l'entreprise (p. ex. 501

---

[733] Cf. p. ex. Bernard RAFFOURNIER (2019), p. 282 ss et 296.

[734] Cf. p. ex. Bernard RAFFOURNIER (2019), p. 291.

[735] Bernard RAFFOURNIER (2019), p. 297 *in fine*.

[736] D'un point de vue juridique – du moins selon les conceptions classiques d'Europe continentale –, la notion d'obligation et la distinction entre « *obligation juridique* » et « *obligation implicite* » dans l'IAS 37 ne sont manifestement pas rigoureuses. Le but poursuivi par cet usage d'une notion (très approximative) d'obligation est précisément d'empêcher que de « simples risques » donnent lieu à un provisionnement. Dans la mesure où il s'agit d'une convention de langage définie par l'IAS 37 (et le glossaire), et qu'elle ne déteint pas sur la compréhension de la notion d'obligation pour le traitement de questions véritablement juridiques, il n'y a pas lieu de s'en offusquer (d'autant moins qu'il est évidemment difficile de trouver un langage technique qui plaise parfaitement à tous les cercles concernés dans le monde) ou de s'en alarmer.

[737] Sur la conception différente suivie par le droit comptable suisse, cf. *supra* N 441.

coûts de reconversion du personnel non congédié, dépenses de marketing, investissements dans de nouveaux systèmes et réseaux de distribution et éventuelles futures pertes d'exploitation).

3. Principe de prudence et IFRS : opposition, tensions et convergences

502 La lecture de la version de 2010 du Cadre conceptuel frappait le lecteur d'Europe continentale par l'absence de toute mention du principe de prudence, alors que celui-ci est au cœur de la conception européenne de la comptabilité – et plus intensément encore que partout ailleurs, ancré au plus profond du droit et de la tradition helvétiques. L'approche des IFRS sur ce plan était délibérée, « l'absence de tout biais » et la neutralité de l'information étant prioritaires, dans le but de permettre aux investisseurs de prendre leurs décisions[738] ; dans cette conception, « *l'excès de prudence serait aussi néfaste qu'un excès d'optimisme* » et « *la sous-estimation de la richesse de l'entreprise est tout aussi néfaste que sa surévaluation* »[739].

503 Dans la version de 2018 du Cadre conceptuel, la prudence a refait une apparition sous l'affirmation que « *la neutralité s'appuie sur la prudence* ». Cela est entendu sur l'opportunité d'exercer de la circonspection en cas d'incertitude. Il est néanmoins précisé que la prudence ne saurait justifier une sous-estimation des actifs et des produits ou une surévaluation des passifs et des charges[740]. Cela étant, il convient de relever que « *même si elle n'occupe plus qu'une place marginale dans le cadre conceptuel [des IFRS], la prudence continue à imprégner toutes les règles comptables. Elle conduit à ne comptabiliser les produits que lorsqu'ils sont certains et les charges dès qu'elles apparaissent probables[741]. Combinée avec l'évaluation au coût historique, elle aboutit à une sous-évaluation systématique des actifs et à une surévaluation des dettes, qui font que les états financiers offrent, normalement, une vision pessimiste de la situation financière de l'entreprise* »[742]. Il est assurément exact que les mécanismes ainsi décrits ont un effet préservant un certain « biais » en faveur de la prudence[743], mais son ampleur n'est

---

[738] *Supra* N 482.

[739] Ainsi Bernard RAFFOURNIER (2015, 6e éd.), p. 19 et 343 ; IDEM (2019, 7e éd.), p. 307.

[740] Ainsi Bernard RAFFOURNIER (2019, 7e éd.), p. 18.

[741] C'est ce que l'on connaît en droit comptable suisse sous le terme de principe d'imparité, cf. *supra* N 374 (ainsi que N 403, 437 et 840).

[742] Ainsi Bernard RAFFOURNIER (2019), p. 26 s.

[743] D'un autre avis, Tim BUSH (2011), p. 54 (*supra* n. 684), estime pour sa part qu'en réalité, le principe de prudence est absent des IFRS : « *dans le cadre d'une commission d'enquête de la Chambre des Lords, le débat entre un membre de la Chambre des Lords et un*

pas semblable à ce que permet un cadre comptable donnant réellement au principe de prudence une place centrale[744]. La question fondamentale est d'ailleurs de cerner si, tout bien considéré, le principe de prudence est véritablement un « biais » ou *plus un « biais »* que les approches alternatives. L'application de la « juste valeur » par référence à une valeur de marché présuppose l'existence réelle d'un marché capable d'absorber l'actif s'il venait à être mis en vente, ce qui est toujours sujet à caution étant donné qu'une multitude de facteurs échappent au moins partiellement aux instruments de mesure économétriques ou autres[745] (ainsi même pour déterminer p. ex. la liquidité réelle actuelle d'actifs identiques ; à plus forte raison, tout actif présentant des caractéristiques non totalement standardisées a une valeur de marché impossible à cerner de façon fiable avant que des offres individuelles fermes ne parviennent au propriétaire) ; la valeur de marché est de toute façon dépourvue d'une véritable utilité prédictive à moyen terme et même à court terme[746]. Il en va de même de toute « juste valeur » fondée sur

---

membre de l'IASB portait sur la question de savoir si le principe de prudence était inscrit ou non dans les normes ou dans le cadre de l'IASB. À l'évidence, il ne figure pas dans le cadre dont il a été retiré et n'apparaît pas non plus dans les normes particulières [...]. En définitive, ce membre de l'IASB n'a pas dit la vérité à la commission. Il s'est entretenu avec le plus grand nombre de personnes possible afin de les convaincre que le principe de prudence a été maintenu, alors que ce principe n'est pas mentionné dans le cadre et que les normes ne sont pas prudentes ». Ce genre de critique a sans doute contribué à la modeste réapparition du terme de prudence dans le Cadre conceptuel de 2018, signalée *supra* ad n. 740.

[744] Cf. Peter BÖCKLI (2009), § 10, N 25 *in fine* et N 59.

[745] Le résumé d'IAS 1, par. 127, que fait Peter BÖCKLI (2009), § 10, N 136 (« *Das IASB ist sich zwar offensichtlich bewusst, dass es damit auf dem steinigen Weg von der Buchführung zur Wertschwankungsanalyse einen weiteren Schritt tut und dem Management eine geradezu wissenschaftliche Selbstanalyse abverlangt. Es insistiert aber auf diesem Punkt und fordert im Anhang eine Diskussion ausdrücklich der schwierigsten, subjektivsten und komplexesten Ermessensentscheide der Unternehmensleitung* ») met en exergue les aspects subjectifs ; nous estimons que la formulation « *eine geradezu wissenschaftliche Selbstanalyse* » pourrait donner à tort l'impression que l'évaluation pourrait être proprement scientifique. Il ne peut s'agir en réalité que d'identifier et dévoiler les paramètres d'une appréciation certes fondée sur des données, mais nécessairement subjective (cf. ég. Peter LEIBFRIED [2016], p. 122, cité ci-après *in* n. 747).

[746] Sans employer ces termes, Bernard RAFFOURNIER (2019), p. 27 *in fine*, relève que les entreprises emploient concrètement souvent une approche fiable et prudente (et met en garde contre les appétits que peut induire l'application de la « juste valeur ») : « *La sous-évaluation systématique des actifs résultant de l'emploi du coût historique peut amener certains à regretter que le normalisateur ne préconise pas davantage, et les entreprises n'utilisent pas plus souvent, des bases d'évaluation prenant en compte les effets de la hausse des prix. C'est oublier que le coût historique présente l'avantage de constituer une mesure incontestable et aisément vérifiable ; ce qui n'est pas le cas des autres évaluations, par nature plus subjectives. C'est pour cette raison que, malgré ses défauts, le coût historique*

la valeur de rendement pour la plupart des actifs d'exploitation, malgré la subtilité des formules mathématiques[747] recourant à des taux d'actualisation précis (lesquels sont susceptibles d'être caducs au gré de variations qui peuvent survenir d'un moment à l'autre). Force est d'admettre que le principe de prudence ne peut être considéré comme responsable d'assimiler les profits potentiels aux profits réalisés[748] (et, concrètement, de permettre des distributions de bénéfice sous forme de dividendes ou de bonus, et d'impôts, sur la base de profits potentiels qui peuvent se révéler d'un moment à l'autre n'avoir été qu'illusions) ; or, l'application du concept de « juste valeur » – permise par les IFRS – continue de permettre cette assimilation dangereuse, alors que le droit comptable devrait avoir pour première mission de la rendre impossible. Les facteurs irréductibles d'incertitude et la volatilité font que la « juste valeur » n'est pas moins un biais, de par son manque de fiabilité sur les plans tant descriptif que prédictif, que ne l'est le principe de prudence, lequel – vu la nécessaire imperfection de la description comptable de la situation entrepreneuriale – présente au moins l'avantage de limiter les risques dans la conduite des opérations et la prévention de l'insolvabilité. Pour les décisions relatives à l'entreprise, il n'est donc pas fondé de mettre sur le même pied l'excès d'optimisme et l'excès de pessimisme au nom d'une « fiabilité » des informations financières qui, nécessairement, reste très largement inatteignable. Le « biais » conscient et déclaré de la prudence comptable est moins critiquable que l'illusion d'une information financière qui se prétend fiable sans pouvoir l'être.

504 En appréhendant cette problématique, il importe toutefois de ne pas s'enferrer dans la nostalgie ou un combat d'arrière-garde. À moins d'une très profonde transformation au sein de l'IASB, il faut partir de l'idée, à titre de scénario principal, que les IFRS ne donneront pas davantage de place au principe de prudence dans le futur qu'aujourd'hui. De même, vu leur propagation dans le

---

demeure la base d'évaluation de référence ». Au sujet des méthodes limitant les dépréciations en se fondant sur la valeur de rendement, il reconnaît (p. 295) « *l'impossibilité de mesurer la rentabilité de chaque actif de l'entreprise* » (2e par.) et que « *les principes retenus sont malheureusement trop complexes pour fournir des réponses véritablement opérationnelles* » (loc. cit., *in fine*).

[747] Nous partageons l'avis de Peter LEIBFRIED (2016), p. 122 : « *Dass eine Verbesserung der tatsächlichen Anwendungsqualität nicht mit einer konstanten Verdichtung der Regelungen erreicht werden sollte, hat man an der Entwicklung der IFRS beobachten können. Viel zu lange hat man sich der Illusion hingegeben, zutiefst menschliche Fragestellungen wie das richtige Mass an Ehrlichkeit und Offenheit sowie der Umgang mit der Wahrheit liessen sich alleine durch (irgendwelche) Standards herbeiregulieren. Trotz der damit verbundenen Mathematik ist Rechnungslegung nämlich keine Naturwissenschaft, sondern äusserst angewandte Sozialwissenschaft und Psychologie* ».

[748] Cf. Tim BUSH (2011), p. 55 (cité ci-dessus *in* n. 684).

monde, il y a lieu de présumer que les IFRS joueront un rôle de plus en plus grand pour les sociétés suisses (et que leur reflux à la bourse SIX n'est que temporaire[749]). Probablement le temps est-il assez proche où les sociétés suisses pourront établir leurs comptes annuels en IFRS, sans appliquer les dispositions actuelles des articles 957 à 960e CO (comme le Conseil fédéral l'avait proposé en 2007[750]). Dans un tel cadre, une certaine place pour le principe de prudence en comptabilité demeurera alors possible (en optant systématiquement pour les choix d'évaluation prudents compatibles avec les IFRS), mais assurément pas dans la même mesure que selon les articles 957 à 960e CO. Ainsi, la place assez maigre laissée au principe de prudence dans les IFRS a-t-elle indéniablement pour mérite indirect de mettre en exergue la portée *matérielle* que revêt ce principe dans le droit des sociétés. En forçant à la constitution de provisions ou à des dépréciations, le principe de prudence du droit actuel oblige la société à conserver dans cette mesure des actifs ; elle ne peut pas procéder à des distributions de bénéfice à concurrence de ces provisions ou dépréciations. Le principe de prudence a donc un *effet prescriptif* non seulement comptable mais *aussi de gestion et gouvernance financière* ; finalement, c'est là l'essentiel.

Sous l'ancien droit (art. 662 ss aCO), et tant que s'appliqueront les articles 957   505
à 960e CO, les choix de l'organe dirigeant en faveur d'une gestion prudente (sur le plan de la préservation d'actifs au sein de l'entreprise) sont d'autant plus faciles à justifier qu'ils reposent sur ce qui peut être présenté comme des nécessités comptables. À l'avenir, si les provisions « de précaution »[751] sont interdites dans les états financiers, il conviendra à l'organe dirigeant de justifier, sur le plan de la gouvernance (soit d'une *gestion* prudente), la constitution de réserves ouvertes non distribuables[752]. L'une des bases légales de telles réserves est, tout simplement, le devoir de diligence.

---

[749] Ce reflux peut être régulièrement mesuré (cf. p. ex. ROUILLER/BAUEN/BERNET/ LASSERRE ROUILLER [2022], n. 1214, avec des recensements pour l'année 2015 et au 14. 8. 2019 ; v. ég. *supra* n. 686).

[750] Cf. *supra* n. 674.

[751] Pour ce terme Bernard RAFFOURNIER (2019), p. 307.

[752] C'est de cette manière que, selon nous, dans une transposition en IFRS de comptes établis selon les art. 957 à 960e CO, les provisions incompatibles avec les IFRS doivent être présentées.

C. Les Recommandations pour la présentation des comptes – Swiss GAAP RPC

506 Comme déjà mentionné, les Swiss GAAP RPC sont aujourd'hui pour les entreprises suisses une « norme reconnue » au sens de l'article 962 CO alternative aux IFRS (ou aux US GAAP qui, en réalité, n'entrent guère en considération). Du point de vue conceptuel, elles sont assez proches des IFRS, en se fondant comme elles sur le principe de l'image fidèle. Toutefois, elles sont parvenues à éviter l'écueil de la production pléthorique de l'IASB, lequel a sextuplé le volume normatif des IFRS en quinze ans (entre 1994 et 2009, de 500 à 3000 pages). Conservant une taille de l'ordre de 200 pages[753], les Swiss GAAP RPC demeurent ainsi un texte praticable, réellement fondé sur des principes[754] (à l'instar de ce que se prétendent être les IFRS[755]) ; ce volume est comparable au Manuel suisse d'audit.

507 Les Recommandations sont au nombre d'une quarantaine et peuvent être répertoriées ainsi (en omettant celles qui sont consacrées à des entités spécifiques comme les assurances et les organismes à but non lucratif[756]) :

– Swiss GAAP RPC 1 : Principes
– Swiss GAAP RPC 2 : Évaluation
– Swiss GAAP RPC 3 : Présentation et structure
– Swiss GAAP RPC 4 : Tableau de flux de trésorerie
– Swiss GAAP RPC 5 : Opérations hors bilan
– Swiss GAAP RPC 6 : Annexe
– Swiss GAAP RPC 10 : Valeurs incorporelles
– Swiss GAAP RPC 11 : Impôts sur les bénéfices
– Swiss GAAP RPC 13 : Transactions de leasing
– Swiss GAAP RPC 15 : Transactions avec des parties liées (*related parties*)
– Swiss GAAP RPC 16 : Engagements de prévoyance
– Swiss GAAP RPC 17 : Stocks
– Swiss GAAP RPC 18 : Les immobilisations corporelles
– Swiss GAAP RPC 20 : Dépréciation d'actifs
– Swiss GAAP RPC 22 : Contrats de construction (contrats à long terme)
– Swiss GAAP RPC 23 : Provisions
– Swiss GAAP RPC 24 : Fonds propres et transactions avec des actionnaires
– Swiss GAAP RPC 27 : Instruments financiers dérivés

---

[753] L'édition de 2020 fait exactement 214 pages.
[754] Ainsi Peter LEIBFRIED (2016), p. 122, par contraste avec les IFRS.
[755] À ce sujet, Peter BÖCKLI (2009), § 10, N 31 *in fine*.
[756] Ainsi p. ex. Swiss GAAP RPC 14, 21, 26 et 41.

- Swiss GAAP RPC 30 : Comptes consolidés
- Swiss GAAP RPC 31 : Recommandation complémentaire pour les sociétés cotées.

Si elles décident d'appliquer les Swiss GAAP PRC, les « petites sociétés » (soit celles qui ne sont pas soumises au contrôle ordinaire[757]) peuvent se borner à appliquer les « RPC fondamentales », à savoir les RPC 1 à 6. Les autres sociétés qui se soumettent aux Swiss GAAP RPC doivent appliquer l'ensemble des normes.   508

Outre le maintien d'un volume normatif raisonnable et d'une approche fondée sur des principes, dont découle une stabilité appréciée, les Swiss GAAP RPC se distinguent des IFRS par le maintien d'une référence appuyée au principe de prudence[758]. L'application de ce principe est toutefois soumise à des restrictions sensiblement plus intenses que dans le cadre des articles 957 à 960e CO[759].   509

Un autre avantage que revêtent les Swiss GAAP RPC pour les entreprises suisses consiste dans le fait que les relations avec le résultat déterminant fiscalement selon le droit suisse font l'objet d'une norme spécifique (la norme N° 11).   510

Il est intéressant de relever que l'application des Swiss GAAP RPC ne paraît à ce jour guère avoir donné lieu à des litiges devant les tribunaux[760].   511

---

[757] Le Cadre conceptuel révisé en 2014 (entrant en vigueur en 2016) emploie encore les seuils déclenchant le contrôle ordinaire d'après le droit en vigueur en 2012 (cf. *infra* N 882, spéc. ad n. 1306), soit CHF 10 millions de total du bilan (au lieu de 20 depuis 2015), CHF 20 millions de chiffre d'affaires (au lieu de 40 depuis 2015) et 50 emplois à plein temps en moyenne annuelle (au lieu de 250 depuis 2015). La stabilité des Swiss GAAP RPC a ici pour corolaire que ces seuils demeurent inchangés (ainsi selon l'édition de 2020, Swiss GAAP RPC 1, Principes, ch. 2, p. 26).

[758] Ainsi le Cadre conceptuel (2014), ch. 13 : « *Le principe de prudence est une attitude qui a une signification en premier lieu dans l'évaluation. Il ne doit pas être appliqué sciemment pour constituer des réserves latentes arbitraires. Une évaluation prudente ne permet pas d'évaluer délibérément des actifs trop bas ou des dettes trop haut, car les états financiers doivent remplir le critère de fiabilité et d'image fidèle (*true & fair view*). En revanche, le principe de prudence consiste à choisir la variante la moins optimiste en cas d'incertitude et de même probabilité de survenance* ». V. aussi p. ex. Conrad MEYER, TREX 2008 360.

[759] Ainsi Conrad MEYER, ECS 2008 257 (« *ce principe ne doit être appliqué qu'à des conditions très restrictives : par exemple, dans le cadre d'une évaluation, en cas d'incertitude quant à l'évolution à venir. À égalité de probabilité de survenance, il convient de choisir la variante la moins optimiste. Il est expressément interdit d'abuser du principe de prudence pour constituer des réserves latentes arbitraires, ce qui serait le cas notamment en créant des provisions pour risques généraux* »).

[760] Dans la jurisprudence du Tribunal fédéral de janvier 2000 à janvier 2024, fort peu d'arrêts traitent des Swiss GAAP RPC en rapport avec d'autres problématiques que la prévoyance

D. Perspectives

512 Malgré leur prodigieuse propagation depuis 2005, il n'est pas absolument certain que les IFRS s'établissent *durablement* comme le référentiel comptable sur
le plan mondial. D'une façon ou d'une autre, il semble presque inévitable que
des normes mondiales finissent par s'imposer[761]. Les IFRS y parviendront très
probablement si elles surmontent deux écueils. Le premier est la prolifération
normative incontrôlable, source d'insécurité et d'obsolescence ; la réponse
nous semble consister dans une vraie refonte des IFRS, réduisant leur volume
à une fraction de ce qu'il est aujourd'hui, et lui donnant un contenu moins casuistique (et donc moins rapidement dépassé) de façon à consister essentiellement en des principes mûrement pensés. Le second écueil est l'absence du principe de prudence ; cette absence suscite, à juste titre, les critiques les plus

professionnelle et les assurances (il s'agit d'arrêts en matière fiscale : TF 31. 8. 2015,
2C_775/2014, c. 7.1, et TF 4. 3. 2021, 2C_712/2020, c. 4 ; l'arrêt TF 27. 3. 2017,
2C_1031/2015, ne fait que citer un article traitant des Swiss GAAP RPC ; l'arrêt TF
24. 5. 2023, 4A_63/2023, c. 4 et 6, traite d'une sanction prononcée par le tribunal arbitral
de la bourse SIX [cf. *infra* la présente n. *in fine*] ; les IFRS ne sont également que très
rarement mentionnées dans la jurisprudence, cf. Rouiller/Bauen/Bernet/Lasserre
Rouiller [2022], N 1060 n. 2844 en matière fiscale et TF 9. 4. 2013, 4A_627/2012, c. 5.5,
dans le cadre d'un litige sur la valeur d'actions vendues). La jurisprudence du Tribunal
administratif fédéral ou des cours cantonales supérieures (hors prévoyance professionnelle) ne paraît pas non plus y être confrontée (vérification faite en particulier de la jurisprudence mise en ligne par les autorités suivantes : TC VD, TC VS, TC FR, TC NE, TC
JU, OGer ZH, OGer BE, TApp TI). Utilisant les «normes reconnues», quelques arrêts
vaudois ont concerné les droits contractuels (bonus) calculés selon les IFRS (ainsi TC VD
14. 11. 2011, CT07.016475, c. 7 ; TC VD 22. 7. 2012, CT07.016475 c. 2), tandis que les
quelques arrêts genevois répertoriés (qui traitent des écarts de conversion selon les IFRS)
sont pour l'essentiel ceux qui ont donné lieu aux arrêts fédéraux précités. En revanche, la
bourse suisse SIX constate assez fréquemment – et sanctionne – la violation de règles
comptables IFRS ou Swiss GAAP RPC (p. ex. pour différentes infractions, notamment à
l'IAS 37 sur les dettes éventuelles, SIX Exchange Regulation 20. 6. 2016, SB-RLE-II/16 ;
pour l'absence du tableau des flux de trésorerie dans les comptes intermédiaires selon la
norme RPC 31, SIX Exchange Regulation 18. 4. 2016, SB-RLE-I/16 ; une certaine souplesse est parfois de mise, ainsi dans la décision de la Commission des sanctions SIX du
22. 4. 2010, SaKo 2009-RLE-IV/09, ou encore dans l'accord entre Orascom et SIX ayant
fait l'objet du communiqué du 29. 8. 2012).

[761] Voir cependant Antoinette Esposito Cano, Global GAAP : nouvel Esperanto comptable
et financier ? modèle unique d'information financière : revue sous le prisme des référentiels IFRS et US GAAP, ECS 2011 694 («*La réalité pluricomptable est aussi pluricultu-
relle. L'uniformisation culturelle est-elle possible ? Est-elle vraiment souhaitable ?*»).

virulentes[762]. Le réintroduire serait de nature à permettre de surmonter bien des réticences quant à une plus large adoption et surtout de donner aux IFRS un contenu rationnellement satisfaisant, qui, accessoirement, leur permettrait d'échapper aux critiques les plus fondamentales et les plus pertinentes lors des prochaines crises. On peut observer avec intérêt que le terme « prudence » est réapparu dans le Cadre conceptuel des IFRS en 2018, alors qu'il était totalement absent dans la version de 2010 ; il s'agit d'une apparition encore timide (d'ailleurs comme accessoire au principe de neutralité)[763], et pas sous l'expression forte de «*principe de prudence*».

Ainsi, après avoir été malmené (fortement jusqu'en 2008), le principe de prudence n'a peut-être pas dit son dernier mot. Il reste le seul principe dont l'application soit véritablement prévisible. Il peut être qualifié de biais pessimiste, mais il est surtout la seule méthode qui évite l'illusion des profits non réalisés et de leur dangereuse assimilation aux profits réalisés – un véritable biais dont l'ampleur est potentiellement illimitée et les effets parfois irréparables. La prudence n'est pas moins réaliste et fiable que d'autres approches, au contraire : elle est l'image fidèle qui reflète la réalité volatile et souvent décevante des marchés et de la vie des entreprises. Il est ainsi fondamentalement discutable de l'opposer à des méthodes qui se sont audacieusement arrogé la dénomination de *true and fair view* : le principe de prudence n'est pas *untrue* et, manifestement, il n'est *unfair* avec personne ; il est simplement sévère à l'égard des appétits impatients et excessifs en matière de bonus ou de dividendes (et de taxation) qui s'attachent à ce qu'un bénéfice soit affiché prématurément, même lorsqu'il n'est qu'une apparence. Ces appétits, divers, sont malheureusement très puissants.

513

---

[762] Outre les critiques reproduites *in* n. 654 et 684, on peut citer Jacques RICHARD, The dangerous dynamics of modern capitalism (from static to IFRS' futuristic accounting), Critical Perspectives on Accounting 30 (2015), p. 35-43, approuvé par Arnaldo CANZIANI (*in* IFRS in a Global World : International and Critical Perspectives on Accounting [éd. Bensadon/Praquin], Cham 2016, p. 308 : « *The IFRS are both obsolete and dangerous. The IFRS are obsolete because they remain stuck in a quaint conception that views financial capital and investors alone as the Alpha and Omega for managing accounting. The IFRS are dangerous because they embody a systematic and all-out assault on a fundamental principle underlying accounting – the principle of prudence, which forbids statements of potential profits and prescribes disclosure of potential losses. By even daring to herald a principle of 'imprudence', the IFRS has contributed to the rise to power of the irresponsibility [...]* »). Pour d'autres points de vue – non moins critiques – dans différents pays, v. CAMFFERMAN/ZEFF, Aiming for Global Accounting Standards (Oxford 2015), p. 517 ss ; Thomas SELLING, Bumps in the Road to IFRS Adoption : Is a U-Turn Possible ?, Accounting Horizons 27 (2013), p. 155-167.

[763] *Supra* N 503, spéc. ad n. 740.

514   Dans l'ensemble, on peut dire que l'espoir demeure, malgré lesdits appétits, que le principe de prudence occupe une place plus importante dans les normes comptables internationales à venir qu'il n'a aujourd'hui. En revanche, il semble parfaitement certain que la prédominance qu'il a dans la tradition helvétique ne parviendra jamais à s'imposer sur le plan mondial. L'application en Suisse des normes comptables internationales actuelles et futures induit donc de prendre conscience que le principe de prudence du droit suisse correspond aussi à un *devoir matériel* de l'organe dirigeant – un aspect du devoir de diligence –, qui a été, pour ainsi dire, masqué par la force du principe comptable (qui conduisait, par les provisions et les dépréciations prudentes, à conserver suffisamment d'actifs au sein des ressources sociales pour affronter les difficultés toujours probables). La traduction comptable de cette prudence matérielle résidera dans la constitution de réserves ouvertement affichées comme telles[764].

---

[764] Il est intéressant de relever que dans les dispositions relativement récentes adoptées notamment en droit français dans le cadre de la loi sur l'économie sociale et solidaire (adoptée le 31. 7. 2014), les particularités du régime légal se manifestent surtout par l'obligation de constituer différentes réserves – ouvertes – dans un but de durabilité (économique et donc sociale) de l'entreprise ; cf. à ce propos Nicolas ROUILLER, Économie solidaire (2021), p. 54 ss, spéc. n. 73 et 75 ; v. aussi le rapport national français de Christine NEAU-LEDUC, *in* La solidarité (2022), ch. 1.1 et 1.2.

§ 6 La représentation de la société

I. Le droit de chaque type de société en tant qu'origine des pouvoirs ; renvoi et vue d'ensemble

La représentation est consubstantielle à toute société : une société ne peut agir sans que le mécanisme de la représentation soit en œuvre. ₅₁₅

Entité artificielle[765], une **personne morale** ne peut se lier contractuellement ou effectuer d'autres opérations juridiques si ce n'est par des personnes physiques accomplissant des actes en son nom[766]. ₅₁₆

---

[765] Il ne s'agit pas ici de trancher la querelle conceptuelle entre la *théorie de la réalité* défendue notamment par Otto VON GIERKE (cf. p. ex. Deutsches Privatrecht, vol. I, Leipzig 1895, p. 469 ss [§ 59, « *Begriff und Wesen der Verbandspersönlichkeit* »]) et la *théorie de la fiction* défendue en particulier par Friedrich Carl VON SAVIGNY (cf. p. ex. System des heutigen römischen Rechts, vol. II, Berlin 1840, p. 239 s. et 283), ou les théories intermédiaires comme celle *de la représentation* présentée en particulier par Rudolph VON JHERING (Geist des römischen Rechts, partie II, vol. 2, Leipzig 1858, p. 393 s.). Cette querelle conceptuelle n'a pas d'incidence sur l'application pratique du droit de la représentation. Accessoirement, on relève que GIERKE reconnaît fort bien que la personnalité morale naît de la loi (*op. cit.*, p. 471). V. ég. ATF 138 III 337 c. 6.1 (344 : « *la personne morale, comme création de l'ordre juridique, agit exclusivement par l'entremise de personnes physiques, qui sont ses organes ; ces derniers sont des parties de la personne morale elle-même [...]. Autrement dit, l'acte de l'organe est en règle générale assimilé à celui de la personne juridique, de sorte qu'il existe en principe une unité d'action en ce sens que l'organe et la personne morale sont considérés comme une personne identique* », le considérant précisant qu'il s'agit là d'un « *emprunt à la théorie de la réalité de la personne morale* ») et *infra* N 671, n. 988. V. aussi ATF 121 III 176 c. 4d (182) et TF 17. 1. 2020, 4A_613/2018, c. 3.1, cités *infra* n. 1026.

[766] En disant cela, on ne perd pas de vue la conclusion et l'exécution *automatisée* de contrats (au nom d'une personne morale) par systèmes informatiques, cf. *infra* N 519. – Par ailleurs, lorsque c'est par un organe qu'une personne morale agit, on peut parler *d'imputation* au lieu de représentation (ainsi à l'ATF 146 III 37 c. 5.5.1 [41] : « *l'acte de l'organe est directement attribué à la personne morale comme son acte propre. Autrement dit, les organes ne sont pas des représentants au sens des art. 32 ss CO, mais lorsqu'ils agissent, c'est la société elle-même qui agit* »). Cette distinction n'a cependant pas d'impact pratique (le même arrêt l'illustre [*ibid.*, 42] : « *On utilisera donc ci-après, comme le fait le texte de l'art. 718 CO, le terme de représentation (*Vertretung*) pour désigner les actes juridiques de la SA accomplis par ses organes et qui sont imputés à celle-ci* »).

517 Une **société de personnes** est une communauté constituée de différentes personnes, lesquelles sont elles-mêmes liées – au moins dans une certaine mesure – par les actes accomplis en son nom. Pour que cette communauté soit, en tant que telle, partie à une relation juridique avec des tiers, ce qui a pour conséquence que ses différents membres sont liés, il faut forcément qu'une ou plusieurs personnes physiques accomplisse(nt) un acte au nom de cette communauté.

518 En embrassant la vie juridique d'un regard large, on observera que seule une **personne physique** (majeure) peut agir sans être représentée. Elle peut certes aussi choisir d'agir par l'interposition d'un représentant à l'égard de tiers, mais c'est là un mécanisme juridique dont l'usage est en soi **facultatif**, et non une nécessité permanente[767].

519 Pour éviter toute ambiguïté, on précisera que **l'omniprésence de la représentation pour les actes des sociétés** n'est pas radicalement remise en question par la conclusion et l'exécution automatisée de contrats (par processus informatiques), phénomène évidemment massif notamment pour les contrats conclus entre les sociétés et des consommateurs, et qui se développe aussi dans d'autres contextes[768]. Les processus informatiques qui conduisent à ces opérations automatisées, sans intervention humaine individualisée, ont toujours été décidés et mis en place par des personnes physiques agissant pour la société au nom de laquelle les opérations sont ensuite effectuées. Même si le phénomène soulève de nombreuses questions distinctes, le domaine de la représentation n'est pas amoindri par l'automatisation.

520 La représentation est ainsi une institution juridique commune à toutes les sociétés. Beaucoup de **règles** – de loin la majeure part – sont **communes** et seront traitées dans ce chapitre. Ce qui se distingue d'une société à l'autre, c'est le processus (interne) par lequel les pouvoirs de représentation sont octroyés : il s'agit là d'une question qui ressortit à la structure de la société et aux compé-

---

[767] Ainsi, s'il est assurément fort lucide de qualifier la représentation directe de *miracle juridique*, comme l'a décrit Ernst RABEL (Die Stellvertretung in den hellenischen Rechten und in Rom, *in* Atti del Congresso Internazionale di Diritto Romano, vol. I, Pavie 1934, p. 238 [«*juristisches Wunder*»], cité par Philippe KLEIN, ZK ad art. 32-40 [2020], N 1), il est consubstantiel aux sociétés, lesquelles en sont donc le produit dans chacun de leurs actes.

[768] Les contrats que l'on désigne sous l'appellation de *smart contracts*, notamment dans les contextes impliquant des cryptomonnaies, sont pour la plupart des contrats dont *l'exécution* est conditionnelle et déléguée à un processus informatique qui est en mesure de reconnaître l'avènement d'une (ou plusieurs) condition(s) et d'agir en fonction de cette reconnaissance. Sur ce sujet, Nicolas ROUILLER, Cryptocurrencies (2020), p. 9 s. ; Christoph MÜLLER, Les «Smart Contracts» en droit des obligations suisse (2018), p. 53-64 ; sur l'origine, Nick SZABO, The Idea of Smart Contracts (1997).

tences revenant à ses organes. Cet aspect sera donc traité dans les chapitres consacrés aux spécificités de chaque société.

Dans une vue d'ensemble, on peut d'abord énoncer que fait partie des règles 521 communes la **manière dont le représentant doit s'exprimer** pour que la société soit liée par ses actes juridiques, c'est-à-dire que les droits et obligations qu'il stipule lorsqu'il entend conclure un contrat pour le compte de la société naissent directement dans le chef de celle-ci. Cette *condition première de la représentation directe* est traitée dans la section II ci-dessous.

Les règles communes concernent aussi **l'étendue des pouvoirs de représen-** 522 **tation inscrits au registre du commerce**. Comme décrit en détail dans la section suivante, cette étendue est définie, pour toutes les sociétés commerciales, par la compatibilité des actes du représentant inscrit avec le *but social*. Sont aussi communs à toutes les sociétés certains types de *restrictions inscrites au registre*, telles la nature individuelle ou collective des pouvoirs (dans ce dernier cas, l'exercice – collectif – peut être sujet à des restrictions additionnelles), ou la limitation aux affaires d'une succursale. Tous ces aspects sont traités dans la section III ci-dessous.

D'autres règles communes à toutes les sociétés concernent **l'octroi de pou-** 523 **voirs non inscrits au registre**, soit ceux octroyés par procurations explicites et par procurations implicites (par actes concluants, par tolérance et par simple apparence). Moins standardisés, ces pouvoirs suivent aussi des règles qui, à un certain degré d'abstraction, sont communes : outre leur octroi, cela concerne leur étendue, définie par l'acte juridique qui les octroie et sa communication aux tiers. Les pouvoirs non inscrits au registre sont traités dans la section IV ci-dessous.

Indépendamment des contours des pouvoirs déterminés par la définition de leur 524 étendue – le but social pour les pouvoirs inscrits au registre, l'acte juridique et sa communication pour les autres pouvoirs –, tous les pouvoirs de représentation sont sujets à un autre type de **limites, qui relèvent de situations particu-** **lières**, à savoir l'implication du représentant dans un **conflit d'intérêts** reconnaissable (dont deux cas particuliers sont le contrat avec soi-même et la double représentation). Une autre limite aux pouvoirs découle de la connaissance par le tiers de **restrictions internes** (p. ex. des instructions). Ces différentes limites, communes à tous les pouvoirs, sont traitées dans la section III, la section IV y renvoyant, sous réserve de la mise en exergue de quelques particularités découlant de la nature des pouvoirs.

La section V traite la **représentation passive**, soit la capacité de recevoir va- 525 lablement une notification pour la société, et la problématique – voisine de – **l'imputation de la connaissance**, avec laquelle des recoupements existent.

II.   L'acte de représentation

526   Afin de faire naître des droits et des obligations dans le chef de la société
lorsqu'il entend conclure un contrat (ou accomplir un autre acte juridique) pour
elle, le représentant doit **indiquer qu'il agit au nom de la société**. Pour toutes
les sociétés de capitaux, la loi précise que les représentants doivent «*signer en
ajoutant leur signature personnelle à la raison sociale*»[769]. Une telle incombance est aussi énoncée dans les dispositions relatives aux fondés de procuration («*signer par procura*»)[770]. Une telle disposition légale explicite ne figure
pas dans le droit régissant les sociétés de personnes, mais la nécessité de faire
comprendre que l'on agit au nom du représenté pour que la représentation soit
efficace (c'est-à-dire que les effets de l'acte juridique ne naissent que dans le
chef du représenté) est une règle générale du droit de la représentation (art. 32
al. 1 CO : «*Les droits et les obligations dérivant d'un contrat fait au nom d'une
autre personne par un représentant autorisé passent au représenté*»).

527   Cela étant, si la situation est certes plus claire lorsqu'un représentant s'est clairement fait connaître comme tel, la société peut *également* être liée lorsqu'il
était **indifférent** pour le tiers de contracter avec elle ou avec le représentant
(art. 32 al. 2, 2e hypothèse, CO)[771]. La preuve de l'indifférence du tiers doit être
apportée par celui qui invoque que c'est la société qui est liée (cf. art. 8 CC)[772].
Ce n'est pas une indifférence générale qui doit être prouvée, mais une indifférence de conclure entre le représentant et la société représentée concrètement

---

[769]   Pour la SA, la Sàrl et la coopérative, les art. 719, 814 al. 5 et respectivement 900 CO sont
identiques au mot près («*Les personnes autorisées à représenter la société signent en
ajoutant leur signature personnelle à la raison sociale*»).

[770]   Cf. art. 458 al. 1 CO.

[771]   Art. 32 al. 2 CO : «*Lorsque au moment de la conclusion du contrat le représentant ne
s'est pas fait connaître comme tel, le représenté ne devient directement créancier ou débiteur que si celui avec lequel il contracte devait inférer des circonstances qu'il existait
un rapport de représentation, ou s'il lui était indifférent de traiter avec l'un ou l'autre*».
V. p. ex. TF 16. 10. 2009, 4A_335/2009, c. 2.4 et 2.5 (indifférence admise) ; TF
19. 2. 2008, 4A_270/2007, c. 5.4 (indifférence niée), et TF 10. 2. 1959, SJ 1960 161 c. 1c
in fine (170 : «*[Le recourant] ne s'est pas inquiété de savoir en quelle qualité Glarner
agissait ; il a ainsi démontré qu'il lui était indifférent de traiter avec Glarner ou avec le
vendeur de l'or*»). V. ég. PETER/CAVADINI, CR ad art. 719 CO (2017), N 3 ad n. 2 ; Rolf
WATTER, BaK ad art. 719 CO (2016), N 5.

[772]   Suivant le caractère avantageux ou non du contrat, de la solvabilité du représentant ou de
la société, on comprend que ce peut être tant la société que le représentant ou le tiers qui
peut être amené à invoquer cette indifférence. À cet égard, la perspective de l'ATF 100 II
200 c. 8a (210) est trop partielle.

en cause[773]. Il peut arriver que le contrat soit explicitement conclu *aussi* pour une personne représentée qui n'est pas nommée au moment de la conclusion (« contrat pour soi ou son nommable ») : l'indifférence est alors explicitement reconnue par le tiers[774].

Il en va de même si le représentant n'a certes pas agi explicitement au nom de la société au moment de conclure l'acte, mais que **le tiers devait percevoir de bonne foi** – en usant de l'attention commandée par les circonstances (art. 3 al. 2 CC) – que le représentant n'agissait pas en son nom et pour son propre compte mais pour la société (art. 32 al. 2, 1re hypothèse, CO : « *si celui avec lequel [le représentant] contracte devait inférer des circonstances qu'il existait un rapport de représentation* »)[775].   528

Ces situations peuvent être très fréquentes, en fonction de la façon dont la prise de contact a lieu (notamment si elle découle d'une présentation faite sur un site Internet clairement exploité par une société) ou de la correspondance[776] : même si, notamment en raison d'un mode d'expression relativement informel, le nom de la société n'est pas indiqué au moment de conclure, il peut être indubitable que c'est bien celle-ci qui est partie à l'affaire.   529

Un autre type de situation, différent, est celle où le représentant indique qu'il **agit pour autrui sans nommer celui-ci**[777] (« pour celui que cela concerne » ; « Han-   530

---

[773] ATF 117 II 387 c. 2c (390 s.) : « *la personne du représenté est, en principe, déjà déterminée objectivement au moment de la conclusion du contrat, même si le tiers ne la connaît pas encore. De ce point de vue, rien ne s'oppose donc à ce que l'on considère le problème de l'indifférence relativement à cette seule personne. Le but de la disposition étudiée est, en effet, de faire bénéficier directement le représenté des avantages de l'affaire conclue pour lui, dans l'hypothèse où le représentant, nanti de pouvoirs à cette fin, n'a pas révélé au tiers l'existence du rapport de représentation [...]. Si le tiers eût accepté ce représenté comme cocontractant, rien ne justifie de lui refuser la protection de l'art. 32 al. 2 in fine CO pour la seule raison qu'il n'eût pas conclu le contrat avec n'importe quelle autre personne. De fait, exiger une indifférence générale et absolue quant à la personnalité du cocontractant reviendrait à restreindre par trop le champ d'application de cette disposition, car il se trouvera toujours une personne que le tiers n'aurait pas acceptée comme partenaire contractuel pour quelque motif que ce soit* ».

[774] Cf. Nicolas ROUILLER, Droit suisse des obligations (2007), p. 311, n. 799. On peut aussi se référer à l'étude monumentale de Jean-Frédéric REYMOND, La promesse de vente pour soi ou son nommable, th. Lausanne 1945.

[775] V. le texte légal *supra* n. 771.

[776] Un cas intéressant est l'arrêt TF 19. 9. 1962, SJ 1964 17 c. 3 et 4 (22), commenté par Philippe KLEIN, ZK ad art. 32 CO (2020), N 99.

[777] De telles situations, prévues notamment par des travaux d'harmonisation internationaux (art. 3:203 des Principes du droit européen des contrats [2003]), ne sont pas rares ; cf. p. ex. TF 13. 2. 2002, 4C.356/2001 c. 4a *in initio*. Pour le surplus, Nicolas ROUILLER (2007), p. 312-318.

deln für denjenigen, den es angeht »[778]), et que le tiers accepte cette situation. Lorsqu'est dévoilé le nom de la société initialement non communiqué, la représentation prend effet.

531 Dans tous ces cas, et à condition que le représentant ait bel et bien eu la volonté (interne) d'agir en cette qualité[779], la représentation est efficace et les droits et obligations naissent dans le chef de la société (**représentation directe**).

532 Si aucune de ces situations n'est réalisée, le fait qu'un « représentant » ait eu l'intention d'agir pour la société est en soi sans effet juridique ; cela ne fait pas naître les droits et obligations dans le chef de la société pour laquelle le « représentant » veut agir. Ce mode d'action est nommé « **représentation indirecte** », mais il ne consiste précisément pas dans de la représentation. Faute d'effet de représentation, la société ne deviendra créancière et débitrice des droits et obligations stipulés qu'en application des règles sur la cession de créances et la reprise de dettes (cf. art. 32 al. 3 CO). Une reprise du contrat dans son ensemble[780] peut être convenue ; elle suppose l'accord du tiers, de la société et du représentant. De telles reprises peuvent survenir dans le cadre d'opérations de restructuration comme la fusion de sociétés ou le transfert de patrimoine, qui obéissent à des règles spéciales (notamment pour protéger les créanciers)[781].

III. L'étendue et les limites des pouvoirs inscrits au registre du commerce

A. L'examen abstrait au regard du but social

533 Dans **toutes les sociétés commerciales**, les pouvoirs – inscrits au registre du commerce – des représentants qui sont membres des **organes de direction** ont une étendue déterminée par le but social. Les termes employés par la loi sont désormais identiques ou quasi-identiques pour les différentes formes de société et ont la même portée. Pour la société anonyme, l'art. 718a al. 1 CO dispose que « *les personnes autorisées à représenter la société ont le droit d'accomplir*

---

[778] Cf. Philippe KLEIN, ZK ad art. 32 CO (2020), N 107.

[779] ATF 117 II 387 c. 2a (389 : « *Encore faut-il, dans cette hypothèse également, que le représentant ait bien eu la volonté (interne) d'agir comme tel* »). Ég. ATF 109 III 120 c. 4a ; 100 II 211 c. 8a et 88 II 194 c. 4 ; 88 II 357 c. 1er. Ég. TF 11. 2. 2015, 4A_496/2014, c. 3.2.

[780] Cf. p. ex. Philippe REYMOND (1989).

[781] *Infra* N 2873 (transfert de patrimoine) et 2865 (scission) ; ROUILLER/BAUEN/BERNET/LASSERRE ROUILLER (2022), N 806, 822 et 844 ; Rashid BAHAR (2010), p. 36 s.

*au nom de celle-ci **tous les actes que peut impliquer le but social***» ; l'art. 814 al. 4 CO y renvoie pour la société à responsabilité limitée[782]. L'art. 899 al. 1 CO emploie exactement les mêmes termes pour la coopérative : «*Les personnes autorisées à représenter la société ont le droit de faire au nom de celle-ci tous les actes que peut impliquer le but social*». Pour la société en nom collectif, l'art. 563 al. 1 CO dit que «*les associés autorisés à représenter la société ont le droit de faire au nom de celle-ci tous les actes juridiques que peut impliquer le but social*» ; l'art. 603 CO y renvoie pour la société en commandite[783].

Les pouvoirs du **fondé de procuration**, représentant inscrit au registre[784], réglementés par l'art. 459 al. 1 CO sont également déterminés par le but de la société («*Le fondé de procuration est réputé, à l'égard des tiers de bonne foi, avoir la faculté de souscrire des engagements de change pour le chef de la maison et de faire, au nom de celui-ci, tous les actes que comporte le but[785] du commerce ou de l'entreprise*»). La comparaison avec les pouvoirs du **mandataire commercial** (représentant constitué «*soit pour toutes les affaires de l'entreprise, soit pour certaines opérations déterminées*») illustre cette portée, puisque celui-ci, **par contraste**, ne peut accomplir que les **actes habituels** (art. 462 al. 1 *in fine* CO : «*ses pouvoirs s'étendent à tous les actes que comportent habituellement cette entreprise ou ces opérations*»)[786]. Les **autres mandataires** ont des pouvoirs de représentation définis **par l'acte juridique** qui les confère (art. 33 al. 2 CO) ou par la communication qui en est faite aux tiers (al. 3)[787]. 534

On observera que la représentation des personnes morales autres que les sociétés commerciales, à savoir l'association et la fondation, se présentent en des 535

---

[782] Le renvoi de l'art. 814 al. 4 CO est spécifique au droit de la représentation : «*Le droit de la société anonyme s'applique par analogie à l'étendue et à la limitation des pouvoirs de représentation ainsi qu'aux contrats conclus entre la société et son représentant*».

[783] Art. 603 CO : «*La société est représentée par l'associé ou les associés indéfiniment responsables, conformément aux règles applicables aux sociétés en nom collectif*».

[784] Cf art. 458 al. 2 et 3 CO. L'inscription est toujours obligatoire, mais déclarative pour les «*établissements exploités en la forme commerciale*» ; elle est constitutive dans les établissements non commerciaux (al. 3).

[785] La formulation dans le texte légal français de l'art. 459 al. 1 CO («*que comporte le but*») doit bien se comprendre comme ayant une portée identique à celle des art. 718a, 899 et 563 CO («*que peut impliquer le but*»), notamment au regard du fait que dans le texte légal allemand, ce sont des termes identiques qui sont employés («*die der Zweck [...] mit sich bringen kann*»). Dans ce sens, v. p. ex. Pierre-Alain RECORDON, CR ad art. 565 CO (2017), N 22 ad n. 30 («*malgré la différence de vocabulaire*»), et Christine CHAPPUIS, CR ad art. 459 CO (2021), N 1.

[786] *Infra* N 556.

[787] *Infra* section IV, N 604 ss et 620.

termes similaires, étant relevé que les statuts jouent un rôle plus étendu[788].
Quant à la société simple, elle n'est jamais inscrite au registre du commerce ;
elle n'apparaît juridiquement pas aux yeux des tiers comme une entité et la
représentation des associés par un autre ou par un tiers suit les règles ordinaires.

536 La **jurisprudence constante** – depuis au moins 1894 – confirme que les dispositions légales étendant les pouvoirs de représentation à tout ce que peut impliquer le but social s'interprètent d'une façon qui n'est pas restrictive ; elle
reconnaît explicitement qu'il s'agit d'une interprétation large (« *weite Auslegung* »)[789]. L'étendue des pouvoirs déterminée par ce que « peut impliquer le
but social » comprend notamment « *tous les actes qui ne sont pas nettement
exclus par ledit but* »[790]. Pour être couvert par les pouvoirs, il suffit que l'acte

---

[788] Pour la représentation de l'association par ses organes, cf. art. 69 CC : « *La direction a le
droit et le devoir de gérer les affaires de l'association et de la représenter en conformité
des statuts* ». Pour la fondation, la seule règle légale dans le droit en vigueur en 2024 est
la règle générale de l'art. 55 al. 1 et 2 CC (*infra* N 684 et 2830). De par la référence aux
statuts plutôt qu'au seul but statutaire, des règles de compétence internes peuvent limiter
les pouvoirs de représentation davantage que pour les sociétés commerciales ; toutefois,
si l'association est inscrite au registre et qu'un fondé de procuration au sens de l'art. 458 ss
CO est nommé, le régime fondé sur la référence au but social est pleinement applicable.

[789] Ainsi explicitement ATF 31 II 631 c. 5 (638). Récemment, TF 22. 1. 2014, 4A_459/2013,
c. 3.2.1 (« *Art. 718a Abs. 1 OR wird zum Schutz gutgläubiger Dritter weit ausgelegt* »).

[790] ATF 95 II 442 (regeste) ; le c. 3 (450) dit : « *Rechtshandlungen, die, objektiv betrachtet,
im Interesse des von ihm verfolgten Zweckes liegen können, d. h. durch diesen nicht geradezu ausgeschlossen werden* ». Cette formulation remonte à tout le moins à l'ATF 20 435
c. 5 (441 : « *alle Rechtshandlungen und Geschäfte, welche überhaupt im Interesse des
Gesellschaftszweckes liegen können […] welche in abstracto im Gesellschaftszwecke begründet werden sein können, mit anderen Worten durch den Zweck der Gesellschaft nicht
ausgeschlossen sind* » ; en l'occurrence, il est retenu que la reprise d'une dette d'un associé
est sans nul doute susceptible d'être dans l'intérêt de la société, en ceci qu'elle pouvait
indirectement lui servir [« *wohl geeignet war, mittelbar die Interessen der Firma zu fördern* »]) ; identique, ATF 22 590 c. 2 (595 : « *ein Geschäft, das in abstracto im Gesellschaftszweck begründet sein kann* ») ; ATF 23 198 c. 2 (203 : « *ein Geschäft, das wenn
auch nur in abstracto im Gesellschaftszweck begründet sein kann* ») ; dans une société en
commandite, ATF 31 II 96 c. 3 (100 : « *durch den Gesellschaftszweck nicht ausgeschlossen sind* ») ; ATF 31 II 361 c. 5 (368 : « *Ob das betreffende Geschäft für die Gesellschaft
vorteilhaft ist oder nicht, ist dabei nicht entscheidend, massgebend ist nur, ob es an sich
im Zweck der Gesellschaft liegen kann, d. h. [...] durch den Gesellschaftszweck nicht
ausgeschlossen ist* ») ; ATF 38 II 103 c. 2 (105 : « *jede Rechtshandlung, die auch nur
möglicherweise im Geschäftszweck begründet, also durch ihn nicht geradezu
ausgeschlossen ist* ») ; ATF 39 II 295 c. 1 (297 : « *alle Handlungen [...], wenn sie irgendwie aus dem Zwecke der Gesellschaft rechtfertigen lassen* ») ; ATF 84 II 168 c. 1 *pr.*
(170 : « *darüber hinaus auch zu ungewöhnlichen Geschäften, sofern sie auch nur möglicherweise im Geschäftszweck begründet sind ; es genügt, dass sie durch diesen nicht geradezu als ausgeschlossen erscheinen* »).

puisse trouver abstraitement un fondement dans le but social[791], « de quelque façon que ce soit » (*irgendwie*)[792] ; il est suffisant qu'il puisse le favoriser même indirectement[793], et il n'est nullement nécessaire qu'il lui soit concrètement avantageux[794].

Vu cette étendue extrêmement ample, le critère de la compatibilité avec le but social ne nous apparaît pas avoir conduit, dans la jurisprudence publiée, à retenir une invalidité de l'acte du représentant au titre de la nature des activités commerciales pour lesquelles il engageait la société[795]. Une formulation légèrement restrictive en 1969[796] a été suivie en 1970 d'une réaffirmation des formulations antérieures, dans les termes suivants : « *le but social embrasse l'ensemble des actes juridiques qui, du point de vue objectif, peuvent, ne fût-ce que*

537

---

[791] Ainsi l'ATF 20 435 c. 5 (441), 22 590 c. 2 (595) et 23 198 c. 2 (203), cités *supra* n. 790.

[792] Ainsi l'ATF 39 II 295 c. 1 (297) cité *supra* n. 790.

[793] Ainsi l'ATF 20 435 c. 5 (441) cité *supra* n. 790.

[794] Ainsi l'ATF 31 II 361 c. 5 (368) cité *supra* n. 790.

[795] À l'ATF 96 II 436, l'achat de diamants (que le représentant s'est appropriés) a été jugé compatible avec le but statutaire consistant dans « *la vente par correspondance de marchandises de toute nature et de toutes provenances se rapportant à l'homme, à la femme, à l'enfant et à la maison* » (440 ; cf. ég. c. 3b, 445). La doctrine évoque que « *ne sont exclus du but – et donc des pouvoirs – que ce qui, à l'évidence, n'est pas de nature à permettre sa poursuite, par exemple la vente d'actifs essentiels à l'activité (cession de l'essentiel de l'entreprise, des principales marques, etc.)* » (PETER/CAVADINI, CR ad art. 718a CO [2017], N 6 ad n. 7 ; dans le même sens, Peter BÖCKLI [2009], N 497 et 499 ss ; Rolf WATTER, BaK ad art. 718a CO [2016], N 4 ; Rolf DITESHEIM [2001], p 218 ; voir ég. Pierre-Alain RECORDON, CR ad art. 564 CO [2017], N 7 [« *aliénation de l'entreprise nécessaire à la poursuite de ce but* »] et 18). Il ne nous semble pas que de telles aliénations soient *forcément* « *nettement exclues par le but social* » et *toujours* insusceptibles de le favoriser, fût-ce indirectement, au vu de l'approche abstraite prescrite par la jurisprudence (en particulier, l'aliénation de l'entreprise peut être faite en vue d'un réinvestissement, conforme au but) ; c'est plutôt *sous l'angle de l'abus de pouvoir de représentation* que la représentation peut s'avérer inefficace, l'abus pouvant être ici plus facilement *perceptible* pour le tiers (*infra* N 569-574) au vu du caractère insolite de telles aliénations hors d'une liquidation décidée en bonne et due forme.

[796] Cette formulation figure à l'ATF 95 II 942, où il s'agissait d'un abus caractérisé du pouvoir de représentation (en l'occurrence pire qu'un « simple » contrat avec soi-même [*infra* N 575 s. et 582], car l'opération – un achat de titres – n'était conclue que pour le cas où la spéculation par l'organe sur ces titres échouerait, l'achat étant ainsi forcément désavantageux). La solution de l'arrêt, soit l'invalidité de l'acte pour défaut de pouvoirs, est manifestement juste (cf. *infra* N 571-573), et ce n'est qu'en raison de la formulation trop centrée sur le but social (c. 5 *in fine*, 454) que l'arrêt a été critiqué et a donné lieu à la clarification (réaffirmation de la jurisprudence ancienne) à l'ATF 111 III 284 (reproduite ad n. 798). On précisera que c'est dès l'année suivant cet ATF 95 II 442 que l'ATF 96 II 439 c. 3b, sans le désavouer explicitement, l'a cité en le résumant sans employer de termes restrictifs liés au but social (cité ici ad n. 797).

de façon indirecte, contribuer à atteindre le but social, c'est-à-dire tous ceux que ce but n'exclut pas nettement »[797]. Il a ensuite été précisé, en 1985, avec insistance, en désavouant toute formulation restrictive, que : « *les actes en question doivent être appréciés selon un critère objectif, d'une manière générale et abstraite [...]. C'est ainsi que l'acte juridique est apprécié en fonction de sa nature, de son type, et non pas en fonction de la relation concrète qu'il peut avoir, dans la réalité d'une opération donnée, avec le but de la société [...]. [I]l n'est pas essentiel que, dans un cas précis, l'affaire ait réellement servi le but social, mais il suffit que l'acte passé soit éventuellement justifié par ce but, qu'il n'y soit donc pas complètement étranger [...]. Il importe donc peu de savoir si l'acte accompli par l'organe était concrètement, réellement, un acte que pouvait impliquer le but social* »[798].

538 La jurisprudence ne nous semble plus avoir varié[799]. La problématique d'une éventuelle invalidité de l'acte du représentant inscrit au registre n'a depuis lors été examinée concrètement, dans les arrêts publiés, que sous l'angle de l'abus du pouvoir de représentation[800], du conflit d'intérêts[801] ou de la responsabilité pour violation du devoir de loyauté ou de diligence (l'examen de la responsabilité n'envisageant pas la question de l'efficacité du pouvoir, mais l'existence de compétences et la façon de les exercer sur un plan interne à la société[802]).

---

[797] ATF 96 II 439 c. 3b (445).

[798] ATF 111 II 284 c. 3b (289).

[799] Les critères sont simplement rappelés parfois très succinctement avec référence à des arrêts antérieurs, ainsi ATF 146 III 37 c. 5.1.1.1 (42) ; 116 II 320 c. 3a (323 : « *erfasst sind vielmehr ebenfalls ungewöhnliche Geschäfte, sofern sie auch nur möglicherweise im Gesellschaftszweck begründet sind, d. h. durch diesen zumindest nicht geradezu ausgeschlossen werden* ») ; identique, TF 19. 11. 2014, 4A_147/2014, c. 3.1.1 ; TF 8. 4. 2008, 4A_357/2007, c. 4.2 (« *Les membres du conseil d'administration chargés de représenter la société à l'égard des tiers [...] peuvent accomplir tous les actes juridiques qui ne sont pas exclus par le but social [...]. Ils engagent la société, peu importe s'ils trahissent alors l'intérêt social et agissent en réalité dans leur seul intérêt* »). V. ég. ATF 128 III 129 c. 1b/aa (134) ; 121 III 368 c. 4b (374) ; 120 II 5 c. 2c (9). Semblables, TF 16. 6. 2017, 4A_55/2017, c. 5.2.1 (« *Au nombre des actes que peut impliquer le but social, il faut non seulement englober ceux qui sont utiles à la société ou usuellement nécessaires à son activité, mais aussi ceux qui ont trait à des affaires inhabituelles qui rentrent toutefois dans le but social, c'est-à-dire qui n'en sont pas manifestement exclus* ») et TF 22. 1. 2014, 4A_459/2013, c. 3.2.1.

[800] *Infra* N 569-574.

[801] *Infra* N 575-600.

[802] C'est sous cet angle qu'est examinée la faculté de consentir à des cautionnements, garanties, ou prêts sans sûretés, notamment pour des sociétés du même groupe (cf. p. ex. ATF 140 III 533 et TF 18. 11. 2019, 4A_268/2018 ; Rouiller/Bauen/Bernet/Lasserre Rouiller [2022], N 582h, 650 et 668 ; ég. *infra* N 736 [sur la nature de l'opération] et

Pour porter très succinctement une **appréciation** en se fondant sur le droit comparé, il est certain que la solution retenue en droit suisse est extrêmement favorable à la sécurité des transactions, c'est-à-dire, en termes pratiques, à la validité des contrats. Certains ordres juridiques protègent davantage la société, en soumettant les pouvoirs de représentation des organes (et à plus forte raison des fondés de procuration) à des décisions *ad hoc* qui peuvent prescrire des limites multiples, à l'inverse de la standardisation qui prévaut en droit suisse dans cette matière[803]. Comme le montre la section consacrée à l'abus du pouvoir de représentation et aux conflits d'intérêts (ci-dessous C), la société n'est pas sans protection et le système qui en résulte, articulé sur la bonne foi – subjective et objective – du cocontractant, assure un équilibre raisonnable entre les intérêts antagonistes.

539

B.   Les limitations des pouvoirs inscrites au registre

1.   Vue d'ensemble – numerus clausus

Seules des restrictions bien spécifiques peuvent être inscrites au registre du commerce concernant les pouvoirs de représentation qui y sont énoncés. Sans que la loi le dise explicitement en ces termes, on peut parler à cet égard d'un *numerus clausus* des limitations susceptibles d'être inscrites au registre.

540

2.   Personne inscrite sans droit de signature

La première limitation peut consister en ceci qu'une personne inscrite au registre du commerce, tels un administrateur ou directeur d'une SA ou d'une coopérative, un associé ou un gérant de Sàrl ou un associé d'une SNC, y figure comme personne « sans droit de signature ». Au vu des règles de publicité du registre, en particulier l'effet dit positif (art. 936b al. 1 CO)[804], une telle absence de pouvoirs de représentation est opposable à tout tiers. Cela n'exclut pas absolument qu'un pouvoir soit octroyé à une telle personne autrement que par

541

N 1087 ad n. 1635 et 1636 [responsabilité] ; pour le critère d'un acte contraire au but social dans un autre contexte de responsabilité, TF 5. 2. 2019, 4A_407/2018 et *op. cit.*, N 590c).

[803] PETER/CAVADINI, CR ad art. 718a CO (2017), N 4 *in fine*, citent le cas de l'Italie. En sens inverse, cf. l'art. 9 de la Directive (UE) 2017/1132, cité *infra* N 636 s. Voir aussi p. ex. TF 2. 6. 2021, 4A_60/2021 cité *infra* n. 3652.

[804] *Supra* N 138.

une inscription au registre, comme on le verra dans la section consacrée aux pouvoirs découlant d'autres actes juridiques que cette inscription[805].

542   On observera que même lorsque la société est en état de carence parce qu'il manque des personnes autorisées à la représenter[806], cette situation ne peut avoir pour effet de conférer un pouvoir aux personnes inscrites sans droit de signature.

3.   Nature collective des pouvoirs de représentation

543   L'autre limitation la plus importante en pratique est celle qui résulte de l'éventuelle nature collective des pouvoirs inscrite au registre. Concrètement, au lieu d'avoir le pouvoir de représenter la société par un acte accompli individuellement (« signature individuelle »), une personne peut être inscrite comme n'ayant le pouvoir de représenter la société qu'en **agissant conjointement** avec une autre personne, voire avec plusieurs personnes (« représentation commune »[807]).

544   La forme la plus répandue que prend cette nature collective des pouvoirs est le **pouvoir collectif à deux** (« signature collective à deux »). En principe, dans une telle configuration, chaque représentant nanti d'un tel pouvoir collectif en-

---

[805]   *Infra* section IV, spéc. N 612-613.

[806]   *Supra* N 147.

[807]   Ce terme résulte de l'art. 718a al. 2 CO : « *Une limitation de ces pouvoirs n'a aucun effet envers les tiers de bonne foi ; font exception les clauses inscrites au registre du commerce qui concernent la représentation exclusive de l'établissement principal ou d'une succursale ou la représentation commune de la société* ». L'art. 814 al. 4 CO y renvoie pour la Sàrl. Pour la coopérative, l'art. 899 al. 2 CO emploie l'adjectif « collectif », ce qui n'induit aucune différence de sens (« *Une limitation de ces pouvoirs n'a aucun effet envers les tiers de bonne foi ; demeurent réservées les clauses inscrites sur le registre du commerce qui concernent la représentation exclusive de l'établissement principal ou d'une succursale ou la représentation collective de la raison sociale* ») ; il en va de même de l'art. 460 al. 2 CO pour le fondé de procuration : « *Elle peut être donnée à plusieurs personnes à la fois, sous la condition que la signature de l'une d'entre elles n'oblige le mandant que si les autres concourent à l'acte de la manière prescrite (procuration collective)* ». Pour la SNC (et les autres sociétés de personnes), l'art. 555 CO emploie l'adverbe « conjointement », ce qui est également identique ici sur un plan sémantique (« *Ne peuvent être inscrites sur le registre du commerce, en matière de droit de représentation, que les dispositions qui confèrent ce droit à l'un des associés seulement ou à quelques-uns d'entre eux, ou celles qui portent que la société sera représentée par un associé conjointement avec d'autres associés ou avec des fondés de procuration* »).

gage la société s'il agit (signe) conjointement avec un autre représentant nanti d'un pouvoir identique[808].

Des **restrictions particulières** peuvent cependant être inscrites, à savoir qu'un   545
représentant ne peut signer qu'avec un représentant déterminé («signature collective à deux avec X, Y ou Z»)[809] ou avec une catégorie de représentants (p. ex. «signature collective à deux avec un membre du conseil d'administration»; «signature collective à deux avec le président»; «signature collective à deux avec un membre de la direction»; «signature collective à deux avec un fondé de procuration ou un membre de la direction»)[810]. La limitation peut aussi être exprimée par exclusion («signature collective à deux, sauf avec A, B et C»). Des motifs de gouvernance structurelle peuvent justifier ces limitations (l'idée étant d'impliquer différents organes). Parfois, il s'agit simplement d'éviter que des représentants proches l'un de l'autre puissent engager la société (p. ex. des membres de la même famille).

La nature collective n'est pas forcément limitée à un droit de signature à deux.   546
En soi, un **pouvoir collectif à trois, voire à plus de personnes**, est licite[811]. Il importe cependant que le système demeure fonctionnel et que la société puisse

---

[808]   On peut soutenir abstraitement qu'un pouvoir collectif induit un meilleur contrôle et relève d'une meilleure gouvernance. Toutefois, même des entreprises durablement robustes et bien gérées optent pour un régime de signature individuelle (p. ex. Nestlé S.A. [CHE-105.909.036], aussi loin que remontent les inscriptions accessibles, soit à l'année 2000; actuellement, soit au 18. 1. 2024, seuls des pouvoirs individuels sont inscrits; de 2000 à 2018, seuls six pouvoirs ont été collectifs à deux sur environ 300 personnes autorisées à signer). Par contraste, presque toutes les banques ont un régime de signatures collectives à deux.

[809]   ATF 121 III 368 c. 4b (375 : «*lorsque celui qui se voit accorder la représentation commune ne peut exercer ce droit qu'avec certaines personnes également autorisées à représenter la société et non avec toutes les autres*»), confirmé par l'ATF 142 III 204 (regeste : «*Les signatures collectives selon lesquelles les personnes autorisées à signer ensemble sont désignées nommément peuvent être inscrites au registre du commerce*») c. 2.3.3 (208 : «*bei Kollektivunterschriften [können] die zur gemeinsamen Unterzeichnung befugten Personen* namentlich *bezeichnet werden*»).

[810]   L'ATF 121 III 368 c. 4a cite la doctrine qui le précise (373-374 : «*il est admissible, bien que lourd, de lier la représentation à la signature de trois personnes ou plus, de prévoir la procuration partielle et la représentation par deux personnes appartenant à deux groupes différents de représentants [...]. Il est possible d'inscrire que le droit de signature a été accordé à A conjointement avec C, à B conjointement avec D*»).

[811]   Ainsi explicitement, outre l'ATF 121 III 368 cité *supra* (n. 810) Rolf Watter, BaK ad art. 718a CO (2016), N 19; du même avis, Peter/Cavadini, CR ad art. 718a CO (2017), N 22 ad n. 22.

agir de façon opérationnelle. À ce défaut, une carence d'organisation (art. 731b CO) pourrait être reconnue[812].

547 On précisera encore qu'un représentant dont le pouvoir est collectif peut néanmoins engager individuellement la société s'il a reçu un tel **pouvoir à un autre titre** : par procuration spéciale ou générale (postérieure à l'inscription du pouvoir collectif, ou antérieure, mais non révoquée), par actes concluants[813], par tolérance[814] ou par apparence. L'articulation avec l'effet de publicité positif du registre du commerce[815] est subtile, mais de façon générale, il n'y a pas lieu de considérer que l'octroi – notamment informel – d'un pouvoir de représentation individuel serait impossible pour une personne inscrite au registre avec pouvoir collectif, alors qu'il est possible pour une personne qui n'est pas du tout inscrite au registre. Cela est traité dans la section consacrée à l'octroi des pouvoirs sans inscription au registre[816].

548 En sens inverse, il faut enfin observer que **l'effet de publicité négatif** du registre du commerce[817] implique que si la société décide que des représentants inscrits

---

[812] *Supra* N 145-154. PETER/CAVADINI, CR ad art. 718a CO (2017), N 22 *in fine*, envisagent l'art. 20 al. 1 CO, mais retiennent aussi plutôt la carence d'organisation (« *un régime de signature 'impossible' à mettre en œuvre est sans doute synonyme d'une organisation défectueuse, étant entendu qu'une telle argumentation relèvera en général de l'*ultima ratio »).

[813] L'ATF 43 II 293 c. 3 (300 s., v. ég. *infra* n. 892) concerne un cas de ratification par actes concluants, à savoir l'exécution, d'un contrat signé uniquement par un administrateur muni d'un pouvoir collectif à deux. Pour un cas concernant une raison individuelle (représentation admise notamment au vu de l'amortissement du prêt par l'entreprise, TC VS 18. 3. 2024, C1 22 72, c. 3.2.2).

[814] Dans ce sens explicitement TC, RVJ 1993 157 c. 5a (164) : « *le droit du représentant collectif de la société anonyme peut être étendu tacitement à la signature individuelle [...]. Il suffit que les organes de la société tolèrent les agissements de l'intéressé en son nom pour que les actes de celui-ci engagent valablement la société lorsque les tiers contractants étaient fondés à admettre de bonne foi l'existence d'un pouvoir. [...] En l'espèce [...] [la] présidente du conseil d'administration, s'est toujours affichée comme la représentante autorisée de la société sans que cela n'amène aucune réaction de son époux et second administrateur. Par ailleurs, les actes accomplis par l'intéressée n'étaient pas étrangers au but social et aucune des explications fournies par l'intimée ne permet de conclure à un comportement contraire à la bonne foi de la part de la société créancière. Dès lors, [...] la recourante était valablement engagée par la signature individuelle de son administratrice* ». V. aussi Pierre ENGEL, SJ 1989 82 (« *Le mode d'engagement habituel, prévu par [...] l'inscription au registre du commerce, n'exclut pas la représentation suivant les articles 32 ss* »), qui cite l'ATF 104 II 190 c. 3b (197), lequel envisage la question sous l'angle de l'art. 55 CC.

[815] *Supra* N 138.

[816] *Infra* section IV, N 612.

[817] *Supra* N 139 s.

avec signature individuelle devront de façon générale signer à deux, mais n'inscrit pas au registre cette limitation, celle-ci ne sera opposable qu'aux tiers qui en ont positivement connaissance. En effet, une telle restriction est un fait qui aurait dû être inscrit au registre[818]. Ainsi, elle ne sera pas opposable aux tiers même dans l'hypothèse où ils auraient dû la percevoir s'ils avaient fait preuve de l'attention habituellement exigible. Sur ce plan, le régime de cette restriction se distingue de celui applicable aux restrictions qui ne peuvent être inscrites, pour l'opposabilité desquelles il suffit qu'elles aient été perceptibles aux tiers selon l'attention exigible en vertu des critères habituels de l'art. 3 al. 2 CC[819].

4. Limitation aux affaires d'une succursale ou à celles du siège

Pour les affaires qui se prêtent notamment à une répartition géographique en différentes aires[820], les sociétés peuvent fonder des succursales qui jouissent d'une certaine autonomie par rapport au siège[821] ; elles n'ont pas de personnalité juridique distincte de la société et un contrat conclu « avec la succursale » lie la société. La loi prévoit spécifiquement que des représentants peuvent

549

---

[818] À vrai dire, la loi ne le dit pas explicitement et ne fait que donner la *possibilité* d'inscrire au registre ces restrictions (pour le texte légal des art. 460, 555, 718a, 814 et 899 CO, v. *supra* n. 807). La vue selon laquelle la limitation ne serait pas un fait qui doive être forcément inscrit n'est pas totalement insoutenable. La doctrine (citée *infra* n. 819), qui ne nous semble pas envisager spécifiquement la question sous l'angle de la nécessité d'inscrire une telle restriction, nous apparaît aller unanimement en sens contraire. Qui plus est, sans une inscription de la restriction, le pouvoir inscrit est indiqué comme individuel ; l'absence d'une inscription de la restriction serait donc trompeuse – et même non véridique –, ce qui contreviendrait aux règles de base sur le registre du commerce (*supra* N 90, 91 [véracité] et 95 [interdiction d'induire en erreur]). Notre opinion est donc résolument que la restriction est un fait qui *doit* bel et bien être inscrit.

[819] Dans le même sens spécifiquement, Christine CHAPPUIS, CR ad art. 460 CO (2021), N 11 (*cum* 5) ; Rolf WATTER, BaK ad art. 460 CO (2020), N 5 ; PETER/CAVADINI, CR ad art. 718a CO (2017), N 17. De façon générale pour les restrictions devant être inscrites, ATF 65 II 85 (88), relatif aux restrictions liées à une entrée en liquidation, et Pierre-Alain RECORDON, CR ad art. 564 CO (2017), N 15.

[820] La répartition géographique est la plus répandue. Cela étant, il n'est pas exclu qu'un établissement soit autonome pour un type d'affaires – et forme ainsi une succursale –, indépendamment d'une répartition géographique.

[821] Sur les succursales en général, cf. *infra* N 640 ss.

n'avoir que des **pouvoirs limités aux affaires d'une succursale**[822] (*Filialprokura*[823]). Cette restriction est alors inscrite sur l'extrait du registre du commerce relatif à la succursale. Il convient d'avoir à l'esprit que, selon la doctrine, le seul fait qu'une personne ne soit inscrite que comme directeur ou autre représentant de la succursale ne crée pas une limitation du pouvoir de représentation aux affaires de la succursale ; la restriction doit être spécifiquement inscrite comme telle[824].

550   Si elle est dûment inscrite, la limitation implique que le représentant ne peut représenter la société que pour les affaires de la succursale, c'est-à-dire ni celles qui les dépassent et ne peuvent être conclues qu'au niveau du siège, ni celles d'autres succursales.

551   Les affaires concernées peuvent être définies comme « *cette partie de l'ensemble des actes juridiques qui est liée à l'accomplissement des tâches de la succursale, ce qui correspond à une portion du cercle d'affaires de l'entreprise dans son entier* »[825]. De façon générale, comme beaucoup d'affaires peuvent intéresser d'une façon ou d'une autre la succursale, il est rare en pratique, à notre connaissance, que cette restriction rende la représentation inefficace[826].

---

[822]   Art. 460 al. 1 CO pour le fondé de procuration. Pour la SA et la Sàrl, art. 718a CO (auquel renvoie l'art. 814 CO), et pour la coopérative, art. 899 CO, cités *supra* n. 807. Il n'en demeure pas moins qu'évidemment, c'est bien la société qui est liée par les actes d'un tel représentant aux pouvoirs limités à la succursale, puisque celle-ci n'a pas de personnalité distincte (ainsi explicitement PETER/CAVADINI, CR ad art. 718a CO [2017], N 19 *in fine*).

[823]   Le terme de *Filiale* en allemand signifie succursale (et non pas « filiale », qui, en français, signifie *société fille - Tochtergesellschaft*).

[824]   Ainsi Christine CHAPPUIS, CR ad art. 460 CO (2021), N 2 ad n. 3 ; Hermann BECKER, BK ad art. 460 CO (1934), N 1 ; OSER/SCHÖNENBERGER, ZK ad art. 460 CO (1945), N 17. Dans le même sens (semble-t-il), bien qu'en des termes généraux, CARRON/CHABLOZ, CR ad art. 899 CO (2017), N 4 (« *sous réserve que la restriction soit inscrite au registre* »).

[825]   Ainsi Christine CHAPPUIS, CR ad art. 460 CO (2021), N 3, rend-elle l'opinion de Peter GAUCH (1974), N 952. Dans le même sens, Rolf WATTER, BaK ad art. 460 CO (2020), N 2 et 3 (« *Gesamtheit der Rechtsgeschäfte, die mit der betreffenden Niederlassung zusammenhängen können* »).

[826]   La doctrine insiste sur le fait que le critère de distinction doit être matériel et non géographique, de sorte que la restriction pourrait « *être sans objet si le but de l'établissement principal est décrit de la même manière que celui de la succursale* » (ainsi Christine CHAPPUIS, CR ad art. 460 CO [2021], N 3 ad n. 5 ; Hans MERZ (1992), 404 ; CARRON/CHABLOZ, CR ad art. 899 CO [2017], N 5 pour qui cette « *restriction n'a de sens que si les activités de la succursale sont moins étendues que celles du siège* »).

La loi prévoit aussi que des pouvoirs peuvent être **limités aux affaires du siège** 552
(« établissement principal », *Hauptniederlassung*[827])[828]. Lorsque les activités
sont clairement réparties, notamment parce que les ventes dans certaines zones
géographiques sont réservées à des succursales, cette restriction peut être opérante. À défaut d'une telle répartition, il est douteux qu'un acte conclu par un
représentant autorisé à représenter le siège puisse être invalide au titre de cette
restriction, sauf si le représentant n'agit en l'espèce que pour la succursale
(clairement désignée comme l'entité impliquée, notamment dans la correspondance et le contrat, faisant référence p. ex. à des comptes bancaires spécifiques
à la succursale), alors qu'il n'a pas le droit de la représenter.

5. Fondés de procuration et mandataires commerciaux

Alors que les pouvoirs des personnes inscrites en qualité d'organes de la société 553
(administrateurs et directeurs de SA ou coopératives, gérants de Sàrl, associés
de SNC) ne sont limités que par le but social, ceux des fondés de procuration
régis par les art. 458 ss CO sont également limités par **le type d'affaires** : ils
ne peuvent pas aliéner ou grever les immeubles de la société sans en avoir
« *reçu le pouvoir exprès* » (art. 459 al. 2 CO).

Concrètement, l'octroi exprès du pouvoir d'aliéner ou grever des immeubles, 554
soit l'extension de la procuration au-delà de la restriction ordinaire résultant de
la loi, peut être fait par écrit ou oralement, en même temps que l'octroi de la
procuration en tant que telle ou ultérieurement. Il est possible d'inscrire au registre cette extension du pouvoir[829]. La loi exigeant un pouvoir exprès, un octroi tacite de l'extension, ou par actes concluants, ne devrait pas être admis[830]
(en tout cas pas avec l'ampleur de l'art. 458 CO, c'est-à-dire pour tous les actes
que peut emporter le but social[831]).

---

[827] Rolf WATTER, BaK ad art. 718a CO (2016), N 15, emploie le terme *Hauptsitz* pour relever
qu'il s'agit du siège ; dans le même sens, PETER/CAVADINI, CR ad art. 718a CO (2017),
N 18 (« *limiter les pouvoirs aux affaires du siège de la société* »).

[828] Pour la SA et la Sàrl, v. l'art. 718a CO (auquel renvoie l'art. 814 CO), et pour la coopérative, art. 899 CO, cités *supra* n. 807. En revanche, cela n'est pas précisé pour le fondé de
procuration.

[829] Il s'agit manifestement d'un fait pertinent (cf. *supra* N 64 ss) et rien ne s'oppose à cette
inscription (cf. spéc. ATF 121 III 368 cité in n. 93). En ce sens, Georg GAUTSCHI, BK
art. 459 CO (1974), N 4a ; MEIER-HAYOZ/FORSTMOSER/SETHE (2018), § 9, N 22.

[830] En ce sens explicitement, Christine CHAPPUIS, CR ad art. 459 CO (2021), N 7.

[831] Théoriquement, l'octroi tacite ou par actes concluants d'un pouvoir d'aliéner ou grever
des immeubles *indépendamment du fait que la personne est un fondé de procuration* est

555 Aucun pouvoir exprès n'est nécessaire pour que le fondé de procuration puisse représenter la société dans l'acquisition d'immeubles ou d'autres opérations immobilières qui ne sont pas des engagements de nature réelle, comme la conclusion d'un bail.

556 Par **contraste**, les mandataires commerciaux constitués « *soit pour toutes les affaires de l'entreprise, soit pour certaines opérations déterminées* » ne sont pas inscrits au registre[832] et cela s'explique précisément par le fait que leurs pouvoirs sont limités d'une façon qui ne peut pas être déterminée par le critère abstrait et accessible au registre du commerce qu'est le but social : en effet, la loi réglemente certes de façon standard l'étendue de ces pouvoirs, mais renvoie à un critère dont l'application suppose d'avoir connaissance d'éléments spécifiques à l'entreprise[833] ou à la branche d'activité[834]. Le critère des **affaires habituelles** que pose l'art. 462 al. 1 CO, soit littéralement « *tous les actes que comportent habituellement cette entreprise ou ces opérations* », est certes large[835] mais incertain pour celui qui n'interagit que ponctuellement avec l'entreprise ou n'est pas familier de la branche. En pratique, il arrive que ce critère conduise à nier l'existence du pouvoir de représentation[836], au contraire de ce

---

cependant imaginable, si les conditions d'un tel pouvoir sont réunies comme elles les seraient pour une autre personne (le fait qu'une personne est un fondé de procuration ne doit pas avoir l'effet d'ajouter des conditions qui n'existent pas autrement). On peine cependant à concevoir un tel pouvoir tacite pour une aliénation ou engagement d'immeubles (et cela d'autant moins qu'en Suisse, ces actes supposent une instrumentation notariale ; un notaire n'admettra que fort difficilement, et probablement jamais, l'existence d'un pouvoir tacite ou résultant d'actes concluants ; en théorie, on peut imaginer qu'il en aille différemment dans un autre ordre juridique, où la société suisse serait représentée – selon son statut, cf. la règle exprimée à l'art. 155 LDIP –, et qui serait très libéral en matière de formalités pour l'aliénation ou l'engagement d'immeubles).

[832] Ainsi Christine CHAPPUIS, CR ad art. 462 CO (2021), N 6 ; Pierre-Alain RECORDON, CR ad art. 566 CO (2017), N 1 ad n. 2 ; ad art. 564 CO (2017), N 23 ; Rolf Watter, BaK ad art. 462 CO (2020), N 3 ; PESTALOZZI/VOGT, BaK ad art. 566 CO (2016), N 9 ; Georg GAUTSCHI, BK art. 462 CO (1974), N 5 ; MEIER-HAYOZ/FORSTMOSER/SETHE (2018), § 9, N 60.

[833] Ainsi p. ex. Christine CHAPPUIS, CR ad art. 462 CO (2021), N 9 *in fine* : « *l'activité spécifique d'une entreprise donnée permet de déterminer ce qui fait partie de l'ordinaire ou, au contraire, en est exclu* ».

[834] Cf. *infra* n. 839.

[835] D'autant plus qu'il inclut non seulement ce qui est quotidien, mais aussi *ce qui n'est pas inhabituel* ni extraordinaire (ATF 76 I 336 c. 5 [353 *in fine*] : « *'Gewöhnlich' hat hiebei nicht den Sinn von 'alltäglich', sondern bildet den Gegensatz von 'Ungewöhnlich' oder 'Aussergewöhnlich'* ») ; cf. Pierre-Alain RECORDON, CR ad art. 564 CO (2017), N 23 : « *limités aux affaires ordinaires* ».

[836] Ainsi à l'ATF 120 II 197 c. 3b (204-206), où il est nié que les affaires habituelles d'un magasin de sports incluent son réaménagement pour une somme d'environ CHF 200 000.–.

que l'on observe[837] pour les pouvoirs circonscrits par le seul but social comme ceux du fondé de procuration[838] ou des organes.

On ajoutera qu'outre cette importante restriction conceptuelle et pratique, les 557 pouvoirs des mandataires commerciaux sont limités en ceci qu'ils ne permettent ni d'emprunter, ni de souscrire des engagements cambiaires, ni d'agir en justice pour la société[839], sauf octroi exprès en ce sens (cf. art. 462 al. 2 CO).

6. Restrictions liées à l'entrée en liquidation (renvoi)

La liquidation modifie le but social[840]. L'essence de la liquidation est de « *ter-* 558 *miner les affaires courantes, d'exécuter les engagements, de faire rentrer les créances de la société dissoute et de réaliser l'actif social* » (ainsi l'art. 585 al. 1 CO définit-il la mission des liquidateurs)[841]. Cela étant, les activités de la société ne s'arrêtent pas instantanément. Les personnes inscrites au registre avec pouvoirs de représentation ne sont pas radiées *ipso facto* par l'entrée en liquidation. Il est d'ailleurs compatible avec la liquidation de conclure même de nouvelles affaires (l'art. 585 al. 3 CO relève d'ailleurs explicitement que les liquidateurs peuvent « *en tant que de besoin, entreprendre de nouvelles opérations* »).

La référence au but social de la société en liquidation n'invalide donc pas tous 559 les actes qui ne sont pas directement des actes de liquidation (soit la résiliation et l'exécution de contrats déjà conclus, les actes nécessaires à la réalisation d'actifs, tels les contrats de vente et de courtage). En revanche, un acte qui tend

---

[837] *Supra* N 537 s.
[838] La comparaison concrète est faite à l'ATF 84 II 168 c. 1a (171), où la conclusion d'un achat de marchandises par une entreprise d'expédition, bien qu'inhabituelle (mais non absolument étrangère au but social selon l'approche de la jurisprudence constante) est reconnue valable parce qu'accomplie par un fondé de procuration et non un mandataire commercial (« *ein für sie nicht alltägliches und ausserhalb des eigentlichen Geschäftsbereichs liegendes Geschäft* »).
[839] L'ATF 76 I 336 c. 5 (354) distingue toutefois l'acte même d'agir en justice et la passation d'une clause arbitrale – habituelle dans la branche – dans un contrat portant sur une opération commerciale habituelle pour l'entreprise.
[840] *Infra* N 1298.
[841] V. aussi p. ex. art. 743 CO pour la SA (exigeant des liquidateurs qu'ils « *terminent les affaires courantes, recouvrent, au besoin, les versements non encore opérés sur les actions, réalisent l'actif et exécutent les engagements de la société* »).

à l'évidence à une (vaste) expansion des affaires[842] devrait être jugé incompatible avec le but social modifié par l'entrée en liquidation.

C. Les limites au titre du dépassement des compétences internes, de l'abus du pouvoir de représentation et des conflits d'intérêts

1. Vue d'ensemble

560 Lorsqu'un acte accompli par le représentant entre dans ses pouvoirs (p. ex. parce que l'administrateur d'une SA, le gérant d'une Sàrl, l'associé d'une SNC ou un fondé de procuration accomplit un acte qui, objectivement, est d'une nature à relever du but social), il peut néanmoins se heurter à d'autres limites.

561 Une hypothèse est l'**infraction à des instructions** données par un organe supérieur, comme le conseil d'administration ou l'assemblée des gérants, en rapport avec une convention à négocier et conclure par le représentant. Une autre est la violation de **règles internes générales de compétence**, telles que celles qui résultent d'un règlement d'organisation du conseil d'administration (p. ex. qui n'autorise l'accomplissement de certaines opérations par un représentant seul que jusqu'à un certain seuil financier, ou qui réserve certains types d'opérations, comme les emprunts, investissements ou options, à des membres déterminés du conseil, etc.). Ces problématiques relèvent du **dépassement des compétences**. Elles sont par excellence celles qui mettent en jeu la **distinction entre pouvoirs externes et pouvoirs internes**. Il n'est pas rare que non seulement le cocontractant, mais aussi le représentant lui-même, soient subjectivement de bonne foi dans de telles configurations. Ces situations peuvent être complexes.

562 Des problématiques qui présentent des similitudes sous l'angle de la distinction entre pouvoirs externes et pouvoirs internes, mais que l'on peut qualifier de toujours pathologiques, concernent les **abus du pouvoir de représentation** en ceci

---

[842] Ce critère ne peut pas être interprété de façon étriquée au stade de l'examen de la compatibilité avec le but social modifié de la société en liquidation (il peut en aller différemment sur le plan interne, notamment lorsqu'il s'agit d'apprécier l'éventuelle responsabilité des liquidateurs ou des gérants de la société en liquidation). Une opération *ponctuelle* même vaste peut être compatible avec ce but si elle est une occasion d'améliorer la proche distribution de l'actif social. En revanche, si elle implique un *allongement* (plus que mineur) de la durée d'existence de la société, elle est en principe incompatible avec le but social modifié ; l'acte la concluant pourra donc n'être pas couvert par les pouvoirs de représentation, et donc être frappé d'invalidité.

que le représentant engage la société dans une affaire qui lui est préjudiciable. S'agissant d'un abus matériel, le représentant n'est en principe pas de bonne foi, mais le cocontractant peut l'être subjectivement – et objectivement si l'abus n'est pas perceptible. La *protection du cocontractant de bonne foi* peut impliquer la validité du contrat, la complexité devant alors se résoudre par la responsabilité du représentant abusif envers la société. Dans les cas où cocontractant a *connaissance de l'abus*, la représentation est inefficace (lorsqu'il s'agit d'une véritable collusion[843], la situation est bilatéralement fort pathologique). Les *situations intermédiaires* où le cocontractant est subjectivement de bonne foi mais a manqué de diligence (et ne satisfait ainsi pas les exigences de la bonne foi subjective) sont en principe résolues par l'inefficacité de la représentation (donc l'invalidité du contrat) et la responsabilité du représentant à son égard.

Les situations de **conflits d'intérêts** s'apparentent aux cas d'abus, mais concernent en réalité *le risque* d'abus. Leur traitement est similaire en ceci que si le conflit d'intérêts est perceptible aux yeux du cocontractant, il rend lui aussi la représentation inefficace. Comme il ne s'agit pas d'un abus matériel mais d'un risque – structurel – d'abus, le représentant peut être autorisé (*ex ante*) à agir malgré le conflit d'intérêts ; son acte peut aussi être ratifié (*a posteriori*). Le contrat avec soi-même et la double représentation sont des cas particuliers de conflit d'intérêts. — 563

2. *Dépassement des instructions et des compétences internes*

La jurisprudence est très protectrice de la **sécurité des transactions** lorsque le représentant ne respecte pas les instructions qu'il a reçues ou les compétences qui lui reviennent selon les répartitions internes. — 564

Évidemment, la représentation n'est pas efficace **si le cocontractant avait connaissance** des instructions ou compétences internes incompatibles avec l'acte du représentant[844]. — 565

---

[843] Il est important d'avoir à l'esprit qu'il existe différents *degrés de connaissance de l'abus* et surtout de *participation à la naissance de l'abus* ; cela va de la situation où le cocontractant saisit une occasion qui se présente fortuitement, à celle où il fait pression sur le représentant jusqu'à ce que ce dernier cède et se laisse aller à abuser de son pouvoir de représentation (*infra*, N 571).

[844] On peut imaginer une *responsabilité du représentant* (*falsus procurator*) qui outrepasse les instructions ou compétences internes s'il a assuré le cocontractant que ce dépassement ne poserait pas de difficulté au point de le convaincre de bonne foi ; cela ne devrait être que très exceptionnel, vu l'art. 39 al. 1 CO, qui exclut la responsabilité du *falsus procurator* si le cocontractant a « *connu ou dû connaître l'absence de pouvoir* ».

566 Si en revanche le cocontractant n'en avait **pas connaissance**, il ne suffit pas qu'une instruction ou compétence interne ait été perceptible au cocontractant pour qu'elle lui soit opposable (c'est-à-dire qui induise que l'acte du représentant qui les enfreint soit inefficace). Cela paraît s'écarter de la compréhension habituelle de la règle générale de l'art. 3 al. 2 CC, en vertu de laquelle la connaissance normative est assimilée à la connaissance effective, à savoir que l'on est censé savoir ce qui découle de l'attention exigée par les circonstances. Concrètement, la jurisprudence retient que « *le devoir de diligence s'épuis[e] avec la consultation du registre* » du commerce[845]. Le cocontractant est « *ainsi protégé dans sa bonne foi, à moins de connaître d'éventuelles instructions internes restrictives [...] ou [s'il] devait éprouver des doutes sérieux quant aux réels pouvoirs de représentation* »[846]. Les formulations jurisprudentielles requièrent, pour que la représentation soit jugée inefficace, que ces doutes sérieux aient existé : « *en cas de dépassement des pouvoirs au sens étroit du terme, seuls des doutes sérieux sur les réels pouvoirs du représentant peuvent conduire à nier la bonne foi du tiers contractant* »[847] ; « *en cas de simple dépassement des pouvoirs de représentation, seuls des doutes sérieux sur les réels pouvoirs du représentant peuvent conduire à nier la bonne foi du tiers contractant* »[848].

567 En matière de pouvoirs inscrits au registre du commerce, cela se justifie certes par la fonction protectrice que revêtent les inscriptions dans un système où le registre du commerce est censé fournir les informations (suffisantes) sur la question des pouvoirs de représentation. On peut toutefois relever, sur un plan analytique, que cette approche ne se déduit pas de l'effet de publicité négatif du registre[849] puisque les instructions ou compétences internes ne peuvent pas y être inscrites[850]. Cela étant, il n'y a pas forcément une contradiction avec l'art. 3 al. 2 CC : en effet, on comprend que, dans ce contexte juridique, l'attention exigée du cocontractant par les circonstances ne porte que sur le registre du commerce ; ce n'est que lorsque des doutes sérieux sont effectivement nés dans son esprit (ce qu'en vertu de l'art. 8 CC, il y a lieu de prouver en cas de litige) que le cocontractant doit se montrer plus attentif et méfiant (il peut alors lui incomber de vérifier les compétences internes et le contenu d'instructions en interrogeant le représentant ou un autre organe[851], mais une telle incombance

---

[845] ATF 119 II 23 c. 3b (26), où la position de la cour cantonale est résumée, avant les propres considérations du Tribunal fédéral.

[846] *Ibid.*

[847] ATF 119 II 23 c. 3c/aa (27).

[848] ATF 131 III 511 c. 3.2.2 (519).

[849] *Supra* N 139 s.

[850] *Supra* N 540.

[851] Une telle vérification est décrite à l'ATF 119 II 23, mais cela alors qu'un *abus de pouvoir de représentation* était retenu, et non un simple dépassement (c. 3c/bb, 28 : « *le demandeur*

n'est pas toujours réaliste et ne peut être systématiquement retenue, même en cas de doutes sérieux).

On doit observer que l'approche de la jurisprudence en matière de dépassement 568 d'instructions n'est pas différente lorsque les pouvoirs ne sont pas inscrits au registre du commerce, mais ont fait l'objet – par le représenté – d'une communication aux tiers (art. 33 al. 3 CO). L'ensemble du droit de la représentation est marqué par la préoccupation d'assurer la sécurité des transactions ; le concept d'apparence efficace[852] (*Rechtsschein*[853]) y joue un grand rôle.

3.   Abus du pouvoir de représentation (acte dommageable)

Au sens strict, un abus du pouvoir de représenter[854] s'entend d'un acte par le- 569 quel le représentant engage intentionnellement la société d'une façon qui est **désavantageuse** pour celle-ci[855]. Un tel acte correspond d'ailleurs à une infraction pénale – un cas particulier de gestion déloyale (art. 158 CP : le chiffre 2 de

---

devait, dans les circonstances concrètes, procéder à une vérification auprès de [la défenderesse, société représentée]. Cette mesure s'imposait d'autant plus que, de par sa situation, il aurait pu obtenir tous les renseignements utiles directement des organes de la défenderesse, puisque, à peine un mois plus tôt, il avait eu des contacts avec eux pour un poste de directeur. S'étant abstenu d'une telle démarche, le demandeur n'a pas fait preuve de l'attention requise par les circonstances »). Cela étant, si l'on est dans la situation de « simple dépassement » mais que des doutes sérieux sont effectivement nés, un devoir d'opérer une vérification telle que décrite peut être admis.

852   Le terme, usité dans la doctrine d'expression française (ainsi p. ex. Paul PIOTET [1956], p. 51, 74-80 ; Pierre ENGEL, SJ 1989 73-90 ; Ariane MORIN, SJ 2000 II 186 s. et JdT 2005 I 50 ; Nicolas ROUILLER [2007], p. 286 [n. 690], 379, 382 et 387), ne paraît pas avoir été employé dans la jurisprudence publiée (en tout cas pas depuis 1954). Il l'est en revanche dans quelques arrêts récents non publiés, TF 15. 12. 2021, 4A_341/2021, c. 4.1.2 (cité *infra* n. 918) ; TF 15. 7. 2020, 4A_76/2019, c. 5.1.2 ; TF 10. 7. 2020, 4A_562/2019, c. 4.1.2 (tous trois dans des contextes de représentation ; il n'est évoqué à un autre titre, par une brève allusion à l'argument d'une partie, que dans l'arrêt TF 7. 4. 2014, 4A_450/2013, c. 3.5.5.1.2).

853   Cf. ATF 120 II 197 c. 2 et 3 (199-205, où le terme est employé à 16 reprises).

854   Cet abus ne relève pas de l'« abus de droit » (art. 2 al. 2 CC), qui concerne en principe les situations où l'usage d'un droit normalement légitime devient excessif, notamment par manque d'égards envers l'autre partie concernée. L'abus du pouvoir de représenter, par lequel le représentant nuit intentionnellement au représenté, n'a pas de commencement légitime ; il constitue l'emploi totalement illégitime d'un *pouvoir* et non d'un droit.

855   V. p. ex. la définition à l'ATF 119 II 23 c. 3c/aa (27), cité *infra* n. 856, V. ég. ATF 146 III 121 c. 3.2.3 (120 : «*En cas d'abus de pouvoirs, le représentant n'a, en réalité, jamais eu l'intention d'agir pour le compte du représenté ; il utilise seulement l'apparence découlant des pouvoirs communiqués au tiers pour agir exclusivement dans son propre intérêt et de façon délictueuse*» ; cette définition, qui relève à juste titre le caractère intentionnel

cette disposition réprime le comportement de celui qui « *abus[e] du pouvoir de représentation [et porte ainsi] atteinte aux intérêts pécuniaires du représenté* » ; il le sanctionne d'une peine privative de liberté pouvant aller jusqu'à cinq ans).

570 Si le **cocontractant est conscient de l'abus** que commet le représentant au détriment de la société, la représentation est évidemment inefficace. Le contrat dommageable est dès lors invalide. Si cette conscience de l'abus va au-delà d'une simple perception (laquelle consisterait à ce que le cocontractant saisisse, pour ainsi dire, une occasion qui se présente fortuitement à lui), mais qu'il y a une véritable coopération de sa part avec le représentant aux fins de léser la société représentée, on parle de collusion. Sur le plan pénal, la participation du cocontractant peut relever de la complicité ou de l'instigation.

571 Par contraste, la **bonne foi** du cocontractant peut conduire à retenir que la représentation est efficace et qu'ainsi, le contrat conclu par un acte abusif du représentant est valable – malgré l'abus. La jurisprudence a cependant eu l'occasion de préciser que la bonne foi se détermine dans ce contexte de façon exigeante : « *en cas d'abus, des doutes d'une intensité relativement faible suffisent déjà* » à nier la bonne foi[856] ; plus précisément, « *une négligence même légère peut déjà faire admettre la mauvaise foi, en particulier lorsque le tiers conclut l'affaire en ne prêtant pas attention à des indices objectifs d'abus, [qui laissent] entrevoir que le représentant agit contre les intérêts du représenté* »[857]. On observe ainsi que l'existence de doutes (quels qu'ils soient) n'est pas une condition nécessaire pour nier la bonne foi ; de simples **indices objec-**

---

de l'abus, nous paraît cependant manquer d'inclure que ce peut être précisément aussi en agissant pour le compte de la société représentée que le représentant peut agir à son avantage et au détriment de celle-ci.

[856] ATF 119 II 23 c. 3c/aa (27 ; la formulation employée dans la foulée [« *Lorsque le représentant agit délictueusement au détriment du représenté et, par conséquent, abuse de ses pouvoirs, l'art. 3 al. 2 CC doit s'appliquer sans restriction. Les exigences quant à l'attention requise du tiers s'en trouvent ainsi augmentées* », reprise à l'ATF 131 III 511 c. 3.2.2] est une comparaison sans doute exacte d'un point de vue pratique, en comparant la situation en cas d'abus et celle qui prévaut en cas de « simple dépassement » des pouvoirs : cependant, si l'on veut analyser de façon rigoureuse, nous pensons que l'art. 3 al. 2 CC *s'applique aussi* en cas de « simple dépassement », mais que le système juridique a pour structure et effet que les circonstances n'exigent alors pas que l'attention porte sur autre chose que la consultation du registre du commerce, cf. *supra* N 567, après n. 850).

[857] Ainsi ATF 119 II 23 c. 3c/aa (27), que reprend littéralement l'arrêt TF 13. 9. 2010 4A_337/2010 c. 2 (« *lorsque le représentant agit de manière déloyale et abuse ainsi de son pouvoir, le tiers ne peut se prévaloir du contrat que si sa bonne foi est entière, et celle-ci est exclue même par une négligence légère* »). Le critère de l'existence d'indices objectifs d'abus figure également dans l'arrêt TF 3. 9. 2010, 4A_313/2010, c. 3.4.2.3.

tifs d'abus suffisent. Faute de vérifications qui aboutiraient à confirmer les pouvoirs[858], la représentation sera inefficace et le contrat dès lors invalide.

La jurisprudence a pu concrètement déterminer que « *le tiers doit se montrer*   572
particulièrement prudent lorsque le représentant lui soumet une offre extraor-
dinairement avantageuse ou lui propose des conditions inhabituelles »[859]. De
façon générale, la **mesure de l'attention exigée du cocontractant** « *s'évalue*
selon un critère objectif [...]. Elle doit être conforme à celle qu'aurait adoptée
un honnête homme ou un homme moyen placé dans une situation analogue
[...]. Elle dépend, d'une part, des connaissances moyennes des gens de la pro-
fession ou du milieu social concerné ; pour les affaires commerciales en parti-
culier, plus l'expérience du tiers est grande, plus les exigences quant à son
attention sont élevées [...]. D'autre part, elle se détermine selon la nature et le
développement de l'affaire[860] *[...]. En définitive, le juge doit apprécier la me-*
sure d'attention dans chaque cas particulier, en tenant compte de l'ensemble
des circonstances »[861].

Dans l'ensemble, ce régime protège raisonnablement la société. Il a été critiqué   573
par crainte que la sécurité des transactions soit menacée[862], mais la pratique

---

[858]   Voir la description précise de telles vérifications *supra* n. 851.

[859]   TF 13. 9. 2010 4A_337/2010 c. 2.

[860]   L'arrêt (ATF 119 II 23 c. 3a/aa [27]) emploie ici une formulation (« *les offres extraordi-*
nairement avantageuses requièrent une prudence accrue, notamment lorsque, dans la
branche d'activité considérée, des conditions inhabituelles sont proposées ») légèrement
différente de celle de l'arrêt, postérieur de vingt ans, précité ad n. 859 (TF 13. 9. 2010,
4A_337/2010, c. 2), laquelle nous paraît plus judicieuse (à la place de « requièrent », les
termes « exigent », « appellent », « rendent nécessaire » ou « doivent conduire à » seraient
préférables).

[861]   ATF 119 II 23 c. 3c/aa (27). Voir aussi ATF 146 III 121 c. 3.2.3 (130 s : « *Le tiers, même*
de bonne foi [NdA : subjectivement]*, peut être déchu du droit d'invoquer la protection*
légale attachée à sa bonne foi [NdA : subjective] *parce qu'il n'a pas fait preuve de l'at-*
tention que les circonstances permettaient d'exiger de lui (art. 3 al. 2 CC). Le débat ne se
place pas sur le terrain de la preuve et du fait, mais sur celui du droit à la protection de
la bonne foi. [...] [Le juge] doit prendre en compte l'ensemble de la situation concrète et
appliquer des critères objectifs »).

[862]   Cette critique, notamment de Christine CHAPPUIS, PJA 1997 689 (spéc. 696) et d'Alfred
KOLLER, OR AT (1996), N 1400, au motif que l'ATF 119 II 23 imposerait au tiers une
attention élevée « en raison de faits qui lui échappent complètement » (ainsi le résumé à
l'ATF 131 III 511 c. 3.2.2 [520]), met à juste titre en garde contre un danger, mais elle ne
paraît pas fondée en l'état actuel de la jurisprudence, puisque les *indices objectifs d'abus*
ne sont précisément pas des faits qui échappent au cocontractant ; le propre d'indices est
d'être des faits perceptibles. La jurisprudence résultant de l'ATF 119 II 23 a été confirmée
dans cet ATF 131 III 511 puis citée sans énoncer l'existence de critiques à l'ATF 146 III
121 c. 3.2.3 (130 s.).

montre que le critère des « indices objectifs d'abus » n'est pas appliqué de façon telle que ces indices seraient admis à la légère. La bonne foi du cocontractant reste présumée et les contrats demeurent concrètement souvent protégés dans des cas où le représentant a abusé de ses pouvoirs[863].

574 L'attention de la jurisprudence et de la doctrine s'est portée, depuis le tournant du siècle, sur les conflits d'intérêts, qui engendrent structurellement un *risque* d'abus, sans forcément donner lieu à un désavantage concret (et, ainsi, sans que l'existence d'un tel désavantage dans le contrat conclu par un représentant impliqué dans un conflit n'ait à être toujours examinée).

4. Conflits d'intérêts, y compris le contrat avec soi-même et la double représentation

a. Les fondements de la problématique ; la prohibition de principe d'agir en situation de conflit d'intérêts et le vice de la représentation

575 Si le représentant est placé dans un conflit d'intérêts, la société représentée est en danger. Le **jugement du représentant** est affecté par l'influence d'intérêts qui ne convergent pas avec ceux de la société. Il est sensible à d'autres intérêts concernés. Ses préoccupations sont trop diffuses, alors qu'elles devraient porter uniquement sur ce qui est bon pour la société. En contractant pour elle dans une telle situation, le représentant peut la léser, même sans en avoir l'intention, parce qu'il ne veille pas de façon exclusive aux intérêts de la société.

576 L'ordre juridique reconnaît que le représentant fait face à une **prohibition de principe** d'agir lorsqu'il est placé dans un conflit d'intérêts. Cette interdiction existe en raison du **risque de léser** la société ; elle ne dépend pas d'une nature concrètement dommageable de l'acte en cause. On peut donc parler d'interdiction abstraite[864].

577 En tant qu'elle identifie un risque de lésion, la règle de principe consistant à interdire d'agir en situation de conflit d'intérêts est lumineuse. Sa mise en œuvre se heurte cependant à plusieurs écueils, dont l'un est que d'innombrables situations peuvent être analysées comme impliquant un conflit d'intérêts ; un esprit vigilant pourra presque toujours discerner un certain conflit d'intérêts

---

[863] Ainsi l'ATF 131 III 511 (concluant une affaire ayant donné lieu sept ans plus tôt à l'ATF 124 III 382), où le représentant avait abusé de son pouvoir. V. ég. les arrêts TF 3. 9. 2010, 4A_313/2010 et TF 13. 9. 2010 4A_337/2010, où l'abus n'a pas été prouvé.
[864] Ainsi Nicolas ROUILLER (2007), p. 372.

dans quelque situation que ce soit, au point que l'on peut dire que cette notion présente un risque d'omniprésence, même si certains conflits d'intérêts sont assurément plus manifestes que d'autres. On doit cependant observer que le *seuil d'intensité*[865] à partir duquel un conflit d'intérêts est pertinent ne paraît pas avoir pu être défini à ce jour. Des conflits *frontaux*[866], soit ceux où un représentant tire directement, ou presque, un avantage de chaque concession faite par la société qu'il représente, sont assurément caractérisés. Il en va de même lorsque le représentant est placé dans un *conflit de devoirs* (*Pflichtenkollision*)[867] parce qu'il a *l'obligation* de veiller également aux intérêts du cocontractant ou à des intérêts opposés à ceux de la société qu'il représente. Ces situations ne sont cependant pas les seules dans lesquelles un conflit est pertinent : le fait d'avoir un lien avec le cocontractant ou de retirer objectivement un avantage indirect d'une concession faite par la société représentée suffit à créer un conflit d'intérêts pertinent en droit de la représentation. L'ampleur de la notion de conflit d'intérêts peut donc donner naissance à une vraie insécurité du droit.

D'ailleurs, le droit privé codifié ne comprenait aucune disposition consacrée explicitement aux conflits d'intérêts jusqu'à une époque récente. La question était pourtant identifiée dans la jurisprudence depuis au moins 1913[868]. Cette retenue législative s'explique probablement en partie par la difficulté à exprimer une solution satisfaisante de façon codifiée. En droit commercial[869], la première disposition adoptée, à savoir l'art. 718b CO (voté le 16. 12. 2005, entré

578

---

[865] La doctrine germanophone a employé le terme de *Brisanz*, ainsi Peter BÖCKLI (1996), N 1641a *in initio*, repris par Éric HOMBURGER, ZK ad art. 707-726 CO (1997), N 897.

[866] Cf. p. ex. Peter BÖCKLI (1996), N 1641 *in initio* ; Nicolas ROUILLER (2007), p. 361 ad n. 992.

[867] Cf. p. ex. Peter BÖCKLI (1996), N 1641 b-e ; Nicolas ROUILLER (2007), p. 363, de n. 1002 à 1003.

[868] L'ATF 39 (1913) II 561, qui traite du contrat avec soi-même, identifie que la situation est problématique *en raison du conflit d'intérêts* que comporte cette situation. Au c. 3 (567), il est question du *risque de lésion* (« *Gefahr einer Übervorteilung des Vertretenen durch den Vertreter* ») qu'implique le contrat avec soi-même sauf si le soupçon de « collision d'intérêts » est exclu (« *dass der Verdacht der Interessenkollision ausgeschlossen sei [...] oder dass keine unstatthafte Interessenkollision herbeigeführt werde* ») ; la représentation est en l'espèce jugée inefficace en raison de l'existence d'un conflit d'intérêts évident (« *es ist offensichtlich, dass [...] ein erheblicher Interessenkonflikt und [...] eine ernstliche Gefahr der Übervorteilung [...] bestand* »).

[869] La notion s'était répandue antérieurement en *droit financier* (cf. p. ex. art. 11 al. 1 lit. c aLBVM-1995) et dans le droit de la *prévoyance professionnelle* (art. 51b al. 2, 51c et 53a LPP adoptés le 19. 3. 2010 et entrés en vigueur le 1. 8. 2011 ; art. 89a al. 6 ch. 8 et al. 7 ch. 5 CC-2008). Le droit de la *protection de l'adulte* (voté le 19. 12. 2008, entré en vigueur le 1. 1. 2013) comprend lui aussi des dispositions spécifiquement consacrées aux conflits d'intérêts du représentant (art. 306 al. 3, 365 al. 3 et 403 al. 2 CC). En droit de la *révision*,

en vigueur le 1. 1. 2008), est une pure règle de forme[870], en vertu de laquelle si la société contracte avec celui qui la représente (contrat avec soi-même), le contrat doit être passé par écrit (sauf s'il porte sur une opération courante ne dépassant pas CHF 1000.–). Elle a été suivie de l'art. 717a CO (voté le 19. 6. 2020, entré en vigueur le 1. 1. 2023), qui énonce certes explicitement la notion de conflit d'intérêts, mais (n')est en substance (qu')une règle *procédurale*[871] applicable au conseil d'administration de la société anonyme : « *(1) Les membres du conseil d'administration et de la direction qui se trouvent dans une situation de conflit d'intérêts en informent le conseil d'administration sans retard et de manière complète. (2) Le conseil d'administration adopte les mesures qui s'imposent afin de préserver les intérêts de la société* ». Il en résulte que la prohibition faite au représentant d'agir en étant placé dans un conflit d'intérêts et ses contours exacts ressortissent pour l'essentiel au droit non codifié.

579 La jurisprudence n'a jusqu'ici pas catégorisé les conflits d'intérêts pour distinguer ceux qui atteindraient un seuil d'intensité suffisant pour affecter la validité de la représentation et les autres[872]. Ainsi, le même régime apparaît applicable à tous les conflits d'intérêts ; une incertitude demeure sur cette notion.

580 La règle de base est qu'aucune société n'est *présumée* avoir donné à son représentant le pouvoir d'agir pour elle dans l'hypothèse où il serait placé dans un conflit d'intérêts[873]. En effet, on doit partir de l'idée que, pour toute société, le

---

l'art. 728 CO (adopté le 16. 12. 2005, entré en vigueur le 1. 1. 2008, soit en même temps que l'art. 718b CO) envisage la problématique sous l'angle de *l'indépendance* de l'organe de révision (lequel n'a par ailleurs pas de pouvoir de représentation). Bien entendu, le droit de la *profession d'avocat* connaît depuis fort longtemps l'interdiction du conflit d'intérêts, laquelle vaut tant pour l'activité de représentation que de conseil. Depuis qu'elle figure dans le droit fédéral (art. 12 lit. c LLCA, adopté le 23. 6. 2000), elle a donné lieu à une abondante jurisprudence, qui a déterminé le contour de l'interdiction au *risque concret de conflit d'intérêts* (ATF 141 IV 257 c. 2.2 [261]) ou au *conflit d'intérêts concret* (ATF 135 III 145 c. 9 [154 s.]).

[870]   Sur cette norme, cf. *infra* N 597-599.

[871]   Sur l'analyse fonctionnelle de cette disposition, cf. p. ex. Rouiller/Bauen/Bernet/ Lasserre Rouiller (2022), N 481 et 482b, ainsi qu'*infra* N 981-983.

[872]   On observera que le jugement HGer ZH 8. 5. 2019, HG160258, c. 3.2, exige de celui qui conteste l'efficacité de la représentation qu'il *allègue et prouve* de façon précise les circonstances constitutives d'un conflit d'intérêts (nié en l'espèce). On ne perçoit pas non plus de catégories sur le seuil d'intensité pertinent dans la doctrine la plus récente, cf. p. ex. Carron/Wessner (2022), N 879-884.

[873]   Cf. p. ex. TF 4. 3. 2022, 4A_488/2021, c. 5.3.2 (« *La personne morale est présumée tacitement exclure le pouvoir de représentation pour tout acte comportant un risque de conflit entre ses propres intérêts et celui de son représentant* ») ; ATF 144 III 388 c. 5.1 (390 :

risque d'être lésée, consubstantiel à l'existence d'un tel conflit affectant le représenté, n'est raisonnablement pas acceptable : **tout octroi de pouvoir** (nomination à un poste d'organe ou procuration) **comprend donc implicitement la restriction de ne pas agir en situation de conflit d'intérêts.** Ainsi, s'il existe un tel conflit, la représentation est en principe affectée d'un vice.

Plusieurs **exceptions** sont reconnues, qui reviennent pour certaines à tenir compte de l'absence de vice, pour d'autres à supprimer le vice et pour d'autres encore à le pallier. 581

b. Exceptions au vice de la représentation

aa. L'absence de tout risque de lésion

La première exception est relative à la nature de l'affaire : **si tout risque de lésion** 582 **de la société représentée est exclu**, la représentation n'est pas viciée. Dans cette catégorie, on a traditionnellement identifié les actes de pure exécution (*Erfüllungsgeschäfte*)[874], dans la mesure où le représentant n'a pas de pouvoir d'appréciation dans l'accomplissement de tels actes[875]. Plus largement, la preuve peut être apportée que le contrat correspond aux conditions du marché[876]. À cet égard, il importe de se montrer strict : il ne suffit pas de démontrer que le contrat est compatible avec les conditions du marché, mais qu'il est le plus favorable qui était concrètement à portée de main du représentant. En effet, le risque de lésion combattu par la prohibition d'agir en situation de conflit d'intérêts ne concerne pas que les contrats générateurs de pertes (*damnum emergens*), mais aussi ceux qui consistent à ne pas apporter le gain qui aurait concrètement été réalisable (le *lucrum cessans* lèse aussi la société). Bien entendu, des possibilités seulement théoriques et abstraites n'ont pas à être prises en considération.

« *grundsätzlich ist davon auszugehen, dass die Vertretungsbefugnis nach dem mutmasslichen Willen der juristischen Person stillschweigend jene Geschäfte ausschliesst, welche sich als interessen- bzw. pflichtwidriges Vertreterhandeln erweisen* »).

[874] L'ATF 39 II 561 c. 4 (568) va dans ce sens. Ce critère n'est plus mentionné aux ATF 50 II 183, 57 II 560, 63 II 174 et 82 II 393, mais la question est soulevée, sans être tranchée, à l'ATF 89 II 321 c. 5 (324 s.).

[875] Cette approche ne peut pas être absolue, car lorsqu'une situation de crise implique de choisir entre plusieurs actes d'exécution possibles (c'est-à-dire : entre plusieurs contrats conclus que la société ne peut exécuter tous, choisir lequel le sera), le représentant a bel et bien un pouvoir d'appréciation.

[876] TF 4. 3. 2022, 4A_488/2021, c. 5.3.2 (« *lorsque l'acte est conclu aux conditions du marché* » ; au c. 5.5, on constate que la preuve n'a pas été apportée : « *l'état de fait ne permet pas de retenir que les conditions accordées n'étaient en rien préjudiciables à la société* »).

235

bb.   Le consentement de la société représentée

583   L'autre exception, sans doute la plus importante, est l'élimination du vice par le **consentement spécifique de la société** au fait que le représentant agit malgré le conflit d'intérêts. Ce consentement peut être antérieur au contrat (autorisation *ex ante* ou *a priori*) ou postérieur (ratification *ex post* ou *a posteriori*)[877].

584   Bien que les règles spécifiques de chaque société puissent apporter des nuances sur la façon de donner le consentement, et déterminent notamment la compétence pour le donner[878], le principe général en droit suisse est que le consentement (*ex ante* ou *ex post*) peut être donné non seulement explicitement, mais aussi tacitement ou par actes concluants.

585   Il importe que la société soit consciente non seulement du contenu du contrat, mais aussi – et surtout – du fait qu'il va être ou a été conclu sous l'emprise possible d'un conflit d'intérêts. Le représentant doit donc *dévoiler* le conflit d'intérêts[879] pour qu'une autorisation ou ratification ait l'effet d'éliminer le vice et de rendre opérante la représentation. De son côté, le cocontractant peut aussi décider de s'adresser lui-même à la société « par-delà le représentant » pour demander qu'elle approuve ou ratifie le contrat[880].

586   De façon générale, le consentement peut être donné par un organe apte à représenter la société, de même rang ou de rang supérieur à celui du représentant[881]

---

[877]   L'autorisation ou approbation *ex ante* est usuellement nommée en allemand *(besondere) Ermächtigung,* la ratification *a posteriori* étant désignée par le terme de *(nachträgliche) Genehmigung* (ainsi ATF 144 III 388 c. 5.1 [390] ; 127 III 332 c. 2a [333] ; 126 III 361 c. 3a [363] ; 95 II 442 c. 5 [453] ; 95 II 617 [621] ; ég. TF 18. 11. 2019, 6B_731/2019, c. 1.3.2 ; v. aussi ATF 120 II 5 c. 2c [10 : « *Ermächtigung* »] et 89 II 321 c. 6 [328 : « *Genehmigung* »]). Les termes en italien sont *autorizzato* et *ratificato* (cf. ATF 82 II 388 c. 4 [393]).

[878]   Pour la société anonyme, l'ATF 144 III 388 c. 5.1 *in fine* retient que si l'acte de représentation est accompli par l'actionnaire unique, il n'y a pas de besoin de protection.

[879]   Voir pour plus de détails, *infra* N 593.

[880]   Dans l'espèce jugée à l'ATF 120 II 5, le cocontractant avait perçu le conflit d'intérêts dans lequel était placé le représentant et s'était adressé à l'autorité de tutelle ayant nommé un curateur pour qu'elle confirme les pouvoirs du représentant (c. 2c [10] : « *Rechtsklarheit und -sicherheit verlangen jedoch, dass Dritte sich auf die im Handelsregister eingetragene Vertretungsmacht verlassen können. Ein Gutglaubensschutz muss von daher auch bestehen, wenn der Dritte zwar die Möglichkeit eines Interessenkonflikts erkannt hat, ihm aber das dafür zuständige Organ der juristischen Person beziehungsweise die für eine Beistandsernennung zuständige Vormundschaftsbehörde das Bestehen der Vertretungsmacht bestätigt hat* »).

[881]   ATF 144 III 388 c. 5.1 (« *[es] bedarf einer besonderen Ermächtigung oder einer nachträglichen Genehmigung durch ein über- oder nebengeordnetes Organ, wenn die Gefahr einer Benachteiligung besteht* ») ; 127 III 332 c. 2 (333 s.) ; 126 III 361 c. 3a

(mais non subordonné[882]). Pour qu'une approbation ou ratification tacite soit admise, il faut que le représentant – ou le cocontractant – ait dévoilé le conflit d'intérêts à un tel organe. Dans la société anonyme, l'art. 717a CO précité implique que si le représentant affecté d'un conflit d'intérêts est membre du conseil d'administration ou de la direction, il doit dévoiler le conflit au conseil d'administration.

cc.　　L'effet de la bonne foi sur l'efficacité de la représentation

Par ailleurs, la validité du contrat conclu par un représentant affecté d'un conflit d'intérêts peut résulter de la **bonne foi du cocontractant**. La règle de principe est très simple, car il s'agit d'appliquer les exigences générales de l'art. 3 al. 2 CC, en vertu desquelles « *nul ne peut invoquer sa bonne foi, si elle est incompatible avec l'attention que les circonstances permettaient d'exiger de lui* ». 587

Concrètement, si, au moment de conclure avec la société représentée par une personne placée dans un conflit d'intérêts, le cocontractant pouvait percevoir ce conflit en faisant preuve de l'attention que commandent de lui les circonstances, il n'est pas de bonne foi. La représentation n'est alors pas efficace et le contrat n'est donc pas valablement conclu[883]. À l'inverse, si le cocontractant ne pouvait pas percevoir le conflit en faisant preuve de l'attention exigible, il est de bonne foi. La représentation est efficace et le contrat est valable : c'est un cas où les pouvoirs externes l'emportent sur le pouvoir interne. Il se posera 588

(363 s.) ; antérieurement, ATF 95 II 442 c. 5 (453). Ég. TF 4. 3. 2022, 4A_488/2021, c. 5.3.2.

[882]　Cf. pour un exemple concret TF 4. 3. 2022, 4A_488/2021, c. 5.4 (« *le directeur D. n'était pas un organe indépendant de même rang. [...] les directeurs sont habituellement assujettis aux instructions du conseil d'administration* »).

[883]　Ainsi explicitement ATF 126 III 361 c. 3a (363 s. : « *Der Interessenkonflikt vermag die Vertretungsmacht nur zu begrenzen, wenn er für den Dritten erkennbar war oder dieser ihn wenigstens bei gebührender Sorgfalt hätte erkennen müssen [...]. Die Rechtslage ist bei einem Geschäft mit Interessenkonflikt mithin nicht dieselbe wie beim Selbstkontrahieren. Während beim Selbstkontrahieren und der Doppelvertretung die Vertretungsmacht grundsätzlich fehlt und nur ausnahmsweise aufgrund besonderer Umstände besteht, schliesst der blosse Interessenkonflikt aus Gründen der Verkehrssicherheit die Vertretungsmacht nicht von vornherein aus, sondern lässt sie nur entfallen, wenn der Dritte den Interessenkonflikt auch erkannt hat bzw. hätte erkennen müssen* ». Reprenant la première partie de ce considérant, TF 22. 1. 2014, 4A_459/2013, c. 3.2.1 ; en français, TF 16. 6. 2017, 4A_55/2017, c. 5.2.1 « *Le conflit d'intérêts ne peut limiter le pouvoir de représentation que si ladite restriction était reconnaissable pour les tiers ou si elle aurait au moins dû être reconnue par ces derniers en prêtant l'attention nécessaire [...]. Si aucun conflit d'intérêts au sens susrappelé n'est reconnaissable, la partie contractante peut se fier au pouvoir de représentation indiqué au registre du commerce* »).

alors la question de la *responsabilité du représentant envers la société*, pour l'avoir représentée alors qu'il n'en avait, à l'interne, pas le droit.

589   Savoir si le **conflit est perceptible ou non** est une question de circonstances concrètes. De façon abstraite, on peut présumer qu'un conflit particulièrement grave est plus susceptible d'être perçu qu'un conflit léger, mais ce qui est décisif, c'est, d'une part, le caractère accessible au cocontractant des circonstances fondant le conflit du représenté, et, d'autre part, qu'il soit compréhensible que dans leur ensemble ces circonstances constituent un conflit d'intérêts. L'attention qui peut être exigée du cocontractant dépend de nombreux facteurs[884] qui déterminent si toutes ces circonstances, qui relèvent d'ordinaire d'abord de la sphère interne du représentant et de la société, doivent être perçues ou non par le cocontractant. À cet égard, une opération usuelle, à des valeurs économiques qui semblent converger avec celles qui se pratiquent, ne constitue pas un contexte qui demande que le cocontractant prête particulièrement attention à la sphère interne du représentant et de la société[885]. À l'inverse, une opération de grande ampleur par laquelle une société s'engage dans des risques considérables peut devoir éveiller davantage l'attention du cocontractant sur les motivations de la société et donc sur des aspects qui peuvent s'étendre à la sphère interne. Si les risques ou le prix payé par la société paraissent considérables au regard de l'avantage tiré par elle, l'attention du cocontractant doit être plus élevée. La protection de la société sous l'angle du conflit d'intérêts se rapproche ici de celle qui existe en cas d'abus du pouvoir[886], mais elle va plus loin en ceci qu'il n'est pas nécessaire de prouver que la transaction

---

[884] La jurisprudence n'a pas beaucoup concrétisé et les formules restent très générales, ainsi p. ex. TF 16. 6. 2017, 4A_55/2017, c. 5.2.1 *in fine* : «*L'attention que l'on est en droit d'exiger de la partie contractante pour détecter un éventuel conflit d'intérêts est fonction de la nature de l'acte juridique conclu* ». Identique, TF 22. 1. 2014, 4A_459/2013, c. 3.2.1 (« *Die Aufmerksamkeit, die vom Vertragspartner hinsichtlich eines möglichen Interessenkonflikts verlangt werden kann, hängt von der Art des abgeschlossenen Rechtsgeschäfts ab* ») et TF 27. 3. 2009, 4A_232/2009, c. 4.2.1 *i.i.* (« *Il grado di diligenza che dev'essere richiesto al terzo nell'ambito della verifica dell'esistenza del potere di rappresentanza dipende dal genere di negozio* »).

[885] L'arrêt TF 27. 3. 2009, 4A_232/2009, c. 4.2.1, distingue entre les actes extraordinaires (qui peuvent exiger des vérifications approfondies) et les actes courants (qui n'en demandent pas) : « *Nei rapporti con i propri clienti, la messa in atto di approfonditi accertamenti può essere esatta dalla banca soltanto quando essa viene confrontata con negozi che esulano dall'ordinaria amministrazione ; per lo svolgimento di negozi correnti, invece, la banca che non è legata al cliente da alcun obbligo contrattuale particolare (come un mandato di gestione) non è tenuta a salvaguardare genericamente i suoi interessi* ».

[886] *Supra* N 569 ss.

lèse effectivement la société[887]. Ce qui est déterminant, c'est l'existence du conflit d'intérêts concrètement perceptible pour le cocontractant attentif ; en un tel cas, pour qu'une transaction risquée ne lie pas la société, il n'y a pas lieu d'examiner si elle se révèle finalement désavantageuse pour la société, puisque la représentation est inefficace non en raison du désavantage concret subi (comme sous l'angle de l'abus), mais en raison du conflit d'intérêts.

Cela étant, dans de très nombreuses situations, le conflit est **manifestement perceptible** pour le cocontractant parce que ce dernier est lié au représentant. Si le cocontractant est un membre de la famille proche[888], ou qu'il est une société dans laquelle le représentant détient une participation importante, ces circonstances lui sont manifestement perceptibles. À cet égard, le **contrat avec soi-même** proprement dit et la **double représentation** sont des situations de conflit d'intérêts par excellence[889], dans lesquelles la question de son caractère perceptible ne se pose pas, puisque le représentant est lui-même le cocontractant ou le représentant du cocontractant. Dans tous ces cas, seules l'approbation ou la ratification de la société – expresses, tacites ou par actes concluants – peuvent conduire à la validité du contrat.

590

Pour être complet, on ajoutera que **lorsque le cocontractant connaît positivement le conflit d'intérêts**, il n'est évidemment pas de bonne foi, déjà sur le plan subjectif (art. 2 al. 1 et 3 al. 1 CC). Il n'y a pas besoin d'examiner si le conflit était perceptible en faisant preuve d'attention pour retenir que la représentation est inefficace et le contrat invalide. Mais même dans ces cas, l'approbation ou la ratification peut induire la validité du contrat.

591

Ce qu'il est important d'avoir à l'esprit à ce titre, c'est que **la bonne foi** du cocontractant – et celle du représentant – **peut aussi se rapporter à l'existence d'une approbation ou d'une ratification par la société** (y compris lorsque le cocontractant connaît positivement le conflit d'intérêts). Dans les situations où

592

---

[887]   On remarquera que l'arrêt TF 27. 3. 2009, 4A_232/2009, c. 4.1.1 et 4.2, déclare invalide un contrat sous l'angle du conflit d'intérêts (c. 4.2 : « *ma era pure stata conclusa dal suo organo in palese conflitto di interessi* »), alors que la lésion de la représentée semble évident.

[888]   Pour déterminer la famille proche, on peut se référer à l'art. 68 CC (« *Tout sociétaire est de par la loi privé de son droit de vote dans les décisions relatives à une affaire ou un procès de l'association, lorsque lui-même, son conjoint ou ses parents ou alliés en ligne directe sont parties en cause* » [cf. *infra* N 2810-2812]) ; mais en l'absence d'une définition légale déterminant spécifiquement quels proches sont concernés, c'est la proximité concrète qui est décisive.

[889]   C'est d'ailleurs sous cet angle – aussi en raison du § 181 BGB – que la jurisprudence suisse a commencé à aborder la problématique des conflits d'intérêts en matière de représentation (v. ATF 39 II 561 cité *supra* n. 868) et continue de le faire (ATF 144 III 388 c. 5.1 i.i. [390] ; 126 III 361 c. 3a [363] ; ég. TF 4. 3. 2022, 4A_488/2021, c. 5.3.2 i.i.).

la bonne foi est admise, même si le conflit d'intérêts était perceptible voire positivement connu, la représentation sera efficace et le contrat valable. Si le comportement de la société donne raisonnablement à penser au cocontractant – ou au représentant – qu'elle approuve ou ratifie le contrat conclu sous l'emprise du conflit d'intérêts, cela pallie l'absence d'une véritable volonté d'approuver ou ratifier ce contrat. Concrètement, cela survient lorsque la société s'abstient de réagir alors qu'il lui a été communiqué que le représentant agissait malgré le conflit d'intérêts et qu'il allait conclure ou avait conclu un contrat en une telle situation. Ce silence correspond parfois à une volonté réelle d'approuver ou ratifier, mais il résulte parfois d'un manque d'attention de la société ou d'une indifférence. Est à l'œuvre la même réflexion qu'en matière d'octroi de pouvoirs par tolérance (*Duldungsvollmacht*) ou par apparence (*Anscheinsvollmacht*)[890]. On peut comprendre que le silence vaut ici *extension* des pouvoirs du représentant pour couvrir la représentation en situation de conflit d'intérêts.

593 La **communication à la société représentée** peut exposer de façon plus ou moins limpide le conflit d'intérêts. Le représentant sera bien avisé de dire qu'il a choisi de conclure avec le cocontractant malgré les liens qui en soi impliquent un conflit d'intérêts parce que ce choix aboutit à un résultat favorable à la société, cela (i) en décrivant ces liens, (ii) en résumant la substance du contrat, (iii) en expliquant qu'un contrat plus favorable n'apparaît pas immédiatement à portée de main, et (iv) qu'il apparaît préférable de conclure que de s'abstenir. Il est en général de meilleure gouvernance que le représentant fasse cette communication *avant* de conclure, en indiquant qu'il procédera à la conclusion faute de réaction dans un délai déterminé. Si le délai est approprié, son écoulement permet au représentant – et au cocontractant s'il en est informé – de considérer de bonne foi que la société approuve tacitement.

594 La longueur du **délai** dépend du type d'affaire et du taux d'activité des destinataires. Si le destinataire est un directeur engagé à plein temps, qui supervise constamment les opérations et qui les traite de façon instantanée, un délai de quelques heures peut être suffisant pour considérer qu'il y a approbation. Si le destinataire est un conseil d'administration qui se réunit trimestriellement, le délai peut être de plusieurs mois. Entre ces deux extrémités, beaucoup de situations intermédiaires induisent que les délais peuvent varier de quelques jours à quelques semaines. La nécessité pour le cocontractant d'être fixé dans un certain délai, si elle est perceptible pour la société, détermine aussi la longueur du temps après l'écoulement duquel le silence vaut approbation.

595 Les situations sont d'une infinie variété. La **ratification** *a posteriori* peut apparaître nécessaire et être sollicitée parce que le représentant et le cocontractant

---

[890] Sur ce sujet, *infra* N 611-618.

avaient manqué d'attention à la problématique au conflit d'intérêts ; elle relève alors d'un **processus correctif**. Mais elle peut aussi s'inscrire dans un **processus d'emblée organisé** : représentant et cocontractant avaient considéré qu'il était opportun de conclure le contrat pour en fixer les termes, le besoin de ratification pouvant alors faire l'objet d'une clause explicite du contrat. L'art. 38 CO prévoit que l'on s'adresse au représenté après la conclusion du contrat par un représentant sans pouvoirs pour obtenir la ratification en fixant un délai ; cette disposition prévoit que le cocontractant est délié faute d'acceptation dans ce délai (al. 2 *in fine*), mais la jurisprudence a toujours considéré que la ratification peut aussi être donnée tacitement[891] ou par actes concluants[892].

Comme déjà indiqué[893], si la **communication** est **limitée** en ceci qu'elle ne signale pas le conflit d'intérêts, mais se borne à indiquer – fût-ce intégralement – le contenu du contrat, cela ne peut pas, à notre avis, emporter d'approbation ou de ratification. 596

c. L'exigence de la forme écrite en cas de contrat avec soi-même

En ce qui concerne **l'exigence de forme de l'art. 718b CO** (dans le droit de la SA, que reprend à l'identique l'art. 899a CO pour la coopérative), en vertu de 597

---

[891] Cf., hors de problématiques de conflits d'intérêts, ATF 128 III 129 c. 2b i. e. (136) ; 124 III 355 c. 5a (concernant le silence des associés d'une société simple quant aux actes d'un associé gérant, qui peut valoir ratification : « *Voraussetzung ist, dass der Geschäftspartner in guten Treuen davon ausgehen konnte, der Vertretene werde bei fehlendem Einverständnis widersprechen, und dessen Stillschweigen daher nach Treu und Glauben als Zustimmung auffassen durfte* » [361] ; laissé indécis au c. 5b, en précisant qu'avec une prise de connaissance d'une convention le 20. 8. 1994, une réaction aurait dû avoir lieu lors d'un contact le 13. 10. 1994, faute de quoi l'absence d'objection valait ratification [362 : « *Bei dieser Gelegenheit hätten die Beklagten ihrem Einbezug in die Reservationsvereinbarungen widersprechen können und müssen* ») ; 93 II 302 c. 4 (307 : « *Comme toute manifestation de volonté non soumise à une forme spéciale, la ratification peut être implicite, résulter d'actes concluants, voire de la passivité ou du silence du tiers pour lequel on a contracté. De ce point de vue, on appréciera l'attitude dudit tiers comme un homme de bonne foi eût été justifié à le faire. [...] Ainsi, lorsqu'une personne est informée qu'un contrat a été conclu en son nom, son silence peut, suivant les circonstances, être compris comme une ratification. On pourra notamment se trouver dans de telles circonstances lorsque le contrat a été conclu par un mandataire, tel qu'un courtier, un avocat ou un notaire, qui avait reçu mandat de négocier, mais non pas de conclure. Toutefois, on ne saurait résoudre abstraitement la question, qui exige toujours une appréciation de l'ensemble des circonstances* »). Si un délai n'est pas fixé par le cocontractant, le *droit de ratifier* de la société représentée n'est pas soumis à un délai (cf. ATF 101 II 222 c. 6b/bb [230]).

[892] Ainsi à l'ATF 43 II 293 c. 3 (300), par l'exécution du contrat (v. *supra* n. 813).

[893] *Supra* N 583.

laquelle le contrat doit être passé par écrit « *si la société est représentée par la personne avec laquelle elle conclut un contrat* » (à moins qu'il s'agisse d'une opération courante dont la valeur ne dépasse pas mille francs), elle n'est pas qu'une prescription d'ordre[894], de sorte que sa violation devrait emporter l'invalidité du contrat qui ne la respecte pas (art. 11 al. 2 CO)[895].

598 Conformément aux développements de la doctrine et de la jurisprudence en droit des obligations, l'invalidité découlant de l'article 718b CO ne devrait cependant pouvoir être invoquée que par la partie que l'exigence de forme vise à protéger (« nullité relative »)[896], c'est-à-dire en l'occurrence la société[897] (un arrêt de la Cour d'appel bâloise de 2019, confirmé par le Tribunal fédéral, est allé explicitement en ce sens[898]).

---

[894] Ainsi les auteurs et jugements cités *in* n. 895 *infra*. Il a existé une incertitude, cf. Lukas GLANZMANN (2008), p. 113, et p. ex. WATTER/ROTH PELLANDA, BaK ad art. 718b CO (4ᵉ éd., 2012), N 9 s. Clairement en faveur d'une pure prescription d'ordre, Lorenzo TOGNI (2010), N 801 spéc. n. 1937 s. (« *Die verlangte Schriftform dürfte Ordnungsvorschrift und nicht Gültigkeitserfordernis sein* »). Il faut observer que les arrêts TF 27. 11. 2014, 4A_195/2014, c. 4 et 11 (non publiés *in* ATF 140 III 602) et TF 8. 9. 2015, 4A_219/2015, c. 4.2.4, qui traitent de l'art. 718b CO, ne tranchent pas la question.

[895] Le texte légal semble en effet induire cette conséquence (« *À défaut d'une disposition contraire sur la portée et les effets de la forme prescrite, le contrat n'est valable que si cette forme a été observée* »). En ce sens PETER/CAVADINI, CR ad art. 718b CO (2017), N 7 ; Christa SOMMER (2010), p. 134 ; HGer ZH 8. 6. 2015, HG130071, c. 4.2.7 (lequel se réfère toutefois à des auteurs qui sont précisément hésitants) et VerwGer ZH 20. 8. 2014, SB.2013.00135, c. 4.4.2 *in fine* ainsi que les arrêts cités *infra* in n. 898 s., qui admettent qu'il s'agit d'une prescription de forme au sens de l'art. 11 CO (AppGer BS 23. 9. 2019, ZB.2018.36, c. 4.4, 2ᵉ par. *in fine* : « *Folglich ist mit der herrschenden Auffassung davon auszugehen, dass es sich bei dieser Bestimmung um eine Gültigkeitsvorschrift handelt* »), mais rejettent la nullité. Isabelle CHABLOZ (2012), N 660, insiste sur la nécessité que toutes les parties obligées signent, en vertu de l'art. 13 CO.

[896] Cf. Daniel GUGGENHEIM (1970), p. 114, 150 ss et 175-177 ; Claire HUGUENIN (1984), p. 31 s. ; Ingeborg SCHWENZER, AT, N 32.38 *i.f.* Pour l'appliquer à la problématique de l'art. 718b CO, Isabelle CHABLOZ (2012), N 660 ad n. 1145.

[897] Certes, en théorie, on ne peut pas exclure que l'administrateur qui passe un contrat avec la société se lèse lui-même parce qu'il donne la priorité aux intérêts de la société. Cela peut en effet se produire (cf. d'ailleurs ROUILLER/BAUEN/BERNET/LASSERRE ROUILLER [2022], N 1176 sur le soutien par l'actionnaire agissant comme cocontractant). Il n'en demeure pas moins que le but de la disposition est indubitablement de protéger *la société* et non l'administrateur.

[898] AppGer BS 23. 9. 2019, ZB.2018.36, c. 4.4, 3ᵉ par. : « *Die Formvorschrift von Art. 718b OR bezweckt den Schutz der Gesellschaft und nicht denjenigen ihres Vertreters [...]. Die Berufung des Vertreters auf die Formnichtigkeit ist deshalb rechtsmissbräuchlich [...]* » et TF 13. 2. 2020, 4A_545/2019, c. 5.2 et 5.4.

En outre, le vice de forme ne devrait pas pouvoir être invoqué de façon con- **599** traire à la bonne foi ; les conséquences de l'invalidité devraient être atténuées de façon à être praticables, notamment l'effet *ex tunc* lorsque le contrat a été exécuté de façon irréversible (en particulier dans les contrats de durée)[899]. Il n'en demeure pas moins que, si l'invalidité ne repose pas que sur l'informalité au regard de l'article 718b CO, mais sur le conflit d'intérêts matériel, il est probable que le rapport d'échange (*synallagma*) ait été affecté ; dans de tels cas, l'invalidité peut nécessiter de corriger aussi le prix payé pour des prestations irréversiblement fournies[900].

d.   Vue synoptique

Étant donné que les conflits d'intérêts impliquent par nature des situations **600** d'une certaine complexité et souvent confuses, il apparaît opportun de clôturer cette section par un tableau offrant une **vue synoptique**, forcément très schématique mais utile pour guider le processus d'analyse lorsque l'on aborde un cas concret ; elle peut aussi servir pour garder des repères simples lorsque l'on se plonge dans la jurisprudence, qui a été élaborée à partir de cas d'espèce très différents les uns des autres.

---

[899] L'arrêt de la Cour d'appel bâloise précité a employé cet argument *a fortiori* (AppGer BS 23. 9. 2019, ZB.2018.36, c. 4.4 *in fine* : « *Dies gilt erst recht, wenn die Gesellschaft wie im vorliegenden Fall ihre Leistung bereits vollständig erbracht hat. Die Berufung des Beklagten auf die Formnichtigkeit des Darlehensvertrags stellt somit einen offenbaren Rechtsmissbrauch dar. Folglich ist er zur Rückzahlung verpflichtet, wie wenn der Vertrag formgültig wäre* ». L'arrêt TF 13. 2. 2020, 4A_545/2019, c. 5.2, mentionne également, sans insistance, cet aspect : « *Das Appellationsgericht legte zu Recht entscheidendes Gewicht auf den Umstand, dass es der Beschwerdeführer – der als* Vertreter *der Gesellschaft mit sich selbst den Darlehensvertrag abschloss – ist, der nun zu seinen Gunsten die Formungültigkeit geltend macht, nachdem er sich den Darlehensbetrag ausbezahlt hat* ».

[900] Cf. ATF 129 III 320 c. 7.1.4, trad. SJ 2004 I 33, en rapport avec l'annulation pour erreur d'un contrat de durée (« *Une exception doit être faite à la résiliation* ex nunc *du contrat si le vice [...] a influencé le rapport entre prestation et contre-prestation ('Synallagma'), c'est-à-dire s'il a été décisif [...] quant à la mesure quantitative de son engagement. Dans un tel cas, l'annulation doit rétroagir en ceci que les prestations réciproques doivent être réévaluées par le juge, chargé d'adapter le contrat ; celles-ci seront modifiées conformément à l'esprit de l'art. 20 al. 2 CO dans la mesure où, de façon causale, [le vice] a influencé leur équilibre réciproque* »).

Conflits d'intérêts du représentant et (in)validité du contrat

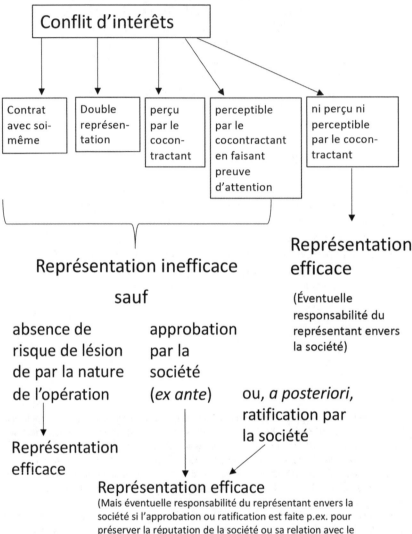

IV. Les sources et contenus des autres pouvoirs

A. Les normes juridiques

Les pouvoirs de représentation autres que ceux qui sont inscrits au registre du 601
commerce obéissent à des règles générales, qui ne sont pas spécifiques aux
sociétés ni au domaine commercial. Ces règles sont **communes à l'ensemble
des phénomènes de représentation** : concrètement, elles concernent aussi la
représentation des personnes physiques dans le domaine « civil » au sens étroit,
c'est-à-dire ici non commercial. Cela dit, la représentation – hors des pouvoirs
inscrits au registre du commerce – est utilisée beaucoup plus en matière commerciale qu'en matière strictement civile, et (donc) par les sociétés (qui accomplissent de nos jours de très loin la majeure partie des actes juridiques commerciaux) plus que par les personnes physiques, étant par ailleurs rappelé que les
sociétés agissent *toujours* par représentation[901]. Ainsi, sous l'angle du nombre
d'occurrences, le droit général de la représentation s'applique le plus souvent
en rapport avec la vie juridique des sociétés. Il se rattache dans cette mesure au
droit des sociétés.

Par ailleurs, il faut avoir à l'esprit qu'**un grand nombre de sociétés n'inscri-** 602
vent que très peu de personnes au registre du commerce : certaines sociétés
anonymes n'y inscrivent que les administrateurs alors qu'elles comptent des
milliers d'employés dont beaucoup, évidemment, représentent la société au
quotidien dans d'innombrables contrats et opérations[902]. Les pouvoirs de ces
employés relèvent du droit général de la représentation.

Certaines des règles générales sont explicitement énoncées dans le Code des 603
obligations, notamment aux **art. 32 à 40 et 396 CO**. Cependant, la systématique des pouvoirs, à savoir leurs différentes sources et contenus, relève surtout
du **droit non écrit**. Elle est parfaitement limpide.

---

[901] Cf. *supra* N 515-519.

[902] Par exemple, Nestlé S.A. (CHE-105.909.036) n'a que 47 personnes inscrites au registre
du commerce, dont moins de 40 ont un pouvoir de représentation (la majorité des administrateurs, soit 9 sur 14, n'en a pas). L'une des plus grandes entreprises de négoce au
monde, qui compte des centaines de *traders* aux vastes pouvoirs, Glencore AG (CHE-
103.101.282), n'a inscrit que 13 personnes avec pouvoirs (de signature collective à deux)
au registre du commerce. En revanche, les grandes banques inscrivent des centaines de
personnes avec pouvoirs de signature.

B.　　Pouvoirs internes et pouvoirs externes

604　Lorsque l'octroi de pouvoirs est bien ordonné, il est une autorisation adressée par la société représentée au représentant, lui permettant d'agir en son nom de façon à la lier juridiquement. On désigne cette autorisation sous l'appellation de **pouvoirs internes** (ou procuration interne). Si les pouvoirs internes existent, la représentation est efficace.

605　Lorsqu'il n'est pas établi que ces pouvoirs internes existent (et notamment même s'il est certain qu'ils n'existent pas, parce que le représentant savait qu'il n'était pas autorisé), la représentation peut néanmoins être efficace en raison de la bonne foi du cocontractant. Cela survient si, en raison d'un comportement imputable à la société représentée, le cocontractant a cru que le représentant était autorisé (c'est ici la condition de la bonne foi subjective, art. 2 al. 1 CC) et que cette croyance est compatible avec l'attention que les circonstances permettaient d'attendre de lui (selon les règles de la bonne foi objective, art. 3 al. 2 CC). L'efficacité de la représentation repose alors sur ce que l'on nomme des **pouvoirs externes**. Il n'y a pas d'intérêt pratique à examiner l'existence de pouvoirs externes si les pouvoirs internes sont établis[903]. On peut ainsi parler de *fonction subsidiaire* des pouvoirs externes[904]. Il leur revient une espèce d'effet correctif dans des situations pathologiques.

606　Les pouvoirs qui ne sont pas inscrits au registre du commerce ont une étendue qui n'est pas normée par une disposition légale comme les art. 563, 718a, 899 et 459 CO (qui permettent en particulier aux organes[905] d'une société autorisés à la représenter d'accomplir tous les actes que peut emporter le but social)[906]. C'est toujours le comportement spécifique de la société représentée à l'égard du représentant et subsidiairement du cocontractant qui est déterminant pour cerner cette étendue. On reviendra ultérieurement sur quelques généralisations.

---

[903]　Dans ce sens explicitement, ATF 146 III 37 c. 7.1.1-7.1.2 (45 : « *Dans un premier temps, le juge doit donc rechercher si le représentant avait des pouvoirs de représentation internes [...]. Ce n'est que si le juge arrive à la conclusion que le représentant a agi sans pouvoirs de représentation internes, qu'il devra, dans un second temps, rechercher si la SA [i. e. la représentée] est contractuellement liée [...] parce que le tiers de bonne foi doit être protégé dans la communication qui lui a été faite par la SA de l'existence de pouvoirs* »).

[904]　Sur cette formule, v. Nicolas ROUILLER, Droit suisse des obligations (2007), p. 287.

[905]　Le fondé de procuration au sens de l'art. 459 CO n'est pas un organe (sauf exceptionnellement un organe de fait).

[906]　*Supra* N 533 s.

C. Octroi des pouvoirs

1. Procurations expresses et procurations tacites

Lorsque l'octroi des pouvoirs est bien ordonné, il est fait de manière explicite (« expresse »). Aucune forme n'est requise de façon générale par la loi. Il est bien entendu préférable de fixer le principe et l'étendue des pouvoirs dans un document **écrit** ; cela dit, les procurations purement **orales** sont valables elles aussi. Outre des dispositions légales spécifiques à des contrats particuliers[907], les règles internes à la société peuvent exiger que la procuration elle-même ou le document actant son octroi (p. ex. décision des associés, du conseil d'administration, des gérants, de la direction, etc.) soit écrit.

607

Il est reconnu que l'octroi des pouvoirs peut aussi être fait **tacitement**[908] **(ou implicitement) ou par actes concluants**. Cela peut revêtir différents types de situations.

608

2. Les procurations implicites

a. En confiant une position dans l'entreprise

La procuration implicite la plus fréquente, assez peu discutée en doctrine, est l'acte consistant à conférer à une personne une position dans l'entreprise qui, pour être bien exécutée, implique que la personne (le plus souvent un employé, mais aussi parfois un mandataire) la représente, au moins pour toutes les opé-

609

---

[907] L'art. 493 al. 6 CO soumet le pouvoir spécifique de cautionner à la même forme que le cautionnement lui-même. Il en résulte que ce pouvoir doit être au moins écrit et indiquer le montant auquel est tenue la société qui cautionne (al. 1) et qu'il doit être en forme authentique (al. 2) pour le cautionnement par une société simple. En matière immobilière, même si les dispositions légales relatives à la forme authentique n'exigent pas directement que la représentation repose sur une procuration d'une forme particulière (sur cette problématique en général, v. ATF 112 II 330 c. 1a *in fine* [332] ; 99 II 159 c. 2b [162] et 84 II 151 c. 3 [157] ; v. ég. Philippe KLEIN, ZK ad art. 33 CO [2020], N 24), il reste que les pièces justificatives à produire au registre foncier supposent la preuve des pouvoirs, ce qui signifie en pratique que la procuration doit être écrite (cf. art. 49 al. 1 ORF).

[908] Ainsi p. ex. ATF 146 III 37 c. 7.1. (45) ; 141 III 289 c. 4.1 (291 : « *Die Ermächtigung zur Stellvertretung i.S.v. Art. 32 Abs. 1 OR kann ausdrücklich oder stillschweigend erfolgen* ») ; 124 III 418 c. 1c *in fine* ; 99 II 159 c. 2b (162) ; 99 II 39 c. 1 (41) ; 84 II 151 c. 3 (157) ; 94 II 117 c. 3 (118 s.). V. aussi p. ex. Philippe KLEIN, ZK ad art. 33 CO (2020), N 19 ; Roger ZÄCH, BK ad CO 33 (1993), N 34 ss et N 100 *in fine* ; Rolf WATTER, BaK ad CO 33 (2020), N 14 s. ; Pierre ENGEL (1997), p. 384.

rations habituellement liées à cette position. Si un pouvoir de représentation n'est pas explicitement mentionné (dans une procuration ou p. ex. dans le contrat de travail, ou de mandat), **le simple fait de confier la position à la personne signifie que les pouvoirs y relatifs lui sont octroyés.** Le droit du mandat comprend, à l'art. 396 al. 2 CO, une règle générale qui l'exprime de façon simple : « *le mandat comprend le pouvoir de faire les actes juridiques nécessités par son exécution* ». Le principe qui fonde cette règle vaut au-delà du droit du mandat[909]. On peut relever que le code de commerce allemand (HGB) régit explicitement les pouvoirs implicitement octroyés à toute personne engagée dans un magasin (à savoir celui d'accomplir les actes qui s'accomplissent *habituellement* dans un tel magasin)[910]. Il faut avoir à l'esprit qu'un nombre très considérable des actes de représentation sont accomplis par des personnes dans cette situation, qui ne sont pas inscrites au registre du commerce et dont le contrat de travail ne dit pas en toutes lettres qu'elles ont le pouvoir de représenter la société – parce que cela « va sans dire ».

610 Cet octroi tacite de pouvoirs n'est **pas passif** et il est probablement opportun d'employer des termes comme *pouvoirs induits* ou *pouvoirs fonctionnels*, ou de procuration concluante ou par actes concluants. Même le terme de *procuration implicite* peut exprimer (mieux que « tacite ») qu'elle ne repose pas sur un comportement passif de la société, ce qui permet de distinguer cette situation des autres procurations tacites.

b.   Par tolérance

611 On dit que des pouvoirs sont octroyés « par tolérance »[911] lorsque la société représentée **apprend** qu'une personne jusqu'alors non autorisée agit en son

---

[909] Explicitement en ce sens Pierre ENGEL (1997), p. 389. Au surplus, les règles sur le mandat s'appliquent aux différents travaux à défaut d'autres règles applicables (art. 394 al. 2 CO).

[910] § 56 HGB : « *Wer in einem Laden oder in einem offenen Warenlager angestellt ist, gilt als ermächtigt zu Verkäufen und Empfangnahmen, die in einem derartigen Laden oder Warenlager gewöhnlich geschehen* ». L'ATF 120 II 197c. 3b y fait référence (205 : « *Auch für das schweizerische Recht ist - analog § 56 HGB - davon auszugehen, dass derjenige, der in einem Laden angestellt ist, bloss zu Rechtshandlungen ermächtigt gilt, die in einem derartigen Laden gewöhnlich geschehen* »).

[911] Le terme s'est établi en français depuis quelques décennies (ainsi récemment ATF 146 III c. 7.1.1 [45] et 7.1.2.1 [46] ; TF 27. 7. 2022, 4A_411/2021, c. 6.3.1 ; TF 15. 12. 2021, 4A_341/2021, c. 6.3.1 ; TF 15. 7. 2020, 4A_76/2019, c. 5.4.3.1 ; TF 10. 7. 2020 4A_562/2019 c. 5.1.2 ; pour la doctrine, p. ex. Nicolas ROUILLER, Droit suisse des obligations [2007], p. 288 s., 298 s., 301 s., 355, 385-401, 435 s.) ; Pascal PICHONNAZ, RSJ 2016 202 ; Mathieu ZUFFEREY [2018], n. 520 ; Annick FOURNIER [2021], N 152), à partir de l'expression allemande *Duldungsvollmacht*.

nom, ou s'apprête à le faire, et **ne s'y oppose pas** (alors qu'elle le pourrait p. ex. en rappelant à cette personne qu'elle n'a pas de pouvoir de représentation).

Le plus souvent, cela n'est pas le fait de tiers étrangers à la société, mais d'employés voire de directeurs ou même d'administrateurs qui n'ont originellement pas de pouvoirs, ou qui n'ont qu'un pouvoir collectif, mais agissent comme s'ils avaient un pouvoir individuel[912]. Cela peut aussi survenir si un actionnaire domine la société au point de la gérer et d'agir pour elle sans être administrateur ou directeur, s'arrogeant une position d'organe de fait[913].   612

Pour que l'absence de réaction de la société représentée crée un pouvoir qui n'existait pas jusqu'alors, il faut qu'elle induise que le représentant *pense réellement* que la société entend, en s'abstenant d'objecter, l'autoriser à la représenter ; en d'autres termes, **le représentant doit être subjectivement de bonne foi** (art. 2 al. 1 CC). De plus, il faut que sa conclusion soit compatible avec l'attention que les circonstances permettaient d'exiger de lui, selon les règles de la **bonne foi objective** ou normative (art. 3 al. 2 CC). Cela dit, sur ce plan, étant donné que la jurisprudence et la doctrine reconnaissent depuis longtemps qu'à l'égard d'une personne agissant comme représentant alors qu'elle n'y est pas autorisée, le représenté doit réagir, on doit admettre que faute de circonstances particulières, le **principe** est que l'absence de réaction permet à cette personne de se croire autorisée[914]. Le fait qu'une personne agisse comme représentant peut en effet être considéré comme l'une des situations par excel-   613

---

[912] V. *supra* N 547, TC, RVJ 1993 157 c. 5a (164) cité in n. 814. La formulation du c. 6.1 de l'arrêt TF 15. 12. 2021, 4A_341/2021, citée *infra* n. 918 («*au-delà des pouvoirs effectivement conférés*»), peut l'illustrer (même s'il s'agit dans cet arrêt de pouvoirs externes).

[913] Ainsi p. ex. ATF 141 III 159 c. 2.3 (164), qui nie en l'espèce que des pouvoirs suffisants aient été conférés à l'organe de fait (mais dans un contexte de procédure civile, où les conditions formelles ont de l'importance). L'ATF 146 III 37 c. 6.2.2 dit que «*le conseil d'administration ne doit pas tolérer qu'un organe de fait agisse au nom de la SA*» ; mais s'il le fait, on ne peut pas appréhender la question de l'octroi de pouvoirs par tolérance plus étroitement que s'il s'agit d'un tiers (cf. *infra* n. 920, ad c. 7.2 de cet arrêt). Cela dit, il est assurément correct que les critères en vertu desquels on admet la *responsabilité* de l'organe de fait sont différents ; c'est d'abord le cas parce que les personnes agissant comme organe de fait *savent* le plus souvent qu'elles ne sont pas censées avoir de pouvoirs et ne sont donc pas de bonne foi (ce qui exclut en tout cas l'*interne Duldungsvollmacht*).

[914] Ainsi, les formulations de la jurisprudence sont simples et ne «prennent pas la peine» de réserver les circonstances particulières ; v. p. ex. ATF 141 III 289 c. 4.1 (291) : «*Weiss der Vertretene, dass er gegen seinen Willen vertreten wird, schreitet aber trotzdem nicht gegen die unerbetene Vertretung ein, so liegt eine (interne) Duldungsbevollmächtigung vor*».

lence où, dès qu'on la perçoit, une réaction est nécessaire si on ne veut pas de cette activité[915].

614 La procuration par tolérance est un **octroi ou une extension de *pouvoirs internes***. Le terme allemand, souvent utilisé, est *interne Duldungsvollmacht*.

615 On relèvera que ce concept se rapporte aux situations où la société savait que le représentant agissait en son nom, et cela aussi bien si le silence signifie qu'elle s'accommode volontairement de cette activité ou qu'elle s'abstient simplement de faire émerger une réaction par indifférence, par négligence ou parce qu'elle est certes intimement opposée[916] mais de façon insuffisamment affermie pour « cristalliser » une réaction.

c.   La procuration « apparente »

616 Bien que la doctrine et la jurisprudence aient établi des dénominations différentes, la situation traitée sous le terme de « procuration apparente » (ou « procuration par apparence ») est très proche de celle décrite au titre de la procuration par tolérance. La différence est que la société représentée ne connaissait pas positivement l'activité du représenté, mais **aurait dû en avoir connaissance** si elle avait fait preuve de l'attention pouvant être exigée d'elle dans les circonstances concrètes, selon les règles de la bonne foi objective ou « normative » (art. 3 al. 2 CC).

617 Pour le reste, la situation est identique : le **représentant** doit avoir cru (selon les règles de la **bonne foi subjective**, art. 2 al. 1 CC) que le silence de la société équivalait à un consentement de sa part et cette conviction doit avoir été compatible avec l'attention que les circonstances permettaient d'exiger de lui (selon les règles de la **bonne foi objective**, art. 3 al. 2 CC)[917].

---

[915] C'est un cas d'application de la règle exprimée par le brocard « *qui tacet consentire videtur ubi loqui potuit ac debuit* » (que l'on identifie comme forgé en 1298 par le pape BONIFACE VIII dans le *Liber Sextus* 5, 13, 43, constituant une partie des Décrétales du Corpus Iuris Canonici ; v. ég. Detlef LIEBS, Lateinische Rechtsregeln und Rechtssprichwörter [7ᵉ éd., 2007], p. 195 s.).

[916] Selon la formulation employée dans l'arrêt TF 12. 10. 2010, 5A_500/2010, c. 6.2.2, le concept de *Duldungsvollmacht* supposerait toujours que la personne représentée soit intimement opposée à l'activité du représentant (« *[...] die Duldungsvollmacht, bei welcher der Vertretene im Unterschied zur Anscheinsvollmacht weiss, dass er gegen seinen Willen vertreten wird, aber trotzdem nicht gegen die unerbetene Vertretung einschreitet* »).

[917] ATF 141 III 289 c. 4.1 (291 : « *Eine (interne) Anscheinsbevollmächtigung liegt vor, wenn einerseits der Vertretene keine Kenntnis hat, dass ein anderer sich als sein Vertreter ausgibt, er bei pflichtgemässer Aufmerksamkeit das Vertreterhandeln aber hätte erkennen*

L'expression allemande pour désigner cette situation est *interne Anscheinvoll-* 618
macht.

3. Efficacité de la représentation aux fins de protéger la bonne foi du cocontractant

Lorsque le représentant n'est pas de bonne foi, et que le comportement de la 619
société représentée amène **le cocontractant** à penser – de bonne foi – qu'elle
tolère l'activité du représentant, il y a octroi de *pouvoirs externes* par tolérance
(si la société connaissait cette activité) ou par apparence (dans l'hypothèse où
elle aurait dû en avoir connaissance). On parle en allemand d'*externe Dul-*
dungsvollmacht et d'*externe Anscheinvollmacht.*

Il est usuel de rattacher ces pouvoirs à l'art. 33 al. 3 CO[918], même si le texte 620
légal de cette disposition ne les vise pas explicitement (« *Si les pouvoirs ont été*
portés par le représenté à la connaissance d'un tiers, leur étendue est détermi-
née envers ce dernier par les termes de la communication qui lui a été faite »).
Ce rattachement relève plutôt de l'analogie ou de la généralisation.

Faute de bonne foi du représentant, la représentation est forcément viciée. La 621
bonne foi du tiers a cependant un **effet curatif**, de sorte que concrètement, la
représentation est efficace. La bonne foi suppose non seulement que le cocontractant ait subjectivement pensé (art. 2 al. 1 CC) que la société consentait
à l'activité du représentant, mais aussi que cette conviction ait été raisonnable

---

müssen, und andererseits der Vertreter das Verhalten des Vertretenen nach Treu und
Glauben als Bevollmächtigung auffassen darf ») ; ATF 146 III 37 c. 7.1.1 (« *procuration*
interne apparente [Anscheinsbevollmächtigung] »).

[918] Ainsi p. ex., récemment, l'arrêt TF 15. 12. 2021, 4A_341/2021, c. 4.1.2 (« *c'est le [...] cas*
de figure, régi par l'art. 33 al. 3 CO – en l'absence de pouvoirs internes du représentant,
le tiers cocontractant est protégé exceptionnellement lorsque le représenté a porté (ex-
pressément ou tacitement) à sa connaissance une procuration (externe) qui va au-delà
des pouvoirs qu'il a effectivement conférés au représentant (procuration interne) et que,
se fiant à cette communication, le tiers a cru de bonne foi à l'existence des pouvoirs de
celui-ci [...]. Le représenté qui a créé l'apparence d'un rapport de représentation ou
laissé s'en créer un doit souffrir, en vertu du principe de la confiance (ou de l'apparence
efficace), que le tiers de bonne foi lui impute tous les effets des actes accomplis en son
nom ») et 6.1 (« *Pour que la protection de l'art. 33 al. 3 CO entre en jeu, il faut (1) que le*
représentant ait agi au nom du représenté, sans avoir pour cela de pouvoirs de représen-
tation internes, et (2) que le tiers ait cru de bonne foi à l'existence de pouvoirs internes
du représentant parce que le représenté avait porté à sa connaissance des pouvoirs qui
vont au-delà des pouvoirs qu'il avait effectivement conférés au représentant à titre in-
terne ») ; ég. explicitement TF 10. 7. 2020, 4A_562/2019, c. 6 pr., 6.1, 6.2 et 6.3.1. V. ég.
ATF 131 III 511 c. 3.2 (518) et 120 III 197 c. 2a (199).

selon l'attention que les circonstances permettaient d'attendre de lui (art. 3 al. 2 CC)[919].

622 La jurisprudence est assez abondante[920]. On peut observer que le terme d'*Anscheinvollmacht* est parfois réservé aux pouvoirs externes octroyés par apparence[921]. Pour rester rigoureux sur le plan terminologique, il est utile de gar-

---

[919] Outre les autres arrêts cités in n. 918 et 920, cf. la formulation de l'arrêt TF 10. 7. 2020, 4A_562/2019, c. 6.3.1 (« *Il y a apparence, c'est-à-dire procuration externe apparente (externe Anscheinsvollmacht) lorsque le représenté n'avait pas connaissance qu'une personne agissait en son nom, mais qu'ayant porté l'existence de pouvoirs à la connaissance du tiers, il aurait pu et dû le savoir s'il avait fait preuve de l'attention que les circonstances permettaient d'exiger de lui et qu'il aurait dû réagir [...]* ») et 6.3.2 (« *Le tiers doit avoir cru à l'existence des pouvoirs internes du représentant en se fiant à la communication reçue du représenté. Seule sa bonne foi permet de pallier le défaut des pouvoirs de représentation internes* »).

[920] Cf. p.ex ATF 124 III 382 c. 5c/cc (392), pouvoirs admis en principe, confirmés finalement dans la même cause à l'ATF 131 III 511 (c. 3.2.1 [518 : « *celui qui laisse créer l'apparence d'un pouvoir de représentation se trouve lié par les actes accomplis en son nom* »] et 3.2.2 [519 : « *seule la bonne foi du tiers permet de pallier le défaut du pouvoir de représentation* » ; 529 : « *les opérateurs économiques qui avaient été en relation d'affaires avec A. pouvaient légitimement partir de l'idée qu'en sa qualité de Consul de X. à Genève, celui-ci était dûment habilité à traiter avec eux, de sorte que la défenderesse devait assumer les pouvoirs, à tout le moins apparents, créés en faveur de celui dont il affirmait à présent qu'il était un falsus procurator* »]) ; ATF 124 III 418 c. 1c (admis en principe, cf. cep. c. 2b publié in SJ 1999 I 249, nié en l'espèce) ; ATF 146 III 37 c. 7.2 (46, renvoi pour examiner la question de pouvoirs externes éventuellement octroyés à un organe de fait *aux yeux du cocontractant* [v. supra n. 913]). À l'ATF 120 II 197 c. 3, les pouvoirs externes sont finalement niés (ils avaient été admis par le HGer SG). Admis par l'arrêt TF 10. 7. 2020, 4A_562/2019, c. 6.5. Dans l'arrêt TF 15. 7. 2020, 4A_76/2019, c. 5.4.5.1, il est relevé que la cour cantonale a admis une procuration externe par tolérance ; le grief la contestant est rejeté. L'octroi de pouvoirs externes est discuté mais nié dans les arrêts TF 15. 12. 2021, 4A_341/2021, c. 6.4, et TF 27. 7. 2022, 4A_411/2021, c. 6.3.1.

[921] Ainsi l'arrêt TF 15. 12. 2021, 4A_341/2021, c. 4.1, qui oppose – à tort au vu de la terminologie employée dans les arrêts publiés – la procuration interne à la procuration apparente (« *en l'absence de pouvoirs internes conférés au représentant par le représenté, lorsque le tiers pouvait déduire l'existence de tels pouvoirs du comportement du représenté dans leurs rapports externes (procuration apparente) [...]* ») ; au c. 6.3.1, la terminologie usuelle paraît suivie (« *Il y a apparence, c'est-à-dire procuration externe apparente (externe Anscheinsvollmacht) lorsque le représenté n'avait pas connaissance qu'une personne agissait en son nom, mais qu'ayant porté l'existence de pouvoirs à la connaissance du tiers, il aurait pu et dû le savoir s'il avait fait preuve de l'attention que les circonstances permettaient d'exiger de lui et qu'il aurait dû réagir* »). On observera que l'ATF 120 II 197 c. 2b/bb (201) retenait que la terminologie était imprécise (« *Hat der Vertretene dabei Kenntnis vom Auftreten des Vertreters, schreitet aber dagegen nicht ein, wird ihm nach einem anschaulichen, wenngleich für das schweizerische Recht ungenauen Ausdruck eine sogenannte externe Duldungsvollmacht unterstellt [...]. Kennt er*

der à l'esprit que l'extension des pouvoirs internes par apparence est possible[922].

4. Tableau récapitulatif des pouvoirs implicites

Vu le grand nombre de situations pratiques concernées, le flou inévitablement 623
lié au caractère implicite des pouvoirs concernés et l'utilité analytique des catégories élaborées pour apporter de la clarté, ainsi que les vacillations terminologiques que l'on peut observer occasionnellement[923], il nous apparaît opportun de récapituler ces types de pouvoirs dans le tableau ci-après, même si sa nature schématique induit inévitablement des simplifications que l'on peut trouver excessives :

Pouvoirs implicites (« procuration tacite »)	Comportement de la société	Élément décisif
par octroi d'une fonction dans l'entreprise (p. ex. « Ladensvollmacht »)	comportement actif	volonté de la société, et/ou bonne foi du représentant ou du tiers
interne par tolérance (interne Duldungsvollmacht)	connaissance de l'action du soi-disant représentant et passivité	bonne foi du représentant
interne par apparence (interne Anscheinvollmacht)	donner l'impression que le soi-disant représentant est autorisé, sans avoir connaissance de son action comme représentant	bonne foi du représentant
externe par tolérance (externe Duldungsvollmacht)	connaissance de l'action du soi-disant représentant et passivité	bonne foi du tiers
externe par apparence (interne Duldungsvollmacht)	donner l'impression que le soi-disant représentant est autorisé, sans avoir connaissance de son action comme représentant	bonne foi du tiers

---

das Verhalten des Vertreters nicht, könnte er es aber bei pflichtgemässer Aufmerksamkeit kennen und verhindern, liegt nach derselben Terminologie eine externe Anscheinsvollmacht vor ») et déjà 2a (199 : « terminologisch uneinheitlich »).

922 Supra 616-618. Très clair sur ce point, ATF 141 III 289 c. 4.1 (290 s.) et 4.4.1-4.4.3 (292-294). L'ATF 146 III 37 c. 7.1.2.1 (« procuration externe apparente [externe Anscheinsvollmacht] »), comparé à 7.1.1 (supra n. 917), est aussi très limpide.

923 Cf. supra n. 921.

5. Les limites découlant des conflits d'intérêts

624   Ce qui a été exposé en rapport avec les limitations que les conflits d'intérêts apportent aux pouvoirs inscrits au registre du commerce[924] s'applique également aux pouvoirs conférés par d'autres actes juridiques. On présume que les procurations explicites ou implicites (que celles-ci soient octroyées par actes concluants, par tolérance ou par apparence) n'autorisent pas le représentant à agir lorsqu'il est placé dans un conflit d'intérêts. Les pouvoirs internes font défaut. Si ce conflit est perceptible par le cocontractant, celui-ci n'est pas de bonne foi : faute de pouvoirs externes opérants, la représentation est alors inefficace.

V.   La représentation passive et l'imputation de la connaissance

625   Les pouvoirs décrits ci-dessus concernent la capacité de personnes physiques d'agir pour une société, c'est-à-dire d'émettre des déclarations de volonté en son nom. On peut parler de représentation active. La « représentation passive » concerne la réception des déclarations de volonté.

626   De façon générale, le « pouvoir » de représenter passivement une société – c'est-à-dire de recevoir valablement pour elle une déclaration de volonté – est admis beaucoup plus largement que le pouvoir de la représenter activement. Non seulement considère-t-on que le pouvoir d'agir inclut toujours celui de recevoir des déclarations de volonté, sauf exception bien spécifiques[925] ; mais en plus, il est en particulier admis que le représentant qui n'a qu'un pouvoir de signature collectif peut valablement recevoir notification d'actes juridiques pour la société[926].

---

[924]   *Supra* N 575-600.

[925]   En ce sens, TF 1. 10. 2010, 4A_325/2010, c. 3.1 (« *ob eine Ermächtigung zur Entgegennahme von Willenserklärungen bzw. zur passiven Vertretung angenommen werden darf, ist nach den Umständen des Einzelfalls zu entscheiden. Allgemein gilt jedoch, dass die Vollmacht zur aktiven gewöhnlich auch diejenige zur passiven Stellvertretung erfasst* »). V. ég. Zäch/Künzler, BK ad art. 32-40 (2014), N 3 (« *Die Vollmacht zu aktiver Stellvertretung umfasst gewöhnlich auch diejenige zu passiver Stellvertretung* »).

[926]   TF 7. 10. 2005, 4C.244/2005, c. 3 (« *Demgegenüber gilt bei der passiven Vertretung die Regel, dass die Vertretungsmacht jedem Kollektivvertreter einzeln zusteht. Dies bedeutet, dass die Vertretungswirkung auch dann eintritt, wenn die Erklärung von Dritten (z. B. die Aufforderung des Gerichts zur Leistung einer Kaution) sich nur an einen einzelnen Kollektivvertreter richtet* »). Dans ce sens, Tarkan Göksu, Präjudizienbuch ad art. 32-40

Pour les déclarations autres que celles faites oralement – soit les déclarations   627
écrites, assurément infiniment plus nombreuses –, la capacité de recevoir valablement une notification doit toutefois se comprendre encore bien plus largement encore, en relation avec le **principe**[927] dit « **de la réception** », en vertu
duquel la communication d'un acte juridique est censée faite valablement si et
dès qu'elle entre dans **la sphère d'influence** du destinataire[928].

Dans la doctrine classique, la preuve qu'un courrier postal avait été déposé dans   628
la boîte aux lettres de la société destinataire, ou remis physiquement à la réception de ses bureaux, constituait l'archétype de l'entrée dans sa sphère d'influence et donc d'une notification valable. À l'heure actuelle, les notifications
informatiques (courrier électronique et toute autre réception par un système informatique du destinataire) sont de toute évidence incommensurablement plus
nombreuses que celles par courrier. Le critère de la sphère d'influence paraît
avoir pu conserver sa pertinence, bien que le contexte technologique des communications ait été bouleversé[929].

L'indication d'un représentant particulier de la société dans la communication   629
n'est pas nécessaire : si le courrier ou communication indique simplement la
raison sociale comme destinataire, cela est en principe suffisant. Dès lors, on
perçoit que la notion de représentation passive n'est pas forcément éclairante
pour les communications écrites ; pour éviter des confusions, il pourrait être
préférable de se concentrer sur la notion de notification.

On précisera qu'au rebours de l'élargissement qui résulte notamment du prin-   630
cipe de la réception, **des stipulations particulières peuvent *restreindre* la
représentation passive** et limiter la validité des communications faites dans le

---

CO (2021), N 5. À cela s'ajoute que certains représentants aux pouvoirs « actifs » limités,
comme les agents au sens des art. 418a-418v CO, qui ne sont présumés être autorisés qu'à
négocier et non à conclure des contrats pour le représenté, peuvent valablement « *recevoir
les avis relatifs aux défauts et les autres déclarations par lesquelles les clients exercent
ou réservent leurs droits* » (art. 418e al. 1 CO).

[927]   On rencontre autant le terme de « *principe* » de la réception (cf. ATF 140 III 244 c. 5.2
[247] que de « *théorie* » de la réception (cf. l'arrêt précité, *pr.*, c. 5 *pr.*, 5.1-5.3 [247-250])
ATF 143 III 15 c. 4.1 et 4. 2 [18-20]).

[928]   Cf. p. ex. Eugen BUCHER, AT (1988), p. 140 ; Ingeborg SCHWENZER, AT (2020), N 27.14 ;
Pierre ENGEL (1997), p. 127 ; Nicolas ROUILLER, Droit suisse des obligations (2007),
p. 106 s. ; Annick FOURNIER (2021), N 60 s. V. aussi p. ex. TF 27. 4. 2011, 4A_89/2011,
c. 3 et ATF 113 II 289 c. 2a (291). De nombreux arrêts traitent le cas particulier de la
résiliation par courrier recommandé en droit social des contrats (droit du bail), dans lequel
on retient que le dernier jour du délai de garde est décisif si le destinataire n'en prend pas
possession.

[929]   Sur l'impact de l'évolution technique sur certains aspects du principe de la réception, cf.
Nicolas ROUILLER, Contrat et immatériel en Suisse (2018), p. 13 s.

contexte d'un contrat à celles qui sont faites à une ou des personnes spécifiquement nommées ; en présence de telles stipulations, même une déclaration adressée à un organe disposant d'un pouvoir de représentation individuel n'est contractuellement pas efficace, s'il ne fait pas partie des personnes spécialement désignées (son pouvoir actif de représentation n'inclut ici pas de pouvoir passif). Ces stipulations qui restreignent les pouvoirs de représentation passive en deçà des pouvoirs de représentation active sont valables ; elles peuvent être tempérées par l'interprétation du contrat (si la clause de notification à un représentant déterminé n'a qu'une portée de facilitation, et ne vise pas à empêcher l'efficacité d'une déclaration adressée à un autre représentant) et par la prohibition de l'abus de droit.

631 Il faut distinguer de la représentation passive le vaste sujet – à certains égards très complexe – de **l'imputation de la connaissance**. Maints recoupements entre représentation et imputation de la connaissance rendent opportune une brève description de ce sujet.

632 En droit des sociétés[930], l'imputation de la connaissance consiste à déterminer si une déclaration de volonté ou un fait est censé connu de la société. On admet qu'il en va ainsi pour les faits relatifs à une affaire qui sont connus du représentant chargé de cette affaire, mais aussi d'autres auxiliaires chargés de l'affaire[931], qui ne sont pas des représentants. On perçoit donc un recoupement entre représentation et imputation de la connaissance, mais il n'est que partiel.

633 D'ailleurs, les faits dont un représentant se trouve avoir connaissance, mais qui ne concernent pas le domaine d'activités dont il est chargé pour la société ne font pas forcément partie de ce que la société est censée savoir[932]. Sur un autre

---

[930] La problématique se pose en des termes différents pour une personne physique, car celle-ci a véritablement conscience de faits, de sorte qu'il y a lieu de distinguer connaissance effective et connaissance normative (*Kennenmüssen*). Une personne morale, fiction juridique, n'a, à proprement parler, évidemment pas conscience de quelques faits que ce soient ; la « connaissance » d'un fait est toujours une question d'imputation. Pour les sociétés de personnes, on peut parler de connaissance effective des associés, mais la conscience des faits n'étant évidemment pas identique chez tous les associés, la problématique se pose aussi en termes d'imputation d'une connaissance à l'entité collective, car les connaissances d'un associé qui constitue une partie de la société de personnes jouent, sur un plan pratique, un rôle similaire aux connaissances qu'a un organe de personne morale.

[931] Cf. la notion de *collaborateurs* employée par Annick FOURNIER (2021), N 1339, cité *infra* n. 935.

[932] Un automatisme entre existence d'un pouvoir de représentation et imputation de connaissance est évité à l'ATF 73 II 6 c. 5 (13 s. « *Der Vollmachtgeber hat sich das Wissen des Bevollmächtigten nur insoweit als eigenes anrechnen zu lassen, als er ihn zu seinem Vertreter gemacht hat, also soweit die Vollmacht reicht* »), mais, au vu de la formulation alors retenue, il nous semble important de ne pas partir de l'idée qu'en présence d'un

plan, dont l'importance pratique est d'un ordre de grandeur infiniment supérieur, les données accessibles (« informations stockées »[933], p. ex. enregistrées sur un serveur informatique, ou détenues sur un support physique) et censées être consultées par les personnes qui traitent une affaire pour la société, mais dont aucune personne au sein de la société n'a effectivement connaissance, sont aussi concernées par l'imputation de la connaissance. Cet aspect inscrit la problématique hors du champ de la représentation.

En ce qui concerne les critères matériels à appliquer, même s'il arrive que la jurisprudence applique le critère de la seule accessibilité[934], il apparaît judicieux de considérer qu'une information est censée être connue de la société si, accessible, elle devait être consultée par les personnes en charge de l'affaire agissant avec diligence ; on peut nommer ce critère comme celui de la **bonne organisation**[935].   634

On précisera que la connaissance de faits qu'a un représentant qui agit en collusion avec un tiers pour nuire à la société, de façon telle qu'il dissimule ces faits, ne peut être opposée à celle-ci par ce tiers[936].   635

---

pouvoir abstraitement très étendu, toute connaissance de ce représentant hors de sa sphère d'activité pour la société serait opposable à celle-ci (bien que les pouvoirs *formels* ne soient pas limités). – Pour les organes dotés d'un pouvoir même collectif de représentation, l'imputation des connaissances individuelles est en principe admise aux ATF 104 II 190 c. 3b (197) et 105 II 293 c. 5b (293 : « *das Wissen einer Organperson der Gesellschaft [wurde] unbekümmert darum angerechnet, dass lediglich Kollektivzeichnungsbefugnis gegeben war* »).

[933] Pour ce terme, v. Annick FOURNIER (2021), N 65-71.

[934] Ainsi TF 30. 10. 2014, 4A_294/2014, c. 4.

[935] Nous partageons l'analyse d'Annick FOURNIER (2021), N 1339 : « *Le critère organisationnel est [...] adéquat pour délimiter la connaissance imputable à la personne morale. Il faut ainsi imputer à la personne morale la connaissance de celui qui la représente (organe ou représentant volontaire). En sus de cette connaissance, il faut également opposer à la personne morale la connaissance que ce représentant ne détenait pas, mais qui aurait dû lui parvenir si la personne morale avait été bien organisée. Les personnes pouvant être tenues de renseigner sont tant les organes que les collaborateurs de la personne morale. Cette connaissance non transmise est opposable à la personne morale comme une connaissance attendue (*Wissenmüssen*). Pour évaluer si une connaissance devait ou non faire l'objet d'une communication, il faut prendre en compte l'importance de l'information concernée ainsi que la position qu'occupe son détenteur dans l'entreprise* ».

[936] On peut se référer à l'ATF 112 II 503 c. 3 (505, qui refuse de construire le consentement à une lésion par un « *Umweg über die Wissenszurechnung* »). Voir pour les différents cas d'abus, Nicolas ROUILLER, Droit suisse des obligations (2007), p. 435-437. L'ATF 129 III 320, trad. SJ 2004 I 33, présuppose lui aussi une telle limitation à l'imputation de la connaissance.

VI.   Coup d'œil sur la législation de l'UE

636   La Directive (UE) 2017/1132[937] traite à son art. 9 les effets des actes accomplis par les organes de la société ou par des personnes disposant du pouvoir de représenter.

637   En ce qui concerne les organes de la société, le par. 1 al. 1 prévoit que « *[l]a société est engagée vis-à-vis des tiers par les actes accomplis par ses organes, même si ces actes ne relèvent pas de l'objet social de cette société, à moins que lesdits actes n'excèdent les pouvoirs que la loi attribue ou permet d'attribuer à ces organes* ». L'al. 2 prévoit un allégement – soit une protection de la société –, en ce sens que « *les États membres peuvent prévoir que la société n'est pas engagée lorsque ces actes dépassent les limites de l'objet social, si elle prouve que le tiers savait que l'acte dépassait cet objet ou ne pouvait l'ignorer, compte tenu des circonstances. La seule publication des statuts ne suffit pas à constituer cette preuve* ».

638   La directive est ainsi (encore) plus protectrice de la sécurité des transactions que le droit suisse, en vertu duquel l'acte du représentant doit être conforme au but social, ne fût-ce qu'abstraitement[938].

639   Le par. 2 de l'art. 9 diverge lui aussi du droit suisse, en ce sens qu'il prévoit que « *[l]es limitations aux pouvoirs des organes de la société qui résultent des statuts ou d'une décision des organes compétents sont inopposables aux tiers, même si elles sont publiées* ». En droit suisse, l'opposabilité de ces restrictions peut résulter tant de la publicité du registre du commerce que des règles de la bonne foi[939]. La possibilité pour les États membres d'introduire une restriction par la nature collective du pouvoir est toutefois réservée par le par. 3, mais conçue comme une « dérogation aux règles légales »[940].

---

937   Sur le cadre législatif, cf. *supra* N 161-163.

938   Cf. *supra* N 533-539.

939   Cf. *supra* N 133 (statuts), 540 ss (restrictions publiées) et 560 ss (restrictions résultant de décisions non publiées).

940   « *Si la législation nationale prévoit que le pouvoir de représenter la société peut, par dérogation aux règles légales en la matière, être attribué par les statuts à une seule personne ou à plusieurs personnes agissant conjointement, cette législation peut prévoir l'opposabilité de cette disposition des statuts aux tiers à condition qu'elle concerne le pouvoir général de représentation ; l'opposabilité aux tiers d'une telle disposition statutaire est réglée par l'article 16* ». Sur l'art. 16 de la Directive (UE) 2017/1132, cf. *supra* N 175-177.

§ 7 Les succursales

I. La notion et le phénomène

A. En général

Une succursale est une partie d'entreprise qui jouit d'une certaine **autonomie** 640
par rapport au siège central. Elle **n'a pas de personnalité juridique distincte**
de l'entreprise[941]. Les actes accomplis pour la succursale d'une société lient
tout simplement *la société* (« dans son ensemble »).

La notion de succursale est **la même indépendamment de la forme de société.** 641
En effet, la loi l'énonce dans les dispositions relatives à différentes formes de
société (SA, coopérative)[942] sans la définir. Dans la partie du Code des obligations relative au registre du commerce et aux raisons sociales, les dispositions
consacrées aux succursales emploient le terme indifféremment de la forme de
société[943] ; elles ne contiennent pas, elles non plus, de définition.

La **jurisprudence** a eu l'occasion de définir la succursale dans les termes sui- 642
vants : « *la notion juridique de la succursale vise tout établissement commercial qui, dans la dépendance d'une entreprise principale dont il fait juridiquement partie, exerce d'une façon durable, dans des locaux séparés, une activité
similaire, en jouissant d'une certaine autonomie dans le monde économique et
celui des affaires ; l'établissement est autonome lorsqu'il pourrait, sans modifications profondes, être exploité de manière indépendante* »[944]. Elle précise
encore qu'il « *n'est pas nécessaire que la succursale puisse accomplir toutes
les activités de l'établissement principal ; il suffit que l'entreprise locale, grâce
à son personnel spécialisé et à son organisation propre, soit à même, sans
grande modification, d'exercer d'une façon indépendante son activité*

---

[941] Cet élément est parfois explicitement rappelé, avec différentes conséquences pratiques
(p. ex. que la désignation de la succursale comme partie à un procès n'est qu'une désignation inexacte susceptible d'être rectifiée, ainsi TF 26. 1. 2017, 4A_510/2016, c. 3.2 ; v.
aussi ATF 120 III 11 c. 1a).

[942] Art. 718a al. 2 et 899 al. 2 CO ; à ce sujet, *supra* N 549-552.

[943] Art. 927 al. 2 ch. 14, 931 al. 2 et 3, 934a al. 2 et 952 CO.

[944] ATF 108 II 122 c. 1 (124 s.). Cette définition est reprise de façon quasiment identique dans
le Message du Conseil fédéral relatif à la réforme du droit du registre du commerce, FF
2015 3278 (ad n. 64) : « *une succursale est une partie d'entreprise qui est autonome de
fait et qui, dans la dépendance d'un établissement principal dont elle fait juridiquement
partie, exerce son activité d'une façon durable, dans des locaux séparés, en jouissant
d'une certaine autonomie dans le monde économique et dans celui des affaires* ». L'ATF
117 II 85 c. 3 (87) reprend ce critère général, avant d'apporter diverses précisions (*infra*
ad n. 946 s.).

d'agence locale ; il s'agit d'une autonomie dans les relations externes, qui s'apprécie de cas en cas d'après l'ensemble des circonstances, quelle que soit la subordination ou la centralisation interne »[945]. Plus particulièrement, on admet qu'il n'est pas décisif que la succursale suive concrètement des instructions du siège, que celui-ci surveille son activité, approuve son budget, établisse sa comptabilité, se fasse transférer les excédents de recettes et se charge lui-même d'affaires importantes[946]. Le critère décisif de l'« *autonomie vers l'extérieur* » suppose que la succursale ait un « *accès direct au marché* », à savoir qu'elle agisse par ses propres moyens dans les relations de production, de commerce ou de service ; cela suppose que des employés de la succursale concluent euxmêmes des contrats, à tout le moins que la direction de celle-ci ait un pouvoir décisionnel sur ce plan et n'ait pas à solliciter une approbation en dehors de la succursale[947].

643 Au vu des conséquences nécessairement limitées qu'a l'existence d'une succursale en droit privé – puisqu'il ne s'agit pas d'une entité juridique distincte, ses actes liant la société dans son ensemble –, la jurisprudence n'est pas abon-

---

[945] ATF 108 II 122 c. 1 (125), ces éléments étant repris à l'ATF 117 II 85 c. 4a (87 : « *Die Selbständigkeit, die die Zweigniederlassung kennzeichnet, besteht nur in dem Masse, als der Zweigbetrieb ohne wesentliche Änderungen selbständig geführt werden könnte ; ob diese Bedingung erfüllt ist, muss von Fall zu Fall unter Berücksichtigung des Aussenverhältnisses bestimmt werden [...]. Massgebend ist dabei stets die Autonomie nach aussen, wie immer die interne Organisation auch gestaltet sein mag* »), qui apporte d'autres précisions (cf. *infra* ad n. 946 s.). L'ATF 117 II 85 a été explicitement confirmé dans des arrêts plus récents, ainsi à l'ATF 129 III 31 c. 3.1 (32) et, incidemment, à l'ATF 142 II 113 c. 7.3 (122).

[946] ATF 117 II 85 c. 4a (87 s. : « *Es ist deshalb nicht wesentlich, ob die Zweigniederlassung an die Instruktionen des Hauptsitzes oder eines anderen Zweigbetriebes gebunden ist, ob dieser ihre Tätigkeit überwacht, ihr Budget genehmigt, ihre Buchhaltung führt, sich ihre Einnahmenüberschüsse überweisen lässt oder gewisse wichtige Geschäfte selber abwickelt* »).

[947] ATF 117 II 85 c. 4a (88 : « *Die Eigenständigkeit nach aussen manifestiert sich unter anderem in einem unmittelbaren Marktzugang. Der Zweigbetrieb tritt selbständig auf dem Produktions-, Handels- oder Dienstleistungsmarkt auf. Für den Begriff der Zweigniederlassung ist dabei erforderlich, dass dieser Marktzugang rechtsgeschäftlich erfolgt, indem Mitarbeiter des Zweigbetriebs in dieser Eigenschaft Rechtsgeschäfte für das Hauptunternehmen abschliessen [...]. Dies setzt voraus, dass mindestens ein Mitarbeiter der Zweigniederlassung zum Abschluss von Rechtsgeschäften bevollmächtigt ist [...]. Die Leitung muss den Zweigbetrieb im wesentlichen nach dem Ergebnis eigener Willensbildung führen können [...] und bevollmächtigt sein, die laufenden Geschäfte selbständig, d. h. ohne Genehmigung oder Gegenzeichnung durch eine geschäftliche Stelle ausserhalb der Niederlassung abzuschliessen* »). L'extrait des motifs publié au JdT 1991 I 611 ne reproduit pas tous les éléments (selon nous utiles) ci-dessus, tandis qu'il en inclut d'autres qui correspondent à une réalité technique qui n'est largement plus actuelle.

dante. Le phénomène est par ailleurs frappé d'un certain flou, pour différentes raisons.

D'une part, depuis 2007, le **registre du commerce** ne vérifie plus si une suc- 644
cursale dont l'inscription est requise réunit les conditions d'autonomie telle que prescrites par la définition jurisprudentielle[948]. Il est ainsi dans l'ordre des choses que le registre du commerce contienne un grand nombre de « succursales » inscrites qui ne jouissent pas de l'autonomie suffisante pour correspondre à cette définition[949].

D'autre part, en sens inverse, même s'il existe une obligation d'inscrire au re- 645
gistre un établissement qui réunit les conditions d'autonomie (cf. art. 931 al. 2 CO[950]), la mise en œuvre de cette obligation ne paraît nullement suivie de manière systématique par les sociétés. Il a pu être observé notamment depuis la décennie 2000-2010 que les grandes banques avaient radié du registre du commerce toutes leurs succursales et qu'elles n'en réinscrivaient plus. Malgré l'indéniable centralisation accrue de plusieurs processus de gestion dans les grandes entreprises, qui induit que l'autonomie locale est moindre qu'elle n'a pu l'être au XXe siècle, il apparaît pourtant certain que les établissements locaux des grandes banques continuent de réunir les conditions d'« autonomie vers l'extérieur ». En l'état actuel du droit, ils devraient très probablement être inscrits comme succursale[951]. Il n'est pas exclu que l'absence d'effectivité du régime légal actuel puisse s'interpréter comme le signe qu'il est entré dans une forme d'obsolescence. Quoi qu'il en soit, on doit raisonnablement admettre que

---

[948] Cela résulte des art. 109 s. ORC-2007, relatifs à l'inscription de la succursale, qui ne prescrivent plus de produire quelque pièce justificative que ce soit concernant la vérification de l'autonomie. Cf. ég. Guillaume VIANIN, CR ad art. 935 aCO-1936 (2017), N 3.

[949] L'art. 931 al. 3 CO dit même spécifiquement que : « *Les [...] succursales qui ne sont pas soumises à l'obligation de s'inscrire peuvent requérir leur inscription au registre du commerce* ». Rino STIFFERT, BK ad art. 931 CO (2020), N 46, indique que cela peut concerner les établissements au sens du droit fiscal (« *steuerrechtliche Betriebsstätten* » ; à ce sujet, *infra* N 658). On peut aussi envisager des succursales non commerciales (cf. Guillaume VIANIN, CR ad art. 935 aCO-1936 [2017], N 1 ad n. 3). Cela étant, si le texte de cette disposition semble devoir permettre l'inscription de « succursales » qui ne correspondent pas à la définition même de succursale, il faut voir que cette interprétation se heurte aux principes de véracité et d'interdiction de la tromperie (*supra* N 90-95 ; v. ég. *infra* n. 968).

[950] Sur l'art. 935 CO-1936, en vigueur jusqu'au 31.12.2020, cf. Guillaume VIANIN, CR (2017), N 6 (« *Le sujet qui exploite une entreprise commerciale comportant une succursale a l'obligation de faire inscrite cette dernière* »). Sur l'art. 931 CO-2017, en vigueur dès 2021, Rino STIFFERT, BK (2020), N 44 (« *Das Vorliegen der vorerwähnten Kernelemente einer Zweigniederlassung begründet als Rechtsfolge die Pflicht, die Zweigniederlassung in das Handelsregister einzutragen* »).

[951] Sur ce phénomène, ROUILLER/BAUEN/BERNET/LASSERRE ROUILLER (2022), N 132, spéc. n. 308 et 310.

de nombreuses succursales qui devraient être inscrites au registre du commerce n'y sont pas.

646 Sur le plan de l'importance sociojuridique du phénomène de la succursale, le nombre d'inscriptions (qui a passé de 9049 au 1. 1. 2007 à 14 285 au 1. 1. 2024[952]) ne peut pas en donner une image fiable. On relèvera que les administrations fiscales ne disposent pas non plus de données pertinentes, car le droit fiscal se fonde sur les *établissements stables* pour déterminer à la souveraineté fiscale de quelles collectivités publiques une société est assujettie[953]. Or, l'existence d'un établissement stable ne présuppose pas l'autonomie caractérisant la notion de succursale. Dans l'ensemble, notre appréciation est que les succursales qui réunissent les conditions d'autonomie sont plus nombreuses que celles qui sont inscrites au registre. Cela signifie concrètement que les – quelques – conséquences pratiques liées à l'existence d'une succursale sont susceptibles de s'appliquer beaucoup plus souvent que le nombre de succursales inscrites ne le laisse penser.

B. Les succursales suisses de sociétés étrangères

647 Pour décrire sans omission la réalité du droit des sociétés en Suisse, il faut encore faire mention des succursales de sociétés étrangères, bien que, par définition, elles ne soient pas des sociétés suisses. Le droit suisse s'applique à de nombreuses questions, dont l'inscription au registre du commerce et les pouvoirs des personnes habilitées à la représenter[954] ; le droit étranger est évidemment déterminant, notamment, pour la décision d'ouvrir une succursale et pour définir les relations internes entre le siège à l'étranger et la succursale[955].

648 C'est un fait observable que l'inscription d'une succursale étrangère au registre du commerce d'un canton suisse représente, sous l'angle de l'ampleur et de la complexité des démarches, un fardeau incomparablement plus lourd que l'inscription d'une société suisse. Cette inscription suppose en effet de transcrire

---

[952] Cette croissance de plus de 50 % en dix-sept ans (régulière : 11 528 au 1. 1. 2017 et 13 546 au 1. 1. 2022) est supérieure à celle du nombre de SA dans la même période (30 %), mais (évidemment) moindre que l'augmentation du nombre de Sàrl (150 %, cf. *supra* N 29-41).

[953] En droit intercantonal suisse, v. art. 21 al. 1 lit. b LHID.

[954] Cf. art. 160 LDIP : « *(1) Une société qui a son siège à l'étranger peut avoir une succursale en Suisse. Cette succursale est régie par le droit suisse. (2) Le droit suisse régit la représentation d'une telle succursale. L'une au moins des personnes autorisées à représenter ces succursales doit être domiciliée en Suisse et être inscrite au registre du commerce* ».

[955] Le texte de l'art. 160 al. 1, 2ᵉ phr., LDIP (cité *supra* n. 954) peut apparaître trop large à cet égard.

correctement dans le registre suisse une entité étrangère qui n'est pas conçue en vue d'une telle inscription. Il peut être laborieux d'identifier les éléments déterminants. Au-delà de difficultés de ce genre, l'entité étrangère peut avoir une nature juridique inconnue en droit suisse ou des caractéristiques absentes de la forme juridique correspondante[956]. Au vu de la charge administrative et du coût liés à l'inscription, les succursales de sociétés étrangères inscrites au registre suisse sont, pour une bonne partie d'entre elles (au total 3295 au 1.1.2024)[957], des établissements d'une envergure économique plutôt substantielle. Il faut avoir à l'esprit que l'inscription d'une succursale présente souvent un intérêt sous l'angle de la planification fiscale internationale (il n'y a pas d'impôt anticipé suisse sur les dividendes, puisque le « transfert » d'un bénéfice au siège central étranger est un simple mouvement de liquidités au sein de la même société, et nullement un dividende).

C.   Les succursales de sociétés suisses à l'étranger

Enfin, on relèvera que le droit suisse autorise les sociétés suisses à établir des succursales à l'étranger.   649

Cette création repose en principe sur une décision de l'organe supérieur de direction (ce qui inclut les personnes auxquelles, par hypothèse, la gestion a été déléguée).   650

Il n'est pas nécessaire que les statuts autorisent expressément la création d'une succursale étrangère. On peut observer qu'il s'agit d'une clause assez fréquente, dont l'absence ne peut être interprétée comme une interdiction. Seule une interdiction explicite dans les statuts est juridiquement effective d'un point de vue suisse. Des ordres juridiques étrangers peuvent toutefois exiger que les statuts autorisent expressément la création d'une succursale.   651

---

[956] V. art. 113 s. ORC (v. ég. *infra* N 667 *in fine* et n. 984). La question est tout de même moins complexe que l'*immigration* d'une société étrangère en Suisse (à ce sujet, ROUILLER/BAUEN/BERNET/LASSERRE ROUILLER [2022], N 855b-855f; v. ég. *infra* N 2846-2853), car la société étrangère continue d'exister à son siège d'origine, de sorte que l'enjeu n'est nullement de même ampleur.

[957] Le nombre d'inscriptions montre une baisse régulière : 3930 au 1.1.2007, 3803 au 1.1.2017, 3327 au 1.1.2022.

II. Les conséquences pratiques

A. En matière de for judiciaire

652   La principale conséquence pratique de l'existence d'une succursale est la création d'un **for judiciaire au lieu de la succursale**, pour les affaires de la succursale (art. 12 CPC : « *Le tribunal du domicile ou du siège du défendeur ou du lieu où il a son établissement ou sa succursale est compétent pour statuer sur les actions découlant des activités commerciales ou professionnelles d'un établissement ou d'une succursale* »[958]).

653   Pour ces affaires, le for de la succursale existe **dans la même mesure que le for légal du siège**[959]. Il ne s'agit toutefois pas d'un for généralement impératif en ceci que toute action en justice découlant des activités de la succursale pourrait toujours être introduite à ce for. D'une part, le tribunal du lieu de la succursale n'est compétent que dans les causes d'une nature telle que celui du siège est en général compétent pour les actions impliquant la société (soit p. ex. pour l'acte illicite dont est victime la société[960], ou pour les actions dirigées contre elle[961]). D'autre part, sauf lorsque le for est impératif[962], il est possible d'y

---

[958]   En matière internationale, le régime est équivalent. L'art. 21 LDIP prescrit : « *(1) Pour les sociétés [...], le siège vaut domicile. [...] (4) L'établissement d'une société [...] se trouve dans l'État dans lequel se trouve son siège ou dans un État dans lequel se trouve une de ses succursales* ». L'art. 5 CL dit : « *Une personne domiciliée sur le territoire d'un État lié par la présente Convention peut être attraite, dans un autre État lié par la présente convention [...] (5) s'il s'agit d'une contestation relative à l'exploitation d'une succursale, d'une agence ou de tout autre établissement, devant le tribunal du lieu de leur situation* ».

[959]   Sous l'empire de la LFor (en vigueur de 2001 à 2010), dont l'art. 5 était semblable à l'art. 12 CPC, cela avait été admis en particulier pour les relations de travail, le travailleur pouvant introduire action au lieu de la succursale (ATF 129 III 31 c. 3.2 et 3.3 [33 s.]).

[960]   Art. 36 CPC. L'art. 40 CPC le prévoit explicitement pour les actions en responsabilité fondée sur le droit des sociétés. Cela inclut p. ex. une action dirigée contre le directeur d'une succursale.

[961]   Il s'agit du for général du défendeur (art. 10 al. 2 CPC, 2 LDIP et 2 ch. 1 CL), que de nombreuses dispositions spéciales réaffirment (p. ex. art. 29 al. 2 [actions autres que réelles relatives à un immeubles], 30 al. 1 [actions mobilières], 31 [actions contractuelles, y compris en matière de consommation, art. 32 al. 1 lit. a, et de travail, art. 34 al. 1] CPC).

[962]   En matière de droit des sociétés, le for impératif existe pour certaines actions spécifiques, qui apparaissent insusceptibles d'être considérées comme des affaires de la succursale (annulation de papiers-valeurs, art. 43 al. 1 CPC, ou réinscription après radiation, art. 40 al. 2 CPC) ; le for en cas de faillite est en principe clairement celui du siège, puisque la succursale, n'étant pas un sujet de droit indépendant, ne peut être en faillite isolément. Cela n'empêche pas que les affaires de la succursale suisse d'une société étrangère soient liquidées selon les règles de la faillite, notamment en cas de carence (p. ex. absence de

déroger par une convention ou clause d'élection de for ; à cet égard, les clauses qui désignent spécifiquement le siège de la société comme for exclusif[963] doivent être interprétées en ceci que le tribunal du lieu de la succursale n'est pas compétent.

Le for de la succursale existe **même si la succursale n'est pas inscrite** au registre, alors qu'elle devrait l'être[964], car elle remplit les conditions d'autonomie[965]. D'une part, cela découle de ce que l'art. 12 CPC retient un for non seulement pour la succursale, mais aussi pour *l'établissement*, notion beaucoup plus large que la succursale, car détachée d'une exigence d'autonomie[966]. D'autre part, cela découle également du fait que l'art. 12 CPC emploie la notion de succursale, et non de succursale *inscrite*.

À l'inverse, le for de la succursale inscrite ne peut être décliné au motif que la « succursale » a été **inscrite sans remplir les exigences matérielles** de la définition de succursale[967], ni d'ailleurs qu'elle ne constituerait pas même un véritable établissement. En vertu de la protection de la bonne foi poursuivie par les règles de publicité du registre au sens large[968], il importe que le partenaire

654

655

---

tout représentant en Suisse), mais aussi en cas de défaut de paiement (cf. ATF 93 I 716), bien qu'en l'absence de faillite de la société étrangère, le débiteur continue d'exister et de fonctionner normalement (sur l'ensemble de la question, *infra* N 656).

963 L'exclusivité du for élu est présumée (art. 17 al. 2 CPC, 5 al. 3, 3ᵉ phr., LDIP, 23 al. 1, 2ᵉ phr., CL).

964 Du même avis, Guillaume VIANIN, CR ad art. 935 aCO-1936 (2017), N 10a ; Conradin CRAMER, GesKR 2015 243 ss, spéc. 245, n. 23.

965 Cf. *supra* N 645 ad n. 950.

966 Cf., *a fortiori*, *supra* N 646 et *infra* N 658.

967 Ainsi ATF 62 I 14 c. 3 (18 s.) : « *Wenn Dritte die durch das Handelsregister bekanntgegebenen Tatsachen infolgedessen gegen sich gelten lassen müssen, selbst wenn der Eintrag ihnen entgangen war, so sollen sie sich umgekehrt auch auf dessen Wahrheit verlassen dürfen. Der zugrunde liegende Gedanke ist hiebei, was die Gerichtsstandwirkung betrifft, der, dass die dahingehende Kundgabe (Filialeintrag) die Äusserung des Willens enthalte, sich für die am Orte der angeblichen Zweigbetriebsstelle geschlossenen Geschäfte wie ein hier sesshafter Unternehmer behandeln zu lassen, mit den Folgen, die sich daraus, insbesondere für die gerichtliche Zuständigkeit, ergeben, also die Annahme eines der vertraglichen Prorogation auf ein bestimmtes Gericht gleichstehenden Tatbestandes* »). V. ég. Guillaume VIANIN, CR ad art. 935 aCO-1936 (2017), N 11, et Conradin CRAMER, GesKR 2015 246.

968 Cette protection peut être envisagée comme celle qui prévaut à l'égard d'un fait inscrit à tort, cf. art. 936b al. 3 CO et *supra* N 141 (selon ce régime, on pourrait réserver l'hypothèse où le partenaire contractuel a positivement su que la succursale inscrite ne correspondait à aucune réalité ; en dehors de cette hypothèse, on ne voit guère ce que pourrait être un intérêt prépondérant conduisant à nier le for de la succursale). De surcroît, il faut avoir à l'esprit que l'art. 931 al. 3 CO permet l'inscription des « succursales » dont l'inscription n'est pas obligatoire (cf. *supra* n. 949).

contractuel qui a fait affaire avec une *apparence de succursale* puisse l'actionner au lieu de son inscription.

B.   En matière de for de poursuite

656   Pour la succursale suisse d'une société étrangère, l'art. 50 al. 1 LP crée aussi un **for de poursuite** (« *Le débiteur domicilié à l'étranger qui possède un établissement en Suisse peut y être poursuivi pour les dettes de celui-ci* »). Il faut d'ailleurs avoir à l'esprit que les affaires de la succursale suisse d'une société étrangère qui continue de fonctionner normalement peuvent être liquidées selon les règles de la faillite[969], bien que le débiteur – la société de siège étranger – soit en mesure de régler les dettes et que les créanciers « de la succursale » puissent s'adresser à lui.

C.   Limitation du pouvoir de représentation

657   Une autre conséquence pratique de l'existence d'une succursale (inscrite au registre) est la possibilité de limiter le pouvoir de représentation d'un administrateur, gérant, directeur ou fondé de procuration aux seules affaires de la succursale[970].

---

[969]   Outre l'ATF 93 I 716 précité (n. 962), on peut se référer à Oliver KÄLIN, Der Niederlassungskonkurs, PCEF 2014 189-201, très complet. Voir aussi FORSTMOSER/MAIER-HAYOZ/NOBEL (1996), § 13, N 94-97, et ATF 40 III 123 c. 2 (126 s. : « *Gläubiger können in der Schweiz für ihre Forderungen die Zwangsvollstreckung nur dann erwirken, wenn und soweit hiefür in der Schweiz ein Betreibungsort vorhanden ist [...]. Allerdings hat die Konkurseröffnung zur Folge, dass auch für solche Forderungen die Zwangsvollstreckung eintritt, für die vorher keine Betreibung eingeleitet worden ist [...] diese Wirkung kann sich nur auf solche Forderungen beziehen, für die in der Schweiz ein Betreibungsort gegeben ist oder gegeben wäre, sofern der Konkurs nicht ausgebrochen wäre. [...] Am Konkurse der Zweigniederlassung [...] können sich somit deren Gläubiger nur für solche Forderungen beteiligen, die auf Rechnung der Zweigniederlassung entstanden sind oder zu deren Erfüllung [...] ein Spezialdomizil gewählt [worden ist] oder für die ein in der Schweiz liegendes Faust- oder Grundpfandrecht haftet oder zu deren Vollstreckung in der Schweiz ein Arrest erwirkt worden ist* »).

[970]   À ce sujet, *supra* N 549-552. V. en particulier art. 460 al. 1 CO, 718a al. 2 et 899 al. 2 CO. L'administrateur d'une SA qui ne reçoit qu'un pouvoir de représentation limité à une succursale n'est pas libéré ipso facto de son *devoir de diligence* relatif à (la surveillance de) l'ensemble de la société.

D. En matière fiscale

En droit fiscal tant international qu'intercantonal, l'inscription d'une succur- 658
sale induit que la collectivité publique du lieu considérera qu'un certain assujettissement à sa souveraineté fiscale existe (assujettissement partiel ou limité).
Comme indiqué, le droit fiscal assujettit une entreprise à la juridiction d'un lieu
dès qu'il y existe un simple établissement stable[971], ce qui est beaucoup plus
facile à admettre que l'existence d'une succursale, qui requiert une véritable
autonomie. En d'autres termes, l'existence d'une succursale présuppose au
moins celle d'un établissement (et, évidemment, non l'inverse)[972].

La collectivité publique du lieu de la succursale cherchera systématiquement à 659
déterminer quelle quote-part du bénéfice total de la société lui revient par rapport à la part du siège et à celles d'éventuels autres établissements. D'habitude,
ce sont des critères économiques assez simples qui sont pris en compte (après
déduction d'un préciput pour le siège central [p. ex. 10 ou 20 %], le substrat
fiscal est usuellement réparti en fonction du volume des salaires et loyers attribués au siège et aux différents établissements stables)[973]. Selon ces critères, une
succursale qui n'existerait qu'en vertu d'une inscription au registre du commerce mais serait économiquement « une coquille vide » ne devrait pas faire
l'objet d'une imposition. À l'inverse, il peut s'avérer que le siège effectif (« administration effective ») se trouve en réalité non pas au lieu du siège formel,
mais au lieu d'un établissement stable (et donc, si celui-ci remplit les conditions
d'autonomie, d'une succursale)[974].

---

[971] Art. 21 al. 1 lit. b LHID.

[972] On peut se référer p. ex. à l'art. 51 al. 2 LIFD : « *On entend par établissement stable toute*
installation fixe dans laquelle s'exerce tout ou partie de l'activité de l'entreprise. Sont
notamment considérés comme établissements stables les succursales, usines, ateliers,
comptoirs de vente, représentations permanentes, mines et autres lieux d'exploitation de
ressources naturelles, ainsi que les chantiers de construction ou de montage d'une durée
d'au moins douze mois ». Les traités interétatiques sur la prévention de la double imposition (« conventions de double imposition ») contiennent des règles similaires.

[973] À ce sujet, ROUILLER/BAUEN/BERNET/LASSERRE ROUILLER (2022), N 1146.

[974] La jurisprudence récente (relative surtout à l'imposition internationale) se réfère avec régularité à l'ATF 54 I 301 c. 2 (308 s.), qui concerne la répartition intercantonale (et confirme les ATF 45 I 190 c. 3 [202 s.] et 50 I 100 c. 2 [103]). Cet arrêt pose, pour localiser
l'administration effective, le critère du lieu de la « *direction courante* », soit, ainsi que le
précise la jurisprudence plus récente (TF 4. 12. 2003, 2A_321/2003, c. 3.1), le « *centre*
effectif et économique de son existence [...], l'endroit où est assurée la gestion qui, nor-
malement, se déploie au siège de la société », qui se distingue aussi bien, d'une part, du
lieu où se déroule la « *simple activité administrative d'exécution* » que, d'autre part, l'« *ac-*
tivité des organes sociaux suprêmes de la société limitée soit à la prise des décisions fon-
damentales de principe, de caractère stratégique, soit au contrôle de la direction courante

660 En tous les cas, pour les succursales suisses de sociétés étrangères, la radiation ne peut être effectuée par le registre du commerce qu'après l'approbation des autorités fiscales[975]. En effet, vu les impôts éventuellement dus en raison de l'assujettissement (partiel[976]) au lieu de la succursale, et vu que le siège n'est pas en Suisse, le maintien de l'inscription de la succursale permet de conserver notamment un lieu de notification pour les décisions fiscales encore à intervenir. L'éventuelle responsabilité personnelle (subsidiaire) des organes de la succursale ne dépend en revanche pas du maintien de l'inscription de celle-ci au registre du commerce.

III.   Raisons sociales

A.   Normes légales ; distinction selon le siège suisse ou étranger

661 Le droit des raisons sociales règle de façon spécifique, en deux alinéas, la façon dont la succursale doit être désignée dans l'inscription au registre du commerce. L'art. 952 CO dispose : « *(1) La raison de commerce des succursales doit être la même que celle de l'établissement principal ; il est toutefois permis d'y apporter une adjonction spéciale, si celle-ci ne s'adapte[977] qu'à la succur-*

---

proprement dite » (v. ég. TF 30. 11. 2020, 2C_895/2019, c. 4.2). La jurisprudence précise par ailleurs dans l'arrêt TF 4. 12. 2003, 2A_321/2003, c. 3.1 : « *lorsque cette activité de direction courante est exercée en plusieurs endroits, est déterminant celui où elle est déployée de manière prépondérante, celui où se situe son centre de gravité* » (v. ég. TF 16. 5. 2013, 2C_1086/2012, c. 2.2 : « *bei mehreren Orten ist der Schwerpunkt der Geschäftsführung massgebend* » ; cf. ég. TF 5. 1. 2021, 2C_888/2019). Sur l'autorité d'imposition au sens de l'art. 105 al. 3 LIFD, l'ATF 146 II 111 (*pr.*) précise que « *le lieu de l'administration effective [...] ne prévaut pas automatiquement sur le lieu du siège* », même s'il est clair que le « *domicile fiscal principal se trouve au lieu de l'administration effective* ». V. ég. ATF 147 I 325 ; TF 25. 8. 2021, 2C_153/2021.

975 Art. 115 al. 2 ORC : « *Lorsque la radiation d'une succursale est requise, l'office du registre du commerce le communique aux autorités fiscales de la Confédération et du canton. Il ne radie la succursale qu'après avoir obtenu leur approbation* ».

976 Sauf si le siège effectif se trouve en réalité au lieu de la succursale, auquel cas l'assujettissement est complet ; vu que le pays du siège aura aussi probablement des prétentions sur la partie de la substance fiscale qui est attribuable au siège, il existera un conflit positif, à régler notamment selon les critères et procédures des traités visant à prévenir la double imposition (« conventions de double imposition »).

977 Ce choix lexical peut surprendre. La seconde partie de l'al. 1 ne figurait pas dans le projet du Conseil fédéral de 1928 (FF 1928 I 489) et a été introduite par la Commission du Conseil national (cf. les explications du rapporteur Louis BÉGUIN, BO 1932 N 62 s., qui

sale. (2) Lorsque le siège d'une entreprise est à l'étranger, la raison de la succursale indiquera en outre le siège de l'établissement principal, celui de la succursale et la désignation expresse de celle-ci avec sa qualité ».

Cette disposition implique que la succursale d'une société suisse peut simplement employer la raison sociale, sans adjonction quelconque, tandis que la succursale d'une société étrangère doit faire figurer clairement dans sa désignation qu'elle agit comme succursale d'une société étrangère, qualité mise en exergue par l'indication du siège étranger.   662

B. Succursale d'une société suisse

Pour la succursale d'une société suisse, les directives de l'OFRC indiquent en particulier qu'une adjonction de fantaisie serait inadmissible[978], car elle ferait penser à une raison sociale propre ; de même, la seule indication du lieu à côté de la raison sociale serait trompeuse comme désignation de succursale, car elle donnerait l'impression qu'il s'agit de l'indication du siège. Il convient donc d'employer scrupuleusement le terme de succursale, qui peut accompagner l'indication de son lieu ou l'indication – générique ou descriptive – d'une activité (la directive de l'OFRC donne comme exemple d'adjonctions admissibles : « *Genic SA, succursale de Lausanne* » et « *Genic SA, succursale construction de machines* »)[979].   663

C. Succursale suisse d'une société étrangère

En ce qui concerne les **succursales de sociétés étrangères**, l'art. 952 al. 2 CO leur impose l'indication de leur siège étranger et de leur qualité de succur-   664

énonce la règle sur l'adjonction sans expliquer le choix du verbe « s'adapte », déjà présent [p. 60]). On peut déduire, notamment, des versions allemande (« *sie dürfen jedoch ihrer Firma besondere Zusätze beifügen, sofern diese nur für die Zweigniederlassung zutreffen* ») et italienne (« *è tuttavia lecito farvi aggiunte che si riferiscano alla sola succursale* ») qu'il s'agit simplement de lire « s'applique à » ou « se réfère à » (au lieu de « s'adapte à »).

[978] Le cas de *reprise d'une entreprise* constitue une exception, cf. *infra* n. 979.

[979] Directive OFRC 1. 4. 2021, N 81, qui expose que « *la raison de commerce de la succursale peut également contenir une adjonction qui se réfère à une activité, à une marque ou à la raison de commerce d'une entreprise dont l'exploitation a été reprise et est continuée en la forme d'une succursale* » (sur ce dernier cas, qui ne nous semble guère usité, la directive cite les deux exemples de désignations admissibles : « *Genic SA, succursale Motortec* » et « *Motortec, succursale de Genic SA* »).

sale[980]. Les directives de l'ORFC relèvent que la raison sociale étrangère, régie par le droit étranger, n'a pas à être sujette à examen, sauf dans l'hypothèse où son inscription léserait l'ordre public suisse ou constituerait un abus de droit[981]. Elles précisent également que la raison sociale étrangère ne doit pas être traduite ; elle doit, elle-même ou son abréviation, être reprise telle quelle dans la désignation de la succursale suisse. Il convient notamment d'éviter de donner à penser qu'il s'agit d'une forme de société suisse, même si pour les ordres juridiques utilisant une langue correspondant à une langue officielle suisse, cela ne peut parfois pas être évité de façon absolue[982].

---

[980] Ainsi p. ex. «*ABFA Commodities Trading Limited, Dublin, Zweigniederlassung Zug*» (CHE-422.635.545) ou «*SWISS PROMEDIA Ltd, à Londres, succursale de Prilly*» (CHE-115.382.001).

[981] Directive OFRC 1. 4. 2021, N 87 («*Lors de l'inscription d'une succursale, les autorités suisses du registre du commerce n'ont pas à examiner l'admissibilité de la raison de commerce de la société étrangère, à condition que cette raison ne lèse pas l'ordre public suisse et ne constitue pas un abus de droit*»). En ce qui concerne l'abus de droit, on peut penser en particulier à la situation où une entreprise enregistrerait à l'étranger une raison sociale qui serait inadmissible en Suisse dans le but de l'inscrire ensuite comme succursale en Suisse. Plus largement, le principe de véracité et l'interdiction de la tromperie, principes cardinaux du droit du registre du commerce (*supra* N 90-97), peuvent conduire, malgré l'absence d'une possibilité de modifier la raison sociale étrangère, à différentes mesures (p. ex., à notre avis, à faire figurer une mention ou mise en garde spécifique dans l'extrait, sous la rubrique «observations», que l'entreprise ne doit pas être confondue avec une autre, ou que le registre suisse ne se prononce pas sur la véracité de la raison sociale).

[982] À cet égard, la Directive OFRC 1. 4. 2021, N 88 («*Les formes juridiques étrangères ne sont pas traduisibles ; l'utilisation par des sociétés étrangères de désignations réservées aux formes juridiques suisses est incorrecte et trompeuse*») emploie une formulation sans doute trop catégorique. Il n'apparaît pas non plus exigible d'imposer à la succursale suisse d'une société anonyme française d'indiquer explicitement de quel droit elle relève (p. ex., on ne pourrait imposer les termes soulignés dans la désignation «*X SA, Toulouse, société anonyme de droit français, succursale de Genève*» ; le registre du commerce s'adresse à des personnes susceptibles de se renseigner sur le pays dans lequel se trouve le siège ; d'ailleurs, les inscriptions montrent que les sociétés étrangères dont la désignation correspond à une forme de droit suisse sont admises avec simplement l'indication du siège ; v. p. ex. «*Liberty Specialty Markets Europe S.à.r.l., Leudelange, Zweigniederlassung Zürich*» [CHE-154.117.075] ; parfois, le nom du pays est entre parenthèses, cf. p. ex. «*ODIENZ SARL à Antananarivo (Madagascar), succursale de Puidoux*» [CHE-161.586.216] ; en tous les cas, l'extrait indique, avec quelques variations de format selon les cantons, la forme juridique étrangère : pour ce dernier exemple : «*Société inscrite auprès du Greffe du Registre du Commerce et des Sociétés, à Antananarivo, le 6 juillet 2007*» ; pour l'exemple CHE-115.382.001 cité in n. 980 : «*Limited company inscrite au Registre des compagnies pour l'Angleterre et le Pays de Galles à Cardiff (Royaume-Uni) le 17 septembre 2009*»).

IV. Coup d'œil sur la législation de l'UE

La Directive (UE) 2017/1132 relative à certains aspects du droit des sociétés 665
prescrit des obligations en matière de publicité pour les succursales étrangères
de sociétés. Elle s'applique aux sociétés de l'Union européenne qui établissent
des succursales dans un autre pays de l'Union (section 2, art. 28bis ss) et aux
sociétés de pays tiers qui établissent des succursales dans l'Union (section 3,
art. 36-38).

À l'art. 28bis, la Directive vise à faciliter l'immatriculation dans un État membre 666
d'une succursale d'une société régie par le droit d'un autre État membre en
permettant que cette immatriculation puisse être effectuée entièrement en ligne,
sans aucune obligation pour les demandeurs de se présenter en personne devant
tout organe, autorité ou personne mandatée en vertu du droit national. Une société suisse étant originaire d'un État tiers, ces allègements ne sont pas applicables à sa succursale établie dans un État membre de l'UE. Les art. 36-38 de
la Directive créent cependant un cadre général clair quant aux documents à
fournir qui sont soumis à publicité.

Chapitre 3 : Les dispositions communes à l'ensemble des personnes morales

667 Ce chapitre répertorie et examine les dispositions légales qui sont conçues comme devant s'appliquer à l'ensemble des personnes morales. Parmi les sociétés instituées par le Code des obligations, elles concernent ainsi la société anonyme, la société à responsabilité limitée, la société en commandite par actions et la coopérative[983]. Elles s'appliquent aussi aux associations et fondations, prévues par le Code civil. Par ailleurs, elles ont de l'importance pour la façon d'envisager et de traiter, dans les interactions soumises au droit suisse, des personnes morales de droit étranger qui ne correspondent à aucune forme prévue par le droit suisse (soit en particulier l'*Anstalt* liechtensteinois[984]).

668 L'appartenance d'une forme de société à la catégorie des personnes morales est traditionnellement présentée comme une caractéristique fondamentale. Ça l'est à juste titre. Les règles décrites dans ce chapitre le montrent, car elles sont autant d'aspects qui distinguent les sociétés qui sont des personnes morales de celles qui n'en sont pas – les sociétés de personnes. Parmi ces règles, l'étanchéité des patrimoines entre la personne morale et ses membres tout comme la responsabilité limitée de ceux-ci qui semble en découler naturellement[985] sont

---

[983] La jurisprudence a clairement reconnu que les sociétés de personnes, soit la société simple (ATF 132 I 256 c. 1.1 [258]), la SNC et la société en commandite (ATF 135 III 370 c. 3.2 pr. [371], 134 III 643 c. 5.1 [368] et 116 III 651 c. 2 pr. [651] et d [654]), n'ont pas la personnalité juridique (cela inclut la société en commandite de placements collectifs des art. 98-109 LPCC). Il en va de même d'autres communautés, telles l'hoirie (ATF 141 IV 380 c. 2.3.2 [384] ; pour la masse successorale en tant que telle, ATF 116 III 4 c. 2a [6 s.]), la communauté des propriétaires d'étage au sens des art. 712a-712t CC (ATF 125 II 348 c. 2 [350 s.]), la communauté des créanciers dans les emprunts par obligations des art. 1157-1186 CO (ATF 113 II 283 c. 2 [285]) et le fonds de placement contractuel des art. 25-27 LPCC (pour l'ancien droit, ATF 121 III 319 c. 4b/aa [322]).

[984] Comme l'illustre l'exemple des *limited liability partnerships* décrit en n. 985 *infra*, les combinaisons de caractéristiques choisies par les législateurs étrangers peuvent créer des formes de sociétés inconnues en droit suisse.

[985] Cela étant, même sur cet aspect, une tentative d'*essentialisation* se heurtera à maints écueils : le législateur peut prévoir une responsabilité personnelle des membres d'une personne morale (c'était la solution présumée dans l'association jusqu'en 2005, à l'art. 75 aCC-1907, et c'est une solution que les statuts de l'association ou de la coopérative peuvent retenir, art. 75a CC-2004 et 869 s. CO [cf. *infra* N 2726-2746]) ; à l'inverse, la responsabilité limitée de certains membres d'une société de personnes existe depuis le Moyen Âge déjà, dans les entreprises préfigurant l'actuelle société en commandite (*supra* N 11), et des ordres juridiques étrangers la connaissent pour l'ensemble des membres de certaines sociétés de personnes (les *limited liability partnerships*, qui se sont propagés notamment dans la législation de la vaste majorité des ordres juridiques étatiques des

d'une importance conceptuelle et pratique essentielle. Cela étant, il faut garder à l'esprit que la réalité de l'ordre juridique est caractérisée par l'importance des règles communes à toutes les sociétés, personnes morales ou non : le chapitre précédent (1er, N 52-668) décrit les dispositions légales qui le sont explicitement, et le chapitre suivant (3e, N 967-1284) décrit les règles qui sont matériellement communes. De surcroît, même dans des domaines de divergence entre personnes morales et sociétés de personnes, l'analyse des solutions *pratiques* montre souvent plus de convergences qu'on pourrait le penser a priori. Dans l'ensemble, la notion de personne morale est donc évidemment très importante et utile à bien des égards, mais elle n'est pas un phare conceptuel permettant de s'orienter aisément dans l'intégralité (ni même la majeure partie) des problématiques concrètes relevant du droit des sociétés.

États-Unis d'Amérique depuis 1990, puis au Royaume-Uni [*Limited Liability Partnerships Act 2000*], puis dans de nombreux ordres juridiques suivant le modèle anglais, p. ex. Singapour en 2005). Cela illustre, selon nous, le caractère incontournable de l'approche « existentialiste » qui, pour cerner utilement le droit des sociétés, s'attache à décrire la combinaison d'instruments opérée par le législateur et mise à disposition des entrepreneurs (*supra* N 1-7).

§ 8 La personnalité juridique : titularité, exercice et jouissance des droits

I. Dispositions légales

669   En parcourant le Code civil et le Code des obligations, on observe aisément que la loi ne définit pas à proprement parler les personnes morales. Elle décrit en revanche ces **caractéristiques essentielles** que sont le moment de leur naissance (début de la personnalité juridique, à l'art. 52 CC) ainsi que leur capacité à être titulaire de droits et d'obligations (art. 53 CC) et à exercer leurs droits (art. 54 s. CC). L'assemblage de ces caractéristiques peut constituer une définition de ce qu'est fonctionnellement (ou concrètement) une personne morale. On proposera donc en fin de chapitre (ch. V) une telle définition.

II. Formalités nécessaires à l'existence de la personne morale – début de la personnalité

670   Il résulte de la loi que l'existence d'une personne morale suppose **l'accomplissement de formalités**, soit en principe, selon l'art. 52 al. 1 CC, l'inscription au registre du commerce (laquelle suppose l'adoption de documents formels définissant en particulier les organes et, pour les sociétés, les membres), ou, dans des cas bénéficiant d'un allégement (soit, en droit privé, l'association sans activité commerciale[986]), au moins l'accomplissement de formalités (l'adoption de statuts écrits et l'élection des organes ; art. 52 al. 2 et 60 CC[987]).

671   L'exigence de l'accomplissement de formalités est un trait distinctif essentiel des personnes morales, car les sociétés de personnes peuvent, quant à elles, commencer d'exister sans inscription au registre ni même le moindre document écrit (elles peuvent être fondées par accords oraux ou même tacitement). Cette différence s'explique aisément au regard non seulement de la « nature artificielle »[988] des personnes morales que de certaines caractéristiques concrètes, dont en particulier l'étanchéité des patrimoines et la responsabilité limitée de leurs membres, cette

---

[986] Cf. *supra* N 82.

[987] Cf. *infra* N 2794.

[988] Ici non plus, comme ailleurs, notre propos n'est pas de trancher la querelle doctrinale entre la *théorie de la réalité* et celle de la *fiction* (*supra* n. 765, citant *inter alia* l'ATF 138 III 337 c. 6.1 [344], où la personne morale est qualifiée de « *création de l'ordre juridique* », tout en reconnaissant que l'ordre juridique suisse fait des « *emprunt[s] à la théorie de la réalité de la personne morale* »).

dernière caractéristique pouvant induire des risques pour les partenaires contractuels des personnes morales dans les situations où il ne serait pas clairement identifié que l'on interagit avec une telle personne. Ces caractéristiques juridiques créent un **besoin accru d'informations claires** sur la personne morale (soit notamment sur les personnes autorisées à la représenter, sur son capital, son éventuel état de société en liquidation). L'inscription au registre du commerce (ou au moins les statuts écrits, pour les associations sans activité commerciale[989]) est susceptible de satisfaire en tout cas partiellement ce besoin accru d'information. L'exigence de l'accomplissement de formalités peut ainsi s'analyser comme un corollaire, socialement indispensable, de certaines caractéristiques des personnes morales (dont en particulier l'absence de responsabilité illimitée d'une personne physique pour les dettes sociales).

III. Étendue de la personnalité (droits et obligations dont la personne morale peut être titulaire)

A. Assimilation de principe aux personnes physiques

Il découle de l'art. 53 CC que les personnes morales sont **juridiquement traitées comme les personnes physiques**, sauf lorsque cela serait dépourvu de sens au regard de leur nature d'entités artificielles. Cette disposition emploie des termes forts et éloquents : « *Les personnes morales peuvent acquérir tous les droits et assumer toutes les obligations qui ne sont pas inséparables des conditions naturelles de l'homme, telles que le sexe, l'âge ou la parenté* ».   672

B. En pratique

Les **conséquences pratiques de cette assimilation de principe** des personnes morales aux personnes physiques sont innombrables.   673

En matière contractuelle, les personnes morales peuvent conclure fondamentalement tous les contrats, sauf exceptions bien circonscrites, à identifier par un examen spécifique[990]. Même la volonté qu'une prestation contractuelle soit four-   674

---

[989] Si une association n'a pas d'activité commerciale, elle n'est guère susceptible d'être impliquée dans des contrats de grande ampleur – lesquels sont le plus à même de créer des risques pour les partenaires contractuels –, ce qui réduit le besoin d'information.

[990] Cette approche est notamment exprimée à l'ATF 58 I 378 c. 2 (382) : « *Au lieu de chercher le critère dans des considérations abstraites à propos de l'art. 53 CC, il échet bien plutôt*

nie par une personne physique déterminée (contrat conclu *intuitu personae*)[991] n'est pas incompatible avec la conclusion d'un contrat par une personne morale : l'exécution par la personne physique déterminée peut être stipulée comme une *modalité d'exécution* promise par la personne morale (laquelle a la responsabilité de faire en sorte que cette personne physique fournisse la prestation).

675 Les contrats liés à l'état civil (soit en particulier au mariage, inaccessible aux personnes morales)[992] ou au décès (alors que les personnes morales ne « meurent » pas[993]) sont « *inséparables des conditions naturelles de l'homme* », de sorte qu'une personne morale ne peut évidemment conclure de contrat sur le régime matrimonial en qualité d'époux ou de pacte successoral en qualité de *de cujus*, mais elle peut bel et bien contracter dans ces contextes : une personne morale peut être bénéficiaire d'une libéralité attribuée par un pacte successoral ; il est aussi imaginable que des engagements de personnes morales soient stipulés dans le cadre d'un contrat de mariage, en sus des engagements des deux époux[994].

676 Le contrat de travail *stricto sensu* ne peut être conclu par une personne morale, puisqu'au vu du régime prévu par la loi, il s'agit manifestement d'intégrer une personne physique dans l'organisation d'une entreprise, mais une personne morale peut s'engager contractuellement à mettre un travailleur à disposition de l'entreprise.

---

d'*examiner dans chaque cas particulier si, vu l'institution juridique et l'activité en discussion, la personne morale possède ou non les qualités requises pour pouvoir exercer les droits et exécuter les obligations dont il s'agit* ».

[991] L'art. 68 CO traite la question de l'exécution par le débiteur personnellement. Sa formulation couvre différents types d'hypothèses (dont l'exécution, par une personne morale, d'un paiement sans intervention d'un tiers autre qu'une banque). L'exécution par une personne physique déterminée d'un contrat conclu par une personne morale relève selon nous d'une application par analogie de cette disposition.

[992] L'*adoption* est évidemment inaccessible aux personnes morales, mais celles-ci peuvent intervenir dans ces contextes, comme agents, ou en s'obligeant à verser une rémunération ou fournir d'autres prestations.

[993] L'ATF 140 IV 162 (c. 4.4-4.9.5 [166-172]) le dit pour énoncer qu'une personne morale n'a pas de « proches » au sens de l'art. 121 s. CPP (ce qui doit valoir aussi sous l'angle de l'art. 100 al. 2 CP). – Une personne morale est dissoute, liquidée (ou, en cas de fusion : absorbée), puis radiée du registre du commerce, ce qui n'est pas assimilable à un décès.

[994] Ce peuvent être des personnes morales qui appartiennent aux époux. Cela étant, les engagements d'*autres* personnes morales peuvent aussi être stipulés, et être en particulier susceptibles de conditionner des obligations des époux. En revanche, ces personnes ne peuvent tirer des droits d'un contrat de mariage (ce qui empêcherait potentiellement les époux de modifier, eux seuls, le contrat de mariage).

Dans l'ensemble, les personnes morales agissant d'une façon ou d'une autre   677
toujours par des personnes physiques[995], il n'y a que très peu de situations où
il n'est pas possible d'atteindre économiquement, au moyen d'un contrat conclu par une personne morale, le même résultat que celui réalisé par un contrat
conclu par une personne physique.

À la lisière du droit des contrats, selon la conception qui s'est imposée en pra-   678
tique, **l'administrateur d'une société anonyme** ne peut être une personne morale.

La réflexion jurisprudentielle montre que cette solution a été retenue au vu d'un   679
examen minutieux du régime légal concret applicable aux administrateurs[996] ;
elle n'est pas une déduction fondée sur l'essence des personnes morales. D'ailleurs, il est connu que de nombreux ordres juridiques admettent que celles-ci
puissent être administratrices ou directrices de sociétés[997]. Pour sa part, l'ordre
juridique suisse a fait un pas dans cette direction en permettant en 2020, de
façon générale, que la gestion de fortune puisse être *déléguée* à une personne
morale[998]. Et, depuis plusieurs décennies, dans le droit des fonds de placement,
ces sociétés anonymes particulières que sont les sociétés d'investissement à
capital variable (SICAV) ou à capital fixe (SICAF)[999] peuvent déléguer l'ad-

---

[995]   Cf. aussi *supra* N 516 et 518 s. V. not. la citation de l'ATF 138 III 337 c. 6.1 (344) in n. 765.

[996]   Cela remonte à l'ATF 58 I 378, sur la base de l'interprétation historique (c. 2 [385] : «*en
1918 on ne songeait nullement à autoriser la personne morale à administrer une société
anonyme*») et de réflexions systématiques (c. 3 [385 s.] : «*On constate d'emblée que,
dans leur ensemble, ces diverses prescriptions visent des personnes physiques, auxquelles
on peut les appliquer tout naturellement ; il n'en est pas ainsi pour les personnes morales,
du moins en ce qui concerne plusieurs des fonctions prévues [...]. L'administration d'une
société par une personne morale engendre donc non seulement des difficultés et des complications, mais risque aussi de préjudicier aux personnes intéressées dans la société ainsi
administrée. [...] Il y a ainsi de nombreux inconvénients à adopter la solution proposée
par la recourante. Bien loin de rendre plus simples, plus clairs et plus sûrs le fonctionnement de la société anonyme et ses rapports d'affaires, elle crée des situations mal définies,
prête à des abus et fait naître des sources de conflits. Ces considérations, fondées sur les
règles régissant les sociétés anonymes, l'emportent sur les arguments tirés de l'art. 53
CC*»).

[997]   C'est notamment le cas du Royaume-Uni, de Hong Kong, de Chypre et de nombreux
ordres juridiques d'influence anglaise. Les tendances depuis la crise financière de 2008
consistent cependant à restreindre les possibilités de directorat par personnes morales
(*corporate directorship*).

[998]   Art. 716b al. 2, 2ᵉ phr., CO-2020 : «*Pour les sociétés cotées en bourse, la gestion peut
être déléguée à un ou plusieurs membres du conseil d'administration ou à d'autres personnes physiques. La gestion de fortune peut également être déléguée à une personne
morale*».

[999]   Pour les SICAV, cf. art. 37 al. 1, 38 al. 2, 50 al. 3, 51 al. 6 LPCC ; pour les SICAF, art. 110
al. 1, 111 al. 2, 112 et 117 LPCC. V. aussi art. 145 al. 4 LPCC.

ministration à une « direction de fonds »[1000], laquelle est elle-même une société anonyme[1001].

On relèvera qu'il est très fréquent dans les pactes d'actionnaires (ou autres contrats relatifs à des investissements ou prêts accordés à une société) de prévoir qu'un actionnaire (ou investisseur ou créancier) qui est une personne morale ait le droit de *faire élire* un administrateur. Si les statuts accordent à un (ou plusieurs) groupe(s) d'actionnaires[1002] le droit d'être représentés au conseil d'administration, et que ces actionnaires sont des personnes morales, ce sont les représentants de celles-ci qui sont éligibles (art. 709 al. 2 *cum* 707 al. 3[1003] CO).

680 Hors du domaine contractuel, l'assimilation de principe des personnes morales aux personnes physiques induit que la **protection de la personnalité** des art. 28 ss CC trouve aussi application[1004]. On reconnaît ainsi aux personnes morales une sphère intime ou secrète, une sphère privée[1005] et un honneur (lequel est le cas échéant protégé par la loi pénale)[1006]. Elles jouissent aussi de la protection de leur droit au nom (art. 29 CC), qui peut occasionnellement offrir une protection plus étendue que le droit des raisons sociales[1007].

681 Au-delà du droit privé, les personnes morales sont protégées par les **libertés et garanties constitutionnelles**, tels le droit à l'égalité de traitement, la liberté d'association[1008] (art. 23 Cst), la liberté d'expression (art. 16 al. 2 Cst), la garantie de la propriété (art. 26 Cst), la liberté économique (art. 27 Cst), la protection contre l'arbitraire (art. 9 Cst) et le droit au procès équitable (art. 29 s. Cst et 6 CEDH). Bien entendu, de nombreuses libertés constitutionnelles sont inséparables de la personne humaine et ne peuvent être invoquées par les personnes morales (tels le droit à la vie [art. 10 Cst] ou le droit au mariage et à la famille [art. 14 Cst]).

[1000] Art. 51 al. 5 LPCC : « *L'administration ne peut être déléguée qu'à une direction de fonds au sens de l'art. 32 LEFin [...]* ».

[1001] Art. 33 al. 1 LEFin (« *La direction de fonds doit être une société anonyme [...]* »).

[1002] L'art. 709 al. 1 CO donne aux propriétaires de chaque type d'actions le droit d'être représentés au conseil d'administration. Si ces propriétaires sont des personnes morales, cela signifie qu'elles ont le droit de faire élire des personnes physiques (cf. art. 707 al. 3 CO).

[1003] Cette disposition n'a plus d'alinéa 2 depuis 2008.

[1004] ATF 138 III 337 c. 6.1 (341-344 ; tort moral alloué) ; 95 II 481 c. 12b (502). Voir aussi ATF 121 III 168 c. 3a (171) ; 108 II 241 c. 6 (244, en *obiter dictum*). La jurisprudence est constante et remonte notamment aux ATF 60 II 326 c. 2 (331) et 64 II 14 c. 4 (21 s.).

[1005] ATF 97 II 97 c. 2 (100). On peut aussi se référer à l'art. 13 Cst.

[1006] ATF 96 IV 148 (149) ; 71 IV 36. Cf. déjà ATF 31 II 242 c. 4 (246).

[1007] Cf. *supra* N 235, spéc. le jugement HGer ZH, 3. 10. 2012, HG110102-O, c. 5, cité in n. 352.

[1008] ATF 140 I 201 c. 6.5.2 (211).

Dans la conception continentale, il découle de la titularité de droits **la capacité**   682
d'agir en justice. Ainsi, les personnes morales peuvent « ester en justice ».
Cela signifie concrètement qu'une personne morale peut être elle-même demanderesse, invoquant le droit dont elle est titulaire, ou être attraite en justice
comme défenderesse, en tant que personne obligée par le rapport juridique
qu'invoque un demandeur adverse. Elle peut aussi agir dans des rôles procéduraux secondaires, en qualité d'intervenante (art. 73-77 CPC), appelée en cause
(art. 81 s. CPC) ou dénoncée d'instance (art. 78-80 CPC).

Le critère n'est cependant pas une caractéristique *distinctive*. En effet, des com-   683
munautés qui ne sont pas des personnes morales, en particulier les sociétés en
nom collectif et en commandite – sociétés de personnes dépourvues de la personnalité – peuvent aussi agir et être actionnées en justice « sous [leur] raison
sociale », en vertu de dispositions légales spéciales (art. 562 et 602 CO[1009] ; il
en va de même de la communauté des propriétaires d'étages, art. 712*l* CC[1010]).
D'autres communautés ne le peuvent pas, faute d'une disposition légale spéciale à cette fin (ainsi la société simple[1011], l'hoirie[1012], les titulaires d'un bien
en copropriété[1013] ou les autres communautés « en main commune »[1014]) ; il
s'ensuit de grandes difficultés pratiques pour intenter action au nom de ces
communautés ou pour les attraire en justice[1015]. Par comparaison, la facilité
avec laquelle une personne morale peut procéder, pour la seule raison qu'elle

---

[1009] Cf. *infra* N 1501 et 1589.

[1010] Al. 2 : « *[La communauté] peut, en son nom, actionner ou être actionnée en justice, ainsi que poursuivre ou être poursuivie* ». Cela vaut pour les affaires qui relèvent de l'adminis-tration commune, cf. ATF 142 III 551 (reg. : « *La communauté des copropriétaires d'étages a la capacité d'ester en justice et la qualité pour agir dans le domaine de l'ad-ministration commune* » ; c. 2.2 [553] : « *Im Rahmen ihrer Verwaltungstätigkeit erfolgt aber eine gewisse Verselbständigung, indem sie in diesem Bereich zivilrechtlich han-dlungsfähig ist und prozessual sowie vollstreckungsrechtlich unter ihrem Namen klagen und betreiben sowie beklagt und betrieben werden kann* »). S'il s'agit de droits qui con-cernent les parts de PPE, les copropriétaires doivent agir ou être actionnés individuelle-ment.

[1011] On le voit en parcourant les art. 530-551 CO, l'art. 543 al. 3 CO permettant à l'associé chargé d'administrer la société simple de représenter les associés envers les tiers, ce qui illustre que la société n'agit pas elle-même en son propre nom ; cette disposition contraste avec les art. 562 et 602 CO consacrés aux autres sociétés de personnes.

[1012] Voir l'art. 602 al. 1 et 2 CC ; cf. *infra* n. 1015.

[1013] Voir les art. 646-651a CC.

[1014] Voir les art. 651-654 CC.

[1015] Pour l'hoirie, le Code civil prévoit pour cette raison la possibilité de désigner un représen-tant (art. 602 al. 3 CC ; sur la mise en œuvre, cf. p. ex. Nicolas ROUILLER, CS ad art. 602 CC [2023], N 62 et 92-129) ; par ailleurs, chaque héritier est solidairement responsable des dettes successorales et peut donc être poursuivi individuellement (art. 603 al. 1 CC ; à ce sujet, cf. p. ex. Nicolas ROUILLER, CS ad art. 603 CC [2023], N 1-44).

a la personnalité juridique et sans qu'une disposition légale spécifique soit nécessaire, montre combien le concept de personne morale remplit une incontestable *fonction pratique de simplification*[1016].

IV. Exercice des droits civils ; notion d'organe ; rôle de cette notion

684 La loi précise encore que « *les personnes morales ont l'exercice des droits civils dès qu'elles possèdent les* **organes** *que la loi et les statuts exigent à cet effet* » (art. 54 CC, qui se lit aussi en coordination avec l'art. 55 al. 1 et 2 CC : « *La volonté d'une personne morale s'exprime par ses organes. Ceux-ci obligent la personne morale par leurs actes juridiques et par tous autres faits* »).

685 Le choix lexical d'*organe*, lié à biologie[1017], est plutôt heureux, car il exprime la nécessité proprement vitale pour l'entité artificielle qu'est la personne morale de fonctionner par l'intervention d'autres êtres ; il faut notamment que des personnes puissent agir au nom de la personne morale, c'est-à-dire la *représen-*

[1016] En ce sens, Philippe MEIER, Droit des personnes (2021), N 973 (« *La reconnaissance des personnes morales en qualité de sujets de droit poursuit un double but : la simplification des rapports d'affaires et la volonté de faire perdurer un patrimoine* ») ; même analyse par HAUSHEER/AEBI-MÜLLER (2020), N 1059.

[1017] Il ne nous est pas possible de vérifier dans le cadre de cet ouvrage de façon exhaustive l'origine allemande de ce choix lexical. Il est fréquent de se référer aux développements d'Otto VON GIERKE (1887), p. 614-615 : « *Denn während die Organe der Einzelperson auch im Rechtsleben lediglich nach Maßgabe der natürlichen Ordnung des individuellen menschlichen Organismus als Werkzeuge der sie beseelenden physischen Einheit fungieren, bringen die Organe der Gesamtperson die in ihnen wollende und handelnde Einheit auf dem Rechtsgebiet nach Maßgabe einer zugleich rechtlichen Ordnung eines socialen menschlichen Organismus zur Erscheinung* ». La réception du terme en français est intéressante, car à l'origine, le terme se réfère à l'instrument de musique (usage depuis remplacé par le mot orgue), mais dès 1404, le terme se réfère au corps humain considéré comme un instrument, avant de signifier dès 1466 *la partie du corps remplissant une fonction déterminée* (cf. Alain REY, Dictionnaire historique de la langue française [2e éd., 1998], p. 2483, où il est précisé que « *cette acception correspond à l'évolution des concepts en médecine et en physiologie, et joue un rôle essentiel dans l'histoire des sciences de la vie, à partir du XVIIIe s.* »). – Le terme *d'organisation*, de même origine (op. cit., « *l'état d'un corps organisé et par métonymie l'ensemble des organes* », sens attesté en 1488), est désormais si répandu que sa connotation biologique fait défaut ; le sens figuré « *constitution d'une institution, d'un établissement public, privé* », attesté dès 1798 (*ibid.*), s'est manifestement imposé (en parallèle avec l'autre sens figuré : « action de préparer », attesté dès 1807). Il désigne aussi, par métonymie, « *une association, régie ou non par des institutions* » (dès 1908).

ter[1018] auprès des tiers et de ses membres ; préalablement – et souvent indépendamment de tout acte de représentation –, il faut que la *volonté* de la personne puisse être déterminée.

Les organes constituent les êtres qui sont **nécessaires pour créer la volonté** 686 **de la personne morale**, puis, le cas échéant, pour **lui permettre d'agir**. Ensemble, les organes peuvent donc par définition décider et accomplir tout ce que la personne morale peut décider et accomplir ; les **compétences et pouvoirs** qui leur reviennent collectivement ne sont bornés que par les limites qui s'appliquent à la personne morale elle-même (soit la loi et le but social). C'est ainsi en bonne logique que la loi proclame que la personne morale a l'exercice des droits civils dès qu'elle possède ses organes. Les organes peuvent, sauf dans la mesure où leurs compétences sont intransmissibles[1019], **déléguer** à d'autres êtres des compétences et pouvoirs. Ces pouvoirs ne peuvent jamais être plus amples que ceux des organes ; évidemment, ils peuvent être (le cas échéant très considérablement) plus restreints.

Le législateur peut faire divers choix pour déterminer la **composition des or-** 687 **ganes**. En ce qui concerne les organes dirigeants – administrateurs et directeurs des sociétés anonymes ou coopératives, gérants de Sàrl, membres de la direction d'une association ou d'un conseil de fondation –, qui sont nécessaires pour *exercer* les droits civils, le législateur suisse a opté pour une solution consistant à n'admettre comme participants que des personnes physiques. Comme déjà

[1018] On peut dire qu'en ce qui concerne l'acte accompli par l'organe au nom de la société, il s'agit d'*imputation* plutôt que de représentation (ainsi ATF 146 III 37 c. 5.5.1 [41 : « *l'acte de l'organe est directement attribué à la personne morale comme son acte propre. [...] c'est la société elle-même qui agit* »] cité *supra* n. 766 ; v. aussi *infra* n. 1026), mais il faut bien admettre qu'imputation est alors synonyme de *représentation par la personne physique qui est organe*, de sorte qu'il n'y a en réalité pas de véritable différence conceptuelle : sauf à se payer de mots, il s'agit bien, concrètement, de représentation par un organe et le concept d'imputation n'apporte *ici* rien d'utile à une analyse précise et complète. – Sur ces points, cf. *supra* n. 765 s.

[1019] Dans la SA, cf. art. 716a CO (pour le conseil d'administration [*infra* N 2317-2342]) et 698 al. 2 CO (pour l'assemblée générale [*infra* N 2230-2238]) ; dans la Sàrl, cf. art. 810 al. 2 CO (pour les gérants) et 804 al. 1 CO (pour l'assemblée des associés [*infra* N 2603-2626]) ; dans la coopérative, cf. art. 879 CO (pour l'assemblée générale [*infra* N 2747-2752] ; en revanche, il n'existe pas de disposition semblable à l'art. 716a ou 810 al. 2 CO qui créerait des compétences intransmissibles de l'administration). Le droit édicté de l'association (art. 60-79 CC) et des fondations (art. 80-89 CC) ne comprend pas de dispositions correspondantes, même si le caractère intransmissible des compétences clefs des organes est reconnu à un titre ou un autre (pour l'association, cf. p. ex. ATF 97 II 108 c. 3 [114] ; pour les fondations, c'est surtout la pratique des autorités de surveillance qui exige que le conseil de fondation, en tant qu'organe suprême, garde la haute main sur la gestion).

énoncé[1020], des choix législatifs différents ont été faits en d'autres lieux. Les organes suprêmes non chargés de la gestion, qui représentent les membres de la personne morale (assemblée générale[1021], assemblée des associés[1022]), peuvent avoir des personnes morales pour participants (même si celles-ci devront y être représentées concrètement par des personnes physiques). Lorsque le registre du commerce procède à l'inscription, il vérifie que les organes sont constitués conformément à la loi et aux statuts[1023]. Les personnes morales inscrites au registre ont donc l'exercice des droits civils. Lorsqu'un organe n'est plus constitué de façon conforme à la loi ou aux statuts, la conséquence n'est pas la perte de l'exercice des droits civils (même *s'il arrive* que l'inconformité empêche cet exercice), mais la procédure spécifique aux carences d'organisation, qui vise à éliminer celles-ci pour rétablir un état conforme à la loi ou aux statuts[1024].

688 On observera que la notion d'« **organe** » **de révision** est discutée quant à savoir s'il s'agit véritablement d'un organe. Manifestement, il ne s'agit pas d'un organe nécessaire à l'exercice des droits civils, puisqu'il intervient après l'achèvement d'un exercice comptable. Il apparaît juste de le qualifier d'***organe secondaire***[1025]. Les organes indispensables à l'exercice des droits civils peuvent être désignés comme ***organes nécessaires***.

V. Définition de la personne morale par ses caractéristiques légales

689 Arrivé au terme de cet aperçu des caractéristiques fondamentales des personnes morales, il est possible d'en donner une définition : entité dotée de la personnalité juridique, capable d'être titulaire de tous les droits et obligations qui ne sont pas strictement réservés aux personnes physiques, qui doit être constituée d'un ou plusieurs organe(s) pour déterminer sa volonté et interagir avec d'autres sujets de droit.

[1020] *Supra* N 678, spéc. n. 997.
[1021] Assemblée générale « *des actionnaires* » dans la SA (art. 698 al. 1 CO), « *des associés* » dans la coopérative (art. 879 al. 1 CO), étant relevé que la plupart des dispositions légales (art. 699 ss et 880 ss CO) disent simplement « *assemblée générale* ». Le droit de la société en commandite par actions (art. 766 CO) et de l'association (art. 65 CC) parlent uniquement d'« assemblée générale » sans adjonction (on peut dire pour l'une et l'autre « des sociétaires » ou « des membres »).
[1022] Pour la Sàrl (art. 804 CO).
[1023] Sur le champ (ou « spectre ») de l'examen et le pouvoir de cognition, cf. *supra* N 113.
[1024] Cf. *supra* N 145-154 (spéc. N 152, en particulier n. 225).
[1025] En ce sens, Peter Böckli (2009), § 15, N 32 ad n. 89 ; Rouiller/Bauen/Bernet/Lasserre Rouiller (2022), N 486 ad n. 1632.

§ 9 La responsabilité pour le comportement des organes

I. Dispositions légales

L'**art. 55 al. 2 CC** statue que la personne morale est responsable non seulement des actes juridiques (*Rechtsgeschäften*) accomplis par ses organes (soit avant tout pour les contrats qu'ils concluent et exécutent en son nom), mais aussi pour «tous autres faits», c'est-à-dire concrètement pour leurs actes illicites («*[Les organes] obligent la personne morale par leurs actes juridiques et par tous autres faits*»).
690

Cette règle commune à toutes les personnes morales est d'une grande **importance pratique et théorique**. Sur ce dernier plan, elle illustre l'idée que l'organe est constitutif de la personne morale et que ses actes sont naturellement imputés à celle-ci[1026]. D'un point de vue pratique, elle a notamment une double portée : (i) contrairement à ce qui vaut en matière de responsabilité pour le comportement des *auxiliaires* (art. 55 CO), la personne morale ne peut s'exonérer en démontrant qu'elle a choisi, instruit et surveillé l'organe avec diligence[1027] ; (ii) l'organe qui n'a qu'un pouvoir de représentation collectif ne peut conclure seul d'engagements contractuels pour la personne morale, mais il peut l'obliger par les actes illicites qu'il commet seul[1028]. En rapport avec ce dernier aspect, il est utile d'avoir à l'esprit la règle de l'art. 55 al. 3 CC, en vertu de laquelle l'organe est responsable lui aussi, personnellement, des conséquences
691

[1026] ATF 138 III 337 c. 6.1 (344) : «*l'acte de l'organe est en règle générale assimilé à celui de la personne juridique, de sorte qu'il existe en principe une unité d'action en ce sens que l'organe et la personne morale sont considérés comme une personne identique*». V. ég. TF 17. 1. 2020, 4A_613/2018, c. 3.1 : «*La personne morale, création de l'ordre juridique, agit exclusivement par l'intermédiaire de personnes physiques, ses organes ; ces derniers sont des parties de la personne morale elle-même, et non des tiers dont elle répond civilement [...]. Ainsi, en vertu de l'art. 722 CO, la société anonyme répond du comportement délictuel de son organe comme s'il était le sien*». V. déjà ATF 121 III 176 c. 4d (182) : «*la personne morale, en tant que création du droit, agit exclusivement par l'intermédiaire de personnes physiques, ses organes ; ces derniers sont des parties de la personne morale, et non des tiers dont elle répond civilement*» ; ATF 111 II 429 c. 2d (440) : «*gli organi sociali sono parte della persona giuridica e non semplici terzi per i quali la ditta risponde civilmente*». V. ég. ATF 111 II 289 c. 3b (289 : «*Par ailleurs, les organes des personnes morales ne sont pas des représentants, au sens technique des art. 32 ss CO, mais ils forment directement la volonté même de la personne morale qu'ils engagent par leurs actes juridiques, voire par leurs actes illicites*»).

[1027] En détail, *infra* N 702.

[1028] En détail, *infra* N 701.

des actes illicites qu'il commet dans son activité liée à la personne morale (« *Les fautes commises engagent, au surplus, la responsabilité personnelle de leurs auteurs* »), tandis qu'en soi, il ne répond pas personnellement des engagements contractuels qu'il a conclus pour la personne morale.

692 L'importance de la règle de l'art. 55 al. 2 CC se manifeste aussi en ceci que les **autres dispositions légales** relatives à l'obligation de la personne morale d'assumer la responsabilité pour les actes illicites commis par ses gérants et représentants sont interprétées de façon à se confondre avec elle. Ainsi, la doctrine et la jurisprudence restreignent la portée de l'art. 722 CO, dont le texte (« *La société répond des actes illicites commis dans la gestion de ses affaires par une personne autorisée à la gérer ou à la représenter* ») semble en première lecture concerner toutes les personnes accomplissant des actes de gestion ou représentation ; cette disposition est qualifiée de « *cas d'application de l'art. 55 al. 2 CC, qui institue le principe de la responsabilité de la personne morale pour les actes illicites de ses organes* »[1029]. La doctrine paraît unanime à cet égard[1030]. Outre l'art. 722 CO relatif à la société anonyme, la même interprétation est faite des dispositions similaires applicables à la société à responsabilité limitée (art. 817 CO)[1031] ou à la coopérative (art. 899 al. 3 CO)[1032].

693 On précisera que les **liquidateurs** sont eux aussi organes de la société. Les dispositions qui énoncent que leurs actes illicites sont imputables à la société (soit pour la SA l'art. 743 al. 6 CO [« *La société répond des actes illicites commis par les liquidateurs dans l'exercice de leurs fonctions* »], le droit édicté de

---

[1029] ATF 121 III 176 c. 4a (179).

[1030] Ainsi p. ex. PETER/CAVADINI, CR ad art. 722 CO (2017), N 1 (« *CO 722 n'a ni pour but, ni pour effet d'étendre ou de restreindre le régime légal applicable à toute personne morale* ») et 8 (« *CO 722 ne concerne que les actes commis par des organes* ») ; même avis, Rolf WATTER, BaK ad art. 722 CO (2016), N 1. Cf. toutefois Pierre-Alain RECORDON, CR ad art. 565 CO (2017), N 3 ad n. 3, qui ne fait cependant que se référer à la formulation du texte légal des art. 722, 814 et 899 CO. Voir aussi TF 3. 4. 2009, 4A_271/2009, c. 2.1.

[1031] « *La société répond des dommages résultant des actes illicites commis dans la gestion de ses affaires par une personne autorisée à la gérer ou à la représenter* » ; pour cette « interprétation conforme » à l'art. 55 al. 2 CC, Andrew GARBARSKI, CR ad art. 817 CO (2017), N 2.

[1032] « *La société répond des actes illicites commis dans la gestion des affaires sociales par une personne autorisée à la gérer ou à la représenter* » ; pour l'interprétation en cause, CARRON/CHABLOZ, CR ad art. 899 CO (2017), N 9 (« *Les personnes visées sont les organes de la société* ») et 11 (où il est retenu que l'art. 899 al. 3 correspond entièrement à l'art. 722 CO).

la Sàrl et de la coopérative y renvoyant[1033]) ne font ainsi que confirmer la règle de l'art. 55 al. 2 CC[1034].

Il existe donc sans l'ombre d'un doute un **régime légal commun** consistant à imputer à la personne morale les actes illicites commis par les organes.   694

Comme sur d'autres aspects, il faut observer qu'il ne s'agit pas d'une caracté-   695 ristique *distinctive* des personnes morales. En effet, la responsabilité de la société pour les actes illicites de celui à qui revient la tâche de la gérer s'applique aussi aux **sociétés commerciales de personnes** – les sociétés en nom collectif et en commandite. Pour la société en nom collectif, l'art. 567 al. 3 CO dispose que : « *La société répond du dommage résultant d'actes illicites qu'un associé commet dans la gestion des affaires sociales* ». La même règle s'applique aux liquidateurs (art. 585 al. 4 CO : « *La société répond du dommage résultant d'actes illicites qu'un liquidateur commet dans la gestion des affaires sociales* »). Les règles sur la société en commandite, qui y renvoient sous réserve d'éventuelles exceptions (cf. art. 598 al. 2, 603 et 619 al. 1 CO), ne prévoient pas de dérogation à ce régime. Ainsi, que l'on considère dogmatiquement que l'associé gérant d'une société de personne est un organe ou pas (ou qu'il est un quasi-organe)[1035], la réalité juridique concrète est qu'il existe une responsabilité de la société pour les actes illicites, comme celle que l'art. 55 al. 2 CC statue pour les personnes morales.

II. Conditions de la responsabilité de la personne morale

La **seule condition d'imputation** qui résulte de la jurisprudence est que l'acte   696 illicite doit « *entre[r], par un rapport fonctionnel, dans le cadre général des attributions de l'organe* »[1036], ce qui se détermine par une approche s'attachant

---

[1033] À savoir l'art. 826 al. 2 CO pour la Sàrl (« *Les dispositions du droit de la société anonyme concernant la dissolution de la société avec liquidation s'appliquent par analogie à la société à responsabilité limitée* ») et 913 al. 1 CO pour la coopérative (« *La liquidation de la société s'opère, sous réserve des dispositions qui suivent, en conformité des règles adoptées pour la société anonyme* »).

[1034] François RAYROUX, CR ad art. 743 CO (2017), N 19, retient qu'il s'agit de la même responsabilité que l'art. 722 CO.

[1035] L'importance – tout compte fait – secondaire de ce type de questions dogmatiques est abordée notamment dans l'introduction au présent ouvrage, *supra* N 3.

[1036] ATF 121 III 176 c. 4a (180), repris récemment par l'arrêt TF 17. 1. 2020, 4A_613/2018, c. 3.2.2. V. aussi ATF 101 Ib 422 c. 5b (436 : « *Le dommage doit ainsi être la conséquence d'opérations qui, vu la nature l'organe, sont de sa compétence* »). V. déjà ATF 55 II 23 (27 : « *Voraussetzung ist dabei, dass die Organe als solche gehandelt haben, bezw. dass*

à la « nature » abstraite ou au « type » d'acte au regard de ce qu'il y a lieu de considérer comme relevant généralement des compétences de l'organe[1037]. Bien entendu, la commission d'un acte illicite ne saurait en soi constituer une attribution de l'organe, mais un « rapport fonctionnel » avec ses attributions peut être facilement admis, dès que les activités pouvant être attendues de l'organe incluent le genre d'actes dont relève celui qui, en l'espèce, se trouve correspondre à un acte illicite[1038].

697 En d'autres termes, qui dessinent le **contour négatif** de la condition d'imputation, « *la personne morale ne répond [...] pas de l'acte commis par un organe à titre privé, même s'il a eu lieu à l'occasion de la gestion des affaires sociales* »[1039] ; il est précisé que le caractère privé de l'acte accompli par l'organe doit être « manifeste » (« *la personne morale ne répond pas des actes faits par un organe lorsque celui-ci agit manifestement non pas pour elle, mais comme particulier* »)[1040].

698 La jurisprudence peut sembler plus ou moins sévère. Il est ainsi arrivé qu'elle considère que le fait d'interagir avec le lésé comme « partenaire de spéculation » n'est « en rien » un acte qui rentre dans les attributions de l'organe d'une banque (bien que les créances traitées par les opérations spéculatives soient envers la banque)[1041]. Cela étant, le caractère spéculatif ou insolite d'opérations n'exclut pas forcément que l'acte entre dans le **cadre général des compétences**

---

der entstandene Schaden die Folge eines Verhaltens ist, dass angesichts der Natur der Organstellung an sich in den Rahmen der Organkompetenz fällt », formulation reprise littéralement par l'ATF 68 II 91 c. 3 [98]).

[1037] ATF 105 II 289 c. 5a (292): « *Erforderlich ist dabei, dass die Handlung ihrer Natur, ihrem Typus nach in den Bereich der Organkompetenz fällt* ». Cette approche coïncide avec le critère du *but social* comme limite aux pouvoirs de représentation de l'organe (cf. *supra* N 533-539).

[1038] Cela est exprimé dans l'arrêt TF 17. 1. 2020, 4A_6/2018 c. 3.2.2 en ces termes : « *La commission d'un acte illicite n'est certes jamais à proprement parler une attribution de l'organe, mais un rapport fonctionnel existe néanmoins dès que l'acte commis entre dans le cadre général de l'activité de l'organe au sein de la société anonyme* ».

[1039] ATF 121 III 176 c. 4a (180). V. aussi ATF 121 III 69 (74): « *Eine [...] Organhaftung [...] würde voraussetzen, dass F. bei der Einlösung der Checks als Organ der Klägerin und nicht bloss als Privatperson aufgetreten ist* ». Ég. TF 17. 1. 2020, 4A_613/2018, c. 3.2.2 (« *l'acte commis* à l'occasion de l'exercice *de ses attributions par l'organe, comme aussi l'acte que celui-ci commet à titre privé, ne sont pas imputables à la société anonyme* »).

[1040] ATF 105 Ib 422 c. 5a (436). V. ég. ATF 68 II 91 c. 3 (99: « *Handlungen [...], die das Organ offensichtlich als Privatperson für eigene Rechnung und im eigenen Namen vornahm* »).

[1041] ATF 68 II 91 c. 3 (99: « *als Spekulationspartner des Klägers, also in einer durchaus privaten Eigenschaft, die mit der Tätigkeit als Direktor nichts zu tun hatte* »).

de l'organe. Ainsi, le Tribunal fédéral a tranché dans un litige à rebondissements procéduraux que, bien que la bonne foi du lésé quant aux pouvoirs de l'organe ne puisse clairement pas être admise (étant perceptible que l'organe n'agissait pas dans l'intérêt de la société et abusait de son pouvoir, de sorte que le *contrat* ne liait pas la société), la responsabilité de la société devait néanmoins être retenue au titre de la commission *d'actes illicites* de l'organe, car celui-ci avait agi dans le cadre *général* de ses compétences considérées abstraitement, malgré le caractère fortement spéculatif (pour le lésé) et insolite (pour la société) des opérations en cause[1042].

Dans l'état actuel de la jurisprudence, l'imputation des actes illicites à la société est ainsi **sensiblement plus aisée qu'en matière contractuelle** : ce qui a été développé – en un siècle – en matière de restrictions aux pouvoirs de représentation, au titre de l'abus du pouvoir puis des conflits d'intérêts, et sous l'angle de la bonne foi objective (à savoir l'attention) exigée du cocontractant[1043], n'a pas cours ici[1044]. Une évolution n'est pas exclue, mais ses prémices ne nous semblent pas pouvoir être observées (d'autant moins que le défaut d'attention est tout de même pris en compte dans la problématique, à titre de facteur de réduction des dommages-intérêts[1045]).

699

[1042] La lecture conjointe des ATF 119 II 23 et 121 III 176 rendus dans le même litige permet de le saisir. À l'ATF 119 II 23, la bonne foi du cocontractant est niée au regard du déséquilibre des opérations (c. 3c/bb [28] : «*eu égard à la situation économique saine de la défenderesse – connue du demandeur – ainsi qu'aux conditions usuelles du marché de l'argent, l'offre proposée par les représentants – avec une charge d'intérêts de 22,8 % – ne pouvait que susciter l'interrogation chez l'intéressé ; elle le devait à plus forte raison que, par rapport aux avantages retirés par le demandeur, la défenderesse ne réalisait, au vu de l'art. 4 du contrat litigieux, qu'un profit minime (une commission de 5 % tandis que le demandeur récupérait sa mise de fonds augmentée de 40 % [...]*»*) ; le contrat ne lie donc pas la société, le représentant ayant abusé de son pouvoir de façon reconnaissable (*supra* N 569-574, spéc. n. 851 et 855-862). Mais à l'ATF 121 III 176 c. 4b (180), il est retenu que «*la conclusion des trois contrats entrait dans le cadre général des compétences de X., qui n'a pas agi à titre privé bien qu'il poursuivît un intérêt personnel*» ; la société est donc responsable au titre de l'imputation des actes illicites.

[1043] *Supra* N 562, 571-573, 587-594, 600 et 607-624.

[1044] On peut le voir dans la formule ramassée de l'arrêt TF 8. 4. 2008, 4A_357/2007, c. 4.2 («*La société répond aussi de leurs actes illicites, même si le tiers aurait pu s'en rendre compte*»).

[1045] *Infra* N 707.

700 L'imputation à la société n'est **pas exclue au motif que l'organe a agi dans son intérêt personnel**, plutôt que dans celui de la société[1046] .

701 Elle n'est **pas non plus exclue par l'absence d'un pouvoir de représentation**. Typiquement, l'organe qui n'a qu'un pouvoir de représentation collectif à deux peut néanmoins obliger la société par les actes illicites qu'il commet seul. Cela a été relevé à maintes reprises dans la pratique judiciaire[1047]. C'est là un cas d'application de la règle générale (que l'on vient d'énoncer[1048]), selon laquelle les restrictions aux pouvoirs de représentation (p. ex. au titre de l'abus reconnaissable du pouvoir, ou du conflit d'intérêts perceptible au tiers de bonne foi) n'empêchent pas la responsabilité de la société pour les actes illicites de ses organes. Cela vaut également pour les organes formels qui n'ont aucun pouvoir de représentation[1049], tout comme pour les « organes de fait », lesquels n'ont en principe jamais de pouvoir de représentation (on revient sur la définition des organes de fait ci-dessous, ch. III).

702 Enfin, puisque les organes constituent la personne morale, le **défaut de surveillance** (sur l'organe ayant agi illicitement) par les autres organes (ni quelque

---

[1046] ATF 121 III 176 c. 4a (180 : « *il importe peu que l'organe ait agi dans son intérêt personnel, et non dans celui de la société* ») et 89 II 239 c. 9 (252 : « *Ob dies im (vermeintlichen) Interesse der Gesellschaft oder im Interesse der betreffenden Person selber oder eines Dritten geschieht, ist unerheblich* »). L'ATF 95 II 442 c. 4-7 (450-456) pourrait être interprété en sens contraire, mais l'ATF 105 II 289 c. 7 (296) désavoue explicitement cette approche (v. ég. pour l'abandon de la jurisprudence résultant de l'ATF 95 II 442 en général, ATF 111 II 284 c. 3d [289]). Cela résulte aussi de l'ATF 101 Ib 422 c. 6b (439 : « *dans son intérêt personnel* ») *cum* c. 5a et b (435 s.). La règle est également énoncée dans l'arrêt récent TF 17. 1. 2020, A4_613/2018, c. 3.2.2 (« *Il importe peu que l'organe ait agi dans son intérêt personnel et non dans celui de la société, dès lors que cela est presque toujours le cas dans des affaires de ce genre* » ; cette dernière précision ne reflète pas qu'il n'est pas si rare que des actes illicites soient commis dans l'intérêt de la société, et donc seulement indirectement dans l'intérêt personnel de l'organe, étant bien entendu qu'il n'est *juridiquement* jamais « intéressant » de commettre un acte illicite au vu des devoirs de réparation).

[1047] Ainsi p. ex. ATF 121 III 176 c. 4b (181 : « *le fait qu'il ne disposait que de la signature collective n'empêche pas que ses actes soient imputés à la société* ») ; ATF 105 II 289 c. 5a *in fine* (292 : « *Kollektivvertretung schliesst Haftung für unerlaubte Handlung eines Einzelnen nicht aus* ») ; ATF 89 II 239 c. 8 *in fine* (251 : « *Der Umstand, dass [der Vizedirektor] nur kollektiv zeichnungsberechtigt war, ist für den Entscheid darüber, ob die Klägerin aus unerlaubter Handlung hafte, ohne Bedeutung* »). V. ég. TF 3. 9. 2009, 4A_271/2009, c. 2.1 (« *Il s'agit là* [aux art. 55 al. 2 CC et 722 CO] *d'une construction juridique totalement indépendante du problème de la signature collective à deux pour conclure des contrats* »). V. ég. PETER/CAVADINI, CR ad art. 722 CO (2017), N 12.

[1048] *Supra* ad n. 1044.

[1049] Ainsi ATF 105 II 289 c. 5b (« *Die Haftung setzt nicht auch Vertretungsbefugnis voraus* », encore plus large que le c. 5a cité *supra* n. 1047).

faute que ce soit de ces autres organes) **n'est pas une condition de l'imputation**[1050]. La responsabilité de la personne morale existe de par le seul acte illicite – fautif – de l'organe qui a agi.

Ainsi, la personne morale « *répond du comportement délictuel de son organe comme s'il était le sien* »[1051], mais **il ne s'agit pas en soi d'une responsabilité causale** : en effet, la responsabilité visée est celle qui relève en principe de l'art. 41 CO, à savoir une responsabilité pour faute – celle de la personne qui se trouve être l'organe agissant en cette qualité. 703

Cela étant, des normes spéciales prévoyant une responsabilité sans faute pour un acte illicite peuvent s'appliquer[1052], avec l'effet qu'un comportement illicite non fautif de l'organe soit imputé à la personne morale dans le cadre de l'art. 55 al. 2 CC (et des art. 722, 817 et 899 al. 3 CO qui y correspondent[1053]). 704

Ces cas particuliers de responsabilité sans faute mis à part, on peut répertorier les **conditions de la responsabilité** comme ceci : l'acte de l'organe commis en cette qualité doit (i) être illicite (ii) et fautif, et il doit avoir (iii) causé un dom- 705

[1050] Cf. ATF 121 III 176 c. 4d (182 : «*Dans le système de l'art. 718 al. 3 aCO* [art. 722 CO-1991], *la société anonyme répond du comportement délictuel de son organe comme s'il était le sien. Il s'agit d'une responsabilité légale pour un comportement imputé à la personne morale par une fiction, et non d'une responsabilité causale pour l'acte d'autrui*»). V. aussi Andrew GARBARSKI, CR ad art. 817 CO (2017), N 7 : «*la personne morale ne peut pas apporter de preuve libératoire. [...] elle ne peut s'exonérer de la responsabilité fondée sur l'art. 817 CO pour le motif qu'elle aurait correctement choisi (*cura in eligendo*), instruit (*cura in instruendo*) ou surveillé (*cura in custodiendo*) l'organe*». V. ég. *infra* N 711 ad n. 1068 et 1071.

[1051] TF 17.1.2020, 4A_613/2018, c. 3.1, 1er par. *in fine*; TF 17.4.2020, 4A_616/2019 c. 4.1.2, reprenant la formulation figurant à l'ATF 121 III 176 c. 4a (182). V. aussi ATF 146 III 37 c. 5.1.1 (41).

[1052] Ainsi en va-t-il p. ex., outre des responsabilités liées à des risques accrus – comme ceux découlant de l'usage d'un véhicule automobile (art. 58 s. LCR), d'une installation électrique (art. 27 ss de la Loi sur les installations électriques [RS 734.0]) ou ferroviaire (art. 40b s. de la Loi sur les chemins de fer [RS 742.101]) – de la responsabilité pour séquestre injustifié de l'art. 273 LP (cf. ATF 139 III 93 c. 4.2 [96]). Andrew GARBARSKI, CR ad art. 817 CO (2017), N 7 nous semble relever à raison que «*le plus souvent*» les conditions des responsabilités causales sont «*remplies directement*» par la personne morale (ainsi la qualité de propriétaire d'immeuble, art. 58 CO, ou de détenteur de véhicule, art. 58 LCR), mais il ne nous paraît pas exact de dire que l'art. 817 CO (tout comme les art. 55 al. CC, 722 ou 899 al. 3 CO) «*ne s'applique pas aux cas de responsabilité causale*».

[1053] *Supra* N 692.

mage (iv) d'une façon qui correspond aux critères de la causalité naturelle et adéquate[1054].

706 Les **autres principes généraux de la responsabilité** s'appliquent également. Ainsi, « *le lésé doit se laisser opposer le fait qu'il a lui-même contribué à produire son propre dommage. Sa faute ou son fait concomitant peut être, soit un facteur d'exclusion de la responsabilité de la [personne morale] s'il est suffisamment grave pour interrompre le lien de causalité adéquate [...] soit un facteur de réduction de la réparation de son dommage, conformément à l'art. 44 al. 1 CO* »[1055]. En particulier, « *la faute concomitante ou le fait concomitant du lésé interrompt le lien de causalité adéquate lorsque cette faute est si grave ou ce fait si déterminant qu'ils font apparaître comme lointaine la cause dont répond l'auteur recherché* »[1056].

707 La doctrine soutient que le **manque de diligence du lésé** au sens de l'art. 3 al. 2 CC, en particulier un défaut d'attention au fait que l'organe agit dans son intérêt personnel et non dans celui de la société (ce qui empêche la validité des contrats passés par l'organe[1057], mais non la responsabilité délictuelle de la personne morale[1058]) peut bel et bien constituer une faute concomitante ; cela pour conséquence une réduction du montant des dommages-intérêts dus par la personne morale[1059]. Il semble évident qu'en cas de *collusion* entre le lésé et l'organe de

---

[1054] Cf. p. ex. PETER/CAVADINI, CR ad art. 722 CO (2017), N 3 ; Andrew GARBARSKI, CR ad art. 817 CO (2017), N 6 ; ATF 121 III 176 c. 4a *in fine* (189 : « *la prétention fondée sur l'art. 718 al. 3 aCO* [722 CO-1991] *est soumise aux conditions habituelles de la responsabilité aquilienne, soit un dommage, un acte illicite, une faute et un lien de causalité adéquate entre l'acte incriminé et le préjudice* »). L'arrêt TF 17. 4. 2020, 4A_616/2019 c. 4.1.2 (2ᵉ par.) fait une énumération qui réunit les conditions des art. 722 et 41 CO, ce qui aboutit à six conditions (« *L'imputation des actes illicites à la société anonyme est soumise aux conditions de l'art. 722 CO et à celles de la responsabilité aquilienne de l'art. 41 al. 1 CO, soit aux six conditions suivantes : (1) un acte d'un organe ; (2) un acte commis dans la gestion des affaires sociales ; (3) un dommage ; (4) un acte illicite ; (5) une faute et (6) un lien de causalité naturelle et adéquate entre l'acte incriminé et le dommage* » ; identique, TF 17. 1. 2020, 4A_613/2018, c. 3.2, 1ᵉʳ par.).

[1055] Ainsi TF 17. 1. 2020, 4A_613/2018, c. 3.2 (2ᵉ par.) ; TF 17. 4. 2020, 4A_616/2019 c. 4.1.3.

[1056] TF 17. 4. 2020, 4A_616/2019 c. 4.1.3 *in fine*.

[1057] *Supra* N 569-574, spéc. n. 851 et 855-862, et N 698, spéc. n. 1042.

[1058] *Supra* N 699-701.

[1059] Cf. Rolf WATTER (1985), N 246 ; Julia XOUDIS, CR ad art. 54/55 CC (2010), N 56 ; Andrew GARBARSKI, CR ad art. 817 CO (2017), N 9.

la société, soit de volonté conjointe de nuire à celle-ci[1060], elle ne peut être tenue responsable[1061].

Il a été exprimé dans la jurisprudence qu'il y a lieu de rejeter une forme de « compensation des fautes » pour le cas où un **défaut de surveillance sur son organe** pourrait être reproché à la société[1062] ; à l'inverse, une partie de la doctrine retient que des telles circonstances pourraient permettre au lésé d'être pleinement indemnisé même en cas de faute concomitante[1063]. 708

III.   L'extension aux « organes de fait »

La jurisprudence a très tôt donné à la notion d'organe figurant à l'art. 55 CC un **contour large**, en ceci qu'elle doit être comprise comme incluant non seulement les personnes qui occupent les positions qui leur donnent d'après la loi ou les statuts le pouvoir de diriger la société, mais également toutes les personnes qui, concrètement, participent d'une façon décisive à la formation de la volonté sociale[1064]. 709

Cette approche large repose sur la **préoccupation** d'assurer que la responsabilité délictuelle civile[1065] des personnes morales ne soit pas injustement ré- 710

[1060] Sur la collusion, *supra* N 562 (spéc. ad n. 843) et 570.

[1061] ATF 121 III 176 c. 4d (182 : «*A titre de faute concomitante, la négligence du tiers sera néanmoins un facteur qui influera sur le calcul des dommages-intérêts ; si le tiers est véritablement de mauvaise foi, par exemple en cas de collusion avec l'organe de la société anonyme, il y aura même rupture du lien de causalité adéquate, supprimant toute prétention en dommages-intérêts*».

[1062] ATF 121 III 176 c. 4d (182 : «*une éventuelle 'faute additionnelle' de la personne morale – en particulier un défaut de surveillance de l'organe – n'a pas à être prise en compte dans la détermination des dommages-intérêts et ne peut donc pas compenser, même partiellement, la faute concomitante du lésé. [...] Cette construction juridique exclut que la société anonyme réponde, de par la loi, du comportement fautif d'un organe et que, de surcroît, sa responsabilité soit aggravée, en cas de faute concomitante du lésé, parce qu'elle n'a pas empêché l'acte délictueux en question*».

[1063] En ce sens, Andrew GARBARSKI, CR ad art. 817 CO (2017), N 9b-9c ; PETER/CAVADINI, CR ad art. 722 CO (2017), N 6 ; Rolf WATTER, BK ad art. 722 CO (2016), N 20 ; Rolf WATTER (1985), N 247.

[1064] Dans son principe, la jurisprudence s'avère particulièrement stable, de l'ATF 48 II 1 à l'ATF 146 III 37, soit pendant un siècle entier. Elle remonte même à l'ATF 20 (1894) 1088, antérieur à l'adoption de l'art. 55 CC (1907).

[1065] La responsabilité *pénale* de l'entreprise est un autre sujet, qui a évolué bien plus tardivement.

duite[1066]. En particulier, la réalité des grandes entreprises veut que des décisions importantes soient prises par d'autres personnes que les administrateurs ou directeurs, qui sont pourtant les seuls organes formels. Par exemple, le conseil d'administration n'a très souvent, en pratique, qu'une fonction de surveillance[1067], ce qui implique que les décisions de gestion sont toutes prises à un échelon inférieur, voire bien plus bas encore dans la hiérarchie formelle. L'échelon opérationnel est parfois très éloigné des organes formels, et si des décisions de gestion y sont prises de façon autonome, il est juste que la personne morale n'échappe pas à la responsabilité délictuelle découlant de telles décisions lorsqu'elles constituent des actes illicites.

711 Fixer **la limite** n'est pas toujours simple. S'il ne faut pas restreindre excessivement la responsabilité délictuelle civile de la société, il n'y a pas lieu non plus d'étendre sans frein la notion d'organe[1068]. La jurisprudence a connu des variations (il est arrivé que le chef monteur d'une usine électrique soit reconnu organe[1069], ce qu'un arrêt ultérieur a paru trouver douteux, refusant *in concreto* qu'un contremaître soit qualifié d'organe[1070]). Du point de vue de la définition,

---

[1066] L'ATF 48 (1922) II 1 c. 2 (7) est le plus explicite : « *Aus der Entstehungsgeschichte des Gesetzes geht hervor, dass bei der Aufnahme der Bestimmungen der Art. 54 und 55 ZGB und der darin liegenden Anerkennung der Organtheorie dem Gesetzgeber in erster Linie das Ziel einer billigen Haftungsverteilung durch ausdrückliche Feststellung der Deliktsfähigkeit der juristischen Personen vor Augen stand* ». La même préoccupation est exprimée à l'ATF 101 Ib 422 (435) : « *si l'on veut ne pas rendre illusoire la protection qu'institue l'art. 55 CC, on ne peut pas se borner à qualifier d'organe la personne ou le groupe de personnes auxquels, suivant l'espèce de personnes dont il s'agit, la loi confère cette qualité ; mais encore faut-il qu'il s'agisse de[s] personnes ou groupes de personnes qui, de par la situation qu'ils occupent dans l'affaire et les pouvoirs qui leur sont dévolus par les statuts ou les règles qui régissent l'organisation interne de l'affaire, participent effectivement et d'une façon décisive à la formation de la volonté sociale* ».

[1067] Ainsi l'ATF 48 II 1 c. 2 (7 : « *Namentlich die Entwicklung der Organisation der grossen Erwerbsgesellschaften [...] zeigt nun aber, dass in sehr vielen Fällen der obersten Verwaltungsinstanz nur ein allgemeines Aufsichtsrecht eingeräumt, während die eigentliche Geschäftsführung Dritten übertragen wird* »).

[1068] Étant rappelé que l'enjeu est la responsabilité de la personne morale sans possibilité d'exonération, puisque la responsabilité pour les actes des « simples employés » (même cadres) et autres auxiliaires n'est pas exclue, mais sujette à la faculté de la personne morale de se libérer en prouvant avoir choisi, instruit et surveillé l'auxiliaire avec diligence (art. 55 CC), cf. *supra* N 691 et 702 (spéc. n. 1050) et *infra* ad n. 1071.

[1069] ATF 59 II 428 c. 1 (531).

[1070] ATF 68 II 287 c. 3 (290 : « *On peut se demander si une pareille extension de la notion d'organe résisterait à un nouvel examen. Mais, quoi qu'il en soit, on ne saurait reconnaître cette qualité à un simple contremaître [...] dont la fonction se borne à diriger et surveiller une équipe de manœuvres chargés de travaux de force dans une grande entreprise. De tels auxiliaires, à la différence d'un gérant, p. ex., ne collaborent pas d'une manière décisive à former la volonté de la personne morale* »). Cela a été confirmé à l'ATF

on peut opposer la notion d'organe à celle d'auxiliaire (*Hilfsperson*, qui figure à l'art. 55 CO, lequel crée un autre régime de responsabilité)[1071]. Le critère a été énoncé que la qualité d'organe ne peut être reconnue à ceux qui sont « *de simples préposés vis-à-vis desquels la personne morale se trouve seulement dans un rapport de maître à employé, et qui occupent à son égard la même situation que celle des employés d'une personne physique vis-à-vis de leur employeur* »[1072] ou les personnes qui n'ont que « *des fonctions de surveillance et d'exécution* »[1073] (la « surveillance » d'une équipe ou même d'une unité de production se distinguant évidemment de la *haute surveillance* de la société qui appartient à l'organe dirigeant comme le conseil d'administration, art. 716a al. 1 ch. 5 CO). Le fait de prendre soi-même des décisions même importantes *dans le cadre de la préparation et de l'exécution des décisions principales* de gestion ne devrait en soi pas suffire à être qualifié d'organe[1074]. Il n'est pas suffisant d'être un cadre de la société pour être un organe[1075]. Les organes sont ceux qui « *tiennent les leviers de commande de l'entreprise [...] tandis que les*

---

81 II 223 (228 : la qualité d'organe n'est pas reconnue à un contremaître, car il ne suffisait pas qu'il ait eu « *à vérifier l'état des machines, à s'assurer qu'elles fonctionnaient normalement, qu'il avait été chargé de prendre contact avec la Caisse nationale au sujet des mesures de sécurité à prendre, que c'est à lui, enfin, qu'elle avait donné les instructions nécessaires* »).

[1071] Ainsi, outre l'ATF 68 II 287 précité (n. 1070), l'ATF 105 II 289 c. 5 *pr.* et c (292 s.) mentionne clairement qu'il s'agit de distinguer ces deux régimes de responsabilité. L'ATF 59 II 428 c. 1 (531) mentionne lui aussi « *die Unterscheidung der Organe von blossen Hilfspersonen bei Anwendung der deliktischen Haftung der juristischen Person* ». Sans qu'il utilise le terme d'auxiliaire (*Hilfsperson*), c'est bien sur ce critère que l'ATF 48 II 1 c. 2 (7 ss) se fonde.

[1072] ATF 20 1088 (1122).

[1073] ATF 81 II 223 (228).

[1074] ATF 128 III 29 c. 3a (31 : « *Angestellte auf einer hierarchisch untergeordneten Stufe kommen jedenfalls auch dann nicht als Organe in Betracht, wenn sie im Rahmen von Entschlussvorbereitungen oder -ausführungen Entscheide von erheblicher Bedeutung fällen* »). V. aussi ATF 117 II 570 c. 3 (573) cité *infra* n. 1076.

[1075] Ainsi TF 10. 2. 2009, 4A_544/2008, c. 2.3 : « *Que l'on ait pu croire qu'il était chargé de la gestion de comptes de clients ne lui donne en aucun cas la qualité d'organe, mais seulement d'employé avec un certain domaine de compétence. Qu'il ait eu un grand bureau et une secrétaire à sa disposition ne permet en rien de le qualifier d'organe, plutôt que d'employé exerçant une fonction de cadre. Une banque peut parfaitement, pour des raisons de prestige, attribuer de vastes bureaux à ses cadres, sans que cela ne permette en aucune façon de déduire qu'ils ont les pouvoirs d'un organe. L'inscription d'une signature au registre du commerce ne suffit pas pour créer l'apparence d'un organe [...]. En tout cas, on ne voit pas que la banque, par son fait, ait donné l'apparence que le directeur adjoint était davantage qu'un employé subordonné exerçant une fonction de cadre* ».

simples auxiliaires [...] n'ont en général que des fonctions bien délimitées, dans une position subordonnée »[1076].

712   Au-delà des personnes qui occupent officiellement, à un échelon ou un autre, une fonction dans la société, la notion d'organe a été étendue dans une autre direction, pour saisir les personnes qui dirigent de fait la société, **sans n'avoir officiellement le moindre rôle dans sa gestion** (non seulement elles ne sont pas des organes formels, mais pas non plus des employés). L'organe de fait dans ce sens-ci est le plus souvent l'actionnaire unique, qu'il s'agisse d'une personne physique ou d'une société mère (holding)[1077] qui s'immisce dans la gestion et prend les décisions à la place des organes formels ; on précisera qu'une personne morale, notamment une société mère, peut être organe de fait[1078] (même si la fonction d'organe formel est réservée aux personnes physiques[1079]). Il peut s'agir d'une personne dont l'influence s'exerce (en « tirant les ficelles dans l'ombre ») sans qu'elle ait une participation directe au capital ni même quelque participation indirecte que ce soit, seuls des aspects informels expliquant cette influence (il peut s'agir d'une structure familiale patriarcale, d'un grand prestige ou de moyens de pression de diverses natures).

713   Dans certains cas, lorsqu'un **créancier** obtient des moyens de contrôle qui lui font prendre des décisions de gestion, il peut devenir organe de fait. On ne peut admettre à la légère qu'il ait acquis une telle qualité. En particulier, le droit de regard voire de veto du créancier sur des actes précis peut relever d'une simple « aide à la décision »[1080], qui ne fait pas de lui un organe de fait. Mais si les organes formels n'ont plus le pouvoir décisionnel de gestion en raison du rôle pris par le créancier, il se produit un glissement vers une qualité d'organe de fait.

[1076] ATF 68 II 287 c. 3 (290). Dans la jurisprudence plus récente, on peut se référer à l'arrêt TF 10. 2. 2009, 4A_544/2008, cité *supra* n. 1075. V. aussi ATF 117 II 570 c. 3 (573 : « *Eine blosse Mithilfe bei der Entscheidfassung genügt nicht. An weitreichenden gesellschaftsrechtlichen oder -politischen Entscheiden wirkt in grösseren Gesellschaften oder Konzernen in der Regel ein breiter Kreis von auch hierarchisch untergeordneten Angestellten mit* ») et ATF 128 III 29 c. 3a (31) cité *supra* n. 1074.

[1077] ATF 128 III 92 c. 3a (94), dans lequel l'administrateur de la société mère est qualifié d'organe de fait de la filiale.

[1078] Cf. p. ex. ROUILLER/BAUEN/BERNET/LASSERRE ROUILLER (2022), N 676 ; HOFSTETTER/LANG (2013), p. 234 ad n. 1 (« *Haftung der Mutter als faktisches Organ* »).

[1079] *Supra* N 679 s.

[1080] ATF 136 III 14 c. 2.4 (21 : « *une simple aide à la décision ne suffit pas pour conférer le statut d'organe de fait* » ; ce concept « d'aide à la décision » a, selon nous, pour origine les ATF 117 II 570 et 128 III 29 cités *supra* n. 1074 et 1076, et il n'est pas certain qu'il reflète de façon réaliste les types d'intervention des créanciers lorsqu'ils se mêlent de gestion en considérant que le recouvrement de leurs prétentions est menacé).

Un tel organe de fait n'a **souvent pas le pouvoir de représenter la société**   714
envers les tiers (même si cela peut aussi survenir, notamment à titre de procuration accordée par tolérance[1081]), mais cela n'entrave pas la responsabilité délictuelle de la société[1082] au sens de l'art. 55 CC (et des art. 722, 817 et 899 al. 3
CO qui y correspondent).

On s'accorde à relever que la qualité d'organe de fait ne peut être reconnue à une   715
personne que si la position est conférée pendant une certaine durée[1083]. Si elle ne
l'est que ponctuellement, c'est-à-dire à une ou deux reprises, cela ne devrait pas
suffire. À notre sens, le critère temporel de la position conférée est secondaire.
Ce qui importe, c'est l'impact des décisions[1084]. S'il est substantiel, **ses *effets***
***potentiels* sont durables** (il n'est pas décisif que, par des contre-mesures posté-
rieures aux agissements de l'organe de fait, un impact négatif ait pu être éliminé).

La notion d'organe de fait joue aussi en pratique un rôle important pour **tenir**   716
responsable la personne de l'organe (au titre des fautes de gestion, soit notamment sous l'angle de l'art. 754[1085] et 916 s. CO[1086]) – plus d'ailleurs que
pour tenir la personne morale responsable au titre de l'art. 55 al. 2 CC. C'est le
lieu de relever que si une personne s'est *de facto* arrogé une fonction d'organe

---

[1081] Cf. *supra* N 611-615.
[1082] Cf. p. ex. ATF 146 III 37 c. 6.1 (42).
[1083] Ainsi ATF 128 III 29 c. 3a (31 : « *In der Lehre wird überwiegend verlangt, dass jedenfalls
eine dauernde Zuständigkeit für gewisse, das Alltagsgeschäft generell übersteigende
Entscheide in eigener Verantwortung wahrgenommen wird, die sich spürbar auf das
Geschäftsergebnis auswirken* ») ; v. ég. TF 29. 12. 2020, 9C_68/2020, c. 5.2.1 (« *D'autres
personnes possèdent toutefois la qualité d'organe de fait de la société. Il s'agit des celles
qui participent de façon durable, concrète et décisive à la formation de la volonté sociale
dans un vaste domaine dépassant les affaires courantes* »). V. ég. p. ex. Philippe Meier
(2021), N 1016.
[1084] Il nous apparaît que les arrêts qui mentionnent le critère de la durée relèvent en réalité que
c'est bel et bien l'impact (et non la durée) qui est décisif : ainsi l'ATF 128 III 29 c. 3a (31)
cité *supra* n. 1083 énonce-t-il l'impact tangible (« *spürbar[e] Auswirk[ung]* ») sur le résultat de l'entreprise ; de même dans l'arrêt TF 29. 12. 2020, 9C_68/2020, c. 5.2.1 précité :
« *Dans cette éventualité, il faut cependant que la personne en question ait eu la possibilité
de causer un dommage ou de l'empêcher, c'est-à-dire qu'elle ait effectivement exercé une
influence sur la marche des affaires de la société* », qui reprend une formulation de l'ATF
132 III 523 c. 4.5 (529), alors que cet arrêt ne mentionne pas le critère de la durée en soi.
[1085] L'art. 827 CO y renvoie pour la Sàrl.
[1086] On peut aussi citer l'art. 55 al. 3 CC pour la responsabilité personnelle de l'organe,
puisqu'il l'énonce explicitement, mais la mise en œuvre de cette responsabilité personnelle – notamment auprès des actionnaires ou créanciers lésés *indirectement* par un acte
illicite de l'organe – dépend de conditions plus complexes que le libellé de cette disposition ne le laisse penser ; elles sont traitées en rapport avec l'art. 754 et 916 s. CO, *infra*
N 1105, étant précisé que lorsque seul est lésé le patrimoine du tiers, l'art. 55 al. 3 CC a
une fonction conceptuelle utile).

en ignorant les structures de la société, elle est soumise aux devoirs de fidélité (loyauté) et de diligence qui s'imposent aux organes formels (art. 717, 812 et 902 CO)[1087].

717 Du point de vue **terminologique**, un certain flottement peut être observé dans la distinction entre « organes matériels » et « organes de fait », ou l'absence de distinction[1088]. Il arrive que le terme d'organe de fait se réfère à tous les organes qui ne sont pas les organes formels[1089]. Une telle acception ne poserait pas de problème conceptuel. Cela étant, la division en trois catégories peut être utile sémantiquement, si on les délimite ainsi[1090] :

(i) les organes formels sont les personnes à qui la loi attribue la gestion de la société, à savoir les administrateurs et directeurs dans la société anonyme, les gérants et directeurs dans la société à responsabilité limitée, les administrateurs, gérants et directeurs dans la coopérative[1091] ;

[1087] Ainsi Hans Caspar VON DER CRONE (2020), N 1842 (« *Ist die faktische Organschaft einmal begründet, so entspricht sie bezüglich der damit verbundenen Pflichten derjenigen eines statutarischen Organs* »).

[1088] Dans les formulations les plus récentes, la distinction ne paraît pas effectuée. Cf. p. ex. TF 17. 1. 2020, 4A_613/2018, c. 3.2.1 (« *non seulement les organes au sens formel, comme les membres du conseil d'administration ou les directeurs, mais également les organes au sens matériel ou de fait, c'est-à-dire les personnes qui exercent* de facto *des fonctions dirigeantes, peuvent prendre des décisions de manière indépendante et participent ainsi effectivement d'une façon décisive à la formation de la volonté sociale* » ; identique, ATF 146 III 37 c. 6.1 [43], suivi toutefois de la précision citée *infra* n. 1092) ; v. aussi TF 29. 12. 2020, 9C_68/2020, c. 5.2.1. L'ATF 121 III 176 c. 4a (179) employait le terme d'organe « au sens matériel » pour les deux catégories (« *non seulement les organes au sens formel – membres du conseil d'administration, directeurs – mais également les organes au sens matériel, c'est-à-dire les personnes qui ont la compétence de prendre des décisions indépendantes et qui participent ainsi effectivement à la gestion des affaires sociales* »). V. aussi ATF 128 III 29 c. 3a, relatif à l'art. 754 CO (« *Als mit der Verwaltung oder Geschäftsführung betraut im Sinne dieser Bestimmung gelten nicht nur Entscheidungsorgane, die ausdrücklich als solche ernannt worden sind. Auch Personen, die tatsächlich Organen vorbehaltene Entscheide treffen oder die eigentliche Geschäftsführung besorgen und so die Willensbildung der Gesellschaft massgebend mitbestimmen, fallen in den Anwendungsbereich der genannten Bestimmung* ») ; identique, ATF 128 III 92 c. 3a (93).

[1089] Cf. p. ex. Philippe MEIER (2021), N 1016 ; ég. N 1014.

[1090] On peut se référer à l'étude de Michael WYTTENBACH, Formelle, materielle und faktische Organe - einheitlicher Organbegriff ? (Bâle, 2013), qui nous apparaît être la plus complète sur le plan des catégorisations possibles.

[1091] On peut distinguer les organes formels *légaux* et les organes formels *statutaires* (ainsi p. ex. Philippe MEIER [2021], N 1015). Les statuts ne peuvent toutefois créer une qualité d'organe que si cette possibilité est prévue par la loi (de sorte que les organes statutaires sont aussi légaux). Sans être pour autant erronée, cette distinction, qui a une certaine valeur descriptive, ne nous paraît guère utile.

(ii) les organes matériels sont les personnes officiellement intégrées dans la société, auxquelles est confié – de par la répartition des tâches – le pouvoir de contribuer à la formation de la volonté sociale[1092], en prenant des décisions de façon indépendante, sans être organes formels ;

(iii) les organes de fait sont les personnes qui s'arrogent un pouvoir de décision en matière de gestion qui ne leur revient pas selon l'organisation officielle de la société.

Il est possible de renoncer à la notion d'organes matériels et de qualifier les organes caractérisés aux ch. (ii) et (iii) ci-dessus d'organes de fait, ceux de la troisième catégorie pouvant être qualifiés d'« organes de pur fait »[1093] ou « d'organes de fait au sens étroit ». 718

IV. La notion problématique de l'« organe apparent »

Il faut encore relever l'apparition relativement récente de la notion d'*organe apparent*, qualité qu'auraient « *les personnes auxquelles la société anonyme a donné l'apparence qu'elles sont des organes formels ou ont les pouvoirs d'organes de fait alors qu'elles ne les possèdent pas en réalité* »[1094]. 719

[1092] Contrairement à de nombreux arrêts récents (*supra* n. 1088), l'ATF 146 III 37 énonce distinctivement les organes matériels (c. 6.1 [43] : « *les organes formels, qui ont une compétence décisionnelle et ont été expressément désignés comme tels, les organes matériels, qui se sont vu conférer des pouvoirs à l'interne, et les organes de fait, soit toutes les personnes qui prennent en fait des décisions réservées aux organes ou qui se chargent de la gestion proprement dite des affaires et qui participent ainsi de manière décisive à la volonté de la société* »), mais il n'en résulte pas une définition distinctive, puisque celle d'organe de fait englobe ici manifestement celle d'organe matériel. Les deux arrêts précédents qu'il cite (ATF 128 III 29 c. 3a et 128 III 92 c. 3) ne mentionnent en réalité pas la notion d'organe matériel.

[1093] Cf. notre proposition *in* ROUILLER/BAUEN/BERNET/LASSERRE ROUILLER (2022), N 561, n. 1770.

[1094] Formulation dans l'arrêt TF 17. 1. 2020, 4A_613/2018, c. 3.2.1 (2e par.), et ATF 146 III 37 c. 6.1 (43), se référant tous deux à l'ATF 117 II 570 c. 3, lequel énonce (571) : « *In der neueren Literatur wird zudem darauf hingewiesen, dass die Organeigenschaft auch dann anzunehmen sei, wenn nach dem Vertrauensgrundsatz aus den äusseren Umständen auf eine solche Stellung geschlossen werden dürfe* ». L'arrêt TF 10. 2. 2009, 4A_544/2008, c. 2.3 (également cité par l'ATF 146 III 37 c. 6.1 [43]) nie l'existence *in casu* de toute qualité d'organe, tout comme l'arrêt TF 29. 4. 2008, 4A_54/2008, c. 3.6 (lequel donne toutefois la précision suivante : « *L'organe apparent se distingue de l'organe formel par le fait qu'aucune désignation formelle n'a été effectuée, et de l'organe matériel par le fait que sa qualité ne dépend pas d'une participation effective et déterminante à la formation de la volonté de la personne morale* »). V. ég. p. ex. Philippe MEIER (2021), N 1017.

720 La justification serait le principe de la confiance et la nécessité de protéger la bonne foi des tiers[1095].

721 Cette justification, et avec elle la notion d'organe apparent, nous paraissent résulter d'une confusion. En effet, le principe de la confiance a pour fonction de déterminer si une personne peut croire de bonne foi à l'existence de pouvoirs de représentation, ce qui a pour conséquence qu'un contrat conclu par le représentant est valide (sous l'angle de la représentation, qui est efficace)[1096]. La responsabilité délictuelle civile de la personne morale pour l'acte illicite de ses organes repose sur l'idée que la personne morale doit répondre des actes accomplis par les personnes qui déterminent réellement sa volonté. Comme relevé dans la jurisprudence originelle[1097], c'était là la préoccupation du législateur : ne pas restreindre la responsabilité délictuelle civile de la personne morale alors que, notamment dans les grandes entreprises, les décisions de gestion importantes sont prises à des échelons inférieurs[1098] ; il s'agit de rendre socialement acceptable l'existence des entités artificielles que sont les personnes morales en ne permettant pas à une telle entité de s'exonérer lorsque les personnes physiques qui constituent l'essence de son existence réelle, en prenant les décisions de gestion principales[1099], agissent illicitement. Si une personne physique n'est qu'un « organe apparent », cela présuppose qu'elle n'est précisément pas un organe et n'a donc pas le pouvoir de déterminer de façon décisive la volonté de la société. Une telle personne physique n'est nullement constitutive de la personne morale. Il ne se justifie en aucune façon d'imputer à la société les actes illicites de cette personne sans possibilité d'exonération (c'est-à-dire sans permettre à la société, si la personne est un de ses employés ou auxiliaires, d'invoquer les preuves libératoires d'un choix diligent, d'instructions raisonnables et d'une surveillance suffisante[1100], au sens de l'art. 55 CO).

[1095] Voir la formulation de l'ATF 117 II 570 c. 3 (571) citée *supra* n. 1094, qui ne fait en réalité que se référer à une opinion doctrinale sans l'adopter explicitement ; l'arrêt TF 29. 4. 2008, 4A_54/2008, c. 3.2.3, qui mentionne la protection de la bonne foi, se réfère uniquement à l'ATF 117 II 570 précité (« *l'organe apparent résulte d'une information imputable à la personne morale et à l'intéressé, qui peut résulter d'actes concluants, dont un tiers peut déduire de bonne foi la qualité d'organe de l'intéressé qu'il ne possède pas en réalité* »). V. aussi Philippe MEIER (2021), N 1017, ad n. 2518 s.

[1096] *Supra* N 562, 571-573, 587-594, 600, 607-624 et 699-701.

[1097] ATF 48 I 1 (7 s.).

[1098] *Supra* N 710.

[1099] *Supra* N 691 ; ég. N 516, n. 765.

[1100] *Cura[e] in eligendo, in instruendo et in custodiendo*, cf. *supra* N 691, 702 (spéc. n. 1050) et N 711 (spéc. n. 1068).

Il résulte de cette analyse que la notion d'organe apparent (pour traiter la res-   722
ponsabilité délictuelle de la personne morale) mériterait d'être abandonnée.
Cela ne restreint en rien l'importance de la notion de *pouvoirs de représentation apparents*[1101] ; bien au contraire, cela permet d'éviter d'en mal saisir la
portée.

[1101] *Supra* N 616-622.

§ 10 L'étanchéité (ou séparation) des patrimoines

I. Le principe

723 L'étanchéité du patrimoine de la personne morale par rapport à celui ou ceux de ses propriétaires[1102] et de ses organes est une conséquence pratique essentielle ou une **caractéristique de l'existence même d'une personne morale**. La règle est particulièrement frappante lorsqu'une personne morale a un seul propriétaire, qui plus est membre unique de l'organe de gestion : cette situation n'était pas envisagée[1103] lorsque la notion de personnes morales s'est fermement établie au XIXᵉ s. et dans la première phase de leur propagation – les sociétés étaient conçues comme ayant un nombre minimal de membres (selon la législation, au moins trois, voire sept[1104]).

[1102] On parle souvent de *sociétaires*, mais le terme de propriétaires est opportun pour discuter la question de l'étanchéité des patrimoines. Pour le terme «*owners*» dans ce contexte, ARMOUR/WHINCOP, The Proprietary Foundations of Corporate Law, Oxford Journal of Legal Studies 2007 p. 429, 436-448 ; KRAAKMAN et al., The Anatomy of Corporate Law (3ᵉ ed. 2017), p. 5 s., n. 12.

[1103] Ainsi explicitement ATF 144 III 541 c. 8.3.1 (545) au sujet de la «*société anonyme à actionnaire unique ('*Einmanngesellschaft*')*» : «*bien que ce genre de structure ne corresponde pas à la société anonyme type, telle que la voulait le législateur, c'est-à-dire une société de caractère capitaliste et collectiviste qui exerce une activité commerciale ou industrielle, [il est], [en tant que] création de la pratique, [...] néanmoins toléré en droit suisse et, malgré l'identité économique entre la société et l'actionnaire, on les traite en principe comme des sujets de droit distincts, avec des patrimoines séparés*».

[1104] En droit suisse, la conception initiale de la société anonyme, en 1881, était qu'aucun actionnaire ne pouvait réunir plus de 20 % des voix, ce qui signifie que le législateur n'avait envisagé que des sociétés anonymes d'au moins cinq actionnaires (art. 640 al. 2, 2ᵉ phr., aCFO-1881 : «*En aucun cas un seul actionnaire ne peut réunir entre ses mains plus du cinquième des droits de vote qui se trouvent représentés dans l'assemblée générale*»). De 1936 à 2007, l'art. 625 al. 2 aCO-1936 faisait d'un nombre d'actionnaires inférieur à trois une cause de dissolution, avant que le nouvel art. 625 aCO-2005 ne dispose qu'«*une société anonyme peut être fondée par une ou plusieurs personnes physiques ou morales ou par d'autres sociétés commerciales*» (disposition remplacée par l'art. 620 al. 1 de la novelle du 19. 6. 2020, matériellement identique : «*La société anonyme est une société de capitaux que forment une ou plusieurs personnes ou sociétés commerciales*»). La nécessaire pluralité de membres prévalait dans tous les ordres juridiques à l'origine (pour le droit anglais de 1862, cf. Peter NAYLER [2006], p. 148 ss : sept membres, comme en droit français [p. 156 ; actuellement, art. L225-2 du Code de commerce]). Dans l'association, l'art. 679 aCFO-1881 prescrivait : «*Les statuts de l'association (acte constitutif) doivent être dressés par écrit et signés par sept sociétaires au moins*».

On peut se référer à l'étanchéité des patrimoines sous les termes de «sépara- 724
tion»[1105] ou «nature séparée» des patrimoines[1106], ou de «dualité»[1107]. Sa
portée s'envisage concrètement sous deux angles.

L'un est la **règle dite de la responsabilité limitée** : ni les propriétaires ni les 725
organes d'une personne morale ne sont en principe responsables de ses dettes.
Ce principe est rappelé dans chaque chapitre du Code consacré aux différentes
sociétés qui sont des personnes morales[1108]. Il n'y a, sauf exceptions résultant
de stipulations particulières ou d'abus caractérisés, pas de responsabilité solidaire des propriétaires pour les dettes de leur personne morale, fût-ce à titre
subsidiaire. Les propriétaires sont responsables à concurrence des apports
qu'ils ont souscrits ; lorsqu'ils les ont concrètement fournis («libérés»), ils ont
satisfait à leurs obligations. Quant aux organes, ils ne sont responsables que
s'ils violent une règle et causent ainsi un dommage (à la société, aux actionnaires ou aux créanciers) ; il ne s'agit pas d'une responsabilité pour les dettes
en soi.

Le second aspect de l'étanchéité des patrimoines consiste en ceci que **les biens** 726
de la personne morale n'appartiennent pas, même en copropriété, à ses propriétaires. Parmi les conséquences concrètes, il en résulte, d'une part, qu'ils ne
peuvent se les approprier ou les utiliser sans un titre contractuel spécial, de la
même façon que tout tiers quelconque[1109] ; leur droit aux biens de la personne

---

[1105] Cf. p. ex. TF 14. 5. 2014, 6B_1207/2013, c. 3.1.2 («*séparation des patrimoines de l'ac-*
tionnaire et de la société anonyme»), pour retenir que «*l'actionnaire n'est pas lésé (soit*
touché directement) par les atteintes aux droits protégés pénalement dont est titulaire la
société anonyme» (et n'a donc pas qualité de partie civile lorsque la personne morale est
victime d'une infraction comme la gestion déloyale) ; ég. TF 6. 11. 2013, 6B_680/2013,
c. 3 *pr.* Carlo LOMBARDINI, CR ad art. 620 CO (2017), N 36, emploie l'expression «*auto-*
nomie des patrimoines» (étymologiquement discutable, puisqu'un patrimoine ne se régit
pas de lui-même).

[1106] ATF 144 III 541 c. 8.3.1 (545), cité *supra* n. 1103 ; ATF 128 II 329 c. 2.4 (333 : «*sujets*
de droit distincts, avec des patrimoines séparés»).

[1107] Ainsi p. ex. Philippe MEIER (2021), N 979 ad n. 2834, «*dualité juridique*». ATF 102 II
165 c. II.1 (170) : «*dualité de personnes à la forme*», ou «*existence formelle de deux*
personnes juridiquement distinctes». ATF 71 II 67 c. 2c (76) : «*existence formelle de*
deux personnes juridiques».

[1108] Pour la SA, art. 620 al. 1, 2e phr., CO («*Ses dettes ne sont garanties que par l'actif so-*
cial»), applicable à la SCmA (art. 764 al. 2 CO). Pour la Sàrl, art. 772 al. 1, 3e phr. (identique). Pour la coopérative, art. 868 CO («*La fortune sociale répond des engagements de*
la société. Sauf disposition contraire des statuts, elle en répond seule»). Pour l'association, art. 75a CC («*Sauf disposition contraire des statuts, l'association répond seule de*
ses dettes, qui sont garanties par sa fortune sociale»). Pour la fondation (de droit suisse),
cela résulte du fait qu'elle n'a pas de propriétaire (sur les exceptions, cf. *infra* N 778).

[1109] À ce sujet plus largement, *infra* § 15, N 1199-1208.

morale n'apparaît éventuellement qu'au terme de la liquidation[1110], si tous les créanciers ont été payés et que le liquidateur ne vend pas les biens (s'il le fait, cela n'aboutit qu'à un dividende en argent) mais les attribue par répartition aux propriétaires[1111]. D'autre part, les créanciers d'un propriétaire d'une personne morale n'ont nullement le droit de faire saisir les biens de celle-ci. Ils ne peuvent faire saisir que le titre de propriété sur la personne morale (actions d'une SA ou d'une SCmA, parts sociales d'une Sàrl). Cet aspect de l'étanchéité des patrimoines est souvent désigné dans la doctrine contemporaine d'expression anglaise sous le terme d'*entity shielding*[1112].

727 Ces différents aspects de l'étanchéité des patrimoines – soit de la *dualité* entre la société anonyme et son actionnaire même unique et de l'*indépendance*[1113] juridique dont découlent des effets économiques très tangibles – doivent bien être considérés comme un **privilège conféré par l'ordre juridique** aux entrepreneurs qui décident d'exercer leurs activités à travers une personne morale, entité artificielle issue de l'emploi de formalités prévues par la loi. Il existe de toute évidence un important potentiel d'abus susceptibles de porter préjudice aux créanciers (et autres cocontractants[1114]) d'une personne morale ou à ceux de son propriétaire. Pour être socialement acceptable, l'usage de ce privilège doit se faire avec rigueur. Les règles applicables au fonctionnement d'une personne morale (les « règles du jeu corporatif ») devront être suivies scrupuleusement ; les violations peuvent contribuer à ce que l'on voie dans le comportement de celui qui domine la personne morale un abus conduisant à ce que l'on

---

[1110] Sur l'aboutissement de la liquidation, *infra* N 1328-1337.

[1111] La liquidation est ici un titre d'acquisition, reposant sur la seule qualité de sociétaire.

[1112] Ainsi HANSMANN/KRAAKMAN/SQUIRE, Law and Rise of the Firm, Harvard Law Review 2006 p. 1333-1403. Sur la propagation du terme, v. p. ex. James Si ZENG, The Case for Disregarding Entity Shielding, Berkeley Business Law Journal 2022 (2). Le terme « *affirmative asset partitioning* » était antérieurement employé (ainsi HANSMANN/KRAAKMAN, The Essential Role of Organizational Law, Yale Law Journal 2000, et l'est toujours, ainsi HANSMANN/SQUIRE, External and Internal Asset Partitioning : Corporations and Their Subsidiaries, *in* : The Oxford Handbook of Corporate Law and Governance 2018 p. 251 ss). Dans les personnes morales, l'*entity shielding* revêt une « forme forte », tandis que dans les sociétés commerciales de personnes (*partnerships*), il n'existe qu'un régime de priorité (les biens d'une société de personnes n'étant saisissables par les créanciers d'un sociétaire qu'en second lieu), qui peut être qualifié de « *weak form entity shielding* » (KRAAKMAN et al., The Anatomy of Corporate Law [3ᵉ éd. 2017], p. 6 ad n. 20 ; *infra* N 1538-1545 [SNC] et 1591-1595 [SCm]).

[1113] ATF 128 II 329 c. 2.4 (333 : « *indépendance formelle* ») ; 92 II 160 (regeste, ch. 1 : « *deux sujets de droit indépendants qui ont chacun leur propre patrimoine, en dépit de leur identité économique* » ; ch. 3 : « *l'indépendance juridique de la société et de son actionnaire majoritaire* »). ATF 113 II 31 c. 2c (36 : « *rechtliche Selbständigkeit* », rendu par « *indépendance juridique* » in trad. JdT 1988 I 20 [24]).

[1114] Voir en particulier *infra* N 739 et 750, 756 et 759.

refuse d'avoir égard à la dualité des personnes et à l'étanchéité des patrimoines qui en découle normalement.

II. Les exceptions

A. Vue d'ensemble et distinctions

Pour cerner le rôle pratique du principe d'étanchéité des patrimoines, il importe de décrire les différentes sortes d'exceptions et leur importance respective. 728

Certaines d'entre elles relèvent de **processus bien ordonnés** et sont extrêmement importantes en pratique : il s'agit des engagements volontaires des sociétaires en faveur de la personne morale ou des cocontractants de celle-ci. Ils peuvent figurer dans les statuts ou dans divers instruments contractuels. L'exception à l'étanchéité des patrimoines que représentent les engagements volontaires des sociétaires est économique et non juridique : juridiquement, ces engagements tiennent compte de la séparation des patrimoines ; ils sont construits à partir et en fonction de cette donnée. 729

Par contraste, d'autres exceptions à l'étanchéité des patrimoines sont fondées sur des **situations pathologiques**, à savoir des dysfonctionnements, dont des inductions en erreur et différentes sortes d'abus. Elles sont très importantes conceptuellement, car elles consistent en un traitement juridique qui revient à faire abstraction de la dualité entre le sociétaire et la personne morale : on préfère alors tenir compte de l'identité économique qui demeure au-delà des formes juridiques et appliquer la *transparence* (*Durchgriff*) ou « lever le voile social »[1115] (« percer le voile corporatif », *piercing the corporate veil*)[1116]. Sur un plan pratique, l'occurrence de ces exceptions fondées sur des abus, ne correspond qu'à une très petite fraction des situations où un sociétaire prend volontairement un engagement pour assumer la dette d'une personne morale qu'il contrôle. 730

Il faut relever que toutes ces exceptions – qu'elles soient fondées sur des stipulations volontaires ou sur des abus – peuvent s'appliquer **dans un sens ou dans l'autre** : une responsabilité du sociétaire pour une dette de la personne morale, mais aussi à l'inverse, soit une responsabilité de la personne morale pour une dette du sociétaire. Qui plus est, les problématiques concernées ne s'épuisent 731

[1115] Pour cette expression dans la jurisprudence suisse récente, cf. ATF 144 III 541 c. 8.3.6 (549) ; TF 1. 7. 2021, 5A_10/2021, c. 3.4.2.2 ; TF 12. 2. 2021, 5A_824/2020, c. 3.3.1 et 3.3.2.3 ; TF 22. 4. 2016, 5A_876/2015, c. 4.3.

[1116] *Infra* N 739-779.

pas dans la responsabilité pour des dettes d'un montant déterminé (soit des dettes d'argent inexécutées), mais peuvent toucher différentes formes de contournement de diverses obligations de comportement originellement prévues pour ne s'appliquer qu'au sociétaire ou à la personne morale.

732 Comme presque toujours, l'équilibre du système résulte aussi de la prise en compte d'**institutions juridiques voisines**, dont la responsabilité des organes d'une personne morale pour violation de leurs devoirs, et tout particulièrement la responsabilité de l'organe de fait. On mentionnera aussi les rapports fiduciaires, la simulation et les actions révocatoires.

733 En l'état actuel du droit suisse, l'ensemble du tableau montre un **dosage prudent** – et, selon nous, efficient – entre, d'une part, donner un plein effet à l'étanchéité des patrimoines, qui joue un rôle important pour la sécurité des entrepreneurs et donc une prise de risques bénéfique à l'activité économique, et, d'autre part, assurer que les correctifs nécessaires protègent dans une juste mesure les autres intérêts légitimes touchés.

B. Les stipulations particulières dans les statuts et dans d'autres instruments contractuels

734 L'étanchéité des patrimoines fait actuellement partie du **régime ordinaire** des différentes personnes morales du droit suisse[1117]. Le droit de l'association présumait jusqu'en 2005 que les membres devaient assurer le paiement des dettes, tout en permettant de l'exclure[1118] ; depuis lors, l'art. 75a CC-2004 présume que « *l'association répond seule de ses dettes, qui sont garanties par sa fortune sociale* »[1119], sauf disposition statutaire contraire (et que les membres ne sont pas tenus à des versements supplémentaires[1120]). Le droit de la société coopérative présume lui aussi que les coopérateurs ne sont pas responsables des dettes[1121] ni tenus à des versements supplémentaires, tout en réservant d'**éventuelles dispositions statutaires contraires** (art. 833 ch. 5, 869-878 CO)[1122]. Le

---

[1117] Sur la responsabilité limitée au patrimoine social, voir les dispositions convergentes citées *supra* in n. 1108.

[1118] Art. 71 al. 2 aCC-1907 : « *À défaut de disposition statutaire, les membres de l'association contribuent dans une mesure égale aux dépenses que rendent nécessaires le but social et l'acquittement des dettes* ».

[1119] Cette disposition s'ajoute à l'art. 71a CC cité *supra* n. 1108.

[1120] Art. 71 CC-2004.

[1121] Pour l'art. 868, 2e phr., CO, cf. *supra* n. 1108. Le régime des exceptions est aménagé aux art. 869 s. et 782-878 CO (cf. *infra* N 2726-2746).

[1122] Cf. *infra* N 2720-2725.

droit de la société à responsabilité limitée prévoit lui aussi, dans un régime de responsabilité limitée à l'obligation de fournir les apports souscrits, la possibilité d'obliger par une clause statutaire les associés à effectuer des versements supplémentaires (art. 795-795d CO)[1123]. Par contraste, le droit de la société anonyme ne permet pas d'introduire dans les statuts une telle obligation aux actionnaires, dont la responsabilité selon le droit des sociétés est rigoureusement limitée au paiement des apports souscrits[1124].

Dans la pratique des affaires, il est cependant très fréquent que l'actionnaire unique, ou un actionnaire important, soit amené à être solidairement responsable – ou contraint à des versements supplémentaires – par des stipulations faites dans d'**autres instruments contractuels**. Une telle situation surviendra lorsqu'un prêteur ou investisseur n'accepte de fournir des fonds à une personne morale, entité artificielle dont les membres ne sont *ex lege* pas responsables des dettes, que si l'un de ses membres engage aux côtés de celle-ci son patrimoine personnel. Tant que dure cet engagement, et dans ses diverses autres limites, le principe de la responsabilité limitée ou d'étanchéité des patrimoines n'opère plus, sous un angle *économique* ; sur le plan *juridique*, il s'applique bel et bien, en ceci que le fondement de la solidarité n'est pas la qualité de sociétaire, mais les stipulations prises dans un instrument contractuel qui est distinct de cette qualité.

735

Parmi ces instruments, l'un des plus classiques envisagés par le législateur, qui l'a réglementé en détail, est le **cautionnement** au sens des art. 492-512 CO, dont l'une des formes crée une véritable solidarité (le cautionnement solidaire au sens de l'art. 496 CO[1125]). Si la caution est une personne physique, les exigences formelles sont élevées, notamment la forme notariée (art. 493 al. 2 CO) et le consentement du conjoint (art. 494 CO). Un instrument très répandu, valable d'ailleurs même sans forme (sauf fraude à la loi), est la **garantie indépendante** ou « porte-fort », qu'énonce l'art. 111 CO. Le sociétaire garant peut prendre différents types d'engagements[1126], dont, tout simplement, celui d'exécuter les obligations de la personne morale si celle-ci ne s'exécute pas[1127] ; la

736

[1123] Cf. *infra* N 2511-2526.

[1124] Art. 620 al. 2 et 680 al. 1 CO. Cf. p. ex. *infra* N 1602.

[1125] Comme l'envisage l'art. 496 al. 2 CO, avant-dernière hypothèse, les stipulations peuvent dispenser le créancier de toute démarche de recouvrement préalable à celle dirigée contre la caution solidaire.

[1126] Sur les cas où une *déclaration de patronage* émise par une société mère au sujet d'une de ses filiales peut avoir valeur de porte-fort, cf. *infra* N 738.

[1127] Cf. p. ex. TF 23. 11. 2022, 4A_120/2022, c. 7.4.2 : « *die Auslegung der Parental Guarantee 1 nach dem Vertrauensprinzip [ergab], dass die Beschwerdeführerin 1 die Erfüllung der Hauptleistungen gemäss [Local Service Agreement] sicherstellt, sofern die D GmbH*

définition de l'inexécution peut être la simple expression d'un refus d'exécuter ou un quelconque retard. S'il veut aller plus loin encore, le sociétaire peut s'engager pleinement comme **codébiteur** aux côtés de la personne morale au titre de la solidarité parfaite[1128] (art. 143 CO) ; il répond alors de la dette exactement de la même façon, le créancier pouvant librement choisir à qui il réclame le paiement (art. 144 CO). Le sociétaire peut aussi prendre un tel engagement après que la dette a été créée ; on parlera alors d'une « reprise cumulative de dette »[1129]. Dans tous ces cas, il n'y a économiquement plus d'étanchéité des patrimoines entre le sociétaire qui s'engage de la sorte et la personne morale, mais cela n'est pas dû juridiquement à la qualité de sociétaire : un tiers pourrait tout aussi bien prendre un tel engagement.

737 Les pactes d'actionnaires (ou d'autres contrats d'investissement) prévoient fréquemment des **obligations de financer** la société, notamment d'assurer qu'elle ait les moyens de payer ses dépenses. Des conventions d'indemnisation peuvent aussi assurer les dirigeants que les actionnaires de la société (ou les ayants droit économiques) leur rembourseront voire paieront d'avance tout montant qu'ils seraient amenés à devoir payer à des tiers au titre de leur responsabilité personnelle. Enfin, des **stipulations pour autrui** (art. 112 CO) prises par les actionnaires au bénéfice de tiers contractant avec la société sont concevables[1130]. Tous ces engagements contractuels ont certes économiquement la fonction d'effacer l'étanchéité des patrimoines. Mais ils sont construits juridiquement en admettant parfaitement l'existence de celle-ci.

---

nicht innert einer Frist von 30 Tagen seit schriftlicher Ermahnung selbst erfüllt [...]. Vereinbart war damit nicht die Leistung einer (blossen) Geldschuld durch die Beschwerdegegnerin 1, wenn die D GmbH nicht leistete. Die Beschwerdegegnerin 1 versprach vielmehr den Vertrag mit der Beschwerdeführerin selbst zu erfüllen, falls die D GmbH ihren Verpflichtungen nicht nachkommen sollte ».

[1128] Voir p. ex. TF, JdT 1946 I 434 c. 1 (437) ; TF, SJ 2007 I 1 c. 2.2 (4) ; pour un aperçu des façons de créer l'obligation solidaire, Nicolas ROUILLER, Droit suisse des obligations (2007), p. 58 s. ; Eugen BUCHER, AT (1988), § 27/II/2, n. 32.

[1129] Cf. ATF 129 III 702 (c. 2.2 [705] : « kumulative Schuldübernahme » ; c. 2.1 [704] « auch Schuldbeitritt oder Schuldmitübernahme ») ; 113 II 434 ; 111 II 276 c. 1c et 2a et 2b (« reprise de dette cumulative ») ; 42 II 260 c. 1 (262 : « prendre l'engagement direct, principal de payer la dette d'autrui » ; 263 : « il s'est constitué débiteur [...] du montant de ces factures »). Voir aussi TF 17. 5. 2013, 5A_739/2012, c. 8.2.4 (« reprise cumulative de dette »).

[1130] Ainsi p. ex. TF, SJ 1996 634 c. 4a/dd (637 : le tiers peut exiger la prestation promise par l'actionnaire en faveur de la filiale, à savoir un refinancement qui permet à celle-ci d'assumer ses obligations envers le tiers). Également envisagé dans l'arrêt TF 17. 5. 2013, 5A_739/2012, c. 8.2.4 (renvoi à la cour cantonale).

Certaines **déclarations**, notamment d'une société mère au sujet d'une de ses [738] filiales, afin de renforcer la confiance que des tiers sont susceptibles de lui accorder (« déclaration de patronage »), peuvent constituer de vraies stipulations (p. ex. se porter fort du comportement de la filiale), mais elles peuvent aussi être une simple confirmation d'un état de fait (p. ex. attester de l'appartenance à un groupe)[1131]. Peuvent aussi survenir des configurations intermédiaires, où la société mère laisse entendre qu'elle apportera un soutien ou que la filiale a une situation financière saine ou robuste : une telle déclaration – si elle est trompeuse et cause un dommage au tiers qui s'est légitimement fondée sur elle – peut créer une responsabilité[1132], délictuelle ou quasi-délictuelle[1133] (« responsabilité fondée sur la confiance »). Les exigences que pose la jurisprudence quant à l'attention voire à la prudence dont doit faire preuve le tiers sont assez élevées[1134]. En particulier, la personne qui fonde sa confiance sur la déclaration

---

[1131] Pour une typologie, cf. p. ex. Nicolas ROUILLER, Droit suisse des obligations (2007), p. 153 s. ; Carlo LOMBARDINI, Droit bancaire suisse (2008), chap. XXX, N 186 s.

[1132] Ainsi à l'ATF 120 II 331 c. 5b (538 *in fine* : « *die Klägerin [durfte] aber aufgrund der Werbeunterlagen auch allgemein darauf vertrauen, dass die werbemässig herausgestrichene Einbindung der IGR in den Swissair-Konzern ein zuverlässiges und korrektes Geschäftsgebaren verbürge und dass die Beklagte als Muttergesellschaft für diese Zuverlässigkeit und Vertrauenswürdigkeit einstehe. In diesem Sinne durfte sie namentlich die Erklärung auffassen, dass die Swissair hinter der IGR stehe und dass sich dies von Anfang an auf die Zuverlässigkeit des Tochterunternehmens auswirke* ») et 5c (339-341).

[1133] Le délai de prescription est celui de la responsabilité délictuelle, à savoir l'art. 60 CO, selon l'ATF 134 III 390 c. 4.3.3 (398 ; un an à l'époque, depuis le 1. 1. 2018, 3 ans).

[1134] La « responsabilité fondée sur la confiance » a été maintes fois invoquée dès son apparition dans la jurisprudence, avant que le TF ne serre la bride ; ainsi notamment dès l'ATF 124 III 297 c. 6a (304 : « *Eine Haftung entsteht nur, wenn die Muttergesellschaft durch ihr Verhalten bestimmte Erwartungen in ihr Konzernverhalten und ihre Konzernverantwortung erweckt, später aber in treuwidriger Weise enttäuscht* »). L'approche – désormais – restrictive en général est notamment exprimée à l'ATF 142 III 84 c. 3.3 (88 : « *Das Bundesgericht hat [...] betont, dass die Vertrauenshaftung keinesfalls zu einer Haftung gegenüber jedermann ausufern und die Anerkennung dieser Haftungsgrundlage nicht dazu führen darf, dass das Rechtsinstitut des Vertrags ausgehöhlt wird [... Es] knüpft die Haftung aus erwecktem und enttäuschtem Vertrauen daher an strenge Voraussetzungen [...]. Schutz verdient nicht, wer bloss Opfer seiner eigenen Unvorsichtigkeit und Vertrauensseligkeit oder der Verwirklichung allgemeiner Geschäftsrisiken wird, sondern nur, wessen berechtigtes Vertrauen missbraucht wird [...]. Schutzwürdiges Vertrauen setzt somit ein Verhalten des Schädigers voraus, das geeignet ist, hinreichend konkrete und bestimmte Erwartungen des Geschädigten zu wecken [...]* »). Sur une (re)mise en question de l'utilité du concept de responsabilité fondée sur la confiance comme chef de responsabilité distinct des responsabilités contractuelle et délictuelle, cf. ROUILLER/UFFER (2018), p. 233 s. ; catégorique, Ariane MORIN, La responsabilité fondée sur la confiance : étude critique des fondements d'une innovation controversée (2002), p. 169.

doit avoir avec l'auteur de celle-ci une « relation juridique particulière » (*Sonderverbindung*)[1135]. Dans la mesure où la déclaration de la société mère (ou d'un actionnaire ou autre sociétaire) n'est pas une stipulation qui vise à prendre un engagement, l'exception au principe de l'étanchéité des patrimoines de la personne morale et de ses sociétaires qui en découle se rapproche des autres cas d'abus qui justifient de s'écarter de ce principe, traités ci-après.

C. L'abus de droit et, en conséquence, la « transparence »

1. La transparence comme exception au principe de la séparation des patrimoines

739   Le rôle joué par la mise en œuvre de **l'interdiction de l'abus de droit** se comprend au regard du caractère artificiel de la personne morale, pure création de l'ordre juridique, (i) d'une part *en lien avec la règle de la responsabilité limitée*[1136], dont peuvent résulter des prises de risques inconsidérées (si on les compare à ce que ferait un entrepreneur répondant sur tous ses biens), et (ii) d'autre part avec les nombreuses possibilités de manipulations dont la personne morale peut être l'instrument commode en tant que *patrimoine certes séparé, mais tout de même contrôlé* par les sociétaires de par le jeu des droits de vote leur permettant d'élire les organes qui leur conviennent (et suivent leurs instructions) ou d'occuper eux-mêmes ces fonctions. Le risque d'abus – tant sous l'angle de la probabilité de sa survenance que sous celui de l'ampleur de l'atteinte aux intérêts de tiers – est particulièrement grand lorsque la personne morale est do-

---

[1135]   ATF 130 III 345 c. 2.2 (349 s. : « *Die Haftung aus erwecktem und enttäuschtem Vertrauen setzt voraus, dass die Beteiligten in eine so genannte 'rechtliche Sonderverbindung' zueinander getreten sind, welche erst rechtfertigt, die aus Treu und Glauben [...] hergeleiteten Schutz- und Aufklärungspflichten greifen zu lassen [...]. Eine derartige Sonderverbindung entsteht aus bewusstem oder normativ zurechenbarem Verhalten der in Anspruch genommenen Person. Ein zufälliges und ungewolltes Zusammenprallen, wie es im Regelfall einer auf Fahrlässigkeit gründenden Deliktshaftung eigen ist [...], schafft dagegen keine derartige Sonderverbindung* ») ; dans le même sens, ATF 142 III 84 c. 3.3 (88 *in fine*).

[1136]   Cet aspect est évoqué dans le premier arrêt, ATF 71 II 272 (274 : « *Insbesondere kommt es vor, dass eine natürliche oder juristische Einzelperson zum Betriebe einer Unternehmung eine rechtlich von ihr getrennte Aktiengesellschaft gründet, um sich so den Vorteil der beschränkten Haftung zu sichern* ») qui traite systématiquement de la transparence (sans la nommer comme telle, et en traitant en réalité de la transparence inversée, *infra* N 756).

minée par un unique propriétaire (qu'il le soit directement ou par interposition d'une autre personne qu'il contrôle).

L'interdiction de l'abus de droit a pour effet, dans ces différentes problématiques, de **refuser de tenir compte de la dualité** de personnes et ainsi de considérer que les patrimoines formellement séparés de la personne morale et du sociétaire ne sont qu'un. Le vocable employé est le *principe de la transparence*, très souvent évoqué par son appellation en allemand, le *Durchgriff*. On emploie aussi le terme imagé de *levée du voile social*, de l'anglais *piercing the corporate veil*. Qu'on nomme le mécanisme juridique sous le terme de *principe* de la transparence peut prêter à confusion, car, de par son origine dans la prohibition de l'abus de droit, son application constitue très nettement une **exception** au véritable principe qui est, malgré l'artificialité de la personne morale, celui de l'étanchéité des patrimoines[1137].

740

[1137] Le principe est clairement posé à l'ATF 144 III 541 c. 8.3 (545), cité *supra* n. 1103. V. ég. TF 1. 7. 2021, 5A_10/2021, c. 3.4.2 («*toute confusion de patrimoines ne constitue pas un cas d'application du principe de la transparence. Les cas où les sphères et patrimoines du sociétaire et de la personne morale sont confondus constituent un indice qui peut conduire à lever le voile social, mais qu'il faut encore que, dans le cas concret, il en résulte un abus de droit*»). V aussi ATF 145 III 351 c. 4.2 (361 : «*Ein Durchgriff kommt nur in Ausnahmefällen in Betracht. Die Unterscheidung zwischen zwei formell selbstständigen Personen kann durchbrochen werden, wenn zwischen einem Schuldner und einem Dritten eine wirtschaftliche Identität besteht und wenn die Berufung auf die rechtliche Selbstständigkeit offensichtlich zweckwidrig und damit rechtsmissbräuchlich erfolgt*»). Il faut observer que des arrêts plus anciens mettaient sur le même pied l'abus de droit et d'autres atteintes à des intérêts légitimes, ce qui pouvait laisser entendre que celles-ci ne devaient pas forcément être constitutives d'abus de droit pour induire une levée du voile social (ainsi à l'ATF 72 II 67 [cité *infra* n. 1154 *in fine*] et 102 III 165 c. II.1 *in fine* : «*Ce sera le cas chaque fois que le fait d'invoquer la diversité des sujets constitue un abus de droit ou a pour effet une atteinte manifeste à des intérêts légitimes*», repris occasionnellement, p. ex. TF 5. 4. 2013, 5A_925/2012, 5A_15/2013, c. 9.1). Cette interprétation ne serait pas compatible avec les formulations limpides de la jurisprudence récente, en particulier à l'ATF 145 III 351 et dans l'arrêt TF 1. 7. 2021, 5A_10/2021 cités *supra* et à l'ATF 144 III 541 c. 8.3.2 (546 : «*L'application du principe de la transparence suppose donc, premièrement, qu'il y ait identité de personnes, conformément à la réalité économique, ou en tout cas la domination économique d'un sujet de droit sur l'autre ; il faut deuxièmement que la dualité soit invoquée de manière abusive, c'est-à-dire pour en tirer un avantage injustifié*»). V. aussi TF 7. 6. 2016, 5a_205/2016, c. 8.2.

741 Et comme le principe de la transparence concrétise la prohibition de l'abus de droit, il s'ensuit que le sociétaire ou la personne morale ne peut l'invoquer ; on y reviendra[1138].

2. L'invocation de la transparence à l'égard du sociétaire

742 L'identité économique entre une personne morale et son propriétaire sera invoquée pour saisir les biens de ce dernier afin de **satisfaire le créancier de la personne morale** : cela peut survenir après la faillite infructueuse de la personne morale, mais parfois à un stade bien plus précoce, notamment en matière de séquestre, si l'abus apparaît d'ores et déjà, la personne morale apparaissant dépourvue de tout actif.

743 Il est utile d'avoir à l'esprit que la jurisprudence suisse a plusieurs fois statué en rapport avec des entités étrangères, en particulier des sociétés-écrans *offshore*[1139] vides de toute « substance » (du moins sous l'angle d'une véritable autonomie dans la conduite de leurs opérations et de la gouvernance). La problématique ne relève donc pas toujours du seul droit suisse des sociétés.

744 Une **identité économique** entre la personne morale et le sociétaire (dans le sens d'une totale domination de celle-là par celui-ci) est une **condition nécessaire, mais nullement suffisante** pour que le créancier de la personne morale puisse saisir les biens du sociétaire, puisque l'ordre juridique a pour premier principe celui de la séparation des patrimoines : il faut que l'invocation de la dualité des personnes constitue un abus caractérisé du sociétaire à l'égard du créancier de la personne morale. Le simple fait que ce créancier subisse une perte (dans la faillite de la personne morale) en raison de la règle de la responsabilité limitée ne suffit pas en soi. Il faut tenir compte du fait que le cocontractant est en principe conscient (ou doit l'être) qu'il conclut avec une personne morale, dont la responsabilité est limitée au patrimoine social. S'il ne s'en satisfait pas, il lui

---

[1138] *Infra* N 765.

[1139] C'est le cas dans les affaires traitées dans les arrêts TF 22. 4. 2016, 5A_876/2015 (*Durchgriff* admis à l'encontre du propriétaire d'une société saoudienne, bien que la nature de coquille vide ait été contestée), ainsi que TF 1. 7. 2021, 5A_10/2021 (société des Îles vierges britanniques) et ATF 108 II 213 c. 6b (*Anstalt* liechtensteinoise), où le *Durchgriff* est refusé. Dans l'arrêt TF 12. 2. 2021, 5A_824/2020, de nombreuses sociétés *offshore* sont impliquées, mais il n'est pas déterminable si ce sont les actifs de l'ayant droit économique qui sont saisis pour les dettes de ces sociétés (l'arrêt CJ GE 24. 8. 2020, ACJC/1151/2020, p. 3, montre que F. SA, de siège à St-Christophe-et-Niévès, et son actionnaire unique ont été solidairement condamnés dans une procédure arbitrale). V. aussi TF 12. 4. 2012, 5A_436/2011 et 5A_443/2011, cité *infra* n. 1194.

est loisible d'exiger de conclure (aussi) avec le sociétaire[1140] (p. ex. en deman-dant qu'il fournisse l'une ou l'autre des diverses garanties personnelles envisa-geables, voire plusieurs[1141]).

Pour repérer un abus, la jurisprudence se refuse à émettre des **critères** schéma-tiques : « *les cas constitutifs d'abus de droit, voire les faits sur lesquels l'exa-men doit porter, sont difficilement généralisables* »[1142]. La confusion des patri-moines doit être telle que l'on assiste à un « *abandon de l'indépendance de la personne morale par les sociétaires eux-mêmes* » ; on pourra voir un indice en ce sens si « *une structure appropriée de gestion et d'organisation fait dé-faut* »[1143].

745

[1140] P. ex. ATF 108 II 213 c. 6a, où il est dit que le propriétaire d'une personne morale peut précisément invoquer sa responsabilité limitée (215 : « *Dagegen anerkennt der [Alleinei-gentümer], dass er das Geschäft über die ATR getätigt habe, um die Haftungsbeschrän-kung auf das Anstaltskapital zu erreichen. Mit Recht hält er dies jedoch für legitim. Es steht ausser Frage, dass das Gesellschaftsrecht ganz allgemein einer Haftungs-beschränkung dienen kann, ja geradezu dienen soll* ») et qu'il appartenait aux cocontrac-tants d'exiger de conclure avec la personne physique s'ils souhaitent la tenir responsable. – Cela est rappelé dans différentes configurations, hors des cas de pertes, p. ex. lorsque le bénéficiaire d'un droit de préemption accordé par une société anonyme sur un immeuble (dont c'est le seul actif) veut l'étendre à l'égard de l'actionnaire lorsqu'il vend le capital-actions ; l'ATF 92 II 160 martèle que ledit bénéficiaire a eu conscience qu'il contractait avec la personne morale (c. 3 [166] : « *il ricorrente ha stipulato il contratto in questione con una società anonima, di guisa che il caso di prelazione non poteva adempiersi che mediante un atto di alienazione della società, avente per oggetto il fondo di sua proprietà gravato dal diritto litigioso. Stipulando simile contratto con una società anonima, Gloor doveva prospettarsi l'eventualità di una cessione totale o parziale delle azioni, e doveva sapere che nè l'una nè l'altra gli avrebbero permesso l'esercizio del diritto di prela-zione* »).

[1141] *Supra* N 734-738 et *infra* N 747 ad n. 1146.

[1142] Ainsi explicitement ATF 144 III 541 c. 8.3.2 (546 *in fine*).

[1143] ATF 144 III 541 c. 8.3.2 (547), qui cite également les cas « *très proches, où le sociétaire poursuit ses propres intérêts aux dépens de ceux de la personne morale, et celui de la sous-capitalisation mettant en danger le but de la personne morale* ». Il convient d'être prudent. À notre sens, la sous-capitalisation ne suffit clairement pas à elle seule. Entre-prendre ou conduire des opérations en situation de sous-capitalisation (au sens large, c'est-à-dire sans fonds propres suffisants ou du moins sans financement assimilable à des fonds propres, ou, au moins, sans financement à long terme) est bien plutôt une violation *du devoir de diligence des dirigeants* (*infra* n. 1548, ce qui peut induire la responsabilité du sociétaire s'il dirige la personne morale, y compris comme organe de fait). Quant au fait de poursuivre ses propres intérêts, cela n'est guère un critère pour créer une responsabilité, le système juridique n'exigeant nul altruisme de l'actionnaire (cf. Nicolas ROUILLER, Éco-nomie solidaire [2021], p. 5 ss) ; que cette poursuite de l'intérêt propre se fasse « *aux dé-pens de la personne morale* » ne peut donc en principe que recouvrir des cas où *les or-ganes* violent leur devoir de sauvegarder les intérêts de la personne morale ; sous cet angle,

746 On précisera que la transparence peut s'appliquer même si ce n'est pas déjà en soi la constitution de la personne morale qui est abusive, mais aussi si c'est seulement un usage particulier qui l'est[1144], à l'égard d'un créancier bien déterminé.

747 Cela étant, le Tribunal fédéral observe qu'il est en réalité très rare d'appliquer le « principe » de la transparence pour tenir le propriétaire responsable des dettes de la personne morale[1145]. À l'ATF 144 III 541, il est notamment évoqué que « *l'application du principe de la transparence doit être admise avec retenue parce que le créancier qui conclut librement un contrat avec une personne morale sait, en principe, qu'elle court le risque de son insolvabilité à défaut de*

---

la problématique peut bien s'épuiser dans la responsabilité des dirigeants. – L'arrêt TF 28. 2. 2008, 5A_587/2007, c. 2.2 a retenu que « *Zur Annahme von Rechtsmissbrauch müssen geradezu eine Massierung unterschiedlicher und ausserordentlicher Verhaltensweisen im Sinne eigentlicher Machenschaften und eine qualifizierte Schädigung Dritter vorliegen* » (soit « *une accumulation de comportements différents et extraordinaires en ce sens qu'il en résulte une machination et atteinte qualifiée d'un tiers* » selon la traduction qu'en donne l'ATF 144 III 541 c. 8.3.2 [546 *in fine*] et l'arrêt ultérieur TF 12. 2. 2021, 5A_824/2020, c. 3.3.2.2 *in fine*). Les termes sont forts mais ne disent guère autre chose que la nécessité de circonstances exceptionnelles et univoques.

[1144] TF 20. 12. 2001, 5C.201/2001, c. 2c : « *ein Durchgriff [setzt] nicht die Gründung einer Gesellschaft mit eigener Rechtspersönlichkeit zu missbräuchlichen Zwecken [voraus] ; es genügt die missbräuchliche Verwendung bzw. die missbräuchliche Berufung auf die Trennung zwischen Gesellschaft und Gesellschaftern mit der Folge, dass gesetzliche oder vertragliche Verpflichtungen nicht erfüllt werden* », formulation que reprend l'ATF 144 III 541 c. 8.3.2 (546) et l'arrêt TF 1. 7. 2021, 5A_10/2021, c. 3.4.2.2 (« *On généralise seulement, de jurisprudence constante, qu'il n'y a pas besoin que la fondation elle-même de la personne morale poursuive des buts abusifs, mais qu'il suffit que la personne morale soit utilisée de manière abusive ou de se prévaloir de manière abusive de la dualité juridique pour ne pas remplir des obligations légales ou contractuelles* »). V. aussi TF 15. 6. 2020, 6B_993/2019, c. 3.4.2.

[1145] Ainsi ATF 144 III 541 c. 8.3.6 (549). On peut observer que les arrêts récents où le *Durchgriff* est admis concernent quasiment tous (sauf TF 22. 4. 2016, 5A_876/2015, cité *infra* n. 1149) des cas de « *Durchgriff* inversé » (*infra* N 750 ss), ainsi TF 17. 7. 2012, 5A_330/2012 ; TF 28. 2. 2008, 5A_498/2007 ; TF 28. 2. 2008, 5A_587/2007 ; TF 14. 3. 2003, 5C.279/2002. Les cas où le *Durchgriff* est invoqué à l'encontre du sociétaire paraissent aboutir à un rejet, ainsi récemment TF 1. 7. 2021, 5A_10/2021 (bien que la personne morale soit une société des Îles vierges britanniques, forme juridique avec usuellement peu de substance sous l'angle de l'indépendance et de la gouvernance) et aussi dans l'arrêt TF, SJ 1973 369. Le *Durchgriff* est aussi refusé in TF 17. 5. 2013, 5A_739/2012, c. 7.2.2 (« *le fait que la banque ait elle-même tenté de tirer profit de la dualité juridique, en demandant des garanties [au sociétaire] pour l'exécution du contrat par sa société, permet de retenir qu'il n'est pas arbitraire d'opposer à [la banque] cette dualité et d'en conclure que [le sociétaire] n'abuse pas de son droit en s'en prévalant* »).

garanties fournies par la personne physique »[1146]. Ce même arrêt précise qu'il « *est toutefois possible d'appliquer la théorie du* Durchgriff *lorsque la personne physique utilise la personne morale pour éluder sciemment les obligations résultant du contrat au détriment du créancier ou que, grâce à sa position dominante, elle force la personne morale à se dessaisir de ses actifs à son profit pour les soustraire au créancier qui demanderait l'exécution du contrat* »[1147]. La lecture de ce considérant doit être l'occasion de relever que le dirigeant d'une personne morale qui procède à de tels actes de dessaisissement viole gravement le devoir de loyauté ou de fidélité (ou, en cas de négligence : le devoir de diligence) et engage sa propre responsabilité (civile, mais aussi pénale, l'acte pouvant aisément constituer un acte de gestion déloyale)[1148]. Le propriétaire qui donne une telle instruction au directeur ou à l'administrateur de la société (lorsqu'il n'est pas lui-même le dirigeant formel) engage sa responsabilité civile en tant qu'organe de fait et donc son patrimoine personnel (voire sa responsabilité pénale en tant qu'instigateur de l'infraction de gestion déloyale).

Dans de tels cas, l'approche sous l'angle de la transparence fait, matériellement, double emploi avec la responsabilité des organes, dont celle de l'organe de fait.   748

Elle peut cependant avoir une portée propre, notamment sur le plan des mesures conservatoires (séquestres). Si l'abus est d'emblée établi[1149], il n'est pas nécessaire, pour s'en prendre aux biens du sociétaire, d'attendre que la faillite de la   749

[1146] C. 8.3.6 (549). Il est précisé que « *en mettant en poursuite la personne morale, il reconnaît lui-même l'existence de la personnalité de celle-ci* », ce qui n'apparaît toutefois pas un aspect véritablement décisif pour retenir l'absence d'abus.

[1147] C. 8.3.6 *in fine* (549-550).

[1148] Pour de la casuistique, cf. *infra* N 1087 ad n. 1635-1643 et N 1088 ad n. 1645-1649.

[1149] Dans l'arrêt TF 22. 4. 2016, 5A_876/2015, c. 4.1, résumant l'argumentation de la cour cantonale (CJ GE 16. 10. 2015, ACJC/1240/2015), des circonstances constitutives d'abus sont ainsi décrites (au sujet d'un actionnaire détenant 95 % d'une société, les 5 % étant détenus par son fils) : « *instruction de transférer une partie du produit dudit prêt sur son compte personnel* », alors que « *le transfert d'une partie du produit du prêt [à l'actionnaire] n'était pas prévu par les différents accords conclus avec [le prêteur]* » et que « *lesdits accords prévoyaient que les fonds prêtés devaient être affectés à la construction d'un complexe hospitalier* », de sorte que la société emprunteuse « *avait gravement manqué à ses obligations envers [le prêteur] en nantissant les avoirs provenant du prêt litigieux pour garantir les engagements personnels [de l'actionnaire] découlant d'une autre relation avec l'établissement bancaire concerné. [Ce] nantissement constituait donc non seulement un détournement des fonds prêtés des fins auxquelles ils devaient être affectés, mais était également révélateur de la confusion entretenue par [l'actionnaire] entre ses avoirs et ceux de sa société, ainsi que de la volonté et du pouvoir qu'il avait d'utiliser ladite société comme un instrument au service de ses intérêts personnels. Ce nantissement*

313

personne morale soit prononcée et que la liquidation aboutisse à un acte de défaut de biens.

3. L'invocation de la transparence à l'égard de la personne morale (« Durchgriff *inversé* »)

a. L'importance pratique et systémique de la transparence inversée

750 Malgré sa dénomination, la transparence « inversée », par laquelle une personne morale doit – en cas d'abus – **assumer des obligations du sociétaire qui la domine**, joue un rôle pratique beaucoup plus vaste que la transparence « directe »[1150].

---

attestait en outre de la mauvaise foi [de l'actionnaire], [le prêteur] n'en ayant manifestement pas été informé avant que celui-ci ne lui soit opposé par la banque en bénéficiant. [Cet] acte reflétait le manque de bonne foi et de professionnalisme [de l'actionnaire] et de sa société envers [le prêteur] ». Il s'ensuit que « les différents éléments pris en compte par la cour cantonale sont suffisants pour retenir à la fois l'existence d'une identité économique entre [l'actionnaire] et [sa société] et pour admettre que la dualité fictive entre ces deux entités a été utilisée de manière abusive, de sorte que le principe de la transparence a été correctement appliqué ». La saisie des biens de l'actionnaire (séquestrés) peut ainsi avoir lieu.

[1150] À cet égard, et comme on le montrera *infra* N 751-754, nous ne pouvons partager l'idée qui pourrait résulter de formulations telles qu'on peut les trouver sous la plume même des meilleurs auteurs (ainsi p. ex. BLANC/DEMIERRE, Not@lex 2020 p. 118 : « *les conditions d'une transparence inversée, qui doit être appliquée avec plus de retenue que la transparence directe* » ; ég. Carlo LOMBARDINI, CR ad art. 620 CO [2017], N 35 ad n. 35), selon laquelle la transparence « inversée » serait plus exceptionnelle encore que la transparence « directe » (le passage de l'ATF 145 III 351 c. 4.3.2 [363 : « *Strenger sind die Anforderungen beim umgekehrten Durchgriff* »] s'applique surtout au pourcentage de détention du capital-actions par le sociétaire dont les obligations sont contournées par l'emploi de la personne morale, afin de protéger les autres actionnaires de celle-ci, ainsi que ses éventuels créanciers, lesquels ont contracté avec elle sans avoir conscience de cette fonction de détournement ; il en va de même du passage de l'ATF 102 III 165 c. II.3 [172 : « *Sans doute la jurisprudence a-t-elle le plus souvent conduit à déclarer l'actionnaire responsable de dettes de la société, et non le contraire, comme c'est le cas en l'espèce. Un arrêt marque une certaine réserve lorsque c'est la société qui est recherchée pour les dettes de l'actionnaire qui la domine* »], qu'une observation statistique ne confirmerait pas et qui paraît s'expliquer en réalité par les préoccupations résumées *infra* N 755, ce que confirme le passage cité in n. 1152). L'observation « statistique » inverse figure d'ailleurs dans des arrêts récents, ainsi ATF 144 III 541 c. 8.3.2 (« *Le cas le plus fréquemment réalisé est celui où le débiteur transfère de manière abusive ses biens à une société qu'il contrôle et avec qui il forme une unité économique afin de soustraire un patrimoine à la mainmise de créanciers* ») et TF 15. 6. 2020, 6B_993/2019, c. 3.4.2.

Cela provient d'abord du fait que le cocontractant d'une personne physique   751
conclut généralement dans l'idée que celle-ci s'engage avec la plénitude de
responsabilité et le substrat patrimonial qu'implique sa qualité d'être vivant :
celle-ci implique, notamment pour les personnes actives dans la vie entrepreneuriale, de bénéficier de ressources permettant d'assumer un certain train de
vie, d'avoir un patrimoine (partiellement hérité, ou destiné à être transmis à la
génération suivante) dont la dilapidation rapide n'est pas dans l'ordre nécessaire des choses et de poursuivre en principe durablement différentes activités
après la conclusion du contrat. Ainsi, lorsqu'après avoir pris des engagements
contractuels, une personne physique emploie une personne morale, qu'elle domine, pour accomplir des actes qu'elle s'est interdits personnellement par contrat, on perçoit bien que cette façon d'agir est facilement déloyale. Outre l'accomplissement, par une personne morale contrôlée par un sociétaire, d'**actes
interdits contractuellement** à celui-ci, le **déplacement d'actifs ou de divers
bénéfices juridiques** pour échapper à la mainmise d'un créancier peut aisément apparaître abusif. Tenir la personne morale responsable de l'obligation de
son sociétaire dans ces situations est dès lors un correctif important, et pour
ainsi dire naturel, de la faculté de fonder des personnes morales qui sont des
entités juridiquement séparées, mais que l'on peut en réalité contrôler très étroitement.

On ajoutera qu'il est aisé, pour celui qui la domine, de diriger des flux bénéfi-   752
ciaires découlant des ressources accumulées par une personne morale. Celui
qui la contrôle maîtrise aussi largement l'horizon temporel de la distribution
des flux bénéficiaires tirés de la personne morale. Or, cette maîtrise permet
d'attendre le moment opportun pour jouir de ces flux, lequel peut être celui de
la prescription des droits du cocontractant du sociétaire, son découragement
subjectif devant les obstacles ou l'épuisement de ses propres ressources pour
faire valoir ses droits. Ainsi, à l'égard du cocontractant d'une personne physique qui entend échapper à ses obligations en faisant usage d'une entité juridiquement séparée mais totalement contrôlée, on voit bien que le nombre de
manipulations potentielles est immense, comme l'ampleur de leurs fruits. La
règle de la transparence, destinée à combattre les abus, joue ici un **rôle crucial
pour que le principe de séparation des patrimoines ne soit pas socialement
inacceptable**.

Comme toujours, il convient aussi de ne pas renverser à la légère **le principe**,   753
qui demeure celui de la séparation des patrimoines. Il faut notamment avoir
égard à la possibilité pour un cocontractant expérimenté – et au fort pouvoir de
négociation – de tenir compte, au moment de conclure, d'un risque de contournement en faisant stipuler l'interdiction de toute violation indirecte des obligations par des entités identifiées. Néanmoins, la transparence inversée demeurera le seul moyen de s'en prendre directement à des personnes morales qui

seront constituées ultérieurement ou qui ne sont pas identifiées au moment de contracter avec la personne physique.

754 Par ailleurs, la règle de la transparence inversée revêt une importance d'autant plus grande qu'il n'existe pas, pour sanctionner les comportements abusifs, d'institution juridique équivalente à la responsabilité des dirigeants de personnes morales, en particulier du sociétaire agissant comme organe de fait[1151].

755 Une limite essentielle à la transparence inversée résulte de la nécessité de respecter, le cas échéant, les **intérêts d'autres sociétaires de la personne morale** – qui n'agissent pas de concert avec la personne physique dans le but de contourner ses obligations – **et des créanciers**[1152] qui ont conclu avec la personne morale dans l'optique sincère que son patrimoine social, non artificiellement augmenté par des actifs qui auraient dû demeurer dans la sphère de la personne physique obligée, était entièrement à disposition pour répondre des dettes de ladite personne morale. Dans de telles situations, il est légitime que le cocontractant du sociétaire ne puisse saisir que les biens de ce dernier (même les actions ou parts sociales qui seraient dissimulées) et qu'il doive attendre, pour satisfaire ses créances, que soient exigibles les flux financiers attachés aux droits du sociétaire saisis (dividendes annuels ou de liquidation[1153]).

b.   Les conditions et les cas d'application concrets

756 La jurisprudence a retenu depuis au moins 1945[1154] qu'une personne morale dominée par un sociétaire qui avait pris un engagement pouvait être **tenue elle-**

[1151] *Supra* N 709-718 et *infra* N 779-781.

[1152] Ainsi dans l'ATF 102 III 165 c. II.3 (172) est-il exposé à juste titre que « *[l]es actifs de la société doivent être affectés à la couverture du passif social au premier chef et partant la société ne peut être recherchée pour les dettes de l'actionnaire unique que pour des motifs particuliers* ».

[1153] Sur la répartition du produit de la liquidation, cf. *infra* N 1328-1337.

[1154] Rendu quelques mois après l'ATF 71 (1945) II 272 qui, selon nous, constitue le premier véritable cas d'application de la transparence inversée, l'ATF 72 (1946) II 67 cite des arrêts sensiblement plus anciens, dont l'ATF 53 II 25 (31), qui reconnaît un abus à entreprendre une action récursoire, mais ne fonde pas cette conclusion sur une théorie de la transparence. L'ATF 58 II 162 (164), également cité, ne paraît pas traiter la problématique. L'ATF 72 II 67 contient, dans notre analyse, la première formulation générale de la théorie de la transparence (c. 3c, 76) : « *Lorsque tout l'actif ou la quasi-totalité de l'actif d'une société anonyme appartient, soit directement, soit par personnes interposées, à une seule personne (Einmanngesellschaft), on ne peut pas s'en tenir sans réserve à l'existence formelle de deux personnes juridiques : la société et l'actionnaire. On doit à certains égards admettre que, conformément à la réalité économique, il y a identité entre ces deux personnes et que les rapports de droit liant l'une lient également l'autre. Ce sera le cas*

même par cet engagement. Ainsi, à l'ATF 71 II 272, des obligations résultant de la cession d'un brevet, en particulier une interdiction de concurrence (et une obligation de communiquer les expériences liées à l'invention), ont été imposées judiciairement aux sociétés que le cédant du brevet avait créées pour poursuivre une activité correspondant à celle qu'il s'était interdite (et pour ne pas exécuter l'obligation de communiquer les expériences réalisées formellement par les sociétés). Il est observé que ces sociétés n'étaient «*économiquement qu'un instrument dans la main de leur fondateur*», «*soumises à la volonté de celui-ci*»[1155]. La dualité n'est pas prise en considération car elle violerait le principe de la bonne foi à l'égard du cocontractant. Concrètement, les clauses contractuelles valent à l'égard des sociétés comme si elles les avaient souscrites elles-mêmes[1156]. Les tribunaux ont concrètement obligé ces sociétés à les exécuter.

Plusieurs arrêts ont ensuite appliqué la transparence dans ce sens. L'abus doit cependant toujours être rigoureusement démontré[1157].   757

Les cas d'application ont notamment concerné le **séquestre d'actifs appartenant à la personne morale**, prononcé pour sauvegarder de façon conservatoire les créances envers son sociétaire[1158]. La jurisprudence a aussi eu l'occasion de   758

---

chaque fois que le fait d'invoquer la diversité de sujets, par exemple pour échapper à une interdiction de concurrence, constituerait un abus de droit ou aurait pour effet une violation manifeste d'intérêts légitimes» (la condition alternative à l'abus de droit qui paraît posée par la fin de cette phrase n'en est pas une dans la jurisprudence récente, cf. *supra* N 740, spéc. n. 1137).

[1155] ATF 71 II 272 (274) : «*ein blosses Instrument, das vollständig in der Hand seines Schöpfers, seinem Willen dienstbar bleibt*».

[1156] ATF 71 II 272 (275 *in fine*) : «*so steht die Geschäftstätigkeit dieser Gesellschaften vom Gesichtspunkt des Vertrages vom 20. April 1938 derjenigen Navilles gleich*», c'est-à-dire qu'elles sont obligées selon les art. 4 et 6 du contrat conclu avec Naville (à savoir [272] : «*4. [...] auch der Käufer dem Verkäufer seine gesammelten Erfahrungen, Verbesserungen und Erfindungen bekannt zu geben resp. für alle Staaten ausserhalb der Schweiz kostenlos zu überlassen [...] 6. Der Käufer verpflichtet sich, ausserhalb der Schweiz keinerlei Erzeugnisse des den Gegenstand des Vertrages bildenden Patentes zu verkaufen oder wissentlich an Dritte für die Ausfuhr aus der Schweiz zu liefern*»).

[1157] Dans l'arrêt TF 5. 4. 2013, 5A_925/2012 et 5A_15/2013, c. 9.5.2 (séquestre d'un compte dont une coopérative est titulaire, mais dont les extraits sont adressés au débiteur, qui en est l'administrateur), la démonstration par le créancier a été défaillante. L'arrêt TF 7. 6. 2016, 5A_205/2016, c. 8.2, illustre bien la nécessité d'apporter la preuve de l'abus (en l'espèce réussie selon la démonstration figurant au c. 8.1 résumée *infra* n. 1158 *in fine*).

[1158] ATF 102 III 165 c. II.3 (172) : «*En soustrayant les actions à l'emprise de ses créanciers, d'une part, et en suscitant, d'autre part, la revendication par la société de son droit de propriété sur l'immeuble, Cornfeld agit en fraude de la loi, dans le but évident de faire échapper un actif important à ses créanciers. Ce comportement est manifestement abusif*

confirmer la **mainmise des créanciers du sociétaire sur les biens de la personne morale en phase de saisie**[1159].

759 Au-delà des séquestres et des saisies[1160], il a notamment été retenu à l'ATF 113 II 31 que constituait un abus de droit et un cas d'application de la règle de la transparence le **transfert d'un rapport contractuel** (en l'espèce un bail) à une société sœur par une société (locataire) obligée envers un cocontractant (sous-locataire), afin d'empêcher la naissance d'un droit de ce cocontractant (à savoir l'exercice d'une option de prolongation, qui dépendait d'une prolongation du bail au bénéfice de la locataire). Concrètement, par ce transfert de bail, les personnes représentant les mêmes intérêts économiques bénéficiaient des locaux loués, en essayant d'échapper aux obligations découlant du contrat de sous-location qui prévoyait une option de renouvellement. Bien que n'ayant jamais contracté avec le cocontractant de la locataire initiale, la société sœur interposée pour contourner l'option a été jugée liée par celle-ci comme si elle l'avait stipulée elle-même[1161].

---

au sens de l'art. 2 CC. [...] en l'espèce, il y a précisément [des] motifs [particuliers] dans la conjonction entre la confusion totale des patrimoines et le refus obstiné de l'actionnaire unique d'indiquer où sont les actions. D'autre part, il est constant que la société n'a aucun autre créancier que Cornfeld. Le souci d'affecter les actifs à la couverture du passif social est donc sans pertinence dans le cas particulier». Pour un cas d'application récent, TF 7. 6. 2016, 5A_205/2016, c. 8.1 (les circonstances retenues sont que : le débiteur avait *«remis en nantissement une assurance-vie [...] pour garantir les dettes de la [société] envers la banque»*, *«son fils habite le chalet érigé sur la parcelle dont la [société] est [...] propriétaire»* ainsi que le fait qu'une fiduciaire, *«dont l'administrateur-directeur est également l'administrateur unique de la [société... a] attesté que la fortune du débiteur incluait ledit chalet»* et *«le fait que la [société] n'ait jamais allégué avoir une activité économique autre que celle consistant à détenir le [chalet]»*). V. aussi (à l'encontre d'une fondation de famille), TF 28. 2. 2008, 5A_498/2007, c. 5.

[1159] Ainsi TF 17. 7. 2012, 5A_330/2012 (lit. A et c. 6).

[1160] Cf. BLANC/DEMIERRE, Not@lex 2020 p. 118 : *«la théorie de la transparence ne s'applique pas uniquement à la responsabilité pour dettes ; elle peut aussi avoir pour effet d'étendre une obligation contractuelle à l'égard d'un tiers»*, qui résument ainsi le c. 4.2 de l'ATF 145 III 351 (361), où le concept de Haftungs-Durchgriff est opposé à d'autres cas d'application (*«Neben dem soeben beschriebenen Haftungsdurchgriff gibt es auch den Fall, in dem nicht ein Vermögen für eine Drittschuld haftet, sondern eine vertragliche Verpflichtung auf einen Dritten ausgedehnt wird»*).

[1161] ATF 113 II 31 c. 2c, cité ici dans l'excellente traduction de Raymond JEANPRÊTRE au JdT 1988 I 20 (24-25) : *«Celui qui invoque l'indépendance juridique pour éluder un contrat enfreint les règles de la bonne foi [...]. Éluder un contrat est notamment le fait du débiteur qui se substitue un tiers avec lequel il est lié pour se soustraire à l'application d'une convention [...]. En l'espèce, la première défenderesse, agissant sur l'ordre de Rinderknecht, s'est substitué la seconde défenderesse pour empêcher l'avènement de la condition qui grevait l'option. Selon le principe de la transparence, l'art. 2 CC permet de traiter le tiers*

Cet arrêt illustre que l'abus peut être retenu même lorsque ce n'est pas le so- 760
ciétaire qui est la personne obligée par le contrat que vise à contourner l'interposition d'une société ; la transparence peut s'appliquer « latéralement » (entre
sociétés sœurs dominées par le même actionnaire)[1162].

D'autres contextes peuvent donner lieu à l'application de la transparence in- 761
versée[1163]. La jurisprudence a, en particulier, relevé que la préservation de
l'égalité entre héritiers, assurée par l'institution juridique des rapports (art. 626
CC), peut exiger d'ignorer la dualité entre le *de cujus* et une personne morale
qu'il dominait de son vivant. Ainsi en va-t-il si une société du défunt a fourni
des prestations disproportionnées (voire gratuites) à l'un des héritiers. Cela
peut équivaloir économiquement à une libéralité du défunt, car le patrimoine
successoral est diminué par la perte de valeur affectant les actions de la société
qui a été appauvrie par les prestations disproportionnées (ou gratuites)[1164].

---

*substitué comme la première défenderesse [...]. La levée de l'option est donc opposable
à la seconde défenderesse. [...] Au regard de l'art. 2 CC, les considérations objectives
l'emportent sur les critères subjectifs qui paraissent expliquer un certain comportement
[...]. Des dissentiments personnels entre les contractants autorisent le cas échéant une
résiliation anticipée (art. 269 CO). Ils ne permettent pas d'éluder le contrat ».*

1162 ATF 113 II 31 c. 2c, trad. JdT 1988 I 20 (25) : « *Les défenderesses contestent l'admissibilité de la 'transparence latérale' (Querdurchgriff). [...] Le recours à la transparence latérale s'impose en cas de substitution injustifiée d'une société-sœur, dans le cadre d'un
'konzern' [...]. Quand il s'agit d'éluder un contrat, peu importe qu'un actionnaire se
substitue à la société anonyme qu'il domine ou que l'actionnaire qui domine deux sociétés
substitue l'une à l'autre ; cela revient au même* ».

1163 Il arrive que l'on cite l'ATF 112 II 503, qui refuse d'opposer au représenté la connaissance
qu'a son représentant du dol commis par le cocontractant lorsque ces deux derniers « *ne
forment qu'une seule et même personne du point de vue économique* ». Cette problématique ne relève selon nous pas de la transparence, mais de la collusion (cf. *supra* N 562
[spéc. ad n. 843], 570 et 707 ; sur le refus de l'imputation de la connaissance, N 635 spéc.
n. 936) ; même sans rapport de domination, c'est le fait d'agir de concert au détriment du
représenté qui est ici décisif.

1164 TF 15. 12. 2022, 5A_425/2020, c. 4.3.3 : « *Die Praxis orientiert sich (auch) daran, ob es
sich unter dem Blickwinkel von Treu und Glauben oder angesichts der drohenden Verletzung legitimer Interessen aufdrängt, über die formalrechtliche Selbständigkeit der juristischen Person hinwegzusehen [... Im] Fokus [steht] die Tatsache, dass der Erblasser
seinen Nachkommen einen geldwerten Vorteil unentgeltlich zukommen lässt und damit
auch sein eigenes Vermögen schmälert : Indem er – beispielsweise durch die Auszahlung
eines zu hohen Arbeitslohns an die bei der juristischen Person angestellte Tochter oder
durch die (gemischte) Schenkung eines Grundstücks aus dem Vermögen der juristischen
Person an den Sohn – in der Geschäftstätigkeit seiner Aktiengesellschaft auf Marktkondi-
tionen verzichtet, nimmt er eine Gewinneinbusse der Gesellschaft, mithin eine Werteinein-
busse der von ihm gehaltenen (100 %-)Beteiligung in Kauf* ».

762 La jurisprudence se montre – à juste titre – particulièrement sourcilleuse sur l'exigence en vertu de laquelle le sociétaire doit exercer une **domination en principe exclusive** sur la personne morale. Dans le récent ATF 145 III 351, il est apparu évident qu'une détention de 71 % du capital par un actionnaire est insuffisante pour appliquer la transparence inversée. À juste titre, le Tribunal fédéral a relevé qu'au regard des intérêts des actionnaires minoritaires indépendants (près de 30 % du capital en l'espèce), les organes de la société anonyme avaient le devoir de s'opposer à l'exercice de prétentions reposant sur l'invocation d'une transparence inversée[1165]. Il est ainsi clairement mentionné que les organes et autres représentants seraient responsables, par exemple, en tolérant la compensation d'une créance de la société envers un tiers avec celle que l'actionnaire dominant a envers ce tiers[1166]. Outre les intérêts des sociétaires minoritaires indépendants, les intérêts des créanciers de la personne morale dominée pourront empêcher l'application de la transparence inversée[1167] (en revanche, si la personne morale ne présente aucun risque d'insolvabilité, les intérêts des créanciers ne s'opposent pas à la transparence inversée[1168]).

763 Cela dit, si les actionnaires (minoritaires) sont en réalité contrôlés par l'actionnaire qui contourne ses obligations envers le tiers, leurs intérêts ne peuvent empêcher l'application de la transparence inversée[1169].

[1165] C. 4.3.2 (364) : « *[beim* Haftungs*durchgriff] auf die Gesellschaft [sind] immer die Interessen der nicht mit dem Hauptaktionär verbundenen Minderheitsaktionäre zu wahren, die es ausschliessen, dass dessen persönliche Verpflichtungen der Gesellschaft aufgebürdet werden* ».

[1166] C. 4.3.2 (363-364), qui fait référence à l'ATF 85 II 111 c. 3 (116 s.), où il est notamment précisé que « *[die] Gläubiger [der Gesellschaft] [...] brauchen sich nicht gefallen zu lassen, dass das Gesellschaftsvermögen zur Tilgung privater Schulden des einzigen Aktionärs verwendet werde* ».

[1167] L'ATF 145 III 351 c. 4.3.2 relève que la transparence inversée a pu être appliquée à l'ATF 102 III 165 (cité *supra* n. 1158) parce que l'actionnaire unique était également le seul créancier (364 : « *Solche besonderen Gründe erkannte das Bundesgericht in einem Fall vollständiger Vermögensvermischung, wo der beherrschende Aktionär sowohl einziger Aktionär <u>als auch einziger Gläubiger seiner Gesellschaft</u> war* »).

[1168] Les intérêts des actionnaires minoritaires ne dépendent pas de la solvabilité car ce qui leur revient au titre de leur droit à une part de l'actif social est réduit par toute diminution de l'actif social, quelle qu'elle soit, même lorsque la solvabilité de la société n'est nullement mise en danger.

[1169] La formulation de l'ATF 145 III 351 c. 4.3.2 (364), reproduite *supra* n. 1165, précise que ce sont les intérêts des actionnaires minoritaires non liés à l'actionnaire majoritaire obligé envers le tiers qui méritent protection. Dans l'arrêt TF 17. 7. 2012, 5A_330/2012, c. 4.2, on observe que l'actionnaire obligé envers le tiers contrôle 426 actions sur 450 (soit 94,6 %) ; plutôt que la forte participation, il nous semble décisif que (outre le fait que la domination totale n'avait pas été contestée devant le TF, ce que relève l'ATF 145 III 351 c. 4.3.2, 2e par. *in fine* [364]) les actionnaires minoritaires soient contrôlés par l'actionnaire

On relèvera enfin qu'il faut distinguer la transparence inversée, qui revient à   764
faire abstraction – en raison d'abus – d'une séparation des patrimoines qui
existe par ailleurs, des **situations où une personne morale détient _à titre fi-
duciaire_ des biens de son sociétaire** obligé envers un tiers. Dans un tel cas,
les biens ne sont jamais sortis du patrimoine du sociétaire. Il en va de même (à
plus forte raison) lorsque la personne morale reçoit des biens de son sociétaire
par un acte de transfert _simulé_ (qui est de nul effet juridiquement). On y reviendra brièvement[1170].

4. _L'interdiction pour le sociétaire ou la personne morale d'invoquer eux-mêmes la transparence (à savoir leur propre abus de droit)_

Il est admis que ce sont les tiers lésés par l'invocation abusive de la dualité du   765
sociétaire et de la personne morale qui peuvent mettre en œuvre la règle de la
transparence. À l'inverse, de jurisprudence constante, tant la personne morale
que son sociétaire dominant ne peuvent décider d'eux-mêmes d'écarter les conséquences de la séparation des patrimoines lorsqu'elles ne leur siéent pas[1171].

---

obligé envers le tiers. – Dans l'arrêt TF 30. 11. 2011, 4A_417/2011, c. 2.3, où une participation de 63 % est jugée insuffisante pour constituer une domination justifiant l'application de la transparence, il s'agit d'un cas de _Durchgriff_ direct, où les intérêts des actionnaires minoritaires ne jouent pas de rôle (puisque le créancier de la personne morale veut
s'en prendre au patrimoine _du sociétaire_).

[1170]   _Infra_ N 767-775.

[1171]   ATF 144 III 541 c. 8.3.3 (548) : « _[si] l'indépendance de la personne morale est invoquée
abusivement [...] [n]i le sociétaire ni la personne morale ne peuvent se prévaloir de la
dualité juridique aux dépens de l'identité économique et, en conséquence, les rapports de
droit liant l'une lient également l'autre ; en ce qui les concerne, en revanche, ils doivent
s'en tenir à la forme d'organisation qu'ils ont choisie et ne peuvent prétendre avec succès
de l'absence de dualité juridique aux dépens de leurs créanciers_ ». Premier arrêt à employer une formulation générale de la règle de la transparence (_supra_ n. 1154), l'ATF 72
II 67 refusait son application lorsqu'elle était sollicitée par la personne morale ou son
sociétaire, souhaitant s'écarter de la dualité au c. 3c (77) : « _Ce ne sont pas les tiers – [R]
ou dame Muller – qui se prétendent lésés par l'existence de deux personnalités distinctes ;
c'est la société [anonyme C] elle-même ou son unique actionnaire Muller. Or, si ce dernier a choisi pour son entreprise la forme de la société anonyme, c'est évidemment dans
son intérêt. Il ne peut s'en prendre qu'à lui-même si, à côté d'avantages, cette forme a
pour lui certains inconvénients, fût-ce dans les rapports d'affaires qu'il a avec sa femme.
Muller ou la SA [C] ne sauraient, selon qu'ils y ont ou non intérêt, invoquer le dualisme
résultant de la double personnalité, ou au contraire le nier. La jurisprudence veut précisément éviter des abus de ce genre_ ».

766 À titre d'exemple, on peut citer la situation où un tiers fait valoir une créance contre la personne morale, et que son sociétaire n'a contre ce tiers qu'une créance incessible (art. 164 al. 1 *in fine* CO) : la personne morale ne pourra invoquer qu'elle forme une unité économique avec son sociétaire ; elle ne pourra opérer de compensation, faute pour le sociétaire de pouvoir lui céder sa propre créance contre le tiers.

5. *Situations semblables mais distinctes : détention fiduciaire, propriété apparente (fictive ou simulée) et actes révocables*

767 L'examen attentif de la pratique montre que les créanciers d'un sociétaire invoquent souvent pêle-mêle[1172] la transparence (*Durchgriff*) et des situations juridiquement bien distinctes, qui sont (i) la propriété fiduciaire ou (ii) la propriété fictive, reposant sur une simulation. Sur le plan analytique, les titres juridiques opérant la possession du détenteur fiduciaire ou du détenteur simulé sont très différents, même si l'effet final est en pratique équivalent à celui du *Durchgriff*.

768 La **détention fiduciaire** est juridiquement valable[1173]. Le propriétaire fiduciaire a bel et bien la propriété juridique du bien transféré, mais le fiduciant peut y mettre fin (dans la plupart des cas de figure, à tout moment[1174]) ; selon le concept général de la fiducie, il redevient alors propriétaire[1175] et peut reven-

---

[1172] Il arrive que, lorsqu'un *Durchgriff* est invoqué, le Tribunal fédéral mentionne la simulation. Ainsi ATF 144 III 541 c. 8.3.5 (548-549) : « *les cas où les biens d'un tiers peuvent également être réalisés pour désintéresser le créancier parce qu'ils ne sont que formellement au nom d'un tiers – qui n'est dès lors qu'un homme de paille, en ce sens qu'il n'est que le propriétaire apparent d'un bien qu'il détient pour le compte du débiteur [...] mais appartiennent en réalité au débiteur (p. ex. ensuite d'une acquisition de propriété simulée [...]). Il incombe au créancier de démontrer que, malgré notamment la possession, l'inscription dans un registre public ou l'intitulé du compte bancaire, les avoirs mis sous main de justice appartiennent au débiteur* ». Également TF 7. 6. 2016, 5A_205/2016, c. 7.2 (2ᵉ par.).

[1173] Cf. p. ex. *infra* N 2133.

[1174] Cela ne s'applique pas lorsque le transfert est fait à des fins de sûreté (*fiducia cum creditore*).

[1175] Suivant les ordres juridiques, lorsque le transfert de propriété suppose un acte séparé de la cause contractuelle (acte de disposition, *Verfügungsgeschäft*), il n'y a qu'une créance en transfert de propriété, en non une possibilité de revendiquer (p. ex., en droit suisse, il est certain que la fin de la fiducie ne permet pas au fiduciant de revendiquer le bien immobilier, car le transfert de propriété suppose un changement au registre foncier ; il se pose ensuite la question de la forme – authentique – de l'acte générateur de l'obligation de transférer).

diquer la restitution du bien. Sous l'angle du droit financier, il est l'ayant droit économique[1176].

Remplissant les fonctions les plus diverses – « *la fiducie est parfois un contrat* 769 *des mauvais jours* »[1177] –, la détention fiduciaire est souvent liée à un certain degré de flou, d'obscurité ou de discrétion. Sauf dans les situations visées par des règles légales limpides assurant la mise en œuvre du droit de propriété du fiduciant (comme en matière de « titres intermédiés »[1178] ou d'autres droits inscrits dans un registre d'un dépositaire au sens des art. 973a-973c CO[1179]), le droit du fiduciant de revendiquer le bien repose fondamentalement sur une disposition du droit du mandat (art. 401 CO[1180]), en vertu de laquelle les « créances contre des tiers » acquises au nom du mandataire pour le compte du mandant « deviennent la propriété du mandant dès que celui-ci a satisfait, de son côté, à ses diverses obligations envers le mandataire (al. 1), y compris en cas de faillite (al. 2), cela valant également pour les objets mobiliers acquis par le mandataire en son nom mais pour le compte du mandant (al. 3).

Sur le plan comptable, les actifs détenus à titre fiduciaire doivent être inscrits 770 hors bilan[1181] ; la rentrée dans le patrimoine du fiduciaire d'un tel actif ne figure pas dans le compte de résultat.

Les créanciers du fiduciaire peuvent en principe toujours faire séquestrer et sai- 771 sir les biens détenus pour le compte de celui-ci par le propriétaire fiduciaire, puisque le fiduciant a toujours le droit d'exiger de lui la remise de l'actif. Il n'est nullement nécessaire de prouver que le fiduciant aurait commis un quelconque abus de droit.

La relation fiduciaire, parfois délicate mais en soi licite, valable[1182] et régie par 772 des règles ordonnées, se distingue du **transfert de propriété *simulé***, destiné

[1176] Cf. *infra* N 2133 et p. ex. BAUEN/ROUILLER (2011), p. 157-161 et 171.

[1177] Pierre ENGEL, Traité (1997), p. 229, qui cite, comme exemple de « fiducie pure » (*fiducia cum amico*) l'exemple du « *proscrit politique [qui] confie tout ou partie de son patrimoine à un ami, [à] charge pour lui de gérer ses biens en bon père de famille et de les lui rendre en des temps meilleurs* ».

[1178] En Suisse, ces droits sont régis par la LTI et la Convention du 5. 7. 2006 sur la loi applicable à certains droits sur des titres détenus auprès d'un intermédiaire (RS 0.221.556.1), ratifiée par les États-Unis d'Amérique, l'île Maurice et la Suisse. Tandis qu'à l'égard des tiers, le dépositaire est usuellement seul visible (cf. art. 13 al. 2 LTI), le droit de propriété du déposant est assuré notamment par l'art. 17 LTI. Cf. ég. *infra* N 2115-2129.

[1179] Il y a alors un droit de copropriété des déposants, art. 973a al. 2 CO.

[1180] Voir notamment ATF 130 III 132.

[1181] *Supra* N 270.

[1182] Comme tout contrat, elle peut avoir un *but illicite*, comme une fraude à la loi. La nullité (art. 20 CO, cf. *infra* n. 1185 ; ég. N 821 ad n. 1255) résulte alors de ce but et non de sa nature de fiducie.

uniquement à tromper les créanciers du transférant[1183]. L'acte simulé est de nul effet[1184], car juridiquement *inexistant*[1185] (cf. art. 18 CO). Faute de titre d'acquisition valable pour celui qui reçoit l'actif, le transférant demeure propriétaire. Dans la pratique, la tromperie pourra précisément induire que le récipiendaire du transfert simulé, lorsqu'il est une société[1186], fasse figurer l'actif fictivement transféré dans le bilan de sa comptabilité. Les créanciers du transférant simulateur n'ont pas besoin de prouver autre chose que la simulation[1187].

773 Même si les expressions de « **prête-nom** » ou « d'**homme de paille** »[1188] ont une sonorité péjorative, elles peuvent faire référence à diverses situations, qui relèvent de la fiducie (en soi légitime et valable[1189]) ou de la simulation (illicite et nulle).

774 Dans l'ensemble, on voit fort bien que les conditions d'application du *Durchgriff* se distinguent nettement de la possibilité de séquestrer ou saisir des biens détenus par le propriétaire fiduciaire ou récipiendaires d'actifs transférés de façon simulée. Dans tous ces derniers cas, **la preuve de la nature fiduciaire**

[1183] Voir p. ex. Pierre ENGEL (1997), p. 230 : « *la fiducie est souvent discrète, mais non nécessairement secrète ; la simulation implique un mensonge concerté, donc l'altération et la dissimulation de la réalité* ».

[1184] Nicolas ROUILLER (2002), p. 45 (« *das simulierte Geschäft kommt nicht zustande* »).

[1185] V. ATF 91 II 442 c. 4 (449) et 71 II 99 c. 2 (101 : « *einer bloss simulierten und darum nichtigen oder einer fiduziarischen und daher gültigen Rechtsübertragung* »), distinguant les contrats de fiducie, valables, des contrats simulés, frappés de nullité. Cf. ég. TF, SJ 1996 554 (560) ; TF, SJ 1969 500 (504) ainsi qu'ATF 56 II 195 c. 2 (105 [fiducie ayant pour but une fraude à la loi, donc frappée de nullité selon l'art. 20 CO] : « *à la différence du contrat simulé, le contrat fiduciaire est valable en principe, mais cette règle comporte une exception lorsqu'il a été conclu dans le but d'éluder une prescription légale. Dans ce cas, en effet, il est nul* ») et 85 II 97 c. 2 (101 : « *la convention de fiducie a été sérieusement conclue en vue de déployer les effets qui lui sont propres ; il en est de même des actes passés selon les instructions du fiduciant. [...] On n'est donc pas en présence d'actes simulés (nuls) et dissimulés (cas échéant, valides)* ») et 3 (102 : « *L'acte fiduciaire devient nul, en vertu de l'art. 20 CO, s'il a pour but d'éluder une disposition légale impérative* »).

[1186] *Supra* N 251-253.

[1187] Cf. p. ex. TF 31. 01. 2022, 5A_485/2021, c. 3, résumant la position de la CJ GE, Ch. surv. OPF (DCSO/205/21) : « *En effet, les contrats passés avec [la plaignante] étaient vraisemblablement simulés dans le but de soustraire ces œuvres aux créanciers et dans l'intention d'induire les tiers en erreur. Ainsi, sur cette base, l'office pouvait considérer que le quart détenteur détenait vraisemblablement les tableaux pour le compte de la débitrice séquestrée exclusivement, et non pour celui de la plaignante* ». Le recours contre l'arrêt cantonal a été admis, ce qui signifie que le créancier doit concrètement ouvrir action selon l'art. 108 LP pour faire reconnaître la simulation.

[1188] Pierre ENGEL (1997), p. 231 et ATF 144 III 541 c. 8.3.5 (549). V. ég. *supra* n. 1172 et *infra* n. 1557 et 1632.

[1189] *Supra* n. 1182.

de la propriété ou de la simulation suffit. La question d'un « abus de droit » ne se pose tout simplement pas. Et il n'est nullement nécessaire que le débiteur domine économiquement le propriétaire fiduciaire ou le récipiendaire simulé. Bien entendu, cela peut *coïncider* factuellement, en vertu de la force des réalités : si une personne morale est totalement dominée par un débiteur, celui-ci pourra plus aisément lui imposer d'accepter des biens à titre fiduciaire ou de se prêter à une simulation.

L'ordre dans lequel le créancier fait valoir ces différents fondements juridiques dépend des preuves disponibles. De façon générale, s'il existe des perspectives de prouver un rapport fiduciaire ou une simulation, les prétentions fondées sur ces motifs pourront être élevées à titre principal, et le *Durchgriff* – qui requiert de prouver la domination économique et l'abus – à titre subsidiaire. La situation la plus simple survient lorsque le créancier a pu avoir accès à la comptabilité du possesseur et qu'elle démontre que le bien ne figure pas dans son bilan[1190]. 775

Se distinguant nettement de la détention fiduciaire et du transfert simulé sur un plan conceptuel, l'institution juridique de la **révocation** présente avec eux, sur un plan pratique, des similitudes, tout comme avec l'application de la transparence. En substance, le créancier d'un débiteur en faillite (ou dont le patrimoine s'avère insuffisant pour satisfaire ses créanciers après saisie) peut agir en justice contre le bénéficiaire (art. 290 LP) d'une libéralité, à savoir d'un acte de disposition fait à titre gratuit (art. 286 al. 1 LP) ou sans contrepartie suffisante (al. 2 ch. 1), ou d'un autre acte portant préjudice aux créanciers, le cas échéant en favorisant certains d'entre eux (art. 287 s. LP). Concrètement, le bénéficiaire est tenu à restitution (art. 291 al. 1 LP), seulement à concurrence de son enrichissement s'il est de bonne foi (al. 3). 776

Contrairement à la mise en œuvre des conséquences de la transparence ou d'une nature fiduciaire ou simulée de la propriété d'un bien, l'action révocatoire ne peut être engagée qu'après que des étapes déterminées ont été franchies, en particulier la faillite ou une saisie infructueuse. Une perspective de révocation rend néanmoins possibles des séquestres et autres mesures provisionnelles (restrictions du droit d'aliéner), puisqu'il suffit de rendre vraisemblables les droits du créancier. Comme en matière de transfert fiduciaire ou de simulation, il n'est nullement nécessaire de prouver une unité économique entre le bénéficiaire et le débiteur. Cela étant, factuellement, l'unité économique rend plus probable la commission d'un acte révocable. 777

[1190] Il faut cependant réserver les cas où le transfert est récent, de sorte que le bilan susceptible de refléter – ou non – l'entrée de l'actif dans le patrimoine de la société n'a pas encore été établi.

778 Pour que le panorama soit peu ou prou complet, on précisera encore que la problématique liée à la séparation des patrimoines, notamment sous l'angle des manipulations qui peuvent résulter d'une séparation fictive, se présente aussi en rapport avec les **fondations**, qui sont des personnes morales, et les *trusts* issus de la tradition juridique anglaise, qui n'en sont pas[1191]. Lorsque le fondateur conserve le pouvoir de disposer des biens (ce qui correspond à la catégorie des *revocable trusts*), l'approche suisse consiste à ne pas voir de patrimoines séparés, du moins à l'égard des tiers, dans ce type de constructions[1192]. À l'inverse, si le transfert à la fondation ou au trust est irrévocable, on reconnaît en principe la séparation des patrimoines, mais suivant le degré de maîtrise que conserve le fondateur, le caractère irrévocable peut n'être que fictif ; parfois, sans aller si loin, notamment en cas de pouvoir d'instruction stipulé ou existant en réalité (par-delà les apparences superficielles selon lesquelles les gérants de la fondation ou du trust auraient des pouvoirs discrétionnaires), invoquer la séparation des patrimoines sera abusif[1193] ; dans les cas extrêmes, le trust peut

---

[1191] Pour un panorama succinct et comparatif, Nicolas ROUILLER, International Business Law (2015), p. 477-479. Très complet, Guillaume GRISEL, Le trust en Suisse (2019).

[1192] ATF 140 II 255 c. 5.3 : « *lorsque le fondateur se réserve le même pouvoir de disposition sur le patrimoine de la fondation que sur le sien propre, il en résulte une division de la fortune du fondateur en deux masses distinctes qui n'est pas opposable aux tiers, créanciers ou autorités fiscales* ».

[1193] V. notamment, mais sous la cognition limitée vu la nature provisionnelle de la décision (restrictions du droit de disposer dans le cadre d'un divorce), TF 26. 4. 2012, 5A_259/2010, c. 7.3.3.2 *in fine* : « *la cour cantonale n'est pas tombée dans l'arbitraire en retenant que, malgré la dualité de personnes en la forme, les trusts ne constituent qu'un simple instrument dans la main du recourant, qui a conservé des pouvoirs de gestion étendus et en apparaît comme le principal bénéficiaire et que, conformément à la réalité économique, il y a identité de personnes [...], en sorte qu'il faut en faire 'abstraction'. Dans l'optique d'un tel Durchgriff, les arguments selon lesquels la distribution des biens en trusts ou de leurs revenus est laissée à l'entière discrétion du trustee (trust discrétionnaire) et le constituant ne peut plus révoquer le trust (trust irrévocable) ne sont pas pertinents* ». Le constituant avait précédemment été condamné à une reddition de compte portant sur les actifs des trusts (cf. TF 10. 10. 2014, 5A_837/2013). L'affaire s'est conclue judiciairement au fond par une reconnaissance effective de la séparation des patrimoines (« *dans un contexte international impliquant un trust étranger irrévocable et discrétionnaire* »), en vertu de l'art. 15 de la Convention du 1. 7. 1985 relative à la loi applicable au trust et à sa reconnaissance (RS 0.221.371) malgré la volonté du constituant d'éluder l'art. 214 al. 2 CC, avec pour conséquence pratique que seule la valeur des actifs au moment de leur transfert est réunie aux acquêts, et non leur accroissement de valeur survenu depuis lors (CJ GE 5. 6. 2015, ACJC/663/2015, c. 10.3).

aussi être nul, faute de toute volonté réelle de transférer (*sham trust*)[1194]. Dans ces différents cas, la séparation des patrimoines n'est pas opposable aux tiers.

D.   La responsabilité de l'organe de fait

La notion d'organe de fait a été décrite en détail au chapitre précédent sous l'angle de la responsabilité de la personne morale pour le comportement d'un tel organe[1195] ; elle sera traitée encore dans les chapitres consacrés aux devoirs des organes et à la responsabilité qui résulte de leur violation[1196].   779

La notion joue un rôle important sur le plan de l'étanchéité des patrimoines pour étendre matériellement à un tel organe la responsabilité pour les dettes de la personne morale. Techniquement, il ne s'agit pas d'une solidarité, mais d'une responsabilité au titre d'un comportement qui viole fautivement les devoirs de loyauté ou de diligence (le titre juridique n'est pas l'abus de droit du sociétaire, au sens de l'art. 2 al. 2 CC, qui conduit à ce que l'on refuse de prendre en considération la dualité des personnes, mais une violation des devoirs d'organe, au sens des art. 718 et 754 CO). Cela précisé, le résultat économique, en particulier en cas de faillite, peut être considéré comme étant concrètement une exception à l'étanchéité des patrimoines.   780

Cette analyse vaut lorsque c'est le sociétaire qui s'arroge un rôle d'organe de fait, ce qui est le cas de figure le plus fréquent. Lorsque c'est un créancier, cela n'équivaut pas à une exception à la dualité ; la problématique s'épuise dans la violation des devoirs de diligence et de loyauté que commet éventuellement le créancier qui s'arroge une position d'organe de fait[1197].   781

[1194]   TF 12. 4. 2012, 5A_436/2011 et 5A_443/2011, c. 9.3 (« *Il y a sham trust lorsque le settlor utilise le trust de manière artificielle ; tel est le cas s'il conserve de fait tous les pouvoirs sur les biens en trust, qu'il entend récupérer en fin de compte. Un tel trust se révèle inefficace* »). Cet arrêt relève au 9.4 qu'en reconnaissant l'inefficacité du trust, la CJ GE, dans la foulée « *a fait fi de l'existence juridique formelle des sociétés offshores, appliquant ainsi la théorie de la transparence même si elle ne mentionne pas expressément ce dernier principe* ».

[1195]   *Supra* N 709-718.

[1196]   *Infra* N 1002-1025, spéc. n. 1490 et 1504, et N 1027 ss, spéc. 1021 ainsi que n. 1490 et 1504 (devoirs de loyauté et de diligence).

[1197]   *Supra* N 716, spéc. ad n. 1087.

§ 11 L'interdiction du but social illicite et sa mise en œuvre

I. Le texte de l'art. 52 al. 3 CC ; la distinction entre le but et les moyens illicites

782 Sur le plan conceptuel, la situation paraît simple : lorsqu'il fait naître une personne morale, l'ordre juridique crée un être artificiel ; il semble relever de l'évidence que si le but même de cet être est en réalité contraire à l'ordre juridique, celui-ci peut lui **refuser toute existence**. Contrairement à une personne physique qui existe par elle-même, la personne morale n'a pas d'autre justification fondamentale – soit de raison d'être et donc d'essence – que son but. Il ne serait pas sensé que l'ordre juridique confère le privilège qu'est la personnalité morale à une entité dont l'essence le contrarie. C'est ce que dit l'une des premières règles du Code civil consacrées aux personnes morales, l'art. 52 al. 3 : « *Les sociétés et les établissements qui ont un but illicite ou contraire aux mœurs ne peuvent acquérir la personnalité* ».

783 Il est cohérent avec cette vision conceptuelle de distinguer nettement du but illicite **les moyens illicites** employés par une personne morale. Les moyens illicites peuvent être combattus par des sanctions attachées à la perpétration des actes illégaux en cause sans qu'il soit nécessaire de refuser à la personne morale son existence juridique même[1198] ; en particulier, sur le plan civil, les contrats illicites (comme ceux qui sont immoraux) sont nuls[1199] (art. 19 s. CO) et les

---

[1198] Cela a été retenu de façon catégorique, en 1928 déjà, dans la jurisprudence. L'ATF 54 II 160 c. A/2 (164) : « *Ce qui est déterminant, d'après [l'art. 52 al. 3 CC], c'est l'illégalité du but et non des moyens que la société ou l'établissement met en œuvre pour l'atteindre. Si une société cherche à atteindre un but licite et conforme aux mœurs par des moyens illicites ou contraires aux mœurs, elle n'en acquiert pas moins la personnalité* » (identique, ATF 62 II 97 c. 3a [98-99] : « *Massgebend [...] ist nach der klaren und eindeutigen Fassung des Art. 52 Abs. 3 ZGB einzig und allein der Zweck des Verbandes, während auf die Mittel, deren sich der Verband zur Erreichung seines Zweckes bedient, in diesem Zusammenhang nichts ankommen kann* »). V. aussi ATF 115 II 401 c. 2b (404-405 : « *die Unterscheidung zwischen dem Gesellschaftszweck und dem Einsatz der Mittel zur Verwirklichung dieses Zweckes [ist] im allgemeinen durchaus sinnvoll* »).

[1199] Étant précisé que la nullité d'un contrat ne doit pas être une sanction aveugle ; les effets de la nullité sont l'objet d'une approche nuancée, préoccupée par l'idée de proportionnalité, depuis plusieurs décennies (ainsi Nicolas ROUILLER [2002], p. 357 ss ; ROUILLER/ UFFER [2018], p. 218 et 233 ; Claire HUGUENIN [1984], p. 70 ss, spéc. 72 *in fine* ; GUILLOD/ STEFFEN, CR ad art. 19/20 CO [2021], N 91-100 ; sur une interprétation de la nullité proportionnée aux enjeux concrets, l'arrêt AppGer BS 9. 11. 2007, AZ-2007-10, c. 5.4.4, nous

actes illicites engagent la responsabilité tant de la personne morale que de ses organes[1200] (art. 55 CC)[1201] ; ils ont souvent des suites administratives et parfois pénales (dont la confiscation du gain).

II. La véritable sanction de l'illicéité du but social pour les personnes morales inscrites au RC

A. Effet guérisseur de l'inscription et dissolution

Même si son fondement conceptuel paraît clair et son champ d'application en théorie bien circonscrit, la règle proclamatoire de l'art. 52 al. 3 CC s'est heurtée à d'importants aspects de la **réalité juridique et pratique**. 784

Le plus important est la protection de la sécurité juridique et de la bonne foi des cocontractants de la personne morale. Ainsi, bien que la règle de l'art. 52 al. 3 CC eût manifestement été conçue aussi pour les personnes morales inscrites au registre du commerce (puisque l'inscription est indiquée à l'al. 1 comme la condition ordinaire d'acquisition de la personnalité pour les personnes morales, sauf exceptions), la jurisprudence – après des hésitations[1202] – a retenu que l'inscription a un **effet guérisseur** qui, valant aussi pour la question du but illicite, l'emporte sur la lettre de l'art. 52 al. 3 CC. 785

---

apparaît le plus précis ; il est confirmé dans son résultat, avec une argumentation différente, concentrée sur une interprétation restrictive de l'art. 66 CO, par l'ATF 134 III 438, dont le c. 2.4 préserve l'autonomie privée lorsqu'elle ne s'inscrit pas en porte-à-faux à l'intérêt public [443 : «*wenn der Mangel das Synallagma nicht betrifft [...] rechtfertigt es sich auch im Fall der inhaltlichen Vertragsnichtigkeit gemäss Art. 20 OR, die Rückabwicklung nach der subjektiven Bewertung der Parteien vorzunehmen*»].

[1200] L'ATF 54 II 160 c. A/2 (164 *in fine*) l'observait nettement : «*Le recours aux moyens prohibés constituerait ou bien un acte illicite ou immoral engageant la responsabilité de la personne juridique et celle de ses organes qui y ont pris part (art. 55 al. 2 et 3 CCS, art. 41 CO), ou bien créerait des rapports juridiques illicites ou contraires aux mœurs, et partant nuls*».

[1201] *Supra* N 690-722.

[1202] Cf. ATF 96 II 273 c. 2 (279 s.) et Robert PATRY, I (1976), p. 27 : «*[...] comme le but social constitue un élément essentiel de la notion de société, on devrait logiquement tenir pour absolument nulles, non seulement la clause statutaire établie en violation de ce principe de la licéité, mais aussi la société elle-même, quelle que soit sa forme juridique. En particulier, le législateur a précisé à ce sujet qu'une société poursuivant un but illicite ou contraire aux mœurs ne peut acquérir la personnalité ; de son côté, le Tribunal fédéral semble dans ce cas vouloir exclure l'application de la théorie de la guérison [...] mais nous estimons que, lorsque les intérêts des tiers sont en jeu, la théorie de la guérison s'applique même en cas de but illicite*».

786 En général, l'effet guérisseur figure explicitement dans les **dispositions du Code des obligations** consacrées aux sociétés de capitaux. L'art. 643 al. 2 CO dispose que « *la personnalité est acquise de par l'inscription, même si les conditions de celle-ci n'étaient pas remplies* » (pour la SA ; pour la Sàrl, l'art. 779 al. 2 est identique ; pour la SCmA, le renvoi général de l'art. 764 al. 3 CO est opérant pour cette règle). Pour la coopérative, cela résulte selon nous de l'art. 908 CO par analogie, l'effet guérisseur de l'inscription étant de toute façon reconnu pour la coopérative[1203].

787 Une interprétation selon laquelle cet effet ne peut guérir le vice particulier qu'est l'illicéité du but aurait été compatible avec le texte de l'art. 643 al. 2 CO, mais la jurisprudence a clairement tranché en ces termes en 1981 : « *selon une jurisprudence récente.– mais bien établie –, une société anonyme dont le but est illicite ou contraire aux mœurs acquiert, malgré le texte de l'art. 52 al. 3 CC, la personnalité juridique par son inscription au registre du commerce en vertu de la théorie de la guérison (Heilungstheorie)* »[1204].

788 La conséquence pratique de cette jurisprudence est que, pour les personnes morales inscrites au registre du commerce, l'illicéité ne donne pas lieu – contrairement à ce qui résulterait du texte de l'art. 52 al. 3 CC – à une inexistence qui se constate, mais à une **décision de dissolution**.

B. Nature de la dissolution

1. Compétences ; fréquence ; but réel ; but partiel

789 Ayant pour enjeu la continuation de l'état permettant à la personne concernée d'agir et d'exister, cette décision doit être prise par un **tribunal civil**[1205], et non par une autorité administrative (sauf exceptions particulières, traitées ci-après[1206]). Pour la même raison, on ne peut concevoir un for autre que celui du

---

[1203] Cf. KILGUS/FABRIZIO, BK ad art. 835 CO (2021), N 16 ad n. 20 ; Isabelle CHABLOZ, CR ad art. 838 CO (2017), N 4 ad n. 4 s. (qui relève l'absence d'une disposition explicite correspondant à l'art. 643 al. 2 CO pour la SA).

[1204] ATF 107 Ib 186 c. 6c (189). Plus succinct, ATF 107 Ib 12 c. 1 (14 : « *Die Beschwerdeführerin ist indessen im Handelsregister eingetragen ; mit diesem Eintrag hat sie gemäss Art. 643 Abs. 2 OR das Recht der Persönlichkeit erworben [...]. Eine Aktiengesellschaft mit widerrechtlichem Zweck ist aufzulösen* »). Ces arrêts ont notamment été confirmés par les ATF 110 Ib 105 (115) et 112 II 1 c. 5 (7 : « *Eine AG mit widerrechtlichem Zweck ist nach zutreffender Rechtsprechung aufzulösen* »).

[1205] ATF 107 Ib 12 c. 1 (14 : « *Zur Auflösung ist der Zivilrichter zuständig* »). V. aussi *infra* n. 1207.

[1206] *Infra* N 792, spéc. ad n. 1218.

siège de la société[1207], même – selon nous – lorsque les statuts comprennent une clause arbitrale (malgré le large champ d'application de l'art. 697n CO). Il s'agit ainsi d'une action en dissolution d'un genre particulier.

L'action en dissolution peut être **introduite** par tout intéressé (sociétaire, créancier, débiteur) et par l'autorité compétente. À cet égard, il faut avoir à l'esprit que les lois cantonales d'introduction au Code civil que nous avons examinées ne désignent explicitement, pour la plupart, qu'une autorité chargée de demander au juge la dissolution de *l'association* dont le but est illicite[1208]. Deux désignent « *les personnes morales* » dont le but est illicite[1209], ou l'est devenu[1210]. Lorsque le texte légal de la loi d'introduction cantonale est limité à l'association, cela résulte selon nous de ce que la loi ne mentionne une autorité chargée de saisir le juge qu'à l'art. 78 CC, relatif à l'association (« *La dissolution est prononcée par le juge, à la demande de l'autorité compétente ou d'un intéressé, lorsque le but de l'association est illicite ou contraire aux mœurs* »). Quant à la limitation aux personnes morales dont le but est *devenu* illicite, elle nous paraît découler d'une lecture littérale du texte de l'art. 52 al. 3 CC (selon lequel une personne morale au but initialement nul ne devrait pas exister, aucune action en dissolution n'étant ainsi ouverte)[1211].

Il nous semble évident, à tout le moins par pragmatisme ou par comblement de lacune, que l'autorité désignée dans les lois d'introduction pour ouvrir cette action en dissolution doit être compétente pour cette saisine, au-delà du champ d'application le cas échéant limité de la disposition topique. Il ne nous apparaît pas que l'on peut déduire de la compétence du registre du commerce de saisir le tribunal en cas de « *carences dans l'organisation impérativement prescrite par la loi* » (art. 939 al. 1 et 2 CO)[1212] celle d'être l'autorité demanderesse en

790

791

[1207] ATF 107 Ib 186 c. 6c (190 : « *L'action en dissolution doit être intentée devant le juge civil du lieu où la société a son siège social par l'autorité compétente en ce lieu* ») et 110 Ib 105 c. 3b (115 : « *Zur Auflösung ist der Zivilrichter des Sitzkantons der Aktiengesellschaft zuständig* »).

[1208] Art. 12 ch. 2 LI-CC-NE (le Conseil d'État) ; art. 12A al. 1 lit. a LaCC-GE (« *le département chargé de la sécurité* ») ; art. 8 LACC-FR (Ministère public) ; art. 9 LiCCS-BE (« *Le Conseil-exécutif ou la Direction désignée par lui* ») ; art. 12 LiCC-JU (« *Le Gouvernement ou le département désigné par lui* »).

[1209] Art. 17 al. 1 ch. 2 CDPJ-VD : « *Le service en charge des affaires juridiques est compétent : [...] 2. pour [...] obtenir en justice un prononcé de nullité ou d'annulation portant sur l'existence d'une personne morale, chaque fois qu'une loi fédérale le prévoit et après dénonciation de l'autorité compétente* ».

[1210] Art. 10 al. 1 LICC-VS : « *Relèvent du Département compétent les attributions suivantes : [...] b. intenter l'action en dissolution d'une personne morale dont le but est devenu illicite ou contraire aux mœurs* ».

[1211] *Infra* N 811 spéc. ad n. 1241.

[1212] *Supra* N 146 s.

cas de but illicite. La carence d'organisation est une question formelle, qui donne lieu à une procédure judiciaire sommaire (art. 250 lit. c ch. 15 CPC)[1213] ; la problématique n'est pas analogue au traitement d'une question matérielle comme l'illicéité du but, qui donne lieu à une action en dissolution, laquelle ne devrait pas être jugée de façon sommaire. En revanche, il est certain que le registre du commerce peut dénoncer à l'autorité administrative ce qui lui apparaît comme un but illicite.

792   Les imprécisions ou le caractère incomplet des dispositions sur la compétence s'expliquent aussi parce qu'il est en réalité fort rare qu'une personne morale ait réellement un but (entièrement) illicite. Cette situation s'est surtout présentée après l'adoption des arrêtés, puis de la loi sur l'acquisition d'immeubles par des personnes à l'étranger (LFAIE)[1214], qui ont rendu illicites des activités qui ne le sont dans presque aucun pays occidental, ni de façon générale dans aucun pays ouvert aux investissements étrangers (comme l'est la Suisse par ailleurs[1215]). D'autres cas qui surviennent concernent les fondations de famille[1216], puisque le droit suisse (art. 355 al. 1 CC) est (encore [1217]) très restrictif lorsqu'elles ont pour but l'entretien (contrairement aux fondations d'autres ordres juridiques ou, bien entendu, aux *trusts* issus de la tradition du droit anglais). L'autre domaine d'activités où l'illicéité du but peut survenir assez fréquemment est le secteur financier, en particulier en raison de l'absence ou du retrait d'une autorisation nécessaire à l'activité ; mais ici, la dissolution peut être prononcée par l'autorité administrative (la FINMA[1218]).

[1213]   *Supra* N 149-152.

[1214]   Ainsi les affaires jugées aux ATF 107 Ib 12 ; 107 Ib 186 ; 110 Ib 105.

[1215]   Pour un aperçu comparatif, Hervé ABGODJAN PRINCE, Rapport général (Mondialisation et investissements), *in* La mondialisation (2017), p. 483-510 ; ROUILLER/SOLENIK, Mondialisation et investissements en Suisse, op. cit., p. 635-649.

[1216]   Ainsi ATF 140 II 255 c. 6 (260 s.).

[1217]   Cf. à ce sujet la motion du Conseiller aux États Thierry BURKART du 15. 12. 2022 («*Renforcer les fondations de famille suisses en supprimant l'interdiction des fondations d'entretien*»), adoptée par le Conseil des États le 12. 12. 2023 suite au Rapport de la Commission des affaires juridiques du 7. 11. 2023.

[1218]   En matière bancaire, v. art. 23[quiquies] al. 1 LB («*En cas de retrait de leur autorisation d'exercer par la FINMA, les personnes morales, les sociétés en nom collectif et les sociétés en commandite sont dissoutes [...]. La FINMA désigne le liquidateur et surveille son activité*»). Texte identique pour tous les «établissements financiers», art. 66 al. 1 et 2 LEFin. En matière de blanchiment, v. art. 20 LBA («*La FINMA peut [...] contre les intermédiaires financiers qui enfreignent l'obligation de s'affilier à un organisme d'autorégulation reconnu [...] ordonner la dissolution des personnes morales, des sociétés en nom collectif et des sociétés en commandite*»). Cette compétence donnée à une autorité administrative de statuer sur l'existence d'une personne morale est discutable dans une société respectueuse des personnes et des libertés (on peut dire qu'elle est *exorbitante* de

Par ailleurs, l'illicéité du but ne devrait pas donner lieu à une dissolution **lorsqu'elle n'est que partielle.** Cela résulte de l'idée ancrée en droit civil à l'art. 20 al. 2 CO pour la nullité des contrats, limitant l'invalidité à la clause illicite d'un contrat ou à sa seule mesure (ampleur) illicite[1219]. Il s'agit d'une règle que la jurisprudence et la doctrine ont étendue à l'ensemble des actes juridiques (soit aussi aux actes unilatéraux[1220]) et des causes d'invalidité (vices de forme[1221], vices du consentement[1222], lésion[1223]). Elle concorde d'ailleurs avec le principe de proportionnalité en droit constitutionnel[1224]. On comprend fort bien qu'il est rare que l'ensemble du but soit illicite[1225] ; c'est là un facteur supplémentaire qui explique la relative rareté pratique de la dissolution[1226], malgré l'importance que revêt la question de la licéité du but pour la bonne compréhension du droit des personnes morales. 793

Il faut cependant se garder de penser que la seule suppression de la partie de la clause statutaire relative au but suffira toujours – le cas échéant avec les sanctions civiles (nullité des contrats illicites, responsabilité de la personne morale et de ses organes), administratives et pénales pour les actes accomplis en exécution de la partie illicite du but. En effet, la jurisprudence a pu observer qu'il est nécessaire de s'attacher au **but réellement poursuivi**, et non (uniquement) au but statutaire. Elle a ainsi déterminé que *« le but de la société ne se déter-* 794

---

ce qu'il est équilibré d'attribuer à l'administration, malgré la préoccupation d'efficacité, qui en soi pourrait toujours être invoquée et a d'ailleurs fréquemment été avancée dans l'histoire récente chaque fois que la séparation des pouvoirs apparaît comme un fardeau peu commode, cf. *supra* n. 222 pour le registre du commerce) – même si un recours au Tribunal administratif fédéral est ouvert. Elle avait, de façon fort raisonnable, été rejetée lorsque la LFAIE avait été adoptée.

[1219] Voir déjà ATF 93 II 192 (réduction d'un taux d'intérêt excessif, de 26 % à 18 %) ; en général, Ernst KRAMER, BK ad art. 21 CO (1990), N 53. À tout le moins lorsque cela est compatible avec la « volonté hypothétique », cf. Nicolas ROUILLER, Droit suisse des obligations (2007), p. 473 (avec réf.).

[1220] Ainsi pour les testaments, ATF 98 II 73 et 131 III 601.

[1221] ATF 60 II 99. V. aussi ATF 127 III 529.

[1222] En matière d'erreur : ATF 78 II 216 c. 5 (218 s.) ; 96 II 191 (106-108) ; 107 II 419 c. 3 (423) et 130 II 49 c. 3.2 (56). En matière de crainte fondée : ATF 125 III 353.

[1223] ATF 123 III 292 c. 2b-e/bb (295-299).

[1224] Cf. p. ex. ROUILLER/UFFER (2018), p. 213 ss.

[1225] Pour une fondation, cf. ATF 73 II 81 c. 3 : *« Ausserdem ist unter Umständen mit bloss teilweiser Widerrechtlichkeit der Zwecke zu rechnen, wobei das Urteil bei gegebenen Voraussetzungen eine entsprechende Zweckbeschränkung aussprechen mag, nach deren Massgabe die Stiftung fortbesteht ».*

[1226] On peut se référer à l'opinion concordante du Juge de la Cour européenne des droits de l'homme PINTO DE ALBUQUERQUE annexée à l'arrêt rendu dans la cause *Association Rhino et autres c. Suisse* le 11. 10. 2011 (req. N° 48848/07), p. 23 s., citée *infra* N 818 s.

mine pas exclusivement d'après le libellé du but statutaire, mais également d'après les objectifs effectivement poursuivis »[1227]. Elle relève que les moyens employés peuvent révéler le véritable but[1228].

795 Ainsi, malgré un **but statutaire énonçant de multiples activités**, il peut arriver que la personne morale ne poursuive en réalité qu'un unique but, qui est illicite. Il peut aussi arriver que le but véritable ne soit pas du tout énoncé. Si celui-ci est illicite, le juge civil prononcera la dissolution.

2. *La dissolution comme* ultima ratio

796 Un courant doctrinal retient que la dissolution ne doit pas forcément être prononcée. En application analogique de l'art. 736 ch. 4 CO[1229], elle ne devrait être prononcée qu'à titre d'*ultima ratio*[1230]. Le juge aurait la possibilité d'ordonner une **autre mesure mieux adaptée aux intérêts en jeu**[1231]. Assurément, cette proposition est fort éloignée du texte de l'art. 52 al. 3 CC.

[1227] ATF 115 II 401, reg., ch. 1 (puis : « *Si la société ne sert en réalité qu'à éluder les dispositions sur l'acquisition d'immeubles par des personnes à l'étranger, elle n'use pas seulement de moyens illicites dans la poursuite de son but. Le but de la société est bien plutôt lui-même illicite au sens de l'art. 57 al. 3 CC* ») ; c. 1a (404 : « *[Es] kann nicht einfach auf die statutarische Zweckumschreibung abgestellt werden. Nach Lehre und Rechtsprechung bestimmt sich der massgebliche Zweck einer Gesellschaft vielmehr nach den tatsächlich verfolgten Zielen [...]. Die Körperschaft hat sich danach beim tatsächlich gelebten Zweck, bei der Tätigkeit, welche ihr das Gepräge gibt, behaften zu lassen* »).

[1228] ATF 115 II 401 c. 1b (405 : « *der Gesellschaftszweck und der Einsatz der Mittel zur Verwirklichung dieses Zweckes [können] unter Umständen zusammenfallen. [...] die widerrechtlichen Mittel [können] ein solches Ausmass [erreichen], dass sie die Verbandsperson als solche als widerrechtlich oder unsittlich erscheinen lassen [...]. In solchen Fällen schlagen die eingesetzten Mittel unmittelbar auf den Zweck der Gesellschaft durch. Im übrigen gilt, dass sich der widerrechtliche – wahre – Zweck der Gesellschaft oft gerade anhand der eingesetzten Mittel erkennen lässt* »).

[1229] *Infra* N 1272-1279 (spéc. 1275).

[1230] Christophe Peter REITZE, BaK ad art. 57/58 CC (2022), N 9. Voir aussi l'idée générale chez Martin RIEMER, BK ad art. 76-79 CC (1990), N 41, résumé par l'ATF 133 III 593 c. 4.2 (595), bien qu'il s'agisse en réalité pour cet auteur de favoriser une interprétation du but conforme au droit.

[1231] Op. cit., N 9 *in fine* : « *statt auf Auflösung auf eine andere (rechts- und) sachgemässe Lösung zu erkennen, wenn sie den Beteiligten zumutbar ist* ».

Cette solution présente cependant l'intérêt de **viser à la compatibilité avec le** **principe constitutionnel de proportionnalité**, particulièrement pertinent en matière de sanction civile de l'illicéité[1232]. 797

Certes, dans la plupart des cas, la préoccupation exprimée par ce courant est **satisfaite par la renonciation à la dissolution chaque fois que le but illicite n'est que l'un des buts** réels de la personne morale. La sanction de l'illicéité n'est alors pas la dissolution[1233] mais la nullité des contrats, ainsi qu'une éventuelle responsabilité civile de la personne morale et des organes, ainsi que les sanctions administratives et pénales attachées à la perpétration des actes illicites. 798

Par ailleurs, il nous apparaît certain que **si la société abandonne son unique but illicite pendant la procédure de dissolution**, même à un stade relativement tardif, il devrait être renoncé à la dissolution. Il importe toutefois que le tribunal puisse être convaincu que le risque d'une activité illicite future est écarté. 799

Il est également possible que le tribunal soit convaincu qu'une **condamnation à modifier le but social**, c'est-à-dire à abandonner le but qui s'avère illicite, suffise à satisfaire la norme d'interdiction qu'il avait jusque-là violée (les autres sanctions frappant l'activité illicite étant évidemment réservées). Cette solution peut être raisonnable lorsque l'illicéité résulte de normes complexes dont l'interprétation était sujette à débats ou dont la concrétisation n'était pas évidente. La décision judiciaire est ici davantage une clarification que la sanction de violations délibérées de la loi. Dans de tels cas, l'injonction à suivre à l'avenir l'interprétation arrêtée par le jugement peut être une solution suffisante ; elle représente dès lors la seule issue compatible avec le principe constitutionnel de proportionnalité. 800

3.   Aspects procéduraux

Enfin, en ce qui concerne la possibilité **pour tout intéressé** d'introduire action en dissolution, cela devrait concerner surtout un actionnaire, qui connaît bien la société. En effet, l'action fondée sur l'illicéité du but n'est de toute évidence 801

[1232] Cf. p. ex. Nicolas ROUILLER, Droit suisse des obligations (2007), p. 797-808 (notamment en rapport avec l'art. 15:102 ch. 2 *pr.* des Principes du droit européen des contrats élaborés par la Commission LANDO, qui précise que la sanction de l'illicéité doit constituer une « *réponse appropriée et proportionnée à la violation* »).
[1233] *Supra* N 793.

pas une entreprise aisée pour un « simple » cocontractant, qui n'a d'ordinaire pas une vue suffisamment approfondie ou complète du but ou des buts réel(s).

802 Un cocontractant attrait en justice par une personne morale dont le but est illicite peut être tenté, à titre de moyen de défense, d'**invoquer qu'elle doit être dissoute**. Vu cependant les effets de l'illicéité – qui est la dissolution et non l'inexistence, contrairement au texte de l'art. 52 al. 3 CC –, si le contrat fondant la prétention de la personne morale n'est pas nul lui-même, il n'est pas possible de soulever une exception ou objection au seul titre de cette illicéité et de la dissolution, tant qu'elle n'est pas intervenue. L'éventuelle dissolution future de la personne morale demanderesse n'a pas à soi seule directement d'impact sur la validité et le caractère exécutoire d'un engagement.

803 Il est en revanche possible au défendeur intéressé d'ouvrir action, au siège de la société, et de requérir la **suspension** du premier procès (selon l'art. 126 CPC) au motif que la dissolution à intervenir ou du moins les faits qui seront instruits dans le procès en dissolution *apportent des éléments pertinents*. Il n'est pas évident que la suspension doive être toujours ordonnée, car tant qu'elle n'est pas dissoute, la personne morale, inscrite au registre du commerce, existe bel et bien ; or, les sociétés dont la dissolution est requise continuent d'agir normalement jusqu'à ce qu'elle soit prononcée[1234].

804 Si l'illicéité du but de la personne morale est telle qu'il en résulte divers dangers pour le cocontractant qu'elle attrait en justice, il semble possible que le défendeur, demandeur dans l'action en dissolution, sollicite l'octroi de **mesures provisionnelles** (dans l'un ou l'autre procès). Il peut aussi prendre des **conclusions au fond préservant ses intérêts** (p. ex. autorisation de consigner le montant au paiement duquel il serait par hypothèse condamné).

C. Les effets de la dissolution

805 Lorsque le but est illicite et que le tribunal civil est saisi, il doit – sauf cas d'application d'exceptions discutées ci-dessus – prononcer la dissolution. Il est clairement établi qu'il ne s'agit pas d'une suppression *ex tunc* de la personne

---

[1234] Une prochaine dissolution peut toutefois être problématique en soi lorsque l'exécution du contrat s'inscrit dans la durée et que ce qui est réclamé au défendeur *hic et nunc* est une partie importante des prestations, alors que la contreprestation dont il est censé bénéficier n'intervient qu'ultérieurement. Cela peut justifier une suspension selon l'art. 126 CPC lorsque la dissolution est probable au vu d'un but réel unique qui apparaît très clairement illicite (et pour autant qu'un mécanisme assurant l'exécution de la contreprestation ne soit, d'un point de vue pratique, pas envisageable).

morale, mais bien d'une **dissolution *ex nunc***[1235]. Ainsi, la dissolution ouvre le **processus de liquidation**.

L'art. 58 CC prescrit que « *les biens des personnes morales sont liquidés en conformité des règles applicables aux sociétés coopératives* ». Le droit de la société coopérative renvoie aux règles de la société anonyme (art. 913 CO). Les **art. 737-751 CO** (relatifs à la SA, et applicables par renvoi à la Sàrl et à la SCmA) sont donc applicables à toutes les personnes morales. 806

La dissolution étant judiciaire, c'est le tribunal civil qui désigne le ou les liquidateur(s). Ils suivent ensuite le processus de liquidation ordinaire : bilan d'ouverture de liquidation, appel aux créanciers, encaissement des créances et paiement des dettes. 807

Une particularité résulte de **l'art. 57 al. 3 CC** : l'excédent de liquidation, qui revient d'ordinaire aux sociétaires, devra ici aller à la corporation publique (« *La dévolution au profit d'une corporation publique aura lieu, nonobstant toute autre disposition, si la personne morale est dissoute parce que son but était illicite ou contraire aux mœurs* »). La jurisprudence a eu l'occasion de rappeler à plusieurs reprises l'applicabilité de cette disposition, dont le texte est limpide[1236]. Son effet confiscatoire est parfaitement admis[1237]. 808

Enfin, la jurisprudence a retenu que l'art. 57 al. 3 CC s'applique aussi bien aux personnes morales dont le but initial était illicite qu'à celles dont le but est devenu illicite en cours d'existence[1238]. 809

[1235] ATF 112 II 1 c. 4b *in fine* (7 : « *Die Aufhebung* ex nunc *bildet die logische Folge der bundesgerichtlichen Rechtsprechung, welche die heilende Wirkung des Handelsregistereintrages im Falle von Art. 52 Abs. 3 ZGB bejaht. Art. 52 Abs. 3 ZGB, der eine Aufhebung* ex tunc *nahelegen würde, kommt daher nicht zum Zuge* »).

[1236] ATF 107 Ib 12 (« *ihr Vermögen verfällt nach Art. 57 Abs. 3 ZGB dem Gemeinwesen* ») ; 107 Ib 186 ; 115 II 401 reg. (« *L'art. 57 al. 3 CC est également applicable aux sociétés anonymes* ») et c. 2a-e (408-413).

[1237] ATF 107 Ib 186 c. 6c (189 : « *il faut déduire du principe énoncé à l'art. 52 al. 3 CC en relation avec l'art. 643 al. 2 CO qu'une société anonyme ayant un but illicite doit être dissoute et le produit de sa liquidation attribué à une corporation publique, ce en vertu de la disposition impérative de l'art. 57 al. 3 CC qui a un effet confiscatoire* »).

[1238] ATF 112 II 1, reg., ch. 2 : « *L'art. 57 CC est applicable à la suppression d'une société anonyme à but illicite aussi bien lorsque ce but a été illicite dès le début que s'il l'est seulement devenu par la suite* » (ég. c. 4b : « *Es ist nicht einzusehen, weshalb eine Aktiengesellschaft, die an einem ursprünglichen Nichtigkeitsmangel leidet, aber dennoch im Handelsregister eingetragen wurde, am Rechtsverkehr teilgenommen und Vermögen gebildet hat, bessergestellt sein sollte als eine Aktiengesellschaft, deren Zweck erst nachträglich widerrechtlich geworden ist* »).

810   Cela dit, cette jurisprudence du Tribunal fédéral pourrait se heurter à la portée d'un arrêt rendu en 2011 par la Cour européenne des droits de l'homme, en rapport avec une association, traité ci-après[1239]. Dans une solution d'espèce, tant la dissolution que la confiscation ont été jugées contraires à la liberté d'association.

III. La sanction de l'illicéité du but social pour les personnes morales non inscrites au RC

A. Dissolution *ex tunc* selon la jurisprudence du Tribunal fédéral (ATF 133 III 593)

811   Si une personne morale au but illicite n'est pas inscrite au registre du commerce, il n'y a pas d'« effet guérisseur » lié à une inscription qui puisse opérer et justifier que l'on s'écarte de la sanction prévue par le texte clair de l'art. 52 al. 3 CC, à savoir le refus de l'ordre juridique de conférer la personnalité morale[1240]. On pourrait aller jusqu'à considérer que cette simple inexistence doit être constatée par toute autorité. Pour les associations, cela apparaît être la solution du législateur qui, à l'art. 62 CC, prescrit que « *les associations qui ne peuvent acquérir la personnalité ou qui ne l'ont pas encore acquise sont assimilées aux sociétés simples* » : il n'y a pas de vide juridique, mais simplement pas de personnalité morale. C'est aussi la compréhension qu'ont suivie au moins un législateur cantonal dans la loi d'introduction au Code civil[1241] et plusieurs auteurs[1242].

812   Vu l'art. 78 CC (« *La dissolution est prononcée par le juge, à la demande de l'autorité compétente ou d'un intéressé, lorsque le but de l'association est illicite ou contraire aux mœurs* »)[1243], et probablement aussi parce qu'une décision judiciaire apparaît indispensable pour trancher la question de l'existence d'une

---

[1239] *Infra* N 816-819.

[1240] *Supra* N 782 s.

[1241] Cf. *supra* N 790 spéc. n. 1210.

[1242] HAUSHEER/AEBI-MÜLLER (2020), N 1261 ; JEANNERET/HARI, CR ad art. 78 CC (2010), N 7-8. V. aussi Philippe MEIER (2021), N 1185 ad n. 2976 : « *si l'on admet que le but était illicite dès la constitution,, la personne morale n'a tout simplement pas acquis la personnalité (art. 52 al. 3 CC) et il n'y a rien à dissoudre au sens de l'art. 78 CC, puisqu'il n'existe pas ici d'effet guérisseur d'une inscription constitutive au registre du commerce* ».

[1243] Dans l'approche décrite ad n. 1241 s., l'art. 78 CC garde une portée pour les associations inscrites.

personne morale, la jurisprudence n'est pas allée aussi loin. L'ATF 133 III 593 a retenu qu'une association dont le but prépondérant était illicite depuis sa fondation[1244] devait être dissoute, par une décision judiciaire de dissolution, dont les effets remontent à l'origine (*ex tunc*)[1245].

En ce qui concerne les complications liées aux contrats conclus entre la date de la fondation et celle de la dissolution avec effet *ex tunc*, ce même arrêt renvoie leur solution à la compétence du liquidateur[1246]. 813

Vu l'art. 62 CC, on comprend que la liquidation doit se faire selon les règles de la société simple[1247]. Les créanciers doivent être payés. S'il reste un excédent, l'art. 57 al. 3 CC en prescrit la confiscation au bénéfice de la collectivité publique. 814

B. Les effets de l'arrêt *Association Rhino et autres c. Suisse* (2011)

La Cour européenne des droits de l'homme a considéré dans un arrêt du 11. 10. 2011[1248] que la solution adoptée par l'ATF 133 III 593 enfreignait la liberté d'association (art. 11 CEDH). Cet arrêt peut avoir une portée importante car il met en cause à la fois la dissolution, son effet *ex tunc*, la confiscation de l'excédent, non pas au regard de l'illicéité du but en tant que telle, mais sous l'angle de la proportionnalité prescrite par l'art. 11 CEDH. 815

La Cour retient que « *la dissolution pure et simple de l'association, [...] constitue une mesure sévère entraînant des conséquences notamment financières importantes pour ses membres. Elle ne peut être tolérée que dans des circons-* 816

[1244] C. 4.6 (596 : « *la cour cantonale a examiné cette question et est parvenue au résultat que le but illicite de la recourante était prédominant par rapport aux autres buts statutaires, puisque celle-ci avait avant tout été créée aux fins de l'atteindre. La recourante ne le conteste nullement, mais fait simplement valoir que ses autres buts sont 'essentiels'* »).

[1245] C. 4.7 (597 : « *C'est à bon droit que la cour cantonale a prononcé la dissolution* ex tunc, *dès lors que l'association a poursuivi son but illicite dès sa fondation* »). L'autorité de première instance (TPI GE) n'avait retenu qu'une dissolution *ex nunc*.

[1246] C. 4.7 *in fine* (597 : « *Quant au sort des relations juridiques nées dans l'intervalle, il appartiendra au liquidateur d'en décider* »).

[1247] Art. 548-550 CO. À ce sujet, *infra* N 1406 ss, où il est rappelé que l'essentiel du régime de la liquidation est semblable pour toutes les sociétés, cf. N 1284 ss (1287-1290 sur les sources légales), 1291-1336 (règles matériellement communes sur la procédure de liquidation) et 1338 s. (le cas échéant, sur la radiation du registre du commerce).

[1248] *Association Rhino c. Suisse*, Requête n° 48848/07.

tances très sérieuses [...]. La Cour devra examiner si cette mesure est en l'espèce exceptionnellement justifiée par des motifs 'pertinents et suffisants' et si l'ingérence est 'proportionnée aux buts légitimes poursuivis' »[1249]. Elle conclut que « *les motifs invoqués par les tribunaux suisses pour justifier l'ingérence litigieuse n'étaient pas pertinents et suffisants et que celle-ci a été disproportionnée par rapport aux buts poursuivis* » et que « *la dissolution de l'association n'était pas nécessaire dans une société démocratique* »[1250] (à titre de conséquence pratique de la constatation que la dissolution n'était pas conforme à la CEDH[1251], la Cour ordonne la restitution de l'excédent de liquidation qui avait été confisqué selon l'art. 52 al. 3 CC).

817 La portée de cet arrêt peut être envisagée de différentes façons. Il faut certes relever qu'il s'agit d'une solution d'espèce dans laquelle la Cour a retenu que les autorités suisses n'avaient pas démontré le caractère nécessaire de la dissolution de l'association pour atteindre l'objectif visé par la norme qu'elle violait ; elle n'a pas exclu que cette démonstration aurait pu être faite et justifier ainsi la dissolution[1252]. Il reste que la dissolution en tant que telle est jugée disproportionnée, et non seulement son effet *ex tunc*. La solution, certes d'espèce, va ainsi frontalement contre l'art. 78 CC. Cela étant, elle confirme que la modération adoptée par la jurisprudence sur le fondement de l'effet guérisseur pour les personnes morales inscrites au registre du commerce, à savoir limiter la portée de la dissolution à des effets *ex nunc*, n'a à tout le moins rien d'excessivement prévenant.

818 La portée pratique la plus concrète de l'arrêt nous paraît être la prise en compte prudente de la pluralité de buts. Si l'un des buts, non insignifiant et suffisant pour justifier l'existence de la personne morale[1253], est licite, la solution doit plutôt être la nullité du ou des but(s) illicite(s), c'est-à-dire la nullité partielle

---

[1249] Ch. 62.

[1250] Ch. 67.

[1251] Ch. 74 (« *la dévolution à la collectivité des biens de l'association est clairement une conséquence directe de sa dissolution, jugée contraire à l'article 11 par la Cour* »).

[1252] Ch. 66 (« *pour qu'une mesure puisse être considérée comme proportionnée et nécessaire dans une société démocratique, l'existence d'une mesure portant moins gravement atteinte au droit fondamental en cause et permettant d'arriver au même but doit être exclue [...]. De l'avis de la Cour, pour satisfaire pleinement au principe de proportionnalité, les autorités auraient dû démontrer l'absence de telles mesures* »). L'opinion concordante du juge PINTO DE ALBUQUERQUE (ch. 7, p. 23 s.) relève nettement qu'il s'agissait du point central : « *Le point de savoir s'il existerait encore d'autres possibilités à côté de la dissolution de l'association était ainsi d'une importance cruciale en l'occurrence et aurait dû être disséqué par les autorités nationales, à la lumière du principe conventionnel de la proportionnalité* ».

[1253] Sur le critère de la volonté hypothétique, cf. *supra* N 793, spéc. n. 1219.

des statuts ; le cas échéant, outre une responsabilité civile à l'égard des éventuels lésés, des sanctions administratives et pénales peuvent frapper la personne morale (confiscation du gain illicite) et les organes qui ont perpétré les actes illicites.

À cet égard, on doit relever que l'opinion concordante de l'un des juges publiée 819
avec l'arrêt du 11. 10. 2011 relève précisément que « *la bonne voie aurait consisté à déclarer nulle la seule clause statutaire concrète qui constituait l'expression d'un exercice illégitime du droit d'association* »[1254].

IV. Comparaison avec le but illicite des sociétés de personnes

Les chapitres du Code consacrés aux sociétés de personnes ne contiennent aucune règle spécifiquement consacrée au but illicite. Il n'y a pas d'équivalent 820
des art. 52 al. 3 et 57 al. 3 CC (ni de l'art. 78 CC). Cela se comprend, car l'enjeu n'est pas la création d'une personne dont la finalité – et donc la raison d'être – serait contraire à l'ordre juridique, mais simplement le traitement d'une collaboration entre des personnes déjà existantes. Le législateur n'a ainsi pas proclamé de sanction aussi radicale que celle qu'il a prévue à l'art. 52 al. 3 CC pour les personnes morales.

[1254] L'opinion du juge PINTO DE ALBUQUERQUE est une lecture particulièrement utile tant sous l'angle de la Convention que sous l'angle de la proportionnalité en droit privé en général (v. aussi ROUILLER/UFFER [2018], p. 212 ss), et sous celui de la nullité partielle en particulier. En p. 24 s. (ch. 7), il expose que « *la dissolution de l'association requérante n'était pas une mesure nécessaire, car il suffisait de frapper de nullité la clause statutaire illicite, de manière à ménager un juste équilibre entre le droit d'association et le droit à la propriété privée [...] le but partiel illicite n'était ni exclusif ni même prédominant par rapport aux autres buts statutaires [...]. La bonne voie aurait consisté à déclarer nulle la seule clause statutaire concrète qui constituait l'expression d'un exercice illégitime du droit d'association et une atteinte aux droits des propriétaires des immeubles occupés. Cette solution aurait permis l'optimisation des droits en conflit [...]. Cette solution s'imposait d'autant plus que les juridictions nationales avaient déjà admis le principe de la nullité partielle d'un ou de plusieurs buts statutaires d'une personne morale dans les cas d'une coopérative ayant une disposition statutaire contraire aux mœurs* ». Cette opinion se réfère au « *principe de l'optimisation des droits et intérêts en présence* », qui se fonde sur « *la loi de la balance* », avec référence à Peggy DUCOULOMBIER, Les conflits de droits fondamentaux devant la Cour européenne des droits de l'homme (2011), p. 566 s. V. aussi Matthias UFFER (2021), p. 169 ss (« *praktische Konkordanz und schonender Ausgleich* »).

821　Il s'ensuit que le problème du but illicite des sociétés de personnes relève des règles ordinaires. La société de personnes étant fondée sur un contrat, un but illicite devrait en principe induire l'application de la nullité de ce contrat, en vertu de l'art. 20 CO[1255]. Si l'illicéité ne concerne que l'un des buts, elle ne devrait donner lieu qu'à la nullité partielle de l'art. 20 al. 2 CO, en tout cas si l'on peut admettre que les parties auraient tout de même conclu cette relation sans celui des buts qui est illicite[1256]. Il peut être soutenu que la nullité ne devrait en principe s'appliquer qu'*ex nunc*, car la société est un contrat de durée[1257]. La jurisprudence relative aux contrats de durée paraît aller dans ce sens, sauf dans la mesure où c'est le rapport d'échange entre les parties (c'est-à-dire la valeur des prestations réciproques) qui est vicié[1258] ; il faut admettre que l'anéantissement des effets contractuels doit alors avoir pour portée de corriger le rapport d'échange illicite[1259]. Lorsque les tiers sont concernés, et surtout lorsque la société a été inscrite au registre du commerce, la protection de la bonne foi est un argument supplémentaire pour n'admettre qu'un effet *ex nunc*[1260]. On observe ainsi que les problèmes pratiques liés à l'activité d'une société dans le commerce juridique, concrètement semblables voire identiques que pour les personnes morales malgré les différences conceptuelles, appellent les mêmes réflexions pour les deux genres d'entités.

822　La similarité des solutions va plus loin encore : bien qu'il s'agisse d'un problème de validité du contrat – et non de l'appréciation de motifs suffisamment caractérisés pour y mettre fin –, un courant doctrinal propose de réserver la dissolution à une décision judiciaire[1261]. Si l'on suit ce courant, le traitement

---

[1255] Ainsi Dieter ZOBL, Die Behandlung der fehlerhaften Personengesellschaft im schweizerischen Recht, *in* : Mélanges Pierre Engel (1989), p. 473 s. et 475 s.

[1256] Sur le critère de la volonté hypothétique, cf. *supra* N 793, spéc. n. 1219.

[1257] Carl BAUDENBACHER, BaK ad art. 552 CO (2012), N 20 ss ; Dieter ZOBL, op. cit., p. 476 et 480 ss (spec. n. 85).

[1258] Ainsi l'ATF 129 III 320 c. 7.1.4 (330), trad. SJ 2004 I 33.

[1259] Notamment Nicolas ROUILLER, SJ 2004 I 44 ss ; IDEM, Vertrag (2002), p. 442 ad n. 2397 s.

[1260] Ainsi Robert PATRY, I (1976), p. 275 («*malgré la nullité, l'invalidation ou l'inexistence du contrat de société, la société en nom collectif et les associés inscrits au registre du commerce seront tenus à l'égard des tiers qui, de bonne foi, ont pu se fier en l'apparence de société résultant de l'inscription ; seul l'associé qui a invoqué la nullité du contrat pour incapacité de discernement pourrait alors échapper à cette responsabilité*»).

[1261] Cf. en particulier Jean-Paul VULLIETY, CR ad art. 552 CO (2017), N 60 ad n. 110 («*la dissolution [...] ne doit intervenir que par jugement formateur*») et 61a : «*se distanciant certes notablement des règles générales du droit commun des obligations (CO 20 et 31) [...] ce régime paraît tout à fait justifié à l'heure actuelle au regard des particularités du droit des sociétés. [... Un] groupement (même vicié [...]), qui a eu un moment d'activité au sein du monde juridique et des affaires, génère, dans ses rapports externes et internes, des contacts, des conséquences et des attentes juridiquement et économiquement non*

du but illicite des sociétés de personnes est identique à celui des personnes morales, sous réserve de la confiscation de l'excédent de liquidation au profit de la collectivité publique (art. 57 al. 3 CC). Une éventuelle confiscation du gain tiré des activités commises dans le cadre de la société de personnes en poursuivant son but illicite relève alors des normes administratives et pénales.

---

neutres, dont il convient de tenir compte lorsque se pose la question du sort de ce groupement et du moment à compter duquel il doit éventuellement être dissous en raison du vice qui l'affecte. Cela est conforme au principe de la protection de la confiance et la place centrale qui lui est reconnue aujourd'hui en droit suisse. Seul un juge est à même de mener cette pesée impartiale de tous les intérêts en présence, avec la souplesse et les nuances qui s'imposent ».

§ 12 Le traitement du surendettement et la prévention de l'insolvabilité

I. Normes applicables

A. Surendettement

823 Les dispositions sur le surendettement n'ont longtemps fait partie que du droit de la société anonyme. Des renvois adoptés au fil des ans les ont progressivement rendues **applicables aux différentes formes de personnes morales**. À l'heure actuelle, le chapitre consacré à chaque forme de personne morale comprend un tel renvoi aux art. 725b s. CO : l'art. 820 CO pour la Sàrl, l'art. 903 CO pour la coopérative, l'art. 69d CC pour l'association[1262] et l'art. 84a al. 4 CC pour la fondation ; pour la SCmA, l'application du droit de la société anonyme résulte du renvoi général de l'art. 764 al. 2 CO. Un tel renvoi ne figure pas dans les chapitres consacrés aux sociétés de personnes.

824 Il est parfaitement compréhensible que le surendettement soit un sujet spécifique aux personnes morales et il est heureux qu'il soit désormais traité de façon identique, indépendamment du type de personne morale. En effet – à tout le moins dans l'optique prudente, voire pessimiste du droit suisse, et sur ce point assez statique –, une personne morale surendettée représente un **danger pour ses partenaires d'affaires** : si le surendettement perdure (et à plus forte raison s'il s'accroît), les créanciers ne pourront être tous entièrement satisfaits ; ils subiront une perte lors de la liquidation. Faute de responsabilité des sociétaires d'une personne morale, la perte sera irrémédiable, à la différence de ce qui se passe dans la liquidation d'une société de personnes, où les créanciers pourront s'en prendre à l'un ou l'intégralité des sociétaires, solidairement tenu(s) des dettes sociales.

825 Ce danger présente plusieurs aspects critiques. En particulier, il peut être **imperceptible assez longtemps**, à la différence de l'insolvabilité. La personne morale peut être surendettée mais capable de payer ses dettes pendant un certain temps, par exemple en raison des prêts à long terme ou de l'apport de liquidités par de nouveaux prêts (situations qui en cas de liquidation peuvent donner lieu à de graves pertes, les prêts à long terme et les nouveaux prêts étant payés selon la même proportion que les autres créanciers). Ainsi, des partenaires d'affaires peuvent longtemps ignorer que leurs créances subiront une

---

[1262] Le renvoi de l'art. 69d CC ne s'applique toutefois qu'aux associations « *tenues de requérir leur inscription au registre du commerce* », cf. *supra* N 82.

perte, voire peuvent accroître leur exposition. À l'inverse, l'insolvabilité se ressent immédiatement pour les créanciers. Qui plus est, l'extrait des poursuites, que les créanciers peuvent aisément obtenir, renseigne utilement sur l'existence (probable) d'un état d'insolvabilité.

B. Insolvabilité

L'insolvabilité n'est pas à strictement parler une question de droit des sociétés[1263], mais de poursuite pour dettes. Elle concerne d'ailleurs autant les sociétés de personnes et l'entrepreneur individuel. Mais elle se présente avec une **acuité particulière pour les personnes morales**, en raison du substrat limité de la responsabilité, restreint – sauf exception – au patrimoine d'une entité artificielle. C'est ainsi que le nouveau droit des personnes morales comprend des dispositions, adoptées le 19. 6. 2020, qui visent à *prévenir* l'insolvabilité. Elles figurent, elles aussi, dans le droit de la société anonyme, et les chapitres consacrés aux autres personnes morales y renvoient.   826

C. « Perte de capital » (instrument de détection précoce du surendettement)

Les dispositions sur la « perte de capital » (art. 725a CO), soit la situation où les fonds propres sont inférieurs à une certaine fraction du capital social inscrit au registre, ne s'appliquent en revanche qu'aux **sociétés de capitaux** (SA, Sàrl,   827

[1263] Le texte de l'art. 77 CC qui prévoit la dissolution « de plein droit » lorsque l'association est insolvable semble en faire une question de droit des sociétés, mais, ici comme ailleurs (*supra* N 782-788) , il apparaît que la fin de l'existence d'une personne morale ne peut avoir lieu *que par un jugement* – de faillite – lorsqu'elle est inscrite au registre du commerce (cf. Philippe MEIER [2021], N 1183 ; PERRIN/CHAPPUIS, Droit de l'association, ad art. 77 CC [2008], p. 206 ad n. 440 ; SCHERRER/BRÄGGER, BaK ad art. 77 CC [2022], N 7) et tel est en fin de compte aussi le cas dans bon nombre de situations où elle n'est pas inscrite, par un jugement de faillite faisant suite à une déclaration volontaire d'insolvabilité au sens de l'art. 191 LP (cf. PERRIN/CHAPPUIS, loc. cit., lit. f) ou à une requête de faillite sans poursuite préalable (SCHERRER/BRÄGGER, op. cit., N 8 ; seulement dans les cas limités de l'art. 190 al. 1 ch. 1 LP, soit dans les cas de fraude aux droits des créanciers ou dissimulation en cas de saisie), ou alors par liquidation volontaire (décidée par l'assemblée générale, cf. SCHERRER/BRÄGGER, op. cit., N 9). L'expression « de plein droit » signifie ici non pas *ipso jure* mais que la dissolution est *impérative* en cas d'insolvabilité et ne peut être écartée par les statuts (le texte allemand « *von Gesetzes wegen* » et la note marginale « *de par la loi* » peuvent mieux rendre qu'il s'agit d'une conséquence exigée par la loi, et non pas opérée automatiquement par celle-ci).

SCmA) et à celles des **sociétés coopératives qui ont émis des parts sociales** (art. 903 al. 2 CO). Elles ne sont donc pas traitées dans ce chapitre.

II. Le traitement du surendettement

A. Constat de surendettement et avis au tribunal

1. Notion

828 Il y a surendettement **lorsque les dettes de la société (fonds étrangers) sont plus élevées que ses actifs.**

829 On peut dire qu'il y a alors un « excédent de passifs » ou que « l'actif net est négatif ».

830 Le **bilan** ne présente plus de fonds propres (inscrits au passif)[1264] autres que les valeurs comptables fixes que sont le capital-actions dans la SA ou la valeur nominale totale des parts sociales dans la Sàrl et dans les coopératives qui en ont émises, ainsi qu'un éventuel capital-participation et d'éventuelles réserves qui ne peuvent être dissoutes. Une valeur négative (pertes reportées et perte de l'exercice[1265]) est inscrite au passif pour équilibrer – comptablement – le bilan.

831 Cette situation signifie que **si la liquidation intervenait à ce moment, les créanciers subiraient déjà des pertes.** Il est alors dans l'ordre des choses, sauf activité bénéficiaire ou sauf apports de fonds propres, ou diminution du passif, que le découvert va s'aggraver par les coûts qu'engendre la continuation de l'existence de la société. Il y a donc un besoin d'agir pour que les pertes des créanciers soient aussi limitées que possible.

2. Devoir de l'organe dirigeant de rang le plus élevé : établir des comptes intermédiaires et les faire réviser

832 Lorsqu'il existe des raisons sérieuses d'estimer que la société est surendettée[1266], l'organe dirigeant le plus élevé doit immédiatement établir (ou faire

---

[1264] Cf. *supra* N 276.

[1265] Cf. *supra* N 279.

[1266] Comme observé dans l'arrêt TF 26. 10. 2021, 4A_133/2021 c. 9.2.2, même un administrateur qui, vu une délégation, n'a pas la charge de la gestion opérationnelle (« quotidienne ») devrait constater un surendettement (existant à la fin de l'exercice) au plus tard quelques semaines avant le 30 juin de l'année suivant la clôture, vu le délai (d'ordre) de

établir) des **comptes**[1267] **intermédiaires** (art. 725b al. 1, 1re phr., CO) et les soumettre au contrôle de l'organe de révision. La loi dit explicitement que cette responsabilité incombe au conseil d'administration dans la SA (art. 725b CO) et aux gérants dans la Sàrl (art. 810 CO). Il y a lieu d'admettre qu'elle revient par analogie (art. 903 al. 1 CO et 69d CC) à l'administration dans la coopérative et à la direction dans l'association.

Si la société n'a pas d'organe de révision, l'organe dirigeant a la compétence   833
de nommer lui-même un réviseur agréé pour cette vérification (art. 725b al. 2
CO).

Ces comptes intermédiaires doivent en principe être établis aux **valeurs d'ex-**   834
ploitation (ou de continuation) et aux valeurs de liquidation (art. 725b al. 1,
1re phr., *in fine* CO). Toutefois, si la poursuite de l'exploitation n'est plus envisagée, on peut se borner à établir des comptes aux valeurs de liquidation (al. 1, 3e phr.) ; à l'inverse, lorsque la poursuite de l'exploitation est envisagée, des comptes aux valeurs d'exploitation suffisent s'il en ressort qu'il n'y a pas de surendettement en l'état actuel des choses (al. 1, 2e phr.). Comme le précise l'al. 6 de l'art. 725b CO, tant l'organe dirigeant en établissant les comptes intermédiaires que l'organe de révision en les vérifiant (ou le réviseur agréé spécialement désigné) doivent agir « avec célérité ».

3. *En cas de surendettement confirmé par les comptes intermédiaires : avis au tribunal ou assainissement immédiat*

S'il résulte des comptes intermédiaires que les dettes sociales ne sont couvertes   835
ni lorsque les biens sont estimés à leur valeur d'exploitation, ni lorsqu'ils le
sont à leur valeur de liquidation[1268], l'organe dirigeant doit **en principe en av-**

---

six mois des art. 958 al. 3 et 699 al. 2 CO pour que l'assemblée générale se prononce sur les comptes annuels (une personne en charge de la gestion opérationnelle peut devoir s'en rendre compte plus tôt ; de façon générale, cet arrêt rappelle que [c. 7.2.1 *in fine*] «*pour déterminer s'il existe des 'raisons sérieuses' d'admettre un surendettement, le conseil d'administration ne doit pas seulement se fonder sur le bilan, mais aussi tenir compte d'autres signaux d'alarmes liés à l'évolution de l'activité de la société, tels que l'existence de pertes continuelles ou l'état des fonds propres*»).

[1267] Et non plus uniquement un *bilan* intermédiaire comme le prescrivait le droit applicable (art. 725 aCO-1991) jusqu'à l'entrée en vigueur de la novelle du 19. 6. 2020. Les comptes intermédiaires sont désormais définis à l'art. 960f CO (cf. *supra* N 345-346).

[1268] En général, l'évaluation des actifs à la valeur d'exploitation est plus élevée. Leur évaluation à la valeur de liquidation peut exceptionnellement être plus haute, lorsque la société

347

iser le tribunal pour qu'il examine la mise en faillite (art. 725b al. 3 CO ; cf. aussi art. 716a al. 1 ch. 7 CO pour la SA[1269], 810 al. 2 ch. 7 CO pour la Sàrl[1270]).

836 Même en présence de comptes faisant apparaître un tel surendettement, l'organe dirigeant a **la faculté de ne pas aviser le tribunal** dans deux types de situations (al. 4), l'un, la postposition de créances, étant de nature quasi arithmétique, et l'autre, à savoir une perspective d'assainissement immédiat, sujet à l'appréciation.

a. Postposition de créances

837 L'organe dirigeant peut s'abstenir d'aviser le tribunal si des créanciers acceptent que leurs créances soient (a) ajournées, c'est-à-dire que leur exigibilité soit repoussée, et (b) rétrogradées (« postposées ») au rang le plus bas dans la mesure de l'insuffisance de l'actif (art. 725 al. 4 ch. 1 CO[1271]). La loi précise que la postposition doit également porter sur les intérêts dus pendant toute la durée du surendettement (al. 4 ch. 1 *in fine*).

838 Lorsque l'ouverture de la faillite est imminente, les créanciers les plus proches de la société (en particulier les importants sociétaires ayant consenti un prêt) sont souvent disposés à émettre une telle déclaration de « postposition ». Concrètement, la déclaration doit avoir un **effet similaire à une injection de fonds propres** : rétrograder la créance au « rang le plus bas » signifie que les clauses d'un contrat initial prévoyant que la dette est *pari passu* avec d'autres dettes cessent (provisoirement) d'avoir effet. La postposition implique le cas échéant que la dette concernée passera même après un prêt contractuellement de dernier

---

possède d'importantes réserves latentes (p. ex. sur des immeubles servant à l'exploitation ; sur les réserves latentes, cf. *supra* N 457 ss).

[1269] Une information préalable de l'assemblée générale n'est pas requise. Si le conseil d'administration reste inactif et que le surendettement est manifeste, l'organe de révision doit aviser le juge (art. 728c al. 3 et 729c CO). Les actionnaires et les créanciers n'y sont en revanche pas autorisés.

[1270] Pour la coopérative, la compétence de l'administration résulte, outre de l'analogie prescrite explicitement par l'art. 903 al. 1 CO, de la systématique de la loi, cette disposition figurant dans le chapitre consacré à l'administration (« B. », qui couvre les art. 894-905 CO). V. aussi CARRON/CHABLOZ, CR ad art. 903 CO (2017), N 1. Pour l'association, cela résulte uniquement de l'analogie prescrite par l'art. 69d CC.

[1271] L'effet d'une postposition sur le surendettement a fait l'objet d'une codification par la réforme de 1991 (la novelle du 19. 6. 2020 explicitant certains points, comme sur les intérêts), mais il est utile de savoir que la postposition en matière de surendettement était pratiquée bien avant 1991, cf. p. ex. Charles JAQUES, Subordination (postposition) et exécution, ECS 1999 p. 899 ss, spéc. 900 ; v. aussi ATF 129 III 129 c. 7.1 (131).

rang (« *prêt mezzanine* ») mais dont l'exigibilité n'est pas suspendue. Cela signifie que non seulement l'exigibilité doit être suspendue, mais aussi que la société doit s'interdire l'exécution volontaire de la dette. Cela implique aussi une renonciation à la compensation aussi longtemps que la situation de surendettement perdure[1272]. Les opérations de paiement peuvent être constitutives d'infractions pénales (gestion déloyale, art. 158 CP), en particulier si la faillite est finalement prononcée (gestion fautive, art. 165 CP, ou avantages accordés à certains créanciers, art. 167 CP).

La déclaration de postposition entraîne une suspension de la créance, mais non pas un renoncement à celle-ci. **La société en reste débitrice** et ne peut en aucun cas l'effacer elle-même de ses fonds étrangers. La postposition ne doit être faite que dans la **mesure nécessaire à éviter le surendettement**. Ainsi, une créance peut parfaitement n'être postposée que partiellement, si la postposition d'une portion suffit à faire sortir la société du surendettement. Par ailleurs, une convention de postposition bien rédigée prévoira que la postposition cesse automatiquement dès que le surendettement prend fin. 839

b.   Perspective sérieuse d'assainissement dans les 90 jours

L'art. 725b al. 4 CO permet de renoncer à l'avis au tribunal « *aussi longtemps qu'il existe des raisons sérieuses d'admettre qu'il est possible de supprimer le surendettement en temps utile, mais au plus dans les 90 jours qui suivent l'établissement des comptes intermédiaires, et que l'exécution des créances ne s'en trouve pas davantage compromise* ». La situation visée implique que l'organe dirigeant ait des **attentes précises quant à une amélioration de la situation**, notamment qu'il puisse présumer qu'un revenu va être réalisé dans ce délai (non encore comptabilisé, vu le principe comptable d'imparité[1273]), qu'un actif 840

[1272] La jurisprudence a eu l'occasion de retenir que le créancier renonce implicitement à la faculté de compenser tant que dure le surendettement. L'ATF 129 III 129 c. 7.4 (132 s.) relève que dans le cas d'espèce « *en compensant le prix d'acquisition du matériel par la créance résultant de son compte courant, l'administrateur détournait les règles de la postposition. En effet, aussi longtemps que dure la situation de surendettement, le créancier postposant perd le droit à faire valoir sa prétention [...], ce qui exclut implicitement la faculté pour celui-ci de compenser sa créance [...]. L'administrateur n'avait ainsi pas le droit d'utiliser son compte courant pour compenser une partie de sa créance postposée en contrepartie de l'acquisition de matériel appartenant à la société, alors que [...] la situation financière de cette dernière ne s'améliorait pas* ».

[1273] Cf. *supra* N 374.

va pouvoir être réévalué[1274] ou qu'un passif va être éliminé ou réduit. La deuxième condition énoncée par la disposition, soit que l'organe dirigeant doive avoir des raisons sérieuses d'admettre que « *l'exécution des créances ne s'en trouve pas davantage compromise* », se confond dans la plupart des cas avec la première condition : si l'organe dirigeant peut sérieusement s'attendre à éliminer le surendettement, cela implique qu'il peut sérieusement s'attendre à ce que la perspective d'exécuter les créances soit en principe améliorée. La condition peut avoir une portée propre sur le plan de la solvabilité, mais, même sous cet angle, la non-réalisation de cette condition alors que la première est réalisée suppose des circonstances exceptionnelles, p. ex. l'appréhension que, dans ce délai, un crédit bancaire aille être retiré ou qu'un événement aille impliquer une impossibilité de paiement (tels un séquestre ou une interdiction de payer résultant p. ex. de sanctions).

c.   Annonce au tribunal

841   Lorsqu'il n'existe (i) ni une postposition suffisante, (ii) ni des perspectives d'assainissement dans les 90 jours, l'organe dirigeant doit adresser au tribunal du siège (art. 19 CPC[1275]) un avis de surendettement. Cet avis doit contenir (a) la décision de l'organe dirigeant admettant l'existence probable d'un surendettement, (b) les comptes intermédiaires retenant un surendettement (aux valeurs d'exploitation et de liquidation, ou seulement de liquidation si l'exploitation n'est plus envisagée) et (c) le rapport de révision. Si la société entend demander l'ajournement de la faillite ou un sursis, elle doit fournir les pièces démontrant que les conditions en sont réalisées. Le tribunal demande en tous les cas une avance de frais[1276].

[1274] La loi prévoit spécifiquement à l'art. 725c CO la réévaluation des immeubles et des participations par dissolution des réserves latentes (*supra* N 409-412) ; dans beaucoup de cas, ces possibilités ont déjà été exploitées lorsqu'arrivent les bilans intermédiaires montrant le surendettement, ou bien dans une phase précédente de perte de capital (art. 725a CO, *infra* N 1918-1930) ou bien lors de l'établissement des comptes intermédiaires suivant la crainte d'un surendettement. Toutefois, il peut arriver qu'au stade où les comptes intermédiaires sont présentés et révisés, le potentiel de ces réévaluations n'ait pas encore été exploité entièrement (p. ex. par manque d'information fiable sur la valeur de marché des actifs en cause, ou parce que cette valeur s'est encore accrue depuis la précédente réévaluation).

[1275] Même s'il n'est pas usuel d'envisager cette procédure sous le vocable de juridiction gracieuse, c'est bien de celle-ci qu'elle relève, car l'objet n'est pas de trancher un litige entre plusieurs parties.

[1276] À titre d'exemples, TPI GE 27. 4. 2016, C/8470/16-10 ; TPI GE 18. 12. 2020, C/25947/2020 ; TPI GE 12. 8. 2021, C/11512/2021-10.

4. Devoir du réviseur en cas de surendettement manifeste

L'art. 728c al. 3 CO (pour le contrôle ordinaire) et l'art. 729c CO (pour le contrôle restreint) prévoient que si l'organe dirigeant omet d'aviser le tribunal alors que la société est *manifestement* surendettée, il appartient à l'organe de révision d'en avertir le tribunal (dans le cas où un réviseur a été nommé spécifiquement pour vérifier les comptes intermédiaires, il lui incombe de procéder à cet avertissement en cas de carence de l'organe dirigeant[1277]). Le critère n'est pas exactement le même que pour l'organe dirigeant : celui-ci doit agir en tous cas de surendettement, tandis que le réviseur ne doit envoyer un avertissement au tribunal que si le surendettement est manifeste. Ainsi, lorsqu'il existe une divergence entre l'organe dirigeant (qui ne retient pas de surendettement dans les comptes intermédiaires qu'il établit) et le réviseur (qui estime que la société est surendettée et qu'une correction doit être apportée aux comptes établis par le conseil), le réviseur ne peut envoyer un avis au tribunal que s'il estime de bonne foi que l'appréciation de l'organe dirigeant est *manifestement erronée*, c'est-à-dire qu'elle est insoutenable[1278]. Le réviseur ne peut simplement substituer son appréciation à celle de l'organe dirigeant.

842

Dans ce genre de situation, si l'organe dirigeant défend sa position, les éclaircissements et explications peuvent prendre plusieurs semaines sans qu'un reproche puisse être fait au réviseur quant au fait qu'il ne se précipite pas à adresser un avis au tribunal[1279].

843

Si par contre, le réviseur constate que l'organe dirigeant n'envoie pas d'avis de surendettement au tribunal bien qu'il ne conteste pas que la société soit surendettée, le réviseur doit mettre en demeure l'organe dirigeant, c'est-à-dire l'informer que si la société ne procède pas à l'avis elle-même, il devra le faire (on

844

[1277] La loi fait référence aux devoirs de l'organe de révision « chargé du contrôle restreint » (art. 725b al. 5 CO : « *Si la société ne dispose pas d'un organe de révision, il appartient au réviseur agréé de procéder aux avis obligatoires qui incombent à l'organe de révision chargé du contrôle restreint* »). En l'état actuel du droit, l'obligation d'avis ne varie pas selon le type de contrôle.

[1278] Cela est nettement affirmé dans le Message du Conseil fédéral, FF 1983 II 868 : « *Dans de nombreux cas, le surendettement est une question d'évaluation de l'actif et du passif ; il peut donc y avoir en toute bonne foi controverse sur ce point. Il serait inadmissible que l'organe de révision qui, contrairement au conseil d'administration, conclurait au surendettement, doive en aviser le juge contre la volonté de la société. C'est à juste titre que l'organe de révision n'est obligé de le faire que si le surendettement est manifeste, c'est-à-dire indéniable en dépit d'une appréciation optimiste de la situation* » ; ég. p. 960 : « *L'expérience enseigne que la survenance du surendettement dépend souvent très largement de délicates questions d'évaluation* ».

[1279] Cf. *infra* N 904, spéc. n. 1331 ss ; v. ég. n. 1343.

peut partir de l'idée qu'une attente de l'ordre d'une dizaine de jours avant d'envoyer une telle mise en demeure est raisonnable, étant précisé que le délai peut varier selon la gravité du surendettement et surtout *selon le rythme perceptible de son aggravation*). Si l'organe dirigeant demeure sans réaction après la mise en demeure, on peut admettre que le réviseur doit envoyer l'avis au juge après l'écoulement d'un délai de l'ordre d'une quinzaine de jours ; il est préférable que le réviseur indique déjà dans la mise en demeure après quel délai il a, en cas d'omission du conseil qui perdurerait, l'intention d'envoyer lui-même l'avis au tribunal. Le tribunal ne demande en principe pas d'avance de frais ni au réviseur ni à la société dans cette procédure-là ; les frais sont en principe mis à la charge de la société au terme de la procédure, même lorsque le tribunal constate que, conformément à l'appréciation de l'organe dirigeant et contrairement à celle du réviseur, la société n'était pas surendettée[1280].

B. Décision du tribunal

845 Lorsque le tribunal est saisi d'une annonce de surendettement, il doit procéder selon les règles de la loi sur la poursuite pour dettes et la faillite (LP), le droit voté le 19. 6. 2020 renvoyant spécifiquement à l'art. 173a LP (art. 725b al. 3 CO). Un prononcé de faillite s'impose lorsqu'aucune perspective d'assainissement ne s'esquisse. Dans les autres situations, si la faillite peut être *ajournée*, l'art. 173a LP a pour effet que la procédure judiciaire en cas de surendettement est désormais régie par **le droit du sursis concordataire**. Ce droit a été grandement modernisé en 2013, ce qui peut représenter un avantage : le législateur de 2013 a eu la préoccupation de préserver l'entreprise lorsque l'assainissement apparaît possible, et un processus précis et pragmatique, avec plusieurs variantes, est explicitement décrit dans la loi.

846 Dans la plupart des cas, l'application des règles sur le sursis concordataire à une société dont le surendettement a été annoncé ne pose pas de question particulière. Toutefois, il importe d'appliquer ces règles en ayant égard au fait que la problématique qui conduit la société à être exposée à un prononcé de faillite pour surendettement *se distingue des situations directement visées par la LP*, lesquelles sont des situations d'insolvabilité (où dans la plupart des cas, un créancier insatisfait a fait aboutir des démarches d'*exécution forcée*) : il peut exister un surendettement qui ne crée, parfois pendant très longtemps, aucune insolvabilité. De telles circonstances sont certes plutôt exceptionnelles, mais en

---

[1280] Cf. p. ex. KGer ZG 6. 2. 2020, EK 2019 431, p. 3. Ce jugement précise utilement que le réviseur n'a pas qualité de partie.

leur présence, il importe de tenir compte de leur spécificité. De façon générale, il faut garder à l'esprit le but des règles sur le surendettement, qui visent à éviter que celui-ci *s'aggrave* ; dès lors, en l'absence d'une telle aggravation, il faut veiller à ne pas précipiter une faillite (sachant qu'une faillite marque pour presque toute société un coup d'arrêt quasi irréversible) alors qu'elle n'est pas requise par un créancier insatisfait qui serait en droit de la demander.

Lorsque la faillite ne paraît pas s'imposer parce qu'il existe une perspective 847 d'assainissement immédiat ou de concordat, la première décision du tribunal est de ne pas prononcer immédiatement la faillite (c'est-à-dire de décider d'un *ajournement*) et de transmettre la cause au *juge du concordat*.

En résumé, il y a lieu de distinguer quatre types de situation : (i) celle où le 848 surendettement est manifeste et s'aggrave de toute évidence, et est irrémédiable, le prononcé de faillite devant alors intervenir sans délai ; (ii) celle où le surendettement annoncé par l'organe de révision est contesté par la société (c'est-à-dire concrètement l'organe dirigeant) pour des motifs qui n'apparaissent pas dépourvus de pertinence (soit une appréciation divergente quant à l'évaluation d'actifs ou d'un besoin de provisionnement), le tribunal devant alors instruire attentivement la question – le cas échéant en ordonnant l'établissement de comptes révisés par un autre organe de révision – avant même de transmettre la cause au juge du concordat ; cette transmission n'a lieu que si la contestation est résolue en défaveur de la position défendue par le conseil d'administration[1281] ; (iii) la situation où le surendettement n'est pas contesté – et peut-être en train de s'aggraver – mais où un *assainissement* immédiat paraît possible, parce que les actes *de gestion* de la société sont susceptibles d'améliorer le bilan en éliminant des passifs (dissolution de provision grâce à l'élimination d'incertitudes, p. ex. grâce au gain d'un procès sur le point d'être achevé) ou en faisant reconnaître des droits correspondant à des actifs ; (iv) la situation où les actes de gestion ne permettront pas d'éliminer le surendettement, mais où la procédure concordataire offre une telle perspective (notamment parce qu'un *concordat* avec les créanciers apparaît susceptible d'être conclu).

La procédure de sursis concordataire décrite aux art. 293 ss LP s'applique dans 849 les types de situation (iii) et (iv).

[1281] Si le surendettement n'est pas *manifeste* – condition pour que l'organe de révision ait à saisir le tribunal –, la question doit se résoudre selon la position de l'organe dirigeant, ce qui est juste vu que la démarche a lieu sans qu'un créancier soit en droit de requérir la faillite.

850 La société peut avoir présenté d'elle-même les documents pour l'octroi du sursis lorsqu'elle forme la requête de sursis : « *un bilan à jour, un compte de résultats et un plan de trésorerie ou d'autres documents présentant l'état actuel et futur de son patrimoine, de ses résultats ou de ses revenus ainsi qu'un plan d'assainissement provisoire* » (art. 293 lit. a LP), mais lorsque la transmission au juge du concordat a eu lieu d'office (cas énoncé à l'art. 293 lit. c LP), il peut impartir un bref délai pour que ces documents soient établis (p. ex. deux ou trois semaines, le délai pouvant varier suivant que l'on est dans une situation où le surendettement s'aggrave ou pas).

851 Le juge du concordat octroie en principe le sursis provisoire. En outre, il « *arrête d'office les mesures propres à préserver le patrimoine du débiteur* » (art. 293a al. 1 LP). Il peut notamment nommer un *commissaire provisoire* (art. 293b al. 1 LP) mais peut y renoncer (al. 2), ce qui constitue la voie appropriée s'il est convaincu que le conseil d'administration est conscient du cadre juridique et des actes à entreprendre, et capable d'agir et d'informer correctement le juge (et bien sûr qu'il n'existe pas de risque d'actes de disposition contraires à l'intérêt des créanciers). Le sursis provisoire peut être ordonné pour quatre mois au plus dans une première décision ; une seconde décision du juge peut le prolonger de quatre mois (art. 293a al. 2 LP).

852 Le juge peut *renoncer à publier* l'octroi du sursis provisoire[1282] « *pour autant que la protection des intérêts des tiers soit garantie et qu'une requête en ce sens ait été formulée* » (art. 293c al. 2 LP). Cela suppose la nomination d'un commissaire provisoire (lit. d). Dans cette situation, le cours des poursuites n'est pas empêché (tandis que la loi mentionne qu'est empêchée la « continuation de poursuite », ce qui est logique puisque pour une société inscrite au registre du commerce, il s'agirait de la faillite).

853 Au terme de la période de sursis provisoire, et avant son expiration, le juge peut prononcer le « sursis définitif » (art. 294 al. 1 LP), qui est publié (art. 296 LP). Celui-ci est, dans une première phase, de 4 à 6 mois. La nomination d'un (ou plusieurs) commissaire(s) est alors incontournable (cf. art. 295 al. 1). Le commissaire doit notamment œuvrer à un projet de concordat (si la situation est mûre), de façon générale « *surveiller l'activité* » de la société (al. 2 lit. b), remettre des rapports au juge et informer les créanciers (lit. d) et exercer les autres tâches attribuées par le juge (al. 3). Le juge peut en particulier ordonner que certains actes ne puissent valablement être accomplis qu'avec le concours du commissaire (art. 298 al. 1 LP).

[1282] Le régime de publication est ici distinct (avec une présomption inverse) de celui de l'art. 725a aCO-1991, selon le texte duquel : « *L'ajournement de la faillite n'est publié que si la protection de tiers l'exige* ».

Le commissaire doit dresser un inventaire des biens et les estimer (art. 299 al. 1 LP) et faire un appel aux créanciers par publication et, en outre, en s'adressant aux créanciers connus (art. 300 al. 1 LP). Le délai de production est d'un mois (*ibid.*). 854

Le juge peut aussi instituer une *commission des créanciers*, que le commissaire doit informer régulièrement de l'avancement de la procédure (art. 295a al. 1 et 2 LP) et qui peut autoriser certains actes sinon soumis à l'approbation du juge, tels l'aliénation de biens faisant partie de l'actif immobilisé ou leur engagement (al. 3). 855

Le sursis définitif peut être prolongé pour atteindre 12 mois, et « *dans les cas particulièrement complexes, jusqu'à 24 mois* » (art. 295b al. 1 LP). La requête doit émaner du commissaire[1283] et, si la prolongation induit que le sursis dépassera 24 mois, il doit convoquer une assemblée des créanciers (qui doit se tenir « *avant l'expiration du neuvième mois suivant l'octroi du sursis définitif* », art. 295b al. 2 LP). 856

Pendant toute la durée du sursis définitif, les poursuites sont suspendues[1284], sauf celles qui concernent un gage immobilier (art. 297 al. 1 LP). Les délais de prescription et de péremption cessent de courir (al. 6). Les procès relatifs aux créances concordataires sont suspendus sauf urgence (al. 5), ce qui inclut les hypothèses où l'aboutissement d'un procès est nécessaire pour régler une incertitude qui a un impact sur le surendettement. Par ailleurs, le sursis offre la possibilité de résilier de façon anticipée un contrat de durée « *pour autant que le but de l'assainissement soit impossible à atteindre sans une telle dénonciation* » (art. 297a, 1re phr., LP). Une indemnisation est alors due au cocontractant (l'indemnité constitue une créance concordataire comme une autre [cf. 2e phr.]). 857

Le sursis peut permettre à la société de sortir du surendettement par un **assainissement pur et simple** (grâce à des bénéfices qui éliminent le surendettement). La procédure prend alors fin et la société se retrouve dans la situation ordinaire où elle est gérée par ses organes sans surveillance d'un commissaire et du juge. 858

Le sursis peut aussi aboutir à un **concordat** avec les créanciers, qui est alors en principe homologué et exécuté selon les modalités qu'il a lui-même prévues. Le concordat implique d'ordinaire une restructuration des dettes. Le plus sou- 859

[1283] En ce sens p. ex. Daniel HUNKELER, KuKo ad art. 295b LP (2014), N 3. Cela a été confirmé par les arrêts TF 12. 1. 2024, 5A_169/2023 et 5A_172/2023, c. 3.3.2.

[1284] Selon le régime de l'art. 725 CO-1936 (et 725a CO-1991), le juge pouvait ordonner la suspension des poursuites (cf. ATF 104 III 20 [22] et 101 III 106).

vent, il s'agit d'en réduire proportionnellement le montant en fonction des actifs disponibles pour les créanciers, tout en préservant ce qui est nécessaire pour poursuivre l'activité (à savoir le patrimoine, contrats et relations qui constituent l'entreprise à proprement parler, parfois redimensionnée par la cession des actifs[1285] qu'il est plus avantageux de vendre que de conserver, le « cœur de l'entreprise » pouvant subsister sans eux). La restructuration peut aussi consister à repousser des échéances et à conditionner le règlement (le cas échéant partiel) des dettes à un événement futur (p. ex. le gain d'un procès, que le concordat vise à permettre de poursuivre sans que la société soit en faillite[1286]) ; on parlera ici de concordat-sursis (*Stundungsvergleich*). Parfois, la préservation de l'activité n'est pas souhaitée ; le concordat est alors l'équivalent d'une faillite dont la liquidation est largement consensuelle. En tous les cas, une importante particularité du concordat est que sa conclusion ne suppose pas l'unanimité des créanciers, mais une majorité déterminée selon le nombre des créanciers et la valeur des créances (art. 305 al. 1 LP : « *(a) soit la majorité des créanciers représentant au moins les deux tiers des créances à recouvrer ; b. soit le quart des créanciers représentant au moins les trois quarts des créances à recouvrer* »)[1287].

860 Si le sursis n'aboutit ni à une sortie du surendettement ni à un concordat, la **faillite** doit être prononcée. Elle peut l'être avant le terme du sursis s'il apparaît que toute perspective d'une issue favorable a disparu.

861 L'ouverture judiciaire de la faillite est le commencement d'une procédure qui peut être très brève (suspension de la faillite faute d'actif) ou qui peut durer de nombreuses années. Il faut mentionner que la faillite est *révoquée* lorsque les dettes sont payées (art. 195 al. 1 ch. 1 LP) ou que les créanciers retirent leurs productions (ch. 2). Un concordat est aussi possible après le prononcé de faillite

---

[1285] Il peut s'agir d'immeubles, de filiales ou de partie d'entreprise (dans ce dernier cas, l'opération est équivalente à une scission ou à un transfert de patrimoine – art. 29-52 respectivement 69-77 LFus – hors des contextes de surendettement et d'insolvabilité ; dans ces contextes, la forme peut être celle du « *concordat par abandon d'actifs* » des art. 317-331 LP, mais une autre forme peut être convenue dans le cadre d'un concordat ordinaire).

[1286] Cf. p. ex. décision KGer ZG 26. 5. 2023, EN 2023 3, p. 3, et, dans la même cause, OGer 22. 8. 2023, BZ 2023 62, c. 4.8 (considérant que le sursis peut être accordé en vue de conclure un concordat permettant de créer une relation stable avec les créanciers pour poursuivre un procès contre des tiers).

[1287] Les situations complexes sont tranchées par le juge du concordat (art. 305 al. 3 LP : « *Le juge du concordat décide si et dans quelle mesure les créances contestées ou subordonnées à une condition suspensive ou à un terme incertain doivent être comptées ; le tout sous réserve des jugements qui pourront intervenir ultérieurement* »). Par ailleurs, l'al. 2 prescrit que « *[l]es créanciers privilégiés [...] ne sont comptés ni à raison de leur personne ni à raison de leurs créances. Les créances garanties par gage ne comptent que pour le montant réputé non garanti suivant l'estimation du commissaire* ».

(ch. 3 ; art. 332 LP). Enfin, il est opportun d'avoir à l'esprit que la faillite de la société ne signifie pas toujours la fin *de l'entreprise* ; celle-ci peut être reprise par un tiers qui l'acquiert dans le cadre de la faillite.

Dans l'ensemble, lorsque des perspectives d'assainissement existent, le droit offre de multiples possibilités de ne pas se précipiter vers la faillite. Et lorsqu'elle a été prononcée, il reste envisageable d'y remédier, mais il faut être conscient que le prononcé de faillite marque le plus souvent un point de non-retour, même quand la situation n'était pas désespérée ; cela signifie que les organes doivent agir avec détermination pour obtenir l'ajournement ou le sursis s'ils veulent donner des chances à la survie de la société. 862

III. La prévention de l'insolvabilité

L'art. 725 CO adopté le 19. 6. 2020 met en exergue le devoir de l'organe dirigeant du rang le plus élevé de « *surveille[r] la solvabilité de la société* ». Il n'y a là rien de nouveau, car l'examen constant de la solvabilité a toujours été l'une des tâches essentielles des dirigeants de la société[1288]. Cela implique d'avoir pour ligne générale de faire en sorte que les dettes n'arrivent pas à maturité avant les créances[1289]. 863

Le nouvel art. 725 CO énonce à l'al. 2 des règles qui sont de simples rappels : « *Si la société risque de devenir insolvable, le conseil d'administration prend des mesures visant à garantir sa solvabilité. Au besoin, il prend des mesures supplémentaires afin d'assainir la société ou propose de telles mesures à l'assemblée générale, pour autant qu'elles relèvent de la compétence de cette dernière. Le cas échéant, il dépose une demande de sursis concordataire* ». Il est exact que le sursis concordataire suspend les poursuites (art. 295 LP)[1290]. Il faut toutefois avoir à l'esprit qu'une telle mesure peut entraîner la perte de confiance des partenaires commerciaux et financiers et hâter inutilement la fin de l'entreprise. 864

[1288] WILHELM/ROMY, EF 12. 10. 2022, p. 1 ad n. 1, sont d'avis que cette obligation n'existait pas sous le droit antérieur.

[1289] Pour les sociétés financières, on parle du principe de *concordance des échéances* (ou plus rarement de « symétrie », « adossement », « appariement », « correspondance » ou « accord des échéances », la multiplicité des expressions – selon nous synonymes – reflétant le caractère extrêmement élémentaire de ce principe de gestion). L'expression anglaise la plus répandue est *matching of maturities* (ou *of terms*). On peut remarquer que le droit comptable (art. 959a al. 2 CO) facilite l'observation du respect du principe par la société en requérant que les dettes soient classées par ordre d'exigibilité, cf. *supra* N 272.

[1290] Cf. *supra* N 857 ad n. 1284.

865   À cet égard, la règle énoncée à l'art. 725 al. 3 CO, en vertu de laquelle l'organe dirigeant doit « *agir avec célérité* », ne doit pas être interprétée de façon à précipiter une requête de sursis concordataire. Si d'autres moyens permettent de garder la situation sous contrôle et d'éviter une faillite, il faut en principe leur donner la préférence.

§ 13   L'obligation de révision

I.   Notions

La **révision** consiste en ceci qu'une personne qualifiée, indépendante de la so-   866
ciété, vérifie les comptes établis par les organes. Elle peut être plus ou moins
approfondie. Dans la terminologie actuelle, la révision approfondie est le « contrôle ordinaire », qui se distingue du « contrôle restreint » (ou « *review* »). Dans
son sens habituel, la révision concerne les comptes annuels ou, dans les cas où
ils sont établis, les comptes intermédiaires. Un réviseur peut devoir être engagé
aussi pour des opérations ponctuelles comme l'établissement d'une attestation
confirmant l'évaluation d'apports en nature, une augmentation ou une réduction de capital, ou encore une restructuration[1291].

L'**obligation de révision** fait référence aux situations qui induisent qu'une so-   867
ciété doit soumettre ses comptes à la vérification d'un réviseur. Ces situations
peuvent correspondre à des critères objectifs, comme le fait qu'une société soit
cotée en bourse ou ait émis un emprunt par obligation, ou qu'elle atteigne certains seuils économiques, ou encore qu'elle contrôle d'autres sociétés et doive
établir des comptes consolidés (cf. art. 727 al. 1 CO). Mais elles peuvent aussi
correspondre à un critère subjectif qu'est la manifestation d'une exigence par
un certain nombre de sociétaires. Dans le premier type de situations, on peut
employer l'expression, apparemment redondante, de *révision obligatoire de
par la loi* ; dans le second type de situation, la révision est obligatoire *de par la
volonté de sociétaires*, qui font usage d'une faculté que leur offre la loi. Les
statuts peuvent étendre cette faculté. Par ailleurs, la société peut librement décider de mettre en place une révision alors que ni la loi ni les statuts ne la con-
traignent. On peut employer alors l'expression de *révision volontaire*.

Lorsque la société est tenue de faire réviser ses comptes, l'absence d'un organe   868
de révision inscrit au registre du commerce est une carence d'organisation au
sens de l'art. 731b CO (pour la SA, disposition à laquelle renvoient l'art. 819
CO, pour la Sàrl, l'art. 908 CO pour la coopérative, et l'art. 581a pour la SNC).
Les sociétaires et les créanciers (art. 731b al. 1 pr. CO), tout comme le registre
du commerce (art. 939 CO), peuvent exiger qu'il y soit remédié ; si la société
ne s'y plie pas, une procédure judiciaire s'ensuit[1292].

La **fonction** de l'organe de révision est de renforcer la probabilité que les   869
comptes soient conformes aux prescriptions comptables, c'est-à-dire qu'ils ont
été établis selon des processus exempts d'erreurs et fournissent une information

---

[1291]   Ces opérations sont répertoriées *infra* N 941-943.
[1292]   *Supra* N 145-154 et *infra* N 928.

fiable (notamment : prudente)[1293] sur la situation financière de la société. Cette fonction est indispensable parce que les droits de contrôle propre des sociétaires (notamment ceux qui, minoritaires, ne sont pas représentés dans l'organe dirigeant) sont limités et qu'en pratique, il est de toute façon rare qu'ils les exercent, au vu des efforts et ressources que cela requiert. D'autre part, la révision protège non seulement les intérêts des sociétaires, mais aussi ceux des créanciers et de la collectivité en général.

870 On peut discuter conceptuellement s'il est opportun de qualifier d'**organe** le réviseur. Un éventuel débat terminologique n'a guère de portée pratique. Il est probablement correct de le décrire comme un organe secondaire[1294] ou **externe** [1295] (même si ces expressions ne sont pas particulièrement éclairantes)[1296]. Les vérifications ponctuelles (évaluation d'apports en nature, augmentation ou réduction de capital, etc.) peuvent être confiées à d'autres réviseurs que celui qui est chargé de la révision des comptes annuels.

II. Champ d'application limité aux personnes morales

871 D'après le sens littéral des dispositions légales entrées en vigueur en 2008, l'obligation de révision est indépendante de la forme juridique ; l'art. 727 CO

[1293] *Supra* N 347 ss, spéc. 367 (principe de fiabilité) et 371-374 (principe de prudence).

[1294] En ce sens Peter Böckli (2009), § 15, N 32 (ad n. 89) ; voir aussi ATF 129 III 129 c. 8 (134), cité *infra* n. 1403. V. ég. *supra* N 688.

[1295] Les grandes entreprises ont depuis fort longtemps un système de « contrôle interne », qui était incarné par un département consacré à la tâche de vérifier les activités des autres départements, et non de gérer (soit attribuer des tâches à l'interne et interagir avec les partenaires d'affaires, c'est-à-dire les clients et fournisseurs, ainsi que les prêteurs et autres investisseurs). La notion de « système de contrôle interne » (cf. Robert Sulzer [2020], p. 345-357 et 503 s.) s'est étendue depuis que la loi précise spécifiquement que l'organe de révision doit en vérifier l'existence (art. 728a al. 1 ch. 3 CO, *infra* N 897) et rendre compte des constatations y relatives (art. 728b al. 1 CO, *infra* N 899).

[1296] On peut justifier ce terme par l'indépendance requise de l'organe de révision et par le fait qu'il n'intervient pas tout au long de l'année, contrairement aux organes dirigeants (administrateurs, directeurs, gérants). Cela étant, certains administrateurs peuvent être spécifiquement choisis parce qu'indépendants de la société (ainsi, pour des questions de gouvernance, dans les sociétés cotées en bourse ou soumises à un régime d'autorisation qui requiert une telle présence). Par ailleurs, l'assemblée générale des sociétaires, organe suprême de la SA, de la SCmA, de la Sàrl, de la coopérative et de l'association, ne se réunit d'habitude qu'une fois par an, et cela pour quelques heures seulement ; il n'en est pas moins indubitablement un organe. L'organe de révision peut être opposé aux « organes de gestion » (administrateurs, directeurs, gérants, aussi « organes dirigeants ») et aux organes ayant un pouvoir décisionnel (notion qui regroupe les organes de gestion et l'organe suprême comme l'assemblée générale).

désigne « les sociétés » comme sujettes à la révision en fonction de divers critères économiques (valeurs seuils) ou juridiques (notamment la volonté d'un certain nombre d'associés) autres que la forme. L'interprétation historique établit cependant que la volonté du législateur est de ne soumettre que les **personnes morales** à une telle obligation. L'existence d'un ou plusieurs associé(s) indéfiniment responsable(s) dans les sociétés de personnes a été clairement présentée dans les travaux législatifs comme une raison pour écarter toute obligation de révision les concernant[1297].

Il ne nous apparaît pas que la doctrine a discuté cette **exclusion des sociétés de personnes** malgré le texte légal qui les inclut[1298]. Cela étant, il semble reconnu qu'une société de personnes **peut opter librement** pour un régime statutaire qui la contraint à soumettre ses comptes à un réviseur[1299]. Cela peut également reposer sur une décision ponctuelle de la société. Une révision peut aussi être stipulée par un contrat de financement. Ainsi, la révision en tant que telle n'est évidemment pas réservée aux personnes morales. Mais, dans la conception actuelle, *l'obligation légale de révision* l'est. 872

Bien qu'applicable à **toutes les personnes morales**, l'obligation de révision figure parmi les dispositions consacrées à la société anonyme (art. 727-731 CO). Chaque chapitre consacré à une autre personne morale y renvoie (art. 818 al. 1 CO pour la Sàrl ; art. 906 al. 1 CO pour la coopérative ; art. 69b al. 3 CC 873

[1297] Message du Conseil fédéral, FF 2004 3760 : « *Les sociétés de personnes sont totalement dispensées du contrôle des comptes car les associés répondent personnellement des dettes de la société, solidairement et sur tous leurs biens* » (cela n'est exact que pour la SNC et la société simple). V. aussi p. 3765 : « *La forme de droit est sans objet pour la révision des comptes dans la mesure où la responsabilité des personnes morales est limitée au patrimoine de la société* ». Dans les débats aux Chambres fédérales, l'exclusion des sociétés de personnes n'a été apparemment discutée par aucun parlementaire, cf. BO 2005 N 68 ss et BO 2005 E 624 ss. Le Conseiller fédéral Christoph BLOCHER a employé une énumération qui les évite sans les exclure (69 : « *Heute geht es nach dieser Revisionsvorlage nicht mehr um die Rechtsform, sondern um die Grösse, um die Risiken, um die geschäftlichen Bedürfnisse, also darum, ob das eine AG, eine Stiftung, eine Genossenschaft, eine GmbH oder was weiss ich ist* »).

[1298] Ainsi p. ex. PETER/GENEQUAND/CAVADINI, CR ad art. 727 OC (2017), N 2 *in fine* ; Stephan DEKKER, OFK ad art. 727 CO (2016), N 1-18. MEIER-HAYOZ/FORSTMOSER (2023), § 16 N 872, se réfèrent simplement au Message cité *supra* n. 1297 *in initio*.

[1299] Cf. PETER/GENEQUAND/CAVADINI, CR ad art. 727 OC (2017), N 30 (« *opting in* »). Le Manuel suisse d'audit sur le Contrôle ordinaire (2016) l'énonce (p. 26). Le « Portail PME du SECO » l'indique, lui aussi, sur sa page consacrée aux sociétés en nom collectif, ch. 13, 3ᵉ phr. (« *[La société en nom collectif] peut, si elle le souhaite, recourir à un fiduciaire ou à un organe de révision* ») ; le Portail le dit dans les mêmes termes pour la société en commandite.

pour l'association inscrite au registre ; art. 83b al. 3 CC pour la fondation ; pour la SCmA, cela s'opère par le renvoi général de l'art. 764 al. 2 CO).

874 De façon **prospective**, il nous semble assez probable qu'à moyen ou long terme, l'obligation de révision devienne applicable aux sociétés de personnes lorsque les seuils économiques font d'elles des « grandes entreprises » (pour reprendre l'expression de l'art. 961 CO, qui renvoie aux critères rendant le « contrôle ordinaire » obligatoire de par la loi selon l'art. 727 CO). Lorsque ces seuils sont atteints, en particulier un total du bilan de plus de 40 millions de francs, l'existence d'un ou plusieurs associé(s) indéfiniment responsables n'a pas forcément, en soi, une importance décisive.

875 Dans notre perception, cette question de principe n'a pas retenu l'attention du législateur, ni celle de la communauté juridique, parce que les sociétés en nom collectif ou en commandite qui atteignent ces seuils sont (devenues) rares. Celles qui les atteignaient étaient surtout les « banquiers privés », qui étaient de toute façon soumis à la surveillance des autorités financières[1300] (beaucoup plus contraignante et approfondie qu'une révision selon le Code des obligations). La plupart ont choisi de se muer en sociétés anonymes[1301]. Quelques fonds de placement revêtent la forme de « sociétés en commandite de placements collectifs », régies spécifiquement par les art. 98-108 LPCC (les art. 594-619 CO étant au surplus applicables). Ce régime implique qu'elles sont soumises à un audit de la FINMA ou d'un réviseur agréé par celle-ci (art. 107 et 126 LPCC *cum* 24 LFINMA), qui satisfait les intérêts à protéger[1302]. La question d'une obligation de révision au sens de l'art. 727 CO ne correspond pour elles à aucun intérêt pratique.

876 Une éventuelle résurgence de l'emploi des sociétés de personnes pour conduire de grandes entreprises (ce qui suppose probablement d'ouvrir la qualité d'associé indéfiniment responsable aux personnes morales[1303]) pourrait rendre la question d'actualité.

[1300] Art. 1 al. 1 LB.
[1301] *Supra* N 47.
[1302] L'art. 24 al. 2, 1re phr., LFINMA, en définit ainsi la substance : « *L'audit se concentre en particulier sur les risques que l'assujetti peut faire porter aux créanciers, aux investisseurs, aux assurés ou au bon fonctionnement des marchés financiers* ».
[1303] Cf. *supra* N 51 et *infra* N 1497 et 1552.

III. Structure de la réglementation légale relative à la révision

Le droit de la révision est composé, d'une part, des **règles du Code des obli-** 877
gations qui déterminent tant l'obligation de la société de se soumettre à la révision que les devoirs du réviseur pour l'effectuer, et, d'autre part, de la **Loi**
sur la surveillance des réviseurs (LSR), qui crée un régime d'autorisation
pour l'exercice de cette activité professionnelle (notamment en prescrivant des
qualifications professionnelles précises).

La réglementation actuelle (art. 727 à 731a CO, en vigueur depuis 2008[1304]) 878
distingue **deux types de révision** : le contrôle ordinaire (« *full audit* », selon
une expression répandue en pratique et dans la doctrine) et le contrôle restreint
(parfois désigné « *review* », notamment dans la note marginale de 2008 à
2022[1305]). Le contrôle ordinaire, beaucoup plus étendu, est obligatoire dans un
assez grand nombre de cas : pour les sociétés « ouvertes au public », pour les
autres sociétés dont les comptes annuels ou le nombre d'employés dépassent
certaines valeurs seuils ou qui doivent établir des comptes consolidés, ou encore si une certaine proportion des sociétaires l'exigent. Le contrôle restreint
s'applique dans les autres cas, étant précisé que les sociétaires unanimes peuvent alors renoncer entièrement à la révision.

Les règles applicables au contrôle ordinaire étant fort différentes de celles du 879
contrôle restreint, tant sur les exigences relatives à l'organe de révision que sur

---

[1304] Comme on le voit pour déterminer le champ d'application (*supra* N 871, spéc., n. 1297,
et N 872), il peut être particulièrement utile de se référer au Message du Conseil fédéral
du 23. 6. 2004, « *relatif à la modification du Code des obligations (obligation de révision
en droit des sociétés) et la Loi fédérale sur l'agrément et la surveillance des réviseurs* »,
FF 2004 3745 ss, qui complète celui du 19. 12. 2001 « *relatif à la modification du Code
des obligations (révision totale du droit de la société à responsabilité limitée, et adaptation du droit de la société anonyme, de la société coopérative, du Registre du commerce
et des raisons de commerce)* », FF 2002 2949 ss. Les débats parlementaires (qui semblent
avoir peu passionné les députés, le rapporteur Didier BURKHALTER évoquant « *le dossier
lourd et technique du droit de la révision* », BO 2005 N 1256) n'ont que peu modifié le
projet, adopté assez rapidement et à l'unanimité (le texte définitif, publié *in* FF 2005
6809 ss, comprend certaines erreurs de forme [cf. *infra* n. 1318 et 1322 s.], dont seule une
a été corrigée par la commission de rédaction, en 2022 seulement, cf. *infra* n. 1330).

[1305] Ce terme a été supprimé par la novelle du 19. 6. 2020. Le Message du Conseil fédéral
indique : « *Le titre marginal actuel de l'art. 729 CO comprend le terme 'review' [...]. Ce
terme induit en erreur, car il ne se réfère pas, dans la pratique, au contrôle restreint des
comptes annuels, mais à un examen plus limité des comptes et d'autres éléments, par
exemple des budgets* » (FF 2017 528). Ce terme a en vérité une acception plutôt floue et
variable (cf. aussi *infra* n. 1338). V. aussi Benjamin PAPAUX, L'indépendance de l'organe
de révision en droit des sociétés (2022), N 844.

le contenu du contrôle, cette distinction est structurante. On présentera ci-après d'abord le contrôle ordinaire (art. 727, 727b et 728 à 728c CO), puis le contrôle restreint (art. 727a, 727c et 729 à 729c CO).

880 Le code comprend une série d'articles contenant des **dispositions communes** aux deux types de révision (six articles entre l'art. 730 et 731a CO ; certains de ces articles prévoient néanmoins un régime différent selon le type de contrôle).

881 La Loi sur la surveillance des réviseurs ne distingue pas selon les types de contrôle. Elle traite des **exigences applicables aux entreprises de révision** et crée différents types d'agrément. Elle n'a qu'un impact indirect sur le droit des sociétés, en déterminant les qualifications des personnes autorisées à effectuer la révision et, de ce fait, en limitant la faculté des sociétés de choisir leur réviseur. On ne la traitera ici que succinctement, dans la mesure nécessaire à la bonne compréhension du droit des sociétés.

IV. Contrôle ordinaire

A. Situations induisant l'application du contrôle ordinaire

1. En vertu de critères objectifs

882 En vertu de l'art. 727 al. 1 CO, les sociétés doivent impérativement soumettre leurs comptes annuels, et le cas échéant leurs comptes consolidés, au contrôle « ordinaire » d'un organe de révision si elles relèvent d'une des catégories suivantes :

- sociétés « ouvertes au public » (ch. 1),
- sociétés tenues d'établir des comptes consolidés (ch. 3),
- sociétés dont deux exercices successifs révèlent qu'elles dépassent deux des valeurs indiquées par la loi (ch. 2 : total du bilan de 20 millions de francs, chiffre d'affaires de 40 millions de francs, effectif de 250 emplois à plein temps en moyenne annuelle[1306] ; pour les sociétés qui tiennent leurs comptes dans une monnaie autre que le franc, le cours de change pour le

---

[1306] Ces valeurs ont été sensiblement augmentées par une novelle du 17. 6. 2011 (entrée en vigueur le 1. 1. 2012). De 2008 à 2011, elles étaient respectivement de 10 millions pour le total du bilan, 20 millions pour le chiffre d'affaires et 50 pour le nombre d'emplois à plein temps. Cette évolution suit celle qui a été opérée dans l'Union européenne (cf. Directive 2013/34/UE, art. 3 ch. 4). Elles n'ont pas évolué depuis.

total du bilan est celui de la date de clôture et pour le chiffre d'affaires, le cours moyen de l'exercice[1307]).

Sont « ouvertes au public » selon l'art. 727 al. 1 ch. 1 CO les sociétés dont les titres de participation sont cotés en bourse (lit. a), celles qui sont débitrices d'emprunts par obligations (lit. b) ou encore celles dont les actifs ou le chiffre d'affaires constituent au moins 20 % des actifs, respectivement du chiffre d'affaires, figurant dans les comptes consolidés d'une société cotée en bourse ou débitrice d'un emprunt par obligations (lit. c)[1308]. 883

Les valeurs seuils de l'art. 727 al. 1 ch. 2 CO sont applicables aux personnes morales du Code des obligations (SA, Sàrl, SCmA, coopérative). Pour l'association, les valeurs seuils sont un total du bilan de 10 millions, un chiffre d'affaires de 20 millions et 50 emplois à plein temps en moyenne annuelle (art. 69b al. 1 CC). 884

Toutes les sociétés peuvent abaisser les valeurs seuils dans leurs statuts, puisqu'elles peuvent aussi décider de se soumettre volontairement au contrôle ordinaire, par disposition statutaire[1309] ou par décision ponctuelle de l'assemblée générale[1310] (art. 727 al. 3 CO). 885

2. En vertu de la demande de sociétaires

En vertu de l'art. 727 al. 2 CO, le contrôle ordinaire s'applique aussi lorsqu'il est réclamé par des actionnaires **qui représentent ensemble au moins 10 % du capital-actions**. Les statuts peuvent abaisser ce seuil. 886

La règle s'appliquant par **analogie** à la Sàrl en vertu de l'art. 818 al. 1 CO, cela signifie que des associés représentant 10 % du capital social peuvent exiger le contrôle ordinaire[1311]. L'al. 2 crée un **cas supplémentaire** d'application du contrôle ordinaire si l'exige « *un associé soumis à l'obligation d'effectuer des* 887

[1307] Art. 727 al. 1bis CO.

[1308] La formulation du texte français de l'art. 727 al. 1 ch. 1 lit. c CO nous semble peu limpide. La même situation est visée par l'art. 8 al. 1 LSR, lequel est mieux rédigé ; on comprend bien que sont visées les sociétés dont les actifs ou le chiffre d'affaires entrent dans les comptes consolidés d'une société suisse émettrice de titres de participation cotés en bourse ou débitrice d'un emprunt obligataire et représentent 20 % des actifs respectivement du chiffre d'affaires figurant dans les comptes consolidés (à ce sujet, ROUILLER/BAUEN/BERNET/LASSERRE ROUILLER [2022], N 547h).

[1309] Cf. p. ex. PETER/GENEQUAND/CAVADINI, CR ad art. 727 OC (2017), N 18a (« *opting in* ») et 28 (« *opting up statutaire* »).

[1310] PETER/GENEQUAND/CAVADINI, CR ad art. 727 OC (2017), N 29 (« *opting up volontaire* »).

[1311] En ce sens, Christophe BUCHWALDER, CR ad art. 818 CO, N 5 ad n. 10.

versements supplémentaires » (cf. art. 772 et 795-795d CO). De plus, l'associé qui quitte la société et a droit à une indemnisation correspondant à la valeur réelle de ses parts sociales (art. 825 al. 1 CO) peut exiger que les comptes annuels soient soumis au contrôle ordinaire (art. 825a al. 4 *in fine* CO).

888 Pour la coopérative, outre le renvoi de l'art. 906 al. 1 CO qui induirait l'application du seuil de 10 % dans les coopératives qui ont émis des parts sociales, l'al. 2 précise que «*peuvent exiger un contrôle ordinaire des comptes annuels par un organe de révision : 1. 10 % des associés ; 2. les associés qui, ensemble, représentent au moins 10 % du capital social ; 3. les associés responsables individuellement ou tenus d'effectuer des versements supplémentaires* »[1312].

889 Dans l'association, cette situation ne se présente pas. Faute de capital social analogue à un capital-actions, l'analogie avec l'art. 727 al. 2 CO ne peut aboutir à octroyer à un certain nombre de membres le droit d'exiger un contrôle ordinaire.

890 La loi ne précise pas **jusqu'à quel moment** cette requête peut être exprimée de façon à obliger la société à se soumettre au contrôle ordinaire. Elle peut être formée hors assemblée ou à l'occasion de l'assemblée. Selon nous, il convient de retenir que les sociétaires atteignant le seuil (soit 10 %) sont en droit de le réclamer jusqu'au terme de l'examen des comptes annuels à l'assemblée[1313] : en effet, le droit d'information des sociétaires s'exerce le plus largement à l'assemblée[1314] ; c'est en appréciant les réponses fournies par l'organe dirigeant (administrateurs, gérants) qu'ils doivent pouvoir déterminer si le contrôle ordi-

---

[1312] Sur la possibilité d'abaisser les seuils, cf. CARRON/CHABLOZ, CR ad art. 906 CO (2017), N 8.

[1313] On relèvera que Peter BÖCKLI (2022), § 13, N 79, paraît hésitant (idem dans l'édition de 2009, § 15, N 114). Il mentionne que la requête peut être formée pour l'exercice clôturé et cela à l'assemblée ordinaire (1re phr.). Cependant, il indique (ad n. 242, p. 1905 ; [2009] : ad n. 280) que la solution valant pour mettre fin à la libération du contrôle (art. 727a al. 4, 2e phr., CO : la requête doit être formée au moins dix jours avant l'assemblée, cf. infra n. 1350) est « pragmatique » aussi pour cette problématique, et apparemment préférable. Selon nous, vu l'argument ad n. 1315, la requête doit pouvoir être formée à l'assemblée ; la différence n'est que de 10 jours et à notre avis, cette solution est plutôt de nature à éviter la charge du contrôle ordinaire, lorsque les réponses fournies à l'assemblée (par l'organe dirigeant et, le cas échéant, le réviseur chargé du contrôle restreint si le conseil le fait participer à l'assemblée, ce qui est une initiative heureuse lorsque des soupçons planent) satisfont *in fine* les sociétaires initialement tentés de requérir le contrôle ordinaire.

[1314] Cf. *infra* N 2264-2268 (pour la SA ; le régime diffère pour la Sàrl, cf. N 2628-2633) ; ég. N 1671-1679.

naire – qui induira, entre autres améliorations, la présence d'un réviseur à l'assemblée – leur apparaît utile[1315].

Il faut encore relever que, dans les cas où la loi n'exige pas un contrôle ordinaire des comptes annuels, ce contrôle peut néanmoins être imposé par les statuts ou par une décision de l'assemblée générale (art. 727 al. 3 CO).   891

B. Exigences quant à l'organe de révision chargé du contrôle ordinaire

Sur le plan des **qualifications professionnelles**, les sociétés ouvertes au public   892
doivent désigner comme organe de révision une « entreprise de révision soumise à la surveillance étatique »[1316] au sens de la LSR ; elles doivent confier à une telle entreprise de révision également la tâche d'effectuer les contrôles qui, selon la loi, doivent l'être par un réviseur agréé ou par un expert-réviseur agréé (cf. art. 727b al. 1 CO).

Les autres sociétés tenues à un contrôle ordinaire doivent désigner comme or-   893
gane de révision un « expert-réviseur agréé » au sens de la LSR ; elles doivent confier à un tel « expert-réviseur agréé » également la tâche de réaliser les contrôles qui, selon la loi, doivent être effectués par un réviseur agréé (cf. art. 727b al. 2 CO)[1317].

En ce qui concerne l'**indépendance** qui doit caractériser l'organe de révision   894
chargé du contrôle ordinaire, la loi précise qu'il « *doit être indépendant et former son appréciation en toute objectivité* » (art. 728 al. 1 CO). Son indépen-

---

[1315] Sur le moment exact lors de l'assemblée, on pourrait soutenir que la requête doit être exprimée avant le vote approuvant les comptes. Par correction, il est certes opportun que les actionnaires procèdent ainsi, mais il ne nous semble pas qu'une règle implicite l'impose (une telle règle risquerait, dans des situations tendues, d'encourager le conseil à manœuvrer pour faire rapidement approuver les comptes en cours d'assemblée afin de forclore le droit de réclamer un contrôle ordinaire) ; vu que le droit de réclamer un contrôle ordinaire n'est pas soumis à un délai particulier, il nous apparaît que la requête doit encore pouvoir être formée jusqu'au terme de l'assemblée, car de la sorte, la société n'aura pas vu son fonctionnement subir un retard autre qu'insignifiant par rapport à une requête formée avant le vote d'approbation. La requête a pour effet que les comptes ne sont pas considérés comme approuvés au terme de l'assemblée ; le président de l'assemblée doit en prendre acte (il n'y a donc pas d'objet à une action en annulation).

[1316] Sur cette notion, cf. ROUILLER/BAUEN/BERNET/LASSERRE ROUILLER (2022), N 547h, spéc. ad n. 1699.

[1317] La distinction entre « expert-réviseur agréé » et simple « réviseur agréé » repose sur des qualifications énoncées aux art. 4 s. LSR.

dance « *ne doit être restreinte [ni] dans les faits*[1318], *ni en apparence* » (art. 728 al. 1 CO). Contrairement au droit en vigueur jusqu'en 2008 qui ne posait que le principe de l'indépendance, l'art. 728 al. 2 ch. 1 à 7 CO indique spécifiquement que l'indépendance de l'organe de révision est, en particulier, incompatible avec :

- l'appartenance au conseil d'administration, d'autres fonctions décisionnelles au sein de la société ou des rapports de travail avec elle ;
- une participation directe ou une participation indirecte importante au capital-actions ou encore une dette ou une créance importante à l'égard de la société ;
- une relation étroite de la personne qui dirige la révision avec l'un des membres du conseil d'administration, avec une autre personne ayant des fonctions décisionnelles ou avec un actionnaire important ;
- la collaboration à la tenue de la comptabilité ainsi que la fourniture d'autres prestations entraînant le risque de devoir contrôler son propre travail en tant qu'organe de révision ;
- l'acceptation d'un mandat de la société susceptible d'entraîner une dépendance économique[1319] ;

[1318] Le texte initialement publié par la chancellerie fédérale (FF 2005 6811) comprenait une erreur (« *ne doit ni être restreinte dans les faits, ni en apparence* »). Le texte de l'art. 728 al. 1, 2e phr., CO actuellement publié (« *Son indépendance ne doit être ni restreinte dans les faits, ni en apparence* ») est correct, mais le texte de l'art. 729 al. 1, 2e phr., CO, relatif à l'indépendance requise pour le contrôle restreint, l'est davantage : « *Son indépendance ne doit être restreinte ni dans les faits, ni en apparence* ».

[1319] Sous l'ancien droit, il avait été relevé que des relations d'affaires avec la société à réviser peuvent engendrer une dépendance économique telle qu'elle peut placer le réviseur dans un conflit entre ses intérêts propres et ceux pour la protection desquels il exerce ses tâches de révision (ATF 123 III 31). Il avait été bien discerné que même le montant des honoraires découlant du mandat de révision puisse entraver l'indépendance du réviseur par rapport à la société ; cela étant, la jurisprudence s'était refusée à considérer schématiquement qu'un réviseur fût excessivement dépendant de la société révisée du seul fait qu'il reçoit d'elle plus de 10 % de ses revenus (ATF 131 III 38 c. 4.2 [44 s.]). Une telle « règle des 10 % » est cependant prévue par les *Directives sur l'indépendance* édictées par la Chambre fiduciaire (elle existait aussi dans l'Ordonnance sur les banques, dans la disposition relative à l'organe de révision) ; elle figure dans la LSR pour les entreprises de révision chargées d'un mandat de révision pour une société ouverte au public (art. 11 al. 1 lit. a LSR) ; *a contrario*, elle ne devrait pas s'appliquer dans les autres cas de contrôle ordinaire (ni en cas de contrôle restreint). On relèvera que l'ordonnance d'exécution de la LSR (Ordonnance sur la surveillance de la révision, OSRev, RS 221.302.3) ne contient pas de précisions quant à la dépendance économique (l'art. 111 OSRev relatif à l'audit prescrit par la LIMF ne fait que renvoyer aux art. 11 LSR et 728 CO).

- la conclusion, avec la société, d'un contrat à des conditions non conformes aux règles du marché ou d'un contrat par lequel l'organe de révision acquiert un intérêt au résultat du contrôle ;
- l'acceptation de cadeaux de valeur ou d'avantages particuliers[1320].

Les dispositions sur l'indépendance s'appliquent à toutes les personnes qui participent à la révision. Si l'organe de révision est une société de personnes ou une personne morale, ces dispositions s'appliquent également aux membres de l'organe supérieur de direction ou d'administration et aux autres personnes qui exercent des fonctions décisionnelles (art. 728 al. 3 CO). De surcroît, même les employés de l'organe de révision qui ne participent pas à la révision ne peuvent être membres du conseil d'administration de la société soumise au contrôle, ni exercer au sein de celle-ci d'autres fonctions décisionnelles (cf. art. 728 al. 4 CO). La loi indique que l'indépendance n'est pas non plus garantie lorsque des personnes proches de l'organe de révision (y compris des proches de ses employés participant à la révision ou des proches des membres de son conseil d'administration ou de sa direction[1321]) ne remplissent pas elles-mêmes les exigences relatives à l'indépendance (cf. art. 728 al. 5 CO). Les dispositions sur l'indépendance de l'organe de révision s'étendent « *aux entreprises qui sont contrôlées par la société*[1322] *ou l'organe de révision*[1323]*, ou qui contrôlent la société ou l'organe de révision* » (art. 728 al. 6 CO).

895

[1320] Sur toutes ces questions, voir notamment Benjamin PAPAUX (2022), op. cit. *supra* n. 1305, N 205-286.

[1321] Au sens de « *personnes qui exercent des fonctions décisionnelles* » (art. 728 al. 5 CO).

[1322] Le texte légal a été modifié le 19. 6. 2020 pour remplacer le critère de la « direction unique » qui induisait l'obligation de consolidation (d'établir des « comptes de groupe » selon le lexique d'alors) par celui de « contrôle » utilisé depuis la novelle de 2012 adoptant le nouveau droit comptable. Comme on l'avait signalé à l'égard du texte légal précédent (« *Les dispositions relatives à l'indépendance s'étendent également aux sociétés qui sont réunies sous une direction unique avec la société soumise au contrôle ou [avec] l'organe de révision* »), qui n'était pas le fruit d'une erreur (cf. FF 2005 6812), le texte demeure peu limpide malgré le changement lexical. Concrètement, il signifie ici que l'organe de révision doit aussi être indépendant des sociétés du groupe dont fait partie la société contrôlée (autant si celle-ci les contrôle, c'est-à-dire si elle est société-mère, que si elle est une filiale).

[1323] Le texte légal signifie ici que les sociétés faisant partie du même groupe que l'organe de révision doivent elles aussi être indépendantes de la société contrôlée (autant si l'organe de révision est société-mère que s'il est filiale).

896 L'art. 730a al. 2 CO précise encore que « *la personne qui dirige la révision peut exercer ce mandat pendant sept ans au plus. Elle ne peut reprendre le même mandat qu'après une interruption de trois ans* »[1324].

C. Attributions de l'organe de révision en cas de contrôle ordinaire

897 Dans le contrôle ordinaire, l'organe de révision doit vérifier en particulier si les comptes annuels et, le cas échéant, les comptes consolidés sont conformes aux dispositions légales, aux statuts et au « cadre de référence » choisi[1325] (art. 728a al. 1 ch. 1 CO) ; il vérifie en outre si la proposition du conseil d'administration à l'assemblée générale concernant l'emploi du bénéfice est conforme aux dispositions légales et aux statuts (art. 728a al. 2 ch. 2 CO)[1326], et s'il existe un système de contrôle interne (art. 728a al. 1 ch. 3 CO)[1327].

898 La loi précise expressément[1328] que « *la manière dont le conseil d'administration dirige la société n'est pas soumise au contrôle de l'organe de révision* » (art. 728a al. 3 CO ; pour la Sàrl, l'analogie induit que cela vise la manière dont les gérants dirigent la société, cf. art. 809-817 CO ; pour la coopérative, celle de l'administration, cf. art. 894-905 CO ; pour l'association, la « direction », art. 69 s. CC).

899 L'organe de révision établit à l'intention du conseil d'administration de la société anonyme (respectivement des gérants, de l'administration ou de la direction dans la Sàrl, la coopérative et l'association) un « *rapport détaillé contenant des constatations relatives à l'établissement des comptes, au système de contrôle interne ainsi qu'à l'exécution et au résultat du contrôle* » (art. 728b al. 1 CO)[1329].

[1324] Cela vaut pour la personne physique en charge de la révision au sein de l'entreprise de révision (et non pour l'entreprise elle-même, qui peut être réélue continuellement) ; v. *infra* N 924 ad n. 1354.

[1325] Il s'agit là des normes comptables professionnelles (IFRS/IAS, US-GAAP, Swiss GAAP RPC, cf. *supra* N 465-514).

[1326] Cela implique aussi de vérifier que les indications exigées par la loi aient été communiquées.

[1327] Cela suppose de vérifier en particulier si une évaluation des risques a été effectuée.

[1328] Cette précision ne figurait pas dans le droit en vigueur jusqu'en 2008.

[1329] Sous le droit en vigueur jusqu'en 2008, on admettait qu'en plus du rapport prévu par la loi, l'organe de révision indique directement à la direction dans une *management letter* les insuffisances de l'organisation dans le domaine de la comptabilité ou du système de con-

Les réviseurs doivent aussi soumettre à l'assemblée générale un rapport écrit 900
« *qui résume le résultat de la révision* ». Ce rapport contient un avis sur le résultat du contrôle ainsi que des indications attestant de l'indépendance de l'organe de révision et présentant la personne qui a dirigé la révision et ses qualifications professionnelles ; le rapport *recommande* soit d'approuver, avec ou sans réserve, les comptes annuels et les comptes consolidés, soit de les refuser (cf. art. 728b CO).

Les rapports adressés au conseil d'administration et à l'assemblée générale doi- 901
vent être signés par la personne qui a dirigé la révision (art. 728b al. 3 CO).

Si l'organe de révision constate des violations de la loi, des statuts ou du règle- 902
ment d'organisation, il en avertit par écrit *le conseil d'administration* (art. 728c al. 1 CO, pour la SA ; l'organe dirigeant, soit les gérants pour la Sàrl, l'administration dans la coopérative, la direction dans l'association).

Il informe également l'assemblée générale lorsqu'il constate une violation 903
grave de la loi ou des statuts[1330] ou que le conseil d'administration (respectivement l'organe dirigeant dans les autres sociétés) omet de prendre les mesures adéquates après avoir été averti d'une violation de la loi ou des statuts (cf. art. 728c al. 2 CO).

Si la société est manifestement[1331] surendettée et que le conseil d'administra- 904
tion omet d'en aviser le juge, l'organe de révision doit avertir ce dernier (art. 728c al. 3 CO[1332]). Sur ce plan, l'organe de révision ne peut substituer son appréciation à celle de l'organe dirigeant, étant rappelé que c'est ce dernier qui établit les comptes, l'organe de révision n'ayant, par définition, qu'à les réviser ; il peut arriver, notamment en cas de litiges à l'égard d'un débiteur (ou d'un soi-disant créancier envers la société), que l'appréciation de la valeur à retenir au bilan ne puisse être fondée que sur des analyses et réflexions à propos desquelles l'organe de révision n'est pas mieux placé que la société et, les cas échéants, ses conseils[1333].

---

trôle interne ; en outre, on admettait qu'il présente les résultats de sa vérification aux responsables financiers de la société dans le cadre d'une discussion finale sur la révision. Cette pratique nous semble avoir perduré.

[1330] La syntaxe du texte légal français (« *lorsque [l'organe de révision] constate une violation de la loi ou des statuts et que* celles-ci *sont graves* »), erronée (cf. ROUILLER/BAUEN/ BERNET/LASSERRE ROUILLER [2017], n. 1254), a été finalement corrigée par la Commission de rédaction de l'Assemblée fédérale.

[1331] Le terme « manifestement surendettée » (en allemand : « *offensichtlich überschuldet* » ; en italien : « *manifestamente oberata di debiti* ») a une réelle portée (cf. *supra* N 844).

[1332] Cf. aussi art. 716a al. 1 ch. 7 et 725 al. 2 CO.

[1333] La pratique montre que des organes de révision peuvent préférer même dans de telles situations adresser l'avis de surendettement au tribunal, mais lorsque le surendettement

905   Matériellement, on doit retenir que le contrôle ordinaire ne va en tout cas pas moins loin que la révision selon le droit en vigueur jusqu'en 2007. Sous l'empire de l'ancien droit, il était admis que la vérification de la comptabilité doit consister d'abord dans un contrôle formel tendant à s'assurer de l'exhaustivité et de l'exactitude des comptes. Le réviseur doit ainsi vérifier la conformité des comptes annuels aux « principes régissant l'établissement régulier des comptes » (art. 662a aCO, désormais art. 958c CO [« principe de régularité »])[1334] ; v. ég. art. 958 CO). Les réviseurs doivent s'assurer que les actifs résultant du bilan existent réellement et que tous les passifs figurent au bilan[1335]. Ils doivent également vérifier le respect des prescriptions relatives aux évaluations[1336] et à la protection du capital[1337].

906   L'organe de révision chargé du contrôle ordinaire doit être présent à l'assemblée générale (art. 731 al. 2, 1re phr., CO). Seule une décision prise à l'unanimité permet d'écarter cette exigence (art. 731 al. 2, 2e phr., CO). Si les règles sur la présence du réviseur ne sont pas respectées, les décisions de l'assemblée

---

n'était pas *manifeste*, en raison du sérieux de l'appréciation divergente du conseil, l'avis – qui n'est certes pas une requête – pourrait devoir être déclaré *irrecevable*. Cela étant, si l'organe de révision insiste pour que le conseil d'administration établisse des comptes intermédiaires, et que la société ne le fait pas, la pratique judiciaire admet qu'il peut partir de l'idée qu'il existerait un surendettement manifeste (ainsi KGer ZG 6. 2. 2020, EK 2019 431, p. 3 : « *die Revisionsstelle [darf] auf offensichtliche Überschuldung schliessen[,] wenn der Verwaltungsrat nicht innert gesetzter Frist die Zwischenbilanz, welche den Schluss auf das Gegenteil aufzeigt, unterbreitet* », avec réf. à Peter Böckli [2009], § 13, N 824c ; la décision KGer ZG 6. 2. 2020 retient en p. 2 que, malgré l'absence de surendettement résultant du rapport du nouvel organe de révision, l'organe initial n'avait pas eu tort d'adresser l'avis au tribunal : « *das Vorgehen der Revisionsstelle [ist] nicht zu beanstanden[,] hat sie doch – nachdem sie nach ihrer Einschätzung auf Anzeichen einer Überschuldung gestossen ist [...] – den Verwaltungsrat der Gesuchstellerin mehrfach auf seine Pflichten nach Art. 725 Abs. 2 OR aufmerksam gemacht sowie die Erstellung einer Zwischenbilanz und weitere Unterlagen verlangt [...] und die Überschuldungsanzeige nach Art. 728c Abs. 3 OR vorgenommen, nachdem die Gesuchstellerin weder eine Zwischenbilanz erstellt, noch Belege beigebracht hatte, welche nach Beurteilung der Revisionsstelle dazu geführt hätten, ihre Einschätzung einer offensichtlichen Überschuldung der Gesuchstellerin zu revidieren* »).

[1334] Cf. *supra* N 347-378.

[1335] La vérification peut se limiter à un contrôle ponctuel qui porte en tous cas sur les postes actifs et passifs les plus importants (cf. ATF 93 II 22 c. 3-5 [25-28] ; ATF 112 II 461 c. 3c [462] ; sur l'étendue de l'obligation de vérification, cf. ég. ATF 129 III 129 c. 7.4 [132 s.]).

[1336] Cf. à ce propos *supra* N 380-417.

[1337] Cf. à ce propos p. ex. N 1212 (interdiction de restituer les apports), 1810-1836 (apports en capital), 1864-1883 (réduction du capital), 1884-1917 (réserves légales), 1939-1943 (parts sociales propres).

générale sont annulables, comme l'art. 731 al. 3, 2ᵉ phr., CO, le précise expressément.

V. Contrôle restreint

A. Cas de contrôle restreint

Lorsque les conditions d'un contrôle ordinaire ne sont pas remplies, la société 907 ne doit soumettre ses comptes annuels qu'à un « *contrôle restreint* » (que l'on peut aussi nommer, en pratique, « examen succinct »[1338] ou « révision simplifiée » ; le terme anglais « *review* » a été utilisé par la note marginale de l'art. 729 CO de 2008 à 2022[1339]). Il s'agit d'un contrôle assoupli pour ce qui concerne tant les qualifications professionnelles et l'indépendance des réviseurs que l'étendue de la révision.

Ce régime est applicable à toutes les personnes morales du Code des obliga- 908 tions qui ne sont pas libérées entièrement de l'obligation de révision (ce qui requiert l'unanimité des sociétaires) sans remplir les critères objectifs du contrôle ordinaire ni faire l'objet d'une requête de la part de sociétaires habilités à l'exiger. En pratique, le contrôle restreint est de loin plus fréquent que le contrôle ordinaire.

Le droit de l'association prévoit un cas particulier de contrôle restreint. 909 L'art. 69b al. 2 CC oblige l'association à se soumettre au contrôle restreint s'il est exigé par un membre qui, en vertu des statuts, est « *responsable individuellement ou tenu d'effectuer des versements supplémentaires* »[1340]. Il s'agit du seul cas de contrôle restreint obligatoire pour l'association, car celle-ci n'est pas du tout soumise à la révision hors des situations l'obligeant au contrôle ordinaire[1341].

[1338] Ainsi dans la NAS 910 de la CHAMBRE FIDUCIAIRE (p. 610 ss) ; cf. ég. Michael ANNEN, Comparaison entre le contrôle restreint et la review selon la NAS 910 : quel est l'instrument qui convient le mieux au paysage suisse de l'audit ?, ECS 2014 284.

[1339] Sur la suppression de ce terme par la novelle du 19. 6. 2020, cf. *supra* n. 1305.

[1340] Dans les Sàrl et les coopératives, cette situation juridique du sociétaire lui permet d'exiger un contrôle ordinaire (*supra* N 887 s.). Cela est logique car dans ces sociétés (comme dans la SA), il y a un contrôle restreint en l'absence d'une unanimité pour y renoncer (cf. *infra* N 915 ss). Une règle permettant à un sociétaire d'exiger un contrôle restreint n'aurait donc pas de portée.

[1341] *Supra* N 889.

B. Exigences quant à l'organe de révision chargé du contrôle restreint

910 Sur le plan des **qualifications professionnelles**, les sociétés tenues à un contrôle restreint doivent désigner comme organe de révision un « réviseur agréé » au sens de la LSR (art. 727c CO ; cf. aussi art. 5 LSR).

911 En ce qui concerne leur **indépendance**, de même que pour la révision ordinaire, les réviseurs doivent être indépendants et en mesure de former leur jugement en toute objectivité ; leur indépendance « *ne doit être restreinte ni dans les faits, ni en apparence* » (art. 729 al. 1 CO). La loi ne pose pas de critère précis, par contraste avec ce qui prévaut pour le contrôle ordinaire[1342]. À la différence de ce qu'elle exige pour la révision ordinaire, la loi admet que l'organe de révision collabore à la comptabilité de la société soumise au contrôle ou qu'il lui fournisse d'autres prestations ; elle précise cependant que, s'il existe un risque que l'organe de révision se trouve en situation de « *devoir contrôler son propre travail, un contrôle sûr doit être garanti par la mise en place de mesures appropriées sur le plan de l'organisation et du personnel* » (cf. art. 729 al. 2 CO).

C. Attributions de l'organe de révision en cas de contrôle restreint

912 Dans le contrôle restreint, l'organe de révision vérifie s'il existe des faits dont il résulte (a) que les comptes annuels ne sont pas conformes aux dispositions légales et aux statuts et (b) que la proposition de l'organe dirigeant adressée à l'assemblée générale concernant l'emploi du bénéfice n'est pas conforme aux dispositions légales et aux statuts (art. 729a al. 1 CO). Le contrôle « *se limite à des auditions, à des opérations de contrôle analytiques et à des vérifications détaillées appropriées* » (art. 729a al. 2 CO). Comme pour le contrôle ordinaire, la loi dit expressément que « *la manière dont le conseil d'administration dirige la société n'est pas soumise au contrôle de l'organe de révision* » (art. 729a al. 3 CO ; ainsi qu'on l'a signalé en traitant le contrôle ordinaire, pour la Sàrl, l'analogie induit que cela vise la manière dont les gérants dirigent la

---

[1342] À plus forte raison, on ne peut pas appliquer une « règle des 10 % » en vertu de laquelle l'indépendance ferait défaut si les honoraires que perçoit annuellement un réviseur pour les prestations en matière de révision et les autres services qu'il fournit à une société ou au groupe de celle-ci dépassent 10 % du montant total des honoraires que le réviseur encaisse (règle qui ne vaut, dans le contrôle ordinaire, que pour les sociétés ouvertes au public, art. 11 al. 1 lit. a LSR et *supra*, n. 1319). Pour une présentation complète, cf. Benjamin Papaux (2022), op. cit. *supra* n. 1305, N 833 ss.

société, cf. art. 809-817 CO ; pour la coopérative, celle de l'administration, cf. art. 894-905 CO ; pour l'association, la « direction », art. 69 s. CC).

L'organe de révision établit à l'attention de l'assemblée générale « *un rapport* **913** *écrit qui résume le résultat de la révision* ». Ce rapport doit contenir un avis sur le résultat de la révision ainsi qu'une mention du caractère restreint du contrôle ; il doit également contenir des indications attestant de l'indépendance de l'organe de révision (tout en précisant, le cas échéant, s'il a collaboré à la tenue de la comptabilité ou a fourni d'autres prestations à la société soumise au contrôle) ; il contient enfin des indications sur la personne qui a dirigé la révision et sur ses qualifications professionnelles (cf. art. 729b al. 1 CO). Le rapport doit être signé par la personne qui a dirigé la révision (art. 729b al. 2 CO). Si la société est manifestement[1343] surendettée et que le conseil d'administration omet d'en aviser le juge, l'organe de révision avertit ce dernier (art. 729c CO[1344]).

La loi ne prescrit pas que l'organe de révision chargé du contrôle restreint doive **914** être présent à l'assemblée générale. Les statuts peuvent en revanche le prévoir.

VI.   Renonciation au contrôle restreint (« *opting out* »)

La société qui n'est pas obligée de se soumettre au contrôle ordinaire peut re- **915** noncer même au contrôle restreint si l'effectif de son personnel ne dépasse pas dix emplois à plein temps en moyenne annuelle et que tous les sociétaires y consentent (art. 727a al. 2 CO). Ce consentement peut être recueilli de différentes manières (notamment par un vote unanime dans une assemblée générale universelle). Cela étant, la loi le facilite en offrant expressément au conseil d'administration la faculté de recourir au consentement tacite et même, le cas échéant, à une fiction de consentement. L'art. 727a al. 3 CO prévoit en effet que le conseil d'administration peut requérir par écrit le consentement des actionnaires en fixant « *un délai de réponse de 20 jours au moins et leur indiquer qu'un défaut de réponse équivaut à un consentement* ». Cette règle est applicable par analogie à la Sàrl[1345] et à la coopérative[1346], les gérants, respective-

---

[1343] Sur la notion de surendettement *manifeste* et sa portée concrète quant à l'avis au tribunal, cf. *supra* N 904.

[1344] Cf. aussi art. 716a al. 1 ch. 7 et 725b al. 5 CO.

[1345] Ainsi p. ex. Christophe BUCHWALDER, CR ad art. 818 CO (2017), N 3 ad n. 5.

[1346] Ainsi CARRON/CHABLOZ, CR ad art. 906 CO (2017), N 5 ad n. 4.

ment l'administration, devant recueillir le consentement des associés et coopérateurs[1347].

916 Si les statuts ne prévoyaient pas cette possibilité, ils doivent alors être adaptés, la loi donnant pouvoir au conseil d'administration de le faire lui-même (art. 727a al. 5 CO).

917 L'organe de révision doit alors être radié du registre du commerce (cf. art. 727a al. 5 *in fine* CO). Comme la renonciation au contrôle restreint présuppose que les conditions du contrôle ordinaire ne sont pas réunies et que, de surcroît, l'effectif annuel moyen ne dépasse pas l'équivalent de 10 emplois à plein temps, l'ordonnance sur le registre du commerce exige qu'une déclaration signée d'au moins un administrateur atteste de cet état de fait (art. 62 al. 1 et 2 ORC[1348]) et que la société lui remette « *une copie des documents actuels déterminants, tels que les comptes de pertes et profits, les bilans, les rapports annuels* » (en plus des « *déclarations de renonciation des actionnaires et le procès-verbal de l'assemblée générale* » ; art. 62 al. 2, 2ᵉ phr., ORC). Fidèle à la règle de non-publicité des comptes annuels (par lequel le droit suisse se distingue du droit de l'UE et de nombreux autres ordres juridiques), l'ordonnance précise que « *ces documents ne sont pas soumis à la publicité du registre du commerce [...] et sont archivés séparément* » (art. 62 al. 2, 3ᵉ phr., ORC). En revanche, le préposé au registre du commerce ne peut pas exiger la production de rapports de révision établissant que la société a jusque-là respecté son obligation de soumettre ses comptes au contrôle[1349].

[1347] Dans l'association, cette règle n'a pas d'objet, car le contrôle restreint ne s'applique que si un sociétaire responsable individuellement ou tenu à des versements supplémentaires le demande (art. 69b al. 2 CC ; l'unanimité pour y renoncer est donc par définition exclue). Sauf une telle demande, l'association n'est pas soumise à une quelconque révision tant qu'elle n'est pas de par la loi obligée de se soumettre au contrôle ordinaire (art. 69b al. 1 CC).

[1348] L'ORC se contente, elle aussi, d'un renvoi prescrivant l'analogie aux dispositions sur la SA (art. 83 ORC pour la Sàrl et 89 ORC pour la coopérative).

[1349] ATF 139 III 449 c. 2.3.3 et 2.3.4 (455 s.), qui écarte l'opinion contraire de Michael GWELESSIANI, Praxiskommentar zur Handelsregisterverordnung [2ᵉ éd., 2012], N 280a (ad art. 62 ORC). Il est certain que le but de l'art. 727a CO est de permettre la libération du contrôle restreint, et non d'assurer que l'obligation de révision a été jusque-là respectée. La sanction de la violation de l'obligation de révision peut résulter de l'action en responsabilité, voire dans l'exigence que certains actionnaires feraient valoir quant à l'établissement de rapports de révision pour les comptes antérieurs à la libération (ce qui est peu probable, vu que les actionnaires ont unanimement consenti à la libération, art. 727a al. 2 CO) ; à l'inverse l'entrave à la libération du contrôle serait contraire à l'objectif de l'art. 727a CO, qui est d'alléger les charges pour les entreprises de petite taille. Retarder

L'ordonnance précise que la renonciation peut être décidée dès la fondation de   918
la société (art. 62 al. 3 ORC), ce que la loi n'indique pas expressément mais
n'exclut évidemment pas.

Une fois la renonciation au contrôle restreint valablement décidée, elle vaut   919
pour les années suivantes (art. 727a al. 4, 1re phr., CO) ; le registre du commerce
peut exiger qu'une nouvelle déclaration lui soit remise pour confirmer que les
conditions de la renonciation sont toujours remplies (art. 62 al. 4 ORC).

Corollaire de l'unanimité, il peut être mis fin au régime de libération sans dif-   920
ficulté : l'art. 727a al. 4, 2e phr., CO prévoit que chaque actionnaire peut exiger
un contrôle restreint s'il notifie ce choix au moins dix jours avant l'assemblée
générale (à laquelle les comptes annuels devront être approuvés)[1350]. L'assemblée doit alors élire un organe de révision (art. 727a al. 4, 3e phr., CO). Cela
signifie concrètement que les comptes ne pourront pas être approuvés à cette
occasion ; une nouvelle assemblée devra être convoquée une fois le rapport de
révision établi.

En pratique, une **vaste majorité des sociétés** optent pour la libération du con-   921
trôle restreint. Dès que cette possibilité a été offerte, le 1. 1. 2008, on a pu observer que c'était là le choix de plus de 80 % des nouvelles inscriptions[1351] ;
cette proportion s'est tendanciellement accrue au fil des ans.

Il faut être conscient que ce choix n'est sensé qu'en cas de parfaite entente –   922
éclairée – entre sociétaires (ou évidemment si la société n'a qu'un membre).
Le sociétaire minoritaire non représenté au sein de l'organe dirigeant (et même

---

le moment de cet allègement, qui permet à la société de remplir formellement ses obligations sur le plan comptable, alors que les actionnaires sont unanimement en faveur de cet
allègement n'aurait, tout bien considéré, simplement pas de sens raisonnable.

[1350] La différence de traitement se justifie par rapport au droit des actionnaires représentant
10 % d'une société soumettant ses comptes au contrôle restreint de réclamer un contrôle
ordinaire (*supra* ad n. 1313) en ceci que dans la situation de départ, les actionnaires n'ont
pas exprimé de vœu en faveur d'un contrôle restreint préféré à un contrôle ordinaire ; par
contraste, la libération de toute révision présuppose que l'actionnaire y a consenti, ce qui
permet de considérer qu'il y a une certaine déréliction – provisoire – de son droit à ce que
la société soit révisée, de sorte que l'exercice de ce droit peut être soumis à la condition
(peu sévère) d'être notifié 10 jours avant l'assemblée.

[1351] Cette observation « statistique » a pu être faite sommairement sur la base des nouvelles
inscriptions parues dans la feuille officielle entre janvier et octobre 2008. Comme les sociétés anonymes jusqu'au 31. 12. 2007 étaient toutes pourvues d'un organe de révision, la
proportion de sociétés munies d'un organe de révision a baissé progressivement de 100 %
à env. 50 % en 2015 (selon FUCHS/BERGMANN/FUHRIMANN/RAUSKALA, Regulierungskosten des Rechnungslegungs- und Revisions(aufsichts)rechts, ECS 2015 401, qui estiment
par ailleurs que le contrôle ordinaire ne concerne que 2,5 % à 5 % des sociétés).

un sociétaire majoritaire passif[1352]) perd la substance des pouvoirs de contrôle face à l'organe dirigeant et la protection concrète de ses droits dépend de l'honnêteté spontanée et de la compétence de celui-ci. Même si un contrôle restreint ne permet de loin pas de déceler toutes les irrégularités, son effet *préventif* est une évidence que l'expérience reconnaît[1353] ; un sociétaire minoritaire qui ne souhaite pas faire une confiance aveugle à l'organe dirigeant ne devrait pas hésiter à réclamer le contrôle restreint.

VII. Dispositions communes

A. Élection de l'organe de révision

923 La loi précise que sont **éligibles** comme organe de révision une ou plusieurs personnes physiques ou morales, ainsi que les sociétés de personnes (art. 730 al. 2 CO). Au moins un membre de l'organe de révision doit avoir son domicile en Suisse (art. 730 al. 4 CO), ainsi que son siège ou une succursale inscrite au registre du commerce (art. 730 al. 4 *in fine* CO) ; cette exigence a pour but de simplifier, le cas échéant, l'ouverture d'une action en responsabilité.

924 Les réviseurs chargés du contrôle ordinaire ou du contrôle restreint sont élus par l'assemblée générale (de la SA ou de la coopérative, art. 698 al. 2 ch. 2 et 879 al. 2 ch. 2 CO ; dans la Sàrl, par l'assemblée des associés, art. 804 al. 2 ch. 3 CO) pour une, deux ou trois années (art. 730a al. 1, 1re phr., CO). On peut observer que la plupart des statuts fixent la **durée du mandat** à un an. L'assemblée générale peut toutefois réélire le même réviseur aussi souvent qu'elle le désire (cf. art. 730a al. 1, 2e phr., CO) ; les restrictions que la loi prévoit en matière de contrôle ordinaire s'appliquent à la personne chargée de la révision, non à l'organe de révision comme entreprise[1354].

925 Il faut que l'organe de révision ait **accepté** sa nomination (cf. art. 43 al. 1 lit. d ORC) pour qu'il soit inscrit au registre du commerce (art. 61 ORC). Le préposé du **registre du commerce** doit vérifier que l'organe élu est au bénéfice d'un agrément de l'autorité de surveillance (art. 61 al. 2 ORC) ; il doit refuser l'ins-

---

[1352] L'actionnaire majoritaire resté longtemps passif a certes, au moins, la possibilité d'élire des administrateurs qui examineront l'activité des exercices écoulés. Cependant, reconstituer la réalité d'événements datant de plusieurs années est laborieux et hasardeux.

[1353] Cf. Peter Böckli (2009), § 15, N 12 ad n. 30, qu'approuvent Watter/Maizar, BaK ad art. 727 s. CO (2016), N 16.

[1354] V. ég. *supra* N 896.

cription s'il a connaissance de circonstances qui créent l'apparence d'une dépendance (art. 61 al. 3 ORC).

Le sociétaire qui allègue un manque d'indépendance de l'organe de révision   926
élu par l'assemblée générale peut évidemment attaquer cette décision par une
action en annulation[1355] (l'indépendance du réviseur étant manifestement une
règle dont le respect est nécessaire pour que les actionnaires puissent utilement
exercer leurs droits, de sorte que sa violation nous semble correspondre clairement au cas de figure visé par l'art. 706 al. 2 ch. 1 CO[1356]). La jurisprudence a
eu l'occasion de préciser que la possibilité d'intenter action en responsabilité
le moment venu, comme celle de réclamer un contrôle spécial, ne permet nullement de dénier l'intérêt juridiquement protégé à contester l'élection d'un réviseur manquant d'indépendance même lorsque des comptes qu'il a révisés ont
été approuvés dans l'intervalle[1357].

La jurisprudence a déterminé que l'opposition – même résolue et affichée –   927
d'une forte proportion d'actionnaires (en l'espèce : 47 %) au choix d'un organe

---

[1355] ATF 131 III 38 c. 4.1 *in fine*, 4.2 et 4.3, où cela n'est en soi pas discuté, mais présupposé.
Il en va de même à l'ATF 133 III 453 c. 7 (qui reconnaît que l'une des conditions de
l'action en annulation est réalisée).

[1356] Il n'est pas inconcevable de soutenir que le manque d'indépendance du réviseur emporte
la nullité de son élection (vu que, selon l'art. 706b ch. 2 CO, la nullité s'impose lorsqu'une
décision « *restreint les droits de contrôle des actionnaires davantage que ne le permet la
loi* », alors que, précisément, l'intervention d'un réviseur manquant d'indépendance est de
nature à « couper l'herbe sous les pieds » aux droits de contrôle ; on pourrait aussi soutenir
que le manque d'indépendance « *néglige les structures de base de la société anonyme* »
au sens du ch. 3 de l'art. 706b CO). Cela aurait une conséquence pratique lorsque l'action
en annulation n'a pas été introduite dans le délai péremptoire de 2 mois (art. 706a al. 1
CO). Cependant, on comprend qu'il y ait une réticence substantielle à admettre la nullité
(qui peut être constatée d'office et en tout temps) au regard de la sécurité du droit (cf. *infra*
N 1750-1760). La nullité ne semble en tout cas pas appropriée lorsque l'actionnaire qui
s'en plaint aurait pu découvrir le manque d'indépendance en posant des questions que l'on
pouvait exiger de lui. En revanche, lorsque le manque d'indépendance a été caché et rendu
imperceptible, cette sanction – qui induit une nouvelle révision et de nouvelles assemblées
générales pour examiner les comptes (à tout le moins si l'action en annulation vise aussi
les décisions d'approbation, ATF 133 III 453 c. 7.3 *in fine* [460]) – n'est pas forcément
disproportionnée ; cela d'autant moins que tous les autres moyens (action en responsabilité, contrôle spécial, voire actions pénales pour faux dans les titres ou gestion déloyale)
sont très laborieux voire, souvent, illusoires si les actionnaires ne peuvent pas commencer
leur examen critique en fondant leurs interrogations sur des comptes révisés par un organe
de contrôle indépendant.

[1357] ATF 133 III 453 c. 7.4 et 7.5 (460 s.).

de révision n'entrave pas, en soi, la validité de l'élection, la loi plaçant l'élection dans la compétence de l'assemblée générale, cela **sans majorité particulière**[1358] (les statuts peuvent en revanche prévoir un seuil plus élevé[1359]).

928 On peut encore relever que l'organe de révision peut être **nommé par le tribunal en cas de carence** (art. 731b CO pour la requête des créanciers ou des actionnaires, art. 939 CO pour celle du registre du commerce). La nomination d'un organe de révision par le tribunal – après sommation à la société d'en élire un elle-même[1360] – est d'ordinaire la seule décision qui soit proportionnée (la dissolution puis liquidation par voie de faillite ne l'est en principe pas[1361], puisque la carence n'est nullement insurmontable, la nomination d'un réviseur étant presque toujours aisément réalisable[1362]).

B. Fin du mandat de l'organe de révision

1. Échéance

929 Le mandat prend fin avec l'approbation des comptes annuels de l'exercice suivant l'élection, en cas de mandat d'un an, ou des comptes annuels de l'exercice correspondant à la dernière année du mandat, si celui-ci a été confié pour plusieurs années[1363]. Les réélections sont possibles (art. 730 et 730a al. 1 CO)[1364].

2. Révocation

930 L'assemblée générale peut révoquer l'organe de révision **avec effet immédiat**, mais depuis l'entrée en vigueur de la novelle du 19. 6. 2020, cela suppose l'exigence de **justes motifs** (art. 730a al. 4 CO ; voir aussi art. 705 al. 1 CO). Cette

---

[1358] ATF 131 III 38 c. 4.3 (45).

[1359] Art. 703 *cum* 704 al. 2 CO.

[1360] Sur le caractère prolongeable du délai de sommation, cf. *supra* n. 221. V. ég. N 870, spéc. ad n. 1292.

[1361] *Supra* N 153.

[1362] Les considérants de l'arrêt du 11. 10. 2011 de la Cour européenne des droits de l'homme dans la cause *Association Rhino c. Suisse*, et les réflexions du juge PINTO DE ALBUQUERQUE citées *supra* N 815-819, spéc. n. 1252, valent selon nous à plus forte raison ici.

[1363] *Supra* N 924.

[1364] En matière de contrôle ordinaire, la personne qui dirige la révision peut exercer ce mandat pendant sept ans au plus. Elle ne peut reprendre le même mandat qu'après une interruption de trois ans (art. 730a al. 2 CO).

nouvelle exigence vise à protéger les actionnaires minoritaires et les créanciers face au risque que l'actionnaire majoritaire écarte un organe de révision qui met le doigt sur une situation de surendettement ou sur une autre violation légale[1365].

Il s'agit là d'une disposition impérative. La décision de révocation est prise à la **majorité** simple, à moins que les statuts ne prévoient un seuil ou un quorum particulier (pour la SA, cf. art. 698 al. 2 ch. 2 et 705 CO ; pour la Sàrl, cf. art. 804 al. 2 ch. 3 CO ; pour la coopérative, cf. art. 890 al. 1 CO). Si un sociétaire estime qu'il n'existait pas de justes motifs, il peut intenter un **procès en annulation** de la décision de révocation (art. 706 s. CO) [1366].   931

La validité de la révocation n'exclut pas une **action en dommages-intérêts** des personnes révoquées, expressément réservée par la loi (art. 705 al. 2 CO). Bien que l'organe de révision ne soit pas tenu de suivre les instructions de la société, le rapport juridique qui le lie à elle a une nature proche du contrat de mandat, de sorte qu'il convient d'appliquer le régime de ce contrat (art. 404 al. 2 CO) à une éventuelle indemnisation[1367].   932

3.   *Démission*

Par symétrie avec le droit de révocation de l'assemblée générale[1368], les réviseurs peuvent démissionner (art. 730a al. 3 CO), cela à tout moment. Lorsqu'un   933

[1365] Ainsi le Message du Conseil fédéral, FF 2017 529 : « *Les actionnaires majoritaires (parfois une seule personne) peuvent, notamment en cas de surendettement [...] se débarrasser rapidement, lors d'une assemblée extraordinaire, d'un organe de révision dérangeant ou le rendre plus conciliant en menaçant de le révoquer* ». La réforme vise à « *renforcer la position de l'organe de révision du point de vue de la gouvernance d'entreprise* » (*ibid.*). Cette règle existe dans le droit de l'UE (art. 38 al. 1 de la Directive 2006/43/CE du Parlement européen et du Conseil du 17. 5. 2006 « *concernant les contrôles légaux des comptes annuels et des comptes consolidés* »).

[1366] La jurisprudence admet l'annulation en cas d'élection d'un organe de révision manquant d'indépendance (cf. ATF 131 III 38 et 133 III 453, spéc. c. 7, cités *supra* n. 1355 ss). À plus forte raison, la révocation sans les justes motifs requis par la loi ouvre-t-elle la voie de l'action judiciaire en annulation.

[1367] Sur le régime de la fin du contrat de mandat, *infra* n. 1368 et 1369 ; sur l'application du droit du mandat de façon générale, *infra* N 975 ad n. 1428 s.

[1368] La faculté bilatérale de mettre fin au contrat est justement l'un des éléments qui donnent au mandat de révision un caractère à tout le moins très proche du contrat de mandat (cf. *supra* ad n. 1367). Cette faculté est en effet considérée comme un trait essentiel de ce type de contrat, corolaire de l'étroit rapport de confiance (ATF 98 II 305 ; 104 II 108 ; 109 II 462), lequel doit exister ici (en raison notamment, du point de vue de la société, des informations confidentielles auxquelles l'organe accède [cf. art. 730b CO] et de l'importance

réviseur démissionne, il indique ses motifs au conseil d'administration, qui les communique à la prochaine assemblée générale (art. 730a al. 3 CO)[1369].

4. Décision judiciaire

934 Le mandat peut aussi prendre fin si un tribunal l'ordonne sur **requête** des actionnaires ou des créanciers qui invoquent une carence dans l'organisation (art. 731b CO), ou du préposé au registre du commerce (art. 939 CO), parce que l'organe ne remplit pas ou plus les conditions légales pour occuper la fonction (manque d'indépendance, défaut d'agrément, qualifications professionnelles insuffisantes).

935 La procédure conduisant à une révocation de l'organe de révision est instruite en la **forme sommaire** (art. 250 lit. c ch. 11 CPC).

5. Radiation

936 Dès que le mandat a pris fin (que ce soit par l'écoulement du temps, la révocation ou la démission), la société doit **immédiatement faire radier** l'inscription de l'organe de révision. L'ex-réviseur peut aussi requérir lui-même sa radiation.

---

de la mission pour la protection des intérêts des actionnaires qui l'ont élu, ainsi que, du point de vue du réviseur, de la nécessité d'être convaincu que la société a suffisamment confiance, d'une part, pour le renseigner complètement et, d'autre part, pour considérer que ses compétences sont à la hauteur de son importante tâche). L'absence de pouvoir de représentation, qui devrait être révocable en tout temps (art. 34 al. 1 et 2 CO), et le fait que le réviseur doive parfois passer outre les désirs du conseil d'administration (art. 728c al. 2 et 3 ainsi que 729c CO, mais justement pour protéger notamment – cf. *supra* N 869 – les actionnaires, qui l'ont élu) ne permettent pas de considérer que le régime du mandat serait inadéquat pour régir la question de l'indemnisation.

[1369] En cas de démission aussi, le droit du contrat de mandat (art. 404 al. 2 CO) doit s'appliquer à l'éventuelle action en dommages-intérêts du réviseur contre la société (p. ex. si celle-ci a rendu impossible l'exécution de la révision) ou de la société contre le réviseur (si la démission, non justifiée objectivement, intervient alors que le rapport était urgemment attendu, de sorte qu'elle engendre la nécessité d'engager un réviseur exigeant une rémunération plus importante au vu de l'urgence ou des pertes, p. ex. si un contrat avec un partenaire potentiel n'est pas conclu en raison de l'absence de comptes révisés).

C. Exécution du mandat de contrôle des comptes

L'exécution du mandat diffère grandement selon le type ordinaire ou restreint de la révision. Certains aspects sont toutefois communs. 937

Le conseil d'administration doit remettre tous les documents à l'organe de révision et lui communiquer tous les renseignements dont il a besoin pour s'acquitter de ses tâches ; ces renseignements seront fournis par écrit si l'organe de révision le demande (cf. art. 730b al. 1 CO). L'organe de révision est soumis à l'obligation de garder le secret sur ses constatations, à moins que la loi ne l'oblige à les révéler ; il doit garantir le maintien du secret des affaires de la société quand il établit son rapport, procède aux avis obligatoires ou fournit des renseignements au cours de l'assemblée générale (cf. art. 730b al. 2 CO). Selon l'art. 730c al. 1 CO, l'organe de révision consigne par écrit toutes les prestations qu'il fournit en matière de révision ; il doit, en outre, conserver les rapports de révision et toutes les pièces importantes pendant dix ans (pour les données informatiques, de telle façon qu'elles demeurent accessibles pendant toute cette période). 938

Lorsque l'organe de révision est présent à l'assemblée générale (ce qui est obligatoire dans l'audit ordinaire, et facultatif dans le contrôle restreint), les actionnaires peuvent exiger qu'il les renseigne sur la mise en œuvre et les résultats de son contrôle (art. 697 al. 1 CO). Ils n'ont en revanche pas un droit général à accéder aux documents utilisés par l'organe de révision (art. 697 al. 2 CO)[1370]. Les associés d'une société à responsabilité limitée soumise à révision ont des droits semblables (art. 818 al. 1[1371], 802 al. 2[1372] et 857 CO[1373]). Le renvoi que le droit de la coopérative fait à celui de la société anonyme (art. 906 al. 1 O) nous apparaît comprendre ces règles[1374]. 939

[1370] Sur le droit à l'information et le droit à la consultation cf. *infra* N 2264-2278 (dans la SA), 2628-2633 (dans la Sàrl) et 2778-2780 (coopérative).

[1371] *Supra* N 873.

[1372] « *Lorsqu'elle a un organe de révision, le droit de consulter les livres et les dossiers n'est accordé que dans la mesure où un intérêt légitime est rendu vraisemblable* ».

[1373] Al. 1 : « *Les associés peuvent signaler les évaluations douteuses à l'organe de révision et demander les explications nécessaires* ». Al. 2 : « *Ils ne peuvent consulter les livres et la correspondance qu'en vertu d'une autorisation expresse de l'assemblée générale ou d'une décision de l'administration, et à la condition que le secret des affaires ne soit pas compromis* ».

[1374] Ce point ne semble pas attirer l'attention des commentateurs, lesquels insistent sur le caractère général (et « dynamique ») du renvoi, cf. p. ex. CARRON/CHABLOZ, CR ad art. 906 CO (2017), N 4-7.

940 En ce qui concerne la **diligence** dont doit faire preuve l'organe de révision dans l'exercice de son mandat, il est opportun de relever qu'aucune norme du Code des obligations consacrée à l'organe de révision ne l'énonce explicitement. Dans la mesure où on reconnaît qu'il s'agit bel et bien d'un mandat, le devoir de diligence est directement applicable de par l'art. 398 CO[1375]. La jurisprudence en matière de responsabilité, sous l'angle de l'art. 755 CO, ne s'est pas attardée à décrire ce devoir général du réviseur[1376], se concentrant sur la description du devoir particulier violé[1377]. Il est opportun de relever que le standard de diligence en matière de droit des sociétés, qui se mesure en fonction d'attentes objectives, est influencé par le droit public de la surveillance, qui exige que le réviseur présente *« la garantie d'une activité de révision irréprochable »*[1378] (ce qui est déduit de l'exigence d'une *« réputation irréprochable »* énoncée aux art. 4 al. 1 et 5 al. 1 lit. a LSR).

[1375] *Infra* N 975 s. et 1031.

[1376] La doctrine en revanche l'énonce bel et bien comme règle générale. Ainsi p. ex. CORBOZ/AUBRY GIRARDIN, CR ad art. 755 CO (2017), N 7 : *« Le réviseur assume un devoir de diligence. Il doit exécuter avec soin les tâches de révision que la loi [...], les statuts ou l'assemblée générale [...] lui confient. L'étendue du devoir de diligence doit être déterminée de manière objective »*.

[1377] Ainsi à l'ATF 127 III 453 c. 5b (455) : *« En ne procédant pas aux vérifications usuelles, en particulier en ne contrôlant pas que le solde bancaire corresponde bien au solde comptabilisé, le défendeur a violé fautivement ses obligations résultant des art. 728 et 729 aCO »*. Il en va de même à l'ATF 112 II 461 c. 3c (462) : *« les contrôleurs doivent s'assurer que les actifs portés au bilan existent réellement et que les passifs de la société sont entièrement comptabilisés [...]. Le Tribunal fédéral a ainsi jugé que l'organe de contrôle ne pouvait pas se contenter de constater que des installations (machines textiles) n'avaient pas été amorties, mais qu'il devait s'assurer en outre [...] d'une déduction des 'amortissements commandés par les circonstances', que le solde actif du bilan existait réellement ; il devait également examiner, le cas échéant avec l'assistance d'un spécialiste en la matière, si un stock de marchandises était porté au bilan selon le principe de la valeur minimum »*. Le devoir de diligence *en soi* n'est pas décrit, ni même énoncé. À l'ATF 116 II 533, il est simplement énoncé, mais nullement décrit, l'examen se concentrant sur le devoir de vérification particulier violé (c. 5b [542] : *« Mithin ist auch [der Kontrollstelle] als Sorgfaltspflichtverletzung anzulasten, dass sie keine Wertberichtigungen verlangt und damit eine mögliche Überschuldung der Aktiengesellschaft nicht kenntlich gemacht hat. Dass sie das Klumpenrisiko erkannt und dessen Abbau gefordert hat, hat sie von den materiellen Bilanzprüfungspflichten nicht entlastet »*). Voir aussi TF, SJ 1999 I 228 c. 5 (229) et 6a (230).

[1378] Ainsi p. ex. TAF 27. 1. 2023, B-2245/2021, c. 3.

D. Autres tâches confiées par la loi à l'organe de révision ou à un réviseur agréé

Dans le droit en vigueur jusqu'en 2008, étant donné que toutes les sociétés 941
anonymes avaient un organe de révision, la loi lui confiait de nombreuses
tâches ponctuelles de vérification (du rapport de fondation en cas de fondation
qualifiée[1379], des augmentations de capital[1380], de la réévaluation des immeubles et des participations[1381], du bilan intermédiaire lorsqu'un surendettement est soupçonné[1382], de la couverture des créances en cas de réduction du
capital-actions[1383], de la distribution anticipée de l'excédent de liquidation[1384]
ou encore du contrat de fusion ou de scission ainsi que du projet et du rapport
de transformation[1385]). Comme les sociétés anonymes n'ont désormais plus forcément d'organe de révision, la loi prescrit désormais simplement que les vérifications en cause doivent être faites *par un réviseur agréé* (le cas échéant, un
expert-réviseur). Cela vaut pour toutes les sociétés d'un autre type (Sàrl,
SCmA, coopérative, association) qui procèdent à ces opérations.

L'organe de révision conserve de par la loi la tâche de nature ponctuelle con- 942
sistant dans l'avis au juge en cas de surendettement manifeste, si le conseil
d'administration omet de le faire (art. 728c al. 3 et 729c CO ; cf. ég. art. 725b
al. 5 CO)[1386].

En cas de contrôle ordinaire, l'organe de révision conserve aussi la tâche de 943
convoquer l'assemblée générale (art. 699 al. 1 CO), dans les cas où il constate
des violations graves de la loi ou des statuts (art. 728c al. 2 CO) et que le conseil
d'administration ne convoque pas d'assemblée générale[1387].

Le même devoir de diligence s'applique aux tâches ponctuelles (dont l'accom- 944
plissement doit aussi être qualifié de mandat) qu'à la révision des comptes annuels[1388].

[1379] Art. 635a aCO. Pour le droit actuel, cf. *infra* N 1818.
[1380] Art. 652f, 653f et 653i aCO. Pour le droit actuel, cf. *supra* N 1823 ad n. 2542.
[1381] Art. 670 al. 2 aCO. Pour le droit actuel, N 1883, spéc. ad n. 2612.
[1382] Art. 725 al. 2 aCO. Pour le droit actuel, cf. *supra* N 842-844.
[1383] Art. 732 al. 2 aCO. Pour le droit actuel, cf. *supra* N 1909.
[1384] Art. 745 al. 3 aCO. Pour le droit actuel, cf. *infra* N 1332.
[1385] Art. 15, 40, 62 et 100 al. 2 aLFus. Pour le droit actuel, cf. *infra* N 2859 et 2869.
[1386] Voir p. ex. ATF 127 IV 110 c. 5a (113) ; *supra* N 842-844 et 904 ainsi que n. 1331 et 1343.
[1387] Peter BÖCKLI (2009), § 15, N 722 (spéc. 1515), rappelle que cela vaut en particulier en cas
de perte de capital au sens de l'art. 725 al. 1 aCO-1991, lorsque le conseil d'administration
ne convoque pas d'assemblée (actuellement art. 725a CO, pour les mesures qui sont dans
la compétence de l'assemblée).
[1388] Cf. *supra* N 940 et *infra* N 950-959.

E.   Autres tâches confiées volontairement à l'organe de révision

945   Les statuts ou l'assemblée générale peuvent confier des tâches supplémentaires aux réviseurs, à la condition toutefois qu'il ne s'agisse pas de tâches qui font partie des attributions du conseil d'administration[1389] (donc, par analogie, de l'organe dirigeant dans les autres types de sociétés) ou dont l'exercice pourrait compromettre leur indépendance[1390] (art. 731 al. 1 CO). Il semble très rare que de telles tâches soient concrètement confiées à l'organe de révision.

946   Si elles le sont, le devoir de diligence, qui est indissociable de tout mandat, s'applique, comme pour la révision des comptes annuels et les tâches ponctuelles nécessairement accomplies par un réviseur[1391].

947   Il est relevé par ailleurs en doctrine que le réviseur ne devrait pas accepter de fonctionner comme expert-arbitre (et encore moins comme arbitre) dans des procédures où la société est opposée à des actionnaires[1392] (p. ex. en matière d'évaluation des actions que la société doit racheter pour exclure un actionnaire, art. 685b al. 1 et al. 4 CO, ou lorsqu'un droit de préemption est prévu dans un pacte d'actionnaires[1393]).

[1389]   À ce sujet, cf. *supra* N 2317-2342.

[1390]   Le Tribunal fédéral s'est exprimé de façon pour le moins critique – voire lourde de menaces – sur ces tâches. À l'ATF 129 III 129 c. 7.2 (131), il expose que « *les tâches supplémentaires confiées à l'organe de révision sur la base d'un mandat conclu avec la société qu'il est censé contrôler ne sont pas sans incidence lors de l'appréciation de l'étendue de ses devoirs. L'organe de révision qui accepte d'effectuer d'autres activités pour la société, souvent au mépris de son devoir d'indépendance [...], prend le risque de voir sa responsabilité accrue* ». Dans l'arrêt TF, SJ 1999 I 228 c. 6a (230), il est retenu que « *en acceptant un tel mandat supplémentaire l'organe de contrôle court un risque considérable [...]. [P]our examiner si l'organe de contrôle a rempli correctement sa mission légale, il faudra tenir compte de tous les éléments dont il aura pu avoir connaissance dans le cadre de ses attributions spéciales* ». Il faut toutefois se garder de tout schématisme. Certaines tâches supplémentaires n'entravent pas de façon sensible (voire pas du tout) l'indépendance et, du point de vue du risque qu'encourt l'organe de révision sur le plan de sa responsabilité, n'accroissent pas de façon substantielle ses connaissances de la situation ; c'est au contraire parce qu'il connaît bien la situation en tant qu'organe de révision qu'il peut être tout à fait rationnel de lui confier des tâches supplémentaires, en faisant usage de la faculté spécifiquement énoncée de l'art. 730 al. 1 CO.

[1391]   Cf. *supra* N 940 et 944.

[1392]   Peter BÖCKLI (2009), § 15, N 758 (spéc. ad n. 1591).

[1393]   V. *supra* N 45 et *infra* N 1444.

F.   Autres tâches de vérification confiées à d'autres experts

L'art. 731a al. 3 CO prévoit que « *l'assemblée générale peut nommer des experts pour contrôler l'ensemble ou une partie de la gestion* ». Cela met en exergue, par contraste, que la gestion par le conseil d'administration (et par analogie des gérants de la Sàrl, de l'administration de la coopérative ou de la direction de l'association)[1394] ne fait précisément pas partie de ce que vérifie l'organe de révision. La nomination de tels experts se distingue aussi de celle des experts dans le cadre d'un examen spécial, auquel les actionnaires minoritaires ont un droit déductible en justice lorsque certaines conditions sont réunies ; par contraste, à moins que les statuts ne créent un droit à la nomination d'experts, il n'y a pas d'action en justice que les actionnaires minoritaires puissent entreprendre pour la mettre en œuvre.

À l'inverse, la loi ne pose pas d'autres conditions à la nomination d'experts qu'une décision de l'assemblée générale. Le conseil d'administration (respectivement l'organe dirigeant d'une autre forme de société) peut toutefois s'y opposer, par une action en annulation (art. 706 al. 1 CO) voire en constatation de nullité, si les tâches des experts sont formulées de telle façon qu'elles entravent l'exercice des tâches inaliénables prévues à l'art. 716a al. 1 CO.

VIII.   Le devoir de diligence

A.   Sources

Comme déjà relevé[1395], il n'y a pas de disposition spécifique dans le Code des obligations consacrée au devoir de diligence du réviseur. Étant donné que la relation juridique entre le réviseur et la société est un mandat – dont la prestation caractéristique (soit la vérification à fournir) est déterminée par la loi (soit les art. 727-731a CO et les diverses dispositions prévoyant une vérification par un réviseur[1396]) ou par les statuts ou l'assemblée générale en cas d'attributions supplémentaires –, il ne semble pas contestable que l'organe de révision soit soumis à un devoir de diligence, vu l'art. 398 CO[1397]. La jurisprudence et la doctrine ne s'y attardent pas et s'abstiennent parfois de l'énoncer lorsque la

948

949

950

[1394] *Supra* N 898.
[1395] *Supra* N 940 (v. ég. N 944 et 946).
[1396] Ces dispositions sont répertoriées *supra* N 941.
[1397] Voir *infra* N 975 s. et 1031 s.

responsabilité selon l'art. 755 CO est examinée[1398] ; parfois, elles le mentionnent comme allant de soi[1399], sans en discuter la portée[1400], l'accent étant chaque fois porté sur la violation du devoir concret[1401].

B. Le contenu matériel du devoir de diligence

951 De façon générale, il est certain que la diligence attendue du réviseur est élevée. Cela est renforcé par les exigences posées par le droit de la surveillance qui requièrent, comme condition d'octroi et de maintien de l'agrément nécessaire à l'activité, que le réviseur présente « *la garantie d'une activité de révision irréprochable* »[1402]. Ces exigences de droit public, puisqu'elles correspondent à ce qui peut être attendu de tout réviseur, sont de ce fait pertinentes également en droit privé.

952 Cela dit, bien que le standard de diligence soit élevé, les actions en responsabilité dirigées contre les réviseurs n'en sont pas pour autant aisées ; elles sont confrontées à d'importants obstacles, en particulier sur le plan de la causalité[1403].

[1398] Ainsi ATF 127 III 453 c. 5b (455) et 112 II 461 c. 3c (462) cités *supra* n. 1377. Pour la doctrine, cf. p. ex. WIDMER/GERICKE/WALLER, BaK ad art. 755 CO (2008).

[1399] Ainsi p. ex. CORBOZ/AUBRY GIRARDIN, CR ad art. 755 CO (2017), N 7, cités *supra* n. 1376.

[1400] Ainsi à l'ATF 116 II cité *supra* n. 1377. L'arrêt TF, SJ 1999 I 228, le mentionne à quatre reprises, c. 5 (« *la responsabilité du contrôleur, qu'elle repose sur l'art. 754 al. 1 aCO ou sur l'art. 398 al. 1 CO, est alors soumise aux mêmes conditions : violation du devoir de diligence, faute -- présumée -- de l'auteur, dommage subi par la société, relation de causalité adéquate entre la violation fautive du devoir de diligence et ce dommage* ») et 6a (229 : « *dans l'exécution de son mandat, le contrôleur n'a pas l'obligation légale de rechercher les fraudes. Cependant, il engage sa responsabilité s'il ne les a pas détectées, alors qu'il aurait pu le faire en exécutant son travail de révision avec la diligence requise* » ; ég. 230, dont un extrait est cité *supra* n. 1390).

[1401] Ainsi dans les arrêts cités *supra* n. 1377 et 1400.

[1402] Ainsi p. ex. TAF 27. 1. 2023, B-2245/2021, c. 3. Voir aussi TAF 21. 3. 2022, B-5528/2019 (relatif à un audit en matière bancaire).

[1403] Cela est bien illustré à l'ATF 129 III 129 c. 8 (134) : « *il ne faut pas perdre de vue que l'organe de révision a une position atypique dans la société anonyme. Il s'agit d'un organe secondaire, qui n'intervient que de manière sporadique [...], généralement après coup [...]. De plus, il n'est en principe pas l'auteur unique du préjudice, qui découle avant tout du comportement des organes exécutifs [...]. Cette situation particulière peut avoir pour résultat de décharger l'organe de révision de toute responsabilité, lorsqu'il s'avère que, même si celui-ci avait agi conformément à ses devoirs et à temps, le cours des choses qui a provoqué le dommage et qui a été déclenché à l'origine par les organes exécutifs,*

De façon générale, la causalité posera moins de difficultés lorsque le manque- 953
ment se rapporte à une opération ponctuelle pour l'accomplissement de laquelle
l'attestation du réviseur est nécessaire (augmentation de capital par compensation, réduction de capital, restructurations, p. ex.) que s'il se rapporte à la révision des comptes annuels : la révision intervient ici de nombreux mois, voire
plus d'un an après les faits. Le rapport de révision sert toutefois de fondement
à des actes et décisions de la société et de tiers (soit les différents créanciers
que sont les investisseurs, prêteurs et autres partenaires contractuels) et les
manquements de l'organe de révision peuvent donc bel et bien être au premier
plan des origines du dommage.

Cela dit, lorsque l'action est rejetée en raison de l'échec de la preuve de la 954
causalité, les manquements aux devoirs particuliers et à la diligence ne sont le
plus souvent pas discutés de façon approfondie. Il en résulte que la jurisprudence n'est, en fin de compte, pas très abondante.

Dès lors, la jurisprudence de droit public relative à « *la garantie d'une activité* 955
de révision irréprochable » peut s'avérer une source d'informations – d'autant
plus – utiles et de raisonnements pertinents pour cerner les contours du devoir
de diligence en droit privé.

On observera que cette jurisprudence s'attache, dans un premier temps, à exa- 956
miner les règles professionnelles particulières[1404]. Cela étant, de façon générale, on peut constater qu'il est en particulier exigé du réviseur qu'il fasse
preuve d'« *esprit critique* »[1405], ce qui est assurément un aspect de la diligence
qui peut être attendue d'un professionnel de la révision.

La diligence s'appréciera évidemment au regard de la teneur de l'attestation 957
qui est établie – celle-ci étant fort réduite dans le contrôle restreint des comptes

---

n'aurait, selon l'expérience de la vie, pas été différent ou ne se serait pas modifié avec
suffisamment de vraisemblance ».

[1404] Ainsi TAF 27. 1. 2023, B-2245/2021, c. 6.1.5, qui résume les normes NAS 240.2, 240.4-
240.6 et NAS 240.8.

[1405] Cf. TAF 27. 1. 2023, B-2245/2021, c. 6.1.5, qui se réfère ici à une norme professionnelle
(NAS 240.8) : « *Pour obtenir une assurance raisonnable, l'auditeur a l'obligation de
faire preuve d'esprit critique tout au long de l'audit, de prendre en compte la possibilité
que les dirigeants passent outre les contrôles en place et d'être conscient du fait que des
procédures d'audit qui sont efficientes pour détecter des erreurs peuvent ne pas l'être
pour la détection de fraudes* » ; l'insuffisance de l'esprit critique est le reproche sur lequel
l'autorité de première instance, l'ASR, insiste (cf. c. 6.2.5 ainsi que lit. B). En matière
d'audit bancaire, cf. TAF 21. 3. 2022, B-5528/2019, c. 12.1.1 : « *L'auditeur doit planifier
et effectuer un audit en faisant preuve d'esprit critique* » ; comme exposé au c. 7, cette
exigence est explicitement prévue dans les normes professionnelles (NAS 200.15).

annuels, en comparaison de leur contrôle ordinaire et des vérifications relatives à des opérations ponctuelles.

958 À cet égard, un arrêt rendu en 2023 par le Tribunal administratif fédéral l'exprime d'une façon utile pour cerner le devoir de diligence : « *le reproche de l'autorité inférieure ne consiste pas en la non-détection de la fraude par la recourante, mais bien le fait que celle-ci se soit contentée de procéder à des vérifications qui, quoi qu'il en soit, <u>ne devaient pas permettre à un réviseur de fournir la confirmation litigieuse</u>* »[1406].

959 Dans le cas d'espèce, il a été reproché à la personne chargée d'établir une attestation relative à une augmentation de capital « *de n'avoir pas mis en œuvre suffisamment de travaux de révision avant de signer le rapport relatif à l'augmentation de capital. Un regard sur la chronologie des événements confirme par ailleurs que le temps à disposition de la recourante pour procéder aux vérifications nécessaires s'avère très bref, puisque seules 24 heures environ se sont écoulées entre l'acceptation du mandat et la signature du rapport. Or, faisant face à une garantie bancaire portant sur près de 29 millions de francs, délivrée par un établissement étranger et dans le cadre très strict de la vérification d'apports dans une augmentation de capital, les travaux dont s'est contentée la recourante ne suffisaient manifestement pas* »[1407]. Le reproche, justi-

---

[1406] TAF 27. 1. 2023, B-2245/2021, c. 6.2.3 (ce développement est conclu par le passage cité *infra* ad n. 1408). Bien qu'il s'agisse d'un arrêt relatif à un audit bancaire, la même approche est exprimée – et semble généralement valable – dans l'arrêt TAF 21. 3. 2022, B-5528/2019, c. 12.1.1 : « *S'agissant des diligences requises relatives à la conduite d'un audit, la NAS 200.17 dispose qu'afin d'obtenir une assurance raisonnable, l'auditeur doit recueillir des éléments probants suffisants et appropriés pour réduire le risque d'audit à un niveau suffisamment faible pour être acceptable <u>et ainsi être en mesure de tirer des conclusions raisonnables sur lesquelles fonder son opinion</u>* ».

[1407] TAF 27. 1. 2023, B-2245/2021, c. 6.2.2. La suite de ce considérant est aussi un exemple utile de reproches concrets : « *Elle n'a ni vérifié l'existence de l'émetteur de la garantie bancaire ni les pouvoirs des personnes l'ayant signée. Elle a en outre renoncé à une proposition qu'elle avait en premier lieu formulée d'exiger le transfert du montant relatif à l'augmentation de capital sur un compte bancaire suisse. Le tribunal de céans identifie donc mal sur quels éléments la recourante a fondé son appréciation et la confirmation contenue dans le rapport sur l'augmentation de capital considérée. Elle [...] a agi sous l'emprise de la pression du temps, de la notoriété de ses clients et de leur influence. Elle a confirmé l'existence d'une garantie bancaire alors que les documents en sa possession ne lui permettaient pas de le faire. Ce constat se fait indépendamment de l'existence de la fraude dont l'absence de découverte ne lui est pas reprochée. La recourante aurait dû identifier l'impossibilité de réaliser les travaux nécessaires pour s'assurer de la nature de l'apport que constituait la garantie bancaire litigieuse, son état et son évaluation. Elle aurait dû en conséquence refuser d'établir et de signer le rapport d'augmentation* ».

fié selon le Tribunal administratif fédéral, est ainsi de « *ne pas avoir procédé à des travaux de révision adaptés* »[1408].

C.   La responsabilité en cas de violation

La mise en œuvre de la responsabilité que crée la violation du devoir de diligence du réviseur suit les mêmes règles que la violation des devoirs des administrateurs et gérants (ce qui concerne notamment la prescription[1409], les autres exceptions[1410] et la cession après la faillite[1411]). Il est fréquent qu'un même dommage résulte, au moins en partie, des comportements – certes bien distincts – de ces différents organes.   960

Le législateur a opté pour une solution qui consiste à permettre à la société ou aux autres lésés d'agir en responsabilité contre ces différents organes en bénéficiant de leur solidarité passive, mais en limitant celle-ci au montant approprié selon le comportement imputable individuellement à chaque responsable (« *solidarité différenciée* »). Ce système est décrit dans le chapitre consacré à la responsabilité des organes dirigeants[1412].   961

Il est dans l'ordre général des choses que le montant dont le réviseur est – solidairement – responsable soit moindre que celui dont répondent les (princi-   962

[1408] TAF 27. 1. 2023, B-2245/2021, c. 6.2.3. On observera que le caractère ponctuel de la vérification – et surtout son impact, car il se manifeste immédiatement – peut induire que même *peu de manquements* n'en constituent pas moins une violation du devoir de diligence (c. 6.2.5 : « *L'autorité inférieure estime [...] que la gravité du manquement de la recourante doit [...] se voir qualifiée de similaire à des affaires précédentes dans lesquelles des fautes graves ont également été constatées face à des manquements plus nombreux et commis sur une durée plus longue [...]. [L]a recourante a commis une erreur dont la gravité ne fait pas de doute : ses conséquences se révélèrent d'importance et son effet immédiat. En effet, l'augmentation de capital fondée sur le rapport signé par la recourante se vit réalisée et inscrite au registre du commerce alors même que les travaux de vérification réalisés ne le permettaient pas. La violation commise porte au demeurant sur des éléments essentiels de la révision* »).

[1409] *Infra* N 1136-1151.

[1410] Voir p. ex. *infra* N 1158-1163 pour la faute concomitante, N 1152-1156 pour la compensation et N 1133-1135 pour *volenti non fit injuria*. Sur les questions de causalité (qui ne sont pas des exceptions du point de vue de la technique juridique, mais des conditions d'existence de la responsabilité), N 1119-1124.

[1411] *Infra* N 1114-1118.

[1412] *Infra* N 1164 ss.

paux) administrateurs ou gérants, notamment parce que, sur le plan temporel, l'intervention due par le réviseur intervient ultérieurement[1413].

IX. Remarques pratiques

963 Les dispositions en vigueur depuis 2008 paraissent généralement avoir satisfait les acteurs de la vie économique. Sur le plan judiciaire, en plus de quinze ans, elles n'ont pas donné lieu à un surnombre de litiges (la jurisprudence publiée de dernière instance est, au contraire, limitée à quelques arrêts).

964 Il reste que les attentes envers la révision demeurent l'une des problématiques les plus délicates qui soient. En particulier, le contrôle ordinaire – spécialement lorsqu'il est désigné par le vocable de « *full audit* » – peut conduire les sociétaires à se méprendre sur la portée des vérifications (phénomène souvent nommé « *expectation gap* » pour rendre compte du fossé entre les attentes des destinataires de l'audit et les résultats concrets qu'un audit peut apporter en termes d'élimination des erreurs et irrégularités et donc de fiabilité des comptes révisés pour refléter la situation économique de l'entreprise)[1414]. Non seule-

---

[1413] À juste titre, le Message du Conseil fédéral relève que « *les réviseurs n'ont en effet pas la possibilité d'empêcher directement la survenance d'un dommage ; ils ne peuvent le plus souvent que limiter l'aggravation d'un dommage qui a déjà été causé* » (FF 2017 547 *in fine*) et que, souvent, souvent « *leur faute est faible en comparaison avec celle des autres personnes impliquées* » (FF 2017 547). Ces observations sont exactes et elles étaient d'ailleurs exprimées sous une autre forme dans le Message de 1983 (cf. p. ex. FF 1983 II 872 : « *l'organe de révision n'a ni le droit ni le devoir de surveiller, de juger ou d'influencer l'activité de l'organe d'administration et de gestion. L'organe de révision n'a aucun droit d'intervention ni de veto ; il ne peut rien ordonner ni interdire au conseil d'administration. Les seules tâches de l'organe de révision sont de vérifier et de rapporter* »). Cela étant, dans la proposition faite en 2017 aux Chambres fédérales (qui ne l'ont pas reprise), le Message omet d'observer que les entreprises de révision peuvent se retourner contre les organes dirigeants auteurs de fautes intentionnelles ou de négligences plus graves que les leurs au titre de l'action récursoire et, préalablement, elles peuvent mettre en exergue leur rôle secondaire en prenant des conclusions tendant à ce que le montant dont elles répondent selon la solidarité différenciée de l'art. 759 CO soit moindre que celui dû par les principaux responsables membres des organes dirigeants (cf. *infra* N 1173-1178 et 1184-1185).

[1414] Cela se manifeste dans les ouvertures d'action en responsabilité contre les organes de révision, mues autant par la solvabilité (y compris de par l'existence d'une couverture d'assurance) que par l'idée que l'organe devait découvrir davantage et donc faire davantage de mises en garde que ce n'est le cas si l'on applique le droit rigoureusement et avec équilibre. Le Conseil fédéral relève dans son Message (FF 2017 547) : « *l'organe de révision est devenu la partie visée en premier lieu par les actions en responsabilité. Il n'est pas rare que seul l'organe de révision soit appelé en justice, sans qu'il soit tenu compte*

ment la gestion par l'organe dirigeant n'est-elle pas soumise à l'examen (ce que la loi dit expressément)[1415], mais surtout, de nombreux aspects comptables ne peuvent pas être véritablement critiqués par l'organe de révision. Notamment, la question de la nécessité de déprécier un actif d'exploitation échappe très largement à la capacité d'examen d'un réviseur même tout à fait perspicace en général ; la continuation de l'exploitation n'est guère prévisible pour un réviseur (qui dépend de ce que l'organe dirigeant lui livre comme expectatives), hors de situations manifestement désespérées. En sens inverse, si des dépréciations certes trop prudentes, mais présentées comme économiquement fondées sont effectuées par l'organe dirigeant (et créent des réserves latentes qui sont occultes aussi pour l'organe de révision), même un contrôle ordinaire (*full audit*) sagace ne permettra en principe pas de l'empêcher.

Les limites consubstantielles de la révision ne la rendent pas moins irremplaçable. Elle a un effet préventif évidemment considérable : un organe dirigeant sachant qu'un contrôle sera effectué par des professionnels, peu après la clôture de l'exercice, échappera d'autant plus à la tentation de tolérer ou de commettre des irrégularités qu'elles risqueraient d'être découvertes. D'autre part, lorsque des irrégularités ont été commises, la révision est certes loin de permettre de les repérer toutes, mais il est fréquent qu'elle en décèle ; il n'y a pas de processus simple[1416] qui permette d'en découvrir davantage. 965

Gardant cela à l'esprit, le choix effectué par de très nombreuses sociétés de renoncer à toute révision n'est probablement pas toujours opportun. Il ne l'est que dans des hypothèses particulières : si l'unique sociétaire gère lui-même la société ou a concrètement d'autres moyens de contrôle (p. ex. accès bancaires, implication personnelle), ou si tous les sociétaires s'estiment en mesure de faire aveuglément confiance à l'organe dirigeant. Sinon, cette renonciation peut s'avérer une économie très coûteuse. 966

---

de la faute des autres personnes concernées ». Pour un résumé de l'ensemble des débats parlementaires sur le sujet, cf. ROUILLER/BAUEN/BERNET/LASSERRE ROUILLER (2022), N 751-756.

[1415] *Supra* N 898 et 948.

[1416] Un processus comme *l'examen spécial* peut permettre de découvrir davantage qu'un contrôle ordinaire, mais il est exceptionnel (et doit porter sur des points précis), cf. *infra* N 2279-2297.

Chapitre 4 : Les règles matériellement communes à toutes les sociétés

967 Le présent chapitre regroupe des règles qui sont communes à l'ensemble des sociétés sans que cela résulte de dispositions constituant une partie générale codifiée comme telle ou de renvois explicites. Sont ici traitées les règles pour lesquelles la convergence s'est affirmée au fil des décennies de pratique alors qu'à l'origine, on pouvait présumer, notamment, que le régime des sociétés de personnes divergeait de celui applicable aux sociétés de capitaux. Les différents types de convergences ont été mis en perspective au début de cette partie du présent précis[1417].

[1417] *Supra* N 52-62.

§ 14 Le devoir de loyauté et de diligence des gérants ; la responsabilité en cas de violation

I. La nécessité d'une convergence

Les différentes formes de sociétés se distinguent les unes des autres en particu- 968
lier, et parfois très profondément, en ce qui concerne les devoirs des *sociétaires*
envers leur société. À l'inverse, une analyse critique montre que **les devoirs**
des gérants sont en réalité identiques, indépendamment de la forme de so-
ciété.

Cette convergence a pu être camouflée par l'importance moindre que revêt la 969
responsabilité des **gérants d'une société de personnes** pour les créanciers de
celle-ci. En effet, la responsabilité solidaire des associés (société simple, SNC)
ou de l'un d'eux au moins (société en commandite) pour les dettes sociales rend
la mise en œuvre de leur responsabilité à ce titre beaucoup plus simple que
l'invocation d'une violation du devoir de diligence ou de loyauté (dans un litige, une telle violation doit être démontrée, et les obstacles que pose l'exigence
de causalité surmontés). Cela étant, pour les droits *de la société de personnes*
envers son gérant, la question du devoir de diligence et de loyauté est d'une
grande pertinence. Et pour les créanciers, lorsque les gérants ne se confondent
pas avec les associés indéfiniment responsables, la responsabilité des gérants a
bel et bien une portée pratique lorsque les associés sont insolvables.

On a pu penser que le régime de responsabilité limitée **dans les sociétés de** 970
capitaux (et des personnes morales) requerrait un régime de responsabilité *par-*
ticulièrement sévère pour les gérants (administrateurs, directeurs), afin de
rendre socialement acceptable cette limitation de responsabilité[1418] – en parallèle à la « transparence » (*Durchgriff*) qui permet exceptionnellement, en cas
d'abus, d'ignorer la séparation des patrimoines entre la personne morale et son
propriétaire[1419]. Si la nécessité ici d'une responsabilité rigoureuse est une évidence – tout en reconnaissant aussi que la gestion d'une entreprise induit nécessairement une prise de risque qui ne peut être jugée comme imprudente *a*
posteriori (et donc génératrice de responsabilité) du seul fait qu'elle a des suites
défavorables –, le fait simple de formuler **l'hypothèse d'une sévérité moindre**
pour les gérants des sociétés de personnes suffit à ne l'envisager qu'avec
méfiance. L'existence d'une responsabilité illimitée des associés dans les sociétés de personnes permet-elle d'aborder de façon différente, c'est-à-dire
moins exigeante, la responsabilité des gérants d'une telle société ? On a bien

---

[1418] Voir p. ex. le rapport de Walther MUNZINGER (1865), p. 122, cité *supra* n. 19.
[1419] *Supra*, N 727, 729-730 ainsi que 739-749.

cerné que, vu la responsabilité des associés, la responsabilité des gérants sera moins souvent mise en œuvre. Mais pour les cas où elle doit l'être, *est-il justifiable* que les critères de la diligence et de la loyauté soient moins rigoureux ? Et si on l'envisage par hypothèse de raisonnement, quelle devrait-être *la mesure* de l'atténuation ? On imagine avec effroi une casuistique impénétrable dans laquelle on distinguerait les comportements qui ne seraient pas constitutifs d'une violation d'un devoir de diligence ou de loyauté du gérant dans les sociétés de personnes, mais le seraient dans les sociétés de capitaux (et les autres personnes morales). Cette évocation permet de se convaincre que la seule approche raisonnable et praticable est d'appliquer **les mêmes critères de mesure de la diligence et de la loyauté dues par les gérants dans les diverses formes de société.**

II. Le devoir de loyauté (ou de fidélité)

A. Contenu, contours et enjeux

971 En vertu du devoir de loyauté, le gérant doit agir constamment dans le but de protéger et promouvoir au mieux les intérêts de la société. Cela signifie qu'il doit **donner, dans toute la mesure du possible, la priorité à l'intérêt de la société sur l'intérêt d'autres entités et sur le sien propre**[1420]. Bien entendu, la réalité suppose toujours, lorsqu'une société interagit avec d'autres entités, notamment pour conclure un contrat, qu'elle ait égard aussi à leurs intérêts, faute de quoi aucun accord viable ne peut être conclu. Il faut donc se garder de toute approche simpliste, qui « absolutiserait » le devoir de protéger l'intérêt de la société en lui donnant une priorité aveugle qui n'aboutirait à rien. La tâche du gérant est donc d'œuvrer à faire aboutir des relations équilibrées dans lesquelles l'intérêt de la société est raisonnablement servi, en étant conscient que les intérêts des autres parties prenantes doivent inévitablement être eux aussi pris en compte. Matériellement, cela vaut également pour la relation entre la

---

[1420] Cf. ATF 130 III 214 c. 2.2.2 (219 : « *Die gesetzlich normierte Treuepflicht verlangt, dass die Mitglieder des Verwaltungsrats ihr Verhalten am Geschäftsinteresse ausrichten und eigene Interessen gegebenenfalls zurückstellen* ») ; ég. TF 22. 12. 2017, 6B_688/2014, c. 13.1.2 (2ᵉ par. : « *Ce devoir de fidélité exige que les membres d'un conseil d'administration orientent leur comportement dans l'intérêt de la société et relèguent, le cas échéant, à l'arrière-plan leurs propres intérêts* ») ; identique, TF 23. 11. 2015, 6B_310/2014, c. 3.1.2. V. aussi p. ex. Florian SCHWEIGHOFER (2023), N 160 (« *dass [die Organen] den Interessen der Gesellschaft den Vorrang einräumen gegenüber eigenen Interessen oder den Interessen Dritter* »).

société et le gérant lui-même : cette relation est viable lorsqu'elle est mutuellement bénéfique, ce qui suppose que les intérêts de l'une et de l'autre soient servis de façon équilibrée.

Cette perspective et ce but sont assez simples à énoncer. La concrétisation dans les réalités de la vie des affaires est souvent délicate. On comprend aisément que des **conflits d'intérêts**, plus ou moins intenses et difficiles à catégoriser[1421], qui tous impliquent que la loyauté du gérant ne peut être exclusivement allouée à la société, peuvent affecter son activité dans d'innombrables situations. S'assurer de **l'équilibre matériel d'un contrat** conclu malgré un conflit d'intérêts dans lequel est placé un gérant peut résulter d'éléments objectifs qui déterminent la valeur d'une prestation. Lorsqu'un prix du marché peut être constaté, que le marché est réellement liquide et que la transaction n'induit aucun élément de crédit, l'équilibre de celle-ci paraît clairement établi[1422]. Sinon, cet équilibre peut être démontré par une expertise ; les conclusions de toute expertise peuvent toutefois être sujettes à débat et il est évident que le coût et le temps nécessaires à son élaboration ne font pas systématiquement de l'établissement d'une expertise la solution au problème d'un éventuel impact d'une loyauté mise en question. On comprend donc que ce sont aussi des **processus ou des procédures formels, notamment de divulgation** des conflits d'intérêts, qui doivent être appliqués pour que l'activité du gérant ne puisse pas être remise en cause lorsque sa loyauté est partagée de par sa sensibilité à des intérêts autres que ceux de la société. Cette vaste problématique a été traitée en rapport avec l'efficacité de la représentation[1423]. Il s'agit de l'aborder aussi sous l'angle de la prise de décision et de la responsabilité.

Il est utile de percevoir que le respect du devoir de loyauté peut **se comprendre comme un *préalable* à une activité diligente** du gérant au bénéfice de la société. Si le gérant n'est pas loyal, son éventuelle diligence ne s'exerce pas au bénéfice de la société. Ainsi, méthodologiquement, lorsque la responsabilité est envisagée, il faut d'abord examiner si le gérant a agi de façon loyale[1424]. On ajoutera que la loyauté peut s'analyser comme un **devoir subjectif**, relatif à la volonté du gérant d'agir exclusivement pour l'intérêt de la société. Par contraste, le devoir de diligence se mesure indépendamment de la volonté du gérant d'agir pour le bien de la société : il s'agit de comparer l'attention du gérant

972

973

[1421] Cf. *supra* N 577.

[1422] Cf. *supra* N 582, spéc. n. 874-876.

[1423] *Supra* N 575-600.

[1424] *Infra* N 1083 et 1087 ad n. 1630-1644. La formulation à l'ATF 139 III 24 c. 3.2 (26 : « *in einem einwandfreien, auf einer angemessenen Informationsbasis beruhenden und von Interessenkonflikten freien Entscheidprozess zustande gekommen sind* ») illustre cette approche méthodologique.

(y compris dans la collecte des informations pertinentes) et l'acuité de son analyse *avec celles qui peuvent être objectivement attendues* d'une personne placée dans la même situation.

974 Cela étant, la question de la loyauté ne s'épuise pas dans les interactions d'une société avec les tiers et dans la prise de décisions au sein de la société. Elle concerne l'activité du gérant **aussi hors de tout point de contact direct avec la société**, notamment au regard de la participation à une activité concurrente, ce à quoi on peut rattacher les opérations du gérant pour son propre compte dans un domaine d'activité de la société (*shadow dealings*).

B.   Normes et processus

1.   Base légale du devoir de loyauté

975 Le devoir de loyauté des gérants n'a longtemps pas été énoncé en tant que principe dans les dispositions relatives aux diverses formes de sociétés (au contraire du devoir de diligence[1425]).

976 Il n'est apparu explicitement que dans le **texte légal** de 1991 pour la société anonyme (art. 717 CO : « *Les membres du conseil d'administration, de même que les tiers qui s'occupent de la gestion, exercent leurs attributions avec toute la diligence nécessaire et veillent fidèlement aux intérêts de la société* »).

977 Pour les sociétés de personnes, le devoir de loyauté des gérants se **déduit** du texte légal, outre sous la forme d'une prohibition de faire concurrence applicable *aux associés* (art. 536 CO pour la société simple et 561 CO pour la SNC), d'une part dans le renvoi que le droit de la société simple fait à l'art. 538 CO (dont le titre marginal est « *Diligence requise* ») aux règles sur le mandat : « *L'associé gérant qui est rémunéré pour sa gestion a la même responsabilité qu'un mandataire* »[1426] ; d'autre part, le renvoi à ces règles est prescrit à l'art. 540 al. 1 : « *À moins que le présent titre ou le contrat de société n'en dispose autrement, les rapports des associés gérants avec les autres associés sont soumis aux règles du mandat* ». Or, le mandataire est soumis à une obligation

---

[1425] *Infra* N 1031.

[1426] Al. 3. L'al. 1 prévoit une mesure moindre *de la diligence* pour l'associé gérant qui n'est pas rémunéré, mais, selon nous *pas une moindre loyauté*, en tout cas pas pour l'associé *gérant* (pour la moindre diligence, le critère de l'art. 538 al. 1 CO correspond à la formulation romaine de la « *diligentia quam in suis [rebus]* » – « *Chaque associé doit apporter aux affaires de la société la diligence et les soins qu'il consacre habituellement à ses propres affaires* »).

de fidélité (art. 398 al. 2 CO[1427] : «*Le mandataire est responsable envers le mandant de la bonne et fidèle exécution du mandat*»). Ce qui s'applique à l'associé gérant s'applique aussi aux gérants non associés : ces gérants sont fondamentalement des mandataires[1428].

De façon générale, le mandat du gérant de société se distingue de la plupart des autres mandats, d'objet spécifique et ponctuels, par le fait qu'il a une ample portée et est usuellement durable[1429] ; ces caractéristiques rendent d'autant plus indispensable le devoir de fidélité. 978

Les règles de la société anonyme sont reprises par celles sur la société à responsabilité limitée (l'art. 812 al. 1 CO, quasi identique à l'art. 717 al. 1 CO, disposant que «*[l]es gérants ainsi que les tiers chargés de la gestion exercent leurs attributions avec toute la diligence nécessaire et veillent fidèlement aux intérêts de la société*»[1430]) et sont applicables par renvoi à la société en commandite par actions (art. 764 al. 2 CO). La formulation de la disposition topique 979

[1427] Cela résulte également du renvoi de l'art. 398 al. 1 CO aux obligations du travailleur, lequel doit, selon l'art. 321a al. 1 CO, «*sauvegarde[r] fidèlement les intérêts légitimes de l'employeur*».

[1428] Cela est présupposé notamment par François DESSEMONTET (1990), p. 11, cité *supra* n. 661 *in fine* ; v. cependant l'ATF 140 III 409 cité *infra* n. 1430. Le terme de «mandataire» peut aussi être compris de façon non technique, au-delà du sens de contrat de mandat, car la relation contractuelle avec le gérant peut aussi relever du contrat de travail (cf. p. ex. BLANC/FISCHER [2020], N 242), mais en droit suisse, il est certain que le régime du *contrat de mandat à proprement parler* s'applique le plus souvent (l'art. 394 al. 2 CO prévoyant que «*les règles du mandat s'appliquent aux travaux qui ne sont pas soumis aux dispositions légales régissant d'autres contrats*»).

[1429] La durée est *compatible avec* la qualification de contrat de travail, mais le critère décisif pour admettre celle-ci est la subordination (en général, ATF 121 I 259 c. 3a [262]), ce qui ne caractérise précisément pas la relation avec un gérant – qui dirige (très clair Manfred REHBINDER, BK ad art. 319 CO [1985], N 52 ; l'ATF 130 III 213 c. 2.1 [217] est très ouvert : «*Entscheidend ist dabei, ob die betroffene Person in dem Sinne in einem Abhängigkeitsverhältnis steht, dass sie Weisungen empfängt. Ist dies zu bejahen, liegt ein arbeits- und gesellschaftsrechtliches Doppelverhältnis vor*» ; ég. ATF 128 III 129 c. 1a/aa [132] : «*Richtigerweise ist deshalb die Beurteilung des Rechtsverhältnisses stets aufgrund der Besonderheiten des konkreten Falles vorzunehmen*» ; niant catégoriquement le contrat de travail pour la personne qui domine entièrement une société, ATF 125 III 78 c. 4 [81] : «*Non è tuttavia possibile, in nessun caso, ammettere un rapporto di lavoro quando vi è identità economica fra la persona giuridica e la persona che funge quale suo organo dirigente*»). Ce qui converge indépendamment de la qualification de mandat ou de travail, c'est notamment le devoir de fidélité.

[1430] L'al. 2 dispose encore que les «gérants et tiers chargés de la gestion» (cf. al. 1) «*sont tenus au même devoir de fidélité que les associés*». Cet alinéa n'est pas très éclairant puisque le devoir de fidélité des associés peut varier autrement que celui des gérants (cf. *infra* N 2498-2505). – L'ATF 140 III 409 c. 3.2.2 (confirmé en obiter dictum à l'ATF 144 III 43 c. 4.2 [53]) tient à distinguer le contenu de l'obligation de fidélité du gérant de Sàrl

du droit de la coopérative est différente, et n'emploie pas textuellement le concept de fidélité, mais converge matériellement (art. 902 CO : « *L'administration applique toute la diligence nécessaire à la gestion des affaires sociales et contribue de toutes ses forces à la prospérité de l'entreprise commune* »). Quant aux règles sur la société simple, qui consistent en un renvoi à l'obligation du mandataire (art. 398 al. 2 CO)[1431], elles s'appliquent aux autres sociétés de personnes (art. 557 al. 2 CO pour la SNC, au régime de laquelle renvoie l'art. 598 al. 2 CO pour la société en commandite). Ainsi, **le devoir de fidélité est bien applicable à tous les gérants de sociétés**.

980   Il s'applique ainsi notamment aux gérants *de fait*, dont les pouvoirs ne sont pas formalisés[1432].

2.   Normes fondées sur ce devoir

a.   La divulgation des conflits d'intérêts et les mesures qui s'ensuivent

aa.   Généralités

981   Pendant des décennies, les conflits d'intérêts ont été traités, tant dans la problématique de l'efficacité d'un acte de représentation que dans la prise de décision, sans que la notion ne figure dans la loi. Depuis le 1er janvier 2023, le droit de

---

de celle du mandataire sur le plan du devoir de renseigner la société (413 : « *Eine analoge Anwendung von Art. 400 OR auf das gesellschaftsrechtliche Verhältnis zwischen Gesellschaft und Organ ist indessen nicht am Platz. Dieses mag zwar auftragsähnliche Merkmale aufweisen. Daraus ergibt sich jedoch nicht, dass die eigenständige auftragsrechtliche Rechenschaftspflicht nach Art. 400 OR allgemein und ohne Rücksicht auf die konkreten vertraglichen Vereinbarungen auf das gesellschaftsrechtliche Verhältnis zwischen einer Gesellschaft und ihren Organen übertragen werden kann. Die gesellschaftsrechtliche Treuepflicht lässt sich insofern nicht zu einem eigentlichen Auftrag erweitern* »).

[1431]   Voir le texte *supra* ad n. 1426.

[1432]   *Supra* N 709-718 sur les organes de fait, spéc. N 716 ad n. 1087 (sur leurs *devoirs*). – La pratique judiciaire en matière de gestion déloyale sur le plan pénal, laquelle *présuppose* l'existence (le cas échéant purement factuelle) d'un pouvoir de gestion et d'une violation du devoir en résultant *sur le plan civil*, l'illustre bien ; cf. *infra* N 1019, spéc. n. 1504 (p. ex., le critère civil de l'ATF 130 III 214 [*supra* n. 1420] est repris textuellement comme préalable à l'identification de l'infraction pénale dans l'arrêt CJ GE 6. 3. 2023, AARP/78/2023, c. 4.6 [51] : « *Comme directeur de fait de cette opération, il avait le devoir de protéger les intérêts de [la société plaignante] et reléguer les siens propres à l'arrière-plan* »).

la société anonyme comprend, à **l'art. 717a CO**, des règles codifiées : « *(1) Les membres du conseil d'administration et de la direction qui se trouvent dans une situation de conflit d'intérêts en informent le conseil d'administration sans retard et de manière complète. (2) Le conseil d'administration adopte les mesures qui s'imposent afin de préserver les intérêts de la société* ». Notre avis est que cette disposition n'a pas apporté de modification à ce qui se pratiquait depuis fort longtemps[1433]. Par ailleurs – excepté la désignation du « conseil d'administration » spécifique à la société anonyme –, le contenu matériel des règles correspond à ce qui doit s'appliquer **dans toutes les sociétés** : en vertu de son devoir de loyauté, tout gérant doit divulguer à l'organe supérieur qu'il se trouve dans une situation de conflit d'intérêts ; l'organe supérieur doit prendre les mesures qui s'imposent pour préserver les intérêts de la société.

Dans la société anonyme, les statuts ou le règlement d'organisation du conseil d'administration (ou une autre norme adoptée par lui-même ou sur délégation de sa part) peuvent **préciser la procédure de divulgation et les mesures à prendre** pour sauvegarder les intérêts de la société. Dans la société à responsabilité limitée aussi, les statuts peuvent prévoir une réglementation détaillée sur ces questions ; elles peuvent également être traitées par un règlement adopté par les gérants (cf. art. 810 al. 2 ch. 4 CO) équivalent à celui que peut prendre le conseil d'administration dans la société anonyme. La différence d'avec cette forme de société est la faculté de soumettre des décisions de gestion à l'assemblée des associés (art. 811 al. 1 ch. 2 CO[1434]). La situation est semblable dans

982

[1433] Cf. notamment la 3ᵉ édition de *La société anonyme suisse* de Rouiller/Bauen/Bernet/Lasserre Rouiller (2022), N 481. Un arrêt récent TC VS 30. 1. 2024, C1 22 1 (c. 5.2.2) qui se rapporte à des faits de 2014 (bien avant l'entrée en vigueur de l'art. 717a CO en 2023), l'illustre en retenant une violation : «*À cela s'ajoute le contrat conclu le 11. 6. 2014 entre l'intimée et l'entreprise individuelle de F., l'un de ses administrateurs devenu par la suite l'un de ses liquidateurs. Portant sur la cession de l'entier de l'activité économique de la société en liquidation à l'entreprise individuelle du liquidateur, cette transaction était source d'un réel conflit entre ses intérêts et ceux de l'intimée, ce qui ne pouvait échapper à ses liquidateurs. Ces derniers se devaient donc de prendre toutes les mesures nécessaires pour parer à ce risque, ce qu'ils se sont bien gardés de faire. En particulier, il n'apparaît pas que F. se soit abstenu de prendre part aux décisions susceptibles d'entraîner pareil conflit d'intérêts [...]. Quant aux conditions de cette reprise, elles ont été discutées en séance du 30. 4. 2014, peu avant la dissolution de la société, en présence de F., alors administrateur de l'intimée. Si l'on s'en tient au procès-verbal tenu à cette occasion, ce dernier ne semble pas avoir quitté la séance comme il se devait de le faire pour éviter d'exercer la moindre influence sur la décision à prendre, incombance qu'il lui était également nécessaire de respecter en sa qualité d'administrateur de l'intimée, conformément à l'art. 717 CO*».

[1434] L'art. 811 al. 2 CO précise que «*l'approbation de l'assemblée des associés ne restreint pas la responsabilité des gérants*». Cela ne signifie pas qu'elle ne puisse pas être une solution à un conflit d'intérêts traité en tant que tel par l'assemblée (approbation du fait

la coopérative (cf. art. 879 al. 2 ch. 5, 889 al. 1 et 902 al. 2 ch. 2 CO). Dans les sociétés de personnes, le contrat de société[1435] peut réglementer la divulgation des conflits d'intérêts et ses conséquences ; le contrat peut déléguer aux gérants[1436] la compétence d'édicter une réglementation sur ces questions qui concernent leur activité.

983 Lorsque les statuts et règlements, respectivement le contrat de société, ne prévoient pas de procédure et processus particuliers, le **régime général** n'est pas complexe en ce qui concerne la divulgation ; en revanche, concernant les mesures à prendre pour sauvegarder l'intérêt social une fois divulgué le conflit d'intérêts, il faut se garder de trop de schématisme : la solution appropriée relève largement de « l'intelligence de la situation ». Écarter totalement le gérant placé dans un conflit d'intérêts n'est pas toujours la meilleure solution pour la promotion efficace de l'intérêt social. Faire comme si de rien n'était ne l'est pas non plus. Les traitements maximalistes ou minimalistes de la problématique épineuse du conflit d'intérêts sont souvent maladroits. La difficulté provient aussi de ce que la notion de conflit d'intérêts est extrêmement large et recouvre des conflits dont l'intensité varie très considérablement, alors que des catégorisations éclairantes, permettant des traitements distincts, peinent à être élaborées[1437]. Quoi qu'il en soit, les **règles procédurales** sont importantes, car, pour protéger systématiquement l'intérêt social, la seule sanction de la responsabilité serait insuffisante, vu les nombreux écueils de sa mise en œuvre[1438].

984 Pour **aborder la problématique de façon nuancée tout en tentant de tracer une orientation praticable**, il convient d'observer que le danger pour la société existe surtout à l'égard des situations dans lesquelles le gérant placé dans un conflit d'intérêts pourrait agir seul pour la société, ou celles où tous les gérants ou une majorité d'entre eux seraient placés dans un tel conflit d'intérêts.

---

que le gérant peut agir malgré le conflit d'intérêts) ou par la prise de la décision de gestion concernée par l'assemblée. V. aussi art. 808b al. 1 ch. 7 CO. Sur cette question, cf. *infra* N 2616-2626.

[1435] On ne devrait pas employer le terme de statuts, qui évoquent une forme corporative, c'est-à-dire une personne morale (l'usage de ce terme à l'art. 545 al. 1 ch. 6 CO est une inadvertance isolée ; même le texte allemand de cette disposition dit « *Gesellschaftsvertrag* »).

[1436] La faculté de déléguer valablement (à un tiers ou une partie) la détermination de ce qui aurait pu être stipulé dans le contrat est un principe général (cf. p. ex. Nicolas ROUILLER, Droit suisse des obligations [2007], p. 585 ad n. 1755 ; sur les limites, p. 597 ss ; ég. p. 575 ss).

[1437] Cf. aussi *supra* N 579. Peter BÖCKLI (2022), § 9, N 795-824, énonce des catégories qui décrivent les diverses réalités selon une analyse lucide et fine. On ne peut cependant en déduire que chaque catégorie induit un traitement différencié bien défini. L'intensité du conflit varie en effet indépendamment de la catégorie.

[1438] *Infra* N 1104 ss, spéc. N 1161.

Il importe d'avoir égard (i) à la nécessité de *protéger la société sans la paralyser*, (ii) au très grand nombre et à l'extrême diversité de situations pouvant être qualifiées de conflit d'intérêts et (iii) au fait qu'un gérant a été désigné dans le but – et en créant le devoir – qu'il agisse pour la société et non pas qu'il reste inerte et concentre son comportement sur l'objectif de ne prendre personnellement aucun risque[1439], notamment en s'abstenant de toute activité chaque fois qu'une situation peut être interprétée comme présentant un conflit d'intérêts.

bb.   Actes dont l'accomplissement est envisagé par un gérant agissant seul

Dans les cas où un gérant agit seul, qui concernent surtout la représentation pour conclure un contrat avec des tiers ou la prise d'une décision en vertu d'une délégation, il doit impérativement **dévoiler le conflit d'intérêts, même minime**, au président de l'organe dirigeant (ou, s'il est lui-même le président : au vice-président) ou à l'ensemble des membres de l'organe. Pour la société anonyme, l'art. 717a CO indique qu'il s'agit du conseil d'administration, et pour les autres sociétés, il y a lieu de retenir qu'il s'agit de l'administration (respectivement du président de celle-ci[1440]) dans la coopérative et des gérants dans la société à responsabilité limitée (respectivement de leur président[1441]). Dans les sociétés de personnes, il s'agit de l'ensemble des gérants (associés ou non).   985

Si le gérant entend accomplir un acte au nom de la société malgré le conflit dans lequel cela le place, il doit **demander une approbation** au président (si celui-ci est muni d'un pouvoir individuel) ou aux autres membres de l'organe dirigeant dans son ensemble. L'art. 717a CO indique certes que « le conseil d'administration » prend les mesures nécessaires pour protéger l'intérêt social. À notre avis, vu notamment la jurisprudence – constante – en matière de représentation selon laquelle un acte est valable s'il est approuvé par un autre gérant (au moins de même rang) qui n'est pas placé dans un conflit d'intérêts[1442], il   986

[1439] Cf. p. ex. Peter BÖCKLI (2009), § 13, N 580 (« *Risikoscheu und Dienst nach Vorschriften* » ; ad n. 1503 : « *Es gibt keineswegs nur eine Pflicht der Organe, an die schlimmste Variante zu denken und das aus Sorgfalt nicht zu tun* »).

[1440] Les dispositions sur la coopérative n'imposent pas la désignation d'un président de l'administration. Autant qu'on puisse l'observer en pratique, il semble bien qu'elles soient toujours pourvues d'un président.

[1441] Cf. art. 809 al. 3 et 4 et 810 al. 3 CO.

[1442] Cf. *supra* N 586. En particulier, cf. ATF 144 III 388 c. 5.1 (« *[es] bedarf einer besonderen Ermächtigung oder einer nachträglichen Genehmigung durch ein über- oder nebengeordnetes Organ, wenn die Gefahr einer Benachteiligung besteht* ») ; 127 III 332 c. 2 (333 s.) ; 126 III 361 c. 3a (363 s.) ; antérieurement, ATF 95 II 442 c. 5 (453). Ég. TF 4. 3. 2022, 4A_488/2021, c. 5.3.2.

suffit que le président de l'organe dirigeant l'approuve. À plus forte raison, une décision collective de l'organe dirigeant approuvant l'acte est-elle suffisante pour qu'il soit valable. Dans toutes ces situations, le fait d'agir malgré le conflit d'intérêts *n'est pas une violation du devoir de loyauté*[1443] si le gérant a l'intention d'agir au bénéfice de la société (ce n'est que s'il y a volonté de porter préjudice à celle-ci en favorisant de façon injustifiée le cocontractant que le devoir de loyauté est violé[1444] ; mais la problématique est alors différente du conflit d'intérêts en tant que tel).

987 Il y a lieu d'assimiler à l'approbation explicite un comportement de l'organe dirigeant qui correspond **implicitement** à une approbation. Si le gérant estime que l'acte envisagé est dans l'intérêt de la société et qu'il annonce qu'il l'accomplira à défaut d'objection dans un délai déterminé (qui est suffisamment long pour que le président ou l'organe dans son ensemble puisse utilement examiner son opportunité), il faut partir de l'idée que l'absence de réaction vaut approbation ; c'est là l'application du principe général de l'art. 3 al. 2 CC (dont l'importance est cardinale pour l'efficacité des rapports juridiques). Le gérant a alors les pouvoirs internes pour l'accomplir ; l'acte est, ici aussi, valable[1445].

988 En revanche, **si le gérant accomplit un acte juridique pour la société sans avoir dévoilé le conflit et demandé l'approbation** (ou s'il l'accomplit après l'avoir annoncé mais sans attendre un délai raisonnable), il n'avait, à l'interne, **pas la compétence** pour ce faire : l'acte est alors invalide si le tiers (partenaire contractuel) a pu reconnaître que l'administrateur était placé dans un conflit. Mais, si le tiers (partenaire contractuel) n'a pas perçu ni pu percevoir (art. 3 al. 2 CC) l'absence de pouvoir, la confiance du tiers est protégée et l'acte est valable ; concrètement, le contrat est conclu parce que la représentation est efficace (cf. art. 33 al. 3 CO) malgré l'absence de pouvoirs internes (« protection forte de la confiance » ou « apparence efficace »)[1446]. Cependant, dans ce dernier cas, le gérant a violé son devoir de loyauté qui implique, sauf autorisation, de ne pas agir pour la société en étant placé dans un conflit d'intérêts ; il encourt

---

[1443] C'est pour cela que, dans la Sàrl, ce n'est à notre avis pas l'assemblée des associés qui doit être saisie de cette question, l'art. 808b al. 1 ch. 7 CO, en l'absence d'une violation du devoir de fidélité (« *Une décision de l'assemblée des associés recueillant au moins deux tiers des voix représentées et la majorité absolue du capital social pour lequel le droit de vote peut être exercé est nécessaire pour : [...] approuver les activités des gérants et des associés qui violent le devoir de fidélité ou la prohibition de faire concurrence* »). Des raisons pratiques pourraient conduire à la même conclusion, mais le motif décisif est, selon nous, clairement conceptuel.

[1444] Ces comportements correspondent, sous l'angle de la représentation, aux abus matériels du pouvoir de représentation et à la collusion, cf. *supra* N 569-574.

[1445] Cf. *supra* N 583-586.

[1446] Cf. *supra* N 588-592.

donc une responsabilité vis-à-vis de la société si l'acte est désavantageux pour la société (à savoir : s'il est prouvé qu'un gérant non exposé à un tel conflit d'intérêts aurait accompli un acte plus favorable pour la société).

Si tous les gérants sont placés dans un conflit d'intérêts (ou si la société n'a   989
qu'un gérant), la solution la plus sûre est de s'en remettre à l'assemblée des sociétaires (assemblée générale dans la SA et la coopérative, assemblée des associés dans la Sàrl, « collège des associés » dans les sociétés de personnes ; dans le droit de la SA, cela représente une entorse au principe de la parité[1447], mais cette entorse est ici un moyen légitime de s'extraire d'une impasse). Si cela n'est pas praticable, notamment au vu de la nécessité de décider plus rapidement que la convocation d'une telle assemblée ne le permet, ou que l'enjeu ne justifie pas cette convocation sous l'angle de la proportionnalité (ce qui peut correspondre, de loin, au plus grand nombre de cas concrets qui se présentent en pratique), il est concevable que l'organe dirigeant charge des responsables de rang inférieur de décider en toute indépendance[1448]. Si, en dehors des gérants placés dans un conflit, la société ne compte personne qui ait des aptitudes suffisantes pour décider, seul le renvoi aux sociétaires est possible, à moins qu'un tiers puisse établir (à bref délai) une expertise prouvant que l'opération envisagée est équilibrée ou avantageuse pour la société (*fairness opinion*)[1449].

cc.   Participation au fonctionnement collectif de l'organe dirigeant

Lorsque l'enjeu est la participation au fonctionnement collectif de l'organe di-   990
rigeant, la problématique concerne **la délibération et la prise de décision (vote)** au sein de cet organe.

Le devoir de dévoiler d'emblée le conflit d'intérêts n'est pas moindre que lors-   991
que le gérant envisage d'accomplir, seul, un acte au nom de la société, même si le conflit paraît de peu d'importance. Lorsque tous les autres membres de l'organe dirigeant, ou à tout le moins une **majorité des membres** qui participent à la séance, ne sont **pas affectés par ce conflit d'intérêts**, la participation de ce membre aux délibérations et au vote ne crée pas de risque pour la société[1450]. Cette solution est en réalité la moins inefficace et la seule compatible,

---

[1447] Cf. *infra* N 2226 et 2230-2235.
[1448] Sur l'absence d'instructions, cf. *infra* N 1000. – La situation est envisagée par l'arrêt TC VD 3. 8. 2021, HC/2021/600, c. 4.2.1 *in fine* (« *Une solution concrète dans les sociétés où il existe d'autres organes exécutifs, en particulier un directeur général ou des directeurs, consistera à confier à la direction le soin de décider* »).
[1449] Cf. *infra* N 1001 ad n. 1464. Voir aussi *supra* N 972, après n. 1422.
[1450] Dès que le conflit d'intérêts est connu des autres membres de l'organe dirigeant, ceux-ci sont en mesure d'apprécier avec d'autant plus de prudence critique et sagace l'opinion de

selon nous, avec le fait qu'il a été élu dans le but d'agir pour la société et donc d'exprimer son avis, y compris par son vote.

992 Le devoir de loyauté impliquera que le gérant placé dans le conflit soit tenu à la confidentialité à l'égard du tiers dont l'intérêt induit le conflit et si celle-ci est importante en l'espèce pour la protection de l'intérêt social[1451]. Le gérant concerné peut[1452] évidemment se récuser et s'abstenir. Mais l'organe dirigeant n'a, à notre avis, pas la compétence de priver son membre du droit – et du devoir – de participer aux délibérations de l'organe et de voter, que l'assemblée des sociétaires lui a conféré. Le texte de l'art. 717a al. 2 CO ne donne au conseil d'administration (ou n'énonce) que le pouvoir d'adopter *les mesures qui s'imposent pour préserver les intérêts de la société*, et non pas les mesures qui ne sont pas utiles voire qui nuisent à l'efficacité de la délibération (et donc à la présence et participation d'un membre dont les compétences ont été jugées bénéfiques, par les sociétaires l'élisant, pour la prise de décisions et l'activité de la société[1453]). On ne peut reconnaître cette compétence du conseil d'administration, respectivement de l'organe dirigeant correspondant dans les autres sociétés, qu'en cas de nécessité incontestable : outre les situations où le conflit

---

celui qui est affecté par le conflit. Ce n'est que par la dissimulation du conflit que l'avis de ce membre est susceptible d'influencer indûment la décision de l'organe.

[1451] Le conseil d'administration peut évidemment prendre une décision spécifique sur l'obligation du membre affecté par le conflit d'intérêts de préserver absolument la confidentialité dans cette affaire.

[1452] Dans les cas où le conflit est *massif et frontal* (*infra* ad n. 1454 et TC VS 30. 1. 2024, C1 22 1, c. 5.2.2, cité *supra* n. 1433), on doit admettre une obligation de se récuser spontanément ; cette obligation est d'autant plus importante en pratique que suivant l'influence du membre concerné, il peut être humainement délicat pour les autres membres de décider de le forcer à quitter la délibération.

[1453] Le Message du Conseil fédéral va dans le même sens, FF 2017 518 s. : « *Souvent, les connaissances de la personne qui se trouve au centre du conflit d'intérêts sont importantes pour la discussion au sein du conseil d'administration ou de la direction. Même une récusation pour un vote peut être malvenue dans certains cas, car elle décharge la personne concernée de sa responsabilité. En pareil cas, les conseils d'administration procèdent souvent dans la pratique à un double vote, une fois avec tous les membres et une deuxième fois sans les membres susceptibles de prévention, la décision n'étant valable que si elle a été confirmée par le deuxième vote* ». À notre sens, cette procédure de « double vote » ne peut être qu'exceptionnelle ; elle est envisageable s'il est allégué de façon plausible que la participation du membre placé dans un conflit d'intérêts a été décisive pour le résultat du vote (notamment parce que l'objet a divisé l'organe dirigeant de façon telle que la décision s'est faite à un écart d'une seule ou de deux voix, ou que la présence du membre affecté a eu un impact spécifique en raison de l'influence protéiforme des intérêts qu'il représente ; dans des cas très rares, où des membres de l'organe dirigeant peuvent être gênés d'afficher leur position, le vote à bulletin secret, en général très peu usité dans les séances de l'organe dirigeant, peut aussi être une solution).

d'intérêts est massif et frontal[1454], cela suppose, d'une part, que la participation crée un dysfonctionnement majeur ou un blocage (tel qu'envisagés ci-après[1455]) et, d'autre part, que l'existence d'un conflit d'intérêts non insignifiant soit indéniable (il n'est jamais suffisant qu'un tel conflit soit simplement allégué par d'autres membres de l'organe dirigeant pour qu'il soit censé justifier une récusation du membre concerné contre son gré).

Des cas particuliers surgissent en effet lorsqu'une **majorité au sein de l'organe dirigeant est placée dans un conflit d'intérêts** sur un objet. Dans un tel cas, il existe un risque que la décision collective soit le fruit d'un conflit d'intérêts et donc contraire au devoir de loyauté. 993

La situation est complexe, mais il nous semble possible de tracer quelques lignes directrices. 994

Si ce ne sont que *les membres présents* qui sont en majorité placés dans un conflit d'intérêts, le président doit, à notre avis, inviter les membres concernés à examiner si l'un ou plusieurs d'entre eux ne souhaitent pas se récuser, afin que la majorité de ceux qui participent ne soit pas placée dans un conflit, de sorte que l'organe puisse délibérer et voter. Si les membres placés dans un conflit ne se récusent pas[1456], ou qu'un nombre insuffisant d'entre eux se récusent, le président doit convoquer une nouvelle séance à brève échéance afin qu'une majorité non placée dans un conflit puisse traiter de l'objet. 995

Si la *majorité est durablement placée dans un conflit d'intérêts* par rapport à un objet, l'organe dirigeant doit prendre des mesures particulières. 996

La solution la plus sûre est assurément de solliciter les sociétaires. Dans les sociétés à sociétariat très restreint (ou composé d'une personne), cela ne pose pas de difficulté pratique la plupart du temps. Dans la société à responsabilité limitée, cela ne pose pas non plus de difficulté conceptuelle (vu l'art. 811 CO[1457], et ce même lorsque les statuts ne le prévoient pas, puisqu'il y a ici 997

[1454] Ainsi la cession de toute l'activité commerciale de la société à l'un des administrateurs, comme jugé dans l'arrêt TC VS 30. 1. 2024, C1 22 1 (c. 5.2.2) cité *supra* n. 1433.

[1455] *Infra* N 1000 *in fine* et 1001 *in fine*.

[1456] Cette situation peut aisément s'expliquer par le souhait des membres placés dans un conflit de ne pas laisser les autres décider, s'ils perçoivent déjà dans quel sens (qui leur semble inapproprié) ceux-ci vont voter. Et en effet, on doit reconnaître qu'un membre de l'organe dirigeant viole ses devoirs de loyauté et de diligence s'il se récuse alors qu'il sait que sa récusation induira que sera prise une décision néfaste (à son avis) pour la société.

[1457] Sur cette disposition, qui fonde l'une des différences essentielles entre la SA et la Sàrl, *infra* N 2617-2626.

nécessité d'éviter une impasse[1458]). Il en va de même pour la coopérative[1459]. Pour une société anonyme, cela représente une dérogation au « principe de la parité » (soit le caractère intransmissible de la responsabilité des décisions de gestion)[1460], mais la nécessité d'agir pour surmonter le blocage dû au conflit d'intérêts affectant durablement la majorité du conseil nous semble justifier une telle dérogation[1461]. Plutôt que simplement transférer l'objet à délibérer, il semble que dans la plupart des cas, le plus opportun sera que l'organe dirigeant vote une décision dont l'efficacité juridique est soumise à la condition que le sociétariat l'approuve ; la décision peut aussi comprendre plusieurs variantes soumises au choix de l'assemblée des sociétaires.

998   Dans la société anonyme, le vote préalable du conseil d'administration (proposant le cas échéant différentes variantes) est sans doute la seule voie possible (outre qu'elle crée la validité juridique de la décision, l'approbation par les actionnaires a aussi l'effet d'une espèce de décharge[1462] spécifique[1463]). Dans la société à responsabilité limitée ou la coopérative, où l'assemblée peut en principe prendre elle aussi des décisions de gestion, il est possible de structurer le processus différemment : l'assemblée des sociétaires peut prendre toute décision *ab ovo* sans que les gérants ou l'administration soumettent ici – vu le caractère exceptionnel de la situation – une décision à approuver (à plus forte raison en va-t-il ainsi dans les sociétés de personnes).

999   Lorsque, notamment en cas d'urgence, il n'est pas possible de solliciter en temps utile les sociétaires, l'organe dirigeant doit agir en conscience du risque que fait peser le conflit d'intérêts qui affecte sa majorité. Le risque est, pour la

---

[1458] L'art. 808b al. 1 ch. 7 CO conforte aussi la faculté des sociétaires de décider, même si l'objet n'est pas une *violation* du devoir de loyauté (mais simplement une décision à prendre par les associés en raison de l'impact du devoir de loyauté pour le gérant).

[1459] Il existe une compétence générale de l'assemblée (en ce sens, Nadja FABRIZIO, BK ad art. 828-838 CO [2021], § 3, N 43 ad n. 95 : « *es besteht [...] eine Art* Auffangkompetenz *zugunsten der Generalversammlung* »), sans que cela ne soit incompatible avec – du moins dans sa généralité – le principe de la parité (op. cit., N 42 ad n. 93 s. : « *es besteht wie bei der AG – wenngleich wie bei dieser nicht unumstritten – das sog.* Paritätsprinzip » [sur les nuances, soit le « principe de parité souple », cf. *infra* N 2747-2752).

[1460] Cf. *infra* N 2226 et 2230-2235 (« principe de parité strict »).

[1461] Un arrêt ancien a admis (dans un cas très particulier) la compétence de l'assemblée générale dans un cas qui peut être analysé comme un conflit d'intérêts de la majorité du conseil (ATF 50 II 168, lit. A et c. 6 [185]), ce qu'a admis avec moins de réserves l'ATF 127 III 332 c. 2b/aa i.f. (335) ; v. ég. ZEN-RUFFINEN/BAUEN (2017), N 233 ad n. 319 ; Peter BÖCKLI, GesKR 2012 354 ss, spéc. 360 et 369.

[1462] Sur ce concept, art. 695, 698 al. 2 ch. 7 et 758 CO (pour la SA). Pour la Sàrl, art. 804 al. 2 ch. 7, 806a al. 1 CO ; pour la coopérative, art. 879 al. 2 ch. 4 et 887 CO.

[1463] Cf. ROUILLER/BAUEN/BERNET/LASSERRE ROUILLER (2022), N 482b (p. 563 *in fine*).

société, d'accomplir un acte désavantageux ; à titre accessoire, pour les gérants personnellement, le risque est d'engager leur responsabilité du chef de cet acte.

Si l'organe dirigeant, dont la majorité est affectée par le conflit, ne veut pas laisser la minorité non affectée décider seule, et que la saisine du sociétariat n'est pas praticable, la délégation à des responsables de rang inférieur est possible s'ils ont les connaissances et aptitudes permettant la prise de décision (l'organe dirigeant devant se garder de leur donner d'autres instructions que la nécessité de veiller à la protection critique de l'intérêt social d'autant plus scrupuleusement que l'organe dirigeant normalement tenu d'y veiller en dernier ressort n'est pas en mesure de le faire ici). Ce genre de délégation ne peut toutefois pas être employé dans des décisions de portée stratégique. Pour celles-ci, l'organe dirigeant ne peut qu'adresser le problème aux sociétaires, ou parvenir à décider en surmontant le risque d'une violation du devoir de loyauté. 1000

Lorsque l'organe dirigeant reste saisi d'un objet malgré le conflit d'intérêts affectant la majorité de ses membres, il devra atténuer les risques qui en découlent en sollicitant, lorsque la matière s'y prête, des opinions de tiers expérimentés quant au bien-fondé matériel de la décision envisagée et en particulier sur les solutions alternatives éventuelles[1464]. Si une telle mesure est prise, on ne devrait pas considérer *ipso facto* que la majorité de l'organe dirigeant viole son devoir de fidélité en ne se récusant pas, étant encore une fois rappelé que ses membres ont été élus dans le but d'agir pour la société (et non de se préserver personnellement des difficultés). Mais ici aussi, le problème est que les décisions stratégiques ne peuvent guère être tranchées par des expertises ou opinions de tiers. La seule solution pratique pour de telles décisions est donc la saisine des sociétaires. Dans la mesure où ceux-ci ne parviendraient pas à prendre directement la décision eux-mêmes (p. ex. en raison d'une très grande complexité requérant une connaissance étroite des relations avec les cocontractants concernés), la solution qui s'imposera en fin de compte sera une nouvelle élection qui confortera les tenants d'une certaine ligne, écartant ou minorisant les autres. 1001

b.   Prohibition de faire concurrence et de s'accaparer secrètement des affaires pour son propre compte (*shadow dealings*)

L'autre norme principale qui se déduit du devoir de loyauté est la prohibition de faire concurrence qui s'impose aux gérants. Pour aborder correctement la question, il importe de **la distinguer de l'interdiction de concurrence qui** 1002

[1464] On peut parler de *fairness opinion* (cf. MÜLLER/LIPP/PLÜSS [2014], p. 282 ad n. 1228).

s'impose aux sociétaires dans certaines formes de sociétés, mais – de loin – pas dans toutes.

1003 Ainsi, les associés de la société simple ont une certaine interdiction de faire concurrence, que statue l'art. 536 CO, mais qui est conditionnée à un caractère concrètement préjudiciable à la société[1465]. Ceux d'une société en nom collectif sont soumis à une interdiction stricte, y compris en principe toute participation dans une société autre qu'une société anonyme (cf. art. 561 CO)[1466]. D'après la loi, la même prohibition s'applique aux associés d'une société en commandite (vu le renvoi sans distinction de l'art. 598 al. 2 CO), mais on peut douter qu'il y ait lieu de l'appliquer systématiquement au commanditaire[1467] ; on peut retirer d'opinions doctrinales que cette prohibition n'est justifiée que si le commanditaire a une influence concrète et une activité opérationnelle[1468]. Les associés de la société à responsabilité limitée peuvent être tenus à une interdiction de concurrence si une disposition spécifique des statuts la stipule (art. 803 al. 2, 3ᵉ phr., CO ; cf. ég. art. 777a al. 2 ch. 3 CO). Dans la société anonyme, une telle obligation ne peut être imposée aux actionnaires par les statuts (cf. art. 620 al. 2 et 680 al. 1 CO) ; elle peut l'être dans un pacte d'actionnaires. Les statuts d'une coopérative peuvent la stipuler, sans que la loi le prévoie explicitement[1469].

1004 Si l'interdiction de concurrence des sociétaires varie grandement selon la forme de société, elle est selon nous **uniforme pour les gérants**.

1005 Elle n'est pas énoncée explicitement par la loi pour les sociétés de personnes. D'une part, cela résulte de ce que la configuration la plus fréquente est que ce sont certains des associés qui gèrent la société et qu'ils sont déjà soumis à une telle prohibition de par leur première qualité. D'autre part et surtout, cela provient du renvoi aux dispositions applicables au mandataire (art. 538 al. 3 CO)[1470], qui renvoient elles-mêmes aux dispositions sur les obligations du travailleur (art. 398 al. 1 CO), lesquelles comprennent une prohibition de concur-

---

[1465] *Infra* N 1486.

[1466] *Infra* N 1523-1529. Évidemment, le *contrôle* d'une SA concurrente n'est normalement pas compatible avec la prohibition de concurrence statuée par l'art. 561 CO (cf. *infra* N 1527).

[1467] Cf. BLANC/FISCHER (2020), N 891 s., ad n. 411 s.

[1468] Cf. MEIER-HAYOZ/FORSTMOSER (2023), § 14, N 61, qui évoquent que la «*beschränkte Einflussmöglichkeit des Kommanditärs*» et sa «*konkrete Stellung*» doivent être prises en compte pour cerner la portée de la prohibition de concurrence («*für die Tragweite des Konkurrenzverbots*»).

[1469] *Infra* N 2712-2718 ; l'art. 866 CO prévoit dans des termes très généraux que «*[l]es associés sont tenus de veiller de bonne foi à la défense des intérêts sociaux*».

[1470] Cf. *supra* N 979, spéc. ad n. 1431.

rence pendant la durée des rapports de travail (art. 321a al. 3 CO[1471]). Dans la société à responsabilité limitée, l'art. 812 al. 3 CO l'énonce explicitement : « *[Les gérants et tiers chargés de la gestion][1472] ne peuvent faire concurrence à la société, à moins que les statuts n'en disposent autrement ou que tous les autres associés donnent leur approbation par écrit. Les statuts peuvent toutefois prévoir que seule l'approbation de l'assemblée des associés est nécessaire* ». La loi ne prévoit pas de règle explicite pour les administrateurs et directeurs des sociétés anonymes et coopératives, mais la doctrine reconnaît que cette interdiction fait partie du devoir de fidélité[1473] (des questions se posant sur ses contours exacts, qui varient en fonction de différents facteurs).

On l'admet d'autant plus aisément que les fondés de procuration et les mandataires commerciaux, subordonnés à l'organe dirigeant, sont eux-mêmes sujets à une interdiction de concurrence (art. 464 al. 1 CO : « *Le fondé de procuration et le mandataire commercial qui a la direction de toute l'entreprise ou qui est au service du chef de la maison ne peuvent, sans l'autorisation de celui-ci, faire pour leur compte personnel ni pour le compte d'un tiers des opérations rentrant dans le genre d'affaires de l'établissement* »).   1006

Pour cerner exactement **les contours de la prohibition de concurrence**, il faut d'abord avoir à l'esprit qu'elle n'est pas de droit impératif et qu'elle peut être modulée – voire exclue (sauf, peut-être, un noyau dur[1474]) – par l'effet de différents instruments : l'art. 812 al. 3 CO (dont le texte est cité *supra*) énonce que ces instruments peuvent être les statuts ou une déclaration unanime des associés (étant au surplus relevé que l'art. 808b al. 1 ch. 7 CO permet à une majorité qualifiée de l'assemblée des associés d'approuver les activités des gérants « violant » une prohibition de concurrence[1475]) ; pour la société anonyme, les   1007

[1471] « *Pendant la durée du contrat, le travailleur ne doit pas accomplir du travail rémunéré pour un tiers dans la mesure où il lèse son devoir de fidélité et, notamment, fait concurrence à l'employeur* ».

[1472] Sur ce choix lexical, cf. *supra* N 979 ad n. 1430.

[1473] Ainsi clairement ZEN-RUFFINEN/BAUEN (2017), N 211 (« *Le devoir de fidélité implique une interdiction de faire concurrence* » et *infra* n. 1476) ; ROUILLER/BAUEN/BERNET/LASSERRE ROUILLER (2022), N 482c ; PETER/CAVADINI, CR ad art. 717 CO (2017), N 12 (iii) ad n. 27 (« *le droit de la SA ne prévoit explicitement aucune obligation de non-concurrence. À juste titre, la doctrine est toutefois d'avis que 'les personnes chargées de la gestion' sont indiscutablement soumises à une telle obligation* ») ; WATTER/ROTH PELLANDA, BaK ad art. 717 CO (2016), N 18 ; Eric HOMBURGER, ZK ad art. 707-726 CO (1997), N 883.

[1474] Dans le même sens, nous semble-t-il, VON DER CRONE (2020), N 1518 ad n. 1629 s.

[1475] « *Une décision de l'assemblée des associés recueillant au moins deux tiers des voix représentées et la majorité absolue du capital social pour lequel le droit de vote peut être exercé est nécessaire pour [...] 7. approuver les activités des gérants et des associés qui violent le devoir de fidélité ou la prohibition de faire concurrence* » (on précisera que si

statuts ou le règlement d'organisation du conseil d'administration sont les instruments appropriés, comme la doctrine l'identifie très clairement[1476]. Il en va de même dans la coopérative. Dans les sociétés de personnes, le contrat de société peut aussi prévoir ces modulations.

1008 Dans toutes les sociétés, l'éventuel contrat avec le gérant[1477], la décision par laquelle il est nommé et les circonstances ont aussi une pertinence. En particulier, il peut arriver – ce n'est pas fréquent, mais illustratif de la variabilité des éléments d'interprétation – qu'à tout le moins dans un conseil d'administration d'une certaine taille, un administrateur soit choisi précisément parce qu'il a une activité actuelle – et non seulement de l'expérience (passée) – dans le même domaine, c'est-à-dire dans une entreprise concurrente[1478]. Dans un tel cas, la préservation de l'intérêt social par le devoir de fidélité ne s'opère pas par l'interdiction de concurrence, puisque l'existence d'un rapport de concurrence est présupposée, mais par l'obligation de confidentialité[1479] (et bien sûr, préalablement et irréductiblement, par la divulgation du conflit d'intérêts que représente le rapport de concurrence).

1009 Une partie de la doctrine retient que l'obligation de donner la priorité à l'intérêt de la société, ce qui est l'essence du devoir de fidélité, devient incompatible avec une activité frontalement concurrente[1480]. De telles situations finissent

---

les statuts, une décision unanime ou une décision des associés conforme aux statuts permettent la concurrence, il n'y a pas de *violation* d'une interdiction de concurrence, cf. *supra* n. 1458).

[1476] ZEN-RUFFINEN/BAUEN (2017), N 211 ad n. 297 (« *Même si l'interdiction de faire concurrence pendant la durée du mandat d'administrateur découle déjà du devoir de fidélité, il est préférable de la préciser dans le règlement d'organisation du conseil* ») ; MÜLLER/LIPP/PLÜSS (2014), p. 286.

[1477] Il peut ne pas y en avoir, si le gérant est simplement élu et que ses tâches résultent ainsi purement des statuts et autres règles sociales.

[1478] Cela est *extrêmement fréquent* dans des domaines de haute innovation, où les personnes connaissant suffisamment le domaine pour siéger dans un conseil d'administration sont rares, même si le bassin de recrutement est le monde entier. Nous avons pu l'observer parmi les entités émettrices de cryptomonnaies, malgré la forte concurrence entre ces entités.

[1479] *Infra* N 1012-1015. Voir aussi *supra* N 992 ad n. 1451.

[1480] VON DER CRONE (2020), N 1518 ad n. 1629, trouve que le maintien de l'administrateur dans une telle situation constituerait un conflit insoluble (« *Steht ein Mitglied des Verwaltungsrats mit seiner übrigen geschäftlichen Tätigkeit in Konkurrenz zur Aktiengesellschaft, kann dies zu einem schwer auflösbaren Konflikt führen. Faktisch wird das Verwaltungsratsmitglied zwischen dem Rücktritt aus dem Verwaltungsrat und der Aufgabe der übrigen geschäftlichen Tätigkeit zu wählen haben. Nicht auflösbar ist der Konflikt, wenn die Treuepflichten aus zwei Mandatsverhältnissen miteinander kollidieren. Die Tätigkeit in den Verwaltungsräten von zwei in direkter Konkurrenz stehenden*

toujours par être gênantes ; elles devraient être évitées. La jurisprudence s'est cependant montrée plutôt accommodante, du moins occasionnellement[1481]. Il faut, en fin de compte, sans doute reconnaître que non seulement une décision unanime[1482], mais aussi à tout le moins une décision majoritaire *compatible* avec les statuts permet une activité concurrente. En cas de danger pour la société, mal évalué par la majorité des sociétaires élisant un gérant ayant une telle activité, il n'est pas exclu qu'une action judiciaire introduite par un sociétaire minoritaire soucieux de l'intérêt social parvienne à faire annuler une telle élection – et, d'ailleurs, que des mesures provisionnelles soient accordées[1483].

L'interdiction de faire concurrence ne perdure en principe pas au-delà de la fin du mandat du gérant – à la différence de l'obligation de confidentialité[1484]. Bien entendu, le contrat avec le gérant peut stipuler une telle extension[1485]. Il n'est pas certain que les statuts ou le règlement d'organisation puissent valablement prévoir une telle extension, soit une interdiction qui continuerait d'avoir effet obligatoire pour le gérant alors que sa fonction au sein de la société a pris fin. Une clause contractuelle est sans nul doute préférable.

1010

Aktiengesellschaften ist deshalb faktisch ausgeschlossen » ; voir cep. l'exception qu'il réserve, *infra* n. 1482).

[1481] TF 1. 10. 2009, 4A_317/2019, c. 2.3 : « *La recourante reproche à l'intimé d'avoir accepté un mandat d'administrateur qui a conduit à un conflit d'intérêts, puisqu'il était à la fois organe de la société immobilière et organe du gérant d'immeubles en difficultés financières. Elle oublie cependant que les membres du conseil d'administration sont nommés par l'assemblée générale (art. 698 al. 2 ch. 2 CO). Il n'est pas constaté en fait, ni même allégué, que les actionnaires ignoraient le rôle de l'intimé dans la société qui gérait l'immeuble ; on doit au contraire imaginer que l'intimé a été choisi comme administrateur précisément parce qu'il s'occupait déjà de l'immeuble dans son activité pour la société de gestion immobilière. La société (dont la recourante est cessionnaire) ne peut pas reprocher à son administrateur un choix qui a été fait par son assemblée générale* ».

[1482] C'est la solution proposée par VON DER CRONE (2020), N 1519 ad n. 1630 (« *Wenn überhaupt, dann wäre nur die Gesamtheit der Aktionäre in der Lage, die rechtfertigende Einwilligung zu einer solchen Tätigkeit in struktureller Verletzung der Treuepflicht zu erklären* », en relevant que cela ne devrait survenir que dans les groupes de sociétés sans actionnaire minoritaire).

[1483] Voir en particulier l'arrêt TF 20. 2. 2018, 4A_531/2017, c. 3.1, mis en perspective dans le cadre de l'action en annulation *in* ROUILLER/BAUEN/BERNET/LASSERRE ROUILLER (2022), n. 1453 et 552 ; ég. WILHELM/VARRIN, L'« exercice mesuré » des droits et l'abus de majorité en droit suisse de la société anonyme (2022).

[1484] *Infra* N 1014.

[1485] Pour les sociétés cotées en bourse, cela est évoqué aux art. 734a al. 2 ch. 10 et 735c ch. 2 CO, sous l'angle de l'indemnité versée comme contreprestation à une interdiction de concurrence.

1011   Un aspect particulier de l'interdiction de faire concurrence, au-delà de l'interdiction de faire prospérer une entreprise concurrente, est de **s'approprier à titre privé une occasion d'affaire**[1486] dont le gérant a connaissance en raison de sa position dans la société. La disposition la plus spécifique du Code des obligations est consacrée aux fondés de procurations et mandataires commerciaux, l'art. 464 précisant qu'ils ne peuvent « *faire pour leur compte personnel [...] des opérations rentrant dans le genre d'affaires de l'établissement* » (al. 1) et que s'ils le font « *le chef de la maison*[1487] *a contre eux une action en dommages-intérêts et il peut prendre à son compte*[1488] *les opérations ainsi faites* » (al. 2). Pour prendre un exemple, le gérant d'une société active dans l'immobilier qui reçoit en cette qualité des offres d'acquisition intéressantes ne peut acquérir lui-même un immeuble ainsi proposé, sauf bien sûr (i) s'il a communiqué l'offre à d'autres gérants de la société et (ii) qu'il annonce préalablement à la société qu'il a l'intention d'acquérir personnellement l'immeuble et encore (iii) qu'il expose pourquoi l'offre n'est pas intéressante pour la société (mais l'est pour lui)[1489] ; ces explications doivent être véridiques, complètes et formulées de façon à ne pas induire en erreur. Sans cela, le gérant prive volontairement la société d'une affaire lucrative en privilégiant ses intérêts personnels, ce qui est une évidente violation du devoir

---

[1486] On peut employer l'expression de « *corporate opportunities* » (ainsi Peter/Cavadini, CR ad art. 717 CO [2017], N 12 [ii]).

[1487] Cette expression (datée) fait référence à l'entrepreneur individuel (titulaire d'une raison individuelle), que le législateur de 1881 (art. 422 ss CFO-1881, cf. FF 1880 I 169 s.) puis de 1911 (FF 1911 II 137-139 ; v. ég. art. 961 aCO-1936) envisageait comme type le plus répandu d'entreprise. Dans les sociétés, le « chef de la maison » est la société elle-même (cela a toujours été clair, des fondés de procuration pouvant être nommés pour elles, cf. déjà art. 562 et 598 al. 3 CFO-1881 ainsi que les art. 555, 566, 602, 890 et 905 CO-1936 ainsi que 705, 720, 726, 777 ch. 6, 810 et 816 aCO-1936).

[1488] L'ATF 137 III 607 c. 2.3 (612) précise que l'entreprise peut aussi réclamer la remise du gain (ég. c. 2.4 [613] : « *Herausgabeanspruch* »).

[1489] Cette explication présente des similitudes, en tant que processus de transparence, avec ce que doit exposer à la société le représentant qui souhaite conclure un contrat malgré un conflit d'intérêts (*supra* N 593) ; il est bien sûr matériellement différent, et en partie même l'exact inverse, puisqu'il s'agit là d'expliquer en quoi l'affaire est *intéressante pour* la société.

de loyauté[1490] (le dommage n'est pas une perte par un flux sortant évitable, mais un gain manqué[1491]).

c. Devoir de préserver la confidentialité

Le devoir de fidélité implique également une **obligation de discrétion**[1492]. Contrairement à l'obligation de confidentialité des réviseurs, qui est prévue dans la loi[1493] et ne peut être levée que dans un véritable état de nécessité (ou, bien sûr, par l'ordre, exécutoire, d'une autorité compétente), l'obligation de discrétion des gérants se définit en fonction de l'intérêt de la société.   1012

Il appartient ainsi au gérant d'évaluer si des informations non publiques doivent être révélées, notamment lorsque la conduite efficace des affaires requiert une communication aux subordonnés ou aux mandataires[1494]. Cela peut aussi concerner les explications fournies à des tiers, comme des journalistes. Le gérant qui fait état d'une information non publique en recherchant **l'intérêt de la société** ne viole pas le devoir de loyauté (il peut toutefois, ce faisant, violer le devoir de diligence[1495] si son évaluation se révèle nocive à l'intérêt de la société   1013

[1490] Nous partageons la formulation de BLANC/FISCHER (2020), N 258 (ad n. 192), qui reflète que la cession du gain ne se limite pas à la violation de la prohibition de concurrence *stricto sensu* : « *Les intérêts sociaux doivent [...] être favorisés face à des intérêts personnels ou de tiers. Ce devoir n'est pas limité à une prohibition de faire concurrence et à une portée très large. La violation <u>du devoir de fidélité</u> a pour conséquence <u>l'obligation de céder l'éventuel profit</u> (même en l'absence de faute) et de réparer le dommage [...]* ». Pour l'obligation de l'organe de fait d'une société anonyme de restituer le gain réalisé en violation (certes particulièrement caractérisée en l'espèce, car également pénale) du devoir de fidélité, cf. CJ GE 6. 3. 2023, AARP/78/2023 (*infra* N 1018 s., spéc. n. 1503 s,), c. 8.2 : « *en prenant les dispositions nécessaires aux fins d'encaisser et de conserver sur le compte de sa propre société [...] le prix de la revente de la marchandise acquise auprès [d'un tiers], <u>il aurait dû, conformément à ses devoirs de gérant, entièrement le reverser à [la société plaignante]</u>* ».

[1491] Sur l'évaluation du dommage, *infra* N 1119-1122.

[1492] Eric HOMBURGER, ZK ad art. 717 CO (1997), N 838 ss ; ZEN-RUFFINEN/BAUEN (2017), N 225 ; PETER/CAVADINI, CR ad art. 717 CO (2017), N 10 ad n. 12 (« *Le devoir de fidélité [...] inclut par ailleurs le devoir de discrétion [...] à l'égard de tiers à propos de toute information confidentielle* ») ; WATTER/ROTH PELLANDA, BaK ad art. 717 CO (2016), N 1.

[1493] Art. 730b al. 2 CO ; *supra* N 938.

[1494] Cf. MÜLLER/LIPP/PLÜSS (2014), p. 288 ; cf. ég. Peter BÖCKLI (2009), § 13, N 672.

[1495] Pour une analyse sous cet angle, cf. *infra* N 1082 et aussi Georges CAPITAINE, Existe-t-il un secret de fonction à l'égard des administrateurs d'une SA et d'une société coopérative, SAS 1959/60, p. 238 ss, spéc. 240 : « *... il n'est pas douteux que la gestion diligente des*

et qu'il eût pu s'en rendre compte en évaluant la situation avec prudence au regard de toutes les circonstances perceptibles et contraintes du moment).

1014   L'obligation de confidentialité **perdure après que la position de gérant a pris fin**. Pour les administrateurs d'une société anonyme[1496], il arrive que l'on évalue la durée entre six mois au moins et deux ans au plus (une clarification dans le règlement d'organisation étant fort utile)[1497].

1015   Une obligation particulière de confidentialité protège les **secrets d'affaires à proprement parler**[1498]. D'une part, ce n'est pas l'appréciation du gérant quant à l'intérêt pour la société qui serait décisive ; la divulgation n'est licite que dans un état de nécessité (ou sur ordre, exécutoire, d'une autorité compétente). La divulgation est d'ailleurs passible de sanctions pénales[1499]. D'autre part, les secrets d'affaires doivent être sauvegardés par le gérant après qu'il a quitté la société, cela *aussi longtemps que la protection des intérêts sociaux l'exige* (pour autant que l'information soit concrètement gardée secrète par la société[1500]).

---

affaires sociales imposée par le Code exige impérativement la discrétion de la part des administrateurs de la société ».

[1496] Cf. p. ex. Peter Böckli (2009), § 13, N 671 ad n. 1714 ; Müller/Lipp/Plüss (2014), p. 289, indiquent que l'obligation perdure aussi longtemps que les intérêts de la société l'exigent, mais sous une forme atténuée (*« allerdings in einer abgeschwächten Form »*).

[1497] Ainsi Rouiller/Bauen/Bernet/Lasserre Rouiller (2022), N 482d ; v. ég. TC, RJN 2015 141 (c. 8).

[1498] Il faut distinguer ces véritables secrets d'affaires (protégés aussi par le droit pénal) de ce que l'on peut nommer des *« sensitive Interna »* (cf. Peter Böckli [2009], § 13, N 671 après n. 1712, et illustrations *in* N 674), à savoir de « simples » informations internes sensibles, à propos desquelles l'obligation de préserver la confidentialité existe non pour protéger directement une valeur importante, mais au regard de l'utilité qu'elles ne soient pas diffusées pour l'image de la société et l'efficacité de la gestion (y compris de la prise de décisions au sein du conseil). L'obligation de confidentialité peut être renforcée par une décision du conseil ou un règlement, et le cas échéant par une décision de justice (notamment de mesures provisionnelles).

[1499] Art. 162 CP (voir aussi, dans une certaine mesure, art. 6 LCD). Il s'agit d'ailleurs d'une obligation internationale de la Suisse, car la protection des secrets d'affaires est prévue dans le cadre des accords créant l'OMC, en l'occurrence l'art. 39 ADPIC.

[1500] Cf. par analogie, ATF 93 II 272 c. 5 ; Nicolas Rouiller (2007), p. 734 ad n. 2193.

d.   Normes hors du droit des sociétés : la répression pénale de la gestion déloyale et d'actes déloyaux précédant la faillite

aa.   Gestion déloyale

Outre la responsabilité patrimoniale du gérant en cas de violation du devoir de loyauté, dont la mise en œuvre est toutefois soumise à un bon nombre d'obstacles pratiques (preuve du déroulement des faits qui identifient une violation, preuve du dommage qui en résulte, coûts du procès)[1501], l'importance concrète du devoir de loyauté découle aussi de ce que sa violation peut constituer une infraction pénale. La simple possibilité d'une poursuite pénale a un fort effet dissuasif. Au-delà de ses conséquences immédiates prononcées par l'autorité pénale (privation de liberté, amendes, frais), une condamnation pénale pour une infraction grave ferme de très nombreuses portes professionnelles à son auteur. Qui plus est, malgré le principe fondamental de la présomption d'innocence, l'un des piliers vitaux des sociétés respectueuses des personnes et de la liberté, même la simple existence d'une enquête pénale est de nos jours, à elle seule, une très grande entrave dans le monde professionnel pour la personne prévenue (le juriste ne peut que s'alarmer de l'intensité du phénomène, mais on doit le constater comme une réalité indéniable). En tous les cas, la répression pénale des actes des gérants qui violent le devoir de loyauté contribue vivement à ce que celui-ci soit pris très au sérieux.   1016

L'art. 158 ch. 1 CP punit « *celui qui, en vertu de la loi, d'un mandat officiel ou d'un acte juridique, est <u>tenu de gérer les intérêts pécuniaires d'autrui</u> ou de veiller sur leur gestion et qui, <u>en violation de ses devoirs</u>, aura porté atteinte à ces intérêts ou aura permis qu'ils soient lésés* » (la peine pouvant aller jusqu'à trois ans de peine privative de liberté, et jusqu'à cinq dans le cas, fréquent en matière économique, où l'on constaterait un « *dessein de se procurer ou de procurer à un tiers un enrichissement illégitime* »). Seule l'infraction commise intentionnellement est punissable, l'intention devant porter sur tous les faits constitutifs.   1017

Les différents types d'obligations découlant du devoir de loyauté sont potentiellement concernés (l'abus du pouvoir de représentation faisant l'objet de la sous-disposition particulière de l'art. 158 ch. 2 CP[1502]). On doit donc identifier d'abord l'obligation violée sous l'angle du droit des sociétés (« *la loi* » selon le texte légal de l'art. 158 ch. 1 CP) et des instruments particuliers tels que les statuts, le règlement d'organisation ou les contrats (« *actes juridiques* »). Il y a   1018

[1501] *Infra* N 1104 ss, spéc. N 1161 (causalité).
[1502] Cf. *supra* N 569 (ég. N 93).

une interdépendance, le droit privé devant être examiné préalablement[1503], avant d'examiner si les autres conditions, spécifiques, de la répression pénale sont réunies.

1019 La jurisprudence rendue en matière pénale emploie une notion large de gérant (« *seul peut avoir une position de gérant celui qui dispose d'une indépendance suffisante et qui jouit d'un pouvoir de disposition autonome sur les biens qui lui sont remis* »)[1504] ; de surcroît, l'infraction peut être considérée comme commise par une personne même si le pouvoir de gestion appartient formellement à un organe collectif[1505].

[1503] Cette méthode est bien explicitée dans l'arrêt CJ GE 6. 3. 2023, AARP/78/2023, c. 3.2.3 : « *Le comportement délictueux [...] consiste à violer les devoirs inhérents à la qualité de gérant [...] s'il transgresse – par action ou par omission – les obligations spécifiques qui lui incombent en vertu de son devoir de gérer et de protéger les intérêts pécuniaires d'une tierce personne [...]. Savoir s'il y a violation de telles obligations implique de déterminer, au préalable et pour chaque situation particulière, le contenu spécifique des devoirs incombant au gérant. Ces devoirs s'examinent au regard des dispositions légales et contractuelles applicables, des éventuels statuts, règlements internes, décisions de l'assemblée générale, buts de la société et usages spécifiques de la branche* ».

[1504] ATF 123 IV 17 c. 3b (21). La formulation (non exhaustive) employée dans l'arrêt TF 22. 12. 2017, 6B_688/2014, c. 13.1.1 (« *Un tel devoir incombe notamment aux organes des sociétés commerciales, à savoir aux membres du conseil d'administration et à la direction, ainsi qu'aux organes de fait* ») recourt à la notion « d'organe de fait » incluant toutes les personnes déterminant la volonté sociale même sans être formellement membres de l'organe dirigeant (*supra* N 709). Pour un cas où le dirigeant de fait est condamné pour gestion déloyale, cf. CJ GE 6. 3. 2023, AARP/78/2023, c. 4.6 (51) : « *indépendamment de l'absence de pouvoir de représentation formelle, [l'accusé] était identifié comme le 'Managing director' de la société et il utilisait l'adresse électronique de cette dernière. Il a pu à ce titre disposer, et a effectivement disposé, de la marchandise acquise par [la société plaignante] à sa guise, de sorte qu'il revêtait la qualité de gérant* » ; cet arrêt reprend la notion décrite en allemand à l'ATF 142 IV 346 c. 3.2 (350) en ces termes au c. 3.2.2 (40-41 : « *Une personne qui revêt la qualité de gérant, soit [...] à qui incombe, de fait ou formellement, la responsabilité d'administrer un complexe patrimonial non négligeable dans l'intérêt d'autrui. La qualité de géant suppose un degré d'indépendance suffisant et un pouvoir de disposition autonome sur les biens administrés. Ce pouvoir peut aussi bien se manifester par la passation d'actes juridiques que par la défense, au plan interne, d'intérêts patrimoniaux, ou encore par des actes matériels, l'essentiel étant que le gérant se trouve au bénéfice d'un pouvoir de disposition autonome sur tout ou partie des intérêts pécuniaires d'autrui, sur les moyens de production ou le personnel d'une entreprise* »).

[1505] Cf. TF 22. 12. 2017, 6B_688/2014, c. 13.1.1 (« *lorsque l'organe est composé de plusieurs personnes, celles-ci jouissent collectivement du pouvoir de gestion autonome propre à l'organe dont elles font partie. Si l'un des membres de cet organe, seul ou avec d'autres, accomplit dans l'exercice de ce pouvoir l'un des actes constitutifs de l'infraction de l'art. 158 CP, il tombe sous le coup de cette disposition. Il n'y a aucune raison en effet de considérer que seul celui qui jouit individuellement d'un pouvoir de disposition autonome*

Les limites à la répression pénale proviennent d'une part de la nécessité que la 1020
violation se soit concrétisée par une lésion effective, comme le texte légal
l'énonce explicitement (il s'agit clairement d'une infraction « de résultat »[1506],
et non « de mise en danger »).

D'autre part, la jurisprudence recourt à certaines cautèles pour cerner ce qui 1021
peut relever de la gestion déloyale pénalement punissable. La violation qui
cause la lésion doit clairement concerner non pas n'importe quelle obligation
de la personne qui se trouve être le gérant, mais uniquement celles qui sont
liées à la gestion confiée[1507]. En d'autres termes, il s'agit de cerner avec rigueur
ce qui relève, en général, de la gestion proprement dite et, spécifiquement, des
compétences confiées (étant précisé qu'un gérant peut aussi *se les approprier*,
en particulier un organe de fait, dont le comportement peut également être visé
par l'infraction de gestion déloyale[1508]).

Une autre cautèle concerne le traitement du **dol éventuel**. Cette forme de l'in- 1022
tention est ordinairement beaucoup plus facile à prouver que l'intention directe
(« dol direct ») de léser la société : il faut prouver que le gérant a envisagé que
son comportement puisse léser la société sans forcément vouloir ce résultat,
c'est-à-dire sans considérer que sa survenance soit le « scénario principal »,
mais en acceptant tout de même subjectivement ce résultat pour le cas où il
surviendrait (cette preuve est cependant beaucoup plus difficile à apporter que
la démonstration de la négligence, qui relève essentiellement de l'appréciation,
y compris sous la forme de la négligence consciente, pour laquelle il suffit de
prouver que l'auteur savait que son comportement pouvait léser la société, sans
que doive être prouvée la volonté d'accepter ce résultat pour le cas, éventuel,
où il se produirait ; la négligence ne peut ici fonder de condamnation pénale).
La jurisprudence pose ici des exigences particulièrement élevées quant à la
preuve d'un dol éventuel : « *En matière de gestion déloyale [...], il faut exiger
que le dol éventuel soit nettement et strictement caractérisé vu l'imprécision
des éléments constitutifs objectifs de cette infraction* »[1509] ; concrètement, « *il*

---

peut tomber sous le coup de l'art. 158 CP, à l'exclusion de ceux qui disposent du même
pouvoir collectivement* »).

[1506] Ainsi explicitement TF 22. 12. 2017, 6B_688/2014, c. 4.4.1 (« *La gestion déloyale est une
infraction de résultat, celui-ci se concrétisant par la survenance du dommage* »).

[1507] TF 25. 11. 2015, 6B_310/2014, c. 3.1.1 : « *Pour qu'il y ait gestion déloyale, il ne suffit pas
que l'auteur ait été gérant, ni qu'il ait violé une quelconque obligation de nature pécuniaire à l'endroit de la personne dont il gère tout ou partie du patrimoine ; le terme de
gestion déloyale et la définition légale de l'infraction exigent que l'obligation qu'il a violée soit liée à la gestion confiée* ».

[1508] Cf. *supra* n. 1504 ; ég. *supra* N 709.

[1509] ATF 120 IV 190 c. 2b (193). Ég. ATF 123 IV 17 c. 3e (23 : « *le dol éventuel suffit, lequel
doit cependant être strictement caractérisé* ») ; TF 25. 11. 2015, 6B_310/2014, c. 3.1.4 et,

faut [...] exiger que la probabilité du résultat se soit imposée à l'auteur d'une façon si pressante que son acte ne puisse raisonnablement être interprété que comme un consentement »[1510].

bb. Violations du devoir de loyauté précédant la faillite

1023 Le Code pénal comprend une série de dispositions qui sanctionnent les actes appauvrissant le débiteur, si celui-ci tombe ultérieurement en faillite, soit notamment la « *banqueroute frauduleuse* » (art. 163 CP), la « *diminution effective de l'actif au préjudice des créanciers* » (art. 164 CP) et la « *gestion fautive* » (art. 165 CP), ainsi que les « *avantages accordés à certains créanciers* » (art. 167 CP). Ces dispositions sont conçues originellement pour le débiteur personne physique, mais, vu la règle générale de l'art. 29 CP imputant la punissabilité notamment à l'organe (lit. a), au dirigeant effectif (lit. d) et aux autres décideurs (lit. c[1511]), ce sont les gérants qui sont punissables s'ils conduisent la société à s'appauvrir de la sorte ou à privilégier certains de ses créanciers. Il s'agit d'infractions intentionnelles[1512].

1024 La plupart des actes visés sont manifestement une violation du devoir de loyauté lorsqu'ils sont commis au préjudice d'une société dont on est gérant (art. 163 CP : diminuer fictivement l'actif, « *notamment en distrayant ou en dissimulant des valeurs patrimoniales, en invoquant des dettes supposées, en reconnaissant des créances fictives ou en incitant un tiers à les produire* » ; art. 164 CP : diminuer

---

identique, TF 22. 12. 2017, 6B_688/2014, c. 13.1.4 (« *vu l'imprécision des éléments constitutifs objectifs de l'infraction, la jurisprudence se montre toutefois restrictive, soulignant que le dol éventuel doit être strictement caractérisé* »). En ce sens aussi CJ GE 6. 3. 2023, AARP/78/2023, c. 3.2.5.

[1510] ATF 86 IV 12 c. 6 (17), qui nous semble être le seul arrêt qui précise concrètement ce qu'est l'exigence d'une nature « strictement caractérisée » du dol éventuel. C'est aussi le premier dans lequel apparaît cette exigence accrue.

[1511] Le texte légal vise le « *collaborateur d'une personne morale, d'une société ou d'une entreprise en raison individuelle disposant d'un pouvoir de décision indépendant dans le secteur d'activité dont il est chargé* ». – L'art. 29 lit. b CP vise « l'associé », ce qui est manifestement inapproprié – et, en conséquence, juridiquement inopérant – lorsque celui-ci n'a pas de pouvoir de gestion.

[1512] Le texte de l'art. 165 CP est ambigu (ce qui a été reconnu dans le processus législatif, FF 1991 II 1037 : « *délit intentionnel qui, en raison de la définition de formes particulières de gestion fautive [...] contient néanmoins certains éléments de négligence* »). Bernard CORBOZ, I (2010), ad art. 165 CP, expose que « *l'infraction est intentionnelle [...] dans la mesure où la gestion reprochée à l'auteur (action ou omission) doit être volontaire* » (N 53) et que « *l'auteur doit avoir volontairement adopté un comportement qui, considéré objectivement, doit être qualifié de fautif* » (N 58).

l'actif « *en endommageant, détruisant, dépréciant ou mettant hors d'usage des valeurs patrimoniales, en cédant des valeurs patrimoniales à titre gratuit ou contre une prestation de valeur manifestement inférieure, en refusant sans raison valable des droits qui lui reviennent ou en renonçant gratuitement à des droits* » ; art. 165 CP : brader des valeurs patrimoniales, causer ou aggraver son surendettement, causer sa propre insolvabilité ou aggraver sa situation alors que l'on se sait insolvable ; privilégier certains créanciers, selon l'art. 167 CP, qui suppose matériellement un acte révocable au sens des art. 287 s. LP[1513], peut l'être dans le cas où cela nuit à l'intérêt social, notamment en rendant plus difficile l'obtention d'un concordat[1514]).

Outre la violation du devoir de loyauté sur le plan du droit privé, les comportements visés correspondent *aussi* à l'infraction pénale de gestion déloyale.   1025

3. Casuistique

Une casuistique citant des exemples de violations du devoir de loyauté est proposée dans la section suivante, consacrée au devoir de diligence. Cela permet de mettre nettement en exergue à la fois comment ces devoirs se distinguent l'un de l'autre[1515], et combien, en pratique, la violation de l'un et celle de l'autre peuvent être associées voire s'entremêler[1516].   1026

III. Le devoir de diligence

A. Notion

Le devoir de diligence du gérant est simple à définir. Il revient à exiger du gérant qu'il **exécute ses tâches en faisant preuve de l'attention commandée par les circonstances**, qui peut raisonnablement être attendue de lui. Cela se mesure au regard de ce qui peut être attendu d'un gérant raisonnable placé dans   1027

[1513] Cf. JEANNERET/HARI, CR ad art. 167 CP (2017), N 3 (« *[l'art.] 167 vise les actes révocables commis par un débiteur en état de surendettement* »). Sur les actes révocables, cf. *supra* N 776 s.

[1514] *Supra* N 858.

[1515] Cf. *infra* N 1088 ad n. 1645-1649.

[1516] Cf. *infra* N 1087 ad n. 1631-1644.

la même situation ; le critère est ainsi plutôt objectif[1517] et, évidemment, sujet à un *jugement de valeur* juridique[1518].

1028 De prime abord, il semblera juste d'*opposer la diligence due par le gérant à la négligence* : en effet, si un gérant est diligent, il n'est pas négligent ; s'il est négligent, il n'est pas diligent. Les deux notions apparaissent donc directement antinomiques. Toutefois, dans la conception classique du droit suisse, on estime que les notions ne relèvent pas du même ordre de questions, la diligence étant un devoir, qui se mesure objectivement, et la négligence une forme de la faute, laquelle se rapporte à la situation subjective de la personne dont la responsabilité est alléguée. Cela dit, il faudra bien constater que sur un plan pratique, l'antinomie entre diligence et négligence se confirme presque tout le temps[1519], bien que l'on puisse concevoir des situations où l'on retiendra que

---

[1517] En droit suisse, on évoque volontiers cette « objectivisation » de la diligence. Ainsi p. ex. ATF 139 III 24 c. 3.2 (26) : «*Für die Sorgfalt, die der Verwaltungsrat bei der Führung der Geschäfte der Gesellschaft aufzuwenden hat, gilt ein objektiver Massstab. [...] Das Verhalten eines Verwaltungsratsmitglieds wird deshalb mit demjenigen verglichen, das billigerweise von einer abstrakt vorgestellten, ordnungsgemäss handelnden Person in einer vergleichbaren Situation erwartet werden kann*» ; cf. ég. p. ex. TF 22. 12. 2022, 4A_292/2022, c. 8.1 et 8.5 ; TF 29. 6. 2021, 4A_344/2020, c. 5.2.1. V. ég. PETER/ CAVADINI, CR ad art. 717 CO (2017), N 8 ad n. 10 : «*On se trouve en définitive confronté à une objectivisation des exigences*» (ainsi que : «*il est vrai que les exigences sont objectivées*») ; ZEN-RUFFINEN/BAUEN (2017), N 190 : «*l'administrateur doit exercer ses attributions [...] avec 'toute la diligence nécessaire'. C'est le cas s'il agit comme agirait une personne diligente placée dans une situation comparable. Le critère est donc objectif*» ; Mauro LARDI (2020), p. 55 : «*objektiver Sorgfaltsmassstab*» ; COROBZ/AUBRY GIRARDIN, CR ad art. 754 CO (2017), N 19 : «*L'étendue du devoir de diligence se mesure de façon objective, en fonction des circonstances concrètes*» ; Christophe BUCHWALDER, CR ad art- 812 CO (2017), N 5 ad n. 4 : «*La notion de diligence nécessaire fait ressortir le caractère objectif des soins et des efforts qu'on doit pouvoir attendre des gérants*» (ég. après n. 5 : «*modèle objectivé du gérant de Sàrl*») ; CARRON/CHABLOZ, CR ad art. 902 CO (2017), N 3 : «*critère objectivisé*» ; OULEVEY/LEVRAT (2022), N 700. Pour l'art. 538 al. 2 CO, applicable dans les sociétés de personnes (*infra* N 1032), il est également reconnu qu'il s'agit d'un critère objectif (ainsi François CHAIX, CR ad art. 538 CO [2017], N 8 : «*La diligence due s'apprécie alors à l'aune d'un gérant consciencieux, placé dans les mêmes circonstances*» ; FELLMANN/MÜLLER, BK ad art. 538 [2006], précisent eux aussi que «*für die Haftung des entgeltlich tätigen Geschäftsführers*», il y a bien lieu d'appliquer un «*objektivierter Sorgfaltsmassstab*» [N 146] qui doit être «*bereichspezifisch oder berufsspezifisch*» [N 147 *in fine*]).

[1518] Le terme «*billigerweise*» employé dans l'ATF 139 III 24 c. 3.2 (26, cité *supra* n. 1517) et par Peter BÖCKLI (2009), § 13, N 575, montre l'importance que jouent les réflexions d'équité et donc l'appréciation pour cerner ce qu'est la diligence due.

[1519] De façon générale sur la faute en droit civil hors des cas objectifs d'impossibilité, Nicolas ROUILLER (2007), p. 686-690 ; Luc THÉVENOZ, CR ad art. 97 CO (2021), N 52-58 ; Daniel

le gérant a objectivement violé son devoir de diligence, tandis que des considérations subjectives (p. ex. des événements extraordinaires et imprévisibles l'affectant personnellement et dont il ne peut surmonter à court terme les effets) conduisent à nier, malgré tout, qu'il ait fait preuve de négligence.

La concrétisation du devoir de diligence est, bien entendu, sensiblement plus complexe que l'énonciation de sa définition. Pour établir des catégories juridiques qui facilitent sa compréhension, on peut distinguer, d'une part, le devoir de **gérer la société avec diligence**, sans qu'une autre norme juridique spécifique soit en jeu, et, d'autre part, le devoir d'**appliquer avec diligence les différentes normes** du droit des sociétés et des autres domaines de l'ordre juridique. Cette distinction est conceptuellement utile, mais on ne peut en faire une grille de lecture décisive, car on peut subdiviser le devoir de diligence en devoirs particuliers (non codifiés, mais qui constituent des normes, non écrites) et que différents devoirs (codifiés ou non) usuellement appréhendés pour eux-mêmes peuvent être en réalité analysés comme se confondant avec le devoir général de gérer de façon diligente. **1029**

Dès lors, c'est souvent en prenant **différents angles de l'activité** qui revient au gérant que le devoir de diligence est présenté en doctrine (p. ex. acceptation du mandat, exécution des tâches, organisation de la société, surveillance des employés et des auxiliaires[1520]). On fera ci-après le choix de commencer par les **normes légales**, avant de décrire **différentes catégories d'activités** du gérant qui, bien qu'imparfaites et critiquables sous l'angle de la systématique, organisent utilement l'approche de la matière. **1030**

GUGGENHEIM (1995), p. 122-126 ; Eugen BUCHER (1988), p. 347. Cf. ég. *infra* N 1218 et n. 2958.

[1520] C'est la classification que nous avons suivie dans le traité sur la société anonyme (ROUILLER/BAUEN/BERNET/LASSERRE ROUILLER [2022], N 479 ss) ; elle l'est aussi par OULEVEY/LEVRAT (2022), N 692-697. ZEN-RUFFINEN/BAUEN (2017), N 190-197, suivent une catégorisation en sept rubriques. Ces présentations sont faites souvent dans des chapitres consacrés non à la définition du devoir, mais à la responsabilité (ce qui est bien compréhensible, la violation d'un devoir étant une condition de la responsabilité). D'autres présentations renoncent à des catégorisations (cf. p. ex. Mauro LARDI [2020], p. 55-57 ; DÜRR/SETTLENEN [2020], p. 90 s. ; PETER/CAVADINI, CR ad art. 717 CO [2017], N 4-9 ; COROBZ/AUBRY GIRARDIN, CR ad art. 754 CO [2017], N 18 s. ; Christophe BUCHWALDER, CR ad art. 812 CO [2017], N 4-6 ; CARRON/CHABLOZ, CR ad art. 902 CO [2017], N 3).

B. Normes et processus

1. Bases légales du devoir de diligence

1031 La notion de devoir de diligence est directement présente dans les dispositions légales consacrées aux devoirs des gérants. Pour la **société anonyme**, l'art. 717 al. 1 CO dispose que « *[l]es membres du conseil d'administration, de même que les tiers qui s'occupent de la gestion, exercent leurs attributions avec toute la diligence nécessaire [...]* »[1521] (cette disposition s'applique aussi à la société en commandite par actions, vu le renvoi général de l'art. 764 al. 2 CO). Pour la **société à responsabilité limitée**, l'art. 812 al. 1 CO est quasi identique : « *Les gérants ainsi que les tiers chargés de la gestion exercent leurs attributions avec toute la diligence nécessaire [...]* »[1522]. Pour la **coopérative**, une règle convergente figure à l'art. 902 al. 1 CO : « *L'administration applique toute la diligence nécessaire à la gestion des affaires sociales [...]* ».

1032 Pour les **sociétés de personnes**, la base légale correspondant à la diligence due dans les relations de loin les plus nombreuses (du moins dans les sociétés commerciales) est l'art. 538 al. 3 CO (le titre marginal de cette disposition étant « *Diligence requise* »), qui renvoie aux règles sur le mandat : « *L'associé gérant qui est rémunéré pour sa gestion a la même responsabilité qu'un mandataire* »[1523]. Le mandataire est soumis à une obligation de diligence (art. 398 al. 2 CO : « *Le mandataire est responsable envers le mandant de la bonne et fidèle*

[1521] Contrairement au devoir de fidélité, le devoir de diligence du conseil d'administration était déjà prescrit dans les dispositions antérieures à 1991. Ainsi, l'art. 722 aCO-1936 disposait : « *L'administration applique toute la diligence nécessaire à la gestion des affaires sociales* ». En revanche, il ne l'était pas explicitement dans le Code fédéral des obligations de 1881 (cf. art. 648-658 aCFO-1881). Sur les motifs de l'introduction d'une telle norme, cf. Message du Conseil fédéral, FF 1928 I 286 : « *Lorsque la loi et la jurisprudence ont défini les tâches des organes, elles sont souvent parties de points de vue complètement erronés quant à l'exploitation des grandes sociétés* ».

[1522] On peut observer que le Tribunal fédéral confirme que l'interprétation de la règle doit être la même (TF 27. 6. 2017, 4A_642/2016, c. 2.1 : « *Die zu Art. 717 Abs. 1 OR durch die Rechtsprechung entwickelten Grundsätze gelten daher auch für die GmbH* »).

[1523] Par ailleurs, sans mention de la diligence dans le titre marginal, l'art. 540 al. 1 CO fait le même renvoi : « *À moins que le présent titre ou le contrat de société n'en dispose autrement, les rapports des associés gérants avec les autres associés sont soumis aux règles du mandat* ». Toutefois, il y a lieu d'admettre que la réserve faite au début de cette disposition porte aussi sur l'art. 538 al. 1 CO (ainsi FELLMANN/MÜLLER, BK ad art. 538 CO [2006], N 52, bien que très critiques sur cette disposition [*op. cit.*, N 27 et 29] ; François CHAIX, CR ad art. 540 CO [2017], N 4).

exécution du mandat », l'al. 1 renvoyant aux obligations du travailleur[1524], à propos desquelles l'art. 321a al. 1 CO dit : « *Le travailleur exécute avec soin le travail qui lui est confié [...]* »). Comme on l'a observé à propos du devoir de loyauté, ce qui s'applique à l'associé gérant s'applique aussi aux gérants non associés : ces gérants sont fondamentalement des mandataires[1525] ; lorsqu'ils sont (aussi) des travailleurs, la diligence n'est pas définie autrement[1526]. L'exception concerne *l'associé gérant non rémunéré* – situation rare dans les sociétés commerciales[1527] – dont la diligence est limitée à un standard éminemment subjectif : « *Chaque associé doit apporter aux affaires de la société la diligence et les soins qu'il consacre habituellement à ses propres affaires* » (cela correspond à la formulation romaine de la « *diligentia quam in suis [rebus]* »). Les art. 538 et 540 CO, qui figurent dans le droit de la société simple, s'appliquent aux autres sociétés de personnes (art. 557 al. 2 CO pour la SNC[1528], au régime de laquelle renvoie l'art. 598 al. 2 CO pour la société en commandite).

Le devoir de diligence **s'applique ainsi aux gérants de toutes les sociétés**, personnes morales ou sociétés de personnes.   1033

Il s'applique ainsi notamment aux **gérants *de fait***, dont les pouvoirs ne sont pas formalisés[1529].   1034

Une disposition légale importante est l'art. 754 al. 2 CO, en vertu de laquelle celui qui **délègue** licitement la gestion est responsable du dommage causé par   1035

[1524] « *La responsabilité du mandataire est soumise, d'une manière générale, aux mêmes règles que celle du travailleur dans les rapports de travail* ».

[1525] *Supra* N 975.

[1526] L'art. 321e CO fait certes référence aux « *aptitudes et qualités du travailleur que l'employeur connaissait ou aurait dû connaître* » (al. 2 *in fine*), mais on s'accorde à reconnaître que la fonction de gérant implique que la diligence soit soumise à un critère objectif (*supra* N 1027, spéc. n. 1517), le caractère général du renvoi de l'art. 398 al. 1 CO ne l'emportant pas sur la définition de la diligence prescrite à l'al. 1 et découlant de la structure fondamentale du droit des sociétés, qui, sauf l'exception de l'art. 538 al. 1 CO, requiert un critère objectif. Il en va de même dans les personnes morales, où les clauses d'un éventuel contrat de travail avec un administrateur ou directeur ne peuvent pas amoindrir le devoir de diligence des art. 717, 812 et 902 CO.

[1527] On observera que l'art. 538 al. 2 CO ne limite en rien *le type de rémunération* qui induit que cet alinéa s'applique (cf. FELLMANN/MÜLLER, BK ad art. 538 CO [2006], N 145 [« *Auf die Art der Vergütung, die der geschäftsführende Gesellschafter für seine Tätigkeit bezieht, kommt es dabei nicht an* »]).

[1528] À toutes fins utiles, on observe que la doctrine ne remet nullement en question que ce renvoi inclut l'art. 538 CO (ainsi p. ex. Pierre-Alain RECORDON, CR ad art. 557 CO [2017], N 4 ; Lukas HANDSCHIN, BaK ad art. 557 CO [2008], N 2).

[1529] *Supra* N 980 ; ég. N 709-718 sur les organes de fait, spéc. N 716 ad n. 1087 (sur leurs *devoirs*).

le délégataire s'il ne l'a pas choisi, instruit et surveillé de façon diligente[1530]. Il s'agit d'un champ d'application particulier de la diligence ; en cas de délégation licite, la diligence au regard des actes du gérant délégué ne va pas au-delà de ces trois devoirs d'attention (*curae in eligendo, in instruendo et in custodiendo*). On peut y voir un allègement de la diligence, mais il s'agit selon nous plutôt d'une précision et d'une clarification de ce qu'est la diligence en cas de délégation, et de ce qu'elle peut être d'un point de vue réaliste : on ne saurait imputer tout simplement au délégant le comportement du délégataire. Cette disposition légale est applicable aux autres formes de sociétés. Pour la Sàrl, cela résulte du renvoi général de l'art. 827 CO[1531]. Pour les gérants des autres formes de société, c'est par application analogique[1532].

1036 Les **termes** de diligence et de devoir de diligence sont aussi employés dans **diverses dispositions spéciales**. Cela peut consister en un simple rappel de la nécessité d'agir prestement[1533]. Plusieurs dispositions adoptées en 2020, qui concernent les entreprises de grande taille (art. 964 CO), mentionnent textuellement le devoir de diligence. Elles ont pour champ d'application le *rapport*

[1530] La formulation (« *Celui qui d'une manière licite, délègue à un autre organe l'exercice d'une attribution, répond du dommage causé par ce dernier, à moins qu'il ne prouve avoir pris en matière de choix, d'instruction et de surveillance, tous les soins commandés par les circonstances* ») consiste à énoncer une règle d'imputation, puis à instituer une exception. Une formulation directe et positive aurait consisté à énoncer que « *le gérant qui délègue licitement la gestion a le devoir de choisir, instruire et surveiller avec soin le délégataire* ». La formulation de l'art. 754 al. 2 CO s'explique par l'attention portée dans les travaux législatifs au fardeau de la preuve (cf. Message du Conseil fédéral, FF 1983 II 871, ég. 784 et 863 s. et 964), lequel est effectivement bien exprimé (à l'inverse, la formulation peut prêter à confusion lorsqu'elle limite la délégation concernée « *à un autre organe* » [ainsi CORBOZ/AUBRY GIRARDIN, CR ad art. 754 CO {2017}, N 34, qui indiquent que cela ne reflète pas l'intention du législateur ; cf. ég. ZEN-RUFFINEN/BAUEN {2017}, N 897], ; la formulation paraît ne concerner qu'une personne déjà organe, alors que tout tiers peut être délégataire ; cela étant, le tiers à qui la délégation de tâches de gestion est faite devient directeur, et donc organe).

[1531] En ce sens, CORBOZ/AUBRY GIRARDIN, CR ad art. 827 CO (2017), N 7-9.

[1532] Pour la *coopérative*, CORBOZ/AUBRY GIRARDIN, CR ad art. 916 CO (2017), N 9. – Pour les *sociétés de personnes*, on observe que la doctrine, sans forcément citer l'art. 754 al. 2 CO, retient que si la délégation est licite, l'art. 101 CO (induisant une imputation des actes du délégataire au délégant) ne s'applique pas (ainsi FELLMANN/MÜLLER, BK ad art. 538 CO [2006], N 57 ss, spéc. 58 : « *Setzt ein Gesellschafter zur Erfüllung seiner Aufgaben befugterweise eine Hilfsperson ein , die in unmittelbarer Vertragsbeziehung zur Gesamtheit der Gesellschafter steht, und fügt diese Hilfsperson der Gesellschaft einen Schaden zu, haftet er den Mitgesellschafter gegenüber grundsätzlich nicht für die Handlungen des Gehilfen* »). Le délégant doit toutefois forcément choisir, instruire et surveiller avec soin le délégataire à qui il confie une position de gestion.

[1533] Ainsi à l'art. 574 al. 2 CO.

sur les questions non financières (à savoir en matière environnementale, sociale, de personnel, de respect des droits de l'homme et de lutte contre la corruption) – dont l'approbation doit impérativement être le fait de l'organe suprême de direction ou d'administration (art. 964c CO)[1534] –, dans lequel il y a lieu de décrire « *les procédures de diligence mises en œuvre* » (art. 964b al. 2 ch. 2 CO) et d'évaluer l'efficacité de celles-ci (ch. 3). Les art. 964j-964l CO prescrivent, sans se borner à exiger de l'organe dirigeant qu'il émette un rapport (art. 964l CO), la nécessité de « *respecter les devoirs de diligence dans la chaîne d'approvisionnement et en rendre compte dans un rapport, lorsqu'elles : (1) mettent en libre circulation en Suisse ou traitent en Suisse des minerais ou des métaux contenant de l'étain, du tantale, du tungstène ou de l'or, provenant de zones de conflit ou de zones à haut risque, ou (2) offrent des biens ou des services pour lesquels il existe un soupçon fondé de recours au travail des enfants* »[1535]. Ces normes emploient la notion de devoir de diligence en référence à la nécessité de s'assurer du respect de diverses règles impératives. La notion est aussi employée dans d'autres lois. En particulier, la Loi sur le blanchiment d'argent précise les « *obligations de diligence* » des intermédiaires financiers[1536] (art. 3-8a, 15 et 17 LBA)[1537]. Bien entendu, dans les domaines qu'elles traitent, ces normes sont fort importantes. Cela étant, elles ne contribuent pas à cerner de façon plus précise *la notion générale* de devoir de diligence du gérant.

[1534] C'est-à-dire le conseil d'administration dans la société anonyme, cf. ROUILLER/BAUEN/BERNET/LASSERRE ROUILLER (2022), N 697i, spéc. n. 2248.

[1535] L'art. 964k CO précise que « *les entreprises mettent en place un système de gestion et définissent les éléments suivants : (1) leur politique relative à la chaîne d'approvisionnement en minerais et en métaux provenant potentiellement de zones de conflit ou de zones à haut risque ; (2) leur politique relative à la chaîne d'approvisionnement pour les produits ou services pour lesquels il existe un soupçon fondé de recours au travail des enfants ; (3) un système qui permet d'établir une traçabilité de la chaîne d'approvisionnement* » (al. 1) ; en outre, « *[e]lles identifient et évaluent les risques d'effets néfastes dans leur chaîne d'approvisionnement. Elles élaborent un plan de gestion des risques et prennent des mesures en vue de réduire au minimum les risques constatés* » (al. 2).

[1536] Cela concerne aussi les négociants (art. 8a LBA) et les exploitants de jeux d'argent (art. 17 LBA et 67 s. LJAR).

[1537] On relèvera que la notion de diligence est aussi employée aux art. 1, 17-19 (titre de la section 5) et 69 LSFin pour décrire le standard de qualité attendu de la fourniture de services financiers ou d'information ; elle l'est aussi pour l'attention dans la délégation (les personnes choisies devant être instruites et surveillées « *soigneusement* » selon l'art. 23 al. 2 *in fine* LSFin, terme correspondant à l'allemand « *sorgfältig* »).

2. Catégories générales

a. Diligence dans les décisions entrepreneuriales ;
diligence dans les autres actes

1037 Il nous apparaît que la distinction la plus éclairante peut se faire entre la **diligence dans la prise de décision entrepreneuriale** et la **diligence dans l'accomplissement d'autres actes**, soit des décisions dont les paramètres ne sont pas entrepreneuriaux et des actes qui relèvent de l'exécution.

En effet, on s'accorde à reconnaître que les décisions proprement entrepreneuriales ne peuvent pas être raisonnablement soumises à un critère de nature juridique dans ce qui concerne la **prise de risques qui dépend d'évolutions par essence incertaines et même impondérables**. L'évolution du marché, le comportement des concurrents, les réactions des consommateurs, la conjoncture générale sont tous des facteurs qui jouent un rôle dans le succès ou l'échec d'une prise de risques ; or, très largement, ils échappent à des prédictions fiables. Dans toute prise de risque, le succès ou l'insuccès (et donc, dans ce dernier cas : des pertes) repose sur l'intuition de celui qui décide, ou même tout simplement sur la chance. L'ordre juridique doit tenir compte de la nature imprévisible et impondérable des facteurs à l'œuvre pour être une technique réaliste de régulation des comportements et d'arbitrage des relations sociales. S'il ignorait cette nature lorsqu'il s'agit de déterminer ce qui est diligent, le droit serait un marchand d'illusions, incapable d'apporter des solutions utiles.

1038 La nécessaire **retenue** que doit avoir l'ordre juridique quant à appliquer un critère de diligence à la prise de risque peut être envisagée sous l'angle du droit matériel (ce que nous préconisons[1538]) ou sur le plan d'une limitation du pouvoir de cognition du juge (ce qui est la méthode appliquée dans le droit des États-Unis d'Amérique – sous l'expression de *Business Judgment Rule*[1539] –,

---

[1538] Cf. en particulier la 3ᵉ édition de *La société anonyme suisse* de Rouiller/Bauen/Bernet/Lasserre Rouiller (2022), N 584b spéc. ad n. 1863 s.

[1539] Cf. p. ex. Knepper/Bailey (2015), 2-1 et § 2.01-2.14 : « *The* business judgment rule *is a defense, which, applicable, reduces the liability exposure of directors to claims for mismanagement and breach of their duty of care. This defense recognizes that not all decisions by directors will result in benefit for the corporation or will (...) appear to be prudent. However, courts will not second-guess business decisions by directors so long as the directors follow appropriate procedure in making the decision* ». Aussi Henry Cheeseman (2004), chap. 36, p. 771.

spontanément reprise par la majorité de la doctrine helvétique[1540]). Les résultats concrets des deux approches méthodologiques sont, à notre sens, identiques.

Ainsi, on reconnaît que l'on ne juge pas du respect du devoir de diligence *a posteriori*, en ayant connaissance des faits qui se sont révélés (en particulier : des pertes réalisées, y compris au regard du fait que des concurrents ont pris des décisions divergentes couronnées de succès). Il faut **se placer au moment de la prise de décision** (*ex ante*)[1541]. Cela étant posé, et si l'on admet qu'on ne peut tenir rigueur à un gérant de ce que l'évolution des facteurs impondérables soit défavorable après la prise de décision, l'ordre juridique ne s'abstient pas de toute appréciation sur la diligence ; il exige que le gérant ait recueilli les éléments qui pouvaient être connus ou maîtrisés. 1039

Concrètement, la diligence consiste à **obtenir les informations raisonnablement disponibles,** susceptibles de constituer une **base suffisante** pour la décision (« *hinreichende Informationsbasis* »[1542] ; c'est pourquoi la *Business* 1040

[1540] On peut se référer, de manière non exhaustive, aux contributions suivantes : BRUGGER/VON DER CRONE, RSDA 2013 178-189 ; Alex CHRISTEN, PJA 2015 123-134 ; GERICKE/WALLER (2014), p. 287-318 ; Lukas GLANZMANN (2014), p. 247-286 ; Peter KUNZ, RSDA 2014 275-283 ; VOGT/BÄNZIGER, GesKR 2012 607-627 ; VON DER CRONE/BUFF, RSDA 2015 444-458. – Cela semble adopté aussi dans des contributions examinant d'autres aspects de la responsabilité des administrateurs, ainsi p. ex. Harald BÄRTSCHI (2014), p. 39-134 ; Elias BISCHOF, RSJ 2014 195-204 ; Isabelle CHABLOZ (2013), *passim* ; HOFSTETTER/LANG (2013), p. 231-249 ; JACQUEMOUD/PASQUIER (2013), p. 62-78 ; Thomas KRIZAJ, PJA 2013 819-836 ; Peter KUNZ, recht 2014 175-185 ; MAUCHLE/VON DER CRONE, RSDA 2014 227-239 ; Rolf SETHE (2014), p. 165-202. Dans la jurisprudence, le vocabulaire employé va aussi plutôt dans ce sens, cf. TF 31. 7. 2019, 4A_623/2018, c. 3.1 (3ᵉ par. ; le c. 3.1 n'est pas publié aux ATF 145 III 351) : «*Die vom Bundesgericht verwendete Formulierung zur Einschränkung seiner Überprüfung und den diesbezüglichen Voraussetzungen bezieht sich also auf Geschäftsentscheide. Die innere Begründung dieser Praxis ergibt sich daraus, dass sich das Gericht nicht anmasst, eigentliche unternehmerische Entscheide im Nachhinein besser beurteilen zu können als die damalig im konkreten Geschäft tätigen verantwortlichen Personen* » (le c. 3.1 emploie encore, *in fine*, le terme de « *Überprüfungsbeschränkung* »), cf. *infra* n. 1552).

[1541] Cela est exprimé de façon nette à l'ATF 139 III 24 c. 3.2 (dont nous citons la bonne traduction au JdT 2013 II 328 [330] : « *La diligence s'apprécie selon l'état du droit, les renseignements disponibles et les critères applicables au moment de l'action ou de l'omission considérée. Les manquements au devoir de diligence doivent donc être appréciés selon un point de vue ex ante* »). Cf. aussi le terme « *im Nachhinein* » employé dans l'arrêt TF 31. 7. 2019, 4A_623/2018 cité *supra* n. 1540 *in fine*.

[1542] Peu de temps avant l'ATF 139 III 24, le critère apparaît dans les arrêts TF 5. 1. 2011, 4A_467/2010, c. 3.3, et TF 18. 6. 2012, 4A_74/2012, c. 5.1 (3ᵉ par.). Alors que ces trois arrêts retiennent néanmoins la violation du devoir de diligence (voire du devoir de fidélité), l'arrêt TF 8. 4. 2014, 4A_626/2013-4A_4/2014, retient bel et bien que le reproche d'une collecte insuffisante d'informations ne peut être retenu (c. 6.3.2 : « *Welche*

Judgment Rule protège l'*informed* business judgment[1543]). Certaines informations sont aisément accessibles. À titre d'exemple, avant de décider d'une opération immobilière, l'ordre de grandeur du prix au m² usuel dans la ville ou le quartier pour la vente ou la location devrait toujours être obtenu ; décider sans avoir recueilli cet élément est un manquement à la diligence. Mais décider délibérément un écart par rapport à ce prix usuel peut se justifier pour des raisons entrepreneuriales (p. ex. attente d'un marché haussier, ou conviction subjective que le lieu présente des particularités, tels un « style » ou un « charme » propres à favoriser le succès de l'entreprise en tant que l'emplacement joue un rôle).

1041 L'ampleur des informations que le devoir de diligence requiert de recueillir **varie en fonction de la taille de l'opération et des risques induits**, tout comme de l'éventuelle nécessité de décider rapidement. La proportionnalité est ici décisive (p. ex., une expertise certes réalisable, mais coûteuse ou longue à obtenir, ne sera pas toujours requise[1544]).

1042 En plus de la nécessité de récolter des informations suffisantes, la conformité au devoir de diligence requiert **que la décision du gérant soit *défendable***[1545] (c'est-à-dire qu'elle constitue « *ein vertretbarer Geschäftsentscheid* »)[1546]. Il s'agit concrètement d'évaluer si les chances de gains, soit notamment la taille

---

Abklärungen ein sorgfältiger Geschäftsmann tätigen konnte und musste, kann vom Gericht nicht abstrakt beurteilt werden. Dass die Beschwerdeführer keine weiteren Abklärungen vorgenommen haben, kann ihnen nur zum Vorwurf gereichen, wenn zumutbare Abklärungsmöglichkeiten bestanden und die aus derartigen Abklärungen zu erwartenden Erkenntnisse für die Frage, ob eine ungesicherte Vorauszahlung zu leisten ist, relevant sind. Es ist aber nicht ersichtlich und wird weder von der Vorinstanz noch der Beschwerdegegnerin ausgeführt, welche zusätzlichen Abklärungen die Beschwerdeführer vor Abschluss des Vertrages vom 20. 9. 2005 bzw. der Vorauszahlung über USD 200 000 noch hätten tätigen müssen und können, um weitere Erkenntnisse zu gewinnen »).

[1543] Ainsi dans l'affaire bien connue *Smith v. Van Gorkom* (jugement de la Cour suprême du Delaware 29. 1. 1985, Del. 1985, 488 A.2d 858 [1985], N 69, 75, 78, 80, 93, 99 et 154 ; voir aussi l'opinion dissidente du juge MCNEILLY, N 224 et 226), citée dans une multitude d'arrêts. Voir en droit comparé Nicolas ROUILLER, International Business Law (2015), p. 313 s et n. 653-655.

[1544] Ce même genre de réflexion s'applique dans l'appréciation du devoir de fidélité en rapport avec les conflits d'intérêts (pour la solution desquels on peut recourir à des *fairness opinions*, cf. *supra* N 972, après n. 1422, et N 989 ad n. 1449).

[1545] Ainsi TF 5. 1. 2011, 4A_467/2010, c. 3.3 : « *En se plaçant au moment du comportement reproché à l'administrateur, il faut se demander, en fonction des renseignements dont il disposait ou pouvait disposer, si son attitude semble raisonnablement défendable* ».

[1546] TF 8. 4. 2014, 4A_626/2013-4A_4/2014 c. 7 *pr.*, où la prise de risques est considérée comme n'étant pas indéfendable. Le critère de la *Vertretbarkeit* figure (discrètement dans l'ATF 139 III 24 (c. 3.3 [27] et 3.4 [29]) et, avant lui, TF 18. 6. 2012, 4A_74/2012 (c. 5.1, 2e par.), puis dans les arrêts TF 28. 8. 2013, 4A_97/2013, c. 5.2, TF 8. 9. 2015, 4A_219/2015 c. 4.2.1 (2e par.) et TF 11. 11. 2015, 4A_603/2014, c. 7.1.1.

des bénéfices attendus, se situent dans un rapport raisonnable avec les coûts certains et les pertes potentielles[1547].

À notre avis, le devoir de diligence requiert aussi **d'évaluer les pertes maxi-** 1043 **males** d'une opération au regard de la **capacité de la société de supporter** ces pertes. Si une opération présente un risque non négligeable de lui faire subir des pertes dépassant les fonds propres (capital social, réserves, bénéfice reporté, provisions), la probabilité que la décision qui la fonde viole le devoir de diligence est élevée[1548]. Il s'agit à la fois de proportionnalité et d'une question de principe, car la réalisation d'un tel risque emporte le surendettement et donc la faillite. L'existence d'un engagement des actionnaires (ou de tiers, p. ex. un partenaire dans l'opération) de couvrir d'éventuelles pertes[1549], du moins pour éviter le surendettement, peut rendre la décision néanmoins conforme au devoir de diligence.

Une mesure purement théorique des pertes maximales n'est en principe pas 1044 décisive. Certes, ce montant doit, selon nous, être identifié. Mais il est défendable de prendre la décision si, dans une perspective de gains probables, des pertes qui emporteraient tous les fonds propres voire plus ne constituent qu'un scénario de très faible probabilité (p. ex. de l'ordre de 1 %). Cela étant, si une couverture du risque maximal même théorique peut être obtenue à un coût raisonnable, elle doit, à notre sens, être conclue.

Les appréciations sur ce qui relève de la décision entrepreneuriale « souve- 1045 raine » n'ont pas de pertinence lorsqu'il s'agit d'**exécuter des décisions qui ont déjà été prises** (même, en particulier, les décisions pour l'appréciation desquelles sous l'angle de la diligence on fera preuve de retenue parce qu'elles relèvent du jugement entrepreneurial – *business judgment*). En effet, les tâches

---

[1547] Un tel « calcul » est fait dans l'arrêt TF 8. 4. 2014, 4A_626/2013-4A_4/2014, c. 7.3 : « *Die Vertretbarkeit hängt immer auch davon ab, welche Chancen mit einem Geschäft verknüpft waren. [...] Die Realisierung des Verkaufs an I. hing davon ab, dass die D. AG sich das Öl beschaffen konnte. Angesichts der Preisdifferenz von USD 150.– pro Tonne hätte aus den von der F. Ltd. zu liefernden 10 500 Tonnen ein Gewinn von über USD 1,5 Mio. resultiert, und bei Nicht-Lieferung bzw. verspäteter Lieferung drohten der D. AG Sanktionen aus dem Kaufvertrag mit I. Im Hinblick darauf wäre die Vorauszahlung nur dann nicht mehr vertretbar gewesen, wenn die Verdachtsmomente gegen Herrn G. von der F. Ltd. schon derart stark gewesen wären, dass die Beschwerdeführer in diesem Moment mit einem Verlust des Betrages und gleichzeitig einer Nicht-Realisierung des Gewinns geradezu rechnen mussten, beziehungsweise dass sie bereits in diesem Zeitpunkt hätten erkennen müssen, dass es sich bei ihm um einen Betrüger handelt* ».

[1548] C'est sous cet angle que la sous-capitalisation peut être envisagée. Cela étant, ce concept est souvent employé selon des taux d'endettement schématiques, cf. *infra* n. 3290-3291.

[1549] Pour un aperçu des différents types d'engagements de ce genre de la part d'actionnaires ou d'autres investisseurs, cf. *supra* N 734-737.

d'un gérant peuvent aussi comprendre ce qui relève de l'exécution voire de la routine. Dans la mesure où l'exécution n'est pas personnellement accomplie par le gérant mais déléguée à des subordonnés, la diligence s'applique à la façon de les choisir, les instruire et les surveiller. Pour ces tâches d'exécution, de routine ou de supervision, il n'y a pas d'impondérables justifiant[1550] qu'une éventuelle violation du devoir de diligence les concernant soit examinée avec retenue.

1046 Un arrêt récent a aussi précisé que les décisions du conseil d'administration qui consistent dans l'exercice des **tâches de contrôle et d'organisation** se prêtent à un examen juridique plein et entier (« *Demgegenüber eignen sich andere Aufgaben des Verwaltungsrats, namentlich Kontroll- und Organisationsaufgaben, für eine justizmässige Nachkontrolle* »)[1551]. Il a concrètement été retenu que la décision du conseil d'administration de ne pas octroyer l'approbation à un transfert d'actions nominatives liées (art. 685a CO) en offrant de reprendre les actions à la valeur réelle (art. 685b CO) ne constituait pas une décision entrepreneuriale à propos de laquelle il fallait faire preuve de retenue dans l'examen d'une éventuelle violation du devoir de diligence[1552]. La ligne de démarcation n'est pas forcément évidente : le caractère opportun de l'entrée d'un actionnaire peut parfois relever de la stratégie entrepreneuriale. Cela dit, cet arrêt montre qu'il n'y a pas lieu d'étendre démesurément le champ d'application de la retenue dans l'examen d'une éventuelle violation du devoir de diligence.

1047 Il faut toutefois observer que **d'autres décisions font appel à des critères laissant une large place à l'appréciation**, en particulier la présence de « justes motifs » prévus par les statuts (précisément en rapport avec l'approbation à un transfert d'actions, à l'art. 685b al. 1, 1re hypothèse, et al. 2 CO[1553]), ou les « intérêts sociaux dignes de protection » qui peuvent s'opposer à une demande de renseignement (art. 697 al. 4 CO) ou de consultation (art. 697a al. 3 CO). Il s'agit cependant de notions juridiques et non d'appréciations entrepreneuriales.

[1550] Cf. le c. 3.1 de l'arrêt TF 31. 7. 2019, 4A_623/2018 (non publié aux ATF 145 III 351), cité *supra* n. 1540.

[1551] TF 31. 7. 2019, 4A_623/2018, c. 3.1 (3e par.).

[1552] TF 31. 7. 2019, 4A_623/2018, c. 3.1 (*in fine*) : « *Ein Entscheid des Verwaltungsrats, mit welchem er von der gesetzlichen (hier auch statutarischen) Befugnis gemäss Art. 685a Abs. 1 OR zum Ankauf eigener Aktien und der Verweigerung der Übertragung auf einen anderen Erwerber Gebrauch macht, fällt entgegen der Vorinstanz nicht in den Anwendungsbereich der dargelegten Überprüfungsbeschränkung* ».

[1553] Le droit de souscription préférentiel peut aussi être supprimé « pour justes motifs » (cf. art. 652b al. 2 et 653t al. 1 ch. 7 CO), mais c'est à l'assemblée générale de les déterminer, la tâche du conseil d'administration ne pouvant consister qu'à vérifier s'ils sont réalisés.

Il ne semble donc pas que l'examen judiciaire à leur sujet doive être soumis à la retenue applicable aux décisions entrepreneuriales proprement dites.

b. Divers champs d'application du devoir de diligence

Le devoir de diligence s'applique à toutes les tâches du gérant. Ainsi, comme déjà énoncé, les différentes catégories que l'on peut élaborer pour énoncer son champ d'application ont une valeur descriptive. Elles n'ont pas une portée conceptuelle ni un impact pratique. 1048

aa. Diligence dans l'acceptation du mandat de gérant

Tout gérant doit être diligent **au moment d'accepter le mandat**. Il doit ainsi s'assurer, autant qu'on puisse le faire *ex ante*, qu'il a les compétences lui permettant en principe de remplir les tâches liées à la position de gérant. 1049

Il ne s'agira pas d'une réflexion abstraite sur une position de gérant en général. La personne qui envisage d'accepter un mandat de gérant doit **se renseigner sur le contenu concret** de la position en question. À cet égard, il est bien entendu central, par exemple lorsqu'il est question d'accepter un mandat d'administrateur, que dans la société en cause, la gestion soit déléguée à des directeurs. La disponibilité en temps[1554] et les compétences que doit avoir un tel administrateur sont celles liées à la surveillance de directeurs, et non à l'accomplissement des travaux quotidiens qui revient à ceux-ci. 1050

L'administrateur qui a accepté un tel mandat n'a pas manqué de diligence si, en raison d'une chute sévère et imprévue de l'activité, la société ne peut plus avoir de directeurs, ou que des directeurs doivent être écartés d'urgence (p. ex. en raison de la découverte de malversations) et ne peuvent être remplacés immédiatement, et que cela implique un report des tâches sur le conseil d'administration, alors qu'il n'a, notamment, pas de ressources en temps suffisantes pour suppléer les directeurs. Cela dit, **une certaine capacité à réagir aux imprévus et aux crises** fait partie de ce à quoi doit être prête toute personne qui accepte un mandat de gérant : la démission immédiate en cas d'évolution des circonstances non conforme aux scénarios de référence n'est pas ce qui est attendu d'un gérant même lorsqu'au moment de l'acceptation, le mandat était censé se borner pour l'essentiel à de la surveillance. Le « noyau dur » de la 1051

[1554] Énonçant le critère du temps, OULEVEY/LEVRAT (2022), N 694.

diligence dans l'acceptation de tout mandat de gérant inclut une capacité d'assumer une fonction de transition en cas de crise, soit d'être prêt à consacrer du temps à chercher des remplaçants des dirigeants de plein exercice et à prendre les décisions qui ne souffrent aucun retard. Cela suppose donc d'avoir certaines connaissances du domaine d'activité de la société et d'être *a priori* capable de les approfondir ou d'en acquérir davantage, rapidement, de façon à prendre la responsabilité ultime de telles décisions.

1052   La diligence dans l'acceptation s'apprécie donc de façon nuancée, toujours au regard du mandat tel qu'il peut être concrètement envisagé, sans exclure dans leur principe les imprévus et les situations de crise. Il arrive que la jurisprudence emploie une formulation sanctionnant une attitude *extrêmement* peu diligente : «*celui qui se déclare prêt à assumer un mandat d'administrateur tout en sachant qu'il ne peut pas le remplir consciencieusement viole son obligation de diligence*» [1555]. La diligence due dans l'acceptation va plus loin que cela [1556]. La jurisprudence est d'ailleurs sévère à l'égard des «hommes de paille» qui acceptent un mandat (voire de nombreux mandats) sans avoir les compétences (ou le temps) pour en assumer la réalité [1557].

[1555] ATF 122 III 195 c. 3b (200).

[1556] Un arrêt traitant l'acceptation d'un réviseur contient une formulation qui nous apparaît valoir de manière générale, TF 26. 1. 2016, 4A_373/2015, c. 5.1 : «*Il est utile de relever que le réviseur ne saurait se soustraire à toute responsabilité (plus précisément, écarter toute violation de ses devoirs) en argumentant qu'il a certes accepté de jouer un rôle dans une société anonyme, mais qu'il n'était pas en mesure d'accomplir correctement sa tâche en raison de son état ou de son manque de connaissance. Dans ces hypothèses, le réviseur doit alors y renoncer, en déclinant le mandat*». – À l'inverse, l'ATF 119 V 401, cité *infra* n. 1612, relatif lui aussi à la diligence dans l'acceptation du mandat, emploie une formulation qui semble imprécise (donnant l'impression qu'est visée *l'acceptation* d'un mandat dans une société affrontant une situation difficile, et non *le manque de diligence dans le processus d'acceptation*).

[1557] Cf. TF 27. 8. 2013, 4A_120/2013, c. 3 : «*L'administrateur ne saurait se soustraire à ses devoirs en se prévalant du fait qu'il jouait le rôle d'un simple 'homme de paille' de l'ayant droit économique ; il ne peut se faire libérer de ses responsabilités légales par l'actionnaire unique*» (en raison de «*la primauté de l'obligation de fidélité envers la société*» ; cité ég. *infra* n. 1632). Voir aussi ZEN-RUFFINEN/BAUEN (2017), N 191.

bb. Diligence dans l'exécution des tâches et attributions

Cette catégorie, assez fréquemment citée[1558], a pour **objet** les tâches que les normes légales (du Code des obligations ou d'autres lois), statutaires[1559] ou contractuelles, imposent aux gérants et les décisions que les gérants sont chargés d'exécuter, prises par l'assemblée des associés – organe « suprême » de toute société dans ses domaines de compétence – ou par un organe supérieur (p. ex. une décision collective du conseil d'administration qui charge l'un de ses membres ou un directeur de son exécution). 1053

Les gérants doivent exécuter ces multiples tâches en faisant preuve de toute l'attention que l'on peut raisonnablement attendre d'eux (la loi employant le terme d'« *attention nécessaire* »[1560]). 1054

Cela suppose d'abord que le gérant mette en œuvre **les moyens pour avoir connaissance de ses tâches**. Dans la mesure où les tâches découlent de la loi, le gérant doit, pour avoir cette connaissance, accomplir ou faire accomplir un travail informationnel de nature juridique (il peut le faire lui-même, notamment s'il est juriste, ou le faire accomplir en recueillant l'information idoine des juristes de l'entreprise ou en mandatant des juristes). Dans la mesure où les tâches sont spécifiques à la société, parce qu'elles découlent des statuts, du contrat de société ou de décisions, leur connaissance exigera qu'une place appropriée leur soit réservée dans les processus suivis par les gérants ; si les statuts ou le contrat de société sont aisément accessibles, les décisions doivent être conservées et activement « gardées en mémoire »[1561] pour qu'elles continuent d'être exécutées, y compris au-delà d'un changement de gérants. 1055

[1558] Cf. p. ex. ZEN-RUFFINEN/BAUEN (2017), N 193 ; OULEVEY/LEVRAT (2022), N 694. Cf. ég. PETER/CAVADINI, CR ad art. 717 CO (2017), N 4 (« *diligence nécessaire dans l'exercice de leurs attributions* »).

[1559] Ainsi Mauro LARDI (2020), p. 56 : « *Das klassische Beispiel der mangelnden Sorgfalt bei der Ausübung des Mandats ist die Nichteinhaltung der statutarischen und gesetzlichen Vorschriften, die zum Schutz bestimmter Rechtsgüter aufgestellt worden sind* ».

[1560] *Supra* N 1031.

[1561] On emploie parfois en anglais le terme de « *corporate memory* » (en français parfois : « *mémoire institutionnelle* »), dont le contenu va cependant au-delà des décisions ayant une portée juridique. Il s'agit aussi de garder une trace des événements ayant une pertinence pour la société. – Cette problématique se distingue de celle de l'imputation de la connaissance (cf. *supra* N 631-635) – qui relève de la relation de la société envers les tiers –, même si elle soulève des questions communes sur le plan de l'accessibilité de l'information et de l'organisation de la société.

1056   La question de la connaissance des tâches en étant une condition préalable, la diligence dans l'exécution des tâches signifie ensuite que le gérant doit **se donner les moyens** qui sont en principe suffisants **pour les mener à bien**[1562]. Cela met en exergue que tout dysfonctionnement, tout échec dans l'exécution d'une tâche n'est pas systématiquement la marque d'un manque de diligence. Il arrivera occasionnellement que des moyens en principe suffisants ne parviennent pas à prévenir une défaillance. Par ailleurs, certaines activités sont consubstantiellement liées à des incertitudes ou risques irréductibles ou à des aléas.

1057   Excepté ces éléments généraux qui demeurent fort abstraits, la diligence dans l'exécution des tâches ne peut utilement être étudiée qu'en rapport avec chacune des tâches. Il convient donc de se rapporter aux multiples règles du Code des obligations, de la Loi sur la fusion[1563] et d'innombrables lois de droit administratif (y compris fiscales) applicables selon le(s) domaine(s) d'activité de la société. Ce sont ces règles qui créent les tâches et attributions des gérants.

1058   La doctrine fait souvent référence aux tâches «intransmissibles et inaliénables» de l'organe dirigeant[1564] (p. ex. art. 716a al. 1 CO pour le conseil d'administration de la SA et art. 810 al. 2 CO pour les gérants *stricto sensu* de la Sàrl ; cf. ég. art. 902 al. 2 et 3 CO pour l'administration de la coopérative), et tout particulièrement aux devoirs d'exercer la «haute direction» et d'agir en cas de surendettement[1565] (une gestion diligente pouvant impliquer de déceler

---

[1562] Dans la définition du devoir de diligence, la référence aux *moyens* ne signifie pas qu'il serait forcément éclairant de l'opposer à une *obligation de résultat*. Cette dichotomie conceptuelle peut être utile pour définir l'objet principal du contrat (typiquement en opposant l'obligation principale du mandataire de celle du vendeur ou de «l'entrepreneur» dans le contrat d'«entreprise» [le terme allemand *Werkvertrag* étant probablement plus évocateur]) et donc identifier si la contreprestation, stipulée en échange, est due. Une certaine prudence nous semble indiquée, de façon générale, à l'endroit de ce concept, car ce qui peut être garanti (et donc promis comme résultat) varie au fil du temps, notamment par l'évolution technologique, et aussi par la quantité de moyens mis en œuvre pour atteindre le résultat. En matière de diligence à fournir par le gérant, une opposition à une obligation de résultat ne nous semble pas apporter de réflexion utile.

[1563] Cf. p. ex. Mauro Lardi (2020), p. 56 ad n. 23, au sujet du devoir d'information de l'organe dirigeant lorsque «des *modifications importantes du patrimoine actif ou passif de l'une des sociétés qui fusionnent interviennent entre la conclusion du contrat de fusion et la décision de l'assemblée générale*» (art. 17 al. 1 LFus ; ég. art. 42 LFus pour la scission).

[1564] Ainsi p. ex. Peter/Cavadini, CR ad art. 717 CO (2017), N 4 *in fine* (après avoir cependant indiqué que «*l'obligation de diligence [...] est très générale et ne souffre en principe d'aucune exception*»).

[1565] *Supra* N 828-841 pour les tâches de l'organe dirigeant.

de façon précoce un surendettement[1566]). Cela étant, la diligence doit évidemment être exercée pour *toutes* les tâches qui n'ont pas été transférées, et pas seulement pour les tâches intransmissibles.

De façon générale, on peut voir une certaine **proximité entre la diligence dans l'exécution des tâches et la notion de *compliance*** (que l'on peut rendre par « conformité » ou « contrôle de la conformité »). Certes, cette dernière notion n'est guère précise ; elle correspond cependant à une réalité incontournable, car la plupart des grandes entreprises ont un département entier chargé exclusivement de la *compliance* (les banques et autres intermédiaires financiers ont dû mettre sur pied de tels départements à l'origine pour assurer l'application des règles contre le blanchiment d'argent) et que même des entreprises de taille moyenne ou petite ont un ou plusieurs employé(s) dont une tâche est la *compliance*. Il s'agit avant tout de vérifier la conformité aux normes (de sorte l'on peut rendre *compliance* par « conformité juridique »[1567]), mais le champ d'application s'est étendu à des domaines plus indéfinissables comme la protection de la réputation de la société[1568] (cet objectif peut bien entendu faire l'objet de lignes directrices internes, mais l'éloignement de ce qui peut être sujet à un examen proprement juridique est tel qu'il ne s'agit plus de conformité au droit). Malgré l'extension du concept de *compliance*, il nous semble certain que le champ d'application de la diligence dans l'exécution des tâches demeure plus

1059

[1566] La jurisprudence en matière de responsabilité insiste occasionnellement sur la nécessité pour les administrateurs d'être informés de la situation financière non seulement lorsque les comptes annuels sont prêts, mais aussi pendant l'exercice, cf. p. ex. TF 18. 6. 2012, 4A_74/2012 c. 5.2 (2e par : « *der Verwaltungsrat muss eine prekäre finanzielle Situation nicht nur dann erkennen, wenn eine Bilanz darüber Aufschluss gibt, sondern auch soweit andere Alarmzeichen im Zusammenhang mit der Geschäftsentwicklung bestehen* ») ; cf. ég. ATF 132 III 564 c. 5.1 (573 : « *En pratique, pour déterminer s'il existe des 'raisons sérieuses' d'admettre un surendettement, le conseil d'administration ne doit pas seulement se fonder sur le bilan, mais aussi tenir compte d'autres signaux d'alarmes liés à l'évolution de l'activité de la société [...], tels l'existence de pertes continuelles [...] ou l'état des fonds propres* »).

[1567] En allemand, « *Sicherstellung der Gesetzeskonformität* », cf. Simon GERBER (2020), p. 287 (v. aussi p. 286 : « *die Einhaltung der anwendbaren externen wie internen Regularien bestmöglich sicherstellen und gleichzeitig Verstösse verhindern* »).

[1568] On assiste ainsi à un phénomène qualifié de *over-compliance*, en particulier dans les banques et par rapport à des normes dont la violation fait l'objet de sanctions particulièrement sévères, pour éviter tout risque juridique potentiel en cas d'interprétation extensive de la norme mais aussi en raison d'une appréciation des risques réputationnels (à ce sujet, cf. p. ex. l'*Expert Consultation on "The Notion, Characteristics, Legal Status and Targets of Unilateral Sanctions", convened on 26 April 2021 by the Special Rapporteur on the negative impact of unilateral coercive measures on the enjoyment of human rights*, p. 3, 6 s., 10 et 13).

vaste : il englobe ce qui relève de la *compliance*, mais inclut aussi les nombreuses autres questions qui requièrent de l'attention sans être soumises à un contrôle de conformité. Cela dit, pour les questions traitées par les personnes chargées spécifiquement de la *compliance*, il est difficile de reprocher au gérant de la société un manque de diligence si ces personnes n'ont pas perçu de défaut de conformité.

cc.   Diligence dans l'organisation

1060   Le gérant est forcément un organisateur. La catégorie très générale de « diligence dans l'organisation » proposée en doctrine[1569] permet de saisir qu'indépendamment de dispositions légales ou statutaires spécifiques, le gérant doit **organiser l'activité** de la société.

1061   Il pourra s'agir d'**attribuer les tâches à d'autres personnes** – même lorsqu'il ne s'agit pas d'une « délégation de la gestion » à proprement parler, qui est une configuration particulière sur le plan de la diligence[1570] – et de s'assurer de leur bonne exécution, ce qui implique de mettre sur pied des processus par lesquelles l'information « remonte » au gérant régulièrement ; notamment, lorsqu'une décision reste dans la compétence du gérant, la « remontée d'information » doit se faire en temps utile.

1062   La diligence dans l'organisation implique **une certaine planification**. Assurément, dans bien des secteurs d'activité, la marche des affaires elle-même peut largement échapper à ce qui est planifiable et la capacité d'adaptation ou la souplesse seront les maîtres-mots de la diligence. Cela dit, même dans de tels contextes, il existe des échéances connues à l'avance ; une organisation diligente suppose de les identifier et d'allouer les moyens afin d'assurer qu'elles soient traitées à temps. Les échéances peuvent être contractuelles, légales ou administratives, ou encore relever du droit des sociétés (p. ex. le renouvellement des organes[1571] ou plus généralement la relève du personnel).

[1569] Cf. p. ex. Zen-Ruffinen/Bauen (2017), N 192 ; Oulevey/Levrat (2022), N 696. Cf. ég. Watter/Pellanda, BaK ad art. 717 (2008), N 7a.

[1570] *Supra* N 1035 et *infra* N 1067-1081.

[1571] Le ch. 14 al. 1, 1re phr., CSBP, conçu pour les sociétés cotées en bourse, mais qui peut servir d'inspiration plus largement (cf. Préambule, par. 2 ; cf. ég. Rouiller/Bauen/Bernet/Lasserre Rouiller [2022], N 699 ad n. 2255), met en exergue ce devoir : « *Le conseil d'administration planifie la relève en son sein et fixe les critères de sélection des candidats* ».

Selon les tendances contemporaines, qui se dégagent notamment dans les do-   1063
maines d'activité soumis à autorisation pour la protection de la clientèle (notamment dans le secteur financier[1572]), l'exigence émerge selon laquelle que
l'organisation diligente devrait être « résiliente », c'est-à-dire être **capable de
fonctionner en cas de défaillance inattendue** dans le personnel (par des sup-
pléances) ou dans l'infrastructure (notamment par une « redondance » sur le
plan des instruments informatiques). Dans une certaine mesure, on planifie
ainsi ce qui n'est pas planifié ; cela relève de la gestion des risques. Il ne faut
certes pas se bercer d'illusions sur la capacité des solutions de substitution d'assurer le fonctionnement de la société en cas de crise extrême. Mais cette sombre
lucidité ne saurait être un oreiller de paresse : en soi, les mesures conçues pour
que l'entreprise continue de fonctionner en cas de défaillance, ou du moins
puisse surnager, sont assurément utiles et permettent de cerner les faiblesses de
l'organisation susceptibles de créer une défaillance. À tout le moins lorsqu'une
société a des moyens suffisants pour identifier les possibilités de pallier ces
risques et pour mettre en œuvre ou préparer ces solutions de substitution, une
gestion diligente inclut probablement une telle organisation « résiliente ».

Une autre tendance contemporaine est que l'organisation doit **permettre en**   1064
particulier aux employés de signaler les dysfonctionnements, lesquels incluent des agissements illégaux dont ils sont témoins au sein de l'entreprise,
sans craindre de représailles ou autres inconvénients. Le lanceur d'alerte
(*whistleblower*) doit être protégé (sans que cela revienne à un blanc-seing pour
la calomnie ou la diffamation[1573]), et les problèmes qu'il signale doivent être
traités[1574]. Les standards contemporains nous semblent conduire à retenir que

---

[1572] Le concept de résilience – venu, semble-t-il, de la psychologie vers le *management* –
s'établit même dans les circulaires de la FINMA, en matière bancaire ; v. ainsi la Circulaire 2023/1 Risques et résilience opérationnels – banques (« *Gestion des risques opérationnels et garantie de la résilience opérationnelle* »). À ce sujet, Thierry ZUMSTEIN, La
gestion des risques opérationnels : l'exemple des banques, Jusletter 3. 4. 2023 (en particulier ch. 7 : « *La résilience opérationnelle : un nouveau concept ?* »). La pratique de la
FINMA consiste à exiger une organisation résiliente (p. ex. une « redondance » des données et instruments informatiques, et des suppléants) depuis le milieu de la décennie 2010-
2020 pour des entités régulées autres que les banques.

[1573] Ce problème doit selon nous être traité par une information aux employés comprenant une
mise en garde contre la tentation de fausses accusations, en mettant en exergue leur caractère souvent pénal et, humainement, leur caractère socialement destructeur, souvent irrémédiable. Cette information doit être aussi aisément accessible – simultanée et au même
endroit – que celle indiquant le canal par lequel les lanceurs d'alerte peuvent transmettre
leurs signalements en toute sécurité.

[1574] Le ch. 12 al. 2 CSBP dit à ce sujet : « *Le conseil d'administration veille à ce que les col-
laborateurs/collaboratrices témoins de probables irrégularités commises au sein de l'entreprise puissent les dénoncer à un organisme indépendant interne ou externe sans devoir*

439

le devoir de diligence oblige les gérants à s'assurer que l'organisation de la société permette un tel traitement[1575].

1065 De manière plus générale, l'organisation devrait favoriser une culture d'entreprise dans laquelle les problèmes peuvent être abordés, plutôt que dissimulés ou tus[1576]. L'équilibre n'est cependant pas chose facile : l'ouverture au débat ne doit pas aboutir à un manque d'égards (y compris envers un supérieur, en particulier dans des phases où il peut être fragilisé) ou à un encouragement à lancer des réflexions insuffisamment approfondies, qui engendrent un gaspillage de temps, potentiellement à large échelle. La responsabilité de trouver cet équilibre revenant en fin de compte aux gérants, une violation de leur devoir de diligence dans l'organisation pourra certes être retenue, mais seulement lorsque la culture de débat dans l'entreprise est pathologiquement fermée ou, au contraire, chaotique.

1066 La **façon dont l'organisation est formalisée** est aussi pertinente sur le plan de la diligence dans l'organisation. Ici aussi, il s'agit de trouver l'équilibre. La multiplication des règlements et directives n'est pas une panacée. En particulier, l'abondance de normes internes crée un risque de contradictions ; la connaissance insuffisante des normes qui existent par ailleurs peut engendrer des règlements ou directives internes qui sont matériellement redondants avec les premières, en ceci qu'ils reformulent pour l'essentiel le contenu de celles-ci, mais en le mêlant à d'autres éléments, de sorte que leur portée peut être incertaine et, presque inévitablement, source de confusions. Une élaboration diligente des règlements et directives internes consistera ainsi à se concentrer sur des points qui ne sont pas déjà réglés (notamment par la loi) ou pour lesquels les spécificités de l'entreprise ou du domaine d'activités rendent utile que des précisions (même abondantes) soient apportées.

---

s'attendre à en subir des inconvénients. Ces signalements seront examinés. L'entreprise réagira de manière adéquate aux irrégularités constatées ».

[1575] Cela nous semble résulter de la vision prescriptive utilisée en doctrine, p. ex. chez Simon GERBER (2020), p. 291. – Dans la mesure où il s'agit de préserver le lanceur d'alerte de représailles ou inconvénients de la part de supérieurs ou de collègues, cela peut aussi être rattaché au devoir de protection de l'employé qui incombe à l'employeur (*Fürsorgepflicht*). Cela relève donc aussi du devoir de diligence dans l'exécution des tâches (*supra* N 1055). Le traitement du problème signalé relève lui aussi de la diligence dans l'exécution. Cela illustre que les catégories (cf. *supra* N 1048) ne sont qu'un moyen de présenter les champs d'application multiples du devoir de diligence, qui s'entrecoupent.

[1576] Sur ce plan, le ch. 12 al. 1 CSBP est intéressant dans sa seconde phrase : « *Le conseil d'administration promeut une culture propice à l'action entrepreneuriale et placée sous les signes de l'intégrité, de la durabilité et du sens des responsabilités. Les questions et les sujets délicats doivent pouvoir être abordés ouvertement* ».

dd.   Diligence dans la délégation

aaa.   Cadre et nature de la délégation

La délégation de la gestion permet une véritable répartition des tâches. Dans la 1067
plupart des sociétés qui ne sont pas des micro-entreprises, elle est indispensable. Lorsque c'est l'organe supérieur de direction qui délègue, elle est soumise à des limites matérielles ; l'organe supérieur de direction ne peut déléguer entièrement la haute direction de la société et les autres tâches que la loi désigne comme intransmissibles. Par ailleurs, les statuts peuvent interdire la délégation[1577]. Si la délégation respecte ces limites, elle est **licite** ; cela étant, elle doit être **faite de façon diligente**.

Ainsi, comme cela ressort des dispositions sur la responsabilité (art. 754 al. 2 1068
CO[1578]), le gérant qui délègue doit « *[prendre] tous les soins commandés par les circonstances [en] matière de choix, d'instruction et de surveillance* » du délégataire[1579]. Dans la société anonyme, la loi précise – et on peut le percevoir comme l'une des concrétisations de la diligence[1580] – que la délégation doit reposer sur un *règlement d'organisation* (art. 716b al. 1 *in fine* CO) qui « *fixe les modalités de la gestion, détermine les postes nécessaires, en définit les attributions et règle en particulier l'obligation de faire rapport* » (al. 3). Une *décision* qui règle ces aspects vaut en principe règlement d'organisation[1581].

La diligence subdivisée ou envisagée sous ces trois angles (choisir, instruire et 1069
surveiller) correspond selon nous à ce qu'il est réaliste d'exiger du délégant, si

---

[1577] Dans le droit de la société anonyme actuel (en vigueur depuis le 1. 1. 2023), l'art. 716b CO-2020 a la présomption inverse du droit antérieur, qui ne permettait la délégation que si elle était autorisée explicitement par les statuts (art. 716b aCO-1991).

[1578] Appliqué par analogie aux autres sociétés, cf. *supra* N 1035 (spéc. ad n. 1531 s.).

[1579] Pour le texte légal complet, cf. *supra* n. 1530.

[1580] On peut aussi voir cette exigence formelle comme une *condition de la licéité* de la délégation (ainsi le Message du Conseil fédéral, FF 1983 II 871). Toutefois, si le gérant délégant a le pouvoir de déléguer (ce qui signifie, dans la société anonyme, qu'il pourrait adopter un règlement d'organisation, ce qui suppose qu'il soit le conseil d'administration) et qu'il choisit le délégataire, l'instruit et le surveille avec diligence – ce qui suppose et signifie que tout ce qui aurait dû figurer dans un règlement d'organisation a été dit au délégataire –, on ne voit pas qu'il soit raisonnable que sa responsabilité puisse être engagée.

[1581] ATF 137 III 503 c. 3.4 (511) : « *il n'est pas nécessaire que ce document soit formellement désigné comme étant un règlement d'organisation [...]. Il est suffisant qu'il résulte d'une décision du conseil d'administration valablement prise et constatée par procès-verbal. [...] Il faut [...] admettre que le contrat d''Investment Management Agreement' du 15. 11. 2007, dont aucune des parties ne prétend qu'il n'a pas été dûment approuvé par la majorité du conseil d'administration de la recourante, renferme les dispositions minimales exigées par l'art. 716b al. 2* » (aCO-1991, soit l'actuel art. 716b al. 3 CO-2020).

l'on veut que la délégation soit une **vraie répartition des tâches** et permette de limiter (ou concentrer) la charge de travail du délégant en fonction, notamment, de ses réelles ressources en temps. Il ne s'agit pas d'une limitation de la diligence, mais de son champ d'application en cas de délégation. Cela *n'induit* une « limitation » de responsabilité du délégant[1582] qu'en comparaison d'un régime juridique en vertu duquel les actes du délégataire seraient imputés au délégant comme s'ils étaient les siens.

bbb. La diligence dans le choix du délégataire (*cura in eligendo*)

1070 Pour concrétiser la diligence dans le choix du délégataire (*cura in eligendo*), on pourra dire que le délégant doit **récolter des données** objectives raisonnablement suffisantes, notamment en matière de qualifications (diplômes et expérience). Ces données doivent être documentées.

1071 **Il ne s'agit cependant pas d'un processus qui serait essentiellement bureaucratique.** Le choix n'est pas forcément diligent s'il se porte sur la personne la plus diplômée et expérimentée, ou indiligent s'il se porte sur une autre personne. En effet, en particulier au regard du pouvoir de disposition – au sens large[1583] – qu'implique la gestion, les considérations sur le plan de la probité et de l'autonomie (et du charisme, s'il s'agit d'un poste où les interactions avec les employés et les tiers sont nombreuses) ne sont pas moins importantes. Surtout lorsqu'on ne peut choisir une personne qui est déjà dans la société[1584], ces considérations sont souvent des anticipations voire « un pari sur l'avenir ». À cet égard, l'appréciation subjective joue un rôle central[1585] et le choix revêt

---

[1582] La situation est souvent présentée de la sorte, ainsi p. ex. ZEN-RUFFINEN/BAUEN (2017), N 891 (« *limite la responsabilité des administrateurs* ») ; OULEVEY/LEVRAT (2022), N 1080 (« *allègement en matière de responsabilité* »). Cf. ég. PETER/CAVADINI, CR ad art. 716b CO (2017), N 39 : « *responsabilité (atténuée) en cas de délégation de la gestion* ».

[1583] Il ne s'agit pas uniquement de la maîtrise des actifs, en particulier des liquidités sur comptes bancaires, ni même seulement du pouvoir de conclure des contrats au nom de la société, mais aussi de la maîtrise des flux commerciaux et, notamment, de la possibilité pratique de conclure des affaires pour propre compte (*supra* N 1002-1011) ou de se faire corrompre (problématique traitée depuis le 1. 7. 2006 notamment par l'art. 4a LCD relatif à la corruption privée).

[1584] À cet égard, on relève que PETER/CAVADINI, CR ad art. 716b CO (2017), N 40 *in initio*, se réfèrent à la confiance (« *La* cura in eligendo *implique que le conseil d'administration porte son choix sur des personnes de confiance qui disposent des qualifications nécessaires à la réalisation de la fonction qu'il leur confie* »).

[1585] Sur la nature subjective et « de pari » du choix des personnes à qui des compétences sont confiées, on peut se référer à Denis DE ROUGEMONT (dans sa préface à son ouvrage *La Suisse ou l'histoire d'un peuple heureux*, éd. 1970) qui rapporte « *la fameuse question de Napoléon quand on lui proposait un candidat à quelque promotion civile ou militaire :*

aussi la nature d'une décision entrepreneuriale. Dans cette mesure-là, il est sans doute juste que tout examen juridique, en particulier judiciaire, s'opère avec retenue, comme pour les autres décisions entrepreneuriales[1586].

On observera que s'il s'avère **en cours de mandat** que la personne choisie n'est pas à même d'accomplir les tâches faisant l'objet de la délégation[1587], la diligence dans le choix exige du délégant qu'il la révoque[1588], ou du moins la suspende[1589] en retirant ses pouvoirs de représentation[1590]. 1072

ccc.   La diligence dans les instructions (*cura in instruendo*)

Les instructions doivent, pour être diligentes, **fixer le cadre dans lequel le délégataire peut travailler efficacement** pour l'intérêt social. Dans une approche contemporaine, il apparaît naturel que ce cadre doive permettre au délégataire d'agir avec autant d'autonomie que possible ; les tâches sont en principe d'autant mieux accomplies que celui qui en est chargé est autonome et – indépendamment d'une analyse juridique – se sent spontanément responsable de leur accomplissement. Si les instructions sont ainsi la détermination d'un cadre d'autonomie et de responsabilité, l'ordre juridique pose la limite des compétences intransmissibles du gérant qui délègue (p. ex. le conseil d'administration dans la SA, les gérants dans la Sàrl), parmi lesquelles figure la « haute direction » (art. 716a al. 1 ch. 1 et 810 al. 2 ch. 1 CO). Celle-ci ne peut donc être déléguée. Il s'ensuit nécessairement que le délégataire doit être *instruit* de s'en 1073

'*Est-il heureux ?* ' » (dans le sens de « chanceux »). D'autres sources, dont certaines antérieures à la Révolution, attribuent cette approche de la *cura in eligendo* au cardinal Mazarin (ainsi p. ex. Norbert DE LAISSAC, De l'esprit militaire, 3ᵉ éd. 1789, p. 261).

[1586] Cf. *supra* N 1037-1047.

[1587] Cela requiert un soin dans la *surveillance*.

[1588] ATF 122 III 195 c. 3b (199) : « *[…] en présence d'informations propres à susciter l'inquiétude sur la probité d'un collaborateur chargé de certaines compétences, l'administrateur unique ne peut rester passif, sous peine de voir sa responsabilité engagée […]. En l'espèce, le devoir de diligence commandait à l'administrateur d'écarter J. de la direction de la société. En effet, la* 'cura in eligendo' *ne s'épuise pas dans le choix des personnes chargées de la gestion et de la représentation, mais englobe l'obligation de les révoquer si nécessaire, en particulier lorsque la surveillance exercée sur le délégué fait apparaître des carences graves* ». Voir aussi PETER/CAVADINI, CR ad art. 716b CO (2017), N 40 ad n. 52 ; ZEN-RUFFINEN/BAUEN (2017), N 895 ad n. 1417.

[1589] ATF 122 III 195 c. 3b (199-200) : « *comme la révocation, la suspension permettait d'écarter J. des affaires, en tout cas jusqu'à l'assemblée générale qui devait se tenir dans un bref délai* ».

[1590] Ainsi ROUILLER/BAUEN/BERNET/LASSERRE ROUILLER (2022), N 586b *in fine*.

référer au gérant délégant pour recueillir de nouvelles instructions s'il a à traiter une question qui requiert une décision relevant de la haute direction[1591].

1074 Une fois données les instructions initiales, et hors des cas où le délégataire sollicite des instructions et où des instructions doivent être renouvelées selon un programme (fréquence établie à l'avance), le devoir d'instruire diligemment est **étroitement lié au devoir de surveiller diligemment**. Une partie de la surveillance doit porter sur la vérification, par le délégant, que le délégataire n'a pas besoin d'instructions (soit concrètement vérifier que les instructions dont dispose le délégataire demeurent suffisantes ou si une mise à jour est nécessaire). Il existe ainsi une interaction entre la nécessité d'instruire avec diligence et une surveillance diligente. Par ailleurs, l'obligation de rendre compte, nécessaire pour que la surveillance fonctionne efficacement (car si les comptes-rendus sont fournis correctement, le délégant ne doit pas se montrer intrusif pour surveiller), doit reposer sur une instruction portant spécifiquement sur la reddition de compte ; cette instruction doit d'inscrire dans le cadre du règlement d'organisation ou de la décision de délégation qui doit réglementer cet aspect de la délégation[1592].

1075 Pour les entreprises d'une taille importante, il est assurément juste de dire que « *la* cura in instruendo *implique [...] que le délégataire connaisse son cahier des charges, qu'il soit à même de se situer dans l'organisation sociale, qu'il sache avec quels organes il doit (fonctionnellement) collaborer et, enfin, qu'il sache à qui il doit (hiérarchiquement) rendre compte* »[1593].

1076 De façon générale, il ne semble pas faux de dire que le délégataire doit être instruit sur les buts fixés par le délégant, sur les moyens grâce auxquels celui-ci souhaite qu'il soit recouru et sur ceux qui sont exclus[1594]. À notre avis, cette typologie est un peu schématique. Ce qui nous semble décisif, c'est la nature stratégique des buts et des moyens employés. S'ils relèvent de la haute direction en raison de leur importance (notamment la proportion de leurs coûts certains – les bénéfices étant incertains – au regard de l'ensemble des ressources de la société), ils doivent faire l'objet d'instructions ; des buts secondaires ou des moyens que la société peut manifestement se permettre ne relèvent en principe pas de la haute direction.

[1591] L'art. 716a al. 1 ch. 1 et 810 al. 2 ch. 1 CO emploient d'ailleurs tous deux des termes qui lient haute direction et instructions pour décrire la première tâche intransmissible du conseil d'administration, respectivement des gérants : « *exercer la haute direction de la société et établir les instructions nécessaires* ».

[1592] *Supra* N 1068.

[1593] PETER/CAVADINI, CR ad art. 716b CO (2017), N 41.

[1594] Cf. PETER/CAVADINI, CR ad art. 716b CO (2017), N 41 ad n. 53. V. ég. ZEN-RUFFINEN/BAUEN (2017), N 233 ad n. 895.

ddd. La diligence dans la surveillance (*cura in custodiendo*)

Une surveillance diligente *(cura in custodiendo)* suppose à la fois de la plani- 1077
fication et la capacité d'agir en cas de situation imprévisible.

Il résulte d'instructions diligentes que le délégataire doit rendre compte au dé- 1078
légant de façon périodique[1595] (ce qui peut être qualifié de routine), mais aussi
de façon ponctuelle lorsqu'une nécessité exceptionnelle exige que le délégant
soit informé sans tarder, hors des échéances périodiques. La surveillance diligente implique, d'une part, que le délégant prenne attentivement connaissance
des **rapports**, et, d'autre part, qu'il s'assure que les rapports soient fournis selon les échéances[1596]. Prendre attentivement connaissance d'un rapport impliquera, le moment venu, d'en saisir les insuffisances perceptibles et de réclamer
alors des informations complémentaires[1597].

Outre le traitement de la remontée spontanée (périodique ou ponctuelle) d'in- 1079
formation, la surveillance supposera aussi, en particulier si l'entreprise a une
certaine taille, que le gérant déléguant ait des moyens de vérifier la gestion du
délégataire **indépendamment des rapports** que fournit celui-ci. Un mécanisme d'inspection doit exister. On évoque souvent la nécessité d'un *contrôle*

[1595] Pour un cas d'application, cf. TF 13. 11. 2015, 9C_619/2015 (rés. *in* SJ 2016 I 217), cité
infra n. 1670.

[1596] Pour un cas certes assez caricatural, dans lequel la délégation a été faite à l'actionnaire
unique, cf. TF 27. 8. 2013, 4A_120/2013, c. 3 («*l'absence d'informations spontanées par
l'actionnaire aurait dû faire réagir le recourant*»).

[1597] Le Message du Conseil fédéral en vue de l'adoption de l'art. 716b CO-1991 mentionnait
particulièrement cet aspect, FF 1983 II 964 : «*L'étendue du devoir de diligence en matière
de délégation est assez considérable. Le devoir de surveillance n'est en particulier satisfait que par celui qui garantit le caractère complet du rapport, examine les informations
de manière attentive et critique, exige des informations complémentaires en cas de situations extraordinaires ou dangereuses et adapte ses instructions aux circonstances*». L'arrêt TF 12. 2. 2007, 4C.358/2005, c. 5.2.1 (non publié aux ATF 133 III 116) a une teneur
très proche : «*Dazu gehört, dass er sich laufend über den Geschäftsgang informiert, Rapporte verlangt, sie sorgfältig studiert, nötigenfalls ergänzende Auskünfte einzieht und
Irrtümer abzuklären versucht. Ergibt sich aus diesen Informationen der Verdacht falscher
oder unsorgfältiger Ausübung der delegierten Geschäftsführungs- und Vertretungsbefu-
gnisse, ist der Verwaltungsrat verpflichtet, sogleich die erforderlichen Abklärungen zu
treffen, nötigenfalls durch Beizug von Sachverständigen*». Cela figure aussi aux ATF 97
II 403 c. 5b (411 : «*Das setzt voraus, dass der Verwaltungsrat die ihm unterbreiteten Be-
richte kritisch liest, nötigenfalls von der Geschäftsleitung ergänzende Auskünfte verlangt
und bei Feststellung von Irrtümern oder Unregelmässigkeiten einschreitet*») et 114 V 219
c. 4 (223 : «*Dazu gehört, dass er sich laufend über den Geschäftsgang informiert, Rapporte verlangt, sie sorgfältig studiert, nötigenfalls ergänzende Auskünfte einzieht und
Irrtümer abzuklären versucht*»).

interne[1598]. Il est intéressant de noter que cette notion figure dans le droit de la révision : dans le cadre du contrôle ordinaire, l'organe de révision doit vérifier l'existence d'un « *système de contrôle interne* »[1599]. Le contrôle ordinaire n'étant obligatoire de par la loi que pour les sociétés dont les activités ont un volume important[1600], on pourrait penser que l'existence d'un système de contrôle interne n'existe que pour de telles sociétés. À vrai dire, quelle que soit la dénomination, un mécanisme de vérification émanant du délégant et ne reposant pas entièrement sur les informations fournies par le délégataire est incontournable dans toutes les entreprises[1601] ; si son ampleur est légitimement modeste en raison de la petite taille de l'entreprise et qu'on ne souhaite pas employer le terme de « contrôle interne », c'est bien, en essence, d'un contrôle interne qu'il s'agit. L'objectif est de détecter des risques indépendamment des rapports, et les entorses à la loi, aux statuts ou règlements[1602]. À cet égard, la notion de contrôle interne peut se recouper avec celle de *compliance*[1603].

1080   On peut encore évoquer qu'une surveillance diligente suppose que les situations, notamment des irrégularités commises par le délégataire, nécessitant l'intervention du délégant puissent lui être **signalées directement** par les employés[1604]. Il faut toutefois veiller à l'équilibre et ne pas encourager non plus

---

[1598]   Cf. ZEN-RUFFINEN/BAUEN (2017), N 895.

[1599]   Art. 728a al. 1 ch. 3 CO. L'organe de révision doit « *[tenir] compte du système de contrôle interne lors de l'exécution du contrôle et de la détermination de son étendue* » (al. 2) et faire un rapport détaillé comprenant des constatations notamment sur le système de contrôle interne (cf. art. 728b al. 1 CO).

[1600]   Cf. *supra* N 882 : actuellement le franchissement de deux des trois seuils de CHF 20 millions de bilan, CHF 40 millions de chiffre d'affaires et 250 employés. Il existe d'autres cas, telle une exigence votée par une minorité qualifiée de sociétaires (N 886 ss) ou l'existence d'une obligation d'établir des comptes consolidés (N 882).

[1601]   Cf. p. ex. Robert SULZER, Internes Kontrollsystem [IKS], Unternehmensführung und Recht/Droit et gestion d'entreprise [Dürr/Lardi/Rouiller, éd., 2020], p. 345 : « *ein Unternehmen ohne IKS ist wie ein Schiff ohne Steuer* », tout en précisant que « *das IKS [sollte] für jedes Unternehmen individuell auf dessen Bedürfnisse ausgerichtet werden* ». Pour les sociétés où la délégation est faite à l'actionnaire unique, cf. TF 27. 8. 2013, 4A_120/2013, c. 3 : « *Quand bien même l'actionnaire se serait expressément engagé à tenir [l'administrateur délégant] informé et aurait affirmé être l'ayant droit économique des fonds versés sur les comptes bancaires, cela ne dispensait pas [l'administrateur délégant] d'exercer son obligation de surveillance sur lesdits comptes [...]* ».

[1602]   Cf. p. ex. TF 27. 8. 2013, 4A_120/2013 c. 3 : « *[L'administrateur] doit surveiller les personnes chargées de la gestion et de la représentation et se renseigner régulièrement sur la marche des affaires, afin d'assurer à l'entreprise une activité conforme à la loi, aux statuts et aux règlements* ».

[1603]   Ainsi explicitement ZEN-RUFFINEN/BAUEN (2017), N 895. Sur la notion de *compliance*, cf. *supra* N 1059.

[1604]   Pour les situations nécessitant d'alerter le sommet de l'entreprise en raison de dysfonctionnements majeurs voire d'infractions, cf. *supra* N 1064. On peut employer la notion de

les flux d'informations chaotiques, voire diffamatoires, nuisibles à une gestion efficace.

Enfin, s'il est certain que la surveillance est l'aspect sur lequel le délégant 1081 pourra le plus souvent être pris en défaut[1605], il nous apparaît que la jurisprudence est attentive à **ne pas poser d'exigences irréalistes**[1606]. La délégation implique inévitablement que certains agissements problématiques du délégataire ne peuvent pas être décelés et corrigés à temps. C'est là le prix, en termes de risques, de l'accroissement de l'activité que permet la délégation. La société, qui en bénéficie en principe, doit assumer sa part de ces risques ; ils ne peuvent être entièrement placés sur les épaules du délégant.

3.   Casuistique

L'étude de la jurisprudence dans le domaine de la responsabilité permet de 1082 constater qu'une violation du devoir de diligence peut être retenue en relation avec **un pur manque d'efforts ou un pur manque d'attention** en matière financière et de tenue de la comptabilité ; c'est alors souvent le fait que ce manque d'attention aboutit à un surendettement qui conduit à la responsabilité[1607].

Dans d'autres cas assez fréquents, on observe qu'un manque d'efforts ou d'at- 1083 tention est **lié à une prise en compte insuffisante de l'intérêt social** parce que le gérant fait preuve de **faiblesse à l'égard d'une entité proche**, qu'il s'agisse de l'actionnaire (p. ex. la société mère), une filiale ou une société sœur, voire un autre dirigeant de la société. Dans ces configurations, il y a en réalité *aussi une violation du devoir de loyauté* : le gérant n'a pas correctement protégé l'intérêt de la société parce qu'il a voulu (ou s'est senti obligé de) ménager les intérêts de ce proche et l'a fait à l'excès.

---

reporting lines qui doivent permettre d'informer le délégant d'irrégularités (cf. ZEN-RUFFINEN/BAUEN [2017], N 895 *in fine*).

[1605] On peut se référer en particulier aux exigences en matière de vérification des comptes-rendus, cf. *supra* N 1078 *in fine*, spéc. n. 1597.

[1606] Dans l'arrêt TF 12. 2. 2007, 4C.358/2005, c. 5.2.7 *in fine*, il est souligné que l'on peut retenir en l'espèce que la surveillance a manqué de diligence sans que cette appréciation résulte d'exigences irréalistes (« *ohne überspitzte Anforderungen an die Sorgfalt in der Überwachung der Organmitglieder aufzustellen* »).

[1607] La relative fréquence de ce chef de responsabilité résulte *aussi* de l'existence de règles spécifiques et assez précises sur la constatation du surendettement, cf. *supra* N 823-825 et 832-836 ; ég. *infra* ad 1625-1628.

1084 Dans d'autres cas, il n'y a pas de manque d'attention, mais uniquement la **volonté de favoriser le cocontractant de la société**. Ils constituent des *violations du devoir de loyauté* et, non rarement, des infractions pénales (en particulier de la gestion déloyale).

1085 Enfin, on peut distinguer les cas où le gérant utilise la société pour commettre un **délit au préjudice du cocontractant**, sans forcément – du moins dans l'immédiat, ou sans que cela soit prouvé – vouloir porter préjudice à la société.

a. Manque de diligence

1086 En regroupant les affaires relevant du pur manque d'efforts ou d'attention, on peut relever les comportements suivants :

- investir 80 % du patrimoine social dans des placements hautement spéculatifs, sans l'accord des actionnaires[1608] ;
- accumuler les risques en plaçant la fortune sociale d'une façon insuffisamment répartie, par exemple en concentrant les crédits à un unique débiteur[1609] ;
- omettre de placer le patrimoine social de façon à ce qu'il produise des intérêts, pour autant qu'il ne doive pas rester disponible pour accomplir des opérations autorisées[1610] ;

[1608] ATF 99 II 176. Dans le cas d'espèce, le Tribunal fédéral n'a pas admis l'objection, en principe libératoire pour le conseil d'administration, consistant à démontrer que celui-ci avait identifié le risque et conséquemment suivi les recommandations données par des spécialistes.

[1609] « *Klumpenrisiko* » ; ATF 113 II 52 (57). Même si le débiteur unique est solvable, une telle concentration des placements n'est en principe pas admissible en raison du risque d'une détérioration (c. 3b, p. 58 *in initio*), lequel est forcément accru d'un point de vue statistique. L'existence de la responsabilité dans le cas d'espèce est cependant laissée indécise (cf. p. 58 *in fine*). – Comme observé à juste titre par l'arrêt TF 27. 6. 2017, 4A_642/2016, retenant que la concentration des risques se justifiait parce qu'il ne s'agissait pas d'un placement, mais de financer la réalisation du projet (immobilier) consistant dans la réalisation du but social (c. 2.5.3, qui approuve la décision cantonale, pour laquelle : « *das Eingehen eines solchen Risikos liege in der Natur einer Gesellschaft, die sich hauptsächlich im Bereich der Realisierung von Bau- und Immobilienprojekten betätige* »).

[1610] ATF 99 II 176 (184 : « *Das Gebot [...], die Geschäfte der Gesellschaft mit aller Sorgfalt zu leiten, verpflichtete [den] Verwalter der Klägerin, deren einbezahltes Grundkapital auch ohne ausdrückliche Weisung seitens des Aktionärs an Zins zu legen, solange und soweit es nicht zum Abschluss erlaubter anderer Rechtsgeschäfte benötigt wurde* »). Tant les leçons de la crise financière de 2008 (soit la révélation de la fragilité des banques) que le niveau très bas des intérêts (de 2009 à 2021 du moins) appellent une approche différente que dans les années de forte inflation. Conserver les liquidités, même sans intérêts, est

– ne pas faire appel à un spécialiste pour des questions dans lesquelles l'on n'a pas d'expérience[1611] ;

– accepter d'être élu au conseil d'administration d'une société qui se trouve dans une très mauvaise situation financière, sans s'en rendre compte (et dès lors sans prendre immédiatement les mesures qu'impose cette mauvaise situation)[1612] ;

– ne pas surveiller l'utilisation de montants prêtés ; ne pas vérifier la valeur d'immeubles acquis[1613] ;

– exécuter des ordres de paiement frauduleux émanant d'une personne se faisant passer pour l'administrateur-président, alors que la vigilance aurait permis de déceler la supercherie (l'arrêt retient d'ailleurs que la faute est grave)[1614] ;

---

parfois la meilleure solution (cf. p. ex. CJ GE 27. 3. 2015 C/28984/2009, c. 5.2.2 [3e par.] : « *la décision consistant à conserver une part élevée de liquidités en 2008, respectivement à ne pas réinvestir immédiatement les liquidités provenant de la liquidation des opérations [H] et [G], n'apparaît pas critiquable* »). Hors période d'intérêts quasi nuls (voire négatifs), il faut cependant avoir à l'esprit que les placements à vue (*call deposits*) permettent une disponibilité quasi immédiate (deux jours ouvrables) et, à risque égal (soit en tous les cas lorsque l'émetteur du placement à vue est la banque où se trouve le compte courant), la diligence ordinaire requiert d'y recourir ; des produits structurés (développés durant la longue période de taux nuls ou très bas) également, mais avec une structure de risques dont il découle que ne pas y recourir ne devrait pas être considéré comme un manque de diligence.

[1611] TC VD, RSJ 38 (1941/42) N° 13, p. 74, c. VII/c et IX/a (« *il incombait [aux administrateurs] de se faire assister des spécialistes nécessaires* », avec réf. aux ATF 43 II 186 ; 56 II 371 et 62 II 276 ; dans cet arrêt, cette circonstance est formellement évoquée par le Tribunal cantonal pour refuser de libérer les administrateurs à qui d'autres violations de leurs devoirs étaient reprochées ; aujourd'hui, s'abstenir de recourir à des spécialistes dans les domaines que l'organe ne maîtrise pas est en soi une violation du devoir de diligence).

[1612] ATF 119 V 401 c. 4a (408 : « *le recourant a commis une négligence grave, en acceptant de devenir administrateur [...] à ce moment-là* » ; cette formulation est probablement elliptique, car ce n'est pas l'acte d'accepter d'être administrateur qui est une négligence, mais le fait de ne pas examiner la situation financière même avant d'accepter et donc, une fois élu, de ne pas prendre immédiatement les mesures qui découleraient d'une conscience de la situation, à savoir assurer le paiement des dettes – p. ex. en n'en constituant pas de nouvelles ou en trouvant des moyens de créer de nouvelles ressources – ou alors au moins en évitant d'aggraver le découvert par la poursuite d'une activité déficitaire, ce qui implique concrètement, d'ordinaire, d'annoncer le surendettement).

[1613] TF 14. 07. 2021, 4A_294/2020. La violation de la diligence est retenue pour l'un des administrateurs (responsable du contrôle financier), et niée pour un autre.

[1614] TF 29. 6. 2021, 4A_344/2020 et 4A_342/2020, c. 6.2.2 : « *ils auraient dû déceler la supercherie dont ils ont fait l'objet. Leur erreur n'était pas inévitable : ils ont demandé une confirmation par courriel à une personne inconnue d'eux et ladite confirmation, même si elle provient d'une adresse électronique dont la fausseté n'était pas évidente, est rédigée de telle façon que l'impression générale qui en résulte devait éveiller leur méfiance, ce*

- omettre de payer les cotisations aux assurances sociales[1615] ;
- ne pas prendre de mesures évitant qu'une partie importante du stock de marchandises disparaisse (alors que la société n'a que trois lieux de stockage)[1616] ;
- requérir tardivement l'inscription au registre du commerce[1617] ;
- octroyer un prêt sans sûretés, alors que, selon l'administrateur, l'entité emprunteuse aurait disposé, au moment de l'octroi du prêt, d'une surface financière (*Haftungssubstrat*) de 100 millions ; cette prétendue surface financière aurait dû rendre d'autant plus aisée la fourniture de suretés[1618] ; il est important de garder à l'esprit que, pour réaliser son activité économique, la société doit souvent avancer à des partenaires commerciaux des montants sans que l'obtention d'une sûreté soit réaliste (l'absence de sûretés n'équivaut pas toujours en soi à une violation du devoir de diligence)[1619] ;
- octroyer un prêt important pour la réalisation d'un projet immobilier en Ouzbékistan (les risques ont été jugés excessifs au regard de la situation financière de la société, même s'il ne s'agissait pas d'un placement mais d'obtenir accès à un projet)[1620] ;
- pour une banque, accorder un crédit d'exploitation garanti par une hypothèque, pour un montant correspondant à 100 % de la valeur vénale du bien gagé[1621] ;
- effectuer des livraisons à crédit à une entreprise surendettée, même si la société a déjà investi des montants très considérables dans cette entreprise

---

d'autant que le versement était important et destiné à un bénéficiaire à l'étranger, en Chine, inconnu d'eux. En outre, leur faute est grave car le motif invoqué – l'imminence d'un contrôle fiscal – qui devait être dissimulé au moyen d'une facture inexistante portant sur des biens qui n'ont pas été vendus [...] ne pouvait justifier un quelconque virement de leur part ».

[1615] ATF 114 V 219 (223 s.) ; 109 V 86 (88 s.) ; 108 V 188 (203). Pour le surplus, on traitera séparément la responsabilité en matière de contributions publiques (*infra* N 1093-1103).

[1616] TC VD 11. 6. 2014, CO07.024786. L'administrateur avait également surfacturé les marchandises et effectué de la double-facturation.

[1617] ATF 104 Ib 321 (323 s.).

[1618] TF 11. 7. 2013, 4A_15/2013.

[1619] Ainsi TF 27. 6. 2017, 4A_642/2016 (cité *supra* in n. 1609) et, citant cet arrêt avec approbation, TF 18. 11. 2019, 4A_268/2018, c. 6.5.4.4 *in fine* (« *besondere Umstände [können] dafür sprechen, dass [...] die Gewährung eines ungesicherten Darlehens kein fehlerhafter Entscheid ist, sondern im Interesse der Gesellschaft liegt* »).

[1620] TF 19. 8. 2020, 4A_19/2020 (c. 3, non publié in ATF 146 III 441).

[1621] TF 4C.201/2001, 19. 6. 2002 (c. 2.1.3). À cela s'ajoutait que, lors de la décision du conseil – auquel l'administrateur en cause, tout juste nommé, participait pour la première fois –, aucune information sur la solvabilité de l'emprunteur n'avait été remise ; l'administrateur aurait dû en demander (c. 2.1.2 *in initio*).

et que ses administrateurs s'attendent à ce qu'elle se rétablisse (et que les livraisons à crédit y aideront)[1622] ;
- comme administrateur de sociétés immobilières qui louent leurs propriétés, continuer de laisser une régie immobilière encaisser les loyers alors qu'elle ne règle plus les créances des sociétés immobilières, car son administrateur (et propriétaire) emploie les liquidités pour financer les frais de fonctionnement de la régie et ses propres affaires immobilières ; bien que les agissements de l'administrateur de la régie aient revêtu un caractère pénal (et que l'on n'ait pas pu s'attendre à leur perpétration), la démission du directeur et du coadministrateur de celle-ci devait être un signal d'alarme suffisant[1623] ;
- omettre de tenir une comptabilité régulière[1624] ;
- ne pas tenir la comptabilité de manière régulière et ne pas conserver les pièces, d'une façon qui a retardé l'annonce de surendettement[1625] ;
- aviser tardivement le juge en cas de surendettement[1626] ;
- ne pas établir de planification financière sérieuse et ne pas dresser de bilan intermédiaire malgré un surendettement imminent[1627] ;
- ne pas provisionner à temps des montants correspondant aux dettes probables (et, en conséquence, ne pas constater un surendettement)[1628].

[1622] TF 12. 2. 2010, 4A_391/2009.

[1623] TF 5. 1. 2011, 4A_467/2010 (spéc. c. 3.3 : « *La référence à des poursuites pénales donne immédiatement à penser que le directeur avait découvert soit que la comptabilité était fausse, soit que [l'administrateur de la régie] se livrait à des détournements de fonds. [...] Un administrateur raisonnable, placé en présence de deux démissions successives pour les motifs qui ont été invoqués, aurait perçu le danger d'insolvabilité des régies et exigé sans attendre, dans l'intérêt des sociétés immobilières dont il était administrateur, que les loyers soient payés directement sur un compte bancaire ouvert au nom de celles-ci* »).

[1624] ATF 77 II 165 s. À plus forte raison, ne pas tenir du tout de comptabilité : TF 21. 5. 2014, 4A_77/2014, c. 6.1.2.2.

[1625] TF 26. 10. 2021, 4A_133/2020 et 4A_135/2020.

[1626] ATF 125 III 86 ; 86 II 171. – Cependant, selon une jurisprudence constante (rendue sous le droit antérieur à celui entré en vigueur en 2023, lequel est, sur ce sujet, traité *supra* N 840 et 841), des perspectives d'assainissement *concrètes* autorisent à s'abstenir d'avertir immédiatement le juge (ATF 116 II 533 c. 5a [541] ; ATF 108 V 188 ; cf. ég. TF 19. 6. 2001, 4C.366/2000 c. 4b ; cf. aussi ATF 132 III 564 c. 5 [573] : « *Exceptionnellement, il peut être renoncé à un avis immédiat au juge, si des mesures tendant à un assainissement concret et dont les perspectives de succès apparaissent comme sérieuses sont prises aussitôt* »). Voir aussi TF 10. 5. 2007, 4P.196/2006 (recours admis sur le calcul du dommage, mais pas sur la constatation de principe que l'absence d'annonce du surendettement avait « *laissé empirer l'hémorragie* ») et TF 26. 10. 2021, 4A_133/2021 c. 9.3.2.

[1627] Bezirksgericht, ZR 82 (1983) N° 57, p. 151 ss (c. 3).

[1628] ATF 132 III 564 c. 5.2 (574).

b. Manque d'attention lié à une violation du devoir de loyauté

1087 Dans bon nombre de cas, le gérant enfreint le devoir de diligence parce qu'il souhaite préserver – ou ne pas être trop sévère envers – les intérêts de l'actionnaire (p. ex. société mère), d'une filiale ou d'une société sœur, ou d'un autre dirigeant de l'entreprise. Il est alors juste de voir *également* une violation du devoir de loyauté, lorsque le gérant a perçu que **l'intérêt de la personne proche est favorisé** au détriment de ceux de la société[1629] :

- pour un administrateur nommé à titre fiduciaire, violer le devoir de diligence en n'entreprenant rien contre les agissements illicites et dommageables commis par l'actionnaire majoritaire en qualité de directeur[1630] ;
- accorder un prêt à une filiale surendettée[1631] ;
- même comme administrateur fiduciaire, être entièrement passif et ne pas surveiller l'utilisation, par l'actionnaire unique, d'une procuration bancaire qui lui a été accordée sur les comptes de la société (dont il a déclaré être l'ayant droit économique), et notamment ne pas révoquer cette procuration que l'actionnaire utilise pour retirer les fonds qui y sont placés, dont il n'est en réalité pas l'ayant droit économique, ce qui était reconnaissable vu la provenance des fonds[1632] ;
- décider de mener un procès dénué de toute chance de succès ; mener un procès ne visant pas un but couvert par l'intérêt social[1633] ;
- violer les règles sur la convocation de l'assemblée générale et l'ordre du jour[1634] ;
- malgré une décision du conseil d'administration exigeant que tout nouveau prêt à une entreprise dans laquelle la société détient une participation et qui

---

[1629] Sans cette perception, la problématique relève du seul manque d'attention, et donc d'une violation du devoir de diligence.

[1630] ATF 122 II 195 (198 s.).

[1631] TF 18. 6. 2012, 4A_74/2012.

[1632] TF 27. 8. 2013, 4A_120/2013 (le fait d'être un « homme de paille » n'a aucune pertinence, au vu de la « *primauté de l'obligation de fidélité envers la société* » ; cf. c. 3 [4ᵉ par. *in medio*] : « *L'obligation de surveillance subsiste même si l'administrateur a délégué le pouvoir d'agir à l'actionnaire unique et propriétaire économique de la société ; en effet, l'administrateur n'est pas seulement responsable envers les actionnaires, il l'est aussi envers la société en tant qu'entité juridique autonome et envers les créanciers de la société* » ; cité ég. *supra* n. 1557). Publication partielle *in* SJ 2014 I 231.

[1633] ATF 139 III 24 (c. 3.3), trad. JdT 2013 II 328 (331) : en l'espèce, refus indéfendable d'inscrire un actionnaire minoritaire dans une société ayant fusionné (refus motivé par la volonté de limiter l'influence de cet actionnaire, dans le seul intérêt des actionnaires majoritaires, ce qui est donc étranger à l'intérêt social, qui implique de traiter les actionnaires de façon égale).

[1634] TF 28. 5. 2021, 4A_130/2021 et 4A_128/2021.

réalisait d'importantes pertes ne soit octroyé que contre constitution de sûretés réelles (gage sur équipement), un des administrateurs octroie un prêt sans garantie ainsi que des cautionnements, sans faire convoquer une nouvelle séance du conseil d'administration ni rassembler des informations suffisantes[1635] ;

- en tant que directeur général, virer un montant irrécouvrable à une société sœur, pour couvrir les pertes que celle-ci avait subies dans une affaire où il avait représenté tant la société sœur que l'entreprise cocontractante de celle-ci (qui appartenait à son épouse)[1636] ;
- de manière générale, retirer des actifs à la société sans s'assurer qu'elle reçoive une contreprestation équivalente[1637] ;
- déplacer des actifs au sein d'un groupe de sociétés d'une façon lésant les intérêts de la filiale[1638] ;
- en tant qu'organe d'une filiale, donner la préférence aux intérêts de la société mère par rapport à ceux de la filiale[1639] ;
- conclure avec les actionnaires majoritaires des contrats défavorables à la société et aux actionnaires minoritaires[1640] ;
- créer à la charge de la société des obligations conditionnelles pouvant s'élever à des millions de francs en faveur d'un membre du conseil d'administration[1641] ;
- payer des frais de développement et des frais de gestion (*management fees*) qui incombaient à une société sœur[1642] ;

[1635] TF 28. 8. 2013, 4A_97/2013 (qui plus est, les administrateurs de l'entreprise emprunteuse étaient connus comme « *enchaînant les faillites* »). En ce qui concerne l'argument tiré de l'urgence qui empêcherait de convoquer un conseil d'administration en temps utile, il sera de moins en moins recevable de par l'évolution des techniques (il avait déjà été rejeté dans cette affaire, dans laquelle les décisions en cause sont prises en 1993 et 1994) ; il est désormais manifestement possible d'organiser une discussion par conférence téléphonique ou visioconférence dans un délai de quelques jours. C'est seulement si un membre du conseil exige une réunion en un même lieu physique (cf. *infra* N 2355-2357) que « l'urgence » pourra être incompatible avec une délibération et prise de décision par le conseil. Il reste, bien sûr, que de nombreuses décisions doivent être prises extrêmement rapidement, mais cela doit se faire dans le cadre d'une délégation (cf. not. *supra* N 1069).

[1636] ATF 130 III 213.

[1637] OGer, ZR 59 (1960), N° 130 (p. 330 ss, spéc. 333 et 337).

[1638] ATF 110 Ib 127 (133).

[1639] ATF 108 Ib 36 s.

[1640] ATF 92 II 243 (246).

[1641] ATF 117 II 432 (442).

[1642] HGer ZH 20. 10. 2014, ZH 120120.

- faire effectuer des paiements à une société tierce pour des logiciels développés aux frais de la société ; verser des salaires trop élevés aux fondateurs[1643] ;
- renoncer à toute investigation ou à toute autre mesure qui s'impose au vu des irrégularités de gestion commises par certains membres du conseil d'administration et que les autres membres ne peuvent ignorer[1644].

c. Distinction : pure violation du devoir de loyauté

1088 Dans certains cas, la lésion de la société est si évidente qu'elle est voulue sans que l'on puisse y voir un manque d'attention. Ces situations permettent de distinguer la violation du devoir de diligence d'avec celle du devoir de loyauté :

- payer, de façon à absorber tout le revenu, des factures à soi-même (titulaire d'une raison individuelle) alors que les prestations facturées ne sont pas documentées ; ce processus laisse les risques d'entreprise à la charge de la personne morale (Sàrl), tandis que le revenu est déplacé vers la raison individuelle[1645] ;
- créer à la charge de la société des obligations conditionnelles pouvant s'élever à des millions de francs en faveur d'un membre du conseil d'administration[1646] ;
- pour des gérants de Sàrl, effectuer en leur propre faveur des prélèvements injustifiés[1647] ;
- octroyer un prêt à l'actionnaire au moyen des liquidités correspondant au capital-actions qu'il vient de verser, de façon à lui permettre de rembourser immédiatement l'emprunt qu'il avait contracté pour libérer le capital-actions[1648] ;
- effectuer des paiements et falsifier des documents internes ; désactiver le contrôle interne[1649].

[1643] TF 29. 9. 2020, 4A_251/2020.
[1644] ATF 97 II 403 (411 ss).
[1645] TF 22. 5. 2013, 4A_127/2013.
[1646] ATF 117 II 432 (442).
[1647] TF 27. 6. 2017, 4A_77/2017.
[1648] ATF 102 II 353 c. 3a (359), qui qualifie l'ensemble de l'opération, à juste titre, de « *libération fictive du capital social* » (c. 2-5). V. aussi ATF 76 II 307 c. 4 (316-319, sous l'angle de l'art. 753 ch. 3 CO ; voir *infra*, N 1834, n. 2565, ainsi que N 1814, n. 2526).
[1649] TF 1. 11. 2021, 4A_36/2021.

d.   Distinction : autres comportements frauduleux

Certains comportements lèsent les personnes interagissant avec la société, mais   1089
ne visent pas à léser celle-ci (du moins pas immédiatement) :

- obtenir un crédit bancaire en employant des bilans falsifiés et des informations contraires à la vérité[1650] ;
- payer des « rétrocessions » qui sont une récompense pour l'obtention d'un
  marché public et sont dès lors illicites[1651] ;
- pour un directeur de banque, avoir un comportement rassurant au sujet de
  propositions d'investissement faites par des tiers à un investisseur et ne pas
  infirmer le propos mensonger de tiers quant à une fonction de surveillance
  prétendument assumée par la banque[1652].

IV.   Un devoir « d'obéissance » ?

Dans plusieurs ordres juridiques, on distingue des devoirs de loyauté et de di-   1090
ligence un devoir d'obéissance (*duty of obedience*). Il est violé si le gérant enfreint les instructions qui sont juridiquement contraignantes pour lui. Cela peut
être, dans la SA, une décision du conseil d'administration[1653] à l'égard d'un
administrateur ou d'un directeur ; dans la Sàrl, cela peut être, outre une décision
de l'assemblée des gérants, une décision de l'assemblée des associés, étant rappelé que dans cette forme de société, même des décisions de gestion peuvent
être votées par les associés (art. 811 al. 1 CO)[1654]. De façon plus large, outre la
contravention à une décision ponctuelle, celle du « devoir d'obéissance » peut
consister à enfreindre les statuts, un règlement d'organisation ou des directives

---

[1650] ATF 106 II 257 (260). Cf. ég. ATF 122 III 176 c. 7b (192), qui évoque simplement les
faux renseignements sur la situation financière de la société (« *wo ein Gesellschaftsorgan
einen Dritten durch falsche Auskünfte über die finanzielle Lage der Gesellschaft zur Kre-
ditgewährung an die Gesellschaft veranlasst* »).

[1651] TC FR 2. 7. 2015, N° 101 2015 18 (c. 4/d, 3e par.).

[1652] TF 26. 9. 2001 (4C.193/2000), RDSA 2002 112 ss. En l'espèce, le comportement du directeur comme organe a été jugé illicite. En vertu de l'art. 55 CC (dont l'art. 722 CO est
un cas d'application ; cf. *supra* N 690-722, spéc. N 692), la banque elle-même a été tenue
responsable (au titre de la responsabilité fondée sur la confiance, cf. c. 4b ; sur les conditions d'un caractère contractuel de telles déclarations, cf. Nicolas ROUILLER, Droit suisse
des obligations [2007], ad PE 2.101, p. 153 et 156 ss).

[1653] Pour un cas de violation d'une décision du conseil d'administration, on peut se référer à
l'arrêt TF 28. 8. 2013, 4A_97/2013 (cité *supra* N 1086, n. 1635).

[1654] Cf. *infra* N 2617-2626.

internes (p. ex. les instructions quant aux seuils jusqu'auxquels un gérant a une autonomie de décision ou de signature[1655]).

1091 À notre sens, il s'agit assurément d'un angle d'examen utile. Cependant, sans que l'on veuille faire de l'«économie des notions» un véritable principe doctrinal, force est de constater que la contravention à une décision d'un organe habilité à la prendre, aux statuts, à un règlement d'organisation ou à des instructions internes apparaît inévitablement constitutive d'un manque de diligence (si elle est commise par négligence) ou d'une violation de devoir de loyauté. Le fait qu'un gérant enfreigne une décision simplifie l'examen de son comportement sous l'angle d'une violation du devoir de diligence ou de loyauté : le comportement est contraire *de ce seul fait* à l'un ou l'autre de ces devoirs ; il est forcément[1656] illicite. La véritable question consistera dans la détermination d'un lien de causalité avec un dommage.

1092 En conclusion, le concept de devoir d'obéissance n'est pas nocif ; il peut servir dans le cadre d'une grille de lecture de comportements enfreignant les devoirs de diligence et de loyauté, mais ne nous semble pas susceptible de constituer utilement une notion autonome.

V. Des devoirs particuliers en matière de contributions de droit public – renvoi

1093 Différentes **normes de droit** public relatives aux cotisations d'assurances sociales ou aux impôts prévoient un standard de diligence particulier à la charge des gérants, s'ils omettent de faire en sorte que la société paie les contributions dues.

A. Diligence dans le paiement des contributions fiscales

1094 Le défaut de paiement de contributions fiscales donne lieu à une **responsabilité solidaire des gérants**, mais uniquement en cas de liquidation ou de transfert du siège à l'étranger (ce qui, fiscalement, est assimilé à un cas de liquidation). La responsabilité solidaire engage le gérant ou le liquidateur «*jusqu'à concurrence du produit de la liquidation ou, si la personne morale transfère son siège*

[1655] Sur ces questions, cf. *supra* N 564-568.
[1656] Sauf, exceptionnellement, l'existence d'un fait justificatif, mais cette exception vaut pour l'infraction à toute norme. Ce n'est pas spécifique à la contravention à une décision, aux statuts, règlements d'organisation ou instructions.

ou le lieu de son administration effective à l'étranger, jusqu'à concurrence de la fortune nette de la personne morale » (art. 51 al. 1, 2ᵉ phr., LIFD[1657]). Hormis les cas de transfert à l'étranger, c'est donc une responsabilité en principe limitée aux cas de liquidation, puisqu'en vertu du texte légal clair, elle ne s'élève qu'à **concurrence du produit de liquidation.**

Sur le plan de la construction juridique, il faut observer que c'est un **standard de diligence élevé**, accompagné d'une présomption de violation, qui caractérise cette responsabilité (les «*personnes chargées de l'administration et de la liquidation*» n'étant libérées d'une responsabilité que «*si elles prouvent qu'elles ont pris tous les soins commandés par les circonstances*»[1658]). On y reviendra ainsi dans le chapitre relatif à la liquidation[1659]. — 1095

Cela étant, les gérants sont bel et bien visés potentiellement en tant que tels, car la jurisprudence assimile à la liquidation formelle (c'est-à-dire : avec inscription au registre du commerce suite à une dissolution en bonne et due forme) les **situations de «liquidation de fait»**, par quoi elle entend notamment la cession des actifs (qui «vide» la société de sorte que «*son activité commerciale n'est plus possible*»[1660]) ou le transfert des activités à une autre société du même groupe[1661]. — 1096

Comme déjà relevé au regard du texte légal, le législateur a cependant clairement voulu **limiter la responsabilité au produit de liquidation** et donc à la phase de liquidation. Cette limite ne doit pas être contournée par l'application d'une notion de «liquidation de fait» qui serait excessivement extensive. — 1097

En particulier, ce serait contrevenir à cette décision législative et aux réalités de la vie entrepreneuriale que d'assimiler à une liquidation (créant une responsabilité solidaire pour les dettes fiscales, et à concurrence d'un montant autre — 1098

[1657] Pour les autres dispositions topiques, cf. *infra* N 1346 s.

[1658] Cf. art. 55 al. 1, 2ᵉ phr., LIFD.

[1659] *Infra* N 1346 ss.

[1660] NORDIN/PORTMANN (2014), p. 196 ss, spéc. p. 213 ; Robert DANON (2008), p. 199 ss, spéc. p. 207 s.). Voir TF 24. 2. 2014, 2C_806/2013, c. 3.2 : «*Eine Gesellschaft wird faktisch liquidiert, indem ihre Aktiven veräussert oder verwertet werden und der Erlös nicht wieder investiert, sondern verteilt wird. Das kann dann der Fall sein, wenn ihr sämtliche Aktiven entzogen werden, aber auch dann, wenn ihr zwar einige Aktiven (wie Bankguthaben, flüssige Mittel, Buchforderungen gegen ihre Aktionäre u. ä.) verbleiben, ansonsten jedoch die wirtschaftliche Substanz entzogen wird*» ; v. ég. ATF 115 Ib 274 c. 9c et 10a.

[1661] Voir en particulier TF 9. 7. 2012, 2C_499/2011, c. 5.3 (le transfert – sans contreprestation convenue – est estimé à la valeur d'un goodwill, dont le montant constitue une prestation appréciable en argent ; sur ce concept, v. *infra* n. 1838 et p. ex. ROUILLER/BAUEN/BERNET/LASSERRE ROUILLER [2022], N 1085 ss).

que le produit de liquidation) toute situation où l'activité décroît sensiblement[1662]. Tant que la société essaie de continuer son activité, il n'est pas approprié de considérer qu'elle serait entrée en liquidation, même si elle ne parvient plus à engranger des commandes ou réaliser autrement des revenus.

1099   L'application de la notion de liquidation de fait doit servir à viser les **situations où la liquidation est artificiellement repoussée** (notamment dans le but d'échapper à la responsabilité solidaire ; en somme, il s'agit pour l'essentiel de combattre la *fraude à la loi* qui consisterait à contourner la responsabilité instituée pour les cas de liquidation)[1663]. Appliquer une notion large de liquidation de fait, sur le plan de la responsabilité solidaire des organes pour les dettes fiscales, aux sociétés qui connaissent une chute de leur activité en raison de difficultés reviendrait à gravement méconnaître les réalités affectant la vie des entreprises ; de surcroît, la crainte de la responsabilité pour les dettes fiscales de la société en difficulté serait de nature à provoquer fâcheusement des démissions prématurées des gérants, précisément au moment où maintenir autant de stabilité que possible au plus haut niveau de la société est un élément indispensable pour conserver l'espoir et des perspectives réalistes de sauver l'entreprise dans la tourmente[1664].

[1662] Dans l'arrêt TF 24. 3. 2014, 2C_806/2013, c. 3.3, il est retenu que l'activité, florissante jusqu'en 2005, a très fortement décru en 2006 puis a été inexistante en 2007, de sorte que ce serait le bilan au 31. 12. 2005 qui serait déterminant pour le produit de liquidation à concurrence duquel les organes sont solidairement responsables. Si la solution d'espèce est probablement raisonnable, il faut se garder d'interpréter extensivement ce précédent et d'appliquer le même régime à toutes les situations où l'activité décroît même très sensiblement.

[1663] L'arrêt TF 9. 7. 2012, 2C_499/2011, semble viser un cas d'importante évasion fiscale, de sorte que sa solution d'espèce n'est sans doute pas critiquable. De façon générale, la pratique semble contenir la solidarité dans des limites qui ne semblent pas déraisonnables (cf. TF 21. 1. 2015, 2C_263/2014). Quant à la responsabilité pour les distributions effectuées dans le processus de liquidation formelle (cf. p. ex. TF 25. 9. 2012, 2C_408/2012), elle relève d'un cadre juridique clair ; sa sévérité est dès lors parfaitement justifiée. – Dans le même sens, TAF 14. 10. 2019, A-5205/2018, A-5206/2018, c. 2.4.3, où il est relevé qu'il s'agit d'identifier si les transactions ne servent plus à exercer l'activité de la société mais à vider celle-ci (« *Massgebend ist, dass in Würdigung der gesamten Umstände eine Vermögensdisposition nicht mehr als geschäftliche Transaktion, sondern als Aushöhlung der Gesellschaft bezeichnet werden muss* » ; v. ég. *infra* ad n. 1665 et *supra* N 591 ad n. 1660-1664).

[1664] Dans les difficultés, il est extrêmement difficile pour une société de trouver de nouveaux administrateurs compétents : le risque d'une responsabilité, notamment pour surendettement, est très dissuasif pour toute personne qui ne connaît pas déjà de près la société. Vu la difficulté – voire la quasi-impossibilité – de repourvoir les postes d'administrateur dans la tourmente, la démission emporte souvent la fin de la société. Les institutions juridiques

Il nous apparaît que la pratique judiciaire actuelle tient compte de ces cautèles ; la jurisprudence du Tribunal administratif fédéral a relevé qu'une renonciation partielle à une créance ne marque pas forcément le début d'une liquidation de fait. Il faut des **aliénations dont l'ampleur rend impossible la continuation de l'activité**[1665]. 1100

B. Diligence dans le paiement des cotisations aux assurances sociales

En matière d'assurances sociales, **la pratique** a développé une responsabilité sévère pour le dommage qu'un gérant cause à l'assurance (c'est-à-dire concrètement lorsque la société n'est plus en mesure de payer les cotisations, parce qu'elle est devenue insolvable), cela « *intentionnellement ou par négligence grave* »[1666]. 1101

Malgré la condition de gravité de la négligence figurant dans la loi, la sévérité concrètement appliquée[1667] revient à créer un **devoir de diligence spécifique pour le paiement de cotisations** : tant que la société est solvable, le gérant doit 1102

---

ne doivent donc pas, et encore moins par une interprétation *praeter legem*, aboutir à la précipitation des démissions.

[1665] TAF 14. 10. 2019, A-5205/2018, A-5206/2018, c. 3.7.2 : « *[...] ohnehin könnte der teilweise Verzicht auf eine Darlehensforderung gegenüber der Schwestergesellschaft allein nicht auf eine faktische Liquidation schliessen lassen. Wie dargelegt [...] kann eine faktische Liquidation erst angenommen werden, wenn die Gesellschaft ihrer wirtschaftlichen Substanz derart entleert wird, dass die ordentliche Geschäfstätigkeit nicht mehr möglich ist. Dies bedingt die Veräusserung der für den Betrieb der Gesellschaft wesentlichen Aktiven. Der fragliche teilweise Verzicht auf eine Forderung gegenüber der Schwestergesellschaft allein vermöchte diese Anforderungen nicht zu erfüllen* » ; c. 3.7.3 : « *So ist im Jahr 2007 keinerlei massgebliche Veräusserung von Aktiven dokumentiert. Auch für die Folgejahre und bis zur formellen Liquidation steht lediglich eine einzige allfällige (unbewiesen gebliebene) Veräusserungshandlung im Raum, nämlich der teilweise Forderungsverzicht per Ende 2008, der allein nicht zur Annahme einer faktischen Liquidation führen könnte [...]. Abgesehen davon ist (vor dem Beginn der formellen Liquidation mit der Genehmigung des gerichtlichen Nachlassvertrages am 23. Februar 2009) keinerlei massgebliche Veräusserung von Aktiven belegt, und schon gar nicht in einem Umfang, der (was erforderlich wäre [...]) die Weiterführung der Geschäfstätigkeit verunmöglichen würde* ». Cet arrêt a été confirmé par TF 22. 3. 2021, 2C_964/2019, à juste titre bien remarqué quant à l'ensemble des conditions de la responsabilité, cf. p. ex. BELLANGER/ BERDOZ et al. [2021], p. 897 ad n. 405 ; Carla BODEMANN [2022], p. 280 s., ad n. 23 et 32).

[1666] L'art. 52 al. 1 et 2 LAVS (qui, par renvois, s'applique aux cotisations aux autres assurances sociales) ne prévoit pas textuellement un devoir de diligence particulier.

[1667] La jurisprudence ne cache nullement qu'une sévérité particulière est appliquée en la matière, cf. ATF 132 III 523 c. 4.6 (530) cité *infra* n. 1669.

veiller de façon particulière à ce que les cotisations soient payées dès leur échéance. Si l'on examine le processus à l'œuvre, on peut observer qu'il repose matériellement sur une **présomption d'illicéité et de faute**[1668] (grave[1669]) mais surtout, dans une **particularité procédurale** : ceux qui font ici valoir la responsabilité du gérant sont des organismes de droit public qui, dans un premier temps, prennent eux-mêmes les décisions dans lesquelles ils retiennent, systématiquement, la violation du devoir et la faute. Ils n'ont pas de frais judiciaires à avancer et ces procédures peuvent être engagées, et conduire à des décisions retenant la responsabilité, dans tous les cas de défaut de paiement. Ce n'est que sur recours qu'une autre appréciation peut être obtenue, de sorte que statistiquement, cela n'est susceptible de survenir que dans une très faible proportion de cas. Cela distingue fortement *la réalité* de cette responsabilité de ce que l'on observe lorsque des personnes privées, notamment la société, sont lésés : dans ces cas, les coûts et efforts à fournir pour mener à bien une procédure font que ce n'est que dans une faible proportion de cas que la violation de devoirs aboutit concrètement à une décision – judiciaire – constatant la responsabilité.

1103 Cela étant, même en matière d'assurances sociales, lorsque des décisions judiciaires sont rendues (sur recours), les **critères usuels** réémergent. Ainsi, lorsque le non-paiement est le fait d'une société de grande taille, on ne présumera pas la responsabilité du président de son conseil d'administration[1670] : en effet,

---

[1668] Cf. ATF 108 V 199 (203). Il est ainsi *possible de prouver* des éléments permettant de retenir l'absence de faute (ou d'illicéité) dans le comportement en cause.

[1669] L'ATF 132 III 523 c. 4.6 (530) emploie une formulation catégorique, presque schématique, qui peut conduire à se demander si elle ne dénature pas la notion de négligence grave : « *Selon la pratique, se rend coupable d'une négligence grave l'employeur qui ne respecte pas la diligence que l'on peut et doit en général attendre, en matière de gestion, d'un employeur de la même catégorie. Dans le cas d'une société anonyme, il y a en principe lieu de poser des exigences sévères en ce qui concerne l'attention que la société doit accorder, en tant qu'employeur, au respect des prescriptions de droit public sur le paiement des cotisations d'assurances sociales. Les mêmes exigences s'imposent également lorsqu'il s'agit d'apprécier la responsabilité subsidiaire des organes de l'employeur [...]. Par exemple, les administrateurs d'une société qui se trouve dans une situation financière désastreuse qui parent au plus pressé, en réglant les dettes les plus urgentes à l'exception des dettes de cotisations sociales, dont l'existence et l'importance leur sont connues, sans qu'ils ne puissent guère espérer, au regard de la gravité de la situation, que la société puisse s'acquitter des cotisations en souffrance dans un délai raisonnable [...], commettent une négligence grave au sens de l'art. 52 aLAVS* ».

[1670] Cf. ATF 108 V 199 (203) ; 114 V 219 ss. L'arrêt TF 13. 11. 2015, 9C_619/2015 (rés. *in* SJ 2016 I 217) admet *in casu* la responsabilité du président ; cet arrêt présente l'intérêt d'appréhender au c. 5.2 la responsabilité selon l'art. 52 LAVS en affirmant se fonder sur les critères classiques des *curae in eligendo, instruendo et custodiendo* applicables dans l'ensemble du droit de la responsabilité des organes. Le c. 5.2 est ainsi conclu : « *il est [du] devoir [de l'organe d'une société anonyme] en particulier de veiller à ce que les*

il est ici dans l'ordre des choses, et même nécessaire, que cette tâche administrative et le contrôle de son exécution soient délégués. Au contraire, si une petite entreprise ne paie pas les contributions aux assurances sociales, le président de son conseil d'administration sera présumé avoir commis une négligence grave : en effet, on n'admet pas la possibilité pour le conseil d'administration de déléguer totalement cette responsabilité à un directeur ; la jurisprudence retient en particulier qu'en présence d'une structure simple, facile à percevoir dans son intégralité, l'administrateur unique doit garder une vision d'ensemble sur tous les aspects essentiels de l'activité de l'entreprise, parmi lesquels figure le paiement intégral des cotisations sociales[1671].

VI. La responsabilité en cas de violation

A. En général : devoir violé, patrimoine lésé et qualité pour réclamer la réparation du dommage

Comme dans toutes les problématiques de responsabilité, la question première 1104 est **l'identification précise du devoir violé.** Cela détermine le dommage, car celui-ci consiste dans **les conséquences financières** *de cette violation.* Cela dit, la violation d'un devoir par un gérant pose des questions véritablement spécifiques, car des conséquences financières peuvent **se manifester dans plu-**

---

cotisations soient régulièrement versées [...]. Ce devoir est encore accru lorsqu'il s'agit, comme en l'espèce, du président du conseil d'administration. S'il est vrai que ce dernier peut déléguer certaines tâches – et notamment celle de veiller au paiement des cotisations sociales – il n'en demeure pas moins que cette délégation ne le dispense pas de veiller à ce que les fonctions déléguées soient effectivement remplies. En sa qualité de président du conseil d'administration, il est tenu de s'informer périodiquement sur la marche de l'entreprise, en particulier sur les affaires principales, en réclamant des rapports détaillés, en les étudiant attentivement, en cherchant à éclaircir des erreurs et en agissant pour remédier à des irrégularités ».

[1671] ATF 108 V 199 (203) ; cf. ég. ATF 112 V 3 ; 119 V 401. Cette sévérité peut être dure à vivre pour un chef d'entreprise qui a tenté en toute bonne foi de parer au plus pressé et de payer les dettes qui permettaient de continuer immédiatement l'exploitation qu'il voulait sauver (typiquement : les fournisseurs qui doivent encore livrer) ; pourtant, elle est compréhensible (dans le même sens général, FF 2011 536, *ad al. 2*), faute de quoi les cotisations aux assurances sociales risqueraient fort de passer systématiquement au dernier rang des priorités (alors qu'elles sont la contrepartie partielle des forces de travail de l'entreprise, qui sont d'ordinaire aussi indispensables que d'autres prestataires, et alors que le système suisse est relativement libéral en ceci que, de par les acomptes trimestriels et un décompte final annuel, il permet de payer les cotisations en principe avec un bref décalage temporel).

sieurs patrimoines : dans celui de la société mais aussi dans celui d'un sociétaire ou d'un créancier. L'approche des questions est parfois obscurcie d'une part par l'importance accordée en doctrine à des cas limites, à savoir les situations – rares – où une violation touche directement tant le patrimoine de la société que celui du sociétaire ; d'autre part, une réelle complexité caractérise les situations – beaucoup plus fréquentes, voire ordinaires – dans lesquelles la société fait faillite, conduisant les créanciers (parfois les sociétaires) à faire valoir des droits contre les gérants tenus responsables de la faillite ou du moins de pertes ayant creusé le découvert. Ces situations présentent maintes subtilités lorsque l'administration de la faillite agit en responsabilité pour l'ensemble des créanciers (« la masse en faillite ») alors que certains (et des sociétaires) agissent de leur côté pour faire valoir leur dommage propre. La situation est en revanche relativement simple, sous réserve d'aspects procéduraux, lorsque les créanciers se font céder les droits de la masse en faillite et agissent en son lieu et place pour faire valoir la responsabilité des gérants au titre du dommage causé à la société.

1105   Conceptuellement, et du point de vue des normes applicables, une distinction fort utile doit se faire avec les actes illicites commis par les organes d'une personne morale, qui portent préjudice aux tiers : selon l'art. 55 al. 2 et 3 CC, la personne morale et l'organe sont responsables, envers le tiers lésé, des actes illicites commis par ce dernier en cette qualité ; il s'agit de la **responsabilité civile délictuelle de la personne morale, aux côtés de celle de son organe**, dont le comportement lui est *imputé*. Cette problématique est traitée au § 9 du présent précis[1672]. Dans toute affaire de responsabilité, avant d'opérer les distinctions au sein du régime des art. 754 à 758 CO (applicable à la Sàrl par renvoi de l'art. 827 et à la coopérative selon l'art. 917 al. 2) en lien avec les devoirs de loyauté et de diligence dans la gestion (art. 717 pour la SA, art. 812 pour la Sàrl et art. 902 pour la coopérative[1673]), il convient dans un premier temps d'examiner si la responsabilité ne relève pas d'un acte illicite commis au préjudice d'un tiers, engageant tant la société que l'organe, au sens de l'art. 55 al. 2[1674] et 3 CC. Il faut se garder du risque de confusion : la commission d'un acte délictuel au préjudice d'un tiers peut aussi constituer – pas toujours, mais souvent – une violation du devoir de loyauté ou de diligence de l'organe envers la société. Mais ici, les dommages-intérêts que la société doit au tiers en raison du comportement illicite de l'organe qui lui est imputé constituent en principe, de par la dette en responsabilité grevant son bilan ou de par les liquidités sortant

---

[1672]   Cf. spéc. *supra* N 691.
[1673]   Cf. *supra* N 1031.
[1674]   L'art. 55 al. 2 CC est repris par les art. 722 (SA), 817 (Sàrl) et 899 CO (coopérative), cf. *supra* N 692.

de ce chef de sa trésorerie, un préjudice dont répond l'organe envers la société. Le patrimoine touché est d'abord celui du tiers ; c'est de ce fait, dans le cas où la société doit indemniser le tiers, qu'il *s'ensuit* une lésion du patrimoine de celle-ci[1675]. Il n'y a pas de lésion juridiquement simultanée du patrimoine social et de celui du tiers. D'ailleurs, si le tiers ne demande réparation qu'à l'organe et l'obtient, le patrimoine social n'aura finalement pas été lésé. Cela dit, toutes les situations ne sont pas parfaitement limpides lorsque l'on entre dans le champ d'application de l'art. 55 al. 2 et 3 CC : des cas limites existent aussi dans ce cadre-là, en particulier parce que la situation mêle différents types d'agissements, relevant de différentes catégories, notamment sous l'angle du patrimoine lésé.

Ces distinctions faites, il faut observer que d'ordinaire, les violations du devoir de loyauté ou du devoir de diligence créent d'abord un **préjudice à la société**. 1106

Les cas typiques d'appauvrissement de la société **par un acte déloyal** du gérant (prélèvement injustifié[1676], contrat désavantageux[1677], acte de concurrence[1678]) ne sont pas dirigés contre les sociétaires ou les créanciers. Ceux-ci ne voient leur situation économique péjorée que parce que la société voit son patrimoine réduit (pour les sociétaires, la valeur de leurs parts peut être diminuée ; pour les créanciers, la valeur de leur créance peut souffrir d'un fort appauvrissement de leur débitrice, dont l'intensité peut induire une décote). Il est donc évident que c'est la société qui a droit à réparation ; concrètement, elle peut réclamer les dommages-intérêts qui la rétablissent dans une situation correspondant à ce qu'aurait été son patrimoine sans l'acte déloyal. 1107

Il en va de même des **manquements typiques à la diligence**. C'est en principe la société qu'ils lèsent. Ainsi en est-il par exemple de la concentration de risques imprudente (*Klumpenrisiko*) qui, en cas d'évolution défavorable, aboutit à des pertes[1679], ou de celles résultant d'une décision entrepreneuriale prise dans un processus défaillant[1680], d'une organisation insuffisante[1681] ou d'une 1108

[1675] Cf. *infra* N 1113 ad 1692.

[1676] Pour des exemples, cf. *supra* N 1088 ad n. 1645-1649. Sur les liens avec l'infraction de gestion déloyale, N 1016 ss. Sur la notion de lésion de l'intérêt social – acte dommageable – par abus matériel du pouvoir de représentation, cf. *supra* N 569-574, et la comparaison avec la seule mise en danger par implication dans un conflit d'intérêts, cf. *supra* N 600.

[1677] Pour des exemples, cf. *supra* N 1087 ad n. 1631, 1635 et 1639-1641 (en lien avec, aussi, un probable manque de diligence).

[1678] *Supra* N 1002-1011. Il en va de même de la lésion résultant d'une violation d'une obligation de garder le secret sur les affaires de la société (*supra* N 1012-1015).

[1679] Cf. *supra* N 1086 ad n. 1608 et 1609.

[1680] Cf. *supra* N 1037-1047.

[1681] Cf. *supra* N 1060-1066.

surveillance négligente des délégataires[1682]. Le gain manqué résultant d'un manque d'attention (p. ex. ne pas effectuer un placement sans risque générateur d'intérêts[1683]) ne concerne, lui aussi, que la société. C'est donc évidemment elle qui a le droit à réparation, et non les sociétaires ou les créanciers.

1109 Dès lors, **dans l'immense majorité des cas**, la situation est en réalité très simple quant à savoir qui a droit aux dommages-intérêts découlant d'une violation du devoir de loyauté ou de diligence : c'est la société. Cela n'est nullement obscurci par le fait que, dans la faillite, si l'administration de la masse n'exerce pas ce droit, les créanciers ou les sociétaires puissent se le faire céder[1684] (afin d'obtenir de l'organe responsable un substrat économique permettant de satisfaire en priorité leurs propres prétentions envers la société).

1110 Dans toutes ces situations, **l'éventuelle perte de valeur des actions ou parts sociales du sociétaire** (ou la décote de la valeur d'une créance) n'est pour celui-ci qu'un dommage « par ricochet »[1685], ou, suivant le choix lexical, par répercussion ou par dérivation ; pour les sociétaires, le dommage de la société est ainsi, le plus souvent, désigné comme un **dommage indirect**.

1111 Les sociétaires ne peuvent en exiger à leur bénéfice la réparation au gérant auteur de la violation de ses devoirs qui a lésé la société. La loi leur permet d'**agir en justice contre le gérant, mais seulement en paiement en faveur de la société**[1686] (art. 756 al. 1, 2e phr., CO, applicable à la Sàrl [art. 827 CO] et à la coopérative [art. 917 al. 2 CO]). Une telle action judiciaire est dès lors fort rare, car les actionnaires minoritaires qui l'engageraient n'obtiendront qu'une faible répercussion potentielle sur leur patrimoine en cas de gain du procès, tandis que les actionnaires majoritaires ont usuellement élu le conseil d'administration, lequel peut agir au nom de la société (des configurations très spécifiques peuvent toutefois y donner lieu[1687]).

[1682] Cf. *supra* N 1067 ss, spéc. 1077-1081.

[1683] Cf. *supra* N 1086 ad n. 1610.

[1684] Cf. *infra* N 1116-1117.

[1685] ATF 148 III 11 c. 3.2 (14 ; «*Reflexschaden*») ; 141 III 112 c. 5.1 (116) ; 136 III 14 c. 2.4 (20) ; 132 III 564 c. 3.1.2 (568 s.).

[1686] L'action au bénéfice d'une personne autre que le demandeur est souvent désignée par le terme allemand *Prozessstandschaft* (pour le cas de l'art. 756 al. 1, 2e phr., CO, ATF 132 III 342 c. 4.3 [350] ; TF 13. 3. 2007, 4C.363/2006, c. 4.3 ; cf. ég., mais pour le cas de la cession selon les art. 757 CO et 260 LP, TF 8. 12. 2009, 4A_446/2009, c. 2.4 ; ATF 132 III 342 précité, c. 2.2 [345]).

[1687] Ainsi dans la cause jugée par le Tribunal régional du Littoral (NE) 28. 3. 2023, PORD 83.2020, c. 6.5 et 7.6.1 (« action oblique » ; sur ce terme, cf. ég. p. ex. OULEVEY/LEVRAT [2022], N 975).

Les **sociétaires et les créanciers** peuvent agir en réparation contre un gérant si celui-ci a eu un comportement qui leur cause directement un dommage, **sans que celui-ci corresponde à un dommage de la société**. La jurisprudence reconnaît clairement que ce droit existe aussi bien hors faillite que dans la faillite[1688]. Il n'y a en effet pas de concurrence entre une action de la société et celle du sociétaire ou créancier lésé. La situation est donc simple dans ces situations aussi. 1112

La situation est en revanche complexe **lorsque tant le patrimoine de la société que celui du sociétaire sont directement lésés**. Vu abstraitement, on perçoit un risque potentiel de surindemnisation si tant la société que l'actionnaire peuvent obtenir réparation. Une concurrence des actions est donc susceptible de poser des problèmes. Tant la doctrine que la jurisprudence n'ont pas été toujours limpides, des évolutions et revirements s'étant manifestés notamment de 1991 à 2006[1689]. La jurisprudence la plus récente s'est arrêtée, non sans circonspection, sur une formulation qui peut être rendue en français comme suit : « *[en ce qui concerne] la situation dans laquelle tant la société que le créancier et/ou l'actionnaire sont directement [respectivement] immédiatement lésés [...], le TF a limité la qualité pour agir de l'actionnaire ou du créancier directement lésé – [à tout le moins] dans certains cas – [en ceci que] celui-ci ne peut agir en justice pour son dommage direct que si le comportement de l'organe de la société viole des dispositions du droit de la société anonyme qui [visent] exclusivement à la protection des créanciers ou des actionnaires ou si l'obligation de réparer le dommage repose sur un autre comportement illicite de l'organe au sens l'art. 41 CO ou d'un fait relevant de la culpa in contrahendo* »[1690]. Dans notre analyse, les situations où un même acte du gérant lèse 1113

[1688] ATF 141 III 112 c. 5.2.1 : « *Premièrement, le créancier peut être lésé à titre personnel par le comportement des organes, à l'exclusion de tout dommage causé à la société. Il subit alors un dommage direct [...]. Autrement dit, les organes responsables ont adopté un comportement dont le créancier social (et non la société) est la victime [...]. Dans un tel cas, le créancier lésé peut agir à titre individuel pour réclamer des dommages-intérêts au responsable* » ; très concis et complet, ATF 148 III 11 c. 3.2 (14) : « *die unmittelbare bzw. direkte und ausschliesslich im Vermögen des Gläubigers bzw. des Aktionärs eintretende Schädigung ('dommage direct') [...]. Der Aktionär/Gläubiger allein ist klagelegitimiert innerhalb und ausserhalb des Konkurses* ».

[1689] Pour un résumé systématique de l'évolution, cf. ROUILLER/BAUEN/BERNET/LASSERRE ROUILLER (2022), N 563b-563g. Voir aussi CHABLOZ/VRACA, RSDA 2022 264 (265 s.) ; CANAPA/GRISONI, RDS 2022 67-89 ; CORBOZ/AUBRY GIRARDIN, CR ad art. 754 CO (2017), N 53-82, spéc. 54 ; ad art. 757 CO, N 10-41d, spéc. 14 et 16.

[1690] ATF 148 III 11 c. 3.2 (14-15). Nous reprenons ici la traduction de Stéphane ABBET parue au JdT 2022 II 217 (220), avec quelques adaptations. Le texte original est : « *die Situation, in welcher sowohl die Gesellschaft als auch der Gläubiger und/oder Aktionär unmittelbar bzw. direkt geschädigt sind [...]. Hinsichtlich dieser Konstellation hat das Bundesgericht*

à la fois le patrimoine de la société et directement sont rares[1691]. En revanche, il peut survenir, non rarement, qu'un gérant commette dans un bref laps de temps plusieurs actes nuisibles, donc certains (notamment des violations du devoir de loyauté ou de diligence) lèsent le patrimoine social et d'autres, directement, le patrimoine d'un actionnaire ou d'un créancier. Comme déjà indiqué[1692], en lésant directement des sociétaires ou des créanciers alors qu'il agit en qualité d'organe (ce qui est en principe le cas), le gérant engage aussi la responsabilité de la société (art. 55 al. 2 CC) ; si le sociétaire ou créancier décide de réclamer réparation à la société, celle-ci pourra se retourner contre le gérant. Il est tout à fait clair dans ces configurations que c'est *d'abord* le patrimoine des sociétaires ou créanciers qui a été directement lésé (le patrimoine social n'est affecté que parce que les sociétaires ou créanciers ont réclamé ré-

---

die Klagebefugnis des direkt geschädigten Aktionärs bzw. Gläubigers – jedenfalls für bestimmte Fälle – insofern eingeschränkt, als dieser nur dann seinen direkten Schaden einklagen kann, wenn das Verhalten des Gesellschaftsorgans gegen aktienrechtliche Bestimmungen verstösst, die ausschliesslich dem Gläubiger- oder Aktionärsschutz dienen oder die Schadenersatzpflicht auf einem andern widerrechtlichen Verhalten des Organs im Sinne von Art. 41 OR oder einem Tatbestand der culpa in contrahendo gründet [...]. Wann diese Einschränkung überhaupt Anwendung findet, ist vorliegend umstritten ». Cette formulation est, sur un point, plus complète que celles des arrêts rédigés en français, qui n'évoquent que le dommage direct concurrent des créanciers, mais celle de l'ATF 141 III 112 c. 5.2.3 (117) présente l'intérêt de justifier la solution arrêtée : « *il existe encore des situations, plus rares, dans lesquelles on discerne à la fois un dommage direct pour le créancier et un dommage direct pour la société. En d'autres termes, le comportement de l'organe porte directement atteinte au patrimoine de la société et à celui du créancier social [...]. Dans cette situation, pour parer au risque d'une compétition entre les actions en responsabilité exercées respectivement par la société ou l'administration de la faillite et par les créanciers directement touchés, la jurisprudence a limité le droit d'agir de ces derniers, afin de donner une priorité à l'action sociale ; ainsi, lorsque la société est aussi lésée, un créancier social peut agir à titre individuel contre un organe en réparation du dommage direct qu'il a subi seulement s'il peut fonder son action sur un acte illicite (art. 41 CO), une culpa in contrahendo ou une norme du droit des sociétés conçue exclusivement pour protéger les créanciers* ».

[1691] L'ATF 141 III 112 c. 5.2.3 (117) précité *supra* n. 1690 mentionne explicitement cette rareté. Même dans une affaire comme celle traitée par les arrêts TC NE 7.6.2022, ARMP 2022.30, et 23.1.2023, ARMP 2022.138, l'activité dommageable qu'un gérant d'une entreprise de construction accomplit au préjudice d'un client en commettant une escroquerie ou un abus de confiance peut être analysé comme un acte global affectant le patrimoine du client et celui de la société (puisque celle-ci doit indemniser le client), mais peut aussi être subdivisée en différents actes dont certains lèsent le client (p. ex. la tromperie quant à la volonté d'exécuter le contrat proposé au client) et d'autres la société (p. ex. ne pas prendre les mesures pour exécuter le contrat conclu).

[1692] *Supra* N 1105 ad n. 1675.

paration à la société) ; ils auraient pu réclamer réparation au gérant, auquel cas, s'ils l'avaient obtenue, ils n'auraient pas eu d'action contre la société.

B. Particularités dans la faillite de la société

La façon dont est rédigée la disposition topique, l'art. 757 CO (applicable à la Sàrl [art. 827] et à la coopérative [art. 917 al. 2]), peut s'avérer d'une lecture difficile[1693], d'autant plus que sa bonne compréhension requiert d'avoir à l'esprit la cession des droits prévue par la Loi sur la poursuite pour dettes et la faillite (art. 260 LP). En réalité, la situation n'est pas particulièrement complexe ; la qualité pour faire valoir les droits s'examine « en cascade », au fur et à mesure des renonciations par les premiers autorisés. **1114**

Le principe est que **l'administration de la faillite** exerce seule les droits de la société (art. 757 al. 1, 2ᵉ phr., CO). C'est donc elle qui agit contre un gérant dont la violation des devoirs a engendré un dommage à la société. **1115**

La loi prévoit que **si elle renonce à agir**, non seulement les **sociétaires** mais aussi – ce qui est différent de la situation hors faillite – les **créanciers sociaux** peuvent agir au bénéfice de la société (art. 757 al. 2 et al. 1, 1ʳᵉ phr., CO). En qualité de demandeurs, les créanciers sociaux qui agissent ainsi, puis les sociétaires demandeurs ont le droit d'être désintéressés en priorité. L'éventuel excédent va au reste de la masse en faillite (c'est-à-dire concrètement les créanciers non demandeurs, puis enfin les sociétaires non demandeurs). **1116**

Si les créanciers n'agissent pas dans le cadre de l'art. 757 al. 1 et 2 CO, chacun d'eux peut demander la **cession des droits** (art. 260 al. 1 LP)[1694]. La différence **1117**

[1693] Art. 757 : « *(1) Dans la faillite de la société lésée, les créanciers sociaux ont aussi le droit de demander le paiement à la société de dommages-intérêts. Toutefois, les droits des actionnaires et des créanciers sociaux sont exercés en premier lieu par l'administration de la faillite. (2) Si l'administration de la faillite renonce à exercer ces droits, tout actionnaire ou créancier social peut le faire. Le produit sert d'abord à couvrir les créances des créanciers demandeurs, conformément aux dispositions de la loi fédérale du 11 avril 1889 sur la poursuite pour dettes et la faillite. Les actionnaires demandeurs participent à l'excédent dans la mesure de leur participation à la société ; le reste tombe dans la masse. (3) Est réservée la cession de créance de la société, conformément à l'art. 260 [LP]* ».

[1694] La doctrine reconnaît que la cession de l'art. 260 LP (aux seuls créanciers sociaux, sauf vente selon l'al. 3, cf. *infra* N 1118) se distingue bien de la faculté des créanciers sociaux et *des sociétaires* d'agir au bénéfice de la masse selon l'art. 757 al. 1 et 2 CO (ainsi p. ex. Corboz/Aubry-Giradin, CR ad art. 757 CO [2017], N 38-41).

est que le créancier cessionnaire fait alors valoir une créance qui, de par la cession, est devenue un droit propre[1695] ; il agit donc en paiement à lui-même et non à la société[1696]. Il agit à ses risques et périls[1697] ; il gère le procès selon ses choix et peut notamment transiger[1698]. Toutefois, si le produit lui permet de satisfaire sa créance (frais compris), il doit verser l'excédent à la masse (art. 260 al. 2 LP). Vu cette obligation[1699] – corollaire du fait que, dans ces situations, la cession a d'ordinaire lieu à titre gratuit[1700] –, l'administration de la faillite peut[1701] fixer un délai pour faire valoir le droit (typiquement six mois[1702], un an[1703], voire deux ans[1704], tout délai de ce type étant prolongeable[1705]). Elle peut révoquer la cession en cas d'inaction[1706]. La jurisprudence retient encore que le cessionnaire selon l'art. 260 al. 1 et 2 LP peut céder lui-même à un tiers les droits qu'il a ainsi reçus, sauf à céder sa propre créance[1707].

1118 Si aucun créancier ne demande la cession, **la créance peut être réalisée**, c'est-à-dire vendue au plus offrant (art. 260 al. 3, qui renvoie à l'art. 256 LP, lequel permet la vente aux enchères ou de gré à gré). L'acquéreur peut être un créancier, un sociétaire[1708] ou un tiers. Il est un cessionnaire acquérant la pleine titularité en échange de la contreprestation convenue lors de l'acquisition ; il n'a

---

[1695] La jurisprudence précise, cela étant, qu'il s'agit d'un *mandat procédural* ; cf. p. ex. ATF 132 III 564 c. 3.2.2 (570) cité *infra* n. 1771 (N 1154 ; ég. n. 1732).

[1696] ATF 86 III 158 ; 79 III 174. V. ég. p. ex. JEANNERET/CARRON, CR ad art. 260 LP (2005), N 41. En cas de pluralité de cessionnaires, ils doivent agir ensemble, car la créance cédée doit faire l'objet d'un jugement unique (ATF 121 III 494 c. 2).

[1697] Ainsi p. ex. ATF 105 III 140 c. 4 (en cas de perte du procès).

[1698] Cf. p. ex. ATF 93 III 63.

[1699] Une responsabilité du cessionnaire à l'égard de la masse en cas de conduite fautive du procès est ainsi concevable, cf. ATF 102 III 29.

[1700] Cf. JEANNERET/CARRON, CR ad art. 260 LP (2005), N 19 ; sur les exceptions, N 20-23.

[1701] Elle peut aussi ne pas en fixer, cf. ATF 65 III 63.

[1702] Cf. p. ex. OF NE 12. 12. 2022, réf. 2021063/NV.

[1703] Cf. p. ex. OF Lausanne 3. 5. 2018, N° L392-2017 ; OF Est vaudois 22. 12. 2020, réf. F20191364 ; OF GE 7. 6. 2022, réf. F20191092.

[1704] Cf. JEANNERET/CARRON, CR ad art. 260 LP (2005), N 35.

[1705] Cf. p. ex. OF NE 9. 6. 2023, réf. 2021063/NV ; OF Est vaudois 14. 1. 2022, réf. F20191364.

[1706] ATF 121 III 291 c. 3c. La révocation doit alors être expresse (il n'y a pas de péremption *ipso jure*), cf. TF, SJ 2002 I 494 c. 5a (495) ; v. ég. ATF 65 III 1 c. 2 [3-4] ; 65 III 61 (63). Si le cessionnaire agit après l'échéance du délai mais avant la révocation, celle-ci n'a pas lieu d'être (cf. TF, SJ 2002 I 494 c. 5a [495 s. : « *le cessionnaire peut, avant comme après le terme fixé, exercer son action ; s'il use de cette faculté, son droit d'action ne peut plus lui être retiré après coup par la révocation de la cession* »] et 5b [496] ; Pierre-Robert GILLIÉRON [2012], N 2057 *in fine*).

[1707] ATF 98 III 73 c. 2 ; TF, BlSchK 2002 134.

[1708] Cf. p. ex. ATF 88 III 68.

pas de compte à rendre à l'administration de la faillite quant à la façon dont il exerce les droits qu'il s'est fait céder. Une différence (qui peut être considérable) entre le prix payé et le montant encaissé bénéficie au seul acquéreur.

C. Le régime de la responsabilité, y compris les exceptions (aperçu)

1. Le dommage

a.   L'analyse doit commencer par l'identification exacte du devoir violé

En matière de responsabilité des gérants pour violation de l'un ou l'autre de leurs devoirs, la définition du dommage est la même que dans les autres domaines de l'ordre juridique. Il s'agit de **comparer la situation patrimoniale** de la société telle qu'elle est **après la violation du devoir et celle – hypothétique – qui aurait existé si le gérant n'avait pas violé son devoir**. C'est ainsi que le dommage est déterminé *dans le sillage* de la violation du devoir. Conceptuellement, il ne peut exister de dommage « en soi », isolément de la violation d'un devoir. 1119

b.   La causalité dite « naturelle »

Le critère de la causalité « naturelle » consiste à déterminer si le comportement du gérant a bel et bien donné lieu à un état du patrimoine inférieur à celui qui aurait existé sans ce comportement (la violation du devoir doit être une condition *sine qua non* de la diminution du patrimoine). Bien que **la théorie juridique retienne que la causalité naturelle relève du fait**[1709], cette 1120

[1709] Ainsi p. ex. TF 26. 10. 2021, 4A_133/2021 et 4A_135/2021, c. 9.1.1 : « *La causalité naturelle entre deux événements est réalisée lorsque, sans le premier, le second ne se serait pas produit ; il n'est pas nécessaire que l'événement considéré soit la cause unique ou immédiate du résultat. La constatation de la causalité naturelle relève du fait [...]. En ce qui concerne plus particulièrement la causalité naturelle entre le manquement reproché à l'organe et le préjudice, en l'occurrence le dommage social, il faut, pour que cette exigence puisse être retenue, que le comportement critiqué constitue une condition* sine qua non *du résultat* » ; v. ég. c. 9.1.3 cité *infra* n. 1718. Cf. aussi ATF 127 III 453 c. 5d (456) : « *S'agissant de juger de l'existence d'un lien de causalité entre une ou des omissions et un dommage, ce qui revient à déterminer le cours hypothétique des événements, le Tribu-*

détermination revient forcément à élaborer des **hypothèses**[1710], que l'on compare avec la situation qui existe réellement. Ainsi, le processus relève largement de l'appréciation, même si la comparaison avec des situations présentant des analogies permet de considérer que l'une ou l'autre hypothèse est rationnellement plausible ou probable[1711]. Ce qui ne s'est pas produit ne pouvant être constaté, il n'est pas rigoureux intellectuellement de prétendre que la causalité naturelle peut avoir un caractère scientifique ; il est regrettable que cette illusion existe dans la pratique judiciaire et que les tribunaux estiment bien trop facilement qu'un dommage ne serait « pas prouvé », alors qu'il est toujours impossible d'apporter la preuve stricte d'un fait hypothétique. Cela étant, l'élaboration sincère et minutieuse d'hypothèses présentées comme telles est un moyen parfaitement légitime de déterminer le dommage. Il n'y a de toute façon pas d'autre moyen.

c. La causalité dite « adéquate »

1121   Outre l'existence d'un rapport de causalité naturelle entre l'acte générateur de responsabilité et le dommage, l'ordre juridique requiert un rapport de causalité dite « adéquate » pour que le dommage donne lieu à réparation[1712]. On entend par là qu'« *un fait constitue la cause adéquate d'un résultat s'il est propre, d'après le cours ordinaire des choses et l'expérience générale de la vie, à entraîner un résultat du genre de celui qui s'est produit* »[1713]. Ce ques-

---

nal fédéral est lié par les constatations cantonales, dès lors qu'elles ne reposent pas exclusivement sur l'expérience de la vie, mais sur les faits établis par l'appréciation des preuves ».

[1710]   Ainsi p. ex. ATF 127 III 453 c. 5d (456) cité *supra* n. 1709.

[1711]   La pratique arbitrale utilise à bon escient l'expression «*on [a/the] balance of probabilities*» pour retenir une relation causale, en ayant conscience qu'il s'agit d'appréciations rationnelles (cf. sentence arbitrale LCIA du 4. 4. 2022, N° 194472, c. 6.47 [p. 547], 6.48 [551], 6.62 [576] et 15.3 [740]).

[1712]   Ainsi, en matière de droit des sociétés, ATF 129 III 129 c. 8 (134). Voir aussi ATF 132 III 523 c. 4.6 (531).

[1713]   Dans la jurisprudence la plus récente *en droit des sociétés*, v. TF 26. 10. 2021, 4A_133/2021 et 4A_135/2021, c. 9.1.2.

tionnement peut s'envisager sous l'angle de la *prévisibilité*[1714] ou de la *probabilité*[1715] (étant précisé qu'en l'état actuel du droit suisse, on ne recourt pas à la théorie de la « perte de chance » en vertu de laquelle le montant des dommages-intérêts peut être fixé en fonction de la probabilité du dommage, notamment la probabilité d'un gain manqué[1716]).

Pour la causalité adéquate, on admet en toute transparence qu'il s'agit d'**appréciation**[1717]. On la qualifie de **question de droit**, à juste titre. Une analyse critique de cas limites permet de se demander si, en fin de compte, plutôt qu'une détermination du « cours ordinaire des choses » et de « l'expérience générale de la vie », la causalité adéquate ne relève pas, à propos de conséquences éloignées, du jugement de valeur[1718] : l'acte est-il suffisamment grave, critiquable ou malfaisant pour être considéré comme étant bel et bien à l'origine de

1122

[1714] Pour cet examen, il faut (tenter de) se replacer au moment de l'acte et de l'omission (et non en faisant une appréciation rétrospective – *ex post* – biaisée par la connaissance de l'enchaînement des faits ; s'en abstenir est toutefois plus facile à prescrire qu'à mettre en œuvre réellement). Le critère de la prévisibilité (*ex ante*) figure dans la codification de la définition des dommages-intérêts contractuels en matière de vente commerciale internationale, à l'art. 74 CVIM : « *Les dommages-intérêts pour une contravention au contrat commise par une partie sont égaux à la perte subie et au gain manqué par l'autre partie par suite de la contravention. Ces dommages-intérêts ne peuvent être supérieurs à la perte subie et au gain manqué que la partie en défaut avait <u>prévus ou aurait dû prévoir au moment de la conclusion du contrat, en considérant les faits dont elle avait connaissance ou aurait dû avoir connaissance</u>, comme étant des conséquences possibles de la contravention au contrat* ». Vu la diffusion de ce texte, qui lie 95 États, sa portée doctrinale va nettement au-delà de son champ d'application formel (cf. Nicolas ROUILLER, International Business Law [2015], p. 16). Le critère s'est largement diffusé dans la responsabilité non contractuelle (cf. p. ex. art. 3 :201 des Principles of European Tort Law ; *op. cit.*, p. 449, n. 993).

[1715] Voir notamment l'arrêt TF 26. 10. 2021, 4A_133/2021 et 4A_135/2021, c. 9.1.3, cité *infra* n. 1718.

[1716] Cf. ATF 133 III 462 c. 4.2-4.4 (468-472), confirmé notamment par l'arrêt TF 5. 5. 2021, 4A_229/2020, c. 5.2.1.

[1717] C'est pour cela qu'en réalité, la différence avec la causalité naturelle est moins nette que la théorie classique le prétend, ce que la jurisprudence reconnaît occasionnellement.

[1718] Cela est explicitement admis dans l'arrêt TF 26. 10. 2021, 4A_133/2021 et 4A_135/2021, c. 9.1.3 : « *Lorsque le manquement reproché au mandataire est, comme en l'espèce une omission, le rapport de causalité doit exister entre l'acte omis et le dommage. Entre celui-ci et celui-là, le rapport de cause à effet est nécessairement hypothétique (une inaction ne pouvant pas modifier le cours extérieur des événements), de sorte qu'à ce stade déjà, il faut se demander si le dommage aurait été empêché dans l'hypothèse où l'acte omis aurait été accompli ; dans l'affirmative, il convient d'admettre l'existence d'un rapport de causalité entre l'omission et le dommage [...]. Le rapport de causalité étant hypothétique, le juge se fonde sur l'expérience générale de la vie <u>et émet un jugement de valeur</u> ; ce faisant,*

conséquences éloignées ? Cette grille de lecture peut donner de la cohérence à une pratique judiciaire qui pourrait sinon sembler, parfois, difficilement prévisible, drapée derrière des critères objectifs qui ne le sont pas réellement. Le cadre du présent ouvrage ne permet pas d'aller plus en détail sur ce thème.

1123 La jurisprudence a eu l'occasion de retenir **quelques règles générales** en matière de causalité adéquate dans le domaine du droit des sociétés, notamment en cas de retard à annoncer le surendettement : « *le retard dans le dépôt du bilan est, selon le cours ordinaire des choses et l'expérience de la vie, de nature à causer un préjudice à la société faillie* »[1719]. On précisera cependant que le dommage n'est pas tout le découvert du bilan. En effet, le devoir en la matière étant de constater le surendettement à la lecture des comptes annuels ou de comptes intermédiaires, et le conseil d'administration (ou les gérants dans la Sàrl ou l'administration dans la coopérative) ayant la possibilité de tenter un assainissement, ce n'est que lorsque celui-ci apparaît sans espoir, ou à l'échéance du délai légal de 90 jours institué par l'art. 725b CO[1720], que le devoir d'annoncer le surendettement au tribunal peut être violé. Ce n'est que le retard d'annonce à partir de ce moment-là qui crée un dommage, lequel consiste dans *l'aggravation* du découvert du bilan (lié à la *continuation déficitaire* de l'exploitation, *Fortführungsschaden*)[1721].

---

il élimine d'emblée certains scénarios comme improbables d'après cette même expérience. Il suffit qu'il se convainque que le processus causal est établi avec une vraisemblance prépondérante ».

[1719] TF 26. 10. 2021, 4A_133/2021 et 4A_135/2021, c. 9.3.2 *in fine*. V. aussi CJ GE 24. 5. 2022, ACJC/697/2022, résumé dans l'arrêt TF 22. 12. 2022, 4A_292/2022, A.g. Voir aussi TF 8. 8. 2005, 4C.118/2005, c. 4.5 (« *l'on admet que tout retard dans le dépôt du bilan est <u>en règle générale</u> préjudiciable à la société [...]. Ce principe se vérifie tout particulièrement lorsque la société est, comme en l'espèce, victime de malversations répétées, dès lors que la faillite coupe court à tout nouveau prélèvement indu* »).

[1720] Cf. *supra* N 840.

[1721] Voir sur ce plan ATF 136 III 322 c. 3.2 *pr.* (325), 3.2.2 et 3.3 (326), seul arrêt publié au recueil officiel employant le terme de *Fortführungsschaden*. V. aussi, dans la jurisprudence non publiée en rapport avec la responsabilité des réviseurs, TF 15. 9. 2015 4A_236/2015, c. 3.5 ; TF 26. 1. 2016, 4A_373/2015, c. 3.4.1 (« *dommage de poursuite d'exploitation* ») ; TF 19. 1. 2021, 4A_218/2020, c. 6.1.2 (« *Vergrösserung der Verschuldung der Konkursitin, welche durch eine verspätete Konkurserklärung entstanden* » ; « *Fortführungsschaden zufolge Konkursverschleppung, so ist die tatsächlich eingetretene Überschuldung der Konkursitin mit jener zu vergleichen, die bei einem Konkurs zum früheren Zeitpunkt bestanden hätte* » (identique, TF 16. 1. 2017, 4A_271/2016 et 4A_291/2016, c. 3.1.2). Pour ce terme en général, TF 6. 1. 2016, 4A_418/2015, c. 3 ; TF 11. 11. 2013, 4A_251/2013, c. 2.4 et 2.5 ; TF 8. 9. 2015, 4A_214/2015, c. 3.2.1 ; TF 19. 4. 2016, 4A_611/2015, c. 3.2.1 : « *augmentation du découvert entre le moment où la faillite aurait été prononcée si le défendeur n'avait pas manqué à ses devoirs et le moment*

Une autre règle de portée générale est retenue en matière d'omission du paie- 1124
ment des cotisations aux assurances sociales lorsque les gérants d'une société
aux abois parent au plus pressé (« *en réglant les dettes les plus urgentes à l'ex-*
ception des dettes de cotisations sociales, dont l'existence et l'importance leur
sont connues ») : « *la jurisprudence estime qu'il existe en règle générale un*
lien de causalité adéquate entre l'inaction de l'organe et le non-paiement des
cotisations »[1722].

2. Exceptions matérielles (aperçu)

a. La « décharge » et l'exception *volenti non fit injuria*

La **nature** – en principe – **collective de la société** implique que le consente- 1125
ment donné à un acte du gérant par une ou des personne(s) habilitée(s) à la
représenter ne libérera pas forcément de sa responsabilité le gérant dont l'acte
a porté préjudice à la société. Cela résulte aussi de la **nature des devoirs de**
fidélité et de diligence du gérant qui ne sont pas purement contractuels, mais
organiques : le gérant ne doit pas à la société la loyauté et la diligence comme
il la devrait à un cocontractant – qu'une ou plusieurs personnes munies de pouvoirs peuvent représenter à son endroit –, mais il doit de par la loi protéger
loyalement et diligemment tous les intérêts de la société. Concrètement, il doit
protéger les intérêts de la société sans s'arrêter à l'interprétation qu'en font les
personnes qui la représentent envers lui et, par ailleurs, sans se satisfaire des
vues des actionnaires majoritaires ; le gérant doit englober dans sa protection
de l'intérêt social aussi ce qui a de la pertinence pour les actionnaires minoritaires et les créanciers. Dès lors, le consentement exprimé par un organe de
même rang ou même un organe de rang supérieur à l'accomplissement d'un
acte du gérant ne suffit pas à exonérer celui-ci, alors que – selon la règle géné-

---

(*impliquant une perte supérieure*) *où la faillite a effectivement été prononcée* ». Plus récemment, TF 20. 9. 2022, 4A_188/2022, c. 6.1.1 : « *La première date déterminante (mo-*
ment où la faillite aurait été prononcée si l'administrateur n'avait pas manqué à ses de-
voirs) présuppose d'établir le moment où l'administrateur avait des 'raisons sérieuses
d'admettre que la société [était] surendettée' [...] à partir de cette date et en fonction des
circonstances concrètes, il faut alors déterminer (projection) la date à laquelle la faillite
aurait été prononcée. Cette dernière date doit être distinguée du moment où l'administra-
teur est tenu de dresser le bilan intermédiaire [...] et de la date à laquelle la société a
commencé à être surendettée ».

[1722] ATF 132 III 523 c. 4.6 (530), cité *supra* n. 1669.

rale *volenti non fit injuria*[1723] – un tel consentement libérera un « simple » co-contractant (tels un mandataire ou un employé qui n'est pas organe, ou des fournisseurs de biens et de services).

1126 L'ordre juridique suisse a institué le mécanisme d'un vote des sociétaires sur l'activité des gérants : **la décharge**. Elle est explicitement régie par l'art. 758 CO pour la société anonyme, et vaut pour la société à responsabilité limitée de par les renvois au régime de la responsabilité de la société anonyme (art. 827 et 917 al. 2 CO), ce que confirment les dispositions sur la compétence de l'assemblée des associés (art. 804 al. 2 ch. 7 CO, cf. ég. art. 806a al. 1 CO) ou de l'assemblée générale (art. 879 al. 2 ch. 4 CO) pour accorder la décharge (ce qui équivaut à la compétence de l'assemblée générale dans la société anonyme, art. 698 al. 2 ch. 7 CO). La similitude des intérêts en jeu induit que ce régime doit aussi s'appliquer par analogie aux sociétés de personnes[1724] et aux personnes morales du Code civil[1725].

[1723] La formulation d'origine semble être d'Ulpien, Dig. 47, 10, 1, 5 : « *Nulla iniuria est, quæ in volentem fiat* ».La règle trouve son expression en droit positif suisse de la responsabilité à l'art. 44 al. 1 CO (« *Le juge peut réduire les dommages-intérêts, ou même n'en point allouer, lorsque la partie lésée a consenti à la lésion* »). Elle semble connue dans tous les ordres juridiques (cf. p. ex. John Cooke, Law of Tort [2007], p. 196 s. ; v. aussi art. 7 :101 al. 1 lit. d des Principles of European Tort Law).

[1724] Le cadre formel est différent, l'assemblée des associés n'étant pas soumise à une organisation dense prescrite par la loi (pour la SNC, la seule disposition formelle est l'art 558 al. 1 CO qui prescrit, indirectement, que des comptes annuels doivent être présentés, puisqu'ils servent de base à la part de bénéfice de chaque associé ; pour la société en commandite, le renvoi de l'art. 598 al. 1 CO induit l'application de la même règle ; v. ég. art. 600 al. 3 CO sur la possibilité du commanditaire d'obtenir et contrôler les états financiers). Qui plus est, comme évoqué (*supra* N 969), la responsabilité des gérants peut sembler « camouflée » (en ceci qu'elle échappe largement à l'attention de celui qui observe les sociétés de personnes) en raison de la responsabilité solidaire des associés. Il reste que le gérant (associé ou non) a les mêmes devoirs que le gérant d'une SA ou d'une Sàrl et les associés qui n'ont pas consenti à un acte dommageable du gérant sont dans une position similaire à celle des actionnaires, tout comme la société de personnes elle-même. – La doctrine consacrée aux sociétés de personnes décrit un régime de décharge – facultatif, c'est-à-dire qui peut être prévu contractuellement ou voté sans obligation préalable d'y procéder – qui est identique à celui de la SA (ainsi Fellmann/Müller, BK ad art. 534 CO [2006], N 34-39).

[1725] La similitude est évidente pour l'association, même si le caractère patrimonial des droits des membres se distingue de ceux des actionnaires d'une SA ou associés d'une Sàrl, car il n'est pas capitalistique (comme, d'ailleurs, pour les droits des sociétaires d'une coopérative sans parts sociales, cf. p. ex. art. 833 ch. 1, 853 et 870 CO , cf. *infra* N 2668 et 2696-2703.). – Pour la fondation, faute de membres, l'organe suprême étant le conseil de fondation (l'autorité publique de surveillance n'ayant pas ce rôle), la question de la décharge des gérants ne peut se régler qu'au sein du conseil ; les différences avec la SA (et la Sàrl

aa. Régime et portée exacte de la décharge

Le **régime de la décharge** aménage un équilibre précis. La gestion des   1127
membres de l'organe supérieur de direction, à savoir les administrateurs[1726]
dans la société anonyme ou la coopérative et les gérants dans la société à responsabilité limitée, est soumise, pour chaque membre ou collectivement[1727], au
vote de l'assemblée des sociétaires. Le sociétaire qui a participé à la gestion ne
peut voter[1728]. Si la décision – valablement votée[1729] – de l'assemblée est de
décharger les gérants (ou l'un ou quelques-uns d'entre eux), *la société* ne peut
pas agir en responsabilité contre les personnes bénéficiant de cette décharge.
On conçoit la décharge comme une déclaration de volonté de la société valant
ou bien reconnaissance de dette négative ou bien renonciation à faire valoir la
responsabilité[1730]. Outre la société, la décharge lie les actionnaires qui y ont

---

et la coopérative) sont donc plus nettes, mais l'essence des enjeux n'est pas fondamentalement autre.

[1726] Le texte légal (art. 698 al. 1 ch. 5 CO) ne mentionne que les administrateurs, mais il est
admis que la société *peut* soumettre au vote de décharge également les autres organes
chargés de la gestion, soit en particulier les directeurs (cf. TRIGO TRINDADE/HÉRITIER
LACHAT, CR art. 695 CO [2017], N 20 et 26 s. ; Peter BÖCKLI [2009], § 12 N 24). Si cette
démarche n'est pas faite, la problématique relève en partie des déclarations faites par l'organe supérieur de direction envers ces autres organes, mais les droits des sociétaires envers
ces organes ne peuvent dépendre exclusivement de ces déclarations ; leur action de
l'art. 754 et 756 CO demeure donc.

[1727] Alors que l'art. 710 al. 1 CO impose l'élection individuelle dans les sociétés cotées en
bourse, aucune règle n'impose un vote individuel de décharge. Voir aussi p. ex. TRIGO
TRINDADE/HÉRITIER LACHAT, CR art. 695 CO (2017), N 26 s.

[1728] Art. 695 CO : «*Les personnes qui ont coopéré d'une manière quelconque à la gestion des
affaires sociales ne peuvent prendre part aux décisions qui donnent ou refusent décharge
au conseil d'administration*» (dans le même sens, art. 806a al. 1 et 887 CO). Sur l'ampleur
de cette exclusion, cf. notamment ATF 128 III 142 c. 3b *in fine* (145 : «*Dem Sinn und
Zweck des Stimmrechtsausschlusses gemäss Art. 695 Abs. 1 OR entsprechend sind alle an
der Versammlung anwesenden Personen vom Stimmrecht ausgeschlossen, die als Organe
vom Entlastungsbeschluss betroffen sind*») ; concrètement, «*un actionnaire qui est
chargé de la gestion des affaires sociales ne peut pas participer à la décision de l'assemblée générale concernant la décharge à donner au conseil d'administration, et ce même
s'il représente les voix d'un actionnaire ne coopérant pas à la gestion*» (regeste, 142).

[1729] En soi, la décision peut être attaquée par une action en annulation à introduire dans un
délai de 2 mois (selon le régime général, pour la SA, de l'art. 706 CO, applicable aussi à
la Sàrl, art. 808c CO ; pour la coopérative, art. 891 CO). En cas d'admission de l'action, il
n'y a pas de décharge. En pratique, le moyen principal pour ne pas être lié par la décharge,
ouvert à la société et aux actionnaires qui y ont adhéré, est de cerner sa portée en fonction
des faits révélés, c'est-à-dire – *e contrario* – de ceux qui ont été omis des révélations, cf.
infra N 1069.

[1730] Cela est particulièrement bien analysé dans l'ATF 95 II 320 c. IV.1 (327) : «*la décharge
est une décision de la société ayant le caractère d'une 'reconnaissance de dette négative',*

adhéré et ceux qui ont « *acquis les actions postérieurement en connaissance de celle-ci* » (art. 758 al. 1 CO).

1128 Cela étant, **les actionnaires qui n'ont pas adhéré à la décharge** (pour autant qu'ils n'aient pas acquis leurs actions postérieurement à celle-ci) ne sont pas liés. Ils peuvent intenter action en responsabilité contre les gérants bénéficiaires de la décharge (l'action étant celle de l'art. 756 al. 1 CO, qui ne donne que la faculté de conclure en paiement à la société). Le délai pour l'ouverture d'action est de 12 mois après le vote de la décharge (art. 758 al. 2, 1re phr., CO) ; il est suspendu pendant la procédure par laquelle ces actionnaires demandent un « examen spécial » des comptes puis pendant l'exécution de celui-ci (2e phr.), ce qui peut aisément durer plus d'un an[1731].

1129 Il faut relever que **l'action des créanciers** envers les organes, qui, nécessairement, ne naît qu'après la faillite, n'est pas affectée par la décharge. Ce droit d'action appartient en effet à la communauté des créanciers (masse en faillite) ; du point de vue de la qualité pour mettre en œuvre la responsabilité, on peut dire qu'une créance dont cette communauté est titulaire « se substitue à la créance de la société »[1732]. L'assemblée des sociétaires ne peut donc pas avoir

---

constatant l'absence de prétention de la société contre les administrateurs en raison de leur gestion pendant l'exercice considéré. Elle peut également avoir le caractère de renonciation de la société à faire valoir une prétention, éventuelle ou effective, contre les administrateurs [...]. Il est parfaitement concevable qu'une assemblée, pour des raisons d'opportunité ou en considération de services antérieurs, renonce délibérément à une action ».

[1731] Cf. les observations générales du Message du Conseil fédéral, FF 2017 546. V. aussi Peter BÖCKLI (2009), § 16, N 16 et 97 ad n. 212 (« *Im Monat sechs sind öfters die Sachverständigen noch nicht einmal am Werk* ») et ROUILLER/BAUEN/BERNET/LASSERRE ROUILLER (2022), N 314, spéc. n. 822. Un incident procédural peut prolonger encore bien davantage la procédure visant à instituer un examen spécial (cf. p. ex. TF 11. 7. 2018, 5A_246/2018).

[1732] Ainsi CORBOZ/AUBRY GIRARDIN, CR ad art. 758 CO (2017), N 3, Selon OUVELEY/ LEVRAT (2022), N 1070 : « *la créance de la société se transforme en créance de la communauté des créanciers lorsque la société tombe en faillite et la décharge n'est pas opposable à cette prétention après sa mutation* ». L'ATF 132 III 564 c. 3.2.2 (570) retient la formulation suivante : « *Lorsque la société tombe en faillite, la créance que celle-ci pouvait faire valoir contre l'organe responsable est remplacée par une créance de la communauté des créanciers* ». Il se réfère au c. 1b/dd de l'ATF 117 II 432 (439), alors qu'il s'agit probablement du c. 1b/ee (cet arrêt est rédigé de façon touffue ; le considérant clef est cependant compréhensible : « *Nach der Konkurseröffnung [...] kann vielmehr einzig noch darum gehen, im Interesse der Gesellschaftsgläubiger das zur Masse gehörende Vermögen erhältlich zu machen. [...] Leitet die Konkursmasse die Klage ein, so stützt sie sich deshalb nicht auf individuelle Rechte der einzelnen Gläubiger, sondern auf einen einheitlichen Anspruch der Gläubigergesamtheit. [...] Für einen Anspruch aus dem Recht der Gesellschaft bleibt im Konkurs neben dem Anspruch der durch die Konkursmasse vertretenen Gläubigergesamtheit kein Raum mehr* »). La formulation précitée de l'ATF 132

disposé d'un droit d'action qui ne lui appartenait pas[1733], étant de toute façon rappelé qu'une société ne peut en principe être confondue avec ses propriétaires (et encore moins avec la majorité de ceux-ci). Le cessionnaire éventuel des droits de la communauté des créanciers[1734], ou l'acquéreur de ces droits en cas de réalisation (qui peut être une sociétaire)[1735], ne sont pas non plus liés par la décharge.

On relèvera aussi que **le dommage direct** d'un sociétaire ou d'un créancier[1736] n'est pas en soi affecté par la décharge[1737].

1130

Cela étant, comme la loi l'énonce explicitement, la décharge n'a d'effet que « *pour les faits révélés* » (art. 758 al. 1 *in initio* CO). Selon une jurisprudence « *ancienne mais constante* »[1738], « *la décharge n'est opérante que dans la mesure où les administrateurs peuvent raisonnablement et de bonne foi la comprendre comme l'avis d'une assemblée informée. Elle est sans portée s'agissant de faits ignorés des actionnaires. En règle générale, c'est aux rapports et aux communications adressés à l'assemblée qu'il convient de se référer pour dire dans quelle mesure l'assemblée est renseignée. Mais il est loisible aux administrateurs qui invoquent la décharge d'établir que tous les actionnaires qui ont voté la décharge – et non certains d'entre eux seulement – étaient renseignés par d'autres voies que les communications à l'assemblée* »[1739].

1131

III 564 est reprise à l'identique notamment à l'ATF 136 III 148 c. 2.3 (149) et par l'arrêt TF 19. 3. 2013, 4A_630/2012, c. 3.2. La même chose sous l'angle du cessionnaire est relevée à l'ATF 132 III 107 (109) : « *die [Abtretungsgläubigerin macht] im Rahmen der Verantwortlichkeitsansprüche nach Art. 757 OR genau besehen nicht die Ansprüche der Gesellschaft gegenüber den Organen geltend, sondern diejenigen der Gläubigergesamtheit* » ; voir aussi *infra* n. 1770).

[1733] Cf. CORBOZ/AUBRY GIRARDIN, CR ad art. 758 CO (2017), N 3.

[1734] Cf. *supra* N 1117.

[1735] Cf. *supra* N 1118.

[1736] Cf. *supra* N 1112.

[1737] Ainsi Peter BÖCKLI (2009), § 12, N 453 ; CORBOZ/AUBRY GIRARDIN, CR ad art. 758 CO (2017), N 12 ad n. 26 ; OULEVEY/LEVRAT, N 1070 ad n. 87.

[1738] TF 10. 10. 2007, 4A_97/2007, c. 3.2, 2ᵉ par. (*in fine*). La jurisprudence remonte effectivement au XIXᵉ siècle et n'a pas varié : cf. ATF 14 668 c. 12 (704 : « *Auf Dinge, welche aus diesen Vorlagen nicht erkennbar und daher gar nicht zur Kenntniß der Generalversammlung gebracht sind, kann der Genehmigungswille derselben ohne unstatthafte Unterstellung nicht ausgedehnt werden* ») ; 51 II 65 c. 3a (70) ; 65 II 2 c. 4.I (7-18) et 4.II.d (18-20).

[1739] ATF 95 II 320 c. IV.3 *in fine* (330). Ce passage est la conclusion dont les motifs sont développés à la p. 329 : « *la décharge n'est opérante que dans la mesure où les administrateurs peuvent raisonnablement et de bonne foi la comprendre comme l'avis d'une assemblée informée. Elle est sans portée s'agissant de faits ignorés des actionnaires. En règle générale, c'est aux rapports et aux communications adressés à l'assemblée qu'il* »

1132   La décharge est **en principe votée de façon générale pour un exercice annuel**, après l'approbation des états financiers. Par ailleurs, il est concevable de soumettre un objet particulier à la décharge pour obtenir une **décharge spéciale**[1740]. Pour des raisons qui nous semblent relever d'abord de la praticabilité, il ne devrait être admissible de le faire qu'exceptionnellement, p. ex. lorsque des actes accomplis au cours d'un exercice précédent n'avaient pas été révélés de façon suffisamment claire, alors qu'ils sont importants[1741], ou parce qu'un acte est controversé, alors que le reste de la gestion ne l'est pas : dans de tels cas, un vote de décharge différencié sur différents objets peut être un moyen utile pour circonscrire le débat[1742] ; il contribue à la formation approfondie de la volonté sociale, laquelle peut bénéficier (voire nécessiter) d'être parfois

---

convient de se référer pour dire dans quelle mesure l'assemblée est renseignée. Mais il est loisible aux administrateurs qui invoquent la décharge d'établir que tous les actionnaires qui ont voté la décharge – et non certains d'entre eux seulement – étaient renseignés par d'autres voies que les communications à l'assemblée [...] il est excessif de vouloir, pour des motifs de sécurité juridique, s'en tenir toujours aux seuls documents et communications présentés à l'assemblée. Même dans les sociétés composées d'un grand nombre d'actionnaires, il se peut que la généralité des actionnaires ait connaissance de certains faits que des publications dans la presse ou des débats parlementaires ont rendus notoires ». Critiques sur les possibilités d'une décharge pour des faits révélés autrement que par les administrateurs, OULEVEY/LEVRAT (2022), N 1069. – Pour un cas où la décharge n'a pas été retenue, mais où un accord contractuel (*mutual release agreement*) liant la société et les actionnaires a été retenu comme ayant un effet libératoire plus ample, Tribunal régional du Littoral (NE) 28. 3. 2023, PORD 83.2020, c. 6.2 et 6.6.

[1740] Cf. TF 5. 8. 2014, 4A_155/2014 c. 6.3, 2e par. : « *Der Déchargebeschluss kann auch als bloss spezielle Entlastung für einzelne bestimmte Geschäftsvorfälle ausgestaltet sein. Möglich ist schliesslich eine allgemeine Entlastung unter Vorbehalt bestimmter Geschäftsvorfälle. Die materielle Tragweite des Entlastungsbeschlusses ist mithin durch Auslegung des Beschlusses und des ihm zugrunde liegenden Antrages zu ermitteln* ».

[1741] TF 5. 8. 2014, 4A_155/2014 c. 6.3, 4e et 5e par. : « *Würden nämlich Tatsachen auftreten (z. B. Verfehlungen der Organe oder Verluste), die der Generalversammlung bei den früheren Décharge-Erteilungen nicht bekannt gewesen seien oder nicht hätten bekannt sein können, die sie nun aber kenne, und entlaste sie in Kenntnis dieser Tatsachen von Neuem, so genehmige sie in diesem Umfang die früheren Entlastungen. Dieser Auffassung ist beizupflichten* ». Cet arrêt paraît approuvé en particulier par CORBOZ/AUBRY GIRARDIN, CR ad art. 758 CO (2017), N 10 ad n. 21.

[1742] Nous partageons en général la préoccupation exprimée par Xavier OULEVEY (2008), p. 100, quant à un « *potentiel d'abus* », notamment si une surabondance d'informations noie les explications portant sur des opérations susceptibles d'être critiquées, le vote de décharges spéciales visant à donner l'impression qu'un examen spécifique a eu lieu alors qu'en réalité, les circonstances pratiques ne l'ont pas permis. *L'usage parcimonieux de la décharge spéciale* nous paraît cependant permettre un débat réel propre à aboutir utilement à une formation précise de la volonté sociale. Il nous semble d'ailleurs que la doctrine ne remet pas en cause la décharge spéciale (cf. p. ex. TRIGO TRINDADE/HÉRITIER LACHAT, CR ad art. 695 CO [2017], N 31).

composée de positions nuancées et de distinctions – plutôt que seulement d'approches relevant du « tout ou rien ».

bb. Portée exacte de l'exception *volenti non fit injuria*

Indépendamment d'une décharge en bonne et due forme, la pratique judiciaire retient que si le gérant agit **sur instruction de l'unique sociétaire ou de l'ensemble des sociétaires**, la société ne saurait faire valoir sa responsabilité au titre des actes concernés[1743], même s'il se trouve qu'ils violent le devoir de loyauté (p. ex. en favorisant le sociétaire au détriment de la société) ou de diligence. Il s'agit ici d'appliquer ou bien l'exception *volenti non fit injuria*[1744] ou bien, plus généralement, les règles de la bonne foi et l'interdiction de l'abus de droit (en particulier l'obligation de ne pas agir en contradiction avec son propre comportement – *venire contra factum proprium*)[1745]. Le consentement des sociétaires est opposable à leurs ayants cause (successeurs, acquéreur)[1746].

1133

[1743] ATF 131 III 460 c. 4.2.1 (644 : « *Nach der Rechtsprechung fällt eine Verantwortlichkeit ausser Betracht, wenn die ins Recht gefasste Organperson nachzuweisen vermag, dass sie mit dem Einverständnis des Geschädigten gehandelt hat. So kann sich die betreffende Organperson gegenüber der auf Schadenersatz klagenden Gesellschaft auf die haftungsbefreiende Einrede* 'volenti non fit iniuria' *berufen, wenn sie im ausdrücklichem oder stillschweigenden Einverständnis aller Aktionäre gehandelt hat oder einen gesetzeskonform gefassten und unangefochten gebliebenen Beschluss der Generalversammlung vollzieht* ») ; TF 3. 3. 2016, 4A_518/2015, c. 3.1 ; TF 8. 9. 2015, 4A_219/2015, c. 3.2 ; TF 11. 7. 2013, 4A_15/2013, c. 4.1. Pour un cas limpide, TF, SJ 1999 I 481 c. 2b/cc (486) : « *Ce qui est décisif [...] c'est que [...] les paiements d'honoraires ont été effectuées sur ordre de l'actionnaire unique [...]. Dans leur relation avec la demanderesse, les défendeurs peuvent se prévaloir du consentement de celle-ci [...] de sorte qu'une obligation de réparer le dommage relative aux agissements autorisés est exclue* ».

[1744] Ainsi ATF 131 III 460 c. 4.2.1 (644, cité *supra* n. 1743) et 4.3.2 (645 *in fine*) ; TF 3. 3. 2016, 4A_518/2015, c. 3.1 ; TF 8. 9. 2015, 4A_219/2015, c. 3.2 *in fine* ; TF 11. 7. 2013, 4A_15/2013, c. 4.1, 1er par. ; CORBOZ/AUBRY GIRARDIN, CR ad art. 758 CO (2017), N 6. Sur cette exception en général, *supra* N 1125, n. 1723.

[1745] Pour cette construction explicitement ATF 131 III 640 c. 4.2.3 *in fine* (645 : « *Die Gesellschaft, welche eine allfällige Verletzung dieser Vorschriften toleriert hat, kann sich nicht später auf die Verletzung eben dieser Vorschriften berufen. Einer solchen Gesellschaftsklage läge ein widersprüchliches Verhalten zu Grunde, das keinen Rechtsschutz verdient* »).

[1746] Cf. ATF 131 III 640 c. 4.2.3 (« *Im Übrigen können die Aktionäre auch keine eigenen Ansprüche geltend machen, weil sie die Aktien durch Erbgang vom seinerzeitigen Alleinaktionär erworben haben und dessen Zustimmung folglich auch ihnen entgegengehalten werden kann* »).

1134 Il doit en aller de même si le comportement du gérant consiste à **exécuter une décision prise par l'assemblée générale** dans son champ de compétences, qui n'a pas été attaquée[1747]. Il faut selon nous[1748] réserver cependant l'action des actionnaires minoritaires qui n'ont pas adhéré au vote, laquelle tend au paiement à la société (art. 756 al. 1 CO). Faute de décharge en bonne et due forme, l'action n'est pas soumise au délai péremptoire de douze mois de l'art. 758 al. 2 CO.

1135 Bien entendu, le consentement des sociétaires n'entrave pas l'action en responsabilité que la communauté des **créanciers** peut introduire après la faillite[1749].

b. Prescription

1136 La prescription est l'une des principales exceptions que le gérant attrait en responsabilité peut soulever.

1137 Un **délai subjectif (ou relatif)**[1750] **de trois ans**[1751] court « *à compter du jour où la partie lésée a eu connaissance du dommage ainsi que de la personne responsable* » (art. 760 al. 1, 1re phr., CO pour la SA, applicable à la Sàrl, art. 827 CO ; art. 919 al. 1 CO pour la coopérative). Un **délai objectif (ou absolu) de dix ans** court « *à compter du jour où le fait dommageable s'est produit ou a cessé* » (*ibid.*).

1138 **L'ensemble de règles générales** sur la computation, la suspension et « l'interruption » (à savoir l'acte faisant courir un nouveau délai) s'applique.

[1747] Ainsi l'ATF 131 III 460 c. 4.2.1 (644, cité *supra* n. 1743) ; TF 3. 3. 2016, 4A_518/2015, c. 3.1 ; TF 11. 7. 2013, 4A_15/2013, c. 4.1 (1er par.).

[1748] Nous partageons la préoccupation d'OULEVEY/LEVRAT (2022), N 1073-1077. En particulier, le fait que des actionnaires minoritaires n'attaquent pas une décision de l'assemblée générale ne peut être considéré comme une renonciation à agir en responsabilité.

[1749] Cf. sur la situation en cas de décharge, *supra* N 1129.

[1750] Bien que le terme de délai *relatif* soit beaucoup plus usité dans la pratique suisse actuelle (cf. p. ex. ATF 136 III 322 c. 4.4 et 122 III 195 c. 9c), le terme de délai *subjectif* est plus approprié (même avis, CORBOZ/AUBRY GIRARDIN, CR ad art. 760 CO [2017], N 12), car (i) il s'agit d'en faire dépendre le point de départ d'une connaissance personnelle, donc subjective ; (ii) tout délai est en réalité relatif, puisqu'il se rapporte à un point dans le temps avec lequel il est en relation. Le terme « absolu » n'est guère évocateur d'un délai dont le point de départ dépend objectivement de l'événement dommageable plutôt que de la connaissance du dommage. Son usage ne s'explique que par l'opposition à relatif.

[1751] Il était de 5 ans jusqu'au 1. 1. 2023. La question du droit transitoire n'a pas été évoquée ni dans le message (cf. FF 2017 353 ss, spéc. 549) ni dans les débats parlementaires. L'art. 49 al. 2 Tit. fin. CC, qui est applicable puisque le CO est une partie du CC, est très clair : « *Lorsque le nouveau droit prévoit des délais de prescription plus courts que l'ancien droit, l'ancien droit s'applique* ».

L'une de ces règles est rappelée aux art. 760 al. 2 et 919 al. 2 CO : si **l'acte** 1139
dommageable est constitutif également d'une infraction pénale, l'action civile ne se prescrit pas avant l'échéance du délai de prescription du droit pénal
(cf. 1re phr.). Cela peut jouer un rôle très concret au vu du délai de prescription
très long, en particulier, du crime de gestion déloyale, susceptible d'être appliqué en cas de violation du devoir de fidélité[1752] ; par ailleurs, le délai pour
d'autres infractions susceptibles d'être réalisées (notamment en relation avec
la faillite[1753]) est sensiblement plus long que trois ans.

La prescription pénale ne courant plus en l'état actuel du droit **dès qu'un ju-** 1140
gement de première instance a été rendu (art. 97 al. 3 CP), la loi précise que
l'action civile ne devient pas imprescriptible. Les art. 760 al. 2, 2e phr., et 919
al. 2, 2e phr., CO disposent que « *si la prescription de l'action pénale ne court
plus parce qu'un jugement de première instance a été rendu, l'action civile se
prescrit au plus tôt par trois ans à compter de la notification du jugement* ».
Cela correspond à la règle générale de l'art. 60 al. 2 CO.

Une règle particulière, spécifique au droit de la société anonyme, figure à 1141
l'art. 760 al. 1, 2e phr., CO : le délai de prescription subjectif de trois ans et le
délai objectif de dix ans sont **suspendus** « *pendant la procédure visant l'institution d'un **examen spécial** et l'exécution de celui-ci* »[1754].

Pour le reste, les règles générales s'appliquent sans particularité dans leur 1142
énoncé. Cela étant, le contexte qui prévaut en droit des sociétés implique certaines **caractéristiques sur le point de départ du délai subjectif : l'action de
la communauté des créanciers** envers les organes responsables n'existe **qu'à
compter de la faillite**, de sorte que le délai de prescription subjectif ne peut
commencer à courir avant la faillite[1755]. À notre sens, il faudrait aussi que le
découvert de la faillite soit connu et que le soient plus précisément les conséquences financières des violations de leurs devoirs commises par les organes ;

[1752] Ce délai est de 15 ans (art. 97 al. 1 lit. b CP) lorsqu'il y a un dessein d'enrichissement ou
un abus du pouvoir de représentation. Pour le reste, cf. *supra* N 1016-1022).

[1753] Cf. *supra* N 1023-1025 et art. 97 al. 1 lit. c CP.

[1754] Cf. *supra* N 1128. C'est surtout pour le délai de péremption de douze mois que la suspension de l'art. 760 al. 1, 2e phr., CO jouera un rôle important.

[1755] ATF 122 III 195 c. 9c (202 *in fine* : « *Le délai ordinaire de cinq ans* [cf. *supra* n. 1751] *ne
commence pas à courir avant que la société soit déclarée en faillite* »). Ég. ATF 87 II 293
(Regeste, ch. 2, et c. 4 [301] : « *la decorrenza del termine di prescrizione di cinque anni
previsto dall'art. 760 cpv. 1 CO non poteva cominciare a decorrere prima della dichia-
razione di fallimento* »). Ces deux arrêts sont confirmés par l'ATF 136 III 322 c. 4.4 (331 :
« *Keinesfalls aber kann die [...] (relative) Verjährung für Verantwortlichkeitsansprüche
der Gesamtheit der Gläubiger [...] einsetzen, bevor über die Gesellschaft der Konkurs
eröffnet wurde [...], denn die Forderung der Gesamtheit der Gläubiger ist nicht einklag-
bar, bevor über die Gesellschaft der Konkurs eröffnet wurde* »).

le dommage qui découle de ces violations n'est de loin pas toujours identique au découvert de la faillite.

1143 Qui plus est, même si le **cessionnaire** n'exerce que l'action de la communauté des créanciers (masse en faillite), la jurisprudence a tenu compte du fait que le créancier ne va pas ouvrir action en justice à la place de l'administration de la masse pour tenir l'organe responsable s'il peut envisager que la liquidation lui permettra de recouvrer sa créance[1756], ou au moins une partie substantielle de celle-ci (en fonction de laquelle les coûts et risques d'un procès sont disproportionnés). Ainsi, malgré les questions dogmatiques que cela peut poser, la jurisprudence retient qu'« *en principe, le créancier qui subit des pertes dans la faillite d'une société anonyme a connaissance du dommage **lorsque l'état de collocation et l'inventaire ont été déposés*** »[1757].

1144 En revanche, lorsqu'il s'agit d'un **dommage direct** du sociétaire ou du créancier (la violation du devoir du gérant ayant un impact sur la valeur vénale de la créance)[1758], le dommage peut être connu avant la faillite. Le délai subjectif commence à courir sensiblement plus tôt.

1145 De façon générale, les **art. 134 à 138 CO** sont applicables s'agissant de l'interruption et de la suspension du délai de prescription[1759].

1146 **Parmi les causes de suspension** de l'art. 134 CO, on peut citer l'impossibilité « *pour des raisons objectives, de faire valoir la créance devant un tribunal* » (ch. 6), ce qui peut être le cas lorsqu'une communauté héréditaire (du lésé) n'est pas déterminée (tandis qu'un domicile du gérant situé à l'étranger voire un domicile inconnu ne l'est pas forcément, vu la possibilité de notifier par l'entraide en matière civile voire par voie édictale, et de procéder le cas échéant par défaut). Une autre cause de suspension consiste dans l'établissement d'un inventaire successoral (qui suspend la prescription « à l'égard des créances et dettes de la succession », ch. 7), ce qui est pertinent également si c'est le gérant dont la succession est ouverte.

1147 **L'interruption** est régie par les art. 135 à 138 CO. Il s'ensuit qu'en vertu de l'art. 135 ch. 1 CO toute reconnaissance de la dette par le débiteur vaut inter-

---

[1756] Ainsi CORBOZ/AUBRY GIRARDIN, CR ad art. 760 (2017), N 22 (« *un créancier ne va logiquement pas agir à la place de l'administration aussi longtemps qu'il peut espérer recouvrer l'intégralité de sa créance* » ; « *un créancier ne va pas agir avant de savoir s'il a subi ou non une perte* »).

[1757] ATF 122 III 195 c. 9c (202 *in fine*). Confirmé par ATF 136 III 322 c. 4.7 (333 : « *nur ein kollozierter Gläubiger [ist] zur aktienrechtlichen Verantwortlichkeitsklage befugt* ») et TF 24. 4. 2007, 5A_720/2007, c. 2.3.1.

[1758] Cf. *supra* N 1112.

[1759] Cf. p. ex. ATF 119 II 368, c. 7.

ruption, ce qui recouvre – bien au-delà de la notion de « reconnaissance de dette » au sens de l'art. 82 LP[1760] – tout paiement d'intérêts, d'acompte, constitution de gage ou de caution, et tout acte semblable, l'énumération de l'art. 135 ch. 1 CO n'étant pas exhaustive. En vertu de l'art. 135 ch. 2 CO, la prescription est aussi interrompue par les poursuites par lesquelles le créancier fait valoir ses droits, par toute requête de conciliation, action ou exception devant un tribunal étatique ou arbitral, ainsi que par toute intervention dans une faillite. L'art. 136 CO traite de l'interruption envers des coobligés. L'al. 1 énonce que l'interruption par le créancier contre l'un des coobligés (débiteur solidaire ou codébiteur d'une dette indivisible) vaut aussi à l'égard des autres coobligés.

L'interruption signifie qu'**un nouveau délai commence à courir** (art. 137 al. 1 CO). Le point de départ du nouveau délai est la fin de la procédure (décision de clôture) lorsqu'une autorité de conciliation ou un tribunal a été saisi (cf. art. 138 al. 1 CO). En cas d'interruption par des poursuites, chaque acte de poursuite fait repartir un nouveau délai (art. 138 al. 2 CO), un régime particulier étant applicable à la faillite (al. 3). 1148

La **durée du nouveau délai** est la même que celle du délai interrompu, sauf lorsqu'une procédure judiciaire est clôturée par un jugement qui reconnaît la dette ou qu'une reconnaissance de dette écrite constate la dette ; dans ces cas, le nouveau délai est de 10 ans (art. 137 al. 2 CO). L'art. 139 CO (entré en vigueur en 2020) prévoit un délai de trois ans pour la prescription de l'action récursoire en cas de solidarité[1761], qui commence à courir dès le jour de l'indemnisation (et de la connaissance du codébiteur[1762]). 1149

La question de la **renonciation à la prescription** est, depuis 2020, réglée de façon explicite à l'art. 141 CO, dont les al. 1 à 2 disposent : « *(1) Le débiteur* 1150

[1760] La « reconnaissance de dette écrite » ou « titre de mainlevée provisoire » au sens du droit des poursuites est une notion technique parfois délicate à appréhender et souvent plus étroite qu'anticipé par les soi-disant créanciers (cf. p. ex. TF 27. 1. 2022, 5A_400/2021, c. 3-5 ; OGer ZG 25. 2. 2021, BZ 2020 79, c. 4-7).

[1761] L'art. 139 CO ne figurait pas dans le projet du Conseil fédéral de réforme du droit de la prescription (cf. FF 2014 221-272 ; ainsi le Conseiller national Jean Christophe SCHWAAB, BO 2014 N 1788 : « *le projet contient une lacune en ne prévoyant pas la prescription de cette action récursoire* » ; pour le Conseiller national Guillaume BARAZZONE, *ibid.*, il s'est agi d'une « *codification de la jurisprudence et d'une clarification juridique* » ; pour la Conseillère nationale Christa MARKWALDER, *ibid.*, la renonciation à légiférer était voulue et justifiée en raison de la complexité de la question ; malgré un vote plutôt serré au Conseil national [101/77], l'art. 139 CO a été adopté sans débats au Conseil des États, cf. BO 2015 E 1299). Pour la jurisprudence précédant cette codification, on peut se référer aux ATF 127 III 257 c. 2b (259-261) et 6 (264-267) et 115 II 42 c. 2.

[1762] Il s'agit bien d'une condition cumulative, cf. *infra* n. 1805.

peut renoncer à soulever l'exception de prescription, à chaque fois pour dix ans au plus, à compter du début du délai de prescription. (1bis) La renonciation s'effectue par écrit. [...] (2) La renonciation faite par l'un des codébiteurs solidaires n'est pas opposable aux autres ».

1151 Pour le reste, parmi les traits fondamentaux de la prescription, on citera qu'elle n'est qu'une **exception qui doit être invoquée** par la partie qui s'en prévaut ; dans un procès, elle doit être alléguée et prouvée. À défaut d'invocation, elle n'est pas traitée d'office par le juge (art. 142 CO), ni même constatée lorsque les faits établis par le procès conduisent à observer que le délai est bel et bien échu.

c. Compensation

1152 La jurisprudence a eu l'occasion de reconnaître explicitement que l'organe dont la responsabilité est mise en œuvre peut opposer la compensation avec une créance qu'il a contre la société. Cela est évident lorsque la société l'actionne alors qu'elle n'est **pas en faillite**[1763]. Pour la situation **après la faillite**, il était opportun de le rappeler, puisque celle-ci, qui « transforme » la créance de la société en une créance de la communauté des créanciers, produit une certaine « purge des exceptions », dont en particulier celle tirée de la décharge[1764]. L'ATF 136 III 148 dit ainsi que « *[l'organe] responsable recherché peut opposer en compensation les créances qu'il avait contre la société avant la faillite [...]. La faillite ne fait évidemment pas disparaître les dettes de la société et celles-ci sont opposables aussi à la communauté des créanciers* »[1765].

[1763] Cf. p. ex. OULEVEY/LEVRAT (2022), N 1078 ad n. 91.

[1764] *Supra* N 1129.

[1765] C. 2.5 (151). Une justification plus ample figure à l'ATF 132 III 342 c. 4.4 (351), formulée de façon un peu plus concentrée à l'ATF 136 III 107 c. 2.5.1 (109) : « *Die Ablösung des eigenen Anspruchs der Gesellschaft durch denjenigen der Gläubigergesamtheit im Konkurs hat nicht zum Zweck, den Gläubigern mehr Rechte zu verschaffen, als die Gesellschaft jemals hatte. Sie dient allein dem Ausschluss derjenigen Einreden, die den Abtretungsgläubigern gegenüber nicht gerechtfertigt sind. Einreden, die unabhängig von der Willensbildung der Gesellschaft vor der Konkurseröffnung bestanden haben, können zulässig bleiben, beispielsweise die Einrede der Verrechnung mit Forderungen, die schon vor der Konkurseröffnung bestanden* ». L'ATF 132 III 342 c. 4.4 (351) comprend la précision suivante : « *den verantwortlichen Organen [sollen] unter Vorbehalt der Gläubigerbenachteiligung diejenigen Einreden auch im Konkurs der Gesellschaft gegenüber der Gesamtheit der Gläubiger erhalten bleiben [...], die vor der Konkurseröffnung der Gesellschaft entstanden sind [...]. Dazu gehört insbesondere die Befugnis zur Verrechnung mit Gegenforderungen, welche schon vor Eröffnung des Konkurses entstanden sind* ». Cet

Bien entendu, ce contexte invite à la **vigilance** quant au risque que la créance 1153
invoquée en compensation ait été convenue d'une façon artificiellement généreuse pour l'organe, le cas échéant peu avant la faillite, précisément pour être invoquée contre une créance de la société en responsabilité[1766]. Cela étant, cette problématique existe en soi pour toute opération créant une dette de la société envers un organe : les instruments comme la prohibition des conflits d'intérêts[1767], la notion d'abus du pouvoir de représentation (et de collusion)[1768] et la nécessité de ne convenir que de contreprestations proportionnées (cf. art. 678 CO)[1769] permettent de traiter ce risque. Il n'est pas spécifique à la compensation.

En revanche, **en cas de cession** de la créance de la communauté des créanciers 1154
(masse en faillite) à un créancier (ou à un sociétaire), on retient que l'organe dont la responsabilité est mise en œuvre ne pourra pas opposer une **créance qu'il a contre ce créancier (ou sociétaire) personnellement**[1770]. Cela s'explique parce que le cessionnaire agit par mandat procédural pour la masse en faillite[1771].

Par contraste, si un créancier (ou un sociétaire, ou encore un tiers) *acquiert* la 1155
créance de la masse en faillite dans le cadre d'une *réalisation* de cet actif, il fait valoir cette créance comme son droit propre, dont il est pleinement titulaire[1772]. L'organe recherché en responsabilité peut alors invoquer une créance qu'il a contre cet acquéreur personnellement – en plus, bien sûr, des créances qu'il a contre la société cédante (art. 169 CO).

Enfin, on relèvera que l'organe recherché en responsabilité ne peut pas opposer 1156
à la créance en réparation du **dommage direct** d'un sociétaire (ou d'un créancier) une créance qu'il a contre la société. En cas de dommage direct, le titulaire

---

arrêt renverse la solution qui semblait résulter de l'arrêt TF 15. 12. 2000, 4C.262/2000, c. 2c.

[1766] Voir p. ex. les préoccupations d'OULEVEY/LEVRAT (2022), N 1079. L'ATF 132 III 342 c. 4.4 (351) précité (*supra* n. 1765) réserve explicitement la lésion des créanciers («*unter Vorbehalt der Gläubigerbenachteiligung*»).

[1767] *Supra* N 575-600 et 624.

[1768] *Supra* N 569-574.

[1769] *Infra* N 1199 ss.

[1770] ATF 136 III 107 c. 2.5.1 (109, précité n. 1732 *in fine*) : «*Aus diesem Grund kann der Belangte der Abtretungsgläubigerin nicht sämtliche Einreden gegen sie persönlich und gegen die Gesellschaft entgegenhalten, sondern nur diejenigen, die ihm auch gegenüber der Gläubigergesamtheit zustehen*».

[1771] *Supra* N 1116 et 1117. ATF 132 III 564 c. 3.2.2 (570) : «*Le créancier social qui a obtenu la cession des droits de la masse en application de l'art. 260 LP agit alors sur la base d'un mandat procédural*».

[1772] *Supra* N 1118.

du droit aux dommages-intérêts n'a jamais été la société. Il manque donc tout simplement l'exigence élémentaire de réciprocité[1773] (art. 120 al. 1 CO).

d. L'« exception » de la délégation diligente (renvoi)

1157 Le fait que l'acte générateur de responsabilité relevait d'un domaine ayant fait l'objet d'une délégation et que le délégant a choisi, instruit et surveillé le délégataire avec diligence est parfois analysé comme une exception. À notre sens, la question relève de la définition de la diligence et de la preuve de son exercice (ou, plus précisément, de sa violation, art. 8 CC). Il y a donc lieu de se rapporter à la section topique[1774].

e. Faute concomitante et autres exceptions ou objections (survol)

1158 Le cadre du présent précis ne permet pas de traiter l'ensemble des exceptions ou objections qui peuvent être soulevées par le gérant recherché en responsabilité. On ne relèvera ici que quelques points saillants qui nous semblent mériter d'être mis en exergue.

1159 L'un est la **faute concomitante** du lésé. En général, il s'agit d'une importante exception, qui permet de « *réduire les dommages-intérêts, ou même de n'en point allouer* » (art. 44 al. 1 CO, qui décrit ainsi l'hypothèse : « *lorsque des faits dont [le lésé] est responsable ont contribué à créer le dommage, à l'augmenter ou qu'ils ont aggravé la situation du débiteur* »). La pratique montre que cette exception peut jouer un rôle important en matière de droit des sociétés[1775].

[1773] En ce sens explicitement OULEVEY/LEVRAT (2022), N 1078 *in fine*.

[1774] *Supra* N 1067-1081.

[1775] Cf. p. ex. ATF 127 III 453 c. 8c (459), (cité *supra* n. 1377, ainsi que 1709), relatif à la faute concomitante de la société envers l'organe de révision tenu responsable, mais dont l'analyse pourrait aussi valoir envers la responsabilité d'un gérant : « *il apparaît que la demanderesse a confié son sceau à la fiduciaire sans aucune précaution ni instruction, alors qu'elle ne pouvait ignorer que l'employé qui en disposait jouissait d'une liberté de manœuvre qualifiée de trop large. Dans ces circonstances, on ne peut reprocher à la cour cantonale d'avoir admis que la société demanderesse avait adopté un comportement fautif de nature à favoriser les agissements illicites de l'employé en cause* ». Voir aussi TF 18. 4. 2007, 4C.436/2006, c. 5.3 (la déconfiture est aussi due à ce qu'une installation industrielle ne permettait pas la production envisagée [« *die gelieferte Anlage entgegen vertraglicher Vereinbarung für die in Aussicht genommene Produktion von Glasschaum untauglich war* »]).

Cependant, il faut ici identifier rigoureusement la faute dont il est question et 1160 le **type de dommage** dont la réparation est demandée. En effet, seule la faute concomitante du véritable lésé peut être invoquée en tant que telle[1776]. Ainsi, l'organe tenu responsable dans le cadre de *l'action de la communauté des créanciers* ne peut pas invoquer la faute concomitante du cessionnaire[1777] (créancier social ou sociétaire[1778], voire tiers acquérant ce droit dans une réalisation[1779]). Seule la faute concomitante *de la société* est ici pertinente[1780]. En revanche, la faute concomitante du sociétaire (ou du créancier social) qui fait valoir son *dommage direct* peut être invoquée à l'encontre de ses prétentions.

[1776] « *En tant que telle* » car au titre de pur événement, un comportement gravement fautif d'une personne autre que le lésé originel peut être pertinent sur le plan de la causalité, cf. *infra* N 1162.

[1777] Cf. en particulier ATF 111 II 373, regeste (« *Dans la mesure où un créancier exerce l'action sociale, on ne peut lui opposer sa propre faute concurrente* ») et c. 4b (374 s. : « *Se l'azione fosse stata proposta dalla società stessa o dall'amministrazione del fallimento, l'eccezione con cui fosse fatta valere una colpa concorrente del creditore, ma non della massa, sarebbe manifestamente inammissibile. Orbene, se la massa cede il suo diritto di esercitare l'azione di responsabilità ad un creditore, questi – beninteso nella misura in cui si tratti dell'azione sociale – viene a trovarsi concettualmente nella stessa situazione in cui si troverebbe la società che facesse valere le proprie pretese. Ciò esclude che in tale sede possa essere presa in considerazione una colpa concorrente del creditore. In altri termini, dal principio secondo cui non possono essere opposte alla società eccezioni opponibili soltanto ad un creditore, discende che, nella misura in cui il creditore eserciti l'azione sociale, non gli può essere opposta una propria colpa concorrente* »). ATF 136 III 148 c. 2.5 (151 : « *lorsqu'un créancier social exerce l'action de la communauté des créanciers – comme c'est le cas en l'espèce –, le responsable recherché ne peut pas lui opposer une objection qu'il aurait contre lui personnellement, par exemple une faute concomitante* »). ATF 117 II 432 c. 1b/gg (440 : « *Hat beispielsweise der klagende Abtretungsgläubiger den Schaden mitverschuldet, steht dies seiner im Namen der Gläubigergesamtheit erhobenen Klage nicht entgegen* » ; v. aussi *supra* n. 1732).

[1778] *Supra* N 1116 et 1117.

[1779] *Supra* N 1118.

[1780] Pour un cas où cela est envisagé, ATF 99 II 176 c. 2b (cité *supra* N 1086 ad n. 1608). Les titres hautement spéculatifs acquis par l'administrateur sortant n'avaient pas été revendus immédiatement par le nouvel administrateur. Cela n'a toutefois pas été retenu comme faute concomitante de la société (182 : « *Sein Verhalten würde indes die Beklagte nur entlasten, wenn es den ursächlichen Zusammenhang zwischen [seiner] Unsorgfalt [...] und dem weiteren Schaden als inadäquat erscheinen liesse [...]. Es lag nicht ausserhalb des gewöhnlichen Laufes der Dinge, dass Schmidig mit einem Wiederansteigen der Kurse rechnete und die Aktien daher nicht sofort weiterveräusserte. Es war umsomehr zu erwarten, dass er sie trotz der Kurseinbussen vorläufig behalten werde, als der Kurs schwankte und daher jederzeit wieder steigen konnte* »).

1161   Cela étant, dans de très nombreux cas, on observe que la pierre d'achoppement des actions en responsabilité est **la causalité**[1781]. Outre les difficultés probatoires (le lésé ayant le fardeau de la preuve, art. 8 CC, très rarement allégé par la faculté du juge de procéder par appréciation qu'offre l'art. 42 al. 2 CO) et de technique procédurale (la jurisprudence récente se montrant très exigeante sur la précision des allégations[1782]), il est certain que l'organe attrait en responsabilité peut souvent démontrer que le dommage est dû à une multiplicité de causes autres que son comportement (ce qui peut conduire à ne pas admettre la causalité, sans même que l'on doive forcément retenir une « *interruption du lien de causalité* »[1783] ou recourir à des notions délicates comme la « *causalité dépassante* »[1784]). En effet, contrairement à une responsabilité délictuelle résultant d'une confrontation ponctuelle, la responsabilité d'un organe s'inscrit le plus souvent dans un contexte de durée. Par la force des choses, les évolutions qui s'avèrent dommageables sont le fruit de nombreux événements. Même lorsque ces événements sont des décisions de différents organes, l'invocation de la responsabilité ne pourra pas toujours réussir par la mise en œuvre de la solidarité différenciée (art. 759 CO, traité ci-après[1785]), lorsque chacune des décisions

---

[1781] Il peut arriver que le cas soit simple. Ainsi TF 29. 6. 2021, 4A_344/2022 et 4A_342/2020, c. 11.2 *in fine* : « *Sans qu'il ne soit nécessaire d'examiner si le recourant nº 2 a eu un comportement gravement fautif en donnant l'ordre de transfert initial, force est de constater que l'ordre qu'il a donné n'a pas eu de suite, puisqu'il n'a pas pu être exécuté. Puisqu'il n'a pas participé aux deux modifications du SWIFT qui ont, seules, entraîné l'exécution du transfert litigieux, le dommage n'est pas en relation de causalité naturelle avec son éventuel comportement fautif. En effet, vu qu'il n'y a plus de lien continu entre le prétendu comportement fautif et le dommage et que ledit comportement n'aurait pas pu en lui-même suffire à causer ce dommage, la causalité naturelle cesse* ». Comme vu *supra* n. 1614, la causalité est admise en rapport avec le comportement de l'autre administrateur. Les questions sont souvent complexes, comme relaté dans la section consacrée à la causalité en général, cf. *supra* N 1119-1124.
[1782] Des cautèles ont cependant été récemment posées, dans l'arrêt TF 22. 8. 2023, 5A_86/2023, c. 5 et 6.
[1783] La problématique est traitée sous cet angle à l'ATF 122 III 195 c. 4b (200), où l'interruption du lien de causalité (due au comportement du délégataire) est niée. Niée également dans l'arrêt TF 7. 8. 2013, 4A_84/2013, c. 2.5 *in fine*.
[1784] Cf. ATF 135 V 269 c. 5.3 et 5.4 (376 s. : « *la notion de causalité dépassée ou dépassante [...] vise des situations où un dommage aurait pu être causé par un certain fait, mais résulte en réalité d'autres circonstances [...]. En d'autres termes, elle vise le cas où un premier fait est susceptible d'entraîner un certain dommage, mais où ce dommage est causé par un second fait avant que le premier ne le fasse ; le premier est dans ce sens 'dépassé' par le second. La causalité dépassée crée simplement* le risque *d'un préjudice, mais pas un préjudice réel* »). Le concept (« *überholende Kausalität* ») est employé aussi à l'ATF 147 V 161 c. 3.4 (163).
[1785] *Infra* N 1164 ss.

peut certes être qualifiée d'inopportune, sans qu'elle soit pour autant indiligente. C'est pourquoi il est bon d'être conscient que la responsabilité sera admise en pratique surtout si l'on peut démontrer une violation caractérisée d'un devoir à laquelle on peut rattacher des suites financièrement bien identifiées, ou un comportement généralement négligent.

Pour relier cette problématique générale **de la causalité à la faute concomitante**, il convient d'observer qu'un comportement gravement fautif d'un protagoniste qui n'est pas le titulaire du droit – p. ex. la personne qui, ultérieurement, deviendra le cessionnaire des droits de la masse et sera le demandeur de l'action sociale contre l'organe responsable[1786] – peut être *un événement qui interrompt objectivement le lien de causalité*. Ainsi, même si ce comportement n'est pas pertinent à titre de faute concomitante[1787], il peut l'être sous l'angle de la causalité.

1162

La **légèreté de la faute** est un facteur de réduction des dommages-intérêts, le cas échéant indépendamment de l'existence d'une quelconque faute d'autrui[1788], l'art. 43 al. 1 CO disposant que « *[l]e juge détermine le mode ainsi que l'étendue de la réparation, d'après les circonstances et la gravité de la faute* ». Cela étant, les fautes d'autrui peuvent être pertinentes précisément pour retenir que, tout bien considéré, la faute des responsables est légère au point de justifier une réduction des dommages-intérêts.

1163

[1786] *Supra* N 1116 et 1117.

[1787] Cf. *supra* N 1160 ad n. 1776.

[1788] Cf. TF 18. 4. 2007, 4C.436/2006, où le retard à annoncer le surendettement est qualifié de comportement qui n'est que légèrement fautif, au vu des efforts d'assainissement qui n'apparaissaient pas irréalistes (c. 5.4 : « *Denn die Sanierungsbemühungen der erfahrenen und kundigen Verwaltungsräte waren nach den Erwägungen im angefochtenen Entscheid grundsätzlich realistisch und zielführend. Es bestehen keine Anhaltspunkte dafür, dass der Versuch der Produktion mit einer neuen Technologie, der mit dem Einsatz ganz erheblicher zusätzlicher finanzieller Mittel durch den Beklagten 1 verbunden war, oder die in der Folge aufgenommenen Verhandlungen über einen Verkauf der – entwicklungsbedürftigen – Produktionsanlage an Dritte bei objektiver Betrachtung aussichtslos gewesen wären. Wenn daher die Vorinstanz die Pflichtverletzung grundsätzlich bejahte, weil sie die Sanierungsbemühungen als zu wenig intensiv und zu langdauernd qualifizierte, so durfte sie jedenfalls ohne fehlerhafte Ausübung des Ermessens diese Sanierungsbemühungen als Umstand erachten, der mindestens eine Herabsetzung des Ersatzbetrages rechtfertigt* »).

3. Solidarité

a. Normes applicables

1164 Si plusieurs personnes gèrent une société, la survenance d'un dommage conduit à envisager qu'elles en répondent ensemble. Il sera presque toujours complexe de déterminer, de l'extérieur, si l'un des gérants doit être seul à répondre parmi plusieurs, ou, s'ils sont nombreux, si quelques-uns mais pas tous le doivent. Ainsi, **l'idée de responsabilité solidaire s'impose naturellement lorsque la gestion d'une société a donné lieu à un dommage.** Il en va de même si, en plus d'une gestion problématique, des reproches peuvent être adressés aussi à l'organe de révision ou aux fondateurs.

1165 **Dès l'adoption d'un droit fédéral, en 1881**, le droit de la société anonyme a prévu une **responsabilité solidaire**[1789].

1166 Toutefois, la mise en œuvre de la solidarité « ordinaire » pose de **nombreuses questions pratiques.** En particulier, il existe un grand risque que l'une des personnes contre lesquelles le lésé agit soit en fin de compte libérée, ce qui expose le lésé demandeur à de lourds dépens. En sens inverse, une disposition qui prévoit une solidarité automatique – dans les « rapports externes » (vis-à-vis du lésé) – paraîtrait dépourvue de nuance et propre à créer des injustices, les responsabilités des différents gérants pouvant être très disparates, ce que l'action récursoire – dans les « rapports internes » (entre coresponsables) – ne peut pas toujours rééquilibrer (si celui contre lequel une personne tenue responsable recourt ou pourrait théoriquement recourir est insolvable). Ainsi, au terme du long processus législatif de 1983-1991 – lequel a suivi plusieurs dizaines d'années de travaux d'experts[1790] –, la loi a institué la **solidarité différenciée.** Concrètement, elle autorise le lésé, notamment, à attraire plusieurs responsables pour l'entier du dommage, le juge étant habilité à déterminer la

---

[1789] L'art. 673 aCFO-1881 prévoyait, pour le dommage à la société : « *Les membres de l'administration et les contrôleurs sont solidairement responsables envers la société des dommages qu'ils lui causent en violant ou en négligeant leurs devoirs* ». Pour le dommage direct d'un actionnaire ou d'un créancier, l'art. 674 aCFO-1881 prescrivait : « *Les membres de l'administration et les contrôleurs sont solidairement responsables, envers chacun des actionnaires et créanciers de la société, de tous dommages qu'ils leur ont causés en manquant volontairement aux devoirs que leur imposaient leurs fonctions respectives* ». L'art. 759 aCO-1936 qui a remplacé ces deux dispositions jusqu'en 1992 disait : « *(1) Les personnes qui répondent d'un même dommage en sont tenues solidairement. (2) Le juge règle le recours de ces personnes les unes contre les autres en prenant en considération le degré de faute de chacune* ».

[1790] Pour un aperçu, Rouiller/Bauen/Bernet/Lasserre Rouiller (2022), N 741 et 751-756.

part dont chacun répond solidairement. Par exemple, sur quatre responsables, deux peuvent être condamnés à répondre solidairement pour le tout, un – solidairement – à concurrence de la moitié et un – solidairement aussi – à concurrence d'un tiers.

La **disposition votée en 1991**, l'art. 759 CO, a la teneur suivante : « *(1) Si plusieurs personnes répondent d'un même dommage, chacune d'elles est solidairement responsable <u>dans la mesure où le dommage peut lui être imputé personnellement en raison de sa faute et au vu des circonstances</u>. (2) Le demandeur <u>peut actionner plusieurs responsables pour la totalité du dommage</u> et demander au tribunal de fixer au cours de la même procédure les dommages-intérêts dus par chacun des défendeurs. (3) Le tribunal règle le recours entre plusieurs responsables en tenant compte de toutes les circonstances* ». Il faut observer qu'elle a non seulement changé le régime antérieur, qui, comme mentionné, consistait depuis 1881 à prescrire une responsabilité solidaire « indifférenciée », mais qu'elle s'écarte aussi de la proposition du Conseil fédéral, qui prévoyait de conserver *le principe* de la responsabilité solidaire « ordinaire »[1791].

1167

[1791] L'art. 759 AP-CO-1983 (FF 1983 II 1020 s.) soumis aux Chambres fédérales prévoyait que : « *Si plusieurs personnes sont responsables d'un dommage, elles en répondent solidairement à l'égard du lésé. (2) Celui qui est soumis à la responsabilité dans la révision et qui doit répondre solidairement avec d'autres personnes d'un dommage commis par négligence en répond à concurrence du montant auquel il serait tenu à la suite d'un recours. (3) Il en va de même pour les personnes dont la faute est minime par rapport à celle de leurs cooligés solidaires. (4) Le juge règle le recours entre plusieurs responsables en tenant compte de la part de responsabilité que porte chacun d'eux pour le dommage, eu égard à leur faute et aux autres circonstances* ». Voir aussi Message, FF 1983 II 758, 871-873 et surtout 874 (« *Ces difficultés consistent principalement en cela que chaque personne responsable est tenue, selon la jurisprudence du Tribunal fédéral, pour la totalité du dommage. Il peut arriver que celui qui est le moins fautif doive payer la plus grande partie ou même la totalité du dommage et ne puisse recourir que contre des personnes insolvables, bien que plus responsables. L'objection selon laquelle le risque pour l'insolvabilité d'un organe doit être supporté par le défendeur et non pas par le demandeur n'est plus justifiée en raison de la plus grande transparence des sociétés et de l'introduction du contrôle spécial. Si l'on veut, de plus, que la responsabilité dérivant de la délégation soit effectivement limitée, il faut que celui à qui on ne peut reprocher qu'un manquement de diligence dans le choix, l'instruction et le contrôle de l'organe qui lui est soumis, puisse faire valoir, dans le rapport externe, que sa propre faute, comparée à celle de l'organe directement compétent, est minime* »). Les Chambres fédérales sont allées plus loin que le Conseil fédéral n'avait osé le proposer (à propos de l'art. 759 al. 1 AP-CO-1983, il reconnaissait que : « *Le 1er alinéa reprend le principe de la responsabilité solidaire ; il correspond, quant à son contenu, à l'article 759, 1er alinéa, [aCO-1936]* », FF 1983 II 966).

1168   Cette disposition n'a pas été modifiée au cours de la vingtaine d'années de réformes entreprises jusqu'au vote de la révision d'ensemble du 19. 6. 2020 ; elle est toujours en vigueur et aucun projet de modification n'est envisagé à l'heure d'écrire ces lignes (2024).

1169   Elle est applicable à la **société à responsabilité limitée** par le renvoi explicite de l'art. 827 CO. Pour la **coopérative**, l'art. 918 CO prévoit une solidarité sans mention d'une nature différenciée. La doctrine qui nous paraît dominante préconise cependant d'appliquer le régime de l'art. 759 CO[1792], ce qui semble une analyse juste (les administrateurs d'une coopérative, et le cas échéant ses réviseurs, ne sont pas placés dans une situation qui se distinguerait substantiellement des administrateurs d'une SA ou des gérants d'une Sàrl ; il en va de même des lésés ; l'égalité de traitement requiert donc l'application du même régime et le texte légal de l'art. 918 CO, en fin de compte, n'exclut pas une solidarité différenciée).

1170   Pour les **sociétés de personnes**, dans la mesure où les gérants ont agi ensemble, une responsabilité solidaire se déduit des règles générales (art. 50 s. CO).

1171   Vu que les sociétés anonymes, à responsabilité limitée et coopératives représentent plus de 95 % des sociétés inscrites au registre du commerce[1793], il est opportun d'exposer **d'abord** le régime de la solidarité différenciée, et ensuite celui de la solidarité ordinaire en indiquant en quoi il se distingue de la première.

1172   S'agissant des normes applicables, on précisera d'emblée que tant pour la solidarité différenciée de l'art. 759 CO que pour la solidarité « ordinaire » des art. 50 s. CO, le régime est celui que prescrivent les **art. 143 à 149 CO**.

b.   Personnes morales : solidarité « différenciée »

aa.   Portée matérielle

1173   Le texte concis de l'art. 759 CO ne doit d'abord pas être interprété au-delà de sa portée : il **ne crée pas de responsabilité solidaire pour un organe dont le comportement personnel ne remplit pas individuellement les conditions de la responsabilité** (soit de l'art. 754 CO pour les organes dirigeants ou de

---

[1792] CORBOZ/AUBRY GIRARDIN, CR ad art. 918 CO (2017), N 9-11 (spéc. ad n. 12) ; GERICKE/WALLER, BaK ad art. 918 CO (2008), N 1 s. MEIER-HAYOZ/FORSTMOSER (2023), § 18, N 148, ne tranchent pas (ils disent que « *die persönliche Verantwortlichkeit der Organe wird ähnlich wie im Aktienrecht, aber einfacher geregelt* »).

[1793] *Supra* N 29-41.

l'art. 755 CO pour le réviseur[1794]). En d'autres termes, il n'y a pas, par l'effet de la solidarité, d'extension de la responsabilité à une personne *du seul fait* qu'elle est membre du conseil d'administration ou qu'elle a fonction de gérant ou de réviseur.

La **première portée** de l'art. 759 CO est de créer, dans certains cas, une solidarité passive de différents responsables entre lesquels elle n'existerait sinon pas. En effet, sans cette norme légale, il y aurait des obstacles notamment à ce que le réviseur et les administrateurs ou gérants soient solidairement responsables : ils n'ont, dans la plupart des cas, pas « *causé ensemble un dommage* » (comme cela est, sinon, exigé par l'art. 50 CO pour créer une solidarité). La question pourrait aussi être débattue lorsque le dommage peut être rattaché au comportement d'un organe délégant et à celui du délégataire : ils n'ont, précisément, pas agi forcément *ensemble*. Cette première portée de l'art. 759 CO est donc de simplifier considérablement la question de l'existence d'une solidarité dans des cas où elle serait sinon complexe et, dans d'autres cas, d'étendre cette solidarité. Vu les avantages pratiques de la solidarité pour le lésé (parmi lesquelles l'interruption de la prescription à l'égard de tous les coresponsables solidaires par un acte dirigé contre un seul d'entre eux, art. 136 al. 1 CO), les possibilités pour le lésé d'obtenir réparation sont assurément améliorées. Comme déjà évoqué, cette première portée fait partie du droit suisse depuis 1881. 1174

La **deuxième portée** de l'art. 759 CO actuel est justement de limiter la solidarité sur le plan du montant dû par chaque responsable au lésé (soit dans les « rapports externes »). Le législateur a considéré que le « jeu » des actions récursoires qu'un coresponsable qui paie peut intenter contre un ou plusieurs autres coresponsables (« rapports internes ») n'est pas toujours satisfaisant à lui seul dans le contexte du droit des sociétés. En soi, le risque, pour le coresponsable qui paie, d'un défaut du coresponsable le plus fautif n'est pas spécifique au droit des sociétés. Le problème qu'a voulu traiter le législateur, qu'il a identifié comme un phénomène sociologiquement marquant, est que le réviseur dont la faute est moins lourde est souvent le seul à être attrait en justice[1795], en 1175

[1794] Ou, hypothèses sensiblement plus rares : de l'art. 753 CO pour le fondateur (*infra* N 1828-1836) ou de l'art. 69 LSFin pour le participant à l'émission d'un prospectus (cette disposition ayant remplacé l'art. 752 CO, cf. p. ex. ROUILLER/BAUEN/BERNET/ LASSERRE ROUILLER [2022], N 550-554b et *infra* N 2199).

[1795] Sur l'observation sociologique ou « statistique » dans les Messages du Conseil fédéral de 1983 et de 2017, cf. *supra* n. 1414, et les préoccupations n. 1413 ; v. aussi, FF 1983 II 872 (2ᵉ par.) : « *[la] responsabilité solidaire signifie que chacun répond de la totalité du dommage. Il s'ensuit que l'organe de révision répond du dommage causé par les organes de l'administration et de la gestion. Cela est choquant* ». Le but visé par l'introduction de la solidarité différenciée est clairement exprimé en ces termes (loc. cit., 4ᵉ par.) : « *atténuer le principe de la solidarité : le projet prévoit que celui qui est soumis à la responsabilité*

raison de ses moyens financiers (y compris sous l'angle de l'existence d'une couverture d'assurance de responsabilité civile). En cas de dommage de très grande ampleur, la responsabilité du réviseur pour le tout, alors que sa faute est relativement faible, voire minime, l'exposerait presque systématiquement à un risque de défaut des coresponsables, les actions récursoires se révélant illusoires en raison de la capacité financière insuffisante de ceux-ci ; la limitation de la solidarité elle-même apparaît dès lors comme importante pour un ordre juridique juste. Tel que l'art. 759 CO a été adopté, cette deuxième portée écarte le risque décrit non seulement pour le réviseur, mais aussi pour chacun des coresponsables (administrateurs, gérants) contre lesquels le lésé préfère concentrer ses démarches en raison de leur capacité financière supérieure à d'autres coresponsables, dont certains peuvent être les plus lourdement fautifs.

1176   Pour prendre quelques exemples chiffrés relativement simples, la combinaison de la première et de la deuxième portée de l'art. 759 CO pourra se manifester ainsi (ce qui peut correspondre au résultat d'un unique jugement, mais aussi de plusieurs jugements) :

Scénario I : Dommage de CHF 2 000 000.–

Coresponsable A (p. ex. directeur délégataire) : 1 200 000 (60 %)
Coresponsable B (p. ex. 1er administrateur délégant) : 900 000 (45 %)
Coresponsable C (p. ex. 2e administrateur délégant) : 900 000 (45 %)
Coresponsable D (p. ex. réviseur) : 500 000 (25 %)

Scénario II : Dommage de CHF 2 000 000.–

Coresponsable A (p. ex. directeur délégataire) : 2 000 000 (100 %)
Coresponsable B (p. ex. 1er administrateur délégant) : 1 500 000 (75 %)
Coresponsable C (p. ex. 2e administrateur délégant) : 1 500 000 (75 %)
Coresponsable D (p. ex. réviseur) : 500 000 (25 %)

Scénario IIII : Dommage de CHF 2 000 000.–

Coresponsable A (p. ex. administrateur délégué) : 1 500 000 (75 %)
Coresponsable B (p. ex. président du conseil d'administration) : 200 000 (10 %)
Coresponsable C (p. ex. réviseur) : 200 000 (10 %)

---

pour la révision ne répond solidairement avec les membres du conseil d'administration et de la direction que du montant du dommage causé par sa faute » (voir aussi FF 1983 II 966 : « *De la sorte, le principe de la solidarité n'est aucunement supprimé, mais réduit, pour chaque participant, au montant duquel il répond en considération de sa part à la production du dommage, de sa faute ainsi que des autres circonstances* »). On rappellera que le texte voté par les Chambres fédérales s'écarte de celui proposé dans le Message du Conseil fédéral (cf. *supra* n. 1791).

Bien entendu, **la surindemnisation est toujours exclue** (cf. art. 144 al. 2 et 147 al. 1 CO). Dès que – en particulier par l'effet de poursuites pour dette introduites suite au(x) jugement(s) établissant les parts dont chaque coresponsable répond solidairement – le lésé a obtenu le montant correspondant à la réparation de son dommage d'un ou plusieurs coresponsable(s), il ne peut plus réclamer quoi que ce soit aux autres coresponsables, même s'il est au bénéfice d'un jugement. Dans le scénario II ci-dessus, il suffit qu'il obtienne paiement du montant dû par le coresponsable A pour qu'il cesse d'avoir un droit au paiement envers les coresponsables B, C et D. Dans ce même scénario II, il en va de même s'il obtient paiement p. ex. des coresponsables C et D ; ou, dans le scénario I, s'il obtient paiement des coresponsables A et B, étant précisé que s'il a obtenu 1 200 000 de A, il devra limiter sa réclamation à B à 800 000 même si le jugement lui accorde une prétention de 900 000 envers celui-ci.

1177

En revanche, dans le scénario III, le lésé peut réclamer l'intégralité des montants qui lui sont alloués par jugement contre tous les coresponsables (A, B et C), le total des montants qu'ils doivent étant de 1 900 000 alors que le dommage est de 2 000 000. Cette situation peut survenir en raison d'une faute concomitante du lésé (de 5 %, correspondant à 100 000) ou parce que le dommage ne pouvait pas être imputé intégralement aux trois coresponsables A, B et C attraits ; d'autres coresponsables avaient une part de responsabilité telle que la responsabilité solidaire de A, B et C ne permet pas d'obtenir une indemnisation intégrale.

1178

bb.   L'allègement procédural

La **troisième portée**, correspondant à l'al. 2, est de nature procédurale. Elle permet au lésé d'ouvrir un procès pour l'entier du dommage contre plusieurs coresponsables sans devoir déterminer les parts de chacun d'eux ; c'est le juge qui devra déterminer ces parts selon son appréciation (mais, évidemment, sur la base des faits allégués par les parties et prouvés ; l'art. 759 al. 2 CO n'institue pas la maxime inquisitoriale dans le procès en responsabilité).

1179

Cette règle est importante car la détermination du rôle de chaque coresponsable est, d'une part, souvent difficile pour le lésé[1796] en particulier au début du pro-

1180

[1796] L'ATF 122 III 324 c. 7b se réfère à cette difficulté et à la volonté du législateur de l'écarter (325 s. : «*comme le demandeur n'est généralement pas en mesure de supputer les responsabilités de chacun des administrateurs et donc ses chances de succès, le législateur a voulu le libérer d'un tel risque, qui aurait pu le dissuader d'agir en responsabilité*»), tout comme l'arrêt TF, SJ 1999 I 349 c. 4b, qui relève «*la volonté historique du législateur de ne pas faire supporter au lésé le risque de procédure résultant de son incapacité à*

cès[1797] (avant l'instruction où chaque coresponsable fait valoir son rôle moindre ou le caractère léger de sa faute). D'autre part, il s'agit largement d'appréciation. La décision du législateur, qui revient à imposer au juge de statuer sur ces parts même si le demandeur ne les précise pas, ne peut qu'être saluée dans une perspective de mise en œuvre des droits qui soit effective et abordable.

1181 Il semble devoir découler de cette règle procédurale que des dépens ne devraient pas être mis à la charge du lésé demandeur si le dommage qu'il réclame lui est alloué dans son entier, mais que la part attribuée à l'un ou quelques-uns des coresponsables attraits est sensiblement plus basse que l'entier du dommage. En effet, le lésé a dans un tel cas exercé une faculté de conduire le procès conforme à ce qu'autorise explicitement le législateur pour permettre la mise en œuvre du droit. Cette approche ne pose assurément aucun problème lorsque les coresponsables ont procédé en commun.

1182 En revanche, on perçoit nettement que si l'un des coresponsables a procédé seul et n'est en fin de compte redevable au lésé que pour une faible part du dommage, il doit pouvoir être indemnisé et recevoir des dépens. La jurispru-

---

déterminer avec certitude les personnes responsables du dommage encouru ». En effet, le Conseiller national Eugen DAVID a plaidé de façon très résolue sur la question du risque de dépens : « *Der Absatz ist eine absolut notwendige Bestimmung, wenn wir den Geschädigten nicht in ein Prozessrisiko bringen wollen, das er einfach nicht tragen kann. Nach den Prozessordnungen ist es nicht so, dass der Geschädigte gemeinsam die Verwaltungsräte als eine Gegenpartei einklagen kann, sondern er muss von zwanzig Verwaltungsräten jeden einzelnen einklagen, und jeder kann ihn, wenn er ihm gegenüber unterliegt, für den vollen Streitwert kostenpflichtig machen. Das ist für mich eine klare Sache. Dieses Prozessrisiko können und dürfen wir dem Geschädigten nicht überbinden, wenn wir die Verantwortlichkeit nicht in Luft auflösen wollen* ». Alors qu'il ne parlait que pour la minorité de la commission, sa proposition, correspondant au texte légal actuel, a été admise par 113 voix contre 4. L'adoption finale a été débattue, le Conseil des États la refusant d'abord (cf. Carlo SCHMID, BO 1991 E 76), avant que, devant l'insistance du Conseil national (Eugen DAVID, BO 1991 N 853 : « *Ohne Absatz 3 würde man ihm ein Verfahrensrisiko zuschieben, das die Verantwortlichkeitsprozesse praktisch unmöglich macht* », contre l'avis du Conseiller fédéral Arnold KOLLER, 854), il s'y rallie sous réserve d'une interversion des al. 2 et 3 (sur proposition de KOLLER, BO 1991 E 471), ce qui a permis l'élimination des dernières divergences (BO 1991 N 1108 et 2035, BO 1991 E 520).

[1797] Cette précision figure chez CORBOZ/AUBRY GIRARDIN, CR ad art. 754 CO (2017), N 27 ad n. 37. L'arrêt TF, SJ 1999 I 349 c. 4c retient que c'est en première instance que l'incertitude existe (« *au stade du procès de première instance, où existe le risque de procédure lié à l'incertitude du demandeur quant à la détermination des personnes responsables* » ; 350 : « *[D]ans [l]es procédures de recours, ne règne plus, ou alors avec beaucoup moins d'intensité, l'incertitude au sujet de l'identification des personnes responsables juridiquement de la déconfiture de la société faillie* »).

dence, d'abord très catégorique pour limiter le risque de dépens du lésé demandeur[1798], est devenue de plus en plus nuancée[1799]. Le cadre du présent ouvrage ne permettant pas de traiter exhaustivement ces développements, on exprimera ici que la solution praticable et conforme au but poursuivi par le législateur nous semble être que les dépens des coresponsables qui ne sont en fin de compte tenus que d'une faible part du dommage envers le lésé soient le cas échéant **mis à la charge des principaux coresponsables, et non pas du lésé.** Cela est matériellement juste dans la mesure où le comportement des principaux coresponsables est à l'origine du procès, non seulement à l'égard du lésé, mais aussi du coresponsable dont la part est minime (en effet, non seulement leur comportement violant matériellement le devoir de diligence ou de fidélité est-il le facteur principal qui conduit le lésé à demander réparation, mais de surcroît, leur comportement procédural consistant à ne pas reconnaître leur responsabilité une fois introduite l'action en justice force le coresponsable dont la part est minime à se défendre dans un procès où les conclusions prises contre lui par le lésé sont considérables). Cette solution concorde aussi avec l'al. 3, qui induit que le tribunal doit régler les recours, c'est-à-dire les rapports internes entre coresponsables, dans le même jugement.

D'ailleurs, excepté cette obligation de régler les rapports internes dans le même jugement, l'al. 3 n'a pas véritablement de portée dans le sens où il modifierait le régime juridique qui serait sinon applicable. En effet, les actions récursoires   1183

[1798] ATF 122 III 324 c. 7b (326 : « *lorsque le demandeur actionne ensemble plusieurs responsables pour la totalité du dommage, il ne supporte le risque des frais et dépens du procès qu'à l'égard d'une seule partie adverse et non à l'égard de chaque défendeur* »).

[1799] Déjà, l'arrêt TF, SJ 1999 I 349 c. 4c, a limité le champ d'application ferme de la règle de l'art. 759 al. 2 CO à la première instance, permettant que l'on s'en écarte dans les étapes ultérieures (« *la règle de procédure en cause ne trouve pas application sans discussion au stade de la deuxième ou de la troisième instance, procès où les dispositions générales de procédure sur les frais et dépens des appels ou recours peuvent être applicables* ») ; le c. 4c précise par ailleurs *in fine* (350) que « *même en première instance, l'interprétation de l'art. 759 al. 2 CO ne doit pas avoir pour résultat d'enfermer le juge, qui est appelé à répartir les frais et dépens, dans un carcan rigide ne lui laissant aucune marge d'appréciation* ». L'ATF 125 III 138 c. 2d a notamment retenu que la règle de l'art. 759 al. 2 CO n'exclut pas l'octroi de dépens à deux groupes de défendeurs qui ont dû être assistés d'avocats différents (en raison des règles professionnelles sur les conflits d'intérêts). Pour l'évolution, cf. TF 11. 11. 2015, 4A_603/2014, c. 12.2.1. Voir aussi, avant cet arrêt, 11. 7. 2012, 4A_410/2011, c. 12.2, et ultérieurement, TF 18. 11. 2019, 4A_268/2018, c. 10.

existent **dans tout régime de solidarité** (cf. art. 148 al. 2 CO[1800] : « *Celui qui paie au-delà de sa part a, pour l'excédent, un recours contre les autres* »[1801]).

1184 C'est le lieu de relever que le coresponsable attrait en justice qui estime avoir une action récursoire contre un coresponsable que le lésé n'a pas assigné peut décider de l'**appeler en cause** (art. 81 s. CPC) ; il prend alors dans le procès des conclusions contre ce coresponsable, pour l'hypothèse où il serait condamné[1802].

1185 Cela étant, le coresponsable attrait en justice n'a **pas d'incombance** à former un appel en cause contre le coresponsable envers lequel il aurait une action récursoire ; il peut attendre la fin du procès[1803]. En effet, la prescription de l'action récursoire (3 ans) ne commence de toute façon à courir que lorsque le coresponsable a indemnisé le lésé (art. 139 CO[1804] : « *Lorsque plusieurs personnes répondent solidairement, le recours de celui qui a indemnisé le créancier se prescrit par trois ans à compter du jour où il a indemnisé ce dernier et qu'il connaît le codébiteur* »[1805]).

1186 Enfin, il est soutenu en doctrine que le tribunal pourrait scinder la procédure pour traiter d'abord des rapports externes (à l'égard du lésé) dans une première

---

[1800] Ou encore l'art. 640 CC pour les recours entre héritiers, qui restent solidaires cinq ans après le partage (art. 639 CC ; sur la solidarité et l'action récursoire avant le partage, cf. Nicolas ROUILLER, CS ad art. 603 CC [2023], N 36-41).

[1801] L'ATF 132 III 523 c. 4.1 (527) relève que l'art. 759 al. 3 n'a « *qu'une faible portée normative* » car il ne fait que « *rappeler le principe découlant déjà des art. 148 ss CO, selon lequel la loi reconnaît à celui qui a indemnisé la victime un droit de recours contre les autres responsables* ».

[1802] La question de l'obligation de chiffrer les conclusions, traitée de façon selon non injustifiable dans l'ATF 147 III 166 c. 3.3.2 (170), le motif étant erroné, a été heureusement rectifiée par la 3ᵉ phr. de l'art. 82 al. 1 CPC, votée le 17. 3. 2023 (FF 2023 786 : « *Les conclusions ne doivent pas être chiffrées si elles portent sur la prestation que le dénonçant serait condamné à fournir dans la procédure principale* »). L'action du défendeur dénonçant étant légitimement non chiffrée – ce que le législateur a reconnu –, les frais doivent être sensiblement moins élevés que si, par prudence, le dénonçant avait chiffré l'action récursoire au montant que le lésé lui réclame.

[1803] L'arrêt TF 9. 5. 2008, 6B_54/2008, c. 10.5, mentionne d'ailleurs les avantages à attendre, dont les clarifications factuelles apportées par le jugement dans le procès introduit par le lésé (l'arrêt évoque notamment le « *verbesserten Informationsstand aufgrund der früheren Abklärung der Ereignisse* »).

[1804] Sur l'adoption de cette disposition, cf. *supra* n. 1761.

[1805] Il s'agit bien d'une condition cumulative en général selon les débats parlementaires (BO 2014 N 1788, ainsi le Conseiller national Jean Christophe SCHWAAB : « *Ces deux conditions sont cumulatives et le délai ne commence à courir qu'au moment où la seconde des deux conditions est remplie* »).

phase, puis sur les rapports internes (recours entre coresponsables)[1806]. Cela est indubitablement juste sur un plan théorique. En pratique, vu la durée des procès, cela peut créer des difficultés considérables pour le coresponsable que le lésé choisit de poursuivre pour obtenir paiement. La division de cause ne doit donc être utilisée qu'au cas où le volume de travail accru nécessaire pour traiter les recours entre coresponsables en même temps que l'action du lésé est provisoirement insurmontable, ce qui ne devrait être que très exceptionnel. D'ailleurs, une telle division ne paraît en principe pas compatible avec la mention explicite du traitement des recours à l'art. 759 al. 3 CO, qui traduit la volonté du législateur de voir l'ensemble des parts de responsabilité des personnes impliquées être fixées dans un même processus, ce qui, en pratique, requiert d'ordinaire un unique jugement.

cc. Le régime ordinaire de la solidarité parfaite pour le surplus

Pour le reste, le **régime ordinaire** de la solidarité « parfaite » s'applique, à savoir le 1er chapitre du 4e titre du CO (art. 143 à 149 CO), consacré aux obligations solidaires, ainsi que quelques dispositions d'autres chapitres (art. 136 al. 1 et 141 al. 2 CO). 1187

L'aspect le plus important de la solidarité sur le plan pratique est que le lésé n'a pas l'incombance d'attraire en justice ensemble les coresponsables solidaires. Ceux-ci ne sont pas des « consorts passifs nécessaires ». Adapté à la solidarité différenciée, **l'art. 144 al. 1 CO permet au lésé de n'attraire que l'un ou quelques-uns des coresponsables** (selon le système de l'art. 759 CO, c'est-à-dire en laissant le juge déterminer la part de chacun), sans perdre ses droits à l'encontre des autres. La responsabilité s'éteint en tous les cas, pour tous les coresponsables, lorsque l'entier du dommage est réparé (« extinction totale de la dette », art. 144 al. 2 CO) ; celui dont la part est moindre que l'entier du dommage est libéré avant le règlement total du dommage, lorsqu'il a payé sa propre part (c'est l'effet de la solidarité différenciée). 1188

Une autre caractéristique importante de la solidarité est que **l'interruption du délai de prescription** (en particulier du délai subjectif de 3 ans, art. 760 al. 1 CO[1807]) par le lésé vaut contre tous les coresponsables (art. 136 al. 1 CO : « *La prescription interrompue contre l'un des débiteurs solidaires ou l'un des codébiteurs d'une dette indivisible l'est également contre tous les autres, si l'interruption découle d'un acte du créancier* » ; en toute cohérence, l'art. 141 al. 2 1189

[1806] CORBOZ/AUBRY GIRARDIN, CR ad art. 759 CO (2017), N 30 *in fine*.
[1807] *Supra* N 1136 ss.

CO prescrit que la renonciation à invoquer la prescription par l'un des coresponsables solidaires, puisqu'elle n'est pas un acte du créancier, n'interrompt pas la prescription à l'égard des autres coresponsables[1808]).

1190 L'une des dispositions dont l'application peut être particulièrement complexe est l'art. 147 al. 2 CO. L'art. 147 al. 1 CO évoque la règle qui va de soi, en vertu de laquelle « *celui des débiteurs solidaires dont le paiement ou la compensation éteint la dette en totalité ou en partie libère les autres jusqu'à concurrence de la portion éteinte* »[1809]. L'al. 2 traite en revanche la question délicate de **la libération de l'un des coresponsables sans paiement complet**, c'est-à-dire le plus souvent par la conclusion d'une transaction prévoyant le paiement d'une partie du montant réclamé en échange d'une renonciation à toute autre réclamation. À vrai dire, le texte légal soulève la question plus qu'il ne prescrit une solution (« *Si l'un des débiteurs solidaires est libéré sans que la dette ait été payée, sa libération ne profite aux autres que dans la mesure indiquée par les circonstances ou la nature de l'obligation* »). Hors de la solidarité différenciée, lorsque chaque débiteur solidaire doit le tout dans les rapports externes, la solution que l'on peut présumer est que si le créancier passe une transaction qui libère largement celui des débiteurs qui, dans les rapports internes, devrait la plus grande part, la volonté du créancier est de libérer également les autres ; en effet, si ceux-ci n'étaient pas libérés, ils pourraient se retourner par l'effet des recours contre le coresponsable qui s'est libéré par transaction[1810] ; or, cela ne

---

[1808]   « *La renonciation faite par l'un des codébiteurs solidaires n'est pas opposable aux autres* ».

[1809]   Voir *infra* n. 1815.

[1810]   Cette solution est énoncée (comme une préconisation de VON TUHR/ESCHER [1979], p. 313 et n. 125) dans l'arrêt TF 26. 5. 2003, 4C.27/2003, c. 3.6 : « *la libération d'un débiteur peut conduire à la libération des autres, si, à défaut, celui-là reste exposé aux recours de ceux-ci* ». Cette solution avait été rejetée par des arrêts anciens (ATF 33 II 140 c. 5 [146] et 34 II 493 c. 5 [498]), résumés par l'ATF 107 II 226 c. 3b (228 : « *Das Bundesgericht lehnte es ab, den Mitschuldnern Gesamtbefreiung schon allein deshalb zu gewähren, weil der vom Gläubiger individuell befreite Schuldner in der Folge aus Regress mehr als mit dem Gläubiger vereinbart zu zahlen hat* »), mais l'ATF 34 II 80 c. 5 (83) avait réservé le cas où les recours étaient connus du créancier. C'est la solution retenue dans l'arrêt TF 26. 5. 2003, 4C.27/2003, c. 3.5 : « *Dans de telles circonstances où la [demanderesse] doit se voir opposer la connaissance du mécanisme des recours internes entre coresponsables, il se justifie pleinement d'admettre, en application de la jurisprudence précitée, qu'elle avait la volonté objectivée de libérer tous les autres débiteurs [...]. [L]a demanderesse, en reconnaissant n'avoir plus aucune prétention contre [B] 'à quelque titre que ce soit' [...], a donné à [B] quittance pour solde de tout compte, acte qui constitue, on vient de le voir, un indice sérieux que le créancier renonce aux droits d'actionner les autres coresponsables* ». Sur ces questions, cf. p. ex. Nicolas ROUILLER (2007), p. 61 et 516 (n. 1535).

peut être présumé comme le sens de cette transaction[1811]. Cependant, la jurisprudence se refuse à tout schématisme[1812]. Dans les contextes de solidarité différenciée, la part différente dans les rapports externes peut ajouter un élément de complexité quant à l'interprétation de l'effet d'une transaction qui libère l'un des coresponsables principaux. Cependant, il nous apparaît que l'élément dont on doit présumer qu'il reste décisif est la part finale qui devait être assumée par ce coresponsable dans les rapports internes, au terme de l'exercice des actions récursoires. Ce n'est qu'au regard de cette part finale qu'un effet libératoire pour les autres peut se justifier.

De façon générale sur l'action récursoire, qui naît en faveur de tout coresponsable qui paie au-delà de sa part interne[1813], on observera que la part finale est accrue **en cas de défaut d'un des coresponsables** : la part de chaque coresponsable solvable doit être assumée proportionnellement à sa part interne[1814]. 1191

D'autres règles générales sur la solidarité signifient en substance que le **coresponsable qui renonce à invoquer des exceptions communes** s'expose en principe à perdre son action récursoire (c'est là le sens de l'art. 145 al. 2 CO[1815], 1192

[1811] Cela peut toutefois l'être lorsque le coresponsable qui se libère compte que le lésé ne poursuivra pas les autres coresponsables, sans qu'il soit toutefois en mesure de l'imposer dans la transaction (comme une condition de son propre engagement ou comme une renonciation par le lésé).

[1812] Cf. ATF 133 III 116 c. 4.3 (spéc. 121), qui rappelle la jurisprudence ancienne résumée à l'ATF 107 II 226 (cité *supra* n. 1810).

[1813] Cf. *supra* N 1183 ad n. 1801.

[1814] L'al. 3 de l'art. 148 CO traite la problématique du défaut de paiement de l'un des coresponsables à qui il revenait d'assumer une part dans les rapports internes. Il dispose que « *ce qui ne peut être récupéré de l'un d'eux se répartit par portions égales entre tous les autres* ». Cette règle ne peut raisonnablement être applicable que si les parts internes sont égales – ce qui est l'hypothèse générale retenue par l'art. 148 al. 1 CO, mais qui ne s'applique pas dans le cadre de l'art. 759 CO, où les parts tant externes qu'internes sont différentes d'un coresponsable à l'autre. Ainsi, il est certain que « *si l'un des coresponsables est insolvable, sa part se répartit entre les autres proportionnellement à la clef de répartition interne entre eux* » (ainsi, avec cep. une réf. à l'art. 148 al. 3 CO, CORBOZ/AUBRY GIRARDIN, CR ad art. 759 CO [2017], N 40 ; on observera que, contrairement à la doctrine classique conforme au texte légal, ainsi VON TUHR/ESCHER [1974], § 90/VII [p. 316 ad n. 145 s.], la doctrine récente soutient une répartition de la part du défaillant en suivant les rapports internes, cf. p. ex. Isabelle ROMY, CR ad art. 148 CO [2021], N 19 ad n. 28 ; Ingeborg SCHWENZER [2020], N 88.36 ; cette répartition de la part du défaillant est d'ailleurs reconnue comme applicable dans les situations analogues, ainsi lors du défaut d'un cohéritier, cf. Nicolas ROUILLER, CS ad art. 640 CC [2023], N 24).

[1815] En ce sens, Isabelle ROMY, CR ad art. 145 CO (2021), N 5 ad n. 7 ; VON TUHR/ESCHER (1974), § 90/IV (p. 306 ad n. 67) et VII (p. 315 ad n. 137). En revanche, le coresponsable ne perd pas son recours s'il renonce à faire valoir une exception qu'il a personnellement

lequel dispose qu'un débiteur solidaire « *est responsable envers ses coobligés s'il ne fait pas valoir les exceptions qui leur sont communes à tous* » ; l'art. 146 CO a une portée semblable[1816]).

1193 Quant aux règles sur la **subrogation** (soit essentiellement la faculté du cores-ponsable qui a payé de faire valoir les garanties et autres accessoires de la créance originelle dans son recours contre les autres responsables), prévues à l'art. 149 CO (« *Le débiteur solidaire qui jouit d'un recours est subrogé aux droits du créancier jusqu'à concurrence de ce qu'il lui a payé* »), elles ne con-cernent normalement pas la responsabilité de l'art. 759 CO : extracontractuelle, la créance du lésé n'est en principe pas assortie de sûretés[1817].

c.   Sociétés de personnes : solidarité parfaite « ordinaire »
      (art. 50 CO) et concours d'actions (art. 51 CO)

1194 Comme signalé[1818], il n'existe pas de norme spéciale, équivalant à l'art. 759 CO, créant une solidarité différenciée pour la responsabilité des gérants de so-ciétés de personnes. Cela ne signifie pas l'absence de responsabilité solidaire entre gérants qui causent un dommage : en effet, la règle générale de l'art. 50 CO prescrit que « *[l]orsque plusieurs ont **causé ensemble un dommage**, ils sont tenus solidairement de le réparer* »[1819]. Ainsi, lorsque des gérants ont agi

---

contre le lésé (l'art. 145 al. 1 CO évoque sa faculté de faire valoir les exceptions person-nelles – « *Un débiteur solidaire ne peut opposer au créancier d'autres exceptions que celles qui résultent, soit de ses rapports personnels avec lui, soit de la cause ou de l'objet de l'obligation solidaire* » – mais pas de sanction s'il s'en abstient ; on rappellera que s'il fait valoir une *exception qui vaut paiement*, c'est-à-dire concrètement la compensation, il a un droit de recours comme expressément énoncé par l'art. 147 al. 1 CO, dont le texte est reproduit *supra* ad n. 1809).

[1816] « *Sauf stipulation contraire, l'un des débiteurs solidaires ne peut aggraver par son fait personnel la position des autres* » (l'exception énoncée par Isabelle ROMY, CR ad art. 146 CO [2021], N 5, 2e phr., ne s'applique plus selon l'art. 136 al. 1 *in fine* nCO, entré en vi-gueur le 1. 1. 2020).

[1817] Cf. p. ex. CORBOZ/AUBRY GIRARDIN, CR ad art. 759 CO (2017), N 10 ad n. 4 (« *hypothèse évidemment rare dans le domaine de la responsabilité civile* »). On observera que l'al. 2 CO (« *Si le créancier améliore la condition de l'un des débiteurs solidaires au détriment des autres, il supporte personnellement les conséquences de son fait* ») ne peut pas être interprété au-delà de la question de la subrogation, ce champ d'application étant défini par le titre marginal de l'art. 149 CO (« subrogation » ; en ce sens explicitement Isabelle ROMY, CR ad art. 149 CO [2021], N 3 *in fine*).

[1818] *Supra* N 1169 et 1170.

[1819] Le texte légal ajoute : « *sans qu'il y ait lieu de distinguer entre l'instigateur, l'auteur prin-cipal et le complice* ».

ensemble d'une façon à engendrer un dommage, ils sont solidairement responsables et, à la différence de ce qui vaut lorsque s'applique l'art. 759 CO, ils sont, chacun, responsables envers la société lésée **pour l'entier du dommage**.

La jurisprudence n'étant pas abondante – en raison de l'ordre de grandeur totalement différent du nombre de sociétés commerciales de personnes par rapport aux personnes morales (rapport de 1 à 50)[1820] –, on peut hasarder la réflexion abstraite qu'il devra être assez souvent retenu que des gérants ont causé ensemble le dommage lorsqu'ils sont en charge de la gestion de l'entreprise de façon générale[1821] ; en effet, si les tâches ne sont pas strictement délimitées, le devoir de diligence de chaque gérant implique de rester activement renseigné sur l'accomplissement des tâches par un autre gérant et d'être en mesure d'intervenir si nécessaire. Cela n'est pas le cas si les tâches sont clairement réparties, ce qui est tout à fait légitime sous l'angle de l'allocation efficiente des ressources.

Lorsqu'il n'y a pas de solidarité, il peut y avoir un **concours d'actions**[1822] (que l'on nomme solidarité imparfaite[1823]). Les règles sur la solidarité parfaite, tel l'effet l'interruptif de prescription envers tous les responsables en cas d'acte de poursuite accompli contre l'un d'entre eux, ne s'appliquent pas.

1195

1196

[1820] *Supra* N 29-41 et 1171.

[1821] Hors du domaine de la gestion des sociétés, on peut se référer à quelques considérants d'arrêts qui tendent à admettre plutôt facilement le fait de « causer ensemble » un dommage. V. p. ex. ATF 104 II 184 c. 2 (187 *in initio*) : « *En participant ensemble à une activité dont ils pouvaient et devaient reconnaître le caractère dangereux, les trois [personnes] ont commis une faute commune [...] qui engage néanmoins leur responsabilité solidaire selon l'art. 50 al. 1 CO, pour le dommage en relation de causalité adéquate avec cette activité* ». Ég. ATF 100 II 332 (337) c. 2e : « *ils ont agi de concert, animés d'une même volonté de pratiquer ensemble [une activité] dangereu[se...] qui engage leur responsabilité civile solidaire selon l'art. 50 al. 1 CO* ». Ég. ATF 71 II 107 c. 2 (112 s.) : « *la responsabilité est établie au même degré pour tous les participants à un acte illicite et cela aussi pour les conséquences de l'acte qui n'avaient été ni voulues ni prévues par certains d'entre eux ou par tous, dès qu'ils ont eu ou auraient dû avoir conscience du danger créé en commun. Lors donc que – comme ce fut le cas en l'espèce – [l'acte dommageable] a pour auteur un des participants, tous ceux qui ne pouvaient ignorer ce risque ont l'obligation de réparer le dommage, sous réserve de leurs droits de recours réciproques (art. 50 al. 2 CO). [...] L'importance de la collaboration de chacun d'eux, la gravité de la faute n'entrent en considération que pour le règlement de compte entre les coresponsables* » ; ATF 57 II 417 c. 2 (420) : « *selbst eine fahrlässige Gehilfenschaft [begründet] die solidarische Haftbarkeit gemäss Art. 50 OR* ».

[1822] « *Anspruchskonkurrenz* » (ainsi p. ex. ATF 115 II 42 c. 1b [45] et 2a [48[).

[1823] Cf. p. ex. Pascal PICHONNAZ, CR ad art. 139 CO (2021), N 9.

1197   Bien entendu, la règle fondamentale selon laquelle la multiplicité des responsables **ne saurait donner lieu à une surindemnisation** s'applique toujours (tant dans la solidarité parfaite que dans le concours d'actions).

1198   Par ailleurs, dans tous les cas, celui qui paie plus que sa part a une **action récursoire** contre les autres (art. 50 al. 2 et 51 al. 1 CO). Quant à la prescription de cette action, il est reconnu que l'art. 139 CO s'applique aussi bien dans la solidarité parfaite que dans le concours d'actions[1824] : le délai est donc de trois ans[1825].

[1824] Voir Pascal PICHONNAZ, CR ad art. 139 CO (2021), N 12 ad n. 27 : « *tant la justification de l'action récursoire que la volonté du législateur souligne que [l'art.] 139 [CO] doit s'appliquer à tous les types de solidarité* ». Sur la volonté exprimée dans les débats parlementaires (l'art. 139 CO n'ayant pas été proposé par le Conseil fédéral, cf. *supra* n. 1804), v. l'intervention du Conseiller national Jean Christophe SCHWAAB, BO 2014 1788 : « *Cette proposition porte sur la solidarité en général et ne se limite pas à la solidarité imparfaite* ».

[1825] Cf. *supra* N 1185 (v. ég. N 1149).

§ 15 Les relations économiques entre la société et ses propriétaires (et ses organes) hors des distributions licites de bénéfice ; la restitution des avantages indus

I. Le principe matériel

Dans les relations économiques avec leur société, ses propriétaires n'ont **en principe droit à aucun avantage autre que la distribution du bénéfice** sous les formes spécifiquement prévues par l'ordre juridique. Dans les sociétés de capitaux, il s'agira de dividendes annuels ou intermédiaires (décidés par l'assemblée des sociétaires), ou de liquidation (échéant selon l'accomplissement d'étapes de ce processus [1826] ou à son terme) ; la perception d'un autre avantage tiré du capital social, à savoir des « intérêts intercalaires », est étroitement encadrée (et n'est qu'exceptionnelle, voire anecdotique en pratique[1827]). Dans les sociétés de personnes, les bénéfices peuvent être prélevés par les associés de façon bien ordonnée (dans la SNC et la société en commandite, une fois le rapport de gestion approuvé, cf. art. 559 CO). Dans les autres relations économiques, que la société pourrait en soi avoir avec des tiers, les sociétaires ne peuvent pas être mieux traités que les tiers. 1199

Ainsi, le salaire que reçoit de la société un employé qui se trouve être sociétaire **ne peut être justifié par la qualité de sociétaire**. Il doit être justifié par les prestations de cet employé. Il en va de même de la rémunération de tous services qui sont fournis par un sociétaire. Inversement, lorsque la société fournit des services ou des biens (y compris en location) à un sociétaire, celui-ci doit payer le prix que paierait un tiers dans les mêmes circonstances. 1200

Si la société accorde un prêt à un sociétaire, le taux qu'elle exige, et les autres conditions – notamment les sûretés lorsque le niveau de risque en requiert –, doivent être équivalentes à celles qu'elle exigerait d'un tiers qui serait emprun- 1201

[1826] Cf. p. ex. Markus VISCHER, RSDA 2017 p. 553 ss, spéc. 562 ad n. 76-78.

[1827] Cf. art. 676 CO pour la SA (« *Un intérêt d'un montant déterminé, qui est porté au débit du compte d'installation, peut être prévu en faveur des actionnaires pour la période des travaux de préparation et de construction de l'entreprise ; il cessera d'être payé dès l'exploitation normale de celle-ci. Les statuts indiqueront, dans ces limites, le moment à partir duquel le paiement des intérêts cessera* »). Pour la Sàrl, l'art. 798 CO y renvoie.

teur dans des circonstances identiques[1828]. Et réciproquement, le sociétaire qui prête des liquidités à la société ne peut obtenir d'elle un intérêt plus élevé que celui qu'il obtiendrait sur le marché.

1202 Cela **découle avant tout du devoir de loyauté** (ou «de fidélité»)[1829]. Les gérants doivent protéger l'intérêt de la société, c'est-à-dire la protéger autant vis-à-vis des tiers que vis-à-vis des sociétaires eux-mêmes[1830]. Le devoir de loyauté se rapporte en bonne partie à l'intention[1831] que les gérants doivent avoir de ne pas favoriser l'intérêt des sociétaires au détriment de celui de la société ; le **devoir de diligence** exige des gérants qu'ils concrétisent cette intention de façon attentive, en veillant à ce que les différentes conditions d'un accord avec un sociétaire n'aboutissent pas à une favorisation qui ne serait pas consentie à un tiers[1832]. Si l'on considère cela de façon hâtive et approximative, cette sévérité peut sembler placer l'interaction d'une société avec ses propriétaires sous de tels risques qu'elle serait à même de décourager quiconque à créer une société. Il n'en est rien. L'interdiction de favoriser les sociétaires dans les transactions commerciales ne signifie nullement que la société soit dépourvue d'intérêt pour ses propriétaires ; elle signifie que **l'intérêt économique premier des sociétaires** ne peut *pas* consister dans des interactions commerciales entre eux et leur société, mais dans le fait même d'en être propriétaires – et que dès lors, étant gérée loyalement et diligemment, elle prospère et puisse le moment venu leur distribuer des bénéfices.

1203 Cette **description de principe** est indubitable, mais elle **se heurte à une réalité pratique** : dans un très grand nombre de cas, les sociétaires – et leurs proches – sont employés, prêteurs, emprunteurs, clients et fournisseurs. Ils sont parfois les seuls employés. Ce peut être analogue dans les groupes de sociétés : il est fréquent qu'une société qui en fait partie n'interagisse commercialement et/ou financièrement qu'avec des sociétés du même groupe. Dans maintes situations,

---

[1828] Cf. p. ex. ATF 140 III 553 c. 4.2 (542 : «*Nach herrschender Lehre stellt ein Darlehen an eine Mutter- oder Schwestergesellschaft dann eine kapitalschutzrechtlich relevante Ausschüttung dar, wenn das Darlehen nicht zu Markt- bzw. Drittbedingungen ausgerichtet worden ist*»).

[1829] Voir d'ailleurs TF 23. 11. 2015, 6B_310/2014 c. 3.9.4.1 («*L'art. 678 al. 2 CO concrétise en quelque sorte le devoir de fidélité qui incombe au conseil d'administration lors de la fixation de sa propre rémunération, laquelle doit respecter le critère d'équivalence des prestations*»).

[1830] Cf. *supra* N 971, spéc. ad n. 1420.

[1831] Sur cet aspect du devoir de loyauté (ou de fidélité), *supra* N 973 («*devoir subjectif, relatif à la volonté du gérant d'agir exclusivement pour l'intérêt de la société*») et 986.

[1832] L'introduction à la casuistique *supra* aux N 1083 s. puis la casuistique elle-même, spéc. *supra* N 1087 ad n. 1630-1644, illustrent cette coordination entre les deux devoirs.

seuls les sociétaires sont à disposition pour fournir du financement, cela en raison d'un niveau de risque tel que la société n'obtiendrait aucun financement de tiers, ou alors seulement à un taux d'intérêt extrêmement élevé[1833]. De façon générale, en cas de difficultés de la société, les sociétaires peuvent souvent s'avérer être les seuls susceptibles de conclure des contrats qui soutiennent son activité, ce qui peut commercialement justifier des conditions favorables. La comparaison avec les transactions que la société pourrait conclure avec des tiers n'est pas toujours simple[1834].

Ainsi, il n'est pas rare qu'il existe véritablement des raisons qui, selon une analyse approfondie ou perspicace, **justifient des conditions** qui avaient semblé *de prime abord (trop) favorables* au sociétaire. Du point de vue de l'application du droit dans la réalité pratique, il sera souvent difficile de réfuter l'argumentaire qu'un sociétaire (ou la société abondant dans son sens) peut développer pour justifier les conditions que la société lui a faites[1835]. C'est d'autant plus vrai que les aspects subjectifs font légitimement partie de ce qui fonde la prise de décision quant à l'opportunité de conclure une affaire et à quelles conditions, et ils reposent eux-mêmes sur des appréciations (p. ex. les expectatives quant à l'évolution du marché et, de façon générale, quant aux risques).

1204

[1833] Les administrations fiscales considèrent volontiers que les prêts d'actionnaires qui, s'écartant des ratios standards d'endettement, ont la même fonction que le capital sur le plan des risques doivent être traités de la même façon, à savoir imposés comme capital, le paiement d'intérêts étant qualifié de dividendes (ainsi la Circulaire AFC N° 6 du 6. 6. 1997 ; cf. aussi Roland Böhi [2014], qui décrit l'approche assimilatrice se fondant sur les fonctions de sauvegarde de l'entreprise que jouent ces prêts et qui motivent un traitement identique au capital [p. 163 s., ad n. 869] : «*Kontinuitäts- und Existenzsicherungsfunktion*» et «*Verlustausgleichsfunktion*» ; l'ATF 102 Ib 151 c. 6b emploie toutefois une formulation limitative : «*Aux fonds propres tels qu'ils apparaissent au bilan ne peut être ajoutée, le cas échéant, que la part des prêts des actionnaires qui encourt les mêmes risques que le capital*» [164]), mais cette approche ne se justifie en tout cas pas en droit civil, les bailleurs de fonds en cas de situation risquée, même actionnaires, étant légitimés à demander des taux élevés (lors de la crise financière mondiale suivant la faillite de la banque d'investissement Lehman Brothers le 15. 9. 2008, la Confédération suisse a prêté à UBS le 16. 10. 2008 à un taux de 12,5 % ; aucune critique n'aurait pu être formée à l'encontre d'actionnaires qui auraient prêté à un tel taux, sur le plan civil, et d'ailleurs pas non plus sur le plan fiscal – il arrive ainsi que les juridictions fiscales écartent l'approche de l'administration fondée sur des standards, cf., outre l'ATF 102 Ib 151 précité, l'arrêt TC NE 17. 1. 2017, CDP 2015.124-FISC, c. 9b).

[1834] Pour plusieurs exemples, sous le prisme de ce qui doit être considéré en matière fiscale comme des distributions dissimulées de bénéfice («prestations appréciables en argent»), ou non, cf. Rouiller/Bauen/Bernet/Lasserre Rouiller (2022), N 1089, spéc. n. 2909.

[1835] Dans le même sens, cf. la remarque dans le Message du Conseil fédéral (FF 2017 478 : «*En effet, en présence de systèmes de rémunérations complexes ou d'avoir[s] difficiles à évaluer, la disproportion n'est pas toujours évidente*»).

1205 Les **difficultés qu'il y a à critiquer le niveau d'un prix ou d'une rémunération**, sauf prestations parfaitement standards (et dans un marché liquide), ont pour conséquence évidente que les actions de droit civil tendant à obtenir la restitution de l'excès d'une rémunération trop favorable au sociétaire sont fort rares[1836] – elles ne sont intentées, sans doute, que dans une (très) faible proportion des cas où, en réalité, la société a été trop généreuse, dans une interaction commerciale ou financière, avec son sociétaire. Il est intéressant d'observer que les **autorités fiscales**, confrontées à la même problématique, mais dotées de grandes ressources et de pouvoirs de décision (d'investigation et de fond) – certes sous contrôle juridictionnel –, ont notamment développé des méthodes efficaces pour traiter les transactions entre une société et ses propriétaires (et leurs proches) : pour les relations financières, soit les prêts de la société à ses propriétaires ou l'inverse, les autorités fiscales déterminent un taux minimum, respectivement maximum ; au-delà, respectivement en deçà, elles *présument* qu'il existe une distribution dissimulée de bénéfice[1837]. La preuve d'une justification économique à cet écart est admissible, mais le *fardeau de la preuve* repose sur les épaules de la société (et des sociétaires)[1838].

1206 En d'autres termes, les autorités fiscales ont **standardisé et simplifié le traitement des prestations échangées entre la société et ses sociétaires** (et/ou leurs proches). Si un tel renversement du fardeau de la preuve n'est en soi guère concevable en droit privé – théoriquement –, il faut constater que le grand nombre d'interventions des autorités fiscales a un immense **impact pratique, qui englobe les rapports de droit privé** : dans la mesure où les sociétés suivent les critères qui standardisent et simplifient l'examen des rapports avec les sociétaires pour éviter des conséquences fiscales défavorables – ce qui concerne avant tout les taux des prêts –, les limites maximales ou minimales aux

---

[1836] Cela a pu être dû à la condition selon laquelle en cas de disproportion, l'art. 678 al. 2 *in fine* aCO-1991 (modifié par la novelle du 19.6.2020, cf. *infra* n. 1849) posait que celle-ci devait aussi se mesurer à l'aune de «*la situation économique de la société*» (*infra* n. 1850), ce qui avait en principe pour effet d'exclure l'action fondée sur cet article lorsque la société était prospère.

[1837] Pour les détails, cf. ROUILLER/BAUEN/BERNET/LASSERRE ROUILLER (2022), N 1087a et 1087b, spéc. n. 2889 ainsi que N 1065 spéc. n. 2853-2857.

[1838] V. p. ex. ATF 140 II 88 c. 7 *pr.* (100) : «*Les taux d'intérêt déterminants fixés par l'Administration fédérale des contributions ne constituent que des 'safe harbour rules'. En conséquence, l'irrespect de ces taux ne crée qu'une présomption réfragable d'existence de prestation appréciable en argent, qui renverse toutefois le fardeau de la preuve en défaveur de la société contribuable, cette dernière devant démontrer que la prestation octroyée est néanmoins conforme au principe de pleine concurrence*». V. ég. TF 4.11.2010, 2C_557/2010, c. 3.2.3.

taux sont concrètement presque toujours appliquées ; et en cas de litige de droit privé qui surviendrait indépendamment d'une inspection des autorités fiscales, un écart par rapport à ces standards induit que la partie n'est pas facile pour les sociétaires ou leurs proches invoquant qu'il est justifié n'ont pas une partie facile[1839]. Sans que l'on puisse y voir un renversement de fardeau de la preuve à proprement parler, ils doivent au moins exposer une argumentation démontrant qu'ils ont fait face à une situation exceptionnelle induisant l'application d'un taux s'écartant des limites usuelles. Cette allégation peut être ensuite contestée, et l'appréciation des preuves se fera selon les règles du procès civil, qui ne peuvent être traitées en détail dans le cadre du présent ouvrage.

Lorsqu'il est établi que la société a excessivement favorisé son sociétaire dans l'échange de prestations, le principe juridique est **que la part de la prestation qui correspond à cet excès n'a pas de fondement juridique**, le gérant qui y a consenti ayant violé son devoir de loyauté (et/ou de diligence) et, le cas échéant, abusé de son pouvoir de représentation. Il est possible d'analyser la situation en retenant que la prestation, dans toute la mesure où elle est excessive, est une distribution de bénéfice qui ne respecte pas les règles la permettant et qui est donc illicite ; si la société n'avait pas de bénéfice susceptible d'être distribué, la prestation excessive comprend alors une restitution des apports, ce qui, dans les sociétés de capitaux[1840], est prohibé hors des cadres limitatifs de la liquidation (après paiement des dettes)[1841] ou de la procédure de réduction de capital[1842]. Dans tous ces cas, le comportement est susceptible de fonder la **responsabilité du gérant sous l'angle de la violation de ses devoirs**. Mais,

1207

[1839] Il n'est pas possible à notre sens d'aller au-delà d'un impact *de nature purement pratique* dans ce sens-là, car le rapport entre droit civil et droit fiscal – en Suisse – devrait plutôt être inverse : si un paiement est justifié selon un examen approfondi de droit civil (excluant toute simulation et toute requalification), cela devrait en principe lier le fisc (en vertu du *principe de déterminance* [ATF 147 II 209 c. 3.1.1, aussi nommé «*l'autorité du bilan commercial*», ATF 137 II 353 c. 6.2 et 141 II 83 *pr.* ; TF 31. 8. 2015, 2C_775/2014 c. 6.1 et 7.1], compris au sens rigoureux, en vertu duquel seuls les comptes annuels *correctement établis* selon le droit privé sont déterminants ; des comptes annuels erronés doivent être corrigés en droit privé aussi, ROUILLER/BAUEN/BERNET/LASSERRE ROUILLER [2022], N 1064, spéc. n. 2847). Certains auteurs sont plus favorables que d'autres à un impact *juridique* de l'appréciation fiscale, ainsi Peter BÖCKLI (2009), p. 1529 s. ; plus réservés, CHENAUX/GACHET, CR ad art. 678 CO (2017), N 2 ad n. 4 ; plus encore, Roger DÜRR (2005), p. 105.

[1840] Pour les sociétés de personnes, ce cadre-là est moins strict, puisque les associés sont responsables et que le capital ne joue pas du tout le même rôle (cf. spéc. *infra* N 1335-1336). Il est important pour la commandite, cf. art. 611 al. 2, 1re phr., CO, cité *infra* N 1212.

[1841] Cf. *infra* N 1328-1332.

[1842] Cf. *infra* N 1884-1917.

outre qu'il peut être responsable en tant que participant à l'acte illicite du gérant, le **bénéficiaire lui-même est enrichi sans cause** juridique valable : la restitution de cet enrichissement illégitime est une obligation qui, en principe, va de soi.

1208 Il y a ainsi **plusieurs actions de droit civil qui concourent** à permettre à la société de reconstituer son patrimoine illégitimement amoindri par des prestations excessivement favorables à des sociétaires ou à leurs proches. Outre les **actions générales en responsabilité et en enrichissement illégitime** (d'ailleurs non limitées aux prestations excessives en faveur de sociétaires et de proches, mais aussi susceptibles de concerner les prestations excessivement favorables accordées à des tiers « purs et simples »), la loi a institué une **action particulière en restitution** au bénéfice des sociétés de capitaux et des coopératives. Ses particularités sont traitées ci-après.

II. Les particularités de l'action des art. 678, 800 et 902a CO et d'autres dispositions spécifiques

A. Les dispositions légales

1209 Le législateur a créé une action particulière pour la société anonyme à l'art. 678 CO, auquel renvoient spécifiquement l'art. 800 CO pour la société à responsabilité limitée[1843] et l'art. 902a CO pour la coopérative[1844].

1210 La disposition, dans sa formulation adoptée le 19. 6. 2020 (qui a remplacé le texte légal de 1991, similaire matériellement, lequel avait remplacé celui de

---

[1843] Ce renvoi spécifique au droit de la SA (« *Les dispositions du droit de la société anonyme concernant la restitution de prestations s'appliquent par analogie à la restitution de prestations de la société aux associés, aux gérants et aux personnes qui leur sont proches* ») a été introduit lors de la révision du droit de la Sàrl en 2005. Le droit voté en 1936 ne contenait pas de renvoi au droit de la SA, mais des dispositions matériellement analogues (art. 806 al. 1 et 2 aCO-1936 : « *(1) L'associé ou le gérant qui a perçu indûment des bénéfices doit les restituer à la société. (2) Si l'associé ou le gérant était de bonne foi, la restitution ne peut être réclamée que dans la mesure où elle est nécessaire pour désintéresser les créanciers de la société* »).

[1844] Ce renvoi tout à fait spécifique (« *Les dispositions du droit de la société anonyme s'appliquent par analogie à la restitution des prestations* ») a été introduit par la novelle du 19. 6. 2020, entrée en vigueur le 1. 1. 2023. Il a été fermement voulu (cf. Message du Conseil fédéral, FF 2017 558 : « *on ne comprend pas pourquoi un droit à la restitution n'existe pas pour la société coopérative* »).

1936[1845]), a en particulier les deux premiers alinéas suivants : « *(1) Les action-naires, les membres du conseil d'administration, les personnes qui s'occupent de la gestion et les membres du conseil consultatif*[1846] *ainsi que les personnes qui leur sont proches sont tenus de restituer les dividendes, les tantièmes, les autres parts de bénéfice, les rémunérations, les intérêts intercalaires, les réserves légales issues du capital ou du bénéfice et les autres prestations qu'ils ont perçus indûment. (2) Si la société a repris des biens de ces personnes ou si elle a conclu d'autres actes juridiques avec elles, celles-ci sont tenues de restituer la contre-prestation reçue dans la mesure où cette dernière est en disproportion manifeste avec la valeur des biens ou avec la prestation reçue* ».

Pour être complet sur les dispositions conçues sous l'angle de la restitution, on peut citer que – pour des raisons historiques, et sans désormais une portée pratique quelconque – l'art. 679 CO traite spécifiquement du sort des tantièmes perçus par les administrateurs avant la faillite : « *En cas de faillite de la société, les membres du conseil d'administration doivent restituer les tantièmes qu'ils ont reçus au cours des trois ans précédant l'ouverture de la faillite, à moins qu'ils ne prouvent que les conditions posées par la loi et les statuts pour la distribution de tantièmes étaient remplies et en particulier que cette distribution était fondée sur un bilan établi avec prudence* ». Cette disposition est proche de l'obsolescence parce que les tantièmes ont quasiment disparu de la vie réelle des sociétés depuis plusieurs décennies. Elle présente toutefois de l'intérêt sur le plan conceptuel. Par ailleurs, elle présente des similitudes avec l'art. 904 al. 1 CO, relatif à la coopérative, qui a une portée plus large : « *En cas de faillite de la société, les administrateurs sont tenus envers les créanciers sociaux de restituer toutes les sommes qu'ils ont perçues comme parts de bénéfice ou sous une autre dénomination au cours des derniers trois ans qui ont précédé la déclaration de faillite, en tant que ces sommes outrepassent une indemnité convenable pour des prestations et qu'elles n'auraient pas dû être distribuées si le bilan avait été prudemment dressé* ».

1211

[1845] L'art. 678 aCO-1936 (al. 1 : « *L'actionnaire qui a perçu indûment et de mauvaise foi des dividendes ou des intérêts intercalaires est tenu à restitution. La même règle s'applique aux parts de bénéfice des administrateurs* ») était beaucoup plus succinct, mais l'art. 679 aCO-1936 couvrait largement la matière (al. 1 : « *En cas de faillite de la société, les administrateurs sont tenus envers les créanciers sociaux de restituer toutes les sommes qu'ils ont perçues, comme parts de bénéfice ou sous une autre dénomination, au cours des derniers trois ans qui ont précédé la déclaration de faillite, en tant que ces sommes outrepassent une indemnité convenable pour des prestations et qu'elles n'auraient pas dû être distribuées si le bilan avait été prudemment dressé* »).

[1846] Il s'agit d'un organe particulier qui n'existe (facultativement) que dans les sociétés cotées en bourse, en particulier en relation avec « l'interdiction des rémunérations abusives » votée le 3.3.2013.

1212 On observera encore que plusieurs dispositions statuent explicitement l'interdiction de restituer les apports. Dans la mesure où la société n'a pas de bénéfice, les prestations excessivement favorables au sociétaire relèvent de cette interdiction. Celle-ci a une portée pratique parce que les conditions de l'action qui correspond à l'obligation de ne pas se faire restituer les apports sont moindres : le critère est purement objectif (et même simplement arithmétique). Concrètement, l'art. 680 al. 2 CO, relatif aux versements d'apports par les actionnaires, dit qu'« *[i]ls n'ont pas le droit de réclamer la restitution de leurs versements* » (il équivaut à l'art. 793 al. 2 CO pour la Sàrl : « *Les apports libérés ne peuvent pas être restitués* »). Dans la société en commandite[1847], l'art. 611 al. 1 et 2, 1re phr., CO a la teneur suivante : « *(1) Le commanditaire ne peut toucher des intérêts ou bénéfices que dans la mesure où il n'en résulte pas une diminution de la commandite. (2) Le commanditaire qui a perçu indûment des intérêts ou bénéfices est tenu à restitution* ».

B.   La portée et les conditions particulières de ces actions

1.   *L'action en restitution des prestations indues ou disproportionnées des art. 678, 800 et 902a CO*

1213 Comme le montre l'al. 1 de l'art. 678 CO, il se rapporte aux prestations perçues indûment. L'al. 2 se rapporte aux prestations manifestement disproportionnées.

1214 Le **1er alinéa** concerne les prestations pour le versement desquelles le **processus d'attribution est entièrement omis ou en soi vicié**. Il vise en particulier, d'une part, des prestations unilatérales soumises à un processus pour être attribuées valablement[1848] (dividendes, parts de bénéfice et intérêts intercalaires qui rémunèrent le capital) ; pour de telles prestations de la société, il n'y a pas de

---

[1847] Dans la SNC et dans la société en commandite pour l'associé « complémentaire », les apports ne jouent qu'un rôle de liquidité et de maîtrise par la société, puisque les associés sont indéfiniment responsables. Il résulte toutefois *a contrario* de l'art. 559 CO que le prélèvement d'actifs correspondant aux apports n'est pas possible. L'art. 560 CO a la même portée. Cf. *infra* N 1335-1336 et 1411-1412.

[1848] Cela est bien exprimé par le Message du Conseil fédéral de 1983 relatif à l'al. 1 (FF 1983 II 922 : « *[...] lorsque le bénéfice a été versé en violation de la loi ou des statuts, ou lorsque le bénéfice distribué a été créé d'une façon illicite, ou, également, lorsque l'existence du bénéfice n'a été établie que par le biais d'un bilan non conforme à la loi* »).

rapport d'échange avec une « contreprestation » et donc pas de « disproportion ». D'autre part, cet al. 1 vise des prestations qui sont certes dans un rapport d'échange, mais soumises elles aussi à un processus formel nécessaire à leur validité (les rémunérations des dirigeants de sociétés cotées en bourse[1849], qui requièrent un vote très strictement formalisé des actionnaires). Si le processus nécessaire à la validité de la prestation a été omis ou est vicié, c'est l'ensemble de la prestation qui doit être restitué.

L'al. 2 concerne par contraste tous **les autres genres d'actes juridiques,** qu'il s'agisse d'acquisition de biens par la société ou de paiement d'autres prestations, de la société aux sociétaires (prix excessif) ou de ceux-ci à la société (prix insuffisant)[1850]. Dans toutes ces situations, l'action que crée l'al. 2 de l'art. 678 CO ne tend qu'au **remboursement** *de la partie de la prestation* **correspondant à ce qui rend celle-ci manifestement**[1851] **disproportionnée.** En d'autres termes, elle ne tend pas à la restitution de l'ensemble de la prestation, mais de sa portion (manifestement) excessive. Cela est évident, le but de la disposition étant de rétablir l'équilibre et l'équivalence, non pas de punir (fonction qui ne devrait en principe jamais être visée par le droit civil, qui n'y parviendra, au

1215

[1849] Le Message du Conseil fédéral montre clairement que ce sont ces rémunérations qui sont visées par la mention de «rémunérations» à l'al. 1 (FF 2017 403 et 477, 2ᵉ par. *in fine*).

[1850] Une description abstraite très large des prestations concernées figure dans le message de 1983 (FF 1983 II 923 : « *les distributions de bénéfice cachées, c'est-à-dire toutes les prestations de la société à des actionnaires, à des membres du conseil d'administration et à des personnes qui leur sont proches, dans la mesure où ces prestations sont en disproportion évidente avec leur contre-prestation et la situation économique de la société* »). Le Message de 2017 donne quelques exemples (FF 2017 477, 3ᵉ par. *in fine* : « *contrat de location ou de leasing entre un actionnaire et la société ou contrat de travail entre un membre de la direction et la société, par ex.* ») et évoque en particulier « *la reprise, au détriment de la société, de biens des personnes mentionnées à des conditions manifestement non conformes à celles du marché* », étant donné l'importance qu'il y avait à maintenir, malgré la disparition des dispositions sur la « reprise de biens » parmi les règles sur les apports en nature (l'art. 628 al. 2 aCO-1991 ayant été abrogé par la novelle du 19. 6. 2020), un rappel que la reprise de biens – quel que soit l'aliénateur : sociétaire, organe ou une personne proche d'eux – doit se faire aux conditions du marché, sans favoriser l'aliénateur (rappel que fait le texte de l'art. 678 al. 2 CO-2020, même si l'on peut regretter que le terme de « reprise de biens » continue d'être utilisé alors que celui d'« acquisition » pourrait tout autant convenir).

[1851] Sur ce terme, le Message du Conseil fédéral indique : « *On a renoncé à remplacer 'manifeste' par 'important' à l'al. 2. Bien qu'elle ne soit peut-être pas très précise, la notion de 'manifeste' est bien établie dans la jurisprudence. Il doit simplement y avoir un déséquilibre entre la prestation et la contre-prestation, qui soit à même de justifier une action en restitution. La disproportion ne doit pas pour autant sauter aux yeux* » (FF 2017 478 ; voir aussi le passage cité *supra* n. 1835).

mieux, que maladroitement, alors que le droit pénal y suffit lorsque les conditions d'une punissabilité sont présentes[1852]). Le texte légal semble d'ailleurs propre à éviter toute mauvaise interprétation[1853].

1216 Dans tous les cas, **les proches** sont traités, sur le plan du principe de la restitution, de la même façon que les sociétaires ou les organes.

1217 C'est d'ailleurs en bonne partie sous cet angle que l'action de l'art. 678 CO se distingue fortement de l'action en responsabilité : celle-ci n'est ouverte que contre les personnes qui participent à la gestion. L'action en restitution peut en revanche être ouverte également **contre les proches des gérants, contre les sociétaires** (aussi ceux qui ne sont pas organes de fait) **et contre les proches de ceux-ci**. Le cercle des défendeurs est ainsi sensiblement plus large (même si le champ d'application de l'action en responsabilité tirée de la violation des devoirs de loyauté et de diligence est plus vaste quant aux types de dommages subis, ne se bornant nullement à des versements indus ou à des rapports d'échange entre prestation et contreprestation désavantageux à la société[1854]).

1218 Un autre allègement par rapport à l'action en responsabilité consiste en ceci qu'**aucune faute** ne doit être démontrée par le demandeur en restitution (cela ne représente certes pas un allègement pratique considérable, puisque dans

---

[1852] À notre sens, le principe selon lequel le traitement de droit civil ne doit pas revêtir de fonction pénale résulte du principe constitutionnel de proportionnalité : vu l'existence du droit pénal (le cas échéant administratif, et de sanctions administratives), il n'y a pas de nécessité d'une sanction civile visant à punir (cf. Nicolas ROUILLER [2002], p. 308 et 537 s. ; ROUILLER/UFFER [2018], p. 213 ad n. 27 ; cf. ég. *supra* N 818 et 822 en rapport avec le but illicite d'une société).

[1853] L'expression « *dans la mesure* » doit être comprise dans son sens littéral (le seul sémantiquement correct) et non comme synonyme de « *si* » (comme malheureusement assez souvent utilisé de façon courante par les juristes). À toutes fins utiles, on relèvera que le Message est tout à fait limpide lui aussi, FF 2017 477 : « *Le droit à restitution ne porte toutefois pas sur la totalité de la contre-prestation, mais uniquement sur la partie qui est en disproportion manifeste avec la prestation reçue. Le reste de l'acte juridique ainsi conclu reste valable* ».

[1854] Les violations du devoir *de loyauté* consistant à enfreindre l'interdiction de concurrence (*supra* N 1002-1011) ou l'obligation de confidentialité (*supra* N 1012-1015) donnent lieu à des dommages qui ne consistent pas dans une prestation disproportionnée de la société. Les violations du devoir *de diligence* qui consistent à placer des fonds de façon imprudente (p. ex. par manque de diversification du portefeuille) ou à engager la société dans une activité déficitaire (parce que les coûts de production ou prix de revient sont trop élevés par rapport au prix auquel la société peut écouler ses produits, tel que cela est dicté par le marché ; pour différents exemples, v. *supra* N 1086 ad n. 1626) ne donnent pas lieu, elles non plus, à une prestation disproportionnée de la société au regard de laquelle une *restitution* serait concevable.

l'immense majorité de cas où une violation du devoir de loyauté ou de diligence est retenue, la faute est *ipso facto* réalisée, sauf circonstances personnelles exceptionnelles[1855]).

Une atténuation pour celui qui a bénéficié de bonne foi de la prestation indue ou disproportionnée est la limitation de la restitution au **montant dont il est encore enrichi** lorsque la restitution lui est réclamée[1856].

1219

La réforme de 2020 a introduit un nouvel al. 5 qui donne à **l'assemblée générale** la compétence d'exiger que la société engage l'action en restitution[1857]. Cette faculté (qui n'existe pas pour l'action sociale en responsabilité) permet aux actionnaires d'éviter de faire eux-mêmes le procès (et assument certains risques et frais[1858]) lorsque le conseil d'administration ne souhaite pas le faire. D'ailleurs, l'al. 2, 2e phr., autorise l'assemblée à choisir un représentant pour la conduite de ce procès (ce qui est fort raisonnable si le conseil d'administration, que l'assemblée peut certes forcer à le faire, est intimement récalcitrant, et à plus forte raison si certains de ses membres ou des proches ont bénéficié de prestations indues ou disproportionnées[1859]).

1220

Pour le reste, les **conditions de l'action sont les mêmes que l'action en responsabilité** des art. 754 ss CO : (i) le délai de prescription subjectif (de 3 ans) et objectif (de 10 ans ; art. 678a al. 1, 1re phr., CO)[1860], sa suspension pendant un éventuel examen spécial (2e phr.)[1861], son extension en cas d'infraction pénale[1862] (al. 2) ; (ii) la faculté donnée à l'actionnaire d'agir, lui-même, en paie-

1221

[1855] Cf. *supra* n. 1519 et *infra* n. 2958.

[1856] L'art. 678 al. 5 CO renvoie à l'art. 64 CO, dont la teneur est : « *Il n'y a pas lieu à restitution, dans la mesure où celui qui a reçu indûment établit qu'il n'est plus enrichi lors de la répétition ; à moins cependant qu'il ne se soit dessaisi de mauvaise foi de ce qu'il a reçu ou qu'il n'ait dû savoir, en se dessaisissant, qu'il pouvait être tenu à restituer* ».

[1857] La teneur exacte est : « *L'assemblée générale peut décider que la société intente une action en restitution. Elle peut charger le conseil d'administration ou un représentant de conduire le procès* ».

[1858] C'est la première motivation indiquée par le Message du Conseil fédéral, FF 2017 478 : « *Cela permet aux actionnaires d'engager une action en paiement à la société sans risquer de devoir assumer directement les frais de procédure* ».

[1859] Le Message indique sobrement à cet égard : « *Pour éviter tout conflit d'intérêts* » (FF 2017 478).

[1860] *Supra* N 1136 ss.

[1861] *Supra* N 1139 s.

[1862] *Supra* N 1141.

ment à la société[1863] (art. 678 al. 4 CO) ; (iii) la situation en cas de faillite de la société, l'art. 678 al. 6 renvoyant à l'art. 757 CO[1864].

1222 Enfin, la jurisprudence a clairement **exclu qu'il existe une coordination obligatoire entre ces deux actions** en ce sens que l'action en restitution devrait être introduite avant l'action en responsabilité[1865]. Certes, si l'action de l'art. 678 CO est bel et bien introduite et couronnée de succès au terme du procès, les charges constituées des prestations indues ou disproportionnées sont éliminées et la société n'a plus de dommage à ce titre. Cependant, la créance qui fonde ce procès n'est nullement liquide si les bénéficiaires desdites prestations ne reconnaissent pas leur dette (ou si, la reconnaissant, ils n'ont pas les moyens de l'exécuter) ; ainsi, la créance ne devrait pas figurer au bilan sans être provisionnée et il est licite de ne pas la faire y figurer du tout. Il est possible qu'au titre de l'incombance de diminuer le dommage[1866], la société doive au moins interpeller les bénéficiaires pour qu'ils prennent position et indiquent le cas échéant s'ils sont disposés à restituer ; mais en cas de refus, l'action en responsabilité contre les organes ne doit pas être entravée. Bien entendu, la faculté d'introduire l'action en responsabilité sans devoir avoir engagé celle en restitution ne peut aboutir à une surindemnisation.

1223 On observera encore qu'en cas de faillite, la coordination avec les **actions révocatoires** (art. 285 ss LP) ou avec la **contestation d'une compensation** (art. 214 LP) se pose en termes similaires.

1224 Hors de toute faillite, **le rapport avec l'action générale en enrichissement illégitime** se pose. La doctrine majoritaire retient que l'art. 678 CO est une *lex specialis*[1867] dont les conditions l'emportent sur celles des art. 62-67 CO (notamment dans le but « *d'assurer la sécurité juridique dans le transfert des*

[1863] *Supra* N 1111.

[1864] *Supra* N 1114-1118 et 1142 s.

[1865] ATF 140 III 533 c. 3.2.3 (540 : « *gar keine Pflicht zur Erhebung einer Rückerstattungsklage* »). Cet arrêt écarte les opinions qui préconisent une subsidiarité (ainsi Friedrich MÜLLER [1997], p. 73 s., et Thierry LUTENBACHER [2005], p. 265, du moins si l'introduction d'une action en restitution est raisonnablement exigible [« *zumutbar* »]).

[1866] Ce rapport entre l'obligation de diminuer le dommage et l'action en responsabilité est traité à l'ATF 140 III 533 c. 3.2.3 (539 s.) qui résume les diverses opinions doctrinales à ce sujet, dont GERICKE/WALLER, BaK ad art. 754-761 CO (2012), N 5b, et Peter BÖCKLI (2009), § 12 N 567 et § 18 N 375c-e. Sur cette incombance en général, v. Annick ACHTARI (2008), N 34 (comme principe général en droit de obligations), et Nicolas ROUILLER (2007), p. 769.

[1867] Ainsi Hans-Ueli VOGT, BaK ad art. 678 CO (2008), N 3.

droits de participation »)[1868]. Il paraît cependant certain que dans la mesure où le champ d'application respectif des actions diverge[1869], en particulier lorsque la société a fourni des prestations indues à un tiers qui n'est pas l'un des défendeurs envisagés à l'art. 678 CO, l'action générale en enrichissement illégitime n'est pas exclue[1870].

2. L'action en restitution en cas d'opération correspondant à un remboursement (indu) d'apports

Il peut arriver qu'une transaction entre la société et un sociétaire **entame le patrimoine social de façon telle qu'il ne correspond plus à une situation où les apports ont été libérés** ; en d'autres termes, cela peut conduire à ce que le capital ne soit plus couvert. 1225

Les art. 680 al. 2 (pour la SA) et 793 al. 2 CO (pour la Sàrl) **interdisent explicitement que les apports soient remboursés** aux sociétaires souscripteurs[1871]. L'art. 611 CO prévoit une règle analogue pour la commandite[1872]. 1226

Il est admis que la contravention à cette interdiction crée une **obligation de restitution**. Plusieurs interprétations sont possibles quant à la nature de l'action qui met en œuvre cette obligation. Une partie importante de la doctrine retient 1227

[1868] Ainsi CHENAUX/GACHET, CR ad art. 678 CO (2017), N 91 ad n. 197, qui approuvent l'analyse de Wolfhart BÜRGI, ZK ad art. 678 CO (1957), N 5, et Beat SPÖRRI (1996), p. 8. Dans cette approche, c'est le caractère plus restrictif de l'art. 678 aCO (tant celui de 1936 pour BÜRGI [cf. *supra* n. 1845-1845] que celui de 1991 pour les autres auteurs cités) par rapport à l'action générale des art. 62-67 CO qui justifierait que celle-ci soit exclue. Cette justification perd de sa force dans la mesure où la novelle du 19. 6. 2020 a étendu le champ d'application de l'art. 678 CO et allégé ses conditions (notamment par la suppression de la référence à la « situation économique de la société » dans l'évaluation de la « disproportion manifeste », cf. *supra* n. 1836). Elle garde cependant une pertinence au regard de l'exigence du caractère manifeste de la disproportion à l'al. 2.

[1869] Le Message de 1928 mentionnait déjà que le champ d'application limité laissait la possibilité d'agir en enrichissement illégitime pour les situations non visées (FF 1928 I 273, 3e par. *in fine*).

[1870] En ce sens Beat SPÖRRI (1996), p. 278, qu'approuvent notamment CHENAUX/GACHET, CR ad art. 678 CO (2017), N 94 ad n. 201.

[1871] Cf. *supra* N 1212.

[1872] Les situations visées à l'art. 611 al. 2 CO constituent bien des « *restitutions d'apport* », comme le confirme l'interprétation de Pierre-Alain RECORDON (CR ad art. 611 CO [2017], N 5), qui relève l'absence de jurisprudence publiée (N 6 *in fine*). Cf. aussi *infra* N 1596.

qu'il s'agit de l'action en exécution de la libération des apports[1873] ; au moins un arrêt non publié va dans ce sens[1874]. Un autre courant doctrinal estime que l'art. 678 CO trouve application[1875]. À notre sens, l'action n'a nul besoin d'un fondement autre que l'obligation matérielle résultant de l'interdiction de rembourser les apports, si le bénéficiaire de la restitution d'apports et donc le défendeur est un sociétaire ; l'action de l'art. 678 CO peut être utile si le bénéficiaire est un proche du sociétaire.

1228   *En tous les cas*, lorsqu'une opération économique entre la société et le sociétaire revient à avoir remboursé les apports, il ne doit pas, selon nous, y avoir application de la condition de la disproportion manifeste posée par l'art. 678 al. 2 CO : **tout amoindrissement du patrimoine correspondant à un remboursement d'apports suffit** à obliger à la restitution. Il ne devrait pas non plus y avoir application de l'art. 64 CO réservée par l'al. 3 de l'art. 678 CO[1876]. Cela est compatible avec la construction juridique selon laquelle l'action a pour fondement propre l'art. 680 al. 2 CO lui-même (respectivement l'art. 793 al. 2 CO pour la Sàrl). Cela dit, la construction d'une renaissance de l'obligation de libérer est également satisfaisante d'un point de vue pratique.

[1873] En ce sens notamment Forstmoser/Meier-Hayoz/Nobel (1996), § 50 N 109 ; Hans-Ueli Vogt, BaK ad art. 680 CO (2008), N 26 ; Chenaux/Gachet, CR ad art. 680 CO (2017), N 58. Les arrêts cités, soit les ATF 87 II 189 c. 9 et 109 II 128 c. 2 et l'arrêt non publié TF 4A_248/2012 c. 3.2, ne précisent pas la nature de l'action. L'ATF 102 II 353 détermine le délai de prescription de l'action en libération des apports (c. 4b [361], 10 ans, vu l'art. 127 CO), et a pour objet le cas particulier où la libération est *fictive*, le remboursement ayant été convenu d'emblée, de sorte qu'il faut considérer que l'acte juridique de souscription était simulé (*supra* N 1088 ad n. 1648). Dans un tel cas, cette analyse est assurément juste : «*L'acte dissimulé portait principalement sur le remboursement ultérieur par la société du capital social souscrit. Ce remboursement a eu pour effet que les souscripteurs n'ont pas exécuté leur obligation de libérer le montant qu'ils avaient souscrit. La société peut donc leur réclamer en tout temps l'exécution de cette obligation*» (c. 4a *in fine*).

[1874] TF 3. 1. 2000, 1P.573/1999, c. 4b (1er par. *in fine*) : «*Eine solche Vereinbarung ist nichtig und lässt, wenn sie trotzdem vollzogen wird, die Liberierungspflicht des Aktionärs wieder aufleben*». La responsabilité des fondateurs (art. 753 CO) peut aussi être engagée, cf. *infra* N 1828-1836.

[1875] Beat Spörri (1996), p. 273 ss.

[1876] Pour l'art. 611 al. 2 CO, cet article est spécifiquement réservé (cf. *supra* N 1212).

§ 16 L'estimation des parts de société en cas de sortie forcée ou d'entrée refusée

I. Cas d'évaluation

Dans de nombreuses situations régies par la loi ou par des stipulations contractuelles, la valeur des parts de la société doit être estimée.　　1229

Cela concerne aussi bien les sociétés de personnes que les sociétés de capitaux. 　1230
Ce n'est pas le lieu, ici, de faire un catalogue complet des situations visées et de les commenter, mais d'en donner un aperçu permettant de cerner l'usage fait de l'évaluation des parts de société. On reviendra sur ces diverses situations, spécifiques à chaque forme de société, dans les chapitres topiques.

Parmi les dispositions légales, celles sur la **société en nom collectif** prévoient 　1231
une indemnisation de l'associé qui est exclu de la société suite à une requête invoquant de justes motifs (art. 577 CO)[1877] ou suite à sa faillite personnelle (art. 578 CO)[1878]. L'art. 579 CO facilite la continuation de l'entreprise par rapport à la dissolution lorsque la société n'a que deux associés, en prévoyant que celui qui reste peut indemniser celui qui a « donné lieu à la dissolution » [1879]. L'art. 580 al. 2 CO relève qu'en cas de désaccord, c'est au juge de déterminer le montant de l'indemnisation. En pratique, le décès est aussi un cas fréquent où les associés survivants continuent la société en indemnisant les successeurs du défunt (art. 545 al. 1 ch. 2, 2e hypothèse, *cum* 576 CO[1880]). Ces règles sont en principe applicables à la **société en commandite**, de par le renvoi de l'art. 598 al. 2 CO.

Pour les sociétés de capitaux, la loi ne comprend que quelques dispositions 　1232
dans le droit de la **société anonyme**, puisqu'il n'existe ni droit de l'actionnaire de sortir du sociétariat, ni de véritable droit des autres actionnaires de l'exclure[1881]. Il existe cependant des **dispositions légales** importantes pour le cas

---

[1877] Cf. *infra* N 1273, 1490 et 1531.

[1878] Cf. *infra* N 1532.

[1879] Cf. *infra* N 1273, 1533 et 1537.

[1880] Cf. ROUILLER/LASSERRE ROUILLER (2022), p. 160 (spéc. ad n. 20) ; Jean-Paul VULLIETY, CR ad art. 567 CO (2017), N 3. Cf. aussi *infra* N 1534 ainsi que n. 1911 et 2084.

[1881] Dans la conception classique de la SA, la solution esquissée où il convient de préférer une offre de reprise par un actionnaire (avec une valorisation correcte) à une dissolution, car celle-ci est une *ultima ratio*, n'est pas un droit formel, mais une circonstance permettant de renoncer à la dissolution (en ce sens ATF 136 III 278 c. 2.2.4 [282] : « *La recourante a déjà reçu une offre de rachat de ses actions ; il n'est ainsi pas exclu, si elle le souhaite, qu'elle puisse sortir de la situation actuelle dans des conditions acceptables* »). Il existe toutefois depuis 1991 (art. 736 al. 1 ch. 4, 2e phr., aCO-1991) une compétence du juge qui

où la société refuse d'inscrire l'acquéreur d'actions nominatives : sauf lorsque de justes motifs prévus par les statuts permettent un refus pur et simple (art. 685b al. 1, 1e hypothèse, CO), la société anonyme doit offrir de reprendre les actions « *à leur valeur réelle* » (art. 685b al. 1, 2e hypothèse, et al. 4)[1882] ; cela signifie qu'elle doit indemniser l'aliénateur selon une estimation conforme à une méthodologie reconnue. Outre ces cas particuliers, de nombreux **contrats**, notamment des pactes d'actionnaires, stipulent des situations – donnant lieu à un droit de préemption, un droit d'emption (*call option*), une option de vente (*put option*)[1883] – où des transferts peuvent être exigés ou bien selon une méthode contractuellement définie, ou bien à leur valeur réelle.

1233 La valorisation de la société joue encore un rôle lorsqu'il s'agit de déterminer le prix auquel de nouvelles actions peuvent être émises dans le cadre d'une **augmentation de capital** (un prix en dessous de la valeur réelle entraîne un effet économiquement dilutif pour l'actionnaire qui ne participe pas à l'augmentation)[1884]. Il en va de même en cas de **fusion** induisant l'émission d'actions d'une nouvelle société ou la remise d'actions de la société reprenante (dans une fusion par absorption) en échange des droits de participation dans la société reprise ; de façon générale, la loi sur la fusion impose que le *rapport d'échange* respecte la valeur réelle (cf. p. ex. art. 7, 8, 13-15, 23 al. 2 lit. a, 37-39, 56 et 61 LFus)[1885].

1234 Dans la **société à responsabilité limitée**, la loi envisage explicitement de nombreuses situations où un associé doit être indemnisé pour la valeur de ses parts : en effet, il existe un véritable droit de sortie, subordonné à des justes motifs ou à des motifs déterminés prévus par les statuts (art. 822 s. CO), qui induit une

---

semble renforcée par la novelle du 19. 6. 2020 (al. 2 à l'art. 736 CO-2020, cf. *infra* N 1275), dont peut découler, en cas d'action en dissolution, une forme de droit à être exclu de la société, de préférence à la dissolution, parce que celle-ci est une *ultima ratio* et que la proportionnalité s'impose au juge.

[1882] Cf. *infra* N 2061-2067.

[1883] Ou des situations plus complexes, comme le droit de sortie conjointe (*tag along*) ou le droit de forcer à la sortie conjointe (*drag along*). Les droits d'emption peuvent être des droits de rachter (« de réméré » ; en anglais repurchase rights, en allemand Rückkaufrechte).

[1884] Il ne s'agit pas de la valeur de l'apport (il ne peut être inférieur à la valeur nominale des titres émis), mais de la part de la société à laquelle cet apport donne droit, en termes pratiques : le nombre d'actions auquel l'apport donne droit et la prime d'émission (*agio*) qui est nécessaire pour refléter la valeur réelle de la société par rapport à la valeur nominale du capital. Pour le surplus, cf. *infra* N 1845 (spéc. n. 2576) et N 1851 (spéc. n. 2586).

[1885] En droit boursier, lorsqu'une offre publique d'achat a permis à son auteur d'acquérir au moins 98 % du capital, il peut faire annuler les titres restants (art. 137 LIMF), ce qui requiert qu'il indemnise les actionnaires qui n'ont pas accepté cette offre.

indemnisation de l'associé sortant (art. 825 CO) ; qui plus est, l'action en dis-solution peut aisément conduire à ce que le demandeur sorte de la société en étant indemnisé (art. 821 al. 3 *cum* 825 CO)[1886]. En sens inverse, la société a le droit d'exclure un associé pour justes motifs (art. 823 al. 1 CO) ou pour des motifs déterminés prévus par la société (al. 2)[1887]. Sauf si les statuts prévoient que l'évaluation se fera selon une méthode déterminée, c'est la « valeur réelle » qui s'applique. Par ailleurs, comme pour les actions nominatives liées dans la société anonyme, l'entrée d'un nouvel associé peut être refusée par la société (concrètement, par l'assemblée des associés, art. 786 et 788 al. 3 CO), ce qui induit dans maintes situations une indemnisation, à la valeur réelle, de l'alié-nateur (art. 786 al. 2 ch. 3 CO) ou du successeur rejeté (art. 788 al. 3 CO)[1888].

II. Méthodes d'évaluation, en particulier la « valeur réelle »

Dans plusieurs des situations visées par les dispositions légales précitées, et bien sûr dans les stipulations contractuelles, différentes méthodes d'évaluations peuvent être prescrites. **La loi impose** cependant dans plusieurs de ces situa-tions, à des fins protectrices de l'aliénateur (art. 685b CO) ou de l'associé qui sort de la société contre son gré (art. 825 al. 1 et, *e contrario*, al. 2 CO), que la valeur ne soit en tout cas pas inférieure[1889] à la « valeur réelle ». 1235

La notion de valeur réelle n'est **pas** *définie* **par la loi.** 1236

A. La « valeur réelle » ne se confond pas (forcément) avec la valeur vénale

Il faut d'emblée énoncer que la mise en œuvre de la notion de valeur réelle ne peut simplement viser à approcher l'équivalent de la valeur vénale. 1237

L'une des raisons essentielles à cet égard a notamment une nature pratique : **lorsque la société n'est pas cotée en bourse**, il n'existe d'ordinaire pas de *véritable valeur vénale* des actions faute de marché suffisamment liquide. Des exceptions peuvent exister lorsque la liquidité résulte non d'une bourse au sens 1238

[1886] Cf. *infra* N 2553-2554 et 2581-2586.
[1887] Voir aussi art. 804 al. 2 ch. 15 (compétence de l'assemblée des associés) et 808b al. 1 ch. 9 CO (majorité qualifiée). Sur ces questions, *infra* N 2586-2592.
[1888] Cf. *infra* N 2536-2539 et 2542-2561.
[1889] Cf. *infra* N 1250 (spéc. ad 1903) et 1251.

traditionnel du terme, mais d'autres mécanismes, y compris de réseaux d'échange fondés sur la technologie des registres décentralisés (« *blockchain* » ou « *distributed ledger technology* », « DLT »), dans lesquels les actions, ou le droit de les acquérir, sont cédées entre particuliers[1890], ou encore lorsque la valeur de l'action est reflétée par un produit financier, bénéficiant d'une bonne liquidité, qui fait référence à la valeur de l'action telle qu'appréciée par le marché. Quoi qu'il puisse en être de telles situations plutôt exceptionnelles, il faut être conscient que dans la plupart des sociétés non cotées, les cessions d'actions sont très rares.

1239 Une autre raison de ne pas se focaliser sur une approche qui consisterait à se représenter ou à simuler une vente à un tiers est que, **pour les actionnaires qui continuent l'entreprise**, la perspective est plutôt attachée à la fois à un rendement et à la préservation ou à l'accroissement d'une substance dont il sera possible de disposer dans un futur potentiellement éloigné. La valeur vénale n'apparaît donc pas non plus éclairante ou appropriée au regard de cette perspective.

1240 Ainsi, **la pratique** a élaboré et adopté plusieurs méthodes pour déterminer la valeur réelle, qui ne se bornent pas à tenter d'identifier ce que serait la valeur vénale. Il n'est pas exagéré de dire qu'en général, les auteurs et praticiens ont conscience que toute méthode d'évaluation de la « valeur réelle » relève de la tentative et de l'approximation, à plus forte raison lorsque la méthode fait référence à un rendement *futur*, lequel ne peut par définition pas être connu avec la moindre certitude. On se concentrera ci-après sur les limites juridiques entourant l'usage de ces méthodes, et se bornera à quelques rappels sur leur contenu[1891].

B.   Les méthodes les plus usitées

1241 Les méthodes d'évaluation les plus utilisées consistent en celle dite « des praticiens », qui combine la « valeur de rendement » et la « valeur intrinsèque » (étant précisé que chacune de ces deux valeurs peut aussi parfois prétendre représenter la « valeur réelle »), et celle des « flux de trésorerie actualisés » (*discounted cash flow*). La méthode dite « des multiplicateurs »[1892] est aussi em-

---

[1890] Il peut s'agir alors d'un « jeton d'investissement » (sur ces notions, cf. Nicolas ROUILLER, Cryptocurrencies [2020], p. 3 ss).

[1891] Pour une description complète, cf. Rolf LANGENEGGER (2022), p. 209-230.

[1892] Sur celle-ci, cf. TF 28. 6. 2012, 4A_173/2012, c. 4.3 *in fine* : « *la méthode dite des multiplicateurs [...] consiste à appliquer aux bénéfices un multiplicateur basé sur des valeurs d'expérience pour les entreprises du même secteur* ». Cet arrêt, consacré à la société en nom collectif, donne au c. 4.2.2 un aperçu de la définition des méthodes qui valent aussi

ployée, mais, dans notre perception, plutôt afin de plausibiliser les résultats obtenus par la méthode des praticiens ou des flux de trésorerie actualisés.

1. Méthode « des praticiens »

En bref, la méthode des praticiens, également employée par les administrations fiscales dans le cadre de l'imposition de la fortune, consiste à tenir compte de la **valeur de rendement** (*Ertragswert*) et à la multiplier par deux[1893], à additionner la **valeur intrinsèque** (*Substanzwert*)[1894], et à diviser ce total par trois.

1242

La *valeur de rendement* est constituée du **bénéfice moyen des exercices récents, multiplié par un facteur correspondant au taux de capitalisation** déterminant (fondé sur le taux d'emprunt usuel dans la branche à long terme, accru d'un supplément d'immobilisation et de risque ; pour un taux de 6,66 %, le facteur est de 15 ; pour 5 %, de 20 ; depuis 2021, les administrations fiscales emploient un taux de 9,5, soit un facteur de l'ordre de 10,5[1895]).

1243

---

pour la valorisation d'une entreprise exploitée par une société anonyme (seule la phase finale de l'indemnisation, liée au règlement des apports, se distingue dans les deux formes de sociétés) : « *L'estimation de la société peut se faire selon différentes méthodes, en particulier selon la valeur substantielle et/ou la valeur de rendement. La première correspond à la valeur de remplacement de l'actif net : elle revient à déterminer combien il en coûterait pour mettre sur pied une entreprise ayant la même capacité de production que celle évaluée [...]. Quant à la valeur de rendement, elle tient compte de la capacité de rendement futur de l'entreprise. Deux facteurs sont déterminants : le rendement futur est ramené à sa valeur actuelle par un taux de capitalisation [...]* » ; ibid., in fine : « *Le choix dépend des circonstances d'espèce, le juge pouvant se fonder sur toute méthode permettant de déterminer une valeur de continuation. En particulier, il peut combiner la valeur substantielle avec la valeur de rendement* ».

[1893] La pondération peut être différente, p. ex. 3 fois la valeur de rendement et 1 fois la valeur intrinsèque.

[1894] Les *actifs non nécessaires à l'exploitation* sont en principe exclus de la valeur intrinsèque ; ils sont repris pour être *ajoutés* au total de la valeur de rendement multipliée par deux et de la valeur intrinsèque divisé par trois, sans être pondérés par la valeur de rendement. L'arrêt TF 3. 4. 2001, 4C.363/2000, c. 2a, montre que cette méthode est appliquée dans une expertise, et les c. 4 et 5 (tout comme l'autorité cantonale) ne la remettent pas en cause. V. aussi notamment Peter Böckli (2009), § 6, N 224.

[1895] La Circulaire N° 28 du 28. 8. 2008 de la Conférence suisse des impôts (« *Instructions concernant l'estimation des titres non cotés en vue de l'impôt sur la fortune* »), actualisée en décembre 2022, et faisant l'objet d'un commentaire officiel détaillé, comprend de nombreuses précisions. Il faut toutefois avoir à l'esprit que l'objectif est, notamment, de conduire les administrations fiscales à ne pas surévaluer les sociétés, de façon à ce que l'impôt sur la fortune n'ait pas de portée confiscatoire (ou, du moins, aussi peu que possible). Il

1244   La *valeur intrinsèque* (ou «*substantielle*»[1896]) est constituée de **l'actif net**, à savoir les actifs (estimés sans les réserves latentes, notamment résultant d'amortissements) auxquels on soustrait les passifs autres que les fonds propres (cela sans tenir compte des réserves latentes du passif que peuvent constituer notamment les provisions pour purs risques[1897]). Il s'agit en principe de *valeurs d'exploitation*, mais dans certains cas, il peut être approprié de se fonder sur les valeurs de liquidation[1898].

2.   Méthode des flux de trésorerie actualisés (discounted cash flow)

1245   La méthode des flux de trésorerie actualisés se fonde sur des **estimations des rendements futurs**. Elle fait l'objet de règles précises[1899] – lui conférant une allure scientifique –, mais il faut bien reconnaître qu'elle bute sur une pierre d'achoppement irréductible : elle se fonde sur des faits futurs (les bénéfices attendus), par définition inconnus. Cela rend son utilisation critiquable lorsqu'elle n'a pas été explicitement convenue par les parties. Ainsi, même si

---

est possible que l'application des cautèles de la Circulaire N° 28 induise, de façon générale, une certaine marge de prudence. Une telle marge n'est en principe pas appropriée dans le calcul de la valeur réelle en droit privé, vu le but des dispositions (cf. *infra* N 1250 et 1251).

[1896]   Pour ce choix lexical, TF 28. 6. 2012, 4A_173/2012, c. 4.2.2 (cf. not. *supra* n. 1892) et 3.4.1. En français, l'expression «valeur intrinsèque» a de tout temps été l'équivalent de *Substanzwert*; cf. p. ex. Roger SECRÉTAN, La valeur réelle des actions non cotées, *in* Études de droit commercial en l'honneur de Paul Carry, 1964, p. 123, N 6. La Directive de SIX sur la présentation des comptes (DPC, entrée en vigueur le 1. 7. 2009 et révisée à 14 reprises jusqu'au 6. 12. 2021), emploie à son art. 14 ch. 1 l'expression *valeur intrinsèque* comme équivalent de l'expression anglaise *Net Asset Value*, comme référentiel pour les sociétés d'investissement (*infra* N 891a).

[1897]   A ce sujet, cf. spéc. *supra* N 438, avec réf. à l'art. 960e al. 3 ch. 4 CO («*mesures prises pour assurer la prospérité de l'entreprise à long terme*»).

[1898]   L'ATF 120 III 259 (trad. JdT 1995 I 208) l'envisage pour le cas où la perspective d'une dissolution de la société dans un proche avenir serait concrètement établie (c. 2c, 264 : «*Auf den Liquidationswert wäre nur dann massgeblich abzustellen gewesen, wenn nach der konkreten Situation festgestanden hätte, dass die Gesellschaft in naher Zukunft liquidiert worden wäre*»).

[1899]   On le voit à l'opinion de l'expert reproduite à l'ATF 136 III 209 c. 6.2, trad. JdT 2011 II 251 : «*L'expertise judiciaire privilégie clairement la méthode dite 'discounted cash flow', parce que la valeur ainsi déterminée est celle qui reflète le plus précisément le futur de l'entreprise*».

elle est répandue dans la pratique des affaires, imposer son utilisation à un acquéreur (héritier ou époux) exclu, ou à ses associés, peut donner lieu à une
contestation.

3. Méthode des multiplicateurs ; sa fonction de plausibilitation

La méthode *des multiplicateurs* est prisée dans le monde de l'investissement   1246
(*private equity*), et vise fondamentalement à déterminer une valeur vénale par
comparaison avec des transactions jugées comparables ou présentant des éléments semblables. Comme on l'a vu[1900], la « valeur réelle » au sens de
l'art. 685b al. 4 CO n'est pas la valeur vénale, de sorte que les incertitudes de
cette méthode, malgré la lexicographie très scientifique employée dans les expertises qui y recourent, ne lui permettent probablement pas de jouer un autre
rôle que celui, par exemple, de confirmer le résultat obtenu par la méthode des
praticiens. Cela montre que celle-ci, bien que très imparfaite et forcément approximative, est en définitive celle qui doit être employée *faute de mieux* –
puisque se fondant sur des données factuelles et non des anticipations –
lorsqu'aucun accord ne désigne une autre méthode (y compris par délégation
du choix de la méthode).

4. Application pro rata de la valeur entière de la société à la part concernée

Le prix à payer à l'acquéreur indemnisé (héritier, époux, acquéreur en cas   1247
d'exécution forcée) correspond au **rapport entre sa part au capital** (sa participation) **et la « valeur réelle » de la société** dans son ensemble. Étant donné
que l'on ne vise pas à simuler une valeur vénale, on admet en général qu'il n'y
a pas lieu d'appliquer une déduction pour le caractère minoritaire de la participation[1901].

[1900] *Supra* N 1237-1240.
[1901] Peter BÖCKLI (2009), § 6, N 224c ; v. aussi N 231.

5. Dispositions statutaires

1248 Les **statuts peuvent prévoir des précisions**.

1249 Par exemple, cela peut consister à **spécifier** que la méthode des praticiens devra *pondérer de façon spécifique la valeur de rendement* par rapport à la valeur intrinsèque (p. ex. 3-1, 4-1, 5-1), ou encore que le rendement se basera sur le bénéfice *d'un nombre précis d'exercices antérieurs* (p. ex. 3 ans ou 5 ans). Les précisions statutaires peuvent aussi consister à **désigner la méthode** des flux de trésorerie ou des multiplicateurs. **Le choix de l'auteur de l'évaluation** peut aussi être encadré par les statuts (p. ex. s'ils stipulent qu'une personne définie désignera l'expert, lequel devra présenter les caractéristiques énoncées dans la clause statutaire).

1250 En revanche, il semble inadmissible que les statuts donnent la compétence à l'assemblée générale de fixer la valeur réelle[1902]. En effet, cet aménagement ne garantit pas une détermination neutre de la valeur réelle ; il est de nature à péjorer excessivement la situation de l'associé exclu ou de l'acquéreur exclu par les anciens associés de l'actionnaire auquel il succède ; or, la systématique de la loi, qui entend protéger celui qui est exclu ou celui qui acquiert les actions et est confronté au refus (cf. p. ex. art. 685b al. 7 CO[1903]), ne paraît pas l'admettre, sans que l'associé ou l'acquéreur exclu de la société ne doive démontrer un abus de droit. Une telle clause statutaire ne devrait donc pas être considérée comme valable.

1251 Une clause statutaire qui prévoit une **estimation plus généreuse** que ce qui résulterait de la « valeur réelle » déterminée par les méthodes habituelles est, selon nous, en principe admissible. En effet, comme relevé, le but de la notion de valeur réelle est que le montant de l'indemnisation ne lèse pas l'associé ou l'acquéreur exclu. Une favorisation ne doit cependant pas dépasser certaines limites et doit se tenir dans le cadre de ce qui peut encore être considéré comme une évaluation sensée de la valeur réelle, car l'indemnisation ne doit pas léser non plus les sociétaires restants, en particulier les minoritaires qui n'auraient pas eu d'objection à ce qu'un nouveau sociétaire soit admis ou qui n'ont pas souhaité qu'un associé soit exclu (c'est-à-dire lorsque le refus ou l'exclusion est, dans les faits, l'exercice du privilège du majoritaire).

[1902] Walter STOFFEL, RSDA 2008 86 (qui qualifie un tel mécanisme de « *fragwürdig* ») ; très résolument, Peter BÖCKLI (2009), § 6, N 235c et 296a.

[1903] « *Les statuts ne peuvent rendre plus dures les conditions de transfert.* »

6. Mise en œuvre et détermination de la valeur réelle en cas de litige

La procédure à suivre dépend en partie de la situation visée. 1252

Dans le cadre d'un procès en exclusion d'un associé d'une société à responsabilité limitée (art. 823 *cum* 825 CO, ou 821 CO en cas d'action en dissolution), ou relatif à l'exercice d'un droit de sortie (art. 822 *cum* 825 CO), l'usage de la méthode d'évaluation de parts sociales se fait **d'emblée dans le cadre du procès**.

Dans le cadre du refus d'un nouveau sociétaire (art. 786 et 788 al. 3 pour la 1253 Sàrl, art. 685b CO pour la SA), la société doit d'abord offrir une reprise de titres de participation à leur valeur réelle. Le procès n'a lieu **que si l'offre de la société est refusée**.

Pour des questions de lisibilité, on prendra ci-après **à titre d'illustration** 1254 l'exemple du refus, par une société anonyme, d'un nouveau sociétaire (art. 685b CO) acquérant les actions par succession, liquidation de régime matrimonial ou exécution forcée (al. 4). La situation sur ce plan n'est guère différente si l'acquéreur l'est devenu par contrat de vente ou autre opération consensuelle, mais l'indemnité est due alors à l'aliénateur[1904] (al. 1 ; il n'y a pas d'indemnité si le refus est motivé par des justes motifs). La situation est *semblable* dans la société à responsabilité limitée (art. 786 et 788 al. 3 CO), les particularités étant exposées dans le chapitre relatif à cette forme de société. Les formulations ci-dessous se bornent à la première situation visée.

Ainsi, lorsque la société anonyme refuse l'inscription de l'acquéreur exclu (héritier, époux, acquéreur en cas d'exécution forcée) au registre des actionnaires, elle doit lui **offrir de reprendre les actions à la valeur réelle** *en même temps qu'elle notifie son refus*. 1255

Elle peut **proposer un prix ou une marche à suivre** (p. ex. désigner un expert 1256 et, de surcroît, une méthode), le cas échéant en suivant les précisions contenues dans les statuts. **Si l'acquéreur garde le silence** pendant un mois suivant la réception d'une offre de la société comprenant un prix, il est réputé l'accepter

---

[1904] Dans ce cas-là, il est indubitable que *l'actionnaire qui souhaite aliéner* ses actions a qualité pour agir (cf. TF 5. 3. 2003, 4C.242/2001). L'action peut non seulement tendre à la constatation de l'illicéité du refus, mais aussi à ce que l'approbation au transfert soit judiciairement ordonnée (art. 344 CPC) ; en ce sens Peter Böckli (2009), § 6, N 207, qui évoque à juste titre également des dommages-intérêts. Cet auteur soutient (à juste titre selon nous) que *l'acquéreur* a également qualité pour ouvrir action (en concluant tant à ce que l'illicéité du refus soit constatée qu'à ce que l'approbation soit ordonnée) ; d'un autre avis, Oertle/Du Pasquier, BaK ad 685a CO (2008), N 12.

(art. 685b al. 6 CO : « *Si l'acquéreur ne rejette pas l'offre de reprise dans le délai d'un mois après qu'il a eu connaissance de la valeur réelle, l'offre est réputée acceptée* »).

1257 Si l'acquéreur (héritier, époux, acquéreur en cas d'exécution forcée) confronté au rejet n'accepte pas les termes proposés par la société, il peut **saisir le tribunal** du siège de la société (art. 685b al. 5 CO) ; celui-ci doit alors déterminer la valeur réelle[1905], aux frais de la société. En pratique, le tribunal nommera un **expert**, tout en permettant aux parties de s'exprimer sur la façon dont les questions doivent être posées à l'expert et de participer à la mise en œuvre de l'expertise.

1258 La jurisprudence a eu l'occasion de se montrer sévère avec les libertés qu'un tribunal supérieur cantonal a pu prendre avec les **constatations de l'expert** relative à la détermination de la valeur réelle, dans la mesure où l'expert avait identifié les paramètres juridiquement pertinents, notamment la question d'une prise en compte des valeurs de liquidation au lieu de celles de continuation d'exploitation[1906]. Cela dit, l'expertise demeure un moyen de preuve soumis à la **libre appréciation du tribunal**. Celui-ci doit notamment être attentif à la critique de l'expertise par l'une ou l'autre des parties, aussi lorsqu'elle recourt à une expertise privée[1907] pour mettre en exergue l'incompatibilité des conclusions de l'expert judiciaire avec des règles d'expérience professionnelle voire des erreurs ; une telle critique ne peut être écartée par la simple référence à la conception, sans doute excessivement simpliste, qu'une expertise privée n'est qu'une allégation de partie. Le tribunal peut de toute façon recourir à la connaissance de règles d'expérience économiques et techniques généralement connues ; en revanche, s'il entend faire usage de connaissances spéciales[1908] qu'il a en son sein, y compris pour s'écarter d'une expertise, il doit en informer préalablement les parties (art. 183 al. 3 CPC : « *Lorsque le tribunal fait appel aux connaissances spéciales de l'un de ses membres, il en informe les parties pour*

[1905] C'est en principe la valeur au moment de la requête, cela résultant du texte légal (art. 685b al. 1 *in fine* CO : « *à leur valeur réelle au moment de la requête* »). Cela ne paraît jamais contesté en pratique (cf. p. ex. ATF 145 III 351 c. 2 [355] et 120 II 259 c. 2b [261], 2c [263] et 4 [265], lequel est cité *infra* n. 1909 dans sa traduction française au JdT1995 I 208 [213]).

[1906] TF 27. 6. 2018, 4A_87/2018, c. 4.2.1.

[1907] Tel a bien été le cas dans la cause jugée in TF 18. 2. 2015, 4A_202/2014, mais l'instance cantonale a traité cette critique de façon telle que le Tribunal fédéral retient que la conclusion se tient demeure dans les limites de ce qui doit être toléré dans toute estimation (« *Schätzungstoleranz* », c. 3.3).

[1908] Celles-ci sont définies dans l'arrêt TF 27. 6. 2018, 4A_87/2018, c. 4.2.1 comme des « *besondere, über die allgemeine Lebenserfahrung hinausgehende Sachkenntnisse, wozu typische Branchenkenntnisse, nicht mehr allgemein verständliche wirtschaftliche und technische Erfahrungssätze, insbesondere wissenschaftliche Erfahrungssätze, gehören* ».

qu'elles puissent se déterminer à ce sujet »). De façon générale, **une critique fondée** devra donner lieu à un complément ou à une seconde expertise (art. 188 al. 2 CPC : « *[Le tribunal] peut, à la demande d'une partie ou d'office, faire compléter ou expliquer un rapport lacunaire, peu clair ou insuffisamment motivé, ou faire appel à un autre expert* »). Il convient d'avoir à l'esprit qu'en l'état actuel du droit de procédure, il n'existe pas de droit inconditionnel à une seconde expertise, de sorte que chaque partie est bien inspirée de participer très attentivement à la mise en œuvre et au déroulement des travaux de l'expert.

Une fois la « *valeur réelle* » déterminée, la société a **l'obligation de la verser** 1259 à l'acquéreur (héritier, époux, acquéreur en cas d'exécution forcée) qu'elle a voulu exclure de l'actionnariat. Son offre ayant été de reprendre à la valeur réelle, elle ne peut se dédire lorsque celle-ci est judiciairement constatée. Cela étant, si l'acquéreur écarté la trouve insatisfaisante, alors que la société la trouve trop élevée, rien n'empêche les parties de laisser libre cours à l'inscription de cet acquéreur au registre des actionnaires.

On précisera que l'acquéreur exclu (héritier, époux, acquéreur en cas d'exécu- 1260 tion forcée) a droit à des **intérêts** de 5 % sur le montant de l'indemnité correspondant à la valeur réelle depuis le jour où il a requis son inscription au registre des actionnaires[1909].

[1909] Ainsi ATF 120 II 259 c. 4 (cf. *supra* n. 1905), dont on cite ici la traduction au JdT 1995 I 208 (213) : « *l'actionnaire non agréé par la société peut prétendre à une pleine indemnité, correspondant à la valeur réelle de ses titres au jour de la demande d'inscription. Si le paiement de l'indemnité est retardé, le débiteur est tenu d'un intérêt dont le taux s'élève en règle générale à 5 %, conformément aux art. 73 al. 1er et 104 al. 1er CO [...]. En conséquence, ceux-ci commencent à courir dès le moment où la société doit se rendre compte que l'actionnaire réclamera une indemnité en vertu de l'art. 686 al. 4 aCO au cas où sa demande d'inscription serait refusée, c'est-à-dire en principe au moment où une telle demande est présentée [...]. On arrive à la même solution en appliquant les règles sur la demeure du débiteur. L'héritier du titulaire d'actions nominatives n'a pas d'autre possibilité que de demander son inscription au registre des actions et la société ne peut écarter cette requête qu'en reprenant elle-même les actions à leur valeur réelle (art. 686 al. 4 aCO). Il s'agit pour le débiteur d'une forme d'obligation avec faculté alternative. La demande d'inscription doit être considérée comme une mise en demeure du débiteur (art. 102 al. 1er CO), non seulement pour la prestation principale (inscription au registre), mais aussi pour la prestation subsidiaire (paiement de la valeur réelle des actions). [...] l'inscription au registre des actions a été requise le 9 septembre 1982. Les demandeurs réclament des intérêts à 5 % dès le 30 septembre 1982. Vu ce qui précède, cette prétention est fondée* ». À notre connaissance, cette jurisprudence n'a pas été remise en cause.

§ 17 Les conditions essentielles de la dissolution

I. Définition et effets ordinaires de la dissolution : le *début* de la liquidation

1261 Le terme « dissolution » peut prêter à confusion. Une société dissoute n'est pas encore au terme de son existence juridique. Elle ne peut simplement plus poursuivre le but statutaire qu'elle avait avant le fait créant la dissolution.

1262 Dans les cas ordinaires de dissolution, lorsque celle-ci a lieu, la société n'est pas encore morte ; elle continue à vivre mais avec un nouveau but, sa propre liquidation, et ne peut plus agir que dans ce cadre. Ce n'est qu'une fois qu'elle a été liquidée (et conséquemment radiée) que la société cesse d'exister.

1263 La décision de dissoudre une société consistant en soi simplement à modifier son but, elle peut également être prise dans des situations où il n'y a pas de liquidation subséquente, par exemple pour procéder à une fusion.

II. Les conditions de la dissolution, ouverture de la liquidation

A. Les cas de dissolution énoncés par la loi

1264 Les conditions de la dissolution des sociétés de personnes présentent des divergences par rapport à celles applicables à la dissolution des personnes morales. Cependant, en les examinant ensemble, on est surtout frappé par la **convergence des différents régimes sur l'essentiel**.

1265 Pour les **sociétés de personnes**, la convergence formelle des normes provient du renvoi que le droit de la société en nom collectif fait au droit de la société simple (art. 574 al. 1, 2ᵉ phr., CO), tandis que le droit de la société en commandite renvoie lui-même au droit de la société en nom collectif (art. 619 al. 1 CO). Ainsi, ce sont en fin de compte les normes relatives à la société simple qui contiennent l'essentiel du régime de la dissolution, dont les conditions auxquelles elle est prononcée (art. 545 s. CO).

1266 Pour les **personnes morales du Code des obligations**, les divergences sont plus marquées, car la société en responsabilité limitée peut plus facilement être dissoute, n'importe quel associé pouvant introduire une demande en justice à cette fin (pour justes motifs ; art. 821 al. 3 CO), tandis que dans la société anonyme, seuls des actionnaires représentant au moins 10 % peuvent former une telle demande (art. 736 al. 1 ch. 4 CO). Qui plus est, les renvois au droit de la société anonyme que font les art. 821a al. 1 (pour la Sàrl) et 913 al. 1 CO (pour la coopérative) se rapportent aux conséquences de la dissolution, non à ses conditions. Cela étant, matériellement, les conditions sont largement *identiques*. Qui plus est, la convergence est grande avec les conditions de la dissolution applicables aux sociétés de personnes.

Le premier cas de dissolution est celui où se réalisent les **conditions stipulées par les sociétaires** dans le contrat de société (pour les sociétés de personnes ; art. 545 al. 1 ch. 1, 1re hypothèse, ch. 5 et ch. 6, 1re hypothèse, et 546 CO) ou dans les statuts (pour les personnes morales ; art. 736 al. 1 ch. 1 pour la SA, 821 al. 1 ch. 1 pour la Sàrl et 911 ch. 1 CO pour la coopérative). — **1267**

Le deuxième cas est une **décision des sociétaires**. Dans les sociétés de personnes, l'art. 545 al. 1 ch. 4 CO prévoit que la décision doit être unanime. Dans les personnes morales (art. 736 al. 1 ch. 2, art. 821 al. 1 ch. 2 et 911 ch. 2 CO), il s'agit d'une décision avec majorité qualifiée (art. 704 al. 1 ch. 16 pour la SA, 808b al. 1 ch. 11 pour la Sàrl et 888 al. 2 CO pour la coopérative). — **1268**

Le troisième cas est l'**ouverture de la faillite** (art. 574 CO pour la SNC et, vu l'art. 619 al. 1 CO, pour la société en commandite ; art. art. 736 al. 1 ch. 3 pour la SA, 821 al. 1 ch. 3 pour la Sàrl et 911 ch. 3 CO pour la coopérative). — **1269**

Le quatrième cas est le jugement ordonnant la **dissolution pour justes motifs**. L'art. 545 al. 1 ch. 7 CO le prévoit pour la société simple et donc les autres sociétés de personnes. L'art. 736 al. 1 ch. 4 CO le prévoit pour la société anonyme et l'art. 821 al. 3 CO pour la société à responsabilité limitée. L'art. 911 CO ne le prévoit pas explicitement pour la coopérative[1910]. — **1270**

La loi renvoie par ailleurs aux **divers motifs prévus par le régime particulier applicable à chaque forme de société** (art. 736 al. 1 ch. 5 pour la SA, 821 al. 1 ch. 4 pour la Sàrl et 911 ch. 4 CO pour la coopérative ; pour les sociétés de personnes, le décès ou l'incapacité d'un associé indéfiniment responsable[1911], ou la faillite[1912] d'un associé[1913] peut constituer un tel motif particulier). De — **1271**

[1910] Cf. Nadja FABRIZIO, BK ad art. 828-838 CO (2021), § 3, N 205-219 ; ad art. 838 CO (2021), N 24 ss ; il ne ressort pas de ce commentaire qu'il s'agirait d'une lacune.

[1911] Art. 545 al. 1 ch. 2 CO pour la société simple et art. 576 CO pour la SNC, qui énonce spécifiquement la possibilité de convenir d'une continuation dans ce cas (cf. *infra* n. 2084). Sur le décès (ou l'incapacité) du *commanditaire*, qui n'est pas présumé induire la dissolution, cf. *infra* n. 2086 *in fine*.

[1912] Aussi la saisie selon l'art. 545 al. 1 ch. 3 CO. Le droit de la SNC diverge sur ce point, car les conditions de l'art. 575 CO sont plus précises et n'emportent pas la dissolution *ipso facto*, comme exposé *infra* n. 2085 et N 1532 (ce que renforce encore l'art. 578 CO, *ibid.*).

[1913] Dans la société en commandite aussi, non seulement celle de l'associé indéfiniment responsable, mais également celle du commanditaire, vu l'art. 619 al. 2, 1re phr., CO, cité *infra* n. 2086.

plus, **toutes les sociétés inscrites au registre du commerce** sont exposées à la dissolution judiciaire (suivie d'une liquidation selon les règles de la faillite) en cas de carence à laquelle il n'a pas été remédié[1914]. Par ailleurs, **toutes les personnes morales** sont exposées à une dissolution suivie de liquidation en vertu de l'art. 57 CC lorsque leur but est illicite (ou contraire aux mœurs)[1915]. Cela étant, une analyse matérielle montre que les sociétés de personnes dont le but est illicite (ou contraire aux mœurs) sont exposées à la nullité du contrat de société en vertu de l'art. 20 CO ; les effets concrets de cette sanction civile sont en principe identiques à une dissolution suivie de liquidation[1916].

B.   L'exigence de proportionnalité ou de subsidiarité

1272   En particulier lorsqu'elle est demandée pour de justes motifs, mais aussi en d'autres situations (telles les carences[1917]), la dissolution ne devrait être qu'une **solution de dernier recours** – une *ultima ratio*. Cela correspond à l'idée que le principe de **proportionnalité** a aussi une pertinence en droit privé[1918]. Or, la dissolution est une solution radicale, qui affecte potentiellement fortement les intérêts des sociétaires (voire, souvent, de tiers) attachés à la continuation de l'existence de la société. Ainsi, si une autre solution ménage de façon modérée les différents intérêts concernés, elle doit être en principe préférée. On peut ainsi dire que l'action en dissolution a un caractère subsidiaire[1919].

[1914]   Malgré une sommation du registre du commerce, puis une action en justice qu'il introduit (cf. *supra* N 145-154). Un actionnaire ou un créancier peut aussi être demandeur (art. 731b al. 1 *in initio* CO, relatif à la SA, auquel renvoient les règles sur la Sàrl, sur la coopérative et sur la SNC, cf. *supra* n. 218).

[1915]   Cf. *supra* N 811-819.

[1916]   Cf. *supra* N 820-822.

[1917]   Pour des développements relatifs à l'interaction entre carences, proportionnalité et dissolution, cf. *supra* N 152.

[1918]   Sur l'idée que le caractère subsidiaire de l'action en dissolution découle du principe de la proportionnalité, on peut se référer aux ATF 136 III 278 c. 2.2.2 (280), 126 III 266 c. 2a (271), 105 II 114 c. 6a (124) et 7 (128). Ce principe exige du juge qu'il tienne compte non seulement des intérêts des parties – l'actionnaire demandeur et la société – mais aussi des autres personnes qui seraient touchées par une dissolution, soit les autres actionnaires (sur ce point, v. concrètement ATF 136 III 278 c. 2.2.4 [282]), les employés et les créanciers de la société. Voir aussi TC, RVJ 1986 340 c. 7d). En général sur la notion de proportionnalité en droit privé, ROUILLER/UFFER (2018), p. 213 s. ad n. 26-30 et p. 220 ad n. 58. Ce principe est récemment rappelé en matière de SA dans l'arrêt TF 20.2.2018, 4A_531/2017, c. 3.1, dans le contexte de l'action en annulation (cf. *infra* N 1744).

[1919]   La jurisprudence le rappelle constamment et n'a pas varié : cf., pour la société anonyme, ATF 67 II 162 c. d (166) ; 84 II 44 c. 1 (47) ; 104 II 32 c. 1a (35) ; 105 II 114 c. 6c (125) et 6d (126 s.) ; 109 II 140 c. 4 (142) ; 126 III 266 c. 1a et 2a ; 136 III 278 c. 2.2.2 (280,

En général, cette approche figure depuis longtemps dans le droit de la société 1273
en nom collectif : l'art. 577 CO-1936[1920] dispose que « *[l]orsque la dissolution
pourrait être demandée pour de justes motifs se rapportant principalement à
un ou à plusieurs associés, le tribunal peut, si tous les autres le requièrent,
prononcer l'exclusion, en ordonnant la délivrance à l'associé ou aux associés
exclus de ce qui leur revient dans l'actif social*[1921] » (il en va de même en cas
de faillite d'un associé, laquelle est d'ordinaire un cas de dissolution[1922] ; on
observe d'ailleurs que, dans le même esprit, l'art. 579 CO prescrit de privilégier
la continuation de l'entreprise même lorsque la société n'a que deux associés
et que l'exclusion de l'un entraîne forcément la dissolution de la société[1923]).
Le même régime s'applique à la société en commandite, vu les art. 598 al. 2 et
619 CO[1924].

Pour la société à responsabilité limitée, la réforme du 16. 12. 2005[1925] (entrée 1274
en vigueur en 2008), a largement facilité la continuation de la société en cas
d'action en dissolution. L'art. 821 al. 3 CO-2005 prescrit en effet que si
« *[c]haque associé peut requérir du tribunal la dissolution de la société pour
de justes motifs* » (1re phr.), « *[l]e tribunal peut adopter une autre solution,
adaptée aux circonstances et acceptable pour les intéressés, notamment l'indemnisation de l'associé demandeur pour ses parts sociales à leur valeur réelle*[1926] ».

2e par.). Pour la Sàrl, récemment, l'ATF 147 III 505 c. 6.4 confirme qu'une sortie par rachat des parts, lorsqu'elle est possible au regard de la limite pour détention de parts sociales propres (35 % selon l'art. 783 al. 2 CO), a priorité par rapport à la dissolution : « *[ei-
nem] Austritt [käme] gegenüber der Auflösung der Gesellschaft im Allgemeinen Priorität
[zu] ('Subsidiarität der Auflösungsklage')* ».

[1920] Des dispositions équivalentes aux art. 577, 578 et 579 CO-1936 figuraient déjà aux
art. 576, 577 et 578 aCFO-1881.

[1921] C'est un cas typique d'indemnisation à la valeur réelle, cf. *supra* N 1231 puis 1237-1260.

[1922] Art. 578 CO, dont le texte est cité *infra* N 1532 ; cf. aussi *supra* n. 1912.

[1923] « *(1) Si la société n'est composée que de deux associés, celui qui n'a pas donné lieu à la
dissolution peut, sous les mêmes conditions, continuer les affaires en délivrant à l'autre
ce qui lui revient dans l'actif social. (2) Le tribunal peut en disposer ainsi lorsque la dissolution est demandée pour un juste motif se rapportant principalement à la personne
d'un des associés* ».

[1924] Cf. *supra* n. 1913, où l'art. 619 al. 2 CO est cité. L'al. 1 renvoie simplement au droit de la
SNC notamment pour la dissolution et la liquidation.

[1925] Les art. 820-822 aCO-1936 ne prévoyaient pas de disposition semblable, mais les droits
de sortie et d'exclusion (pour justes motifs) existaient déjà, de sorte que l'on peut concevoir qu'en cas d'action en dissolution engagée par un associé, les autres associés auraient
pu conclure reconventionnellement à l'exclusion. Le nombre de Sàrl étant très faible de
1936 à 1992 et encore limité jusqu'en 2008, la pratique judiciaire n'a pas eu l'occasion de
l'illustrer.

[1926] Cf. *supra* N 1234 puis 1237-1260.

1275 Bien que moins explicite sur l'indemnisation, une disposition analogue existe **pour la société anonyme** depuis la réforme de 1991. Dans la teneur du 19. 6. 2020, l'al. 2 de l'art. 736 CO (remplaçant la 2ᵉ phr. de l'al. 1 ch. 4 du texte de 1991) dispose : « *En cas d'action tendant à la dissolution pour justes motifs, le tribunal peut adopter en lieu et place de la dissolution une autre solution adaptée aux circonstances et acceptable par les intéressés* ». Le législateur a bel et bien pensé à la solution consistant à imposer un rachat par un actionnaire (majoritaire) ou par la société (ce qui est un cas où la société anonyme peut racheter jusqu'à 20 % de ses propres actions, au lieu de 10 % usuellement, art. 659 al. 3 CO-2020). Le Message de 2017 dit en effet : « *La première possibilité à laquelle il faut penser est le rachat des parts du requérant par la société* »[1927]. Cela met en exergue et concrétise la proportionnalité (ou la subsidiarité) de la dissolution.

1276 La jurisprudence rendue en rapport avec des sociétés anonymes (y compris avant l'adoption de l'art. 736 al. 1 ch. 4, 2ᵉ phr., aCO-1991[1928]) illustrait déjà que **l'exigence de justes motifs pour prononcer la dissolution doit être interprétée à la lumière de l'interdiction générale de l'abus de droit** (art. 2 CC) ; des justes motifs ne peuvent être retenus que s'ils sont parfaitement pertinents. Par exemple, en ce qui concerne spécifiquement la dissolution d'une société anonyme, comme il s'agit d'une société de capitaux, seuls des motifs objectifs peuvent être pris en considération, à l'exclusion de motifs inhérents à la personne d'un actionnaire[1929]. Le fait que les actionnaires ne sont pas unanimes entre eux ou que l'un d'eux se comporte de manière déloyale ne justifie pas que la société anonyme soit dissoute. Cela ne sera le cas que si de tels faits peuvent également être considérés comme objectivement nuisibles[1930]. Cette

---

[1927] FF 2017 544 s. Le Message ajoute : « *En effet, dans les sociétés anonymes privées les actionnaires minoritaires n'ont souvent aucune possibilité d'aliéner leurs parts. L'action en dissolution représente quasiment la seule porte de sortie pour eux. Si l'on considère, comme c'est le cas en Suisse, que la forme de la SA est aussi utilisée pour de très petites entités dont les actions ne peuvent objectivement pas être vendues, l'action en dissolution est importante pour la protection des actionnaires minoritaires : elle joue le rôle d'une action 'en désengagement' de la société pour de justes motifs. […] la fraction du capital-actions que la société peut racheter a été relevée à 20 % si l'achat des propres titres a lieu en rapport avec une action en dissolution (art. 659, al. 3, P-CO). La marge d'action du juge et du conseil d'administration s'en trouve augmentée* ».

[1928] Cette règle ne figurait pas dans l'art. 736 aCO-1936.

[1929] Cf. ATF 67 II 162 c. b (164) et 136 III 278 c. 2.2.2 (280 : « *la société anonyme est une société de capitaux et non une société de personnes, de sorte que les intérêts financiers sont déterminants* »).

[1930] Le Tribunal fédéral a jugé qu'en particulier dans une petite société familiale, des conflits importants entre actionnaires pouvaient conduire à une situation objectivement ingérable. Cf. p. ex. l'ATF 105 II 114 (c. 6b [125] et 7b [128]), dans lequel une action en dissolution

approche ne peut pas être forcément reprise dans son intégralité dans les sociétés où la personne de chaque associé joue un rôle plus important (soit en particulier dans les sociétés de personnes et dans la Sàrl[1931]).

L'exigence de proportionnalité se mesure au regard des justes motifs invoqués dans le cas d'espèce[1932]. La dissolution ne peut être prononcée que si un sociétaire ne parvient pas – de manière durable – à mettre fin à une situation intolérable pour lui par les autres moyens offerts par la loi pour le protéger[1933]. À ce degré de généralité, cela vaut pour toutes les sociétés. Il faut, pour les sociétés où l'exclusion d'un sociétaire est possible, évaluer aussi, en particulier, cette issue-là comme solution alternative à la dissolution. 1277

---

pour justes motifs a été admise dans un tel contexte, alors qu'à l'ATF 104 II 32 (c. 3 [41 s.]), elle a été rejetée. Cf. ég. l'ATF 126 III 266, dans lequel le Tribunal fédéral a rejeté l'argument selon lequel seul un abus de sa position dominante par l'actionnaire majoritaire pouvait être considéré comme un juste motif permettant de dissoudre la société au sens de l'art. 736 ch. 4 CO (c. 1c [270]).

[1931] Dans la coopérative, où l'action en dissolution pour justes motifs n'est pas prévue en soi (cf. *supra* N 1270 ad n. 1910), l'importance que revêt la personne du coopérateur dépend fortement du type d'intervention attendue des coopérateurs, notamment s'il s'agit de leur travail personnel.

[1932] ATF 105 II 114 c. 7 (127 s.) et 136 III 278 (280, 4e par.). Matériellement, voir déjà ATF 67 II 162 c. c (165) et d (166), qui emploie le terme de subsidiarité (mais pas encore de proportionnalité).

[1933] Dans la société anonyme, les autres moyens à disposition de l'actionnaire minoritaire sont notamment la convocation d'une assemblée générale extraordinaire (art. 699 s. CO), la contestation d'une décision de l'assemblée générale par l'action en annulation (art. 706 CO) ou la constatation de sa nullité absolue, le droit d'être informé (art. 697-697b CO), le droit d'exiger un examen spécial (art. 697c ss CO) et l'action en responsabilité (art. 754 CO). Selon la jurisprudence, l'action en dissolution n'est *pas conditionnée* au fait que l'actionnaire ait tenté, sans succès, de faire valoir ces moyens (ATF 126 III 266 c. 2a [271] *in fine* ; TC, RVJ 1986 340 c. 9 [349 ss] ; cf. ég. Bénédict/Jaquier [2005], p. 186) ; elle n'est pas non plus conditionnée au fait que l'actionnaire ait régulièrement triomphé dans ses actions en justice (en l'espèce trente procédures – *sic !* –, dont trois actions en annulation de décisions d'assemblée générale, ATF 105 II 114 c. 6b [126]). L'ATF 84 II 44 précise (*pr.*) que l'action en dissolution « *est irrecevable lorsque les abus sur lesquels elle est fondée peuvent être supprimés par le moyen d'une action en annulation des décisions de l'assemblée générale (art. 706 CO) ou d'une action en dommages-intérêts selon les art. 754 et 755 CO* », mais retient en fin de compte que « *la société était viciée dans son fonctionnement interne et que dans ces conditions [la demanderesse] était fondée à en demander la dissolution* » (c. 2 [50]).

1278 Cela étant, la jurisprudence a **reconnu l'existence de justes motifs** de dissolution dans les cas suivants concernant des sociétés anonymes :

- direction durablement mauvaise de l'actionnaire majoritaire, menant la société à une ruine certaine[1934] ;
- versement de sommes d'argent et prêts à l'actionnaire majoritaire au détriment de la société[1935] ;
- violation grave des droits de contrôle de l'actionnaire minoritaire pendant plusieurs années couplée au paiement de sommes disproportionnées à l'actionnaire majoritaire[1936] ;
- versement d'un dividende dérisoire pendant plusieurs années alors même que l'actionnaire majoritaire qui siège au conseil d'administration et à la direction voyait son salaire et ses indemnités augmenter[1937].

1279 Outre l'indemnisation, le juge qui trouve que, bien que les motifs puissent justifier une dissolution, une **solution moins radicale** doit être adoptée, peut ordonner par exemple : (i) le versement d'un dividende obligatoire[1938] ; (ii) qu'un actionnaire minoritaire soit nommé au conseil d'administration pour y jouer le rôle de l'opposition ; (iii) qu'il soit procédé à une liquidation partielle par le biais d'une réduction de capital.

[1934] ATF 126 III 266 c. 1b *in fine* (270).

[1935] ATF 84 II 44 c. 2 (49 : «*le groupe [majoritaire] ne consultait [le représentant de la demanderesse] que pour la forme ou ne le consultait pas du tout, prenant des décisions en dehors des séances du conseil. Qu'il s'agisse de la constitution d'hypothèques, de l'octroi de prêts aux actionnaires, de l'adjudication des travaux de réfection de l'immeuble, de négociations avec [une entreprise partenaire de l'actionnaire majoritaire], de l'allocation de diverses sommes à [celui-ci], le représentant de la demanderesse a constamment été mis devant un fait accompli*»).

[1936] ATF 105 II 114.

[1937] TC, RVJ 1986 340. – À l'ATF 136 III 278, la dissolution a été refusée malgré l'absence de versement d'un dividende ; il a été observé que la société (détenant des immeubles et des hôtels, cf. état de fait non publié de l'arrêt *in* lit. A, TF 5. 3. 2010, 4A_475/2009) payait les intérêts et l'amortissement des prêts, de sorte qu'elle ne risquait pas la déconfiture (c. 2.2.4 [282]).

[1938] Comme relevé *in* TF 5. 2. 2010, 4A_475/2009, c. 2.1 (non publié *in* ATF 136 III 278), «*la doctrine admet [...] que des actionnaires minoritaires peuvent se plaindre d'un refus répété de distribuer des dividendes et que le juge, dans une telle situation, peut adresser une injonction à la société en lieu et place de prononcer la dissolution*», avec référence à Peter BÖCKLI (2009), § 16 N 207 et François RAYROUX, CR ad art. 736 CO (2008), N 21 (ch. supprimé dans la 2ᵉ éd. [2017], cet élément figurant cependant in N 27, spéc. ad n. 51 s).

III.   Dissolution sans liquidation

Une société peut aussi être dissoute, et radiée du registre du commerce, sans   1280
être liquidée. C'est surtout le cas lors d'une restructuration, qu'elle ait lieu sous
forme de fusion ou de scission de société[1939].

Les dispositions du Code des obligations qui traitaient de ces questions[1940] ont   1281
été remplacées par la Loi sur la fusion, entrée en vigueur le 1er juillet 2004.
Cette loi règle désormais toutes les formes de restructuration dans lesquelles
une société peut être dissoute sans liquidation. L'art. 3 al. 2 LFus dispose ainsi :
« *La fusion entraîne la dissolution de la société transférante et sa radiation du
registre du commerce* »[1941].

Un cas particulier de dissolution sans liquidation consiste dans l'émigration de   1282
la société absorbée par une société étrangère. Les dispositions applicables figurent aux art. 164 s. LDIP.

En cas de transfert de siège vers l'étranger, le droit fiscal traite l'opération   1283
comme l'équivalent d'une liquidation. Cette approche a pour but de ne pas renoncer à l'imposition du bénéfice qui avait été différée de par la constitution
de réserves latentes (cf. art. 61b al. 2 LIFD). En droit privé, le transfert de siège
à l'étranger n'est pas une dissolution : la société continue d'exister.

[1939] La *transformation* (art. 53-68 LFus) n'emporte pas de dissolution : la société existe sous
une autre forme (*infra* N 2867-2870). Le *transfert de patrimoine* (*infra* N 2871-2874)
n'emporte pas non plus *eo ipso* de dissolution ; la société transférante continue en soi
d'exister. L'activité résiduelle peut évidemment être de grande importance (lorsque c'est
une partie secondaire du patrimoine ou de l'activité qui a été transférée), mais suivant les
cas, elle peut être devenue une coquille vide, auquel cas elle devra en principe être dissoute
et liquidée formellement.

[1940] En particulier les art. 748 et 749 ainsi que 824 aCO-1936, lequel réglait la transformation
d'une SA en Sàrl.

[1941] Voir aussi l'art. 29 LFus : « *La scission d'une société peut résulter : a. soit de la division
de l'ensemble de son patrimoine et du transfert des parts de ce dernier à d'autres sociétés ; ses associés reçoivent des parts sociales ou des droits de sociétariat des sociétés
reprenantes ; la société transférante est dissoute et radiée du registre du commerce (division)* ».

§ 18 Le processus de liquidation

I. La notion de liquidation

1284 En soi, la notion de liquidation est simple. C'est un **processus** par lequel la société termine ses activités résiduelles éventuelles (celles qui existaient encore au moment de la dissolution), paie ses dettes et aliène ses actifs (afin d'obtenir des liquidités). Si l'aliénation des actifs laisse un solde positif après que les dettes ont toutes été payées, il doit être réparti entre les sociétaires. L'achèvement de la liquidation est suivi de l'ultime étape dans l'existence de la société : sa radiation.

1285 La liquidation est un processus qui peut être **volontaire**, en ceci qu'il découle d'une décision de dissolution prise par les sociétaires. Il peut aussi être le résultat d'une **décision judiciaire de dissolution**, qu'un tribunal aura pris sur demande d'un sociétaire ou, en cas de carence, sur requête d'un créancier ou du registre du commerce. Dans tous ces cas, la liquidation n'est pas liée à une situation d'insolvabilité ou de surendettement. Dans la dissolution volontaire ou issue d'un jugement ordinaire de dissolution, les sociétaires conservent d'assez nombreuses compétences, dont celle de choisir les liquidateurs (sauf décision judiciaire contraire). Le régime qui suit la dissolution pour cause de carence est – dans la conception actuelle qui n'est pas sans critique – la liquidation selon les règles de la faillite[1942].

1286 La liquidation est précisément également le processus qui suit la **décision de faillite due à une insolvabilité ou à un surendettement**. D'ailleurs, pour les sociétés inscrites au registre du commerce qui ont commencé d'être liquidées volontairement ou par une décision judiciaire qui n'entraînait initialement pas l'application des règles de la faillite, la liquidation doit se faire selon ces règles, la faillite devant être prononcée, dès qu'il apparaît que les actifs ne suffiront pas à couvrir les dettes. La **liquidation selon les règles de la faillite** se distingue de la liquidation selon le droit des sociétés ; notamment, le choix du liquidateur n'appartient alors plus aux sociétaires. Quelques caractéristiques

---

[1942] Art. 731b al. 1bis ch. 3 CO (qui n'est que potestatif et exemplatif, de sorte que cela le texte légal, une liquidation suivant les règles ordinaires serait possible). Le texte légal de l'art. 939 al. 2 CO relatif aux carences en général est lui aussi ouvert (« *Si [l'entité] ne remédie pas aux carences dans le délai imparti, l'office du registre du commerce transmet l'affaire au tribunal. Celui-ci prend les mesures nécessaires* »), mais au moins un courant doctrinal l'interprète – d'une façon qui ne convainc pas – comme un renvoi à la liquidation selon les règles de la faillite (p. ex. Rino SIFFERT, BK ad art. 939 CO [2021], N 26-27). La jurisprudence actuelle ajoute à ce régime un caractère non révocable, auquel nous ne parvenons pas à trouver une justification raisonnable (cf. *infra* N 1342).

essentielles de cette forme de liquidation seront décrites en fin de chapitre, mais il s'agit de droit de l'exécution forcée, qui, pour l'essentiel, sort du champ du présent ouvrage.

II. Aperçu des régimes légaux

Pour les **personnes morales** du Code des obligations, le régime légal édicté pour la société anonyme est applicable à la société à responsabilité limitée (art. 826 al. 2 CO) et à la coopérative (art. 913 al. 1 CO), sauf quelques règles sur la distribution de l'excédent en fonction de spécificités liées à la forme de société (art. 826 al. 1[1943] et 913 al. 2 à 5 CO[1944]).

1287

Les règles légales applicables à la liquidation des **sociétés de personnes** présentent la particularité que celles sur les sociétés commerciales (identiques pour la SNC et la société en commandite) se distinguent de celles sur la société simple[1945], mais si elles convergent toutes sur le principe fondamental découlant de la notion même de liquidation (règlement des dettes par aliénation des actifs, et répartition de l'excédent, le cas échéant)[1946]. Ces différences viennent notamment de ce que la société simple est avant tout une relation entre associés, plutôt qu'une entité se présentant comme telle auprès des tiers – et n'est pas inscrite au registre du commerce.

1288

Cela dit, les règles sur la liquidation des sociétés commerciales de personnes se distinguent, plutôt légèrement, de celles applicables aux personnes morales du Code des obligations. Elles sont moins strictes – essentiellement en ceci que la loi n'impose pas un appel aux créanciers –, ce qui s'explique par la responsabilité personnelle illimitée des associés (d'au moins l'un d'entre eux dans la société en commandite). La radiation de la société n'a donc pas la même portée pour les créanciers d'une société de personnes que pour ceux d'une personne morale.

1289

Les règles de la **faillite** ne différencient pas la liquidation des sociétés commerciales de personnes et celle des personnes morales.

1290

[1943] Cela concerne en particulier les associés ayant fait des « versements supplémentaires » (*infra* N 2511-2526).

[1944] Les situations visées sont extrêmement diverses (cf. *infra* N 1337 et 2783).

[1945] Les dispositions dans le droit de la société simple sont très succinctes. Sur la désignation des liquidateurs, cf. *infra* n. 1950.

[1946] Ainsi pour l'essence de la liquidation, l'art. 549 al. 1 CO cité *infra* n. 1948.

III. La société en liquidation et la personne des liquidateurs

A. La raison sociale

1291 Pour les sociétés inscrites au registre du commerce, la société en liquidation se distingue formellement des sociétés qui n'ont pas été dissoutes par la **modification de sa raison sociale**. Concrètement, la mention « en liquidation » doit être ajoutée[1947]. Cette adjonction doit être inscrite au registre du commerce.

B. Mission des liquidateurs ; nomination ; répartition des compétences

1292 Outre ce changement de raison sociale destiné à l'information aux tiers, la modification essentielle dans la société est la **nomination de liquidateurs** qui ont la **mission et les pouvoirs** de mettre un terme à l'activité, de payer les dettes en aliénant les actifs, et, au terme du processus, de verser l'éventuel excédent aux sociétaires.

1293 Pour les **sociétés commerciales de personnes**, leurs missions et pouvoirs sont décrits à l'art. 585 CO : « *(1) Les liquidateurs ont pour mission de terminer les affaires courantes, d'exécuter les engagements, de faire rentrer les créances de la société dissoute et de réaliser l'actif social dans la mesure exigée pour la répartition*[1948]. *(2) Ils représentent la société pour les actes juridiques impliqués par la liquidation ; ils peuvent plaider, transiger, compromettre et même, en tant que de besoin, entreprendre de nouvelles opérations*[1949] ».

[1947] Cela est prévu explicitement à l'art. 739 al. 1 CO pour la SA (et donc pour les autres personnes morales du CO, cf. *supra* N 1287), mais pour les sociétés de personnes, cela ne ressort que de l'ORC (art. 42 al. 3 lit. c, applicable à la SNC et à la société en commandite).

[1948] Dans la société simple, même si le caractère informel de la société induit qu'il n'y a pas de nomination de liquidateurs (cf. *infra* n. 1950), l'essentiel de la tâche est bien le même : l'art. 549 al. 1 CO prescrit qu'il s'agit d'abord de payer les dettes (pour le surplus, cf. *infra* N 1335).

[1949] Dans la dissolution de la société simple, l'idée de continuité provisoire est exprimée à l'art. 547 CO. À l'al. 1, il est surtout question de protéger l'associé qui continue de gérer sans savoir que la société est dissoute. En revanche, aux al. 2 et 3, il est question d'assurer la licéité de la continuation : « *(2) Lorsque la société est dissoute par la mort d'un associé, l'héritier de ce dernier porte sans délai le décès à la connaissance des autres associés ; il*

Pour les **personnes morales**, l'art. 743 al. 1 CO (fort semblable à l'art. 585 al. 1   1294
CO) prescrit que : « *Les liquidateurs terminent les affaires courantes, recouvrent, au besoin, les versements non encore opérés sur les actions, réalisent l'actif et exécutent les engagements de la société, à moins qu'il ne ressorte du bilan et de l'appel aux créanciers que l'actif ne couvre plus les dettes* » (cf. ég. art. 745 al. 1 CO). L'art. 741 al. 3 CO est quant à lui quasi identique à l'art. 585 al. 2 CO : « *Ils représentent la société pour les actes nécessités par la liquidation ; ils peuvent plaider, transiger, compromettre et même, en tant que de besoin, entreprendre de nouvelles opérations* » (l'al. 4 ajoute : « *Sauf décision contraire de l'assemblée générale, les liquidateurs peuvent aussi vendre des actifs de gré à gré* »).

Les liquidateurs peuvent être les gérants. C'est le cas ordinaire prévu à   1295
l'art. 583 al. 1 CO pour les sociétés commerciales de personnes[1950] (« *La liquidation est faite par les associés gérants, à moins que des empêchements inhérents à leurs personnes ne s'y opposent et que les associés ne conviennent de désigner d'autres liquidateurs* »). Pour les personnes morales, ce sont en principe les membres de l'organe supérieur de gestion qui sont chargés de la liquidation (l'art. 740 al. 1 CO dit : « *La liquidation a lieu par les soins du conseil d'administration, à moins que les statuts ou l'assemblée générale ne désignent d'autres liquidateurs* »). Cela étant, **d'autres personnes** peuvent être désignées, y compris une personne morale[1951]. Pour la société anonyme (et donc aussi la Sàrl et la coopérative), la loi précise que le liquidateur ou, en cas de pluralité de liquidateurs, l'un d'eux au moins doit être domicilié en Suisse et avoir qualité pour représenter la société (art. 740 al. 3 CO).

Lorsque d'autres personnes que les gérants ont été désignées, cela peut poser   1296
des questions de **compétences respectives**.

[1950]   continue, d'après les règles de la bonne foi, les affaires précédemment gérées par le défunt, jusqu'à ce que les mesures nécessaires aient été prises. (3) Les autres associés continuent de la même manière à gérer provisoirement les affaires de la société ».

[1950]   Pour la société simple, dont on a mentionné qu'elle se distingue des sociétés commerciales de personnes en matière de liquidation (cf. *supra* N 1288), l'art. 550 al. 1 CO dispose que « *[l]a liquidation qui suit la dissolution de la société doit être faite <u>en commun par tous les associés, y compris ceux qui étaient exclus de la gestion</u>* » (l'al. 2 précise encore : « *Toutefois, si le contrat de société n'avait trait qu'à certaines opérations déterminées que l'un des associés devait faire en son propre nom pour le compte de la société, cet associé est tenu, même après la dissolution, de les terminer seul et d'en rendre compte aux autres associés* »).

[1951]   Cela n'est nullement contesté (l'art. 41 aORC, en vigueur jusqu'au 31. 12. 2007, le disait explicitement, mais n'a toutefois pas été repris dans la nouvelle ordonnance ; cela se déduit cependant *a contrario* de l'art. 120 *in fine* ORC-2007 ; cf. aussi Jean-Paul VULLIETY, CR ad art. 583 CO [2017], N 8 ad n. 13).

1297 En effet, pendant la liquidation, la société reste pleinement capable de s'obliger (cf. art. 53 s. CC) et les contrats qu'elle a conclus gardent leur validité. Les pouvoirs des représentants ne sont pas entièrement supprimés *ipso facto* lorsque la dissolution est prononcée (cf. art. 583 al. 3 CO, qui précise que « *[l]es liquidateurs sont inscrits sur le registre du commerce, même si la représentation de la société n'est pas modifiée* »). Cela étant, puisque la société n'a désormais pour but que sa propre liquidation, la loi dispose (pour la SA) que « *pendant la liquidation, les pouvoirs des organes sociaux sont restreints aux actes qui sont nécessaires à cette opération et qui, de par leur nature, ne sont point du ressort des liquidateurs* » (art. 739 al. 2 CO)[1952].

1298 La liquidation étant devenue le but de la société, les liquidateurs sont les organes dont la tâche est la plus importante dès que la dissolution a été prononcée. Cela implique qu'ils ne sont en aucune manière subordonnés aux gérants (dans la SA : au conseil d'administration[1953]). Au contraire, ils peuvent représenter la société à l'encontre des gérants, en particulier s'il s'agit de défendre les droits de la société à leur égard par des poursuites ou actions en justice ou autres actes juridiques (p. ex. résilier un contrat de travail ou de mandat distinct de la fonction d'administrateur en tant que tel). En sens inverse, les gérants (dans la SA : le conseil d'administration) représentent la société envers les liquidateurs[1954], par exemple en ce qui concerne la négociation de la rémunération et des autres termes et leur exécution. Les gérants (dans la SA : le conseil d'administration) n'ont assurément pas de primauté ; en cas de désaccord entre les deux organes, sauf si la question ne relève clairement pas de la liquidation (ce qui est rare, puisque l'essence de la société est, dès la dissolution, de se liquider), la décision des liquidateurs l'emporte. Si les liquidateurs ont autorisé les gérants à poursuivre (provisoirement) l'activité[1955], une décision qui n'a pas d'impact sur la liquidation (p. ex. choix entre deux candidats dans un engagement de personnel

---

[1952] Cf. ATF 117 III 39 et 123 III 473. Cela ne signifie toutefois pas que la société doit brusquement cesser toute son activité commerciale. Les affaires doivent bien plutôt être terminées normalement et de manière à éviter au maximum de réaliser des pertes (cf. art. 743 al. 1 CO).

[1953] La formulation de MEIER-HAYOZ/FORSTMOSER/NOBEL (1996), § 12, N 49, nous paraît exprimer correctement cette interaction : « *Entsprechend dem Verwaltungsrat bei der nicht aufgelösten Gesellschaft stellen die Liquidatoren also bei der aufgelösten das geschäftsführende Organ dar, und es sind die Kompetenzen des Verwaltungsrates entsprechend eingeschränkt* ».

[1954] Ainsi p. ex. MEIER-HAYOZ/FORSTMOSER/NOBEL (1996), § 12, N 49 ad n. 39 (« *Der Verwaltungsrat nimmt auch die Rechte der Gesellschaft gegenüber den Liquidatoren wahr* »).

[1955] Cf. p. ex. MEIER-HAYOZ/FORSTMOSER/NOBEL (1996), § 12, N 74 (« *[...] die Vertretungs- und Geschäftsführungsbefugnis des Verwaltungsrates, der nicht selbst die Liquidation besorgt, [sind] stark eingeschränkt [...]. Doch können die Liquidatoren dem Verwaltungsrat gestatten, bis auf weiteres die Geschäftstätigkeit fortzuführen* »).

qui doit se faire) peut relever de la seule compétence des gérants. Cela étant, si un vrai conflit surgit, il appartient aux gérants – ou aux liquidateurs – de convoquer une assemblée des sociétaires : celle-ci pourra décider de révoquer les liquidateurs, ou les gérants. Si elle maintient les deux, ce seront en principe les liquidateurs dont les décisions prévaudront en cas de désaccord entre les deux organes. L'assemblée peut aussi valablement préciser un régime de liquidation dans lequel les compétences respectives sont clairement réparties.

C.   La révocation des liquidateurs

La tâche des liquidateurs est certes clairement canalisée vers le but univoque de la fin de l'activité et de l'aliénation des actifs aux fins de payer les dettes et, le cas échéant, de distribuer l'excédent. Cependant, il existe de multiples façons d'y parvenir ; l'exécution de la tâche n'a rien de purement mécanique. Vu leurs pouvoirs, il est évident que la personne des liquidateurs a de l'importance.   1299

Les **sociétaires** peuvent révoquer en tout temps les liquidateurs (pour la SNC, art. 583 al. 1 CO ; pour la SA, art. 741 al. 1 CO, lequel spécifie que le pouvoir de l'assemblée générale de révoquer concerne « *les liquidateurs qu'elle a nommés* », ce qui exclut les liquidateurs nommés par le juge, art. 740 al. 4 CO).   1300

De plus, le juge peut révoquer des liquidateurs s'il en est requis par un sociétaire et qu'il existe de **justes motifs** (pour la SNC, art. 583 al. 2 CO ; pour la SA, art. 741 al. 2 CO). La jurisprudence définit ceux-ci comme « *toutes circonstances desquelles on peut déduire objectivement que la liquidation ne sera pas exécutée de manière régulière, de telle sorte que les intérêts des actionnaires et de la société pourraient être mis en péril ou lésés. Il peut s'agir par exemple de l'incapacité d'un liquidateur, de sa négligence, de son absence, de son manque de probité ou encore de sa dépendance prévisible à l'égard d'une majorité qui prendrait des décisions abusives* »[1956].   1301

La jurisprudence identifie comme autres situations à risque, qui donnent lieu à justes motifs de révocation, celles où « *un liquidateur occupe une double fonction, par exemple liquidateur de la société dissoute et administrateur d'une société nouvellement créée qui doit reprendre les valeurs patrimoniales de l'ancienne société* »[1957] ou encore « *si un liquidateur est en conflit avec un actionnaire ou un groupe d'actionnaires* »[1958].   1302

[1956] ATF 132 III 758 c. 3.3 (761). Cf. ég. TF 13. 8. 2001, 4C.139/2001, c. 2a.
[1957] ATF 132 III 758 c. 3.3 (761). Voir aussi ad n. 1961 s.
[1958] ATF 132 III 758 c. 3.3 (761). Dans le cas d'espèce (cf. c. 3.6 [768 , la révocation a été admise, du fait que le liquidateur avait violé ses devoirs à deux reprises (« *la première en*

543

1303 Il est en effet crucial que le liquidateur préserve l'égalité entre sociétaires[1959]. Accomplir des actes qui avantagent un sociétaire ou un groupe de sociétaires est manifestement un motif de révocation[1960]. Peut aussi l'être l'acte consistant à céder l'activité de la société en liquidation à l'un des actionnaires ou à un proche, à tout le moins si ce faisant, l'on enfreint les règles sur la gestion des conflits d'intérêts[1961] ; le manque de transparence sur une telle cession est un facteur aggravant[1962]. Une hostilité subjective envers un sociétaire ou un groupe de sociétaires est, elle aussi, problématique, tout particulièrement si elle se concrétise par des propos constitutifs d'injures[1963] ou le dépôt d'une plainte

---

relation avec son devoir d'information envers un actionnaire minoritaire, la seconde s'agissant du vote de sa décharge [...] manquements, qui concernaient le respect de dispositions tendant notamment à protéger les intérêts des actionnaires minoritaires ») et qu'il était placé dans un potentiel conflit d'intérêts comme administrateur de la société reprenant les actifs de la société en liquidation (ce conflit s'étant « en particulier révélé lors de la conclusion de la convention de postposition, le liquidateur ayant agi et signé cet acte en tant que représentant des deux parties »).

[1959] Pour la SA : TF 15. 4. 2014, 4A_46/2014, c. 3.1 (« en particulier l'existence d'un conflit avec un actionnaire ou un groupe d'actionnaires. [...] Le liquidateur dispose d'une marge de manœuvre étendue, mais [...] celle-ci est limitée par le fait qu'il doit garantir les intérêts de la société, qu'il ne doit pas agir dans l'intérêt d'actionnaires déterminés, mais doit veiller à un traitement égal de tous les actionnaires »).

[1960] L'ATF 132 III 758 c. 3.6 [768 s.] est particulièrement caractérisé : « le liquidateur est à l'origine d'opérations ayant eu pour résultat d'avantager les actionnaires majoritaires, tout en privant la défenderesse de liquidités et en la vidant de sa substance [... en décidant] de n'exécuter que partiellement la convention de vente [...] et lorsqu'il a proposé de réduire le capital social de la défenderesse ». La conclusion est ainsi formulée : « On peut déduire de l'ensemble de ces circonstances un risque objectif que les opérations de liquidation ne se déroulent pas correctement et que les intérêts des actionnaires minoritaires ou de la société soient mis en péril ou lésés ».

[1961] Ainsi TC VS 30. 1. 2024, C1 22 1, c. 5.2.2, cité supra n. 1433.

[1962] L'arrêt TC VS 30. 1. 2024, C1 22 1, c. 5.2.2, met en exergue l'importance du défaut d'information : « De plus, les liquidateurs n'ont informé les actionnaires des modalités du transfert d'activité de l'intimée que plus d'une année et demie après la conclusion de la transaction, et cela malgré plusieurs demandes de l'instante manquant une nouvelle fois à leur devoir d'information envers les actionnaires, qui plus est sur un sujet sensible, puisqu'induisant un conflit d'intérêts potentiellement préjudiciable à l'intimée ».

[1963] TC VS 30. 1. 2024, C1 22 1, c. 5.2.3 : « il convient de relever, au titre de justes motifs au sens de l'article 741 al. 2 CO, les relations conflictuelles qui existent entre [l'actionnaire requérante] et les liquidateurs, lesquelles se sont notamment manifestées par le dépôt de plaintes pénales, dont l'une d'entre elles a conduit à la condamnation [du liquidateur] F. pour injures envers le mandataire de l'intéressée. Avec elle, il convient d'y voir une manifestation d'antipathie guère compatible avec la fonction de liquidateur ».

pénale infondée par le liquidateur à l'encontre d'un sociétaire ou du représentant de celui-ci[1964].

Le retard à établir le bilan d'ouverture de liquidation constitue une violation sérieuse des devoirs (et même « grossière ») [1965]. L'omission d'établir des comptes annuels intermédiaires lorsque la liquidation dure (art. 743 al. 5 CO), puis du retard à les établir, est également une violation qui a dans la pertinence dans l'examen du bien-fondé d'une requête de révocation[1966]. 1304

On admet en principe la révocation si un liquidateur a déjà violé ses devoirs[1967]. Cela permet en effet de craindre légitimement que d'autres violations soient commises. 1305

La preuve d'une faute du liquidateur n'a pas à être apportée[1968], la faute n'étant pas une condition de la révocation. 1306

La procédure de révocation relève de la **procédure sommaire** (art. 250 lit. c ch. 3 CPC). Il s'agit d'une procédure contentieuse (tandis que la *désignation* d'un nouveau liquidateur, à laquelle procède le tribunal après que la révocation a été prononcée, relève de la juridiction gracieuse[1969]). 1307

[1964] Cet élément n'est pas explicitement retenu comme motif de révocation dans la partie « en droit » de l'arrêt TC VS 30. 1. 2024, C1 22 1, c. 5.2.3, mais est relevé dans les faits (c. 3.6.4, 2e par.).

[1965] Cf. p. ex. Tribunal de district d'Hérens et Conthey 10. 12. 2021, C2 19 101 c. 3.3.3 (*infra* n. 1975 *in fine*).

[1966] TC VS 30. 1. 2024, C1 22 1, c. 3.6.2 et 5.2.1.

[1967] Cf. ATF 132 III 758 c. 3.3 (761) ; TF 13. 8. 2001, 4C.139/2001, c. 2a. TC VS 30. 1. 2024, C1 22 1, c. 5.2.2 et 5.2.4 (« *La crainte que les liquidateurs en fonction jusqu'à maintenant ne procèdent pas correctement à cette distribution est d'autant plus fondée qu'ils ont déjà violé leurs obligations par le passé, et ce à plusieurs reprises* »).

[1968] ATF 132 III 758 c. 3.5.5 (765 : « *le liquidateur [...] peut être révoqué, même s'il n'a pas commis de manquements ou de faute* ») ; TC VS 30. 1. 2024, C1 22 1, c. 5.2 (p. 27 : « *Il importe en effet peu, dans l'examen des justes motifs, que le comportement reproché aux liquidateurs soit imputable à faute ou pas* »).

[1969] ATF 132 III 758 c. 3.7 (769, 2e par.). – La jurisprudence du tribunal d'appel zougois (Obergericht) évoque la possibilité pour le juge de *donner des instructions* au liquidateur, si cette intervention moindre que la révocation est dans l'intérêt des actionnaires (GVP 2013 p. 179, c. 2.4 [182] : en l'espèce, attendre l'issue d'un procès avant d'aliéner des actions appartenant à la société en liquidation, afin que ces actions puissent être cédées à un meilleur prix [cf. ég. GVP 2012 p. 153]).

545

IV. Procédure de liquidation

A. Aperçu des régimes légaux

1308 Comme signalé, la procédure de liquidation des personnes morales est réglementée de façon beaucoup plus détaillée que celle concernant les sociétés de personnes. Cela s'explique par le besoin plus vif de protéger les créanciers des personnes morales, vu l'absence d'associé indéfiniment responsable. Ainsi, les quelques dispositions relatives aux sociétés de personnes sont surtout consacrées à la répartition de l'actif entre associés (art. 548 s. CO pour la société simple et 586-588 CO pour la SNC et la commandite)[1970].

1309 On traitera ci-après essentiellement les règles du droit de la société anonyme (applicables à la Sàrl et à la coopérative), qui constituent selon nous le standard moderne de bonne gouvernance dans la liquidation *aussi* pour les sociétés de personnes.

B. Étapes

1310 Ainsi, le droit de la société anonyme (art. 742-745 CO) prévoit expressément que les liquidateurs doivent d'abord établir un bilan d'ouverture (ce que le droit de la SNC prévoit aussi, art. 587 al. 1 CO[1971]) et procéder à un appel aux créanciers (ce que le droit de la SNC ne prévoit pas). Ce n'est que cela fait qu'ils peuvent avoir une vision claire leur permettant d'avancer résolument vers l'achèvement de la liquidation.

1. Bilan d'ouverture de liquidation

1311 Le bilan d'ouverture de la liquidation est dressé **au jour de la dissolution** de la société (l'art. 742 al. 1 CO disposant que « *[l]es liquidateurs dressent un bilan lors de leur entrée en fonction* »). Il a pour but de rendre compte de l'état de la fortune de la société à ce moment précis. Vu le but de liquidation, les actifs doivent être évalués à leur **valeur de réalisation**[1972].

[1970] Cf. *infra* N 1333-1335.

[1971] « *Les liquidateurs dressent un bilan au début de la liquidation* ».

[1972] Cf. notamment TF 13. 8. 2001, 4C.139/2001, c. 2a/aa. – Les règles générales d'évaluation des art. 960a ss CO ne s'appliquent pas au bilan d'ouverture de la liquidation (ainsi Ma-

Lorsque la liquidation se prolonge, les liquidateurs sont tenus de dresser des **comptes annuels intérimaires** (art. 743 al. 5 CO[1973], ce que, depuis la novelle du 19. 6. 2020, le droit de la SNC prescrit lui aussi, à l'art. 587 al. 2 CO[1974]). À la fin du processus, ils doivent encore établir un **bilan de clôture** (art. 745 al. 1 CO). 1312

Si, au moment d'établir le bilan d'ouverture ou dans le cours de la liquidation, l'actif de la société ne couvre plus ses dettes, les liquidateurs doivent en informer le tribunal (art. 743 al. 2 CO ; c'est un renvoi matériel à la procédure de l'art. 725b al. 3 CO). Celui-ci déclare alors la faillite et la société est liquidée par l'administration de la faillite, de manière à garantir l'égalité entre les créanciers (*par condicio creditorum*). 1313

Il résulte du **risque de surendettement** que, comme la jurisprudence a eu l'occasion de le relever explicitement, **le bilan d'ouverture doit être établi « rapidement »**[1975]. En effet, pour beaucoup d'actifs, la valeur de réalisation est 1314

---

nuel suisse d'audit, I, p. 359). Les valeurs peuvent être sensiblement inférieures aux valeurs d'exploitation (cf. *supra* N 835, n. 1268 ; p. ex., le *goodwill* doit être éliminé s'il ne va pas être cédé, *supra* N 351 après n. 483). En ce qui concerne les valeurs d'évaluation maximales, il est important d'avoir à l'esprit que le bilan de liquidation doit permettre de donner une orientation sur ce que les actionnaires peuvent attendre de la liquidation (et de mesurer l'activité des liquidateurs), le but de la liquidation étant de livrer aux actionnaires (après paiement des dettes) le fruit économique de toute l'existence de la société. Il est donc indispensable d'informer les actionnaires à ce moment des réserves latentes. Il est ainsi admissible de dissoudre dans le bilan d'ouverture les réserves latentes résultant de la sous-évaluation des actifs amortis. Si les liquidateurs ne procèdent pas à cette dissolution dans le bilan d'ouverture lui-même (p. ex. parce que la liquidation est susceptible de durer et que des incertitudes existent sur des évolutions des prix à moyen terme), ils doivent alors impérativement, vu le but de la liquidation, produire et communiquer aux actionnaires, avec le bilan d'ouverture, un inventaire des actifs aux valeurs de réalisation (soit tenant compte de la dissolution des réserves latentes ; cf. à ce propos *infra* N 1354 et *supra* n. 488 ; Peter BÖCKLI [2009], § 17, N 43 : « *Zur Feststellung der Aktiven errichten [die Liquidatoren] ein Inventar mit den Liquidationswerten* »).

[1973] Cf. *infra* N 1319.

[1974] « *Lorsque celle-ci se prolonge, les liquidateurs dressent chaque année un compte intermédiaire* ».

[1975] TF 13. 8. 2001, 4C.139/2001, c. 2a/aa : « *Der Liquidator muss sich um eine <u>rasche</u> Bestandesaufnahme bemühen, damit er die allenfalls notwendige Benachrichtigung des Richters rechtzeitig vornehmen kann* ». On peut observer que le Tribunal fédéral a considéré que l'établissement d'un bilan au 30 juin plutôt qu'au 1er avril était une irrégularité qui n'était nullement insignifiante, car elle pouvait emporter de graves conséquences (c. 2b : « *das verspätete Erstellen der Liquidationseröffnungsbilanz [kann] schwerwiegende Nachteile zur Folge haben. So kann diese eindeutige Pflichtverletzung dazu führen, dass der Richter im Fall der Überschuldung der Gesellschaft verzögert benachrichtigt wird* »). Pour un cas d'application hors risque de surendettement, Tribunal de district d'Hérens et Conthey 10. 12. 2021, C2 19 101 c. 3.2.2, avec des précisions : « *les liquidateurs – et non*

inférieure à la valeur d'exploitation : c'est le cas de ceux qui ont une utilité pour la production, la commercialisation ou le développement de l'activité (et n'ont donc pas encore été entièrement amortis, le moment de leur remplacement n'étant pas arrivé), mais ne trouvent pas aisément preneur et ont donc une valeur vénale faible (voire nulle). Le passage aux valorisations de réalisation engendre alors des pertes. Le cas échéant, suivant leur ampleur, celles-ci peuvent donc entraîner un surendettement immédiat.

1315 La rapidité dans l'établissement du bilan d'ouverture de liquidation se justifie également au regard de la **nécessité d'aliéner au mieux les actifs sociaux**, laquelle requiert que les liquidateurs agissent avec diligence[1976] (afin, notamment, de saisir les occasions qui se présentent). Il est crucial, cela dit, de ne pas confondre diligence et précipitation (et vente à vil prix ; au contraire, l'essence du devoir des liquidateurs est d'achever l'existence de la société en obtenant le meilleur prix raisonnablement possible ; le processus doit avoir la durée qu'impose cet objectif ambitieux, mais réaliste, l'équilibre consistant à ce que le processus ne s'éternise pas dans l'attente d'un « meilleur prix » théorique qui deviendrait chimérique ou relèverait de l'illusion).

1316 Outre l'identification d'un éventuel surendettement, l'établissement d'un bilan d'entrée en liquidation aux valeurs de réalisation est un **instrument de transparence à l'égard des sociétaires**. En effet, l'entrée en liquidation est le moment où les réserves latentes éventuelles doivent être entièrement perceptibles pour les actionnaires. Le principe de prudence ne justifie dans cette situation, à l'égard des sociétaires, aucune réserve latente[1977]. La présentation du bilan

---

l'organe de révision – doivent impérativement établir un bilan et un inventaire d'entrée dès que possible après leur entrée en fonction. [...] un laps de temps de deux ans est manifestement trop long pour satisfaire à cette obligation. [...] le but poursuivi par des comptes annuels et la fonction du bilan de liquidation sont différents, de telle sorte qu'il est exclu de remplacer celui-ci par ceux-là, même s'ils les précèdent de peu ». La durée, phénoménale, de deux ans a été considérée en ces termes : « *La violation des devoirs des administrateurs est à cet égard si grossière qu'elle ne peut qu'entraîner leur révocation [...] point n'est besoin d'examiner de manière détaillée les autres arguments* ». Ce jugement a été confirmé en ces termes par l'arrêt TC VS 30. 1. 2024, C1 22 1, c. 5.2.1 : « *l'obligation des liquidateurs d'établir dès que possible après leur entrée en fonction un bilan d'entrée en liquidation a un caractère impératif et relève de leur seule responsabilité, à l'exclusion de celle des réviseurs, dont la mission est limitée à la vérification du bilan d'entrée et à l'établissement d'une appréciation le concernant. Elle constitue, aux côtés de l'obligation d'établir un inventaire, la première phase de la procédure de liquidation, qui est considérée comme décisive. C'est donc en vain que l'intimée tente de minimiser l'importance du manquement imputé à ses liquidateurs* ».

[1976] TF 13. 8. 2001, 4C.139/2001, c. 2a/bb (« *[es] geht um die optimale Verwertung des Umlauf- und Anlagevermögens* »).

[1977] Cf. *supra* n. 488.

d'entrée aux valeurs de réalisation est importante pour permettre aux sociétaires – et le cas échéant au juge – d'évaluer l'activité des liquidateurs. Dit autrement, ne pas dévoiler les réserves latentes au moment de l'entrée en liquidation crée des risques concrets qu'il ne soit pas décelable que la vente des actifs se fait à un prix inférieur à la valeur de marché. Ainsi, pour cette raison aussi, le bilan d'entrée doit être établi rapidement – et si un tel bilan prend du temps à être établi en raison de difficultés relatives aux dettes produites ou à provisionner, il convient d'**établir très rapidement à tout le moins un inventaire des actifs aux valeurs de réalisation**.

2. *Appel aux créanciers*

Une fois la liquidation ouverte, les **créanciers de la société doivent être invi-** **tés à lui annoncer leurs créances**. Le but de cette opération est de garantir que toutes les créances soient prises en compte et payées au moyen de la fortune de la société avant que celle-ci ne soit partagée entre les actionnaires. Les créanciers qui sont connus de la société sont directement informés (par « avis spécial ») alors que les autres sont avisés par une publication dans la Feuille officielle suisse du commerce (il s'agit de « l'appel aux créanciers » – art. 742 al. 2 CO)[1978].

1317

[1978] En revanche, la « liquidation tacite » (ou « silencieuse » ; « *stille Liquidation* ») d'une société anonyme ou autre personne morale n'est pas possible. Il s'agit d'une liquidation sans appel aux créanciers ni délai d'attente (art. 745 al. 2 CO ; cf. à ce propos *infra* N 1330). Elle était autrefois tolérée pour les sociétés qui avaient cessé toute activité et payé leurs dettes – et étaient donc déjà liquidées économiquement – avant qu'un motif de liquidation vienne formellement y mettre fin. Selon la jurisprudence, une société qui a été dissoute et liquidée en fait et dont les actionnaires ne s'occupent plus devrait encore être radiée du registre du commerce (cela résulte maintenant de l'art. 934 CO-2017, *supra* N 157). En outre, selon une approche ancienne (énoncée par le Message du Conseil fédéral, FF 1928 I 290 s.), la vente d'un « manteau d'actions » (ou « cadre d'actions »), soit des actions d'une société qui a été totalement liquidée en fait, serait nulle, de même que les actes juridiques accomplis par la société depuis la vente du manteau d'actions (cf. ATF 55 I 134 [136] ; 64 II 361 ; 80 I 60 c. 3 [64] ; cf. ég. ATF 123 III 473 c. 5c [483 s.]) ; cette approche est discutable et sa propagation semble due aussi au droit fiscal de l'époque (v. notamment Gaspard Couchepin, SJ 2014 II 197-218). Le législateur a adopté le 18. 3. 2022 l'art. 684a CO, qui entrera en vigueur en 2025 [RO 2023 628], selon lequel « *[l]e transfert d'actions est nul si la société n'a plus d'activité commerciale ni d'actifs réalisables et si elle est surendettée* » (al. 1) ; cette troisième condition – cumulative – a été introduite dans les débats parlementaires (cf. p. ex. le Conseiller national Sidney Kamerzin, BO 2021 N 2012 : « *La Commission des affaires juridiques vous propose de restreindre les conditions auxquelles le transfert d'un manteau d'actions est nul. C'est uniquement en cas de société surendettée, sans actifs et sans activité commerciale qu'un transfert de manteau*

1318 À l'instar de ce qui se passe dans une procédure de faillite, les créanciers peuvent annoncer toutes leurs créances, qu'elles soient exigibles ou non, conditionnelles, admises ou litigieuses. La loi ne prévoit pas de délai pour annoncer les créances, mais les liquidateurs en fixent généralement un. Le créancier qui ne respecterait pas ce délai ne perd pas ses droits (il n'est pas « forclos »[1979]). Il doit simplement répondre des frais supplémentaires occasionnés par son retard[1980]. En réalité, les créanciers peuvent annoncer leurs créances jusqu'au stade de la répartition du bénéfice de liquidation entre les actionnaires.

3. Comptes annuels pendant la liquidation

1319 Une fois établi le bilan d'ouverture de liquidation, qui doit intervenir rapidement, le rythme usuel pour établir des comptes annuels doit en principe être maintenu si la liquidation n'est pas prestement achevée[1981]. L'art. 743 al. 5 CO emploie le terme de « *comptes annuels intermédiaires* ». Ils sont « intermédiaires »[1982] par rapport à l'achèvement de la liquidation ; cette dénomination

---

d'actions serait nul » ; le Conseil des États s'y est rallié, cf. Beat RIEDER, BO 2021 E 1141 : « *Die Gesellschaft hat zum einen keine Geschäftstätigkeit mehr, zum andern keine verwertbaren Aktiven mehr, und neu : Sie ist überschuldet* » ; l'art. 684a AP-CO [FF 2019 5005] ayant été modifié sur un point important, le Message du Conseil fédéral [FF 2019 4996] doit être lu *cum grano salis*). – À propos de l'aspect fiscal de la vente d'un manteau d'actions, cf. ROUILLER/BAUEN/BERNET/LASSERRE ROUILLER (2022), N 1180 ss.

[1979] De ce point de vue, l'appel aux créanciers se distingue en particulier de celui qui a lieu dans la procédure successorale de bénéfice d'inventaire (art. 580 ss CC ; cette différence se justifie notamment au regard de la nécessité pour l'héritier qui a requis le bénéfice d'inventaire de se déterminer sur sa responsabilité pour un patrimoine qu'il ne peut connaître, tandis que la société est censée connaître le sien, et le connaît effectivement si elle est bien organisée ; cf. à ce propos ROUILLER/LASSERRE ROUILLER, Planification insuffisante dans la succession d'entreprise ; les actions transitoires, in Unternehmensnachfolge/Succession d'entreprise [Dürr/Lardi/Rouiller éd.], Zurich 2022, p. 136-138).

[1980] Ce régime est ainsi similaire à celui de la faillite (art. 251 LP : « *(1) Les productions en retard sont admises jusqu'à la clôture de la faillite. (2) Les frais occasionnés par le retard sont à la charge du créancier, lequel peut être astreint à en faire l'avance* »).

[1981] L'arrêt TC VS 30.1.2024, C1 22 1, c. 5.2.1, met en exergue l'importance des comptes annuels intermédiaires (« *dans cette phase importante de l'état des lieux de l'intimée, les liquidateurs n'ont pas seulement tardé à remplir leurs obligations en lien avec l'établissement d'un bilan d'entrée en liquidation, mais également à se plier à celles en lien avec la tenue des bilans intermédiaires annuels nécessités par la prolongation de la liquidation de la société. Ce n'est que sur rappel à l'ordre de l'organe de contrôle que le respect du droit des actionnaires à être régulièrement informés de l'état d'avancement de cette procédure semble avoir été respecté par la suite* »).

[1982] Le texte allemand dit lui aussi « *Zwischenabschlüsse* », soit le même terme qu'aux art. 960f, 675a et 725b s. CO.

les distingue des *comptes de clôture de la liquidation* (elle ne fait pas référence à des comptes « intermédiaires » établis avant la date de clôture annuelle usuelle[1983] [art. 960f CO], contrairement aux comptes intermédiaires établis afin de verser un dividende intérimaire [art. 675a CO] ou de traiter une situation de surendettement [art. 725b s. CO]).

Dès la dissolution, les comptes annuels doivent être établis aux valeurs de li-   1320
quidation (art. 958a al. 2 CO)[1984]. Comme indiqué[1985], cela implique en principe la dissolution de réserves latentes, mais il est vrai que le principe de prudence peut conduire à ce que des valeurs pessimistes soient maintenues lorsque l'ampleur de la dissolution est incertaine jusqu'à la réalisation concrète des actifs. Il n'est pas prohibé, lorsque les valorisations prudentes dans les comptes annuels sont susceptibles de représenter un écart substantiel avec les valeurs probables de réalisation[1986], de continuer de communiquer parallèlement aux sociétaires, pour leur bonne information, un inventaire avec les valeurs probables de réalisation (même si on ne peut employer ici la justification qu'il y a pour dresser un inventaire des actifs plus tôt que l'on établit le bilan d'ouverture, ce décalage-là se justifiant par la nécessité d'avoir achevé l'appel aux créanciers pour confectionner un bilan d'ouverture de liquidation qui soit fiable[1987]).

[1983] En ce sens explicitement, Peter BÖCKLI (2022), § 15, N 64, qui précise que le jour de clôture est la fin de l'année *qui suit* la date de dissolution (« *Stichtag ist das Ende des auf den Auflösungstermin folgenden Jahres* »), mais que la période ne peut en aucun cas dépasser 18 mois (« *Die erste Periode darf jedoch nicht länger als 18 Monate dauern* »). La date usuelle de clôture peut évidemment être utilisée dans les comptes annuels « intermédiaires » de liquidation selon l'art. 743 al. 5 CO (*ibid.* : « *möglich ist auch das Abstellen auf die Rechnungsjahren der Gesellschaft* »).

[1984] Cf. *supra* N 351, n. 488 (dès la liquidation en bonne et due forme) ; Peter BÖCKLI (2022), § 15, N 64 (« *zu Veräusserungswerten* »).

[1985] Cf. *supra* N 1311 ad n. 1972.

[1986] Vu le « principe de déterminance » qui implique que les comptes établis selon le droit commercial sont normalement décisifs en matière fiscale (*supra* N 423 ad n. 585 ainsi que n. 1839), cette façon de procéder permet d'éviter de créer un bénéfice imposable avant la réalisation concrète des actifs.

[1987] Cf. *supra* N 1316 *in fine*.

1321 Comme signalé[1988], la présentation aux valeurs de liquidation est justifiée non seulement au titre de l'information aux sociétaires au regard des réserves latentes, mais aussi – peut-être surtout –, en sens inverse, pour déceler un surendettement.

4. Réalisation des actifs et paiement des dettes

1322 Les liquidateurs doivent terminer les affaires courantes de la société en évitant au mieux de faire des pertes. Pour cela, ils doivent réaliser les actifs et payer les dettes qui ont été annoncées dans le délai fixé. Ils doivent aussi recouvrer les créances impayées, notamment, s'il y a lieu, dans la société anonyme, les versements qui n'ont pas encore été opérés sur les actions dans les situations où le capital n'a pas été entièrement libéré, cela dans la mesure nécessaire pour payer les dettes (art. 743 al. 1 CO).

1323 Ils doivent encore décider de l'opportunité d'intenter une action en responsabilité contre les organes (art. 754 CO) ou une action en restitution contre des sociétaires ou gérants (ou leurs proches) qui auraient reçu des prestations indues ou disproportionnées de la part de la société avant sa dissolution (art. 678 CO).

1324 Les liquidateurs peuvent vendre les actifs de gré à gré, sauf si l'assemblée générale en décide autrement (art. 743 al. 4 CO ; pour la SNC, l'art. 585 al. 3 CO prévoit que : « *[l]orsqu'un associé s'oppose à la décision des liquidateurs d'opérer ou de refuser une vente en bloc ou au mode adopté pour l'aliénation d'immeubles, le tribunal statue à sa requête* »).

1325 Les liquidateurs ont le choix entre vendre l'entreprise en entier ou par « morceaux » ou encore chaque actif séparément. S'ils éteignent des dettes par compensation, ils doivent veiller à respecter l'égalité entre les créanciers ainsi que les privilèges éventuels de certains d'entre eux, que ces privilèges consistent dans un droit réel (p. ex. un droit de gage) ou personnel.

1326 Si des créanciers connus ont négligé de produire leurs créances, le montant en est consigné en justice (art. 744 al. 1 CO). Une somme correspondante doit également être consignée pour les obligations non échues ou litigieuses de la société, à moins que les créanciers ne reçoivent des sûretés équivalentes ou que la répartition de l'actif ne soit ajournée jusqu'au règlement de ces obligations (art. 744 al. 2 CO ; cette règle est aussi prévue par le droit de la SNC, à l'art. 586

[1988] *Supra* N 1314.

al. 2 CO : « Les fonds nécessaires au paiement des dettes litigieuses ou non encore échues sont retenus »)[1989].

Sur le plan du déroulement de la procédure de liquidation, il est important – dès qu'il est établi que la société n'est pas surendettée, soit d'ordinaire dès que l'appel aux créanciers est achevé – que les liquidateurs présentent aux actionnaires un *plan de liquidation*. La liquidation est en effet le dernier acte de la société. Pour les sociétaires, elle détermine ce qu'ils auront économiquement retiré de l'aventure entrepreneuriale qu'a représentée l'existence de la société. Dès que plusieurs possibilités existent quant à la réalisation des actifs, établir un plan de liquidation[1990] et offrir aux sociétaires la faculté d'en débattre doit faire partie des devoirs des liquidateurs, selon une conception contemporaine de la gouvernance et de la transparence concrète à visée pratique.

1327

5. Répartition du produit de liquidation

a. Dans les sociétés de capitaux

S'il reste de l'argent[1991] après que les dettes de la société ont été payées, il doit être réparti entre les sociétaires et les éventuels détenteurs de droits de participation (art. 745 al. 1 CO). Les liquidateurs procèdent à cette répartition sur la

1328

[1989] Pour éviter un blocage de la procédure, les liquidateurs peuvent devoir intenter une action en constatation de l'inexistence d'une créance litigieuse (action « négatoire » ; il s'agit d'un cas où une action en constatation est recevable, car il existe un intérêt suffisant et une action condamnatoire n'est pas possible ; cf. TF 16. 6. 1998, *in re* Gatti-Suter et Monod c/ Binggeli ; voir aussi plus récemment ATF 147 III 185 c. 3.3 et 3.4 (190 s.) ; 141 III 68 c. 2.7 (79) ; 131 III 319 c. 5 et 129 III 295 c. 2.3-2.4 ainsi que *infra* n. 2068 ; cf. ég., commentant la situation antérieure à l'unification de la procédure civile, p. ex. POUDRET/HALDY/TAPPY, Procédure civile vaudoise annotée, 3e éd., Lausanne 2002, ch. 2 ad art. 265 aCPC-VD ; pour le droit actuel, cf. p. ex. François BOHNET, CR ad art. 88 CPC [2e éd. 2019], N 6, qui résume les exigences selon lesquelles l'action en constatation est recevable s'il existe un « *intérêt important et immédiat* », notamment du fait que l'incertitude entrave la liberté d'action de la personne concernée (v. ég. op. cit., N 20 ss et ATF 135 III 378 c. 2.2) ; ici, la liberté d'achever la liquidation doit être, selon nous, considérée comme un intérêt manifestement suffisant pour justifier l'action en constatation).

[1990] Cf. p. ex. Peter BÖCKLI (2009), § 17, N 50.

[1991] Il peut évidemment rester d'autres actifs que du numéraire : s'ils sont susceptibles d'être partagés en proportion de la participation de chaque sociétaire, un dividende de liquidation peut être payé « en nature » (sur le dividende en nature en général, CHENAUX/GACHET, CR ad art. 675 CO [2017], N 28 ; MONTAVON/MONTAVON/BUCHELER/MATTHEY/JABBOUR/ REICHLIN [2017], p. 355 ; TC VS 30. 1. 2024, C1 22 1, c. 4.3.1.4).

base du bilan de clôture, qui comprend également un compte de résultat et le rapport final.

1329 Si la société est soumise à la révision, l'organe de révision doit vérifier le bilan de clôture et en faire rapport à l'assemblée des sociétaires. Celle-ci doit ensuite approuver ce bilan et donner décharge aux liquidateurs de leurs activités.

1330 Ce n'est qu'après l'approbation de l'assemblée des sociétaires que le bénéfice de liquidation peut être réparti entre les actionnaires. Cette répartition ne peut toutefois avoir lieu qu'après l'expiration d'un délai d'une année dès le jour où l'appel aux créanciers a été publié (art. 745 al. 2 CO). À titre exceptionnel, la répartition peut avoir lieu après un délai de trois mois déjà, si un expert-réviseur agréé atteste que les dettes sont éteintes et qu'au vu des circonstances, aucun intérêt de tiers n'est mis en péril (art. 745 al. 3 CO).

1331 Le bénéfice de liquidation est réparti en fonction de la part du capital social libérée par chaque actionnaire (art. 661 CO[1992]) et *non de la valeur nominale des actions*[1993]. Les statuts peuvent en outre prévoir que certaines actions donnent droit à une part de liquidation privilégiée (art. 656 al. 2 CO ; cf. ég. art. 660 al. 3 et 661 CO)[1994].

1332 Avant que la phase de distribution de l'excédent de liquidation soit atteinte, il demeure *possible de verser des dividendes* si la société dispose clairement de bénéfices distribuables[1995].

b. Dans les sociétés de personnes

1333 Pour les **sociétés commerciales** de personnes, l'art. 588 CO prévoit un régime très simple, qui correspond matériellement à ce qui vaut pour les sociétés de capitaux, sous réserve d'un droit à une rémunération du capital par des intérêts : « *(1) L'actif social est employé, après règlement des dettes, d'abord à rembourser le capital aux associés, puis à payer des intérêts pour la durée de la liquidation. (2) L'excédent est distribué entre les associés suivant les dispositions applicables à la répartition des bénéfices* ». Les intérêts sur le capital,

---

[1992] Cette disposition est une particularité du droit de la SA, puisqu'une libération partielle du capital n'est pas possible dans une Sàrl.

[1993] De cette façon, lorsque des actions nominatives n'ont pas été entièrement libérées et que la société n'a pas demandé le versement du montant restant, la part de leur détenteur au produit de liquidation se calcule uniquement sur le montant libéré. En revanche, un *agio* éventuel (cf. *infra* N 1956) n'est pas pris en compte pour la répartition.

[1994] Cf. *infra* N 1965-1967.

[1995] Cf. Markus Vischer, RSJ 2019 555 ss, spéc. 561.

entre le moment de la dissolution et le remboursement du capital, doivent donc être calculés avant que le bénéfice puisse être déterminé.

On observera que la distribution provisoire faire partie du cours ordinaire des choses. L'art. 586 al. 1 CO dit en effet que « *[l]es fonds sans emploi pendant la liquidation sont provisoirement distribués entre les associés et imputés sur la part de liquidation définitive* ».   1334

Dans la **société simple**, comme déjà évoqué[1996], le *principe* est le même que dans les autres sociétés. L'art. 549 al. 1 CO dit en effet que « *si après le paiement des dettes sociales, le remboursement des dépenses et avances faites par chacun des associés et la restitution des apports, il reste un excédent, ce bénéfice se répartit entre les associés* ». Cette disposition distingue ainsi (comme le fait l'art. 588 CO avec le capital et les intérêts sur celui-ci) entre la restitution des apports et la répartition du bénéfice. L'al. 2 rappelle que le paiement des dettes a, évidemment, priorité sur la restitution des apports (« *Si, après le paiement des dettes, dépenses et avances, l'actif social n'est pas suffisant pour rembourser les apports, la perte se répartit entre les associés* »).   1335

L'art. 548 CO donne quelques précisions relatives au sort des apports effectués par les associés. En bref, l'associé qui a fait un apport en propriété (*quoad dominium*)[1997] ne peut pas le récupérer en nature (al. 1), mais à la valeur qui avait été convenue au moment où il a été transféré (al. 2) ou selon une estimation (expertise) qui doit déterminer la valeur qu'avait l'apport au moment du transfert (al. 3), si un prix du marché à cette époque n'est pas connu[1998]. Cela illustre que la société simple – soit la communauté des associés – est devenue définitivement propriétaire d'un tel apport lors du transfert et bénéficie donc d'un accroissement de sa valeur (qui se répercute sur le bénéfice à répartir entre associés), tout comme elle subit l'éventuelle baisse de valeur. La règle est dispositive[1999] ; selon les stipulations du contrat de société, l'associé apporteur peut avoir le droit et/ou l'obligation de reprendre le bien dont il avait transmis la propriété. Tel est par ailleurs le sort d'un apport qui ne consiste que dans une mise à disposition (*quoad usum*)[2000].   1336

[1996] *Supra* n. 1948.
[1997] Cf. *infra* N 1375-1376.
[1998] Cf. Patrick HOCH (2001), N 551.
[1999] En ce sens, François CHAIX, CR ad art. 548-550 CO (2017), N 14.
[2000] Cf. ATF 105 II 204 c. 2b.

c.   Dans les coopératives

1337 La répartition de l'excédent de liquidation dans les coopératives reflète le ca-
      ractère non véritablement patrimonial de la participation des sociétaires, tout
      en permettant aux statuts de tenir compte d'une nature partiellement capitalis-
      tique de cette participation. L'art. 913 al. 2-5 CO offre une complète liberté aux
      rédacteurs des statuts : « *(2) L'excédent qui reste après extinction de toutes les*
      dettes et, s'il y a lieu, remboursement des parts sociales, ne peut être réparti
      entre les associés que si les statuts le permettent. (3) Sauf clause contraire des
      statuts, la répartition a lieu par tête entre tous ceux qui sont associés au jour
      de la dissolution ou leurs ayants droit. Demeurent réservés les droits conférés
      par la loi aux associés sortis ou à leurs héritiers. (4) Si les statuts ne prescrivent
      rien au sujet de la répartition de l'excédent, celui-ci doit être affecté à des buts
      coopératifs ou d'utilité publique. (5) Si les statuts n'en disposent autrement,
      l'affectation est du ressort de l'assemblée générale ».

6.   *Radiation du registre du commerce*

1338 Après la fin de la liquidation, les liquidateurs doivent aviser le registre du com-
      merce que la raison sociale est éteinte (art. 746 al. 1 CO pour les personnes
      morales du CO ; pour la SNC et la société en commandite, art. 589 CO). Celui-
      ci ne radie la société qu'une fois que les autorités fiscales ont donné leur ac-
      cord[2001].

1339 Même après la radiation, les livres de la société liquidée doivent être conservés
      en lieu sûr pendant dix ans (pour la SA, art. 747 CO ; pour la SNC, art. 590
      CO)[2002].

[2001] L'annonce au registre du commerce rend exigible l'impôt fédéral direct (art. 161 al. 4 lit. b
        cum 13 al. 3 lit. d LIFD) ainsi que les impôts cantonaux, s'il y a lieu. Cf. à ce propos
        ROUILLER/BAUEN/BERNET/LASSERRE ROUILLER (2022), N 1066.

[2002] La société radiée peut être *réinscrite* au registre du commerce à la requête des liquidateurs,
        du conseil d'administration, d'un actionnaire ou d'un créancier si de nouveaux actifs ou
        de nouvelles dettes sont découverts (art. 935 CO et 164 ORC, cf. *supra* N 158-160 ; en cas
        de faillite, cf. art. 269 LP). Le requérant doit faire valoir un intérêt digne de protection
        (ATF 64 I 334 ; 100 Ib 37 ; 110 II 396 ; récemment sur l'intérêt digne de protection, v. TF
        1. 2. 2017, 4A_384/2016, c. 2 et TF 5. 2. 2019, 4A_407/2018, c. 4). La solution retenue à
        l'ATF 146 III 441 (c. 2.6.2 ; critiquée par ANCESCHI/VISCHER, PJA 2020 1619 ss) pour les
        cessionnaires selon l'art. 260 LP, en vertu de laquelle la réinscription n'est pas nécessaire
        en cas de découverte de nouvel actif ou pour exercer un droit qui n'a pas été pris en compte
        (car les cessionnaires ont ici aussi qualité pour agir), ne semble pas applicable en cas de
        liquidation volontaire.

V. Liquidation selon les règles de la faillite

Plusieurs cas de dissolution donnent lieu à une liquidation qui n'est pas effec- 1340
tuée par des liquidateurs choisis par les actionnaires, comme décrit dans ce
chapitre, mais selon les règles de la faillite. Outre la **faillite proprement dite**
prononcée suite à une insolvabilité reconnue à la demande de créanciers
(art. 189 s. LP) ou de la société (art. 191 LP[2003]), ou en cas de surendettement
constaté judiciairement selon l'art. 725b CO, la liquidation aura lieu **selon les
règles de la faillite** lorsque la société est dissoute par décision de justice en
raison d'une carence d'organisation[2004] (art. 731b al. 1 ch. 3 CO, pour autant
que cette sanction civile soit proportionnée[2005]).

La **procédure** se distingue sensiblement de la liquidation volontaire en ceci 1341
notamment que la liquidation est conduite, dans une première phase, par l'office des faillites puis par un administrateur nommé par les créanciers (et non
par les actionnaires). Par ailleurs, contrairement à la liquidation volontaire qui
n'affecte pas les **rapports avec les tiers** sur ce plan, les procès contre la société
liquidée selon les règles de la faillite sont suspendus (art. 207 LP, sauf si la
masse en faillite décide de les reprendre) ; ses dettes, en principe converties en
argent (art. 211 al. 1 LP), deviennent exigibles dès la faillite (art. 208 LP). Du
point de vue du **résultat final**, la liquidation par voie de faillite aboutit d'ordinaire à un « dividende » couvrant partiellement les prétentions des créanciers
(rien n'étant versé aux actionnaires dans la mesure où les créanciers ont subi
un découvert), tandis que la liquidation selon les art. 739 ss CO doit aboutir au
désintéressement intégral des créanciers[2006], de sorte qu'un excédent peut être
versé aux sociétaires à titre de « dividende de liquidation » [2007].

[2003] L'al. 1 de cette disposition permet à la société de demander sa faillite même en l'absence
de surendettement (« *Le débiteur peut lui-même requérir sa faillite en se déclarant insolvable en justice* »). Comme cela équivaut à une dissolution, la jurisprudence a retenu que
la déclaration d'insolvabilité, démarche devant certes être accomplie par le conseil d'administration seul habilité à représenter la société pour ce faire, requiert une décision préalable de dissolution votée par l'assemblée générale (TF 18.1.2016, 5A_625/2016,
c. 3.2.3 ; v. ég. TPI GE 21.6.2016, C/8470/2016, c. D.a).

[2004] L'ATF 141 III 43 précise que les règles sur la faillite ne s'appliquent que par analogie (cf.
citations *infra* n. 2008 s.) ; dans le même sens, ATF 148 III 194 c. 5.1.1 (198), cité *infra*
n. 2011.

[2005] Cf. *supra* N 152, ainsi que N 1272-1279 (spéc. ad n. 1917).

[2006] Sinon, la liquidation selon le mode volontaire doit prendre fin (cf. art. 743 al. 2 CO : « *Si
l'actif ne couvre plus les dettes, [les liquidateurs] en informent le juge. Celui-ci déclare
la faillite* » ; cf. *supra* N 1313-1314).

[2007] La liquidation suite à une dissolution pour carence au sens de l'art. 731b CO pourra aussi
aboutir à un excédent à répartir aux actionnaires. À cet égard, l'ATF 148 III 194 c. 5.1.3
(199) a eu l'occasion d'apporter quelques précisions : « *Si la procédure de liquidation se*

1342 Une règle qui a son importance dans la faillite est qu'elle peut être **révoquée** lorsque la société faillie « *établit que toutes les dettes sont payées* » (art. 195 al. 1 lit. a LP) ou qu'elle « *présente une déclaration de tous les créanciers attestant qu'ils retirent leurs productions* » (lit. b) ou « *qu'un concordat a été homologué* » (lit. c). La loi précise que « *la révocation peut être prononcée dès l'expiration du délai pour les productions et jusqu'à la clôture de la faillite* » (al. 2). Un arrêt publié a, fort étonnamment, estimé que la révocation aurait été « *exclue implicitement* » par le législateur dans le cas d'une dissolution ordonnée par suite d'une carence selon l'art. 731b CO[2008]. Cette décision nous paraît frontalement incompatible avec le principe de proportionnalité, pourtant cité dans l'arrêt[2009]. En effet, la dissolution en cas de carence et la liquidation qui s'ensuit ne constituent pas un but en soi. Si la société a pu se réorganiser afin de corriger la carence, et que de surcroît elle a payé ses créanciers ou obtenu le retrait de leurs productions, il est évident qu'il n'existe plus d'intérêt prépondérant à ce qu'elle soit radiée. Cet arrêt paraît relever d'une approche punitive,

---

solde par un excédent d'actifs, l'office doit utiliser celui-ci pour couvrir les intérêts des créances des créanciers colloqués qui ont couru depuis le début de la procédure [...]. S'il existe encore un excédent, celui-ci doit, comme pour toute autre faillite, être restitué au débiteur, soit aux organes de la société, qui récupèrent le droit de disposer de ce patrimoine. Sauf disposition contraire des statuts, l'excédent doit être réparti entre les associés (actionnaires ou autres selon le type d'entité concernée et de titres émis). Cette compétence incombe aux organes au terme de la procédure de faillite, et non à l'office des faillites, faute de base légale [...]. À défaut d'organes, l'office doit consigner l'excédent à la caisse des dépôts et consignation ».

[2008] ATF 141 III 43 c. 2.5.5 (47) : « *Zum anderen ist davon auszugehen, dass der Gesetzgeber eine nachträgliche Widerrufbarkeit des Auflösungsentscheids gestützt auf Art. 731b Abs. 1 Ziff. 3 OR stillschweigend ausgeschlossen hat. Damit besteht kein Raum für eine analoge Anwendung von Art. 195 SchKG* ».

[2009] ATF 141 III 43 c. 2.6 (47 s.) : « *Das Gericht soll die drastische Massnahme der Auflösung gemäss Ziffer 3 erst anordnen, wenn die milderen Massnahmen gemäss Ziffer 1 und Ziffer 2 nicht genügen oder erfolglos geblieben sind [...]. Es gilt mithin das Verhältnismässigkeitsprinzip : Nur wenn sich mildere Mittel nicht als sachgerecht bzw. zielführend erweisen, kommt als* ultima ratio *die Auflösung der Gesellschaft nach Art. 731b Abs. 1 Ziff. 3 OR zur Anwendung [...]. Dies ist etwa der Fall, wenn – wie vorliegend im Verfahren vor dem Amtsgericht [...] – Verfügungen nicht zustellbar sind oder wenn sich die Gesellschaft in keiner Art und Weise vernehmen lässt [...]. Ist aber die Auflösung einer Gesellschaft gestützt auf Art. 731b Abs. 1 Ziff. 3 OR ohnehin erst auszusprechen, wenn alle milderen Mittel versagt bzw. sich als nicht mehr zielführend herausgestellt haben, muss der Auflösungsentscheid mit Eintritt der formellen Rechtskraft definitiv sein* ». Ce raisonnement, qui commence fort justement par rappeler la proportionnalité, n'est pas convaincant : dans sa portée concrète, il consiste à considérer que parce que la loi respecte la proportionnalité dans une première phase, on peut s'abstenir d'y avoir égard dans une seconde phase.

qui devrait être en principe rigoureusement exclue du droit civil[2010]. Une telle approche revient à ne pas prendre équitablement en considération les réalités de la vie économique, lesquelles peuvent conduire une société à traverser des troubles qui l'empêchent réellement de corriger une carence pendant une certaine période ; une fois que la carence a été surmontée, forcer la société à poursuivre sa liquidation jusqu'à sa radiation est insoutenable au regard du principe de proportionnalité, de la sécurité juridique et, tout simplement, du respect des personnes et de leurs intérêts légitimes. Il faut espérer vivement que cette jurisprudence sera révisée[2011], ce qui devrait d'ailleurs s'imposer d'autant plus sur le vu de la règle explicitement adoptée en 2017 (soit après cet arrêt) selon laquelle **une société radiée peut être réinscrite** si un intérêt le justifie (art. 935 CO)[2012]. À plus forte raison la liquidation doit-elle pouvoir être arrêtée (par la

---

[2010] Cf. p. ex. Nicolas ROUILLER (2002), p. 399 ; v. aussi Bruno V. BÜREN, RSJ 1954 266/2 ; Hein KÖTZ (1996), vol. I, p. 253.

[2011] Pour l'instant, il ne nous semble pas que cette direction soit en train d'être prise. Le récent ATF 148 III 194, c. 5.1.1 (197 s.), cite la solution de l'ATF 141 III 43 sans la critiquer : « *Il n'y a ainsi pas de déclaration de faillite, prononcée par le juge de la faillite, qui pourrait notamment être révoquée en application de l'art. 195 LP (ATF 141 III 43 [...]). La décision de dissolution est seulement assimilable fonctionnellement à un prononcé de faillite [...]. Le but poursuivi par le législateur est un système organisé dans lequel la société est liquidée sous le contrôle de l'autorité étatique, sans toutefois appliquer toutes les dispositions de la LP, car la justification de celles-ci réside principalement dans le fait que la société est surendettée ou insolvable (causes ordinaires de la faillite). Or, ces circonstances ne sont pas nécessairement réalisées dans les hypothèses visées par l'art. 731b CO [...]. Les règles de la faillite ne s'appliquent dès lors que par analogie* ». Les commentaires parus lorsque l'arrêt a été rendu lors ne paraissent pas remettre en cause la solution (ainsi p. ex. Olivier HARI, GesKR 2015 276 s.). En revanche, un arrêt KGer BL 23. 10. 2018, 400 18 229, utilise la marge de manœuvre (soit admettre en appel comme *nova* le rétablissement de la situation licite) pour écarter concrètement la dissolution (c. 5). À l'inverse, une décision OGer ZH 1. 6. 2023, Z2 2023 36, cite la critique parue dans l'ouvrage ROUILLER/BAUEN/BERNET/LASSERRE ROUILLER (2020), p. 741 ss (manifestement citée par la recourante), mais estime que le problème ne peut être résolu que par intervention législative (c. 4.2) ; cela ne semble pas compatible avec le rôle confié par le législateur suisse au juge selon l'art. 1 CC, tel que décrit notamment par Ernst KRAMER (Juristische Methodenlehre, 6ᵉ éd. 2019), dont même les propositions les plus audacieuses – interprétation correctrice ou «réduction téléologique» – sont mises en œuvre par la jurisprudence, ainsi à l'ATF 121 III 219 c. 1b/aa (225), en droit de la société anonyme, puis à l'ATF 131 III 97 c. 3.1 (103), en droit de l'association (dans d'autres domaines du droit privé, cf. ATF 123 III 213 c. 5a [218], sur la prescription, et ATF 123 III 292 c. 2d [305], sur la lésion ; l'idée de l'interprétation correctrice est loin d'être neuve, comme le montre le brocard *cessante ratione legis cessat lex ipsa*, cf. Detlef LIEBS [2007], p. 45 [24], qui le rattache à la glose *Non cohaeret*, ad Dig. 35, 1, 72 § 6).

[2012] V. *supra* N 158-160 ainsi que n. 2002.

révocation de la faillite) quand il n'existe plus d'intérêt, autre qu'une punition déplacée, à ce qu'elle se poursuive.

VI.   La responsabilité des liquidateurs

A.   La responsabilité des liquidateurs en général

1343   Formellement, la principale disposition légale relative à la responsabilité des liquidateurs[2013] est la même que celle qui énonce la responsabilité des gérants, à savoir l'art. 754 CO (al. 1 : « *Les membres du conseil d'administration et toutes les personnes qui s'occupent de la gestion <u>ou de la liquidation</u> répondent à l'égard de la société, de même qu'envers chaque actionnaire ou créancier social, du dommage qu'ils leur causent en manquant intentionnellement ou par négligence à leurs devoirs* »). Il en découle l'application des art. 756-760 CO quant au régime de la responsabilité[2014].

1344   Matériellement, les liquidateurs ont, comme les gérants, un devoir de loyauté[2015] et de diligence[2016]. La diligence s'exerce au regard des tâches du liquidateur : ces tâches sont celles qui ont été décrites dans les développements ci-dessus du présent chapitre[2017]. Elle relève donc avant tout de la catégorie de la diligence qui s'applique à l'exécution des tâches[2018]. Cela dit, mais dans la mesure où, par exemple, certaines décisions ont un objet entrepreneurial (notamment parce que l'activité de la société n'est pas immédiatement arrêtée), la retenue admise pour l'évaluation de ce type d'actes peut devoir s'appliquer[2019].

1345   Il s'agit donc de l'obligation d'encaisser les créances, de réaliser les actifs au meilleur prix (dans la mesure de ce qui est réaliste) et de payer les dettes avant toute distribution d'un éventuel excédent aux sociétaires (il en va de même de l'omission de consigner les montants correspondant à des dettes contestées)[2020]. Y manquer conduit *directement* à un préjudice des créanciers (en cas

---

[2013] Plusieurs dispositions légales visent la responsabilité *de la société* pour le comportement de ses liquidateurs (*supra* N 693 et 695).

[2014] *Supra* N 1104-1198.

[2015] Ainsi p. ex. Corboz/Aubry Girardin, CR ad art. 754 CO (2017), N 26 *in initio*.

[2016] Ainsi p. ex. Corboz/Aubry Girardin, CR ad art. 754 CO (2017), N 20 *in initio*.

[2017] *Supra* N 1292-1298 et 1308-1339. Le chapitre sur la révocation (*supra* N 1299-1307) indique une série de comportements problématiques, mais les critères de la responsabilité ne se confondent pas (ils sont en principe plus étroits que les «justes motifs» susceptibles de fonder la révocation).

[2018] *Supra* N 1053-1059.

[2019] *Supra* N 1037-1047.

[2020] *Supra* N 1322-1337.

de distribution à des sociétaires insolvables) ou des sociétaires (en cas de manquements dans l'encaissement de créances ou la réalisation des actifs). La probabilité de la survenance d'un dommage est accrue si le liquidateur viole les obligations formelles telles que celles d'établir un bilan d'ouverture de liquidation et de procéder (au moins dans la SA et personnes morales du CO) à un appel aux créanciers, voire de soumettre un plan de liquidation aux sociétaires[2021]. Le risque de dommage est également accru lorsqu'un liquidateur s'abstient de démissionner malgré un conflit d'intérêts permanent.

B. La responsabilité particulière du liquidateur à l'égard des dettes fiscales

Les gérants peuvent répondre des dettes d'impôt – nées ou échues pendant leur mandat – si la société déplace hors de Suisse son siège ou le lieu de son administration effective ; leur responsabilité est limitée au montant de la fortune sociale nette. Si la société est dissoute, les gérants et les liquidateurs répondent pour les impôts dus à concurrence du bénéfice[2022] de liquidation.   1346

Cette solidarité est notamment[2023] prévue par la législation sur l'impôt anticipé (art. 15 al. 1 LIA), l'impôt fédéral direct (art. 55 al. 1 LIFD) et la taxe sur la valeur ajoutée (art. 15 al. 1 lit. e et f LTVA[2024]).   1347

La solidarité ne suppose pas que le gérant ou liquidateur ait commis une faute. Cependant, celui-ci peut se libérer en prouvant qu'il a *« pris tous les soins commandés par les circonstances »* (art. 55 al. 1 i.f. LIFD) ou qu'il a *« fait tout ce qui pouvait être raisonnablement exigé [de lui] pour déterminer et régler la dette fiscale »* (art. 32 al. 3 LTVA ; quasi identique, art. 15 al. 2 LIA[2025]).   1348

[2021] *Supra* N 1311-1319.

[2022] Parfois nommé « *produit de liquidation* » (art. 89 al. 1 LI-VD ; art. 55 al. 1 LIFD) ou « *produit net de liquidation* » (art. 8 al. 1 LIPM-GE ; cf. ég. art. 13 al. 3 lit. d et 55 al. 2 lit. a LIFD).

[2023] Les lois fiscales cantonales prévoient des règles analogues (cf. p. ex. art. 89 LI-VD, 8 al. 1 LIPM-GE et 96 al. 1 LICD-FR ; l'art. 79 LFisc-VS précise que la fortune sociale nette déterminante est celle qui existe au moment de l'entrée en liquidation).

[2024] Cf. ég. art. 131 lit. f OTVA. Ces dispositions étaient identiques sous la loi en vigueur jusqu'en 2009 (art. 32 al. 1 lit. c et d aLTVA et 16 al. 1 lit. e aOTVA).

[2025] Ces dispositions prévoient en outre que la solidarité ne concerne que « les dettes fiscales, intérêts et frais *qui prennent naissance ou qui échoient pendant leur mandat* » (art. 32 al. 3 i.f. LTVA) ou « qui *prennent naissance, que l'autorité fait valoir ou qui échoient pendant leur gestion* » (art. 15 al. 2 i.i. LIA). Cette exigence se recoupe largement – mais ne se confond pas toujours – avec la preuve libératoire susmentionnée : suivant les circonstances, il arrivera que l'on puisse reprocher à un gérant de ne pas régler une dette fiscale

1349 Les conditions de l'exonération sont sévères. Cela étant, il faut garder à l'esprit que le choix du législateur a clairement été de restreindre cette responsabilité *aux cas de liquidation* puisque le montant est limité à celui du *produit de liquidation*.

1350 La pratique assimile à la liquidation formelle la «liquidation de fait». Cette notion ne peut cependant pas repousser les limites posées par la loi et étendre la responsabilité aux situations où l'activité baisse, même substantiellement[2026]. On ne peut parler de liquidation de fait que si la liquidation formelle est artificiellement repoussée.

---

qui a pris naissance ou qui est échue avant son mandat. Sous cet angle aussi, pour les autres impôts à propos desquels cette limitation n'existe pas (cf. art. 55 LIFD *a contrario* ; cf. ég. p. ex. art. 89 LI-VD et 8 al. 1 LIPM-GE *a contrario*), le gérant est donc bien avisé de s'informer au sujet des dettes fiscales déjà nées ou échues avant qu'il entre en fonction.

[2026] Contrairement à certaines velléités de quelques administrations fiscales, cette notion ne peut être étendue à des situations telles la baisse du chiffre d'affaires. La «liquidation de fait» ne devrait être retenue que lorsque le refus d'ouvrir officiellement la liquidation est abusif et ne laisse qu'artificiellement la société poursuivre son existence formelle. Fort juste à cet égard, TAF 14. 10. 2019, A-5205/2018, A-5206/2018, c. 3.7.2 et 3.7.3 (confirmé par TF 22. 3. 2021, 2C_964/2019). Pour le surplus, cf. *supra* N 1096-1100.

Titre 2 :   Partie spéciale du droit des sociétés

Le panorama qu'offre la partie générale permet de saisir par contraste ce qui   1351
est spécifique aux différentes formes de sociétés.

Ce qui est commun consiste notamment dans l'encadrement de l'activité et les   1352
rapports avec les tiers. Les situations hautement problématiques ou drama-
tiques, comme la responsabilité (des organes ou de la société pour ses organes)
en cas de dommage, la dissolution et la liquidation, y compris en cas de but
illicite, sont traitées par des règles communes ou convergentes. Les règles sur
le registre du commerce, les raisons sociales, la représentation (qui concernent
les rapports avec les tiers) ainsi que sur la comptabilité et la révision (qui concernent à la fois les rapports internes à la société et ceux avec les tiers) sont
communes.

Ce qui est spécifique constitue d'une certaine façon, en partie, les règles sur le   1353
cœur de la vie de la société, y compris hors de toute situation pathologique : il
s'agit notamment de la prise des décisions, c'est-à-dire les droits et compétences des sociétaires les uns envers les autres et envers la société, et les compétences des organes qu'ils élisent ; on peut parler des mécanismes de pouvoir.
Il s'agit aussi de la définition de la qualité de sociétaire et de la façon dont elle
s'acquiert et se transfère. On peut décrire l'ensemble de ces spécificités comme
l'organisation de la société, mais ce terme est trop vaste – et peut revêtir trop
de significations divergentes – pour être éclairant. En termes peu spectaculaires, les règles communes concernent notamment le fonctionnement –
normal – de la société.

Chapitre 1 : Les sociétés de personnes

§ 19 Les types de sociétés de personnes et les particularités de chacune d'elles – vue d'ensemble

I. La société simple

1354 La société simple n'est pas une société commerciale. Elle n'est pas inscrite au registre du commerce. Tous ses associés sont indéfiniment responsables.

1355 Ils peuvent être des personnes physiques ou morales.

II. La société en nom collectif

1356 La société en nom collectif est une société commerciale. Elle doit être inscrite au registre du commerce. Tous ses associés sont indéfiniment responsables pour les dettes de la société, solidairement (art. 568 al. 1 et 2 CO), mais subsidiairement, la société répondant en première ligne sur son patrimoine (al. 3).

1357 Les associés ne peuvent être que des personnes physiques (art. 552 al. 1 CO).

III. La société en commandite

1358 La société en commandite est une société commerciale. Elle doit être inscrite au registre du commerce. Au moins un des associés est indéfiniment responsable ; s'ils sont plusieurs, leur responsabilité est solidaire. Au moins un des associés n'est qu'un « commanditaire », responsable uniquement à concurrence d'un montant déterminé (« la commandite »). La responsabilité des associés ne peut être mise en œuvre que subsidiairement, la société répondant en première ligne sur son propre patrimoine (art. 604 et 610 CO).

1359 Les associés indéfiniment responsables ne peuvent être que des personnes physiques ; en revanche, les commanditaires peuvent être tant des personnes physiques que des personnes morales, ou encore des sociétés commerciales de personnes (art. 594 al. 2 CO).

§ 20 Les dispositions communes à l'ensemble des sociétés de personnes

I. Champ des dispositions communes uniquement aux sociétés de personnes

Une fois traitées les nombreuses règles communes – ou convergentes –, formellement ou matériellement, à l'ensemble des sociétés (registre du commerce, règles sur la représentation, droit comptable, révision, responsabilité des gérants, dissolution et liquidation), le champ des **règles communes uniquement à l'ensemble des sociétés de personnes** peut apparaître plus étroit qu'on aurait pu le penser de prime abord. Il est aussi borné par le champ des règles spécifiques à chaque société. Il recouvre tout de même un bon nombre d'aspects. 1360

Outre la justification fondamentale selon laquelle il n'y a pas de raisons d'appliquer des règles différentes à des situations semblables, il faut reconnaître que la **structure de la loi** joue ici un rôle très important pour la convergence des règles qui prévaut entre la société simple et les sociétés commerciales : le droit de la société en nom collectif indique qu'à défaut de règle particulière dans la section qui lui est consacrée, ce sont les règles de la société simple qui s'appliquent (art. 557 al. 2 CO, pour les rapports entre associés, et 574 al. 1 CO pour la dissolution et la sortie des associés, soit l'ensemble des matières sauf l'inscription au registre du commerce, les rapports avec les tiers et la liquidation). Quant au droit de la société en commandite, il désigne applicable le droit de la société en nom collectif (art. 598 al. 2, 603 et 619 CO), et donc en fin de compte, largement, le droit de la société simple. 1361

On relèvera que l'histoire législative y a contribué. Dans le projet de 1861, il était prévu de ne réglementer dans le droit fédéral que les opérations commerciales et donc les sociétés commerciales[2027]. L'approche suivie en 1880[2028] et adoptée par le Code fédéral des obligations en 1881 a été celle du « code unique » applicable aux matières tant civiles que commerciales. Il s'ensuit 1362

[2027] Cf. Walther MUNZINGER (1865 [version française]), p. 61 et 486.

[2028] Sur le détail du processus législatif, qui remonte à 1862 et a connu de nombreuses étapes avant 1880, cf. p. ex. FELLMANN/MÜLLER, BK ad art. 530-551 CO (2006), N 27-67. On citera, surtout pour la SNC, à plusieurs reprises le rapport de Walther MUNZINGER, tant il exprime les conceptions – sur la SNC (*infra* N 1494-1539) – qui sont toujours en vigueur, malgré les immenses changements sociaux (y compris dans l'économie et la démographie des entreprises, cf. *supra* N 28 et 38 ainsi qu'*infra* N 1497) et technologiques survenus au cours des plus de 160 années écoulées depuis.

qu'une partie substantielle des règles envisagées pour la société en nom collectif en 1861 ont été, dans le processus de 1880-1881, largement placées dans la section consacrée à la société simple[2029], le droit de la société en nom collectif y renvoyant[2030]. Il y a lieu d'observer que cette structure, et d'ailleurs la formulation des règles contenues aux art. 530 à 619 CO, est restée quasiment inchangée depuis 1881[2031] (cela, par une vraie coïncidence, jusqu'à la numérotation de certains articles, malgré la refonte complète du CO en 1911).

II. Présence d'associés indéfiniment responsables

1363 Pour les sociétés de personnes, le premier trait commun est la **responsabilité illimitée et solidaire d'associés** – au moins de l'un d'entre eux dans la société en commandite – pour les dettes de la société (art. 544 CO pour la société simple ; art. 568 al. 1 et 2 et 569 CO pour la SNC et la société en commandite).

1364 Une importante **différence** entre la société simple et les sociétés commerciales est que dans ces dernières, la responsabilité solidaire des associés ne peut être mise en œuvre par les créanciers que subsidiairement aux démarches visant le patrimoine de la société (cf. art. 568 al. 3 CO pour la SNC ; art. 604 CO pour la société en commandite).

1365 Mais excepté ce point, important en pratique, les règles de la solidarité sont identiques dans la société simple et les sociétés commerciales ; elles sont celles de la **partie générale du code des obligations**, qui ont été exposées dans cet ouvrage pour d'autres cas de responsabilité solidaire[2032] (celles des organes, suivant aussi le régime commun sous réserve des spécificités liées à la responsabilité différenciée[2033]).

[2029] FF 1880 I 170 ss, étant précisé que les décisions législatives finales ont encore rapproché la SNC et la société simple (p. ex. en ne prévoyant pas d'exigence de forme pour le contrat créant la SNC, alors que le projet de 1880 la prévoyait, cf. FF 1880 III 148).

[2030] Ce choix a été délibéré, sans dogmatisme, un changement étant considéré comme parfaitement possible, ainsi que le montre le Rapport du Conseil fédéral, FF 1909 III 751 : « *le chapitre [relatif à la société simple] est en quelque sorte la partie générale des sociétés commerciales [...]. Si, par la suite, d'autres dispositions d'ordre général pour toutes les sociétés commerciales devenaient nécessaires, on pourrait facilement les faire rentrer dans le cadre de la future révision de la matière des sociétés commerciales* ».

[2031] Cf. FF 1881 III 177-196.

[2032] *Supra* N 1187-1193.

[2033] *Supra* N 1164-1186.

III.   Absence d'exigence de forme pour le contrat

Un autre trait commun à toutes les sociétés de personnes consiste dans le **ca-**   1366
ractère informel du contrat de société : ni la forme authentique, ni même la
simple forme écrite n'est nécessaire.

Une société de personnes peut **même être formée tacitement ou par actes**   1367
concluants[2034].

Il ne faut pas confondre l'absence d'exigence de forme quant à la **validité** de   1368
tout contrat de société de personnes (et donc quant à l'existence même de la
société de personnes) et les formalités, nécessairement écrites, qu'une société
commerciale de personnes doit remplir pour **opérer des inscriptions** au registre du commerce (lesquelles sont obligatoires, mais pas constitutives[2035]).

L'absence d'exigence de forme pour constituer une société de personnes **se**   1369
justifie par la responsabilité illimitée des associés ou d'au moins l'un d'eux
(dans la société en commandite). Créer une société de personnes ne revient pas
à créer une entité qui représente des risques de solvabilité, pour ceux qui interagissent avec elle, plus grands que si la société n'existait pas. On peut donc
s'accommoder, lorsque telle est la situation, du flou et de l'indéfini qui peut
caractériser les relations établies sans formalités. Le besoin de protection des
tiers ne peut ici fonder matériellement une exigence de forme.

L'absence de toute exigence de forme crée le risque qu'il se crée une société   1370
sans que les parties le souhaitent unanimement, cela **découlant de l'interpré-**
tation des actes concluants ou des déclarations. Or, les conséquences sont importantes, au premier rang desquelles figure la responsabilité solidaire pour les
dettes de la société. Ainsi, il n'est pas rare que des contrats de coopération précisent *expressis verbis* que la relation qu'ils créent n'est pas une société
(« clause *no partnership* »[2036]). Certes, une qualification choisie par les parties,

---

[2034]   Parmi de très nombreuses décisions, cf. p. ex. TF 4. 4. 2011, 4A_21/2011, c. 3.1 (2ᵉ par.
  in initio) : « *Le contrat de société simple ne requiert, pour sa validité, l'observation d'au-*
  cune forme spéciale ; il peut donc se créer par actes concluants, voire sans que les parties
  en aient même conscience » ; pour la SNC, ATF 124 III 363 c. II/2a (364 s.) : « *Die Kollek-*
  tivgesellschaft bedarf zu ihrer Entstehung eines Gesellschaftsvertrages, dessen Abschluss
  grundsätzlich formfrei erfolgen kann [...] aus der Formfreiheit der Gesellschaftsverträge
  ergibt sich, dass eine einfache Gesellschaft – und als deren Sonderform auch die Kollek-
  tivgesellschaft – konkludent entstehen und sich namentlich aus dem Verhalten der Partner
  ergeben kann, ohne dass ihnen diese Rechtsfolge bewusst sein muss ».

[2035]   *Supra* N 77-79.

[2036]   Parmi d'innombrables exemples soumis au droit suisse, on peut se référer au Trademark
  License Agreement de l'Union postale universelle (UPU), art. 17.6 ou à l'art. 17 des Conditions générales de SwissSign (« *[1] SWISSSIGN et le CLIENT déclarent expressément*

ici négative, ne lie pas le juge[2037] et une relation pourrait tout de même être qualifiée de société malgré une clause qui le refuse explicitement (*falsa denominatio non nocet*). Mais, vu les égards dus à l'autonomie des parties, cela ne devrait être que très exceptionnel, sans que l'on doive toutefois exiger toujours une véritable erreur essentielle pour s'écarter d'une telle qualification négative.

IV. Apports ; répartition du bénéfice et des pertes

A. Principe de l'apport

1371 Tous les associés indéfiniment responsables doivent faire au moins un apport.

1372 Cet apport peut être « *en argent, en créances, en d'autres biens ou en industrie* » (art. 531 al. 1 CO). Sa nature matérielle est donc extrêmement diverse. Par ailleurs, il n'est pas nécessaire de le définir à l'avance[2038].

1373 On ne traite pas, dans cette section, de l'apport particulier qu'est la commandite, spécifique à la position de l'associé commanditaire (dont la responsabilité est limitée) dans la société en commandite et traité dans le chapitre relatif à cette forme de société[2039].

---

qu'ils ne constituent pas une société simple au sens de l'art. 530 du Code des obligations ni une autre relation relevant du droit des sociétés. Les parties s'abstiennent de laisser entendre à des tiers qu'elles constituent une société simple avec l'autre partie. [2] La collaboration entre les parties s'oriente exclusivement vers la fourniture de prestations contre rémunération dans le cadre de contrats individuels d'échange. [3] Les parties n'ont ni organisation, ni infrastructure ou moyens partagés et ne poursuivent pas de but commun. Les parties sont indépendantes l'une de l'autre, constituent des entreprises indépendantes et interviennent comme telles sur le marché. Les parties ne sont pas tenues de verser des contributions, quelles qu'elles soient ni d'effectuer de versements supplémentaires. Toute participation aux gains ou aux pertes est exclue. Chaque partie supporte ses propres frais et risques. Aucune partie n'est en droit d'agir au nom de l'autre partie »).

[2037] Art. 18 al. 1 CO. P. ex. CJ, SJ 1979 84 c. 3 (« leasing » au lieu de « location »). V. aussi ATF 115 II 349 c. 3 et 112 II 337 c. 4b. V. ég. Bénédict WINIGER, CR ad art. 18 CO (2021), N 64 ad n. 125.

[2038] ATF 116 II 707 c. 2a (710) : « *Die zur Verfolgung des Gesellschaftszweckes erforderlichen Mittel, d. h. die von den Gesellschaftern zu erbringenden Beiträge können in irgendwelchen vermögensrechtlichen oder persönlichen Leistungen bestehen. Sie können für die einzelnen Gesellschafter verschieden sein und brauchen nicht im voraus bestimmt zu sein* ».

[2039] Cf. *infra* N 1555-1570.

B. Types d'apport

Lorsqu'il s'agit de biens, on distingue les apports en pleine propriété (*quoad*   1374
dominum) à la communauté que constitue la société, les apports en usage
(*quoad usum*) ou « en destination » (*quoad sortem*)[2040]. On décrit d'abord ci-
dessous les différences conceptuelles et pratiques entre ces divers apports de
biens (ch. 1-3). Les apports autres que des biens sont décrits ensuite (ch. 4). Il
est important d'avoir à l'esprit que la notion d'apport dans les sociétés de personnes est sensiblement plus large que dans les sociétés de capitaux.

1. Apports en propriété

Pour que l'apport soit valablement fait en propriété, il faut que les règles appli-   1375
cables au transfert de ce bien soient respectées : ainsi, p. ex., la forme écrite
pour la cession de créance[2041] (art. 165 al. 1 CO) et la forme authentique pour
les immeubles (art. 657 al. 1 CC), avec inscription au registre foncier[2042]
(art. 656 al. 1 CC). Si le transfert de propriété n'a pas été opéré, il ne peut s'agir
que d'un apport en usage ou en destination.

Lorsque l'apport a été fait en propriété, la société de personnes a acquis un titre   1376
de propriété de même portée que dans une autre opération de transfert de propriété. L'associé apporteur a d'ailleurs les mêmes obligations de garantie que
le vendeur (cf. art. 531 al. 3, 2ᵉ hypothèse, CO). Il s'agit d'une pleine propriété,
la communauté étant devenue ayant droit économique, ce qui se manifeste dans
la liquidation : le bien apporté en propriété n'est pas restitué à l'associé apporteur (art. 548 CO), qui ne bénéficie pas non plus d'une éventuelle plus-value ni
ne subit de moins-value, sauf en sa qualité d'associé qui a droit à une part de
bénéfice ou doit assumer sa part des pertes. Son droit lié au bien apporté en
propriété est la restitution de la valeur qu'il avait au moment où il a été transféré[2043].

[2040] Cf. p. ex. les descriptions de BLANC/FISCHER (2020), N 153-157 et de François CHAIX, CR
ad art. 531 CO (2017), N 4.
[2041] Cf. p. ex. BLANC/FISCHER (2020), N 154.
[2042] TF 5. 7. 2019, 4A_377/2018, c. 5.4.
[2043] Cf. *supra* N 1336 et *infra* N 1411.

2. Apports en usage et apports en destination

1377 Lorsque l'apport a été fait en usage ou en destination, la propriété n'est pas transférée. La distinction entre ces deux types d'apport peut être difficile à saisir.

1378 Pour **l'apport en usage** (« *jouissance d'une chose* »), la loi dit utilement que les règles du bail s'appliquent aux risques et à la garantie (art. 531 al. 3, 1re hypothèse, CO) ; et concrètement, on peut effectivement assimiler largement la position de la communauté à celle d'un locataire sur le plan de la faculté d'utiliser le bien remis, tant que dure la société. Pour des biens de propriété intellectuelle, la situation de la communauté est celle d'un preneur de licence.

1379 La remise d'un bien « **en destination** » est plus complexe à décrire : l'associé apporteur, qui conserve la propriété du bien, l'affecte au but social[2044] ; ce sont les exigences du but social qui déterminent l'emploi que l'apporteur doit faire du bien apporté. Si ce sont des actions (ou les droits liés à des actions), comme dans un pacte d'actionnaires constituant une société simple, et que le but social implique d'élire un conseil d'administration ayant une politique conforme à l'objectif des parties au pacte, ou de voter un certain dividende, l'apport en destination des actions ou des droits y relatifs signifie que l'apporteur doit exercer le droit de vote dans ce sens. On comprend qu'il ne s'agit pas exactement d'une relation semblable à un bail. Si le bien apporté en destination est un terrain sur lequel une promotion immobilière (construction et vente) est envisagée par les associés, la réalisation du but impliquera que l'associé propriétaire autorise les démarches en vue de l'obtention du permis de construire, puis les travaux, puis constitue le cas échéant des lots de PPE et les vende aux acheteurs (ou qu'il cède l'immeuble à la communauté une fois le permis de construire obtenu[2045]). Tant qu'il y a incertitude quant à la possibilité d'atteindre le but, l'associé apporteur par destination est restreint dans son droit de disposer du bien apporté[2046].

1380 Une différence majeure d'avec l'apport en usage retenue par la doctrine et la jurisprudence est qu'« *en cas d'apport* quoad sortem, *toute plus-value, même*

[2044] BLANC/FISCHER (2020), N 156 (p. 50 *in fine*) expriment que « *sa valeur économique est ainsi mobilisée en vue du but à accomplir* ».

[2045] Ainsi BLANC/FISCHER (2020), N 156 ad n. 112. Voir aussi l'ATF 105 II 204 c. 2b (207 *in fine* : « *Um eine blosse Gebrauchsüberlassung im Sinne von Miete oder Pacht handelte es sich hier entgegen der Auffassung der Beklagten nicht ; diese verpflichteten sich vielmehr, das Grundstück der Gesellschaft zur Verfügung zu stellen, damit diese es ihrem Zweck gemäss überbauen könne* »).

[2046] BLANC/FISCHER (2020), N 156 *in fine*, disent que l'associé apporteur est soumis à une « *restriction contractuelle de son droit (p. ex. de disposer d'un immeuble ou de voter librement à l'AG d'une SA)* ».

conjoncturelle, entrera dans le bénéfice de la société dans la mesure où les associés auront traité l'apport, dans leurs relations internes, comme s'ils en étaient les propriétaires collectifs »[2047].

3. Apport « en propriété fiduciaire »

Enfin, on relèvera qu'il n'apparaît pas conceptuellement exclu de faire pour apport un transfert de propriété fiduciaire[2048]. Cela étant, si les termes de l'accord fiduciaire sont que la communauté peut utiliser le bien, qu'elle apparaît comme propriétaire aux yeux de tiers tant que dure la société et qu'elle doit le restituer lorsque celle-ci est dissoute, cela équivaut économiquement à un apport en usage. Si une participation à la plus-value ou à la moins-value a été prévue, c'est avec un apport en destination qu'il y a équivalence économique.

1381

4. Apport en travail (« industrie ») et autres prestations

Tout type de prestation et même la seule présence de l'associé – indéfiniment responsable – dans le sociétariat sont susceptibles de constituer un apport. La notion d'apport est extrêmement large[2049] (et ne se confond donc nullement avec celle qui s'applique aux sociétés de capitaux[2050]).

1382

[2047] TF 10.1.2023, 4A_409/2021, c. 5.2. Voir aussi TF 5.7.2019, 4A_377/2018, c. 5.5 (1er par.) : «*Lorsque l'apport a été fait en destination (*quoad sortem*), toute plus-value, même conjoncturelle, entre dans le bénéfice de la société, à répartir entre les associés, lorsque ceux-ci ont traité l'apport, dans les rapports internes, comme s'ils en étaient propriétaires collectifs, même s'ils ne pouvaient pas en disposer*». Voir aussi l'arrêt TF 4.3.2014, 4A_485/2013, c. 6.1 : «*si la valeur de l'apport a augmenté grâce à l'activité de la société simple, la plus-value est considérée comme un gain à partager entre les associés [...]. Par ailleurs, en cas d'apport* quoad sortem, *toute plus-value, même conjoncturelle, entrera dans le bénéfice de la société, à répartir entre les associés, lorsque ceux-ci ont traité l'apport, dans les rapports internes, comme s'ils en étaient propriétaires collectifs, même s'ils ne pouvaient pas en disposer*».

[2048] BLANC/FISCHER (2020), N 154 *in fine* ; François CHAIX, CR ad art. 531 CO (2017), N 4 ad n. 13. L'arrêt TF, SJ 1995 724 c. 4b mentionne expressément les apports «*en propriété fiduciaire*».

[2049] Cf. François CHAIX, CR ad art. 531 CO (2017), N 2 («*notion très extensive de l'apport*»)

[2050] Cf. *infra* N 1797-1806 (notion), 1810-1836 (apports lors de la fondation) et 1855-1857 (dans l'augmentation de capital), l'apport à une société de capitaux devant être une valeur patrimoniale susceptible d'être portée à l'actif du bilan (sur cette notion, *supra* N 265-270).

1383 La jurisprudence a notamment relevé que les apports peuvent «*prendre les formes les plus diverses ; on admet en particulier que le simple fait d'accepter la qualité d'associé et donc de devenir personnellement et solidairement responsable du paiement des dettes de la société peut constituer un apport, de même que le fait, par sa présence, de permettre l'octroi de certains crédits à la société* »[2051].

1384 À plus forte raison, une abstention qui a une valeur pour la société, tel le comportement consistant à ne pas lui faire concurrence (alors que l'associé s'abstenant serait capable d'avoir une telle activité), peut être considérée comme un apport.

1385 Si la prestation correspond à ce qui peut être fourni dans le cadre d'un contrat de travail, de mandat ou d'entreprise, il s'agira de déterminer s'il s'agit d'un apport ou d'une prestation qui doit être rémunérée par la société. Selon la formulation proposée en doctrine, «*en cas de doute, on privilégiera la qualification d'apport, lorsque la prestation sert directement le but social, qu'elle est prévue pour toute la durée d'existence de la société et qu'elle doit nécessairement être exécutée par un associé* »[2052]. On peut *a contrario* retenir que la présomption d'apport est plus fragile, voire renversée, lorsque la prestation en cause aurait pu être confiée à un tiers et que la rémunération demandée est conforme au marché. Il ne faut toutefois pas perdre de vue qu'un apport peut aussi résulter du fait que la rémunération demandée pour la prestation est inférieure à sa valeur de marché[2053] ; l'apport consiste alors dans la différence entre la rémunération demandée et cette valeur. Cela étant, en tous les cas, il faut avoir à l'esprit que la loi *présume* à l'art. 537 al. 3 CO que l'associé «*n'a droit à aucune indemnité pour son travail personnel* ». Cette règle est certes dispositive[2054], mais sauf preuve d'un accord contraire, la prestation de travail n'est

---

[2051] TF, SJ 1995 724 c. 4b (725).

[2052] Ainsi François Chaix, CR ad art. 531 CO (2017), N 5 ad n. 19, approuvé par Blanc/Fischer (2020), N 159 ad n. 116. La proposition originelle est d'Alfred Siegwart, ZK ad art. 530-531 CO (1938), N 91, qui est traduite en français par l'arrêt TF, SJ 1977 p. 369 c. 1b (374) : «*Dans le doute il y a lieu d'admettre l'existence d'une relation de caractère social... notamment lorsque cette relation est importante du point de vue de temps, étant prévue pour toute la durée de la société. Lorsque la relation est de telle nature qu'on ne puisse guère envisager comme cocontractant quelqu'un d'autre qu'un associé, il s'agit d'une relation de caractère social. En revanche, lorsque c'est plutôt le fait du hasard que le travail ait été confié à un associé, on est en présence d'un contrat distinct* ».

[2053] Cf. François Chaix, CR ad art. 531 CO (2017), N 5 ad n. 17 («*rémunération inférieure au prix réel* »).

[2054] Cf. ATF 72 II 180 (182) : «*Il est vrai que d'après l'art. 558 al. 3 CO, les honoraires convenus pour le travail d'un associé sont assimilés à une dette de la société lors du calcul des bénéfices et des pertes. Mais cela ne fait que confirmer qu'en principe, c'est-à-dire <u>sauf stipulation contraire</u>, le travail d'un associé n'est précisément rémunéré que par une*

pas rémunérée autrement que par la part au bénéfice, qu'elle soit un apport initial ou une prestation ultérieure.

C.   Egalité des apports ; apports complémentaires et avances ; répartition du bénéfice

Sauf accord contraire, les apports des associés indéfiniment responsables doivent être égaux (art. 531 al. 2 CO).   1386

Il est évident qu'excepté pour les apports en argent, cette règle apparaît plutôt proclamatoire[2055]. Cependant, elle peut être comprise en ceci que les apports sont *réputés* égaux, étant rappelé que le fait même d'être associé peut être considéré comme un apport en raison, précisément, de la responsabilité illimitée. Et elle est le corolaire du droit présumé égal au partage des bénéfices (et à l'absorption des pertes).   1387

Il est évidemment très fréquent que les associés fournissent des prestations après avoir fourni les apports initiaux. Comme indiqué ci-dessus, il est présumé que le travail de l'associé n'est pas rémunéré (art. 537 al. 3 CO). En revanche, le fait d'assumer des dépenses pour la société constitue une avance dont le remboursement peut être demandé par celui qui l'a fournie (al. 1, *in initio* : « *Si l'un des associés a fait des dépenses ou assumé des obligations pour les affaires de*   1388

---

participation aux bénéfices [...]. Il reste donc que le travail fourni par un associé dans la société en nom collectif est en principe un simple apport fait à la communauté et que, cela étant, sa rétribution normale consiste en une part aux bénéfices ». Voir aussi CJ GE, RSJ 2011 579 c. 2.5.2 (582) : « *les faits retenus montrent que l'appelant a fourni ses prestations de travail, en tant qu'associé, au titre d'apport en industrie. Il n'a pas été démontré que celui-ci aurait déployé son activité selon les directives et instructions de l'intimé, ou qu'il se soit trouvé, par rapport à ce dernier, dans un rapport de subordination [...] la loi n'exclut pas l'existence d'un contrat de service rémunéré entre la société simple (ou SNC) et un de ses associés [...] ; de tels arrangements se justifient lorsque l'activité de travail d'un associé dépasse, en importance, celle de l'autre ou des autres associé(s) ; mais il convient de se montrer restrictif dans l'admission de circonstances permettant de déroger au système légal [...] le versement d'honoraires à l'appelant constituai[t] en réalité des avances sur bénéfice ('Gewinnvoraus')* » (cet arrêt a été confirmé par TF 4.4.2011, 4A_21/2011, c. 3).

[2055] TERCIER/BIERI/CARRON (2016), N 6949, indiquent qu'il ne peut s'agir que d'une « *égalité relative* » ; dans le même sens, François CHAIX, CR ad art. 531 CO (2017), N 6 ad n. 22 (cf. ég. ad n. 21 : « *l'égalité absolue n'est envisageable que pour les apports en espèces* »).

la société, les autres associés en sont tenus envers lui »). D'ailleurs, il est présumé que l'avance de fonds[2056] génère des intérêts, art. 537 al. 2 CO).

1389   On observera que les règles sur la société simple, sans énoncer l'obligation d'effectuer des « apports complémentaires », prévoient que les apports doivent être « *de la nature et importance qu'exige le but de la société* » (art. 531 al. 2 *in fine* CO). Pour la société en nom collectif, l'art. 560 al. 2 CO dit expressément qu'« *aucun associé n'est tenu de faire un apport supérieur à celui qui est prévu par le contrat, ni de compléter son apport réduit par des pertes* ». Cette problématique est grandement relativisée dans les sociétés de personnes par la responsabilité illimitée des associés : ils devront de toute façon payer tout ce qui est nécessaire pour régler intégralement les dettes de la société. La portée pratique d'une obligation d'effectuer un apport complémentaire se rapporte ainsi au droit des associés de réclamer à l'un d'eux d'effectuer des prestations *pour que la société poursuive ses activités, soit avant que le projet commun échoue* par manque de moyens et ne soit réduit à une relation où il s'agit de payer des dettes. Seules des stipulations précises permettent d'avoir une réponse claire à la question[2057]. Sans elles, l'interprétation du contrat sera souvent

---

[2056] Il n'est pas toujours aisé de distinguer un apport en argent et une avance au sens de l'art. 537 al. 1 et 2 CO) ; dans le même sens, François CHAIX, CR ad art. 537 CO (2017), N 3 ad n. 6.

[2057] Le cas jugé dans l'arrêt TF 14. 6. 2000, DC 2001 86 (cf. ég. *infra* n. 2138) , montre des clauses précises et un mécanisme d'appel de fonds, au ch. 3 s. : « *Si le contrat oblige les associés à fournir des contributions financières, ils doivent s'y conformer, indépendamment de l'obligation générale de faire des apports ; ils veulent par là assurer le financement courant du projet sans recourir à des prêts bancaires. S'il y a controverse entre les parties, il est conforme aux règles de la bonne foi qu'elles commencent par s'exécuter et n'en discutent le bien-fondé que par la suite ('primum vivere deinde philosophari'). 4. Même si le contrat prévoit le respect d'une forme et d'une procédure particulières pour les appels réguliers de fonds, il est contraire à la bonne foi qu'une partie, qui a exécuté sans protester une série de paiements pour lesquels cette forme et cette procédure n'avaient pas été respectées, s'y refuse pour un nouvel appel ; l'attitude des parties n'entraîne pas une modification du contrat pour l'avenir, mais interdit à la partie concernée de refuser un paiement qui lui a été adressé avant ses protestations* ». Dans la note sur cet arrêt, Pierre TERCIER observe (86 s.) : « *2. [...] lorsque les controverses qui surgissent avec le maître concernent des problèmes de trésorerie ; le financement d'un projet reste essentiel et il est contraire aux usages de refuser de participer à ce financement, même en cas de litige. Il est conforme au but du consortium que chacun accepte d'opérer les paiements requis, et que l'on tente immédiatement de résoudre les difficultés selon les mécanismes décisionnels du consortium [...] 3. [...] (b) Sur le principe des appels complémentaires de fonds. En soi, un associé n'est tenu de faire que les apports auxquels il s'est engagé et il ne peut sans modification du contrat être contraint d'en faire de nouveaux. Il doit néanmoins accepter d'effectuer les prestations qui, sans constituer des investissements nouveaux, sont nécessaires à la poursuite du but commun ; c'est le cas des avances de fonds qui peuvent être devenues nécessaires temporairement* ».

très incertaine[2058]. Dans la société simple, un associé pourra aisément soutenir que son apport consistant à être solidairement responsable est suffisant, et qu'il a à plus forte raison épuisé son obligation d'apport par quelques efforts additionnels tels des conseils ou des mises en contact, le critère de l'art. 531 al. 2 CO ne permettant pas de conclusions précises en sens contraire. À l'inverse, dans la société en nom collectif, le fait même de participer à une entreprise dont la nature peut impliquer des mises de fonds aussi à moyen terme pourra être interprété comme le consentement à une obligation d'apports complémentaires, l'art. 560 al. 2 CO n'instituant qu'une présomption qui peut être renversée par l'interprétation du contrat.

Dans toutes les sociétés de personnes, il est présumé que la répartition du bénéfice et des pertes se fait de façon égale (art. 533 al. 1 et 2 CO). Les conventions contraires sont bien sûr réservées (*ibid.* et al. 3).   1390

V.   Unanimité dans la prise de décision ; droit de tout associé indéfiniment responsable de gérer

La prise de décision[2059] requiert **le consentement de tous les associés indéfiniment responsables**[2060] (art. 534 al. 1 CO, applicable par renvoi de l'art. 557 al. 2 CO à la SNC, et donc à la société en commandite de par l'art. 598 al. 2 CO), sauf si le contrat de société a écarté la règle de l'unanimité et prévu un   1391

[2058] BLANC/FISCHER (2020), N 152, proposent de recourir à l'interprétation selon la volonté hypothétique («*une obligation postérieure de faire des versements nécessaires au but (ou toute autre forme d'apport supplémentaire) ne devrait pas excéder ce qui était raisonnablement envisageable au moment où les associés se sont engagés [...]. Faute de précision contractuelle et en cas de besoin d'apports supplémentaires inattendu, il faut retenir une lacune contractuelle et rechercher la volonté hypothétique des associés : s'ils avaient connu toute l'étendue des besoins financiers requis pour la poursuite du but social, auraient-ils tout de même conclu le contrat de [société simple] et dans quelle mesure ? Dans l'hypothèse où ils n'auraient pas conclu le contrat, aucune obligation supplémentaire ne peut être déduite. En revanche, dans l'hypothèse où ils se seraient engagés malgré tout, une telle obligation peut être retenue*»; pour la SNC, ils proposent, au fond, la même approche, N 414 ad n. 266 : «*L'obligation de faire un apport supplémentaire peut aussi se justifier si la SNC n'est pas en mesure d'atteindre son but sans cette contribution supplémentaire*»).

[2059] L'admission d'un nouvel associé est la décision par quintessence. La loi spécifie explicitement qu'elle requiert l'unanimité (art. 542 CO).

[2060] Par contraste, le *commanditaire* n'a un droit de veto pour les seuls objets qui sortent de l'ordinaire (art. 600 al. 2 CO).

autre régime. Si ce régime est la majorité, elle se calcule par tête (art. 534 al. 2 CO), sauf stipulation contraire[2061].

1392 Au premier rang des décisions requérant l'unanimité – sauf convention contraire[2062] – figure **l'entrée d'un nouvel associé**, ce que dit spécifiquement l'art. 542 al. 1 CO (applicable aux autres sociétés de personnes, vu les art. 557 al. 2 et 598 al. 2 CO). La participation aux gains (et aux pertes) qu'un associé donne à un tiers sans le faire entrer dans la société ne concerne en principe pas ses associés et la loi ne l'interdit évidemment pas (cf. art. 542 al. 2 CO) ; c'est une relation interne entre l'associé et ce tiers, lequel n'acquiert aucun droit direct envers la société ou les autres associés (notamment aucun droit aux renseignements, art. 542 al. 2 *in fine* CO[2063]). Le contrat de société peut toutefois interdire cette « sous-participation » (qui est en principe elle-même une société simple[2064]).

1393 Tous les associés indéfiniment responsables ont le **droit d'être gérants** (art. 535 al. 1 CO, applicable à la SNC de par le renvoi de l'art. 557 al. 2 CO ; art. 599 CO pour la société en commandite). Il peut arriver que certains soient gérants et d'autres non. Malgré la règle de l'unanimité *pour les décisions*, un gérant ne doit évidemment pas soumettre tout **acte de gestion** à l'approbation des associés (sinon, ce n'est plus de la gestion). Cela étant, tout associé gérant peut s'opposer à une opération envisagée par un autre associé gérant avant qu'elle n'ait été accomplie (art. 535 al. 2 *in fine* CO).

1394 Tout associé peut agir s'il y a **urgence**, y compris pour les actes sortant de l'ordinaire (art. 535 al. 3 *in fine* CO).

1395 À l'inverse, tout associé qui a contractuellement le droit de gérer peut se faire **retirer ce droit** pour justes motifs (art. 539 al. 1 CO). La perpétration d'un manquement grave aux devoirs et l'incapacité de bien gérer constituent des justes motifs (art. 539 al. 3 CO).

[2061] Cf. *infra* N 1421, sous l'angle de la prohibition des engagements excessifs.

[2062] L'art. 542 al. 1 CO n'est pas de droit impératif. Toutefois, selon une partie de la doctrine, certaines limites devraient s'appliquer ; en particulier, la *faculté de céder* la qualité d'associé à un tiers sans approbation préalable serait inadmissible (« *au vu du caractère personnel* » de la société, Blanc/Fischer [2020], N 444 ad n. 271, pour la SNC ; en sens contraire, c'est-à-dire admettant que le contrat de société puisse prévoir cette faculté, Alfred Comboeuf, CHK ad art. 552-556 CO [2012], N 40 ; cette dernière position nous semble devoir être préférée, la liberté contractuelle, encadrée par les règles sur l'interprétation des contrats et les vices de la volonté, devant prévaloir, ni la protection des associés contre eux-mêmes ni un intérêt public ne paraissant pouvoir dicter le contraire ici).

[2063] À comparer avec l'art. 541 CO, cf. *infra* N 1404 s.

[2064] Cf. François Chaix, CR ad art. 542 CO (2017), N 8.

Dans toutes les sociétés de personnes, des règles diverses quant à la prise de décision peuvent être librement adoptées par le contrat de société ou par une décision valable. Ces règles ne peuvent toutefois entièrement supprimer un socle minimal dans le respect du droit de chaque associé de faire valoir son point de vue (lorsque l'unanimité a été remplacée par une règle majoritaire[2065]), ce qui se concrétise p. ex. dans le délai de convocation à une assemblée des associés ou le déroulement de l'assemblée. On peut rattacher ce socle minimal à la prohibition des engagements excessifs (art. 27 al. 2 CC)[2066] ou à celle de l'abus de droit (art. 2 al. 2 CC).

1396

On observera que la loi ne prévoit pas une action judiciaire particulière pour faire annuler les décisions des associés qui seraient prises en violation des règles applicables – contrairement à ce qu'elle prévoit pour les personnes morales[2067]. En vertu des règles générales sur la mise en œuvre du droit privé, il est évidemment possible à l'associé d'une société de personnes d'ouvrir action (contre ses associés) pour *faire constater* que des règles juridiques ont été violées. Dans la mesure où une action judiciaire *en exécution* est possible, en ceci que la conséquence du caractère illicite de la violation se concrétise directement dans un droit de l'associé, une telle action (c'est-à-dire des conclusions condamnatoires) doit être en principe privilégiée[2068]. On relèvera qu'une partie de la doctrine préconise une application par analogie de l'action en annulation semblable à celle prévue par la loi au sujet des personnes morales ; elle insiste

1397

[2065] Cf. *supra* N 1391. Dans le même sens, François CHAIX, CR ad art. 534 CO (2017), N 2 (avec renvoi ad art. 533 CO [2017], N 8, qui ne traite pas les questions formelles de prise de décision, mais leur contenu matériel en matière de bénéfices) ; ég. Pierre-Alain RECORDON, CR ad art. 577 CO (2017), N 1 s.

[2066] Cf. *infra* N 1421.

[2067] Cf. *infra* N 1733-1760.

[2068] En général sur l'intérêt requis pour que l'action en constatation soit admissible, ATF 147 III 185 c. 3.3 et 3.4 (190 s.) ; v. aussi *supra* n. 1989. La jurisprudence très sévère de l'ATF 103 II 220 c. 4 (223 s.) quant à l'exigence d'un intérêt suffisant a été progressivement atténuée, cf. p. ex. ATF 135 III 378 c. 2.4 («*Il faut souligner encore une fois le principe que l'action en constatation de droit est subsidiaire par rapport à la voie de l'exécution et qu'elle n'est pas ouverte lorsqu'il est possible d'agir immédiatement en exécution et de faire régler ainsi l'ensemble des points litigieux. Seules des circonstances tout à fait exceptionnelles pourraient faire apparaître un intérêt suffisant à entrer en matière sur l'action en constatation de droit*»), un véritable assouplissement étant décidé et affirmé à l'ATF 141 III 68 c. 2.7 (79), bien que dans un domaine spécifique (action en constatation négative de dette) puis, plus largement à l'ATF 144 III 175 c. 5.3.2 (190, le regeste indiquant [176] que «*l'intérêt du demandeur à l'action en constatation en vue de s'assurer le for qui lui est le plus favorable en cas de procédure judiciaire imminente est un intérêt juridiquement protégé suffisant*»).

sur le caractère exceptionnel de la nullité, pour des raisons, en substance, de sécurité du droit[2069].

VI. Principe du pouvoir de représentation de tout associé indéfiniment responsable

1398 La règle commune qui peut être identifiée est que l'associé qui « *est chargé d'administrer* » est « *présumé avoir le droit de représenter la société ou tous les associés envers les tiers* » (art. 543 al. 3 CO). Le pouvoir de représentation découle ainsi du pouvoir de gestion. Tout associé est présumé avoir le pouvoir de gérer (art. 535 al. 1 CO), et ainsi présumé avoir le pouvoir de représenter. Le contrat peut prévoir un autre régime ; cela peut aussi découler d'une décision de la société[2070] (prise à l'unanimité sauf si le contrat a institué un régime majoritaire, art. 534 CO). Il faut aussi réserver les cas où l'un des associés n'a pas de pouvoir de gestion de la société, ses activités étant effectuées en sa qualité de cocontractant de celle-ci (p. ex. l'architecte, certes membre d'un consortium de construction – société simple[2071] –, qui n'a pas de pouvoir de gestion, mais lui fournit des prestations d'architecture[2072]).

1399 À ce niveau d'abstraction, il en va de même dans la société en nom collectif et la société en commandite. En effet, tout associé indéfiniment responsable est présumé pouvoir gérer et, de ce fait, pouvoir représenter. Sur ce plan, ces sociétés se distinguent de la société simple en ceci qu'elles doivent être inscrites

---

[2069] Cf. en particulier FELLMANN/MÜLLER, BK ad art. 534 CO (2006), N 177-189 ; ils préconisent aussi l'application d'un délai de l'ordre de deux mois (N 189 *in fine* : « *Da die Treuepflicht eine raschen Widerspruch gebietet, wird man diese Frist auf etwa zwei Monate ansetzen dürfen* »).

[2070] L'ATF 124 III 355 retient que si le tiers connaît (ou peut de bonne foi croire à) l'existence du contrat de société et la qualité d'associé gérant du représentant (qui est présumée pour tout associé), mais ne peut connaître la clause contractuelle ou la décision qui exclut ou limite le pouvoir, la présomption est irréfragable (c. 4a, 358 : « *Da nach Art. 535 Abs. 1 OR die Geschäftsführung, soweit nichts anderes vereinbart oder beschlossen ist, allen Gesellschaftern zusteht, genügt es, wenn die Beteiligten gegen aussen hin – ausdrücklich oder stillschweigend – das Bestehen einer einfachen Gesellschaft kundtun, ohne den Geschäftspartnern Anhaltspunkte dafür zu geben, dass die Geschäftsführungsbefugnis bestimmter Gesellschafter beschränkt oder ausgeschlossen wäre* » ; 359 : « *Insoweit bleibt es dabei, dass die gesetzliche Vermutung gegenüber gutgläubigen Dritten unwiderlegbar ist* »).

[2071] Cf. *infra* N 1451-1454.

[2072] ATF 118 II 313 (reg. « *Le pouvoir d'administrer de l'architecte membre du consortium ne résultant pas du contrat de société* »).

au registre du commerce[2073]. Lorsque tel est effectivement le cas, tout associé *inscrit* est présumé avoir le droit de représenter la société (art. 563 CO pour la SNC, auquel renvoie l'art. 603 CO pour la société en commandite) ; l'associé inscrit est présumé être associé gérant. Les inscriptions contraires (« sans droit de signature », ou signature collective) renversent évidemment la présomption[2074] (ce que l'art. 563 *in fine* CO mentionne explicitement). Pour le reste, l'inscription au registre du commerce induit que la représentation des sociétés commerciales diffère sensiblement de celle de la société simple[2075].

VII. Mesure individualisée de la diligence due par l'associé non rémunéré pour sa gestion

La loi contient à l'art. 538 al. 1 CO une règle dont l'importance pratique et le champ d'application semblent inversement proportionnels à l'attention et à la critique qu'elle suscite. Elle consiste à appliquer un **standard de diligence subjectif**, et non objectivé[2076] (« *Chaque associé doit apporter aux affaires de la société la diligence et les soins qu'il consacre habituellement à ses propres affaires* »). Certes, cette disposition s'applique en principe aussi à la société en nom collectif et à la société en commandite. Toutefois, le **champ d'application est extrêmement limité** du fait que cette mesure purement subjective du standard de diligence ne s'applique que si la gestion de l'associé n'est pas rémunérée (al. 3). 1400

Par ailleurs, si l'acte de gestion excède les pouvoirs de l'associé qui l'accomplit, ce sont les règles de la gestion d'affaires qui s'appliquent. Or, celles-ci (art. 420 CO) ne prévoient pas de mesure subjective de la diligence due[2077]. 1401

VIII. Devoir de loyauté de tout associé

L'art. 536 CO, applicable à toutes les sociétés de personnes[2078], interdit à tout associé d'accomplir des actes « *contraires ou préjudiciables au but de la so-* 1402

[2073] *Supra* N 77-79.

[2074] *Supra* N 540-552 ; ég. N 558-559 s.

[2075] Sur l'impact du « but social » comme facteur (très relatif dans la pratique actuelle) de limitation des pouvoirs, cf. *supra* N 533-539.

[2076] *Supra* N 1027 (ad n. 1517) et 1032.

[2077] Cf. FELLMANN/MÜLLER, BK ad art. 538 CO (2006), N 55 s. (« *objektivierter Fahrlässigkeitsmassstab* »).

[2078] Ainsi BLANC/FISCHER (2020), N 562 et 890.

ciété ». Cette disposition très vaste implique en principe une obligation de non-concurrence, mais elle laisse la porte ouverte à l'argument selon lequel un acte particulier pour compte propre n'est concrètement ni contraire au but de la société ni ne lui est préjudiciable. Les sociétés commerciales de personnes ont ainsi également une disposition spécifique, l'art. 561 CO, qui interdit rigoureusement (abstraitement) à tout associé les affaires pour compte personnel dans le domaine d'activité de la société.

1403 Pour être bien clair, on rappellera que, dans toutes les sociétés, personnes morales ou sociétés de personnes, les *gérants* – associés ou non – ont un devoir de loyauté (en principe plus vaste que celui qui s'impose aux associés des sociétés de personnes)[2079].

IX. Droit de chaque associé indéfiniment responsable d'être renseigné

1404 En vertu de l'art. 541 CO, tout associé indéfiniment responsable[2080] a impérativement (al. 2) « *le droit de se renseigner personnellement sur la marche des affaires sociales, de consulter les livres et les papiers de la société, ainsi que de dresser, pour son usage personnel, un état sommaire de la situation financière* » (al. 1).

1405 La jurisprudence a eu l'occasion de relever que l'associé au bénéfice du droit aux renseignements peut engager une action en justice pour le faire valoir[2081]. Elle a précisé que même lorsque l'associé a enfreint ses obligations, ce droit aux renseignements ne peut être restreint ou exclu que de façon exceptionnelle, dans la mesure où son exercice serait abusif, en particulier en ceci que l'associé

[2079] Cf. *supra* N 975 ss, spéc. 1002-1011.

[2080] Le commanditaire n'a qu'un droit limité, soit celui « *de réclamer une copie du compte de résultat et du bilan et d'en contrôler l'exactitude en consultant les livres et les pièces comptables, ou de remettre ce contrôle aux soins d'un expert indépendant ; en cas de contestation, l'expert est désigné par le tribunal* » (art. 600 al. 3 CO).

[2081] TF 20. 7. 2011, 4A_4/2011, B (2ᵉ par. : « *L'azione è stata limitata alla domanda d'informazioni. La seconda Camera civile del Tribunale d'appello ticinese l'ha accolta* »). Certes consacré au droit de l'administrateur d'une SA d'être renseigné, l'ATF 144 III 100 c. 5.3.2.1 (105) confirme cet arrêt, qu'il cite, en ajoutant une considération générale : « *Wenn das Gesetz einen Anspruch gewährt, ist grundsätzlich davon auszugehen, dass dieser auch gerichtlich durchgesetzt werden kann, auch wenn dies nicht ausdrücklich gesagt wird. So erwähnt das Gesetz beispielsweise für die Informationsrechte des von der Geschäftsführung ausgeschlossenen einfachen Gesellschafters keine Klagemöglichkeit (Art. 541 OR), diese besteht aber unbestritten* ».

ne vise pas à s'informer en vue d'exercer ses droits liés à cette qualité, mais à nuire à la société[2082].

X. Dissolution et liquidation

A. Cas de dissolution

Comme déjà traité dans le chapitre sur la dissolution[2083], certains motifs de l'art. 545 al. 1 CO sont **applicables spécifiquement à l'ensemble des sociétés de personnes** : le décès (ch. 2, 1ᵉ hypothèse) ou l'incapacité (ch. 2, 2ᵉ hypothèse) d'un associé indéfiniment responsable[2084], ou la faillite (ch. 3)[2085] d'un associé[2086]. 1406

[2082] TF 20. 7. 2011, 4A_4/2011, c. 6 (où la motivation de l'autorité cantonale n'est pas remise en cause ; elle est ainsi résumée : « *la violazione dell'obbligo di concorrenza, o di fedeltà, non sopprime il diritto all'informazione del socio ma, al pari di altre inadempienze, gli dà la facoltà di chiedere la cessazione della lesione e il risarcimento del danno* ») et 7.2 (« *visto il carattere irrinunciabile di tali diritti, l'abuso va ammesso solo in casi eccezionali, quando un socio si prevale dell'art. 541 CO non per informarsi ma per nuocere alla società* »).

[2083] *Supra* N 1271.

[2084] Art. 545 al. 1 ch. 2 CO : « *La société prend fin : [...] 2. par la mort de l'un des associés, à moins qu'il n'ait été convenu antérieurement que la société continuerait avec ses héritiers* ». Le droit de la SNC ne diverge pas sur le principe, car le décès est une cause de dissolution ; l'art. 576 CO formule de façon générale la condition de la continuation, qui est simplement une stipulation : « *S'il a été convenu, avant la dissolution, que nonobstant la sortie d'un ou de plusieurs associés la société continuerait, elle ne prend fin qu'à l'égard des associés sortants ; elle subsiste avec les mêmes droits et les mêmes engagements* ». Sur le décès (ou l'incapacité) du commanditaire, cf. *infra* n. 2086 *in fine*.

[2085] Aussi la saisie selon l'art. 545 al. 1 ch. 3 CO. Le droit de la SNC diverge sur ce point, car les conditions de l'art. 575 CO sont plus précises et n'emportent pas la dissolution *ipso facto* (cf. *infra* N 1532). Qui plus est, l'art. 578 CO permet la continuation de la société si les associés indemnisent la masse en faillite (*ibid.*).

[2086] Dans la société en commandite aussi, non seulement celle de l'associé indéfiniment responsable, mais également celle du commanditaire, vu l'art. 619 al. 2, 1ʳᵉ phr., CO : « *Si un commanditaire est déclaré en faillite ou si sa part dans la liquidation est saisie, les dispositions concernant les associés en nom collectif s'appliquent par analogie* » (à la différence du décès ou de l'incapacité civile, qui n'emporte la dissolution que si c'est l'associé indéfiniment responsable qui est frappé ; l'al. 2, 2ᵉ phr., dit en effet : « *Toutefois, la société n'est pas dissoute par la mort ou la mise sous curatelle de portée générale d'un commanditaire* »).

1407 On rappellera que les autres motifs de dissolution énoncés par l'article 545 al. 1 CO correspondent à ceux qui sont communs à toutes les sociétés[2087] : (i) conditions stipulées par les sociétaires dans le contrat de société (ch. 1, soit l'achèvement du but convenu ou l'impossibilité de l'atteindre ; ch. 5, soit l'avènement du temps convenu ; ch. 6, le droit convenu de mettre unilatéralement fin à la société) ; (ii) décision des sociétaires (qui, pour les sociétés de personnes, doit être unanime, en vertu du ch. 4) ; (iii) jugement ordonnant la dissolution pour justes motifs (ch. 7).

1408 En ce qui concerne la faculté de dissoudre par déclaration unilatérale une **société formée pour une durée indéterminée** (art. 545 al. 1 ch. 6 CO), elle est bien commune à toutes les sociétés de personnes[2088]. Elle doit être exercée avec un préavis de six mois (art. 546 al. 1 CO) pour la fin d'un exercice annuel (si la société établit ses comptes par année ; al. 2).

B. Liquidation

1409 Ainsi qu'on l'a observé dans le chapitre consacré à la liquidation, les règles sont matériellement convergentes pour toutes les sociétés tant sur la notion que sur les traits fondamentaux du processus[2089]. Les art. 548-550 (pour la société simple) et 582-590 CO (pour la SNC et, vu le renvoi de l'art. 619 al. 1 CO, pour la société en commandite) comprennent des règles qui convergent sur l'essentiel avec celles applicables aux sociétés de capitaux, bien que généralement moins précises et n'imposant pas certaines étapes, dont l'appel aux créanciers (ce qui s'explique par la responsabilité illimitée des associés).

1410 Quelques règles divergent entre la société simple et les sociétés commerciales de personnes, notamment du fait de l'inscription au registre du commerce de ces dernières (art. 583 al. 3, 585 al. 2 et 589 s. CO). Une divergence importante est que dans les sociétés commerciales, seuls les associés gérants sont en principe chargés de la liquidation (art. 583 al. 1 CO), tandis que tous les associés le sont, en commun, dans la société simple (art. 550 CO : « *y compris ceux qui étaient exclus de la gestion* »).

[2087] *Supra* N 1264 et 1267-1270.

[2088] *Supra* N 1271.

[2089] *Supra* N 1287-1290 (sur l'essence de la liquidation) ainsi que N 1292-1298 (définition de la mission des liquidateurs) et 1322-1336 (sur la réalisation des actifs, le paiement des dettes et la répartition de l'excédent).

En revanche, étant donné que le concept des apports est identique dans toutes les sociétés de personnes[2090], les règles de l'art. 548 CO sont, en fin de compte, communes. Ainsi, dans toute société de personnes, l'associé qui a fait un apport en propriété (*quoad dominium*) ne peut pas le récupérer en nature (al. 1), mais à la valeur qui avait été convenue au moment où il a été transféré (al. 2) ou selon une estimation (expertise) qui doit déterminer la valeur qu'avait l'apport au moment du transfert (al. 3), si un prix du marché à cette époque n'est pas connu[2091]. Ces règles sont dispositives. Par ailleurs, un bien dont seul l'usage a été apporté (*quoad usum* ; *quoad sortem* pour l'apport « en destination ») est au contraire restitué à l'apporteur[2092]. 1411

Une restitution des apports n'est possible que si les dettes, y compris les avances des associés (art. 537 CO), ont été intégralement payées. Si tel est le cas, l'excédent constitue un bénéfice à répartir (art. 549 al. 1 CO). Si les dettes n'ont pas été intégralement payées, la société a fait une perte, qui doit être répartie entre les associés (al. 2). 1412

XI.   Saisie et réalisation de la part d'un associé

Les règles divergent entre les différentes sociétés de personnes quant à l'effet de la faillite d'un associé : elle provoque la dissolution de la société simple (art. 545 al. 1 ch. 3 CO), mais pas de la société en nom collectif (art. 571 al. 2 CO) ni de la société en commandite (art. 615 al. 2 CO). En revanche, à bien y regarder, il y a convergence quant à ce que les créanciers d'un associé failli peuvent obtenir. Certes, seuls les art. 572 et 613 CO disent que « [*l*]*es créanciers personnels d'un associé*[2093] *n'ont, pour se faire payer ou pour obtenir des sûretés, aucun droit sur l'actif social* » (al. 1) et qu'ils « *n'ont droit, dans la procédure d'exécution, qu'aux intérêts, aux honoraires, aux bénéfices et à la part de liquidation revenant à leur débiteur en sa qualité d'associé* » (al. 2). Cependant, concrètement, l'ordonnance sur la saisie et la réalisation de parts de communautés (OPC, du 17. 1. 1923) traite de la même façon la saisie des 1413

[2090] Ainsi explicitement BLANC/FISCHER (2020), N 411. Voir aussi TF, SJ 1995 724 c. 4b *in initio*.

[2091] Cf. *supra* N 1336.

[2092] Cf. ATF 105 II 204 c. 2b (208 : « *Wird eine Sache nur zum Gebrauch oder zur Verfügung einer Gesellschaft in diese eingebracht, so fällt sie bei Auflösung der Gesellschaft an den Gesellschafter zurück, dessen Eigentum sie geblieben ist* »).

[2093] Pour la société en commandite, le terme d'associé est développé pour englober les deux catégories d'associés (art. 613 al. 1 CO : « *Les créanciers personnels d'un associé indéfiniment responsable ou d'un commanditaire n'ont, pour se faire payer ou pour obtenir des sûretés, aucun droit sur l'actif social* »).

droits d'un débiteur associé d'une société de personnes, que celle-ci soit une société simple ou une société commerciale de personnes.

1414 En effet, l'art. 1 OPC dispose que « *la saisie des droits du débiteur dans une succession non partagée, dans une indivision, dans une société en nom collectif, dans une société en commandite ou dans une communauté analogue, ne peut porter que sur le produit lui revenant dans la liquidation de la communauté, lors même que celle-ci ne s'étend qu'à une chose unique* » (al. 1) et que « *[c]ette disposition s'applique également à la part que possède le débiteur dans une société simple, lorsque le contrat de société ne prévoit pas expressément que les biens sociaux sont la copropriété*[2094] *des associés* » (al. 2).

1415 Dans son essence, le processus est prescrit par l'art. 6 al. 1 OPC : « *La saisie d'une part de communauté ou des revenus en provenant est portée à la connaissance des autres membres de la communauté. Ceux-ci sont invités à remettre à l'avenir en mains de l'office des poursuites les revenus échéant au débiteur. Ils sont avisés, de plus, d'avoir à faire dorénavant à l'office et non au débiteur toutes communications destinées à ce dernier et relatives à la communauté, et d'avoir à demander l'assentiment de l'office pour toute décision concernant les biens communs, qui exigerait le concours du débiteur* ». Des dispositions détaillées concernent notamment la mise aux enchères de la part saisie (art. 11 OPC), la liquidation de la communauté (art. 12 s. OPC) et la réalisation des biens communs qui doit avoir lieu « *si la valeur de la part saisie n'est pas versée en espèces* » (art. 14 OPC).

XII. Socle minimum du droit impératif

1416 Le droit des sociétés de personnes est caractérisé par une très grande liberté contractuelle. Bien sûr, certaines règles qui relèvent de la définition même de la forme de société ne peuvent être écartées : ainsi, la responsabilité illimitée des associés d'une société simple et d'une société en nom collectif ne peut être supprimée ; il en va de même, dans la société en commandite, de la responsabilité illimitée d'au moins un associé et de la responsabilité limitée d'au moins un autre associé, faute de quoi il n'existe pas de société en commandite. Mais, précisément, la responsabilité illimitée d'associés est une caractéristique qui, du fait qu'elle est une garantie pour les tiers et un risque qu'assument ces associés, justifie une grande liberté contractuelle ; on ne parvient à discerner que

---

[2094] Les exemples de sociétés simples aux N 1467-1468 (promotion immobilière) et 1478-1479 (acquisitions communes) montrent que des sociétés simples liées à des biens mobiliers ou immobiliers peuvent exister *en parallèle* avec des rapports de copropriétés (spéc. ad n. 2180 et 2181).

très peu de motifs qui peuvent fonder des restrictions à celle-ci. La protection impérative de la bonne foi des tiers résulte plutôt du droit de la représentation – et, le cas échéant, des règles particulières du registre du commerce (applicables à toute entreprise inscrite au dit registre) – que du droit des différentes formes de sociétés.

Pour le reste, les normes impératives sont pour l'essentiel extérieures au droit des sociétés. Elles ont un impact sur les *activités* de la société, lesquelles ne peuvent légalement y contrevenir (étant d'ailleurs observé qu'en principe, un individu est confronté aux mêmes restrictions). Cela étant, on peut considérer qu'il y a lieu de rappeler que le but d'une société de personnes ne peut être illicite (ni immoral). L'illicéité emporte en principe la nullité, dont, vu le caractère pratiquement irréversible d'une partie des échanges opérés entre associés et avec les tiers, les effets concrets sont identiques à la dissolution[2095].   1417

Les devoirs de diligence et de loyauté *des gérants* sont, dans leur principe, impératifs, même si leur contenu concret dépend très largement des descriptions contractuelles[2096] des tâches et de ce qui en est exclu.   1418

Un domaine d'application du droit impératif consiste dans la **prohibition des engagements excessifs**. Cela se manifeste en rapport avec la durée des engagements et avec l'effet obligatoire que peut licitement avoir sur soi la volonté d'autrui.   1419

En ce qui concerne la durée d'une société, ce n'est pas en soi la durée en tant que telle qui peut poser problème que l'engagement à rester membre dans le futur. Ainsi, outre la faculté générale de dissoudre la société pour justes motifs – notion très vaste et élastique, susceptible de s'adapter à tout type de situation et s'appliquant d'ailleurs aussi aux sociétés de capitaux (mais avec une casuistique divergente, vu la nature « institutionnelle » de ces sociétés et même la nature en principe « impersonnelle » de la SA), le droit impératif, soit concrètement l'art. 27 CC, implique qu'une société de personnes ne peut être valablement conclue pour une très longue période sans faculté de la dissoudre (sans   1420

[2095] Cf. *supra* N 820-822.

[2096] Y compris celles qui sont formellement unilatérales, mais contractuellement pertinentes, car perçues ou perceptibles par les autres protagonistes.

justes motifs autres que la liberté personnelle) après l'écoulement d'une certaine période et avec un certain préavis[2097]. L'existence de la responsabilité illimitée rendrait insupportable, pour l'associé qui porte ce fardeau, une durée « à vie » ou pour une très longue période[2098].

1421 L'autre domaine d'application qui revient à la prohibition des engagements excessifs est l'attribution à quelques associés voire à un seul de prendre des décisions qui s'imposent aux autres. Un droit de veto ne pose en principe pas de problème sous cet angle (il peut, en cas de blocage, donner lieu à une dissolution pour justes motifs). Le contrat de société peut écarter la règle de l'unanimité des associés indéfiniment responsables et celle, énoncée par la loi comme solution alternative, de la majorité par tête[2099]. Cela ne signifie pas que n'importe quel régime majoritaire soit pas admissible : une certaine base économique doit légitimer la prépondérance des droits de vote (un associé qui n'aurait fait qu'un modeste apport, ne correspondant pas à la majorité des apports, ne devrait pas pouvoir prendre de décision s'imposant aux autres). Par ailleurs, dans leur objet même, les décisions majoritaires devraient respecter l'égalité des associés[2100] (en ceci que d'éventuelles différences de traitement entre eux doivent avoir une justification objectivement et raisonnablement fondée) et le

---

[2097] C'est la solution de l'ATF 106 II 226 c. 2a (228), dont la traduction française de Raymond JEANPRÊTRE au JdT 1981 I 276 (279) nous semble très élégante : « *une seule disposition réglemente judicieusement la durée du contrat : celle de l'art. 27 al. 2 CC qui restreint l'autonomie des parties de façon uniforme pour tous les types de [contrats de] sociétés* » (le terme est « *Gesellschaftsverträge* »). Elle revient à abandonner la jurisprudence antérieure (ATF 90 II 333 c. 5a [341]), qui envisageait cette protection sous l'angle de l'art. 546 al. 1 CO, alors considéré comme impératif.

[2098] Les risques illimités de la responsabilité illimitée, qui peuvent provoquer une ruine (dont un surendettement) irrémédiable, sont d'un tout autre ordre de grandeur que le risque – qui est typiquement celui de l'actionnaire – de perdre (même totalement) un investissement.

[2099] Ainsi l'ATF 90 II 333 c. 5a (341) renvoie-t-il à l'opinion d'Alfred SIEGWART (BK ad art. 534 CO [1938], N 8, en des termes selon lesquels « *le droit de vote peut être gradué selon les apports de chaque associé* ». En général, FELLMANN/MÜLLER, BK ad art. 534 CO (2006), N 153 (« *anders als nach Köpfen* ») ; François CHAIX, CR ad art. 534 CO (2017), N 8 ad n. 27 (« *en proportion des apports de chaque associé ou selon tout autre mode de calcul* ») ; MEIER-HAYOZ/FORSTMOSER (2023), § 12, N 65 (« *Abstufung des Stimmrechts nach der Höhe der Beiträge* »).

[2100] Ainsi, FELLMANN/MÜLLER, BK ad art. 534 CO (2006), N 157 : « *Ein Missbrauch der Majoritätsherrschaft liegt beispielsweise vor, wenn eine Mehrheit der Gesellschafter auf Kosten der Minderheit ohne Rücksicht auf das Wohl der Gemeinschaft eigennützige Zwecke verfolgt [...]. Mit dem Gleichbehandlungsgrundsatz unvereinbar ist ferner etwa der rückwirkende Entzug erworbener Rechte einzelner Gesellschafter, wie bereits entstandene Zinsansprüche etc.* ». Cf. ég. MEIER-HAYOZ/FORSTMOSER (2023), § 12, N 65 cité *infra* n. 2101 *in fine*.

principe de la proportionnalité[2101]. Ces bornes sont particulièrement justifiées, elles aussi, au regard de la responsabilité illimitée d'associés.

XIII. Pluralité d'associés

On relèvera ce point, qui, autrefois, allait de soi : une société de personnes doit nécessairement être composée d'au moins deux associés. Ce n'est plus le cas de sociétés de capitaux, ce qui a changé la notion même de société : de nos jours, on n'est plus exact si on définit une société comme un phénomène regroupant forcément plusieurs personnes[2102]. La pluralité de membres est un élément qui ne fait plus partie de la définition de société. Cet élément est cependant resté **consubstantiel à l'existence d'une société de personnes** (comme de celles d'une coopérative ou d'une association)[2103].

1422

[2101] En ce sens, FELLMANN/MÜLLER, BK ad art. 534 CO (2006), N 158 : «*Ausfluss der gesellschaftlichen Treuepflicht ist die Pflicht zur Respektierung des Verhältnismässigkeitsprinzips [...]. Danach muss ein Beschluss stets im Interesse der Gesellschaft liegen und geeignet sein, den Gesellschaftszweck zu fördern. Greift er in die Rechte von Minderheiten ein, darf er nicht weiter gehen, als es der Zweck der Massnahme verlangt. Eingriffe in die Rechte von Minderheiten sind deshalb stets unzulässig, wenn auch ein geringerer Eingriff zum Ziel geführt hätte*». Ces auteurs appliquent ainsi les maximes bien connues du principe de la proportionnalité : aptitude, nécessité et proportionnalité au sens étroit. De leur côté, MEIER-HAYOZ/FORSTMOSER (2023), § 12, N 65, retiennent que «*zum Schutz der Minderheit sind der Bestimmtheitsgrundsatz, die Treuepflicht und die Grundsätze der Gleichbehandlung und der schonenden Rechtsausübung ausreichend*».

[2102] L'art. 530 al. 1 CO définissait encore ainsi la société (cf. *infra* N 1426) – à juste titre jusqu'à l'admission sans réserve de la société (de capitaux) unipersonnelle.

[2103] Art. 831 CO pour la coopérative ; cf. *infra* N 2678. Pour l'association, cf. *infra* N 2802.

§ 21 La société simple

I. Notion

A. La définition légale de société simple et son rôle ; les difficultés

1423 La loi définit la société simple d'abord en décrivant positivement la notion de société en général (art. 530 al. 1 CO), puis, négativement, en indiquant qu'une société est une société simple « *lorsqu'elle n'offre pas les caractères distinctifs d'une des autres sociétés réglées par la loi* » (al. 2). Une société est une société simple à défaut d'être une autre société.

1424 Si cette seconde partie de la définition est conceptuellement aisée à cerner, et que son champ d'application est susceptible d'évoluer – si le législateur crée de nouvelles formes de société –, la description positive est beaucoup plus subtile et délicate[2104] : définir si une relation correspond juridiquement à une société, ou à un autre phénomène juridique (p. ex. un contrat de prêt[2105], d'entreprise, de mandat, de courtage[2106], d'agence[2107], d'édition[2108], de travail[2109], de vente ou un contrat innomé), peut être sujet à débat dans bon nombre de cas limites ; or, les conséquences de l'existence d'une société sont parfois considérables (droit au partage du gain, partage des pertes, responsabilité solidaire pour

---

[2104] C'est une facétie classique des juristes suisses d'insister sur le caractère presque paradoxal du nom de société *simple* donné à une forme juridique qui est loin de l'être (ainsi Robert PATRY [1976], p. 197 : « *L'expression même de 'société simple' peut sembler trompeuse étant donné que 'la société simple, d'abord, n'est pas une société ; et au surplus, elle n'est pas simple du tout'. Et il faut bien reconnaître que cette boutade renferme une part de vérité. En effet, la société simple n'est pas une société, en ce sens qu'elle ne fait pas partie des sociétés commerciales [...] la société simple est loin d'être aussi simple qu'elle paraît au premier abord* »).

[2105] Voir l'ATF 99 II 303 cité *infra* N 1433 ainsi qu'ATF 145 III 241 cité *infra* n. 2115.

[2106] Ainsi l'ATF 23 1061 c. 3 (1063), cité *infra* n. 2118.

[2107] Ainsi à l'ATF 83 II 32 c. 1c (38 s.), cité *infra* n. 2119.

[2108] L'ATF 94 II 122 cité *infra* N 1434 traite le contrat entre une éditrice et une diffuseuse.

[2109] À l'ATF 106 II 45 c. 3 (46 s.), la qualification n'est pas tranchée entre le contrat de travail partiaire et la société (« *le recourant [...] avait droit à une rémunération de 40 % de son chiffre d'affaires ; il apportait sa propre clientèle et jouissait d'un horaire libre. Il est parti après avoir constaté qu'il ne réalisait pas un chiffre d'affaires suffisant. Ces éléments – caractère aléatoire de la rémunération du recourant, qui lui faisait partager dans une large mesure les risques et profits de l'entreprise – définissent l'accord des parties non pas comme un contrat de travail au sens des art. 319 ss CO et de la convention collective, mais comme un contrat de travail partiaire [...], voire un contrat de société* »).

les dettes). Il s'agit à la fois de tenter de saisir l'essence de ce qu'est une société et d'opérer des distinctions.

On observera que cette difficulté ne se pose presque que pour la société simple (et parfois pour l'association) : les sociétés de capitaux et les coopératives sont nécessairement inscrites au registre du commerce et les autres sociétés de personnes doivent l'être (elles le sont tôt ou tard, sauf cas très exceptionnels d'inscription durablement défaillante). La réalité juridique et sociale qu'est le contrôle par une autorité administrative spécialisée induit que l'existence d'une société anonyme, d'une société à responsabilité limitée, d'une coopérative, d'une société en nom collectif ou d'une société en commandite – et la distinction par rapport à une autre forme de société – ne donne guère[2110] lieu à débat : si une société anonyme est inscrite au registre du commerce, nul ne va prétendre qu'il s'agirait d'une société à responsabilité limitée ou d'une société en nom collectif, et à plus forte raison qu'il ne s'agirait que d'un contrat.   1425

Les termes de la définition positive de la société que donne l'art. 530 al. 1 CO sont les suivants : «*La société est un contrat par lequel deux ou plusieurs personnes conviennent d'unir leurs efforts ou leurs ressources en vue d'atteindre un but commun*». On ne reviendra pas longuement ici sur la réalité contemporaine en vertu de laquelle cette définition ne peut plus convenir entièrement pour l'ensemble des sociétés, puisque les sociétés de capitaux (qui représentent environ 95 % des sociétés inscrites au registre du commerce en Suisse) peuvent être des sociétés unipersonnelles[2111], de sorte qu'elles ne sont pas des contrats (et ne réunissent pas deux ou plusieurs personnes). La définition s'applique aux sociétés qui réunissent plusieurs personnes, soit toutes les sociétés de personnes et les coopératives, ainsi que les sociétés de capitaux lorsque celle-ci sont, puis demeurent, constituées de plusieurs personnes. La définition ne sert pas à distinguer les sociétés entre elles, mais à les différencier d'autres types de relations contractuelles.   1426

[2110] On ne peut toutefois dire «jamais», car jusqu'en 1936 au moins, il était reproché à maintes coopératives d'être des sociétés anonymes déguisées (cf. Message du Conseil fédéral, FF 1928 I 238 s. et 316 ss (317 : «*tirer une ligne de démarcation nette entre les sociétés coopératives véritables, dont le but est réellement coopératif, et les sociétés qui ne sont coopératives que nominalement*» ; «*la pratique abusive qui consiste à adopter la forme de la société coopérative uniquement pour faciliter la constitution d'une entreprise dont le but exigerait en réalité la forme de la société anonyme*» ; 318 : «*les milieux coopératifs se plaignent précisément d'avoir vu se créer sous le régime de la loi actuelle des sociétés soi-disant coopératives qui se rapprochaient de plus en plus de la société anonyme*»).

[2111] Cf *supra* N 4, 44 et 1422 ainsi qu'*infra* N 1599 et 1725.

B. Éléments clefs de la définition de société donnée à l'art. 530 al. 1 CO

1427 Les éléments clefs sont **la volonté commune d'unir des efforts ou des ressources** afin d'atteindre **un but commun**.

1428 À cet égard, il faut d'emblée relever que la notion de **but** à atteindre doit se distinguer de l'une de celles que l'on emploie dans l'interprétation usuelle des contrats, à savoir l'effet économique direct de la transaction, qui est en principe un but – immédiat – commun des parties à tout contrat[2112] : les parties à un contrat de vente ont pour but commun qu'elle opère un transfert de propriété en échange d'un prix ; les parties à un contrat de mandat ont pour but commun que le mandataire œuvre à l'obtention d'un avantage pour le mandant, en échange d'une rémunération. Tout contrat a un but immédiat commun (qui se distingue du but unilatéral de chaque partie, à savoir en général l'usage que souhaite faire chaque partie de ce qu'elle retire du contrat, ou la motivation matérielle ou idéale qui amène chaque partie à trouver intérêt à conclure l'échange qu'est le contrat). Le but auquel l'art. 530 al. 1 CO fait référence n'est pas l'opération elle-même, soit, dans la société, la mise en commun de ressources ou le fait de convenir d'efforts coordonnés, mais le résultat attendu ou souhaité de la mise en commun de ressources et d'efforts.

1429 Quant au fait de **mettre en commun des ressources et des efforts**, on perçoit que cela permet de distinguer la société de la plupart des contrats, où l'opération consiste dans un échange. La mise en commun n'est précisément pas un échange, du moins pas un échange immédiat : il faut d'abord que ces ressources et efforts soient alloués au but commun, et ce n'est qu'au terme de ces efforts, ou à un moment intermédiaire qui n'est pas immédiat (et, souvent, à intervalles réguliers), que le fruit des efforts et de l'usage de ressources sont déterminés et répartis. On peut certes y voir une espèce d'échange, au sens très large, mais même dans les sociétés à deux personnes, il n'est jamais purement bilatéral, puisqu'il se fait par **l'intermédiation d'une allocation au but commun** ; même lorsque le temps est court, voire temporellement immédiat, cette intermédiation de l'allocation au but commun fait que « l'échange » n'est pas conceptuellement et juridiquement immédiat.

[2112] Ainsi p. ex. JÄGGI/GAUCH, ZK ad CO 18 (1980), N 363, 370-386 (spéc. 384) ; Ernst KRAMER, BK ad art. 18 CO (1986), N 35 ; Ingeborg SCHWENZER, AT (2020), N 33.05. Sur la distinction entre but immédiat commun, but unilatéral et but commun non immédiat, mais néanmoins contractuel, Nicolas ROUILLER (2007), p. 513 s. L'expression « *but contractuel commun* » employée par Olivier WINIGER, CR ad art. 18 CO (2021), N 38, ne reflète pas qu'un but « lointain » (soit : non immédiat) peut être commun.

Le but commun, essentiel pour admettre l'existence d'une société, peut cepen-   1430
dant être très simple : il s'agit souvent de réaliser un bénéfice[2113].

On peut dire que la présence de tous ces éléments induit que l'on retiendra qu'il   1431
existe un *animus societatis* ; cela étant, malgré son élégance, cette expression
n'est en soi pas éclairante et ne peut guère être employée que de façon tautologique[2114].

C. Caractère non décisif de la participation au gain et aux pertes ; distinctions d'avec d'autres contrats

Ces éléments bien discernés permettent en principe de distinguer efficacement   1432
les contrats de société d'autres contrats qui présentent certains traits communs.

[2113] À cet égard, on peut s'interroger sur la licéité de la pratique des registres du commerce
exigeant de définir le but des personnes morales (SA, Sàrl, coopératives) avec précision,
sauf lorsqu'il s'agit d'assurer que la raison sociale, descriptive, ne soit pas trompeuse au
vu de l'activité concrète (*supra* N 188 s., 207 et 228). En effet, le but d'une SA qui consisterait à «réaliser du bénéfice pour les actionnaires» est tout à fait licite (à plus forte
raison, p. ex. «toute activité industrielle, commerciale et financière, eu vue de réaliser un
bénéfice») ; il est compatible avec toute raison sociale de fantaisie. On comprend l'utilité
théorique de définir un but précis pour cerner les pouvoirs, mais la loi ne pose pas une
exigence de précision du but et, vu la jurisprudence, le critère ne serait que très rarement
opérant (*supra* N 533-539).

[2114] On le voit bien dans l'ATF 99 II 303 c. 3 et 4 (304 s.), où elle est employée à quatre reprises. En p. 305, le terme est toutefois décrit comme les éléments constitutifs de la définition de société («*l'animus societatis, soit la volonté de mettre en commun des biens,
ressources ou activités en vue d'atteindre un objectif déterminé, d'exercer une influence
sur les décisions et de partager non seulement les risques et les profits, mais surtout la
substance même de l'entreprise. Cette volonté résulte de l'ensemble des circonstances et
non pas de la présence ou de l'absence de l'un ou l'autre élément*»), sans qu'on discerne
un élément additionnel éclairant lié à ce terme. Il n'est d'ailleurs employé que dans trois
arrêts publiés de 1954 à 2023 (outre le précité, ATF 103 IV 213 c. 1 et 2a et 127 III 519
c. 2d [524], dans la phrase : «*on ne discerne pas une participation sur pied d'égalité, de
sorte qu'il ne peut être constaté d'animus societatis*», formulation plutôt lapidaire qui
soulève des questions, car les associés ne sont pas forcément sur pied d'égalité). La formulation de l'ATF 99 II 303 est reprise dans la jurisprudence non publiée (ainsi dans les
arrêts TF 13.12.2016, 4A_251/2016 et 4A_265/2016, c. 5.2.1 et TF 26.2.2021,
4A_421/2020, c. 3.1, dans lequel elle est complétée de la précision : «*Chaque associé a
l'obligation de favoriser la réalisation du but commun, dans lequel se confondent les intérêts de tous les associés*»). Dans l'arrêt TF 11.1.2023, 4A_253/2022, c. 4.2, il est simplement dit «*un animus societatis visant pour les parties à unir leurs efforts ou leurs
ressources en vue d'atteindre le but commun*», ce qui se borne à reprendre la définition
légale de l'art. 530 al. 1 CO.

De toute évidence, la seule participation au gain ne suffit pas à admettre l'existence d'une société simple : ce trait se retrouve dans d'innombrables contrats qui ne sont manifestement pas des sociétés (bail avec participation au chiffre d'affaires ou au bénéfice ; courtage avec commission s'accroissant en fonction du prix de telle sorte qu'il s'agit d'un partage de bénéfice ; vente d'actions avec, comme portion du prix, un partage des bénéfices postérieurs à la vente [*earn out*], etc.). Mais même la participation aux pertes, phénomène beaucoup plus rare, ne suffit pas.

1433 Cela a notamment été déterminé dans un arrêt consacré à un prêt partiaire, contrat qui prévoit une rémunération du prêteur variable selon le gain de l'opération financée par le prêt, et, en principe, une participation aux pertes. L'ATF 99 II 303[2115], qui s'écarte de la solution retenue dans au moins un arrêt antérieur, retient que « *la participation aux risques et pertes ne saurait constituer le critère décisif pour déterminer la nature du contrat, puisqu'elle est commune à la société et aux contrats partiaires* »[2116].

1434 Dans un contrat entre une éditrice et une diffuseuse, l'ATF 94 II 122 nie l'existence d'une société : « *[les] parties [...] ne conviennent plus de mettre en commun ressources ou efforts. Au contraire, H. seule s'oblige à réaliser le but du contrat, la diffusion du livre, contre rémunération. Sans doute, les parties ont-elles toutes deux intérêt à vendre le plus grand nombre d'exemplaires possible au prix le plus élevé. Cette convergence des intérêts n'est cependant pas un but commun et n'est au reste nullement propre au contrat de société. [...] Certes, il y a dans l'accord des parties deux éléments qui le rapprochent d'un contrat de société. La rémunération de [H.] est aléatoire et lui fait partager dans une large mesure les risques et les profits de l'entreprise. Cet élément, caractéristique de tous les contrats partiaires, ne suffit cependant pas pour qu'il y ait société. Un agent [...], un courtier [...] peuvent être rémunérés par une participation au gain sans entrer en société avec leur commettant [...]. Le contrat d'édition fixant les honoraires de l'auteur en pour-cent de la vente n'est pas*

[2115] La définition que cet arrêt donne du prêt partiaire demeure citée dans la jurisprudence récente, cf. ATF 145 III 241 c. 3.5.2 (249).

[2116] C. 4c (306). L'arrêt TF 7. 7. 1953, *Scherk c. Thorens et Filipinetti*, dont l'ATF 99 (1973) II 303 s'écarte, retenait que « *le critère qui permet de distinguer entre le contrat de prêt, même partiaire, et le contrat de société est la question de la participation aux pertes* ». L'analyse de l'ATF 99 II 303 c. 4b (305 s.) est que « *si la participation du demandeur lui conférait la qualité d'associé, il serait non seulement copropriétaire pour 3/5 de l'immeuble constituant la fortune sociale, mais aussi codébiteur pour la même part des dettes hypothécaires. Or il n'a jamais prétendu rien de tel. La défenderesse, seule propriétaire de l'immeuble, inscrite à ce titre au registre foncier, a dû assumer toute la charge et les risques de la construction, toute la responsabilité envers les tiers des dettes de l'entreprise. Cette situation est incompatible avec l'existence d'un contrat de société* ».

davantage un contrat de société [...]. Les parties n'ont pas mis en commun des biens ni joint leurs efforts, ni adopté une organisation commune. [H.] organisait librement son activité. La convention prévoit un échange de prestations. Elle revêt le caractère d'un contrat synallagmatique et non celui d'une société »[2117].

Le critère de la mise en commun de ressources en lien avec le but commun a été employé avec rigueur dans d'autres décisions, notamment pour distinguer d'une société dont l'existence était alléguée les contrats de courtage[2118] et d'agence[2119] qu'il fallait retenir.

    1435

II. Emplois multiples de la société simple

A. Ampleur du champ d'application ; les emplois par les personnes morales

Pour de multiples raisons, la société simple est le régime juridique applicable à une **infinité de situations**.

    1436

En effet, outre qu'aucune formalité n'est nécessaire et qu'une inscription au registre du commerce n'est ni constitutive (contrairement aux sociétés de capitaux), ni obligatoire (contrairement aux sociétés commerciales de personnes) – elle n'est d'ailleurs tout simplement pas possible –, l'un des éléments clefs de la diffusion de la société simple est qu'elle est le seul type de société de personnes qui **peut réunir des personnes morales** sans restriction (aucune personne morale ne peut être associé d'une SNC, art. 552 al. 1 CO ; dans la société

    1437

[2117] C. 4b et c (125-127).

[2118] ATF 23 1061 c. 3 (1063) : «*Das Versprechen der Gewinnbeteiligung ist vielmehr lediglich ein Zuschlag zum Versprechen der gewöhnlichen Provision, ähnlich wie das Versprechen der Gewinnbeteiligung der Tantieme, des Dienstnehmers in Dienstverträgen nur einer Erweiterung der Leistung des Dienstherrn enthält und aus dem Dienstvertrage keinen Gesellschaftsvertrag schafft*».

[2119] ATF 83 II 32 c. 1c (38 s.) : «*Von einem gemeinsamen Zweck könnte [...] nur die Rede sein, wenn die Parteien die Rechte und Pflichten aus den eingebrachten Aufträgen als eine gemeinsame Angelegenheit betrachtet hätten. [...] Für den Beklagten bestand der Zweck des Vertrages darin, sich – gegen Leistung einer nach dem Erfolg bemessenen Vergütung – die Hilfe des Klägers zu sichern, um eigene Geschäfte zu tätigen, während der Kläger darauf ausging, zum Zustandekommen und teilweise auch noch zur Erfüllung von Geschäften des Beklagten beizutragen, um die Vergütung zu verdienen. Der Vertrag ist auf den Austausch von Leistung und Gegenleistung, nicht auf Erreichung eines gemeinsamen Zweckes gerichtet*».

en commandite, seul le commanditaire peut être une personne morale, art. 594 al. 2 CO).

1438 Il s'ensuit que, concrètement, la société simple **sert aussi à des activités économiques et commerciales**, puisqu'il n'est évidemment pas interdit à des personnes morales de s'associer en vue de telles activités, nul n'étant obligé de créer une société de capitaux pour les conduire en association avec autrui.

1439 Cette situation de l'ordre juridique peut apparaître quelque peu biscornue, puisque les mêmes activités exercées en association par des personnes physiques donneront forcément lieu à une société en nom collectif (art. 552 al. 1 CO : « *La société en nom collectif est celle que contractent deux ou plusieurs personnes physiques, sous une raison sociale et sans restreindre leur responsabilité envers les créanciers de la société, pour faire le commerce, exploiter une fabrique ou exercer en la forme commerciale quelque autre industrie* »). Il faut s'en accommoder. Le choix du législateur suisse[2120] a été de réserver les sociétés commerciales de personnes, caractérisées par la présence d'au moins un associé indéfiniment responsable, à celles où cette caractéristique voit sa réalité assurée par la participation d'une personne physique (responsable sur tous ses biens, et dont le train de vie et les perspectives personnels sont ainsi exposés) ; si une personne morale était associé indéfiniment responsable, cette caractéristique serait aisément vidée de sa substance par la limitation du substrat patrimonial aux biens de la personne morale, entité artificielle, dont les membres (personnes physiques ou morales) ne répondent pas des dettes ; une telle entité artificielle peut cesser d'exister d'une façon qui n'est pas réellement comparable à ce qui prévaut pour des êtres humains et ne conçoit pas ses perspectives d'avenir comme eux, ce qui rend infiniment moins douloureux le fait de tomber en faillite ou d'être en défaut de biens[2121]. En ce qui concerne le champ d'application des types de sociétés, il en résulte que, le cas échéant, **une même activité donnera lieu à une société en nom commercial si les associés sont des personnes physiques, et à une société simple s'ils sont des personnes morales**.

1440 Il est certain que l'impossibilité, pour des personnes morales, d'inscrire au registre du commerce une société de personnes et d'exercer ainsi une activité commerciale sous une véritable raison sociale limite tout de même l'utilité du recours à la société simple. C'est en particulier le cas lorsqu'il est important que l'activité se fasse par une entité (commune) qui interagisse aisément, en tant que telle, avec des tiers. **Pour une personne morale qui veut exercer**

[2120] Comme exprimé dans l'introduction (*supra* N 51 ad n. 59), ce choix a une part de contingence.

[2121] Sur ces aspects dans le cadre de la problématique du « *Durchgriff* inversé », cf. *supra* N 751.

avec autrui une activité commerciale à proprement parler, il faut tôt ou tard fonder une société de capitaux. Cela étant, même s'il y a là une claire différence juridique, il faut garder à l'esprit, sur un plan pratique, que dans leur immense majorité, lorsque des personnes physiques souhaitent conduire ensemble une activité commerciale, elles font elles aussi le choix de constituer une société de capitaux (SA ou Sàrl).

Ces précisions dites, il reste que le champ d'application de la société simple dans les domaines économiques est gigantesque[2122], pour les personnes morales comme pour les personnes physiques. La seule énonciation des différentes catégories d'utilisations possibles est susceptible d'occuper un traité entier. On se limitera ci-après à une catégorisation rudimentaire distinguant entre les emplois de la société simple dans la vie des affaires et ceux relevant de la vie privée.

1441

B. Dans la vie des affaires

1. Pactes d'actionnaires et coentreprises (« joint ventures »), voire groupes de sociétés

Les **pactes (ou conventions) d'actionnaires** jouent un rôle très considérable en pratique[2123] : il s'agit d'**instruments purement contractuels**, que le droit de la société anonyme (art. 620-763 CO) ne prévoit pas. En effet, la seule obligation qui peut être mise à la charge des actionnaires en vertu du droit des sociétés est celle de libérer les apports qu'ils ont souscrits (art. 680 al. 1 CO). Cette conception du législateur, qu'il n'est pas exclu de trouver trop rigide et dogmatique, a induit l'emploi de purs contrats[2124] pour satisfaire le besoin que des actionnaires peuvent avoir de se coordonner et de planifier leurs comportements futurs respectifs, notamment quant à l'exercice des droits de vote pour élire les organes et mettre en œuvre une politique déterminée en matière de versement de dividendes ; ces contrats peuvent aussi stipuler des obligations de

1442

[2122] MEIER-HAYOZ/FORSTMOSER (2023), § 12, N 142, disent sobrement : « *Die Bedeutung der einfachen Gesellschaft ist gross* » (cf. ég. N 158 : « *grosse Verbreitung* »).

[2123] Parmi les importants ouvrages en français, on citera la thèse d'Olivier BLOCH, Les conventions d'actionnaires et le droit de la société anonyme en droit suisse (3e éd., 2021) et l'article d'Anne HÉRITIER LACHAT, Les conventions d'actionnaires ou la face cachée de la lune, *in* Le contrat dans tous ses états, SJ 2004 (numéro spécial du 125e anniversaire de la revue) 101-124.

[2124] Sur la relative « faiblesse » de certains engagements de vote prévus par des pactes d'actionnaires en comparaison d'engagements faisant l'objet de clauses statutaires (comme, surtout, dans la Sàrl), cf. *supra* N 45.

non-concurrence ou de confidentialité, ou encore des engagements à financer la société[2125], notamment par des prêts ou autres contributions (à fonds perdus, ou par engagement de voter ou de ne pas s'opposer à des augmentations de capital), hors des engagements éventuellement pris dans le cadre d'augmentations de capital déjà souscrites selon le droit des sociétés. La rigidité qu'a sur ce point[2126] le droit de la société anonyme conduit ainsi à ce que ces conventions, incontournables pour le règlement de nombreux rapports, sont **très fréquentes**. Selon notre estimation, elles sont conclues dans au moins un tiers des sociétés anonymes non unipersonnelles.

1443 La **qualification** la plus répandue pour ces conventions est celle de la société simple[2127]. Elle est assurément juste lorsque les actionnaires unissent ces ressources particulières que sont les droits de vote pour atteindre des objectifs communs (conceptuellement, on peut dire que les actions sont ici un apport par destination[2128]).

1444 Cette qualification n'est pas forcément pertinente lorsque les pactes d'actionnaires ne consistent que dans la création de droits de préemption, d'emption (*call option*s, droit de forcer à vendre) et de vente (*put option*, droit de forcer à acheter), ainsi que de droits plus complexes, comme le droit de participer à une sortie de l'actionnariat (*tag along*) ou de forcer un coactionnaire à y participer (*drag along*)[2129]. Ces droits relèvent de l'échange d'actifs entre parties ou de

---

[2125] Cf. *supra* N 737.

[2126] Le régime de la SA est d'ailleurs plutôt souple pour l'essentiel, cf. *infra* N 2488-2490.

[2127] Ainsi François CHAIX, CR ad art. 530 CO (2017), N 22 ad n. 104. L'ATF 109 II 43 c. 3 (cité par cet auteur) ne retient toutefois pas cette qualification en l'espèce, sans l'exclure pour d'autres cas («*Das entspricht nicht der Situation einer einfachen Gesellschaft, wie sie namentlich in Form eines Aktionärpools bzw. -syndikats bestehen kann, sondern eher einem einseitigen Aktionärbindungsvertrag sui generis*»). L'ATF 88 II 172 (relatif à «*une convention constituant un syndicat d'actionnaires dénommé 'le groupe'*» [173], soit «*un accord sur l'exercice des droits de l'actionnaire et plus précisément une convention de vote combinée avec une convention de blocage*» [c. 1, 174]) la retient en revanche : «*En s'obligeant à voter selon les décisions du groupe et à déposer ses actions en main tierce, pendant une durée de six ans [...] chaque membre dispose [...] d'une voix, quel que soit le nombre de ses actions. Une règle semblable serait exclue pour le droit de vote à l'assemblée générale de la société anonyme (cf. art. 692 et 693 CO). Mais le groupe est une société simple (art. 530 ss. CO). Or, selon l'art. 534 al 2 CO, lorsque le contrat remet les décisions de la société à la majorité, celle-ci se compte par tête*». Voir aussi ATF 143 III 480 c. 3.1 (482 : «*in einem gesellschaftsrechtlich konzipierten Aktionärbindungsvertrag*») et 3.2 (483 : «*Qualifikation des ABV als schwergewichtig gesellschaftsrechtlichen Vertrag*»).

[2128] Cf. *supra* N 1377-1380.

[2129] Sur les évaluations du prix des actions dans ces contextes, cf. *supra* N 1232 ad n. 1883. Sur le rôle éventuel (en principe inopportun) de l'organe de révision de la SA pour procéder à l'évaluation dans ce genre de contextes, cf. *supra* N 947.

garanties mutuelles d'égalité de traitement. Le fait qu'il puisse en résulter – en particulier des arrangements assurant l'égalité en cas de sortie – une certaine « communauté de destin actionnarial » ne suffit pas toujours à faire de telles conventions des sociétés simples, faute notamment de mise en commun des ressources voire de véritable but commun. Même si les actions sont placées auprès d'un unique dépositaire[2130], ce n'est pas forcément une mise en commun de ressources, si le dépôt n'a qu'une fin de sûreté. La qualification idoine est alors plutôt celle d'un faisceau de droits d'acquisition, que l'on peut considérer comme un contrat de vente conditionnelle complexe ou un contrat *sui generis*[2131]. En revanche, si ces droits sont simplement un pan d'une convention qui comprend par ailleurs la réunion de ces ressources que sont les droits de vote et le but commun de développer la société anonyme, ils ne font pas obstacle à la qualification de société simple.

Le **contrat de *joint venture*** réunit deux sociétés qui entendent conduire ensemble une entreprise (« coentreprise »)[2132]. Le but commun revêt ainsi d'ordinaire une forte intensité, de sorte que la qualification de société simple s'impose souvent, même si l'on peut voir dans certains aspects une combinaison de contrats. La relation implique souvent la création ou la co-détention d'une société de capitaux[2133]. Dans ce cas, l'accord est aussi une convention d'actionnaires, mais les opérations quotidiennes seront accomplies par les organes de la société de capitaux, de sorte que sur ce plan pratique, la qualification de société simple passe au second plan (et n'est surtout pertinente que pour les décisions revenant aux propriétaires). Toutefois, il peut arriver que l'entreprise soit menée sans créer une société commune. Les relations qui ressortissent à la

1445

[2130] Tant que les actions au porteur existaient sous forme de titres émis physiquement, un tel dépôt était souvent stipulé. Aujourd'hui, les actions étant presque toutes nominatives voire dématérialisées (titres intermédiés selon la LTI ou autres « droits valeurs » selon les art. 973c-973i CO, ou tout simplement actions inscrites au registre de la SA sans émission de certificat physique), le « dépôt » peut être la remise à un actionnaire fiduciaire.

[2131] De façon générale en ce sens, BLANC/FISCHER (2020), N 90 : « *Il est [...] fréquent que la convention d'actionnaires mêle les éléments de plusieurs contrats ou types de contrats. Aussi, la [société simple] peut-elle n'être qu'un élément parmi plusieurs, la relation étant alors un contrat mixte ou* sui generis, *voire un ensemble de contrats [...]. Le but commun, p. ex. de voter de façon unifiée, doit demeurer au premier plan pour que la convention ou l'élément de la convention en question ressortisse à la [société simple]. En effet, tel n'est pas le cas si le rapport d'échange est prépondérant, comme cela peut parfois être le cas p. ex. en matière de* private equity ».

[2132] On pourra se référer, en français, à l'article de Claude REYMOND, Le contrat de « Joint Venture », *in* Innominatverträge (Mél. Schluep), (1988), p. 383 ss.

[2133] On emploie usuellement pour désigner cette situation l'expression anglaise *Equity Joint Venture*, à distinguer de *Contractual Joint Venture* (cf. FELLMANN/MÜLLER, BK ad art. 530 CO [2006], N 255). Sur le concept de « *Doppelgesellschaft* », cf. p. ex. MEIER-HAYOZ/FORSTMOSER (2023), § 12, N 153.

société simple revêtent alors une importance aussi pour les opérations courantes.

1446 En revanche, les **groupes de sociétés** ne devraient qu'exceptionnellement être considérés comme des sociétés simples. En effet, dans la très grande majorité des cas, c'est tout simplement le pouvoir final de la société mère (holding) d'élire les organes des filiales qui détermine la convergence des activités. Il n'y a de « but commun » aux sociétés du groupe que parce qu'il y a une domination ultime de la société mère (et non par une volonté réellement autonome des différentes sociétés du groupe d'agir de concert en vue d'un but déterminé contractuellement, en mettant des ressources en commun). Dans des cas exceptionnels[2134], notamment si des sociétés sœurs réglementent contractuellement leurs façons d'agir en vue de favoriser les intérêts du groupe, on peut retenir tout de même que leur relation forme une société simple ; la participation de la société mère à une telle réglementation contractuelle rend moins vraisemblable cette qualification, sans l'exclure absolument[2135].

2. Consortium (ou syndicat)

a. Notion

1447 L'expression de consortium ou syndicat désigne le plus souvent la situation où plusieurs entreprises se regroupent pour accomplir ensemble une opération, d'ordinaire de grande ampleur. Cela se produit dans les domaines les plus variés : la construction, en particulier pour les travaux publics d'envergure (tunnels[2136], tronçons d'autoroute, métro[2137]) ; les marchés financiers, pour des prêts à de très grandes entreprises (notamment industrielles) ou pour les émissions de titres de participation (actions) ou de dette (obligations) où des institutions financières souscrivent d'abord les titres de l'émetteur et les proposent ensuite aux investisseurs (« placement secondaire ») ; dans l'assurance, pour

---

[2134] Ainsi BLANC/FISCHER (2020), N 132 (« *Il ne nous paraît pas que les intérêts respectifs des sociétés d'un groupe se recoupent avec une intensité suffisante pour que l'on puisse qualifier les groupes de société[s] de [sociétés simples] ... [s]ous réserv[e] de circonstances particulières* »).

[2135] JUNG/KUNZ/BÄRTSCHI (2018), p. 613, admettent assez aisément cette qualification. Le soutiennent encore (beaucoup) plus largement PETER/BIRCHLER, RSDA 1998 113 ss, sous le titre (quelque peu provocateur, vu le contenu tout de même nuancé de l'article) « *Les groupes de sociétés sont des sociétés simples* ».

[2136] ATF 119 V 498 (lit. A : « *Arbeitsgemeinschaft Bözbergtunnel* »). Pour un barrage, ATF 110 Ia 190 (Emosson) c. 2 et 3d.

[2137] TF 14. 6. 2000, DC 2001 86, avec note de Pierre TERCIER.

des gros risques spécifiques (p. ex. une centrale nucléaire, un barrage, ou le chantier d'une telle installation). Il y a parfois des similitudes avec une *joint venture* (coentreprise)[2138] et les notions peuvent partiellement se recouper. La différence est que le consortium est d'ordinaire constitué pour une opération spécifique, même si elle est de longue durée ; par contraste, une coentreprise a usuellement un champ d'application s'étendant à diverses opérations, indépendantes les unes des autres. Toutefois, dans la mesure où le droit de la société simple est le traitement juridique usuel tant pour les consortiums[2139] que pour les *joint ventures*, la distinction est descriptive, sans portée pratique[2140].

Le consortium ou syndicat ne désigne pas seulement des situations où des entreprises se coordonnent pour fournir leurs propres prestations, mais aussi celles où elles vont en commander auprès de tiers (auprès de sous-contractants, dont elles ont besoin pour être en mesure de fournir les leurs). 1448

Par ailleurs, l'expression peut aussi désigner la situation de (co-)propriétaires qui commandent ensemble des prestations ; leurs apports sont la propriété (le cas échéant seulement en destination) et le financement. 1449

On relèvera que le terme de *consortage*, similaire lexicalement, se réfère à des formes juridiques de droit civil cantonal, de tradition ancienne, applicables à des activités agricoles. Elles sont régies par des dispositions assez détaillées dans la législation valaisanne[2141]. Comme elles ont la personnalité morale, elles se rapprochent des coopératives, et non de ce que l'on entend par consortium dans la pratique juridique actuelle. 1450

[2138] *Supra* N 1445. Cf. TF 14. 6. 2000, DC 2001 86 : « *L'organisation mise sur pieds par les parties en vue de l'exécution des travaux de génie civil du métro d'Athènes correspond à une société simple, au sens de l'art. 530 CO. Selon la volonté des parties, le contrat était soumis au droit suisse et aux usages internationaux en vigueur pour les Joint Ventures* » (cf. ég. *supra* n. 2057).

[2139] ATF 119 Ia 190 c. 2 (192) et 3d (196). Cf. aussi ATF 118 II 313, où il est question d'un « *consortium maître d'ouvrage* », « *Bauherrschaft (Konsortium)* » (regeste) ; v. ég. lit. A (314 : « *Zum Zweck der Planung, Ausführung und Finanzierung eines Bauvorhabens [hatten die Parteien] die einfache Gesellschaft Konsortium H. gegründet* »).

[2140] On peut le voir à l'enchaînement qui se fait dans l'arrêt TF 8. 7. 2015, 4A_74/2015, c. 4.2. : « *Construire un bâtiment en commun sur un bien-fonds constitue typiquement un but de société simple [...]. Le but de la société simple peut être occasionnel (réalisation d'une opération déterminée) ou permanent (p. ex. convention d'actionnaires)* ».

[2141] Art. 126-131 LICC-VS. Cela correspond à la réserve du droit cantonal que fait l'art. 59 al. 3 CC (« *Les sociétés d'allmends et autres semblables continuent à être régies par le droit cantonal* »).

b.   Dans la construction

1451   Un consortium de construction sera typiquement constitué pour adresser, auprès d'un maître d'ouvrage ayant fait un appel d'offres pour un projet d'envergure, **d'abord une offre commune** de plusieurs entreprises dont les prestations respectives sont complémentaires. Agir ainsi en consortium permet à des **acteurs spécialisés** (cabinet d'architecture, bureau de génie civil, géologue, entreprise de gros œuvre, etc.) de concourir à l'égal d'une entreprise qui fournit toutes ces prestations de façon intégrée.

1452   Cela étant, dans des projets de très grande taille, il peut arriver que des **entreprises fournissant les mêmes prestations** agissent en consortium pour soumettre leur offre ; il s'agit pour elles de montrer une surface économique plus ample, de manière à inspirer confiance à l'adjudicateur. Dans cette seconde variante, comme les membres du consortium sont des concurrents, il peut se poser des questions sous l'angle du droit des cartels[2142].

1453   Si les travaux sont adjugés au consortium, ses membres les **réaliseront ensemble**. Cette seconde phase, la réalisation commune, est le but de la première phase consistant à présenter l'offre commune. Le but de la seconde phase est la réalisation d'un gain entrepreneurial, lequel est donc le but ultime, aussi, de la première phase.

1454   Dans la première comme dans la seconde phase, **toutes les caractéristiques de la société de personnes** (réunion de ressources, but commun) sont présentes. Dans l'état actuel du droit, lorsque des personnes morales agissent ainsi

---

[2142]   Dans son rapport de 2013, la COMCO a relevé, à juste titre, qu'il ne s'agit en principe pas d'accords problématiques (p. 8) : « *Les consortiums sont et restent en principe non problématiques du point de vue du droit des cartels. Les consortiums sont certes des 'ententes' au sens commun du terme. Ils ne sont dans la plupart des cas pas des accords en matière de concurrence au sens de l'art. 4 al. 1 LCart, car cela supposerait qu'ils aient pour but ou effet d'entraîner une restriction à la concurrence. Au contraire, les consortiums favorisent souvent la concurrence, dans la mesure qu'ils permettent aux entreprises (en particulier les PME) de pouvoir déposer une offre et de réaliser un projet* » ; ég. p. 9, 3e par. : « *Souvent des consortiums sont formés afin de pouvoir être à même de soumettre une offre. Les raisons en sont diverses : manque de connaissances spécifiques, raisons financières, capacités insuffisantes ou risque de dépendance. Les consortiums peuvent permettre une offre économiquement plus avantageuse (meilleur rapport qualité/prix)* ». – Il faut en distinguer les « accords de soumission », qui ne sont précisément pas des consortiums (p. 9 : « *Dans le cas des entreprises d'électricité de Berne [...], elles soumettaient des offres indépendantes, faisant croire à de la concurrence entre elles et ainsi 'trompaient' le maître d'œuvre* »). Pour des exemples, cf. COMCO 22. 4. 2013 (p. 9) ; COMCO 10. 7. 2017, § 200.

(auxquelles la forme de la SNC est inaccessible de par la loi), la relation relève de la société simple[2143].

c.   Dans les opérations de marchés financiers, de crédit et d'assurance

Les **consortiums ou syndicats d'émission d'actions ou d'autres droits-valeurs** sont très fréquents[2144]. L'un des motifs est que les banques (et autres institutions financières) qui fournissent ce service peuvent avoir à prendre l'engagement auprès de l'émetteur d'acquérir les titres qui ne trouveraient pas immédiatement preneur (*prise ferme*), avant de les écouler progressivement (*placement secondaire*)[2145]. De la sorte, les risques peuvent être substantiels ; une répartition entre plusieurs banques est ainsi raisonnable. L'autre motif est que cette activité est en réalité très lucrative[2146] dans la plupart des occurrences ; les banques d'investissement essaient activement de participer à autant d'émissions que possible. Usuellement, l'engagement des différentes banques participantes est commun envers l'émetteur ; la répartition en quotes-parts entre elles relève alors des rapports internes. Le but commun est la répartition du risque au sein de la communauté et les ressources communes sont les moyens de chaque membre mobilisés pour assurer l'engagement pris ensemble envers l'émetteur. La qualification de société simple est bel et bien correcte. Cette qualification n'est pas forcément exclue lorsque l'engagement lui-même envers l'émetteur est divisé en quotes-parts et qu'une banque « chef de file » gère la relation avec lui ; la coordination de la capacité financière peut être considérée comme la mise en commun de ressources.   1455

Il arrive aussi qu'une banque assume, seule, l'engagement vis-à-vis de l'émetteur ; c'est alors à effet interne que d'autres banques assument une quote-part du montant correspondant à cet engagement. Il n'y a alors société entre les différentes participantes que dans la mesure où elles y consentent (cf. art. 542 al. 2 CO).   1456

[2143] Cf. p. ex. Raphaël DESSEMONTET (2006), N 101-119 et 144-169. L'art. 28 al. 2 de la Norme SIA 118 le dit explicitement.

[2144] Cf. *infra* N 2191, n. 2930.

[2145] Sur ces notions, ROUILLER/BAUEN/BERNET/LASSERRE ROUILLER (2022), N 254 (spéc. ad n. 611) et n. 1724. Sur les détails relatifs aux droits de souscription préférentiels, cf. *infra* N 2222-2223.

[2146] Cf. Peter NOBEL (2019), § 11, N 112.

1457 Le **consortium ou syndicat de crédit** présente des traits similaires : il s'agit pour différentes banques ou autres institutions financières (p. ex. fonds de placement) de répartir les risques liés à un prêt de grande envergure (typiquement à une entreprise industrielle). Pour chaque banque individuelle, l'ensemble du prêt représenterait une concentration excessive du risque de crédit (*Klumpenrisiko*). À la différence du consortium d'émission, il s'agit d'une relation à long terme. Structurellement, la plupart des consortiums de crédit sont constitués en ceci qu'une banque « chef de file » (*Federführer*) est l'unique cocontractante (prêteuse) de l'emprunteur[2147] ; la participation au risque de crédit par les différentes banques membres du consortium de crédit relève alors uniquement de rapports internes (on parle d'*Innengesellschaft* pour qualifier cette société simple). Si le prêt est divisé en quotes-parts, chacune est individuellement donneuse de crédit ; si l'une d'elles coordonne la gestion et l'encaissement, il y a bel et bien société (on parlera d'*Aussengesellschaft*)[2148].

1458 Les **opérations d'assurances** peuvent aussi être menées en consortium ou syndicat. On emploie souvent le terme de *pool d'assurances*[2149]. La répartition des risques qui en résulte permet de la considérer parfois comme une alternative à la réassurance. Le terme de *coassurance* fait référence à la situation où des assureurs assument chacun une quote-part d'un même risque ; on retient que, sauf stipulation explicite contraire, la coassurance n'induit pas de solidarité[2150]. La qualification de société simple paraît admise par une partie de la doctrine en cas de gestion par un assureur chef de file[2151].

[2147] En ce sens FELLMANN/MÜLLER, BK ad art. 530 CO (2006), N 299 et 300 (pour l'observation « statistique ») ; cf. ég. ad art. 542 CO, N 211.

[2148] FELLMANN/MÜLLER, BK ad art. 530 CO (2006), N 299.

[2149] Le *Pool suisse pour la couverture des dommages sismiques* (PSDS) affiche sa qualification juridique de société simple (Rapport annuel 2022, p. 80) : « *Le [PSDS] [...] tient à la disposition de ses membres un maximum de deux fois deux milliards de francs par année civile pour le règlement de dommages causés par un séisme. [...] Forme juridique : Société simple (selon art. 530 ss. CO)* » ; cf. ég. op. cit., p. 90 : « *Capital statutaire : Le Pool suisse pour la couverture des dommages sismiques (PSDS) est une société simple. Il ne dispose pas de capital social fixe. Pour l'heure, la direction du PSDS a décidé de fixer la participation maximale du PSDS à 200 millions de francs en cas de séisme d'une magnitude d'au moins VII sur l'échelle EMS* ».

[2150] Cf. Vincent BRULHART (2017), N 1398, spéc. ad n. 2332.

[2151] Ainsi FELLMANN/MÜLLER (2006), N 304. Ces auteurs indiquent qu'il en résulte que la diligence due par l'assureur chef de file à co-assureurs est celle de l'associé gérant selon l'art. 538 CO.

3. Pendant la phase de constitution des personnes morales

Il est certain que les sujets de droit qui entendent créer une personne morale n'ont **en principe pas l'intention de créer une société de personnes**. Ainsi, on ne peut appliquer sans distinction les règles de la société simple à leur relation qui précède la constitution de la personne morale. En particulier, cette relation ne saurait inclure de façon générale une obligation d'effectuer les apports qui serait fondée sur l'art. 531 CO ; dans ce genre de contextes, une telle obligation obéit strictement aux règles spécifiques applicables à la personne morale en cause (art. 632-635 CO pour la SA ; art. 777 et 777c CO pour la Sàrl, ce dernier renvoyant au droit de la SA ; art. 833 ch. 2 et 834 al. 2 CO pour la coopérative ; art. 71 CC pour l'association ; art. 81 CC pour la fondation). 1459

Bien entendu, il peut arriver que des parties planifient ensemble la constitution d'une personne morale **d'une façon qui correspond à l'existence préalable d'une société simple**, notamment si la phase qui précède la constitution de la personne morale est conçue comme devant durer un certain temps (p. ex. dans des contrats de *joint venture*, qui comprennent usuellement des engagements d'investissement préalables aux stipulations d'apport dans l'acte – notarié – constituant la personne morale et qui sont juridiquement valables en vertu du contrat de *joint venture*, d'ordinaire une société simple, comme on l'a vu[2152]). 1460

Par ailleurs, même sans une véritable planification, il peut arriver que les associés de la future personne morale prennent des **engagements avant la constitution** en rapport avec son activité sur le point d'être initiée (contrats de bail, de travail, de marketing, etc.). Cela peut se passer parce que c'est le moment opportun (de bonnes conditions pouvant être obtenues) ou parce qu'il leur apparaît qu'ils sont pris par le temps. L'une des façons d'agir consistera en ceci que les associés de la future personne morale accomplissent des actes au nom de celle-ci. Le Code des obligations présume alors que « *[l]es actes faits au nom de la société avant l'inscription entraînent la responsabilité personnelle et solidaire de leurs auteurs* »[2153]. Pour les associations, l'art. 62 CC indique que « *[l]es associations qui ne peuvent acquérir la personnalité ou qui ne l'ont pas encore acquise sont assimilées aux sociétés simples* ». 1461

[2152] *Supra* N 1445.

[2153] Art. 645 al. 1 CO pour la SA et 838 al. 2 CO pour la coopérative (identique au mot près). Pour la Sàrl, l'art. 779a al. 1 CO est matériellement identique : « *Les personnes qui agissent au nom de la société avant l'inscription de cette dernière au registre du commerce en sont personnellement et solidairement responsables* ».

1462   Dans tous ces cas, la loi ne qualifie pas explicitement la relation de société simple (l'art. 62 CC ne prescrivant qu'une assimilation[2154]). Vu que l'objectif des parties est effectivement de former une autre société, il n'est pas exclu de préférer cette approche conceptuelle littérale à celle qui consiste à retenir que ces relations *sont* des sociétés simples[2155], notamment au vu de la qualification subsidiaire (« attrape-tout ») de l'art. 530 al. 2 CO : « *La société est une société simple [...] lorsqu'elle n'offre pas les caractères distinctifs d'une des autres sociétés réglées par la loi* »). La question conceptuelle n'a pas de portée puisque **le droit de la société simple doit effectivement s'appliquer**, que ce soit par analogie (ou « assimilation ») ou directement.

1463   Cela étant, cette application ne doit pas dénaturer la réalité de la relation caractérisée, comme on l'a vu, par le **cadre juridique spécifique du droit de la personne morale** concernée en ce qui concerne les souscriptions d'apports. Ces apports ne relèvent pas de l'art. 531 CO. Les apports sont notamment le travail consistant à ouvrir un compte de consignation pour le dépôt du capital, à mandater un notaire, à l'instruire et le cas échéant à lui payer une provision. Sauf engagement spécifique, la non-souscription dans les formes de l'apport au capital de la personne morale qui a été prévu n'est pas une violation d'une obligation d'apport (il n'y a ni dommages-intérêts à ce seul titre ni action en exécution[2156]). Elle est simplement une circonstance empêchant d'atteindre le but, lequel est la constitution de la société ; si elle dure, elle induit la dissolution de la société simple (art. 545 al. 1 ch. 1, 2e hypothèse, CO). Quant à la constitution

---

[2154]   Le texte allemand dit « *gleichgestellt* » et le texte italien « *parificate* ».

[2155]   Très résolus, FELLMANN/MÜLLER, BK ad art. 530 CO (2006), N 264 (« *Der Gründungsvertrag bzw. der Vorgründungsvertrag qualifiziert sich als einfache Gesellschaft im Sinne der Art. 530 ff. OR* »). Dans le même sens en fin de compte, BLANC/FISCHER (2020), N 106 (« *On peut se demander s'il est bien question d'assimilation ; la [société simple] étant la forme subsidiaire, il n'est aucune raison de ne pas considérer que le cas relève de la [société simple] à proprement parler* »). Nous l'admettons aussi dans *La société anonyme suisse* (ROUILLER/BAUEN/BERNET/LASSERRE ROUILLER [2022], N 142 s.).

[2156]   Vu la nécessité, presque toujours, qu'une personne morale soit constituée rapidement, une action en exécution ne serait guère une solution praticable, mais si la pratique n'en montre pas (et ne montre pas d'actions en dommages-intérêts consécutives à une inexécution), c'est parce que l'obligation d'apporter les contributions au capital n'existe pas, sauf dans les situations particulières auxquelles on se réfère *supra* N 1460. Dans d'autres sociétés simples, il y a bien une action en exécution de l'obligation d'effectuer les apports (et en dommages-intérêts en cas d'inexécution), cf. p. ex. ATF 134 III 597 c. 3.4 (604 : « *il est constant que le recourant doit un montant de 40 000 fr. aux associés au titre de deux avances de fonds qu'il n'a jamais exécutées. Il s'agit d'une obligation d'apport, soumise aux règles ordinaires sur l'exécution forcée de l'art. 97 al. 2 CO et sur la demeure des art. 102 ss CO* ») ; v. aussi ATF 110 II 287 c. 2a (291 : « *Eine Klage auf Realerfüllung ist auch bei Sachleistungen aus einem Gesellschaftsvertrag möglich* »).

de la personne morale, elle correspond à la réalisation du but, laquelle emporte également la dissolution de la société simple (*ibid.*, 1ᵉ hypothèse).

Tant que dure la phase de constitution, **différents modes d'action** sont pos- 1464
sibles. L'un consiste à ce que l'un des futurs associés de la personne morale prenne auprès de tiers des engagements **en son nom** (à lui), les autres étant engagés envers lui à assumer leur part, au titre de rapports internes (« *Innenge-sellschaft* »). L'autre mode d'agir consiste à prendre des engagements **au nom de la communauté**. Dans tous ces cas, les associés sont personnellement engagés selon les règles de la société simple et, sauf s'ils ont prévu dans les contrats avec les tiers une clause de transfert de leurs obligations, la personne morale ne deviendra titulaire des droits et obligations que si un acte de transfert est conclu, qui requiert un nouveau consentement du tiers. Un autre mode consiste à agir **au nom de la future personne morale** : les art. 645 al. 1, 779a al. 1 et 838 al. 2 CO prévoient alors que les personnes prenant ces engagements au nom de la personne morale « en constitution » sont personnellement et solidairement responsables (reflétant qu'ils sont en relation de société simple, ou que leur relation est assimilée à celle-ci), mais avec la faculté pour la personne morale une fois créée de devenir – par déclaration unilatérale à exprimer dans les trois mois – seule titulaire des droits et obligations créés par les engagements pris de façon anticipée (*pro futuro*) en son nom (art. 645 al. 2, 779a al. 2 et 838 al. 3 CO).

Enfin, il faut observer que les futurs associés de la personne morale peuvent 1465
aussi passer des contrats strictement conditionnés à la constitution de la personne morale, qui excluent toute responsabilité personnelle. Il n'existe aucun intérêt public à prohiber de telles stipulations (il s'agit simplement de conditions suspensives au sens de l'art. 151 al. 1 CO)[2157]. Si tel est le sens des engagements selon la volonté réelle convergente des parties ou selon le principe

---

[2157] Ainsi ROUILLER/BAUEN/BERNET/LASSERRE ROUILLER (2022), N 144, spéc. n. 327 s. Dans le même sens Carlo LOMBARDINI, CR ad art. 645 CO (2017), N 2a (« *même si elle ne revêt pas de forme particulière* »). La mention du « caractère impératif » (*ibid.*, N 1 ad n. 1) en référence notamment à un jugement BezGer Zurich 14. 7. 2004, ZR 2005 p. 37 c. 3 (39), ne se réfère qu'à l'impossibilité de lier à l'avance la société non encore constituée, sa faculté de répudier les actes faits en son nom (c'est-à-dire : de ne pas les assumer) ne pouvant être écartée, pour des raisons structurelles fondamentales (ses organes ne sont pas encore en fonction). Le c. 3 va cependant trop loin dans son début, qui n'envisage pas la stipulation d'une condition suspensive, manifestement admissible (il est en revanche correctement formulé quant à l'impossibilité de lier à l'avance la société non encore constituée) : « *Weder können die für die zukünftige Gesellschaft Handelnden ihre persönliche und solidarische Haftung ausschliessen oder beschränken, noch können Dritte verlangen, dass sich die zukünftige Gesellschaft (über die für sie handelnden Gründer bzw. Vertreter)*

de la confiance, ils ne lient pas l'associé qui les a pris au nom d'une personne morale future qui, finalement, échoue à être constituée ou refuse d'assumer ces engagements.

1466   Les différents modes d'action décrits ci-dessus sont possibles dans la phase **d'acquisition d'une personne morale existante** en tant qu'ils sont fondés sur l'autonomie privée. Le plus usuel pour les acquéreurs, respectivement l'un d'eux, est de prendre des engagements en leur nom puis de faire reprendre les relations juridiques ainsi créées par la personne morale une fois celle-ci acquise, c'est-à-dire en pratique lorsque les acquéreurs ont élu les gérants qui leur conviennent (il est préférable que le contrat prévoie une clause de transfert, laquelle permet d'éviter de devoir obtenir l'accord du partenaire contractuel une fois l'acquisition effectuée). Il est aussi possible d'agir au nom d'une personne morale qui n'a pas encore donné de pouvoir, en prenant un engagement personnel subsidiaire pour le cas où elle refuserait finalement d'assumer la relation ou en ne stipulant que des engagements conditionnels. Le mécanisme qui n'existe pas pour ce genre de situation est la reprise légale par décision unilatérale des organes de la société constituée, tel que cela est régi par les art. 645 al. 2, 777c al. 2 et 838 al. 3 CO[2158]. Dans tous ces cas, la relation est correctement traitée par les règles sur la société simple.

4.   Promotion immobilière

1467   Il est assez fréquent que des investisseurs qui sont copropriétaires d'une parcelle règlent leurs relations d'investissement dans un contrat de société simple[2159]. Il existe ainsi un partenariat contractuel parallèle à la détention de

---

verpflichtet, das mit den Gründern (ausdrücklich) in ihrem (der Gesellschaft) Namen abgeschlossene Rechtsgeschäft gemäss Art. 645 Abs. 2 OR zu übernehmen oder gar diese Übernahme schon im Voraus zu genehmigen ».

[2158]   Cf. ATF 128 III 137 qui procède aux interprétations littérale, systématique et téléologique (celle-ci étant la plus intéressante, cf. c. 4c, où il est exposé que [142] : « Sinn und Zweck von Art. 645 Abs. 2 OR bestehen nicht darin, generell vor Rechtsgeschäften mit Aktiengesellschaften zu schützen, deren Vertreter oder Organe nicht zur Vornahme von derartigen Rechtsgeschäften befugt sind. Die Regelung dient vielmehr dem Zweck, unmittelbar vor der Gründung stehenden Aktiengesellschaften _das nötige Handlungsinstrument zu verleihen_, damit diese im Zeitpunkt der Erlangung der Rechtspersönlichkeit sogleich aktiv werden können »).

[2159]   Outre l'ATF 134 III 597 cité ci-après, l'ATF 137 III 455 c. 3.1 (457) traite aussi d'une promotion immobilière (dans un cadre privé) : « S'agissant du but commun, acheter ensemble un immeuble [...] ou construire un bâtiment en commun [...] constitue typiquement un but de société simple » (cf. infra n. 2176).

parts de copropriété selon les droits réels. Cette dualité des rapports juridiques impliqués est conceptuellement semblable à la détention d'actions doublée d'une convention d'actionnaires.

Un arrêt relativement récent, l'ATF 134 III 597, décrit de façon très claire cette dualité des relations juridiques : « *les parties [ont passé] un contrat de société simple (art. 530 ss CO) en vue de la construction d'un immeuble résidentiel sur le bien-fonds dont ils étaient copropriétaires*[2160]. *[...] Du moment que le bâtiment n'était pas achevé et, partant, que le but de la société simple n'était pas atteint, les copropriétaires de l'immeuble sont restés liés par le contrat de société. Autrement dit, les parties formaient une communauté de propriétaires d'étages portant sur cet immeuble, tout en restant engagées par la convention de société simple qu'elles avaient conclue antérieurement* »[2161].   1468

5.   Communautés de partage de coûts (en particulier pour les professions libérales) ; coopérations plus étroites

Il existe une infinité de types de **coopération entre praticiens d'une profession libérale** (avocats, médecins, ingénieurs[2162], architectes[2163], p. ex.) qui relèvent de la société simple.   1469

Dans beaucoup de cas, ces praticiens **se bornent à partager une infrastructure**, qui peut consister uniquement dans des locaux, mais peut aussi s'étendre à un secrétariat, un comptable ou des assistants communs ; l'infrastructure peut d'ailleurs être très considérable, notamment pour les médecins (laboratoire, radiologie).   1470

Dans d'autres cas, en plus de l'infrastructure, les praticiens **agissent de façon unifiée à l'égard des clients ou des patients**, notamment par une dénomination (« enseigne ») commune, un papier-entête commun, des comptes bancaires communs et un site internet commun ; sur le plan administratif, ils peuvent opérer sous un numéro unique de TVA.   1471

[2160] C. 3.2 (601).

[2161] 602. Sur des aspects pratiques quant à la saisie, cf. *supra* N 1414 (ad art. 1 al. 2 OPC *a contrario*). Sur la situation à certains égards semblable de l'acquisition commune, cf. *infra* N 1478-1479.

[2162] Cf. FELLMANN/MÜLLER, BK ad art. 530 CO (2006), N 235. Pour une présentation complète et synthétique de diverses professions dont l'exercice en coopération recourt à la société simple, *op. cit.*, N 220-240.

[2163] Ainsi à l'ATF 130 III 107.

1472   *Lorsque seules des personnes physiques sont membres de cette association* (cf. art. 552 al. 1 CO[2164]), la qualification de **société en nom collectif** peut être envisagée. La jurisprudence a retenu un critère qui revêt une certaine subtilité, à savoir déterminer si la relation professionnelle avec le client ou le patient est au premier plan (ce qu'affirment, du moins abstraitement, la plupart des praticiens), ou si c'est la recherche d'un gain, sur le plan de la rentabilité, par une véritable planification financière, par l'attention aux mesures organisationnelles, à la structure des coûts opérationnels et financiers, et par le recours à la publicité[2165]. Il a d'ailleurs été relevé, en 1998 déjà, que la plupart des grandes études d'avocats remplissent manifestement ces critères[2166]. Pour les cabinets médicaux, il a notamment été observé – en 1974 déjà – que la taille importante d'un cabinet pouvait certes s'expliquer par la nécessité de réunir plusieurs spécialistes ; mais dans le cadre d'une permanence, où de nombreux médecins assistants sont engagés, la relation personnelle n'est pas au premier plan de façon telle que l'on puisse échapper à la qualification d'activité commerciale[2167].

1473   De nos jours, beaucoup de praticiens de professions libérales créent une société anonyme unipersonnelle ou une société à responsabilité limitée unipersonnelle. Comme la société en nom collectif est inaccessible aux personnes morales en l'état actuel du droit, un partenariat où l'activité présente une prépondérance commerciale sera qualifié de **société simple** s'il associe une ou plusieurs personne(s) morale(s).

[2164] Cf. *supra* N 1356, 1437 et 1439-1440.

[2165] ATF 124 III 363 c. II.2.a (365), cité *supra* n. 116. Voir aussi ATF 130 III 707 c. 4.2 (711), cité *supra* n. 117.

[2166] ATF 124 III 363 c. II.2.a (365 *in fine*) : « *Dass zum heutigen Zeitpunkt zumindest jede grössere Anwaltskanzlei nach kaufmännischen Grundsätzen organisiert ist und einer geordneten Buchführung bedarf, kann [...] ohne weiteres bejaht werden* ».

[2167] ATF 100 Ib 345 c. 3 *in fine* (348 s.) : « *[le recourant] ne collabore pas avec des spécialistes, responsables chacun d'un domaine déterminé, mais [...] engage de jeunes assistants salariés* » ; c. 4 (349) : « *Les éléments décisifs en l'espèce sont, d'une part, le mode d'exploitation, l'ampleur et l'organisation propres à une permanence [...], qui imposent en principe une activité exercée 'en la forme commerciale' et la tenue d'une comptabilité régulière. D'autre part, l'anonymat qui caractérise généralement la désignation d'une telle permanence et les restrictions que le patient doit subir dans le choix du médecin traitant, ainsi que l'obligation de fonctionner d'une manière ininterrompue 24 heures par jour et tous les jours de l'année, sont incompatibles avec la notion de profession exercée en la forme libérale* ».

C. Dans les domaines relevant de la vie privée

1. Union libre (concubinage)

Il est reconnu depuis longtemps qu'outre les aspects affectifs et intimes, la vie 1474
en commun dans une relation d'une certaine durée, avec des implications économiques, peut constituer une société simple[2168], même si cela n'est pas systématique[2169]. Cela ne peut fournir à l'un ou l'autre des concubins une protection
équivalente à celle du mariage, en particulier en matière de pensions alimen-
taires postérieures à la séparation – sauf stipulations en ce sens, qui semblent
fort rares : ceux qui vivent en union libre n'ont précisément pas conclu de mariage (elles ne sont cependant pas inconcevables, en particulier dans les cas où
le mariage n'est pas possible, p. ex. en raison d'un lien matrimonial encore
existant avec un tiers).

Certains actes juridiques fréquents chez les concubins, comme la colocation et 1475
l'acquisition commune, se rencontrent aussi dans des interactions sans partage
particulier d'affection ou d'intimité. On les décrit ci-après.

2. Colocation

Il est admis que la colocation induit le plus souvent une société simple entre 1476
colocataires[2170]. Les conséquences sont nombreuses. L'une est la solidarité des
colocataires pour le paiement de l'intégralité du loyer en vertu de l'art. 544 al. 3
CO. Par ailleurs, les règles sur la société simple permettent de résoudre un

---

[2168] Cf. déjà Henri BRON, Les conséquences juridiques de l'union libre notamment à l'égard
des tiers, th. Lausanne 1940, p. 75 s. Voir aussi Helen MARTY-SCHMIDT, La situation patrimoniale des concubins à la fin de l'union libre, th. Lausanne 1986.

[2169] ATF 108 II 204 c. 4a (208 s.) : « *Beim Zusammenleben von zwei Personen muss in jedem
einzelnen Fall näher geprüft werden, ob und inwieweit die konkreten Umstände die Anwendung der Regeln über die einfache Gesellschaft erlauben. Es sind Konkubinatsver-
hältnisse denkbar, in denen die Partner sich in jeder Beziehung eine derart starke
Selbständigkeit bewahren, dass für die Annahme einer einfachen Gesellschaft kein Raum
bleibt* ». Dans la doctrine récente, voir Oriana JUBIN, Les effets de l'union libre : comparaison des différents modes de conjugalités et propositions normatives, th. Genève 2017,
N 396 : « *si la jurisprudence qualifie parfois le concubinage de contrat de société simple
en l'absence de convention, certains auteurs considèrent, à l'inverse, qu'il faut y voir un
contrat sui generis ou un contrat innomé de durée* », avec de nombreuses références. Pour
un aperçu concentré de la jurisprudence fédérale et cantonale, MEIER-HAYOZ/FORST-
MOSER (2023), § 12, N 146.

[2170] Cf. p. ex. BLANC/FISCHER (2020), N 66 s.

grand nombre de questions sur le processus décisionnel (unanimité à défaut d'un accord stipulant une majorité) et sur la dissolution (notamment sur la répartition de la garantie ou d'un excédent d'avance de charges). Elles impliquent aussi qu'une déclaration de volonté, comme la résiliation du bail, doit être commune (ce qui peut se faire par représentation, selon la présomption de l'art. 543 al. 3 CO[2171]) ; procéduralement, les colocataires sont en principe des consorts actifs nécessaires (p. ex. dans l'action en annulation du congé ou en contestation d'une augmentation de loyer[2172]).

1477 Par ailleurs se pose la question de la responsabilité pour une occupation par l'un des ex-colocataires qui perdurerait après la fin du bail. La fin du bail induit en principe la dissolution de la société simple dont le but est la colocation – contractuelle et licite – de l'objet (cf. art. 545 al. 1 ch. 1 CO[2173]). Le comportement d'un ex-colocataire qui demeure dans les locaux ne s'inscrit en principe pas dans le cadre de la société simple. La jurisprudence a toutefois retenu qu'un colocataire peut être coresponsable de l'indemnité pour occupation illicite par un autre colocataire, au titre de la qualité d'auxiliaire de ce dernier (art. 101 CO)[2174].

[2171] L'ATF 140 III 491 c. 4.2.1 (493) ne mentionne pas la représentation (« *Das Kündigungsrecht als unteilbares Gestaltungsrecht steht daher nur allen Mietern oder Vermietern gemeinsam zu und muss gegenüber allen Vermietern bzw. Mietern ausgeübt werden ; ansonsten ist die Kündigung nichtig* »), sans que cela ne soit pertinent pour l'enjeu de la cause.

[2172] ATF 136 III 431 c. 3.3 (« *les colocataires, qu'ils soient conjoints, partenaires enregistrés ou simples colocataires, forment une consorité matérielle nécessaire et doivent agir ensemble pour contester le loyer* »). L'ATF 140 III 598 c. 3.2 apporte un tempérament qui est important (601) : « *le droit de s'opposer à un congé abusif répond à un besoin de protection sociale particulièrement aigu lorsqu'un local d'habitation est en jeu [...]. Il faut dès lors reconnaître au colocataire le droit d'agir seul en annulation du congé. Mais comme l'action, formatrice, implique que le bail soit en définitive maintenu ou résilié envers toutes les parties, le demandeur doit assigner aux côtés du bailleur le ou les colocataires qui n'entendent pas s'opposer au congé, sous peine de se voir dénier la qualité pour agir* ». L'application de ce tempérament peut être envisagée à l'égard de presque tous les cas de consorité active nécessaire.

[2173] Cf. *supra* N 1267 et 1407.

[2174] L'arrêt TF 3. 7. 2006, 4C.103/2006, c. 4.1, relève que « *La solidarité ne fonde pas automatiquement une responsabilité pour le dommage causé par la faute d'un codébiteur* », réflexion qui présuppose toutefois la solidarité (et donc la continuation de la société simple), le sort de la cause étant tranché au c. 4.2 : « *En signant ensemble un bail, chacun des colocataires ne peut en effet exercer les droits découlant du contrat qu'avec le consentement implicite de l'autre. [...] Ce qui est déterminant, c'est que le colocataire C. a occupé les bureaux en cause avec l'approbation tacite du défendeur. Il s'ensuit que le colocataire récalcitrant doit être considéré comme l'auxiliaire du défendeur et que la bailleresse peut ainsi réclamer au colocataire non fautif une indemnité pour l'occupation*

3.   Acquisition commune

L'acquisition à plusieurs d'un bien est un cas typique d'application de la société 1478
simple[2175] aussi lorsqu'aucun but commercial n'est attaché à l'opération, parce
que les acquéreurs souhaitent utiliser le bien pour eux-mêmes. La pratique judiciaire montre de nombreux cas d'acquisitions immobilière[2176] ou mobilière[2177]. Comme on l'a vu dans la section consacrée aux promotions immobilières[2178], le fait qu'une forme de copropriété selon les droits réels[2179]
(copropriété *stricto sensu* ou PPE) soit à terme envisagée[2180] (plutôt qu'une détention durable du bien en main commune) puis concrètement constituée n'empêche nullement que les règles de la société simple s'appliquent ; le moment
venu, soit lorsque la copropriété ou la PPE est constituée, la société simple peut

---

illicite des locaux ». Cet arrêt a notamment été confirmé par TF 2. 6. 2009, 4A_125/2009,
c. 3.2 et, bien qu'à titre d'*obiter dictum* seulement, par TF 10. 7. 2012, 4A_12/2012, c. 2.

[2175] Cf. GABELLON/TEDJANI, SJ 2016 II 209.

[2176] ATF 137 III 455 c. 3.1 (471 : «*acheter ensemble un immeuble [...] ou construire un bâtiment en commun [...] constitue typiquement un but de société simple. L'art. 530 CO
n'exige pas que la société tende à réaliser un bénéfice. Il n'est pas nécessaire non plus
qu'elle soit conçue pour durer de manière illimitée*»). V. aussi ATF 110 II 287 (reg. :
«*Contrat de société entre acheteurs d'un immeuble. [...] But de la société consistant à
acquérir en commun un immeuble, à le transformer et à le convertir en propriété par
étages*»).

[2177] ATF 99 II 315 (reg. : «*La convention qui prévoit l'achat en commun d'un véhicule et le
partage par moitié de l'utilisation, des frais et du produit de la revente, est soumise aux
règles de la société simple*»).

[2178] *Supra* N 1467 s.

[2179] MEIER-HAYOZ/FORSTMOSER (2023), § 12, N 147, citent aussi la relation avec le *régime
matrimonial* : les rapports patrimoniaux des époux sont en principe régis par les art. 181 ss
CC, mais cela n'exclut pas qu'ils constituent une société simple pour un bien déterminé.

[2180] Cf. ATF 137 III 455 c. 3.2 (457 s. : «*les recourants et le couple Z. ont conçu le projet de
s'associer en vue d'acquérir le terrain [...] et d'y faire construire en commun une maison
destinée à abriter deux logements, l'un pour le couple recourant et l'autre pour le couple
Z. Chacun devait faire un apport, puisque les frais devaient être partagés. Ce projet a été
mis à exécution, puisque les deux couples ont ensemble conclu la promesse de vente, puis
le contrat de vente concernant l'acquisition du terrain. Ils ont ensemble mis en œuvre les
intimés en vue d'étudier la construction, puis de la réaliser. Ils ont effectivement partagé
les frais. Il résulte qu'ils ont uni leurs efforts et leurs ressources en vue de réaliser un but
commun, à savoir acquérir un terrain et y construire un bâtiment. Le rapport juridique
noué entre eux se caractérise donc comme une société simple au sens de l'art. 530 CO.
Qu'ils aient d'emblée conçu l'idée de constituer ensuite une propriété par étages, de manière à ce que chacun des couples devienne à terme propriétaire de son propre logement
n'y change rien*»).

continuer d'exister en parallèle, si elle conserve une fonction[2181], ou être dissoute, si son but est atteint (art. 545 al. 1 ch. 1 CO).

1479 On observera qu'une vente commune de biens de même nature (fongibles) peut aussi constituer une société simple, lorsque les parties n'ont pas spécifié concrètement quel vendeur cédait quelle quantité exacte[2182].

4. Continuation d'une communauté héréditaire

1480 Il est reconnu que les héritiers peuvent **modifier la communauté** qu'ils forment de par la loi dès le décès du *de cujus* (art. 602 CC), l'hoirie, **en une société simple**[2183]. Cela se fait par un contrat (ou un acte[2184]) de partage qui, concrètement, ne répartit pas les biens entre héritiers, mais les conserve dans une autre communauté entre les mêmes personnes physiques. Le régime qu'ils peuvent donner à leur société simple se prête mieux à une relation de longue durée ; l'entrée et la sortie d'associés sont aussi plus faciles à réguler que dans l'hoirie. Il en va de même de questions qui sont délicates dans l'hoirie, notamment la représentation[2185].

1481 Il est aussi assez fréquent que les héritiers décident que **l'un des biens** de la succession (p. ex. un immeuble) est attribué, par un partage partiel, à une société simple[2186]. Celle-ci peut exister d'abord entre tous les héritiers, avant qu'au fil des ans certains d'entre eux en sortent (et, éventuellement, que de nouveaux membres y entrent, selon les règles de la société simple).

III.   Fonctionnement interne et rapports avec les tiers

1482 Comme on l'a déjà indiqué en répertoriant les règles communes à toutes les sociétés de personnes, les dispositions légales sur la société simple constituent

---

[2181] Cf. *supra* N 1468 ad n. 2161, citant l'ATF 134 III 597.

[2182] ATF 116 II 707 (reg. : « *Lorsque plusieurs actionnaires d'une société vendent simultanément leurs actions au même acheteur, ils peuvent conclure des contrats de vente indépendants ou se regrouper à cette fin dans une société simple* »).

[2183] Sur ces questions, cf. p. ex. Nicolas ROUILLER, CS ad art. 602 CC (2023), N 23, 24 (ad n. 40), 55 et 106 ; BERGAMELLI/COTTI, CS ad art. 517 CC (2023), N 56 ad n. 81.

[2184] L'ATF 96 II 325 c. 6 (332 et 336) reconnaît que, lorsque les héritiers décident de rester en indivision, l'adoption d'une autre forme de communauté peut « être tacite » (ainsi également Paul-Henri STEINAUER [2016], N 1235a, n. 5).

[2185] Cf. p. ex. TF 12. 1. 2011, 5D_133/2010, c. 4.3 et 5. Sur la représentation dans la société simple, cf. *infra* N 1484.

[2186] V. Nicolas ROUILLER, CS ad art. 634 CC (2023), N 15.

concrètement aussi une partie générale du droit des sociétés de personnes[2187]. En ce qui concerne en particulier le fonctionnement, soit les rapports entre associés, une société en nom collectif peut assurément fonctionner comme si elle était une société simple, et vice-versa.

Ce sont les **rapports avec les tiers** qui sont sensiblement différents, du fait de l'inscription – obligatoire, mais seulement déclarative[2188] – au registre du commerce. La représentation d'une société en nom collectif (comme d'une société en commandite) dûment inscrite est simplifiée et standardisée par les effets de l'inscription, en particulier la protection étendue de la bonne foi qui y est attachée (quant aux titulaires d'un pouvoir et à son étendue), mais aussi tout simplement le fait même que l'existence d'une société est clairement communiquée. Par ailleurs, l'existence d'une quasi-personnalité morale induit une série de simplifications pratiques.

1483

Quant à elle, la société simple n'apparaît pas forcément aux yeux des tiers. Cela explique que l'un des cas les plus fréquents de « représentation » est en réalité la **représentation indirecte**, qui n'est pas une forme de représentation : première des rares dispositions du droit de la société simple consacrées aux rapports avec les tiers, l'art. 543 al. 1 CO, en vertu duquel « *[l]'associé qui traite avec un tiers pour le compte de la société, mais en son nom personnel, devient seul créancier ou débiteur de ce tiers* » n'est pas véritablement une règle de droit des sociétés ; il ne fait que rappeler ce qui résulte de l'art. 32 al. 2 et 3 CO. Il en va de même de l'art. 543 al. 2 CO, qui ne fait que rappeler qu'un pouvoir de représentation est nécessaire pour lier autrui, à savoir ici la communauté ou l'ensemble des associés (« *Lorsqu'un associé traite avec un tiers au nom de la société ou de tous les associés, les autres associés ne deviennent créanciers ou débiteurs de ce tiers qu'en conformité des règles relatives à la représentation* »). La seule règle de droit des sociétés est l'art. 543 al. 3 CO, qui indique que **le pouvoir de gestion** (présumé exister pour tous les associés indéfiniment responsable) **implique en principe un pouvoir de représentation** (sauf clause contractuelle ou décision contraire). Sous réserve des effets de l'inscription au registre du commerce pour la société en nom collectif et la société en commandite, cette règle est commune à toutes les sociétés de personnes[2189].

1484

[2187] Cela par les renvois du droit de la SNC au droit de la société simple, et par les renvois du droit de la société en commandite à celui de la SNC (cf. *supra* N 1361). La même remarque figure d'ailleurs déjà dans le Rapport du Conseil fédéral, FF 1909 III 751, cité *supra* n. 2030.

[2188] Cf. *supra* N 77-79.

[2189] Cf. *supra* N 1398 s.

1485 En ce qui concerne encore le fonctionnement, la société simple se distingue des sociétés commerciales de personnes par **l'absence de règles explicites sur les comptes périodiques**[2190] **et le droit de prélever des bénéfices annuellement**. En d'autres termes, il n'y a pas de dispositions équivalentes aux art. 558-560 CO[2191]. Ces questions relèvent donc ici exclusivement du contrat de société et des décisions, un blocage étant ainsi plus susceptible de se produire que dans une société commerciale de personnes ; cela est de nature à engendrer davantage de cas de dissolution (par impossibilité d'atteindre le but, art. 545 al. 1 ch. 1 *in fine* CO, ou par dénonciation, ch. 6, ou pour justes motifs, ch. 7).

1486 On doit encore relever que le **devoir de loyauté** présente quelques différences entre le régime de la société simple et celui des sociétés commerciales de personnes. L'art. 536 CO (commun à toutes les sociétés de personnes[2192]) interdit simplement à tout associé d'accomplir des actes « *contraires ou préjudiciables au but de la société* ». L'art. 561 CO (applicable à la SNC et à la société en commandite[2193]) prévoit une disposition sensiblement plus précise de non-concurrence, ce qui est en principe plus abstrait et porte plus loin (il n'y a pas à débattre du caractère concrètement préjudiciable de l'acte de concurrence). On rappellera que les *gérants* – associés ou non – ont un devoir de loyauté (encore plus vaste, qui leur interdit notamment de faire des affaires pour leur compte s'il y a lieu d'admettre qu'elles auraient pu être faites pour la société)[2194].

1487 L'absence de quasi-personnalité morale induit que la société simple ne peut pas **agir en justice** en tant que telle (contrairement à la SNC et à la société en commandite, cf. art. 562 CO[2195]) : seuls les associés, qui constituent la communauté juridique, le peuvent ; ils doivent procéder ensemble (cf. art. 544 al. 1 CO).

1488 En sens inverse, il faut distinguer : si un tiers veut faire constater en justice l'existence ou l'annulation d'un rapport de droit, les associés de la société simple doivent être attraits en commun (contrairement à la SNC ou la société en commandite, qui peut être attraite elle-même, art. 562 CO) ; si un tiers veut encaisser une créance, l'absence d'un patrimoine séparé de la personne morale induit que ce tiers peut faire immédiatement valoir la responsabilité personnelle illimitée de chaque associé (en vertu de la solidarité parfaite de l'art. 544 al. 3 CO). Le tiers n'a pas l'incombance de tenter d'abord de recevoir satisfaction

---

[2190] L'art. 546 al. 2 CO ne fait que se référer à *l'hypothèse* où des comptes périodiques sont établis.
[2191] Cf. *infra* N 1513-1522.
[2192] Ainsi BLANC/FISCHER (2020), N 562 et 890.
[2193] Ainsi BLANC/FISCHER (2020), N 890.
[2194] *Supra* N 975 ss, spéc. 1002-1011.
[2195] Cf. *infra* N 1501.

au moyen des biens communs (au contraire de ce qui résulte de l'art. 568 al. 3 CO pour la SNC et la société en commandite[2196]).

IV. Dissolution et liquidation

On a déjà pu observer que l'essentiel des règles sur la dissolution et la liquida- 1489 tion sont communes à l'ensemble des sociétés et que celles qui sont spécifiques aux sociétés de personnes valent pour toutes ces dernières[2197]. Il en va de même pour les règles sur la liquidation.

Les particularités du droit de la société simple sur ce plan résultent d'abord de 1490 ce qu'il ne comprend pas certaines dispositions applicables à la société en nom collectif et à la société en commandite, qui visent à favoriser la sortie d'un associé plutôt que la dissolution (art. 577-580 CO)[2198].

Les autres différences proviennent d'abord de l'inscription au registre du com- 1491 merce. Ainsi, le début de la liquidation qu'est la dissolution n'est pas formalisé par une raison sociale modifiée et par l'inscription correspondante (art. 581, 583 al. 3 et 589 s. CO). Il en résulte aussi que l'art. 547 al. 1 CO protège l'associé qui continue les affaires de la société simple malgré la dissolution de celle-ci, tant qu'il n'en a pas eu connaissance (cela n'est pas possible dans les sociétés commerciales de personnes dès que l'inscription de la dissolution est opérée au registre du commerce, vu l'effet dit « de publicité [positive] »[2199]).

Comme déjà signalé[2200], l'importante divergence dans la liquidation est que 1492 dans les sociétés commerciales, seuls les associés gérants sont en principe chargés de la liquidation (art. 583 al. 1 CO), tandis que dans la société simple, l'art. 550 al. 1 CO prescrit que « *[l]a liquidation qui suit la dissolution de la société doit être faite en commun par tous les associés, y compris ceux qui étaient exclus de la gestion* ».

Enfin, on peut observer que l'art. 550 al. 2 CO rappelle d'une part ce qui résulte 1493 d'abord de la titularité des droits dans la représentation indirecte, mais prescrit d'autre part une obligation précise, clairement attribuée à l'un des associés, en prescrivant que « *si le contrat de société n'avait trait qu'à certaines opérations*

[2196] Cf. *infra* N 1538-1544.
[2197] *Supra* N 1406, avec les renvois.
[2198] Cf. *infra* N 1530-1537.
[2199] Cf. *supra* N 137 ss, spéc. 138.
[2200] *Supra* N 1410.

déterminées que l'un des associés devait faire en son propre nom pour le compte de la société, <u>cet associé est tenu, même après la dissolution, de les terminer seul et d'en rendre compte aux autres associés</u> ». La portée matérielle est que l'associé concerné ne peut pas (en principe) exiger l'assistance de ses associés (concrètement, il ne peut pas conditionner sa poursuite de l'opération à la fourniture d'assistance de leur part), ni, malgré la dissolution, abandonner totalement l'opération, ni se l'approprier (en gardant le bénéfice pour lui seul et sans en informer ses associés).

§ 22   La société en nom collectif

I.   Traits essentiels ; place de cette société parmi les sociétés de personnes et l'ensemble des sociétés

Parmi les sociétés de personnes, la société en nom collectif est la plus simple à décrire. 1494

Elle correspond d'abord à **l'archétype de la société de personnes** en ceci que tous les associés sont indéfiniment responsables, contrairement à la société en commandite (où au moins un associé n'a qu'une responsabilité limitée). 1495

Par ailleurs, même si elle peut servir à des genres d'entreprises infiniment divers, les relations entre associés et avec les tiers sont moins susceptibles de varier du tout au tout entre deux sociétés en nom collectif qu'entre deux sociétés simples. D'une part, toutes les sociétés en nom collectif ont un **but commercial ou entrepreneurial** (comme l'indique l'art. 552 al. 1 in fine CO, elles sont constituées «*pour faire le commerce, exploiter une fabrique ou exercer en la forme commerciale quelque autre industrie*») ; contrairement à maintes sociétés simples, une société en nom collectif est presque toujours constituée non pour une opération ponctuelle, mais pour au moins quelque **durée**. D'autre part, l'inscription obligatoire au **registre du commerce** induit une certaine standardisation de maints aspects, en particulier dans les pouvoirs de représentation[2201] (ce qui rétroagit sur les pouvoirs de gestion). 1496

Dans **l'histoire commerciale de l'Europe**, cette forme de société a joué le premier rôle au moins du début du deuxième millénaire jusqu'au milieu du XIXe siècle[2202]. Les sociétés en nom collectif étaient encore plus de deux fois aussi nombreuses que les sociétés anonymes lors de l'introduction du registre du commerce fédéral en 1883[2203]. Elles ont été dépassées par celles-ci dès la 1497

[2201] Le rapport de Walther MUNZINGER (1865), p. 62, mettait bien en exergue que c'était là la véritable caractéristique de la SNC : « *Il est de toute évidence que l'essence de la société en nom collectif ne consiste pas dans les rapports des associés entre eux, ces rapports pouvant être déterminés de façons fort diverses d'après les clauses du contrat de société, mais bien dans les rapports de la société avec les tiers* ».

[2202] Cf. *supra* N 12-16, sous réserve des entreprises titanesques de colonisation conduites par des prototypes de sociétés anonymes (sociétés « à charte » bénéficiant de concessions des pouvoirs publics et dont les titres étaient aisément cessibles et négociables).

[2203] Annuaire statistique de la Suisse 1930, p. 103 : 3666 SNC (et sociétés en commandite) contre 1497 SA en 1883.

première décennie du XXe siècle[2204]. Elles ne représentaient approximativement plus qu'un tiers de leur nombre en 1960, un sixième en 1970 et un dixième en 1980[2205]. Comparées aux sociétés de capitaux en 2024 (SA et Sàrl réunies), elles sont désormais cinquante fois moins nombreuses[2206]. Dans notre analyse, outre l'attrait que revêt pour les entrepreneurs la limitation de responsabilité des associés dans les sociétés de capitaux, cette évidente défaveur qui affecte cette forme de société et le recul relatif massif qu'elle connaît depuis plus de cent ans s'expliquent aussi par la caractéristique – conceptuellement tout à fait contingente[2207] – selon laquelle seules des personnes physiques peuvent être associées d'une société en nom collectif. De là résulte qu'un très grand nombre de relations qui en seraient sinon (car aucune limitation de responsabilité des associés n'est souhaitée) entre personnes morales, ou entre celles-ci et des personnes physiques, sont en droit suisse des sociétés simples. Si cette restriction fondamentale tombait[2208], il est probable que le nombre de sociétés en nom collectif serait rien moins que multiplié.

II. Inscription au registre du commerce et quasi-personnalité ; associés gérants ; patrimoine séparé

1498 Les aspects regroupés dans le titre de la présente section, loin d'un « inventaire à la Prévert », sont intimement liés entre eux. Ils forment ensemble les différentes composantes de l'**essence pratique** de la société en nom collectif.

[2204] Annuaire statistique de la Suisse 1930, p. 103 : 6049 SNC (et sociétés en commandite) contre 5843 SA en 1900 ; 7881 SNC (et sociétés en commandite) contre 11 367 SA en 1910.

[2205] Annuaire statistique de la Suisse 1980, p. 371 : alors que le nombre de SNC (et de sociétés en commandite) évolue peu au-dessus de 10 000, on compte 33 441 SA en 1960, 64 379 en 1970 et 101 587 en 1977.

[2206] Cf. *supra* N 29-41.

[2207] Comme le relèvent à juste titre MEIER-HAYOZ/FORSTMOSER (2023), § 13, N 13, cette restriction ne figurait pas dans l'aCFO-1881 ; elle ne s'applique pas non plus aux *offene Handelsgesellschaften* du droit allemand, qui correspondent à la SNC suisse. Sur la motion du Conseiller national Hansruedi RAGGENBASS du 20. 3. 1997 (N° 97.3142, « *Associés indéfiniment responsables des sociétés de personnes. Admission des personnes morales* »), cf. *infra* n. 2268 et *supra* n. 119.

[2208] BLANC/FISCHER (2020), N 406, appellent de leurs vœux une telle suppression *de lege ferenda*.

La société en nom collectif est **obligatoirement inscrite au registre du com-** 1499
merce. Elle existe certes en tant que telle sans être inscrite[2209] (si elle a un but
commercial, art. 553 CO), mais c'est là une situation pathologique[2210], qui ne
peut servir à comprendre le système conçu par le législateur.

Il résulte de l'inscription que la société est aisément **perceptible aux yeux de** 1500
tiers comme une entité propre. Elle est une **raison sociale** exclusive (art. 562
et 950 s.[2211] CO) qui l'individualise autrement que par la seule composition de
ses associés. Elle a un **but social inscrit** (cf. art. 564 al. 1 CO et 41 al. 1 lit. e
ORC) qui permet de saisir l'orientation de son activité. Les **pouvoirs princi-**
paux[2212] **de la représenter** sont clairement déterminés par les inscriptions au
registre : ils appartiennent à tous les associés dont le pouvoir n'est pas limité
par une restriction inscrite (indiquant qu'un associé est sans pouvoir de signature ou avec un pouvoir seulement collectif, cf. art. 555 et 563 CO) et aux fondés de procuration (art. 566 et 458 al. 2 CO[2213]).

Étant ainsi une entité clairement individualisée, il est logique que, pour faciliter 1501
ses interactions avec les tiers, le législateur ait prévu une règle explicite qui
signifie que la société en nom collectif a les **attributs concrets de la person-**
nalité juridique, à savoir la capacité d'acquérir des droits, d'assumer des obligations, d'agir en justice comme demanderesse (respectivement requérante,
opposante ou recourante, selon la dénomination procédurale), ou d'être citée
en justice comme défenderesse ou intimée (art. 562 CO : « *La société peut, sous
sa raison sociale, acquérir des droits et s'engager, actionner et être actionnée
en justice* »).

L'acte de représentation volontaire résulte du fait qu'un représentant autorisé 1502
agit **au nom de la société** (cf. art. 567 al. 1 CO), explicitement ou selon ce qui
découle des circonstances (al. 2). La société est aussi **responsable des délits**
civils commis par un associé dans la gestion des affaires sociales (al. 3). Tous

---

[2209] Pour certaines conséquences pratiques, cf. ATF 135 III 370 c. 3.2.1.

[2210] Ce terme est conceptuellement approprié même si de grands cabinets d'avocats, fort res-
pectables, qui constituent des SNC, s'abstiennent de se faire inscrire au registre du commerce (cf. l'observation de MEIER-HAYOZ/FORSTMOSER [2023], § 12, N 149 *in fine*).

[2211] *Supra* N 199 s.

[2212] Comme dans les autres sociétés inscrites au registre, il peut exister des pouvoirs *plus éten-*
dus que ceux qui sont inscrits (les mandataires commerciaux, d'autres représentants les
plus divers selon les art. 32 ss CO, y compris les associés et fondés de procuration dont,
par différents actes d'octroi ou de tolérance, les pouvoirs sont *étendus* en comparaison de
ceux qui sont inscrits), cf. *supra* N 541, 547 et 612. Les pouvoirs inscrits au registre sont,
cela étant, la *source première* des autres pouvoirs.

[2213] L'inscription des fondés de procuration est obligatoire, mais déclarative (cf. Pierre-Alain
RECORDON, CR ad art. 566 CO [2017], N 5).

ces traits semblent typiques de l'existence d'une personnalité morale[2214]. Comme toutefois le système est que la société est consubstantiellement *composée* de ses associés et que ces attributions ont seulement été *aménagées* pour faciliter les interactions de la société avec les tiers, on préfère dire qu'il s'agit d'une *quasi-personnalité*[2215] (ou d'une « personnalité juridique limitée »[2216] ou d'une entité ayant un degré d'indépendance tel qu'elle est comparable aux personnes morales[2217]).

1503 Il en découle que la société en nom collectif agit comme une entité qui est elle-même propriétaire de biens, titulaire de droits de créance (créancière) et titulaire de dettes (débitrice). Elle a donc la maîtrise d'un **patrimoine propre**.

1504 Toutefois, faute pour la société en nom collectif d'être dotée d'une véritable personnalité, *les personnes qui sont propriétaires* de ce patrimoine demeurent exclusivement les associés, qui forment une communauté (dont ils ont chacun une quote-part) ; le patrimoine de la société en nom collectif est donc un patrimoine spécifique, séparé, au sein du patrimoine de chaque associé. Les associés sont propriétaires, en communauté, de chaque actif qui compose ce patrimoine.

1505 Cette conception – fruit d'aménagements pratiques palliant l'absence de personnalité – est assez complexe[2218], mais a notamment une conséquence con-

---

[2214] *Supra* N 695 pour la responsabilité de la personne morale au titre des délits civils commis par ses organes.

[2215] Ainsi Robert PATRY, I (1976), p. 282 ; Jean-Paul VULLIÉTY, CR ad art. 552 CO (2017), N 5 ad n. 17 s. (ainsi que N 3 s. et 6-10) ; Pierre-Alain RECORDON, CR ad art. 562 CO (2017), N 3. Cf. aussi ATF 55 III 146 (151) : « *(Quasi-) Rechtspersönlichkeit* ». À l'ATF 97 V 160, arrêt de droit administratif, mais traitant du fond de la question, le c. 1a (162) dit : « *Aussi la doctrine parle-t-elle parfois d'une 'quasi-personnalité' [...], ou relève à tout le moins l'unité' que représente la société envers les tiers* ».

[2216] En ce sens CHAUDET et al. (2010), N 140.

[2217] En ce sens, Hans Michael RIEMER, BK, introd. ad art. 52-59 CC (1993), N 37. Il reste que la jurisprudence dit clairement qu'il ne s'agit pas de personnalité (ATF 95 II 547 c. [549] : « *Die Kollektiv- und die Kommanditgesellschaft sind Personengesellschaften ohne Rechtspersönlichkeit* » ; ATF 116 II 651 c. 2c [654 s.] : « *Den Kollektiv- und den Kommanditgesellschaften geht nach schweizerischer Auffassung die Rechtspersönlichkeit ab [...]. Sie erscheinen als Gesamthandgemeinschaften, die allerdings in bestimmten Hinsichten wie juristische Personen behandelt werden [...]* », étant encore fait référence [655] à la « formulation courante » selon laquelle « *ces sociétés sont désignées comme des communautés dans les rapports internes, mais comme des personnes morales dans les rapports externes* », soit la « *geläufig[e] Formel, diese Gesellschaften im Innenverhältnis als Gesamthandschaften, im Aussenverhältnis dagegen als juristische Personen zu bezeichnen* ».

[2218] On s'en rendait parfaitement compte lors de l'élaboration du régime légal. Le rapport de Walther MUNZINGER (1865), p. 85, disait ainsi (ce qui illustre bien la subtilité, voire le

crète simple sur le plan fiscal : **les associés sont les seuls sujets fiscaux** imposés sur les revenus générés par la société en nom collectif et sur les actifs dont elle est titulaire. Cela étant, par pragmatisme, la législation admet que c'est la part à l'actif net (fortune) et aux revenus de la société en nom collectif qui doit être déclarée[2219]. C'est la société en nom collectif qui doit fournir aux autorités fiscales l'attestation indiquant sa fortune et ses revenus, ainsi que les parts des associés[2220]).

---

caractère biscornu, de ce régime dès l'origine) : «*L'unité de la société est un état provisoire ; les apports tombent dans une sorte d'indivision. L'associé perd ses droits de propriété dans les choses qui constituent sa mise ; à l'époque de la dissolution il ne reprend pas ses apports en nature [...]. Mais, il ne perd pas pour cela son droit sur sa mise considérée comme valeur [...]. Les apports de l'associé [...] continuent toujours de former une partie de son actif et par conséquent aussi une partie de la sûreté de ses créanciers personnels. C'est en cela que réside la différence entre un être moral, qui a en réalité une existence propre, indépendante des individus qui la composent, et une unité juridique qui n'est rien de plus qu'une fiction, adoptée pour faciliter l'administration de la société*» ; la même complexité se lit dans le développement en p. 70, cité *infra* n. 2257).

[2219] Art. 10 al. 1 LIFD pour les revenus. Pour la fortune aussi, cf. p. ex., 11 al. 1 LI-VD («*Les sociétés en nom collectif, les sociétés en commandite et les communautés sans personnalité juridique ne sont pas considérées comme contribuables. Chacun des associés ou ayants droit ajoute à ses propres éléments imposables sa part au revenu et à la fortune de la société ou communauté*») ; identique en substance, art. 9 al. 1 LIPP-GE («*Les hoiries, les sociétés simples, les sociétés en nom collectif et en commandite et autres sociétés n'ayant pas la personnalité juridique ne sont pas imposées comme telles ; chacun des hoirs, associés, commanditaires et participants paie les impôts sur la part de capital et de revenu à laquelle il a droit dans ces hoiries et ces sociétés*») : art. 10 al. 1 LICD-FR, 7 al. 1 LF-VS et 11 al. 1 LCDir-NE, identiques les uns aux autres («*Chacun des héritiers ou des associés ajoute à ses propres éléments imposables sa part du revenu et de la fortune de l'hoirie, de la société simple, de la société en nom collectif ou de la société en commandite*») ; art. 51a al. 1 LI-JU («*Chaque héritier ou associé ajoute à ses propres éléments imposables sa part du revenu et de la fortune de l'hoirie ou de la société de personnes*»). Certaines sociétés en nom collectif qui constituent des véhicules d'investissements collectifs selon la LPCC (cf. *supra* N 48), habilitées à être inscrites propriétaires d'immeubles au registre foncier, sont toutefois *assimilées* fiscalement aux personnes morales (cf. p. ex. art. 10 al. 2 *in fine* LIFD).

[2220] Cf. art. 45 lit. d LHID : «*Pour chaque période fiscale, une attestation doit être remise aux autorités fiscales par : [...] c. les sociétés simples et les sociétés de personnes, sur tous les éléments qui revêtent de l'importance pour la taxation de leurs associés, notamment sur les parts de ces derniers au revenu et à la fortune de la société*». Identique, art. 179 al. 1 lit. c LI-VD, 162 al. 1 lit. c LICD-FR, 195 al. 1 lit. c LF-VS, 195 al. 1 lit. c LCDir-NE, 145 al. 1 lit. d LI-JU. Cela étant, si la communication prévue par ces dispositions se fait d'ordinaire par les SNC et les sociétés en commandite, conscientes de leur intégration comme entité sujet de règles administratives et perçues comme telles par les administrations (de par leur inscription au registre du commerce), cela n'est pas le cas de maintes

1506 La quote-part de chaque associé « dans la société » n'est pas, à strictement parler, un objet patrimonial de droit privé. L'est en revanche la quote-part de chaque associé dans chaque actif composant le patrimoine de la société. Cependant, **sur le plan, concret, de la saisie**, cet objet n'est pas directement saisissable par les créanciers de l'associé : ceux-ci n'ont droit qu'aux revenus (intérêts, honoraires, bénéfices) qui reviennent à l'associé envers la société en nom collectif et, le cas échéant, à la part de liquidation (art. 572 CO[2221]). Cette procédure de saisie fait l'objet d'une réglementation détaillée[2222]. Ces caractéristiques-ci ne découlent pas de l'existence d'une quasi-personnalité, mais bien de la *nature de communauté* que revêt la société en nom collectif[2223].

III. Règles de fonctionnement

A. Droit dispositif et domaine du droit impératif

1507 Les règles de fonctionnement internes de la société en nom collectif sont en premier lieu celles que les associés se donnent. Ce principe est expressément rappelé à l'art. 557 al. 1 CO. En cela, le droit de la société en nom collectif suit la conception respectueuse de l'autonomie privée qui, au-delà des sociétés de personnes, caractérise l'ensemble du droit suisse des sociétés. Cela étant, pour une société inscrite au registre du commerce – ce qui induit une certaine standardisation –, on peut dire que dans la société en nom collectif, excepté les interdictions extrinsèques au droit des sociétés[2224], les **règles impératives sont particulièrement peu nombreuses**[2225] et peuvent être définies fondamentalement comme celles qui se rattachent à l'interdiction des engagements excessifs (ce qui est le socle minimum du droit impératif en droit des sociétés)[2226]. Cela se justifie sous plusieurs angles par la responsabilité illimitée des associés et

---

sociétés simples (lesquelles n'établiront donc pas, du moins pas spontanément, de telles attestations).

[2221] Cf. *supra* N 1413.

[2222] Art. 1 et 6 ss OPC, cf. *supra* N 1414-1415.

[2223] C'est pourquoi cette procédure de saisie est commune aux sociétés commerciales de personnes, à la société simple (sous réserve, évidemment, des biens en copropriété, cf. art. 1 al. 2 OPC) et aux autres « communautés », telles l'hoirie ou d'autres communautés en mains communes (cf. art. 1 al. 1 et 2 OPC dont le texte complet est cité en N 1414).

[2224] Cf. *supra* N 1417.

[2225] Cette observation coïncide avec l'infinie variété des régimes internes à laquelle fait référence le rapport de Walther MUNZINGER (1865), p. 62, cité *supra* n. 2201, au point que seuls les « *rapports avec les tiers* » formaient pour lui « *l'essence de la société en nom collectif* ».

[2226] Cf. *supra* N 1416-1421.

leur égalité sur ce plan (le fait d'agir en SNC ne crée pas de risques pour les tiers et le risque assumé par les associés rend très légitime qu'ils puissent se donner les règles qui leur plaisent, sous réserve de l'aliénation de soi prohibée par l'art. 27 al. 2 CC).

B. Décisions, gestion et représentation

Comme exposé de façon générale pour les sociétés de personnes[2227], le **régime décisionnel** est présumé être celui de l'unanimité des associés (art. 557 al. 2 *cum* 534 al. 1 CO) – indéfiniment responsables –, qui peut être remplacé par un régime majoritaire, par tête (art. 557 al. 2 *cum* 534 al. 2 CO, lequel est dispositif) ou selon toute autre méthode de calcul raisonnable, c'est-à-dire compatible avec la prohibition des engagements excessifs[2228].   1508

Même lorsque le régime décisionnel est celui de l'unanimité, les ***actes de gestion*** ordinaires peuvent être accomplis *en principe par chaque associé gérant* (art. 557 al. 2 *cum* art. 535 al. 2 CO), ce qui réduit le champ d'application de l'unanimité (chacun des associés gérants ayant toutefois un droit de veto avant l'accomplissement d'une opération, al. 2 *in fine*, et, à l'inverse, le droit d'accomplir des actes de gestion extraordinaires en cas d'urgence, al. 3). Comme dans la société simple, **on présume que tout associé a le droit de gérer** la société (art. 557 al. 2 *cum* art. 535 al. 1 CO), mais cela peut être modifié par le contrat ou par décision des associés (al. 1 *in fine*)[2229].   1509

L'**inscription au registre du commerce** apporte sur ce plan usuellement des clarifications : l'associé inscrit peut être considéré, par les tiers, comme ayant le droit de représenter la société (art. 563 CO), sauf s'il y est indiqué qu'il n'a pas de pouvoir de signature[2230] ; dans un tel cas, puisque le pouvoir de gestion induit usuellement un pouvoir général de représentation, on peut *présumer* que l'associé inscrit sans pouvoir de signature n'est pas un associé gérant.   1510

Bien entendu, du point de vue de la prévisibilité, il est **opportun** que le contrat de société ou des décisions des associés attribuent clairement la qualité d'associé gérant à l'un ou quelques-uns des associés, et déterminent quelles décisions relèvent de la gestion ou, au contraire, demeurent de la compétence du « collège   1511

[2227] Cf. *supra* N 1391. Cette convergence dans les rapports internes était bien marquée dans le rapport de Walther MUNZINGER (1865), p. 62, cité *supra* n. 2201.

[2228] Cf. *supra* N 1421.

[2229] Cf. *supra* N 1393-1394.

[2230] Cf. *supra* N 1500.

des associés » (avec des règles sur la convocation de ses réunions, l'ordre du jour, la conduite et, bien sûr, les majorités applicables au vote)[2231].

1512 L'art. 565 CO prévoit que **le droit de représenter la société peut être retiré** à un associé pour justes motifs (al. 1), ce retrait pouvant être prononcé à titre provisoire en cas d'urgence (al. 2). L'art. 566 CO est consacré au pouvoir de représentation de tiers (fondé de procuration ou mandataire commercial), qui peut être retiré par chaque associé gérant (art. 566 *in fine*), alors même qu'il ne peut être constitué qu'à l'unanimité des associés gérants (art. 566 *in initio*).

C. Répartition du bénéfice et autres attributions pécuniaires aux associés

1513 Ces quelques règles légales succinctes contrastent avec les dispositions plutôt détaillées consacrées aux art. 558-560 CO à la répartition des bénéfices et autres attributions pécuniaires aux associés ; ces règles n'ont pas d'équivalent dans les dispositions édictées sur la société simple.

1514 La première particularité est que, la société en nom collectif étant une *entreprise* (distincte de ses membres), elle doit établir des **comptes annuels** permettant de déterminer un bénéfice à répartir. Cette règle était présente dès le Code fédéral des obligations de 1881[2232], mais elle s'intègre depuis 2011 dans l'obligation généralement faite à toute entreprise d'établir des comptes annuels (art. 957 CO[2233]). Toutefois, l'art. 558 al. 1 CO exige spécifiquement que les comptes annuels déterminent *aussi la part de chaque associé*.

1515 Les al. 2 et 3 de l'art. 558 CO déterminent en revanche des **règles matérielles** spécifiques portant sur le calcul du bénéfice et les attributions à faire aux associés.

1516 Celle de l'al. 2 prescrit que la « part » de chaque associé « à l'actif social » qui existe au début de l'exercice annuel génère un intérêt dû à l'associé (quelle que soit la marche de l'exercice, vu les termes du texte légal :« *même si elle a été diminuée par des pertes subies au cours de l'exercice* ») ; le taux est de 4 %, sauf stipulation contraire dans le contrat de société. Selon cette lecture, ce ne sont pas les apports (initiaux) qui constituent l'assiette de l'intérêt, mais l'actif

---

[2231] BLANC/FISCHER (2020), N 516 (p. 136-139), proposent plusieurs formulations, avec, notamment des limites de compétences pour les associés gérants.

[2232] Art. 556 al. 1 aCFO-1881, qui a été pour l'essentiel repris à l'art. 558 al. 1 CO-1936.

[2233] *Supra* N 252.

net (actif brut sous déduction des dettes) au début de l'exercice[2234]. Par ailleurs, un prêt fourni par un associé est en principe rémunéré en cette qualité et n'est pas concerné par cette règle[2235].

Il ne nous apparaît pas que cette règle ait donné lieu à des difficultés en pratique. Il est certain qu'elle n'est *pas appliquée dans nombre de sociétés* en nom collectif, car la conception qui s'est établie – vu qu'elle est seule appliquée dans les sociétés de capitaux, très largement plus répandues – est qu'une participation comme sociétaire ne donne droit qu'au partage du bénéfice et non à un intérêt. Toutefois, la rémunération de la part à l'actif net par un intérêt n'est objectivement pas aberrante dans la société en nom collectif au titre de la rémunération du risque induit par la responsabilité illimitée de l'associé. 1517

La règle de l'al. 3, qui énonce littéralement que « *les honoraires convenus pour le travail d'un associé sont assimilés à une dette de la société* », ne crée pas en soi un droit aux honoraires pour le travail[2236] (ce droit n'est pas présumé, 1518

[2234] En ce sens BLANC/FISCHER (2020), N 532. Toutefois, une partie importante de la doctrine retient qu'il faut établir un compte d'apport, qui est fixe jusqu'à nouvelle décision ; ainsi Pierre-Alain RECORDON, CR ad art. 558 CO (2017), N 5 s. ; HANDSCHIN/CHOU, ZK ad art. 558 CO (2009), N 51 ss, proposent un « compte de capital I », reflétant les apports initiaux, et un « compte de capital II », reflétant les modifications ultérieures. CHAUDET et al. (2010), N 164, proposent de distinguer la « *part sociale fixe* » (soit l'apport initial) et la « *part sociale mobile* » (soit la valeur actuelle de la part, c'est-à-dire en fin de compte la valeur de la part de liquidation). Il ne nous apparaît pas que la jurisprudence ait tranché entre ces différentes approches. Les Messages du Conseil fédéral ne permettent pas, eux non plus, de trancher (pas plus celui publié à la FF 1880 I 170-175 que celui de la FF 1928 I 243 : « *L'intérêt de sa part dans l'actif social pourra être bonifié à chaque associé, même si cette part de l'associé est diminuée en raison de pertes subies au cours de l'exercice annuel* » ; cette formulation ne fait en tout cas nulle référence appuyée à l'apport initial ; le Message de la FF 1905 II 38 s. le faisait mais seulement en référence au droit allemand qui avait supprimé une règle en ce sens, et en proposant de faire de même, ce qui n'a pas été retenu en 1928-1936). À notre sens, sur le plan historique, vu que l'on tendait alors à considérer que tout placement devait générer au moins un revenu de l'ordre de 4-5 % (cf. Thomas PIKETTY [2013], p. 562 s.), l'approche consistant à se fonder sur la valeur de la part sociale au début de l'exercice semble plausible. Du point de vue de l'équité, il est aussi juste de traiter de la même façon que les apports initiaux les « *bénéfices, intérêts et honoraires* » réinvestis par un associé (qui ne les « *a pas perçus* ») selon l'art. 559 al. 3 CO, lequel dit qu'ils sont « *ajoutés à sa part de l'actif social* ». Enfin, l'art. 560 al. 1 CO ne semble pouvoir être compris que si c'est la part sociale actuelle en début d'exercice qui génère l'intérêt (cf. d'ailleurs FF 1928 I 243 cité *infra* n. 2242).

[2235] Cf. art. 537 CO et *supra* N 1388 (avec réf. à l'ATF 72 II 180 [182]). BLANC/FISCHER (2020), N 532 ad n. 293, considèrent que les *prêts* d'associés sont traités différemment sur le plan du taux d'intérêt.

[2236] Il est intéressant d'observer que le législateur s'est écarté du projet de Walther MUNZINGER (1865), lequel écrivait (p. 69 s.) : « *[pour] rétablir [l'égalité qui doit présider aux rapports*

cf. art. 537 al. 3 CO[2237]), mais prévoit que le bénéfice est déterminé après déduction des honoraires dus (lesquels sont comptablement une charge et, dans la mesure où ils n'ont pas été payés avant la fin de l'exercice, une dette).

1519 L'art. 559 al. 1 et 2 CO contient quelques **règles que l'on peut qualifier de processuelles**, tandis que l'al. 3 a une portée comptable et financière.

1520 L'al. 1 permet à chaque associé **de percevoir lui-même** (« *retirer de la caisse sociale* ») ce qui lui revient comme intérêts, honoraires et bénéfices. Cela signifie concrètement que s'il fait usage de son pouvoir de représentation auprès de l'établissement bancaire pour ordonner en sa propre faveur des paiements correspondant aux montants qui lui sont dus, il agit licitement[2238]. L'al. 2 déclare licite une clause du contrat de société qui permet aux associés de **prélever** les intérêts et honoraires *en cours d'exercice* ; en revanche, le prélèvement du bénéfice doit attendre l'approbation du rapport de gestion[2239].

1521 L'al. 3 prévoit que **si un associé ne prélève pas** les bénéfices, intérêts et honoraires qui lui reviennent au terme de l'exercice, ils « *sont ajoutés à sa part de l'actif social* ». Cela signifie qu'ils ne constituent alors pas des dettes de la société, mais **s'agrègent à l'avantage économique attaché à la qualité d'associé** (ce qui est pertinent lors de la liquidation, les dettes étant payées avant tout montant versé aux associés en leur qualité d'associés[2240]). Cela signifie qu'ils

---

du capital et du travail] notre projet a voulu accorder à celui-ci une rémunération équivalente aux intérêts de celui-là. En conséquence [...] tout associé, qui a fait un apport en industrie, a droit à des honoraires équitables, comme l'apport en capital a droit à des intérêts ; ces honoraires doivent être couverts avant qu'il y ait bénéfice ; ils constituent ou augmentent la perte de la société. Il n'est pas besoin de dire que cette disposition n'est applicable que dans le cas où le travail n'a pas sauvegardé son droit et stipulé expressément ses honoraires ».

[2237] Cf. *supra* N 1385.

[2238] La justification avancée par le Message pour les intérêts (FF 1928 I 243 : « *en pratique les intérêts sont bien souvent perçus au cours de l'exercice annuel, parce que les associés en ont besoin pour leur entretien. Le législateur doit tenir compte de cette circonstance* ») ne paraît plus valoir dans les réalités contemporaines. Cela est corroboré par la désuétude que l'on peut observer quant à la règle sur les intérêts (*supra* N 1517). La justification continue en revanche d'être actuelle pour les honoraires.

[2239] Il semble résulter du contraste entre ce que la *loi permet de prévoir contractuellement* pour les honoraires et les intérêts, d'une part, et ce qu'elle ne permet pas, d'autre part, qu'il y a un *caractère impératif* à la prohibition du paiement des bénéfices avant l'approbation du rapport de gestion. Un montant versé de façon anticipée à un associé au titre de bénéfices relatifs à l'exercice en cours est donc une *avance* (un prêt de la société à l'associé, comme lorsqu'une SA verse à l'actionnaire un montant au titre d'avance sur des dividendes non encore votés par l'assemblée générale [cf. *infra* N 1959]).

[2240] Cf. *supra* N 1333-1336.

deviennent une composante de ce qui est soumis à la règle de l'art. 558 al. 2 CO (générant, en principe, un intérêt de 4 %[2241]) et à celles de l'art. 560 CO en cas de pertes ultérieures. On relèvera que tout associé a le droit de s'opposer à ce que les bénéfices, intérêts et honoraires non perçus par un associé soient ajoutés à la part de celui-ci à l'actif social (art. 559 al. 3 *in fine* CO).

En cas de pertes, la part à l'actif social[2242] de chaque associé est réduite de la part des pertes que cet associé doit assumer. Le droit aux intérêts (sur la part ainsi réduite) et aux honoraires est maintenu, mais il n'y a pas de bénéfice à retirer « *avant que sa part ait été reconstituée* » (art. 560 al. 1 CO). En d'autres termes, il y a comptablement un report de pertes ; les bénéfices d'un exercice postérieur à des pertes servent d'abord à absorber les pertes reportées[2243]. 1522

D. L'interdiction spécifique de faire concurrence visant les associés

L'art. 561 CO soumet les associés – et non seulement les gérants[2244] – à une prohibition de faire concurrence définie par **des catégories formelles et abstraites**. Il faut garder à l'esprit que cette règle s'inscrit dans un système où tous les associés d'une société de personnes ont un devoir général de loyauté envers elle[2245]. 1523

Le texte légal dit : « *Aucun des associés ne peut, dans la branche exploitée par la société et sans le consentement des autres, faire des opérations pour son compte personnel ou pour le compte d'un tiers, ni s'intéresser à une autre entreprise à titre d'associé indéfiniment responsable ou de commanditaire, ni faire partie d'une société à responsabilité limitée* ». 1524

[2241] Cf. *supra* N 1516 ad n. 2234.
[2242] Conformément à l'interprétation de l'art. 558 CO que l'on soutient *supra* N 1516, n. 2234, le Message du Conseil fédéral dit, FF 1928 I 243 (5ᵉ par. *in fine*) : « *On prendra en considération à cet égard la part telle qu'elle existait avant l'année déficitaire, non pas l'apport primitif de capital, mais bien la part accrue de bénéfices, intérêts et honoraires non perçus et d'apports nouveaux* ».
[2243] Comme c'est la part à l'actif social le cas échéant accrue par les bénéfices, intérêts et honoraires antérieurs non perçus, et par les autres accroissements (p. ex. apports non initiaux, augmentations de valeur non comptabilisées comme bénéfice), qui sert de référence, on peut dire que ce niveau de part à l'actif social joue le rôle de « *high watermark* ».
[2244] Sur le devoir de loyauté et, en particulier, la prohibition de faire concurrence applicable aux *gérants*, cf. *supra* N 977 et 1002-1011.
[2245] Cf. *supra* N 1402-1403.

1525 La notion indéterminée de « branche » ne pose en soi pas de difficulté. On comprend qu'il s'agit de se référer au **marché déterminant**[2246] (actuel et, nous semble-t-il, potentiel à court terme, pour ne pas entraver le développement immédiat).

1526 Le **comportement prohibé** est, d'une part, celui de *« faire des opérations »*, ce qui est en soi très large. La disposition précise *« pour son compte personnel ou pour le compte d'un tiers »*, ce qui inclut l'activité comme entrepreneur individuel, comme gérant ou comme employé. Cela comprend aussi, à notre sens, une activité d'investissement où, *de facto*, l'investisseur prend des décisions opérationnelles ou même seulement impose des orientations stratégiques.

1527 D'autre part, le comportement prohibé est celui d'être « intéressé » à une société de personnes (même comme commanditaire) ou associé d'une société à responsabilité limitée. Cette énumération est le fruit d'un compromis[2247]. Il faut ainsi admettre que la seule détention d'actions dans une société anonyme concurrente ne tombe pas sous le coup de l'art. 561 CO, tandis que même une faible participation purement passive dans une société de personnes ou une société à responsabilité limitée est interdite. Cela étant, une activité d'investisseur actif dans une société anonyme concurrente ou une activité de membre déterminant d'une coopérative peuvent correspondre à la notion de *« faire des opérations »* dans la même branche que la société en nom collectif et être interdit à ce titre.

1528 Par ailleurs, une situation de concurrence non visée par l'art. 561 CO peut donner lieu à une dissolution pour justes motifs si elle est réellement intolérable.

1529 Enfin, l'art. 561 CO n'est **pas impératif**. La stipulation de non-concurrence des associés peut être réduite à l'activité, à l'exclusion du simple sociétariat dans une entreprise concurrente. À l'inverse, elle peut être étendue à toute participation quelconque, y compris mineure et indirecte, dans une société concurrente. La seule limite du droit impératif consiste dans l'interdiction des engagements excessifs (art. 27 al. 2 CC) et, le cas échéant, le caractère démesuré d'une peine conventionnelle.

[2246] Cf. p. ex. Pierre-Alain RECORDON, CR ad art. 561 CO (2017), N 4.

[2247] Cf. Message du Conseil fédéral, FF 1928 I 243-244 : *« Finalement, l'opinion a prévalu que le commanditaire serait soumis à la prohibition de concurrence, parce que sa participation financière lui attribue une influence prépondérante et que fréquemment il est renseigné sur des affaires que la société a intérêt à ne pas divulguer. Cette réglementation peut suffire. Les autres cas de concurrence se régleront sans trop de peine. En l'absence de dispositions expresses, il y aura toujours possibilité de faire valoir le juste motif »*. On observera que la position d'associé d'une Sàrl a été incluse dans les travaux parlementaires (cf. FF 1928 I 395 et FF 1936 III 611).

IV. La subsidiarité de la dissolution

La loi comprend une série de **règles qui visent à préserver l'entreprise en cas de départ d'un associé**, cela malgré la nature hautement personnelle du sociétariat. Ces règles ont été abordées en rapport avec le principe général de subsidiarité dans la dissolution des sociétés[2248]. La volonté du législateur de favoriser la continuation de la société[2249] est particulièrement visible dans le texte légal des dispositions applicables aux divers événements qui sont en soi des motifs de dissolution. 1530

L'art. 577 CO dispose que « *[l]orsque la dissolution pourrait être demandée pour de justes motifs se rapportant principalement à un ou à plusieurs associés, le tribunal peut, si tous les autres le requièrent, prononcer l'exclusion, en ordonnant la délivrance à l'associé ou aux associés exclus de ce qui leur revient dans l'actif social[2250]* ». 1531

Il en va de même en cas de **faillite** d'un associé, laquelle est un cas de dissolution sur requête de l'administration de la faillite ou d'un créancier saisissant (contrairement à la société simple, où la faillite ou l'état de saisie d'un associé est un cas de dissolution *ipso jure*)[2251]. L'art. 575 CO dispose en effet : « *(1) En cas de faillite d'un associé, l'administration de la faillite peut, après un avertissement donné au moins six mois à l'avance, demander la dissolution de la société, même lorsque celle-ci a été constituée pour une durée déterminée. (2) Le même droit peut être exercé par le créancier de chaque associé, lorsque ce créancier a fait saisir la part de liquidation de son débiteur* ». Outre ce non-automatisme de la dissolution, son caractère subsidiaire résulte de l'art. 578 CO, lequel dispose : « *Lorsqu'un associé est déclaré en faillite ou que le créancier d'un associé demande la dissolution de la société après avoir fait saisir la part de liquidation de son débiteur, les autres associés peuvent exclure celui-ci en lui remboursant ce qui lui revient dans l'actif social* ». 1532

[2248] *Supra* N 1273.

[2249] On le perçoit dans le Message du Conseil fédéral de 1880 (FF 1880 I 174, où d'ailleurs l'approche, corolaire de la volonté de favoriser la continuation de la société malgré le départ d'un ou plusieurs associé[s], allait jusqu'à considérer la SNC comme une personne morale [« *Du moment où la société est considérée comme une personne morale* »], ce qui est nié dans le Message ultérieur, avec référence aux vues divergentes selon les systèmes juridiques, cf. FF 1928 I 238). Il n'y a pas d'insistance, mais simplement un résumé des dispositions, dans le Message ultérieur (FF 1928 I 245 s.).

[2250] C'est un cas typique d'indemnisation à la valeur réelle, cf. *supra* N 1231 puis 1237-1260.

[2251] Cf. *supra* N 1271 ad n. 1912 et N 1406 ad n. 2085 pour la comparaison avec l'effet de la faillite (ou de la saisie) dans la société simple.

1533 Dans le même esprit, l'art. 579 CO prescrit de privilégier *la continuation*[2252] *de l'entreprise* même **lorsque la société n'a que deux associés** et que l'exclusion de l'un entraîne forcément la dissolution *de la société*[2253].

1534 Enfin, la loi énonce explicitement à l'art. 576 CO que les parties peuvent avoir **contractuellement** prévu la continuation de la société – au lieu de sa dissolution – en cas de sortie d'un ou plusieurs associés.

1535 Dans tous ces cas, **l'indemnisation** est due selon les règles générales d'évaluation décrites au § 16[2254].

1536 En fin de compte, le seul cas où la dissolution est *incontournable* est la **faillite de la société elle-même**, comme c'est le cas pour toutes les sociétés inscrites au registre du commerce[2255].

1537 Cela étant, s'il n'est pas fait usage des possibilités de préserver la continuation de la société (ou de l'entreprise dans le cas de l'art. 579 CO), les **motifs de dissolution généraux**, en particulier ceux qui concernent les sociétés de personnes et sont énoncés dans le droit de la société simple (art. 545 s. CO), sont applicables[2256].

V. Le patrimoine spécifique de la société comme substrat *prioritaire* de responsabilité

1538 Le **patrimoine spécifique** de la société est une caractéristique pratique essentielle de la société, tant qu'elle est opérationnelle. Cette caractéristique a deux faces : l'une est l'impossibilité pour les créanciers d'un associé de saisir directement le patrimoine social, bien que l'associé soit une des personnes qui en est directement propriétaire[2257] ; l'autre face est que les créanciers de la société doivent d'abord poursuivre la société, et ne peuvent s'en prendre aux associés qu'en cas d'insuffisance du patrimoine social. Il y a donc bel et bien une sépa-

---

[2252] Le Message du Conseil fédéral insiste sur le fait que – après hésitation – c'est bien cette optique (« *continuation de l'affaire* ») qui a été choisie *plutôt qu'une reprise* par l'associé restant (FF 1928 I 246).

[2253] « *(1) Si la société n'est composée que de deux associés, celui qui n'a pas donné lieu à la dissolution peut, sous les mêmes conditions, continuer les affaires en délivrant à l'autre ce qui lui revient dans l'actif social. (2) Le tribunal peut en disposer ainsi lorsque la dissolution est demandée pour un juste motif se rapportant principalement à la personne d'un des associés* ».

[2254] *Supra* N 1229-1260.

[2255] *Supra* N 1269.

[2256] *Supra* N 1406-1408.

[2257] *Supra* N 1504.

ration des patrimoines. Mais, contrairement à ce qui prévaut pour les personnes morales, **cette séparation n'est que provisoire**. Elle prend fin lorsque le patrimoine social est insuffisant, ce qui s'explique parce que cette séparation n'est pas fondamentale, mais n'est qu'un aménagement destiné à faciliter le fonctionnement de la société en nom collectif tant qu'elle « *reste debout* »[2258].

La première face de la spécificité du patrimoine – **envers les créanciers de l'associé** – trouve son expression dans la loi à l'art. 570 al. 1 et à l'art. 572 al. 1 CO. La première disposition dit : « *Les créanciers de la société sont payés sur l'actif social à l'exclusion des créanciers personnels des associés* » ; la seconde, largement redondante, dit : « *Les créanciers personnels d'un associé n'ont, pour se faire payer ou pour obtenir des sûretés, aucun droit sur l'actif social* ». C'est plus qu'une suite concrète de la quasi-personnalité juridique de l'art. 562 CO[2259], car c'est une priorité donnée aux créanciers de la société pour obtenir satisfaction sur le patrimoine social[2260]. D'ailleurs, comme on l'a vu[2261], la faillite de l'associé ou une saisie le frappant ne provoque pas *eo ipso* la dissolution de la société (art. 571 al. 2 CO : « *la faillite de l'un des associés n'en-*

1539

[2258] Cette subtilité était très bien exposée dans le rapport de Walther Munzinger (1865), p. 70 s. : « *les associés, pris isolément, constituent toujours le véritable élément de la société en nom collectif. Malgré l'unité juridique de la société à l'égard des tiers, c'est l'élément individuel qui y prédomine. L'unité n'est admise que comme une fiction. C'est sur les associés, distincts et séparés, que repose réellement l'unité sociale ; c'est sur eux que s'appuie le crédit de la société, puisqu'au fond et en définitive ils sont effectivement les débiteurs du passif social. Cependant, aussi longtemps que la société reste debout, elle est considérée comme débitrice ; c'est elle qui a contracté les dettes ; on l'a douée à cet effet de la capacité d'agir, elle a reçu un nom propre, et c'est sous ce nom que les négociations ont été opérées. Or, à nos yeux, il découle de là que l'associé ne peut être poursuivi en justice personnellement pour une dette sociale que lorsque la société est en état de faillite. Cette solution est seule conforme aux idées des commerçants. Et en effet, doit-il m'être permis d'attaquer arbitrairement, pour une dette sociale, un associé qui est peut-être complètement en dehors de l'administration de la société, et cela quand je n'ai point traité avec lui, mais avec la raison sociale ? ou d'attaquer, pour les dettes d'une société étrangère, un étranger qui voyage dans notre pays ? Non, car j'ai contracté avec la société étrangère, et j'ai accepté par là la juridiction du lieu où elle a son siège. [...] en tous cas c'est dans l'intérêt de la clarté et de la sûreté des rapports juridiques que la société seule peut être actionnée en justice jusqu'à l'ouverture de la faillite, et que, jusqu'à cette époque, les associés sont à l'abri de toute poursuite personnelle ; car plusieurs actions et plusieurs procédures seraient aussi onéreuses qu'embarrassantes* ».

[2259] *Supra* N 1501.

[2260] L'ATF 134 III 643 c. 5.2.1 (649) l'observe expressément : « *La responsabilité des associés est solidaire, la solidarité existant entre les associés eux-mêmes et avec la société en nom collectif [...]. L'engagement solidaire des associés sur tous leurs biens renforce la garantie des créanciers sociaux, au détriment des créanciers personnels des associés, qui, à teneur de l'art. 572 al. 1 CO, n'ont aucun droit sur l'actif social* ».

[2261] *Supra* N 1532.

traîne pas celle de la société »), mais crée seulement la faculté de la demander (avec un préavis d'au moins six mois, art. 575 CO). Tant que la dissolution n'est pas demandée, la société en nom collectif continue d'opérer et les créanciers de l'associé failli (soit la masse en faillite) remplacent simplement l'associé failli quant aux droits pécuniaires ; même une fois que la dissolution a, le cas échéant, été prononcée, les créanciers de l'associé failli ne peuvent intervenir davantage dans la liquidation qu'au titre de leur droit à recevoir la part de liquidation qui lui revient (al. 2 : « *Ils n'ont droit, dans la procédure d'exécution, qu'aux intérêts, aux honoraires, aux bénéfices et à la part de liquidation revenant à leur débiteur en sa qualité d'associé* »).

1540 La seconde face de la spécificité du patrimoine – **envers les créanciers de la société** – est exprimée dans la loi à l'art. 568 al. 3, 1re phr., CO : « *un associé ne peut être recherché personnellement pour une dette sociale, même après sa sortie de la société que s'il est en faillite ou si la société est dissoute ou a été l'objet de poursuites restées infructueuses* » (la 2e phrase ne fait que dire une évidence, à savoir qu'un engagement personnel spécifique de l'associé n'est pas supprimé ou amoindri par sa qualité d'associé : « *(2) Demeure réservée la responsabilité d'un associé pour un cautionnement solidaire souscrit en faveur de la société* »).

1541 L'importance de la responsabilité illimitée des associés dans tout contexte de société en nom collectif se manifeste **lorsqu'un associé est en faillite** : en effet, comme le montre le texte de l'art. 568 al. 3, 1re phr., *in fine* CO, il peut alors être recherché pour une dette sociale dès que cette situation surgit. Concrètement, cela signifie que la priorité du substrat de responsabilité qu'est le patrimoine spécifique ne s'oppose pas à la production des dettes sociales dans la faillite de l'associé. Il n'y a pas lieu de retarder cette production (par rapport aux productions *des autres* créanciers de cet associé). La responsabilité illimitée de l'associé pour les dettes de la société (principe matériel caractéristique des sociétés de personnes, rappelé pour la SNC à l'art. 568 al. 1 CO[2262]) trouve ainsi sa manifestation dans cette situation particulière[2263].

[2262] *Supra* N 1356.

[2263] On peut se référer à l'ATF 134 III 643 c. 5.2.1 *in fine* (649 s.) : « *La responsabilité personnelle des associés pour les dettes sociales est subsidiaire, puisque la société répond directement de ses dettes sur les biens sociaux (art. 562 CO), ce qui signifie que les créanciers doivent s'en prendre en premier à la société, avant de pouvoir agir contre les associés. Le législateur n'a toutefois pas voulu que les créanciers sociaux attendent la clôture de la faillite de la société pour rechercher les associés, lorsque les hypothèses prévues par l'art. 568 al. 3 CO sont réalisées, à savoir en particulier si la société a été l'objet de poursuites infructueuses ou si elle a été dissoute, par exemple à la suite d'un jugement de faillite* ».

La **faillite de la société** et même sa radiation (laquelle n'est que déclarative, vu que l'inscription au registre du commerce l'est) n'empêche pas que l'associé ou la société elle-même soit poursuivi pour des dettes sociales[2264].   1542

On relèvera que la loi prévoit spécifiquement un délai de **prescription** de cinq ans pour la responsabilité de l'associé envers les créanciers de la société (art. 591 al. 1 CO : le délai partant de la publication de sa sortie ou de la dissolution dans la FOSC, ou, al. 2, dès l'exigibilité de la créance si elle est postérieure). L'art. 592 CO traite des cas particuliers que constituent les prétentions exercées « *uniquement sur des biens non encore partagés de la société* » (al. 1 : pas de prescription) et en cas de reprise de l'entreprise par un associé[2265] (al. 2 : pas de prescription envers cet associé, et prescription de trois ans seulement pour les associés sortants). L'art. 593 CO prévoit aussi une règle particulière quant à l'interruption de la prescription (« *L'interruption de la prescription envers la société qui a continué d'exister ou envers un associé quelconque n'a pas d'effet à l'égard de l'associé sortant* »). Elle s'écarte du régime ordinaire de la solidarité[2266].   1543

La séparation des patrimoines se manifeste aussi sur le plan de la **compensation**. L'art. 573 al. 1 et 2 CO le dit en termes limpides : « *(1) Le débiteur de la société ne peut compenser une créance de celle-ci avec ce que lui doit personnellement un associé. (2) De même, un associé ne peut opposer à son créancier la compensation avec ce que ce dernier doit à la société* ». Ces règles visent évidemment à protéger la société, tant qu'elle est fonctionnelle : son patrimoine spécifique ne doit pas être amoindri par les dettes personnelles des associés envers les tiers.   1544

La responsabilité illimitée de l'associé se manifeste cependant aussi en matière de compensation dès que le stade est atteint où prend fin la séparation de ces patrimoines, soit notamment, vu l'art. 568 al. 3 CO, dès que la société ou l'associé est en faillite (al. 3 : « *Toutefois, lorsqu'un créancier de la société est en même temps débiteur personnel d'un associé, la compensation est opposable aussi bien à l'un qu'à l'autre dès l'instant où l'associé peut être recherché personnellement pour une dette de la société* »).   1545

[2264] ATF 135 III 370 c. 3.2.3 (373) : « *Dès lors, si des tiers ont encore des prétentions contre la société radiée, celle-ci doit pouvoir être poursuivie pendant six mois encore. Le fait que le créancier ait le droit de poursuivre chaque associé personnellement pour une dette sociale dès que la société est dissoute (art. 568 al. 3 CO) ne saurait l'empêcher de continuer la poursuite contre la société elle-même en vertu de l'art. 40 LP* ».

[2265] Cela peut concerner aussi bien le cas de l'art. 579 CO (*supra* N 1534) qu'une configuration prévue contractuellement (cf. art. 576 CO, *supra* N 1533).

[2266] Cf. art. 136 al. 1 CO, *supra* N 1189.

§ 23   La société en commandite

I.   Notions ; structure des règles légales ; rôle pratique

1546   La société en commandite peut être décrite comme une société en nom collectif dont au moins l'un des associés n'a qu'une responsabilité limitée. Cette responsabilité est déterminée par le montant que cet associé s'engage à apporter, désigné comme la commandite. L'associé dont la responsabilité est limitée est le commanditaire. L'associé indéfiniment responsable est parfois nommé le commandité[2267].

1547   Une importante partie des règles légales spécifiques à la société en commandite sont consacrées à la relation, différenciée, entre le(s) commanditaire(s) et le(s) commandité(s). Une autre partie est consacrée aux relations avec les tiers en particulier au sujet de la nécessité pour l'associé commanditaire d'être reconnu comme tel pour être au bénéfice de la responsabilité limitée.

1548   Pour le reste, la loi renvoie au régime de la société en nom collectif (art. 598 al. 2 et 610 CO), qui renvoie lui-même largement aux règles sur la société simple. Ce qui a été décrit comme les règles générales applicables à l'ensemble des sociétés de personnes représente un vaste domaine.

1549   Comme dans la société en nom collectif, seule une personne physique peut être un associé indéfiniment responsable (art. 594 al. 1, 1re phr., CO, tandis que le commanditaire peut être une personne morale ou une société commerciale de personnes).

1550   Ce choix législatif[2268] a probablement contribué au phénomène majeur – sur le plan de la sociologie juridique simple – consistant à ce que la société en commandite passe d'une forme très répandue et surtout d'une grande importance économique jusqu'au XIXe siècle à une forme dont la survenance est exceptionnelle et le rôle quasi confidentiel. Il n'y a plus en 2024 qu'un millier de sociétés en commandite en Suisse (1. 1. 2024 : 1180), ce chiffre étant en baisse

---

[2267]   Message du Conseil fédéral, FF 1928 I 249.

[2268]   Comme pour la SNC (cf. *supra* N 1497 ad n. 2207), ce choix est une contingence. Le droit allemand, comme celui de nombreux pays de l'UE, retient une solution différente ; s'y référant, une motion d'Hansueli RAGGENBASS du 20. 3. 1997 (N° 97.3142) proposait « *que les personnes morales (SA, SARL, etc.) puissent devenir des associés indéfiniment responsables des sociétés de personnes (sociétés en nom collectif, sociétés en commandite)* ». La priorité a législative a été donnée aux réformes des sociétés de capitaux (cf. outre la réponse du Conseil fédéral du 28. 5. 1997, le Message, FF 2002 2949 et 2967). MEIER-HAYOZ/FORSTMOSER (2023), § 14, N 15-21 et 78, qualifient ce choix de dogme qui n'est pas convaincant (N 20 s.).

de plus de 50 % en quinze ans (1. 1. 2008 : 2504), soit une baisse bien plus forte que pour les sociétés en nom collectif (dont le nombre est resté un peu au-dessus de 10 000)[2269], alors que le nombre de sociétés de capitaux a presque doublé dans ce même laps de temps (de 281 223 à 496 911)[2270]. Ainsi, le rapport a passé de l'ordre de 1 % à 0,25 %. Qui plus est, il faut avoir à l'esprit qu'encore en 1883, les sociétés en commandite n'étaient pas moins nombreuses que les sociétés anonymes.

Cette régression vers l'insignifiance pratique est d'autant plus marquante que la société en commandite a offert aux entrepreneurs et investisseurs dès le XIᵉ siècle l'immense avantage – alors une innovation[2271] – de participer à une entreprise *en qualité d'associé* tout en limitant sa responsabilité – ce qui a été, notamment, l'un des instruments cruciaux pour le développement du commerce maritime et le changement d'échelle des échanges entre l'Europe occidentale (soit d'abord les républiques marchandes italiennes) et l'Asie, tout en étant aussi employée pour des participations dans des entreprises d'envergue beaucoup plus locale. Encore après le milieu du XIXᵉ siècle, outre des sources juridiques[2272] et des éléments statistiques[2273], la littérature atteste du vaste emploi de cette forme de société[2274].

1551

[2269] Cf. *supra* N 1497.

[2270] Les SA ont passé de 179 761 (1. 1. 2008) à 239 362 (1. 1. 2024) et les Sàrl de 101 462 à 257 519.

[2271] Le Rapport de Walther Munzinger (1865) cite en p. 116 s. le rapport d'une commission genevoise (préconisant d'abandonner l'exigence d'une autorisation pour créer une SA) en ces termes : «*pour parler du principe de la responsabilité limitée en lui-même, bien loin d'être une innovation, c'est au contraire une idée des plus anciennes. Le fait de la responsabilité, limitée à une mise de fonds, a été accepté, depuis des siècles, comme une nécessité commerciale ; c'est la société en commandite. Il y a eu dans ce fait un progrès immense. Qui oserait le contester ?*»

[2272] Outre le rapport de Walther Munzinger (1865) qui traite la société en commandite comme forme devant évidemment être adoptée par le code fédéral (p. 96-110), les Messages du Conseil fédéral font de même (FF 1880 I 129-131, 175-179 ; FF 1905 II 38 ; FF 1928 I 238-244 et 249-254).

[2273] Pour la France, mais aussi l'Allemagne, le Royaume-Uni et les États-Unis, voir en particulier Viandier/Hilaire/Merle/Serbat, La Société en commandite entre son passé et son avenir (1983), p. 19-62 et 139-182 (faisant l'objet d'une recension *in* RIDC 1984 274 où les observations sont synthétisées ainsi : «*après un passé brillant, la société en commandite semble une espèce en voie de disparition*») ; Jobert/Chevailler, La démographie des entreprises en France au XIXᵉ siècle – Quelques pistes, Histoire, économie et société 1986 p. 236 ad n. 14.

[2274] On citera p. ex. la pièce de théâtre de Royer/Vaez, Le voyage à Pontoise (1842), Scène X (reproduit dans La France dramatique au dix-neuvième siècle : choix de pièces modernes, Volume 6), où un personnage s'exclame : «*je vous commandite !*» pour participer

1552 Malgré l'exclusion des personnes morales du rôle d'associé indéfiniment responsable, on peut donc *prima facie* s'étonner de cette quasi-disparition : en effet, il est certain que la structure de la société en commandite est ingénieuse. Plusieurs siècles d'histoire ont démontré qu'elle répond au besoin, qui existe, de faire coopérer deux genres bien distincts de participation (l'entrepreneur au sens strict et l'investisseur intéressé au gain de l'entreprise sans vouloir risquer de perdre plus que sa mise[2275]). La quasi-disparition provient de l'accessibilité des formes juridiques où la responsabilité de *tous* les associés est limitée, à savoir la société anonyme et la société à responsabilité limitée. Notre analyse, livrée au début de l'ouvrage, est que le facteur décisif dans la propagation des formes de société est le choix des entrepreneurs[2276]. Or, dans la mesure où ceux-ci ont la possibilité de choisir une forme de société où leur responsabilité – de droit des sociétés – est limitée elle aussi, sans que les surcoûts soient importants, ils opteront presque toujours pour une telle forme de société (en Suisse, la SA et, depuis 1993, également la Sàrl). Les garanties additionnelles personnelles exigées par un donneur de crédit peuvent lui être fournies par différents instruments (p. ex. porte-fort, cautionnement, autre engagement solidaire contractuel, gage)[2277]. Du point de vue de l'entrepreneur, ils présentent l'avantage d'être spécifiques (ciblés au profit du donneur de crédit qui les réclame) et limités dans le temps, tandis que la responsabilité illimitée de droit des sociétés est structurelle : elle couvre toutes les dettes, jusqu'au terme de l'existence de la société. Ainsi, tant qu'aucun avantage particulier *nouveau* ne caractérisera la société en commandite, ou tant qu'un désavantage substantiel ne frappera pas les sociétés de capitaux, on ne peut guère s'attendre à une reviviscence massive de cette forme de société. À l'heure actuelle, la tendance ne va pas en ce sens puisque les sociétés de capitaux ont vu leur traitement fiscal amélioré en 2020, tandis que celui des (associés de) sociétés de personnes[2278] restait inchangé.

1553 Sa quasi-disparition a pour effet que, sortie de la conscience collective, les entrepreneurs n'y pensent pas même lorsqu'elle serait la forme la plus opportune, p. ex. parce qu'ils ne veulent déposer aucun montant correspondant au capital : si, dans un tel contexte, certains participants veulent une responsabilité limitée,

---

aux bénéfices de l'opération sans assumer autre chose que le risque de perdre l'investissement ; pour la même expression dans des dialogues fictifs similaires, Eugène CHAVETTE, La Chiffarde (1874), p. 100 et Georges OHNET, Serge Panine (1883), p. 257, ainsi que Valery LARBAUD, O. Barnabooth : ses œuvres complètes (1913), p. 33.

[2275] Cf. *supra* n. 20 ; v. aussi *infra* N 2471.

[2276] *Supra* N 1.

[2277] Cf. *supra* N 734-737.

[2278] Cf. *supra* N 1505.

la société en commandite est la forme idoine (plutôt que la SNC ou, comme on le voit parfois, une association).

Cela dit, un frémissement d'intérêt peut être observé suite à la création législative, en 2006, de la **société en commandite de placements collectifs** (art. 98-109 LPCC). Le législateur a ici disposé que ce sont des personnes morales (concrètement : des sociétés anonymes suisses) qui doivent être l'associé indéfiniment responsable (art. 98 al. 2 LPCC). Il s'agit bel et bien de sociétés en commandite, l'art. 99 LPCC renvoyant aux dispositions du Code des obligations, sous réserve des règles spécifiques des art. 100-109 LPCC qui ont évidemment de l'importance, le domaine des placements collectifs se distinguant des activités commerciales ordinaires que le législateur avait à l'esprit en édictant les art. 594-619 CO. Le nombre de telles sociétés en commandite de placements collectifs créées depuis 2006 n'est pas très spectaculaire[2279]. Le choix du législateur de proposer cette forme de société montre toutefois qu'elle est effectivement une combinaison équilibrée et utile entre différents types d'associés.

1554

II.   La commandite : un engagement d'apport

La première disposition légale consacrée à la société en commandite, l'art. 594 al. 1 CO, donne, en même temps qu'il définit cette société par référence à l'existence d'un commanditaire, la définition de la commandite comme «*un apport déterminé*» à concurrence duquel le commanditaire est solidairement tenu des dettes de la société («*lorsque l'un au moins des associés est indéfiniment responsable et qu'un ou plusieurs autres, appelés commanditaires, ne sont tenus qu'à concurrence d'un apport déterminé, dénommé commandite*»).

1555

Pour éviter toute confusion, il faut comprendre que la commandite est un **engagement d'apport**[2280] : le commanditaire souscrit l'obligation de fournir des

1556

[2279] On peut se référer au Rapport annuel 2022 de la FINMA, p. 15.

[2280] La doctrine helvétique traditionnelle opère des distinctions entre commandite et apports en rattachant la première aux rapports externes et les seconds aux rapports internes, ainsi Fritz VON STEIGER (1963), p. 593. La doctrine récente reprend cette grille d'analyse, mais nous semble constater son caractère peu éclairant. Tant la commandite (comme engagement) et les apports (comme exécution de l'engagement) concernent les rapports internes et se reflètent dans les rapports externes. Le propos d'un auteur qui reprend initialement cette grille d'analyse nous paraît l'illustrer : Pierre-Alain RECORDON, CR ad art. 594 CO (2017), N 34, écrit ainsi que «*la commandite inscrite au registre du commerce matérialise l'engagement du commanditaire de fournir à la société une contribution au moins égale au montant de la commandite, pour couvrir les dettes sociales*», tout en ayant rappelé

actifs dont la valeur correspond au montant de la commandite. À strictement parler, ce sont ces actifs qui sont les apports[2281].

1557 Contrairement aux apports des associés indéfiniment responsables (dans les sociétés simples, en nom collectif et en commandite) qui peuvent aussi consister dans du travail (« apport en industrie »)[2282] ou dans le fait même d'être responsable (et d'apporter ainsi sa surface financière personnelle)[2283], **l'apport du commanditaire doit consister dans de l'argent ou dans un bien ou un droit susceptible d'être porté à l'actif du bilan de la société**[2284].

1558 La valeur des apports concrètement fournis à un stade ou un autre de la vie de la société n'atteint pas toujours le montant de la commandite. C'est au moment de l'éventuelle faillite (ou dans d'autres situations où les actifs de la société ne suffisent pas à payer les dettes) que le montant de la commandite joue la plénitude de son rôle : le commanditaire n'est libéré que s'il a déjà fourni des apports dont la valeur équivaut au moins au montant de la commandite ; s'il ne l'a pas encore fait, il doit le faire alors (art. 610 al. 2 CO : « *Si la société est dissoute, les créanciers, les liquidateurs ou l'administration de la faillite peuvent demander que la commandite soit remise à la masse en liquidation ou en faillite, en tant qu'elle n'a pas été apportée ou qu'elle a été restituée au commanditaire* »).

1559 Concrètement, il peut arriver que le commanditaire ne verse pas du tout son apport ni lors de la formation de la société (ou de son entrée dans la société), ni pendant la vie de la société, et qu'il ne soit amené à le faire qu'au moment de la liquidation.

(loc. cit., *in initio*) que « *la commandite [est] librement déterminée dans les rapports internes* ».

[2281] Dire de la commandite qu'elle est un apport peut être qualifié de *métonymie*. – MEIER-HAYOZ/FORSTMOSER (2023), § 14, N 38, proposent de ne pas employer le terme de *Kommandite* (« *ein freilich zweideutiger Ausdruck, der vermieden werden sollte* »), et d'employer les notions de *Kommanditeinlage* et de *Kommanditsumme* (N 39-45).

[2282] Cf. *supra* N 1372-1373 et 1382-1385.

[2283] Cf. *supra* N 1383.

[2284] En ce sens explicitement Jean-Paul VULLIETY, CR ad art. 596 CO (2017), N 3 ad n. 5 s. : « *toutes sortes de prestations, pour autant qu'elles représentent un actif utilisable – et donc transmissible – susceptible d'être porté au bilan de la société : biens de production, immeubles, droits de propriété intellectuelle, tour de main et autres secrets commerciaux ou industriels, entreprise avec actifs et passifs, objets mobiliers, papiers-valeurs, droit d'usage (telles des licences), etc.* ». Même approche chez BLANC/FISCHER (2020), N 777, qui citent aussi « *des créances ou d'autres droits du même type* » (en précisant : « *En revanche, des éventuelles créances contre le commanditaire ou même contre des tiers pour des services ou pour de travail ne sont pas considérées comme des apports en nature* »).

Il peut aussi arriver que le commanditaire verse entièrement son apport, mais se le fasse rembourser pendant l'existence de la société. Il doit alors le verser à nouveau en cas de liquidation. **1560**

Si (ou dès que) le commanditaire a entièrement versé des apports dont la valeur atteint le montant de la commandite, il n'a plus à payer quoi que ce soit. Il a exécuté l'engagement d'apport qu'est la commandite. Sa situation équivaut ici à celle de l'actionnaire qui a entièrement « libéré » les actions d'une société anonyme qu'il a souscrites. **1561**

Bien sûr, des situations intermédiaires existent : il peut arriver que le commanditaire fasse des apports qui ne correspondent qu'à une portion du montant de la commandite. Il sera alors obligé de compléter ses prestations en cas de liquidation. Sa situation équivaut sur ce plan à celle de l'actionnaire qui a partiellement libéré ses actions. **1562**

Quelques règles, partiellement exprimées dans des dispositions légales, régissent plusieurs aspects de la commandite. L'une concerne les cas où la commandite est payée par des apports en nature. L'art. 596 al. 3 CO exige que cet apport soit inscrit comme tel au registre du commerce, de même que « *la valeur qui lui est attribuée* ». Concrètement, les actifs apportés doivent être décrits d'une façon qui permet leur identification, en principe par renvoi à des pièces[2285]. **1563**

[2285] Ni la loi ni l'ORC (art. 40-42) ne définissent précisément la façon dont cette inscription doit être faite. BLANC/FISCHER (2020), N 779, *in initio*, indiquent : « *La loi n'exige aucun contrôle (p. ex. par une fiduciaire) relatif à l'évaluation du bien effectuée par les associés et le RC inscrit les indications données par les associés sans autre vérification* ». Appliquer « par analogie » les règles de la SA (et de la Sàrl) n'est pas forcément éclairant, car dans ces cas, il existe forcément un acte notarié avec des annexes, alors que dans la société en commandite, l'apport peut être fait sans qu'une forme soit requise par le droit des sociétés – seules les formes requises par les règles applicables au transfert de chaque actif concerné auront à être impérativement respectées, mais *l'engagement* d'effectuer un tel transfert est souvent valable sans forme (ainsi *l'engagement* de céder une créance est-il possible sans forme, même si la cession requiert la forme écrite, cf. art. 165 CO ; de même le transfert d'actions nominatives d'une SA ou d'autres titres nominatifs, de marques ou de brevets, ou d'autres biens inscrits dans un registre, comme tous les droits-valeurs ou « titres intermédiés », dont le transfert ne requiert qu'une instruction du titulaire [art. 15 LTI] ; quant au transfert de biens mobiliers ou de papiers-valeurs au porteur, il requiert une forme – le transfert de la possession – alors que le contrat peut être sans forme). – Par ailleurs, même pour la SA (et la Sàrl), l'ORC et les communications de l'ORFC (celle du 15. 8. 2001 réservée par l'art. 171 lit. d ORC n'étant plus publiée) ne prévoient pas de règles très précises sur la façon dont l'apport en nature doit être décrit, car l'acte notarié et la vérification par un réviseur agréé constituent des documents précis auxquels l'inscription renvoie.

Cela étant, si les tiers peuvent contester la valeur des apports concrètement effectués (« valeur réelle ») par rapport à la somme inscrite (art. 608 al. 3 CO)[2286], l'inscription au registre n'est pas une condition de validité de l'apport en nature : l'engagement est valable sans inscription[2287] ; et si l'apport est concrètement fourni, le commanditaire a valablement exécuté son engagement.

1564 L'apport peut aussi être fourni par les intérêts, bénéfices et honoraires dus au commanditaire. Cela ne signifie pas que la commandite puisse consister dans un engagement du commanditaire d'apporter son travail. En revanche, une fois que les honoraires sont dus au commanditaire pour son travail accompli, il s'agit d'une dette d'argent de la société envers lui. Ainsi, si le commanditaire ne perçoit pas ses honoraires, leur montant peut constituer un apport de sa part ; il en va de même si le commanditaire ne prélève pas les intérêts et bénéfices qui lui sont dus (l'art. 601 al. 3 CO, dont la doctrine retient qu'il est « particulièrement mal rédigé »[2288], dit : « *Si le montant inscrit de la commandite n'a pas été intégralement versé ou a été réduit, les intérêts, bénéfices et, le cas échéant, les honoraires ne peuvent y être ajoutés qu'à concurrence de ce montant* »).

1565 Selon une autre règle, le commanditaire ne peut prélever les intérêts et bénéfices que si des apports ont été fournis à concurrence du montant de la commandite (l'art. 611 al. 1 CO, dont la formulation est qualifiée de « malheureuse » en doctrine[2289], dit : « *Le commanditaire ne peut toucher des intérêts ou bénéfices que dans la mesure où il n'en résulte pas une diminution de la commandite* »).

1566 Il en résulte que, pour les intérêts et les bénéfices, le régime normal[2290] est que le commanditaire fournisse effectivement des apports à concurrence du montant de la commandite pendant la vie de la société, notamment en laissant à disposition de la société les intérêts et bénéfices auxquels il a droit. Cela se

---

[2286] Cf. *infra* N 1585-1587.

[2287] Cf. BLANC/FISCHER (2020), N 781 (« *Dans l'hypothèse où l'apport en nature n'aurait pas été inscrit, le commanditaire doit démontrer qu'il a bien libéré le montant annoncé. Il faut cependant souligner qu'un apport en nature non inscrit demeure valable* »).

[2288] Robert PATRY, I (1976), p. 347 ; dans le même sens, Pierre-Alain RECORDON, CR ad art. 601 CO (2017), N 8, estime que cette qualification est « *un euphémisme poli* ».

[2289] Pierre-Alain RECORDON, CR ad art. 611 CO (2017), N 3 *in initio*.

[2290] Plaçant sa réflexion sous un angle de sociologie juridique ou d'éthique des affaires, Robert PATRY, I (1976), p. 346 s. : « *lorsque le montant inscrit de la commandite n'est pas intégralement couvert par l'apport effectué par l'associé commanditaire ou que cet apport a été remboursé ou réduit par des pertes, il semblerait normal que le commanditaire consacre sa part des bénéfices ou ses honoraires au complètement ou à la reconstitution de cet apport* ».

comprend, car tant pour la société que pour les créanciers, un apport effective-ment fourni est plus avantageux qu'un engagement à le fournir, puisqu'il est liquide, tandis que l'engagement d'apport est sujet, tant qu'il reste à exécuter, à toutes les incertitudes liées à la qualité de débiteur du commanditaire (insol-vabilité ou mauvaise volonté).

Cela étant, on s'accorde à estimer que les règles sur les apports, en particulier 1567 en ce qui concerne le moment auquel ils doivent être fournis, constituent du droit dispositif. En fin de compte, ce qui est décisif, c'est que le commanditaire fournisse son apport à un moment ou un autre ; s'il ne l'a pas fourni avant, il devra le faire au moment de la faillite pour contribuer au paiement des créan-ciers.

Des **situations de pertes** peuvent survenir sans que la société ne soit mise en 1568 faillite. Elle peut notamment être liquidée de façon volontaire. Les pertes im-pliqueront souvent, si la société est débitrice à l'égard de tiers, que les associés doivent les « éponger ». Dans ces situations – qui se distinguent de la faillite (elle peut y aboutir si les associés ne peuvent ou ne veulent pas « éponger les pertes » suffisamment pour que les créanciers soient entièrement payés) –, la loi précise que le devoir du commanditaire d'éponger les pertes est limité au montant de la commandite (art. 601 al. 1 CO : « *Le commanditaire n'est tenu des pertes qu'à concurrence du montant de sa commandite* »). Cela reflète que la commandite est bien un engagement d'apport : le commanditaire doit, à un moment ou un autre, fournir l'apport qu'il s'est engagé à effectuer, si la situa-tion de la société l'exige.

Le contrat de société peut toutefois stipuler un devoir plus étendu du comman- 1569 ditaire, p. ex. en l'obligeant à fournir de nouveaux apports (p. ex. pour que les apports disponibles aient à nouveau une valeur correspondant au montant de la commandite, sans que cela ne soit immédiatement nécessaire pour payer des créanciers). Sa position est alors semblable à celle d'un associé de société à responsabilité limitée obligé (par les statuts) à effectuer des versements supplé-mentaires[2291]. Si cette obligation est telle que de nouveaux apports doivent être constamment fournis par le commanditaire (c'est-à-dire en principe : par tous les associés, y compris le commanditaire) pour éviter que la société, qui fait des pertes, soit incapable de payer ses créanciers, le commanditaire est placé dans une position semblable à celle de l'associé indéfiniment responsable. Dans notre perception – limitée vu la rareté des sociétés en commandite – cette situation atypique, bien que concevable, est extrêmement rare.

Les apports fournis en exécution de l'engagement d'apport que représente la 1570 commandite sont des fonds propres de la société (une partie de son « capital »,

---

[2291] Cf. *infra* N 2511-2526.

et non des fonds étrangers). L'art. 616 al. 2 CO précise d'ailleurs qu'en cas de faillite de la société, « *[l]a commandite entièrement ou partiellement libérée*[2292] *ne peut être produite dans la masse à titre de créance* ». Les apports fournis en exécution de l'engagement d'apport qu'est la commandite ne sont pas une dette de la société. Si elle est en faillite, le commanditaire ne recevra rien, en cette qualité d'apporteur, avant que toutes les dettes de la société aient été payées. En revanche, comme dans la société en nom collectif, les associés peuvent faire valoir les dettes de la société correspondant à des intérêts échus, aux honoraires et, bien sûr, à tous autres droits comme ceux découlant de prêts (y compris toutes avances faites pour la société)[2293].

III. Les droits limités du commanditaire au sein de la société

1571 De la situation fondamentalement différente du commanditaire en comparaison avec celle de l'associé indéfiniment responsable, sur lequel repose des risques potentiellement illimités, il résulte que la loi place le **pouvoir de gestion** dans les mains de celui-ci : « *La société est gérée par l'associé ou les associés indéfiniment responsables* » (art. 599 CO). Le pouvoir de gestion induit le **pouvoir de représentation** (art. 603 CO : « *La société est représentée par l'associé ou les associés indéfiniment responsables, conformément aux règles applicables aux sociétés en nom collectif* »).

1572 L'art. 600 al. 1 CO précise que « *[l]e commanditaire n'a, en cette qualité, ni le droit ni l'obligation de gérer les affaires de la société* ». Il n'a pas non plus le droit qui revient, en vertu de l'art. 535 al. 2 et 3 CO, aux associés de la société simple (et donc à ceux de la SNC[2294] ainsi qu'à l'associé indéfiniment responsable de la société en commandite) de s'opposer aux actes de gestion ordinaires

---

[2292] Ici aussi (cf. *supra* N 1564 s. ad n. 2288 et 2289), la formulation n'est guère rigoureuse ; ce sont les apports fournis pour libérer la commandite (ou pour exécuter l'engagement d'apport qu'implique la commandite) qui pourraient donner lieu à un droit de restitution (ce qui est le cas – cf. *supra* N 1412 – lorsque la dissolution a lieu sans surendettement, situations dans lesquelles elle est consensuelle [cf. art. 545 al. 1 ch. 4 CO] ou a lieu en vertu de clauses contractuelles [cf. p. ex. art. 545 al. 1 et 5 CO], ou encore judiciairement pour justes motifs [art. 545 al. 1 ch. 7 CO] ou en vertu d'un autre droit de dissolution [art. 545 al. 1 ch. 6 CO]).

[2293] Cf. art. 570 al. 2 CO : « *Les associés n'ont pas le droit de produire dans la faillite de la société le capital et les intérêts courants de leurs apports, mais ils peuvent faire valoir leurs prétentions pour les intérêts échus, les honoraires et les dépenses faites dans l'intérêt de la société* ».

[2294] Cf. *supra* N 1509.

avant leur accomplissement (l'art. 601 al. 2 CO dit : « *[Le commanditaire] ne peut non plus s'opposer aux actes de l'administration qui rentrent dans le cadre des opérations ordinaires de la société* »).

En revanche, les règles usuelles des sociétés de personnes s'appliquent aux **décisions de la société** : elles doivent donc être prises à l'unanimité[2295], sauf si le contrat de société (ou une décision unanime) a instauré un régime majoritaire[2296]. Il résulte de l'art. 601 al. 2 CO que les actes de gestion extraordinaires[2297] devraient être soumis au même régime[2298]. 1573

Par ailleurs, le commanditaire peut avoir un pouvoir de gestion en vertu d'un mandat avec la société. Il peut d'ailleurs être inscrit au registre du commerce comme fondé de procuration avec les pouvoirs normés par les art. 458-461 CO[2299] (ce qu'envisage explicitement l'art. 605 CO). Il peut aussi être mandataire commercial au sens de l'art. 462 CO[2300]. Il peut être employé, avec[2301] ou sans pouvoirs de représentation. 1574

Il résulte des droits limités – et de la nature limitée de sa responsabilité – que le décès ou la perte de la capacité civile du commanditaire n'emporte pas la 1575

[2295] Ainsi MEIER-HAYOZ/FORSTMOSER (2023), § 14, N 56 ; Werner VON STEIGER (1976), p. 615.

[2296] Cf. *supra* N 1391-1397.

[2297] Cf. aussi *supra* N 1509.

[2298] En ce sens explicitement – même si en réalité (contrairement à ce que pourrait donner à penser la formulation de l'arrêt), les actes de gestion extraordinaires ne supposent normalement pas de modifier le contrat –, TC, RVJ 1991 391 c. 9c (393) : « *En principe, l'associé commanditaire n'a pas le droit ni l'obligation de gérer les affaires sociales. Il exerce cependant en sa qualité d'associé – c'est-à-dire comme partie au contrat de société – un autre droit de nature sociale : il participe normalement aux décisions sociales [...] il faut consulter l'ensemble des associés – indéfiniment responsables et commanditaires – pour modifier le contrat de société, nommer un mandataire général ou procéder à des actes juridiques excédant les opérations ordinaires de la société, à moins qu'il n'y ait péril en la demeure. En principe, l'unanimité des associés, y compris les associés commanditaires, est requise pour les actes de gestion extraordinaire, notamment pour les décisions modifiant le contrat. Il y a donc obligation de consulter tous les associés pour prendre de telles décisions ou effectuer de tels actes, à moins que le contrat de société ne prévoie la règle de la majorité* ».

[2299] Cf. *supra* N 553-555.

[2300] Cf. *supra* N 556-557.

[2301] La position d'employé n'est pas le cas typique envisagé par le législateur, où le commanditaire est un investisseur (qui, souvent, dicte ses conditions, mais reste dans une position relativement éloignée de la gestion). Toutefois, il peut arriver que le commanditaire exige d'avoir une position de salarié. Et à l'inverse, il n'est pas exclu qu'un employé soit invité à souscrire un engagement de commanditaire pour soutenir l'entreprise. Sur les pouvoirs de représentation hors de ceux qui sont spécifiquement normés, cf. *supra* N 601-618.

dissolution de la société en commandite (art. 619 al. 2, 2e phr., CO[2302]). Sa faillite produit en revanche des effets identiques à celle d'un associé indéfiniment responsable[2303] ; elle n'induit pas *ipso jure* la dissolution, mais donne à la masse le droit de la demander dans les six mois (art. 575 al. 1 CO *cum* 619 al. 2, 1re phr., CO) ; en cas de saisie, ce droit appartient au créancier poursuivant. Dans tous les cas – en concrétisation du principe de la subsidiarité de la dissolution[2304] –, les autres associés ont la possibilité d'éviter la dissolution en désintéressant la masse ou, en cas de saisie, le créancier poursuivant (art. 575 al. 3 et 578 CO).

IV. Les règles entourant la responsabilité limitée du commanditaire

A. Principe

1576 La limite à la responsabilité est, profondément, un privilège juridique conféré par l'ordre juridique. Lorsque l'on est associé à une entreprise et que l'on a droit à une partie des gains, le régime « naturel » ou « spontané » serait que l'on assume ensemble les pertes et que l'on soit responsable des dettes que l'entreprise a contractées auprès de tiers. La responsabilité solidaire des personnes qui causent ensemble un dommage (art. 50 CO) ou prennent ensemble un engagement (art. 143 CO) est l'illustration de cette conception traditionnelle ou originelle. La responsabilité limitée s'est imposée comme un facteur favorisant la création et le développement des entreprises[2305], qui requièrent que des risques soient pris. Ce privilège juridique est indubitablement utile.

1577 Pour qu'il ne soit pas un danger inacceptable pour les tiers – soit avant tout les partenaires contractuels de l'entreprise –, l'ordre juridique doit soumettre son octroi à des règles qui, en premier lieu, doivent assurer que les tiers puissent être pleinement conscients que l'un des associés n'a qu'une responsabilité li-

---

[2302] « [...] la société n'est pas dissoute par la mort ou la mise sous curatelle de portée générale d'un commanditaire ».

[2303] Pour la société en nom collectif, cf. *supra* N 1539 et 1532.

[2304] Cf. *supra* N 1532 spécifiquement pour la SNC ; en général pour toutes les sociétés, cf. *supra* N 1273.

[2305] On peut se référer à la citation, reproduite *supra* n. 2271, que le Rapport de Walther Munzinger (1865) fait en p. 116 s. d'un rapport genevois de 1863. Cf. ég. *supra* N 15, en particulier n. 20.

mitée. Pour la même raison fondamentale, les informations relatives à la commandite destinées aux tiers ne doivent pas donner l'impression que l'engagement du commanditaire serait plus grand qu'il n'est en réalité.

Le conflit entre l'inexactitude de l'information (ou le fait qu'elle induise en erreur) et la réalité est en principe tranché par les dispositions du droit de la société en commandite, à savoir les art. 605 à 609 CO, de façon à protéger le tiers de bonne foi. {1578}

La lecture de ces règles peut surprendre à première vue, surtout si l'on est habitué aux régimes – rigoureux et formalistes – de la société anonyme ou de la société à responsabilité limitée. Leur teneur et les arbitrages qu'elles opèrent se comprennent aisément au regard du fait qu'une société en commandite peut exister sans être inscrite au registre du commerce et même sans aucun contrat écrit, et que les accords au sujet de la commandite peuvent être modifiés sans forme. C'est en raison du caractère potentiellement informel de la société en commandite que les situations visées peuvent survenir et que le législateur a jugé nécessaire de les traiter. {1579}

B. Lorsque le commanditaire gère la société

Si un commanditaire agit au nom de la société – alors qu'il ne le peut pas en qualité d'associé, puisque la société est gérée par les associés indéfiniment responsables (art. 599 s. CO) –, l'art. 605 CO ne lui permet de jouir du privilège de la responsabilité limitée que s'il s'est fait connaître comme un représentant agissant en une autre qualité que celle d'associé (« *Le commanditaire qui conclut des affaires pour la société sans déclarer expressément n'agir qu'en qualité de fondé de procuration ou de mandataire est tenu, à l'égard des tiers de bonne foi, comme un associé indéfiniment responsable, des engagements résultant de ces affaires* »). {1580}

On peut observer que depuis la réforme du droit des raisons sociales, qui induit nécessairement l'indication de la forme juridique, soit ici la nature de société en commandite (« SCm »), le seul fait que le nom du commanditaire figure dans la raison sociale ne suffit pas en soi pour qu'il soit traité comme un associé indéfiniment responsable, contrairement à ce que prescrivait jusqu'en 2016 l'art. 607 aCO[2306]. L'inscription au registre du commerce de la nature de société {1581}

[2306] Cette règle abrogée par la novelle du 25.9.2015, entrée en vigueur le 1.6.2016, avait la teneur suivante : « *Le commanditaire dont le nom figure dans la raison sociale est tenu envers les créanciers de la société de la même manière qu'un associé indéfiniment responsable* ».

en commandite, de l'identité des commanditaires et de leurs commandites respectives est opposable aux tiers. Ce n'est là que l'« effet de publicité positif » du registre du commerce (art. 936b al. 1 CO : « *Dès lors qu'un fait a été inscrit au registre du commerce, nul ne peut se prévaloir de ne pas en avoir eu connaissance* »)[2307]. Des règles protectrices, traitées ci-après, s'appliquent si ces inscriptions sont défaillantes.

C.   En l'absence d'inscription au registre du commerce

1582   La société en commandite peut exister sans être inscrite au registre du commerce, bien que l'inscription soit obligatoire (elle est donc déclaratoire, et non « constitutive »)[2308]. La responsabilité limitée du commanditaire étant un privilège, elle doit être clairement communiquée. Ainsi, la loi prescrit que le commanditaire soit traité comme un associé indéfiniment responsable tant que la société n'a pas été inscrite, sauf si les tiers (soit en premier lieu les cocontractants de la société) connaissaient positivement le fait qu'il ne s'était engagé qu'à concurrence de sa commandite (art. 606 CO : « *Lorsque la société a fait des affaires avant d'être inscrite sur le registre du commerce, le commanditaire est tenu, à l'égard des tiers, comme un associé indéfiniment responsable, des dettes sociales nées antérieurement, à moins qu'il n'établisse que les tiers connaissaient les restrictions apportées à sa responsabilité* »).

1583   En d'autres termes, si elle n'est pas inscrite au registre et n'a pas fait connaître aux tiers qui est commanditaire et quel est le montant de chaque commandite, la société en commandite est traitée comme une société en nom collectif[2309], laquelle est la forme « naturelle » des sociétés commerciales de personnes, en ceci qu'elle ne restreint la responsabilité d'aucun associé et représente donc le moins de risques pour les cocontractants.

1584   On précisera qu'en l'absence d'une inscription au registre du commerce, la limitation de la responsabilité des commanditaires n'est opposable qu'aux tiers qui en ont une connaissance effective. Un éventuel manque d'attention de leur part n'est pas pertinent ici, contrairement à la règle générale de l'art. 3 al. 2 CC.

[2307] Cf. *supra* N 137 s.

[2308] Cf. *supra* N 77-81.

[2309] La fluidité entre ces deux formes de sociétés (cf. *supra* N 1546) est aussi illustrée par l'art. 612 al. 1 CO, qui dispose : « *Celui qui entre en qualité de commanditaire dans une société en nom collectif ou en commandite est tenu jusqu'à concurrence de sa commandite des dettes nées antérieurement* ». La société en nom collectif devient une société en commandite dès qu'un de ses associés est un commanditaire. Cela doit toutefois être clairement convenu entre associés, bien sûr, *et communiqué aux tiers*.

En effet, la société en commandite aurait dû être inscrite comme telle, de même que l'identité des commanditaires et le montant de leurs commandites respectives. Dès lors, l'«effet de publicité négatif»[2310] du registre du commerce s'applique[2311] (art. 936b al 2 CO : « *Lorsqu'un fait dont l'inscription est requise n'a pas été enregistré, il ne peut être opposé à un tiers que s'il est établi que celui-ci en a eu connaissance* »).

D. Communications relatives à la commandite

Le principe est évidemment que le montant de la commandite inscrit au registre du commerce est déterminant. L'art. 608 al. 1 CO le rappelle en des termes tout à fait limpides : « *Le commanditaire est tenu envers les tiers jusqu'à concurrence de la commandite inscrite sur le registre du commerce* ». 1585

Si un accord interne entre les associés réduit le montant de la commandite sans que cela soit inscrit au registre, cette réduction n'est pas opposable aux tiers (l'art. 609 al. 1 CO le rappelle, mais dans des termes assez confus[2312] : « *Lorsque le commanditaire, par une convention avec les autres associés ou par des prélèvements, a diminué le montant de la commandite, tel qu'il a été inscrit ou indiqué d'une autre manière, cette modification n'est opposable aux tiers que si elle a été inscrite sur le registre du commerce et publiée* »). Cette réduction devient opposable aux tiers dès qu'elle est inscrite au registre du commerce et publiée, mais seulement pour les dettes nouvelles de la société (cf. art. 608 al. 2 CO : « *Les dettes sociales nées avant cette publication demeurent garanties par le montant intégral de la commandite* »). 1586

À l'inverse, si le commanditaire indique à des tiers que la commandite est plus élevée que ce qui est convenu et/ou qui est inscrit au registre du commerce, c'est le montant qu'il leur a indiqué qui est déterminant ; il en va de même si la société a fait une déclaration en ce sens à des tiers, au su du commanditaire 1587

[2310] Cf. *supra* N 139 s.

[2311] Pierre-Alain RECORDON, CR ad art. 606 CO (2017), N 7 ad n. 11 ; PESTALOZZI/VOGT, BaK ad art. 606 CO (2016), N 4.

[2312] En effet, les «prélèvements» ne réduisent pas en soi la commandite (Pierre-Alain RECORDON, CR ad art. 609 CO [2017], N 4 dit que cela est « *à l'évidence inexact* »). Ils réduisent les apports. Si les associés décident qu'un prélèvement se fait parce que la commandite est réduite (et donc pour ramener le niveau des apports au niveau de la commandite réduite), il y a une *coïncidence* entre la réduction des apports et celle de la commandite ; la première exécute la seconde. On peut aussi voir une réduction de la commandite acceptée *par actes concluants* si les prélèvements sont acceptés comme traduisant une situation nouvelle définitive, et non un simple mouvement de liquidités entre la société et le commanditaire.

(art. 608 al. 2 CO : « *Si le commanditaire lui-même ou la société, au su du commanditaire, a indiqué à des tiers un montant plus élevé de la commandite, le commanditaire répond jusqu'à concurrence de ce montant* »). En d'autres termes, la protection des tiers l'emporte ici, le cas échéant, même sur les inscriptions au registre du commerce (on peut observer que cette situation n'implique pas de procéder à une pesée des intérêts, telle que le prescrit l'art. 936b al. 3 CO dans d'autres cas de conflit entre l'inscription et la situation réelle[2313]).

V. La quasi-personnalité et le patrimoine propre de la société en commandite

1588 Sur le plan de ce qu'implique la quasi-personnalité de la société en commandite, les dispositions légales qui y sont consacrées ne divergent pas, en réalité, de ce qui est prescrit pour la société en nom collectif. Certaines règles sont, pour ainsi dire, simplement « dupliquées » dans le chapitre consacré à la société en commandite pour traiter la situation des deux types d'associés. D'autres règles présentes dans le chapitre sur la société en nom collectif n'y figurent pas tout en étant applicables, les renvois (art. 598 al. 2, 603 et 619 al. 1 CO) étant suffisants à cet effet.

1589 Comme pour la société en nom collectif[2314], la loi statue explicitement que la société en nom collectif « *peut, sous sa raison sociale, acquérir des droits et s'engager, actionner et être actionnée en justice* » (art. 602 CO).

1590 Elle est donc elle-même titulaire de droits et obligée par des dettes, mais, comme elle n'est pas une personne, ce sont ses associés qui sont les personnes propriétaires de ses biens[2315].

1591 Le patrimoine séparé signifie beaucoup en pratique : les créanciers sociaux ne peuvent poursuivre que la société tant qu'elle n'est pas en faillite ou autrement dissoute[2316] ; tant que la société est en opération, hors liquidation, le patrimoine des associés n'est pas à leur portée. De l'autre côté, en parfaite cohérence, les biens de la société ne peuvent servir qu'à désintéresser les créanciers sociaux :

[2313] Cf. *supra* N 141-144.

[2314] Cf. *supra* N 1501.

[2315] Cf. *supra* N 1504-1505.

[2316] Art. 604 CO : « *L'associé indéfiniment responsable ne peut être personnellement recherché pour une dette de la société avant que celle-ci ait été dissoute ou ait été l'objet de poursuites infructueuses* ». C'est ici exactement la même règle que pour la SNC (*supra* N 1539). Pour le commanditaire, art. 610 al. 1 CO : « *Pendant la durée de la société, les créanciers sociaux n'ont aucune action contre le commanditaire* ».

les créanciers d'un associé ne peuvent pas faire saisir les biens de la société ; ils ne peuvent faire saisir que les droits de l'associé contre la société (à savoir les intérêts et les parts de bénéfice qui lui sont dus, ses éventuels honoraires et, le cas échéant, la part de liquidation qui lui revient)[2317].

Le régime est ici rigoureusement identique à celui de la société en nom collec- 1592
tif. Comme dans celle-ci, la séparation des patrimoines se manifeste encore sur le plan de la faculté d'un tiers de compenser une créance envers la société avec une dette envers l'associé[2318] : cette faculté n'est ouverte qu'en cas de faillite ou d'autre cas de dissolution[2319], et seulement pour les dettes envers un associé qui est indéfiniment responsable (art. 573 al. 1 et 3 *cum* 614 CO).

En parfaite cohérence, la loi dispose que « *[l]a faillite de la société n'entraîne* 1593
pas celle des associés » (art. *615 al. 1 CO)* ». Et, « *de même, la faillite de l'un*
des associés n'entraîne pas celle de la société » (al. 2), bien que celle-ci puisse y conduire, après au moins six mois, si cela est nécessaire pour préserver les intérêts des créanciers de l'associé[2320] (de plus, le contrat de société peut prévoir que la faillite donne lieu *eo ipso* à la dissolution).

[2317] Art. 613 CO : « *(1) Les créanciers personnels d'un associé indéfiniment responsable ou*
d'un commanditaire n'ont, pour se faire payer ou pour obtenir des sûretés, aucun droit
sur l'actif social. (2) Ils n'ont droit, dans la procédure d'exécution, qu'aux intérêts, aux
bénéfices et à la part de liquidation revenant à leur débiteur en sa qualité d'associé, ainsi
qu'aux honoraires qui pourraient lui être attribués ». Voir aussi l'art. 616 al. 1 CO cité
infra ad n. 2321. La situation est identique dans la SNC, cf. *supra* N 1539 *in fine*.

[2318] Art. 614 CO : « *(1) Le créancier de la société qui est en même temps débiteur personnel*
du commanditaire ne peut lui opposer la compensation que si le commanditaire est indé-
finiment responsable. (2) La compensation est soumise d'ailleurs aux règles établies pour
la société en nom collectif ». La formulation *prima facie* un peu intrigante (« *que si le*
commanditaire est indéfiniment responsable ») fait référence aux situations où, faute
d'avoir bien communiqué sa limitation de sa responsabilité, le commanditaire est tenu à
l'égard des tiers sans cette limitation, soit les situations traitées aux art. 605 (cf. *supra*
N 1580 s.) et 606 CO (cf. *supra* N 1582-1584).

[2319] Cf. *supra* N 1544.

[2320] Cf. *supra* N 1575. En ce qui concerne les droits de la société (et des créanciers sociaux en
cas de faillite de la société) envers le commanditaire failli – et à l'inverse des particularités
que représente le droit de la masse du commanditaire failli de demander la dissolution de
la SCm après 6 mois (art. 575 al. 1 CO) et donc de favoriser une indemnisation pour éviter
la dissolution (al. 3 et art. 578 CO, cf. *supra* N 1575, 1539 et 1532), ainsi que la définition
des droits envers la société (cf. art. 613 al. 2 CO cité *supra* n. 2317) – la situation de la
faillite du commanditaire ne présente pas de particularité à l'égard de la société (l'art. 618
CO dispose explicitement : « *Les créanciers sociaux et la société ne jouissent, dans la*
faillite d'un commanditaire, d'aucun privilège à égard de ses créanciers personnels »).

1594 La nature séparée du patrimoine de la société en commandite se manifeste encore en cas de faillite, en ceci que les biens sociaux servent en priorité à désintéresser les créanciers sociaux. L'art. 616 al. 1 CO dit à cet égard : « *Lorsque la société est en faillite, l'actif sert à désintéresser les créanciers sociaux, à l'exclusion des créanciers personnels des divers associés* »[2321].

1595 Comme dans la société en nom collectif, c'est lorsque les biens de la société ne suffisent pas que la responsabilité des associés entre en jeu. L'art. 617 CO dit : « *Lorsque l'actif social est insuffisant pour désintéresser les créanciers de la société, ces derniers ont le droit de poursuivre le paiement de ce qui leur reste dû sur les biens personnels de chacun des associés indéfiniment responsables, en concurrence avec les créanciers personnels de ceux-ci* ».

1596 Quant au commanditaire, les droits des créanciers sont formulés par la loi à l'art. 611 al. 2 CO en ces termes : « *Si la société est dissoute, les créanciers, les liquidateurs ou l'administration de la faillite peuvent demander que la commandite soit remise à la masse en liquidation ou en faillite, en tant qu'elle n'a pas été apportée ou qu'elle a été restituée au commanditaire* ». Concrètement, conformément au concept de la responsabilité limitée, et comme on l'a décrit[2322], si le commanditaire a déjà effectué des apports dont la valeur atteint le montant de la commandite, il a exécuté son engagement et n'a plus rien à payer. S'il n'a pas effectué d'apport, il doit payer l'intégralité du montant de la commandite. Et s'il a effectué des apports dont la valeur est moindre que le montant de la commandite (le cas échéant parce qu'une partie de ses apports lui a été restituée), il doit payer la différence entre cette valeur et le montant de la commandite.

[2321] L'expression « divers » fait référence notamment aux différents types d'associés.
[2322] *Supra* N 1559-1562.

Chapitre 2 :   Les sociétés de capitaux et la société coopérative

Ce second chapitre de la partie spéciale traite les règles qui ne sont ni des règles   1597
communes à toutes les entreprises, ni des règles communes à toutes les personnes morales, ni des règles matériellement convergentes. Ces règles communes et convergentes couvrent de très nombreuses questions, dont beaucoup
des plus fondamentales. Le domaine constituant les règles communes aux
seules sociétés de capitaux, pour un groupe de règles, et aux sociétés de capitaux et à la coopérative, pour un autre groupe de règles, est ainsi substantiellement réduit. Il couvre cependant des questions essentielles comme le caractère
constitutif de l'inscription au registre du commerce, le rôle des statuts, le déroulement et l'annulation des décisions de l'assemblée des sociétaires, la notion
de capital et d'apports ou la prévention du surendettement.

Quant aux règles spécifiques à chaque société, elles se résument à quelques   1598
catégories. Elles sont bien sûr importantes puisqu'elles déterminent la nature
de la société. Le domaine spécifique le plus vaste est la détermination des droits
de sociétariat, leur mise en œuvre dans la vie courante de la société et, le cas
échéant, leur cession. Qui plus est, chacun des types de sociétés de capitaux et
la coopérative a une structure sensiblement plus complexe que les sociétés de
personnes. Sur la société anonyme, probablement la plus complexe de toutes
les sociétés, qui recueille probablement au moins neuf dixièmes de l'attention
de la doctrine en droit des sociétés, et une proportion encore plus forte du volume de l'activité économique, le présent précis se propose d'offrir précisément
une vision concentrée et synthétique, de nombreux exposés détaillés étant disponibles en d'autres lieux. Au sujet de cette complexité, il est utile d'avoir à
l'esprit qu'elle est en réalité imperceptible ou inopérante dans la majorité « démographique » des sociétés de capitaux, parce qu'elles sont unipersonnelles
(que ce soit comme propriété d'une personne physique unique ou comme filiale
d'un groupe de sociétés).

Le présent chapitre commence par une vue comparative et synoptique des so-   1599
ciétés de capitaux, de la coopérative et des autres personnes morales. L'objectif
est d'avoir un point de repère qui permette au lecteur d'aborder la matière complexe avec une vue de l'essentiel et, le cas échéant, d'y revenir aisément lorsque
cela est bénéfique à la compréhension des explications ultérieures, parfois hautement techniques. Les personnes morales autres que les sociétés de capitaux
et la coopérative, à savoir l'association, la fondation et des entités particulières
créées par le droit public, ne sont pas le sujet du présent ouvrage, mais il est
important d'énoncer leurs traits essentiels pour bien distinguer ce que *ne sont
pas* les sociétés de capitaux et la coopérative.

§ 24   Les types de sociétés de capitaux, la coopérative et les autres personnes morales ; les particularités de chacune d'elles – vue d'ensemble

I.   La société anonyme

1600   La société anonyme est une **personne morale**. Les **droits de sociétariat** qui existent nécessairement sont des parts du capital qui confèrent le droit de vote et le droit à une part du bénéfice distribuable. Ces droits sont nommés les actions et leurs titulaires (qui peuvent être des personnes physiques ou morales) les actionnaires. Depuis 2008, la loi admet que la société puisse n'avoir qu'un actionnaire. Le capital correspondant aux actions est nommé le « capital-actions ».

1601   Facultativement, les fonds propres peuvent aussi être constitués de droits de participation au bénéfice sans droit de vote (sauf sur des questions concernant spécifiquement ces droits de participation). Ces droits sont nommés les bons de participation et leurs titulaires les participants. Le capital correspondant à ces bons est nommé le « capital-participation ».

1602   Au titre du droit des sociétés, les actionnaires et les participants n'ont **aucun devoir envers la société autre que fournir des apports correspondants au prix d'émission** des actions et des bons de participation ; aucune autre obligation ne peut être créée à leur charge par les statuts. Ils n'ont pas de responsabilité pour les dettes de la société. Ils n'ont pas non plus de devoir de loyauté ou de diligence envers la société (ou les uns envers les autres) ; les limites à l'exercice de leurs droits consistent dans l'abus de droit. L'absence de devoir de loyauté induit que les droits d'information des actionnaires et des participants sont limités.

1603   La réunion des actionnaires est **l'assemblée générale**. Les droits de vote sont en principe proportionnels à la détention du capital. Des privilèges de vote peuvent être attachés à certains types d'actions.

1604   L'assemblée générale élit le **conseil d'administration**, qui est l'organe dirigeant de la société anonyme. Le conseil d'administration a la responsabilité ultime, intransmissible, de gérer la société. Il peut déléguer la gestion à certains de ses membres (« administrateurs-délégués ») ou à des tiers (« directeurs »).

1605   La convocation de l'assemblée générale suit des règles précises. Une fois convoquée, si l'ordre du jour prévoit cet objet, l'assemblée générale a notamment le droit de révoquer les administrateurs.

L'assemblée générale a le pouvoir de modifier les règles supérieures que se donne la société, à savoir les « statuts », dont le contenu n'est limité que par ce qu'interdit la loi. 1606

L'assemblée générale élit aussi, le cas échéant, l'organe de révision. Elle a le pouvoir de le révoquer pour justes motifs. Les actionnaires peuvent renoncer à la révision. 1607

Les actions et bons de participations sont en principe librement cessibles, une instruction écrite suffisant à cet effet. Les statuts de la société peuvent cependant introduire des restrictions, en soumettant le transfert à une approbation du conseil d'administration. 1608

Dans la législation actuelle, **le capital-actions a une valeur nominale minimale** (CHF 100 000.–, ou un montant équivalent en monnaie étrangère) ; il peut être payé (« libéré ») en argent ou par des apports en nature. Il n'est pas nécessairement payé intégralement, les actionnaires demeurant débiteurs tant qu'un solde reste non versé. 1609

Le capital-actions (comme le capital-participation) peut être **accru** par une procédure formelle, l'augmentation de capital ; cette augmentation peut être modulée de différentes manières et être autorisée par l'assemblée générale sur une période de cinq ans. Les actionnaires existants ont en principe un « droit de souscription préférentiel » qui, s'ils l'exercent, leur permet d'échapper au risque que leur participation soit « diluée » (étant relevé qu'en principe, la souscription de nouvelles actions peut être publique). 1610

Tant que le paiement des dettes n'est pas mis en péril, le capital-actions peut être ramené au minimum par une procédure formelle de **réduction** de capital. 1611

Tous les administrateurs et directeurs ont un devoir de loyauté et de diligence envers la société. Le conseil d'administration peut adopter différentes règles (« règlement d'organisation »), qui doivent être conformes aux statuts adoptés par l'assemblée générale. 1612

Afin d'assurer qu'il réponde de la haute direction de la société, la loi détermine un certain nombre de compétences (« intransmissibles et inaliénables ») que le conseil d'administration ne peut pas transférer, même à l'assemblée générale. Celle-ci est, elle aussi, dotée de compétences intransmissibles ; dans l'ensemble, il s'agit des décisions structurelles, qui doivent rester dans les mains des propriétaires (certaines doivent être prises à une majorité qualifiée). Les **compétences intransmissibles de chacun de ces deux organes** induisent que l'on décrit que leur interaction est caractérisée par le « principe de la parité ». 1613

La société anonyme ne commence à **exister** que dès son inscription au registre du commerce. Elle cesse d'exister au terme de la liquidation (processus entamé 1614 par la dissolution), lorsqu'elle est radiée du registre. Elle peut être réinscrite lorsqu'un intérêt légitime particulier le justifie.

1615 Une société **peut faire coter en bourse ses titres de participation**. C'est la seule forme de société de droit suisse qui se prête à une telle cotation. La libre cessibilité des titres permet d'autres formes de large diffusion dans le public («société ouverte au public», non cotée en bourse).

II. La société à responsabilité limitée

1616 La société à responsabilité limitée partage plusieurs traits importants avec la société anonyme. Il s'agit d'une **personne morale** dont les associés n'ont qu'une responsabilité limitée pour les dettes sociales et dans laquelle les **droits de sociétariat** sont des parts du capital, donnant le droit de vote et le droit à une part du bénéfice distribuable.

1617 Ces droits sont nommés les «parts sociales» et leurs titulaires les associés; ceux-ci peuvent être des personnes physiques ou morales. Le droit de vote est en principe proportionnel à la valeur nominale des parts sociales, mais les statuts peuvent s'écarter de ce régime jusqu'à prévoir que chaque associé a une voix égale.

Depuis 2008, la loi admet que la société n'ait qu'un seul titulaire de parts sociales («associé» unique).

1618 Les associés doivent fournir d'emblée des **apports** (en argent ou en nature) correspondant entièrement au prix d'émission (il n'y a pas de portion du capital qui puisse demeurer non libérée). Contrairement au cadre légal de la société anonyme, les statuts peuvent mettre à la charge des associés **diverses obligations** autres que la libération des parts sociales souscrites: payer des «*versements supplémentaires*», ne pas faire concurrence à la société et effectuer des «*prestations accessoires qui servent le but de la société ou qui visent à assurer le maintien de son indépendance*». Les associés ont en outre une obligation de confidentialité et un devoir de loyauté. Un droit de veto de chaque associé sur bon nombre de décisions peut être introduit par les statuts.

1619 Les **parts sociales** de chaque associé sont inscrites au registre du commerce. La cession des parts est soumise à la forme écrite et à l'approbation de l'assemblée des associés, sauf clause contraire des statuts, qui peuvent d'ailleurs préciser les conditions de l'approbation, mais aussi exclure la cession. Les statuts peuvent prévoir des droits de préemption ou d'emption de la société ou des associés. Dans l'ensemble, **l'ampleur des restrictions à la transmissibilité des parts sociales** distingue fondamentalement la société à responsabilité limitée de la société anonyme.

La loi présume que la **gestion** est exercée collectivement par les associés. Toutefois, un ou plusieurs des associés ou des tiers peuvent être chargés de la gestion. Les gérants ont un devoir de loyauté et de diligence. Ils peuvent déléguer une partie de la gestion à un ou plusieurs directeurs qui leur sont subordonnés. Les gérants ont des attributions inaliénables et intransmissibles, qui relèvent de la haute direction de la société. À la différence du cadre légal de la société anonyme, certaines décisions de gestion peuvent être soumises à l'assemblée des associés. Ainsi, suivant la façon dont est organisée la société, il existera, ou non, une forme de « parité » entre l'assemblée des associés et les gérants. 1620

Selon la législation actuelle, le **capital social minimal** est de CHF 20 000.–. Le capital peut être **augmenté** selon une procédure formelle, avec des modalités simples (une souscription publique est exclue). Il peut être **réduit** si le paiement des dettes n'est pas mis en péril. 1621

Comme la société anonyme, la société à responsabilité limitée ne commence à **exister** que dès son inscription au registre du commerce. Elle cesse d'exister au terme de la liquidation (processus entamé par la dissolution), lorsqu'elle est radiée du registre. Elle peut être réinscrite lorsqu'un intérêt légitime particulier le justifie. 1622

III.   La société en commandite par actions

La société en commandite par actions, quasi inexistante en pratique, peut être décrite **comme une société anonyme dont un ou plusieurs associés sont indéfiniment responsables,** tandis que les autres ont strictement le même type de position que les actionnaires. 1623

Les associés indéfiniment responsables sont de par la loi les gérants de la société. Si le pouvoir de gestion est retiré à un de ces associés, celui-ci n'est pas responsable des dettes sociales nées après ce retrait. 1624

L'assemblée générale, où tous les associés votent selon leur part au capital (comme dans la société anonyme), élit un **organe spécial** chargé de surveiller de façon permanente la gestion (des associés indéfiniment responsables, lesquels ne peut voter lors de l'élection de cet organe spécial). 1625

En combinant les traits de la société anonyme et la responsabilité illimitée d'un ou plusieurs associés, le législateur a été audacieux et ingénieux. Il n'était pas *a priori* exclu que ce mélange réponde à des besoins. La pratique a montré que tel n'était pas le cas. 1626

IV.   La coopérative

1627   La coopérative est une **personne morale** qui réunit des personnes physiques ou morales afin de conduire une **action commune** qui serve les intérêts économiques de ses membres ou un but d'utilité publique.

1628   Chaque membre a un **droit de vote égal**. La coopérative n'est pas une société de capitaux. Les statuts peuvent toutefois prévoir qu'elle émettra des **parts sociales** (induisant que des apports sont fournis). Le plus souvent, les parts sociales seront égales pour tous les membres. Lorsqu'elles ne le sont pas, elles ne déterminent qu'une rémunération variant en fonction de leur importance et, éventuellement, l'ampleur d'une responsabilité de leur titulaire pour les dettes sociales.

1629   Dans la règle, le **bénéfice** n'est pas distribué comme tel aux coopérateurs, mais utilisé pour atteindre au mieux le but social ; l'affectation du bénéfice à l'activité de la société la fait prospérer à cette fin. Jusqu'en 2017, la loi prévoyait que l'activité devait bénéficier aux membres (dans la conception originelle, du milieu du XIXᵉ siècle, la coopérative visait à l'entraide entre ses membres) ; depuis, elle prévoit que l'activité peut aussi servir un but d'utilité publique. Cela étant, il n'est pas exclu que les statuts prévoient que le bénéfice soit réparti entre les membres.

1630   En principe, les **membres** ne sont pas responsables des dettes sociales. Les statuts peuvent toutefois prévoir le contraire, et cela de diverses manières. Ils peuvent aussi imposer une obligation d'effectuer des « versements supplémentaires ».

1631   La coopérative doit être ouverte : les conditions posées à l'acquisition de la qualité de membre ne doivent pas la rendre « onéreuse à l'excès ». Chaque membre doit aussi pouvoir en sortir ; dans des cas particuliers, il peut devoir verser une indemnité.

1632   Les membres élisent l'administration, qui est l'organe dirigeant. Ils votent en principe réunis en assemblée générale, mais un scrutin par correspondance est aussi possible. Ils élisent aussi, le cas échéant, l'organe de révision.

1633   Les **administrateurs**, au nombre de trois au moins (en majorité des membres), ont un devoir de loyauté et de diligence. Ils peuvent aussi déléguer la gestion à des directeurs ou à des gérants. Ils peuvent également former des comités pour se répartir leurs tâches.

1634   Dans l'ensemble, **la titularité du sociétariat (acquisition et fin) et le droit de vote distinguent la coopérative de façon fondamentale des sociétés de capitaux** (SA et Sàrl). Sur ces plans, elle est proche de l'association.

656

En ce qui concerne le **fonctionnement**, en particulier l'interaction entre les 1635
membres et l'organe dirigeant (l'administration), la variété des moyens de l'organiser est telle que certaines coopératives peuvent apparaître – et être – très
proches d'une société anonyme : le rôle des coopérateurs à l'égard de l'administration, notamment dans les grandes coopératives, peut ressembler à celui
des actionnaires dans de grandes sociétés anonymes.

L'allocation du bénéfice telle que prévue ordinairement distingue elle aussi 1636
fondamentalement la coopérative des sociétés de capitaux. Mais la grande variété des solutions qui peuvent être retenues peut, sur ce plan également, **rapprocher** certaines coopératives des sociétés anonymes.

Comme la société anonyme et la société à responsabilité limitée, la coopérative 1637
ne commence à **exister** que dès son inscription au registre du commerce. Elle
cesse d'exister au terme de la liquidation (processus entamé par la dissolution),
lorsqu'elle est radiée du registre. Elle peut être réinscrite lorsqu'un intérêt légitime particulier le justifie.

Les quelques **éléments rigides**, soit en particulier le droit de vote égal et l'accès 1638
ouvert au sociétariat, sont ceux qui assurent que la coopérative se distingue nettement de la société anonyme. La pratique montre que ce sont ces mêmes éléments rigides typiques qui conduisent souvent les acteurs économiques à renoncer en fin de compte à opter pour cette forme de société après avoir envisagé de
l'adopter pour leurs activités. Alors qu'elles étaient plus nombreuses que les sociétés anonymes au début du XXe siècle (11 471 contre 10 941 en 1927), les coopératives sont devenues en cent ans 28 fois moins nombreuses (8248 contre
235 163 au 1. 1. 2023). Leur **rôle spécifique, conceptuellement et socialement**,
demeure cependant très important et même fondamental.

V. L'association

L'association est une **personne morale** dont les membres sont des personnes 1639
physiques ou morales. Elle n'a pas de but économique principal, au sens où elle
ne peut, par son activité, viser à réaliser un revenu pour ses membres. Elle doit
avoir un **but idéal au sens large**, la défense d'intérêts économiques des
membres pouvant en être, tant qu'elle se distingue de la réalisation immédiate
d'un revenu pour eux. Elle peut exercer une activité commerciale pour favoriser la réalisation de son but.

L'association peut ressembler de près à une coopérative qui a un but idéal, sur- 1640
tout si elle est inscrite au registre du commerce et que l'activité commerciale,
censée certes être accessoire, revêt une grande importance pratique pour les
personnes impliquées.

1641 Le cadre légal de l'association offre beaucoup plus de **souplesse** que celui de la coopérative pour définir la qualité de membre, l'accessibilité au sociétariat et le droit de vote. Alors qu'un des principes de la coopérative est la liberté d'accès au sociétariat, il peut exister des associations dont l'accès est très restreint.

VI. La fondation

1642 La fondation est une **personne morale** propriétaire d'un patrimoine affecté au but statutaire. Elle n'a elle-même **pas de propriétaires**. Dès qu'elle a été constituée, elle mène une existence autonome, son (ou ses) fondateur(s) n'ayant notamment pas le droit de la dissoudre, ni de modifier les statuts par une décision. Sauf droit particulier institué par les statuts, ce n'est pas au fondateur qu'il revient d'élire les membres d'un quelconque organe. **Son organe suprême est le conseil de fondation**, qui a la responsabilité ultime de la gestion. Il est renouvelé par cooptation. Il désigne lui-même l'organe de révision. Il peut déléguer la gestion à certains de ses membres ou à des directeurs, tout en conservant la haute direction.

1643 La fondation est soumise à une **autorité de surveillance** (fédérale, cantonale voire communale, en fonction de l'étendue de ses activités). Cette autorité vérifie le respect des statuts, en particulier des buts, et doit approuver certains actes du conseil de fondation.

1644 Le **fondateur** ne conserve d'ordinaire que des compétences limitées, comme le droit de proposer de nouveaux membres du conseil de fondation, voire celui de mettre son veto à une désignation, sans que cela ne puisse paralyser le fonctionnement de la fondation. Un changement des statuts ne peut en principe être décidé que par le conseil de fondation, et soumis à l'approbation de l'autorité de surveillance. La loi autorise le fondateur à requérir un changement du but ou de l'organisation, à des conditions assez strictes (statuts réservant cette possibilité ; écoulement d'un délai de dix ans). Cette requête est soumise à l'autorité de surveillance.

VII. Les sociétés et autres personnes morales de droit public

1645 On ne peut mentionner que pour mémoire les sociétés et autres personnes morales de droit public. En effet, le législateur peut **moduler** à l'infini les caractéristiques d'une société ou d'une autre entité (p. ex. « établissement ») de droit public. Certaines sociétés sont dotées de la **personnalité**, d'autres non. Leurs dettes peuvent être **garanties** par l'État de par la loi, mais ce n'est – de loin – pas toujours le cas. Lorsque plusieurs collectivités sont membres, le **droit de vote** peut être égal ou proportionnel au capital, ou fixé par des critères politiques (p. ex., le canton dispose d'un tiers des voix, et les communes membres d'un nombre de voix reflétant l'importance respective de leur population). L'élection de l'organe dirigeant peut suivre des règles particulières. Toutefois, la prise de décision au sein de cet organe suit usuellement la règle selon laquelle chaque membre a une voix, ce qui reflète l'idée générale – valable également en droit public – que chaque membre d'un organe dirigeant a un devoir de loyauté et de diligence égal.

La **répartition du bénéfice** suit également des règles définies par la loi spéciale, même s'il peut arriver qu'elle soit simplement fonction de la part au capital. 1646

Les difficultés et l'imprévisibilité liées au fait que chaque société ou autre personne morale créée par une loi spéciale est un monde en soi (alors que cette loi – destinée à traiter un domaine limité – ne peut pour d'évidentes raisons pratiques contenir autant de prescriptions que celles que le Code des obligations prévoit pour chaque forme de société) induisent que les collectivités publiques optent très souvent pour la forme de la société anonyme de droit privé, et parfois pour celle d'une fondation. 1647

VIII. Tableau visuel

Le tableau sur la page suivante montre de façon particulièrement schématique une comparaison de **quelques traits** des différentes sociétés. La portée et l'utilité de cet exercice visuel sont limitées : la grille de lecture pourrait comprendre beaucoup plus d'entrées ; elle n'a d'autre ambition que permettre littéralement de jeter un coup d'œil. Les résumés verbaux qui précèdent (ch. I-VII) et ceux des sociétés de personnes au § 19[2323] sont déjà très concentrés et il est bénéfique de s'y rapporter pour une approche synthétique et fort succincte des différentes formes de sociétés. 1648

[2323] *Supra* N 1354-1359.

	Personnalité juridique	Responsabilité des propriétaires	Vote	Cessibilité des parts sociales	Allocation du bénéfice	Devoir de loyauté du sociétaire
Société anonyme	Oui.	Non, sauf par contrat.	Selon la part au capital, sauf privilèges de vote.	Oui. Seules des restrictions limitées sont possibles.	Aux sociétaires, sauf réinvestissement.	Non, sauf par contrat.
Société à responsabilité limitée	Oui.	Non, mais possible par disposition des statuts (« versements supplémentaires »).	Selon la part au capital, sauf autre régime.	Oui, mais soumises à approbation. selon le régime ordinaire. Peut même être entièrement exclue.	Aux sociétaires, sauf réinvestissement.	Oui.
Société en commandite par actions	Oui.	Oui pour une catégorie d'associés. Non pour les autres.	Selon la part au capital, sauf privilège (cf. SA) et veto sur certains points.	Oui pour une catégorie d'associés (cf. SA). Non pour ceux qui sont responsables des dettes.	Aux sociétaires, sauf réinvestissement.	Oui pour les associés responsables des dettes. Non pour les autres (cf. SA).
Coopérative	Oui.	Non, mais possible par disposition des statuts.	Une voix par membre.	Non, mais possible par disposition des statuts.	À la poursuite de l'activité et/ou au but, sauf dispositions spéciales.	Oui.
Association	Oui.	Non, mais possible par disposition des statuts.	Une voix par membre, sauf clauses particulières.	Non.	À la poursuite de l'activité et au but.	Non (sauf privation du droit de vote, art. 68 CC)
Fondation	Oui.	N'a pas de propriétaire.	Au sein du conseil de fondation, une voix par membre.	N'a pas de propriétaire	Au but statutaire.	N'a pas de propriétaire.
Société de droit public	En fonction de la loi.	En fonction de la loi.	En fonction de la loi.	En fonction de la loi.	En fonction de la loi.	En fonction de la loi.

Comparaison avec les sociétés de personnes

Société simple	Non.	Oui.	Unanimité, sauf régime contractuel différent.	La position d'associé ne peut être transférée que par accord contractuel.	Aux sociétaires, sauf réinvestissement.	Oui.
Société en nom collectif	Non, mais avec caractéristiques analogues.	Oui.	Unanimité, sauf régime contractuel différent.	La position d'associé ne peut être transférée que par accord contractuel.	Aux sociétaires, sauf réinvestissement.	Oui.
Société en commandite	Non, mais avec des caractéristiques analogues.	Non pour les associés commanditaires, oui pour les autres.	Unanimité, sauf régime contractuel différent.	La position d'associé ne peut être transférée que par accord contractuel.	Aux sociétaires, sauf réinvestissement.	Oui.

§ 25 Les dispositions convergentes pour l'ensemble des sociétés de capitaux et la coopérative

I. Matière traitée

Pour introduire le chapitre consacré aux règles convergentes à l'ensemble des sociétés de capitaux et à la coopérative, il faut d'abord garder à l'esprit que l'on a déjà traité les **dispositions communes à toutes les sociétés** (p. ex. le registre du commerce[2324], les raisons sociales[2325], le droit comptable[2326], la représentation[2327]), les **dispositions communes à toutes les personnes morales** (p. ex. la séparation des patrimoines[2328], le traitement du surendettement[2329], l'obligation de révision[2330]) et les **règles matériellement convergentes pour toutes les sociétés** (p. ex. les devoirs et la responsabilité des gérants ainsi que la dissolution et la liquidation[2331]). La matière qui reste à traiter constitue ainsi des domaines résiduels (à cela s'ajoute qu'il faudra consacrer un chapitre séparé aux règles qui ne convergent que pour les sociétés de capitaux, le régime de la coopérative s'en distinguant).   1649

Concrètement – excepté peut-être ce qui a trait aux grandes lignes de l'équilibre entre sociétaires et gérants[2332] –, il ne s'agit pas de grands principes, mais de **quelques groupes de règles qui se trouvent être convergents** dans la législation actuelle. Il pourrait aisément en aller autrement à l'occasion d'un changement législatif.   1650

Il est toutefois utile pour des raisons pratiques de les traiter ensemble : cela évite des redites. Mais surtout, conceptuellement, le fait qu'il s'agisse actuellement de règles convergentes démontre qu'il n'y a pas de nécessité de prévoir un traitement différent pour les diverses sociétés de capitaux et la coopérative dans ces domaines. La **convergence est donc fondamentalement raisonnable** et constitue un choix opportun. Le législateur ne devrait s'en écarter que s'il s'avérait qu'une de ces règles n'est pas appropriée à une forme de société. À ce jour, un tel constat ne nous semble pas pouvoir être fait.   1651

[2324] Cf. *supra* N 63-160.
[2325] Cf. *supra* N 178-244.
[2326] Cf. *supra* N 245-514.
[2327] Cf. *supra* N 515-635.
[2328] Cf. *supra* N 669-822.
[2329] Cf. *supra* N 823-865.
[2330] Cf. *supra* N 866-967.
[2331] Cf. *supra* N 968-1228 respectivement N 1261-1350.
[2332] On les a nommées les *principes d'équilibre convergents* ci-après, N 1667-1721.

II. Le caractère constitutif de l'inscription au registre du commerce

1652 Tant les sociétés de capitaux que la coopérative n'existent que si dès le moment où elles sont inscrites au registre du commerce (pour la SA, art. 643 al. 1 CO : « *La société n'acquiert la personnalité que par son inscription sur le registre du commerce* »[2333]). Cela s'explique par le **besoin de clarté** que requiert l'existence d'une personne morale, dont les propriétaires n'ont qu'une **responsabilité limitée**, alors qu'elle est active dans des opérations commerciales. Il s'agit d'un choix législatif clair, simple et légitime, de même qu'est légitime le choix divergent fait pour les sociétés de personnes, qui existent sans inscription au registre du commerce (même si celle-ci est obligatoire, et alors simplement déclarative) et d'ailleurs sans nécessité d'un contrat écrit : la présence d'associés indéfiniment responsable induit que le besoin de clarté afin de protéger les co-contractants n'est pas comparable.

1653 Pour les sociétés de capitaux et la coopérative, le besoin de sécurité du droit se reflète également dans la règle selon laquelle la société existe bel et bien même lorsque les conditions de l'inscription au registre du commerce n'étaient pas réunies (pour la SA, art. 643 al. 2 CO : « *La personnalité est acquise de par l'inscription, même si les conditions de celle-ci n'étaient pas remplies* » [2334]). L'inscription a donc un **effet « curatif »** en ce qui concerne les vices de l'acte constitutif (vice de forme, vice du consentement des associés fondateurs, illicéité[2335], invalidité du transfert des actifs apportés, mauvaise estimation de leur valeur, etc.).

1654 Le moyen mis à disposition par le législateur pour **faire valoir les vices de la constitution** est une action en dissolution (l'art. 643 al. 3 CO dispose pour la SA que « *lorsque les intérêts de créanciers ou d'actionnaires sont gravement*

[2333] Pour la coopérative, art. 838 al. 1 CO (identique). Pour la Sàrl, art. 779 al. 1 CO (identique, sauf la négation qui n'a pas de portée sémantique : « *La société acquiert la personnalité par son inscription au registre du commerce* »). Pour la SCmA, cela résulte de l'art. 764 al. 2 CO.

[2334] Pour la Sàrl, art. 779 al. 2 CO (sémantiquement identique : « *Elle acquiert la personnalité même si les conditions d'inscription ne sont pas remplies* »). Pour la coopérative, l'art. 838 CO ne comprend pas cette disposition ; la doctrine admet cependant l'effet guérisseur aussi pour la coopérative, cf. Isabelle CHABLOZ, CR ad art. 838 CO (2017), N 4 ad n. 4 s. ; Franz SCHENKER, BaK ad art. 838 CO (2016), N 3. Les auteurs se réfèrent à l'ATF 74 IV 161 c. 2 (163), qui peut effectivement être compris en ce sens. Il n'y a en tous les cas pas de raison de ne pas admettre cet effet curatif.

[2335] Comme on l'a vu *supra* N 785-788, l'art. 52 al. 3 CC, prescrivant l'impossibilité pour les personnes morales au but illicite d'acquérir la personnalité, le cède à l'effet guérisseur de l'inscription au registre du commerce.

menacés ou compromis par le fait que des dispositions légales ou statutaires ont été violées lors de la fondation, le tribunal peut, à la requête d'un de ces créanciers ou actionnaires, prononcer la dissolution de la société » [2336]). Cette action doit être introduite dans les trois mois dès la publication de la constitution au registre du commerce (al. 4[2337]).

III. La forme authentique pour la constitution et pour la modification des statuts

A. Exigence du droit des sociétés

Tant les règles sur les sociétés de capitaux que celles sur la coopérative prescrivent que **l'acte constitutif** doit être passé en la forme authentique (art. 629 al. 1 pour la SA, 777 al. 1 pour la Sàrl et 830 CO pour la coopérative). 1655

Il en va de même des **décisions modifiant les statuts**[2338]. Elles doivent être prises en principe par l'assemblée des sociétaires ; quelques exceptions découlent de ce qu'une modification des statuts, certes actée par l'organe dirigeant, est l'exécution d'une décision prise antérieurement par ladite assemblée[2339]. 1656

[2336] Pour la Sàrl, art. 779 al. 3 CO (sémantiquement identique : « *Lorsque les intérêts de créanciers ou d'associés sont gravement menacés ou compromis par le fait que des conditions légales ou statutaires n'ont pas été remplies lors de la fondation, le tribunal peut, à la requête d'un de ces créanciers ou associés, prononcer la dissolution de la société* »). Les dispositions sur la coopérative ne comprennent pas de règle identique, de sorte que la doctrine majoritaire nie l'application par analogie de l'action en dissolution du droit de la Sàrl et de la SA (ainsi Isabelle CHABLOZ, CR ad art. 643 CO [2017], N 6 ; Franz SCHENKER, BaK ad art. 838 CO [2016], N 5) ; en sens contraire, l'opinion – minoritaire – soutenue dans la thèse de Peter TROLLER (1948), p. 84, nous semble préférable, même si l'action des art. 643 al. 3 et 779 al 3 CO n'est quasiment jamais utilisée et que la question n'a qu'une portée virtuelle.

[2337] Pour la Sàrl, art. 779 al. 4 CO, identique à l'art. 643 al. 4 CO.

[2338] Pour la SA, art. 647 CO : « *Toute décision de l'assemblée générale ou du conseil d'administration qui modifie les statuts doit faire l'objet d'un acte authentique et être inscrite au registre du commerce* ». Pour la Sàrl, art. 780 CO : « *Toute décision de l'assemblée des associés ou des gérants qui modifie les statuts doit faire l'objet d'un acte authentique et être inscrite au registre du commerce* ». Pour la coopérative, art. 838a CO : « *Toute décision de l'assemblée générale ou de l'administration modifiant les statuts doit faire l'objet d'un acte authentique et être inscrite au registre du commerce* ».

[2339] Elles concernent surtout la libération du capital non versé (décidée par le conseil d'administration, art. 634b CO, mais fondée sur la souscription des actionnaires) et l'augmentation de capital, lorsqu'il s'agit de constater que les étapes fondées sur la décision de l'assemblée générale ont été accomplies (art. 653g al. 1 CO ; de même pour la réduction,

1657   Il faut toutefois être conscient que l'exigence de la forme authentique n'est pas un principe qui serait consubstantiel aux sociétés concernées[2340] et dont l'intangibilité soit assurée. Dans le projet de loi de 2017 présenté aux Chambres fédérales au terme de longues procédures de consultation, le Conseil fédéral avait proposé de la remplacer par une exigence de forme écrite pour les actes constitutifs limités à l'essentiel[2341] et les modifications statutaires simples[2342], c'est-à-dire concrètement pour l'immense majorité des actes relatifs aux sociétés. Ce n'est qu'à un stade déjà avancé des débats parlementaires que la forme authentique, abandonnée par un vote du Conseil national, a été réintroduite suite à des interventions faites au Conseil des États. Les motifs mis en exergue reposent sur des appréciations compréhensibles[2343], mais dont il n'est pas exclu que le bien-fondé factuel puisse être remis en question si des études plus approfondies étaient entreprises[2344].

---

art. 653o al. 1 et 2 CO ; cf. aussi, pour l'augmentation ordinaire, art. 652g CO et *infra* N 1861-1863).

[2340]   Ainsi, de 1937 à 2022, l'acte constitutif de la coopérative et les modifications de ses statuts ne requéraient pas la forme authentique (cf., *a contrario*, art. 830 aCO-1936 [cf. *supra* N 1655] et l'absence d'une disposition équivalente à l'art. 838a CO-2020 [*supra* n. 2338]).

[2341]   L'art. 629 al. 4 P-CO-2017 prévoyait ceci : « *L'acte constitutif peut revêtir la forme écrite lorsque sont remplies les conditions suivantes : (1) le contenu des statuts se limite aux dispositions prévues à l'art. 626* [à savoir le contenu absolument nécessaire] *; (2) le capital-actions est fixé en francs ; (3) les apports sont entièrement effectués en totalité et en francs* » (FF 2017 627 ; pour la Sàrl, art. 777 al. 3 et 780 al. 2, 1ʳᵉ phr., P-CO-2017, et pour la coopérative, art. 830 al. 2 et 838a al. 2 P-CO-2017 [FF 2017 672 et 675 s.]). La motivation était que la forme authentique avait pour fondement des « *fins de justification, de protection contre toute action inconsidérée et de contrôle des procédures* », alors que « *[d]ans le cadre du droit de la SA, ces trois buts ne peuvent revêtir qu'une importance limitée* » (Message du Conseil fédéral, FF 2017 390). La proposition de passer à la forme écrite devait permettre « *de fonder une société de capitaux en quelques jours ouvrables* » (*ibid.*) et « *allégerait la charge administrative et financière des PME et des sociétés incluses dans un groupe* » (FF 2017 391).

[2342]   Art. 647 al. 2, 1ʳᵉ phr., P-CO-2017, prévoyait : « *Si le contenu des statuts, avant et après leur modification, se limite aux dispositions prévues à l'art. 626, al. 1, si le capital-actions est fixé en francs et si les apports sont entièrement effectués en francs, la décision est valable en la forme écrite* ».

[2343]   Les Conseillers aux États Robert CRAMER et Beat RIEDER (BO 2019 E 495 s.) ont mentionné un risque de criminalité accrue en cas d'abandon de la forme authentique, et par ailleurs l'efficacité de celle-ci : « *les comparaisons internationales montrent que les litiges sont beaucoup moins nombreux dans les pays qui connaissent la forme authentique, cela étant probablement dû au fait que le registre du commerce, en Suisse notamment, est particulièrement fiable, grâce aux vérifications que la forme authentique exige avant la réquisition d'inscriptions* ».

[2344]   S'il est certain que l'intervention d'un notaire réduit très considérablement le risque que le proposé au registre du commerce doive rejeter des réquisitions pour vices formels ou

B.   Mise en œuvre

En vertu des législations cantonales applicables et des principes qui en découlent, le **notaire** qui établit l'acte authentique ne doit vérifier la capacité civile et, le cas échéant, le rapport de représentation que pour les parties à l'acte[2345]. Il doit donc vérifier la capacité et la représentation des sociétaires lors de l'**assemblée qui constitue la société**, car les sociétaires sont les parties qui le requièrent d'instrumenter leur acte juridique.

1658

En revanche, lors des **assemblées de la société déjà constituée**, tenues en particulier pour modifier les statuts, c'est la société qui est partie et qui requiert le notaire d'instrumenter. Ainsi, ce n'est pas lui qui vérifiera la qualité de sociétaire et les rapports de représentation, mais les organes de la société chargés de préparer l'assemblée et de veiller à son bon déroulement (c'est-à-dire notamment à n'admettre au vote que les personnes autorisées)[2346].

1659

Le notaire **constate** les déclarations émises lors de l'assemblée. Ses « obligations de véracité » et « de clarté »[2347] portent sur le constat des déclarations, mais il ne peut garantir que le contenu de celles-ci soit véridique et clair ; son devoir de renseigner (d'office)[2348] peut cependant y contribuer. Il n'est pas ga-

1660

---

matériels – et limite ainsi la charge de travail de cette administration (préoccupation légitime, lorsque l'on sait qu'entre 25 % et 50 % des réquisitions sont rejetées, cf. OFRC, Rapports annuels – Art. 5a ORC – Tableau comparatif des rapports cantonaux 2022, p. 1) –, les craintes exprimées sur le plan de la criminalité paraissent exagérées dans la mesure où les allègements de forme proposés par le Conseil fédéral se bornaient aux cas très simples, avec des apports en liquidités faisant l'objet d'attestations bancaires.

[2345] Ainsi p. ex. Etienne JEANDIN (2023), p. 88 et 236 et art. 14 LNot-GE. La formulation de certaines dispositions légales cantonales sur le notariat implique la vérification de la capacité d'autres intervenants (cf. p. ex. art. 39 al. 2 LNot-VD : « *Il s'assure de l'identité et de la capacité des parties à l'acte et des intervenants à un titre quelconque dans l'instrumentation, ainsi que de la validité et de l'étendue des pouvoirs de toute personne intervenant devant lui comme mandataire, ou à n'importe quel autre titre* »), mais cela ne couvre pas les sociétaires dans une assemblée de société déjà constituée.

[2346] Ainsi explicitement Michel MOOSER (2014), N 711d (« *le notaire n'est généralement pas en mesure de vérifier les pouvoirs de représentation des participants ; il peut et doit se fier aux affirmations du président* ») ; Etienne JEANDIN (2023), p. 236 (« *Le notaire n'est pas tenu de procéder à ces vérifications qui incombent de par la loi au Conseil d'administration* »).

[2347] Cf. p. ex. Etienne JEANDIN (2023), p. 81-91 ; art. 39 al. 1 (« *Lors de l'instrumentation d'un acte, le notaire se fait instruire par les parties de leur véritable intention qu'il doit exprimer dans l'acte avec clarté et précision* ») et 54 LNot-VD (« *L'acte notarié est rédigé clairement et exactement* »).

[2348] Cette obligation est comprise comme étant de droit fédéral, car découlant de la notion d'acte authentique, cf. Paul-Henri STEINAUER (2006), p. 89. Cf. ég. Etienne JEANDIN (2023), p. 92 *in fine* et, p. ex., art. 8 LNot-GE et 43 LNot-VD.

rant de la validité des décisions de l'assemblée. S'il est apparent qu'une décision est frappée de nullité absolue[2349], les déclarations qui consistent à la prendre (dont les votes) doivent tout de même être constatées, mais le devoir d'information devrait obliger le notaire à exprimer une objection, laquelle devrait être reflétée dans l'acte si l'instrumentation est tout de même requise[2350]. De façon générale, malgré l'objet limité des vérifications du notaire, il est certain que la forme authentique prévient des cas d'invalidité (elle peut d'ailleurs être choisie volontairement pour des décisions qui ne portent pas sur la modification des statuts).

1661 Lorsque l'assemblée générale d'une société déjà constituée a plusieurs objets, et que la forme authentique n'est exigée que pour l'un d'entre eux, la partie notariée peut se limiter à cet objet[2351]. Le procès-verbal authentique n'est pas forcément dressé le jour même ; il peut l'être dans les jours qui suivent[2352]. Le notaire peut être chargé par l'assemblée de procéder à l'inscription au registre du commerce, mais la responsabilité ultime de l'inscription incombe à l'organe dirigeant.

IV. Actes faits avant l'inscription et reprise décidée unilatéralement par la société

1662 Au sujet des actes accomplis pour la société avant son inscription au registre du commerce, c'est-à-dire avant qu'elle n'ait commencé à exister, la situation a été décrite de façon complète dans le chapitre relatif à la société simple[2353]. Les art. 645 al. 2 (pour la SA), 777c al. 2 (pour la Sàrl) et 838 al. 3 CO (pour la coopérative) sont parfaitement convergents. Ils prévoient que les personnes qui accomplissent des actes au nom de la société en constitution sont **personnellement et solidairement responsables**, mais qu'une fois créée, la société peut –

[2349] Cf. *infra* N 1750-1760.

[2350] Cf. p. ex. art. 43 al. 3 LNot-VD (« *Lorsque les parties n'entendent pas suivre son avis, le notaire obligé à instrumenter [...] est autorisé à subordonner l'instrumentation à ce qu'il en soit fait mention dans l'acte* »). Si le notaire constate que *la société* n'est pas valablement représentée, l'instrumentation ne peut pas être requise.

[2351] Ainsi Etienne JEANDIN (2023), p. 237. *A contrario*, art. 97 al. 5 LNot-VS.

[2352] Cf. art. 97 al. 4 LNot-VS (« *L'acte authentique relatif à l'assemblée peut être dressé postérieurement à la tenue de celle-ci* ») et 61 al. 1 LNot-VS (« *Les procès-verbaux d'assemblées générales de sociétés commerciales ou coopératives, si la forme authentique est requise par la loi ou par les parties, peuvent être lus, approuvés puis signés par le notaire postérieurement à la tenue de l'assemblée générale. L'instrumentation doit toutefois s'achever dans les dix jours qui suivent l'assemblée générale* »).

[2353] *Supra* N 1459-1466

par déclaration unilatérale à exprimer dans les trois mois – devenir seule titulaire des droits et obligations créés par ces actes.

Cela étant, les promoteurs de la société en constitution peuvent aussi passer des **contrats strictement conditionnés à l'achèvement de cette constitution**, qui excluent toute responsabilité personnelle. Il n'existe aucun intérêt public à prohiber de telles stipulations (il s'agit simplement de conditions suspensives au sens de l'art. 151 al. 1 CO)[2354]. 1663

V.   Le fonctionnement de la société

A.   L'équilibre dans les rapports entre sociétaires et gérants

De façon générale, les rapports entre les sociétaires et les gérants font partie de ce qui – au-delà de quelques lignes de force communes – distingue les types de sociétés les uns des autres : notamment, les assemblées générales d'une société anonyme obéissent en plusieurs points à des **règles différentes** de celles applicables à l'assemblée des associés d'une société à responsabilité limitée, tout comme les assemblées des coopérateurs ; cela tient au fait que sont ici déterminants les droits de sociétariat et les compétences qui en découlent, qui constituent l'essence des différences entre les types de société. 1664

Toutefois, malgré ces vastes divergences, **certaines règles précises sont parfaitement convergentes**. Ce sont celles qui sont traitées ci-après sous lettre C. Ce que l'on vient de nommer « lignes de force communes » relève de l'équilibre général ; on les désigne ci-après comme les principes d'équilibre convergents. 1665

Les **assemblées de sociétaires** sont désignées par la loi comme « *l'organe suprême* » de chacune des sociétés de capitaux et de la coopérative (art. 698 al. 1 CO pour l'assemblée générale des actionnaires[2355] ; art. 804 al. 1 CO pour l'assemblée des associés de la Sàrl ; art. 879 al. 1 CO pour l'assemblée générale des 1666

[2354] Pour plus de détails et des références, cf. *supra* N 1465, spéc. n. 2157.

[2355] Le texte français de l'art. 698 al. 1 CO dit « *le pouvoir suprême* », tout comme l'art. 879 al. 1 CO pour la coopérative et l'art. 64 al. 1 CC pour l'association (expression qui remonte à l'art. 643 aCFO-1881 [FF 1881 III 207] et était employée aussi à l'art. 808 al. 1 aCO-1936 pour la Sàrl, jusqu'à l'entrée en vigueur de la novelle du 16. 12. 2005 le 1. 1. 2008). Le texte allemand de l'art. 698 al. 1 CO dit « *oberstes Organ* », soit le même terme qu'aux art. 804 al. 1 et 879 al. 1 CO (ce terme était déjà employé dans la version allemande de l'art. 643 aCFO-1881, cf. BBl 1881 III 248). Le texte italien dit lui aussi « *l'organo supremo* » dans chacune des trois dispositions (c'était déjà le cas en 1881).

coopérateurs). Comme on le verra ci-après, cela reflète les compétences de ces assemblées d'adopter et modifier les normes sociales les plus élevées et d'élire les autres organes. La loi ménage un équilibre subtil en confiant à l'**organe dirigeant**, élu par l'assemblée et révocable par celle-ci, des compétences formelles (y compris quant à la convocation et la conduite de l'assemblée des sociétaires) et matérielles importantes, dont certaines sont intransmissibles. Au demeurant, même hiérarchiquement inférieur à « l'organe suprême », l'organe dirigeant a l'importance incontournable que confère le fait de gérer la société au quotidien.

B.   Principes d'équilibre convergents

1.   La compétence des sociétaires de modifier les statuts

1667   Un premier principe commun consiste en ceci que l'assemblée des sociétaires vote d'une part les **règles principales de la société**, à savoir les statuts (pour la SA, art. 698 al. 2 ch. 1 CO ; pour la Sàrl, art. 804 al. 2 ch. 1 CO ; pour la coopérative, art. 879 al. 2 ch. 1 CO)[2356]. Cela inclut la plupart des décisions structurelles – modification du but social, transfert de siège, augmentation ou réduction de capital, dissolution volontaire[2357], fusion, scission, transformation[2358] –, car celles-ci se reflètent dans les statuts.

1668   Vu que la compétence de modifier les statuts appartient aux sociétaires, l'ampleur structurelle de leur pouvoir par rapport à l'organe dirigeant dépend de la détermination des diverses règles que la société ne peut se donner valablement qu'en adoptant une disposition statutaire à cet effet. On emploie à cet égard le concept de « **contenu relativement nécessaire** » des statuts : les statuts sont valables sans contenir aucune clause relative à la règle en question[2359], mais la

---

[2356]   Cette question de *compétence* se distingue de la question de la forme, traitée *supra* N 1656.

[2357]   Ces décisions sont d'ailleurs soumises à une *majorité qualifiée* dans la SA (art. 704 al. 1 CO) et la Sàrl (art. 808b al. 1 CO).

[2358]   Art. 18 LFus pour la fusion (sous réserve des cas simplifiés décrits à l'art. 24) ; art. 36 LFus pour la scission (cf. ég. art. 43) ; art. 59 et 64 LFus pour la transformation (cf. *infra* N 2860, 2866 et 2869). Pour le transfert de patrimoine, qui n'implique aucun changement de statuts, seule une information à l'assemblée des sociétaires est prescrite (art. 74 LFus ; cf. *infra* N 2872). La LFus emploie le terme « *assemblée générale* » pour les assemblées de sociétaires dans toutes les formes de sociétés (cf. art. 2 lit. h LFus).

[2359]   Le contenu relativement nécessaire des statuts se distingue du *contenu absolument nécessaire*, à savoir des clauses statutaires sans lesquelles la société ne peut être inscrite au registre du commerce et ne peut donc pas exister (art. 626 CO pour la SA, 776 CO pour la Sàrl et 832 CO pour la coopérative). Il s'agit des clauses relatives au but, au siège et à la forme des communications aux sociétaires et, pour les sociétés de capitaux, au capital et aux parts du capital.

règle n'est efficace juridiquement que si elle figure dans les statuts (et non uniquement dans un autre document, tel un règlement de l'organe dirigeant ou un contrat). Le pouvoir des sociétaires est d'autant plus grand que le domaine relevant du contenu relativement nécessaire des statuts est vaste. Dans le droit actuel[2360], c'est dans les dispositions légales relatives à chaque problématique qu'il est déterminé si une clause statutaire est nécessaire pour régler la question (le cas échéant d'une façon qui diverge de la solution présumée par le droit dispositif). Dans l'ensemble et sous cet angle, il résulte de l'examen des dispositions légales que le pouvoir des sociétaires est plus grand dans la société à responsabilité limitée que dans la société anonyme et dans la coopérative.

2. La compétence des sociétaires d'élire et de révoquer l'organe dirigeant

Un autre principe[2361] commun est que l'assemblée des sociétaires **élit l'organe dirigeant**, à savoir les personnes à qui la gestion de la société revient en dernier lieu (le conseil d'administration dans la SA, art. 698 al. 2 ch. 2 CO ; les gérants dans la Sàrl, art. 804 al. 2 ch. 2 CO ; l'administration dans la coopérative, art. 879 al. 2 ch. 2 CO). Elle élit également l'**organe de révision** (*ibid.* [2362]). 1669

Le droit d'élire implique le droit de **révoquer** les personnes élues (*ibid.*, ainsi qu'art. 705 al. 1 CO pour la SA, art. 815 al. 1 CO pour la Sàrl et art. 890 al. 1 CO pour la coopérative[2363]). 1670

[2360] Jusqu'au 31. 12. 2022, l'art. 627 aCO-1991 présentait un aperçu du contenu relativement nécessaire (« *Ne sont valables qu'à la condition de figurer dans les statuts les dispositions concernant : [...]* »). Ce « panorama » (de 13 catégories dans sa version avant abrogation) n'était toutefois pas complet (cf. p. ex. la comparaison avec l'intégralité du contenu relativement nécessaire déterminé par l'examen de l'ensemble des dispositions légales exigeant une clause statutaire, que présentent ROUILLER/BAUEN/BERNET/LASSERRE ROUILLER [2022], N 37) et n'avait donc qu'une utilité limitée. Dans une moindre mesure, ce phénomène s'observait aussi pour la Sàrl à l'égard du « panorama » de l'art. 776a aCO-2005 (bien qu'il contînt 27 catégories). Pour la coopérative, l'art. 833 CO-1936, qui comprend un tel aperçu (en 8 catégories), est toujours en vigueur.

[2361] Pour une analyse vaste et critique quant à l'existence d'un véritable *principe* (de révocabilité ad nutum) dans une perspective de droit comparé, Sofie COOLS, Europe's Ius Commune on Director Revocability, European Company and Financial Law Review 2011 199-234 ; voir aussi, d'un point de vue français, Thibault DE RAVEL D'ESCLAPON, BJS 2017 532 (qui s'« *interroge sur la pertinence du maintien de la règle de la révocabilité* ad nutum »).

[2362] Pour la Sàrl, il s'agit du ch. 3 de la même disposition.

[2363] La novelle du 19. 6. 2020 a restreint la faculté de révoquer l'organe de révision ; elle n'est possible qu'en cas de justes motifs (art. 730a al. 4 CO, cf. *supra* N 930, spéc. n. 1365).

3. La compétence des sociétaires de voter sur les comptes annuels et la gestion, ainsi que sur l'emploi du bénéfice

1671 Il revient aux sociétaires d'**examiner et traiter le résultat de la gestion** par l'organe dirigeant. Le résultat de la gestion se concrétise en particulier dans les comptes annuels, lesquelles affichent, notamment, la réalisation d'un bénéfice ou d'une perte.

1672 L'assemblée des sociétaires a donc le pouvoir de **voter sur les comptes annuels** et, le cas échéant, les comptes consolidés (art. 698 al. 2 ch. 3 et 4 CO pour la SA ; art. 804 ch. 4 et 5 CO pour la Sàrl ; art. 879 al. 2 ch. 2bis et 3 CO pour la coopérative). Elle peut les approuver, le cas échéant en exprimant formellement, par un vote, des réserves à leur sujet. Elle peut aussi les refuser, ce qui induit un renvoi à l'organe dirigeant[2364] (l'assemblée n'ayant pas le pouvoir de modifier les comptes annuels[2365]).

1673 Un **_rapport_ annuel** (ou de gestion) peut être soumis au vote des sociétaires en tant qu'objet séparé des comptes annuels (art. 698 al. 2 ch. 3 CO pour la SA ; art. 804 ch. 4 CO pour la Sàrl ; art. 879 al. 2 ch. 3 CO pour la coopérative).

1674 La **qualité de la gestion** est aussi soumise aux sociétaires dans le vote qu'ils font sur la décharge (art. 698 al. 2 ch. 7 CO pour la SA ; art. 804 ch. 7 CO pour la Sàrl ; art. 879 al. 2 ch. 4 CO pour la coopérative). L'octroi de la décharge a une fonction très spécifique : il détermine d'abord si la société pourra ou non engager une action en responsabilité contre un ou plusieurs membres de l'organe dirigeant au titre des actes accomplis durant l'exercice sous revue. Si la décharge est votée, la société et les sociétaires qui y ont adhéré ne pourront pas engager cette action pour les faits qui ont été révélés à l'assemblée des sociétaires. Quant aux autres sociétaires, ils ont un délai (de péremption, de douze mois[2366], dès le vote sur la décharge) pour engager l'action en responsabilité. Si la décharge est refusée, il n'y a pas pour autant d'obligation automatique de l'organe dirigeant ou des sociétaires qui l'ont votée d'entreprendre l'action en responsabilité. L'effet, les conditions et les modalités de la décharge ont été

[2364] Pour la SA, cf. p. ex. Peter/Cavadini, CR ad art. 698 CO (2017), N 28 _in fine_, commentaire auquel Carron/Chabloz, CR ad art. 879 CO (2017), N 30, renvoient pour la coopérative. La même approche est faite pour la Sàrl par Nicolas Iynedjan, CR ad art. 804 CO (2017), N 33.

[2365] Pour la SA, cf. p. ex. Peter/Cavadini, CR ad art. 698 CO (2017), N 28 ad n. 47, et Meier-Hayoz/Forstmoser (2023), § 16, N 651.

[2366] Dans la SA, ce délai est suspendu pendant la procédure et l'exécution d'un examen spécial, cf. _supra_ N 1128 (spéc. ad n. 1630).

traités en détail dans le chapitre sur la responsabilité des gérants[2367] ; il est ainsi renvoyé pour le surplus à ces développements.

Les sociétaires ont ensuite la compétence – dont la mise en œuvre est très concrète – de **décider de l'emploi du bénéfice distribuable** (cf. art. 698 al. 2 ch. 4 et 5 CO pour la SA ; art. 804 al. 2 ch. 5 CO pour la Sàrl ; art. 879 al. 2 ch. 2bis CO pour la coopérative). Ils peuvent décider de le reporter à l'exercice suivant (c'est-à-dire : le réinvestir dans la société, pour qu'elle l'utilise dans l'activité sociale) ou de le distribuer. Ils peuvent bien entendu décider de ne distribuer qu'une partie du bénéfice distribuable. Ils ne sont pas liés par la proposition que l'organe dirigeant fait à propos de la distribution. 1675

Si les sociétaires votent une distribution, l'organe dirigeant a alors l'obligation de la mettre en œuvre. 1676

En plus de voter sur la distribution du bénéfice, les sociétaires ont aussi la compétence de **voter le remboursement des «réserves issues du capital»** (art. 698 al. 2 ch. 6 CO pour la SA ; art. 804 al. 2 ch. 5bis CO pour la Sàrl ; art. 879 al. 2 ch. 3bis CO pour la coopérative). 1677

Sous cet angle, l'étendue de la **faculté de l'organe dirigeant de constituer des provisions** (voire des réserves latentes) est reconnue comme une très importante *ligne de partage* du pouvoir entre lui et les sociétaires[2368]. Ces provisions réduisent le bénéfice à disposition des sociétaires et soumis à leur décision d'allocation. Toutefois, le pouvoir des sociétaires domine – du moins théoriquement (la mise en pratique n'ayant souvent rien de simple et encore moins de rapide) – de par leur faculté de refuser les comptes, les renvoyant à l'organe dirigeant. Ce sont eux qui ont le dernier mot, à plus forte raison au regard de leur pouvoir d'élection. 1678

Au-delà de ces principes, les compétences **divergent** entre les différentes formes de société, notamment entre celles des actionnaires d'une société anonyme et celles des associés d'une société à responsabilité limitée. En effet, ces derniers peuvent avoir beaucoup plus d'implication dans la gestion et voter sur maints aspects concrets qui relèvent de ce domaine (en plus de voter sur la rémunération des gérants)[2369] ; ils votent aussi sur l'entrée d'un associé – toutes choses qui ne sont pas susceptibles d'être soumises directement à un vote des actionnaires. 1679

[2367] *Supra* N 1125-1132.

[2368] Cf. *supra* N 435.

[2369] Il faut bien sûr réserver la réglementation sophistiquée des art. 735-735d CO pour les sociétés cotées en bourse, où l'assemblée générale vote de façon globale sur la rémunération du conseil d'administration et sur celle de la direction (art. 735 al. 3 ch. 2 CO).

C.   Convergences particulières quant à l'assemblée des sociétaires

1680 La section précédente traitait des principes d'équilibre entre sociétaires et gérants. Les règles particulières que l'on traite ci-après concrétisent elles aussi, pour la plupart, de telles préoccupations d'équilibre et peuvent d'ailleurs jouer un rôle pratique essentiel sous cet angle-là. Elles apparaissent cependant relever davantage du détail, avoir une nature que l'on peut qualifier de technique, et être d'ailleurs contingentes, c'est-à-dire susceptibles d'être modifiées à l'occasion de réformes législatives.

1.   *La convocation de l'assemblée des sociétaires et le droit de la faire convoquer*

1681 La convocation de l'assemblée des sociétaires est régie dans toutes les formes de société de capitaux et la coopérative par une préoccupation d'équilibre et de bon ordre : **c'est l'organe dirigeant qui procède à la convocation** (art. 699 al. 1 et 705 al. 1 pour la SA ; art. 805 al. 1 CO pour la Sàrl ; art. 881 al. 1 CO pour la coopérative[2370]). La convocation repose sur une décision de l'organe dirigeant.

1682 Ce ne sont pas les sociétaires eux-mêmes qui décident de la convocation et y procèdent.

1683 Ils ont en revanche le pouvoir d'**obliger l'organe dirigeant à procéder à la convocation**. Une proportion de 10 % des sociétaires (5 % dans les sociétés cotées en bourse ; pour la SA, art. 699 al. 3 CO, auquel renvoie l'art. 805 al. 5 ch. 2 CO pour la Sàrl ; pour la coopérative, art. 881 al. 2 CO[2371]) peut exiger la convocation d'une assemblée avec les objets qu'ils souhaitent mettre à l'ordre du jour. La requête doit inclure les propositions des sociétaires sur ces objets.

1684 L'organe dirigeant doit ensuite procéder à la convocation « dans un délai raisonnable » (pour la SA[2372] et la Sàrl[2373], le délai ne doit pas dépasser

---

[2370] Dans la coopérative, cette tâche peut être confiée à un autre organe (art. 881 al. 1 CO, 2e hypothèse). Dans la Sàrl, elle revient en principe au président de l'organe dirigeant, cf. *infra* N 2616.

[2371] Si la coopérative a moins de 30 membres, la convocation de l'assemblée générale doit être demandée par au moins 3 coopérateurs pour que l'administration soit obligée d'y procéder.

[2372] Art. 699 al. 5 CO.

[2373] Art. 805 al. 5 ch. 2 CO, qui renvoie au droit de la SA.

60 jours[2374]). Si le délai n'est pas respecté, les sociétaires qui l'ont demandée peuvent agir en justice, par une procédure sommaire[2375].

Les règles légales varient entre les sociétés de capitaux et la coopérative quant au **délai de convocation** et au **contenu** exact de la convocation.　　1685

Dans les premières, le délai est de 20 jours au moins[2376] (sauf, dans la Sàrl, si　1686 une clause statutaire le réduit jusqu'à seulement 10 jours[2377]) et le contenu doit inclure les propositions de l'organe dirigeant (et une motivation lorsque la société est cotée en bourse)[2378] et, le cas échéant, celles des sociétaires accompagnées de la motivation succincte qu'ils ont fournie[2379].

Dans les coopératives, le délai est seulement de 5 jours au moins[2380] et la loi　1687 n'exige la mention de propositions que pour les modifications des statuts[2381].

La convocation doit évidemment indiquer « *la date, l'heure, la forme et le lieu*　1688 *de l'assemblée générale* »[2382] et, le cas échéant, les modalités d'une participation à distance (« virtuelle »).

La **documentation** à fournir aux sociétaires avant l'assemblée (pas forcément　1689 avec la convocation ni en même temps) varie selon la forme de société. Cela étant, pour l'assemblée générale ordinaire, l'essentiel consiste à rendre accessibles aux sociétaires les comptes annuels et, le cas échéant, le rapport de révision (au moins vingt jours à l'avance dans la SA et la Sàrl[2383], art. 699a et art. 805 al. 5 ch. 1 ; au moins dix jours dans la coopérative, art. 856 CO).

[2374]　Ce délai de 60 jours ne figure pas dans le droit de la coopérative ; l'art. 881 al. 3 CO se borne à statuer que l'administration doit procéder à la convocation dans un « *délai convenable* ».

[2375]　Art. 250 lit. c ch. 9 CPC.

[2376]　Art. 700 al. 1 CO pour la SA.

[2377]　Art. 805 al. 3 CO.

[2378]　Art. 700 al. 2 ch. 3 (SA) et 805 al. 5 ch. 4 CO (Sàrl).

[2379]　Contrairement à ce que peut laisser penser à première vue le texte légal de l'art. 700 al. 2 ch. 4 CO, il n'y a de motivation à reproduire dans la convocation que si les actionnaires l'ont fournie – cf. art. 669b al. 3 CO.

[2380]　Art. 882 al. 1 CO (« *L'assemblée générale est convoquée suivant le mode établi par les statuts, mais cinq jours au moins avant la date de sa réunion* »).

[2381]　Art. 883 al. 1 *in fine* CO (« *dans le cas d'une révision des statuts, la teneur essentielle des modifications proposées* »).

[2382]　Art. 700 al. 2 ch. 1 CO pour la SA et la Sàrl (l'art. 805 al. 5 ch. 1 CO y renvoyant). Dans la coopérative, malgré l'absence de toute mention dans la loi, il tombe sous le sens que ces modalités doivent être déterminées (cf. CARRON/CHABLOZ, CR ad art. 882 CO [2017], N 5) et communiquées aux coopérateurs. Dans certains cas, une votation par correspondance est possible.

[2383]　Sauf si le délai est abrégé, cf. *supra* N 1686 ad n. 2377.

2. La fonction de l'ordre du jour et sa détermination avant l'assemblée

1690 L'ordre du jour **définit les objets sur lesquels l'assemblée pourra voter** et ainsi prendre des décisions. En d'autres termes, une décision ne peut pas être prise si elle ne porte pas sur un objet faisant partie de l'ordre du jour[2384]. Ce principe ne connaît que des **exceptions très limitées**, qui doivent être prévues par la loi (elles concernent la convocation d'une nouvelle assemblée et, dans la SA, le vote sur l'examen spécial). Il faut cependant avoir à l'esprit que, par la nature des choses, les **votes relatifs au déroulement de l'assemblée** – les « motions d'ordre »[2385], pour prendre un terme utilisé surtout dans le lexique juridique des débats parlementaires[2386] – sont possibles même sans avoir été mentionnés dans l'ordre du jour.

1691 L'ordre du jour est **déterminé en premier lieu par l'organe dirigeant** qui procède à la convocation. Il repose ainsi sur une décision de cet organe.

1692 Les **sociétaires** qui peuvent exiger la convocation d'une assemblée, comme décrit dans la section précédente[2387], le font pour soumettre au vote de l'assemblée des objets qui feront partie de l'ordre du jour.

1693 Par ailleurs, même sans exiger la convocation d'une assemblée générale, les sociétaires des sociétés de capitaux (5 % des actionnaires d'une SA[2388] et des associés d'une Sàrl[2389]) peuvent demander l'inscription d'un objet à l'ordre du jour de la prochaine assemblée. Pour la coopérative, on doit admettre que des coopérateurs qui sont suffisamment nombreux pour demander la convocation

---

[2384] Pour la SA, art. 704b CO (« *Aucune décision ne peut être prise sur des objets qui n'ont pas été dûment portés à l'ordre du jour, sauf sur les propositions de convocation d'une assemblée générale extraordinaire, d'institution d'un examen spécial ou de désignation d'un organe de révision* »), applicable à la Sàrl en vertu du renvoi de l'art. 805 al. 5 ch. 3 CO. Pour la coopérative, art. 883 al. 2 CO (« *Aucune décision ne peut être prise sur des objets qui n'ont pas été ainsi portés à l'ordre du jour, sauf sur la proposition de convoquer une nouvelle assemblée générale* »).

[2385] Pour ce terme dans le droit de la SA, Karl HOFSTETTER (2003), N 382 et 384 ; Jacques-André SCHNEIDER, PJA 1998 547 ss, N 14.

[2386] Cf. p. ex. « Lexique du parlement » (16. 9. 2023). Pour quelques exemples, Règlement de l'Assemblée constituante genevoise (SJ 2010 II 1 ss), art. 55 ; TF 24. 8. 2022, 1C_636/2020 ; CdE, RJN 1995 161. En doctrine, Erol BARUH (2007), N 816 ; Antoine GEINOZ, RFJ 2005 7.

[2387] N 1683.

[2388] Art. 669b CO. La proportion est de 0,5 % pour les sociétés cotées en bourse.

[2389] Art. 805 al. 5 ch. 2 CO, qui renvoie au droit de la SA.

d'une assemblée doivent pouvoir demander l'inscription d'un objet à l'ordre du jour (*a majore ad minorem*).

L'ordre du jour ne doit comprendre que des objets qui sont de la **compétence** 1694 **de l'assemblée** des sociétaires. L'organe dirigeant peut refuser d'inscrire un objet qui est indiscutablement hors de cette compétence.

Il faut cependant être très prudent à l'égard d'un tel refus : en particulier, des 1695 questions sur la gestion par l'organe dirigeant sont pertinentes pour l'approbation des comptes et la décharge, ou tout simplement au titre de l'exercice du droit des sociétaires aux renseignements (lequel varie selon le type de société). Le refus de l'inscription expose la société à une action en justice pour la forcer à l'inscrire, ce qui perturbe son fonctionnement si l'action est admise. Le cas échéant, il est donc préférable[2390] d'inscrire à l'ordre du jour un objet dont il n'est pas parfaitement certain qu'il relève de la compétence de l'assemblée. L'assemblée peut refuser de le traiter par une motion d'ordre et ce refus peut faire l'objet de l'action en annulation (laquelle ne sera admise que si ce refus a eu un impact[2391], ce qui présuppose que l'objet soit du domaine de compétence de l'assemblée). Si l'assemblée ne refuse pas de le traiter, cela tend à confirmer que la requête d'inscription était légitime et se rapportait à un sujet d'intérêt pour la majorité des sociétaires ; et si la proposition est votée bien qu'elle ne relève pas de la compétence de l'assemblée, une action en annulation de cette décision (voire en constatation de nullité) permet d'éviter que cela donne lieu à un dysfonctionnement concret.

[2390] L'ATF 137 III 503 c. 4.1 l'exprime en ces termes sur le strict plan du droit matériel (et non du risque lié aux conséquences pratiques d'un refus injustifié) : « *À supposer que l'objet dont l'actionnaire sollicite l'inscription à l'ordre du jour n'appartienne manifestement pas au domaine de compétence de l'assemblée générale, le conseil d'administration ne doit pas le porter à l'ordre du jour. Toutefois, s'il y a doute sur le point de savoir si la question à débattre est du domaine de compétence exclusif de l'assemblée générale ou du conseil d'administration, ledit conseil doit alors inscrire l'objet à l'ordre du jour* » (513, résumant la doctrine à laquelle le TF se rallie) ; « *le conseil d'administration peut refuser de porter à l'ordre du jour de l'assemblée générale un objet qui, en raison de son contenu, est indubitablement étranger au domaine de compétence de celle-ci. Par contre, [...] s'il existe une quelconque incertitude à ce propos, le conseil d'administration doit déférer à la requête de l'actionnaire et inscrire l'objet à l'ordre du jour* » (514). En l'espèce, la Cour cantonale (CJ GE 2. 5. 2011) avait ordonné l'inscription de l'objet voulu par les minoritaires (lit. B [508] et c. 4.2-4.4 [516 s.]).

[2391] Cf. *infra* N 1741.

3. Le déroulement des débats et la tenue du procès-verbal

a. Ouverture de l'assemblée

1696 L'assemblée est **en principe présidée par le président de l'organe dirigeant** (pour la Sàrl, art. 810 al. 3 ch. 1 CO), en son absence par le vice-président. Par une motion d'ordre suivie d'un vote au début de l'assemblée, un autre président peut être élu pour conduire l'assemblée.

1697 Les **statuts** peuvent prévoir un autre système.

1698 Une tâche essentielle de l'organe dirigeant est de préparer en particulier **l'admission des sociétaires à l'assemblée**, ce qui implique de vérifier ceux qui font valoir des droits de sociétariat pour y participer (le cas échéant, la représentation d'un sociétaire doit être dûment vérifiée). Cet aspect est donc très variable en fonction de la forme de société ; on le traitera spécifiquement dans le chapitre relatif à chaque société.

b. Tenue des débats

1699 Il existe des règles juridiques sur la façon dont le président a le pouvoir – et le devoir – de conduire l'assemblée, mais elles ressortissent essentiellement au **droit non codifié**[2392] ; pour la plupart, elles sont de nature dispositive. Il arrive que les **statuts** contiennent des règles particulières, qui l'emportent alors sur les règles générales.

1700 Fondamentalement, le président a le devoir de veiller à ce que l'assemblée soit en mesure de **traiter les objets de l'ordre du jour**[2393], ce qui suppose que les sociétaires puissent en **débattre avant de décider selon un processus de vote non faussé**, apte à retranscrire la volonté réelle du sociétariat (c'est-à-dire de la majorité réunie sur chaque objet). Réserver une plage de temps suffisante au vu de l'ordre du jour prévu ressortit aux devoirs de l'organe dirigeant dans la phase préparatoire ; faire bon usage du temps ainsi mis à disposition afin de traiter correctement cet ordre du jour est la tâche du président.

1701 La doctrine reconnaît comme **principes** applicables à la conduite de l'assemblée générale : l'égalité (relative) de traitement (en particulier sous l'angle de

---

[2392] Pour les sociétés cotées en bourse, le Code suisse de bonne pratique contient quelques règles sur le déroulement de l'assemblée (art. 5-7) ; elles sont résumées notamment in ROUILLER/BAUEN/BERNET/LASSERRE ROUILLER (2022), N 701, spéc. ad n. 2257-2259.

[2393] Cf. *supra* N 1690.

l'interdiction de l'arbitraire), la proportionnalité et l'efficacité décision-nelle[2394].

Le président devra traiter les objets **selon l'ordre indiqué dans la convoca-** 1702
tion. Il n'y a pas d'irrégularité s'il s'en écarte après l'avoir annoncé et sollicité que les oppositions éventuelles soient exprimées, et que, cela fait, aucune n'a été émise. S'il y a des oppositions, même minoritaires, il doit s'en tenir à l'ordre résultant de la convocation ; seules des **exceptions particulières** sont pos-sibles, notamment s'il apparaît qu'un point ne peut être traité en l'état actuel des choses et devra être renvoyé à une assemblée ultérieure, et pour autant que ce renvoi ne soit pas susceptible de fausser le processus décisionnel sur les points qui, selon la convocation, auraient dû être traités après l'objet renvoyé et qui, du fait de ce renvoi, seront traités avant[2395].

Si, dans une assemblée particulièrement animée, le temps maximal que les so- 1703
ciétaires pouvaient raisonnablement envisager est épuisé, le président a le **pou-**
voir d'interrompre les débats ; l'organe dirigeant devra alors reconvoquer la même assemblée (selon les règles ordinaires) pour traiter la suite de l'ordre du jour non traitée.

Il en va de même si l'assemblée devient chaotique, de sorte qu'elle perd sa 1704
capacité de délibérer et de décider de façon non faussée. Si une brève suspen-sion (p. ex. quinze minutes) ne permet pas de ramener un calme suffisant, le président a le pouvoir d'interrompre les débats, de sorte que l'organe dirigeant devra procéder à une nouvelle convocation. Toutefois, l'assemblée a le pou-voir, si une motion d'ordre (c'est-à-dire : de procédure) est proposée, de voter la continuation des délibérations[2396].

Le président traite l'un après l'autre les points de l'ordre du jour en les énon- 1705
çant, puis en **donnant d'abord la parole à celui qui a fait inscrire le point**
traité. Lorsque le point a été inscrit à l'initiative de l'organe dirigeant, c'est

---

[2394] Ainsi Peter Böckli (2009), § 12, N 174 (« *das relative Gleichheitsgebot [...], die Verhäl-tnismässigkeit und die Entscheidungseffizienz* »).

[2395] Pour prendre un exemple évident : si l'ordre du jour prévoit l'examen des comptes et les questions sur la gestion avant l'élection des organes, il n'est pas possible de renvoyer l'examen des comptes et les questions sur la gestion à une assemblée ultérieure, et procé-der immédiatement à l'élection des organes ; l'examen des comptes et les questions sont manifestement de nature à influencer le vote sur l'élection des organes.

[2396] Ainsi Wolfhart Bürgi, ZK ad art. 702 CO (1969), N 22. Dubs/Truffer, BaK ad art. 702, N 25, estiment au contraire que la décision du président l'emporte ; selon Peter Böckli (2009), § 12, N 175 ad n. 515, le président peut s'opposer à un vote sur la continuation de l'assemblée lorsque le désordre ne permet plus un processus décisionnel ordonné (« *gegen den Willen der Mehrheit nur dann, wenn die Ordnungsmässigkeit der Versammlung nicht mehr gewährleistet werden kann* »).

d'abord un représentant de celui-ci (pas forcément le président) qui s'exprime en premier. Lorsqu'un objet a été inscrit à l'ordre du jour sur l'initiative d'un sociétaire, l'organe dirigeant (qui a dû, dans la convocation, indiquer ses propositions sur cet objet) a le devoir d'exposer sa proposition après que l'initiant s'est exprimé.

1706 Lorsque des sociétaires ont notifié à l'organe dirigeant avant l'assemblée qu'ils souhaitaient s'y exprimer à propos d'un objet, la parole devra leur être donnée par le président lors de l'assemblée. Dans la phase de préparation de l'assemblée, l'organe dirigeant peut toutefois inviter ces sociétaires à regrouper ou coordonner leurs interventions afin de gagner du temps (s'ils font la même proposition) et clarifier les débats (notamment si des propositions différentes seront émises).

1707 Le président accorde la parole en précisant d'emblée que l'orateur a en principe un **temps de parole** limité. De façon générale, on peut partir du principe que dix minutes sont toujours suffisantes. Lorsque beaucoup de sociétaires ont indiqué vouloir s'exprimer, un temps de l'ordre de cinq à sept minutes peut être imposé. Si l'auteur d'une proposition s'exprime en dix minutes, c'est un temps de parole de même ampleur qui doit être accordé. Cela étant, même si l'auteur de la proposition s'est exprimé très brièvement (voire a simplement renvoyé à sa proposition écrite), le sociétaire qui veut s'y opposer ne voit pas son temps de parole être limité *ipso jure* par la brièveté de l'intervention de l'initiant ; il doit disposer d'un temps de parole suffisant pour présenter son avis (soit, en général, une dizaine de minutes).

1708 Un **deuxième tour de parole** doit en principe être accordé pour répliquer très succinctement (la réplique devant être de l'ordre de trois minutes[2397]). Il n'y a pas, dans le droit de la société anonyme, de droit inconditionnel à répliquer.

1709 Ces règles sont des **orientations** et leur mise en œuvre doit se faire avec doigté ; il est utile de garder à l'esprit que les sociétaires sont les propriétaires de la société. Le président doit ainsi annoncer les temps de parole qu'il estime adéquats au vu du temps total à disposition et de l'ordre du jour, tout en partant du principe que les sociétaires sont conscients des contraintes et capables de déterminer eux-mêmes s'il est opportun qu'ils s'expriment brièvement ou plus longuement.

1710 Le droit du président de **retirer la parole** doit donc s'exercer avec retenue, en fonction de toutes les circonstances. Cela pourra survenir, du point de vue de la durée, non pas parce qu'une durée fixée schématiquement pour chaque interven-

---

[2397] Brigitte TANNER, ZK ad art. 702 CO (2003), N 159 propose cinq minutes pour le 2e tour de parole.

tion est dépassée, mais parce que, concrètement, la durée d'une prise de parole est réellement de nature à entraver la prise de décision au vu du temps total à disposition et du droit des autres sociétaires de s'exprimer ; un **avertissement** doit être fait pour inviter l'intervenant à conclure[2398]. Le président doit inviter un orateur à ne pas s'écarter du sujet et doit, après un avertissement, retirer la parole en cas de propos manifestement insultants[2399] ; **la critique** ferme du comportement de l'organe dirigeant n'est pas en soi une insulte. Si un sociétaire estime que les gérants ont engagé leur responsabilité, voire ont commis des actes de nature pénale (gestion déloyale), il doit être autorisé à exprimer cette opinion en la fondant sur ce qu'il présente comme sa perception des faits. Un ton courroucé, mordant et ironique est en principe admissible et ne peut fonder un retrait de parole ; l'orateur doit cependant conserver un niveau de langage digne et éviter les désignations grossières et expressions en soi injurieuses.

En cas d'**impossibilité de conclure** en raison d'un flot d'interventions intarissable, non seulement l'organe dirigeant doit-il reconvoquer l'assemblée, mais il doit aussi convoquer une assemblée extraordinaire pour proposer d'introduire des restrictions statutaires au droit de parole des sociétaires[2400] (p. ex. ne donner la parole qu'aux orateurs qui se sont annoncés avant l'assemblée et prévoir un droit catégorique du président d'interrompre les débats, prévalant sur le droit des sociétaires à s'exprimer). Des blocages extrêmes, susceptibles de justifier de telles mesures, ne nous semblent toutefois quasiment jamais survenir en pratique.

1711

[2398] Le président doit avertir l'orateur qu'il lui accorde un temps limité pour conclure, avant, le cas échéant, de lui retirer la parole après lui avoir enjoint une ultime fois de conclure en quelques phrases. La préservation de l'égalité et de l'équité dépend des circonstances : si la limitation du temps de parole a été fixée à l'avance (p. ex. lorsque de nombreuses interventions sont prévues), la mise en garde peut être beaucoup plus brève dès que le temps imparti est écoulé. Lorsque le nombre d'interventions planifié le justifie, et que ceci a été annoncé à l'avance, il est même possible de retirer la parole quelques dizaines de secondes après que le temps imparti est écoulé (à condition que l'orateur ait pu s'exprimer sans perturbation pendant l'intégralité du temps imparti).

[2399] Le droit de parole doit être exercé en conformité des règles de la bonne foi (art. 2 CC). Le président a le pouvoir – et l'obligation, vu le devoir de permettre une prise de décision raisonnée – de s'opposer aux abus en cas de comportement relevant de l'obstruction, ce qui permet même – comme *ultima ratio* – d'exiger l'expulsion de personnes au comportement inadmissible (en cas d'expulsion, le fait de demeurer peut constituer une violation de domicile au sens de l'art. 186 CP ; Peter BÖCKLI [2009], § 12 N 177 *in fine* et 188a, évoque à juste titre que le président est *Inhaber des Hausrechtes*).

[2400] L'assemblée générale extraordinaire peut être nécessaire si l'on part de l'idée que l'ordre des objets ne peut être modifié (*infra* n. 2395). Cependant, il nous apparaît qu'il s'agit ici d'un objet procédural, de sorte qu'il devrait pouvoir être inséré dans l'ordre du jour de l'assemblée reconvoquée.

1712 Un intervenant peut non seulement **s'exprimer sur la proposition** figurant dans la convocation (le cas échéant : sur celle de l'initiant et sur la contre-proposition de l'organe dirigeant), mais aussi **déposer sa proposition** personnelle sur cet objet.

1713 Après que les opinions ont été exprimées sur les propositions, le président doit **soumettre celles-ci au vote**. En cas de **pluralité de propositions** sur un même objet, il convient, en cette matière, de s'inspirer des règles éprouvées appliquées par les assemblées politiques.

1714 Concrètement, on peut considérer comme efficace la façon de procéder suivante[2401] :

(*i*) si plus de deux propositions sont déposées sur une même question, elles sont mises aux voix successivement et deux par deux (vote préliminaire), jusqu'à ce qu'il n'en reste plus que deux à opposer ;

(*ii*) la mise aux voix des propositions débute avec celles qui divergent le moins sur le fond pour s'achever avec celles qui divergent le plus ;

(*iii*) s'il est impossible d'établir un ordre précis en suivant le critère de la divergence progressive (ch. *ii* ci-dessus), il y a lieu d'opposer la proposition de l'initiant à celle de l'organe dirigeant (s'il n'est pas l'initiant), puis opposer celle qui l'a emporté, successivement, aux propositions faites par les sociétaires qui se sont exprimés ultérieurement ; si la première proposition émane de l'organe dirigeant, il convient de l'opposer à la première contre-proposition, puis celle qui l'a emporté aux propositions déposées ultérieurement ;

(*iv*) le dépôt d'une proposition subsidiaire ne modifie pas l'ordre des votes.

1715 Les **motions d'ordre** (relatives à la procédure) sont possibles en tout temps[2402], de sorte que l'assemblée peut voter sur l'ordre dans lequel les propositions seront soumises au vote.

[2401] Les ch. (i), (ii) et (iv) correspondent à l'art. 79 al. 1, 2 et 3 de la Loi sur l'Assemblée fédérale (RS 171.10, « LParl »). Le ch. (iii) est inspiré de l'al. 3. Peter BÖCKLI (2009), § 12, N 179, ad n. 525, propose, si plus d'une proposition sont faites outre celle du conseil d'administration, de soumettre au vote d'abord la proposition du conseil, puis seulement si celle-ci est rejetée, d'opposer les différentes propositions des actionnaires. L'ouvrage récent de Kevin J. MÜLLER, Die Einheit der Materie bei Generalversammlungsbeschlüssen (2021), N 334, présente tant l'approche de Böckli que la nôtre, présentée dans la 2e édition de ROUILLER/BAUEN/BERNET/LASSERRE ROUILLER (2017), N 419a-419k (et reprise dans la 3e édition).

[2402] Cf. art. 76 al. 2 LParl.

L'assemblée peut ainsi aussi décider – suite à une motion d'ordre – si elle vote **à main levée ou à bulletin secret**. Sur ce point comme sur les autres[2403], les statuts peuvent imposer une solution déterminée (et l'assemblée ne peut alors s'en écarter en votant préalablement sur le mode de scrutin, si la modification des statuts sur ce point n'est pas à l'ordre du jour). 1716

c.   Votes (renvoi)

Le vote est lié aux droits de sociétariat, spécifiques à chaque forme de société, et on renvoie ainsi aux chapitres topiques. Ce qui est commun à toutes les formes de société, c'est que **les votes doivent être rigoureusement constatés** ; le résultat doit être consigné au procès-verbal. C'est un devoir essentiel de l'organe dirigeant et des personnes à qui, le cas échéant, l'assemblée des sociétaires confie cette tâche. 1717

d.   Procès-verbal

Le procès-verbal de l'assemblée des sociétaires a un **contenu minimum** prescrit par la loi pour la société anonyme, à l'art. 702 al. 2 CO, auquel renvoie l'art. 805 al. 5 ch. 7 CO pour la société à responsabilité limitée. L'art. 902 CO ne prescrit pas spécifiquement un contenu minimal pour le procès-verbal de l'assemblée des coopérateurs[2404]. 1718

Le contenu minimum comprend toujours les décisions, les demandes de renseignement et les réponses données ainsi que les déclarations dont la verbalisation a été explicitement demandée (art. 702 al. 2 ch. 3-5 CO). Le déroulement essentiel doit aussi être exposé. 1719

La responsabilité de l'établissement du procès-verbal **incombe à l'organe dirigeant** (art. 702 al. 2 *principio* CO, auquel renvoie l'art. 805 al. 5 ch. 7 CO pour la Sàrl ; art. 902 al. 3 ch. 1 CO pour la coopérative). 1720

Un procès-verbal insuffisant peut à notre sens faire l'objet d'une action en justice tendant spécifiquement à sa rectification, même si le plus souvent, cet objet sera traité dans le cadre d'une action en annulation[2405]. 1721

[2403] Cf. *supra* N 1699.

[2404] On observera que CARRON/CHABLOZ, CR ad art. 902 CO (2017), N 9, renvoient à l'art. 702 al. 2 CO sans relever que l'art. 902 CO s'en écarte sur le plan du contenu minimal que doit avoir le procès-verbal.

[2405] *Infra* N 1733.

4. L'assemblée « universelle » des sociétaires

1722 Les art. 701 (pour la SA et la Sàrl[2406]) et 884 CO (pour la coopérative) facilitent la tenue d'assemblées générales **lorsque l'ensemble des sociétaires sont présents et unanimement d'accord de tenir une telle assemblée.**

1723 L'art. 701 al. 1 et 2 CO dit : « *(1) Les propriétaires ou les représentants de la totalité des actions peuvent, s'il n'y a pas d'opposition, tenir une assemblée générale sans observer les prescriptions régissant la convocation. (2) Aussi longtemps que les propriétaires ou les représentants de la totalité des actions y participent, cette assemblée a le droit de délibérer et de statuer valablement sur tous les objets qui sont du ressort de l'assemblée générale* ». Pour la coopérative, l'art. 884 CO a un unique aliéna (correspondant à l'art. 701 al. 1 CO pour la SA) : « *Lorsque tous les associés sont présents à l'assemblée, ils peuvent, s'il n'y a pas d'opposition, prendre des décisions sans observer les formes prévues pour la convocation de l'assemblée générale* ». On désigne en pratique ces assemblées par le terme (un peu grandiloquent) d'« universel »[2407].

1724 De façon générale, ces règles permettent aux entreprises à sociétariat restreint de prendre rapidement les décisions relevant de la compétence des sociétaires, notamment en **évitant le délai de convocation**, sans que cela ne soit considéré comme une informalité, soit avec une pleine sécurité juridique. C'est un avantage substantiel sur le plan de la simplicité des processus et de la modicité des coûts de fonctionnement dans toutes les sociétés où le fait de se réunir à brève échéance est aisément convenu.

1725 Plus particulièrement, ces règles facilitent « le bon ordre » corporatif **dans les sociétés unipersonnelles** (y compris les groupes de sociétés) où les assemblées générales ne présentent pas d'enjeu décisionnel. Il est toutefois opportun que la formalité de base qu'est la tenue d'une assemblée générale soit accomplie, ne serait-ce que pour distinguer clairement ce qui relève de la compétence de

---

[2406] Art. 805 al. 5 ch. 5 CO, qui renvoie au droit de la SA.

[2407] Le terme était employé dans la pratique suisse depuis longtemps, mais n'est pas classique en français, et la loi ne l'employait pas jusqu'à la réforme du droit de la Sàrl entrée en vigueur en 2008 ; le texte légal français ne l'emploie toujours pas pour la SA et la coopérative. Il s'agit en réalité d'un (latino-)germanisme. Son usage dans la pratique juridique de langue française en Suisse est attesté depuis une centaine d'années, notamment dans le Message du Conseil fédéral, FF 1928 I 281 : « *Ces assemblées dites universelles (Universalversammlungen) sont indiquées pour les sociétés de caractère intime, dans lesquelles les actionnaires sont en petit nombre ou en règle générale apparentés entre eux* ». Il figure dans le texte légal allemand des art. 701 et 884 CO depuis 1936 (BBl 1936 III 642 et 689). Il n'est en revanche pas employé dans le texte légal italien, encore à ce jour. Il l'est aux art. 701, 805 et 884 CO de la traduction anglaise publiée par la Chancellerie fédérale.

l'organe dirigeant et de celle des sociétaires. L'absence de délai de convocation facilite concrètement l'accomplissement de cet acte juridique.

Même si dans l'immense majorité des assemblées universelles, les décisions   1726
sont prises de façon unanime, cela n'est pas consubstantiel à ces assemblées.
En effet, la réunion de tous les sociétaires et leur accord unanime (par absence
d'opposition) *de tenir une assemblée générale* supprime l'exigence du délai de
convocation, d'une convocation et d'un ordre du jour. **Les *votations* n'ont en
revanche pas à être unanimes.** Les décisions sont prises comme dans une
autre assemblée générale[2408], c'est-à-dire à la majorité simple ou à la majorité
qualifiée selon le type de décision. Le procès-verbal doit être établi de la même
manière que dans les assemblées générales « non universelles »[2409].

Si le système de l'assemblée « universelle » n'est pas réservé aux situations où   1727
les sociétaires sont unanimement d'accord sur tous les points, il ne vise pas à
permettre de « piéger » un actionnaire minoritaire en faisant en sorte que des
objets inattendus, sur lesquels peuvent exister des différences de vues, soient
subitement soumis au vote ; soumettre à un vote des questions potentiellement
controversées sans préavis relève tout simplement de la (très) mauvaise gouvernance.

Certes, d'après le texte légal de l'art. 701 al. 2 CO, **l'actionnaire minoritaire**   1728
peut l'éviter en quittant l'assemblée ; cela met fin à l'assemblée universelle.
Une telle réaction n'est toutefois pas toujours facile à mettre en œuvre, pour de
multiples raisons : le caractère subit de l'objet et la pression du temps pour y
réfléchir et se déterminer, voire la confusion qui résulte d'un objet inattendu
tant sur le déroulement objectif des discussions que sur la perception subjective
que le sociétaire peut en avoir, la méconnaissance de la règle selon laquelle le
départ de l'assemblée empêche la prise de décision et la crainte du sociétaire
qu'en quittant l'assemblée, il laisse libre cours à des décisions encore plus défavorables voire à d'autres procédés irréguliers – tous ces aspects rendent souvent illusoire la possibilité théorique d'empêcher la continuation de l'assemblée universelle en la quittant. À cela s'ajoutera parfois, fort prosaïquement,
une simple difficulté physique de quitter l'assemblée.

La mauvaise gouvernance que constitue le procédé de soumettre au vote des   1729
objets inattendus ne mérite en principe pas de protection, même si le souhait
d'efficacité peut être pris en compte et satisfait lorsque cela n'est pas déséqui-

---

[2408] Pour la coopérative, cf. CARRON/CHABLOZ, CR ad art. 884 CO (2017), N 12. Pour la SA,
cf. PETER/CAVADINI, CR ad art. 701 CO (2017), N 7.

[2409] Cf. ATF 120 IV 199 c. 1 (201 : « *In der Universalversammlung ist, wie in jeder Art von
Generalversammlung, ein Protokoll zu führen. Das Protokoll hat unter anderem über die
Beschlüsse und Wahlergebnisse Aufschluss zu geben* »).

libré. Ainsi, il devrait être selon nous reconnu que **si un sociétaire s'oppose à ce qu'un vote ait lieu sur un objet**, il ne peut avoir lieu dans le cadre d'une assemblée universelle ; en revanche, si le sociétaire ne s'est pas opposé au vote (p. ex. parce qu'il a espéré que sa position l'emporterait), le fait d'être minorisé n'empêche en rien que le vote a été tenu valablement. De façon générale, lorsqu'une assemblée universelle est proposée, un ordre du jour devrait tout de même être établi avant de commencer : si tel a été le cas, chaque sociétaire ayant alors accepté (en ne s'y opposant pas) cet ordre du jour, il ne peut s'opposer au vote sur les objets qui en font partie, sauf en quittant l'assemblée (art. 701 al. 2 CO). Si un objet hors de cet ordre du jour est proposé, il nous semble clair que le sociétaire peut empêcher le vote simplement en s'opposant à sa tenue (sans devoir quitter l'assemblée)[2410].

5. La participation au vote sur la décharge des gérants

1730 C'est un principe reconnu aussi bien dans les sociétés de capitaux que dans la coopérative que « *les personnes qui ont coopéré d'une manière quelconque à la gestion des affaires **ne peuvent prendre part aux décisions** qui donnent décharge aux gérants* »[2411].

1731 Ce ne sont pas que les sociétaires qui sont membres de l'organe dirigeant qui sont privés de vote. Les directeurs ou même les cadres ayant eu des **fonctions de gestion** ne peuvent pas voter eux non plus. Dans les petites sociétés, où les sociétaires sont tous impliqués dans les affaires sociales à un certain degré, il n'est pas rare que la décharge ne puisse tout simplement pas être votée.

[2410] Cette position nous semble rejoindre l'opinion de PETER/CAVADINI, CR ad art. 701 CO (2017), N 6 (« *On réservera toutefois le cas où un actionnaire aurait accepté de participer à une assemblée générale universelle sur la base d'un ordre du jour qui serait ensuite modifié contre son gré ; il pourra, même en cours d'assemblée, déclarer son opposition* »).

[2411] Art. 806a al. 1 CO pour la Sàrl (le terme « gérants » étant ici le *terminus technicus* désignant l'organe dirigeant de cette forme de société, et non tous les gérants). Identique – sémantiquement – pour la SA, art. 695 CO : « *Les personnes qui ont coopéré d'une manière quelconque à la gestion des affaires sociales ne peuvent prendre part aux décisions qui donnent ou refusent décharge au conseil d'administration* ». Pour la coopérative, art. 887 CO : « *Les personnes qui ont coopéré d'une manière quelconque à la gestion des affaires sociales ne peuvent prendre part aux décisions qui donnent ou refusent décharge à l'administration* ».

Comme le montrent les titres marginaux des art. 695 (« *Droit de vote exclu* »), 806a et 887 CO (« *Exclusion du droit de vote* »), la règle est une « *interdiction de voter* » et non pas de participer aux **délibérations** sur le sujet[2412].

1732

6. La contestation des décisions

Les sociétés réunissant différents protagonistes autour d'une activité générant des revenus ou un potentiel de revenus, qui peut être mis en danger en fonction des comportements ou des orientations adoptés par les uns ou les autres, elles sont particulièrement susceptibles de donner lieu à des différends. Lorsque la persuasion ne parvient pas à les résoudre lors des délibérations d'assemblées – et qu'une majorité s'impose à une minorité, ou un organe à un autre –, il est souvent fait appel à l'ordre juridique, y compris à des principes généraux comme la proportionnalité. **Des décisions concrètes peuvent assez facilement être ou sembler contraires à des normes** légales (d'autant plus au vu du phénomène de prolifération législative qui caractérise l'époque) et statutaires (dont il n'est pas rare qu'elles soient plutôt floues et de ce fait sujettes à diverses interprétations).

1733

La **contestation juridique des décisions de l'organe suprême** (assemblée des sociétaires) est ainsi une institution très importante. Une procédure judiciaire est explicitement prévue pour faire valoir tous les types de vices ayant un impact décisif sur une décision – l'action en **annulation**. La conséquence juridique extrême de la **nullité** frappe les décisions affectées des vices les plus graves. Et certains cas extrêmes de nullité relèvent de la pure **inexistence juridique**.

1734

La **contestation des décisions de l'organe de gestion** est plus complexe. Il n'existe pas d'action en annulation. La **nullité** de décisions gravement viciées juridiquement peut être constatée. Mais de façon générale, lorsque des décisions de l'organe de gestion sont illicites, c'est surtout **dans le cadre de la mise en œuvre de la responsabilité** des gérants que l'illicéité est invoquée et induit des conséquences juridiques concrètes.

1735

[2412] Même conclusion chez Trigo Trindade/Héritier Lachat, CR ad art. 695 CO (2017), N 62 ; Nicolas Iynedjian, CR ad art. 806a CO (2017), N 2 ad n. 3 ; Carron/Chabloz, CR ad art. 887 CO (2017), N 8 ad n. 7 s.

a.   La contestation des décisions de l'organe suprême

aa.   L'action judiciaire en annulation

1736 Le droit de la société anonyme (auquel renvoie celui de la Sàrl[2413]) contient des dispositions précises adoptées en 1991 (art. 706-706b CO), plus complètes que le droit de 1936. Le droit de la coopérative (art. 891 CO) est presque identique à ce dernier, étant resté inchangé sur ce plan depuis 1936. Les dispositions de 1991 n'ont qu'apporté des précisions, qui correspondaient à ce que la jurisprudence et la doctrine avaient élaboré depuis, notamment, 1936[2414]. Ainsi, du moins pour l'essentiel, les règles sur la contestation des décisions de l'assemblée des sociétaires de la société anonyme (et de la Sàrl) et de la coopérative **convergent**. On relèvera que c'est même le cas de la contestation des décisions de l'assemblée générale de l'association (art. 75 CC)[2415].

1737 La **définition des décisions annulables** à l'art. 706 CO (al. 1 : « *décisions de l'assemblée générale qui violent la loi ou les statuts* ») est très large. L'al. 2 dresse la liste suivante : « *Sont en particulier annulables les décisions qui : (1) suppriment ou limitent les droits des actionnaires en violation de la loi ou des statuts ; (2) suppriment ou limitent les droits des actionnaires d'une manière non fondée ; (3) entraînent pour les actionnaires une inégalité de traitement ou un préjudice non justifiés par le but de la société ; (4) suppriment le but lucratif de la société sans l'accord de tous les actionnaires* ». On remarque aisément que les critères des ch. 2 et 3 sont des notions faisant appel à l'appréciation. Pour la coopérative, l'art. 891 al. 1 CO indique comme pouvant être « *attaqu[ées] en justice* » les décisions des sociétaires « *lorsqu'elles violent la loi ou les statuts* » (ce qui correspond à la définition générale des décisions annu-

---

[2413] Art. 808c CO.

[2414] Cf. Message du Conseil fédéral, FF 1983 III 784 (3ᵉ par.), 841 (5ᵉ par.) et 842. Il faut préciser que le projet de loi prévoyait que l'art. 706 CO actuel prendrait le numéro d'article 660a (P-CO-1983, FF 1983 III 994) et l'art. 706b actuel le numéro 660.

[2415] Excepté le délai pour ouvrir l'action en annulation (un mois au lieu de deux, mais à partir de la connaissance de la décision et non du moment de l'assemblée). De façon générale, on peut constater la convergence des règles sur la contestation dans les personnes morales du CO (les trois sociétés de capitaux et la coopérative) et l'association. Ce n'est pas une particularité des personnes morales, puisqu'il n'existe rien de semblable pour les fondations (à la différence des règles communes traitées aux N 669-865). Par ailleurs, on peut se demander si la convergence – certes évidente dans le droit actuel – entre le régime de l'action en annulation dans les droits des sociétés du CO et de celui de l'association relève du pragmatisme réglementaire plutôt que d'un principe fondamental. Quoi qu'il en soit, il y a lieu d'en prendre acte et indiquer que la structure de l'action en annulation décrite ici vaut fondamentalement aussi pour le droit de l'association.

lables selon l'art. 706 al. 1 CO). On relèvera que tel est aussi le critère de l'art. 75 CC pour l'annulation des décisions de l'assemblée générale de l'association (« *Tout sociétaire est autorisé de par la loi à attaquer en justice, dans le mois à compter du jour où il en a eu connaissance, les décisions auxquelles il n'a pas adhéré et qui violent des dispositions légales ou statutaires* »).

La liste exemplative[2416] de l'art. 706 al. 2 CO paraît à première vue énoncer des **vices relatifs au contenu ou à l'effet matériel des décisions** (limitation ou suppression de droits, inégalité de traitement), mais la notion de « *violation de la loi et des statuts* » (ch. 1, reprenant le critère général de l'al. 1) ou la limitation des droits (ch. 1 et 2), tout comme l'inégalité de traitement (ch. 3), peut aussi concerner des **vices liés au processus de prise de décision**[2417]. Les cas de participation à l'assemblée des sociétaires d'une personne qui n'aurait pas dû y être autorisée font l'objet, aussi, d'une disposition spécifique (art. 691 al. 3 CO[2418]).

1738

Les vices procéduraux sont potentiellement très nombreux. Le cas le plus radical (qui peut d'ailleurs donner lieu à une nullité absolue[2419]) est le **refus d'admettre au vote un sociétaire** qui y avait droit (soit le cas inverse de celui envisagé à l'art. 691 al. 3 CO). Mais **tout ce qui viole les règles sur le déroulement de l'assemblée**, comme un refus arbitraire de laisser un sociétaire s'exprimer sur une proposition[2420], ou une organisation du vote qui ne permet pas une bonne formation de la volonté sociale (en appliquant p. ex., en cas de propositions multiples, une méthode qui élimine artificiellement celle qui pourrait l'emporter en fin de compte[2421], ou, tout simplement, en ne four-

1739

[2416] Cf. TF 13. 7. 2023, 4A_416/2022, c. 3.1.2 (« *Les cas visés par l'art. 706 al. 2 CO ne sont pas exhaustifs, n'étant qu'une codification de la jurisprudence rendue dans des cas particuliers* »).

[2417] Ainsi p. ex. PETER/CAVADINI, CR ad art. 706 CO (2017), N 6 (« *Les griefs envisagés par [l'art. 706 al. 1 et 2 CO] peuvent soit résider dans le contenu de la décision, soit dans la manière dont elle a été prise. Si l'irrégularité dont est entachée la décision est de nature procédurale, il est nécessaire de démontrer qu'elle a eu un effet causal, c'est-à-dire que sans cette irrégularité, la décision aurait été différente ou aurait pu l'être* »).

[2418] « *Lorsque des personnes qui n'ont pas le droit de participer à l'assemblée générale coopèrent à l'une de ses décisions, chaque actionnaire peut l'attaquer en justice, même faute de toute protestation préalable, à moins que la preuve ne soit faite que cette coopération n'a exercé aucune influence sur la décision prise* ». L'ATF 122 III 279 c. 2 (281) retient bien que l'action en annulation de l'art. 691 al. 3 CO est une sous-catégorie (JdT 1998 I 605 : « *cas particulier* ») de l'action générale en annulation de l'art. 706 CO (« *Unterfall der allgemeinen Anfechtungsklage nach Art. 706 f. OR* »).

[2419] Cf. *infra* N 1751 et 1756.

[2420] Cf. *supra* N 1706-1711.

[2421] Cf. *supra* N 1714.

nissant pas les informations nécessaires[2422]), constitue un vice procédural. Il en va de même des violations des règles sur la représentation des sociétaires à l'assemblée.

1740 Sont aussi des vices procéduraux les **violations des règles sur la préparation de l'assemblée** (délai ou mode[2423] de convocation, contenu de celle-ci[2424], documents à fournir *avant* l'assemblée[2425]).

1741 Pour donner lieu à une annulation, les vices procéduraux doivent avoir eu un **impact causal** ; la preuve stricte ne pouvant que rarement être apportée (puisqu'il s'agit d'une hypothèse), l'annulation peut avoir lieu s'il est vraisemblable que le vice a eu un impact[2426] (la partie intéressée au maintien de la décision ayant de son côté la possibilité d'effectuer la démonstration que le vice n'a *pas* eu d'impact causal).

1742 En ce qui concerne les **vices relatifs au contenu de la décision** (vices matériels), le libellé des critères de l'art. 706 al. 2 CO n'est pas très éclairant, mais l'application de l'action en annulation sur ces vices est bien comprise en pratique : outre la **suppression des droits spécifiquement accordés aux sociétaires** par les règles applicables à chaque type de société (p. ex. le droit préférentiel des actionnaires de souscrire de nouvelles actions[2427]) ou les statuts

---

[2422] Cf., pour la SA, art. 700 al. 3 CO : « *Le conseil d'administration veille à ce que les objets portés à l'ordre du jour respectent l'unité de la matière et fournit à l'assemblée générale tous les renseignements nécessaires à la prise de décision* ».

[2423] Pour un arrêt relatif à la coopérative, ATF 116 II 713 c. 3 (715 : « *Il est, en effet, patent qu'une convocation faite par l'envoi de lettres aux chefs de famille ne pouvait remplacer le seul mode établi par les statuts, à savoir l'affichage aux panneaux communaux. Le défaut de convocation valable entraîn[e] déjà à lui seul l'annulation des décisions de l'assemblée générale* »).

[2424] TF 4. 9. 2020, 4A_141/2020, c. 3.2 : « *une convocation ne comprenant pas un ordre du jour complet présente un défaut formel pouvant entraîner l'annulabilité de la décision de l'assemblée générale* ».

[2425] Pour la SA, art. 699a al. 1 CO (« *Au moins 20 jours avant l'assemblée générale, le rapport de gestion et les rapports de révision sont rendus accessibles aux actionnaires. Si les documents ne sont pas accessibles électroniquement, tout actionnaire peut exiger qu'ils lui soient délivrés à temps* »). Bien que l'art. 805 al. 5 ch. 6 CO indique que les dispositions du droit de la SA sur « *les mesures préparatoires* » s'appliquent à la Sàrl, l'art. 801a al. 1 CO a une teneur un peu différente (« *Le rapport de gestion et le rapport de révision doivent être remis aux associés au plus tard lors de la convocation à l'assemblée ordinaire des associés* »), ce qui se manifeste notamment si le délai de convocation est réduit à 10 jours (cf. *supra* N 1686 ad n. 2377).

[2426] Cf. la formulation choisie par PETER/CAVADINI, CR ad art. 706 CO (2017), N 6, citée *supra* n. 2417, réservant les cas où la décision « *aurait pu* » être différente sans le vice procédural.

[2427] Cf. ATF 117 II 290 c. 4e/cc (304).

(p. ex. le droit à un dividende privilégié[2428]), la jurisprudence a eu l'occasion d'appliquer les **grands principes juridiques,** non seulement celui de l'égalité de traitement énoncé à l'art. 706 al. 2 ch. 3 CO, mais aussi l'abus de droit indépendamment d'une violation de l'égalité de traitement[2429].

Cette jurisprudence a été résumée comme suit dans un arrêt de 2023 : « *L'interdiction de l'**abus de droit** vaut pour tout l'ordre juridique, y compris pour l'exercice du pouvoir dans la société anonyme par les actionnaires majoritaires. Une décision prise par la majorité sera abusive au sens de l'art. 2 al. 2 CC aux trois conditions suivantes : (1) si elle n'est pas justifiée par des motifs économiques raisonnables, (2) si elle lèse manifestement les intérêts de la minorité, et (3) si elle favorise sans raison les intérêts particuliers de la majorité* »[2430]. Elle limite toutefois l'interprétation de ces trois critères cumulatifs par des cautèles générales : « *Le juge n'a pas à examiner l'opportunité de la décision au regard des intérêts de la société et de l'ensemble des actionnaires. En vertu du principe de la majorité qui gouverne les décisions de la société anonyme, l'actionnaire admet que la majorité présente à l'assemblée générale puisse faire passer ses intérêts avant ceux de la minorité. Le juge ne peut intervenir que si les actionnaires majoritaires ont manifestement abusé du pouvoir que leur confère [la règle de la majorité], eu égard aux intérêts contraires des actionnaires minoritaires* »[2431]. L'arrêt de 2023 retient, comme solution d'espèce, un abus de droit et confirme l'annulation, prononcée par les instances cantonales, d'une décision de l'assemblée qui supprimait un droit de représentation privilégié d'un actionnaire minoritaire au conseil d'administration[2432]. 1743

[2428] Cf. ATF 147 III 126.

[2429] TF 19. 8. 2008, 4A_205/2008, c. 3.2 (2ᵉ par.) : « *La critique des recourants ne met pas tant en jeu le principe de l'égalité de traitement que l'art. 2 al. 2 CC [...]. [S]i le principe de l'égalité de traitement des actionnaires ne constitue pas une lex specialis par rapport à l'art. 2 CC, mais un cas d'application de cette disposition, il existe des situations qui peuvent se révéler abusives pour d'autres raisons. En d'autres termes, une décision de l'assemblée générale qui respecte le principe de l'égalité de traitement peut constituer néanmoins un abus de droit* ».

[2430] TF 13. 7. 2023, 4A_416/2022, c. 3.1.3. Cette jurisprudence remonte au moins à l'ATF 95 II 157 c. 9c (164), que relaie notamment l'arrêt TF 19. 8. 2008, 4A_205/2008 c. 4.1.

[2431] TF 19. 8. 2008, 4A_205/2008, c. 3.2. Cette cautèle remonte en particulier à l'ATF 102 II 265 c. 3 (269). Elle figure aussi, telle quelle, dans l'arrêt TF 19. 8. 2008, 4A_205/2008, c. 4.1.

[2432] TF 13. 7. 2023, 4A_416/2022. Le raisonnement est celui du TPI-GE, résumé ainsi en B.a : « *l'actionnaire minoritaire était l'actionnaire 'historique' de la société anonyme et sa participation élargie au conseil d'administration devait contrebalancer le déséquilibre induit par la création d'actions privilégiées 'A'. Par ailleurs, sa qualité d'actionnaire depuis 1983 était stable et son droit élargi de participer au conseil d'administration*

1744 Dans un arrêt rendu en matière provisionnelle en 2018, la jurisprudence a paru aller plus loin sous l'angle du principe de **proportionnalité**, allant jusqu'à énoncer un « *principe de ménagement dans l'exercice du droit* » ou un « *devoir d'exercer les droits de façon mesurée* »[2433]. Cette évolution a toutefois été critiquée en doctrine, notamment au vu du risque qu'elle « *apport[e] une grande insécurité décisionnelle à la société* » et de la crainte que les actionnaires minoritaires puissent « *remettre en question toute décision prise régulièrement lors d'une assemblée générale, au motif que d'autres solutions qui les favorisent davantage sont disponibles et ne présentent pas plus d'inconvénients aux actionnaires majoritaires* »[2434]. L'ampleur exacte et la pérennité de cette évolution paraissent encore incertaines à ce jour[2435], même s'il est indubitable que le principe de proportionnalité est ancré dans le droit des sociétés depuis longtemps, en particulier au sujet de la dissolution[2436] (laquelle est certes une problématique spécifique au vu de sa portée radicale).

1745 L'action en annulation peut être **engagée par un sociétaire ou par l'organe dirigeant** ; formellement, elle est dirigée contre la société (même si c'est le comportement d'un sociétaire ou d'un membre de l'organe dirigeant qui est critiqué). Lorsqu'elle est engagée par l'organe dirigeant, qui est le représentant

---

n'avait fait l'objet d'aucun différend particulier, jusqu'à l'arrivée récente de l'actionnaire majoritaire au capital-actions en 2016. L'actionnaire minoritaire était en conflit avec l'actionnaire majoritaire sur un aspect particulier de la gestion de la société anonyme, soit les prêts et management fees octroyés à l'actionnaire majoritaire et à des sociétés affiliées, ce qui ne paraissait pas répondre en premier lieu à l'intérêt de la société anonyme. En définitive, la modification litigieuse ne reposait sur aucun intérêt digne de protection de l'actionnaire majoritaire ». À bien lire l'arrêt du TF, on voit que plusieurs griefs sont jugés irrecevables faute d'avoir contesté l'entier des motivations cantonales (cf. spéc. c. 3.3.2).

[2433] TF 20. 2. 2018, 4A_531/2017 c. 3.1 : « *sont annulables les décisions de l'assemblée générale qui violent le principe de la proportionnalité et, plus particulièrement, le devoir d'exercer les droits de façon mesurée [...] le principe de l'exercice mesuré des droits (ou principe du ménagement dans l'exercice du droit* ».

[2434] WILHELM/VARRIN (2022), p. 79. La critique nous paraît très lucide quant aux risques d'une véritable dérive, même si certains passages peuvent recourir à des généralisations qui ne sont pas toutes exactes factuellement (ainsi lorsque ces auteurs écrivent : « *Les actionnaires minoritaires ayant en outre par définition moins investi dans la société, ceux-ci peuvent être tentés de faire passer leurs intérêts personnels avant ceux de la société* » ; en effet, il arrive que les minoritaires aient davantage investi que les majoritaires en raison de primes d'émission [*agio*] ou par le prix d'achat des actions ; ils peuvent aussi avoir davantage « investi » par des prêts ou par du travail peu rémunéré, parfois pendant des années).

[2435] L'arrêt TF 20. 2. 2018, 4A_531/2017, n'a été cité qu'à une reprise dans la jurisprudence du Tribunal fédéral en cinq ans, dans l'arrêt 19. 7. 2021, 4A 173/2021, c. 1.4, et cela uniquement sur la recevabilité.

[2436] *Supra* N 1272-1279 ainsi que N 152, 793, 796-800 et 815-819.

de la société, un représentant *ad hoc* doit être désigné par le tribunal (art. 706a al. 2[2437] et 891 al. 1, 2ᵉ phr., CO[2438]).

Le **délai** pour l'introduire est de deux mois dès la tenue de l'assemblée[2439] (art. 706a al. 1[2440] et 891 al. 2 CO[2441]). Il s'agit d'un délai de péremption. Il ne peut pas être prolongé ou « interrompu » par des actes autres que l'ouverture d'action à proprement parler. L'action, soumise à la procédure ordinaire (et donc à l'indication d'une valeur litigieuse) est ouverte par une requête de conciliation ; si des mesures provisionnelles ont été octroyées, le tribunal octroie un délai (prolongeable[2442]) pour introduire l'action au fond (une requête en conciliation n'est alors pas nécessaire ; par la nature des choses, les conclusions au fond sont différentes de celles prises en mesures provisionnelles, et elles sont recevables tant qu'elles présentent une connexité[2443]). 1746

[2437] « *Si l'action est intentée par le conseil d'administration, le tribunal désigne un représentant de la société* ». Cette désignation n'est toutefois pas nécessaire en mesures provisionnelles, cf. TPI GE 2. 12. 2015, OTPI/699/2015, p. 5 ; Tribunal régional du Littoral (NE) 3. 8. 2020, MPROV.2020.28.

[2438] « *Si l'action est intentée par l'administration, le tribunal désigne un représentant de la société* ». Cette désignation se fait par procédure sommaire (art. 250 lit. c ch. 10 CPC).

[2439] Pour le délai différent dans le droit de l'association, cf. *supra* n. 2415.

[2440] « *L'action s'éteint si elle n'est pas exercée au plus tard dans les deux mois qui suivent l'assemblée générale* ».

[2441] « *L'administration et les associés sont déchus de leur action s'ils ne l'intentent pas au plus tard dans les deux mois qui suivent la décision contestée* ».

[2442] C'est un délai fixé par le juge au sens de l'art. 144 CPC. Cf. p. ex. décision du Tribunal régional du Littoral (NE) 3. 9. 2020, MPROV.2020.28, qui observe par ailleurs que le délai pour introduire l'action en validation est suspendu pendant les féries judiciaires (art. 145 al. 1 CPC).

[2443] L'art. 198 lit. h CPC-2023 reconnaît cela explicitement depuis une réforme votée le 17. 3. 2023, entrant en vigueur le 1. 1. 2025 (« *La procédure de conciliation n'a pas lieu : [...] h. en cas d'action qui doit être introduite dans un délai fixé par le tribunal, ou pour les actions qui sont jointes et connexes à celle-ci* »). Cette règle existait assurément auparavant, mais il pouvait arriver que l'exigence d'une conciliation préalable soit « sacralisée » au point de faire perdre de vue que les conclusions provisionnelles sont pour la plupart foncièrement différentes de celles qui sont prises au fond, la protection provisionnelle ne couvrant que quelques aspects qui se prêtent aux mesures conservatoires et de rétablissement immédiat de l'état antérieur ; les conclusions en indemnisation liées d'une façon ou d'une autre au comportement ayant donné lieu à l'assemblée annulable font partie du même complexe de faits et sont connexes (le jugement du Tribunal régional du Littoral [NE] 28. 3. 2023, PORD.2020.83, c. 2.1.2 [p. 15-16], apparaît erroné sur ce point ; son approche, préconisant une validation en parallèle à une autre action ouverte par une requête de conciliation puis une deuxième action au fond qu'il conviendrait de joindre ensuite à l'action en validation, ne paraissait pas compatible avec le sens pratique ; elle est désormais incompatible avec le libellé de l'art. 198 CPC-2023).

1747　Le **jugement** qui annule une décision de l'assemblée est opposable à tous les sociétaires (*erga omnes*). Même ceux qui n'ont pas participé à la procédure judiciaire peuvent s'en prévaloir[2444].

1748　L'**effet** du jugement consistera en principe seulement à annuler la décision. C'est une action formatrice, en tant qu'elle supprime les rapports juridiques créés par la décision.

1749　Dans des circonstances exceptionnelles, la jurisprudence admet qu'une «*action en constatation de décision positive*» soit recevable. Elle tend à «*substituer une décision légale de l'assemblée générale à une décision adoptée illégalement*» (il s'agit ainsi évidemment d'une action formatrice). Sa recevabilité suppose qu'il soit «*établi sans aucun doute qu'en raison de la prise en compte de votes illicites, une proposition de décision a été considérée comme refusée, alors qu'elle aurait dû être inscrite au procès-verbal comme adoptée selon les rapports de vote réels*»[2445].

[2444]　Pour la SA et la Sàrl (art. 808c CO), art. 706 al. 5 CO : «*Le jugement qui annule une décision de l'assemblée générale est opposable à tous les actionnaires, et chacun d'eux peut s'en prévaloir*». Pour la coopérative, art. 891 al. 3 CO : «*Le jugement qui annule une décision est opposable à tous les associés, et chacun d'eux peut s'en prévaloir*».

[2445]　ATF 147 III 561 regeste. Cf. aussi c. 6.5.3 (575) : «*[das] setzt [...] voraus, dass das Gericht ohne Weiteres in der Lage ist, den Zustand festzustellen, der bei rechtmässiger Auszählung der Stimmen herausgekommen wäre. Das Gericht tritt nicht an die Stelle der Generalversammlung oder der Aktionäre (und fällt schon gar nicht einen Ermessensentscheid), sondern merzt einen Fehler in der Ermittlung des Abstimmungsergebnisses aus. Dementsprechend muss das formell korrekte Ergebnis zweifelsfrei ermittelt werden können. Es hat festzustehen, dass wegen des Mitzählens unzulässiger Stimmen ein Beschlussantrag als abgelehnt verkündet wurde, der nach den tatsächlich gegebenen Stimmverhältnissen als angenommen hätte protokolliert werden müssen*» (cf. ég. c. 6.5.4 [575 s.] : «*Die positive Beschlussfeststellungsklage als Gestaltungsklage ist zulässig, wenn zweifelsfrei feststeht, dass wegen des Mitzählens unzulässiger Stimmen ein Beschlussantrag als abgelehnt festgehalten wurde, der nach den tatsächlich gegebenen Stimmverhältnissen als angenommen hätte protokolliert werden müssen*» ; sur cet arrêt, MEIER-HAYOZ/FORSTMOSER [2023], § 16, N 364 ; DALLA PALMA/MAHLER/VON DER CRONE, RSDA 2021 760 ss). Il nous apparaît qu'une tendance générale se fait jour en raison de la durée de la mise en œuvre des droits. Ainsi, la même année, l'ATF 147 III 126 a admis que les titulaires d'un droit à un dividende privilégié pouvaient non seulement annuler les décisions refusant cet octroi, mais aussi réclamer directement ce privilège, certes dans des circonstances exceptionnelles (regeste : «*selon le droit en vigueur, l'assemblée générale doit prendre une nouvelle décision conforme aux statuts. Ce n'est que dans le cas où elle ne le fait pas, de manière contraire aux règles de la bonne foi, que les participants peuvent disposer d'une action directe*» ; voir aussi *infra* N 1967, n. 2711).

bb. La nullité et sa constatation

La nullité des décisions de l'assemblée générale est explicitement énoncée dans 1750
la loi à l'art. 706b CO pour la société anonyme. L'art. 808c CO y renvoie pour
la société à responsabilité limitée. Le droit de la coopérative ne mentionne pas
la nullité, mais la doctrine reconnaît que la nullité doit aussi sanctionner les
vices les plus graves des décisions prises par l'assemblée générale de cette
forme de société[2446].

Le texte légal a la teneur suivante : « *Sont nulles en particulier les décisions de* 1751
l'assemblée générale qui : (1) suppriment ou limitent le droit de prendre part
à l'assemblée générale, le droit de vote minimal, le droit d'intenter action ou
d'autres droits des actionnaires garantis par des dispositions impératives de
la loi ; (2) restreignent les droits de contrôle des actionnaires davantage que
ne le permet la loi ou (3) négligent les structures de base de la société anonyme
ou portent atteinte aux dispositions de protection du capital ».

La loi ne définit ainsi pas la nullité. En principe, la notion – bien connue[2447] – 1752
est la même dans l'ensemble du droit privé : la nullité signifie que l'acte juridique, ici une décision de l'assemblée, **ne déploie pas les effets que ses au-**
teurs entendaient lui donner ; il n'y a pas besoin d'un jugement pour prononcer la nullité, c'est un état de l'acte qui se **constate** ; si une procédure judiciaire
a lieu et qu'il ressort des faits établis selon les règles de procédure applicables
qu'une décision de l'assemblée générale est nulle, le juge doit constater **d'of-**
fice cet état (et donc l'absence des effets juridiques souhaités par ses auteurs).
Il en découle qu'il n'y a pas de délai pour introduire une action en justice visant
à obtenir ce constat. Par ailleurs, ce ne sont pas que les sociétaires ou les organes de la société qui peuvent invoquer la nullité ; **toute personne intéressée**
peut le faire. Outre par une **action** en constatation ou à l'appui d'une prétention
active dans une action condamnatoire, la nullité peut être invoquée **par voie**
d'exception pour résister à une prétention.

[2446] Cf. p. ex. CARRON/CHABLOZ, CR ad art. 891 CO (2017), N 33-43.

[2447] Cf. p. ex. ATF 137 III 503 c. 3.1 (513 : « *Il appartient au juge de relever d'office la nullité*
de telles décisions »). ATF 137 III 460 c. 3.3.2 (« *Auf die Nichtigkeit eines Beschlusses*
kann sich jedermann und zu grundsätzlich jeder Zeit berufen »).
TF 28. 8. 2017, 4A_516/2016, c. 6.1 (« *L'action en constatation de la nullité des décisions*
de l'assemblée générale [...] peut être formée en tout temps contre la société et par toute
personne [...] qui justifie d'un intérêt digne de protection »). Le Message du Conseil fédéral en décrivait le contour ainsi : « *La nullité est irrémédiable ; elle peut être invoquée*
en tout temps et par quiconque ; elle doit être soulevée d'office par les autorités chargées
de l'application du droit » (FF 1983 II 842 [ch. 210.3]).

1753 Cette sanction juridique totale – on parle de nullité *absolue* – n'est pas forcément simple à mettre en œuvre. Au fur et à mesure de l'écoulement du temps, on doit bien reconnaître qu'elle crée une **insécurité juridique**[2448] de plus en plus problématique, car l'acte juridique même absolument nul induit des opérations qui sont de plus en plus difficiles à démêler. Comme dans d'autres domaines du droit, c'est le caractère irréversible de prestations et comportements fondés sur l'acte nul qui est la véritable source des difficultés[2449].

1754 Quoi qu'il en soit, selon la jurisprudence, la nullité ne peut être considérée qu'avec retenue comme la sanction appropriée, et cela bien que les trois critères de l'art. 706b CO soient vastes et que la liste ne soit pas exhaustive[2450]. Ainsi, la jurisprudence dit qu'en présence d'un vice, il y a lieu de présumer que la sanction est l'annulabilité plutôt que la nullité[2451].

[2448] Ainsi p. ex. ATF 149 III 1 c. 9.1 (10) ; 147 III 126 c. 3.3.4.1 (134). Voir aussi p. ex. PETER/ CAVADINI, CR ad art. 706b CO (2017), N 2.

[2449] Une solution équilibrée requiert probablement d'être attentif aux effets concrets, sans renoncer à la nullité. Tant que ses effets valent pour le futur, la nullité est souvent non problématique. C'est en rapport avec des effets ou conséquences accomplis de façon irréversible que l'anéantissement juridique doit être limité. Sur cette approche en général en droit privé, Nicolas ROUILLER (2007), p. 799-806 (ainsi que p. 718-720), et nombreuses références. Dans la doctrine antérieure à la réforme de 1991, le choix entre nullité et annulabilité s'articulait notamment autour de l'existence de droits acquis (voir le résumé dans le Message du Conseil fédéral, FF 1983 II 841 : «*Sont des droits absolument acquis ceux qui ne peuvent en aucune façon être limités contre la volonté de l'actionnaire ; sont des droits relativement acquis ceux dont l'étendue ne peut être définie que dans chaque cas, après une appréciation judicieuse des intérêts en présence*», étant précisé que [482] «*[l]e projet [...] renonce à la notion [... et] contribue à démystifier ces droits acquis*»), distinction qui met certes le doigt sur la problématique de l'irréversibilité, mais sans identifier que le problème le plus sensible – et qu'il faudrait traiter consciemment comme tel – est l'étendue exacte de l'anéantissement des effets juridiques de l'invalidité (la nullité étant moins problématique lorsque les effets de l'acte sont aisément réversibles, sans créer de déséquilibre).

[2450] TF 4. 9. 2020, 4A_141/2020, c. 3.2 («*L'énumération des cas de décisions nulles figurant à l'art. 706b CO n'est pas exhaustive*») ; identique, TF 28. 8. 2017, 4A_516/2016, c. 6.1

[2451] ATF 149 III 1 c. 9.1, 2ᵉ par. *in fine* (10 : «*Nach der bundesgerichtlichen Rechtsprechung ist bei der Annahme von Nichtigkeit Zurückhaltung geboten. Denn aus Gründen der Rechtssicherheit sind rechtswidrige respektive rechtswidrig zustande gekommene Generalversammlungsbeschlüsse vermutungsweise nur anfechtbar und nicht nichtig*»), qui reprend en la complétant la formulation de l'ATF 147 III 126 citée *infra* n. 2452. Au consid. 9.3 (11), il est fait état d'une subsidiarité de la nullité : «*da [...] die Anfechtung der Aktionärin in einer solchen Konstellation eine hinreichende Handhabe bietet, um gegen die Verletzung ihres Rechts vorzugehen (sog. Subsidiarität der Nichtigkeitsfolge [...])*». TF 28. 8. 2017, 4A_516/2016, c. 6.2 («*conformément au principe de la sécurité du droit, l'annulabilité est la règle et la nullité l'exception, la nullité ne devant être admise qu'avec retenue, en cas d'atteintes graves aux principes fondamentaux, écrits ou non écrits, du*

Selon la formulation d'un arrêt récent, il faudrait des **motifs impérieux** pour 1755
reconnaître qu'il y a lieu d'appliquer la nullité, ce qui supposerait que le droit
du sociétaire violé soit lié à des intérêts publics importants, qui l'emportent sur
l'intérêt à la sécurité du droit[2452]. Il n'est pas certain que cette formulation soit
parfaitement convaincante ; elle semble excessivement restrictive (elle correspond à ce qui est assurément juste en ce qui concerne la cognition, très limitée,
du registre du commerce[2453]). Elle ne paraît pas totalement cohérente avec la
jurisprudence, encore récente, qui retient la nullité d'une clause statutaire (et
donc de la décision l'adoptant) prévoyant une réélection automatique des administrateurs en cas de « situation de pat » mettant face à face deux (groupes
d') actionnaires incapables de ne pas s'opposer à toute candidature soutenue
par l'autre[2454]. En effet, un régime de réélection tacite des administrateurs ne
lèse de toute évidence aucun intérêt public.

---

droit des sociétés »). Le Message du Conseil fédéral le disait déjà, FF 1983 III 908 (cf.
infra n. 2452). – Il ne faut pas confondre la « subsidiarité de la nullité » en droit matériel
avec la subsidiarité *procédurale* de l'action constatatoire (cf. p. ex., dans un contexte où
l'enjeu est l'invalidité d'une décision d'une SA, KGer ZG 27. 10. 2016, A3 2015 27, c
.2.2 : « *Subsidiarität der Feststellungsklage* » ; *supra*, n. 2068 et 1989).

[2452] ATF 147 III 126 c. 3.3.4.1 (134 : « *Nach der bundesgerichtlichen Rechtsprechung ist bei
der Annahme von Nichtigkeit freilich Zurückhaltung geboten [...]. Denn aus Gründen der
Rechtssicherheit sind rechtswidrige Generalversammlungsbeschlüsse vermutungsweise
nur anfechtbar und nicht nichtig [...]. Auf Nichtigkeit kann nur aus zwingenden Gründen
erkannt werden, so etwa wenn mit dem entsprechenden Aktionärsrecht derart gewichtige
öffentliche Interessen verbunden sind, dass sie das ebenfalls öffentliche Rechtssicherheit-
sinteresse überwiegen* »). Cette formulation vient en réalité non d'une nouvelle réflexion,
mais du Message du Conseil fédéral, FF 1983 III 908 *in fine* : « *il y a une présomption en
faveur de l'annulabilité pour des motifs tenant à la sécurité du droit. On ne peut parler
de nullité que si d'importants intérêts publics se trouvent liés au droit de l'actionnaire, à
tel point que ces intérêts publics l'emportent sur le souci de sécurité juridique, lui aussi
public* ».

[2453] Cf. *supra* N 108-115.

[2454] ATF 140 III 349 (regeste : « *Une clause statutaire qui prévoirait, pour pallier une éventuelle situation de blocage au sein de l'actionnariat, une réélection automatique des administrateurs serait contraire au droit inaliénable de l'assemblée générale de nommer les
membres du conseil d'administration [...] et donc nulle* » ; c. 2.6 [354] : « *elle n'aurait
pas seulement pour effet de prolonger tacitement le mandat des administrateurs, mais
bien de faire obstacle à la volonté exprimée par l'assemblée générale. Autrement dit, elle
restreindrait le droit (inaliénable) de l'assemblée générale de nommer les membres du
conseil d'administration, ce qui n'est pas admissible [...]. La validité d'une telle clause,
qui néglige les structures de base de la société anonyme, doit être niée* »). Cet arrêt a
notamment été cité par l'ATF 148 III 69 c. 3.2 (74), postérieur à l'ATF 147 III 126, de
sorte qu'il n'est de loin pas certain que le critère de l'intérêt public qui apparaît dans celui-
ci indique une véritable évolution de la jurisprudence.

1756   Par ailleurs, la jurisprudence reconnaît largement qu'outre les vices relatifs au contenu de la décision, de **graves vices procéduraux** peuvent avoir pour conséquence la nullité des décisions[2455]. En général, comme pour l'annulation, il sera nécessaire de prouver que le vice procédural a eu un impact sur le contenu de la décision[2456].

1757   Cela étant, la jurisprudence a aussi reconnu qu'une pseudo « assemblée générale universelle » qui n'a pas réuni tous les actionnaires (même s'il n'en manque qu'un) est frappée de nullité[2457] ; et dans ce cadre, elle a explicitement retenu que le lien de causalité ne doit pas être prouvé[2458]. Si l'on souhaite établir davantage de catégories, il est possible de qualifier une assemblée « univer-

---

[2455]   ATF 137 III 460 c. 3.3.2 (465 : « *Neben den ausdrücklich aufgeführten schweren Mängeln primär inhaltlicher Natur können auch schwerwiegende formelle Mängel in der Beschlussfassung zur Nichtigkeit führen* »). TF 28. 8. 2017, 4A_516/2016, c. 6[.1] (« *En particulier, des vices formels graves et manifestes dans la prise des décisions peuvent entraîner la nullité de celles-ci* »).

[2456]   Ainsi TF 4. 9. 2020, 4A_141/2020, c. 3.2 : « *Toutefois, même dans ces cas, le vice de procédure formel ne peut entraîner la nullité d'une décision que si un déroulement correct de la procédure aurait abouti à une décision (hypothétique) différente (lien de causalité entre le vice invoqué et le contenu de la décision* ». Quasi identique, TF 28. 8. 2017, 4A_516/2016, c. 6[.1] : « *Toutefois, même dans ces cas, le vice de procédure formel ne peut entraîner la nullité des décisions que si un déroulement correct de la procédure aurait abouti à des décisions différentes* ».

[2457]   ATF 137 III 460 c. 3.3.2 (465 s. : « *Eine Universalversammlung in Abwesenheit auch nur eines Aktionärs oder seiner Vertretung stellt einen schwerwiegenden formellen Mangel dar, der zur Nichtigkeit der anlässlich dieser Versammlung getroffenen Beschlüsse führen muss* »).

[2458]   ATF 137 III 460 c. 3.3.2 (466 s.) : « *Zur Annahme von Nichtigkeit genügt jedoch, dass ein Teil der Aktionäre nicht eingeladen wurde [...]. Diese Rechtsfolge ist angemessen. Durch die Nichteinladung entgeht dem übergangenen Aktionär die Möglichkeit zur Teilnahme an der Generalversammlung. Auch wenn sein Aktienpaket nicht gross genug ist, um Mehrheitsbeschlüsse zu verhindern, verpasst er die Möglichkeit, auf die Meinungsbildung in der Versammlung Einfluss zu nehmen. Schliesslich besteht die Gefahr der Vereitelung des Anfechtungsrechts, da der betroffene Aktionär womöglich nicht binnen der Anfechtungsfrist (Art. 706a Abs. 1 OR) von der Abhaltung einer Generalversammlung und den auf ihr gefassten Beschlüssen Kenntnis erhält. Zwischen der Nichteinladung eines Aktionärs und den auf der mangelhaften Versammlung gefällten Beschlüssen braucht ausserdem [...] kein Kausalzusammenhang insofern zu bestehen, als dass der Nichteingeladene die Beschlüsse mit seiner Stimmkraft hätte verhindern können* » ; le regeste en français le restitue ainsi : « *La décision de la réunion de tous les actionnaires, à laquelle tous n'ont pas participé ou n'ont pas été représentés, est nulle. Cette décision n'est pas non plus valable en tant que décision ordinaire de l'assemblée générale, si tous les actionnaires n'ont pas été convoqués. Il importe peu que l'actionnaire qui n'a pas été invité aurait pu, par son vote, empêcher que la décision ne soit prise* ».

selle » qui n'est pas tenue par l'intégralité des sociétaires comme « inexistante »[2459] (de même qu'une assemblée générale tenue par des non-sociétaires). La conséquence de l'inexistence, à savoir l'absence totale des effets juridiques voulus par les auteurs de l'acte, est la même que la nullité absolue[2460]. Il n'est ainsi pas certain que cette notion soit utile.

En ce qui concerne la **qualité pour agir** en constatation de nullité, il semble évident que puisque la nullité doit être constatée dans toute procédure, tout intéressé peut prendre une conclusion à cette fin, dans toute procédure où il est partie et où la question a une pertinence ; et en particulier, la société elle-même doit pouvoir le faire, dans toute procédure où elle est partie et où la question a une pertinence. Il n'est en effet pas cohérent avec la notion de nullité de priver la société de cette faculté et de compliquer inutilement la situation en considérant que, comme dans l'action en annulation, la société ne peut avoir que la qualité pour défendre et que c'est ainsi le conseil d'administration qui devrait être demandeur (ce qui induit la désignation d'un représentant *ad hoc* de la société). La jurisprudence fédérale nous semble contenir un *obiter dictum* indiquant que les rôles procéduraux sont les mêmes dans l'action en constatation de nullité et l'action en annulation[2461] (et plusieurs auteurs ont repris la formulation). Il est opportun, en tous les cas, de ne pas dénaturer la nullité en exigeant que l'action en constatation ne puisse être ouverte que contre la société. 1758

Bien entendu, la société *peut* avoir qualité pour défendre à l'action en constatation de la nullité. Et il nous semble possible de reconnaître la qualité pour agir au conseil d'administration, même si la loi ne la prévoit que pour l'action en annulation[2462]. 1759

[2459] Ainsi le jugement du Tribunal régional du Littoral (NE) 28. 3. 2023, PORD.83, c. 5.3.3 (« *l'absence de toute décision* ») et 5.3.4 (« *assemblée générale pourtant inexistante* »).

[2460] ATF 137 III 460 c. 3.3.2, 1er par. (465 : « *Teilweise werden von den nichtigen Beschlüssen in begrifflicher Hinsicht sog. Schein- oder Nichtbeschlüsse abgegrenzt, bei denen gar kein Generalversammlungsbeschluss vorliegt, weil es an einer als Generalversammlung zu qualifizierenden Zusammenkunft bzw. einer Beschlussfassung fehlt. Die Rechtsfolge ist aber dieselbe wie bei nichtigen Beschlüssen* »).

[2461] TF 28. 8. 2017, 4A_516/2016, c. 6[.1]. À cet endroit, l'arrêt souffre d'ailleurs de diverses imperfections, la numérotation des considérants étant défaillante (quatre portent le numéro 6).

[2462] Non seulement la qualité pour agir du conseil d'administration prévue à l'art. 706 al. 1 CO (et à l'art. 706a al. 2 CO) ne figure pas à l'art. 706b CO, mais l'art. 250 lit. c ch. 10 CPC ne prévoit la désignation d'un représentant par procédure sommaire que pour l'action en annulation (« *désignation d'un représentant de la société ou de la société coopérative en cas d'action en annulation d'une décision de l'assemblée générale intentée par son administration* »). Le jugement du Tribunal régional du Littoral (NE) 28. 3. 2023, PORD.83, c. 5.2.3 admet la possibilité de désigner un représentant pour l'action en constatation (mais il retient, à tort selon nous, que l'action doit forcément être introduite contre la société).

1760 Il peut certes se poser des questions délicates d'**autorité de chose jugée** du jugement constatant la nullité. Leur complexité ne doit pas être exagérée, et encore moins leur importance pratique. On doit reconnaître en tous les cas que si un jugement qui comprend une constatation de nullité d'une décision d'assemblée générale est rendu dans un litige entre deux sociétaires, il ne peut pas avoir d'autorité de chose jugée à l'égard de la société. Toutefois, vu la gravité requise d'un vice pour qu'il emporte la nullité de la décision qu'il affecte, il serait parfaitement extraordinaire qu'un jugement différent puisse être rendu. Par ailleurs, à notre sens, dès que la société est partie à une procédure aboutissant à un jugement qui constate la nullité, ce constat devrait être opposable à tous les sociétaires, puisque la société est obligée d'agir en fonction de ce jugement. Les situations où un sociétaire qui n'a pas été partie à la procédure pourrait prouver des faits induisant que la décision n'est pas nulle paraissent relever de la pure spéculation théorique.

1761 On relèvera qu'une action en constatation de nullité peut être introduite et instruite **en parallèle** à une action en annulation portant sur la même assemblée des sociétaires. Toutefois, la façon de procéder le plus fréquente est d'invoquer **dans la même action en justice** à titre principal la nullité et à titre subsidiaire l'annulation[2463] (ce qui suppose, *pour le faire d'emblée*, d'ouvrir action dans le délai de péremption de deux mois de l'art. 706a al. 1 CO ; une *jonction* d'une action en constatation de nullité avec une action en annulation déjà introduite est en principe possible, si l'instruction de cette action n'est pas trop avancée).

b. La nullité (rarement constatée) des décisions de l'organe de gestion

1762 La question de l'invalidité des décisions de l'organe de gestion est réglée explicitement à l'art. 714 CO (pour la SA)[2464] et à l'art. 816 CO (pour la Sàrl)[2465], par un simple renvoi à une application – analogique[2466] – des motifs *de nullité*

[2463] Cf. p. ex. MEIER-HAYOZ/FORSTMOSER (2023), § 16, N 377 ; aussi HGer ZH 19. 12. 2016, HG160102 (dans un cas de nullité due à une convocation par un organe incompétent).

[2464] « *Les motifs de nullité des décisions de l'assemblée générale s'appliquent par analogie aux décisions du conseil d'administration* ».

[2465] « *Les motifs de nullité des décisions de l'assemblée générale de la société anonyme s'appliquent par analogie aux décisions des gérants* ».

[2466] Le projet du Conseil fédéral envisageait une disposition commune pour la nullité des décisions tant de l'assemblée que du conseil d'administration (art. 660 P-CO, FF 1983 III 994), ce qui n'a finalement pas été retenu dans la phase parlementaire (après l'avoir été par le Conseil national, cf. BO 1985 N 1692 s., le système proposé par le Conseil fédéral a été remplacé par celui qui est actuellement en vigueur, selon un vote du Conseil des États, cf. BO 1988 E 514, après une argumentation très succincte du Rapporteur de la

des décisions de l'assemblée des sociétaires. Est ainsi tout à fait lisible le choix du législateur de **ne pas créer la voie d'une action en annulation** contre ces décisions[2467]. La doctrine et la jurisprudence retiennent que le même régime vaut dans les coopératives[2468].

Les différentes formulations adoptées par la jurisprudence et la doctrine insistent sur « l'approche très restrictive »[2469] qui doit prévaloir et le **caractère exceptionnel de cette sanction**. Ainsi l'ATF 133 II 77 indique-t-il que «*pour les décisions du conseil d'administration [...] la nullité ne sera admise qu'exceptionnellement, par exemple en cas de violation grave et durable de règles légales impératives et fondamentales* »[2470]. Dans la jurisprudence publiée relativement récemment, l'ATF 138 III 204 a admis la nullité d'une décision du

1763

---

majorité de la Commission Carlo SCHMID : «*Diese Systematik hat uns gestört*», cf. BO 1988 E 474). – Sur les questions soulevées par l'analogie, cf. *infra* N 1775 et la position de PETER/CAVADINI, CR ad art. 714 CO (2017), N 12 ad n. 12, citée n. 2489 *in fine*.

[2467] L'ATF 76 II 51 c. 2 et 3 (59-66) avait clairement identifié qu'il ne s'agit pas d'une lacune de la loi. Il y est en particulier considéré que le droit des minoritaires de faire convoquer une assemblée générale et l'action en dommages-intérêts suffisent ([65] : «*Diese genügen auch praktisch, so dass kein Bedürfnis dafür besteht, die Anfechtung von Verwaltungsratsbeschlüssen zuzulassen*»). Cet arrêt met surtout en exergue que l'action en annulation des décisions de l'organe de gestion créerait le risque d'obliger le juge à prendre des décisions de gestion, ce qui n'est manifestement pas souhaitable ([66] : «*Eine solche hätte gegenteils erhebliche Unzukömmlichkeiten im Gefolge, da der Richter sich nicht auf die Aufhebung von Beschlüssen beschränken könnte, sondern notwendigerweise auch positive, an deren Stelle tretende Anordnungen treffen und damit in einer praktisch doch bedenklichen Weise in die laufende Geschäftsführung der Gesellschaft eingreifen müsste*»). L'arrêt soulève aussi le risque qu'un concurrent utilise ce droit pour paralyser la société (*ibidem* : «*Weiter schlösse das Recht zur Anfechtung von Verwaltungsratsbeschlüssen die Gefahr in sich, dass ein einzelner, vielleicht aus den Kreisen der Konkurrenz stammender Aktionär die Tätigkeit des Verwaltungsrates und damit diejenige der AG weitgehend zu lähmen vermöchte*»). Sur le droit finalement réformé en 1991, voir FF 1983 III 842 (N 210.4, 1er par. *in fine*).

[2468] Cf. p. ex. CARRON/CHABLOZ, CR ad art. 891 CO (2017), N 6 ad n. 8, et ad art. 893 CO (2017), N 10 s., où ces auteurs réservent à juste titre les cas où l'administration est l'organe suprême, à savoir lorsque les sociétés d'assurances concessionnaires de plus de 1000 membres ont transféré des attributions de l'assemblée générale à l'administration, en vertu de l'art. 893 CO. L'ATF 76 II 51 ne fait que se référer à l'inexistence d'une action en annulation dans l'association et la coopérative, sans que cela soit l'objet du litige (c. 3 [65] : «*Weist [...] das geltende Aktienrecht [...] keine Lücke auf, so ist keine Möglichkeit zur gerichtlichen Anfechtung von Verwaltungsratsbeschlüssen vorhanden. Diese Regelung steht übrigens im Einklang mit der für das Vereinsrecht und das Genossenschaftsrecht getroffenen Ordnung. Auch dort ist die direkte gerichtliche Anfechtung von Beschlüssen verwaltender Organe [...] nicht zulässig*»).

[2469] Ainsi PETER/CAVADINI, CR ad art. 714 CO (2017), N 1 ad n. 2.

[2470] C. 5 (79).

conseil d'administration qui reposait sur une décision de l'assemblée générale qui s'était révélée invalide (concrètement, il s'agissait d'une décision du conseil exécutant une opération de réduction du capital suivie d'une augmentation de capital décidée par l'assemblée générale) ; elle était « privée de son fondement »[2471].

1764 Reprenant par analogie les **critères** énoncés à l'art. 706b CO pour la nullité des décisions de l'assemblée générale[2472], la doctrine indique que la nullité s'envisage pour les décisions qui suppriment ou limitent les droits des actionnaires ou des administrateurs résultant de dispositions impératives de la loi (ce qui correspond au critère de l'art. 706b ch. 1 CO), qui restreignent les droits des actionnaires ou des administrateurs davantage que ne le permet la loi (ce qui correspond au critère du ch. 2) ou qui négligent les structures de base du droit de la forme de société (ce qui correspond au ch. 3, en vertu duquel sont également nulles les décisions qui portent atteinte aux dispositions de protection du capital, ce qui est pertinent pour le droit de la SA et de la Sàrl, et pour quelques coopératives[2473])[2474].

1765 Tout en soulignant que cette sanction ne peut être réservée qu'à « *des cas tout à fait exceptionnels* », où se produit « *une violation grave d'une norme ou d'un principe revêtant un caractère impératif* » (à distinguer de « *la simple violation de la loi ou des statuts* »), la doctrine[2475] – à laquelle s'est rallié au moins un arrêt cantonal[2476] – retient que la nullité *peut* s'appliquer **notamment** (et « selon les circonstances »[2477]) :

[2471] C. 4.2 (213) : «*Nachdem sich die von der Generalversammlung getroffenen Beschlüsse [...] vorliegend als ungültig erweisen, ist dem Durchführungsbeschluss des Verwaltungsrats [...] die Grundlage entzogen. Mangels einer entsprechenden Ermächtigung durch einen gültigen Erhöhungsbeschluss der GV leidet der vorliegend angefochtene Durchführungsbeschluss des Verwaltungsrats der Beklagten an einem schwerwiegenden Mangel und erweist sich als nichtig gemäss Art. 714 OR*».

[2472] Cf. *supra* N 1751.

[2473] Cf. *infra* N 2670-2677 (parmi celles qui ont émis des parts sociales).

[2474] Ainsi PETER/CAVADINI, CR ad art. 714 CO (2017), N 11 ; WERNLI/RIZZI, BaK ad art. 714 CO (2016), N 10.

[2475] Les citations textuelles sont reprises de PETER/CAVADINI, CR ad art. 714 CO (2017), N 12, qui se réfèrent à WERNLI/RIZZI, BaK ad art. 714 CO (2016), N 10 et Peter BÖCKLI (2009), § 13 N 266, étant précisé que les premiers auteurs reprennent les formulations de l'arrêt genevois cité *infra* in n. 2476.

[2476] CJ, SJ 2000 I 437 c. 3 (441), par ailleurs cité *infra* n. 2482, qui se réfère à l'édition de 1997 du commentaire bâlois par Martin WERNLI ad art. 714 CO. La même approche peut être perçue dans l'arrêt TApp TI 8. 4. 2020, 12.2019.73, c. 5.3 *in fine* («*gravi violazioni nella convocazione e nello svolgimento di una seduta conducono alla nullità delle relative decisione*»).

[2477] PETER/CAVADINI, CR ad art. 714 CO (2017), N 13.

- si une décision est prise par un organe incompétent, ainsi par le *président* de l'organe dirigeant au lieu de l'organe en tant que tel (p. ex. pour convoquer l'assemblée des sociétaires[2478]), ou par l'organe dirigeant au lieu de l'assemblée des sociétaires (p. ex. pour distribuer un dividende[2479]), l'absence de compétence pouvant découler de l'absence d'une délégation nécessaire ou encore si la décision de l'organe dirigeant est censée exécuter une décision de l'assemblée des sociétaires requise pour sa validité, qui s'avère elle-même invalide[2480] ;
- si un ou plusieurs membres du conseil n'ont pas été convoqués[2481] ;
- si la décision est prise sans respecter le quorum de présence ou la majorité requise ;
- si certains administrateurs ont été privés du droit de participer ou de leur droit de vote, ou que d'autres se sont vu attribuer plus d'une voix[2482] (hormis le cas du droit de vote prépondérant du président en cas d'égalité des voix – *Stichentscheid* ou *casting vote*).

La pratique récente observe que les décisions prises par des membres de l'organe dirigeant qui restent dans une visioconférence après que la séance a été déclarée close par le président sont nulles[2483].   1766

[2478] Cf. *supra* N 1681.

[2479] Cf. *supra* N 1675.

[2480] C'est le cas traité à l'ATF 138 III 204 cité *supra* N 1763.

[2481] En ce sens récemment Cour suprême BE 13. 2. 2023, BK 22 473, c. 6.5 : « *Zudem führt – wie vorstehend dargetan wurde – bereits die blosse Tatsache, dass ein Teil des Verwaltungsrats nicht eingeladen worden ist, zur Nichtigkeit des Verwaltungsratsbeschlusses (sog. formelle Nichtigkeit)* », où la nullité est admise. Voir aussi TD Sion, RVJ 2008 255 c. 4 (258, *obiter dictum*).

[2482] L'arrêt CJ, SJ 2000 I 437 admet « *l'existence d'un motif de nullité lorsque la décision attaquée a été prise par un organe qui n'était pas compétent pour la prendre (par exemple le président en lieu et place du conseil d'administration), ou en l'absence d'un membre du conseil qui n'a pas été régulièrement convoqué [...]. Serait également nulle une décision du conseil d'administration qui retirerait à certains de ses membres le droit de participer aux séances ou le droit de vote [...]. En revanche, la simple violation de la loi ou des statuts n'est pas un motif de nullité au sens de l'art. 714* ». Voir aussi à WERNLI/RIZZI, BaK ad art. 714 CO (2016), N 12-17 ; Peter BÖCKLI (2009), § 13 N 270-275 ; Eric HOMBURGER, ZK ad art. 707-726 CO (1997), N 366-370 ; PETER/CAVADINI, CR ad art. 714 CO (2017), N 13.

[2483] OGer ZG 5. 1. 2023, Z2 2022 36, c. 4.3.5 : « *Da die Verwaltungsratssitzung vom 16. August 2021 vom Gesuchsteller als Vorsitzendem für beendet erklärt wurde und die übrigen Verwaltungsräte nicht dagegen opponiert haben, ist die Sitzung als formell beendet zu betrachten. Folglich konnte diese Verwaltungsratssitzung – anders als bei einem Unterbruch – nicht mehr von den in der Videokonferenz verbleibenden Personen fortgeführt werden. Damit nach der Beendigung der Verwaltungsratssitzung gültige Verwal-*

1767   Il s'agit là de **vices procéduraux fondamentaux**.

1768   La doctrine retient encore comme motifs de nullité la contrariété au droit impératif, ainsi que l'impossibilité et l'immoralité[2484]. Il s'agit plutôt de **vices relatifs au contenu de la décision**.

1769   **En sens contraire**, la doctrine retient que la sanction de la nullité ne devrait pas frapper la décision affectée de la participation aux débats et au vote d'un administrateur qui devait s'abstenir en raison de son devoir de loyauté (c'est-à-dire concrètement d'un conflit d'intérêts), et cela même si la décision a été concrètement influencée par cette participation[2485]. Il en va de même de la participation d'un tiers aux discussions[2486].

1770   Un arrêt publié a clairement indiqué que l'absence d'un procès-verbal ou l'absence de formalités lorsque l'organe dirigeant est composé d'une personne ne saurait entraîner la nullité[2487].

1771   Sur le plan du contenu des décisions, plusieurs auteurs soutiennent que la violation du principe de l'égalité entre actionnaires (art. 717 al. 2 CO) par une décision du conseil d'administration n'emporte pas la nullité de celle-ci, « *car il est présumé qu'une telle décision est prise dans l'intérêt de la société* »[2488].

1772   De façon générale, la tendance en doctrine est de n'admettre la nullité qu'**encore plus restrictivement que pour les décisions de l'assemblée des sociétaires**[2489]. L'analogie se fait ainsi d'une façon qui n'est pas une réplication

---

tungsratsbeschlüsse hätten gefasst werden können, hätte vorliegend – da nach dem Verlassen des Zoom-Meetings durch die Gesuchsteller die Voraussetzungen einer Universalversammlung des Verwaltungsrats nicht mehr gegeben waren – der Verwaltungsratspräsident zu einer neuen Verwaltungsratssitzung einladen müssen ».

[2484] Wernli/Rizzi, BaK ad art. 714 CO (2016), N 14 ; Peter/Cavadini, CR ad art. 714 CO (2017), N 13 ad n. 19.

[2485] Rita Trigo Trindade (1996), p. 154 ; Peter/Cavadini, CR ad art. 714 CO (2017), N 14 ad n. 24. Il nous apparaît que la sanction est la responsabilité, cf. *supra* N 1735 et 1776.

[2486] Peter/Cavadini, CR ad art. 714 CO (2017), N 14 ad n. 25 ; Peter Böckli (2009), § 13 N 275. D'un autre avis, Wernli/Rizzi, BaK ad art. 714 CO (2016), N 12 ; dans le sens de cet auteur, HGer ZH 18. 5. 2021, HG200002, c. 5.3.2 et 5.3.3.

[2487] ATF 133 III 77 c. 5 (79 : « *Le défaut de séance formelle d'un conseil d'administration composé d'un seul membre ne saurait donc constituer un motif de nullité de la décision prise* » ; 80 : « *le défaut de procès-verbal n'entraîne pas la nullité des décisions concernées* »).

[2488] Ainsi Peter/Cavadini, CR ad art. 714 CO (2017), N 14 ad n. 26 ; Guillaume Vionnet (2005), p. 137. Voir à ce sujet *infra* N 1776 ad n. 2491 .

[2489] Cf. Peter/Cavadini, CR ad art. 714 CO (2017), N 12 : « *l'action en annulation d'une décision du conseil est exclue, ce qui ne doit pas être interprété dans le sens d'une volonté législative d'élargir le champ d'application de l'action en constatation de nullité, mais au contraire de réduire les cas où une décision prise par le conseil serait privée d'effet* ».

automatique des cas de nullité de l'art. 706b CO. La préoccupation de la doctrine est de ne pas paralyser la société et de limiter l'insécurité juridique.

À notre sens, en particulier en cas de contrariété au droit impératif, la sanction générale de l'art. 20 CO doit en principe s'appliquer – comme elle s'applique à tout autre acte juridique –, mais cela suppose que la nullité soit comprise comme l'anéantissement des seuls effets qui emportent la création d'un état de fait illicite ou empêchent la restitution de prestations réversibles, sans qu'un déséquilibre soit créé[2490]. 1773

Cela étant, il faut avoir à l'esprit que la nullité a de toute façon une **portée limitée**. 1774

D'une part, elle **n'entrave nullement la validité des engagements de la société à l'égard des tiers de bonne foi** ; ces engagements lient la société en vertu des règles sur la représentation. 1775

D'autre part, si une décision de l'organe dirigeant est illicite, les conséquences de l'illicéité s'appliquent, dans la plupart des cas, indépendamment de la nullité de la décision. Une décision de l'organe dirigeant n'a pas le pouvoir d'oblitérer la contrariété au droit, c'est-à-dire de rendre licite ce qui ne l'est pas. Ainsi, **les organes qui ont pris une décision illicite sont responsables** envers la société – ainsi qu'envers les sociétaires (notamment si une décision viole le principe d'égalité entre eux[2491]) et, le cas échéant, les créanciers[2492] –, même si leur décision n'est pas frappée de nullité. La nullité n'est pas indispensable à la mise en œuvre de la responsabilité ; au contraire, il n'est pas exagéré de dire qu'elle ne joue pas de rôle dans cette problématique. 1776

On ajoutera encore que la portée pratique de l'éventuelle nullité est également amoindrie par le **droit des sociétaires de révoquer** l'organe dirigeant et d'élire des personnes dont le programme est d'éliminer les conséquences d'irrégularités commises par les personnes révoquées. La mise en œuvre d'un tel processus est, le plus souvent, la mesure appropriée et efficace pour y parvenir, tandis qu'une action en constatation de nullité prend presque inévitablement un temps considérable à aboutir, la mise en œuvre de ses conséquences – en cas de succès procédural – pouvant être complexe voire inextricable. 1777

Qui plus est, ces auteurs indiquent que l'art. 714 CO « *procède par renvoi analogique à un substrat (l'assemblée générale et ses décisions) qui, fondamentalement, a peu de traits communs avec le conseil d'administration. Face aux doutes qui peuvent en résulter, on pratiquera une interprétation restrictive quant à la possibilité de contester la validité –* in casu *l'existence même – des décisions du conseil d'administration* » (N 12 ad n. 12).

[2490] Cf. *supra* n. 2449.
[2491] Cf. *supra* ad n. 2488.
[2492] Cf. *supra* N 1112-1118.

1778   Ces multiples aspects pratiques impliquent que la nullité des décisions de l'organe dirigeant est **rarement invoquée** dans la vie des affaires (autant qu'on puisse le percevoir) et dans la vie judiciaire (ce que confirme la consultation de la jurisprudence publiée et non publiée[2493]). Elle est tout de même invoquée lorsqu'il s'agit en particulier d'empêcher une inscription au registre du commerce fondée sur une décision de l'organe dirigeant.

VI.   La fin de la société

1779   La dissolution et la liquidation font l'objet de règles qui **convergent pour l'essentiel** bien au-delà des seules sociétés de capitaux et de la coopérative, comme on l'a vu dans les deux chapitres consacrés à ces questions.

1780   Les **conditions de la dissolution** sont semblables pour toutes les sociétés[2494], sauf quelques exceptions spécifiques à chaque forme de société, pour lesquelles il n'y a pas de convergence particulière entre les différentes sociétés de capitaux entre elles ou entre l'une d'elles et la coopérative.

1781   La **liquidation** est également semblable dans toutes les formes de société[2495], sauf qu'elle est décrite de façon plus détaillée pour les sociétés de capitaux et la coopérative que pour les sociétés de personnes. Cela a été traité dans le chapitre consacré à la liquidation[2496].

1782   On rappellera que les règles sur la **faillite** (cause de dissolution et procédure de liquidation) ne distinguent pas selon le type de société[2497].

1783   Là où les sociétés de capitaux et la coopérative se distinguent des autres sociétés, c'est que leur inscription au registre du commerce est constitutive[2498]. Il s'ensuit que **leur radiation du registre du commerce est réellement la fin de leur existence**. Cet aspect a cependant été traité dans le chapitre consacré à la liquidation ; on y renvoie donc[2499].

[2493]   On le voit à l'arrêt TC, RJN 2018 321 (c. 8 [329], à l'encontre duquel un recours avait été formé, et rejeté par TF 8. 6. 2018, 4A_241/2018), où la nullité selon l'art. 714 CO n'est envisagée par le plaideur (sans perspective de succès) qu'à défaut de tout autre moyen. Les décisions citées dans la présente section, *supra* n. 2467-2487, nous paraissent représenter quasi l'intégralité de celles qui sont accessibles.

[2494]   *Supra* N 1261-1283.

[2495]   *Supra* N 1284-1353, spéc. N 1288-1290.

[2496]   *Supra* N 1308 ; ég. N 1289.

[2497]   *Supra* N 1340-1342 et N 1290.

[2498]   *Supra* N 1652-1654.

[2499]   *Supra* N 1338.

§ 26 Les dispositions communes à l'ensemble des sociétés de capitaux

I. Matière traitée : la notion de capital et les règles concrètes de protection du capital

Les très nombreuses règles **communes à l'ensemble des sociétés**, qu'elles soient des dispositions légales communes ou des règles matériellement convergentes, font l'objet des premiers chapitres de ce précis : elles couvrent d'immenses domaines (registre du commerce, droit comptable, représentation, notamment)[2500]. Les règles communes **aux personnes morales** couvrent elles aussi des aspects cruciaux (séparation des patrimoines, responsabilité pour le comportement des organes, régime du surendettement, etc.)[2501].   1784

Quant aux règles qui sont convergentes **pour l'ensemble des sociétés de capitaux et la coopérative**, elles concernent des aspects importants, même si la convergence paraît relever ici de la contingence : vu les différences fondamentales entre les sociétés de capitaux et la coopérative, le législateur aurait pu opter pour des régimes distincts. Mais, que ce soit par en raison d'une volonté résolue d'harmonisation ou d'un choix « par défaut », la convergence est apparue plus opportune[2502] ; quoi qu'il en soit, en fin de compte, cette configuration se retrouve dans de vastes domaines (équilibre entre sociétaires et gérants, déroulement de l'assemblée des sociétaires, de sa préparation aux contestations des décisions qui y sont prises)[2503].   1785

Ainsi, **les règles qui ne sont communes qu'aux sociétés de capitaux** couvrent un domaine qui peut sembler résiduel (sachant que les différentes sociétés de capitaux se distinguent sensiblement les unes des autres et suivent donc des règles spécifiques à chacune d'elles). Pourtant, ce domaine « résiduel » est essentiel lui aussi, car il s'agit d'une part de la **notion de capital** elle-même[2504], et de **ce qui s'articule** sur le capital[2505]. Et d'autre part, il s'agit des mécanismes juridiques qui assurent la **protection du capital**[2506].   1786

[2500] Cf. *supra* N 52-668 et 968-1353.
[2501] Cf. *supra* N 669-967.
[2502] Cf. *supra* N 1650 s.
[2503] Cf. *supra* N 1667-1778.
[2504] Cf. *infra* N 1797-1863 (souscription, apports, augmentation).
[2505] Cf. *infra* N 1954-1966 (distribution de dividendes, y compris en cas de liquidation, et droit de vote).
[2506] Cf. *infra* N 1864-1953 (réserves, réduction de capital, acquisition par la société de parts de son propre capital).

1787 Par ailleurs, le législateur a aussi opté pour des règles de fonctionnement identiques sur plusieurs questions[2507], simplement parce qu'il n'a pas vu de raison d'édicter un régime divergent.

II. Le capital

A. La notion

1788 Le capital peut être décrit sous plusieurs angles.

1789 Du **point de vue de la société**, il se définit essentiellement par sa nature juridique et comptable, dont résultent des conséquences juridiques et économiques. Du **point de vue des sociétaires**, il est l'instrument par la détention duquel ils sont juridiquement propriétaires de la société et, économiquement, les bénéficiaires indirects de son actif net.

1790 La nature comptable du capital est d'être d'abord un passif[2508]. Il est **un passif qui, juridiquement, n'est pas une dette**. Ainsi, au passif, il constitue des fonds propres. La société n'a pas l'obligation de verser de montant correspondant à son capital, sauf si elle le décide elle-même (par une procédure de réduction de capital) ou parce qu'elle est liquidée sans être surendettée.

1791 Le capital est un montant qui **ne varie pas en fonction du résultat annuel**. En ce sens, il est « fixe ». Il peut toutefois varier si une procédure d'augmentation ou de réduction est effectuée.

1792 Les conséquences juridiques et économiques sont qu'**au moment de la souscription, la société est titulaire d'actifs de la même valeur que le capital** : l'actif comprend des valeurs que les sociétaires ont fourni ou se sont engagés à fournir (les apports). Étant donné que la société jouit ainsi de valeurs patrimoniales sans qu'elles correspondent à des dettes, le capital est un *montant que la société peut risquer de perdre* sans qu'une telle perte la conduise à être surendettée ; il est ainsi correct de parler économiquement de capital-risque (même si cette expression-là se rapporte plutôt au point de vue de l'investisseur prêt à perdre son investissement en cas de marche défavorable des affaires de la société). En sens inverse, la détention du capital donne aux sociétaires le droit de jouir, en suivant les règles sur la distribution des bénéfices, de l'accroissement

---

[2507] En ce qui concerne le déroulement de l'assemblée des sociétaires, outre les règles communes aux sociétés de capitaux et à la coopérative (réf. *supra* n. 2503), les règles communes aux sociétés de capitaux se rapportent notamment à la *participation* et à la *représentation* des sociétaires (*infra* N 1968-2014).

[2508] Cf. *supra* N 246.

des fonds propres issu d'une marche favorable des affaires : c'est là le *revenu du capital* (exprimé en rapport avec le capital, souvent par un taux, on parlera de *rendement du capital*[2509]).

La notion de capital est **la même pour toutes les sociétés de capitaux**. Le trait selon lequel la détention du capital détermine qui est propriétaire de la société est aussi commun à toutes les sociétés de capitaux. En revanche, **la façon dont sont définies les parts de capital diffère selon les formes de société** : les actions d'une société anonyme se définissent par leurs caractéristiques, toutes identiques ou faisant partie d'une série de titres identiques[2510] ; par contraste, les parts d'une société à responsabilité limitée peuvent être différentes l'une de l'autre (et son capital peut correspondre à une « part » unique)[2511]. Les parts du capital doivent donc être étudiées dans le chapitre consacré à chaque forme de société.

1793

B.   La mesure du capital

Dans le droit suisse actuel, le capital est **mesuré par un montant en argent** (ce qui ne signifie pas que les apports doivent être fournis en argent ; mais ils sont mesurés par leur contrevaleur en argent, selon des règles d'évaluation visant à empêcher qu'ils soient surestimés).

1794

Jusqu'en 2022, cette mesure était en francs suisses. Depuis le 1er janvier 2023, le capital peut être défini dans une **monnaie** autre que le franc suisse. Elle doit correspondre à la « *monnaie étrangère la plus importante au regard des activités de l'entreprise* » (art. 621 al. 2, 1re phr., CO)[2512]. Cette monnaie doit alors être utilisée pour la comptabilité et la présentation des comptes (3e phr.). Ce choix figure dans les statuts et au registre du commerce[2513]. Il peut être modifié au début de chaque exercice annuel, ce qui implique un changement de statuts et une publication au registre du commerce.

1795

Le **choix** d'une monnaie étrangère est limité à quelques devises librement convertibles et largement répandues dans la vie économique internationale, selon une liste arrêtée par voie d'ordonnance (concrètement dans l'annexe 2 de

1796

[2509] Cf. *infra* N 1890 ; cf. ég. Rouiller/Bauen/Bernet/Lasserre Rouiller (2022), n. 342.

[2510] Cf. *infra* N 2028-2034.

[2511] Cf. *infra* N 2518 et 2531.

[2512] Le droit de la Sàrl y renvoie, l'art. 773 al. 2 CO disant : « *Le capital social peut également être fixé dans la monnaie étrangère la plus importante au regard des activités de l'entreprise. Les dispositions du droit de la société anonyme sur le capital-actions fixé en une monnaie étrangère s'appliquent par analogie* ».

[2513] Cf. *supra* N 65.

l'ORC ; les devises actuellement retenues sont le dollar des États-Unis, l'euro, la livre sterling et le yen).

III. La souscription et la libération des apports en capital

A. Les notions

1797 Conceptuellement, la souscription des parts au capital se distingue nettement de la libération des apports.

1798 La **souscription est l'engagement de fournir un apport** à la société, en échange de quoi la société reconnaîtra que le souscripteur est propriétaire de parts au capital en proportion des parts souscrites.

1799 La **libération des apports est l'exécution de cet engagement** par le souscripteur.

1800 Les apports sont des biens que la société acquiert de façon définitive et irrévocable. Vis-à-vis du souscripteur qui les a fournis – et est ainsi devenu sociétaire –, elle a une totale titularité et jouissance sur ces biens. Ils constituent son **patrimoine propre**, qui, au moment où ils sont fournis, ne sont pas affectés de quelconques charges. Si la loi prescrit explicitement l'interdiction de les « restituer » aux sociétaires[2514], les apports ne sont nullement des biens bloqués : ils sont à la disposition de la société pour être utilisés afin de réaliser le but social.

1801 Les **modalités** de souscription et de libération des apports peuvent grandement varier en fonction d'une multitude de paramètres.

1802 La situation diffère **selon le stade d'existence de la société**, à savoir si elle est en train d'être créée (souscription à la fondation) ou si elle existe déjà (souscription dans le cadre d'une augmentation de capital) : notamment, dans le premier cas, les souscripteurs sont tous de futurs sociétaires ; dans le second, les souscripteurs des nouvelles parts au capital peuvent être des sociétaires actuels ou de futurs sociétaires.

[2514] L'art. 680 al. 1 CO dit que les actionnaires « *n'ont pas le droit de réclamer la restitution de leurs versements* ». Pour la Sàrl, l'art. 793 al. 2 CO est matériellement identique : « *Les apports libérés ne peuvent pas être restitués* ». Cf. ég. *supra* N 1226 et 1228.

Les souscripteurs doivent toujours s'engager **inconditionnellement** à libérer la 1803 totalité des apports promis[2515]. Le **moment de la libération** varie selon la possibilité de différer – en partie – l'exécution de cet engagement ; si cette possibilité existe (c'est le cas dans le droit de la SA) et qu'on y recourt, une partie du capital est décrite comme « non libérée » (ou « non versée »).

Le **contenu de la libération** peut varier en ceci que les apports à fournir peuvent 1804 être **en espèces ou « en nature »**, y compris par compensation avec une créance du souscripteur envers la société.

Enfin, la souscription **varie selon les types de parts de propriété du capital** 1805 (« titres de participations ») délivrées (« émises ») par la société au souscripteur en échange de l'apport : actions et bons de participation (dans la SA et la société en commandite par actions) ainsi que parts sociales (dans la Sàrl).

La **relation entre la valeur nominale des titres de participation délivrés par** 1806 **la société et la valeur des apports** varie selon que l'émission est « au pair » ou « sur le pair ». Dans le premier cas, la valeur de l'apport correspond exactement à la valeur nominale des titres de participation émis. Dans le second, l'apport ayant une valeur plus élevée que la valeur nominale des titres de participation correspondants, le souscripteur paie une « prime d'émission » (ou « agio »). En droit suisse, l'émission « sous le pair » n'est pas admise[2516] : la société ne peut délivrer des titres indiquant une valeur nominale plus élevée que la valeur de l'apport fourni.

B.   La fondation de la société de capitaux et la souscription

Comme on l'a vu dans le chapitre sur les **règles communes aux sociétés de** 1807 **capitaux et à la coopérative**, l'existence de ces diverses sociétés (personnes morales du Code des obligations) requiert que les sociétaires fondateurs pas-

---

[2515] Ce contenu de l'engagement, qui résulte de la loi, doit toujours être stipulé dans l'acte de souscription. L'art. 630 ch. 2 CO (relatif à la SA, mais qui nous paraît couvert par le renvoi de l'art. 777c al. 2 ch. 3 CO pour la Sàrl) est ainsi formulé : « *Pour être valable, la souscription requiert [...] : 2. l'engagement inconditionnel d'effectuer un apport correspondant au prix d'émission* ». L'art. 44 lit. d ORC spécifie lui aussi que l'acte constitutif doit contenir cette stipulation.

[2516] Pour la SA, art. 624, 1re phr., CO : « *Les actions ne peuvent être émises qu'au pair ou à un cours supérieur* ». Pour la Sàrl, art. 777c al. 1 CO : « *Lors de la fondation de la société, un apport correspondant au prix d'émission doit être libéré pour chaque part sociale* ». Le renvoi au droit de la SA à l'al. 2, ch. 3 (pour « *la libération et la vérification des apports* ») couvre selon nous aussi l'interdiction de l'émission sous le pair.

sent un acte authentique[2517], suivi d'une inscription au registre du commerce[2518]. Le contenu de l'acte authentique varie selon la forme de société, notamment au vu des différences entre les titres de participation qui y sont attachés, et le montant minimal total du capital à souscrire (et donc des apports à fournir). Cela implique qu'on le traitera dans le chapitre consacré à chaque société.

1808 Cela étant, **dans les sociétés de capitaux**, l'acte authentique a pour aspect commun la substance de l'acte de souscription : les (futurs) sociétaires stipulent la **valeur nominale** des parts au capital qu'ils souscrivent et **les apports** qu'ils s'engagent à fournir. En fin de processus, l'examen par le registre du commerce consiste notamment à vérifier que les apports ont bel et bien été fournis[2519], avant d'inscrire la société.

1809 La situation est très simple en cas d'apports en espèces. Elle est bien plus complexe en cas d'apports en nature (et par compensation). Il convient donc de traiter ci-après les différents types d'apports.

C.   Les apports

1.   Les apports en espèces

1810 Le **processus relatif aux apports en espèces est simple et formel** en droit suisse : les fonds apportés doivent être **déposés sur un compte bancaire** d'une banque autorisée à pratiquer en Suisse (art. 633 al. 1 CO).

1811 Cette banque émet une **attestation de dépôt**. Cette attestation doit préciser que les fonds seront à disposition de la société dès son inscription au registre du commerce (d'une façon ou d'une autre, elle doit attester qu'elle conserve les fonds bloqués jusqu'à cette inscription, car cela correspond à son obligation[2520] et la certitude sur ce plan est nécessaire pour que la simplicité de la procédure d'apports en espèces soit justifiée au regard de la protection des tiers que vise à assurer la réalité d'un capital minimal au début de l'existence de la société).

1812 L'attestation est remise au notaire et doit être **accessible aux sociétaires durant l'instrumentation de l'acte authentique**. Elle peut être annexée à l'acte

---

[2517] *Supra* N 1655.

[2518] *Supra* N 1652-1654.

[2519] Cf. art. 43 al. 1 lit. f ORC (en cas d'apports en espèces) et art. 43 al. 3 ORC en cas d'apports en nature.

[2520] Art. 633 al. 2 CO (« *La banque ne libère cette somme qu'après l'inscription de la société au registre du commerce* »).

authentique, mais celui-ci peut aussi mentionner l'établissement bancaire auprès duquel les apports en espèces correspondant au capital sont déposés[2521].

Les espèces peuvent être de la **monnaie** dans laquelle le capital-actions est libellé (laquelle peut être le franc suisse, le dollar des États-Unis d'Amérique, l'euro, la livre sterling ou le yen japonais[2522]) ou d'une autre monnaie librement convertible (cf. art. 633 al. 3 CO[2523]). Lorsque la monnaie de l'apport n'est pas celle du capital, la somme déposée doit être suffisante au vu du taux de change applicable pour acheter la devise («cours de l'offre des devises», *Briefkurs*) au jour de l'acte authentique[2524]. Par ailleurs, l'acte authentique doit mentionner le taux de change appliqué[2525]. 1813

Une fois l'inscription effectuée, la banque doit **transférer la somme déposée en suivant les instructions des personnes autorisées** à représenter la société. Il arrive en pratique que les banques exigent que la somme soit versée sur un compte bancaire de la société. Même si l'on comprend que cette exigence vise à prévenir le risque d'abus[2526], il ne s'agit nullement d'une exigence de la loi : la somme doit être utilisée **en conformité du but social** ; mais cela ne suppose pas forcément qu'elle soit versée sur un compte bancaire au nom de la société. 1814

[2521] Cf. art. 43 al. 1 lit. f ORC.

[2522] Annexe 3 à l'ORC, qui met en œuvre la délégation de l'art. 621 al. 2 *in fine* CO.

[2523] « *Ont qualité d'apports en espèces les versements effectués dans la monnaie dans laquelle le capital-actions est libellé, ainsi que les versements effectués dans une monnaie librement convertible autre que celle dans laquelle est fixé le capital-actions* ».

[2524] L'art. 621 al. 2, 2e phr., CO ainsi que l'art. 632 al. 2, 2e phr. CO (« *Lorsque le capital-actions est fixé dans une monnaie étrangère, les apports effectués doivent avoir une contre-valeur de 50 000 francs au moins lors de la constitution* »), prévoient expressément que c'est le moment *de la constitution* qui est décisif ; une éventuelle baisse de cours de la monnaie de l'apport est un risque accepté par le législateur et traité par l'obligation d'inscrire dans l'acte authentique le taux de change appliqué. Le fait que ce soit le taux de change appliqué pour acheter (*Briefkurs*) la devise dans laquelle est libellé le capital découle d'une réalité économique simple : le souscripteur doit avoir apporté suffisamment de monnaie autre que celle du capital souscrit pour que la somme souscrite puisse être obtenue (c'est-à-dire : achetée) par la société. On peut ajouter sur un plan doctrinal que la société est créancière de la somme dans la monnaie du capital et que la dette d'argent est portable, et se référer à l'art. 84 CO.

[2525] Art. 629 al. 3 CO : « *Si le capital-actions est fixé dans une monnaie étrangère ou que les apports sont effectués dans une autre monnaie que celle du capital-actions, le taux de change applicable doit être mentionné dans l'acte constitutif* ».

[2526] Outre les catégories générales d'abus de confiance et de gestion déloyale (cf. *supra* N 1016-1022), des abus peuvent consister dans la *libération fictive ou simulée* du capital social ; des situations de ce type ont été traitées par la jurisprudence et ressortissent au régime de responsabilité des fondateurs selon l'art. 753 CO, cf. *infra* N 1834, spéc. n. 2565 (avec réf. aux ATF 102 II 353 et 76 II 307).

Elle peut être mise en dépôt auprès de tout tiers au bénéfice de la société[2527] ou utilisée pour n'importe quel engagement (prépaiement, paiement de dette) conforme au but social.

2. Les apports en nature

a. Traits généraux du régime légal

1815 Les apports « en nature » sont des **biens autres que du numéraire**, que le souscripteur fournit à la société pour libérer le capital. La loi vise à assurer que la valeur de l'apport n'est pas moindre que la valeur nominale du capital émis en échange de cet apport. Elle le fait par une série de **conditions formelles et des exigences quant à l'évaluation de l'apport**. Ces règles protègent d'une part les créanciers de la société (dont la situation est mieux assurée si les biens apportés correspondent – au moins – à la valeur nominale publiée). D'autre part, en cas de pluralité de sociétaires, elles protègent l'équité entre eux, en évitant que l'apport de l'un n'ait pas une valeur correspondant (proportionnellement) à celle des apports des autres sociétaires.

1816 Le droit de la société anonyme est assez détaillé sur ce plan. Le droit de la société à responsabilité limitée y renvoie (art. 777c al. 2 CO[2528]).

1817 De façon générale, les biens apportés au titre de la libération du capital font l'objet de publicité : ils sont expressément **mentionnés dans les statuts** (art. 634 al. 4 CO), et dès lors **au registre du commerce** (cf. art. 936 al. 2 CO). Ils sont aussi traités dans un rapport de fondation (cf. art. 634 ch. 3 et 635 ch. 1 CO), lequel est soumis à la publicité du registre du commerce en tant que pièce justificative[2529].

1818 En second lieu, il faut s'assurer que **l'estimation des fondateurs quant à la valeur des biens apportés** est soutenable (art. 635 ch. 1 et 3 CO). À cet effet, le rapport de fondation que doivent élaborer les fondateurs est soumis au **contrôle d'un réviseur**, chargé d'attester par écrit qu'il est complet et exact (art. 635a CO).

[2527] Cette configuration est d'autant plus nécessaire, fréquente et légitime que, depuis une quinzaine d'années, les banques en Suisse n'ont que très peu d'appétence à ouvrir des comptes pour les sociétés.

[2528] « *Pour le surplus, le droit de la société anonyme s'applique par analogie à : 1. l'indication des apports en nature, des compensations de créances et des avantages particuliers dans les statuts ; 3. la libération et la vérification des apports* ».

[2529] Cf. *supra* N 67, 87 et, surtout, 133.

La violation de ces dispositions spéciales entraîne la nullité de l'apport en na- 1819
ture. Le bien apporté ne constitue alors pas une libération valable du capital.
Sur requête de la société, l'actionnaire reste tenu de libérer *en espèces* les actions souscrites[2530]. Sont réservées la responsabilité des personnes ayant participé à la fondation de la société (art. 753 CO)[2531] et, le cas échéant, les conséquences pénales y relatives[2532].

b. En particulier

aa. Exigences relatives aux biens apportés

Le bien apporté doit être **transmissible et pouvoir être comptabilisé au bilan**. 1820
Sa nature n'a pas à servir le but de la société : seule sa valeur a une pertinence.
L'art. 634 al. 1 CO énonce en particulier les conditions suivantes : (i) l'objet
apporté peut être porté à l'actif du bilan ; (ii) il peut être transféré dans le patrimoine de la société[2533] ; (iii) la société peut en disposer librement comme propriétaire dès son inscription au registre du commerce, ou a le droit inconditionnel, s'il s'agit d'un immeuble, d'en requérir l'inscription au registre
foncier[2534] ; (iv) il peut être réalisé par transfert à un tiers[2535].

On trouve **typiquement** comme apports en nature des droits réels mobiliers ou 1821
immobiliers, des créances et des droits immatériels (p. ex. brevets, marques ou
licences). En revanche, des créances futures, des prestations de travail ou du

---

[2530] Cf. ATF 83 II 284 c. 4 (290), *a contrario* (les clauses sur les apports en nature étant nulles,
l'actionnaire qui s'est engagé à libérer inconditionnellement des apports correspondant au
prix d'émission doit, sur requête du conseil d'administration – qui a le devoir de veiller à
l'intérêt de la société – payer un montant correspondant à ces apports, à moins que les
statuts soient modifiés).

[2531] A ce sujet, cf. *infra* N 1828-1836.

[2532] Cf. p. ex. ATF 101 IV 145 c. 2b (148).

[2533] Cette deuxième condition est largement redondante avec la première. Il s'agit cependant
d'une approche juridique, tandis que la première est comptable (sur les conditions posées
à la présence d'une valeur à l'actif, cf. *supra* N 265-267). Elles se recouvrent dans la plupart des cas, mais des divergences peuvent exister. La règle légale vise à assurer une pleine
effectivité du transfert à la société à tous points de vue.

[2534] Cette troisième condition vise à s'assurer de *l'immédiateté* de l'existence du droit de propriété (décrit comme le pouvoir de disposer, soit l'existence d'un droit de propriété non
restreint sur le plan de l'absence de restrictions du droit d'aliéner, ce qui traduit une approche fondée sur la valeur réalisable, plutôt que sur une valeur de jouissance ou d'exploitation).

[2535] Comme la troisième condition, celle-ci vise à s'assurer de l'existence d'une *valeur de
réalisation* de l'objet apporté.

savoir-faire (*know-how*) ne peuvent pas constituer des apports en nature[2536]. Tel est également le cas lorsque le sociétaire entreprend un travail substantiel pour la société, vu l'impossibilité de comptabiliser un tel apport au bilan[2537].

1822 Depuis 2017, la pratique reconnaît que les **cryptomonnaies** peuvent constituer des apports en nature[2538]. Un jeton (*token*) n'est certes, dans de très nombreux cas, pas un droit envers qui que ce soit. Ce n'est ni une créance, ni un droit de participation, du moins en ce qui concerne les jetons de paiement d'un réseau (ou « écosystème ») réellement décentralisé. Il en va de même d'un nombre considérable de jetons dits « d'utilité » (*utility tokens*), lorsque les fonctions autres que la transférabilité ne sont pas des prestations exigibles d'une personne, mais des fonctionnalités exécutables sur le réseau[2539]. En revanche, il est devenu indéniable que le marché reconnaît que ces jetons ont une valeur réalisable et mesurable en monnaie frappée par l'État[2540]. Est donc bien fondée

---

[2536] Cf. *supra* N 266-267. Le fondateur qui ne dispose que de telles valeurs (son industrie, son savoir-faire) à apporter devra donc obtenir des ressources pouvant constituer des apports (p. ex. un financement) de la part de tiers, qui ne lui accorderont ces moyens, le cas échéant, que si ce fondateur fait stipuler des *avantages particuliers* (lesquels pourront être justifiés, art. 636 CO et *infra* N 1843, 1846, 2165 et 2254, selon l'utilité que les travaux ou le savoir-faire auront pour la société). Si un savoir-faire est déjà accumulé, on devrait être en mesure de concevoir qu'une *licence de savoir-faire* puisse constituer un apport ; en effet, dans un tel cas, une telle licence a une valeur comptabilisable.

[2537] Pour le savoir-faire (*know-how*), des méthodes récentes d'évaluation tendent justement à attribuer une valeur comptable aux connaissances malgré l'absence d'un bien de propriété intellectuelle classique (brevet, droit d'auteur) ; cf. à ce sujet, Philippe GILLIÉRON (2005), p. 639 ss (spéc. p. ex. p. 668 s., avec réf., au sujet des technologies en cours de développement). V. ég. *supra* N 266, n. 378 et ad 379.

[2538] Par exemple, la société IndéNodes Sàrl (CHE-133.249.446) à Neuchâtel a été constituée avec des apports en nature ainsi libellés : « *3 bitcoins, selon contrat du 06. 12. 2017, pour CHF 21 604.20.–, montant imputé sur le capital social à concurrence de CHF 20 100.–, en échange de 201 parts sociales de CHF 100.–, les apporteurs restant créanciers de la société à concurrence de CHF 1504.20.–* ». La pratique est constante ; v. ainsi, plus récemment, Brozen Impact SA (CHE-467.174.776) : « *107 882.3525 USD Coins (cryptomonnaie définie comme stable - stable coin - et abrégée US[DC]), selon contrat du 15. 03. 2022, pour CHF 101 409.–, en échange de 100 000.– actions de CHF 1.–, le solde de CHF 1409.– constituant un agio* ».

[2539] Sur ces catégories, v. p. ex. Nicolas ROUILLER, Cryptocurrencies (2020), p. 3-5.

[2540] Il existe de nombreuses plateformes d'échange (le plus souvent pour échanger des cryptomonnaies les unes contre les autres), mais en outre, des particuliers acceptent d'être payés en de telles cryptomonnaies en utilisant un cours de référence par rapport à une monnaie d'État, et des établissements financiers effectuent des conversions (pour leur compte ou pour le compte de clients) en appliquant un tel cours de référence. L'existence d'une valeur de marché se reflète aussi par les fonds d'investissement dont les actifs sont de telles cryptomonnaies. Par ailleurs, le fisc reconnaît que les cryptomonnaies représentent des valeurs imposables (comme revenu, produit contribuant au bénéfice, fortune ou

la pratique qui admet que des cryptomonnaies bénéficiant d'une bonne liquidité puissent constituer des apports en nature.

bb.   Exigences formelles

Afin de réduire le risque d'une surévaluation des biens apportés et, partant,   1823
d'une faiblesse du capital social en comparaison de son apparence, la loi prévoit une série de mesures de protection :

(a) les **statuts** doivent indiquer l'objet et l'évaluation de l'apport en nature, ainsi que le nom de l'« apporteur » et les actions qui sont émises en échange de cet apport (art. 634 al. 4, 1ʳᵉ phr., CO)[2541] ;

(b) les apports en nature ne valent comme couverture que lorsqu'ils sont effec-tués en exécution d'un **contrat** passé en la forme écrite (art. 634 al. 1, 1ʳᵉ phr., CO) ou authentique si la cession de l'apport le requiert (art. 634 al. 2, 2ᵉ phr., CO), ce qui est impératif pour les immeubles[2542] ; à propos de ceux-ci, la loi précise qu'un acte authentique unique peut être passé pour apporter des immeubles situés dans différents cantons (art. 634 al. 3 CO) ; l'acte est établi par un notaire au siège de la société (alors qu'il existe en principe un strict monopole des notaires de chaque canton pour les im-meubles qui y sont situés)[2543]. Le contrat relatif aux apports en nature doit être annexé à l'acte constitutif (art. 631 al. 2 ch. 5 CO) ;

(c) dès l'inscription de l'apport en nature au registre du commerce, **la société doit *immédiatement* pouvoir en disposer**[2544] en qualité de propriétaire

---

capital ; cf. p. ex. le Rapport du Conseil fédéral du 19. 6. 2020 «*concernant un éventuel besoin d'adaptation du droit fiscal aux développements de la technologie des registres électroniques distribués (TRD/blockchain)*», qui conclut qu'aucune adaptation n'est né-cessaire (en particulier, en p. 30, le rapport conclut : «*Pour les impôts sur le revenu et la fortune, la législation fiscale en vigueur a fait ses preuves*»).

[2541] Cf. *supra* N 1815. Après dix ans, l'assemblée générale peut décider d'abroger les dispo-sitions statutaires sur les apports en nature ou les reprises de biens (art. 634 al. 4, 2ᵉ phr., CO).

[2542] Du point de vue du droit suisse, des immeubles situés à l'étranger peuvent faire l'objet d'un apport en nature ; le contrat ne doit pas forcément être soumis au droit suisse : ce qui importe est que ses effets doivent assurer que les exigences de l'art. 634 al. 1 CO sont remplies. Le droit étranger peut ne pas permettre un tel contrat (que cela soit en vertu de règles de droit civil, ou de droit administratif).

[2543] Le législateur a prévu un allègement similaire en matière de transfert de patrimoine, cf. *infra* N 2874 ad art. 70 al. 2 LFus.

[2544] Cette exigence d'immédiateté du pouvoir de disposition réduit les risques d'une déprécia-tion de l'actif au moment où la société *peut* concrètement utiliser (notamment : vendre) l'actif et le moment où le contrat d'apport est conclu et l'évaluation effectuée, puisqu'il

ou, en cas d'apport de biens immobiliers, avoir le droit inconditionnel d'en requérir l'inscription au registre foncier (art. 634 al. 1 ch. 3 CO) ;

(d) les fondateurs doivent rendre compte, dans un **rapport de fondation écrit**, de la nature et de l'état des apports en nature et du bien-fondé de leur évaluation (art. 635 ch. 1 CO). La méthode d'évaluation doit y être exposée de manière détaillée. L'évaluation doit en principe se fonder sur la valeur marchande, mais ne peut pas dépasser la valeur que l'apport représentait pour la société au moment de la fondation (art. 960a CO) ;

(e) un **réviseur** agréé[2545] doit vérifier le rapport de fondation et attester par écrit qu'il est complet et exact (art. 635a CO). Ainsi, l'évaluation arrêtée dans le rapport de fondation fait foi, lorsque le réviseur a confirmé qu'elle était soutenable ;

(f) l'objet de l'apport en nature et les actions émises en échange sont inscrits au **registre du commerce** (cf. art. 936 CO). Le rapport de fondation, l'attestation de vérification du réviseur, ainsi que le contrat relatif aux apports en nature doivent être annexés à la réquisition d'inscription au registre du commerce (art. 43 al. 3 ORC), ce qui découle de l'exigence selon laquelle ils sont annexés à l'acte constitutif (art. 631 al. 2 ch. 2-5 CO). Ils sont donc sujets à la publicité du registre du commerce[2546].

3. L'apport par compensation avec une créance du sociétaire envers la société

1824 Dans le cas d'une libération par compensation, un créancier compense la prétention de la société en libération des actions souscrites avec la créance qu'il détient à l'encontre de celle-ci. Compte tenu de la **nécessité de l'existence d'une dette de la société**, ce qui est rarement le cas le jour de sa fondation (mais est possible dans le cadre des situations visées à l'art. 645 CO[2547]), la libération par compensation a surtout lieu lors d'une augmentation de capital[2548] ou (dans la SA) d'une libération ultérieure du capital[2549].

---

ne se passe usuellement que quelques jours ou semaines entre ces deux moments. L'évaluation correspond donc en principe à une valeur qui revient effectivement à la société.

[2545] Au sujet des exigences relatives au réviseur agréé, voir *supra* N 870, 877 et 881.

[2546] Cf. *supra* N 67, 87 et, surtout, 133.

[2547] *Supra* N 1662 s.

[2548] *Infra* N 1855 s.

[2549] C'est la raison pour laquelle l'art. 634a al. 2 aCO-1991, qui mentionnait la compensation, faisait partie d'une disposition dont le titre marginal était « *libération ultérieure* ».

Étant donné que la libération n'est, comme en matière d'apports en nature, pas   1825
effectuée en espèces, des règles protectrices sont nécessaires.

La libération par compensation **ne peut jamais avoir lieu contre la volonté**   1826
de la société, car le mode d'exécution de la libération (en espèces ; par des
apports en nature ; par compensation) est un élément essentiel de l'accord des
fondateurs et doit figurer dans l'acte constitutif (alors qu'en cas d'augmentation de capital, c'est à l'assemblée générale qu'il appartient de prendre cette
décision)[2550]. Contrairement aux règles de la partie générale du droit des obligations[2551], l'obligation de libérer des actions ne peut pas être compensée avec
une créance contestée par la société. En revanche, la loi précise explicitement
que « *la compensation vaut également comme couverture lorsque la créance
n'est plus couverte par les actifs* » (art. 634a al. 2 CO).

Le **rapport** de fondation (ou, le plus souvent : d'augmentation[2552]) doit rendre   1827
compte « *de l'existence de la dette et de la réalisation des conditions nécessaires à sa compensation* » (art. 635 ch. 2 CO), ce qui doit de surcroît être vérifié par un **réviseur agréé** (art. 635a CO). L'art. 634a al. 3 CO dispose que
« *les statuts mentionnent le montant de la créance à compenser, le nom de l'actionnaire et les actions qui lui reviennent* [2553] » ; ces éléments sont ainsi aisément **accessibles au registre du commerce**[2554]. Cela étant, la loi précise que

---

[2550] Cf., en cas de fondation de la société, art. 629 *cum* 635 ch. 2 CO ; en cas d'augmentation
ordinaire du capital, cf. art. 650 al. 2 ch. 5 CO (la créance compensée correspondant de
toute façon aussi à la définition de l'apport en nature si elle est exigible, et notamment :
non postposée) ainsi que 652e ch. 2 et 652g al. 2 ch. 4 CO ; en cas d'augmentation conditionnelle du capital, art. 653 al. 2 CO ; en cas d'augmentation autorisée (marge de fluctuation) du capital, art. 653u al. 5 *cum* 650 CO.

[2551] Art. 120 al. 2 CO : « *Le débiteur peut opposer la compensation même si la créance est
contestée* ». De façon générale sur les exigences particulières de sécurité des transactions
en rapport avec la souscription d'actions, cf. Marco VILLA (2005), p. 50 ss. Il faut toutefois
noter que si une créance fait l'objet d'une décision d'exécution forcée (titre de mainlevée
définitive, art. 82 LP), la compensation d'une créance contestée n'est concrètement plus
opérante face à la continuation de la poursuite. Par ailleurs, il faut avoir à l'esprit que la
partie générale du Code des obligations prévoit des exceptions importantes au caractère
compensable des créances (art. 125 CO ; pour des cas d'application, cf. ATF 147 IV 55
[62] et 51 II 446 c. 2 [449] ; en général, Corinne ZELLWEGER-GUTKNECHT, BK ad art. 125
CO [2012]). Enfin, le caractère généralement compensable est de droit dispositif et les
parties peuvent stipuler la non-compensabilité.

[2552] Cf. *infra* N 1858.

[2553] C'est une différence par rapport à l'art. 628 aCO-1991, qui prévoyait une telle mention
pour les autres formes de fondation qualifiée (ainsi, *a contrario* pas pour la libération par
compensation).

[2554] Voir *supra* N 133-134.

« *l'assemblée générale peut abroger les dispositions statutaires après dix ans* »
(art. 634a al. 3, 2e phr., CO).

4. La responsabilité en cas de défaillance dans la fourniture des apports

1828   La responsabilité des fondateurs, dont le régime suit les règles générales, concerne **spécifiquement l'inexécution (ou la mauvaise exécution) de l'obligation d'effectuer les apports**. Les responsables potentiels ne sont cependant
pas seulement les souscripteurs, mais aussi toutes les personnes « *qui coopèrent
à la fondation d'une société* » (art. 753 *pr.* CO pour la SA ; l'art. 827 CO y
renvoie pour la Sàrl).

1829   **Au stade de la fondation**, le cercle des responsables potentiels englobe donc
les fondateurs au sens strict, à savoir les premiers souscripteurs (art. 629 CO),
y compris ceux qui agissent à titre fiduciaire, ainsi que les auteurs d'actes accomplis au nom de la société avant qu'elle soit inscrite au registre du commerce
(art. 645 al. 1 CO), les organes élus (en particulier les membres du futur organe
dirigeant) et les personnes qui fournissent aux fondateurs un prêt à court terme
pour la constitution[2555].

1830   **Lors des augmentations de capital**, ce seront en particulier les membres de
l'organe dirigeant dont la responsabilité entrera en ligne de compte sous l'angle
de l'art. 753 CO, bien que cette disposition puisse alors être en concours avec
l'art. 754 CO relatif à la responsabilité dans l'administration et la gestion.

1831   En outre, selon une partie de la doctrine, l'**organe de révision** peut lui aussi
être tenu selon l'art. 753 CO lorsqu'il vérifie un rapport de fondation ou d'augmentation de capital (art. 635, 635a CO et 652f CO)[2556] ; pour d'autres auteurs,

---

[2555]   ATF 76 II 307 (cf. *infra* n. 2565). – Proche de la responsabilité énoncée à l'art. 753 ch. 3
CO (favoriser la souscription par des personnes insolvables), celle des personnes fournissant des prêts à court terme n'est pas identique, car ces prêts permettent de libérer les
actions. Formellement, l'engagement résultant de la souscription (libérer les actions) est
alors exécuté. La solvabilité des actionnaires en cause pose néanmoins le même problème
puisque, dès qu'elle dispose de son capital, la société leur accorde d'ordinaire un prêt leur
permettant de rembourser les personnes qui leur ont fourni les prêts à court terme. La dette
de ces actionnaires à l'égard de la société est quasi identique à celle résultant de la souscription d'actions non libérées. Cf. ég. *supra* N 1088 ad n. 1648.

[2556]   En ce sens, Forstmoser/Meier-Hayoz/Nobel (1996), § 37 N 64 s. ; Rolf Watter, BaK
(2016) ad art. 753, N 4 ; pour une concurrence avec l'art. 754 et le cas échéant 755 CO –
à juste titre selon nous – von Büren/Stoffel/Weber (2011), N 1217 *in fine*. En revanche,
les vérifications à opérer en cas de réduction de capital (art. 653m et 653p CO) ne peuvent

l'organe de révision n'est soumis qu'à la responsabilité de l'art. 755 CO, spécifique à la révision[2557]. Comme pour la responsabilité découlant du prospectus d'émission[2558], les **conseillers** (p. ex. des avocats, voire le notaire[2559]) ou consultants peuvent être tenus responsables selon l'art. 753 CO lorsqu'ils jouent un rôle actif et « créateur »[2560]. Enfin, l'application de cette disposition peut aussi être envisagée à l'égard du **préposé** du registre du commerce – la définition employée par le texte légal pouvant l'inclure –, étant relevé que la responsabilité de l'État au titre de l'activité des autorités du registre du commerce est régie de façon générale par les lois cantonales sur la responsabilité des collectivités publiques[2561], respectivement, pour l'OFRC, par la Loi sur la responsabilité de la Confédération.

La **qualité de lésé** et donc, procéduralement, celle pour agir en réparation appartient en première ligne à la société elle-même. Elle revient aussi à tout actionnaire et à tout créancier social (art. 753 *pr.* CO) selon les mêmes critères que dans le cadre de la responsabilité générale des organes de la société (cf. art. 754 CO)[2562].   1832

L'article 753 CO énonce dans ses trois chiffres quatre **cas de responsabilité distincts** : (i) indications inexactes, dans les statuts ou dans un rapport de fon-   1833

---

pas être visées par la responsabilité de l'art. 753 CO ; elles relèvent de l'art. 755 CO (*supra* N 950-962).

[2557] Cf. le résumé des opinions *in* GRONER/VOGT, recht 1998 257 ss ; Thierry LUTERBACHER (2005), N 14 ss ; Alain HIRSCH, RSDA 1999 48 ss.

[2558] *Infra* N 2191 spéc. ad n. 2931, étant relevé que l'analyse de plusieurs auteurs retient que la responsabilité de l'art. 752 aCO-1991 visait davantage de personnes que l'actuel art. 69 LSFin (ainsi DE GOTTRAU/REBORD, CR ad art. 69 LSFin [2022], N 67 ad n. 184-190 et N 68), censé pourtant être équivalent d'après le Message du Conseil fédéral (FF 2015 8191 [chap. 5, 1er par.]).

[2559] La possibilité d'appliquer l'art. 753 CO au notaire est débattue en doctrine en raison de la nature de sa responsabilité d'officier public, laquelle relève du droit public dans la plupart des cantons (sur ce régime, Nicolas ROUILLER [2012], p. 952 ss). La définition du texte légal l'inclut cependant objectivement (la mentionnent expressément p. ex. VON BÜREN/STOFFEL/WEBER [2011], N 1217).

[2560] ATF 76 II 164 (167) ; cf. ég. *infra* n. 2931.

[2561] En doctrine (p. ex. Bernard CORBOZ, CR ad art. 753 CO [2008], N 18, et ZEN RUFFINEN/BAUEN [2017], N 930), on envisageait la responsabilité du préposé sous l'angle de l'art. 928 al. 1 aCO-1936, lequel instituait une responsabilité pour faute des autorités du registre du commerce et a été abrogée par la novelle de 2017. Le Message du Conseil fédéral démontre qu'il ne s'agit pas d'une omission (FF 2015 3264 : «*La norme sur la responsabilité des autorités du registre du commerce prévue dans le message du 21 décembre 2007 n'a pas été reprise dans le projet, car ces aspects sont réglés de manière équivalente et autonome tant dans le droit cantonal que dans le droit fédéral public*»).

[2562] Cf. *infra*, N 1104 ss, spéc. 1106-1113.

dation ou d'augmentation de capital, relatives à des apports en nature ou avantages particuliers accordés à des actionnaires ou à d'autres personnes (art. 753 ch. 1 CO) ; (ii) violation des devoirs applicables en cas d'approbation d'une fondation qualifiée[2563] (art. 753 ch. 1 *in fine* CO) ; (iii) utilisation d'une attestation ou de quelque autre document renfermant des indications inexactes pour obtenir l'inscription de la société au registre du commerce (art. 753 ch. 2 CO) ; (iv) concours intentionnel à faire accepter des souscriptions émanant de personnes insolvables (art. 753 ch. 3 CO).

1834 Les situations qui peuvent concrètement survenir en pratique concernent les fondateurs qui surévaluent les apports en nature[2564] ou ne libèrent le capital social qu'en apparence[2565] – comportements manifestement illicites. Il est également illicite de confirmer faussement la libre disponibilité de fonds propres destinés à être convertis pour financer une augmentation de capital (art. 652d, 652e ch. 3 CO) ; en ce qui concerne en particulier l'augmentation de capital par compensation, l'acte illicite consistera à attester faussement que la dette compensée existe et que les conditions de la compensation sont réalisées (art. 652e ch. 2 CO)[2566]. Par ailleurs, même si la notion de « reprise de biens » n'existe plus dans la loi depuis 2023, on peut concevoir qu'un comportement consistant à libérer le capital en numéraire puis faire en sorte que la société acquière « dans la foulée » des biens en payant plus que leur valeur réelle peut tomber sous le coup de la responsabilité de l'art. 753 CO[2567] ; la question n'a pas une grande portée pratique, car le comportement relève de l'action en restitution des prestations (art. 678 CO)[2568] et, pour les administrateurs, également de la responsabilité pour faute dans la gestion (art. 754 CO)[2569].

1835 Le **dommage** réparable correspond fondamentalement à la différence entre l'état actuel du patrimoine de la société (ou d'un autre demandeur) et ce qu'il

---

[2563] C'est-à-dire une fondation comprenant des apports en nature ou des avantages particuliers stipulés à des actionnaires ou des tiers, par opposition à la « fondation simple » (*supra* N 1810-1814).

[2564] ATF 90 II 490 c. 2 (494).

[2565] ATF 102 II 353 c. 2 *pr.* (356 : remboursement immédiat du montant du capital consigné à un des fondateurs, qui avait lui-même emprunté à une banque [différente de celle auprès de laquelle le capital avait été consigné]) ; 76 II 307 c. 4 (314-316 : remboursement immédiat à un prêteur, dès l'inscription publiée, du montant déposé pour la consignation du capital).

[2566] Cf. *supra* N 1827.

[2567] Plusieurs arrêts publiés avaient retenu une responsabilité dans ces situations : ATF 83 II 284 c. 3b (288) ; 59 II 434 (446).

[2568] Cf. *supra* N 1199-1228.

[2569] Cf. *supra* N 968-1198.

serait si l'acte illicite n'avait pas été commis[2570]. Lorsque la libération du capital n'est qu'apparente ou que les apports en nature sont en réalité sans valeur, le dommage pour la société[2571] se monte au moins à la différence d'avec le capital-actions souscrit, mais concrètement non libéré.

Les personnes ayant commis les actes relevant de l'article 753 ch. 1 et 2 CO répondent de toute **faute**, à savoir y compris d'une négligence légère. En revanche, l'article 753 ch. 3 CO ne tient pour responsables que les personnes concourant *sciemment* à faire accepter des souscriptions émanant d'insolvables, la négligence ne suffisant pas pour cette situation-là[2572].

1836

[2570] Dans l'affaire jugée à l'ATF 128 III 180, les règles sur la libération du capital avaient bel et bien été violées, en ceci qu'au lieu de la libération en espèces constatée par l'acte notarié constitutif, l'essentiel des apports était en nature (par reprise de biens suivant de peu la constitution, qui était faite au moyen de liquidités prêtées) ; cependant, il n'a pas été prouvé que les apports en nature étaient de moindre valeur que les apports en espèces (c. 2d [184-185]).

[2571] Pour le dommage d'un actionnaire ou d'un créancier, on peut se référer aux développements relatifs au dommage « direct » et au dommage « indirect » à propos de la responsabilité pour la gestion (*supra* N 1104-1118). La société étant forcément lésée, il se pose la question de la concurrence entre les actions au bénéfice de la société et celles qu'un actionnaire ou un créancier peuvent intenter pour la réparation de leur propre dommage (cela étant, Peter BÖCKLI [2009], § 18, N 84-106, n'évoque guère la problématique, si ce n'est par un renvoi à la distinction entre dommage direct et indirect, notamment en cas de faillite *in* N 91 *in fine* ; il énonce brièvement que « *auch eine Klage vor allem der indirekt geschädigten Mitgründer gegen einzelne fehlbare Gründer und Berater ist denkbar* » [N 91 *in medio*]). À notre avis, dans le cadre de la responsabilité de l'art. 753 CO (dont il nous apparaît qu'elle concrétise la responsabilité découlant de normes visant à protéger également les actionnaires et créanciers), l'actionnaire doit pouvoir réclamer la différence de valeur des actions qu'il a souscrites, pour autant que la société ne demande (et n'obtienne) pas elle-même la réparation du dommage avant que l'actionnaire ait, par hypothèse, réalisé sa perte (résultant de la souscription fictive) parce qu'il a aliéné son action avant que la société ait obtenu réparation (il en va de même d'un créancier qui céderait sa créance à ce stade). Il n'est donc pas exclu que la personne responsable ait à indemniser *in fine* davantage que le montant de l'apport qui n'est pas effectué. Cela est justifié puisque non seulement la société se retrouve lésée, mais aussi l'actionnaire, dans son propre patrimoine, en cas d'aliénation à perte.

[2572] Cela signifie qu'il n'existe pas, dans le cadre de l'art. 753 CO, un devoir de vérifier la solvabilité des souscripteurs.

721

D. L'augmentation de capital

1. L'augmentation ordinaire comme forme commune aux sociétés de capitaux

1837 L'augmentation de capital est un mécanisme connu tant dans la société anonyme que dans la société à responsabilité limitée. Toutefois, les possibilités sont infiniment **plus étendues dans la société anonyme**, qui connaît l'augmentation autorisée ou conditionnelle et, depuis 2023, la marge de fluctuation du capital. **N'est commune à la société anonyme et à la société à responsabilité limitée que l'augmentation ordinaire**[2573].

1838 Cela dit, l'augmentation ordinaire est très importante en pratique. Et elle met en jeu l'essence du capital et des droits des sociétaires existants au moment de la décision d'augmentation.

1839 Pour la société anonyme, la loi considère l'augmentation ordinaire (art. 650 CO) comme le cas général. Pour la société à responsabilité limitée, il s'agit de l'unique forme admise d'augmentation de capital.

1840 Dans la procédure d'augmentation ordinaire, l'**assemblée des sociétaires prend elle-même toutes les décisions importantes** ; la compétence du conseil d'administration, respectivement des gérants, se borne à les exécuter. Cela la **distingue de l'augmentation autorisée**, dans le cadre de laquelle l'assemblée générale ne prend qu'une décision de principe *rendant possible* l'augmentation et déléguant son exécution effective au conseil d'administration (lequel décidera si et quand l'augmentation aura lieu).

1841 Outre qu'elle est la seule forme possible pour les sociétés à responsabilité limitée, l'augmentation ordinaire est la forme prépondérante pour les sociétés anonymes « privées ». Elle est généralement choisie dans les grandes sociétés (« ouvertes au public », y compris celles qui sont cotées en bourse) lorsque toutes les conditions-cadres sont connues, notamment l'identité des souscripteurs des nouvelles actions et le cours de la transaction.

[2573] Art. 781 al. 5 CO : « *(5) Pour le surplus, les dispositions du droit de la société anonyme relatives à l'augmentation ordinaire du capital-actions s'appliquent par analogie : 1. à la forme et au contenu de la décision de l'assemblée des associés ; 2. au droit de souscription préférentiel des associés ; 3. à l'augmentation du capital social par des fonds propres ; 4. au rapport d'augmentation et à l'attestation de vérification ; 5. à la modification des statuts et aux constatations des gérants ; 6. à l'inscription de l'augmentation du capital social au registre du commerce et à la nullité des titres émis avant l'inscription* ».

2. Procédure d'augmentation

a. Traits généraux et compétences

Dans l'augmentation ordinaire, **les décisions sont prises par l'assemblée des sociétaires**, le conseil d'administration, respectivement les gérants, devant les exécuter (art. 650 al. 1 CO[2574] pour la SA ; art. 781 al. 1 et 2 CO).   1842

Dans la société anonyme, sauf disposition contraire des statuts, la décision de principe requiert la **majorité** des voix attribuées aux actions représentées (art. 703 CO). La majorité qualifiée (c'est-à-dire l'accord des deux tiers des voix attribuées aux actions représentées et la majorité des valeurs nominales représentées, art. 704 al. 1 ch. 3, 4 et 8 CO) s'impose néanmoins lorsque des actions à droit de vote privilégié sont introduites (art. 693 CO), des avantages particuliers accordés (art. 636 CO), des droits de souscription préférentiels supprimés (art. 652b al. 2 CO) ou si l'augmentation du capital se fait autrement que par des apports en espèces[2575]. Dans la société à responsabilité limitée, l'augmentation requiert toujours la majorité des deux tiers (art. 808b al. 1 ch. 5 CO).   1843

La décision est caduque si l'augmentation n'est pas inscrite au registre du commerce **dans les six mois** (art. 650 al. 3 CO pour la SA ; art. 781 al. 4 pour la Sàrl).   1844

L'augmentation décidée par l'assemblée peut faire l'objet d'une **action en annulation**, laquelle peut être admise si l'augmentation est abusive[2576].   1845

[2574] Cf. ATF 132 III 668.

[2575] Comme pour la fondation, l'apport pour les actions souscrites peut également intervenir en la forme qualifiée, c'est-à-dire en nature ou par compensation avec des créances existant envers la société. Cf. à ce sujet, *supra* N 1815-1827.

[2576] Ainsi un arrêt rendu en matière provisionnelle, TF 28. 2. 2018, 4A_531/2017, c. 3.2 « *Le principe du ménagement dans l'exercice du droit, qui est un cas spécifique d'abus de droit [...] est transgressé lorsque les décisions de la majorité compromettent les droits de la minorité alors même que le but poursuivi dans l'intérêt de la société aurait pu être atteint de manière peu ou pas dommageable pour cette minorité et sans inconvénient pour la majorité [...]. La décision prise par l'assemblée générale doit ainsi causer à l'actionnaire minoritaire un préjudice d'une certaine importance [...]. L'ampleur du préjudice dépend de l'importance de la dilution (*Verwässerung) subie par l'actionnaire minoritaire qui s'est abstenu d'exercer ses droits préférentiels de souscription. La dilution concerne toujours le droit de vote (*Stimmrechtsverwässerung*) et, en fonction de la valeur d'émission des nouvelles actions, elle peut aussi toucher la participation antérieure (*Kapitalverwässerung*) de l'actionnaire minoritaire, ainsi que sa part au bénéfice (*Gewinnanteilsverwässerung*) et sa part à l'excédent de liquidation [...]* » ; c. 3.3 pr. : « *Il s'agit donc de déterminer si, pour réaliser l'augmentation projetée [...], la <u>mesure décidée</u> par la société*</u>

b. Décision de l'assemblée des sociétaires

1846 Selon les règles applicables à la société anonyme, auxquelles renvoie l'art. 781 al. 5 CO pour la société à responsabilité limitée, la décision de principe de l'assemblée générale doit être constatée par acte authentique et contenir les éléments suivants (art. 650 al. 2 ch. 1-10 CO, 47 al. 1 ORC) :

(i) le montant nominal total de l'augmentation ou le montant nominal maximal (art. 650 al. 2 ch. 1 CO)[2577] ;

(ii) le nombre (le cas échéant le nombre maximal[2578]), la valeur nominale et l'espèce[2579] des actions nouvellement émises, ainsi que, le cas échéant, les privilèges attachés à certaines catégories d'entre elles (art. 650 al. 2 ch. 2 CO) ;

(iii) le prix d'émission ou l'autorisation donnée au conseil d'administration de le fixer, ainsi que le moment à compter duquel les actions nouvelles donneront droit à des dividendes (art. 650 al. 2 ch. 3 CO). Notamment dans les sociétés cotées en bourse, l'assemblée générale n'arrête en principe pas elle-même le cours d'émission des nouvelles actions, mais délègue cette compétence au conseil d'administration. Celui-ci peut ainsi adapter l'exécution de la procédure à la situation du marché, et fixer le cours de manière optimale ;

(iv) la nature des apports et, en cas d'apport en nature, son objet, son estimation, le nom de l'apporteur qui l'effectue, ainsi que les actions qui lui reviennent et toute autre contre-prestation de la société (art. 650 al. 2 ch. 4 CO) ;

([...valeur d'émission au pair]) était celle qui, parmi les mesures envisageables, présentait le plus d'avantages pour l'actionnaire majoritaire, ou si une autre mesure, qui aurait eu les mêmes avantages pour lui, aurait pu être prise de façon à réduire les inconvénients pour l'actionnaire minoritaire, comme l'émission d'un nombre plus restreint d'actions, mais à un prix au-dessus du pair [...] » ; c. 3.3.1 : *« Dans ces conditions, indépendamment de la valeur réelle précise des anciennes actions, [...] il était à tout le moins vraisemblable que la société avait la possibilité de prendre des mesures moins dommageables pour l'actionnaire minoritaire, soit d'émettre des actions à un montant supérieur à la valeur au pair (sans qu'il soit ici nécessaire de le chiffrer), sans causer d'inconvénients au majoritaire ».*

[2577] La version précédant l'entrée en vigueur de la novelle du 19. 6. 2020 ne faisait référence qu'au montant de l'augmentation et des apports – sans mention de la possibilité de fixer aussi un « montant *maximal* », mais la pratique reconnaissait aussi la possibilité de fixer une *fourchette d'augmentation*.

[2578] Même remarque qu'en n. 2577 *supra*.

[2579] L'« espèce » est la nature des actions (nominatives ou au porteur).

(v) en cas de libération par compensation d'une créance, le montant de la créance à compenser, le nom du créancier et les actions qui lui reviennent (art. 650 al. 2 ch. 5 CO) ;

(vi) la conversion des fonds propres dont la société peut disposer librement (art. 650 al. 2 ch. 6 CO) ;

(vii) le contenu et la valeur des avantages particuliers ainsi que le nom des bénéficiaires (art. 650 al. 2 ch. 7 CO) ;

(viii) toute restriction à la transmissibilité des actions nominatives nouvelles (art. 650 al. 2 ch. 8 CO) ;

(ix) toute limitation ou suppression du droit de souscription préférentiel ainsi que le sort des droits de souscription préférentiels non exercés ou supprimés (art. 650 al. 2 ch. 9 CO) ;

(x) les conditions d'exercice des droits de souscription préférentiels acquis conventionnellement (art. 650 al. 2 ch. 10 CO).

Lorsque l'augmentation du capital est annoncée au registre du commerce, le préposé vérifie que les indications prescrites par la loi figurent bien dans l'acte (art. 47 al. 1 ORC)[2580]. 1847

c. Souscription des actions ou parts sociales

Les nouvelles actions ou parts sociales sont souscrites dans un document particulier (bulletin de souscription) selon les règles en vigueur pour la fondation (art. 652 al. 1 CO, cf. aussi art. 630 CO ; le droit de la Sàrl y renvoie, cf. art. 781 al. 3, 3e phr., CO). 1848

Le bulletin de souscription doit se référer à la décision d'augmentation du capital de l'assemblée générale et à celle du conseil d'administration ; si un prospectus est exigé par la loi (ce qui ne vaut que pour la SA, une souscription publique étant exclue pour la Sàrl, art. 781 al. 3, 4e phr., CO)[2581], le bulletin de souscription doit également s'y référer (art. 652 al. 2 CO). La durée de validité du bulletin de souscription est donc celle qui découle de ces décisions[2582]. 1849

Pour les sociétés anonymes – cotées dans une bourse traditionnelle, mais aussi celles qui recourent à d'autres formes de financement participatif –, les offres publiques ne sont pas rares et la question du prospectus est alors centrale ; étant donné que la question ne se pose pas pour les sociétés à responsabilité limitée, 1850

[2580] À propos du pouvoir de contrôle du préposé au registre du commerce, cf. *supra* N 110 ss.

[2581] Cf. *infra* N 2175-2179.

[2582] L'al. 3 de l'art. 652 aCO-1991 (prévoyant une validité de trois mois, sauf délai différent fixé par le bulletin lui-même) a été abrogé par la novelle du 19. 6. 2020. L'art. 650 al. 3 CO-2020 prévoit la caducité des décisions après six mois (cf. *supra* N 1844).

on ne traitera le prospectus que dans le chapitre consacré à la société anonyme[2583].

d. Droit de souscription préférentiel des sociétaires existants au moment de la décision d'augmentation

1851   Tout actionnaire a en principe le **droit de souscrire** une part des actions nouvellement émises, **au prorata de sa participation antérieure** (art. 652b al. 1 CO ; l'art. 781 al. 5 ch. 2 CO y renvoie pour la Sàrl[2584]).

1852   La décision de l'assemblée générale d'augmenter le capital-actions ne peut **limiter ou supprimer ce droit que pour de justes motifs** (art. 652b al. 2, 1re phr., CO)[2585]. Constituent notamment des justes motifs : l'acquisition d'une entreprise ou de parties d'entreprise, de participations à une entreprise, ainsi que la participation des travailleurs (art. 652b al. 2, 2e phr., CO).

1853   Le principe d'**égalité de traitement** entre les actionnaires doit également être respecté en cas de limitation ou suppression de ce droit (cf. art. 717 al. 2 CO). Nul ne doit en effet être avantagé ou désavantagé de manière non fondée par une telle mesure ou par la fixation du prix d'émission[2586] (art. 652b al. 4 CO)[2587].

1854   L'assemblée générale décide la limitation ou la suppression du droit de souscription préférentiel à la **majorité qualifiée** (art. 704 al. 1 ch. 4 CO ; pour la Sàrl, art. 808b al. 1 ch. 6 CO).

[2583] Cf. *infra* N 2175-22002179.

[2584] C'est ce simple renvoi de l'art. 781 al. 5 ch. 2 CO qui a l'effet de *statuer* l'existence d'un droit de souscription préférentiel des associés de la Sàrl ; la règle de l'art. 808b al. 1 ch. 6 CO sur la majorité qualifiée confirme l'existence de ce droit dans la Sàrl.

[2585] Cette problématique avait donné lieu à une interprétation proprement *corrective* de l'art. 651 al. 3 aCO-1991 dans le cadre de l'augmentation autorisée (au vu de l'art. 652b CO), à l'ATF 121 III 219 (232 ss, spéc. 235 ss).

[2586] La référence au prix d'émission comme élément dont il ne doit pas résulter d'avantage ou de désavantage infondé a été introduite par la novelle du 19. 6. 2020 (cf. Message du Conseil fédéral, FF 2017 449, qui indique cependant tout simplement : « *La finalité de cette règle est de garantir le droit de propriété des actionnaires en excluant qu'une augmentation du capital-actions ne puisse entraîner une dilution de la substance de leurs actions au cas où ils ne pourraient ou ne souhaiteraient pas participer à la transaction* »).

[2587] La société ne peut invoquer des motifs de restrictions statutaires de la transmissibilité des actions nominatives (cf. art. 685a ss CO) pour retirer à l'actionnaire le droit de souscription préférentiel qu'elle lui a accordé (art. 652b al. 3 CO).

e.   Libération des apports

De manière générale, les règles en vigueur pour la fondation s'appliquent à la libération des apports (art. 652c CO, 633-636 CO)[2588]. Celle-ci peut intervenir certes **en espèces et en nature**, mais aussi notamment par compensation avec des créances contre la société[2589]. 1855

La **conversion de prêts** d'actionnaires en capital-actions et les emprunts convertibles, permettant de compenser la dette d'apport avec la créance résultant de l'obligation, constituent des cas particuliers de cette dernière forme de libération[2590]. 1856

L'augmentation du capital peut également avoir lieu par la **conversion de fonds propres** dont la société peut librement disposer (art. 652d al. 1 CO). En affectant ses réserves libres[2591] et son bénéfice à la libération des actions, la société finance elle-même l'augmentation[2592]. Les actions sont ensuite distribuées aux actionnaires sans contrepartie financière, au prorata de leur participation antérieure[2593]. Les statuts doivent mentionner que l'augmentation a eu lieu par conversion de fonds propres librement disponibles (art. 652 al. 3 CO). 1857

[2588] Cf. à ce sujet, *supra* N 1810 ss, 1815 ss et respectivement 1824 ss.

[2589] La libération par compensation est beaucoup plus fréquente en cas d'augmentation de capital que lors de la fondation, cf. *supra* N 1824.

[2590] La libération par compensation est également utilisée comme mesure d'assainissement. La question de savoir si une créance existant envers la société à assainir – qui n'a donc pas de valeur au vu de la situation économique de la débitrice – peut être compensée et convertie en capital-actions est toutefois controversée. On relèvera, en faveur de cette possibilité, qu'une telle mesure bénéficie tant à la société (une dette est supprimée) qu'aux autres créanciers (réduction des fonds étrangers).

[2591] Sur cette notion, cf. *infra* N 1869, n. 2601, ainsi que N 1926 et 1939.

[2592] L'augmentation provoque dans ce cas un déplacement de capital au passif du bilan, sans impact à l'actif. Le total du bilan reste donc inchangé.

[2593] On parle aussi inexactement d'«actions gratuites». Pour émettre ces actions (ou, pour la Sàrl, ces augmentations des parts sociales), la société réutilise ses ressources, au lieu de les redistribuer sous forme de dividendes. Les actionnaires reçoivent ainsi bel et bien de nouvelles actions sans contrepartie financière, mais ont au préalable renoncé à percevoir un revenu. L'avantage pour la société est qu'elle peut continuer d'utiliser les moyens financiers qui auraient correspondu à une distribution de dividendes. En revanche, sur le plan fiscal, l'opération est traitée comme une distribution de bénéfice aux actionnaires (ROUILLER/BAUEN/BERNET/LASSERRE ROUILLER [2022], N 1173 *in fine*; pour les questions soulevées sur autres plans, *op. cit.* N 298e [attribution au nu-propriétaire plutôt qu'à l'usufruitier] et N 322 [effet dilutif]).

f.   Rapport d'augmentation

1858   Le conseil d'administration rend compte dans un rapport écrit du déroulement de la procédure. Il doit en particulier y indiquer la nature et l'état des apports en nature, ainsi que le bien-fondé de leur évaluation (art. 652e ch. 1 CO), respectivement la réalisation des conditions d'une compensation de créance (art. 652e ch. 2 CO) ou la libre disponibilité des fonds propres convertis (ch. 3) ainsi que, le cas échéant, la limitation ou la suppression du droit de souscription préférentiel (ch. 4) et les motifs et le bien-fondé d'avantages particuliers accordés (ch. 5).

g.   Attestation de vérification

1859   Un réviseur agréé vérifie le rapport d'augmentation et atteste par écrit qu'il est complet et exact (art. 652f al. 1 CO). Cette attestation n'est requise que pour les augmentations qualifiées du capital (art. 652f al. 2 CO). Tel est donc le cas lorsque la libération intervient par un apport en nature ou par compensation, de même que lorsque le capital-actions est augmenté grâce aux fonds propres ou que le droit de souscription préférentiel des actionnaires est supprimé ou limité.

1860   Ainsi, une telle attestation n'est pas nécessaire lorsque les apports libérant l'augmentation de capital sont en espèces.

h.   Modification des statuts par l'organe dirigeant (conseil d'administration ; gérants)

1861   Après l'exécution de la procédure d'augmentation, l'établissement du rapport y relatif et, si nécessaire, l'approbation de celui-ci par un réviseur agréé, le conseil d'administration (dans la Sàrl, les gérants, art. 781 al. 2 CO) décide de modifier les statuts (art. 652g al. 1 CO ; cette compétence est exceptionnelle, car la modification des statuts est normalement du ressort de l'assemblée générale, cf. art. 698 al. 2 ch. 1 CO)[2594].

1862   La modification des statuts, de même que les constatations requises par la loi (cf. art. 652g al. 1 ch. 1-3 CO), doivent faire l'objet d'un acte authentique (cf. art. 652g al. 2 CO), puis être inscrites au registre du commerce (cf. art. 652h CO). Les autres pièces sur lesquelles se fonde l'augmentation de capital doivent être présentées au conseil d'administration (art. 652g al. 1 ch. 5 CO), men-

---

[2594] Cf. *supra* N 1655-1657.

tionnées dans l'acte authentique et y être jointes (al. 2) ; l'officier public doit attester qu'elles lui ont été présentées (al. 2, 2ᵉ phr.).

L'acte authentique (y compris ses annexes) est la pièce justificative produite à   1863
l'appui de la réquisition d'inscription au registre du commerce (signée d'une personne habilitée à représenter la société)²⁵⁹⁵ ; le préposé vérifie les pièces qui lui sont remises (art. 46-50 ORC). Les nouvelles actions ne peuvent être émises qu'après l'inscription de l'augmentation au registre du commerce (art. 652h CO)²⁵⁹⁶.

IV. Les réserves issues du capital et du bénéfice

A. Vue d'ensemble

Le droit de la société anonyme, auquel renvoie le droit de la société à respon-   1864
sabilité limitée (art. 801 CO²⁵⁹⁷), prévoit des réserves constituées de la *partie du bénéfice* qui ne peut pas être distribuée aux actionnaires (sous forme de dividendes ou de remboursement d'*agio*). D'autres sont constituées d'une *portion des apports effectués en rapport avec la libération du capital*, qui ne peut pas non plus être distribuée. **Prescrites par la loi, ces réserves sont obligatoires.**

Elles se trouvent **à mi-chemin entre le capital-actions de la société et sa for-**   1865
tune librement disponible. À la différence de cette dernière, la société ne peut pas utiliser les réserves comme bon lui semble, mais seulement à certaines conditions. Cela étant, si ces conditions sont remplies, la société peut en disposer librement (y compris les distribuer), contrairement au capital-actions ou au capital social.

---

²⁵⁹⁵ De manière générale, les modifications apportées par la novelle du 19. 6. 2020 à l'art. 652h (réduit à un aliéna) et 652g consistent à obliger les intervenants (conseil d'administration, officier public) à se faire présenter les pièces. Un allègement rédactionnel provient du fait que l'interaction avec le registre du commerce quant à l'inscription est laissée aux règles générales (notamment l'art. 647 CO, qui exige que toute modification des statuts et toute décision qui l'adopte soit faite en la forme authentique et inscrite au registre) et aux dispositions détaillées de l'ORC.

²⁵⁹⁶ Les actions émises avant l'inscription sont nulles. La validité des engagements qui résultent de la souscription de ces actions n'en est néanmoins pas affectée (art. 652h CO).

²⁵⁹⁷ « *Les dispositions du droit de la société anonyme concernant les réserves sont applicables par analogie* ».

1866 Outre les réserves légales, les **statuts** peuvent créer des réserves obligatoires (« réserves statutaires »[2598]).

1867 **Du point de vue du bilan,** les réserves ne sont pas directement une « caisse de secours » pour les temps difficiles (contrairement à ce que leur nom pourrait intuitivement laisser penser). Elles constituent une limite à la distribution de dividendes : elles sont des valeurs comptables qui figurent au passif du bilan, tout comme le capital propre (art. 959a al. 2 ch. 3 *cum* art. 671-675 CO)[2599] ; à concurrence de leur montant, elles obligent donc la société à conserver une quantité déterminée d'actifs. En ce sens, **elles induisent donc que la société a des actifs en réserve** (mais elles n'induisent pas que des actifs spécifiquement déterminés sont « réservés » à un usage particulier, même s'il peut arriver que les sociétés affectent des actifs concrets à un but de réserve, p. ex. des liquidités déposées sur un « compte de réserve » distinct).

1868 Il faut **distinguer** les réserves dites ouvertes, ou ordinaires, constituées au moyen du bénéfice de la société ou d'une portion de la contrepartie des apports et portées au bilan en tant que telles, d'une part, des **réserves dites latentes**, d'autre part. Ces réserves, qui ne sont pas visibles à la lecture du bilan, soulèvent de nombreuses questions traitées dans le chapitre consacré au droit comptable[2600].

1869 Les réserves ordinaires se décomposent en réserves légales, qui sont obligatoires, et en réserves statutaires, qui sont créées à l'initiative de la société[2601].

[2598] Cela est pertinent en pratique lorsqu'il y a une majorité à l'assemblée générale pour voter des dividendes, mais qu'elle n'est pas suffisante pour modifier les statuts (en vertu d'une règle statutaire, cf. art. 704 al. 2 CO) ; dans ces cas, les réserves statutaires s'imposent à l'assemblée.

[2599] Les réserves légales doivent être prises en considération pour déterminer si la société est en « perte de capital » (qui se définit comme le fait que la moitié du capital-actions *et des réserves légales* n'est plus couverte). Elles doivent donc contribuer à activer, le moment venu, le « signal d'alarme » de l'art. 725a al. 1 CO qui doit conduire le conseil d'administration à prendre sans retard les mesures nécessaires. À ce propos, cf. *supra* N 1918 ss, spéc. 1926.

[2600] Cf. *supra* N 446-464.

[2601] Il convient de distinguer ces notions de celles de réserves **liées**, respectivement **libres**. Ces dernières notions concernent les possibilités d'**utiliser** les réserves : pour les réserves liées, seuls des usages déterminés sont admissibles ; en revanche, les réserves libres peuvent, comme leur nom l'indique, être utilisées par la société sans restrictions particulières (y compris pour le versement de dividendes ; cf. Roger DÜRR [2005], p. 67). Les notions de réserves obligatoires ou facultatives concernent en revanche la façon dont elles sont **constituées** (par obligation légale ou selon une décision libre de la société). Il y a de nombreuses corrélations entre réserves obligatoires et réserves liées, mais ce lien n'est pas consubstantiel (p. ex., vu l'art. 671 al. 1 CO, la réserve légale issue du capital est constituée par l'agio, le gain de caducité et les autres apports au-delà de 50 % du capital-actions –

On peut y ajouter les **réserves « ponctuelles »**, qui sont décidées par l'assemblée des sociétaires sans qu'une disposition préalable ne prescrive une allocation aux réserves.

B. Réserves légales

1. Notions et distinctions

La loi distingue entre une réserve légale issue du capital (art. 671 CO) et une réserve légale issue du bénéfice (art. 672 CO). Comme leurs noms l'indiquent, elles sont alimentées de façon très différente ; mais leur traitement est largement commun (art. 672 al. 3 et 674 CO). Toutes deux se distinguent des réserves que la société se donne librement en ceci qu'elles résultent des statuts ou d'une décision de l'assemblée (art. 673 CO) – et bien entendu des réserves latentes, qui ne sont pas affichées. 1870

Dans le droit antérieur à la novelle du 19. 6. 2020, ces deux réserves étaient regroupées dans la *« réserve générale »* (art. 671 aCO-1991). Ce changement est surtout lexical. Les termes de *« réserves légales issues du capital »* et *« du bénéfice »* étaient d'ailleurs déjà employés par le droit comptable depuis 2012[2602]. 1871

Il existe encore des réserves obligatoires pour les cas particuliers d'actions ou parts sociales propres (art. 659a CO) ou pour réévaluation de certains actifs pour échapper à un surendettement (art. 725c CO). 1872

---

au-delà de 20 % pour les sociétés holdings, art. 671 al. 3 CO – et peut donc être considérée comme *obligatoire*, mais, vu l'art. 671 al. 2 CO, elle est *libre*, son usage n'étant pas réglementé lorsque le seuil de 50 %, respectivement 20 %, est dépassé).

[2602] Le Message du Conseil fédéral relève que ces modifications visent à adapter le droit suisse aux « usages internationaux » (FF 2017 471). D'ailleurs, elles étaient pour l'essentiel proposées déjà dans l'avant-projet de 2005 (Rapport du 2. 12. 2005, ch. 3.1.25, p. 59-63) et dans le projet de loi de 2007 (FF 2007 1477-1481).

2. Réserve légale issue du capital

1873 La société doit alimenter la « *réserve légale issue du capital* » par les montants suivants :

(i) le produit de l'émission des actions qui dépasse la valeur nominale (*l'agio*)[2603], après déduction des frais d'émission (art. 671 al. 1 ch. 1 CO)[2604] ;

(ii) le solde des versements opérés sur des actions qui ont été annulées du fait qu'un actionnaire n'a pas entièrement libéré les apports qu'il avait sous-crits[2605] (ce que l'on peut nommer le « *gain de caducité* »[2606] ; art. 671 al. 1 ch. 2 CO) ; et

(iii) les autres apports et versements supplémentaires libérés par les titulaires de titres de participation (art. 671 al. 1 ch. 3 CO)[2607].

1874 L'al. 2 autorise la société à « *rembourser aux actionnaires* » la réserve légale issue du capital « *si les réserves légales issues du capital et du bénéfice après déduction du montant des pertes éventuelles dépassent la moitié du capital-actions inscrit au registre du commerce* ». Concrètement, cela signifie que la

---

[2603] On mentionnera que, selon l'art. 959a al. 2 ch. 3 CO, la réserve légale se divise entre celle qui est « *issue du capital* » (lit. b), soit en particulier l'agio, et celle « *issue du bénéfice* » (lit. c). Outre son caractère informatif sur le plan de la marge de l'entreprise, cette comptabilisation traduit notamment la réalité fiscale depuis le passage au principe dit « de l'apport en capital » (en remplacement du principe « de la valeur nominale »), en vertu duquel l'agio peut être restitué aux actionnaires en franchise d'impôt (cf. p. ex. ROUILLER/ BAUEN/BERNET/LASSERRE ROUILLER [2022], N 1085 et 1172). La novelle du 19. 6. 2020 a harmonisé les dénominations.

[2604] La loi a supprimé la possibilité pour la société de renoncer à alimenter la réserve si le produit est « affecté à des amortissements ou à des buts de prévoyance », ce que permettait l'art. 671 al. 2 ch. 1 aCO-1991 ; le Message du Conseil fédéral relève à juste titre que « *en vertu de l'art. 331, al. 1, CO, les prestations de cette nature doivent être transférées à d'autres entités juridiques (fondation de prévoyance en faveur du personnel, par ex.)* » (FF 2017 474 ; ad n. 346, il est précisé que « *les réserves à des fins de prévoyance ont d'ailleurs considérablement perdu en importance* »).

[2605] Cf. *infra* N 2149.

[2606] La doctrine germanophone emploie le terme de « *Kaduzierungsgewinn* ».

[2607] Ni le Message du Conseil fédéral de 2017 (FF 2017 471, où le seul autre terme employé est « *ces prestations* »), ni celui de 2007 (FF 2008 1477-1481, le seul autre terme étant là aussi « *ces prestations* », p. 1478) ne précisent les versements supplémentaires qui sont visés. De toute évidence, cela peut concerner les diverses *contributions à fonds perdus* (parfois sous forme de remises de dette autrement que par conversion de créances en capital), qui ne sont pas rares dans les situations où un assainissement est nécessaire (ils font l'objet de nombreux développements en droit fiscal, y compris sous l'angle de la TVA, cf. p. ex. GLAUSER/PACHE [2010], p. 191 ss, spéc. 203).

réserve dans le passif du bilan peut alors être dissoute, étant devenue une partie des fonds propres librement disponibles ; une restitution de fonds propres peut être décidée pour les apports (*agio*, al. 1 ch. 1 ; autres apports, al. 1 ch. 3) ou une distribution de dividende pour le gain de caducité (al. 1 ch. 2). De par les mécanismes comptables obligeant la société à conserver des actifs dans la mesure du passif, la société doit conserver moins d'actifs lorsque la réserve est dissoute.

La loi dispose encore que le seuil à atteindre pour dissoudre la réserve légale 1875
issue du capital n'est pas de 50 % du capital-actions, mais de seulement 20 % lorsque la société est une holding (« *lorsque le but principal de la société est la prise de participations dans d'autres entreprises* » ; al. 3).

Enfin, elle précise que les montants constitués de la « *réserve légale pour ac-* 1876
tions propres dans le groupe » (art. 659b CO) et de « *la réserve légale issue du bénéfice résultant de réévaluations* » d'immeubles ou de participations en cas de perte de capital ou surendettement (art. 725c CO) ne sont pas pris en compte pour calculer le seuil de 50 % ou 20 %.

La réserve légale issue du capital est la dernière des réserves à servir à com- 1877
penser les pertes (art. 674 al. 1 ch. 4 CO).

3. Réserve légale issue du bénéfice

L'art. 672 CO prescrit que « *5 % du bénéfice de l'exercice sont affectés à la* 1878
réserve légale issue du bénéfice » (al. 1, 1^(re) phr.). Cette attribution n'a lieu que pour autant que les exercices précédents n'ont pas conduit à ce que le bilan comprenne un report de pertes (al. 1, 2e phr.[2608]) ; si tel est le cas, le bénéfice de l'exercice sert d'abord intégralement à compenser les pertes reportées (et il n'y a donc pas de portion de 5 % qui puisse être prélevée pour être attribuée à la réserve). Si la perte reportée est moindre que le bénéfice de l'exercice, elle est

---

[2608] Le texte légal dit : « *Un report de pertes éventuel est compensé avec le bénéfice de l'exercice écoulé avant l'affectation à la réserve légale* ». Le terme « *écoulé* » peut prêter à confusion, car il s'agit simplement de l'exercice à traiter (5 % du « *Jahresgewinn* » dans la version allemande, qui figure dans la 1^(re) phrase, tandis que la 2e phrase dit simplement : « *Liegt ein Verlustvortrag vor, so ist dieser vor der Zuweisung an die Reserve zu beseitigen* » ; la version italienne suit celle-ci en disant que le 5 % s'applique à l'« *utile dell'esercizio* » en 1^(re) phrase, la 2e y faisant simplement référence « *Prima di assegnare tale importo alla riserva va eliminata l'eventuale perdita riportata* »).

entièrement éliminée (compensée) et le solde du bénéfice sert de base au calcul de la part de 5 % qui doit être attribuée à la réserve légale issue du bénéfice[2609].

1879 L'al. 2 dispose que « *la réserve légale issue du bénéfice est alimentée jusqu'à ce qu'elle atteigne, avec la réserve légale issue du capital, la moitié du capital-actions inscrit au registre du commerce* » (1re phr.) ; ce seuil de 50 % est abaissé à 20 % pour les sociétés holding (2e phr.).

1880 L'al. 3 renvoie à l'art. 671 al. 2 à 4 CO pour « *l'évaluation et à l'affectation de la réserve légale issue du bénéfice* ». Cela concerne notamment l'exclusion des réserves pour actions propres et de réévaluation des immeubles et des participations pour le calcul des seuils de 50 % et 20 % (al. 4 de l'art. 671 CO).

1881 Concrètement, dès que le montant des réserves légales atteint 50 % du capital-actions (respectivement 20 % dans les sociétés holding), la société qui continue à faire du bénéfice peut décider de remplacer la réserve légale issue du capital par la réserve issue du bénéfice : elle peut dissoudre la réserve légale issue du capital et *restituer aux actionnaires* les apports comme l'*agio* ou les autres versements des actionnaires (telles les contributions à fonds perdus et autres apports de ce genre fournis notamment dans le cadre d'un assainissement). Cela a une pertinence pratique en particulier sur le plan fiscal dans la mesure où cette restitution n'est pas une distribution de bénéfice (et n'est donc pas imposable). La société peut aussi ne pas procéder immédiatement à une telle restitution et décider que la seule réserve légale sera désormais la réserve issue du bénéfice et que le montant correspondant initialement à la réserve issue du capital sera désormais une réserve libre (donc : des fonds propres librement disponibles).

4. Autres réserves ouvertes obligatoires

a. Réserve pour actions propres

1882 Lorsqu'une société acquiert ses propres actions ou parts sociales, elle doit affecter à une réserve séparée un montant correspondant à leur valeur d'acquisition (art. 659a al. 4 CO pour la SA, auquel renvoie l'art. 783 al. 4 pour la Sàrl). Sans que la loi le précise[2610], cette réserve ne peut être dissoute que si la société

[2609] Ainsi : si la perte reportée est de CHF 300 000.– et le bénéfice de l'exercice CHF 400 000.–, celui-ci sert d'abord à compenser intégralement la perte ; il en résulte un solde de CHF 100 000.–, dont 5 % (CHF 5000.–) sont attribués à la réserve légale issue du bénéfice.

[2610] Cela était précisé à l'art. 671a aCO-1991 ; le traitement résulte cependant ipso jure de la nécessité pour la société d'avoir une telle réserve tant qu'elle détient de telles actions, et de l'absence de toute nécessité en ce sens si elle ne les détient plus (par aliénation ou

revend ou annule ces actions dans le cadre d'une réduction du capital. Cette règle a une fonction de protection du capital et de clarté sur le plan comptable (l'action propre étant un « actif » circulaire). On la traitera encore en lien avec les limites matérielles à l'acquisition d'actions et parts sociales propres[2611].

b. Réserves de réévaluation

Lorsqu'une société réévalue des immeubles ou des participations pour couvrir une perte résultant du bilan, elle doit faire figurer séparément au bilan le montant de la réévaluation en tant que réserve de réévaluation (art. 725c CO)[2612]. Cette réserve ne peut être dissoute que si elle est transformée en capital-actions ou en capital-participation, ou si elle sert à l'amortissement (correction de valeur) ou encore si les actifs réévalués sont aliénés (art. 725c al. 3 CO). Cette problématique a été traitée dans le chapitre consacré au surendettement[2613].

1883

V. La réduction du capital

A. Notion et emplois économiques

Le capital peut être réduit, notamment lorsque l'activité de la société prend une envergure moindre, qui requiert moins de fonds propres. La réduction du capital est la procédure qui **permet de restituer les apports aux sociétaires tout en continuant l'existence de la société**. Vu la fonction que revêt le capital pour **protéger les intérêts des créanciers,** la loi impose une procédure formelle minutieuse qui vise à assurer que cette fonction n'est pas entravée.

1884

Cette **procédure est réglée de façon détaillée** dans le droit de la société anonyme (art. 653j à 653r CO[2614]). Le droit de la société à responsabilité limitée y

1885

---

annulation [cancellation]). Dans le projet de loi de 2007, il était simplement question « *d'agréger la réserve à d'autres postes portés en déduction des capitaux propres* » (il était précisé in FF 2008 1479 que cela valait « *jusqu'à ce que la société revende les propres actions* »).

[2611] *Infra* N 1939-1943.

[2612] La réévaluation ne peut avoir lieu que si un réviseur agréé atteste par écrit que les conditions légales en sont remplies (art. 725c al. 2 CO).

[2613] *Supra* N 840, spéc. n. 1274.

[2614] Ces dispositions ont remplacé les art. 732-735 aCO-1936, qui n'avaient pas été révisés en 1991 (sauf sur un point formel, cf. *infra* n. 2639) et avaient seulement fait l'objet d'ajustements en 2005. Le Conseil fédéral observait dans son Message (FF 2017 388 : « *Les dispositions législatives sur la réduction du capital-actions, contrairement à celles sur*

renvoie (la seule disposition spécifique étant celle relative au montant mini-mum jusqu'auquel le capital peut être réduit)[2615].

1886 Outre la fonction « naturelle » de la réduction de capital d'accompagner un ré-trécissement durable de l'activité et des risques – et de restituer ainsi des ap-ports aux sociétaires –, elle a été utilisée depuis longtemps **aussi pour adapter la taille du bilan à des pertes accumulées.**

1887 Puis, depuis la décennie 1990, de nombreuses sociétés cotées en bourse ont préféré utiliser leur bénéfice pour racheter des actions puis réduire le capital[2616] **afin de faire monter le cours de l'action** en conséquence de la *concentration* – l'inverse d'une dilution – de valeur sur les titres restants[2617]. Cette façon de faire n'est pas étrangère à la fonction originelle de la réduction de capital, mais elle n'a plus été liée à une réduction (durable) de l'activité ; elle a obéi à des réflexions spécifiques aux marchés financiers. La fréquence des réductions de capital s'en est fortement accrue. La perception subjective associée à cette opé-ration s'est modifiée[2618].

---

l'augmentation du capital-actions, sont aujourd'hui rudimentaires, imprécises et lacu-naires. Elles posent notamment un problème matériel du fait que le rapport de révision doit être produit avant l'avis aux créanciers [...]. En effet, à ce moment-là, on ignore encore si la société a des dettes non comptabilisées. De plus, certains considèrent que l'assemblée générale doit rendre deux décisions, ce qui cause souvent de grandes diffi-cultés dans la pratique »).

[2615] Le renvoi est à l'art. 782 al. 4 CO : « *Pour le surplus, les dispositions du droit de la société anonyme concernant la réduction du capital-actions sont applicables par analogie* ». Les dispositions spécifiques sont la compétence de l'assemblée des associés et le capital mi-nimal, aux al. 1 et 2 (« *(1) L'assemblée des associés peut décider de réduire le capital social. (2) Le capital social ne peut être réduit à un montant inférieur à 20 000 francs que s'il est augmenté simultanément au moins à concurrence de ce montant* »).

[2616] Il est fait allusion aux « programmes de rachat d'actions » dans le Message du Conseil fédéral (FF 2017 459), mais ce phénomène est très largement connu (cf., parmi d'autres, Michel HEINZMANN [2004], p. 218 ss).

[2617] L'un des motifs est que l'accroissement du cours boursier ne donne pas lieu à une impo-sition du gain (non réalisé ; et en Suisse, même le gain en capital réalisé n'est pas impo-sable s'il a trait à des éléments de la fortune mobilière privée), à l'inverse de la distribution de dividendes (cf. p. ex. ROUILLER/BAUEN/BERNET/LASSERRE ROUILLER [2022], N 1097, spéc. n. 2918). C'est aux États-Unis que le phénomène a été initié. Il a rapidement suivi en Suisse. Depuis une dizaine d'années, il est répandu dans d'autres pays d'Europe conti-nentale (cf. p. ex. à ce sujet la décision du Conseil constitutionnel français du 20. 6. 2014, n° 2014-404 QPC, qui illustre la propagation de ce mode de faire).

[2618] On parlait longtemps d'une intangibilité ou immuabilité du capital-actions (pour ce dia-gnostic, v. p. ex. Maxime GALLAND, Répertoire Dalloz de droit des sociétés, juin 2010 : « *le mythe de la fixité et de l'intangibilité du capital social a ainsi largement contribué à considérer toute opération de rachat comme un procédé suspect, de nature à porter une grave atteinte aux principes généraux du droit des sociétés* »).

B. Types juridiques

Il existe trois types de procédures en diminution du capital, qui se différencient par leurs fonctions économiques respectives. 1888

1. Réduction « constitutive »

Le capital-actions est réduit par le **remboursement des apports** aux sociétaires (ou p. ex. par l'annulation de leurs dettes représentées par les apports non encore libérés[2619]) contre restitution des actions à annuler ou contre réduction de la valeur nominale de toutes les actions. 1889

Ce procédé vise la **suppression de ce que l'on peut nommer « l'excédent en capital »**. Une société peut être considérée comme « surcapitalisée » lorsqu'une partie du capital apparaît inutile au regard des standards de mesure (*ratios*) déterminant les exigences en capital ou lorsque le capital produit un rendement qui apparaît insuffisant au regard des exigences des investisseurs. 1890

Les sociétaires sont **indemnisés** en raison de la réduction de leur participation au capital. Par cette procédure – et uniquement par celle-ci –, ils récupèrent une partie de leurs apports (ou sont libérés d'une éventuelle dette résiduelle en libération d'apports). Le capital-actions ou le capital social ne peut toutefois pas être ramené à une somme inférieure au capital minimum légal (CHF 100 000.– pour la SA, cf. art. 653j al. 3 CO ; CHF 20 000.– pour la Sàrl, cf. art. 782 al. 2 CO). 1891

Dans le cours ordinaire des choses, une telle réduction **augmente le rendement des actions restantes**. Cela est usuellement perçu comme une amélioration du point de vue des marchés financiers : la société devient plus attrayante pour les investisseurs, ce qui a d'ordinaire une influence positive sur la valeur des actions (pour une société cotée : sur le cours de bourse)[2620]. 1892

La diminution du capital peut aussi servir à **organiser le départ de sociétaires** (soit le rachat de leur participation), l'annulation d'actions ou parts sociales propres ou une scission de l'entreprise. Le droit de la société à responsabilité limitée le prévoit explicitement (art. 825a al. 1 ch. 3 CO). 1893

[2619] Le capital non libéré *stricto sensu* n'existe pas dans la Sàrl, mais les obligations d'effectuer des « versements supplémentaires » jouent un rôle similaire ; leur suppression est justement soumise aux règles sur la réduction de capital (cf. *infra* N 2524-2526).

[2620] Sur le phénomène, cf. *supra* N 1887.

737

1894 À l'origine, la réglementation légale avait été élaborée pour ce type de réduction. La **protection des créanciers** figure donc au premier plan, car des fonds sortent de la société (respectivement : les actifs qui consistent dans le capital non libéré disparaissent).

2. Réduction « déclarative »

1895 En cas de bilan déficitaire (« excédent de passif constaté au bilan et résultant de pertes »), **le capital-actions peut être diminué par la restitution d'actions destinées à être annulées, sans contrepartie** correspondante aux actionnaires concernés. Ceux-ci sont en effet contraints de réduire leur participation dans cette proportion. Le déficit peut ainsi être effacé et le bilan apuré[2621]. Les créanciers ne sont pas mis en danger, puisqu'aucune ressource financière ne sort de la société. Une procédure spéciale simplifiée trouve par conséquent application (art. 653p al. 1 CO[2622] et 56 ORC). Dans ce cas également, le capital-actions ne peut pas être ramené à une somme inférieure au capital minimum légal (art. 653p al. 1 *a contrario, cum* art. 653j al. 3 CO).

1896 Dans le droit de la **société à responsabilité limitée**, l'art. 782 al. 3 CO prévoit que cette réduction n'est possible que si les associés ont rempli toutes leurs obligations financières envers la société : ils doivent avoir effectué les versements supplémentaires auxquels ils s'étaient engagés[2623]. La réduction déclarative est donc ici une possibilité qui n'est que **subsidiaire** par rapport à une alimentation de la société en véritables moyens financiers.

[2621] Pour un exemple chiffré de suppression *partielle* des pertes accumulées (pour éliminer la « perte de capital »), cf. *infra* N 1929, n. 2657 (dans ce même exemple, une réduction du capital à concurrence du total des pertes [300 000], soit de 500 000 à 200 000, éliminerait entièrement le déficit résultant du bilan).

[2622] Les dispositions exclues de la procédure simplifiée sont celles « *régissant la réduction ordinaire du capital qui concernent la garantie des créances, les comptes intermédiaires, l'attestation de vérification et les constatations du conseil d'administration* » (al. 1 *in fine*).

[2623] « *Le capital social ne peut être réduit dans le but de supprimer un excédent passif constaté au bilan et résultant de pertes que si les associés se sont entièrement acquittés de leur obligation statutaire d'effectuer des versements supplémentaires* ».

3.   « Division du capital » :

Cette procédure (que la doctrine nomme parfois « réduction accordéon »[2624]) consiste en une diminution du capital-actions, couplée à une augmentation simultanée de celui-ci au minimum à concurrence du montant précédent. Il s'agit d'une mesure d'**assainissement**[2625] découlant de la diminution déclarative (uniquement apurement du bilan), le capital diminué (« amorti ») étant remplacé par un nouveau, entièrement versé (art. 653q al. 1 CO ; cf. ég. art. 782 al. 3 CO pour la Sàrl). 1897

Les règles spéciales élaborées pour la diminution du capital ne s'appliquent pas, car le montant du capital reste *in fine* inchangé et aucune ressource financière ne quitte la société. Une réduction temporaire du capital-actions à zéro est admise, cet état ne durant qu'un instant théorique, à la suite duquel la situation légale est immédiatement rétablie. La loi précise que les titres existant avant la réduction doivent être détruits (art. 653r CO[2626]) et que, dans le cadre de l'augmentation, le droit préférentiel des actionnaires ne peut leur être retiré (al. 2). 1898

C.   Réduction des parts de capital accompagnant la réduction du capital

La société dispose principalement de deux possibilités[2627] pour répercuter la réduction du capital sur ses actions (cf. art. 653j al. 2 CO) : 1899

(i) **Réduction de la valeur nominale** : la société peut diminuer la valeur nominale de toutes les actions ou de certaines d'entre elles (dans ce dernier

---

[2624]   Cf. p. ex., en français, Sébastien BETTSCHART (2022), p. 15 ; Rita TRIGO TRINDADE (2019), N 23 (p. 270 s. ; dans le Com. LFus ad art. 9 [2005], N 24 [p. 160, n. 19], cet auteur parle de « procédure dite de l'harmonica », ce qui semble un germanisme, cf. ATF 138 III 204 cité *infra* n. 2625). On emploie aussi en allemand le terme de « *Kapitalschnitt* », cf. Peter BÖCKLI (2022), § 2, N 208-226.

[2625]   À l'ATF 138 III 204 c. 3.3.3 (210), l'importance du but d'assainissement a été rappelée (« *die 'Harmonika' [...] muss [...] entweder die Überschuldung direkt beseitigen oder es müssen gleichzeitig weitere Sanierungsmassnahmen in Angriff genommen werden. Diese müssen zusammen mit der Kapitalerhöhung vernünftige Aussichten auf eine nachhaltige Sanierung der Gesellschaft geben. Der Verwaltungsrat muss über ein Sanierungskonzept verfügen* ») ; en l'absence d'un tel but, les décisions de l'assemblée générale sont annulables selon l'art. 706 CO (c. 4.1) et celles du conseil d'administration frappées de nullité selon l'art. 714 CO (c. 4.2).

[2626]   Cette disposition a repris l'art. 732a al. 1 CO, qui avait été adopté en 2005.

[2627]   Le Message du Conseil fédéral précise que « *ces deux mesures peuvent aussi être combinées* » (FF 2017 455).

cas, à condition de respecter le principe de l'égalité de traitement entre actionnaires ou d'obtenir l'accord des actionnaires concernés). Le cas échéant, le titre physique est corrigé par estampillage ou échangé contre un nouveau.

(ii) **Réduction du nombre d'actions** : dans une société « privée », il s'agira de négocier avec les actionnaires leur renoncement aux actions concernées, en privilégiant une solution consensuelle. Une société publique peut en revanche – si elle ne dispose pas déjà d'actions réservées[2628] – racheter sur le marché les actions destinées à être annulées[2629]. La limite quant à l'acquisition d'actions propres (art. 659 ss CO) ne trouve pas application, car les titres acquis doivent ici nécessairement être annulés dans un certain délai[2630].

D.   Protection des sociétaires

1900   Les procédures précitées doivent non seulement respecter les **droits inaliénables** des actionnaires, mais également le principe de l'**égalité** de traitement entre actionnaires[2631]. La réduction de la valeur nominale ou l'offre de reprise concerne en principe tous les actionnaires. Seuls de justes motifs peuvent fonder une inégalité de traitement.

[2628] *Infra*, N 2222 *in fine*.

[2629] Les actionnaires ne sont cependant jamais contraints de vendre leurs actions (art. 680 al. 1 CO). Le rachat d'actions propres par des SA suisses cotées en bourse doit respecter les principes procéduraux fixés pour les OPA par les art. 127 ss LIMF (les autorités ont précisé ces règles ; sous l'empire des art. 22 ss aLBVM, v. Directive N° 1 de la COPA du 28. 3. 2000).

[2630] Cf. à ce sujet, *infra* N 1931 ss (spéc. 1946). La doctrine le dit explicitement, ainsi Hans Rudolf Trüeb, CHK ad art. 659 (2016), N 10 i.f. (« *Einzig beim 'Rückkauf' im Rahmen eines Kapitalherabsetzungsverfahrens nach OR 732 ff gilt die 10 %-Grenze nicht* ») et N 15 (« *OR 659 ist nicht anwendbar, wenn Aktien im Rahmen eines Kapitalherabsetzungsverfahrens iSv OR 732 ff erworben werden ; in diesem Fall ersetzt das Regime der Kapitalherabsetzung die Schutzvorkehren von OR 659* », avec la précision, i.f., que « *Die Vorschrift bleibt indessen beachtlich, wenn der VR zunächst in Eigeninitiative den Rückkauf durchführt und der GV anschliessend die Herabsetzung und Vernichtung beantragt* »). Dans le même sens, Peter Böckli (2009), § 4, N 294 et 387.

[2631] Cf. ATF 121 III 420.

E.   Procédure

1.   Réductions ordinaires

Les règles sur la réduction du capital ont pour **but**, d'une part, d'assurer que   1901
les sociétaires l'approuvent en connaissance de cause. D'autre part, elles visent
à protéger les créanciers ; il s'agit en effet de leur garantir un substrat de responsabilité[2632] suffisant à l'issue de la procédure. Celle-ci se déroule comme
décrit ci-dessous.

a.   (Éventuelle) décision de principe de l'assemblée générale

La procédure en tant que telle peut débuter par une décision de principe de   1902
l'assemblée générale quant au point de départ de la diminution du capital et ses
valeurs limites ; le nouveau droit précise que « *le conseil d'administration prépare et exécute la réduction* ».

La loi énonce à l'art. 653j al. 1 CO un **principe** – soit une répartition des tâches   1903
et compétences entre assemblée générale et conseil d'administration –, mais les
dispositions sur la réduction ne traitent en détail qu'une unique décision (à
l'art. 653n CO)[2633]. Celle-ci peut être prise après que le conseil d'administration a débuté la procédure en « *préparant la réduction* » notamment par l'appel
aux créanciers, la garantie des créances et la mise en œuvre d'un expert-réviseur. Il est à notre sens, dans la plupart des cas, de bonne pratique de commencer par une décision de principe de l'assemblée générale, suite à laquelle le
conseil procède à l'appel aux créanciers, mais il est parfaitement possible de se
borner à une unique décision de l'assemblée[2634] (prise, de préférence, après

---

[2632]   Sur l'usage de cette notion, cf. *supra* N 1541 et *infra* N 2742 et 2865 ; sur la notion elle-même, cf. p. ex. ROUILLER/BAUEN/BERNET/LASSERRE ROUILLER (2022), N 55 *in fine*.

[2633]   Avant l'entrée en vigueur du droit voté le 19. 6. 2020, la loi ne mentionnait pas de décision de principe de l'assemblée générale. La procédure commençait souvent par des actes et décisions du conseil d'administration, entérinés par l'assemblée générale, laquelle avait seule la compétence de décider – au terme de la procédure – de la modification des statuts, contrairement au système des art. 653j à 653o CO.

[2634]   Le Message du Conseil fédéral est très clair quant à la possibilité de ne tenir qu'une assemblée et de la tenir à un autre moment qu'au début de la procédure : « *Il faut donc laisser à la société la possibilité de tenir l'assemblée générale avant ou, au plus tard, pendant l'appel aux créanciers, ce qui permet d'accélérer la procédure. Il peut être toutefois judicieux d'attendre de connaître la position de l'assemblée générale au sujet de la réduction du capital avant de publier l'appel* » (FF 2017 457).

l'appel aux créanciers[2635], à moins que la situation soit claire et que la décision initiale contienne déjà toutes les indications nécessaires, auquel cas même une décision prise au début de la procédure peut aisément remplir la fonction de celle visée à l'art. 653n CO).

b. Appel aux créanciers et garantie des créances

1904   La loi indique que « *lorsqu'il est prévu de réduire le capital-actions, le conseil d'administration informe les créanciers qu'ils peuvent exiger des sûretés s'ils produisent leurs créances* » (art. 653k al. 1, 1re phr., CO). Concrètement, le conseil doit **s'adresser aux créanciers**. Il convient qu'il s'adresse aux créanciers connus, en utilisant les moyens spécifiquement prévus contractuellement ou, en l'absence de stipulations à cet égard, en leur écrivant directement. Un **appel public** aux créanciers est nécessaire notamment pour éviter toute omission et pour faire connaître des créanciers inconnus. La loi précise que « *l'appel est publié dans la Feuille officielle suisse du commerce.*[2636] *Les créances sont produites par écrit, en précisant leur montant et leur motif juridique* » (art. 653k al. 1, 2e et 3e phr., CO).

1905   La loi oblige alors la société à « ***garanti[r] les créances à concurrence de la diminution de la couverture*** *résultant de la réduction du capital lorsque les créanciers l'exigent dans les 30 jours qui suivent la parution dans la Feuille officielle suisse du commerce* » (al. 2). Elle indique que « *l'obligation de fournir des sûretés s'éteint si la société exécute la créance ou prouve que la rédu-*

[2635] Le passage du Message cité in n. 2634 cite une raison en faveur d'une assemblée tenue avant l'appel au créancier (qui peut être l'unique assemblée générale ou une assemblée décidant uniquement du principe) ; le même message dit *in* FF 2017 456 s. que l'inverse (soit une assemblée postérieure à l'appel) peut aussi apparaître préférable : « *La société peut procéder à l'appel public avant ou après la décision de l'assemblée générale de réduire le capital. Cette possibilité assouplit la marge de manœuvre du conseil d'administration dans l'organisation de la réduction. Par mesure de transparence envers les actionnaires, il vaut mieux que l'appel aux créanciers et le contrôle de l'expert-réviseur agréé aient lieu avant l'assemblée générale. Cela permet à l'organe suprême de la société de connaître les résultats de l'appel public et du contrôle avant de statuer sur la réduction du capital. Cela n'est cependant pas nécessaire d'un point de vue matériel lorsque la situation est claire* ».

[2636] L'art. 733 aCO prévoyait *trois* publications dans la FOSC. Cela a été abandonné au vu des moyens de publication contemporains (cf. FF 2017 456).

ction du capital ne compromet pas l'exécution de la créance[2637]. *S'il existe une attestation de vérification, l'exécution de la créance est réputée ne pas être compromise »*[2638].

c. Établissement de comptes

Si la **date de clôture du bilan** est antérieure à plus de six mois « *à la décision de l'assemblée générale de réduire le capital-actions* » (par quoi il faut entendre la décision visée à l'art. 653n CO), la société doit établir des comptes intermédiaires (art. 653l CO). 1906

d. Vérification par un expert-réviseur

Un expert-réviseur[2639] doit se fonder sur les comptes (le cas échéant intermédiaires) et sur l'appel aux créanciers[2640] afin d'être en mesure d'attester par écrit que « *les créances restent entièrement couvertes malgré la réduction du capital* » (art. 653m al. 1 CO). 1907

e. Décision de réduction *proprio sensu* par l'assemblée générale

L'assemblée générale décide, à la **majorité ordinaire** (art. 703 CO), de la réduction du capital. Cette décision doit faire l'objet d'un acte authentique et in- 1908

[2637] Désintéresser ou garantir des créances non exigibles va toutefois très loin et est souvent impossible, même pour des sociétés financièrement saines. Depuis fort longtemps, la pratique est de recourir à la garantie partielle, qui est proportionnelle à la diminution de ressources financières provoquée par la réduction.

[2638] La diminution du capital ne concerne pas les actifs couvrant les prétentions des créanciers, ce qui en tant que tel exclut une menace immédiate des intérêts des créanciers. La réduction peut néanmoins être problématique pour les créanciers en raison de ses effets *sur les liquidités* dont jouit l'entreprise ou en raison de la moindre couverture de risques de pertes futures par l'amoindrissement des mécanismes de protection du capital (notamment celui de la prévention de la « perte de capital », au sens de l'art. 725a CO ou de l'interdiction de restitution des apports déterminés par l'ampleur du capital).

[2639] Il s'agissait, avant la réforme du droit de la révision de 2005, d'un cas où la loi exigeait la vérification d'un « *réviseur particulièrement qualifié* » (art. 732 al. 2 aCO-1991 et déjà 732 al. 2, 2e phr., aCO-1936).

[2640] Ainsi explicitement GERICKE/LAMBERT, BK ad art. 650-657 CO (2023), N 27 (« *Die Prüfungsbestätigung [...] ist [...] dem Schuldenruf zwingend nachgelagert* »).

diquer : « *1. le montant nominal, ou le cas échéant le montant nominal maximal, de la réduction du capital-actions ; 2. les modalités de l'exécution de la réduction du capital, notamment le fait que la réduction a lieu par réduction de la valeur nominale des actions ou par destruction d'actions ; 3. l'affectation du montant de la réduction du capital* » (art. 653n CO).

1909 En vertu de l'art. 653m al. 2 CO, si l'appel aux créanciers a déjà eu lieu, et que **l'expert-réviseur** a pu établir son attestation de vérification sur la couverture des créances malgré la réduction (envisagée) du capital, le conseil d'administration doit communiquer ce résultat à l'assemblée (1re phr.) ; l'expert-réviseur doit être présent à l'assemblée, sauf renonciation unanime (2e phr.). L'attestation de l'expert-réviseur peut aussi être établie après la décision de l'assemblée[2641] ; il n'est alors pas certain que la réduction pourra être mise en œuvre (elle ne le sera pas s'il n'est finalement pas confirmé que les droits des créanciers sont couverts malgré la réduction du capital ou, en l'absence d'une telle confirmation, si des garanties suffisantes ne sont pas fournies selon l'art. 653k al. 2 CO).

f.   Modification des statuts par le conseil d'administration

1910 Si toutes les conditions de la réduction du capital-actions ont été remplies, à savoir l'existence d'une décision de l'assemblée générale conforme à l'art. 653n CO, l'appel aux créanciers et l'établissement de la vérification relative au maintien de la couverture des créances (art. 653k-m CO), **le conseil d'administration doit prendre une décision par laquelle il modifie les statuts** après avoir **constaté** que « *la transaction répond, au moment des constatations, aux conditions fixées par la loi, par les statuts et par la décision de l'assemblée générale et que les pièces sur lesquelles se fonde la réduction de capital lui ont été présentées* » (art. 653o al. 1 CO). La décision doit faire l'objet d'un **acte authentique** et l'officier public doit mentionner toutes les pièces sur lesquelles se fonde la réduction du capital et attester qu'elles lui ont été présentées ; ces pièces sont annexées à l'acte authentique (al. 2).

[2641] Cf. GERICKE/LAMBERT, BK ad art. 650-657 CO (2023), N 27 *in initio* (« *Die Prüfungsbestätigung kann vor oder nach der Beschlussfassung der Generalversammlung über die Kapitalherabsetzung erfolgen* »).

g.   Inscription au registre du commerce

Une fois l'acte authentique établi, le conseil d'administration requiert l'inscrip-   1911
tion au registre du commerce de la modification des statuts (art. 647 CO ; v. ég.
art. 55 al. 1 lit. c ORC[2642]).

h.   Exécution

Après l'inscription au registre du commerce, il peut être procédé à l'exécution   1912
effective de la réduction (art. 653o al. 3 CO), qui consiste le plus souvent dans
le remboursement des actionnaires[2643].

2.   *Procédure simplifiée de réduction en cas de bilan déficitaire*

La réduction « déclarative » du capital, dont le contenu matériel est décrit plus   1913
haut[2644], n'entraîne **pas de perte de substrat** pour les créanciers, car la société
n'indemnise pas les actionnaires.

Il suffit alors qu'un **expert-réviseur** agréé « *atteste, à l'intention de l'assem-*   1914
blée générale, que le montant de la réduction du capital ne dépasse pas celui
de l'excédent passif à supprimer » (art. 653p al. 1 CO). La loi précise alors que
« *les dispositions qui concernent la garantie des créances, les comptes inter-*
médiaires, l'attestation de vérification et les constatations du conseil d'admi-
nistration ne s'appliquent pas » (art. 653p al. 1, 2ᵉ part., CO). L'**assemblée gé-**
nérale prend alors seule la décision de réduction qui (i) contient les indications
énoncées à l'art. 653n CO, (ii) se réfère à l'attestation de l'expert-réviseur confirmant que le montant de la réduction ne dépasse pas l'excédent passif à supprimer et (iii) modifie alors elle-même les statuts.

L'inscription de la réduction au registre du commerce est alors requise en pro-   1915
duisant cette décision, qui doit être en la forme authentique (art. 647 CO ; cf.
ég. art. 56 ORC).

[2642] L'acte authentique doit attester que le délai imparti aux créanciers pour produire leurs
créances est expiré et que les créanciers annoncés ont été désintéressés ou garantis (art. 55
al. 1 lit. b ORC).

[2643] La loi envisage littéralement que « *les fonds disponibles par suite de la réduction du ca-*
pital peuvent être *distribués* aux actionnaires » (art. 653o al. 3 CO).

[2644] *Supra* N 1895-1896.

3. Procédure simplifiée en cas de réduction et augmentation simultanées du capital

1916 Cette opération, dont le contenu matériel est décrit plus haut[2645], non seulement n'induit aucune distribution aux actionnaires, mais n'emporte **en définitive pas d'amoindrissement du capital-actions**. Ainsi, c'est en bonne logique que la loi précise que « *les dispositions régissant la réduction du capital qui concernent la garantie des créances, les comptes intermédiaires, l'attestation de vérification et les constatations du conseil d'administration ne s'appliquent pas* » (art. 653q al. 1 CO). En revanche, puisque **des apports doivent être souscrits et fournis**, elle précise que « *les dispositions régissant l'augmentation ordinaire du capital s'appliquent par analogie* » (al. 2).

1917 Il peut bien entendu arriver que l'**augmentation soit *supérieure*** à la réduction[2646]. Dans ce cas, les statuts doivent être modifiés et la procédure est celle de l'augmentation de capital. En revanche, **si le montant du capital-actions reste identique** (tout comme la valeur nominale des actions et le montant des apports), les statuts ne doivent pas être changés. Ainsi, la loi précise que dans ce cas, le conseil d'administration n'a pas à prendre de décision de modification des statuts (al. 3 : « *Le conseil d'administration n'est pas tenu de modifier les statuts lorsque le nombre et la valeur nominale des actions ainsi que le montant des apports effectués restent inchangés* »).

VI. La surveillance préventive du surendettement : la « perte de capital »

A. Notions et normes

1918 La « perte de capital » est une situation comptable et financière qui correspond à un **signal d'alarme précoce** sur le plan du surendettement. Elle annonce que le risque de s'approcher du surendettement s'accroît et atteint un seuil critique, même si la mesure est assez schématique[2647] : la moitié du capital (et d'autres

---

[2645] *Supra* N 1897 s. Voir aussi, pour un exemple chiffré, *infra* N 1929 (n. 2657).

[2646] L'art. 653q al. 1 CO précise bien qu'il vise les différentes situations où « *le capital-actions est réduit et simultanément augmenté à nouveau à concurrence d'un montant <u>au moins équivalent</u> et que les apports effectués ne sont pas réduits [...]* ».

[2647] Cette situation n'est pas forcément inquiétante, car elle est même plutôt naturelle dans une phase de lancement, où la société investit et dépense (salaires) avant de réaliser des revenus. Si la société, en même temps qu'elle constate comptablement une « perte de capital » sur la base des comptes annuels qu'elle clôture, a déjà atteint – au jour du constat, qui suit

fonds propres, à savoir certaines réserves légales) n'est plus couverte par des actifs ; en d'autres termes, les pertes cumulées ont consommé plus de la moitié du capital (et des réserves précitées), alors que celui-ci joue le rôle de marge de sécurité pour les créanciers.

Ainsi, cet instrument de mesure **suppose l'existence d'un capital.** Il n'existe donc que pour les sociétés de capitaux – alors que le surendettement (tout comme la menace d'insolvabilité) est traité de façon uniforme pour toutes les personnes morales (cf. art. 903 CO pour la coopérative ; art. 69d CC pour l'association ; art. 84a CC pour la fondation)[2648]. Sur le plan des normes applicables, le droit de la société à responsabilité limitée (art. 820 CO[2649]) renvoie au droit de la société anonyme (art. 725a CO). 1919

La « perte de capital » est une situation qualifiée de pertes cumulées, mais, pour se distinguer du surendettement, elle implique que les actifs de la société couvrent encore entièrement les fonds étrangers – seuls **les fonds propres n'étant plus que partiellement couverts.** 1920

La situation présente, de par les pertes cumulées, un « bilan déficitaire »[2650] ou un « déficit résultant du bilan ». Elle en est *une **forme qualifiée*** en ceci que les actifs de la société ne couvrent plus *la moitié du capital social* (à quoi la loi assimile un éventuel capital-participation, cf. art. 656b al. 3 CO) *et de certaines réserves légales* (art. 725a al. 1 CO : « *les actifs, après déduction des dettes, ne couvrent plus la moitié de la somme du capital-actions, de la réserve légale issue du capital et de la réserve légale issue du bénéfice qui ne sont pas remboursables aux actionnaires* »). 1921

B. Détection de la perte de capital ; notion des mesures à prendre

C'est au **moment** de clôturer les comptes annuels que l'organe dirigeant (conseil d'administration dans la SA ; gérants dans la Sàrl) doit détecter si la société est dans une situation de perte de capital (cf. art. 725a al. 1 CO). Les comptes 1922

---

de plusieurs mois la clôture des comptes annuels – un stade où ses revenus égalent les dépenses ou, mieux, les dépassent légèrement, elle n'est pas dans une situation problématique.

[2648] Cf. *supra* N 823.

[2649] « *Les dispositions du droit de la société anonyme régissant la menace d'insolvabilité, la perte de capital et le surendettement ainsi que la réévaluation des immeubles et des participations sont applicables par analogie* ».

[2650] Ainsi dans le titre marginal de l'art. 653p CO. L'expression est reprise à l'art. 56 ORC.

annuels doivent alors impérativement être **révisés** avant d'être soumis à l'approbation des sociétaires (cf. al. 2). Si la société n'a pas d'organe de révision, la loi prévoit spécifiquement que, contrairement à la règle de compétence générale en matière d'élection des autres organes, c'est ici l'organe dirigeant qui nomme le réviseur agréé (al. 2, *in fine*), cela pour d'évidentes raisons pratiques (notamment pour éviter le retard qui résulterait d'une convocation de l'assemblée uniquement à cet effet avant de procéder à la révision, puis à une nouvelle assemblée, également à convoquer).

1923 La loi précise qu'il appartient alors au conseil d'administration (dans la SA ; dans la Sàrl, aux gérants) de « *prendre des **mesures** propres à mettre un terme à la perte de capital* » et au besoin prendre « d'autres » mesures d'assainissement ou en proposer à l'assemblée générale pour autant qu'elles relèvent de la compétence de cette dernière (art. 725a al. 1 CO).

C. Les mesures en particulier

1924 Les **mesures opérationnelles** (p. ex. vente, redimensionnement ou cessation d'activités générant des pertes, ou augmentation – réaliste – des marges) figurent au premier plan.

1925 D'**autres mesures**, dont celles décrites ci-dessous, peuvent également exercer une influence sur le bilan (« épuration du bilan »).

1926 (i) **Compensation de la perte avec les réserves** : de manière générale, si cela n'a pas déjà été entrepris, la perte est en premier lieu compensée avec les réserves. Il peut s'agir tant des réserves libres[2651] que d'une partie des réserves légales (cf. art. 671 al. 2 CO et 674 CO). Une compensation avec les réserves libres mène certes à une réduction du déficit résultant du bilan, mais n'a pas d'influence sur la perte de capital, qui se calcule indépendamment de celles-ci (en effet, comme le texte légal l'indique, il s'agit de mesurer si l'actif net est inférieur à la moitié du capital augmenté des réserves *légales*). En revanche, la compensation avec les réserves légales diminue la perte de capital[2652].

[2651] Sur cette notion, cf. *supra* N 1869, n. 2601, et N 446-450.

[2652] Par exemple, si une société a un capital de 100 et des réserves légales de 20, une perte de 65 (l'actif net résiduel étant 55) est supérieure à la moitié du capital augmenté des réserves légales (il y a donc « perte de capital » au sens de l'art. 725a al. 1 C). Si elle est compensée avec les réserves légales (c'est-à-dire que les réserves légales sont dissoutes), elle n'est plus que de 45 et donc inférieure à la moitié du capital (respectivement : l'actif net, qui demeure 55, est désormais supérieur à la moitié du capital, lequel n'est plus accru par les réserves légales qui ont été dissoutes).

(ii) **Réévaluation des immeubles et des participations** : en principe, l'actif 1927
immobilisé ne peut être évalué qu'à son prix d'acquisition ou à son coût de
revient, déduction faite des amortissements nécessaires (art. 960a CO). En cas
de perte de capital, les immeubles et les participations peuvent être réévalués à
leur valeur réelle (valeur du marché), ce qui signifie que les réserves latentes
sur ces actifs sont dissoutes (art. 725c CO)[2653].

(iii) **Augmentation du capital social** : cette procédure (art. 650 ss CO)[2654] peut 1928
également servir de mesure d'assainissement. C'est d'ailleurs la façon d'assainir qui correspond à une réelle amélioration de la situation financière de la société. L'émission de nouvelles actions ou parts sociales contre des apports des
souscripteurs augmente en effet l'actif net de la société. L'augmentation de
l'actif à hauteur des apports est identique à l'accroissement, au passif, du capital (ou, en cas de prime d'émission, du capital et des réserves issues du capital) ;
vu qu'aucune dette nouvelle n'est créée, l'actif net est augmenté. L'apport de
nouvelles valeurs patrimoniales par ce procédé n'a certes pas d'influence sur
le déficit résultant du bilan, mais peut réduire, voire faire disparaître, une perte
de capital, puisque l'actif est augmenté d'un montant net ; c'est une question
de simple arithmétique de déterminer si cette augmentation est suffisante pour
que la moitié du capital social (et des réserves légales pertinentes) soit désormais couverte[2655].

(iv) **Réduction du capital** : dans ce qui peut sembler de prime abord paradoxal, 1929
la réduction du capital peut réduire la perte de capital. Il convient d'employer
la forme particulière de réduction par laquelle la société reprend une partie des
actions ou parts sociales sans contrepartie correspondante, puis les détruit ou
abaisse leur valeur nominale ; la procédure de réduction est simplifiée, car au-

---

[2653] Cf. *supra* N 409-412. – En particulier pour les immeubles, la valeur réelle peut représenter
plusieurs fois celle d'acquisition. De telles réévaluations nécessitent l'approbation d'un
réviseur agréé (art. 725c al. 2 CO). Leur montant doit figurer séparément au bilan comme
réserve de réévaluation (al. 1, 2e phr.). Le montant et l'objet de la réévaluation doivent en
outre être mentionnés dans l'annexe (art. 959c al. 1 ch. 3 CO).

[2654] Décrite *supra* N 1837-1863.

[2655] Pour prendre un exemple : si le capital social est de 100 000 et les pertes cumulées de
70 000, la « perte de capital » consiste dans la différence négative de 20 000 par rapport à
la moitié du capital (50 000). Si l'augmentation porte le capital à 140 000, les pertes cumulées (70 000) ne dépassent plus la moitié du capital. Il faut ainsi une augmentation
(40 000) du double de la « perte de capital » (20 000) pour sortir de ce régime. Pour un
autre exemple : capital social de 500 000 ; si les pertes cumulées atteignent 400 000, la
« perte de capital » est 150 000 ; le capital doit être augmenté à 800 000. L'augmentation
nécessaire (300 000) est bien le double de la « perte de capital ».

cun apport n'est restitué aux sociétaires[2656]. Les pertes cumulées sont comptablement réduites, parce qu'elles se mesurent par rapport à un point de départ qui est le capital initial. Ainsi, lorsque la réduction du capital – induisant une réduction comptable des pertes cumulées – est suffisamment importante, la perte de capital disparaît[2657].

1930 (v) **Autres mesures** : une infinité d'autres mesures peuvent être envisagées. Il peut s'agir d'une contribution à fonds perdus ou d'une renonciation par des créanciers à tout ou partie de leurs droits (remise de dette[2658]). Une fusion ou une autre restructuration peut évidemment aussi constituer une telle mesure. Cela peut aussi être le cas d'une cession d'actifs qui emporte monétisation de réserves latentes (ou de *goodwill*).

[2656] Il n'y ainsi pas d'avis aux créanciers, ni d'obligation de les désintéresser et de garantir leurs créances (art. 653r CO). Cf. *supra* N 1913-1915.

[2657] Pour prendre un exemple chiffré : si le capital est de 500 000 et les pertes cumulées de 300 000, la « perte de capital » est 50 000. Si le capital est réduit de 100 000 (à 400 000), les « pertes cumulées », qui se mesurent par rapport au montant initial (c'est le résultat depuis – en pratique – le début de l'activité, plus précisément – juridiquement – depuis que le capital a été fixé), ne sont plus que 200 000 (le montant de 300 000 ayant été réduit de 100 000). Ainsi, avec son capital réduit à 400 000, la société sort de la perte de capital.

[2658] On précisera que du point de vue fiscal, il existe un risque que la remise de dette soit considérée comme une donation, *imposable chez le donateur* (soit à un taux élevé si celui-ci est domicilié en Suisse, le taux étant progressif en fonction de l'éloignement familial ; comme une société est formellement une tierce personne, et non un familier, le taux est le plus élevé). En cas d'assainissement, il n'existe cependant pas de véritable *animus donandi* (une volonté de libéralité), mais une volonté de faire survivre l'entreprise *en raison d'un intérêt économique*. La qualification de donation devrait donc être exclue. La jurisprudence a eu l'occasion de rappeler qu'un *animus donandi* est nécessaire pour retenir une donation en droit fiscal (ATF 118 Ia 497 c. 2b/aa [500] et, récemment, ATF 146 II 6 c. 7.1 [13] ; v. aussi p. ex. Pierre-Marie GLAUSER, Donations consenties et reçues par des sociétés en matière d'impôts directs, 1re part., IFF Forum für Steuerrecht 2005, p. 251 ss, spéc. 255, sous un autre angle ; sous un autre encore, mais montrant le caractère décisif d'une *Schenkungswille*, TF 22. 4. 2005, 2A.668/2004, c. 3.4.3). Certaines lois cantonales excluent la qualification de donation en cas de donation à un débiteur *non solvable* (ainsi, *a contrario*, art. 12 al. 2 lit. d LMSD-VD, « *en cas de remise de dette en faveur d'un débiteur solvable* » ; selon la Loi genevoise sur les droits d'enregistrement, la remise de dette est une donation [art. 11 al. 2], mais l'estimation de la créance tient compte de la solvabilité du débiteur [art. 15 al. 5]).

VII. L'acquisition par la société de parts à son propre capital

A. Problématique ; principes de son traitement législatif

Les parts du capital d'une société de capitaux sont **cessibles et négociables.** 1931
Les actions d'une société anonyme peuvent l'être sans restrictions, notamment
– mais pas seulement – lorsqu'elle est cotée en bourse[2659]. Lorsque le transfert
d'actions est soumis à des restrictions, soit concrètement à l'approbation du
conseil d'administration, il s'agit d'un régime proche de celui applicable aux
parts sociales d'une société à responsabilité limitée, qui requiert en principe
l'approbation (d'une majorité[2660]) des associés[2661]. Il n'en demeure pas moins
que même dans ces cas – et contrairement à la qualité de sociétaire dans une
société de personnes, dans une coopérative[2662] ou dans une association[2663] –, la
part au capital d'une société de capitaux est un bien cessible.

De la nature de bien cessible caractérisant les parts au capital découle la **possi-** 1932
bilité de principe pour la société d'en acquérir, comme elle peut acquérir
tout type de biens.

Cependant, on perçoit immédiatement que, pour la société, l'entrée de ce bien 1933
dans son patrimoine ne correspond pas à l'entrée d'un véritable actif : la société
est titulaire de son patrimoine ; les actifs sous déduction des dettes donnent un
montant justement défini comme ses *fonds propres* ; or, la part au capital donne
à son titulaire le droit à une portion des fonds propres. Ainsi, en acquérant une
part de son capital, la société acquiert **un bien qui est économiquement et
juridiquement le droit à une portion de ce dont elle est déjà titulaire**.

La société ne reçoit donc pas de valeur en acquérant une part de son propre 1934
capital. En revanche, elle se déleste de la valeur consistant dans le prix qu'elle
paie au sociétaire aliénateur. Elle opère une **distribution d'actif à ce sociétaire**. Du point de vue financier, il y a une équivalence avec une distribution

---

[2659] Cf. *infra* N 2383.

[2660] Cela (art. 786 al. 1 CO, la majorité étant qualifiée, art. 808 al. 1 ch. 3 CO, cf. *infra* N 2536-
2539) distingue la Sàrl des sociétés de personnes, où le remplacement d'un associé par
une nouvelle personne ou la cession – par hypothèse partielle – de sa position par un associé requiert l'unanimité (bien qu'un régime différent puisse être stipulé, cf. *supra*
N 1392).

[2661] La nécessité d'une approbation peut être supprimée (art. 786 al. 2 ch. 1 CO), mais en sens
inverse, la cession peut être exclue (ch. 5), ce qui induit un droit de sortie (al. 3 ; sur ces
régimes statutaires, cf. *infra* N 2540-2554).

[2662] Cf. *infra*, pour les exceptions très limitées qui confirment la règle, N 2668, 2696 et 2703.

[2663] Cf. *infra* N 2799.

de dividende, si la société a des bénéfices distribuables. Mais, vu que les actionnaires sont moins nombreux suite à l'acquisition[2664], l'opération a plus exactement le même *effet immédiat* qu'une réduction de capital avec paiement d'un montant à l'actionnaire correspondant à la valeur déterminée (soit sa part à l'actif net si la valorisation retenue est la valeur substantielle). Il est cependant vrai que si la part au capital peut aisément être revendue (notamment si la société est cotée en bourse ou que ses titres bénéficient d'une façon ou d'une autre d'une bonne liquidité), l'opération est *réversible* : une revente apporte à la société la valeur consistant dans le prix que lui paie le nouvel acquéreur. La situation économique équivalant à une réduction du capital (soit : à un appauvrissement) de la société est en revanche durable lorsqu'elle ne peut pas aisément revendre les parts au capital à de nouveaux acquéreurs (le marché de ses parts ayant une faible liquidité).

1935 Ainsi, dès la création des sociétés de capitaux en droit suisse, la loi a soumis ce genre d'acquisitions à de **sévères restrictions**. En 1881, le législateur a promulgué une véritable interdiction de principe de l'acquisition par la société anonyme de ses propres actions, sous réserve de situations particulières bien circonscrites[2665]. Cette solution a été maintenue, sous réserve de points de dé-

---

[2664] Même si l'on fait l'exercice de liquider une société qui détient des propres parts à son capital en la considérant jusqu'au bout comme étant l'un des sociétaires, on remarquera que l'acquisition a l'effet de *réduire le nombre d'ayants droit ultimes* : une SA qui a acquis la part de l'un de ses 10 actionnaires (chacun ayant 10 %) a, après l'acquisition, un actif net de CHF 200 000.– ; si elle est liquidée et que la SA était traitée comme l'un des 9 autres actionnaires, elle recevrait une part de liquidation de CHF 20 000.– (tandis que CHF 180 000.– vont aux 9 autres actionnaires). Mais une fois qu'elle aurait reçu cette somme, elle devrait finalement, en continuant sa liquidation, la distribuer aux 9 autres actionnaires (soit CHF 2222.– à chacun), qui sont donc bien ultimement les ayants droit économiques et juridiques de l'entier de l'actif net de CHF 200 000.– (chacun des 9 recevant *in fine* CHF 22 222.– et non CHF 20 000.–).

[2665] Art. 628 aCFO-1881 : « *(1) Il est interdit aux sociétés anonymes d'acquérir leurs propres actions. (2) Elles ne le peuvent que dans les cas suivants : 1° lorsque l'achat a pour objet un amortissement prévu par les statuts ; 2° lorsque l'achat est fait [...] en vue du remboursement partiel du capital social ; 3° lorsque l'acquisition est la conséquence de poursuites faites par la société en vue d'obtenir paiement de ses créances ; 4° lorsque l'achat se rattache à une catégorie d'opérations rentrant d'après les statuts dans l'objet de l'entreprise. (3) Dans les deux premiers cas, les actions rachetées doivent être immédiatement rendues impropres à toute nouvelle aliénation. (4) Dans les deux derniers cas, les actions dont la société est devenue propriétaire doivent être revendues dans le plus bref délai possible, et le rapport annuel doit signaler ces acquisitions et reventes. (5) Les actions rachetées par une société ne peuvent être représentées dans les assemblées générales* ».

tails, en 1936[2666]. En revanche, le régime adopté en 1991 est celui d'une licéité de principe[2667], chaque acquisition induisant toutefois la mise en œuvre simultanée de mesures protectrices de la substance économique de la société : d'une part, l'acquisition ne peut être financée que par des fonds propres librement disponibles ; d'autre part, une réserve doit être constituée pour couvrir intégralement le montant des propres parts au capital. Le législateur a aussi fixé une limite quantitative maximale (en principe de 10 %, sauf situations particulières spécifiquement décrites, où elle peut être portée à 20 % [pour la SA] ou 35 % [pour la Sàrl]). La novelle du 19. 6. 2020 a conservé l'essentiel de ce régime[2668].

La licéité de principe induit que les rachats d'actions propres sont désormais **fréquents** notamment dans les sociétés cotées en bourse, en particulier comme première étape (préalable) d'une réduction de capital visant à améliorer le cours boursier de l'action[2669]. Des rachats d'actions propres peuvent aussi avoir pour objectif de soutenir le cours en cas de baisse indésirable ou plus généralement d'assurer la liquidité, mais ces opérations peuvent poser problème au regard de

1936

[2666] Le Message du Conseil fédéral est sévère et lapidaire, FF 1928 I 266 : «*Nous sommes d'avis que le fait de la société d'acquérir de ses propres actions comporte un remboursement de capital aux actionnaires et que, pour sauvegarder les intérêts des créanciers, il importe de prendre des mesures rigoureuses* ».

[2667] Ainsi, le Message du Conseil fédéral, maintenant une tonalité sévère, observe que la protection des intérêts légitimes peut être assurée par des mesures bien calibrées, FF 1983 II 822 s. : «*L'acquisition par la société de ses propres actions constitue une contradiction en soi [...] de ce fait, elle n'acquiert rien qu'elle ne possède déjà, car les actions représentent des valeurs qui sont déjà sa propriété [...]. L'interdiction, érigée en principe, est [...] une mesure disproportionnée : c'est ainsi que l'acquisition par la société de ses propres actions ne comporte aucun risque et ne conduit à aucun abus si elle est modérée [...]. La nouvelle réglementation n'interdit plus l'acquisition par la société de ses propres actions, mais [...] empêche que l'acquisition par la société de ses propres actions ne représente qu'une restitution des versements des actionnaires* ». Par ailleurs, comme on le décrit en détail *infra* (N 2061-2067), la faculté du conseil d'administration de refuser dans bon nombre de cas l'inscription d'un acquéreur en reprenant les actions (nominatives liées) de l'aliénateur rendait inévitable la licéité de principe de l'acquisition de ses actions par la SA (FF 1983 II 823, N° 208.1 *in fine* : «*l'extension de l'obligation légale de reprendre les actions en rapport avec la limitation de transférer ces actions exige l'abandon de l'interdiction* »).

[2668] La modification substantielle est que «*le capital-participation n'est plus ajouté au capital-actions pour calculer le seuil maximal de rachat par la société de ses propres actions* » (Message du Conseil fédéral, FF 2017 467).

[2669] Sur cette méthode répandue depuis les années 1990, cf. *supra* N 1887.

la prohibition de manipuler le marché[2670] (les activités de teneurs de marché, *market makers*, étant soumises à un cadre plutôt strict[2671]).

1937 Outre la protection de la substance économique, le législateur a toujours – depuis 1881 – été sensible au problème de gouvernance que représente la possession par la société de ses propres parts au capital. **Le droit de vote attaché à ces parts est gelé**[2672]. Les réformes législatives de 1991 et 2020 ont visé à saisir au mieux les situations où la société détient indirectement des parts à son propre capital, parce que des entreprises qu'elle contrôle en détiennent (art. 659b CO).

1938 Sur le plan des **normes applicables**, on relèvera que – depuis la réforme votée en 2005 – le droit de la société à responsabilité limitée (art. 783 al. 4 CO) renvoie aux dispositions, assez détaillées, du droit de la société anonyme (art. 659-659b CO, auxquelles s'ajoutent notamment différentes dispositions en matière de réserves). Outre la nécessaire suppression des obligations liées aux parts sociales (versements complémentaires et obligations accessoires)[2673], la différence matérielle consiste dans un seuil plus élevé (35 % [art. 783 al. 2 CO, pour la Sàrl] au lieu de 20 % [art. 659 al. 3 CO, pour la SA]) lorsque la société acquiert des parts en lien avec le refus d'accepter un nouveau sociétaire ou avec la sortie d'un sociétaire.

[2670] Cf. Rita TRIGO TRINDADE, CR ad art. 659-659a CO (2017), N 2 et 54.

[2671] L'art. 41 LEFin retient que le teneur de marché est une « maison de titres » (sur ce terme, cf. p. ex. ROUILLER/BAUEN/BERNET/LASSERRE ROUILLER [2022], n. 2722), et donc un « établissement financier » ; il en découle des exigences en termes d'autorisation (art. 2 al. 1 et 5-16 LEFin), d'activité (art. 44-51) et de surveillance et de révision (art. 61 al. 3 et 63).

[2672] Cf. art. 628 al. 5 aCFO-1881 cité *supra* n. 2665. Sur les aspects de gouvernance, cf. Rita TRIGO TRINDADE, CR ad art. 659-659a CO (2017), N 2 (« *respect de la séparation des pouvoirs* ») et 40 (« *protéger les actionnaires en s'assurant qu'ils conservent le pouvoir de contrôler le conseil d'administration* ») ; ad art. 659b CO (2017), N 2 (« *protection des actionnaires contre une domination par le conseil d'administration* »). Cela est particulièrement pertinent dans les grandes sociétés, où les administrateurs personnellement n'ont que rarement une importante participation ; s'ils pouvaient voter au titre des actions détenues par la société elle-même, et acquises par les moyens de celle-ci, leur influence serait grandement accrue. Dans les petites sociétés, les administrateurs sont souvent d'importants actionnaires ; excepté au regard du vote sur la décharge, ils peuvent librement exercer leurs droits en tant qu'actionnaires ; il n'en demeure pas moins que dans de telles configurations aussi, utiliser les moyens de la société pour acquérir de ses actions de façon à *augmenter* les voix soutenant le conseil serait un usage hautement problématique des ressources et heurterait l'idée de gouvernance.

[2673] L'art. 783 al. 3 CO énonce une *condition* de l'admissibilité de l'acquisition : « *Lorsqu'une part sociale liée à une obligation d'effectuer des versements supplémentaires ou de fournir des prestations accessoires est liée à une part sociale qui doit être acquise, cette obligation doit être supprimée avant l'acquisition* ». Cf. *infra* N 2601.

B.   Licéité de principe en cas de fonds propres librement disponibles suffisants ; constitution d'une réserve légale

L'acquisition par la société de parts de son capital est licite si elle a des **fonds** **propres librement disponibles au moins à concurrence de la valeur de l'ac-** **quisition** (cf. art. 659 al. 1 CO). Cela signifie que ses fonds propres doivent comprendre du bénéfice distribuable ou des réserves libres (et non pas seulement du capital et des réserves liées, légales ou statutaires[2674]). Ainsi, en achetant des parts de son capital, la société ne peut pas effectuer une restitution d'apports (prohibée, art. 680 al. 2 [pour la SA] et 793 CO [pour la Sàrl], hors de la procédure formelle de réduction de capital[2675] ou de la liquidation[2676]). 1939

Cette exigence préalable est couplée avec la conséquence que la loi impose, à savoir **constituer au passif une réserve spécifique** à concurrence de la valeur d'acquisition (art. 659a al. 4 CO). Cette réserve doit être maintenue tant que dure la détention (elle ne devrait pas varier selon la baisse ou la hausse du cours de l'action[2677]). Elle doit faire l'objet d'une rubrique spécifique au passif du bilan (art. 959a al. 2 ch. 3 lit. e CO). Elle n'est pas comptabilisée dans le montant que les autres réserves doivent atteindre (art. 671 al. 4 CO) pour que la société puisse disposer entièrement du bénéfice qui le surpasse. Les normes 1940

[2674] Sur ces notions, cf. *supra* N 1864-1883.

[2675] Cf. *supra* N 1891.

[2676] Cf. *supra* N 1331, n. 1993.

[2677] En cas de hausse du cours, la réévaluation de l'actif constitué des actions propres ne rend pas nécessaire une réduction de la provision pour que le bilan reflète fidèlement la situation économique de la société. En cas de baisse, le bilan doit refléter cette diminution de l'actif, de sorte que la provision n'est plus justifiée dans l'optique de refléter fidèlement la situation de la société. Une partie de la doctrine préconisait de réduire alors la provision (ainsi, dans l'approche antérieure à celle adoptée dans l'édition de 2017 citée *supra* n. 2672, Rita TRIGO TRINDADE, CR ad art. 659-659a CO [2008], N 37 *in fine*). Cela ne nous semble pas forcément justifié, car la fonction de la provision nous semble être *aussi* de marquer les ressources consommées lors de l'acquisition de ce qui est conceptuellement une non-valeur puisqu'un droit sur soi-même.

755

IFRS[2678], et à leur suite les Swiss GAAP RPC[2679], prescrivent d'inscrire un passif négatif (position négative des fonds propres). Le texte légal entré en vigueur en 2023 dit désormais : « *Dans le bilan, la société fait figurer un montant correspondant à la valeur d'acquisition des propres actions en diminution des capitaux propres* »[2680]. La doctrine évoque une interdiction de porter la position à l'actif[2681]. Cela étant, sur le plan de la prudence comptable et de ses effets matériels[2682], la simple inscription d'un passif négatif n'est pas l'équivalent d'une provision (celle-ci est un passif « positif »). Que la position soit inscrite à l'actif ou comme passif négatif, un traitement *prudent* de l'acquisition requiert un provisionnement[2683].

[2678] IAS 32, N 33 (dont la rédaction en français est grammaticalement imprécise, d'où la citation ici en anglais) : « *If an entity reacquires its own equity instruments, those instruments ('treasury shares') shall be deducted from equity. No gain or loss shall be recognised in profit or loss on the purchase, sale, issue or cancellation of an entity's own equity instruments. [...] Consideration paid or received shall be recognised directly in equity* ». La norme 33A dit par ailleurs : « *the entity may elect to continue to account for that treasury share as equity and to account for the reacquired instrument as if the instrument were a financial asset and measure it at fair value through profit or loss in accordance with IFRS 9* » (cf. cependant AG36, présentant un problème de cohérence typique du phénomène décrit *supra* N 512 et 488).

[2679] V. aussi GERIKE/LAMBERT, BK ad art. 659-659b CO (2023), N 6, qui relèvent que cette règle entrée en vigueur en 2023 a mis le droit matériel en cohérence avec le droit comptable de 2012 (cf. *supra* N 279 et 287).

[2680] Swiss GAAP RPC 24, N 2 : « *Le portefeuille de propres actions ne doit pas figurer à l'actif, mais comme poste négatif dans les fonds propres. La mention se fait comme composante séparée (négative) des fonds propres* ».

[2681] Ainsi Peter BÖCKLI (2022), § 4, N 93, indique que les actions propres ne peuvent pas du tout être portées à l'actif depuis la réforme du 19. 6. 2020 : « *Eine Aktivierung von eigener Aktien in der Bilanz wäre unter dem geltenden Recht eine unerlaubte Buchung* » (plus nuancé cependant en n. 257 ; v. ég. Rita TRIGO TRINDADE, CR ad art. 659-659a CO [2017], N 34). Il importe d'avoir à l'esprit que cette façon de faire, certes transparente, n'est pas l'équivalent d'un provisionnement neutralisant la valeur : la seule inscription comme passif négatif est l'équivalent économique d'une activation ; elle ne neutralise pas la valeur. Il faut pour cela une inscription à l'actif *et* un provisionnement (ou réserve), ou un passif négatif *et* un provisionnement. – Pour être complet, on peut observer que la solution qui consisterait simplement à ne pas activer et à provisionner induirait, vu que le prix payé par la société pour ces actions signifie une diminution de l'actif par réduction des liquidités, une *double* diminution de l'actif net, ce qui n'apparaîtrait pas conforme au principe comptable de la fiabilité (qui comprend la « *sincérité du bilan* », cf. *supra* N 367) voire de « *l'image fidèle* » (*supra* N 373). Une éventuelle hausse du cours en cas de marché liquide des actions montre aussi que la simple non-activation, avec provisionnement, serait excessive et pourrait aboutir à la constitution de réserves latentes.

[2682] Cf. *supra* N 434, 447 et 504.

[2683] Le caractère nécessaire d'un provisionnement nous paraît résulter *a fortiori* de l'art. 659b al. 2 CO cité *in* N 1941 : en effet, si les actions de la société mère détenues par une filiale

Par ailleurs, la même réserve au passif du bilan doit être constituée, si c'est **une** 1941
filiale ou une autre entité contrôlée par la société qui détient les parts au
capital de celle-ci. L'art. 659b CO dispose en effet ceci : « *(1) Si une société
contrôle une ou plusieurs entreprises (art. 963), l'acquisition de ses actions
par ces entreprises est soumise, par analogie, aux conditions, aux limitations
et aux conséquences qui valent pour l'acquisition par la société de ses propres
actions. (2) La société contrôlante doit constituer pour les actions selon l'al. 1
une réserve légale issue du bénéfice séparée d'un montant correspondant à la
valeur d'acquisition de ces actions* ». Cette disposition ne signifie en revanche
pas que la filiale ne peut acquérir des parts au capital de sa société mère que si
elle dispose de fonds propres librement disponibles en suffisance ; en effet,
cette disposition est applicable à la société dont les parts sont détenues, qui
détient une filiale directe ou indirecte, et non à celle-ci[2684] (qui peut d'ailleurs
être une société de droit étranger, lequel peut interdire, ou pas, l'acquisition
d'actions de la société mère).

L'existence de fonds propres suffisants se mesure **sur la base du dernier bilan** 1942
approuvé par l'assemblée générale.

Les transactions relatives aux actions propres doivent être spécifiquement men- 1943
tionnées, y compris leurs conditions, dans **l'annexe aux comptes annuels**
(art. 959c al. 2 ch. 5 CO : «*propres parts sociales*») [2685]. L'annexe doit aussi
spécifier la position qui existe au terme de l'exercice (ch. 4 : « *le nombre de
parts de son propre capital détenues par l'entreprise ou par les entreprises
qu'elle contrôle* »).

C.   Seuil maximal

La société peut en principe acquérir des parts de son capital **à concurrence de** 1944
10 % de son capital-actions (pour la SA, art. 659 al. 2 CO[2686]) ou de son ca-

---

requièrent la constitution d'une provision chez la société mère, tel doit être le cas si la
société détient ses propres actions.

[2684] D'ailleurs, en considérant strictement la filiale sous un angle économique, des actions de
la société mère ne sont pas (que) des droits envers elle-même (sauf dans le cas rare où le
seul actif de la société mère est la propriété de la société fille) : la filiale acquiert le droit à
une substance économique plus vaste, constituée des autres actifs de la société mère, soit
ses actifs financiers et autres investissements, sa propriété intellectuelle et ses droits de
participation dans d'autres filiales.

[2685] Cf. *supra* N 307.

[2686] « *Elle peut acquérir ses propres actions à concurrence de 10 % du capital-actions inscrit
au registre du commerce* ».

pital social (pour la Sàrl, art. 783 al. 1 CO[2687]). C'est la valeur nominale des parts au capital et du capital qui est déterminante.

1945 Si les parts au capital sont acquises parce que la société refuse d'inscrire un acquéreur et qu'elle doit ainsi offrir au sociétaire aliénateur de lui racheter ses parts (à la « valeur réelle »)[2688], le seuil est **augmenté** à 20 % (pour la SA) respectivement à 35 % (pour la Sàrl). Il en va de même si la société acquiert des parts dans le cadre d'une action en dissolution, pour éviter celle-ci (dans la SA et la Sàrl)[2689] ou plus largement dans le cadre de l'exclusion d'un sociétaire (dans la Sàrl)[2690].

1946 Dans tous les cas de dépassement du seuil ordinaire, la société doit **ramener sa détention de ses parts à son propre capital à 10 % dans un délai de deux ans**. Elle peut le faire en annulant les titres (par réduction de capital) ou en les revendant (art. 659 al. 3 CO : « *Cette limite maximale est portée à 20 % si les propres actions sont acquises en relation avec une restriction à la transmissibilité ou une action en dissolution. La société aliène ou détruit par réduction du capital, dans un délai de deux ans, les actions acquises au-delà du seuil de 10 % du capital-actions* » ; art. 783 al. 2 CO : « *Lorsque des parts sociales sont acquises à la suite d'une restriction du transfert, ou de la sortie ou de l'exclusion d'un associé, cette limite s'élève à 35 % au plus. Lorsque la société détient plus de 10 % de son capital social, elle doit ramener cette part à 10 % en aliénant ses parts sociales propres ou en les supprimant par une réduction de capital dans les deux ans* »).

D. Gel du droit de vote

1947 Les problèmes potentiels de gouvernance liés au contrôle par l'organe dirigeant de voix à l'assemblée des sociétaires[2691] sont traités par une **solution simple** : la loi exclut que ces actions soient dotées d'un droit de vote (art. 659a al. 1 CO :

[2687] Plus précis que l'art. 659 al. 2 CO, l'art. 783 al. 1 CO mentionne explicitement qu'il s'agit de la valeur nominale : « *La société ne peut acquérir de parts sociales propres que si elle dispose librement d'une part de ses fonds propres équivalant au montant de la dépense nécessaire et si la valeur nominale de l'ensemble de ces parts sociales ne dépasse pas 10 % du capital social* ».

[2688] *Supra* N 1233 (pour la SA) et 1234 (pour la Sàrl).

[2689] *Supra* N 1274-1276. Le Message du Conseil fédéral le dit dans les termes suivants, FF 2017 469 : « *Le but de cette libéralisation est que, en cas d'action en dissolution, la société puisse recourir dans une plus large mesure au rachat de ses propres actions. Cela facilite aussi la sortie des actionnaires minoritaires dans les SA privées* ».

[2690] Cf. *infra* N 2599 en rapport avec N 2586-2592 (exclusion).

[2691] Cf. *supra* N 1937.

« *Si la société acquiert ses propres actions, le droit de vote lié à ces actions et les droits qui lui sont attachés sont suspendus* »). Cela s'applique **aussi lorsque des actions sont détenues par une filiale**, vu l'art. 659b al. 1 CO et une interprétation téléologique de la norme.

Qui plus est, une approche fondée sur la maîtrise ultime prévaut quant à la **notion de détention** de ses parts au capital par la société. Si elle a formellement cédé la propriété de ses actions, mais a le droit de les réclamer, le gel du droit de vote continue de s'appliquer (art. 659b al. 2 CO : « *Le droit de vote et les autres droits attachés aux actions sont également suspendus lorsque la société aliène ses propres actions et conclut un contrat sur la reprise ou la restitution desdites actions* »)[2692].

1948

E.   Autres exigences

L'acquisition par une société des parts à son propre capital est une décision de ses gérants. Comme chacune de leurs décisions, elle est soumise aux **devoirs** de diligence, de loyauté (ou fidélité) et de traitement égal des sociétaires.

1949

La **diligence** suppose en particulier que le prix payé au sociétaire aliénateur soit déterminé de façon rigoureuse. Le devoir de **loyauté** exige, lui aussi, que le prix payé n'induise pas un appauvrissement autre que le fait même pour la société d'acheter des parts de son propre capital. Mais au-delà de cette question d'évaluation du prix, ces deux devoirs supposent que les raisons qui conduisent à acheter ces parts l'emportent sur les raisons de s'en abstenir.

1950

Le devoir de **traiter les sociétaires de façon égale** (art. 717 al. 2 et 813 CO) revêt aussi une importance particulière dans ce contexte qui implique nécessairement une opération dont le partenaire contractuel est un sociétaire. Il existe souvent des raisons induisant que c'est précisément avec un sociétaire spécifique que la société doit traiter, en particulier pour l'exclure pour des raisons d'intérêt social (dans une action en dissolution[2693], ou en refusant l'entrée d'un nouveau sociétaire[2694]). Si en revanche l'opération relève de la convenance, l'exigence de traitement égal peut obliger la société à présenter aux différents sociétaires une même offre de reprise : vu la limitation (à 10 % dans ce contexte) de la part de son capital que la société peut acquérir, elle peut devoir faire

1951

[2692]   Le Message du Conseil fédéral (FF 2017 469) indique que cela vaut en particulier « *dans le cadre d'un prêt de titres, d'une pension de titres ou d'un acte juridique comparable. Cette disposition englobe tous les actes juridiques portant sur les propres actions de la société qui, d'un point de vue économique, peuvent être considérés comme des prêts* ».

[2693]   Cf. *supra* N 1275, spec. ad n. 1927.

[2694]   Cf. *infra* N 2061-2067.

une offre proportionnelle à tous les sociétaires[2695]. Alternativement, cela peut l'obliger à procéder rapidement à des réductions de capital pour offrir des conditions équivalentes à tous les sociétaires souhaitant céder leurs actions au niveau de prix dont ont bénéficié les premiers sociétaires aliénateurs.

F. Licéité d'une remise en nantissement

1952 Dans la conception ayant abouti au droit voté en 1936, il était considéré que la remise en nantissement de ses actions à la société était soumise aux mêmes restrictions que l'acquisition, c'est-à-dire, à l'époque, à une quasi-interdiction[2696]. Dans les travaux préparatoires au droit finalement voté en 1991, il a été observé qu'il n'y avait pas de sens à appliquer ici de régime restrictif, puisque la remise en nantissement présuppose que la société a une créance – soit un véritable actif – envers celui qui remet les actions en gage[2697]. La remise en nantissement renforce la valeur de la créance. Cela n'est pas remis en cause par la doctrine[2698].

G. Sort du contrat par lequel la société acquiert des parts à son capital en violant les limitations

1953 Selon une jurisprudence assez ancienne, un contrat par lequel la société acquiert des parts à son capital en violant les règles sur le financement de l'ac-

---

[2695] En ce sens, Rita TRIGO TRINDADE, CR ad art. 659-659a CO (2017), N 52.

[2696] Cf. le Message du Conseil fédéral, FF 1928 I 266 : « *L'acceptation à titre de gage, par la société anonyme, de ses propres actions est assimilée à l'acquisition de celles-ci* ».

[2697] Cf. Message du Conseil fédéral, FF 1983 II 824 : « *Le projet admet sans réserve le nantissement des actions propres, puisque celui-ci suppose normalement l'existence d'une créance de la société contre un actionnaire. En fin de compte, les prêts consentis par la société à ses actionnaires constituent un procédé critiquable et font presque songer à un remboursement du capital. Les risques inhérents au nantissement des propres actions s'amenuisent lorsque le remboursement du prêt est garanti. De ce point de vue, il serait paradoxal d'établir des règles plus strictes pour les prêts garantis que pour les prêts non garantis ; cette considération vaut également quand les sûretés sont constituées par les actions propres* ».

[2698] Cf. p. ex. Rita TRIGO TRINDADE, CR ad art. 659-659a CO (2017), N 6 *in fine* ; Peter BÖCKLI (2009), § 4 N 347 s.

quisition ou sur les limites maximales n'est **pas frappé de nullité**[2699]. La responsabilité du conseil d'administration (art. 754 CO) pour avoir enfreint son devoir de respecter les règles légales explicites qui s'appliquent à son activité[2700] doit évidemment être envisagée. Cette responsabilité, qui s'ajoute le cas échéant à l'obligation de revendre les actions (art. 659 al. 3 CO[2701] *a fortiori*), peut être considérée comme une **sanction civile suffisante**[2702].

VIII. La distribution régulière du bénéfice (dividendes) ; principes

La distribution régulière du bénéfice en fonction du capital est une **caractéristique** pratique élémentaire des sociétés de capitaux. Sur le plan des normes applicables, le droit de la société à responsabilité limitée renvoie au droit de la société anonyme (art. 798 CO).   1954

L'art. 661 CO précise que les parts de bénéfice « *sont calculées en proportion des versements opérés au capital-actions* » (soit, pour la Sàrl, « au capital social »). Le **caractère proportionnel** explique le terme de *dividendes* employé par la loi et le langage courant.   1955

Le texte légal de l'art. 661 CO exprime notamment qu'une prime d'émission (*agio*) payée par un sociétaire au moment de sa contribution n'est pas prise en considération. De même, la portion non libérée du capital (le « non versé ») ne génère pas de droit au dividende. Cela étant, les statuts peuvent prévoir des   1956

[2699] ATF 110 II 293 c. 3a (299 s.) ; 96 II 18 c. 3a (21 s.) ; 60 II 313 c. 2 (315 s.) ; 43 II 293 c. 2 (295-300). La justification est que la norme ne serait qu'une « prescription d'ordre » (*Ordnungsvorschrift* ; l'ATF 43 II 293 développe cependant une analyse conséquentialiste et une pesée des intérêts très approfondies, cf. ROUILLER/UFFER [2018], p. 220-224). Sur l'ensemble de la problématique, cf. Nicolas ROUILLER (2002), p. 95-102 et 207 (ad n. 1173). Un autre terme exprimant qu'une norme n'emporte pas la nullité des actes juridiques qui la violent est *lex imperfecta*.

[2700] Cf. *supra* N 1053.

[2701] Cf. *supra* N 1946.

[2702] Cette sanction était déjà évoquée – comme raison pour renoncer à la nullité – par la jurisprudence rendue sous l'ancien droit (ATF 60 II 313 c. 2 [316 : « *Der dem Verbot zuwider vorgenommene Erwerb bleibt eine rechtswidrige Handlung, welche die Schadenersatzpflicht der handelnden Organe begründet, und auch der Veräusserer, der bei der Übertretung mitgewirkt hat, kann für den Schaden nach den allgemeinen Grundsätzen über die unerlaubte Handlung haftbar gemacht werden* »] ; 43 II 293 c. 2 [295 ss, spéc. 299 : « *eine rechtswidrige Handlung, die als solche ohne weiteres die Schadenersatzpflicht der handelnden Gesellschaftsorgane begründet* »]). Ces deux arrêts envisagent aussi la responsabilité du cocontractant au titre des règles générales.

régimes différents (en écartant ces règles ou en attribuant des privilèges à certains types d'actions ou titres de participation).

1957 Par ailleurs, la distribution de dividende n'est possible qu'après que des attributions obligatoires selon la loi ou les statuts ont été effectuées[2703]. **Le bénéfice n'est donc pas intégralement distribuable.** Les dividendes ne peuvent être constitués que de bénéfice distribuable – ils peuvent en être une portion ou la totalité.

1958 Les dividendes sont habituellement **décidés** lors de l'approbation des comptes annuels. La loi prévoit explicitement depuis 2023 la possibilité de décider de dividendes intermédiaires ; cela présuppose d'établir des comptes intermédiaires (art. 675a al. 1 et 2 CO)[2704].

1959 Il est par ailleurs licite pour la société d'effectuer des **avances** en faveur de ses sociétaires en cours d'exercice ; elles seront compensées avec le montant

---

[2703] Art. 675 al. 2 et 3 CO : « *(2) Des dividendes ne peuvent être prélevés que sur le bénéfice résultant du bilan et sur les réserves constituées à cet effet. (3) Le dividende ne peut être fixé qu'après les affectations à la réserve légale issue du bénéfice et aux réserves facultatives issues du bénéfice* » (sur ces notions, cf. *supra* N 1870-1883). On relèvera que, lorsque la société est soumise à une révision, le contrôle porte aussi sur la régularité légale et statutaire de la distribution proposée par l'organe dirigeant (dans le contrôle ordinaire [*supra* N 882-906], art. 728a al. 1 ch. 2 CO : « *L'organe de révision vérifie : [... 2] si la proposition du conseil d'administration à l'assemblée générale concernant l'emploi du bénéfice est conforme aux dispositions légales et aux statuts* » ; dans le contrôle restreint [*supra* N 907-914], art. 729a al. 1 ch. 2 CO : « *L'organe de révision vérifie s'il existe des faits dont il résulte : [... 2] que la proposition du conseil d'administration à l'assemblée générale concernant l'emploi du bénéfice n'est pas conforme aux dispositions légales et aux statuts* »).

[2704] Dans une rédaction plutôt alambiquée, l'art. 675a al. 2 CO prévoit d'abord une obligation de révision (1re phr. : « *Les comptes intermédiaires doivent être vérifiés par l'organe de révision avant que l'assemblée générale ne statue* »). Il précise ensuite deux situations où une révision n'est pas nécessaire. Il s'agit d'abord des cas où la société a renoncé à la révision ; cela concerne l'*opting out* (*supra* N 915-922), qui est une décision – requérant l'unanimité des sociétaires – aux effets durables (2e phr. : « *Aucune vérification n'est nécessaire si la société ne doit pas soumettre ses comptes annuels à un contrôle restreint par un organe de révision* »). En plus de cela, une unanimité *ponctuelle* peut permettre l'octroi d'un dividende intermédiaire sans que les comptes intermédiaires soient révisés, même lorsque la société est en principe sujette à révision ; la condition sur le plan de la situation financière de la société est que la distribution ne mette pas en danger sa solvabilité (3e phr. : « *Il est possible de renoncer à la vérification si tous les actionnaires approuvent le versement du dividende intermédiaire et que l'exécution des créances ne s'en trouve pas compromise* »). – Sur les comptes intermédiaires (art. 960f CO), cf. *supra* N 137-137.

des dividendes à décider ultérieurement. De telles avances sont soumises aux conditions ordinaires applicables aux prêts aux sociétaires[2705].

IX. Les exceptions à la nature capitalistique : privilèges en matière de dividende ou de droit de vote

A. Aperçu

Dans les sociétés de capitaux, non seulement les dividendes, mais également les droits de vote, sont **en principe proportionnels à la détention du capital** (concernant le droit de vote dans la SA, cf. art. 692 al. 1 CO : « *Les actionnaires exercent leur droit de vote à l'assemblée générale proportionnellement à la valeur nominale de toutes les actions qui leur appartiennent* » ; dans la Sàrl, art. 806 al. 1, 1re phr., CO : « *Le droit de vote de chaque associé se détermine en fonction de la valeur nominale des parts sociales qu'il détient* »). C'est ainsi que se concrétise la nature capitalistique de ces sociétés. 1960

Toutefois, les statuts peuvent prévoir **différentes sortes d'exception**. Elles peuvent prendre la forme de privilèges sur le plan du droit de vote ou sur celui du droit au dividende. Par ailleurs, le droit de vote peut être plafonné, un sociétaire ou un groupe de sociétaires ne pouvant exercer le droit de vote au-delà d'un seuil déterminé par les statuts. 1961

B. En matière de droit de vote

Le privilège en matière de droit de vote se réalise par **l'octroi d'un droit de vote égal par action**, alors que certaines actions ont une valeur nominale moindre. Ce privilège peut aller jusqu'à un facteur de dix (soit jusqu'au stade où, p. ex., une action ou part sociale de valeur nominale de CHF 100.– a le même droit de vote qu'une action de valeur nominale de CHF 1000.–[2706] ; dans 1962

[2705] Les devoirs de diligence et de loyauté obligent le gérant d'une société prêteuse à la même prudence envers un tiers qu'envers un sociétaire ; le risque de défaut est l'élément clef à apprécier (cf. *supra* N 1202-1208 ; ég. p. ex. N 1278 ad n. 1935). Dans la mesure où une compensation avec un dividende imminent est de l'ordre de la (quasi-)certitude, l'octroi d'une telle avance n'est en principe pas une violation des devoirs. Une évolution négative forte, totalement inattendue, est appréciée de la même façon à l'égard de cette avance que pour d'autres opérations.

[2706] C'est l'art. 693 al. 1 et 2 CO qui crée cette possibilité de privilège : « *(1) Les statuts peuvent déclarer que le droit de vote sera exercé proportionnellement au nombre des actions*

la Sàrl, le privilège de droit de vote peut être formulé par le droit de vote égal de chaque associé, indépendamment de la valeur nominale de sa part sociale, la limite du facteur de dix s'appliquant toutefois aussi[2707], préservant ainsi la nature capitalistique de la Sàrl dans une certaine mesure).

1963 L'introduction d'un tel privilège après la création de la société suppose une **majorité qualifiée** (art. 704 al. 1 ch. 8 CO pour la SA ; art. 808b al. 1 ch. 2 CO pour la Sàrl).

1964 La **limitation des droits de vote au-delà d'un certain seuil** est, elle aussi, une exception à la nature capitalistique de la société (dans la SA, art. 692 al. 2, 2e phr., CO : « *La société peut toutefois limiter, dans les statuts, le nombre de voix attribué au porteur de plusieurs actions* » ; dans la Sàrl, art. 806 al. 1, 3e phr., CO : « *Les statuts peuvent toutefois limiter le nombre de voix des titulaires de plusieurs parts sociales* »). Elle peut être vue comme un privilège de vote en faveur des sociétaires dont la participation est inférieure à ce seuil. Elle ne doit pas être confondue avec la faculté des sociétés de *refuser d'inscrire une acquisition* au-delà d'un certain seuil[2708] : une telle limitation ne concerne pas seulement le droit de vote, mais la reconnaissance de la titularité des actions ou parts sociales.

C.   En matière de dividendes

1965 Un privilège en matière de dividende peut être attaché à certaines actions ou parts sociales. **La loi ne prévoit d'ailleurs pas de limite**. L'art. 656 CO dispose tout simplement : « *(1) Les actions privilégiées jouissent des avantages qui leur sont expressément conférés par rapport aux actions ordinaires dans*

---

de chaque actionnaire <u>sans égard à leur valeur nominale, de telle sorte que chaque action donne droit à une voix</u>. (2) Dans ce cas, des actions de valeur nominale inférieure à d'autres actions de la société ne peuvent être émises que comme actions nominatives et doivent être intégralement libérées. <u>La valeur nominale des autres actions ne peut pas être plus de dix fois supérieure à celle des actions à droit de vote privilégié</u> »). Pour la Sàrl, l'art. 799 CO renvoie à ce régime (« *Les dispositions du droit de la société anonyme concernant les actions privilégiées s'appliquent par analogie aux parts sociales privilégiées* »).

[2707] Art. 806 al. 2 CO : « *Les statuts peuvent déterminer le droit de vote indépendamment de la valeur nominale, de telle sorte que chaque part sociale donne droit à une voix. Dans ce cas, les parts sociales dont la valeur nominale est la plus basse doivent avoir une valeur nominale qui correspond au moins à un dixième de celle des autres parts sociales* ».

[2708] Art. 685d al. 1 CO pour les sociétés cotées en bourse (cf. *infra* N 2069-2072, « clause du pourcent ») et, à plus forte raison, art. 685b al. 2 CO pour les sociétés non cotées (cf. *infra* N 2054-2055).

les statuts primitifs ou à la suite d'une modification de ceux-ci. Elles sont assimilées, pour le surplus, aux actions ordinaires. (2) Les avantages peuvent s'étendre notamment aux dividendes, avec ou sans droit aux dividendes supplémentaires, à la part de liquidation et au droit préférentiel de souscription en cas d'émissions futures ». L'art. 660 al. 3 CO réserve de façon générale la liberté statutaire en matière de privilèges (« *Les privilèges que les statuts confèrent à certaines catégories d'actions sont réservés* »).

La **pratique** connaît des privilèges importants sur le plan des dividendes. Il 1966 arrive que certaines actions soient gratifiées d'un dividende multiplié par un facteur de l'ordre de 30 par rapport aux actions ordinaires. La doctrine ne s'y oppose pas[2709], bien qu'une mise en garde au sujet d'un caractère éventuellement léonin puisse être faite[2710]. L'acquéreur d'actions ordinaires est assurément informé par les inscriptions au registre du commerce, de sorte qu'une protection par une nullité absolue (art. 706b CO) de privilèges démesurés en matière de dividendes ne paraît pas appropriée. En revanche, un actionnaire existant peut assurément combattre l'introduction d'actions fortement privilégiées par l'introduction d'une action judiciaire en annulation (art. 706 s. CO).

La jurisprudence a reconnu que la **mise en œuvre du droit au dividende pri-** 1967 **vilégié** doit se faire par une action en annulation de l'assemblée générale qui refuse d'appliquer ce privilège ou l'applique de façon erronée. En cas de violation répétée, une action tendant directement au paiement du dividende privilégié devient possible[2711].

[2709] Cf. p. ex. Martin LIEBI (2008), N 153 ss et N 515 ss. Hans Caspar VON DER CRONE (2020), N 448, évoque que des « multiplicateurs » sont possibles, sans quantifier leur maximum (« *Vorzugsdividende [...], die sich durch Multiplikation der ordentlichen Dividende mit einem bestimmten Faktor berechnen* »). Il relève aussi qu'un dividende minimal fixe peut être garanti (pour autant qu'un bénéfice soit distribuable : « *eine Mindestrendite auf dem einbezahlten Kapital [...] soweit die Voraussetzungen für eine Ausschüttung erfüllt sind* »). Visant à commenter la protection judiciaire accrue des privilèges résultant de l'ATF 147 III 126 (*supra* n. 2445 et *infra* n. 2711), PFISTERER/WYLER, RSJ 2022 888 ss, spéc. 891 ad n. 27, évoquent aussi les multiplicateurs parmi les privilèges possibles en matière de dividende (« *Dies kann beispielsweise dadurch geschehen, dass die Vorzugsaktien bzw. Vorzugspartizipationsscheine* eine x-mal höhere Dividende *als die Stammaktien erhalten, oder – soweit die Voraussetzungen für eine Ausschüttung erfüllt sind – eine Mindestrendite erhalten (z. B. in Prozent angegeben)* »), sans indiquer de limite. Sans indiquer de limite non plus : MEIER-HAYOZ/FORSTMOSER (2023), § 16, N 447. La société inscrite le 8. 3. 2023 sous identifiant CHE-312.817.877 a une série d'actions (« B ») bénéficiant d'un dividende multiplié par 350 par rapport aux actions ordinaires (« A »).

[2710] Peter BÖCKLI (2009), § 4 N 164b, relève qu'il est opportun de ne pas aller trop loin.

[2711] ATF 147 III 126 c. 3, résumé ainsi par le regeste : « *Les actionnaires privilégiés et les participants ne peuvent pas ouvrir action directement contre la société pour faire valoir*

X. Règles de fonctionnement convergentes : l'essentiel de l'assemblée des sociétaires

A. Vue d'ensemble

1968 Même si une société anonyme, notamment si elle a de nombreux actionnaires, peut présenter des traits qui feront qu'aucune société à responsabilité ne peut lui ressembler, ces deux formes de sociétés peuvent aussi servir de cadre juridique à de nombreuses réalités semblables sur les plans humain, économique et juridique : en soi, une société anonyme dont le cercle d'actionnaires est restreint peut être conduite de façon quasi identique à une société à responsabilité limitée.

1969 C'est ainsi un choix parfaitement logique qu'a fait le législateur en déterminant que la plupart des règles sur l'assemblée des sociétaires sont identiques pour les sociétés de capitaux. Certaines, que l'on a déjà examinées, sont également communes à la coopérative : (i) la convocation (pour l'essentiel)[2712] ; (ii) le droit des sociétaires de faire convoquer l'assemblée des sociétaires et de demander l'inscription d'un objet ou d'une proposition à l'ordre du jour[2713] ; (iii) les mesures préparatoires, la nature et le rôle des propositions ainsi que l'objet des délibérations (soit notamment le rôle de l'ordre du jour et, de façon générale, les règles sur le déroulement de l'assemblée)[2714] ; (iv) le procès-verbal[2715] ; (v) la participation sans droit à l'assemblée et ses conséquences[2716] ; (vi) l'assemblée universelle[2717].

1970 Les règles qui sont communes uniquement aux sociétés de capitaux concernent : (a) la prise de décisions des sociétaires par approbation donnée à une proposition hors assemblée (art. 805 al. 5 ch. 5, 2ᵉ part., CO, qui renvoie au

---

leurs prétentions statutaires en paiement d'un dividende privilégié, mais ils doivent attaquer la décision ne respectant pas leurs droits privilégiés. Même après que la contestation a abouti, un dividende privilégié ne peut pas leur être directement alloué, selon le droit en vigueur ; l'assemblée générale doit prendre une nouvelle décision conforme aux statuts. Ce n'est que dans le cas où elle ne le fait pas, de manière contraire aux règles de la bonne foi, que les participants peuvent disposer d'une action directe ». Voir aussi *supra* N 1749, spéc. n. 2445.

[2712] Cf. *supra* N 1681-1682.
[2713] Cf. *supra* N 1683-1689.
[2714] Cf. *supra* N 1690-1695.
[2715] Cf. *supra* N 1718-1721.
[2716] Il s'agit concrètement de l'action judiciaire en annulation, voire en constatation de la nullité, cf. *supra* N 1733-1760.
[2717] Cf. *supra* N 1722-1729.

droit de la SA) ; (b) le lieu de l'assemblée des sociétaires et le recours aux médias électroniques (ch. 2bis) ; (c) la représentation des sociétaires (ch. 8). Ce sont celles que l'on expose dans la présente section X.

B. La prise de décision des sociétaires par approbation donnée à une proposition hors de l'assemblée

L'art. 701 al. 3 CO, entré en vigueur en 2023, entérine une pratique répandue antérieurement, en ceci que la prise de décision des sociétaires peut aussi se faire **par circulation** : « *Une assemblée générale peut également être tenue sans observer les prescriptions régissant la convocation lorsque les décisions sont prises par écrit sur papier ou sous forme électronique, à moins qu'une discussion ne soit requise par un actionnaire ou son représentant* ». **1971**

Le texte légal **réserve ainsi la requête d'un actionnaire** tendant à une discussion. Une telle requête empêche que la procédure de prise de décision par circulation soit suivie. Dans un tel cas, une assemblée des sociétaires « interactive » doit avoir lieu. **1972**

Cela rejoint la règle générale selon laquelle aucune assemblée universelle ne peut avoir lieu en cas d'objection. Cela étant, **l'approbation que ce processus décisionnel donne à une proposition peut ne pas être unanime**[2718] et la situation peut différer de l'assemblée universelle si certains actionnaires ne votent pas parce qu'ils ne se déterminent pas sur la proposition (donc : ne participent pas). On comprend que de telles situations créent de grands risques de contestation[2719], sauf si les actionnaires qui ne votent pas ont explicitement renoncé à participer[2720]. **1973**

[2718] Une assemblée universelle n'implique pas forcément que toutes les décisions soient prises unanimement, cf. *supra* N 1726-1729. – L'absence d'une exigence d'unanimité est aussi perceptible dans le commentaire de Dieter Dubs, BK ad art. 698-706b CO (2023), N 37 (comptage des voix, pour autant qu'aucun actionnaire ne s'est opposé à la *forme* de la prise de décision par circulation).

[2719] De façon générale, les votes par correspondance induisent, par rapport à une assemblée de débats, une influence particulièrement forte des organisateurs (qui formulent les questions ; cf. *infra* N 2758).

[2720] Les dispositions prises dans l'urgence de la pandémie de coronavirus à partir de mars 2020, discutables (l'art. 27 de l'Ordonnance 3 Covid-19 [RS 818.101.24] permettant d'imposer l'exercice des droits par écrit), ne servent nullement de précédent, d'autant moins au vu des possibilités de tenir des assemblées par visioconférence (élargies et clarifiées par les art. 701a à 701f CO). Il n'est pas exclu que des restrictions à l'exercice des droits imposées en application de cette ordonnance soient jugées contraires au droit supérieur qu'est le Code des obligations et donnent lieu à des annulations. Dans le cadre de

C.   Lieu de l'assemblée et recours aux médias électroniques

1.   Lieu de réunion physique

1974   L'organe dirigeant (dans la SA, le conseil d'administration ; dans la Sàrl, les gérants), chargé de la préparation de l'assemblée générale (art. 701 à 702 CO ; art. 716a al. 1 ch. 6 CO [pour la SA] et 810 al. 2 ch. 6 CO [pour la Sàrl), a notamment la compétence de déterminer le **lieu de réunion**.

1975   En vertu de l'art. 701a al. 1 CO, **ce choix est libre sous réserve de l'abus de droit**[2721] ; concrétisant ce critère, la loi (al. 2) précise que « *la détermination du lieu de réunion ne doit, pour aucun actionnaire, compliquer l'exercice de ses droits liés à l'assemblée générale de manière non fondée* ».

1976   D'ordinaire, l'assemblée se réunira au **siège** de la société, ou à proximité du siège – et un tel lieu n'est en principe manifestement pas susceptible d'emporter une entrave infondée à l'exercice des droits –, mais d'**autres lieux** sont possibles : le droit entré en vigueur en 2023 permet explicitement qu'une assemblée générale se tienne hors de Suisse, à condition que (i) les statuts le prévoient

---

l'interprétation, des précisions ont été apportées par l'ATF 149 III 1 quant aux limites des restrictions qui pouvaient être admises quant aux droits des actionnaires (c. 3-5 et 7, résumé par le regeste : « *Si le conseil d'administration a, en application des ordonnances COVID-19, imposé aux actionnaires d'exercer exclusivement par écrit leurs droits lors de l'assemblée générale, la faculté de faire au préalable des propositions dans le cadre des objets à l'ordre du jour devait leur être accordée* »).

[2721]   Le choix du lieu de réunion sera par exemple abusif lorsque l'endroit s'avère inaccessible pour de nombreux actionnaires (p. ex. sous l'angle administratif, en raison de visas), ou accessible moyennant de grosses dépenses (p. ex. si un déplacement et un hébergement hôtelier particulièrement onéreux sont nécessaires). Les décisions adoptées par une assemblée tenue en un tel lieu seront alors annulables et, dans les cas extrêmes, absolument nulles. Certains facteurs d'accessibilité et de coûts dépendent du temps laissé aux actionnaires et de leur domicile, de sorte qu'un lieu pourra être abusif si l'assemblée n'est annoncée que 20 jours à l'avance, et ne pas l'être si elle l'est un voire deux mois à l'avance. On pourrait concevoir que, selon le domicile et la nationalité – connus – des actionnaires, même un lieu en Suisse (fut-il le siège de la société) puisse être considéré abusif s'il n'est annoncé que 20 jours à l'avance, délai parfois insuffisant pour obtenir un visa ; cependant, cette conception ne peut pas être retenue, car l'actionnaire d'une société suisse doit faire en sorte d'être capable de désigner, même à court terme, un représentant en mesure de participer à une réunion dans le pays du siège de la société ; de manière générale, il convient en effet d'avoir égard à l'intérêt de la société de pouvoir tenir ses assemblées dans des délais relativement brefs, compatibles avec les exigences de la vie des affaires (notamment le besoin de l'entreprise et de ses participants d'être fixés sur les éléments dont la détermination revient à l'assemblée générale, qu'il s'agisse d'une modification des statuts, de l'emploi du bénéfice ou de l'élection d'organes).

et (ii) le conseil d'administration ait désigné un représentant indépendant et l'indique dans la convocation (cf. art. 701b al. 1 CO), étant précisé que, dans les sociétés non cotées, les actionnaires peuvent unanimement renoncer à la désignation d'un représentant indépendant (al. 2).

2.   *Recours aux médias électroniques*

a.   Participation électronique à distance à une assemblée tenue en un lieu physique

Le droit entré en vigueur en 2023 prévoit explicitement plusieurs possibilités de participation à distance. D'une part, dans les sociétés non cotées, le conseil d'administration peut **offrir** « *aux actionnaires qui ne sont pas présents* » au lieu de l'assemblée la possibilité « *d'exercer leurs droits par voie électronique* » (art. 701c CO). 1977

Dans les sociétés cotées, l'art. 95 al. 3 Cst exige qu'ils puissent *voter* à distance électroniquement[2722]. Cela ne revient pas à obliger la société à permettre aux actionnaires une participation intégrale par voie électronique (soit l'exercice de tous leurs droits), seul le vote étant visé par le texte constitutionnel. Le législateur a opté pour une obligation de la société de permettre aux actionnaires d'octroyer par voie électronique les pouvoirs et instructions au représentant indépendant (art. 689c al. 6 [2723] CO), qui doivent pouvoir porter « *sur toute proposition mentionnée dans la convocation et relative aux objets portés à l'ordre du jour* » (al. 4 ch. 1) et, sous forme d'instructions générales, « *sur toute proposition non annoncée relative aux objets portés à l'ordre du jour et sur tout nouvel objet au sens de l'art. 704b* » (ch. 2). 1978

On peut encore relever que la simple possibilité donnée au conseil d'administration d'offrir la participation par voie électronique ne permet pas à l'actionnaire *d'exiger* que cette forme soit mise en œuvre. Une clause des **statuts** peut cependant créer un droit de l'actionnaire en ce sens. 1979

[2722] Art. 95 al. 3 lit. a, 4ᵉ phr., Cst : « *Les actionnaires peuvent voter à distance par voie électronique* ».

[2723] On peut observer que la disposition pénale exigée par l'art. 95 al. 3 Cst, l'art. 154 al. 3 lit. c ch. 4 CP punit l'administrateur qui « *[empêche] que les actionnaires ou leurs représentants n'exercent leurs droits par voie électronique* » en faisant référence à tort à l'al. 5 de l'art. 689c CO (au lieu de l'al. 6).

b. Assemblée des sociétaires « purement virtuelle » (« sans lieu de réunion physique »)

1980 Outre la possibilité que peut offrir le conseil d'administration de participer électroniquement, les **statuts** peuvent également prévoir la possibilité d'une assemblée générale « virtuelle », à savoir qui se tient « *sous forme électronique et sans lieu de réunion physique* » (art. 701d al. 1 CO).

1981 Si la *possibilité* est offerte par les statuts, c'est le conseil d'administration qui décide de la tenue de l'assemblée sous cette forme. Les statuts peuvent aussi imposer cette forme (ce qui peut notamment arriver lorsque les actionnaires majoritaires sont à l'étranger et souhaitent bénéficier du même type d'interaction à l'assemblée que les personnes qui peuvent aisément se rendre au siège ; des considérations de coûts peuvent aussi conduire les actionnaires à imposer cette forme).

1982 Un représentant indépendant doit être désigné dans la convocation (al. 1, *in fine*), étant précisé que dans les sociétés non cotées en bourse, les statuts peuvent prévoir la possibilité de renoncer à une telle désignation (al. 2).

c. Assemblée sur plusieurs sites

1983 Un cas particulier d'assemblée est celui qui se tient en plusieurs lieux simultanément[2724]. Il est explicitement prévu à l'art. 701a al. 3 CO. La loi exige alors que « *les interventions so[ie]nt retransmises en direct par des moyens audiovisuels sur tous les sites de réunion* » (*ibid.*, 2ᵉ phr.). En d'autres termes, du point de vue de la façon dont une telle assemblée se déroule techniquement, il s'agit d'une assemblée hybride, comme ce qui résulte de la situation où le conseil d'administration offre la participation (« *exercice des droits* ») à distance, par voie électronique, selon l'art. 701c CO.

[2724] Des assemblées générales « pluri-localisées », même de grande importance, se sont déjà tenues dans la pratique depuis le début du XXIᵉ siècle. Ainsi, en 2000 et 2001, l'assemblée générale d'ABB Ltd eut lieu simultanément en Suisse (Wettingen et Zurich) et en Suède (Vasteras). Quant à savoir si une assemblée générale pouvait se tenir de façon purement « virtuelle » sous une forme électronique, la question a longtemps été controversée ; l'avant-projet de 2005 prévoyait expressément une telle possibilité si les propriétaires de la totalité des actions (ou leurs représentants) y consentaient et si les décisions de l'assemblée générale ne requéraient pas la forme authentique (art. 701d AP-CO-2005) ; le droit notarial a évolué depuis lors, de sorte que la novelle du 19. 6. 2020 n'a pas prévu de réserve en cas de décision devant faire l'objet d'un constat notarié (cf. *infra* n. 2726).

d. Règles générales sur l'usage des médias électroniques

Le législateur a d'abord prévu que le conseil d'administration règle l'utilisation des moyens électroniques (art. 701e al. 1 CO). Ce choix législatif est sage, vu l'évolution rapide en la matière.
1984

Cela étant, la loi prévoit certaines **conditions minimales** (al. 2) : (i) l'identité des participants doit être établie avec sûreté (ch. 1) ; (ii) les interventions à l'assemblée générale doivent être retransmises en direct (ch. 2) ; (iii) tout participant doit avoir la faculté de faire des propositions et de prendre part aux débats (ch. 3) ; le résultat du vote ne doit pas pouvoir être falsifié (ch. 4).
1985

L'art. 701f CO précise que « *si l'assemblée générale ne se déroule pas conformément aux prescriptions en raison de **problèmes techniques**, elle doit être **convoquée à nouveau***» (al. 1), mais que cela n'affecte pas la **validité** des décisions prises avant que ne surviennent les problèmes techniques (al. 2).
1986

En général, les mesures permettant d'assurer la constatation sûre de la légitimité de la participation et du droit de vote (art. 689 ss et 702 al. 1 CO) peuvent être aisément opérées à distance[2725]. La faculté de chaque actionnaire de s'exprimer (selon les modalités applicables) en étant vu et entendu des autres participants, comme de voir et d'entendre ceux-ci, peut être plus délicate à mettre pleinement en œuvre.
1987

Pour une assemblée réunissant jusqu'à une vingtaine de personnes, des moyens de retransmission audiovisuels (visioconférence) tout à fait usuels depuis le premier tiers de la décennie 2010-2020 peuvent selon nous parfaitement suffire pour respecter les exigences légales (cela était d'ailleurs devenu extrêmement commun pour les séances de conseils d'administration, même avant la pandémie de coronavirus). En revanche, pour les assemblées réunissant un nombre important d'actionnaires, seule la tenue en plusieurs lieux dans lesquels est mise sur pied une retransmission panoptique – ce qui suppose des moyens non négligeables – paraît apte à remplir ces exigences et respecter la règle de l'immédiateté du débat (cette pleine participation, l'« *exercice des droits* », se distinguant, comme indiqué, de la simple faculté de voter à distance comme prescrit, pour les sociétés cotées, par l'art. 95 al. 3 Cst).
1988

[2725] Une évolution substantielle a eu lieu et se reflète également dans les identifications en matière bancaire ou financière ; des rencontres personnelles étaient autrefois requises pour l'identification du cocontractant, alors que les nouvelles règles admettent qu'elle se fasse à distance (art. 10 CDB 20 ; Circulaire FINMA 2016/7 «*Identification par vidéo et en ligne - Obligations de diligence lors de l'établissement de relations d'affaires par le biais de canaux numériques* » du 3.3.2016, révisée le 16.5.2021).

1989 La nécessité d'établir un acte notarié n'est plus un obstacle. Le droit notarial a en effet évolué et les législations cantonales permettent désormais en principe expressément l'instrumentation à distance, pour autant que la participation interactive des intervenants et du notaire soit assurée[2726].

D. Représentation des sociétaires

1. Représentation par un tiers (« individuelle ») ou « institutionnelle »

1990 Les sociétaires, s'ils n'ont pas de pas de position de gérant (p. ex. comme membre du conseil d'administration ou de la direction), exercent leurs droits relatifs aux affaires de la société lors de l'assemblée des sociétaires (cf. art. 689 CO).

1991 Le sociétaire peut[2727] y participer directement ou s'y faire représenter. Il n'est pas nécessaire que le représentant soit un sociétaire à moins que les statuts n'en disposent autrement (art. 689d al. 1 CO).

[2726] Art. 62 de la Loi vaudoise sur le notariat du 29. 6. 2004 : « *(1) Les procès-verbaux d'assemblées générales ou de conseils d'administration, ainsi que les constats authentiques qui s'y prêtent, peuvent être valablement instrumentés à distance lorsqu'un moyen audiovisuel assure tout au long de l'instrumentation une participation interactive des intervenants et du notaire. (2) Le notaire s'assure de la liberté d'expression et de la véracité des déclarations des personnes qui s'expriment par un tel support, le cas échéant en s'appuyant sur le constat d'un officier public compétent à cet effet au lieu de l'assemblée : deux témoins doivent attester que la présence des intervenants a été assurée de façon ininterrompue par le support audio-visuel* ». La loi genevoise ne la permet pas explicitement (même si l'art. 18 LNot-GE, 2ᵉ phr., paraît compatible avec une instrumentation à distance à titre exceptionnel : « *Si, dans des cas exceptionnels, toutes les parties ne peuvent être réunies ensemble, la dernière signature devra être donnée 3 mois au plus tard après la première, sauf en cas de prolongation autorisée par écrit par les signataires* »), étant précisé que l'art. 1A al. 3 (adopté le 2. 5. 2012) du règlement (RNot-GE) traite spécialement les assemblées « en plusieurs lieux » (« *Lorsque le notaire dresse le procès-verbal d'une assemblée générale ou d'une séance de conseil d'administration se tenant simultanément en plusieurs lieux, il fait mention dans l'acte de la vérification effectuée par le président, depuis le site principal, du bon fonctionnement des moyens techniques mis à disposition des divers participants, notaire y compris. Ces moyens doivent permettre aux participants d'interagir de manière effective tout au long des débats* »).

[2727] La loi ne prévoit aucune obligation pour l'actionnaire de participer à l'assemblée générale ou de se faire représenter. En ce qui concerne les sociétés cotées en bourse, l'art. 95 al. 3 Cst voté le 3. 3. 2013 *oblige* les caisses de pension à voter (lit. a, 3ᵉ phr. : « *Les caisses de pension votent dans l'intérêt de leurs assurés et communiquent ce qu'elles ont voté* » ; la

---

La représentation peut avoir lieu par l'intervention d'un tiers ou au moyen de la représentation « institutionnelle » prévue par la loi (c'est-à-dire la représentation accomplie par un représentant indépendant proposé par la société, par un représentant dépositaire ou, possibilité qui est désormais très limitée, par le membre d'un organe de la société). 1992

2. Représentant individuel

Un sociétaire peut se faire représenter à l'assemblée par une tierce personne quelconque (cf. art. 689b al. 1 CO). Le rapport entre le sociétaire représenté et le représentant est réglé par les dispositions générales applicables en matière de contrat de **mandat** (art. 394 ss CO[2728]). En vertu de ces règles, le représentant individuel est tenu de respecter les instructions du sociétaire (art. 397 al. 1 CO[2729]). S'il exerce le droit de vote contrairement aux instructions reçues, le vote est valable ; cependant le représentant pourra être tenu responsable pour inexécution contractuelle. 1993

La mise en œuvre de la représentation suppose que **le représentant prouve son pouvoir**. Toute déclaration dont l'organe dirigeant peut être raisonnablement sûr qu'elle émane du sociétaire doit suffire. Jusqu'au droit entré en vigueur en 2023, la loi précisait qu'une procuration écrite de l'actionnaire convenait à cette fin (« *pouvoirs écrits reçus de l'actionnaire* », art. 689a al. 1 *in* 1994

---

première branche de cette règle pouvait probablement se déduire des obligations découlant de la législation sur la prévoyance professionnelle ; v. aussi p. ex. Xenia Elisa KARAMETAXAS [2019], p. 60 et 215) ; voir ég. art. 71a (« *Obligation de voter en qualité d'actionnaire* ») al. 2 à 4 LPP : « *(2) Elles votent dans l'intérêt des assurés. L'intérêt des assurés est réputé respecté lorsque le vote assure la prospérité à long terme de l'institution de prévoyance. (3) Elles peuvent s'abstenir à condition que ce soit dans l'intérêt des assurés. (4) L'organe suprême de l'institution fixe dans un règlement les principes qui précisent l'intérêt de ses assurés en relation avec l'exercice du droit de vote* ». L'art. 71b LPP règle l'obligation de rendre rapport aux assurés sur l'exécution de l'obligation de voter (au moins une fois l'an, « dans un rapport synthétique », al. 1 ; l'al. 2 précise que « *lorsqu'elles ne suivent pas les propositions du conseil d'administration de la société anonyme ou s'abstiennent, elles doivent le communiquer de manière détaillée* » ; cela se justifie en ceci que le conseil d'administration doit lui-même motiver ses propositions – art. 700 al. 2 ch. 3 CO, *supra* N 1686 –, de sorte que les raisons d'un vote y adhérant sont accessibles).

[2728] Il est loisible à l'actionnaire et au représentant individuel de soumettre leurs rapports juridiques à un droit étranger (cf. art. 126 LDIP).

[2729] L'art. 689b al. 1 aCO-1991 le précisait, mais il s'agissait d'une norme spécifique inutile – quasi une lapalissade – au vu des règles sur le mandat. Elle figure toutefois à l'art. 689b al. 3, 1re phr., CO-2020 pour le représentant indépendant institutionnel (ci-après N 1995-2003).

fine aCO-1991). Cette règle n'a pas été reprise par la novelle du 19. 6. 2020. Il est opportun que les statuts précisent la forme que doivent revêtir les pouvoirs octroyés à un représentant individuel. Un règlement de l'organe dirigeant peut aussi régir cette question. Cela peut encore être indiqué simplement dans la convocation à l'assemblée. Si l'organe dirigeant n'est pas satisfait de la preuve de pouvoirs, il doit – si le temps le permet avant l'assemblée – attirer l'attention du représentant qui la présente sur ce qui lui apparaît insatisfaisant, voire interpeller le sociétaire afin d'obtenir une preuve satisfaisante encore en temps utile.

3. Représentant indépendant en matière de droit de vote

1995 L'institution du représentant indépendant est obligatoire dans les sociétés cotées en bourse (art. 689c CO) et facultative dans les autres sociétés (art. 689d al. 2 et 689b al. 3 CO). Ce représentant doit être **indépendant** de fait et ne pas donner non plus *l'apparence* que son indépendance serait restreinte[2730], la loi indiquant que les règles sur l'indépendance de l'organe de révision chargé du contrôle ordinaire (art. 728 al. 2 à 6 CO) s'appliquent par analogie (art. 689b al. 4 CO). Il peut être une personne physique ou morale, ou une société de personnes (al. 5).

1996 Sa **fonction** consiste à offrir à chaque sociétaire la possibilité de participer au vote sans avoir besoin de se rendre à l'assemblée et sans devoir trouver – et rémunérer – un représentant individuel. Les coûts du représentant indépendant sont en effet pris en charge par la société. La loi précise qu'il exerce les droits de vote conformément aux instructions (al. 3, 1re phr. *in fine*), ce qui va de soi, et qu'il s'abstient de voter dans la mesure où il n'a pas reçu d'instructions[2731] (2e phr.).

1997 C'est l'**organe dirigeant** qui fournit les formulaires qui doivent être établis pour l'octroi des pouvoirs et des instructions de l'actionnaire au représentant indépendant (al. 3, 3e phr.). D'ailleurs, ce n'est pas à ce représentant de solliciter lui-même les instructions auprès des sociétaires. En effet, c'est à la société d'inviter ses membres à les communiquer au représentant (ce qu'elle fait d'or-

---

[2730] À cet égard, *supra* N 894-896. Peuvent être désignés comme représentants indépendants notamment les avocats, les notaires, les sociétés fiduciaires, etc.

[2731] Avant l'adoption de l'art. 95 al. 3 Cst le 3. 3. 2013 et de la législation d'application (ORAb), et désormais, depuis 2023, de l'art. 689b CO-2020 pour toutes les sociétés, la question du vote du représentant indépendant en cas d'absence d'instructions était controversée ; les formulaires d'instructions établis par les conseils d'administration avaient pour instruction de base de voter conformément aux recommandations du conseil d'administration pour les cas non couverts par d'autres instructions.

dinaire en leur envoyant un formulaire pour instructions, qu'ils remplissent et adressent directement au représentant).

Dans les **sociétés non cotées en bourse**, si les statuts limitent le choix de désigner un représentant en ne permettant de désigner qu'un autre actionnaire (art. 689d al. 1 CO), la société doit offrir la possibilité de recourir à un représentant indépendant ou à un membre d'un organe de la société pour représenter les sociétaires (al. 2). Les statuts peuvent par ailleurs prévoir un tel représentant indépendant (ou la faculté d'être représenté par un organe) même lorsqu'ils ne limitent pas le choix du représentant. 1998

Tout sociétaire peut demander que la désignation concrète du représentant indépendant (ou du membre de l'organe social agissant comme représentant) soit faite avant l'assemblée (al. 2), ce que l'organe dirigeant doit communiquer au moins 10 jours avant l'assemblée (al. 3, 1re phr.). À défaut de désignation, la sociétaire peut désigner le représentant de son choix (nonobstant toute autre règle en sens contraire, notamment une clause statutaire qui empêcherait de désigner un représentant qui ne soit pas sociétaire, cf. al. 1). 1999

La possibilité d'octroyer des instructions sur un objet à l'ordre du jour et des instructions générales sur les objets n'en faisant pas partie est régie ainsi : en vertu de l'art. 689c al. 4 CO, l'organe dirigeant doit s'assurer que les sociétaires aient la possibilité d'octroyer au représentant indépendant (i) des instructions sur toute proposition mentionnée dans la convocation et relative aux objets portés à l'ordre du jour et (ii) des instructions générales sur toute proposition non annoncée relative aux objets portés à l'ordre du jour et sur tout objet ne faisant pas partie de l'ordre du jour, soit ceux visés par l'art. 704b CO (institution d'un examen spécial, convocation d'une assemblée des sociétaires extraordinaire[2732]). Ces instructions (que le sociétaire a le droit de faire parvenir par voie électronique) ne peuvent être octroyées que pour l'assemblée des sociétaires suivante (al. 6). 2000

L'al. 5 prévoit des règles précises sur le traitement des instructions : « *Le représentant indépendant traite les instructions de chaque actionnaire de manière confidentielle jusqu'à l'assemblée générale. Il peut fournir à la société* 2001

[2732] L'art. 704b CO mentionne aussi la désignation d'un organe de révision, mais cela concerne les sociétés qui ont renoncé au contrôle restreint (*opting out*) et n'ont donc pas d'organe de révision (cf. *supra* N 915-922) ; or, les sociétés cotées en bourse sont toutes soumises au contrôle ordinaire (art. 727 al. 1 ch. 1 lit. a CO) et ont donc toutes un organe de révision (cf. *supra* N 883). On peut éventuellement réserver le cas où l'organe de révision a démissionné sans que son remplacement n'ait pu être mis à l'ordre du jour.

des renseignements généraux sur les instructions reçues[2733]. *Il n'est pas autorisé à fournir les renseignements plus de trois jours ouvrables avant l'assemblée générale et doit indiquer, lors de l'assemblée générale, quelles informations il a fournies à la société ».*

2002 **Dans les sociétés cotées en bourse comme dans les sociétés non cotées**, le représentant doit indiquer à la société « *le nombre, l'espèce, la valeur nominale et la catégorie des actions »* qu'il représente (art. 689f al. 1 CO). Le président de l'assemblée doit communiquer cette indication à l'assemblée. Si le président ne le fait pas malgré la demande d'un sociétaire, tout comme si le représentant a omis de fournir l'indication à la société, les décisions de l'assemblée des sociétaires peuvent être annulées, par une action en annulation (art. 706 s. CO), *« aux mêmes conditions qu'en cas de participation sans droit à l'assemblée générale »* (cf. art. 691 CO).

2003 Dans les **sociétés cotées en bourse**, un représentant indépendant doit être élu par l'assemblée générale (art. 689c al. 1, 1re phr., CO). Le mandat, renouvelable, est conçu pour valoir jusqu'à la fin de l'assemblée générale ordinaire suivante (2e et 3e phr.) ; il peut être révoqué pour la fin de l'assemblée en cours[2734] (al. 2). Si la fonction de représentant indépendant est vacante, le conseil d'administration doit en désigner un en vue de l'assemblée générale suivante (al. 3, 1re phr.) ; les statuts peuvent prévoir un autre mécanisme de nomination (2e phr.). L'absence d'un représentant indépendant est une carence d'organisation (tout actionnaire peut agir pour qu'il y soit remédié, cf. art. 731b al. 1 ch. 1 CO)[2735].

[2733] Markus Vischer, BK ad art. 689c CO (2023), N 36 précise que l'information peut contenir des indications agrégées sur les instructions de vote reçues (*« Auskunft zum beabsichtigten Stimmverhalten zu einzelnen Verhandlungsgegenständen und Anträgen i. S. einer 'Wasserstsandmeldung' »* ; *« Auskunft in aggregierter und nicht persönlicher Form ohne Offenlegung des beabsichtigten Stimmverhalten einzelner Aktionäre »*).

[2734] Une révocation qui déploierait ses effets en pleine assemblée créerait des problèmes pratiques insurmontables. Si le représentant indépendant exécute mal son mandat, c'est en particulier la voie de l'action judiciaire en annulation des décisions de l'assemblée qu'il faut emprunter (art. 706 s. CO, cf. *supra* N 1733-1760 ; ég., pour certains manquements, art. 689f CO).

[2735] L'art. 154 al. 2 lit. c ch. 2 CP punit (d'une peine privative de liberté pouvant aller jusqu'à trois ans, vu le texte de l'art. 95 al. 3 Cst) l'administrateur qui empêche que l'assemblée élise le représentant indépendant.

4. Le représentant dépositaire

Les sociétés non cotées en bourse peuvent recourir à un « représentant dépositaire ». Les sociétés cotées ne le peuvent plus depuis l'adoption de l'art. 95 al. 3 Cst le 3. 3. 2013[2736]. 2004

Peuvent être représentant dépositaire les établissements soumis à la Loi sur les banques[2737] et les établissements financiers au sens de la LEFin (art. 689e al. 3 CO), à savoir typiquement les gérants de fortune professionnels. 2005

Il s'agit d'**associer le fait d'avoir reçu des titres en dépôt du sociétaire et celui d'exercer les droits de vote** liés à ces titres en le représentant. Cela concerne donc en principe uniquement une société anonyme. Dans la mesure où il n'est pas totalement inconcevable que des parts sociales puissent être placées en dépôt dans un établissement financier, une application à la société à responsabilité limitée est imaginable. 2006

Le représentant dépositaire doit suivre les instructions de la même façon que le représentant indépendant, mais, vu qu'il existe une relation préexistante entre la sociétaire déposant et lui, il doit solliciter des instructions avant chaque assemblée des sociétaires (cf. al. 1). Si des instructions spécifiques ont été données, elles doivent évidemment être suivies. Cela étant, le cadre contractuel entre le dépositaire et le sociétaire peut prévoir des instructions générales (p. ex. adhérer aux propositions de l'organe dirigeant). La loi précise que « *si les instructions ne sont pas données à temps, le représentant dépositaire exerce le droit de vote conformément aux instructions générales du déposant ; à défaut de celles-ci, il s'abstient*[2738] » (art. 689e al. 2 CO). 2007

Les mêmes règles que pour le représentant indépendant s'appliquent quant à l'annonce à la société des titres représentés et à l'obligation du président de communiquer l'information à l'assemblée (art. 689f CO). 2008

5. Représentant membre d'un organe de la société

Les sociétés non cotées en bourse peuvent prévoir que la représentation des sociétaires peut être faite par le membre d'un organe de la société. Cette possi- 2009

[2736] Lit. a, 4e phr., *in fine* : « *Les actionnaires [...] ne peuvent pas être représentés par un membre d'un organe de la société ou par un dépositaire* ».

[2737] Loi sur les banques et les caisses d'épargne du 8. 11. 1934 (RS 952.0).

[2738] Cette disposition votée le 19. 6. 2020 est un changement législatif car l'art. 689d al. 3 aCO-1991 prévoyait qu'en l'absence d'instruction, le dépositaire devait voter en adhérant aux propositions du conseil d'administration.

bilité est une solution alternative à la désignation d'un représentant indépendant lorsque les statuts limitent le choix du représentant du sociétaire en ne permettant que la désignation d'un autre sociétaire (art. 689d al. 1 CO) ; si un sociétaire ne veut pas désigner un autre sociétaire comme son représentant, il peut demander qu'un représentant indépendant soit désigné ou qu'un membre d'un organe de la société le soit pour exercer les droits à l'assemblée (al. 2). Si l'organe dirigeant ne désigne pas un représentant indépendant, il doit désigner le membre d'un organe. S'il ne le fait pas au moins 10 jours avant l'assemblée (al. 3, 1re phr.), la sociétaire peut choisir un tiers de son choix (al. 3, 2e phr.) nonobstant l'interdiction de désigner un représentant qui n'est pas sociétaire.

2010   En ce qui concerne les instructions du sociétaire, les mêmes règles s'appliquent que celles applicables au représentant indépendant[2739]. Il en va aussi de même de l'annonce à la société des titres représentés et de l'obligation du président de communiquer l'information à l'assemblée (art. 689f CO).

2011   L'institution de la représentation par le membre d'un organe de la société est problématique sur le plan de la gouvernance[2740]. Pour les petites sociétés, cela peut néanmoins constituer une solution économique, qui n'est en tout cas pas déraisonnable en l'absence de conflits. En cas de litige d'un sociétaire contre l'ensemble des autres sociétaires (et donc, d'ordinaire, contre l'organe dirigeant) – ou du moins si aucun autre sociétaire ne veut servir de représentant –, et d'une clause statutaire interdisant de désigner un représentant qui ne soit pas sociétaire, la représentation par le membre d'un organe de la société ne devrait pas être la seule solution de représentation possible offerte par la société (elle permet d'avoir connaissance à l'avance des votes du sociétaire qui est en opposition avec la majorité). À moins que la participation personnelle soit manifestement exigible, la désignation d'un représentant indépendant ou la renonciation à l'interdiction de désigner un représentant qui ne soit pas sociétaire doit être offerte ; à ce défaut, il existe une entrave à l'exercice des droits du sociétaire qui doit être considérée comme excessive.

[2739] Cf. *supra* N 2000 s.

[2740] Le Message du Conseil fédéral proposait de la supprimer pour toutes les sociétés, FF 2017 482 : « *La représentation institutionnelle par le conseil d'administration est inconciliable avec une gouvernance d'entreprises moderne en raison du principe de parité (répartition légale des compétences entre l'assemblée générale et le conseil d'administration), des risques de partialité et des possibilités limitées pour les actionnaires de vérifier que les droits ont été exercés* ».

6.   Communication par les représentants institutionnels

Comme déjà signalé[2741], la loi prévoit, dans un but de transparence, l'obligation   2012
de tous les représentants institutionnels[2742] de **communiquer à la société** le
nombre des titres de participation qu'ils représentent, ainsi que leur espèce, leur
valeur nominale et la catégorie concernée (art. 689f al. 1 CO). Si cette communication est omise, il est considéré que les titres ainsi représentés ont participé
au vote sans droit, ce qui ouvre la voie à l'annulation[2743] (art. 689f al. 1 CO *cum*
art. 691 al. 3 CO[2744]).

Ces données doivent être traitées par l'organe dirigeant dans le cadre de son   2013
obligation de « *constater le droit de vote* » des sociétaires en préparant l'assemblée (art. 702 al. 1 CO). **À l'assemblée, le président communique ces informations globalement pour chaque mode de représentation** (par membre
d'un organe de la société, par le représentant indépendant et par les dépositaires) ; elles doivent être inscrites au procès-verbal (art. 702 al. 2 ch. 2 CO). Si
le président omet de donner ces informations alors qu'un sociétaire les a demandées, les décisions de l'assemblée peuvent être annulées (art. 689f al. 2
CO).

Concrètement, la décision de l'assemblée ne sera toutefois annulée que si les   2014
personnes représentées de façon désormais incontrôlable sont suffisamment
nombreuses pour qu'en retranchant leur vote, le résultat du vote en soit changé
(l'art. 691 al. 3 CO employant, comme critère pour écarter l'annulation en cas
de participation sans droit à l'assemblée, l'expression : « *à moins que la preuve
ne soit faite que cette coopération n'a exercé aucune influence sur la décision
prise* »).

[2741] *Supra* N 2002, 2007 et 2010.
[2742] Cf. *supra* N 1992 *in fine*.
[2743] Cf. *supra* N 1733-1760.
[2744] Les décisions échappent à l'annulation s'il peut être prouvé que le vice de participation
n'a exercé aucune influence sur la décision prise (art. 691 al. 3 *in fine* CO) ; de façon générale sur l'exigence de causalité en matière d'invalidité, *supra* N 1741.

§ 27 La société anonyme

I. Matière traitée

2015 Le présent chapitre ne traite fondamentalement que des caractéristiques qui distinguent la société anonyme des autres formes de société.

2016 En effet, les règles communes à toutes les sociétés[2745] et à toutes les personnes morales[2746] font l'objet de vastes chapitres. Il en va de même des règles qui convergent pour les sociétés de capitaux et la coopérative[2747] ou pour les seules sociétés de capitaux[2748].

2017 Les règles spécifiques à la société anonyme demeurent assurément nombreuses. Mais leur nombre est si restreint par rapport à celles qui sont partagées avec d'autres formes de société que le présent chapitre peut être contenu dans à peine plus d'une centaine de pages, alors que les ouvrages consacrés à la société anonyme seule atteignent aisément plusieurs centaines voire des milliers de pages[2749]. La – relativement – petite taille du présent chapitre illustre ainsi de façon frappante que les convergences entre les différentes formes de société sont infiniment plus nombreuses que les divergences et traits distinctifs.

2018 Du point de vue de la technique législative[2750], dans une perspective prospective – *a priori* plutôt lointaine, bien que des évolutions fondamentales puissent être soudaines –, cela permet d'envisager qu'une réforme ample du droit des sociétés soit l'occasion d'organiser la matière avec plusieurs parties générales explicitant et mettant davantage en exergue ces convergences.

[2745] *Supra* N 52-668 et 968-1353.

[2746] *Supra* N 669-967.

[2747] *Supra* N 1649-1783.

[2748] *Supra* N 1784-2014.

[2749] Même un ouvrage concentré comme celui d'OULEVEY/LEVRAT (2022) fait plus de 400 pages. Celui de ROUILLER/BAUEN/BERNET/LASSERRE ROUILLER (2022) fait plus de 1200 pages. L'édition 2017 du Commentaire romand consacre plus de 1500 pages aux dispositions relatives à la seule SA (dont 350 pour l'aORAb et la LIMF). L'ouvrage de ZEN-RUFFINEN/BAUEN (2017) consacré au conseil d'administration de la SA a plus de 600 pages. Celui d'Olivier BLOCH (2021) consacré aux seules conventions d'actionnaires (de la SA, par définition) plus de 400. En langue allemande, l'ouvrage monumental de Peter BÖCKLI (2022) traitant de la seule SA fait plus de 2500 pages fort denses.

[2750] Pour un tour d'horizon approfondi des défis actuels de la *légistique*, cf. Alexandre FLÜCKIGER (2019), p. 21-86.

II. Origines, types et rôle social

Les précédents chapitres ont déjà évoqué les origines[2751] et les rôles sociaux[2752]   2019
de la société anonyme dans une perspective générale du droit des sociétés. Le
présent chapitre se bornera à quelques observations qui concernent spécifiquement la société anonyme.

Dans le tableau historique de l'apparition des formes de sociétés dans le monde,   2020
on a pu relever qu'après des manifestations de nature exceptionnelle au Moyen
Âge, les premières sociétés préfigurant la société anonyme contemporaine sont,
dès le milieu du XVIᵉ siècle, des « compagnies à charte » créées par un privilège spécial de l'État pour des opérations commerciales internationales de
grande ampleur – à hauts risques et potentiel de très forts bénéfices. Les plus
connues sont devenues des entreprises de colonisation intercontinentale ; parmi
elles figurent la *British East India Company*, fondée en 1600, et la Compagnie
hollandaise des Indes orientales (*Vereenigde Oost-Indische Compagnie*, VOC).
Leurs caractéristiques sont l'émission de parts sociales en série, aisément cessibles (négociables), et la responsabilité limitée des sociétaires ; ceux-ci ont un
rôle d'investisseurs, la gestion étant résolument dans les mains de l'organe dirigeant.

La nature spéciale du privilège nécessaire à la création de ce type de société   2021
disparaît en particulier lors de l'adoption du Code de commerce français de
1807, grâce auquel la société anonyme devient une forme légale de société ;
une autorisation de l'État demeure toutefois requise. Ce changement implique
qu'un nombre considérable de sociétés anonymes émergent, pour exercer les
activités les plus diverses, mais l'exigence d'une autorisation le contient
jusqu'en 1867[2753]. La plupart des cantons suisses et des États européens s'ins-
pirent dans un premier temps du système du Code de commerce français, mais
l'exigence de l'autorisation gouvernementale liée à la forme de la société anonyme elle-même est progressivement abandonnée ; elle l'est à Neuchâtel en
1833 déjà, puis dans les Grisons en 1861 (l'autorisation n'étant alors requise
qu'en fonction du type *d'activité*, en particulier pour les instituts de crédit)[2754].
Le Code fédéral des obligations promulgué en 1881 consacre l'abandon définitif de l'exigence de principe d'une autorisation pour former une société anonyme en Suisse.

[2751] *Supra* N 13-28.
[2752] *Supra* N 30, 38-41, 44 et 1497.
[2753] Il n'y a eu que 651 autorisations de 1807 à 1867.
[2754] Voir le rapport de Walther MUNZINGER (1865), p. 113-115. Pour les Grisons, voir Mario
CAVIGELLI, *Entstehung und Bedeutung des Bündner Zivilgesetzbuches von 1861 : Beitrag
zur schweizerischen und bündnerischen Kodifikationsgeschichte*, th. Fribourg (1994).

2022 Dès ce moment, le nombre de sociétés anonymes suisses va s'accroître de façon phénoménale. Cette forme de société va devenir nettement dominante. Son emploi va concerner tous types d'activité et toutes sortes de coopérations entrepreneuriales, notamment celles qui n'associent qu'un nombre très restreint de sociétaires et celles qui en regroupent des milliers.

2023 En 1881, la législation ne fixait pas de montant minimal pour le capital-actions[2755]. Un montant minimal de CHF 50 000.– (dont au moins CHF 20 000.– libérés lors de la constitution) a été fixé par la réforme de 1936[2756]. Cela représentait alors un montant considérable[2757] (ce qui s'expliquait par le contexte de crise économique sévère, marqué par de nombreuses faillites[2758], qu'un capital-actions minimum élevé semblait pouvoir prévenir). Ce montant n'a été augmenté qu'avec la réforme de 1991, passant à CHF 100 000.–. Après des périodes d'inflation et surtout de croissance économique presque continue dès 1945 – le patrimoine des particuliers exprimé en francs étant multiplié par un facteur de l'ordre de 100 entre 1936 et 2020 –, le montant minimum du capital n'est que rarement un obstacle.

2024 Le nombre de sociétés anonymes a ainsi connu l'évolution suivante : d'environ 1000 en 1881 à 14 000 en 1930, puis de 17 890 en 1945 à 101 587 en 1977[2759], puis 160 541 en 1990[2760]. Cette année-là, la domination des sociétés anonymes dans le paysage entrepreneurial helvétique est quasi écrasante : il n'existe alors que 2756 sociétés à responsabilité limitée, 13 858 coopératives, 15 542 sociétés

---

[2755] Cf. art. 612-677 aCFO-1881 (FF 1881 III 197-217). Cf. ég. Message du Conseil fédéral, FF 1928 I 255 (« *Les sociétés anonymes qui prêtent particulièrement le flanc à la critique sont celles dont le capital social n'est que de quelques milliers ou centaines de francs* »).

[2756] Art. 621 et 633 al. 2 aCO-1936 (FF 1936 III 623 et 627).

[2757] Pour prendre un paramètre parmi d'autres, la fortune imposable des personnes physiques dans le canton de Zurich était mesurée à environ 4 milliards de francs en 1936 (Annuaire statistique de la Suisse 1937, p. 357). Elle est de l'ordre de 500 milliards en 2020. L'accroissement, en monnaie nominale, est ainsi une multiplication par un facteur dont l'ordre de grandeur est la centaine.

[2758] Le Message du Conseil fédéral de 1928 (soit avant la crise économique) proposait un montant minimal de CHF 20 000.– (FF 1928 I 255). La crise économique de 1929-1939 étant une période de déflation (les dévaluations n'impliquant que les taux de changes entre les monnaies des différents États), le passage de CHF 20 000.– à CHF 50 000.– reflète un accroissement considérable du montant que le législateur considère comme le minimum nécessaire. Les faillites de SA passent d'une cinquantaine par an de 1922 à 1930 (entre 45 et 54, sauf en 1923 où elles ne sont que 36) à 87 en 1931, puis 125 en 1932, 142 en 1933, 211 en 1934, 234 en 1935 et 239 en 1936 (Annuaire statistique de la Suisse 1937, p. 331). Le nombre de SA étant de 2203 en 1902, 7710 en 1922, 13 756 en 1930 et 19 071 en 1936, celui des faillites reste limité (l'ordre de grandeur étant d'environ 1 % au plus profond de la crise).

[2759] Annuaire statistique suisse 1980, p. 371.

[2760] Annuaire statistique suisse 2000, p. 168.

en nom collectif et 3349 sociétés en commandite[2761]. Sur un total de 199 046 sociétés commerciales inscrites en 1990, les sociétés anonymes en représentent alors 80,6 %, tandis que les sociétés à responsabilité limitée n'en sont qu'environ 1,3 %, les coopératives 8,4 %, les sociétés en nom collectif 7,8 % et les sociétés en commandite 1,7 %.

En 1992, le paysage statistique se met à changer de façon substantielle sur un point : les sociétés à responsabilité limitée, rendues enfin attrayantes grâce à la réforme de 1991, voient leur nombre augmenter fortement. De presque insignifiant, il passe en une quinzaine d'années à 101 462 (en 2007, soit +3600 % !) et, dans les quinze années suivantes, à 244 846 (en 2022, soit +241 %), tandis que les sociétés anonymes passent dans les mêmes périodes à 179 761 (en 2007, soit +12 %) et 235 163 (en 2022, soit +31 %)[2762]. Les sociétés à responsabilité limitée ont ainsi dépassé quantitativement les sociétés anonymes. Les autres formes de société ayant diminué (8248 coopératives en 2022, 11 234 SNC et 1234 sociétés en commandite[2763]), la répartition – pour un total de 500 725 sociétés commerciales inscrites en 2022 – est ainsi de 47 % pour les sociétés anonymes, 48,9 % pour les sociétés à responsabilité limitée, 1,6 % pour les coopératives, 2,2 % pour les sociétés en nom collectif et 0,2 % pour les sociétés en commandite. 2025

Ensemble, les deux principales formes de sociétés de capitaux représentent en 2022 une part encore plus écrasante (95,9 % du nombre de sociétés) que la société anonyme seule en 1990 (80,6 %), mais le « règne » (quasi exclusif) de celle-ci semble avoir pris fin, puisqu'il y a désormais davantage de sociétés à responsabilité limitée que de sociétés anonymes. Toutefois, le simple décompte des unités ne reflète pas l'importance économique respective de ces deux formes de sociétés : les valeurs nominales du capital des sociétés anonymes représentent, selon notre estimation, plus de 95 % du total, et leur part dans le volume d'activité en termes économiques dépasse probablement 90 %, la plupart des entreprises multinationales revêtant la forme de la société anonyme[2764]. Ainsi, la société anonyme conserve une claire prépondérance dans le tissu social et économique suisse. 2026

2761 Annuaire statistique suisse 2000, p. 168.

2762 Statistique OFRC, Sociétés inscrites par forme de droit e[t] canton, « *État au 31. 12. 2007* » et « *État au 1. 1. 2023* ».

2763 Statistique OFRC, Sociétés inscrites par forme de droit e[t] canton, « *État au 1. 1. 2023* ».

2764 Les exceptions sont pour l'essentiel des filiales de groupes étrangers, en particulier américains, qui choisissent la forme de la Sàrl. Le fait « d'afficher » le sociétaire au registre du commerce (et la non-pertinence de la facilité de transférer des actions, par rapport aux parts de Sàrl) ainsi que des considérations liées au traité de double imposition expliquent cela.

2027   Même si la majorité des sociétés anonymes n'ont qu'une poignée d'actionnaires, et parfois un seul, cette forme de société est la seule, avec la coopérative
(non capitalistique et égalitaire), qui se prête à la détention par un large nombre
de sociétaires («sociétés ouvertes au public») : ainsi, elle est la seule qui permet à un grand nombre de sociétaires de détenir des parts au capital d'ampleurs
diverses. Notamment, elle est la seule forme de société qui se prête à une cotation en bourse. Même si les sociétés dont les actions sont cotées à la principale
bourse suisse SIX ne sont qu'environ 250, leur capitalisation atteint environ
2000 milliards de francs[2765] ; elles représentent dès lors une importance économique incontournable.

III.   Les droits de sociétariat et leur relation aux fonds propres : actions et autres titres de participation

A.   Les actions comme caractéristiques essentielles de la société anonyme

1.   La division du capital en actions

2028   Le capital d'une société anonyme est forcément divisé en actions. Un propriétaire peut avoir une ou plusieurs actions. Il peut exister une ou plusieurs catégories d'actions. S'il y a une seule catégorie, les actions sont une série de **titres
identiques**. S'il y a plusieurs catégories, les actions constituent plusieurs séries
de titres, lesquels, au sein d'une même catégorie, sont identiques (tandis que,
par contraste, les parts d'une Sàrl peuvent se distinguer chacune l'une de l'autre
par la diversité d'obligations spécifiquement attachées à la part ou nominalement à la personne de l'associé).

2029   Selon la conception classique de ce qu'est une société anonyme, les actions
sont aisément **cessibles**. Les éventuelles restrictions à la libre transmissibilité
sont perçues comme une exception ; elles ne sont possibles que limitativement.

2030   Le rôle central des actions dans la société anonyme se reflète dans l'**appellation de la société** dans de nombreuses langues : *Aktiengesellschaft* en allemand, *società per azioni* en italien (en Italie), *Societate pe Acţiuni* en roumain ;
il en va de même dans les langues scandinaves, baltiques et slaves (*akcionarsko
društvo* en serbe, *spółka akcyjna* en polonais, *акционерное общество* en russe

---

[2765]   Données au début de l'année 2022. Les sociétés anonymes suisses peuvent aussi être cotées dans d'autres bourses, en Suisse (en particulier dans BX Swiss, cf. *infra* N 2372) ou
dans d'autres pays (cf. *infra* N 2376).

et *акціонерне товариство* en ukrainien)[2766]. D'ailleurs, en droit suisse, le Code fédéral des obligations de 1881 avait intitulé le chapitre topique « *De la société anonyme ou société par actions* »[2767]. L'appellation « société anonyme » ne s'est imposée que par la propagation du choix lexical du législateur français en 1807 : elle a ainsi prévalu dans la plupart des pays de langue latine (soit tous ceux d'Amérique centrale et du Sud, en Espagne – *Sociedad Anónima* –, au Portugal – *Sociedade Anónima* –, au Luxembourg et en Belgique), en Grèce (*Ανώνυμη Εταιρεία*), en Turquie (*Anonim Şirket*) et même aux Pays-Bas (*Naamloze Vennootschap*), d'où vient pourtant le terme contemporain d'*action* (*aktie* ou *actie*, à tout le moins dès le XVIIᵉ siècle)[2768]. Cela étant, même le droit français emploie depuis 1994 la notion de *société par actions simplifiée*. L'adjectif « anonyme » ne se rapporte pas aux (détenteurs d') actions, mais à la raison sociale, laquelle, à la différence des autres sociétés au XIXᵉ siècle, ne devait pas inclure le nom d'associés[2769]. De nos jours, il ne s'agit plus là d'une caractéristique déterminante de la société anonyme (de sorte qu'on peut trouver l'appellation obsolète), tandis que le rôle des actions demeure un facteur réellement distinctif.

Des droits autres que les actions peuvent porter sur les fonds propres, en particulier les bons de participation : ce sont en substance des actions sans droit de vote ; ils donnent droit à une part du bénéfice, mais, sauf disposition particulière des statuts, pas de droit à participer à l'assemblée générale (et donc à élire les organes). Le capital divisé en bons de participation est nommé le capital-participation, à distinguer du capital-actions. À toutes fins utiles, on mentionnera ici qu'un droit à une part du bénéfice peut également être lié à des « bons de jouissance », lesquels ne constituent toutefois pas une part du capital. Au présent stade, il convient d'observer que *les actions ne sont pas forcément les* 2031

[2766] Pour quelques autres langues germaniques (scandinaves) : *Aktiebolag* en suédois, *Aktieselskab* en danois. Pour les langues baltes : *Akcinė Bendrovė* en lituanien, *Akciju Sabiedriba* en letton et *Aktsiaselts* en estonien (du groupe linguistique finno-ougrien). En albanais : *shoqëria aksionare*.

[2767] FF 1881 III 197. L'art. 612 aCFO-1881 avait la teneur suivante : « *La société anonyme ou société par actions est celle qui se forme sous une raison sociale n'énonçant pas les noms des associés, dont le capital, déterminé à l'avance, est, divisé en actions et dont les dettes ne sont garanties que par l'avoir social, sans que les associés en soient tenus personnellement* ».

[2768] Le terme (seule la graphie *actie* étant admise depuis 1996) semble attesté en relation avec la Compagnie hollandaise des Indes Orientales, fondée en 1602, dont les titres sont considérés comme les premières actions modernes (cf. *supra* N 13). Le Dictionnaire historique de la langue française édité par Alain REY (1998), p. 32, estime que cette origine en français serait « douteuse » (le terme étant attesté chez Colbert en 1669, il ne serait attesté que plus tard en néerlandais).

[2769] Cf. *supra* N 196 et 199 et l'art. 612 aCFO-1881 cité *supra* n. 2767.

*seules parts au capital d'une société anonyme, mais que **le capital des sociétés anonymes est forcément divisé, au moins en partie, en actions.***

2. Types d'actions et autres titres de participation

a. Actions

2032 Dans le droit suisse actuel, les actions ont toutes une **valeur nominale**. Il n'y a pas de dénomination maximale[2770], ni, depuis 2023, de dénomination minimale (art. 622 al. 4 CO : « *Les actions ont une valeur nominale supérieure à zéro* »). À l'heure actuelle, la dénomination la plus fréquente est de CHF 1.– ou CHF 0,01 (un centime), mais, du fait de dénominations minimales légales antérieures[2771], des valeurs nominales de CHF 100.– ou 1000.– sont encore fréquentes. Le droit suisse ne connaît pas les actions sans valeur nominale (*shares without par value*) ; la société a un capital avec valeur nominale, et l'action est une part de celui-ci, de sorte qu'elle a elle-même une valeur nominale.

2033 La loi indique que les actions sont nominatives ou « au porteur ». La notion d'actions **nominatives** n'a fondamentalement pas changé depuis 1881 : est considéré comme actionnaire du chef d'actions nominatives celui qui est inscrit en cette qualité au registre des actionnaires (tenu par la société ; art. 689a al. 1 CO[2772]). En revanche, celle d'actions **au porteur** a été radicalement modifiée en 2019 : de 1881 à 2019, le terme faisait référence, avant tout, à un papier-valeur émis physiquement, dont le porteur – présentant le titre physique – était légitimé à exercer les droits d'actionnaire[2773] ; depuis 2019, il n'y a en principe

---

[2770] Pour prendre un exemple, la société Andresen Hôtels SA (fondée le 22. 11. 1995 et radiée le 19. 9. 2023, IDE CHE-108.775.370) avait un capital de CHF 900 000.– divisé en actions de CHF 45 000.– chacune.

[2771] L'art. 622 al. 4 aCO-1936 prescrivait une valeur nominale minimale de CHF 100.–. Elle a été abaissée à CHF 10.– en 1991 et à CHF 0,01 en 2000. Sa suppression par la novelle du 19. 6. 2020 reconduit à la solution retenue par le législateur en 1881 (l'art. 614 aCFO-1881 n'énonçait pas de valeur nominale minimale).

[2772] La règle figurait déjà à l'art. 637 al. 5 aCFO-1881.

[2773] L'art. 689a al. 2, 1re phr., CO (« *Peut exercer les droits sociaux liés à l'action au porteur quiconque y est habilité comme possesseur en tant qu'il produit l'action* ») est toujours en vigueur, mais il ne reflète pas la réalité : le propriétaire d'un titre intermédié ne peut pas produire le titre physique ; quant au possesseur d'une action au porteur relative à une société cotée en bourse, il est vrai qu'il est théoriquement possible d'avoir le titre et de le présenter ; mais les titres de sociétés cotées sont presque tous déposés et il ne nous a pas été donné de voir une assemblée de société cotée où l'art. 689a al. 2, 1re phr., CO ait été utilisé.

plus d'exercice de droits par présentation d'un titre au porteur émis physiquement, car les « actions au porteur » ne peut être que des titres intermédiés, sauf
lorsque la société est cotée en bourse (art. 622 al. 1bis CO). On y reviendra, et
la catégorie appelée « actions au porteur » par la loi, a bel et bien des caractéristiques propres, mais il est certain que cette appellation n'est plus une expression qui refléterait fidèlement la réalité juridique actuelle.

Pour chaque type d'action, des **catégories privilégiées** peuvent être créées, sur   2034
le plan des droits de vote ou du droit au dividende (ordinaire et/ou de liquidation). Sur l'ampleur possible de ces privilèges, on renvoie aux développements
contenus dans le chapitre sur les dispositions communes aux sociétés de capitaux[2774]. Une règle spécifique à la société anonyme consiste en ceci que la loi
confère aux détenteurs de chaque catégorie d'actions privilégiées un droit à un
représentant au conseil d'administration (art. 709 al. 1 CO : « *S'il y a plusieurs
catégories d'actions en ce qui concerne le droit de vote ou les droits patrimoniaux, les statuts assurent à chacune d'elles l'élection d'un représentant au
moins au conseil d'administration* »).

b.   Bons de participation

Outre les différentes catégories d'actions, une société anonyme[2775] peut   2035
émettre des bons de participation : ils **ne permettent pas à leurs titulaires de
voter** (art. 656c al. 1 et 2 CO[2776], sauf en ce qui concerne la suppression de

---

[2774] *Supra* N 1960-1967.
[2775] L'ATF 140 III 206 a observé que le législateur a résolument exclu que les Sàrl émettent
des bons de participation (c. 3.4.2 [212]). Le Message du Conseil fédéral, FF 2002 3045
(ch. 2.4) dit à cet égard : « *La Sàrl n'est donc pas adaptée pour récolter, sur le marché des
capitaux, des fonds propres qui n'octroient pas le droit de vote. Les participants prennent
part au capital-risque de la société. Leur investissement ne porte pas d'intérêts fixes et
n'est pas dénonçable. Comme ils n'ont pas le droit de vote, ils ne peuvent en outre pas
exercer d'influence significative sur les activités de la société et la désignation des organes. Par conséquent, les participants sont dans une position très précaire et dépendent
donc dans une large mesure des moyens de protection généraux du droit des sociétés. [...]
L'émission de bons de participation supposerait la reprise des mécanismes de protection
du droit de la société anonyme. [...] S'il s'agit d'établir une participation au capital
risque de la société sans accorder le droit de vote, il convient alors de choisir la forme
idoine de la société anonyme* ». Pour la coopérative, l'ATF 140 III 206 c. 3.6-3.7 (215-200)
l'a exclu par interprétation, constatant que l'introduction supposerait un acte législatif.
[2776] « *(1) Le participant n'a ni le droit de vote ni, dans la mesure où les statuts n'en disposent
pas autrement, aucun des droits qui s'y rapportent* », soit « *(2) [...] le droit de faire convoquer l'assemblée générale, le droit d'y prendre part, le droit d'obtenir des renseignements, le droit de consulter les documents ainsi que le droit à l'inscription d'un objet à
l'ordre du jour et le droit de proposition* ».

leurs propres droits[2777]), mais leur confèrent des **droits patrimoniaux** équivalant au moins à ceux de la catégorie d'actions la moins favorisée (art. 656f al. 2 CO) ; le principe d'égalité s'applique dans cette mesure (cf. ég. art. 656a al. 2 et 656f al. 3 CO).

Comme les actions, les bons de participation sont émis **en échange d'un apport**.

2036 Si ces bons sont cotés en bourse, ils peuvent être émis pour une **valeur nominale totale** allant jusqu'à dix fois celle du capital-actions. L'émission de bons non cotés peut aller jusqu'au double de la valeur nominale du capital-actions[2778]. Dans beaucoup de cas où des bons de participation sont émis, ces seuils maximaux ne sont (de loin) pas atteints.

2037 Le **rôle pratique** des bons de participation est de favoriser les actionnaires (ou certains d'entre eux) en matière de droit de vote au-delà de ce que permettent les actions privilégiées – et cela de façon plus absolue, par l'absence de droit de vote des « participants », alors que ces investisseurs prennent le risque d'entreprise (les bons de participation ne correspondant pas à des dettes, mais à des fonds propres). Sans vouloir schématiser ici à l'excès les intentions et dispositions subjectives ou intimes, souscrire des bons de participation présuppose une confiance approfondie de l'investisseur dans la société (même si la loi[2779] et des droits de contrôle[2780] doivent prévenir malversations et négligences) ou une évaluation très positive des perspectives de bénéfice (auquel cas il est compréhensible que la souscription de bons soit préférée à l'octroi d'un prêt[2781]).

2038 Cela étant, selon les différents agencements que les statuts peuvent aménager, la position des titulaires de bons de participation peut s'approcher de celle des actionnaires : s'il leur est conféré le droit à un représentant au conseil d'admi-

---

[2777] Art. 656f al. 4 CO : « *Sauf disposition contraire des statuts, les privilèges et les droits sociaux accordés aux participants par les statuts ne peuvent être supprimés ou modifiés qu'avec l'accord d'une assemblée spéciale des participants concernés et de l'assemblée générale des actionnaires* ».

[2778] Art. 656b al. 1 CO : « *La part du capital-participation composé de bons de participation cotés en bourse ne peut pas être plus de dix fois supérieure au capital-actions inscrit au registre du commerce. L'autre part du capital-participation ne peut dépasser le double du capital-actions inscrit au registre du commerce* ».

[2779] Que ce soit les devoirs matériels des administrateurs (loyauté, diligence, *supra* N 968-1228) ou les nombreuses règles visant d'une façon ou d'une autre la protection du patrimoine et spécifiquement du capital (*supra* N 1784-1959).

[2780] Sur le droit aux renseignements et celui d'exiger un examen spécial, cf. *infra* N 2262-2297.

[2781] Sur le plan économique, le bon de participation est très semblable à un prêt partiaire, incluant la participation aux pertes (cf. *supra* N 1433).

nistration (art. 656e CO) et qu'un mécanisme assure sa mise en œuvre[2782], leur position peut s'avérer plus favorable que celle de « simples » actionnaires minoritaires (auxquels une représentation au conseil n'est pas garantie).

c.   Bons de jouissance

Les bons de jouissance sont des **titres de participation au bénéfice** (ou au produit de liquidation) qui ne confèrent, eux non plus, **pas de droit de vote**. Ils peuvent aussi octroyer le **droit préférentiel de souscrire des actions nouvelles** (art. 657 al. 2 CO).

2039

Ils n'ont pas de valeur nominale et ne sont pas émis en contrepartie d'un apport qu'effectueraient les titulaires[2783]. Ceux-ci reçoivent les bons de jouissance **en raison d'un bienfait qu'ils ont accordé à la société** et qu'elle peut récompenser par cet octroi, le plus souvent de façon négociée : ils peuvent être des créanciers, des travailleurs, des gérants, des actionnaires ou autres bailleurs de fonds (cf. art. 657 al. 1 CO). En pratique, le trait commun est que, d'une façon ou d'une autre, une autre rémunération les satisfaisant pleinement (y compris des actions) n'est pas immédiatement disponible, et qu'une rémunération (autre que l'octroi immédiat d'actions) consistant dans une part future du bénéfice ou dans le droit préférentiel de souscrire des actions nouvelles (donc futures) s'avère constituer le moyen de les satisfaire.

2040

Comme pour les bons de participation, leurs titulaires peuvent voter en ce qui concerne l'éventuelle suppression de leurs droits (art. 657 al. 4 CO).

2041

[2782] En principe, les participants ne peuvent voter à l'assemblée générale. Mais les statuts peuvent aménager le *« droit dit de 'proposition impérative' »* (cf. Rita TRIGO TRINDADE, CR ad art. 656e CO [2017], N 5) de façon forte : une assemblée des participants désigne ce représentant, et l'assemblée des actionnaires n'a que le droit de le refuser pour justes motifs ; faute d'un tel vote (et de l'existence réelle de tels motifs), le représentant désigné est réputé élu. L'ATF 66 II 43 retient : « *C'est l'assemblée générale qui procède à l'élection, mais elle doit, sauf justes motifs, se conformer à la proposition que le groupe dont il s'agit a le droit de lui faire* » (regeste ; v. ég. c. 6c [51]). Cf. ég. ATF 107 II 179 c. 4b (« *[ist einer Gruppe] eine Vertretung im Verwaltungsrat zugesichert, [würde] diese Regelung illusorisch, wenn ihre Vorschläge für den Mehrheitsaktionär nicht verbindlich sein sollten* » ; v. aussi regeste : l'« *assurance statutaire d'une représentation au conseil d'administration [...] est violée lorsque [...] la proposition d'un groupe n'est pas considérée comme liant l'assemblée* »).

[2783] Cette différence a conduit à une réflexion qui diffère de celle (citée *supra* n. 2775) pour les bons de participation : l'art. 774a CO permet aussi aux Sàrl d'émettre des bons de jouissance (FF 2002 3046). Cf. aussi ATF 140 III 206 c. 3.4.2 (212). Pour la coopérative, c. 3.6.6. (219).

3. Principe de libre cessibilité et caractère exceptionnel des restrictions à la transmissibilité

a. Principe

2042 Le principe qui prévaut dans la société anonyme est que l'action est librement cessible. Cela traduit le fait que la personne de l'actionnaire est normalement sans importance pour la société : l'utilité de l'actionnaire pour la société s'épuise dans la fourniture de l'apport. C'est en cela que la société anonyme est l'archétype d'une société de nature capitalistique.

2043 Ainsi, dans le régime ordinaire, les actions nominatives sont entièrement et valablement cédées par une déclaration écrite (qui vaut endossement même lorsque des titres nominatifs physiques ont été émis[2784]). La société doit alors, sur présentation du titre établissant l'acquisition[2785], inscrire l'acquéreur dans le registre des actionnaires.

2044 Pour les actions au porteur, la conception traditionnelle illustrait de façon éclatante la parfaite indifférence de la société à son actionnariat : les actions pouvaient être cédées sans qu'elle le sache et sans qu'elle connaisse ses actionnaires jusqu'à présentation du titre pour voter à l'assemblée générale ou réclamer le paiement du dividende voté. Cette conception a été très largement abandonnée dès 2015 (pas au titre d'une remise en cause du principe de libre cessibilité, mais en raison de la perception que ces actions créaient un risque de blanchiment[2786]).

b. Approbation requise de par la loi pour les actions non entièrement libérées

2045 En raison même de la nature capitalistique de la société, une exception a toujours existé tant que les actions ne sont pas entièrement libérées : dans ces cas, la personne de l'actionnaire conserve une pertinence, dans la mesure où la sol-

---

[2784] Ce qui est de plus en plus rare. L'art. 684 al. 2 CO conserve toutefois la formulation selon laquelle « *le transfert par acte juridique peut avoir lieu par la remise du titre endossé à l'acquéreur* ».

[2785] Art. 686 al. 2 CO : « *L'inscription au registre des actions n'a lieu qu'au vu d'une pièce établissant l'acquisition du titre en propriété ou la constitution d'un usufruit* ».

[2786] Sur l'ensemble de l'évolution, cf. p. ex. ROUILLER/BAUEN/BERNET/LASSERRE ROUILLER (2022), N 182a-182m.

vabilité, à savoir la capacité de fournir le solde de l'apport souscrit, varie d'une personne à l'autre.

Ainsi, le transfert d'actions nominatives partiellement non libérées est toujours soumis à l'approbation de la société (c'est une règle de protection du capital)[2787]. 2046

Quant aux actions au porteur, tant qu'elles ne sont pas entièrement libérées, aucun titre au porteur ne peut être émis[2788] ; la souscription créant une dette provisoirement impayée, la cession de la position d'actionnaire revient à une reprise de dette, ce qui suppose l'accord du créancier (art. 176 al. 1, 2ᵉ hypothèse, CO), ici la société. 2047

c. L'exception au principe : l'exigence d'approbation fondée sur des restrictions statutaires

aa. Origines des « clauses d'agrément » et régime actuel

Dans la conception d'origine du législateur suisse en 1881, aucune restriction au transfert des actions n'était envisagée. Le cadre légal étant souple, les sociétés en ont fait usage pour introduire la faculté du conseil d'administration de refuser l'inscription de nouveaux actionnaires (des « *clauses d'agrément* », connues aussi dans d'autres ordres juridiques[2789]). Le législateur de 1936 a simplement entériné cette pratique, tout en partant de l'idée que le principe de libre cessibilité n'était pas remis en cause[2790]. La prolifération de restrictions a con- 2048

[2787] Art. 685 CO : « *(1) Les actions nominatives qui ne sont pas intégralement libérées ne peuvent être transférées qu'avec l'approbation de la société, sauf s'il s'agit d'actions acquises par succession, partage successoral, en vertu du régime matrimonial ou dans une procédure d'exécution forcée. (2) La société ne peut refuser son approbation que si la solvabilité de l'acquéreur est douteuse et que les sûretés exigées par la société n'ont pas été fournies* ».

[2788] Art. 683 CO : « *(1) Les actions au porteur ne peuvent être émises que si elles ont été libérées à concurrence de leur valeur nominale. (2) Les titres émis auparavant sont nuls. Demeure réservée l'action en dommages-intérêts* ».

[2789] Pour un panorama de droit comparé, on peut se référer aux travaux de l'Association Capitant de 2012 sur la prise du pouvoir dans les sociétés commerciales. Cf. en particulier le rapport de synthèse de Paul LE CANNU, p. 17, et le rapport général de Stéphane ROUSSEAU, p. 38 s. Voir aussi Armel LE RUYET (2017), p. 47-52.

[2790] Le Message du Conseil fédéral (FF 1928 I 275) exprime de façon très sereine que « *les statuts peuvent restreindre la transmission, en principe libre, des actions en permettant à la société de refuser l'inscription pour des motifs déterminés ou même sans indication de motifs* », ce qui a donné lieu à la formulation de l'art. 686 al. 1 et 2 aCO-1936 qui permet-

duit à la **nécessité de limiter ces restrictions**[2791] ; la question a été une des « pommes de discorde » de la réforme en mains du parlement de 1983 à 1991[2792]. Le régime finalement adopté en 1991 parvient à exprimer de façon claire le principe de libre cessibilité, en encadrant les restrictions de façon à ce que leur caractère d'exception soit concrètement appliqué. Il n'a pas été modifié depuis.

2049 Cela étant, la libre cessibilité est consubstantiellement importante pour les sociétés cotées en bourse, tandis que parmi les autres sociétés anonymes, beaucoup s'accommodent de régimes restrictifs voire y tiennent farouchement. Ainsi, **deux régimes légaux distincts ont été adoptés, selon qu'une société est cotée ou non.**

2050 Dans tous les cas, l'acquéreur ou l'aliénateur doit **requérir l'inscription de l'acquéreur** (comme nouvel actionnaire, ou comme actionnaire dont le nombre d'actions s'accroît), et, lorsqu'une restriction statutaire existe, la société (à savoir le conseil d'administration ou la personne à qui cette tâche est déléguée[2793]) a un certain **délai pour refuser son approbation à l'inscription**. L'absence de réaction a l'effet d'une approbation à l'échéance d'un certain délai (vingt jours dans les sociétés cotées[2794], trois mois dans les autres[2795]). En cas de refus injustifié, une **action en justice** peut être introduite (par l'acqué-

---

tait fondamentalement toutes les restrictions : « *(1) La société a le droit de refuser l'inscription sur le registre des actions pour les motifs1 que prévoient les statuts. (2) Les statuts peuvent disposer aussi qu'il est permis de refuser l'inscription sans indication de motifs* » (FF 1936 III 642). La justification avancée était simplement qu'« *il y a d'autres facteurs (raisons de concurrence motifs idéaux, etc.) susceptibles de faire restreindre, avec effet envers la société, les possibilités de transfert* » (FF 1928 I 275-276). Il semble clair que le législateur n'avait pas escompté que leur consécration légale explicite encouragerait la prolifération de restrictions statutaires nées jusque-là dans le silence du Code.

[2791] Cf. le Message du Conseil fédéral, FF 1983 II 876 et 924-926.

[2792] Ainsi l'article de Peter Böckli (Zankapfel der Aktienrechtsrevision : die Vinkulierung der Namenaktien, RSDA 1988 149 s.) paru durant la – longue – phase parlementaire. L'attention portée à cette question est perceptible, pour le Conseil des États, dans le BO 1988 E 481-499 et 1991 E 65-75 ainsi que, pour le Conseil national, dans le BO 1990 N 1363-1389 et 1991 N 844-852.

[2793] Sur la délégation à « un organe subalterne », cf. Rita Trigo Trindade, CR ad art. 685b CO (2017), N 40 (« *à la condition [que le conseil d'administration] fixe assez précisément le cadre de la délégation : une telle délégation ne devrait cependant entrer en ligne de compte que dans les sociétés d'une certaine importance* »)

[2794] Art. 685g CO : « *Si la société ne refuse pas la reconnaissance de l'acquéreur dans les 20 jours, celui-ci est réputé reconnu comme actionnaire* ».

[2795] Art. 685c al. 3 CO : « *L'approbation est réputée accordée si la société ne la refuse pas dans les trois mois qui suivent la réception de la requête ou rejette celle-ci à tort* ».

reur et/ou l'aliénateur) pour obliger la société à procéder à l'inscription illicitement refusée ; des dommages-intérêts peuvent également être réclamés.

bb. Restrictions statutaires pour les sociétés non cotées en bourse

aaa. Vue d'ensemble

Les sociétés anonymes non cotées en bourse sont autorisées à refuser d'inscrire au registre des actions nominatives un acquéreur en se fondant sur une disposition statutaire[2796] pour de «justes motifs», ou parce qu'elle offre à l'aliénateur de reprendre (ou faire reprendre) ses actions à la «valeur réelle», ou parce que l'actionnaire refuse de déclarer qu'il agit pour son propre compte. Dans tous les cas, *« tant que l'approbation nécessaire au transfert des actions n'est pas donnée*[2797]*, la propriété des actions et tous les droits en découlant restent à l'aliénateur»* (art. 685c al. 1 CO). Cela n'empêche pas qu'un refus illicite puisse donner lieu à une action en justice incluant des dommages-intérêts. 2051

bbb. « Justes motifs »

L'art. 685b al. 1 CO permet à la société de «*refuser son approbation en invoquant un juste motif prévu par les statuts*». Dans une formulation assez alambiquée, l'al. 2 cite au titre de justes motifs admissibles ceux qui se rapportent au but social ou à l'indépendance économique de la société («*Sont considérées comme de justes motifs les dispositions concernant la composition du cercle des actionnaires qui justifient un refus eu égard au but social ou à l'indépendance économique de l'entreprise*»). Ces motifs doivent être prévus par les statuts et être matériellement justifiés en soi et dans le cas d'espèce, pour que l'on puisse considérer que le refus n'entrave pas de façon déséquilibrée la faculté de l'aliénateur de céder ses actions (et donc de jouir entièrement de la valeur économique dont il est propriétaire en vendant l'actif) ; l'examen juridique se fera notamment en ayant égard à la proportionnalité et à l'abus de droit[2798]. 2052

[2796] Dont l'adoption est une «décision importante» requérant une double majorité, cf. *infra* N 2253.

[2797] Ou *réputée donnée* après l'écoulement de trois mois, cf. *supra* N 2050, spéc. n. 2795.

[2798] On peut aussi se référer aux «justes motifs» qui sont acceptables selon la doctrine et la jurisprudence pour la suppression du droit de souscription préférentiel (art. 652b al. 2 CO, cf. ATF 121 III 219 [235 ss] ; la disposition a été modifiée par la novelle du 19. 6. 2020 – cf. *supra* N 1852, n. 2585 –, mais cela ne nous semble pas avoir d'impact sur cette question). La situation est toutefois différente, puisqu'il s'agit non pas d'acquérir de nouvelles actions – ce qui pose certes des questions économiquement voisines de la faculté de

2053 Les justes motifs qui tendent à préserver « *l'indépendance économique de l'entreprise* » permettent en particulier à la société de **refuser l'entrée d'un concurrent** dans l'actionnariat[2799]. Les droits de contrôle de l'actionnaire peuvent en effet créer une situation handicapante s'il est concurrent.

2054 De façon plus générale, le droit suisse admet que la participation d'un actionnaire peut légitimement être limitée par un **seuil maximal** (« *clause du pourcent* »). La préoccupation protégée est, ici aussi, la préservation de l'indépendance de l'entreprise. Le refus de l'inscription procède de la même réflexion que les clauses statutaires qui limitent le nombre de droits de vote d'un actionnaire (art. 692 al. 2 CO[2800]), mais il est plus « radical » : empêchant l'acquisition, il coupe « à la racine » la perspective pour une personne d'avoir plus d'un certain nombre de voix ; il limite aussi, voire empêche (lorsqu'un seuil de détention s'applique), l'exercice des droits pour lesquels la limitation de l'art. 692 al. 2 CO ne s'applique pas (droits patrimoniaux ; droits de contrôle, soit en particulier celui aux renseignements et à l'institution d'un examen spécial). Des seuils de 10 %, 5 %, voire 3 %, peuvent être observés dans la vie des affaires.

2055 Pour donner plein effet à ces clauses, la pratique admet que l'acquisition soit refusée aussi lorsqu'un actionnaire dépasserait le seuil statutaire en comptant les sociétés liées (filiale, société mère, société sœur, etc.) ou d'autres personnes qui forment une « entente » ou « syndicat » avec lui (« *ou qui se concertent de toute autre manière aux fins de contourner les dispositions concernant la limitation à l'inscription* »)[2801]. Il s'ensuit qu'il est licite pour la société de demander à l'acquéreur une déclaration sur le fait qu'il agit hors d'une telle « entente » ou « syndicat » (de sorte que si la déclaration est erronée, l'acquisition peut être radiée, cf. art. 686a CO[2802]).

2056 Les autres « justes motifs » se réfèrent à la **protection du but social en lien avec la personne d'un nouvel acquéreur.** Les exemples que l'on peut rencontrer consisteront p. ex. dans la limitation du cercle des actionnaires à un corps de métier. Ou encore, une maison d'édition ayant une certaine orientation politique peut n'accepter que des membres d'un parti déterminé. Certaines activités requérant que la société l'exerçant soit dominée par des actionnaires domiciliés en Suisse, le domicile peut aussi être un juste motif de refus.

---

vendre, comme la dilution –, mais d'examiner s'il est légitime de priver l'actionnaire du droit de recevoir immédiatement l'entier de la valeur de l'action dont il est propriétaire.

[2799] Ainsi explicitement le Message du Conseil fédéral, FF 1983 II 926 (2e par.). Voir ég. p. ex. l'intervention du Conseiller aux États Carlo Schmid, BO 1988 E 482.

[2800] Cf. *supra* N 1964.

[2801] Voir les exemples cités par Nicolas Rouiller (2013), n. 116, et *infra* N 2059 et 2070-2075.

[2802] Cf. *infra* N 2104.

En cas de refus fondé sur de justes motifs, l'acquisition n'a simplement pas lieu. 2057
Une **contestation en justice** par l'acquéreur et/ou l'aliénateur tendra – comme
préalable à une condamnation à procéder à l'inscription et/ou à des dommages-
intérêts – à faire constater que l'acquisition n'est concrètement pas contraire aux
justes motifs statutaires (mauvaise application des statuts), ou que les motifs statutaires constituent des restrictions excessives (invalidité des statuts).

ccc.   « Clause fiduciaire »

L'art. 685b al. 4 CO permet à la société – si une clause statutaire d'agrément a 2058
été adoptée[2803] – de « *refuser l'inscription au registre des actions si l'acquéreur n'a pas expressément déclaré qu'il **reprenait les actions en son propre
nom et pour son propre compte** »*[2804].

Cette clause permet à la société **d'éviter notamment que les clauses relatives** 2059
aux justes motifs ne soient pas trop aisément contournées. L'absence de
déclaration permet le refus d'inscription ; une déclaration fausse peut induire
la radiation du registre (art. 686a CO)[2805], en plus d'être susceptible de constituer une infraction pénale (faux dans les titres, art. 251 CP).

Dans la configuration actuelle, et sans que cela ait été le but de la disposition 2060
lors de son adoption, elle permet aussi de **contribuer à la connaissance par la
société de ses ayants droit économiques**[2806].

ddd.   Refus d'une acquisition ordinaire par une offre de reprise
        à la « valeur réelle »

La société peut refuser d'inscrire l'acquisition d'un nouvel actionnaire (ou d'un 2061
actionnaire qui accroît sa participation) en **offrant à l'aliénateur** – et non pas
à l'acquéreur – de reprendre les actions pour son propre compte, pour le compte
d'autres actionnaires ou de tiers, à la « valeur réelle » au moment de la requête
(art. 685b al. 1 CO)[2807].

[2803] Cela résulte non pas du texte de l'art. 685b CO, mais de sa lecture systématique avec
l'art. 685a CO. En ce sens, p. ex. Rita TRIGO TRINDADE, CR ad art. 685b CO (2017), N 8.

[2804] Sur l'introduction de cette disposition par le droit voté en 1991 (laquelle ne figurait ni dans
l'art. 686 aCO-1936 [cité *supra* n. 2790, FF 1936 III 642], ni dans le projet du Conseil
fédéral de 1983), cf. *infra* n. 2826.

[2805] Cf. *infra* N 2104.

[2806] Cf. *infra* N 2130-2138.

[2807] Cette disposition est également nommée « *escape clause* » (cf. p. ex. ATF 145 III 351 ; cf.
ég. p. ex. Rita TRIGO TRINDADE, CR ad art. 685b CO [2017], N 44). Elle laisse la possibilité à l'actionnaire sortant de quitter la société, même si l'acquéreur est refusé. Cette clause

2062 Ainsi, pour autant qu'elles aient adopté une clause statutaire d'agrément[2808], les sociétés « privées », à forte connotation personnelle, sont habilitées à refuser l'entrée de tiers **pour un motif quelconque, même arbitraire**, à condition de reprendre les actions à leur « valeur réelle ». Sur celle-ci et l'époque déterminante pour estimer la « valeur réelle » (à savoir le moment auquel la requête d'inscription est formée[2809]), on renvoie au chapitre y relatif[2810].

2063 **La société** doit soumettre l'offre de reprise à l'aliénateur dans les trois mois qui suivent la réception de la requête de l'acquéreur tendant à la reconnaissance du transfert des actions (art. 685c al. 3 CO). Si **l'aliénateur** refuse l'offre, la reprise n'a pas lieu ; il reste donc actionnaire. S'il garde le silence, l'offre est réputée acceptée à l'échéance d'un délai d'un mois (art. 685b al. 6 CO).

2064 L'aliénateur peut toutefois demander au juge du siège de société de déterminer la valeur réelle[2811] ; il s'agit d'une **action en constatation**. Au terme de celle-ci, l'aliénateur a un mois pour refuser ; s'il garde le silence, la détermination

---

permet à la société d'acquérir des actions pour son propre compte jusqu'à 20 % du capital social (cf. *supra* N 1945). Les actions propres dépassant le 10 % doivent être aliénées ou cancellées par une réduction du capital dans les deux ans (art. 659 al. 2 CO).

[2808] Même remarque que *supra* n. 2803. Peter Böckli (2022), § 5, N 145 *in fine*, précise à juste titre que la société doit avoir adopté une clause d'agrément (« *Ferner müssen die Statuten der Aktiengesellschaft die Namenaktien überhaupt einer Vinkulierung im Sinne von Art. 685a Abs. 1 unterstellt haben* »), ce qui correspond à l'arrêt TF 5. 2. 2003, 4C.242/2001, c. 2.2, 2ᵉ par. *in fine* (« *das Ankaufsrecht der Gesellschaft [...] weist gesetzlichen Charakter auf, da es seinen Rechtsgrund im Gesetz selbst hat und keiner ausdrücklichen Verankerung in den Statuten bedarf. Voraussetzung für dessen Bestand ist einzig, dass die Statuten die Übertragung der Aktien von der Zustimmung der Gesellschaft abhängig machen [...]. Insoweit ist das gesetzliche bedingte Ankaufsrecht der Gesellschaft ein Element der statutarischen Übertragungsbeschränkung, wie dies in der systematischen Stellung der entsprechenden Regelung zum Ausdruck kommt* »). En revanche, la formulation de Meier-Hayoz/Forstmoser (2023), § 16, N 500 (« *Die Bestimmung ist zwingend und kann nicht wegbedungen werden* »), va trop loin.

[2809] Cela résulte du texte légal (art. 685b al. 1 *in fine* CO : « *à leur valeur réelle au moment de la requête* ») et ne paraît jamais contesté en pratique (cf. p. ex. ATF 145 III 351 c. 2 [355] et 120 II 259 c. 2b [261], 2c [263] et 4 [265]). Cela implique que des *intérêts* sont dus dès le moment de la requête (ATF 120 II 259 c. 4, cité *supra* N 1257 et 1260, spéc. n. 1909 ; ce n'est en particulier pas le moment du refus [*ibid.*] ; comme il s'agit d'une indemnisation pour retard, la jurisprudence retient que les revenus encaissés doivent être imputés sur les intérêts de retard [*ibid.*, c. 5]).

[2810] *Supra* N 1235-1260.

[2811] La rédaction de la loi peut donner l'impression que cette procédure ne s'applique qu'en cas de refus d'un acquéreur par succession, dissolution de régime matrimonial ou exécution forcée (art. 685b al. 4 CO). La doctrine unanime admet qu'elle s'applique aussi aux situations (« ordinaires ») visées à l'art. 685b al. 1, dernière hypothèse, CO (ainsi Rita Trigo Trindade, CR ad art. 685b CO [2017], N 44 *in fine* ; Meier-Hayoz/Forstmoser [2023], § 16, N 500, 2ᵉ al. ; Peter Böckli [2022], § 5, N 145).

judiciaire du prix est applicable et l'offre de reprise est réputée acceptée. Les conclusions prises dans le cadre de l'action judiciaire peuvent toutefois conduire à un régime plus précis[2812].

eee. Refus d'une acquisition légale en offrant la reprise à la « valeur réelle »

Une offre de reprise à la « valeur réelle » permet à la société, si une clause statutaire d'agrément a été adoptée[2813], de refuser l'inscription d'une personne qui a acquis les actions « *par* **succession**, *partage successoral, en vertu du régime matrimonial ou dans une procédure d'exécution forcée* » (art. 685b al. 4 CO). Une telle offre est la seule possibilité pour la société de refuser d'inscrire un tel acquéreur. 2065

Pour le reste, la procédure correspond à celle décrite ci-dessus, avec la précision que c'est forcément **à l'acquéreur** que l'offre de reprise doit être faite (« l'aliénateur » étant le *de cujus*, la communauté héréditaire, l'époux divorcé ou un débiteur dont les actifs ont été réalisés par voie d'exécution forcée). 2066

Par ailleurs, dans ces situations, l'art. 685c al. 2 CO prévoit que « *la propriété du titre et les droits patrimoniaux passent immédiatement à l'acquéreur, les droits sociaux, seulement au moment de l'approbation par la société* ». Ainsi, si l'acquéreur refuse l'offre de reprise à la « valeur réelle », il reste cependant propriétaire et titulaire des droits patrimoniaux, sans acquérir le droit de vote ; il est alors de façon durable un actionnaire sans droit de vote[2814]. 2067

cc. Restrictions statutaires pour les sociétés cotées en bourse

Les possibilités de restreindre la transmissibilité des actions nominatives cotées en bourse[2815], soit des actions inscrites auprès d'une bourse en Suisse ou dans 2068

[2812] La pratique judiciaire ou arbitrale montre aussi que les parties peuvent convenir que la cession aura lieu dès que la valeur aura été déterminée par l'expertise entérinée par le juge ou l'arbitre.

[2813] Même remarque que *supra* n. 2803.

[2814] En ce sens explicitement, Rita TRIGO TRINDADE, CR ad art. 685c CO (2017), N 14.

[2815] Jacques IFFLAND, BK ad art. 683 ss CO (2023), N 17, envisage, pour l'art. 685d CO, une notion plus large que la cotation en bourse au sens étroit de l'art. 2 lit. f LIMF. Il faut en tous les cas que la cotation des titres soit décidée par la société (ainsi Hans Caspar VON DER CRONE [2020], § 12, N 417), une cotation créée à l'initiative d'un tiers ne suffisant pas (cf. Rita TRIGO TRINDADE, CR ad art. 685d CO [2017], N 7).

un autre pays, sont énumérées limitativement par la loi[2816] : il s'agit de la limitation à une participation maximale (« clause du pour-cent ») et de la « clause fiduciaire » (ou « de risque économique ») ainsi que, dans des domaines particuliers, de la « clause de nationalité » ou « de domicile ».

aaa. « Clause du pour-cent »

2069 Les statuts peuvent prévoir une limite en pour-cent des actions nominatives *« jusqu'à laquelle un acquéreur doit être reconnu comme actionnaire »* (art. 685d al. 1 CO)[2817].

2070 Les actions étant librement disponibles en bourse, la société ne peut pas empêcher leur achat au-delà de la limite fixée par les statuts. Elle peut néanmoins **restreindre l'acquisition des droits de vote** correspondants. Par exemple, si la limite statutaire est fixée à 3 %[2818] de l'ensemble des actions, l'actionnaire peut certes en acheter 15 %, mais il ne sera inscrit au registre des actions en qualité d'« actionnaire avec droit de vote » que pour les actions demeurant en deçà de la limite (3 %). Pour le solde (12 %), il y sera inscrit comme « actionnaire sans droit de vote ». Le droit de vote des actions acquises au-delà de la limite est donc suspendu. Les droits patrimoniaux quant à eux subsistent (en particulier, le droit à un dividende, art. 660 al. 1 CO)[2819].

2071 L'objectif principal de telles dispositions statutaires est d'empêcher la réalisation d'offres publiques d'acquisition (OPA) hostiles.

2072 Cette limite peut toutefois aisément être contournée par la répartition d'un paquet d'actions entre des personnes agissant de concert. Les statuts contiennent par conséquent le plus souvent également des **dispositions permettant de**

[2816] Lorsque les actions nominatives cotées en bourse sont acquises par succession, partage successoral ou en vertu du régime matrimonial, l'acquéreur ne peut pas être refusé comme actionnaire (art. 685d al. 3 CO). À noter que le transfert par exécution forcée n'est pas exclu des restrictions statutaires à la transmissibilité pour les actions cotées en bourse, alors qu'il l'est des restrictions légales (art. 685 al. 1 CO).

[2817] De telles dispositions peuvent être libellées de manière potestative. Le conseil d'administration, qui doit néanmoins respecter le principe d'égalité de traitement (art. 717 al. 2 CO), a alors la faculté d'accepter des actionnaires dont le pourcentage d'actions dépasse la limite statutaire.

[2818] Sur les différents seuils (entre 3 % et 10 %), voir le panorama de dispositions statutaires *in* Nicolas ROUILLER, La prise du pouvoir dans les sociétés commerciales (2013), p. 36-42.

[2819] *Infra* N 2081-2085 ; sur les dividendes en particulier, N 1954-1961.

considérer plusieurs ayants cause comme un seul actionnaire[2820] (« clause de groupe », « d'entente » ou « de syndicat »)[2821]. La licéité de telles clauses, admise par la pratique, permet à la société d'exiger de l'acquéreur des déclarations attestant qu'il n'agit pas dans le cadre d'un groupe, d'une entente ou d'un syndicat. Si la déclaration se révèle erronée, l'inscription en qualité d'actionnaire avec droit de vote opérée peut être biffée (cf. art. 686a al. 1 CO)[2822].

bbb. « Clause fiduciaire » ou « de risque économique »

L'art. 685d al. 2, 1ʳᵉ phr., CO précise explicitement que la société peut « *refuser* 2073 *un acquéreur lorsque, malgré sa demande, celui-ci n'a pas déclaré expressément qu'il a acquis les actions en son propre nom et pour son propre compte, qu'aucun contrat sur la reprise ou la restitution desdites actions n'a été conclu et qu'il supporte le risque économique lié aux actions* »[2823]. La possibilité d'exiger une déclaration relative à l'absence d'un droit de se faire reprendre les actions est en vigueur depuis 2023[2824].

[2820] Sur la notion de « personnes agissant de concert » en droit boursier, *infra* N 2422 ss ; pour le registre des ayants droit économiques, cf. *infra* N 2131.

[2821] À titre d'exemple, l'art. 5 al. 5 (1ᵉ et 2ᵉ phr.) des statuts de Nestlé SA (avril 2023) a la teneur suivante : « *Aucune personne, physique ou morale, ne peut être inscrite avec droit de vote pour plus de 5 % du capital-actions tel qu'inscrit au registre du commerce. Cette limitation à l'inscription s'applique également aux personnes qui détiennent tout ou partie de leurs actions par l'intermédiaire de nominees conformément à cet article* » ; l'al. 7 dit : « *Les personnes morales unies entre elles par le capital, les voix, la direction ou de toute autre manière, ainsi que toutes les personnes, physiques ou morales, qui forment une entente ou un syndicat ou qui se concertent de toute autre manière aux fins de contourner les dispositions concernant la limitation à l'inscription ou les nominees, comptent pour une personne ou un nominee au sens des alinéas 4 et 5 du présent article* » (sur l'al. 4, voir ci-dessous n. 2825).

[2822] Cf. *infra* N 2104. L'art. 5 al. 8 des statuts de Nestlé SA dit : « *Après audition de l'actionnaire ou du nominee inscrit, le Conseil d'administration peut annuler, avec effet rétroactif à la date d'inscription, l'inscription de l'actionnaire ou du nominee qui a été effectuée sur la base de fausses informations. L'actionnaire ou le nominee concerné est immédiatement informé de l'annulation de son inscription* ».

[2823] La 3ᵉ phrase de cet alinéa précise que la société « *ne peut pas refuser l'inscription au seul motif que la demande a été déposée par la banque de l'acquéreur* ».

[2824] Le Message du Conseil fédéral expose comme justification que ce complément « *vise à réduire l'usage abusif du prêt de titres et autres transactions comparables, lorsque ces contrats sont conclus dans le but exclusif d'influencer l'issue des élections et des votes lors de l'assemblée générale. [...] Le régime est ainsi le même que pour les acquéreurs d'actions à titre fiduciaire* » (FF 2017 480). V. aussi Jacques IFFLAND, BK ad art. 683 ss CO (2023), N 5.

2074 La plupart des sociétés avaient adopté des « clauses fiduciaires »[2825] depuis longtemps (sans que la loi ne le permette explicitement jusqu'en 1991[2826]). Il ne peut être observé à l'heure d'écrire ces lignes si les sociétés vont les compléter par une clause complémentaire « de risque économique ». Cette restriction n'est en tous les cas applicable que si une clause statutaire correspondante est adoptée par la société[2827].

2075 Ainsi, au-delà de la déclaration qu'il n'agit pas à titre fiduciaire au sens traditionnel du terme (c'est-à-dire en son propre nom mais purement et simplement pour le compte d'autrui), l'acquéreur peut aussi, en vertu d'une clause statutaire, être requis de déclarer qu'il n'a pas conclu, notamment, de contrat d'option (option de vente – *put*)[2828] lui permettant de se défaire des actions à un prix déterminé, ce qui exclurait le risque économique.

2076 L'acquéreur qui n'émet pas cette déclaration ne sera inscrit au registre que comme « actionnaire sans droit de vote ». Par ailleurs, si l'inscription comme actionnaire avec droit de vote a été opérée sur la base d'une déclaration erronée, elle peut être biffée lorsque cela est découvert (art. 686a al. 1 CO)[2829].

ccc.   Clause « de nationalité » ou « de domicile »

2077 La société peut refuser une inscription si l'acquisition de la qualité d'actionnaire est contraire à une loi fédérale ; cela se conçoit lorsqu'une loi prescrit que l'entreprise soit « dominée » par des citoyens suisses ou des personnes résidant

---

[2825] Pour un exemple, cf. l'art. 5 al. 4 des statuts de Nestlé SA : « *Un acquéreur est inscrit au registre des actions comme actionnaire avec droit de vote dans la mesure où il déclare expressément avoir acquis les actions en son propre nom et pour son propre compte* ».

[2826] Le projet du Conseil fédéral de 1983 ne prévoyait pas de disposition relative à la clause fiduciaire (cf. FF 1983 II 1002-1004 ; ég. FF 1983 II 924-928). Cela a été introduit dans les débats parlementaires, cf. la proposition du Conseiller aux États Carlo SCHMID, approuvée par le président Franco MASONI (BO 1988 E 492, et vote ; pour les actions non cotées, voir déjà les interventions des Conseillers aux États Kaspar VILLIGER et Carlo SCHMID, ainsi que de la Conseillère fédérale Elisabeth KOPP et du président Franco MASONI, BO 1988 E 490 s.) ; le texte du Conseil des États a été repris sans que ce point soit discuté au Conseil national (cf. BO 1990 N 1364-1366).

[2827] Ainsi le Message du Conseil fédéral, FF 2017 480 (2.1.17, 2ᵉ par.) : « *Il ne paraît pas opportun de généraliser l'interdiction d'exercer les droits sociaux lorsque les actions ont été acquises dans le cadre d'un prêt de titres ou d'une transaction comparable. Les sociétés doivent pouvoir déterminer elles-mêmes, dans le respect du principe de l'égalité de traitement entre les actionnaires, dans quelle mesure elles veulent permettre l'exercice des droits de vote des actions acquises de cette manière* » (le Message distinguant cette situation du gel *ex lege* du droit de vote relatif aux actions propres, cf. *supra* N 1947 s.).

[2828] Sur la notion, cf. *supra* N 1233.

[2829] Cf. *infra* N 2104.

en Suisse. De telles dispositions existent dans la Loi fédérale sur l'acquisition d'immeubles par des personnes à l'étranger ou dans la législation sur les banques[2830].

La résurgence de grandes tensions géopolitiques est accompagnée d'un mouvement de souverainisme économique, qui conduit de plus en plus d'États à adopter des dispositions préservant la détention des entreprises jugées stratégiques par des nationaux[2831]. Cela pourrait amener à faire réémerger les clauses « de nationalité » ou « de domicile », qui avaient joué un grand rôle pratique de la Première Guerre mondiale à la fin de la guerre froide (soit *grosso modo* de 1914 à 1990[2832]).
2078

Dans la même mouvance, la prolifération de sanctions économiques[2833] peut aussi justifier que des sociétés introduisent des clauses d'agrément visant à s'assurer que l'acquéreur n'est pas une personne sanctionnée ou agissant pour une telle personne.
2079

ddd.   Distinction selon l'acquisition « en bourse » ou « hors bourse » d'actions cotées ; vue d'ensemble de l'effet des restrictions

La loi distingue entre les actions nominatives cotées acquises en bourse ou hors bourse, en ce qui concerne les droits de vote.
2080

Lorsque des actions nominatives cotées sont **acquises en bourse**, la banque de l'aliénateur annonce immédiatement à la société le nom de celui-ci et le nombre d'actions vendues (art. 685e CO). La société biffe aussitôt l'aliénateur du registre des actions ; cela met un terme à ses droits d'actionnaire, la propriété et la titularité de tous les droits qui y sont liés passant à l'acquéreur du seul fait du transfert du titre (art. 685f al. 1 CO). Toutefois, tant que la société n'a pas
2081

[2830] Cf. art. 4 al. 1 lit. e LFAIE. Pour la législation sur les banques, cf. art. 3bis et 3ter LB).

[2831] Les journées internationales de l'Association Capitant de 2016 avaient été consacrées en partie à ce mouvement (« Mondialisation et investissements », p. 483-662). Voir en particulier le rapport général d'Hervé AGBODJAN PRINCE (2017), p. 483 ss.

[2832] Dans les troubles du XXe siècle dont il découlait pour les sociétés la nécessité d'être contrôlées par des Suisses (pour être « sous pavillon neutre », à savoir concrètement ne pas être considérées comme des entreprises d'un pays ennemi), la « clause des étrangers » avait une grande importance (cf. Jean-Jacques LANGENDORFF, La Suisse dans les tempêtes du XXe siècle [2001], p. 88 ss et 196 ss ; Herbert REGINBOGIN, Guerre et neutralité [2008], p. 81, 278 et 281 s. ; Nicolas ROUILLER [2013], p. 51 s. ; Peter BÖCKLI [2009], § 6 N 6 ; Wolfhart BÜRGI, ZK [1956] ad art. 683 ss CO, N 9, ad art. 686, N 20 et 24).

[2833] Pour un aperçu systématique et concentré, voir p. ex. les travaux du groupe d'experts près le Rapporteur spécial du Conseil des droits de l'homme de l'ONU Alena DOUHAN du 26. 4. 2021 (*Expert Consultation on "The Notion, Characteristics, Legal Status and Targets of Unilateral Sanctions"*).

reconnu l'acquéreur[2834], il ne peut pas *exercer* le droit de vote lié aux actions ni les autres droits qui sont attachés au droit de vote. L'exercice de tous les autres droits d'actionnaire, en particulier du droit de souscription préférentiel (cf. art. 652b CO), n'est en revanche pas restreint (art. 685f al. 2 CO). L'acquéreur non reconnu par la société en raison d'une restriction de transmissibilité est cependant propriétaire des actions concernées. Inscrit au registre comme « actionnaire sans droit de vote », il est titulaire de tous les droits patrimoniaux. Ses actions ne sont pas représentées à l'assemblée générale (art. 685f al. 3 CO).

2082   Les acquéreurs renoncent souvent à requérir l'inscription de leurs actions au registre des actions. Ils se contentent alors de percevoir les dividendes sur leur dépôt bancaire, *de facto* anonymement. On parle ici « d'actions dispo ». Dans les sociétés suisses cotées en bourse, il n'est pas rare qu'environ 50 % des actionnaires optent pour cette façon de faire[2835]. On peut le déplorer ou s'en accommoder[2836].

2083   Lorsque des actions nominatives cotées sont **acquises hors bourse**, leur propriété et les droits patrimoniaux qui leur sont liés passent à l'acquéreur dès que

---

[2834]   La banque (ou p. ex. la « maison de titres », cf. *infra* n. 2687) de l'acquéreur annonce celui-ci, agissant comme représentante directe, ou s'annonce elle-même, agissant alors comme représentante indirecte (ce qu'elle ne peut faire si la société a adopté une clause fiduciaire, cf. *supra* N 2076 ; cf. par ailleurs Jacques IFFLAND, BK ad art. 683 ss CO [2023], N 10).

[2835]   Pour Nestlé SA, cette proportion était longtemps estimée aux alentours de 30 % (LT 22. 9. 2007, p. 26). Le faible taux de participation des actionnaires aux assemblées générales relève en partie du même phénomène (cf. p. ex. les chiffres donnés par Carole GEHRER [2003], p. 197, sur la participation aux assemblées générales du Credit Suisse, oscillant entre 27 et 36 % malgré une importante médiatisation dans les années concernées). La faculté de participer à distance, tel que cela est impérativement possible depuis l'adoption de l'art. 95 al. 3 Cst le 3. 3. 2013, semble avoir induit une augmentation, de même que l'obligation de voter introduite alors (cf. *supra* n. 2727). Un rapport de la fondation Ethos publié en octobre 2015 (« Assemblées générales 2015, rémunérations et gouvernance des sociétés du SPI ») montrait qu'entre 2008 et 2013 (soit avant l'entrée en vigueur des dispositions d'application de l'art. 95 al. 3 Cst), la participation aux assemblées des 48 plus grandes sociétés (« SMI Expanded ») avait augmenté de 49 % à 59 % (p. 12) ; en 2014 et 2015 (soit après cette entrée en vigueur), il était de 62 % (*ibid.*).

[2836]   Les entreprises déplorent parfois le fait qu'elles ignorent l'identité de ces actionnaires « dispo », et notamment leur éventuelle qualité de concurrents (cf. réf. citée *supra* n. 2835 ; cette observation avait toutefois peu de poids de la part de sociétés ayant par ailleurs émis et maintenu des actions au porteur à l'époque où l'anonymat prévalait et, de toute façon, en ayant à l'esprit que pour les sociétés recourant à des titres intermédiés, elles ne connaissent de toute manière pas les titulaires d'actions au porteur, *infra* N 2115-2124 ; en tous les cas, cette vue doit être relativisée au vu de l'obligation de droit boursier d'annoncer toute participation dès 3 % (*infra* N 2420-2433). – On peut observer qu'après un examen attentif, le Conseil fédéral a proposé de ne pas légiférer sur la problématique, tant en 2007 qu'en 2017 (FF 2017 393-399).

celui-ci a demandé à la société de reconnaître sa qualité d'actionnaire (art. 685f al. 1 CO). L'exercice des droits de vote est, dans ce cas également, suspendu jusqu'à ce que la société accueille cette requête (art. 685f al. 2 CO).

Dans les deux cas (acquisition en bourse ou hors bourse), la société a un **délai de 20 jours** pour refuser la reconnaissance de l'acquéreur (c'est-à-dire : son inscription en qualité d'«actionnaire avec droit de vote»). Passé ce délai, celui-ci est réputé reconnu comme actionnaire (art. 685g CO). 2084

Du point de vue de la société, il existe **quatre espèces de titulaires d'actions nominatives cotées en bourse** : (i) les actionnaires inscrits au registre des actions avec droit de vote ; (ii) ceux qui y sont inscrits sans droit de vote ; (iii) ceux qui n'y sont pas inscrits mais sont propriétaires, c'est-à-dire les acquéreurs qui ne se sont pas annoncés (les propriétaires d'«actions dispo») ; et (iv) ceux qui y sont inscrits sans être propriétaires, parce qu'ils ont vendu leurs actions hors bourse et que le nouvel acquéreur ne s'est pas annoncé. Ainsi, nonobstant les restrictions de transmissibilité, les sociétés ne peuvent pas avoir une vue exhaustive de leurs actionnaires nominatifs ni des rapports de domination existants. Cela est d'autant plus singulier que d'ordinaire, les propriétaires d'«actions dispo» peuvent exiger en tout temps de pouvoir exercer leur droit de vote, en s'annonçant à la société en vue de leur inscription au registre des actions. 2085

dd.   Les marques du caractère d'exception

Le principe de la libre cessibilité des actions est ancré dans plusieurs dispositions légales concrètes. 2086

D'abord, le principe est qu'à défaut de dispositions statutaires prévoyant la nécessité d'une approbation, les actions nominatives *libérées* sont transmissibles : l'art. 684 al. 1 CO dit explicitement que «*sauf disposition contraire de la loi ou des statuts, les actions nominatives sont librement transmissibles*» (la restriction *légale* prévue par le CO ne se rapporte qu'aux actions non libérées, à l'art. 685 CO[2837], des restrictions pouvant par ailleurs découler d'autres lois, comme celle sur les banques[2838]) ; l'art. 685a al. 1 CO rappelle que l'exigence d'une approbation au transfert doit être prévue par les statuts («*Les statuts peuvent prescrire que le transfert des actions nominatives est subordonné à l'approbation de la société*»). Si une société n'a pas adopté de dispositions statutaires à cette fin, cela signifie donc que le transfert des actions nominatives ne fait pas l'objet de restrictions. 2087

[2837] Cf. *supra* N 2045-2047.

[2838] Cf. *supra* N 2077-2079, *a fortiori*.

2088   Ensuite, en ce qui concerne les actions non cotées, l'art. 685b al. 7 CO consacre le caractère limitatif des possibilités offertes par la loi aux al. 2 à 6 de cette disposition : « *Les statuts ne peuvent rendre plus dures*[2839] *les conditions de transfert* ». En termes de légistique, l'art. 685b al. 2 à 6 CO est relativement impératif : si une société adopte des clauses statutaires limitant la transférabilité des actions, elles peuvent la limiter moins que ce qui est énoncé dans ces alinéas, mais pas davantage ; le libellé de ces alinéas exprime ainsi l'étendue maximale des restrictions.

2089   Une structure légistique semblable prévaut pour les restrictions à la transférabilité des actions cotées en bourse, par la formulation de l'art. 685d al. 1 CO, qui l'exprime sans ambiguïté : « *La société ne peut refuser comme actionnaire l'acquéreur d'actions nominatives cotées en bourse que si les statuts [...]* » (quant à l'al. 2, il prévoit une autre restriction bien circonscrite).

2090   Pour les actions nominatives acquises par succession (partage ou autre dévolution) ou liquidation de régime matrimonial, les restrictions sont encore plus limitées : seule la reprise à la valeur réelle permet à la société de refuser un transfert d'actions non cotées ; pour les actions cotées, le refus de l'inscription d'une telle acquisition est impossible.

2091   Quant aux actions au porteur libérées, leur transmissibilité ne peut être limitée en rien.

2092   Ainsi, malgré les restrictions des art. 685a à 685g CO – qui occupent une place importante dans la doctrine[2840] et dans la pratique[2841], et qui peuvent frapper

---

[2839]   Ce choix lexical ne semble pas très heureux. La formulation en allemand et en italien montre que l'adjectif « difficile » aurait été possible (« *Die Statuten dürfen die Voraussetzungen der Übertragbarkeit nicht erschweren* » ; « *Lo statuto non può stabilire condizioni che rendano più difficile la trasferibilità* » ; une formulation alternative aurait consisté à de dire : « *Les statuts ne peuvent restreindre davantage la transmissibilité des actions* »). La règle que les statuts ne peuvent créer des restrictions non prévues explicitement par les al. 2 à 6 est toutefois parfaitement claire.

[2840]   Cf. *supra* N 2048 (spéc. n. 2792) sur l'attention également du législateur.

[2841]   On entend ici par pratique la vie « quotidienne » des affaires (et non la pratique judiciaire) : les clauses d'agrément sont très fréquentes et elles sont effectivement invoquées fort souvent, de façon à empêcher moult transferts. Le caractère infondé d'un refus est loin de donner systématiquement lieu à une action en justice, faute de possibilité concrète d'obtenir l'inscription par mesures provisionnelles ; le *tempo* des procédures judiciaires ordinaires rend l'action en exécution en principe incompatible avec ce que souhaite un acquéreur (et les actions *secondaires* en dommages-intérêts sont souvent hasardeuses pour des questions notamment d'évaluation). La jurisprudence publiée, très limitée (en plus de vingt ans, le seul arrêt du TF publié est l'ATF 145 III 351), reflète la relative rareté des actions en justice. Il reste que la pratique s'est adaptée et l'immense majorité des transferts

les observateurs en droit comparé par leur étendue[2842] –, la société anonyme est assurément la forme de société dans laquelle le transfert des parts au capital est le plus libre.

Cela reflète l'indépendance structurelle qu'à la société par rapport à la personne des actionnaires, soit en d'autres termes sa nature profondément capitalistique. Il s'ensuit également, sur un plan pratique, que les situations où la dissolution de la société entre en considération en raison des personnes des actionnaires sont très sensiblement (voire drastiquement, et fondamentalement) plus rares que dans les autres formes de sociétés. En particulier, une dissolution motivée par l'impossibilité de transférer la qualité de sociétaire ne peut survenir que très exceptionnellement, alors que cela est parfaitement normal pour les sociétés de personnes[2843], et à tout le moins pas extraordinaire pour une société à responsabilité limitée (société de capitaux « personnelle »)[2844] voire pour une coopérative[2845]. Concrètement, la société anonyme est, parmi les sociétés, l'entité la plus stable et la plus permanente, de par son indifférence structurelle aux personnes qui composent son sociétariat.

2093

Par ailleurs, la loi manifeste que la libre transmissibilité est le principe en la faisant réémerger notamment en rendant impérativement inopérantes les restrictions statutaires en cas de liquidation (art. 685a al. 3 CO : « *Si la société entre en liquidation, les restrictions de la transmissibilité tombent* »[2846]). Dans le même ordre d'idées, le principe de la libre transmissibilité s'impose aussi en cas d'introduction d'actions privilégiées sur le plan du droit de vote : en vertu de l'art. 704 al. 3 CO, les actionnaires qui n'y ont pas adhéré peuvent aliéner

2094

---

sont négociés en obtenant *au préalable* l'approbation du conseil d'administration. Dans la plupart des autres cas, la convention de transfert sera conditionnelle.

[2842] Ainsi Paul LE CANNU (2014), p. 17, et Stéphane ROUSSEAU (2014), p. 38 s.

[2843] C'est en premier lieu l'exigence de l'unanimité pour l'entrée de tout nouvel associé, cf. *supra* N 1392. Pour le surplus, cf. *supra* N 1406 (y compris le renvoi à N 1271).

[2844] Cf. *infra* N 2572-2602, étant précisé que la voie de l'exclusion d'un sociétaire est une solution alternative (à ce sujet déjà *supra* N 1276 et 1274, ainsi que N 1234), qui est dans bon nombre de cas équivalente fonctionnellement.

[2845] Dans celle-ci, le comportement *personnel* du sociétaire est en principe ce qu'il apporte à la société ; la *cessibilité* entre vifs ne peut résulter que d'aménagements très particuliers, cf. *infra* N 2696-2699 et déjà *supra* N 1627.

[2846] En soi, il n'y a pas de nécessité philosophique à cette solution (sur les justifications, cf. p. ex. Rita TRIGO TRINDADE, CR ad art. 685a CO [2017], N 22). Un maintien des restrictions serait en soi justifiable. Il s'agit donc d'une solution qui marque typiquement le rapport principe/exception : il n'y avait pas de raison prépondérante de *permettre que les restrictions puissent être maintenues.*

leurs actions sans que les restrictions statutaires puissent leur être opposées, cela pendant six mois[2847].

4. Aspects techniques de la détention et du transfert d'actions

a. Vue d'ensemble

2095   Dans la section 3 ci-dessus, on a traité les règles matérielles qui régissent la détention et le transfert d'actions, notamment la libre cessibilité de principe et les restrictions juridiques qui peuvent empêcher une cession. La présente section vise à présenter les aspects formels ou techniques par lesquels la détention et les transferts sont mis en œuvre et se concrétisent.

2096   Les **actions nominatives** ont toujours fait l'objet du **registre des actions tenu par la société anonyme**, c'est-à-dire concrètement par le conseil d'administration ou un organe à qui cette tenue est déléguée. Elles ont toujours également pu faire l'objet de titres physiques écrits nominatifs (un par action, ou au moyen de certificats représentant plusieurs actions chacun) ; cela étant, il a toujours été possible de ne pas émettre de titres physiques. Dans tous les cas, d'une part, le transfert d'actions doit se faire par écrit et, d'autre part, c'est l'inscription au registre qui fait foi envers la société (art. 686 al. 4 CO : « *Est considéré comme actionnaire ou usufruitier à l'égard de la société celui qui est inscrit au registre des actions* ») ; un litige sur la propriété des actions peut toutefois conduire à rectifier le registre et une inscription fondée sur des indications erronées peut être rectifiée par la société elle-même. Ainsi, l'inscription au registre tenu par la société ne fait que créer une présomption (« réfragable »[2848]).

2097   Selon le régime en vigueur de 1881 à 2015, les **actions au porteur** ne faisaient l'objet d'aucun registre si elles étaient incorporées par un titre physique, soit un titre au porteur par action ou un certificat au porteur représentant plusieurs actions chacun (beaucoup d'usagers pensaient que l'expression de « société anonyme » venait de cette caractéristique). Les actions pouvaient ne pas être émises physiquement, ce qui induisait que le souscripteur initial, ou le cessionnaire de son droit, était titulaire d'une créance en délivrance de l'action. Après quelques années de transition, le **régime actuel** est que, sauf cotation en bourse,

---

[2847] « *Les titulaires d'actions nominatives qui n'ont pas adhéré à une décision ayant pour objet la transformation du but social ou l'introduction d'actions à droit de vote privilégié ne sont pas liés par les restrictions statutaires de la transmissibilité des actions pendant un délai de six mois à compter de la publication de cette décision dans la Feuille officielle suisse du commerce* ».

[2848] Cf. ATF 137 III 460 c. 3.2.2 (463).

les actions au porteur ne peuvent en principe être émises que sous forme de « **titres intermédiés** » (art. 622 al. 1bis CO) : de tels titres font l'objet d'une inscription auprès d'un teneur de registre (le « dépositaire » d'un « compte de titres », cf. art. 3 LTI) et les actes de disposition supposent une instruction écrite au dépositaire. Dans un tel système, les actions « au porteur » sont en réalité des titres inscrits dans un registre. La loi réserve aux **sociétés qui ont** « *des titres de participation cotés en bourse* » (art. 622 al. 1bis CO) la possibilité d'émettre des actions au porteur à proprement parler. Les actions cotées en bourse font l'objet d'une inscription auprès d'un intermédiaire financier inscrit auprès de la bourse (p. ex. une banque, une « maison de titres » ou un autre dépositaire régulé). On peut cependant concevoir que quelques actions au porteur d'une société dont d'autres titres sont cotés en bourse ne soient elles-mêmes pas cotées. Des actions au porteur à proprement parler peuvent ainsi encore exister dans cette mesure réduite.

Les **actions nominatives** peuvent elles aussi être émises **sous forme de titres**   2098
intermédiés. Dans ce cas, il existe à la fois une inscription au registre des actions tenu par la société (déterminant pour la légitimation envers la société) et une inscription dans le registre des titres intermédiés tenu par le dépositaire (déterminant pour l'acte de disposition). Dans l'immense majorité des cas, il y aura parfaite convergence. Mais des divergences peuvent exister en cas de refus d'inscrire un transfert au registre des actions par le conseil d'administration, alors que le dépositaire a inscrit le transfert[2849]. Le fait que des actions soient émises sous forme de titres intermédiés ne prive pas la société de mettre en œuvre les restrictions statutaires qu'elle a adoptées pour ses actions nominatives (art. 24 al. 4, 1re phr., LTI : « *Les restrictions à la transmissibilité des actions nominatives sont réservées* »).

Les actions nominatives[2850] peuvent aussi être émises sous forme de **droits-**   2099
valeurs (art. 622 al. 1 CO). Les droits-valeurs « **classiques** » sont inscrits dans

---

[2849]   Cette situation est évidemment hautement indésirable. Elle est évitable si, comme spécifiquement envisagé par le législateur en 2020 pour les registres distribués électroniques, le transfert ne peut être ordonné que lorsque l'approbation au transfert a été donnée (cf. *infra* n. 2852 *in medio*, citant FF 2020 264, ch. 5.1.1, 3e par. *in fine*).

[2850]   Le texte de l'art. 622 al. 1bis CO ne paraît pas compatible avec l'émission d'actions au porteur par tenue d'un registre distribué électronique, sauf s'il est *aussi* conforme à la LTI. Le Message du Conseil fédéral (FF 2020 264) paraissait permettre de façon générale le recours à un registre électronique distribué pour des actions au porteur (ce que, personnellement, nous trouverions tout à fait opportun), mais il reste que le texte de l'art. 622 al. 1bis CO ne l'autorise pas (et d'ailleurs, le texte de cette disposition dans le projet de loi ne le proposait pas, cf. FF 2020 319). Cela peut s'expliquer par la grande attention accordée par

un registre en rapport avec lequel les instructions de transfert sont faites par écrit (art. 973c al. 4 CO). Depuis 2021, les droits-valeurs peuvent encore faire l'objet d'une inscription dans un « **registre distribué** » **électronique** ; c'est l'une des applications de la technologie blockchain (« TRD », technologie des registres distribués)[2851]. L'acte de disposition n'est pas ordonné par une instruction écrite, car les titulaires « *dispose[nt] de leurs droits au moyen de procédés techniques* » (art. 973d al. 2 ch. 1 CO). Le registre distribué peut être tenu par un tiers, mais il peut aussi l'être par la société elle-même, auquel cas il peut servir de registre des actions, s'il remplit toutes les conditions de l'art. 686 CO[2852].

---

des organismes internationaux chargés de la lutte contre le blanchiment d'argent et le financement du terrorisme ainsi que l'évasion fiscale, soit avant tout le GAFI et l'OCDE, à ce que les actions au porteur ne puissent en rien servir de vecteurs à ces fléaux.

[2851] Il est intéressant de relever l'approche générale suivie dans le Message du Conseil fédéral, laquelle va au-delà de la simple volonté de faire bon accueil aux innovations technologiques (FF 2020 233 s.) : « *Le droit civil a pour fonctions de garantir l'autonomie des personnes privées (*ermöglichende Funktion*) et en même temps d'assurer un équilibre entre leurs intérêts divergents (*ausgleichende Funktion*). Il s'agit ici de fournir aux parties des instruments qui leur permettent de définir leurs relations juridiques à leur convenance, en assumant sciemment les risques inhérents à leur sphère de responsabilité. Pour le Conseil fédéral, un contrôle préalable, par un organe indépendant et à l'initiative des parties, des registres de droits-valeurs ou de certains droits-valeurs inscrits (*token audit*), s'imposera comme standard afin de permettre aux parties de gérer leurs risques. Au surplus, si un grand nombre d'investisseurs sont touchés, les mécanismes de protection prévus par le droit des marchés financiers interviendront eux aussi* ».

[2852] Cf. Message du Conseil fédéral, FF 2020 264-265 : « *Si le registre de droits-valeurs [...] remplit les exigences légales fixées à l'art. 686 CO, il pourra également être considéré comme un registre des actions tenu sous forme électronique [...]. Il est inutile dans ce cas de gérer des registres distincts* ». Pour le cas où le registre distribué n'est pas le registre des actions, le message indique (FF 2020 264, ch. 5.1.1, 3e par. *in fine*) : « *si les statuts restreignent le transfert d'actions nominatives émises sous forme de droits-valeurs inscrits (voir art. 685a ss CO), la société devra utiliser la technologie à la base du registre de telle sorte qu'il ne soit pas possible de transférer une telle action nominative sans qu'elle ait approuvé ce transfert au préalable* ». Néanmoins, si le registre des actions continue d'être tenu de façon distincte et qu'un transfert dans le registre distribué a tout de même eu lieu malgré un défaut d'approbation, c'est le registre des actions qui fait foi à l'égard de la société et les restrictions à la transmissibilité – dans la mesure où leurs conditions sont remplies – peuvent continuer d'empêcher que le transfert soit opposable à la société (à l'instar de ce que la LTI indique à l'art. 24 al. 4, cf. *supra* N 2098 *in fine* ; cf. ég. FF 2020 251 sur les actions : « *les dispositions spéciales les concernant continuant cependant de s'appliquer* » ; FF 2020 252 : « *les sociétés anonymes qui recourront à la TRD pour émettre des actions sous forme de droits-valeurs inscrits au sens de l'art. 973d P-CO, devront respecter l'intégralité des dispositions du droit des sociétés* »).

La loi précise qu'une disposition dans les **statuts** est indispensable pour que la société émette des titres sous forme de titres intermédiés ou au moyen d'un registre distribué électronique[2853] (art. 622 al. 1, 2e phr., CO). Une disposition des statuts est d'ailleurs indispensable pour que la société puisse refuser à ses actionnaires qui en feraient la demande la délivrance d'un titre physique nominatif (évidemment, une attestation de l'inscription au registre peut toujours être exigée). 2100

La vue d'ensemble ci-dessus contient les éléments indispensables pour une bonne compréhension de la façon dont la détention des actions peut être concrètement documentée, selon les différentes variantes offertes par le législateur. Dans les sections ci-dessous, on traitera quelques aspects techniques particuliers. 2101

b.   Actions nominatives : le registre des actions

La société, par son conseil d'administration, tient un registre des actionnaires (« registre des actions », art. 686 al. 1 CO) qui mentionne le nom et l'adresse des propriétaires et usufruitiers d'actions nominatives (art. 686 al. 1 CO)[2854]. Seul celui qui y est inscrit est considéré comme tel à l'égard de la société (art. 686 al. 4 CO). 2102

Les actionnaires ont le droit de consulter les inscriptions au registre qui les concernent[2855]. L'**inscription** fonde en effet la présomption réfragable selon 2103

[2853] Le Message du Conseil fédéral précise (FF 2020 264) qu'il s'agit « *d'assurer la transparence nécessaire et de garantir que le conseil d'administration n'instaure pas de droits-valeurs inscrits contre la volonté des actionnaires. Vu que les actionnaires ont le droit de titriser leurs actions sous forme de papier-valeur, il faut que la possibilité de leur donner la forme de droits-valeurs soit prévue dans les statuts. Ceux-ci pourront soit prévoir un lien direct entre le statut d'actionnaire et un jeton, soit habiliter le conseil d'administration à incorporer les actions dans des jetons* ».

[2854] Quant à la forme, le registre des actionnaires doit être tenu par écrit. Pour le surplus, les formes les plus diverses sont envisageables et utilisées en pratique. Pendant longtemps, les petites sociétés privées utilisaient des feuilles volantes rassemblées dans un classeur ; à l'heure actuelle, de nombreuses petites sociétés conservent les notifications de transfert, mais n'impriment un véritable registre (sous la forme d'un extrait à jour) que lorsqu'une demande est faite, ce qui ne manque pas de pragmatisme ; mais elles sont bien avisées de le faire au moins à l'occasion de chaque assemblée générale. Les sociétés publiques tiennent leur registre sous forme électronique grâce à un logiciel spécifique ou en mandatant une société spécialisée (p. ex. Computershare Suisse SA).

[2855] Sous réserve de l'art. 697 CO, l'actionnaire n'est pas légitimé à consulter le registre des actions pour obtenir des informations qui ne le concernent pas. P. ex., un actionnaire n'est pas en droit d'obtenir les noms et adresses des autres actionnaires, pour les influencer ou

laquelle la personne inscrite est actionnaire de la société[2856]. Elle n'a pas l'effet à elle seule de produire le transfert de propriété. Ce qui le produit est en effet un **acte de disposition valable** selon les exigences de la forme sous laquelle les actions nominatives sont émises ; et en droit suisse, l'acte de disposition suppose une cause valable. Dans les sociétés où l'acquisition doit être approuvée par le conseil d'administration, il faut que cette approbation ait été donnée (ou soit réputée donnée par l'écoulement du délai de 3 mois, dans les sociétés non cotées en bourse, ou 20 jours, dans les sociétés cotées[2857], étant précisé que pour ces dernières, le défaut d'approbation induit l'inscription de l'acquéreur comme actionnaire sans droit de vote).

2104 Lorsqu'une acquisition a été portée au registre sur la base de **fausses informations**[2858] de l'acquéreur et/ou de l'aliénateur, la société peut **biffer l'inscription**. L'acquéreur doit en être immédiatement informé (art. 686a CO).

2105 Ainsi, l'inscription au registre est centrale juridiquement puisqu'elle est la légitimation de l'actionnaire envers la société, et donc la base pratique de la participation à l'assemblée générale (convocation, vote) et de l'exercice des autres droits (réception du dividende, exercice des droits de souscription préférentiel). Mais elle est exposée à une **remise en cause par un litige civil** entre l'actionnaire inscrit et p. ex. un aliénateur qui prétend que le contrat de vente est invalide (et avoir ainsi le droit d'être réinscrit) ou un acquéreur qui soutient avoir conclu un contrat d'acquisition resté inexécuté par l'actionnaire inscrit (ce qui lui donne le droit d'être inscrit à sa place). Ce n'est évidemment pas l'aliénateur qui peut « s'inscrire » lui-même au registre des actions en remplacement de l'actionnaire inscrit par une déclaration d'invalidation fondée sur un vice de la volonté ou par l'invocation d'une nullité absolue (comme l'illicéité ou l'absence d'un pouvoir de représentation affectant le contrat de vente). Il en va de même de l'acquéreur qui soutient avoir accompli tous les actes du contrat de vente et avoir droit à l'exécution du transfert. **C'est le conseil d'administration qui procède à la rectification**, c'est-à-dire à la radiation, s'il constate que le titre d'aliénation qui lui a été présenté n'est pas valable (ou que les conditions

---

se faire remettre des pouvoirs de représentation en prévision de l'assemblée générale (le conseil d'administration y est habilité). Les tiers, en particulier les créanciers, ne bénéficient d'aucun droit de consulter le registre.

[2856] ATF 137 III 460 c. 3.2.2 (464 : « *Diese Wirkung des Aktienbuchs ist allerdings beschränkt. Sein Inhalt hat bloss die Bedeutung einer widerlegbaren Vermutung [...]. Zwar darf sich die Gesellschaft grundsätzlich auf den Eintrag verlassen, solange er besteht. Doch gilt dies nur, wenn sie keine Kenntnis davon hat oder haben müsste, dass der Eintrag falsch ist* ») ; 124 III 350 c. 2c (354) ; 90 II 164 c. 3 (171 ss).

[2857] Cf. *supra* N 2050.

[2858] Cf. *supra* N 2055 spéc. ad n. 2802, N 2059, 2072, 2074 et 2076.

par lesquelles il pouvait produire le transfert n'étaient pas valables). Il doit entendre l'acquéreur et celui-ci peut s'opposer à la rectification par une **action en justice**, et peut notamment agir par voie provisionnelle. Si le conseil d'administration refuse de radier l'actionnaire inscrit et de réinscrire l'aliénateur, c'est celui-ci qui doit agir en justice : même si une réinscription à titre provisionnel n'est conceptuellement pas exclue (dans les cas où le bon droit de l'aliénateur apparaît manifeste), il faudra dans la plupart des cas aller jusqu'à un jugement au fond pour que la réinscription soit opérée[2859] ; lorsque la réinscription était due (et donc le refus de réinscrire illicite), le temps écoulé peut donner lieu à des dommages-intérêts. Il en va de même lorsque l'acquéreur doit agir en justice pour être inscrit après que son inscription a été refusée à tort.

Outre les cas de réclamation élevée à cette fin par l'acquéreur ou l'aliénateur, le conseil d'administration lui-même peut rectifier une inscription et, de son propre chef, réinscrire l'aliénateur lorsqu'il constate que les informations produites ont conduit le conseil d'administration à procéder à tort à l'inscription (en particulier, en donnant à tort son approbation au transfert). 2106

c. Actions nominatives émises physiquement : le transfert

Les actions nominatives émises physiquement représentent des titres à ordre « déclarés tels par la loi » (art. 684 al. 2, 1145 ss CO). Leur transfert nécessite donc, **outre une transmission physique, un endossement**, soit une déclaration expresse de transfert sur l'action ou sur un document séparé (art. 684 al. 2, 967 al. 2 CO)[2860]. L'acquéreur (endosseur) doit ensuite prouver sa qualité au- 2107

[2859] La décision rendue le 3. 8. 2020 (MPROV.2020.28) par le Tribunal civil du Littoral (NE) met à juste titre en exergue le besoin de sécurité juridique en vertu duquel la déclaration d'invalidation ne modifie pas *eo ipso* le registre des actionnaires (c. 6.1 : «*dans le cas particulier de conventions en lien avec le droit de la société anonyme – vu les difficultés de représentation de la personne morale, le nombre, la diversité et l'importance des décisions à prendre en son nom et le besoin de sécurité juridique –, l'art. 31 CO ne peut faire l'objet d'une simple déclaration – en particulier en cas de contestation de la déclaration – et il est impératif d'en appeler au juge. Toute autre interprétation n'est pas compatible avec le principe de sécurité juridique*»; cela étant, c'est *l'effet* de l'invalidation qui doit faire l'objet d'une décision judiciaire, pas l'invalidation elle-même, dont l'efficacité se *constate*). C'est concrètement le conseil d'administration qui change le registre et, le cas échéant, un ordre judiciaire doit lui être adressé à cette fin (par décision provisionnelle ou jugement au fond).

[2860] Cf. ATF 81 II 197. Si les statuts et le document lui-même excluent l'endossement, les actions nominatives perdent leur caractère légal de titre à ordre et deviennent des «*Rektapapiere*» (ATF 83 II 297 c. 4b [303]), soit des titres nominatifs au sens étroit (Peter

près de la société par la présentation du titre (seulement celui-ci si l'endosse-ment a été inscrit sur le titre ; sinon, il faut également produire le document séparé sur lequel figure la déclaration d'endossement, cf. art. 686 al. 2 CO : «*pièce établissant l'acquisition du titre en propriété*»).

2108 Il n'est pas exclu qu'un acquéreur s'inscrive au registre des actions alors que le titre a été transféré plusieurs fois sans que les transferts « intermédiaires » aient été inscrits. Il doit produire la possession et une « chaîne complète d'en-dossements ».

2109 La situation peut être complexe lorsque la qualité de propriétaire de l'acquéreur est contestée et qu'il est remis en doute, p. ex., qu'il ait été valablement inscrit, notamment – en cas d'actions nominatives liées – du fait d'un prétendu défaut d'approbation. Le fait que l'aliénateur inscrit au registre est considéré comme l'actionnaire à l'égard de la société induit que le transfert se fait avec une sé-curité juridique satisfaisante lorsqu'en plus du titre endossé, l'acquéreur se voit remettre un extrait du registre des actions confirmant l'inscription de l'aliéna-teur[2861].

2110 La **perte d'importance de l'émission physique des titres** se manifeste de multiples manières. D'une part, les statuts de nombreuses sociétés stipulent ex-plicitement que la société n'émet pas physiquement les actions ni de certificats d'actions. Dans d'autres cas, également très nombreux, les statuts n'interdisent pas l'émission physique des actions ou de certificats, mais concrètement, les sociétés n'en émettent aucun. Il arrive aussi que les sociétés qui ont émis des titres physiques les détruisent, en particulier à l'occasion d'un transfert, et cela sans adopter de clause statutaire interdisant l'émission et sans formalités (no-tamment sans décision formelle du conseil d'administration actant leur destruc-tion). Il arrive encore que les titres ne soient pas détruits physiquement, mais que la société se comporte comme s'ils l'avaient été, parce que l'opinion com-mune des protagonistes (actionnaires, administrateurs) est qu'ils ont été dé-

---

BÖCKLI [2009], § 4, N 102), non endossables (cf. en général v. TUHR/ESCHER, § 93 ad n. 91).

[2861] Lorsque les actions nominatives sont soumises à des restrictions de transmissibilité, une condition de l'acquisition de la qualité d'actionnaire est aussi *l'approbation* par le conseil d'administration (*supra* N 2048-2094 ; le simple fait d'inscrire au registre une personne comme actionnaire alors qu'une approbation est statutairement nécessaire n'est pas une approbation ; l'inscription au registre créera seulement une présomption, cf. *supra* n. 2856). Cela dit, comme l'approbation est réputée accordée sauf si un refus est notifié dans les trois mois après la requête d'inscription (cf. *supra* N 2050), l'inscription au re-gistre permet de présumer qu'une telle requête a été formée ; dans l'ensemble, la présomp-tion créée par l'inscription au registre est donc très forte.

truis ou qu'ils ne jouent plus de rôle par exemple en raison d'une forme d'obsolescence en cas de changement de raison sociale ou d'une libération différente de celle mentionnée dans le certificat.

Dans toutes ces situations, si l'intention commune des anciens actionnaires a 2111
été de transférer la propriété et qu'une chaîne d'endossements établit les transferts, conformes aux inscriptions au registre des actions, il est évident que la résurgence, dans les mains d'un précédent actionnaire, d'un ancien certificat dont la destruction aurait été omise ne peut remettre en cause la propriété des acquéreurs. C'est encore plus évident lorsque l'ancien actionnaire a attesté d'une façon ou d'une autre qu'il n'existait pas (ou plus) d'actions ou de certificat physiques, par exemple dans une clause du contrat de vente ou, à plus forte raison, dans le registre des actions signé à titre d'administrateur ou de cédant (comme annexe au contrat de vente ou à un mémorandum [ou protocole/procès-verbal] d'exécution). Dans ces hypothèses, invoquer que la possession d'actions ou d'un certificat physiques n'a pas été remise à l'acquéreur est parfaitement vain pour contester le transfert de propriété. Cela relèverait non seulement d'un comportement évidemment contraire à la bonne foi et constitutif d'abus de droit[2862]. Mais plus que cela : des déclarations selon lesquelles il n'existe pas d'actions émises ou de certificat emportent une *renonciation* à faire valoir des titres physiques par hypothèse conservés malgré l'affirmation de leur inexistence. De surcroît, et accessoirement, il convient d'avoir à l'esprit que tout contrat de vente d'actions oblige au moins implicitement le cédant à remettre le titre physique s'il n'est pas détruit, de sorte que le cédant qui invoquerait que le titre n'a pas été remis reviendrait à invoquer sa propre défaillance d'une obligation qu'il doit de toute façon exécuter.

Cela est encore plus évident lorsque le transfert a été explicitement approuvé 2112
par le conseil d'administration en raison d'une restriction à la transférabilité des actions (art. 685b ss CO).

Dans l'ensemble, les actions et certificats physiques jouent en général un rôle 2113
de plus en plus réduit, étant désormais presque toujours absents de la vie juridique des sociétés ; en particulier, ceux qui sont obsolètes ou qui ont été omis

---

[2862] Sans que cela soit nécessaire pour retènir dans cette problématique un abus de droit, on peut encore observer que selon le *but de l'institution* (critère pertinent pour retenir un abus de droit, cf. p. ex. ATF 143 III 279 c. 3.1 [281] et 3.3 [283] ; 137 III 547 [549]), les papiers-valeurs ont historiquement pour fonction d'assurer des transferts de titularité sûrs. Faire resurgir, après une cession par ailleurs exécutée, des actions ou un certificat physiques qui auraient dû être détruits va précisément et manifestement au contraire de la sécurité des transactions. Daniel HÄUSERMANN, BaK ad art. 622 CO (2024), N 50a, envisage la même approche.

dans un transfert par ailleurs exécuté doivent en principe être considérés comme n'ayant plus aucun effet juridique.

d. Actions nominatives n'ayant pas fait l'objet de titres émis physiquement

2114 Lorsque les actions n'ont pas été émises physiquement, le transfert est opéré par une **cession écrite**. Celle-ci peut être comprise dans un contrat de vente. C'est ce document que l'acquéreur doit produire pour être inscrit au registre.

e. Titres intermédiés : registre et transfert

2115 L'art. 622 al. 1 CO prévoit expressément que les sociétés peuvent émettre des actions « *sous forme de titres intermédiés* » et qu'il s'agit là d'actions nominatives ou au porteur. Comme déjà signalé[2863], depuis 2021, les actions au porteur des sociétés non cotées en bourse ne peuvent être émises que sous cette forme (art. 622 al. 1bis CO).

2116 Les titres intermédiés **existent par leur inscription dans un registre tenu par un dépositaire** (qui doit être une entité comme une banque, une « maison de titres »[2864] ou une direction de fonds, art. 4 al. 2 lit. a à f LTI ; depuis 2021, les

---

[2863] *Supra* N 2097.

[2864] L'art. 41 LEFin définit comme maison de titres « *quiconque, à titre professionnel : (a) fait le commerce de valeurs mobilières en son nom propre, pour le compte de clients ; (b) fait le commerce de valeurs mobilières à court terme pour son propre compte, est principalement actif sur le marché financier et : (1) pourrait ainsi mettre en péril le bon fonctionnement de ce marché, ou (2) opère en tant que membre d'une plate-forme de négociation, ou (3) exploite un système organisé de négociation au sens de l'art. 42 [LIMF], ou (c) fait le commerce de valeurs mobilières à court terme pour son propre compte et propose au public, en permanence ou sur demande, un cours pour certaines valeurs mobilières (teneur de marché)* ». L'expression « maisons de titres », qui correspond à *Wertpapierhäuser* et *Securities Firms*, est bel et bien connue dans la langue française, et a notamment correspondu à une notion légale en France de 1941 à 1997 ; c'est justement la multiplicité des fonctions des maisons de titres, qui cumulent la gestion pour des clients et le négoce à court terme pour propre compte, qui a conduit à ce que d'autres régimes d'autorisation soient adoptés (cf. p. ex. l'Exposé général de la Commission du Sénat sur le *Projet de loi de modernisation des activités financières* du 6. 3. 1996 ad art. 10 ; en sens inverse pour l'adoption de cette terminologie en Suisse, cf. le Message du Conseil fédéral, FF 2015 8128 et 8229 ; selon la définition antérieure de « négociants en valeurs mobilières » de l'art. 2 lit d aLVBM, étaient visées les personnes physiques ou morales et des sociétés de personnes qui, pour leur compte et en vue d'une revente à court terme, ou pour le compte de tiers, achètent et vendent à titre professionnel des valeurs mobilières sur le marché

systèmes de négociation fondés sur la technologie des registres distribués – *blockchain* – peuvent aussi être des dépositaires au sens de la LTI, s'ils remplissent certaines conditions posées par le droit des marchés financiers, art. 4 al. 2 lit. g LTI et 73a ss LIMF).

Comme ils ont la même fonction que des papiers-valeurs mais ne sont pas émis sous forme de papier, la loi utilise le terme de « *droits-valeurs* » (art. 973c CO ; art. 5 lit. g et 6 al. 1 lit. a et al. 2 LTI).   2117

Un dépositaire peut aussi recevoir des actions sous forme de papiers-valeurs (ou un certificat les représentant) pour un dépôt collectif et tenir un registre dans lequel les actions sont inscrites au crédit des titulaires de comptes de titres auprès de lui (art. 7 al. 1 lit. a et b LTI ; art. 973a s. CO). Pour inclure les situations où les actions ont été émises initialement sous forme de papiers-valeurs, la loi a préféré employer comme notion de base le terme de titres intermédiés, plus englobante que celle de « droits-valeurs », laquelle fait référence à des actions qui n'ont jamais été émises sous forme de papiers-valeurs.   2118

En adoptant le concept de titres intermédiés, le législateur a tenu compte de la façon dont, concrètement, le négoce des titres se faisait dans la réalité boursière et bancaire dès les années 1990. Les titres, qui n'étaient concrètement plus émis sur papier, étaient conservés et transférés par l'exécution d'engagements des banques dépositaires les unes envers les autres et envers leurs clients. Un certain nombre de questions se posaient quant à la nature juridique des droits ainsi dématérialisés et à l'efficacité d'opérations comme la mise en gage. La LTI[2865] résout ces questions. Elle élimine également l'insécurité relative aux risques des déposants (clients des banques) en cas de faillite du dépositaire : réservant   2119

---

secondaire, qui les offrent au public sur le marché primaire ou qui créent elles-mêmes des dérivés qu'elles offrent au public).

[2865] Il ne s'agit pas d'une initiative isolée du législateur suisse. L'Institut UNIDROIT a élaboré, de 2002 à 2009, une « *Convention d'Unidroit sur les règles matérielles relatives aux titres intermédiés* », dont le texte a été adopté le 9. 10. 2009 (elle n'a pas encore été ratifiée, bien que signée par environ 40 États). Une « *Convention du 5 juillet 2006 sur la loi applicable à certains droits sur des titres détenus auprès d'un intermédiaire* » a été ratifiée par la Suisse, l'île Maurice et les États-Unis (son entrée en vigueur étant fixée au 1. 4. 2017) ; comme son nom l'indique, elle ne traite que la question du droit applicable. La Commission européenne a élaboré en 2010 un projet de directive concernant les effets juridiques de l'inscription des titres en compte chez un intermédiaire, mais la procédure de consultation n'a pas abouti à des résultats probants. Plusieurs États membres ont adopté une réglementation (ainsi le Luxembourg avec la « Loi relative aux titres dématérialisés » du 6. 4. 2013). Le Québec a adopté en 2008 une « Loi sur le transfert de valeurs mobilières et l'obtention de titres intermédiés ». L'Institut UNIDROIT a édité en 2017 un « *Guide législatif d'UNIDROIT sur les titres intermédiés* », qui s'inspire de la convention de 2009, mais utilisable sans qu'une adhésion à celle-ci soit nécessaire.

les droits du client de transférer son titre par instructions qu'il donne au dépositaire (art. 8 et 15 al. 2 LTI), dont l'exécution est qualifiée d'acte de disposition (art. 24 LTI), la loi dispose clairement que « *les titres intermédiés [...] sont soustraits à la mainmise des autres créanciers du dépositaire* » (art. 3 al. 2 LTI ; cf. ég. art. 17-20).

2120 La loi précise aussi qu'elle « *ne porte pas atteinte aux dispositions sur l'inscription d'actions nominatives au registre des actions* » (art. 2 al. 2 LTI ; v. aussi art. 24 al. 4, 1re phr., LTI : « *Les restrictions à la transmissibilité des actions nominatives sont réservées* »). Plus généralement, l'art. 13 al. 1 LTI expose que « *la création d'un titre intermédié ne modifie pas les droits de l'investisseur à l'égard de l'émetteur* ». Avec une certaine insistance, le législateur a ainsi marqué que **la LTI concerne la circulation des titres, et n'a pas d'effet en droit des sociétés**.

2121 Cela étant, il est utile de comprendre que la société qui choisit d'émettre ses actions (nominatives ou au porteur) sous la forme de titres intermédiés choisit un **dépositaire** pour tenir « le **registre principal** » (cf. art. 6 al. 2 LTI : « *Pour chaque émission de droits-valeurs, un seul dépositaire tient le registre principal. Celui-ci comporte des indications sur l'émission, le nombre et la valeur nominale des droits-valeurs émis [...]* »).

2122 Le dépositaire qui tient le registre principal inscrit les droits-valeurs dans son registre et les porte au crédit des **titulaires de comptes de titres** (ces titulaires peuvent être eux-mêmes des dépositaires qui détiennent les titres pour les titulaires de comptes auprès d'eux, ou des clients finaux du dépositaire). Les transferts d'actions sont opérés par les instructions des titulaires de comptes de titres (art. 24 LTI).

2123 Si les **statuts** de l'émetteur le prévoient, l'actionnaire peut demander à l'émetteur la conversion, c'est-à-dire la remise de papiers-valeurs correspondant aux titres intermédiés inscrits à son compte (art. 7 al. 2, 1re phr., LTI : « *Pour autant que les statuts de l'émetteur ou que les conditions de l'émission le prévoient, le titulaire d'un compte peut exiger en tout temps de l'émetteur qu'il établisse des papiers-valeurs dont le nombre et le genre correspondent aux titres intermédiés qui sont inscrits à son compte et qui sont fondés sur le dépôt d'un certificat global ou sur l'inscription de droits-valeurs au registre principal* »[2866]). Un examen des statuts de sociétés cotées montre que la plupart ne créent pas

---

[2866] L'art. 8 al. 1 lit. a LTI (« *Le titulaire d'un compte peut exiger en tout temps du dépositaire qu'il lui remette ou lui fasse remettre des papiers-valeurs dont le nombre et le genre correspondent aux titres inscrits au crédit de son compte : a. si les papiers-valeurs correspondants sont conservés par le dépositaire ou un sous-dépositaire* ») n'a selon nous, pour les actions, pas d'autre portée que l'art. 7 al. 2 LTI.

un tel droit de recevoir des papiers-valeurs ; sur demande, elles établissent cependant des attestations[2867].

On peut relever que la législation adoptée en 2019 a prévu qu'en cas de conversion des actions au porteur en actions nominatives, les papiers-valeurs sont remis à la société et non à l'actionnaire (art. 8a lit. b LTI)[2868].   2124

f. Droits-valeurs selon les art. 973d-973i CO : registre et transfert

Le législateur a introduit des dispositions sur les registres électroniques distribués qui ne se limitent de loin pas aux actions[2869], mais concernent potentiellement toutes sortes de droits. Il a créé à cette occasion la notion de « *droits-valeurs inscrits* »[2870].   2125

Il a été conscient que les techniques sont susceptibles d'évoluer grandement et s'est ainsi borné, probablement avec sagesse, à énoncer surtout des **exigences de sécurité**[2871], lesquelles sont remplies notamment par le contrôle *direct* que   2126

[2867] Cf. p. ex. statuts de Nestlé, art. 4 ch. 3 : « *L'actionnaire n'a pas le droit de réclamer la conversion d'actions nominatives émises sous une certaine forme en une autre forme. Chaque actionnaire peut toutefois exiger en tout temps que Nestlé établisse une attestation relative aux actions nominatives qu'il détient selon le registre des actions* » ; statuts de Novartis SA, art. 6 ch. 3 et 4 (1re phr.) : « *(3) Pour autant qu'il soit inscrit au registre des actions, l'actionnaire peut exiger en tout temps de la société l'établissement d'une attestation pour ses actions nominatives. (4) L'actionnaire ne peut exiger ni l'impression ni la livraison de titres* ».

[2868] Cette règle a été adoptée sous la pression du *Forum mondial sur la transparence et l'échange de renseignements à des fins fiscales*, sans que le sens soit aisé à percevoir excepté une forme de maximalisme (cf. le Message du Conseil fédéral, FF 2019 334, où il est indiqué en termes fort abstraits que sans cela « *la transparence visée par le nouveau droit à l'égard des actions au porteur s'en trouverait compromise* »). Si le dépositaire cesse d'exercer sa fonction pour la société, il doit remettre les papiers-valeurs au nouveau dépositaire (art. 8a lit. a LTI-2019).

[2869] Cf. p. ex. Markus VISCHER, RSDA 2022 p. 217 s.

[2870] Sur ces notions dans une perspective plus large, notamment de droit comparé, Rolf WEBER, BK Aktienrecht (2023), § 6, N 8 ad n. 7 (« *ledger-based security* ») ; ZELLWEGER-GUTKNECHT/MONNERAT (2021), p. 9.

[2871] L'essence de l'approche législative est exposée dans le Message du Conseil fédéral à FF 2020 249 s. : « *Si le registre satisfait aux exigences définies [...] et que les parties ont approuvé l'inscription de leurs droits dans un registre, ce dernier remplit les trois fonctions qui sont traditionnellement celles des papiers-valeurs. – Fonction de transmission des droits : la révision de la loi garantit avant tout que les droits puissent être inscrits dans un registre distribué offrant une protection contre les manipulations et transférés dans ce registre, et que l'inscription et le transfert déploient des effets juridiques. Un droit-valeur inscrit pourra ainsi être contrôlé par ses créanciers et transféré valablement*

doivent pouvoir exercer les titulaires de droits. C'est en effet **l'absence d'intermédiaire** qui caractérise les registres décentralisés[2872].

2127 Le registre, indispensable à l'invocation et, le cas échéant, au transfert du droit (cf. art. 973d al. 1 ch. 2 CO : « *il n'est possible de faire valoir [le droit-valeur inscrit] et de le transférer que par ce registre* »), doit revêtir les caractéristiques suivantes (al. 2) : « *(1) il donne aux créanciers, mais non au débiteur, le pouvoir de disposer de leurs droits au moyen de procédés techniques ; (2) son intégrité est protégée par des mesures organisationnelles et techniques adaptées le préservant de toute modification non autorisée, comme la gestion du registre en commun par de multiples participants indépendants les uns des autres ; (3) le contenu des droits, le mode de fonctionnement du registre et la convention d'inscription sont consignés en son sein ou dans une documentation d'accompagnement qui lui est associée ; (4) il permet aux créanciers de consulter les informations et les inscriptions du registre qui les concernent et de vérifier l'intégrité du contenu du registre qui les concerne sans l'intervention d'un tiers* ».

2128 L'al. 3 se réfère aux besoins concrets pour « définir » l'organisation du registre et laisse en réalité la place aux évolutions techniques. L'exigence concrète qu'il institue est le **fonctionnement permanent du registre**, indispensable à la vérification par les titulaires et à une assurance raisonnable de non-falsifiabilité (« *Le débiteur veille à ce que l'organisation du registre de droits-valeurs soit adaptée au but de ce dernier. Il veille en particulier à ce que le registre fonctionne en tout temps conformément à la convention d'inscription* »).

---

par une transaction effectuée dans le registre. – Fonction de légitimation : les parties pourront convenir qu'il n'est possible de faire valoir et de transférer les droits que dans le registre. Par ailleurs, quiconque sera désigné dans le registre comme étant légitimé devra être considéré comme tel. Les parties pourront en être certaines et n'auront pas à effectuer de vérifications supplémentaires. Cela suppose que les registres soient structurés de telle manière qu'ils reflètent correctement la situation juridique. – Fonction de protection des transactions : les parties doivent pouvoir se fier à la légitimation telle qu'elle ressort du registre. Quiconque acquerra, de bonne foi, un droit-valeur inscrit bénéficiera d'une protection légale même s'il apparaît par la suite que l'aliénateur n'avait en fait pas le droit de disposer du droit-valeur en question. En outre, les éventuelles exceptions opposées au droit n'auront qu'un effet limité. Le registre assume donc la fonction de protection des transactions d'un papier-valeur de foi publique ». Il ajoute (FF 2020 250) : « *Pour garantir la neutralité technologique visée, le code des obligations n'utilisera pas les expressions 'TRD' et 'registre électronique distribué' comme critères de définition. En revanche, il décrira les caractéristiques centrales de la technologie des registres distribués qui, selon le Conseil fédéral, justifient qu'on lui accorde les mêmes effets qu'à un papier-valeur de foi publique* ».

[2872] Cf. p. ex. Nicolas ROUILLER, Cryptomonnaies (2020), p. 424 ; Nicolas ROUILLER, Cryptocurrencies (2020), p. 6-8.

Les art. 973e à 973i CO correspondent assez largement aux dispositions de la 2129
LTI. Ils visent à assurer la sécurité des transactions (cf. art. 973e et 973f al. 2
CO) et à organiser la constitution de sûretés sur les « droits-valeur inscrits » (cf.
art. 973g CO).

g.   Registre des ayants droit économiques

Depuis 2015, les sociétés anonymes doivent tenir un registre (ou « une liste ») 2130
des ayants droit économiques régi par les art. 697j ss CO. Cette obligation ne
s'applique pas aux sociétés cotées en bourse (al. 1, pr.) ni à celles qui ont émis
des actions sous forme de titres intermédiés (al. 5) ; en effet, dans ces cas, les
exigences de transparence sont mises en œuvre par le droit boursier (à savoir
les devoirs d'annonce lors du franchissement de seuils dès une participation de
3 %, art. 120 ss LIFM[2873]) et, respectivement, par la législation anti-blanchi-
ment (LBA) applicable aux intermédiaires financiers que sont les dépositaires
selon la LTI[2874].

Selon l'art. 697j CO, doit être considéré comme ayant droit économique qui- 2131
conque atteint ou dépasse le **seuil de 25 %** du capital-actions ou de droits de
vote (al. 1). La loi précise que ce seuil est déterminant s'il est atteint par une
personne seule ou agissant « *de concert avec un tiers* ». Cette dernière notion
est utilisée en droit boursier[2875]. Pour admettre que deux personnes (ou plus)
agissent de concert en rapport avec une acquisition[2876], il ne suffit pas qu'elles
soient parties à un même pacte d'actionnaires si chaque partie agit de façon
autonome dans ce cadre (p. ex. si chacune reçoit le droit de faire élire un
membre du conseil d'administration qui vote sans instruction de l'autre partie)
et pouvait notamment céder ou augmenter sa participation sans l'autre. Il faut
que la démarche d'acquisition soit animée d'un mouvement ou d'une volonté
convergente de contrôle commun ; l'examen de la temporalité des acquisitions
est un indice important. Cela étant, si une concertation existe aux fins d'un

---

[2873] *Infra* N 2420-2433.
[2874] Message du Conseil fédéral, FF 2014 596 s. (1.2.1.2, ch. 1 et 3) et 638 (2.2) et 640 et FF
2019 311.
[2875] Cf. p. ex. ROUILLER/BAUEN/BERNET/LASSERRE ROUILLER (2022), N 937 et 977 ; cf. aussi
infra N 2422. L'art. 12 al. 1 OIMF-FIMA dit : « *Quiconque accorde son comportement
avec celui de tiers, par contrat, par d'autres mesures prises de manière organisée ou par
la loi, pour acquérir ou aliéner des titres de participation ou exercer des droits de vote
est réputé agir de concert avec des tiers ou constituer un groupe organisé* ». Cf. ég., dans
le contexte des art. 685b-d (et 692 al. 2) CO, *supra* N 2072.
[2876] L'effet concret se manifeste p. ex. dans le cas où un actionnaire A détient 25 % et un actionnaire B 20 %. S'ils agissent de concert, l'actionnaire B doit figurer au registre des
ayants droit économiques.

contrôle commun, il n'est pas nécessaire qu'elle soit formalisée dans un contrat pour reconnaître que les parties agissent de concert.

2132 Le seuil de 25 %, qui s'est imposé dans de nombreuses législations – dont le droit de l'Union européenne[2877] –, a le mérite de la clarté. La notion antérieure d'ayant droit économique en droit (bancaire) suisse, qui s'attachait à déterminer la ou les personnes ayant le contrôle « en fin de compte »[2878], était louablement attachée à cerner l'ensemble des relations, mais susceptible de rendre pertinents des seuils bien inférieurs à 25 %.

2133 Si l'acquéreur agit certes en son nom mais pour le compte d'un tiers, c'est-à-dire **à titre fiduciaire**[2879], il doit indiquer *« la personne physique pour le compte de laquelle il agit en dernier lieu (ayant droit économique) »* (al. 1 *in fine*). Il est certes le propriétaire juridique, à savoir bel et bien l'actionnaire, mais le « propriétaire économique » ou le « bénéficiaire effectif »[2880] est une tierce personne, et c'est celle-ci qui doit être indiquée.

2134 L'art. 697j al. 2 CO précise que si l'actionnaire est **une personne morale ou une société de personnes**, l'ayant droit économique à annoncer doit être la (ou les) personne(s) physique(s) qui la contrôle(nt) au sens des règles comptables

---

[2877] La Directive (UE) 2015/849 du 20. 5. 2015 retient en qualité de « bénéficiaire effectif » les personnes physiques qui, en dernier ressort, possèdent ou contrôlent l'entité ; dans les sociétés, ces personnes sont définies ainsi : « *Une participation dans l'actionnariat à hauteur de 25 % des actions plus une ou une participation au capital de plus de 25 % dans le client, détenu par une personne physique, est un signe de propriété directe. Une participation dans l'actionnariat à hauteur de 25 % des actions plus une ou une participation au capital de plus de 25 % dans le client, détenu par une société, qui est contrôlée par une ou plusieurs personnes physiques, ou par plusieurs sociétés, qui sont contrôlées par la ou les mêmes personnes physiques, est un signe de propriété indirecte. Ceci s'applique sans préjudice du droit des États membres de décider qu'un pourcentage plus bas peut être un signe de propriété ou de contrôle* » (art. 3, al. 6 lit a [i]).

[2878] Cf. EMCH/RENZ/ARPAGAUS (2004), N 568 (« *[es] kommt [...] primär auf die faktische Möglichkeit an, über die betreffenden Vermögenswerte [...] verfügen zu können* ») ; Beat STÖCKLI (2008), p. 122 *in fine* : « *es geht für einen Finanzintermediär [...] darum, festzustellen, wem die bei ihm hinterlegten Vermögenswerte letztendlich gehören* » ; BAUEN/ROUILLER (2011), p. 157-161 et 171 (n. 42 s.).

[2879] La fiducie est un rapport qui peut être très formalisé, comme les formes équivalentes de droit anglais (et de droits dérivés de celui-ci), tels les *trusts*. Mais la fiducie est parfaitement valable sans formalités (cf. *supra* N 768). Il importe de ne pas confondre les exigences du fisc pour reconnaître des rapports fiduciaires (une notice de l'AFC d'octobre 1967 [« *Notice : rapports fiduciaires* »] mentionne notamment que la forme écrite est requise) avec les règles du droit civil (la fiducie relève fondamentalement du mandat, lequel n'a pas à être écrit pour être valable, cf. art. 394 ss CO).

[2880] C'est la notion utilisée dans le texte du GAFI pour « ayant droit économique » (cf. FF 2014 594, spéc. ad n. 13, et 621). Elle l'est aussi dans les conventions internationales en matière fiscale.

en matière de consolidation (art. 963 al. 2 CO) appliquées par analogie. Il s'agit donc de la personne physique qui a la majorité des voix dans l'organe suprême (telle l'assemblée générale dans une société anonyme) (ch. 1), ou qui a le droit de désigner ou révoquer la majorité des membres de l'organe supérieur de direction (tel le conseil d'administration dans une société anonyme) (ch. 2) ou d'exercer autrement « *une influence dominante en vertu des statuts, de l'acte de fondation, d'un contrat ou d'instruments analogues* » (ch. 3)[2881]. La loi précise que si aucune personne physique n'est ainsi déterminable comme ayant droit économique (« *S'il n'y a pas d'ayant droit économique* »), il faut « *en informer la société* » (art. 697j al. 2, 2e phr., CO). On peut admettre qu'il faut indiquer dans le registre des ayants droit économiques la raison sociale de l'entité actionnaire et son siège, en analogie avec l'al. 3, en mentionnant que cet actionnaire n'a pas d'ayant droit économique au sens de l'art. 697j CO. Il est aussi opportun[2882] d'indiquer dans un tel cas le président du conseil d'administration ou de l'organe supérieur de direction, non comme ayant droit économique, mais comme personne physique dont les responsabilités impliquent qu'elle est la plus susceptible d'exercer une influence sur la façon dont la participation de cette entité actionnaire va être employée.

Si l'actionnaire est une **société cotée en bourse**, le registre des ayants droit   2135
économiques doit indiquer ce fait, sa raison sociale et son siège (al. 3).

L'actionnaire doit faire l'annonce indiquant l'ayant droit économique dans un   2136
délai d'un mois (art. 697j al. 1 et 697m al. 3 CO) dès l'acquisition franchissant le seuil. Toute modification du nom, prénom et adresse doit être annoncé dans un délai de trois mois (art. 697j al. 4 CO).

La loi précise que les pièces justificatives relatives à un ayant droit économique   2137
doivent être **conservées** pendant dix ans après sa radiation du registre (art. 697l al. 3 CO). Le registre doit être **accessible** « en tout temps en Suisse » (al. 5), ce qui vise à assurer que les autorités puissent obtenir l'information sans procédure d'entraide.

Vu le contexte de pression internationale dans lequel l'obligation de tenir le   2138
registre a été adoptée, **plusieurs règles ont un caractère inhabituel** en droit civil suisse, en ceci qu'elles ne visent pas à une répartition interindividuelle de

---

[2881] Cf. *supra* N 319.

[2882] Il ne s'agit pas d'une obligation légale, mais on peut s'inspirer de la solution retenue par la Convention de diligence des banques dans sa version du 13. 6. 2018 (« CDB 20 ») pour les sociétés opérationnelles : faute d'ayant droit économique déterminé sur la base d'une participation atteignant ou dépassant 25 %, la personne physique à indiquer dans les sociétés opérationnelles (« formulaire K ») est le président du conseil d'administration ou d'autres dirigeants en qualité de « détenteur(s) du contrôle » (p. 58 CDB 20).

flux selon une justification économique ou l'équité, mais instituent manifeste-ment des pénalités, dont le but est de prévenir une omission de l'obligation d'annonce. L'art. 697m al. 1 et 2 CO empêche l'exercice des droits sociaux tant que l'ayant droit économique n'a pas été annoncé ; il est important que la pra-tique soit sévère à l'égard des éventuelles tentatives d'un conseil d'administra-tion hostile à une acquisition d'instrumentaliser ces règles en ne reconnaissant pas l'ayant droit économique annoncé. La responsabilité de l'annonce pèse sur l'actionnaire et sauf information manifestement inexacte, la société (soit le con-seil d'administration) n'a pas à remettre en cause le contenu de l'annonce. La règle dont le caractère de pénalité est le plus manifeste est la péremption des droits patrimoniaux en cas de retard – pour toute la période de retard –, prescrite à l'art. 697m al. 3 CO : « *Si l'actionnaire omet de se conformer à ses obliga-tions d'annoncer dans un délai d'un mois à compter de l'acquisition de l'ac-tion, ses droits patrimoniaux s'éteignent. S'il répare cette omission à une date ultérieure, il peut faire valoir les droits patrimoniaux qui naissent à compter de cette date* ». Le but de cette disposition n'est pas, notamment, de faire éco-nomiser un dividende à la société. Ainsi, lorsqu'il existe des échanges entre l'actionnaire et la société quant à la détermination de l'ayant droit économique, et même si ce dialogue conduit finalement à modifier le contenu de l'inscription par rapport à l'annonce initiale, la première date d'annonce doit selon nous être retenue (et donc, les droits patrimoniaux ne doivent pas être considérés comme périmés jusqu'à la date, ultérieure, de l'annonce corrigée). La péremption ne doit intervenir qu'en cas d'omission de l'annonce ou d'annonce délibérément erronée.

5. Capital non libéré

a. Concept et rôle pratique

2139 Une particularité de la société anonyme est que le capital n'est pas forcément libéré intégralement : tant qu'une portion du capital n'est pas libérée, les **ac-tionnaires demeurent débiteurs** des apports souscrits qu'ils n'ont pas encore fournis.

2140 Il avait été envisagé de supprimer le capital non libéré, sur la base d'une analyse difficilement compréhensible qui voyait un danger dans le capital non libéré, alors que c'est objectivement, en pratique, l'inverse qui est exact : tant qu'une partie du capital n'est pas libérée, **la société a comme actif une créance** ten-dant à ce que les souscripteurs fournissent leur apport ; en cas de faillite, le capital non libéré représente souvent la seule source de liquidités facile à obtenir[2883]. On ajoutera que l'art. 753 ch. 3 CO offre une protection sérieuse contre la souscription par un insolvable[2884].

b.   Montants et proportions

Selon le droit actuel, les souscripteurs doivent avoir libéré **au moins 20 %** de la valeur nominale de chaque action lors de la constitution (art. 632 al. 1 CO). Dans tous les cas, un **montant minimum** de CHF 50 000.– (ou l'équivalent dans la monnaie étrangère déterminante) doit être couvert par les apports effectués (art. 632 al. 2 CO). Si les actionnaires ne paient que ce montant minimal, alors que le capital est le montant minimum de CHF 100 000.–, la part non libérée est de CHF 50 000.– ; cela dit, il est possible d'avoir un capital de CHF 250 000.–, avec la même part libérée de seulement CHF 50 000.– (20 %), et donc une part non libérée de CHF 200 000.– (80 %).   2141

c.   Mise en œuvre

C'est le **conseil d'administration** qui décide si et quand les actionnaires doivent s'acquitter de leur obligation de fournir les apports souscrits qu'ils n'ont pas encore fournis. C'est « l'appel du non-versé ».   2142

Il peut **en tout temps** exiger cette libération (art. 634b al. 1 CO) et peut engager une procédure judiciaire à cet effet. L'apport étant inconditionnel, et les vices de la volonté n'étant que très restrictivement invocables[2885], cette procédure est   2143

[2883] Le Message nous paraît poser un diagnostic erroné, FF 2017 440 : « *Dans l'avant-projet il était prévu de supprimer le principe de la libération partielle, notamment afin de protéger les créanciers* » (v. aussi HAUTE ÉCOLE DE GESTION ARC/ZÜRCHER HOCHSCHULE FÜR ANGEWANDTE WISSENSCHAFTEN [2015], cité *in* FF 2017 374, où il est affirmé que « *cette abrogation est approuvée parce qu'elle réduit l'insécurité juridique* »).

[2884] Cf. *supra* N 1828, 1833 *in fine* et 1836.

[2885] Cela résulte d'une jurisprudence abondante mais essentiellement ancienne (ATF 32 II 102 c. 6 ; 39 II 533 c. 3 ; 41 II 726 c. 10 ; 41 III 147 c. 3 ; 49 II 497 ; 51 II 181 ; 64 II 281 ; au vu de la décision, sont des *obiter dicta* les rappels figurant à l'ATF 102 Ib 21 c. 2 [24 : « *die Zeichnung von Aktien [kann] nicht mehr wegen Willensmängeln angefochten werden, sobald die Gesellschaft bzw. die Erhöhung ihres Grundkapitals in das Handelsregister eingetragen worden ist* »] et 4, ainsi qu'à l'ATF 117 II 290 c. 4c [295] : « *Lors de la souscription d'actions, l'acquisition de la qualité d'actionnaire est abstraite ; elle se réalise indépendamment de l'acte générateur d'obligation sur lequel elle se fonde. En tout cas, une fois la fondation de la société ou l'augmentation du capital social inscrite au registre du commerce, elle ne peut plus être attaquée pour, par exemple, simulation ou*

aisée : la souscription constitue un titre à la mainlevée (qui peut être un « titre authentique exécutoire » au sens de l'art. 347 CPC si l'acte notarié stipulant la souscription le précise) [2886] ; par ailleurs, la procédure de cas clair est concrètement possible[2887].

2144 En application des règles générales du droit des obligations, la créance en libération des actions souscrites se **prescrit** par dix ans (art. 127 CO[2888]) ; ce délai commence à courir dès le moment où le conseil d'administration procède à l'appel au versement[2889].

---

vice de la volonté [...]. Qui souscrit et libère des actions de réserve acquiert ainsi la qualité d'actionnaire même si le rapport fiduciaire à la base de l'acquisition n'était pas valable [...]. Par ses effets, l'acte de disposition peut donc aller même plus loin que l'acte générateur d'obligation »). La doctrine majoritaire va dans le même sens (p. ex. MEIER-HAYOZ/FORSTMOSER [2018], § 17 N 34 s. ; Dieter ZOBL [2007], p. 460 ; Eliane GANZ, RSDA 2017 439 ; Kaspar VON DER CRONE [2020], N 268 ad n. 245 ; ég. LOMBARDINI/CLEMETSON, CR ad art. 634a CO [2017], N 3). Elles retiennent en substance qu'une fois la société inscrite, vu le besoin de sécurité juridique et les intérêts de tiers concernés, l'annulation pour vice de la volonté n'est plus possible. Ce serait l'un des *effets curatifs* de l'inscription (les intérêts du souscripteur lésé par le vice sont protégés par la possibilité de réclamer une indemnisation à la personne responsable du dol, de la crainte fondée ou de l'erreur ; pour celle-ci, un tiers responsable peut faire défaut). Si l'on ne retenait pas cette construction qui semble convaincante, il faudrait cependant observer que le caractère inconditionnel et irrévocable de l'engagement de souscription, ainsi que le contexte juridique bien connu et les intérêts de tiers concernés, impliquent notamment qu'au regard du critère de la loyauté en affaires (art. 24 CO), *l'erreur* ne pourra en pratique jamais être invoquée avec succès (dans le même sens même pour la phase entre la souscription et l'inscription, v. Conradin CRAMER, ZK ad art. 630 CO [2016], N 6 ad n. 10 : « *[B]ei einer seriösen Aufklärung der Urkundsperson [sind] kaum Fälle denkbar, in denen ein Willensmangel überhaupt vorliegen kann oder die Berufung auf einen Irrtum nicht wider Treu und Glauben gemäss Art. 25 Abs. 1 erfolgt »*) ; il est vrai qu'il pourrait en aller différemment de la crainte fondée et du dol.

[2886] Pour les souscripteurs pouvant faire l'objet de poursuites en Suisse, il est évident que l'engagement écrit de souscription est un titre de mainlevée provisoire (art. 82 LP) ou, si l'acte de fondation (ou autre acte de souscription) notarié prévoit « l'exécution directe » (art. 347 ss CPC), il est un titre de mainlevée définitive (art. 349 CPC).

[2887] Cf. p. ex. TArr Lausanne 6. 8. 2020, JI19.032307, c. IV. Cette procédure présente l'intérêt de ne pas dépendre d'un for de poursuite.

[2888] ATF 102 II 353 c. 4b (362).

[2889] Il convient de ne pas appliquer mal à propos l'art. 130 al. 2 CO, selon lequel la prescription d'une créance dont l'exigibilité dépend d'un avertissement court dès le moment où cet avertissement pouvait être donné. En effet, contrairement à l'interprétation donnée à un *obiter dictum* assez vague (ATF 122 III 10, GUHL/KOLLER/SCHNYDER/DRUEY [2000], p. 321), expressément réfutée (ATF 133 III 37 c. 3.2 [42], confirmant ATF 91 II 442 ; v. ég. Colette LASSERRE [2003], p. 61 ss), l'art. 130 al. 2 CO ne doit pas être interprété extensivement. L'appel au versement ne peut être considéré comme un « *avertissement* » au

d. En cas de défaillance

Les actionnaires qui sont en retard dans la libération de l'apport doivent en tous les cas des **intérêts moratoires** (art. 681 al. 1 CO) voire, si elle est prévue dans les statuts, une **peine conventionnelle** (art. 681 al. 3 CO). Cela vaut tant pour l'appel du non-versé que pour d'autres situations où les apports doivent être fournis après la souscription. 2145

Au lieu de les poursuivre[2890], le conseil d'administration peut aussi les déclarer **déchus de leurs droits de souscripteurs**, leurs versements étant acquis à la société (art. 681 al. 2, 1re phr., CO). Les actions sont alors frappées de « caducité » (c'est-à-dire déclarées nulles) et remplacées par de nouvelles actions. 2146

Pour ce faire, le conseil d'administration doit notifier à l'actionnaire concerné une **sommation de paiement** lui impartissant un nouveau délai d'au moins 30 jours et l'avertissant expressément sur le retrait de ses droits d'actionnaire. La loi indique que l'appel de versement doit être publié dans la FOSC et, de surcroît, dans la forme prévue par les statuts (art. 682 al. 1 CO). Lorsqu'il s'agit d'actions nominatives, la loi précise que la sommation a lieu par un avis adressé sous pli recommandé à l'actionnaire inscrit au registre des actions, le délai partant dès réception de l'avis (art. 682 al. 2 CO)[2891]. 2147

Si l'actionnaire en demeure ne s'exécute pas dans le délai supplémentaire, le conseil d'administration peut lui **notifier la caducité** de sa qualité d'actionnaires et des versements qu'il a déjà effectués (art. 681 al. 2, 1re phr., CO). Cette communication doit à nouveau faire l'objet d'une publication dans la FOSC ou 2148

---

sens de l'art. 130 al. 2 CO, faute de quoi – et à moins de trouver réaliste que le conseil d'administration exige des actionnaires tous les 10 ans une reconnaissance de dette quant au non-versé – le capital non libéré représenterait, dès l'écoulement d'un délai de 10 ans, une tromperie institutionnalisée des créanciers sociaux qui consulteraient le registre du commerce. Ainsi, en vertu de l'interprétation systématique de la loi, l'art. 634b al. 1 CO et les règles sur le capital non libéré excluent à notre sens l'application de l'art. 130 al. 2 CO en la matière (cf. par ailleurs Fritz DE STEIGER [1973], p. 178, cité sans commentaire *in* ATF 102 II 353 c. 4b [341]). À notre sens, il ne s'agit pas d'un avertissement, mais de *l'avènement d'une condition volitive.* – D'autres ordres juridiques ont des solutions différentes, tel le droit français ; mais celui-ci comprend justement une disposition expresse (L. 225.3) prescrivant que l'appel du non-versé *doit intervenir* dans les 5 ans dès la constitution de la société (cf. MESTRE/PANCRAZI et al. [2012], N 499).

[2890] Sur les facilités procédurales, cf. *supra* n. 2887.

[2891] Pour les actions au porteur, les titres ne peuvent pas être « émis » avant la complète libération (art. 683 CO). Ainsi, le souscripteur demeure l'actionnaire – et le débiteur – aux yeux de la société, à moins que la société n'accepte qu'un acquéreur ne le remplace par une reprise de dette exclusive (art. 176 CO ; v. ég. art. 688 al. 2 CO). Il convient dès lors, selon nous, de considérer que, si l'adresse du souscripteur (ou de celui qui l'a remplacé) lui est connue, la société doit aussi envoyer la sommation à cette adresse.

lui être notifiée à son adresse[2892]. Si les titres annulés ont déjà été émis et ne peuvent plus être retrouvés, la déclaration de caducité doit être publiée dans la FOSC ainsi que selon la forme prescrite par les statuts (art. 681 al. 2, 2e phr., CO)[2893].

2149 La caducité exclut l'actionnaire en demeure de la société **sans aucun dédommagement** : il perd tous ses droits d'actionnaire. Il en va de même des versements partiels qu'il a déjà opérés pour les actions devenues caduques. La caducité provoque l'annulation des actions souscrites par l'actionnaire concerné. Pour garantir la couverture intégrale du capital-actions, le conseil d'administration doit **remplacer les actions devenues caduques** par de nouvelles actions. Il peut alors décider, si nécessaire, de fixer le prix d'émission en dessous de la valeur nominale (art. 624, 2e phr., CO)[2894]. Il arrive que la société retire un **gain de la caducité** : c'est le cas si l'addition des versements partiels effectués pour les actions devenues caduques et de la recette des actions nouvellement émises en remplacement dépasse la valeur nominale ; l'excédent lui reste acquis et doit être affecté aux réserves légales issues du capital (art. 671 al. 1 ch. 2 CO)[2895]. Si la procédure de caducité aboutit à des **pertes**, elles sont supportées par l'actionnaire en demeure, qui reste débiteur dans cette mesure (art. 682 al. 3 CO).

[2892] Sur les notifications en droit privé, cf. Nicolas ROUILLER (2007), p. 107 ss et 130 ss.

[2893] L'actionnaire peut valablement libérer ses actions et donc empêcher la perte de ses droits, jusqu'à la communication de la déclaration de caducité. Si le retard est minime (*in casu* un jour), la caducité n'est pas possible (ATF 113 II 275 c. 3c [276 :« *on doit admettre que [la déchéance] n'est effective que lorsqu'elle a été formellement signifiée à l'actionnaire. Jusqu'à ce moment-là, l'actionnaire peut donc valablement libérer ses actions et éviter la déchéance et ses conséquences* » ; 277 : « *la* ratio legis *des dispositions sur la libération des actions [...] est d'obtenir la libération du capital dans un délai aussi rapide que possible, et non pas de sanctionner à tout prix l'actionnaire en demeure* »]). – Sous l'angle de la proportionnalité, la doctrine estime également que cette mesure (qu'elle qualifie d'expropriation sans indemnité) doit être interdite lorsque le solde encore dû est minime par rapport à l'engagement total et que son recouvrement auprès de l'actionnaire concerné ne paraît pas démesurément difficile.

[2894] Il en résulte ainsi un *gain* pour le nouvel actionnaire, puisque dans cette mesure, il devient titulaire d'une valeur nominale qui est supérieure à son apport. Ce phénomène correspond à l'aspect punitif (qui vise une fonction préventive) de la caducité pour l'actionnaire défaillant. En droit privé, les – rares – règles à caractère punitif (pour l'un) peuvent souvent créer un effet d'aubaine (pour d'autres). Cf. aussi *supra* N 1215.

[2895] Cf. *supra* N 1873 ad n. 2605 s.

B. Le lien au capital et la variation du capital

1. Vue d'ensemble

Dans le droit suisse actuel de la société anonyme, les droits de sociétariat se déterminent par la détention d'une part ou de plusieurs parts au capital. Ces parts doivent **à tout le moins** être **des actions**, étant rappelé que la relation au capital peut être différente d'une **catégorie** d'actions à l'autre : la société peut en effet émettre des actions privilégiées sur le plan des dividendes ou du droit de vote[2896]. Elle peut aussi émettre des **bons de participation**, à savoir des titres de participation au bénéfice dépourvus de l'essentiel des droits de vote[2897].

Tous ces droits de sociétariat peuvent voir leur importance relative être modifiée par une **augmentation de capital**, dont le but est d'accroître les fonds propres : dans la version ordinaire, il s'agit d'apporter de nouveaux actifs sans endetter la société ; mais une augmentation de capital peut aussi consister à réduire l'endettement, en particulier en convertissant des fonds étrangers (dettes) en fonds propres (capital).

L'importance relative des droits de sociétariat peut aussi être modifiée par une **réduction de capital**. Cette opération peut avoir pour but de restituer des apports aux actionnaires, mais elle peut aussi viser un assainissement.

Ces deux opérations de variation du capital sont communes à l'ensemble des sociétés de capitaux pour leurs traits essentiels, seuls déterminants pour de très nombreuses opérations d'augmentation ou de réduction, en particulier lorsque le cercle des sociétaires est étroit. On renvoie donc très largement aux développements dans le chapitre consacré aux règles communes à l'ensemble des sociétés de capitaux[2898]. Toutefois, **la société anonyme est la seule qui se prête à des opérations d'augmentation de capital offertes au public**. On doit ainsi traiter spécialement une telle augmentation.

Pour des raisons similaires, les **emprunts convertibles** sont eux aussi, très largement, réservés aux sociétés anonymes. Une section spécifique leur est ainsi consacrée ci-après. L'**augmentation conditionnelle** de capital est l'instrument servant à mettre en œuvre ces droits, de sorte qu'elle est traitée au même endroit.

2150

2151

2152

2153

2154

[2896] *Supra* N 2028-2034.
[2897] *Supra* N 2035-2037.
[2898] *Supra* N 1837-1863 (augmentation de capital) et N 1884-1917 (réduction de capital).

2155   Par ailleurs, une nouveauté en vigueur depuis 2023, la « **marge de fluctuation du capital** », qui autorise le conseil d'administration à augmenter et réduire le capital dans certaines limites pendant une période pouvant aller jusqu'à 5 ans, n'est accessible qu'aux sociétés anonymes. Elle est ainsi décrite dans le présent chapitre.

2.   La marge de fluctuation (« capital variable ») : augmentation et réduction autorisées

a.   Perspective générale et processus législatif (2005-2020)

2156   La possibilité pour une société d'adopter une marge de fluctuation de son capital a été discutée pendant de nombreuses années. Elle figurait comme l'une des mesures phares du projet présenté en 2005[2899]. Elle a notamment été inspirée par la faculté d'augmenter rapidement le capital-actions que d'**autres ordres juridiques** confèrent au conseil d'administration, tandis que celle existant alors en droit suisse (l'augmentation autorisée) était sujette à moult limitations. Une autorisation d'augmenter le capital est davantage susceptible d'être utilisée lorsqu'une possibilité de réduction consécutive est aussi offerte, le capital pouvant ainsi être adapté, avec la **souplesse** appropriée, à des **besoins de capital qui varient**[2900].

2157   Conceptuellement, les sociétés anonymes à capital variable n'ont rien de nouveau, car les **fonds de placement** revêtent souvent cette caractéristique ; une part importante d'entre elles ont d'ailleurs la dénomination de « sociétés d'investissement à capital variable » (SICAV)[2901]. Les règles y relatives sont cependant prévues par une législation spécifique au secteur financier (la Loi sur les placements collectifs de capitaux).

2158   Pour les sociétés anonymes soumises au seul **régime ordinaire**, la faculté d'avoir un « capital variable » est une innovation substantielle. Il peut être exagéré de la qualifier de révolution[2902], car il ne s'agit au fond que d'augmentations et réductions qui sont en soi connues depuis le début des sociétés de capitaux. Outre la souplesse de principe, l'innovation consiste concrètement dans les grands *allègements* dont peut bénéficier chaque étape d'augmentation et de réduction, avec pour conséquence pratique une très considérable *accélération*

[2899] Cf. Rapport explicatif du Conseil fédéral du 2. 12. 2005 sur l'avant-projet de révision, p. 1 (ch. 2), p. 21-23, 53-57 et 116-118.

[2900] Cf. p. ex. GERICKE/LAMBERT, BK ad art. 650-657 CO (2023), N 37.

[2901] Cf. *supra* N 44, 73 et 679. V ég. *supra* n. 292.

[2902] Cf. p. ex. Rashid BAHAR, RDS 2009 253-283.

de ces opérations. Elle introduit aussi un **rôle accru du conseil d'administration** par rapport à l'assemblée générale, car celui-ci est *autorisé* à décider d'une augmentation pendant une période pouvant aller jusqu'à cinq ans (alors que jusqu'en 2023, l'augmentation autorisée n'était possible que pour une période de deux ans) et peut décider d'une réduction : il y a dans la mesure de la marge de fluctuation un vrai déplacement de la limite de partage des compétences et donc du pouvoir.

La crise financière de 2008 avait fait porter la priorité de l'attention du législateur en matière de capital sur les instruments financiers susceptibles de renforcer le capital des établissements bancaires (on ne s'étendra pas ici sur ces expérimentations)[2903]. Le climat de l'époque a aussi incité à la prudence à l'égard des innovations concernant **le cœur de la structure de la société anonyme**, d'autant plus que les débuts de la crise ont eu tendance à montrer que les entreprises suisses avaient été robustes ou résilientes (sans qu'il ne soit certain que les règles sur le capital aient joué un rôle important[2904]). Le projet de 2005 n'a cependant jamais été abandonné et a donné lieu à plusieurs étapes de consultations, notamment en 2014, et à une proposition du Conseil fédéral le 26.11.2016[2905]. La marge de fluctuation a finalement été votée le 19.6.2020, en même temps que de nombreuses autres modifications relatives à de tout autres questions, achevant une vaste série de réformes initiée une dizaine d'années après la précédente réforme de 1991. 2159

b. Le concept et les cas de figure

L'art. 653s CO prévoit que « *les statuts peuvent autoriser le conseil d'administration à modifier le capital-actions dans certaines limites (marge de fluctuation) pendant une durée n'excédant pas cinq ans. Ils précisent les limites dans lesquelles le conseil d'administration peut augmenter ou réduire le capital* ». 2160

[2903] On peut se référer à l'article de Peter BÖCKLI, RSDA 2012 185 (« *CoCos, Write-offs : Eigenkapitalschaffung mit dem Zauberstab* »). L'intervention des pouvoirs publics pour résoudre les problèmes de liquidité de Credit Suisse AG est notamment expliquée dans le Communiqué de presse de la FINMA du 23.3.2023 (« *La FINMA informe sur les bases de l'amortissement des instruments de capital AT1* ») suite à sa décision du 19.3.2023. Plusieurs centaines de recours ont été déposés au Tribunal administratif fédéral (les décisions accessibles en janvier 2024 concernent des retraits, cf. p. ex. TAF 15.5.2023, B-2254/2023). Les opinions sont diverses, cf. p. ex. l'article de Mathilde FARINE, LT 27.6.2023 (« *Pourquoi la Suisse a eu raison d'annuler les AT1 de Credit Suisse* »).

[2904] C'est plutôt le principe comptable de prudence qui a été alors revalorisé, cf. *supra* n. 523 ainsi que n. 515.

[2905] FF 2017 355, 388 s. et 462-466.

2161 Ces limites sont précisées à l'al. 2 sous les termes de « limite supérieure » et « limite inférieure » (expressions qui ont été préférées à celles de « capital maximal » et « capital minimal »[2906]). La **limite supérieure** de la marge de fluctuation peut atteindre au maximum un montant correspondant à une fois et demie (150 %) le capital-actions inscrit au registre du commerce (soit CHF 900 000.– si le capital inscrit est CHF 600 000.–). La **limite inférieure** ne peut être plus basse que la moitié du capital-actions inscrit au registre du commerce (soit CHF 300 000.– si le capital inscrit est CHF 600 000.–).

2162 La faculté conférée au conseil d'administration peut se borner à lui permettre seulement d'augmenter le capital (al. 3, 1e et 2e phr.). Cette autorisation est alors l'équivalent de l'« **augmentation autorisée** » du droit antérieur[2907].

2163 Le conseil peut aussi n'être autorisé qu'à réduire le capital. Il s'agit alors d'une « **réduction autorisée** » (qui n'était pas connue jusqu'à l'entrée en vigueur du droit voté le 19. 6. 2020)[2908]. Cette autorisation suppose que la société soit soumise au moins au contrôle restreint de ses comptes annuels (al. 4).

c. Décisions de l'assemblée générale, statuts et décisions du conseil d'administration

2164 Il appartient à l'**assemblée générale** de modifier les statuts, par un vote à la **majorité qualifiée** des deux tiers des voix attribuées aux actions représentées et à la majorité des valeurs nominales représentées (art. 704 ch. 5 CO)[2909].

2165 La décision doit porter sur les points suivants, qui devront être **inscrits dans les statuts** (art. 653t CO) : (i) la limite supérieure et la limite inférieure de la marge de fluctuation (ch. 1) ; (ii) la date d'expiration de l'autorisation donnée au conseil d'administration de modifier le capital-actions (ch. 2), qui ne peut être supérieure à cinq ans (art. 653s al. 1 CO) ; (iii) le nombre, la valeur nomi-

---

[2906] Cf. Rapport explicatif 2. 12. 2005, p. 22 ; v. aussi Message du Conseil fédéral, FF 2017 463.

[2907] L'*augmentation autorisée* a toujours été utilisée notamment lorsque la société anonyme envisage le rachat d'une autre société dans un proche avenir. Il se peut en effet alors qu'elle doive disposer immédiatement et en quantité suffisante d'actions supplémentaires, dites « actions d'échange », pour dédommager les actionnaires de la société visée. Cette procédure est surtout utilisée par les sociétés ouvertes au public pour leur permettre une exécution flexible et dans de brefs délais des augmentations du capital conformes aux conditions du marché des capitaux (la tenue d'une assemblée générale dans de telles sociétés étant toujours une procédure lourde).

[2908] Cf. Message du Conseil fédéral, FF 2017 463, 4e par. *in fine*.

[2909] Cf. *infra*, N 2251-2254.

nale et l'espèce des actions ainsi que les éventuels privilèges attachés à certaines catégories d'actions ou de bons de participation (cf. ch. 4), ainsi que les éventuelles restrictions à la transmissibilité des actions nominatives nouvelles[2910] (cf. ch. 6) ; (iv) les éventuelles restrictions, charges et conditions attachées à l'autorisation (ch. 3), autres que les limites supérieure et/ou inférieure et la durée ; (v) l'étendue et la valeur des éventuels avantages particuliers ainsi que le nom des bénéficiaires (ch. 5) ; (vi) les éventuelles limitations ou suppressions du droit de souscription préférentiel ou les justes motifs qui permettent au conseil d'administration de limiter ou de supprimer ce droit, ainsi que le sort des droits éventuellement non exercés ou supprimés (ch. 7)[2911] ; (vii) les conditions d'exercice des éventuels droits de souscription préférentiels acquis conventionnellement (ch. 8) ; (viii) l'éventuelle autorisation conférée au conseil d'administration d'augmenter le capital au moyen d'un capital conditionnel et, dans ce cas, les indications prévues à l'art. 653*b* (cf. ch. 9) ainsi que l'éventuelle autorisation conférée au conseil d'administration de constituer un capital-participation (ch. 10).

Les modifications des statuts sont **inscrites au registre du commerce** (art. 647 2166
CO), étant précisé que l'autorisation peut aussi figurer dans les statuts initiaux.

Une fois cette autorisation accordée par les statuts, le **conseil d'administration** 2167
peut décider d'augmenter respectivement de réduire le capital dans les limites statutaires (cf. art. 653u al. 1 CO). Dans toute la mesure où la décision de l'assemblée générale n'a pas elle-même intégré de précisions, il appartient au conseil d'administration d'« *édicte[r] les dispositions nécessaires* », selon la formule lapidaire de l'art. 653u al. 2 CO. Il s'agit fondamentalement des dispositions sur l'augmentation[2912] et la réduction du capital, qu'il convient d'appliquer par analogie, ce que l'art. 653u al. 5 CO rappelle explicitement (« *[...] les dispositions relatives à l'augmentation ordinaire, à l'augmentation au moyen d'un capital conditionnel et à la réduction du capital s'appliquent par analogie* »).

Plus particulièrement, l'al. 4 indique qu'« *après chaque augmentation ou ré-* 2168
duction du capital, le conseil d'administration procède aux **constatations** *requises et modifie les statuts. La décision relative à la modification des statuts*

[2910] Comme dans l'augmentation conditionnelle, seules des actions nominatives peuvent être créées, et non des actions au porteur.

[2911] À ce sujet, en particulier sur l'habilitation éventuellement donnée au conseil d'administration quant à la suppression ou la limitation du droit de souscription préférentiel sous l'empire du droit précédent l'entrée en vigueur de la novelle du 19. 6. 2020, v. ATF 121 III 219 (223 ss).

[2912] Cf. *supra* N 1837-1863.

et les constatations revêtent la forme authentique », ce qui à vrai dire résulte de l'application par analogie la plus évidente (et de l'art. 647 CO).

2169 Concrètement, dans le cas d'une **augmentation**, une fois les nouvelles actions souscrites et les apports stipulés effectués, le conseil d'administration prend, comme pour l'augmentation ordinaire, une décision de constatation et de modification des statuts, qui doit être passée en la forme authentique (art. 647 CO). La modification portera sur les dispositions relatives au capital social et aux actions (comme dans la procédure ordinaire) et sur la clause statutaire autorisant l'augmentation (elle sera modifiée quant au montant du capital désormais inscrit et donc de la marge de fluctuation restante, et au nombre d'actions pouvant encore être émises, ou simplement abrogée si l'autorisation d'augmenter le capital a été exploitée intégralement).

2170 Pour le cas de la **réduction** du capital-actions dans les limites de la marge de fluctuation, l'al. 3 précise spécifiquement que « *les dispositions relatives à la garantie des créances, aux comptes intermédiaires et à l'attestation de vérification dans le cadre de la réduction ordinaire du capital s'appliquent par analogie* ».

2171 À l'**expiration de la durée de validité de l'autorisation**, le conseil d'administration supprime les dispositions statutaires relatives à la marge de fluctuation du capital (art. 653t al. 2 CO). Il doit à cet égard prendre une décision faisant l'objet d'un acte authentique (art. 647 CO) et procéder à la réquisition au registre du commerce.

d. Cas particuliers

2172 L'art. 653v CO envisage deux types de situations qui nécessitent un traitement particulier pour des questions de sécurité juridique[2913].

2173 L'al. 1 précise que « *si, pendant la durée de validité de l'autorisation donnée au conseil d'administration, l'assemblée générale décide d'augmenter ou de réduire le capital-actions ou de modifier la monnaie dans laquelle le capital-actions est fixé, la décision instituant une marge de fluctuation du capital devient caduque. Les statuts doivent être adaptés en conséquence* ». Bien entendu, rien n'empêche l'assemblée générale, lorsqu'elle procède à l'augmentation ou à la réduction, ou à la dénomination monétaire, d'instituer à nouveau une marge de fluctuation du capital.

[2913] Cf. Message du Conseil fédéral, FF 2017 465.

D'autres situations particulières sont envisagées à l'al. 2 : « *Si l'assemblée gé-*   2174
nérale décide de créer un capital conditionnel, la limite supérieure et la limite
inférieure de la marge de fluctuation sont relevées en fonction du montant de
l'augmentation du capital-actions. Au lieu de cela, l'assemblée générale peut
également décider, dans les limites de la marge de fluctuation existante, de
conférer ultérieurement au conseil d'administration une autorisation d'aug-
menter le capital au moyen d'un capital conditionnel »[2914].

3.   *L'augmentation de capital offerte au public ; le prospectus ; la négociabilité des droits de souscription préférentiels*

a.   Offre faite au public et prospectus

aa.   Notion d'offre faite au public et obligation de prospectus

Lorsque la société offre des actions nouvelles en **souscription publique** (« *sou-*   2175
met une offre au public » (art. 35 al. 1 LSFin[2915]), elle doit présenter un **prospectus**.

L'offre est publique « *lorsqu'elle est destinée à un nombre illimité de per-*   2176
sonnes » (art. 3 al. 7 OSFin *cum* art. 3 lit. h LSFin). Cette **définition** exclut de
l'obligation de prospectus celles des augmentations de capital qui ne s'adressent qu'aux actionnaires existants, lesquels ne sont par définition pas en
nombre illimité.

Les **émissions en bourse** sont typiquement des offres publiques. Cela étant, les   2177
émissions publiques de titres ont depuis 2016 connu une forme de démocrati-
sation par le **recours à la technologie des registres distribués** (TRD, ou
blockchain). Même s'il s'agit le plus souvent de jetons cryptographiques d'un
tout autre contenu, il peut aussi arriver qu'il s'agisse de titres de participation,

---

[2914] GERICKE/LAMBERT, BK ad art. 650-657 CO (2023), N 82 *in fine* (« *bedingtes Kapital innerhalb und ausserhalb des Kapitalbands* ») ; ég. N 83-86.

[2915] Selon l'ancien art. 652a aCO-1991, abrogé avec effet au 1.1.2020 (lors de l'entrée en vigueur de la LSFin), tout appel de souscriptions ne s'adressant pas à un cercle limité de personnes était considéré comme public (cf. art. 652a al. 2 aCO-1991). En pratique, la limite était fixée à 20 personnes, étant précisé qu'il ne s'agissait d'une règle approxima-tive, qui ne se fondait pas sur une disposition légale explicite. Selon ce régime, le prospectus devait contenir les informations exigées par la loi au sujet de la société anonyme et de l'augmentation du capital, afin qu'un acheteur potentiel puisse se faire une image ob-jective de la société (cf. art. 652a al. 1 ch. 1-7 CO).

dont des actions d'une société existante qui récolte des ressources en augmentant son capital. Les émissions d'actions par offre au public dans le cadre d'une augmentation peuvent donc avoir lieu hors d'un cadre boursier.

2178 Par ailleurs, la loi **circonscrit *a contrario* l'obligation** de prospectus en disposant qu'«*aucun prospectus ne doit être publié pour les offres au public qui : (a) s'adressent uniquement à des investisseurs considérés comme des clients professionnels ; (b) sont destinées à moins de 500 investisseurs ; (c) s'adressent à des investisseurs acquérant des valeurs mobilières pour une valeur minimale de 100 000 francs ; (d) présentent une valeur nominale d'au moins 100 000 francs*[2916] ; (e) *ne dépassent pas une valeur totale de 8 millions de francs, calculée sur une période de douze mois*»[2917] (art. 35 al. 2 LSFin). Les critères d'**exclusion**[2918] énoncés aux lit. b et e concernent la vaste majorité des augmentations de capital, qui n'ont dès lors pas à faire l'objet d'un prospectus.

2179 L'art. 39 LSFin précise que lorsqu'une émission n'est pas sujette à l'obligation de publier un prospectus, les émetteurs « ***traitent les investisseurs sur un pied d'égalité*** *lorsqu'ils transmettent à ces derniers les informations essentielles concernant l'offre au public* ».

bb.   Contenu du prospectus

2180 Le **contenu nécessaire du prospectus** est défini à l'art. 40 al. 1 LSFin comme « *les **indications essentielles à la décision de l'investisseur*** » sur (a) « *l'émet-*

[2916] Cela vise le cas où *chaque titre* a une telle valeur nominale.

[2917] Il s'agit évidemment d'hypothèses alternatives : la combinaison des critères de la lit. c (ou d) et de la lit. b donneraient des émissions de CHF 50 millions, ce qui montre que le critère de la lit. e est évidemment un critère autonome. Le commentaire de ZUFFEREY/BRAIDI, CR ad art. 36 LSFin (2022), N 9, est tout à fait clair (« *cinq types d'offres pour lesquels aucun prospectus ne doit être établi* » ; ils justifient ensuite l'exemption pour chacun de ces types d'offres [N 10-14] ; ils précisent d'ailleurs que les exceptions peuvent être « combinées » si l'objectif de protection n'est pas contourné, N 16 *in fine* : « *par exemple, en plus des 499 investisseurs de la lettre b, le fournisseur pourra démarcher encore d'autres investisseurs, chacun pour des tranches supérieures aux CHF 100 000.– de la lettre c ou des investisseurs institutionnels de la lettre a* »).

[2918] À ces exceptions en fonction du volume de l'émission (lit. e), de la valeur des titres (lit. d) ou des investisseurs concernés (lit. a-c), il existe d'autres catégories d'exclusion *selon le type d'émission* (art. 37 LSFin : « *selon le type de valeurs mobilières* »), mais elles ne concernent guère les augmentations de capital. D'autres exclusions sont prévues à l'art. 38 LSFin mais concernent l'admission à la négociation et non l'émission.

teur », à savoir ici la société[2919], (b) « *les valeurs mobilières offertes au public* », à savoir ici les actions issues de l'augmentation de capital[2920] et (c) « *l'offre* », soit notamment « *le mode de placement et l'estimation du produit net de l'émission* »[2921].

La loi précise encore que le prospectus doit comporter « *un résumé aisément compréhensible des indications essentielles* » (al. 3). Le but de ce résumé est selon l'art. 43 al. 1 LSFin de « *faciliter la comparaison entre des valeurs mobilières semblables* » ; l'al. 2 précise que ce résumé doit spécifiquement mentionner (a) qu'il ne « *doit être lu [que] comme une introduction au prospectus* », (b) que « *la décision de placement ne doit pas se fonder sur le résumé, mais sur toutes les indications figurant dans le prospectus* » et (c) que « *la responsabilité concernant le résumé est limitée aux cas où les informations qui y figurent sont trompeuses, inexactes ou contradictoires par rapport aux autres parties du prospectus* ». 2181

La loi énonce quelques prescriptions sur la **structuration formelle** du prospectus en un ou plusieurs document(s) (art. 44 LSFin) et sur la possibilité de renvoyer à d'autres documents (art. 42 LSFin). La loi comprend plusieurs délégations au Conseil fédéral quant à la détermination du contenu obligatoire du prospectus (art. 46 LSFin) et à des allègements (art. 47 LSFin), en particulier pour les sociétés qui ne remplissent pas les conditions du contrôle ordinaire en matière de révision, c'est-à-dire dont le bilan ne dépasse pas 20 millions de francs, le chiffre d'affaires 40 millions de francs et la moyenne annuelle des employés 250 en équivalent plein temps (al. 1)[2922]. 2182

[2919] La lit. a énonce spécifiquement comme devant être mentionnés : « *1. le conseil d'administration, la direction, l'organe de révision et d'autres organes, 2. les derniers comptes semestriels ou annuels ou, en l'absence de ceux-ci, des indications sur les valeurs patrimoniales et les engagements, 3. la situation commerciale, 4. les perspectives, les risques et les litiges principaux* ».

[2920] La lit. b relève que doivent être spécifiquement explicités : « *les droits, les obligations et les risques des investisseurs liés à ces valeurs* ».

[2921] On peut encore relever que l'art. 40 al. 4 LSFin précise que « *Si le cours définitif et le volume de l'émission ne peuvent pas être mentionnés dans le prospectus, ce dernier devra mentionner le cours d'émission le plus élevé susceptible d'être atteint, ainsi que les critères et conditions permettant de déterminer le volume de l'émission. Les indications sur le cours définitif et le volume de l'émission sont déposées auprès de l'organe de contrôle et publiées* ».

[2922] Sur les autres exceptions, en particulier pour les émetteurs connus (*well-known seasoned issuers* selon la terminologie en usage aux États-Unis), cf. Antoine AMIGUET, CR ad art. 47 LSFin (2022), N 11-22 (la liste contenue à l'al. 2 n'étant *pas exhaustive*).

2183 Le Conseil fédéral a fait usage de la délégation notamment aux art. 50 à 57 OSFin et surtout l'Annexe 1 à cette ordonnance (« *Contenu minimal du prospectus – Schéma pour les titres de participation* »). Ce texte énonce de très nombreuses **rubriques d'informations à fournir** (l'Annexe 1 comprend 11 pages de rubriques). Les indications sont, d'une part, formelles et, d'autre part, elles portent sur la substance économique des titres et de l'émetteur, notamment sur les « *principaux risques liés à l'émetteur et à sa branche* » (ch. 2.1 de l'Annexe 1, cf. ég. ch. 3.2 : « *principaux risques liés aux valeurs mobilières* ») et sur l'« *activité et perspectives, dans la mesure où ces indications sont importantes pour l'évaluation de l'activité et de la rentabilité de l'émetteur* » (ch. 2.4). Les investissements effectués, en cours et décidés doivent être exposés (ch. 2.6) ainsi que la « *politique de l'émetteur en matière de distribution de dividendes et [les] éventuelles restrictions applicables dans ce domaine* » (ch. 2.9.1). Un grand nombre d'indications sur la structure juridique du capital et des actions doivent être fournies, notamment sur le capital et les droits de vote (ch. 2.6) et les éventuelles restrictions à la transférabilité (ch. 3.5).

2184 Le schéma extrêmement précis qui résulte de l'Annexe 1 ne doit pas être forcément suivi, car, comme indiqué à l'art. 50 al. 2 OSFin : « *Ni l'ordre de succession des sections ni celui des indications énoncées dans chaque section des annexes n'ont force obligatoire* »[2923]. C'est **le *contenu* des rubriques** figurant dans cette Annexe 1 qui, sous réserve des exceptions justifiées, est obligatoire.

2185 Lorsque la société est soumise à l'obligation d'émettre un prospectus, elle doit désormais l'adresser à un « **organe de contrôle** ». L'approbation de cet organe est nécessaire pour procéder à la publication (art. 51 al. 1, 1re phr., LSFin). Il s'agit de vérifier « *l'intégralité*[2924], *la cohérence et la clarté*[2925] » du projet de prospectus (*ibid.*, 2e phr.). L'organe de contrôle, soumis au droit administratif de procédure (art. 53 al. 1 LSFin), doit vérifier le prospectus dès réception

---

[2923] L'art. 50 al. 2 OSFin rejoint l'approche que suivait l'art. 32 al. 2 aRCot en indiquant que l'émetteur avait « *toute latitude pour structurer le prospectus* ». Cela étant, un schéma était prescrit par SIX (cf. art. 28 aRCot ; « Schéma A » pour les actions), présenté (comme les schémas B à G pour les autres instruments financiers) sous forme de *check-lists* d'un usage aisé et destiné à faciliter la rédaction des prospectus de cotation. Ces schémas correspondent pour l'essentiel aux Annexes 1 à 5 de l'OSFin.

[2924] Il s'agit plutôt de son caractère complet (la complétude). Le texte allemand dit « *Vollständigkeit* » et l'italien « *completezza* », termes manifestement corrects. Une rédaction française appropriée aurait consisté à dire que l'organe doit « *vérifier si le prospectus est complet, cohérent et clair* ». La traduction anglaise par la Chancellerie fédérale dit d'ailleurs correctement : « *The reviewing body shall check that it is complete, coherent and understandable* ».

[2925] Selon le critère utilisé dans les versions allemande et italienne, le prospectus doit être compréhensible (ou intelligible), cf. les termes « *Verständlichkeit* » et « *comprensibilità* », ce qui n'est pas exactement identique à « clair ». C'est en principe moins exigeant.

(al. 2) et rendre son approbation dans les dix jours (al. 4) ; en cas de remarques, il doit les communiquer dans les dix jours (al. 3) et rendre la décision d'approbation dans les dix jours dès réception du prospectus révisé (al. 4). Au début de l'année 2024, seules SIX Exchange Regulation AG (liée à SIX Swiss Exchange) et BX Swiss AG (successeur de la bourse bernoise) avaient reçu l'agrément pour fonctionner comme organe de contrôle des prospectus[2926].

Le rôle de l'organe de contrôle est d'autant plus important que l'art. 41 LSFin prévoit la possibilité d'accorder des **exceptions quant au contenu** à publier. L'al. 1 dispose ainsi que « *(1) L'organe de contrôle peut prévoir qu'il n'est pas nécessaire de faire figurer certaines indications dans le prospectus lorsque : (a) la publication de ces indications nuirait gravement à l'émetteur et que leur absence n'est pas de nature à induire les investisseurs en erreur sur certains faits et circonstances essentiels pour l'appréciation de la qualité de l'émetteur et des caractéristiques des valeurs mobilières[2927] ; (b) ces indications ont une importance secondaire et ne sont pas susceptibles d'influencer l'appréciation de la situation commerciale et des perspectives, risques et litiges principaux de l'émetteur et du garant ou du donneur de sûretés[2928], ou (c) ces indications portent sur des valeurs mobilières négociées sur une plate-forme de négociation et les rapports périodiques soumis par l'émetteur durant les trois dernières années répondent aux prescriptions déterminantes en matière de présentation des comptes* ».

2186

Cette disposition peut donner lieu à une **liberté d'appréciation non négligeable** pour l'émetteur et l'organe de contrôle. À cela s'ajoute que l'al. 2 prévoit que « *dans une mesure limitée, [l'organe de contrôle] peut prévoir d'autres exceptions pour autant que les intérêts des investisseurs soient préservés* ». Sa liberté d'appréciation est, ici aussi, assez considérable (l'art. 52 al. 1 OSFin qui met en œuvre l'art. 41 al. 2 LSFin emploie une formulation assez prudente : « *L'organe de contrôle peut, <u>dans des cas justifiés</u>, déroger*

2187

[2926] Ces deux autorisations ont été accordées le 1. 6. 2020. Selon une vérification informelle effectuée le 20. 11. 2023, il semble qu'il n'y ait pas d'autre organe qui soit sur le point d'être autorisé.

[2927] Selon Antoine AMIGUET, CR ad art. 41 LSFin (2022), N 5, sont ici visés p. ex. « *les projets d'acquisition ou d'autres investissements qui n'ont été ni définitivement décidés ni rendus publics* ».

[2928] Antoine AMIGUET, CR ad art. 41 LSFin (2022), N 8, relève que cela est p. ex. le cas « *lorsque l'émission est effectuée par une société nouvellement cotée ou par une société à but spécial* (special purpose vehicle). *Dans un tel cas, la solvabilité du garant ou donneur de sûretés est nettement plus importante pour les investisseurs que celle de l'émetteur. Il ne serait pas judicieux de fournir aux investisseurs des informations complètes sur l'émetteur, ce qui rallongerait inutilement le prospectus et nuirait à sa lisibilité* » (avec réf. au Message du Conseil fédéral, FF 2015 8174).

quelque peu[2929] *aux exigences des schémas présentés dans les annexes 1 à 5 »,* ce qui laisse tout de même une grande marge d'appréciation ; l'al. 2 permet explicitement une approche où des exceptions et allègements sont pour ainsi dire compensés avec des compléments d'informations qui ne seraient sinon pas prescrits : *« [L'organe de contrôle] peut accorder d'autres exceptions, conformément à l'art. 41, al. 2, LSFin, en les soumettant à certaines conditions, y compris celle de la fourniture d'autres indications ou d'indications supplémentaires »*).

cc.   Responsabilité relative au prospectus

2188   La responsabilité au titre du prospectus d'émission se rapporte à un comportement antérieur à la création de la société lorsque ce sont les actions d'une **société nouvelle** qui sont offertes au public. Dans la plupart des cas, elle concerne une augmentation de capital ou un emprunt par obligations émis par une **société existante**.

2189   Le siège de sa matière est depuis 2020 **l'art. 69 de la Loi sur les services financiers**. Le Code des obligations demeure cependant applicable pour tout ce qui n'est pas l'énonciation du chef de responsabilité. Dans l'ensemble, le régime juridique de cette responsabilité est largement convergent avec celui des responsabilités prévues par le droit des sociétés (art. 753-759 CO). Cela étant, il est plus simple sur le plan de **l'identification du lésé**, car il s'agit du souscripteur : c'est son patrimoine d'investisseur qui est touché par une violation des devoirs liés à un prospectus. Il n'y a donc en principe pas lieu d'opérer la distinction parfois délicate entre *dommage direct et indirect*.

2190   Le **texte légal** de l'art. 69 LSFin a la teneur suivante : *« (1) Quiconque présente des **indications inexactes, trompeuses ou non conformes aux exigences légales** au moyen du prospectus, de la feuille d'information de base ou de communications semblables, sans agir avec la **diligence** requise, répond envers l'acquéreur d'un instrument financier du dommage ainsi causé. (2) La responsabilité concernant le **résumé** est limitée aux cas où les informations qui y figurent sont trompeuses, inexactes ou contradictoires par rapport aux autres parties du prospectus. (3) La responsabilité concernant les indications inexactes ou trompeuses **sur les perspectives principales** est limitée aux cas*

[2929] La version allemande de ces termes est : *« in begründeten Fällen in beschränktem Umfang »*. En italien : *« in casi motivati »* et *« in misura limitata »*. Antoine AMIGUET, CR ad art. 41 LSFin (2022), N 14, retient que *« la préservation des intérêts des investisseurs doit guider l'organe de contrôle lorsqu'il envisage d'accorder des exceptions »*.

où ces indications ont été fournies ou diffusées sciemment ou sans mentionner l'incertitude liée aux évolutions futures ».

Sont ainsi susceptibles d'être tenues **responsables** du chef d'un prospectus d'émission ou d'un document analogue irréguliers toutes les personnes qui, intentionnellement ou par négligence, ont participé à son établissement ou à sa diffusion (cf. art. 69 al. 1 LSFin : « *quiconque* »). Le cercle des responsables s'étend au-delà des fondateurs, organes (conseil d'administration et réviseurs) et employés de la société ; il peut notamment inclure la banque qui assume le rôle de chef de file dans l'émission[2930] ainsi que les conseillers ou consultants impliqués (p. ex. avocats, cabinets comptables). En ce qui concerne l'organe de révision, il répond en particulier lorsqu'il a concouru à l'élaboration ou au contrôle d'éléments contenus dans le prospectus. Par ailleurs, tous ceux qui participent à la distribution des titres émis, comme les banques membres du syndicat bancaire ou les négociants en valeurs mobilières, peuvent être recherchés en responsabilité, pour autant que leur participation ait été essentielle[2931]. Enfin, la société concernée a elle-même la légitimation passive[2932].

Les lésés sont, d'après le texte légal, les « *acquéreurs d'un instrument financier* » (art 69 al. 1 LSFin). La loi entend d'abord par là les premiers acquéreurs, c'est-à-dire les souscripteurs ; en effet, la responsabilité du chef de l'émission du prospectus tend en premier lieu à « protéger le public invité à souscrire »[2933]. Cette responsabilité devrait aussi pouvoir être invoquée par celui qui acquiert les titres sur le marché secondaire ou auprès d'une banque ayant participé à

2191

2192

[2930] On emploie couramment (cf. p. ex. ATF 129 III 71 [72]) le terme « banque chef de file » (d'un syndicat bancaire ou d'un consortium de banques, cf. *supra* N 1455), équivalent de l'anglais *lead manager*. Dans l'affaire jugée à l'ATF 132 III 715, l'état de fait indique qu'une transaction a été conclue avec la *Lead Bank* (lit. C [716]).

[2931] Le critère de la participation « essentielle » est une cautèle posée par la doctrine (cf. p. ex. Rolf WATTER, BaK ad art. 752a CO [2016], N 10 ; Reto SCHUMACHER [2005], soutient, p. 164 ad n. 720 : « *Das Mitwirken einer Person liegt erst dann vor, wenn sie einen wesentlichen Einfluss auf den Prospekt [...] hat* »). Elle s'inspire de la jurisprudence relative à la fondation, non remise en question depuis l'ATF 76 II 164 (167), selon lequel la légitimation passive suppose d'avoir participé à la fondation « de façon créatrice » (« *in schöpferischer Weise an der Gründung mitwirken, die Tätigkeit der Gründer im eigentlichen Sinn fördern und durch ihr Zutun auf die Entstehung der Gesellschaft hinwirken* » ; cf. *supra* N 1831 ad n. 2560).

[2932] La responsabilité de la société découlera, le cas échéant, de l'art. 722 CO ou 55 al. 2 CC (cf. *supra* N 690-718).

[2933] Sous le régime de l'art. 752 aCO, ATF 112 II 258 (c. 2a, 261 : « *Schutz des zur Zeichnung aufgerufenen Publikums* »), trad. JdT 1987 I 13.

l'émission comme souscripteur de prises fermes (*Festübername*)[2934] ; l'acqué-reur doit alors démontrer[2935] que sa décision d'acquérir est dans un rapport de causalité avec l'information défectueuse du prospectus[2936].

2193   **Matériellement**, la responsabilité de l'art. 69 LSFin suppose, d'après le texte légal, l'existence d'un prospectus (d'émission), d'une «*feuille d'information de base*» ou de «*communications semblables*».

2194   Comme indiqué[2937], un tel **prospectus** doit être publié lorsqu'une société met en souscription publique des instruments financiers, c'est-à-dire des actions[2938], bons de participations[2939], obligations convertibles[2940], droits d'emption (op-tions)[2941], obligations ou autres titres assimilables à des «valeurs mobilières» au sens du droit boursier (cf. art. 652 al. 2, 653d al. 1, 653e al. 1 et 653f et 656a al. 2 CO ; cf. ég. art. 35 ss LSFin)[2942]. Au-delà du prospectus proprement dit, la res-

---

[2934]   Cf. *supra* N 1455 spéc. ad n. 2145 et *infra* N 2222-2223.

[2935]   Sur le degré de la preuve (vraisemblance prépondérante), cf. *infra* ad n. 2954.

[2936]   ATF 131 III 306 c. 2.1 (308-309, nié cependant *in casu*, cf. c. 2.2) ainsi que TF 2. 8. 1996 4C.245/1995 *in* SJ 1996 108. À l'ATF 132 III 715 c. 3.2.1, il est admis en *obiter dictum* que l'on peut présumer le rapport de causalité *même si l'acquéreur sur le marché secon-daire n'a pas lu le prospectus d'émission*, car on peut admettre que les informations contenues dans le prospectus sont prises en compte par le marché (p. 721 : «*Das Beweis-mass der überwiegenden Wahrscheinlichkeit gilt nach der neueren Literatur jedoch auch für den späteren Erwerber, der die Aktientitel am Sekundärmarkt zum – vom Markt ge-bildeten – Aktienkurs kauft, und zwar auch dann, wenn er den Emissionsprospekt nicht gelesen hat. Unter der Annahme eines effizienten Kapitalmarktes darf der Erwerber nämlich davon ausgehen, dass die Preisbildung am Markt unter Einbezug der Informa-tionen aus dem Emissionsprospekt zustande gekommen ist*»). Cela ne vaut toutefois que dans certaines limites : la vraisemblance s'estompe avec le temps, car d'autres éléments d'information viennent progressivement remplacer ceux que contenait le prospectus (*ibid.*: «*Freilich ist in diesem Fall im Rahmen des Wahrscheinlichkeitsbeweises zu berücksichtigen, dass im Laufe der Zeit andere Faktoren wie neuere Unternehmensdaten, Presseberichte, Konjunktureinschätzungen, positive oder negative Marktstimmung etc. für die Einschätzung des Wertpapiers bestimmend werden könne*»).

[2937]   Cf. *supra* N 2175-2179.

[2938]   Cf. *supra* N 2032-2034.

[2939]   Cf. *supra* N 2035-2038.

[2940]   Cf. *infra* N 2205-2212.

[2941]   Cf. *infra* N 2213-2214.

[2942]   Sous l'empire de l'art. 752 aCO-1991, la responsabilité découlant du prospectus concer-nait les émissions faites par la société. Elle ne visait pas les «opérations secondaires» (*secondary placements*) par lesquelles un investisseur important offre publiquement les titres qu'il détient dans une société («cessions d'actions déjà existantes» ; «placements d'actions existantes» selon l'expression de Rolf WATTER *et alii*, ECS 2000 830). En re-vanche, l'obligation de faire paraître un prospectus – et la responsabilité y relative – était admise en cas de *prises fermes* par une banque ou un consortium de banques souscrivant l'émission en vue d'offrir au public les titres nouvellement émis (les art. 36 s. LSFin ne le

ponsabilité peut découler de **communications ou** d'**informations** destinées aux investisseurs dans le but de les amener à acquérir des papiers-valeurs[2943]. Il s'agira là par exemple d'annonces dans les médias, de rapports d'analyse (*research reports*) rendus publics, de circulaires ou de brochures.

Il y a lieu d'admettre que la responsabilité de l'art. 69 LSFin peut **aussi** s'appliquer – ou alors l'art. 41 CO conduira-t-il à appliquer des critères convergents – lorsqu'un prospectus ou « document semblable »[2944] est établi et distribué **sans qu'il existe un devoir légal d'établir un prospectus d'émission.** Ce sera ainsi le cas des mémorandums d'information (*information memorandum*) ou d'investissement (*placement memorandum*) remis aux investisseurs lors d'une vente d'actions privée[2945].   2195

Enfin, on admettra que la responsabilité de l'article 69 LSFin peut s'appliquer également aux situations dans lesquelles le prospectus d'émission exigé par la loi n'a **simplement pas été établi**[2946].   2196

L'**acte illicite générateur de responsabilité** est défini par la loi comme le fait d'avoir « *présent[é] des indications inexactes, trompeuses ou non conformes aux exigences légales au moyen du prospectus, de la feuille d'information de base ou de communications semblables, sans agir avec la diligence requise* » (art. 69 al. 1 LSFin). En réalité, vu que les dispositions légales (art. 35 ss LSFin)[2947] contiennent des prescriptions spécifiques quant au **contenu du prospectus**, la responsabilité sera surtout invoquée en rapport avec le caractère **inexact ou trompeur** de celui-ci. L'art. 69 al. 3 LSFin précise que la respon-   2197

---

disent pas explicitement, et le Message ne permet pas de le trancher [FF 2015 8101-8272], ni les débats parlementaires, mais les annexes de l'OSFin le *présument* parfois, p. ex. Annexe 1 ch. 3.8.1 [titres de participations], Annexe 2 ch. 3.13.1 [titres de créance], Annexe 4 ch. 3.7.1 [sociétés immobilières]). Il nous apparaît que le nouveau droit ne devrait pas aller moins loin.

[2943] Sous l'angle de l'art. 752 aCO-1991, il avait été jugé que la responsabilité ne concernait pas les communications faites hors du cadre d'une émission, comme les informations contenues dans une lettre aux actionnaires ou celles données par le conseil d'administration à l'assemblée générale ou encore celles que contient une documentation présentée en vue d'un assainissement (ATF 112 II 258 c. 3b [261]).

[2944] Même l'art. 671 ch. 1 CFO-1881 circonscrivait de façon très large les documents susceptibles d'engendrer la responsabilité, en employant les termes « *circulaires ou prospectus* ».

[2945] En principe, puisqu'il n'existe aucun devoir d'établir un prospectus, un lésé ne pourra guère invoquer son caractère incomplet (à moins que les informations manquantes soient à ce point importantes qu'en leur absence, le prospectus est trompeur).

[2946] Cf. ATF 47 II 272 (286).

[2947] *Supra* N 2180-2187 et *infra* N 2385-2388.

sabilité pour « *les indications inexactes ou trompeuses sur les perspectives principales est limitée aux cas où ces indications ont été fournies ou diffusées sciemment ou sans mentionner l'incertitude liée aux évolutions futures* ». Cela vise à éviter de créer une responsabilité pour ce qui relève du pronostic, soit la description du futur telle qu'on l'anticipe de bonne foi, à condition de ne pas occulter qu'il s'agit d'attentes affectées d'incertitude.

2198   La jurisprudence rendue sous l'empire de l'art. 752 aCO-1991 (et des dispositions l'ayant précédé) avait retenu que le prospectus ou un document semblable est **inexact si une affirmation n'est pas conforme à la vérité** ; il en allait de même lorsqu'une évaluation était erronée ou lorsqu'un **pronostic** était **posé avec une légèreté inexcusable**, toute marge d'appréciation ayant été grossièrement dépassée[2948]. En l'absence de déclarations inexactes, elle jugeait néanmoins l'information **trompeuse** si le prospectus avait passé sous silence des circonstances pertinentes, à savoir celles qui, si elles avaient été énoncées, auraient fait apparaître les autres affirmations sous un jour différent[2949]. On devait le retenir aussi lorsque, bien que le prospectus ne contînt que des informations exactes, il les énonçait de façon à ce point illisible qu'il en devenait trompeur.

2199   L'investisseur doit prouver que l'irrégularité du prospectus lui a **causé** un **dommage**. Un tel dommage consistera dans la différence entre le patrimoine actuel de l'investisseur et la valeur hypothétique qu'il atteindrait si les informations du prospectus avaient été exactes. On pourra l'évaluer de différentes manières[2950]. L'une d'elles revient à estimer la différence entre le cours réel du titre concerné émis et celui qu'il aurait atteint si les informations publiées

---

[2948]   Cf. ATF 47 II 272 (287).

[2949]   Cf. ATF 112 II 172 c. I.2a, 1er et 2e par. (176) ; cet arrêt a été rendu sous l'angle de l'ancienne Loi sur les fonds de placement (art. 25 aLFP), mais il semble ne pas vouloir distinguer les devoirs en matière de prospectus et se réfère à la doctrine relative à l'art. 752 aCO (176 *in fine*).

[2950]   Fondamentalement, il convient de déterminer ce que l'investisseur aurait fait s'il avait été en présence d'un prospectus régulier. Il lui est loisible de démontrer qu'il aurait investi ses fonds autrement (c'est ce qu'admet dans son principe l'ATF 47 II 272 c. 5 [293 s.] : « *les demandeurs n'auraient pas souscrit à l'emprunt s'ils n'avaient pas été induits en erreur par la notice... Sans la souscription, les demandeurs n'auraient subi aucun préjudice* »). – En théorie, en vertu de l'exception du comportement alternatif licite, les responsables peuvent tenter de démontrer que l'investisseur aurait quoi qu'il en soit acquis, au même prix, les titres concernés, même si le prospectus avait été régulier et contenu exactement toutes les informations pertinentes ; en réalité, cette hypothèse ne pourra être retenue que de façon exceptionnelle, car rien ne permet de présumer un tel comportement. Cela dit, le résultat de l'administration des preuves et l'application du fardeau de la preuve peuvent conduire à un résultat matériellement équivalent.

avaient correspondu à la réalité[2951]. Même dans ce cas, la détermination du dommage sera difficile[2952], car le prix des papiers-valeurs est influencé par de nombreux facteurs difficilement quantifiables (variations générales des cours, événements dans l'entreprise qui influent sur le cours[2953]). Cela dit, la jurisprudence admettait sous l'angle de l'art. 752 aCO-1991 que le lésé peut se contenter de démontrer une vraisemblance prépondérante du lien de causalité[2954]. D'après le message du Conseil fédéral, l'art. 69 LSFin suit la même ap-

---

[2951] Cette évaluation nous paraît répondre aux exigences de la notion de causalité parce que l'on peut estimer que l'investisseur aurait acquis des papiers-valeurs du même profil mais correspondants – réellement pour leur part – aux caractéristiques énoncées dans un prospectus semblable (dans son résultat, l'ATF 47 II 272 c. 6 [294] paraît suivre cette approche puisqu'il considère comme un dommage le fait que les perspectives initiales, dont les intérêts annoncés, n'aient pas été maintenues). – Une autre évaluation, qui est soutenable sous l'angle de la notion de causalité mais n'est pas plus facile à effectuer, consistera à estimer la valeur d'acquisition du titre pour l'investisseur en cause si le prospectus d'émission n'avait pas été inexact ou trompeur ; le dommage consiste alors dans la différence entre cette valeur et le prix effectivement payé. Ce dernier mode de calcul semble privilégié par Urs GNOS (2014), p. 99 ad n. 69 s., sous le titre d'intérêt positif (ce qui semble exact : il s'agit d'examiner la situation financière si l'auteur du dommage avait agi de façon conforme à ses devoirs, étant admis que le prix du titre aurait été alors plus bas et que l'investisseur l'aurait acquis à ce prix-là) ; Urs GNOS admet à titre exceptionnel (« *Im Einzelfall* »), à condition que l'investisseur démontre qu'il n'aurait pas acquis le titre (« *wobei der Erwerber darlegen können muss, dass er bei Kenntnis des wahren Sachverhalts die fraglichen Titel gar nicht erworben hätte* »), la restitution des prestations (p. 100 ad n. 73), ce qu'il désigne comme l'intérêt négatif (ce qui semble exact pour l'essentiel : cela revient à placer l'investisseur dans la situation qui aurait été la sienne si la violation n'avait pas eu lieu, étant admis ici que l'investisseur n'aurait pas du tout acquis le titre). Il est en tous les cas exact que le fardeau de la preuve du dommage incombe à l'investisseur (Urs GNOS [2014], ad n. 74) ; cela étant, si le lésé a apporté les éléments d'évaluation disponibles, le juge ne doit pas rechigner, selon nous, à faire usage de la faculté d'évaluer le dommage *par appréciation* en vertu de l'art. 42 al. 2 CO (voir le rappel que fait, à titre juste titre, l'ATF 112 II 172 c. II.2/d *in fine* [190] ; voir aussi, pour la problématique analogue de l'évaluation du dommage en rapport avec l'art. 754 CO, ATF 136 III 322 c. 3.4.5 [329] et *supra* N 1161).

[2952] Malgré ces difficultés, cette méthode d'évaluation est moins imprévisible que l'évaluation consistant à déterminer quels autres titres auraient été acquis par l'investisseur (cf. ci-dessus n. 2950 *in initio*).

[2953] Ainsi, l'ATF 47 II 272 c. 6 *in fine* (294) réduit le dommage à réparer de moitié pour tenir compte « *des événements fortuits qui ont contribué à augmenter le dommage* ».

[2954] TF 21. 6. 2021, 4A_24/2021, c. 6.3, sous l'angle de l'art. 752 aCO-1991 (la preuve que les demandeurs auraient renoncé à l'investissement n'a pas été apportée, malgré les allègements).

proche[2955]. Le critère de la vraisemblance prépondérante allège les preuves à apporter, mais ne renverse pas le fardeau de la preuve[2956].

2200 La responsabilité suppose une **faute**, ne serait-ce qu'une négligence légère. Le fardeau de la preuve incombe au lésé[2957]. Alors que la diligence due – et par conséquent l'existence d'une violation des devoirs – est mesurée selon un critère objectif, en particulier selon les compétences généralement exigées de toute personne occupant la position en cause, la gravité de la faute s'apprécie selon un point de vue réellement subjectif ; cela jouera un rôle concret[2958], car la gravité de la faute doit être prise en considération dans le cadre de la solidarité différenciée prévue par l'article 759 CO[2959], également applicable – à notre sens – à la responsabilité découlant d'un prospectus irrégulier (étant précisé que, comme dit en introduction[2960], le dommage au titre du prospectus est toujours *direct*, contrairement à la plupart des autres dommages en droit des sociétés).

[2955] Cela ne va pas jusqu'à une présomption, FF 2015 8191 : « *Sur le plan de la causalité, la responsabilité pour le prospectus reste exempte de toute présomption entre prospectus erroné et décision d'achat (*fraud on the market*). En effet, une telle présomption serait contraire à la répartition générale du fardeau de la preuve, et de plus, selon la jurisprudence du Tribunal fédéral, la disposition existante institue déjà une protection analogue de l'investisseur, du moins sur le plan du résultat. Le Tribunal fédéral accepte la vraisemblance prépondérante comme preuve de la causalité et n'exige pas que l'acheteur sur le marché secondaire ait lu le prospectus ; celui-ci doit au contraire pouvoir partir du principe que les prix se sont formés sur le marché en tenant compte des informations contenues dans le prospectus d'émission. La jurisprudence s'approche ainsi, du moins factuellement, de la présomption au sens de la* fraud on the market ».

[2956] ATF 132 III 715 c. 3.2 (721, qui indique qu'il s'agit bien de vraisemblance prépondérante [*überwiegende Wahrscheinlichkeit*] et non d'une simple vraisemblance [*Glaubhaftmachung*]) ; 47 II 272 c. 5 (293).

[2957] La loi pose la faute (intentionnelle ou négligente) comme une condition de responsabilité, de sorte qu'elle doit être prouvée. Contrairement à l'art. 97 CO (« *à moins qu'il ne prouve qu'aucune faute ne lui est imputable* »), le texte légal ne renverse pas le fardeau de la preuve.

[2958] À la différence de la question de l'existence même d'une faute, qu'il est difficile de distinguer en pratique de la question de l'existence d'une violation d'un devoir de diligence. Cf., de façon générale sur la faute en droit civil hors des cas objectifs d'impossibilité, Nicolas ROUILLER (2007), p. 686-690 ; Luc THÉVENOZ, CR ad art. 97 CO (2021), N 52-58 ; Daniel GUGGENHEIM (1995), p. 122-126 ; Eugen BUCHER (1988), p. 347, ainsi que *supra* n. 1519 et N 1218.

[2959] *Supra* N 1173-1178.

[2960] *Supra* N 2189 *in fine*.

b. Négociabilité des droits de souscription préférentiels

En soi, les droits de souscription préférentiels existent dans toutes les sociétés 2201
de capitaux, c'est-à-dire concrètement aussi dans la société à responsabilité limitée (cf. art. 781 al. 5 ch. 2 et 808b al. 1 ch. 6 CO). Vu notamment les vastes
restrictions à l'entrée d'un nouvel associé (art. 786 CO)[2961], le fait que les droits
et obligations peuvent grandement varier selon les parts, et la prohibition légale
explicite d'une offre publique en souscription de parts sociales (art. 781 al. 3,
4e phr., CO), les droits de souscription de parts sociales d'une Sàrl sont difficilement négociables, même si leur cession n'est pas absolument exclue, au vu
du principe de la liberté des conventions (art. 19 CO).

Par contraste, dans les sociétés anonymes, les droits de souscription préféren- 2202
tiels sont concrètement **souvent l'objet d'un véritable marché**. Cela est tout
à fait ordinaire pour les sociétés cotées en bourse.

4. *Emprunts convertibles, droit d'options et augmentation conditionnelle du capital*

a. Vue d'ensemble

Des droits de conversion ou d'option peuvent être concédés par la société, qui 2203
donnent à leurs titulaires le droit d'acquérir des actions. Ils ont une partie contractuelle, parfois complexe, dont la mise en œuvre requiert, dans la plupart des
cas, l'accomplissement de l'opération corporative d'augmentation de capital.
Une augmentation de capital conditionnelle doit ainsi être mise en place pour
permettre l'exécution des droits de conversion ou d'option.

L'augmentation conditionnelle répond à des besoins plus spécifiques que 2204
l'augmentation *autorisée*, laquelle a lieu lorsque le conseil d'administration –
autorisé à cette fin – estime que les besoins en fonds propres justifient de procéder à une augmentation de capital. L'augmentation autorisée est, dans le droit
en vigueur depuis 2023, un cas particulier entrant dans le concept plus large de
marge de fluctuation du capital[2962].

[2961] *Supra* N 2536-2539 et 2552-2561.
[2962] Cf. *supra* N 2158 et 2162.

b. Emprunts convertibles

2205 Toute société peut émettre des emprunts, y compris des emprunts émis en série (« obligations d'emprunt »). Il ne s'agit pas d'une question de droit des sociétés, mais de droit des contrats. Des clauses particulières peuvent certes se référer à des aspects de droit des sociétés (comme la postposition automatique en cas de surendettement, ou une exigibilité qui dépend d'événements de droit des sociétés, comme un changement d'actionnariat ou d'organes dirigeants), mais l'instrument juridique reste un pur titre de dette.

2206 En revanche, des contrats de prêt particuliers peuvent aussi avoir un objet relevant potentiellement du droit des sociétés, s'ils prévoient **que le paiement puisse être fait en titres de participation** : ce sont les emprunts convertibles. Ces emprunts ne sont pratiqués qu'en lien avec les sociétés anonymes.

2207 On trouve ainsi sur le marché des capitaux des **emprunts convertibles** et des **emprunts avec bons de souscription**.

2208 Il s'agit de combinaisons variables d'obligations productrices d'intérêts (à taux fixe ou variable) et du droit d'acquérir des actions (ou des bons de participation). L'*emprunt avec bon de souscription* permet à l'investisseur de conserver son obligation et d'acquérir en plus, à certaines conditions (en général à l'issue de sa durée de validité), des actions ou des bons de participation. L'*emprunt convertible* donne au créancier le droit – dans un délai déterminé ou à un moment déterminé (en général à l'issue de la durée de validité de l'emprunt) – d'échanger l'obligation contre une ou plusieurs actions, respectivement des bons de participations plutôt que de se voir rembourser le montant prêté. On parle ici de droit de conversion (puisque le droit d'obtenir un montant pécuniaire est *converti* dans le droit d'obtenir des actions).

2209 Pour faciliter la mise à disposition des actions nécessaires à l'exercice des droits d'option et de souscription, la loi permet de recourir à l'**augmentation conditionnelle du capital** (art. 653-653i CO)[2963].

2210 Les titulaires des droits d'option ou de conversion sont également **protégés contre la dilution** de leurs éventuelles actions, à moins que les actionnaires subissent aussi un tel préjudice (art. 653d al. 2 CO).

2211 Enfin, lorsque ces droits portent sur des actions nominatives, ils ne peuvent être limités par une restriction à la **transmissibilité** des actions nominatives, sauf si

---

[2963] À propos de l'augmentation conditionnelle du capital, cf. *supra* N 2160-2174 (augmentation autorisée, sous-catégorie de la marge de fluctuation du capital), par comparaison avec l'augmentation ordinaire (*supra* N 1837-1863).

cette réserve est prévue dans les statuts et dans le prospectus (art. 653d al. 1 CO). Il faut toutefois relever que cela est la règle en pratique.

Conceptuellement, le **droit de convertir** peut appartenir à la société ; dans la 2212 limite des stipulations contractuelles, l'investisseur est concrètement remboursé en actions si la société estime que cela est plus avantageux pour elle que rembourser en numéraire (cela suppose une augmentation de capital[2964] ou la cession d'actions propres[2965]). Concrètement, la conversion n'a alors lieu qu'en cas de développement défavorable des affaires. Une telle structure de l'emprunt est dangereuse pour l'investisseur, qui porte le risque d'entreprise sans avoir le droit de vote (comme pour les bons de participation) et sans bénéficier le cas échéant d'une évolution favorable (à l'inverse des titulaires de bons de participation). On comprend que seuls des taux d'intérêt très élevés peuvent compenser ce déséquilibre. Le législateur a favorisé (notamment par des exonérations fiscales) la création de telles obligations convertibles lors de la crise financière de 2008 afin de donner aux banques un moyen d'augmenter leurs fonds propres sans forcément augmenter le capital[2966].

c.   Les droits d'option : notions

Dans un système d'autonomie privée (art. 19 CO), les contrats peuvent prévoir 2213 de **nombreux types** d'options. Dans le domaine des actions, un vendeur potentiel peut concéder à un acheteur potentiel le droit d'acquérir des actions qui

---

[2964]   La société peut voter l'augmentation de capital au moment de la conversion et les attribuer aux investisseurs ; c'est une forme de dation en paiement convenue à l'avance (l'emprunt étant alors une obligation avec faculté alternative, cf. art. 172 CO *a contrario*). On peut présumer que les actionnaires seront d'accord de voter une telle augmentation si la situation de la société est objectivement difficile au moment du remboursement. Pour éviter le risque d'une appréciation différente des actionnaires au moment de la conversion, une augmentation conditionnelle peut être votée au moment de consentir l'emprunt.

[2965]   Si la société détient des actions propres (*supra* N 1931-1953), elle peut les transmettre à l'investisseur en remboursement (exerçant le droit à l'exécution alternative) sans procéder à une augmentation de capital.

[2966]   Cf. art. 31 al. 3 LB et *supra* N 2159. Ces « *contingent convertible bonds* » (que l'on peut nommer « *obligations conditionnellement convertibles* » ou « *titres convertibles en fonds propres* »), prévus par la réglementation bancaire internationale (« Bâle III ») ont fait l'objet de beaucoup de débats entre 2009 et 2015. Vu le déséquilibre dans les risques, cette forme de financement suppose un différentiel de taux considérable par rapport aux emprunts ordinaires ; elle coûte finalement très cher à l'établissement financier. Les obligations émises par Credit Suisse ont donné lieu à de nombreux litiges dès le 19. 3. 2023, du chef de la clause permettant leur amortissement à zéro (cf. *supra* n. 2903). Cela n'a pas empêché UBS d'effectuer avec succès une émission de 3,5 milliards de francs le 9. 11. 2023, sans toutefois cette clause d'amortissement intégral.

existent déjà : c'est un droit d'emption (*call option*). Les options peuvent prévoir l'inverse, à savoir le droit d'un propriétaire d'actions de forcer la vente, c'est-à-dire d'obliger le contractant à les acheter (*put options*)[2967]. Il peut s'agir d'opérations ponctuelles dans le secteur financier (dans lequel les produits dérivés sont des instruments combinant différentes options) ou de clauses dans des conventions d'actionnaires, lesquelles peuvent prévoir des options plus spécifiques[2968] (*tag along, drag along*[2969]). Ces options ne relèvent pas à proprement parler du droit des sociétés, car les actions qui en sont l'objet sont déjà émises : elles sont des *res in commercio*. Qui plus est, la société n'est d'ordinaire pas partie au contrat créant de telles options[2970].

2214 D'autres options consistent en revanche dans le droit de leur titulaire d'exiger *de la société* qu'elle lui remette des actions qui n'ont pas forcément été déjà émises. Les augmentations autorisées de capital peuvent être justifiées précisément parce que des cocontractants de la société ont envers elle des droits d'option. Ces titulaires de droits d'option peuvent être des travailleurs, des dirigeants ou des créanciers.

d. L'augmentation conditionnelle de capital

aa. Traits essentiels

2215 L'assemblée générale peut décider une augmentation conditionnelle du capital en accordant, par une disposition statutaire[2971], le droit d'acquérir des actions nouvelles (droit de conversion ou d'option)[2972] aux créanciers de nouvelles

---

[2967] Cf. *supra* N 1232.

[2968] Cf. *supra* N 1444.

[2969] Pour *tag along*, nous proposons l'expression « droit de sortie conjointe » et pour *drag along* « droit de forcer à la sortie conjointe » (cf. *supra* n. 1883).

[2970] Une société peut évidemment être partie à un contrat portant sur des options (ce qui engendre toujours certains risques et potentiellement des questions comptables complexes, cf. *supra* n. 615) relatives à des actions d'une quelconque autre société ou relatives à ses propres actions ; dans ce dernier cas, la question du respect des limites à l'acquisition d'actions propres se pose (*supra* N 1931-1953).

[2971] La mention « dans les statuts » a été supprimée du texte de l'al. 1 adopté le 19. 6. 2020, mais la nécessité d'une disposition statutaire résulte de l'art. 653b al. 1 et 3 CO-2020. Il est vrai que la disposition statutaire ne reflète pas forcément tous les éléments de la décision prise par l'assemblée générale, mais même le cercle des bénéficiaires doit figurer dans les statuts (art. 653b al. 1 ch. 3 CO).

[2972] Au sujet des obligations convertibles et à option en tant qu'instruments de financement de l'entreprise, cf. *supra* N 22052203-2214. Les options permettant l'acquisition d'actions par les collaborateurs offrent à ceux-ci la possibilité d'acquérir des participations dans leur

obligations d'emprunt ou d'obligations semblables envers la société ou une autre société de son groupe, ainsi qu'aux travailleurs ou membres du conseil d'administration, ainsi qu'à des tiers[2973] (art. 653 al. 1 CO). L'augmentation est conditionnelle, car elle **ne devient effective que par l'exercice de ces droits** de conversion ou d'option et la libération des apports par compensation (pour les obligations convertibles) ou en espèces (pour les obligations à option ; art. 653 al. 2 CO[2974]). La société ne connaît donc pas à l'avance l'ampleur exacte de l'augmentation, qui dépend du nombre des droits de conversion ou d'option qui seront exercés. Le capital n'augmente pas d'un seul coup, mais à chaque fois que les droits sont exercés. On parle aussi d'une augmentation « en continu »[2975] ou au « goutte à goutte »[2976].

La mise en œuvre de cette procédure ne pose guère de problèmes. Les **apports** ne peuvent en effet être libérés qu'en espèces ou par la compensation, aisément vérifiable, de créances opposées[2977], l'autre forme « qualifiée » de libération – par apports en nature – étant exclue. La nécessité d'une réglementation se fonde dès lors sur le risque de dilution des titulaires antérieurs du capital[2978]. La novelle du 19. 6. 2020 a apporté des clarifications, étant relevé que le droit anté- 2216

---

entreprise (le plus souvent) à des prix plus avantageux que sur le marché. Ces options sont souvent considérées comme une part du salaire.

[2973] La mention du conseil d'administration et des tiers comme bénéficiaires potentiels a été introduite par la novelle du 19. 6. 2020 ; le Message du Conseil fédéral dit sobrement : « *Il est également courant d'attribuer des options aux membres du conseil d'administration dans le cadre de leur rémunération [... L]e projet propose une liste non exhaustive ('en particulier'), ce qui est plus adapté à la pratique libérale actuelle* » (FF 2017 452 ss).

[2974] Cette disposition n'a pas été modifiée sauf par le remplacement de « droit » (de conversion ou d'option) au singulier par « droits » au pluriel.

[2975] Michel HEINZMANN (2004), N 471 (p. 231 ad n. 826 : « *kontinuierlich* »).

[2976] TF, RNRF 1998 269 c. 1 (271 : « *tropfenweise* »).

[2977] Les fusions et rachats d'entreprises en échange de nouvelles actions impliquent en revanche toujours des apports en nature ou des reprises de biens. C'est donc la procédure de l'augmentation *autorisée*, soit aujourd'hui l'adoption d'une marge de fluctuation du capital (art. 653s-653v CO), qui est utilisée.

[2978] Ce processus continu pouvait paraître difficilement conciliable avec le principe du capital fixe qui était encore fortement ancré dans le droit suisse de la SA (cf. art. 620 al. 1 aCO-1936 et déjà 612 aCFO-1881). Le système adopté le 19. 6. 2020, comprenant la possibilité d'une marge de fluctuation du capital (art. 653s-653v CO-2020), crée un « état d'esprit juridique » où le principe de fixité du capital n'a plus la même importance « philosophique » ou conceptuelle (indépendamment du fait que la plupart des sociétés continueront d'avoir un capital bel et bien fixe). Cela se traduit dans la définition de la société anonyme à l'art. 620 CO-2020, qui ne se réfère plus au « *capital-actions déterminé à l'avance* ». Il s'ensuit que les préoccupations relatives à l'augmentation de capital ne peuvent plus être envisagées sous l'angle de cet aspect en soi. La protection contre la dilution soit s'envisager *pour soi-même*.

rieur, dans le but de prévenir une dilution indésirable, comportait des formulations restrictives qui, selon une interprétation littérale, auraient grandement restreint les possibilités de recourir à une telle augmentation ; le Tribunal fédéral avait été placé dans la nécessité de procéder à une interprétation véritablement correctrice[2979].

bb.   Conditions et mise en œuvre

2217   Le montant nominal de l'augmentation conditionnelle **ne doit pas dépasser la moitié du capital-actions** inscrit au registre du commerce (art. 653a al. 1 CO). On détermine cette valeur plafond en comptant que tous les droits de conversion et d'option seront exercés. Les nouvelles actions doivent en outre être entièrement libérées (art. 653a al. 2 CO). La valeur plafond doit figurer dans les statuts (art. 653b al. 1 ch. 1 CO). La clause statutaire y relative doit être adoptée par l'assemblée générale à la **majorité qualifiée** (art. 704 al. 1 ch. 5 CO), sur proposition du conseil d'administration. Son **élaboration** nécessite d'importantes connaissances techniques[2980]. Il est donc recommandé de la soumettre au contrôle préalable du préposé au registre du commerce. Est frappé de nullité le droit de conversion ou d'option accordé avant l'inscription de cette disposition statutaire au registre du commerce (art. 653b al. 3 CO).

2218   L'augmentation conditionnelle implique la **suppression du droit de souscription préférentiel,** car les actions nouvelles sont destinées aux créanciers obligataires, aux employés ou aux membres du conseil d'administration de la société (ou d'autres sociétés du groupe) ou encore à des tiers – et non aux actionnaires. Cependant, les intérêts des actionnaires sont protégés par l'existence d'un **droit de souscription préférentiel sur les obligations convertibles et à option**, au prorata de leur participation (art. 653c al. 2 CO). Chaque actionnaire se voit ainsi garantir sur ce plan la possibilité de conserver un pourcentage de participation inchangé dans la société (protection contre la dilution).

[2979]   Cf. ATF 121 III 219, v. *infra* n. 2980. Ce jugement (c. 2, 234 s.) relève en particulier la nécessité de distinguer les sociétés ouvertes au public des petites et moyennes entreprises (PME) lors de l'interprétation des dispositions sur l'augmentation du capital.

[2980]   Dans l'ATF 121 III 219 c. 5 (240 s.), premier cas d'application de la notion de l'interprétation par «réduction téléologique» du texte légal (trad. JdT 1996 I 162, cf. ROUILLER/ UFFER [2018], p. 229 s., spéc. ad n. 96-101), la clause concernant l'augmentation conditionnelle du capital a été considérée comme invalide, au motif qu'elle ne contenait aucune indication au sujet (i) du juste motif fondant, dans le cas d'espèce, la suppression du droit de souscrire préalablement à l'emprunt (ii) de la répartition des droits de souscription (droit de conversion et droits d'option) entre les titulaires d'emprunts obligataires, d'une part, et les collaborateurs dont la participation était prétendument favorisée, d'autre part (c. 5a).

Ce droit ne peut être limité ou supprimé que pour un juste motif (art. 653c al. 3 ch. 1 CO) ou, en ce qui concerne les actions cotées en bourse, par l'exigence que les obligations d'emprunt ou semblables soient émises « *à des conditions équitables* » (ch. 2). Comme pour les procédures en augmentation ordinaire du capital (art. 652b al. 2 et 4 CO), le **principe de l'égalité de traitement** entre actionnaires doit aussi être respecté (art. 653 al. 1 CO). Nul ne doit donc être avantagé ou désavantagé de manière non fondée par la suppression du droit de souscription préférentiel ni par la suppression ou la limitation du droit de souscrire préalablement à l'emprunt[2981] (art. 653c al. 4 CO). Par ailleurs, les droits de conversion ou d'option ne peuvent pas être limités par une clause restreignant la transmissibilité des actions nominatives, à moins d'une réserve dans les statuts et dans le prospectus d'émission (art. 653d al. 1 CO[2982]).

Ces droits s'exercent par une **déclaration** qui doit se référer à la clause statutaire sur l'augmentation conditionnelle du capital et – si la loi en exige l'élaboration – au prospectus d'émission (art. 653e al. 1 CO). La **libération des apports en espèces** doit s'effectuer auprès d'un établissement soumis à la Loi sur les banques[2983] (art. 653e al. 2 CO[2984]). Les droits de l'actionnaire naissent au moment de la libération de l'apport (art. 653e al. 3 CO). À la fin de chaque exercice (à savoir de chaque clôture des comptes annuels), un **expert-réviseur** vérifie si les actions nouvelles ont été émises conformément à la loi, aux statuts et, le cas échéant, au prospectus d'émission (art. 653f al. 1 CO)[2985]. Il atteste par écrit du résultat de son contrôle (art. 653f al. 1, 2ᵉ phr., CO). Le **conseil d'administration** procède ensuite à l'adaptation nécessaire des statuts (augmentation du capital-actions et diminution correspondante du capital-actions

2219

[2981] C'est-à-dire l'emprunt obligataire muni de droits de conversion ou d'option.

[2982] Cette disposition n'a été modifiée par la novelle du 19. 6. 2020 que sur un plan rédactionnel (le terme « *titulaire d'un droit de conversion ou d'option* » a remplacé les termes « *le créancier ou le travailleur titulaire d'un droit de conversion ou d'option lui permettant d'acquérir des actions nominatives* », vu notamment l'élargissement des personnes susceptibles de se faire attribuer des droits d'option à l'art. 653 CO-2020, cf. *supra* n. 2973).

[2983] Cf. *infra* N 1810.

[2984] La novelle du 19. 6. 2020 a corrigé une erreur du texte légal de l'art. 653e aCO-1991 qui paraissait indiquer que la libération par compensation devait être effectuée auprès d'un établissement bancaire, ce qui est évidemment contraire au concept de libération par compensation.

[2985] Une vérification *anticipée* peut être requise par le conseil d'administration (art. 653f al. 2 CO-2020 ; cette faculté était présente avant le droit adopté le 19. 6. 2020 dans les termes « *ou plus tôt* » placés à l'al. 1 de l'art. 653f aCO-1991 ; on relèvera que l'exigence d'une attestation écrite de l'expert-réviseur a été placée à l'al. 2 lors de cette réforme).

conditionnel), cela par acte authentique (art. 653g al. 1 CO[2986] ; cf. ég. art. 647 CO). Ce document doit aussi mentionner que les pièces sur lesquelles se fonde l'augmentation de capital ont été présentées au conseil et à l'officier public, et celles-ci y sont annexées (art. 653g al. 1 ch. 4 et al. 3 CO). Le conseil d'administration requiert l'inscription de la modification statutaire au registre du commerce[2987].

2220 Dans les cas où la société a adopté une marge de fluctuation du capital, le conseil d'administration doit **adapter**, dans le cadre de la modification des statuts, **la limite supérieure et la limite inférieure** de la marge de fluctuation en fonction du montant de l'augmentation du capital-actions (art. 653g a. 2, 1re part., CO) ; si la société a fait usage de la variante en vertu de laquelle le conseil d'administration a été *autorisé* à augmenter le capital-actions (au moyen d'un capital conditionnel)[2988], ce sont les règles relatives à l'augmentation autorisée qui s'appliquent (cf. *ibid.*, 2e part.)[2989].

2221 Si les droits de conversion ou d'option se sont éteints (par l'écoulement du temps ou la non-réalisation des conditions), s'il n'en a en définitive pas été accordé ou si les ayants droit ont renoncé à les exercer, il y a lieu de **supprimer la clause statutaire** relative au capital conditionnel (ou de l'adapter si l'extinction ou la renonciation est seulement partielle), comme envisagé explicitement par l'art. 653i a. 1 CO[2990]. La modification présuppose qu'un expert-réviseur

---

[2986] La loi dit spécifiquement (ch. 3) que le conseil d'administration doit vérifier « *l'état du capital-actions et du capital conditionnel à la fin de l'exercice* [c'est-à-dire la date de clôture des comptes annuels] *ou au moment de la vérification* ».

[2987] Cela était spécifiquement prescrit par l'art. 653h aCO-1991, qui précisait que l'inscription devait être requise dans un délai de 3 mois. Le Message du Conseil fédéral explicite son approche de technique législative qui induit la suppression de cette disposition in FF 2017 454 : « *Le délai de trois mois de l'art. 653h CO, contrairement à celui de l'art. 650 [...] n'est pas un délai de péremption, mas un simple délai d'ordre. Or, conformément à la nouvelle approche législative, les délais d'ordre en lien avec les inscriptions au registre du commerce ne sont réglés que dans l'ORC. Le projet prévoit aussi de régler toutes les questions relatives aux pièces à soumettre au registre du commerce dans l'ORC* ». Concrètement, le cas est visé en l'état par les art. 51 s. ORC.

[2988] Cf. *supra* N 2174.

[2989] Comme observé *supra* N 2162, l'augmentation de capital *autorisée* est désormais une des variantes de la fluctuation du capital.

[2990] La formulation actuelle de l'art. 653i CO-2020 semble faire de cette modification une faculté potestative (« *peut supprimer ou adapter la disposition statutaire relative au capital conditionnel* »). Cette rédaction (qui n'est pas due à un manque d'attention, cf. le Message du Conseil fédéral, FF 2017 455) reflète à notre sens les multiples situations, en ceci que les conditions peuvent advenir à différents moments et que la lecture des clauses statutaires – et des comptes annuels – permet aux tiers de se représenter dans quelle mesure les

ait constaté l'extinction des droits de conversion et d'option (art. 653i al. 2 CO). Il appartient au conseil d'administration d'y procéder (*ibid.*), par acte authentique (art. 647 CO)[2991].

5. Procédure de « prise ferme »

Les sociétés anonymes qui ont un grand cercle d'actionnaires, en particulier les sociétés ouvertes au public, exécutent souvent l'augmentation du capital par l'intermédiaire d'une banque (ou d'un consortium bancaire) agissant à titre fiduciaire. Dans une première étape, l'établissement bancaire acquiert les actions en son propre nom, puis les propose aux acheteurs autorisés ou au public, aux conditions définies avec la société[2992]. Dans l'intervalle, ces actions sont dénommées « actions réservées ».

2222

Cette procédure est controversée sur de nombreux points[2993]. La question se pose en particulier de savoir si elle constitue une augmentation du capital avec ou sans suppression du droit de souscription préférentiel[2994]. Pour certains au-

2223

---

possibilités d'exercice demeurent actuelles. Cela étant, à notre sens, lorsque les possibilités conditionnelles d'augmentation sont clairement éteintes de façon définitive, le conseil doit procéder à la modification des statuts, après avoir mis en œuvre l'expert-réviseur.

[2991] Sur les détails des pièces, voir aussi art. 53 ORC.

[2992] La jurisprudence a eu l'occasion de préciser que des prises fermes par un tiers indépendant de la société émettrice, p. ex. un consortium bancaire (cf. *supra* N 1455), sont admises, à condition que celui-ci supporte définitivement le risque de pertes en cas d'échec du placement correspondant (ATF 117 II 290 c. 4 [296 ss]). Les prises fermes peuvent être liées tant à une augmentation ordinaire (cf. *supra* N 1837-1863) qu'à une augmentation autorisée du capital (soit actuellement dans le cadre de la « marge de fluctuation du capital », cf. *supra* N 2156-2202).

[2993] Le législateur a cependant renoncé à réglementer le droit de souscription préférentiel dans le cadre de la prise ferme, ce qui avait été prévu dans l'avant-projet de 2005, dans le but de préserver le droit de souscription préférentiel (FF 2017 426, ce qui est le cas dans l'art. 33 al. 7 de la Directive 2012/30/UE du Parlement européen et du Conseil du 25. 10. 2012 [« *tendant à coordonner, pour les rendre équivalentes, les garanties qui sont exigées dans les États membres des sociétés… en vue de la protection des intérêts tant des associés que des tiers, en ce qui concerne la constitution de la société anonyme ainsi que le maintien et les modifications de son capital* »], dans le cadre de l'art. 54 al. 2 TFUE). Le Message du Conseil fédéral indique : « *Des participants [à la procédure de consultation] ont estimé que la liberté économique aurait été trop fortement entravée et que les établissements financiers étrangers devaient pouvoir se porter preneurs fermes. En effet, la prise ferme ne pose pas de problèmes juridiques particuliers* » (FF 2017 449).

[2994] Est aussi controversée la question de savoir si les limites posées à l'acquisition d'actions propres (art. 659 s. CO) valent également pour ces actions réservées ; cf. à ce sujet, *supra* N 1931-1953.

teurs, la prise ferme doit formellement être qualifiée de suppression du droit de souscription préférentiel (cf. art. 652b al. 2 CO), bien que, d'un point de vue matériel, ce droit reste garanti à l'actionnaire[2995]. Selon cette conception, les exigences formelles d'une augmentation du capital avec suppression du droit de souscription préférentiel devront être observées[2996], à savoir : (i) prise de décision à la majorité qualifiée (art. 704 al. 1 ch. 4 CO), (ii) élaboration d'un rapport d'augmentation par le conseil d'administration (art. 652e ch. 4 CO) et (iii) délivrance d'une attestation de vérification par un réviseur agréé (art. 652f al. 1 CO). Le registre du commerce suit cette pratique. Une autre opinion représentée en doctrine met l'accent sur l'aspect matériel de la procédure. L'intervention de la banque ou du consortium bancaire n'est considérée que comme le moyen d'atteindre un but, à savoir l'émission publique des actions avec maintien du droit de souscription préférentiel[2997]. Quatre conséquences importantes découlent de ce second point de vue : (i) l'obligation d'émettre un prospectus d'émission si matériellement, l'opération implique que l'offre sera faite au public[2998] ; (ii) l'obligation d'indiquer comme prix d'émission le montant que paient les acquéreurs pour exercer leur droit de souscription préférentiel ; (iii) l'obligation de mentionner dans la décision d'augmentation le maintien du droit de souscription préférentiel ; (iv) l'applicabilité de la majorité simple aux décisions de l'assemblée générale (art. 703 CO). S'agissant d'une augmentation du capital en espèces et avec maintien du droit de souscription préférentiel, l'attestation de vérification relative au rapport d'augmentation n'est pas requise.

IV.　Les droits de sociétariat et le fonctionnement de la société

A.　Matière traitée et vue d'ensemble

2224　Comme toutes les parties de ce chapitre consacré à la société anonyme, la présente section IV ne traite que des particularités de cette forme de société. En ce qui concerne la compétence que confèrent les droits de sociétariat pour participer à l'assemblée des sociétaires, ainsi que la préparation, la convocation et le

---

[2995] Pour l'état de la doctrine, Thomas REUTTER, ECS 2006 44 ss.

[2996] FORSTMOSER/MEIER-HAYOZ/NOBEL (1996), § 52, N 203 ; ZINDLER/ISLER, BaK ad art. 650 CO, N 32a.

[2997] Pour cette approche, LANZ/FANKHAUSER, Reprax 2004 6 ; Peter BÖCKLI (2009), § 2, N 30.

[2998] Sur les critères résultant désormais des art. 35 ss LSFin, cf. *supra* N 2175-2179 ; pour plus de détails sur le *contenu* des prospectus, cf. ROUILLER/BAUEN/BERNET/LASSERRE ROUILLER (2022), N 880-881b ainsi que *supra* N 2180-2187 et *infra* N 2385-2388.

déroulement de cette assemblée (délibérations, procès-verbal, et même les contestations), on a pu observer que ces vastes matières suivent des règles communes aux sociétés de capitaux et à la coopérative[2999]. Le fonctionnement de l'organe dirigeant – le conseil d'administration – est régi lui aussi par des normes communes à tous les organes de gestion, soit en premier lieu les devoirs matériels de loyauté et de diligence[3000]. En abordant le fonctionnement de la société, ce ne seront donc ici que quelques **aspects spécifiques**, dont certains sont cependant fondamentaux, qui sont abordés.

Dans le droit suisse actuel, la société anonyme se distingue profondément des autres sociétés par l'**absence de tout devoir de loyauté de l'actionnaire** (sauf s'il est stipulé par une convention d'actionnaires, ce qui n'a pas d'effet de droit des sociétés). La conséquence est que les actionnaires ne peuvent pas participer *en cette qualité* à la gestion (tout actionnaire peut bien sûr être élu au conseil d'administration ; il participe alors à la gestion *en qualité d'administrateur*).   2225

Il en résulte que les compétences de l'assemblée générale des actionnaires ne peuvent empiéter sur celles du conseil d'administration qui relèvent de la gestion. Cette répartition est usuellement désignée comme le principe de parité ; en comparaison avec un certain principe de parité qui existe dans les autres formes de sociétés, il nous apparaît nécessaire de le nommer *principe de parité strict*.   2226

Les autres conséquences consistent dans l'étendue matériellement limitée des **droits de contrôle**, bien encadrés formellement : le droit aux renseignements et l'examen spécial (leurs bornes assez strictes concernent le droit des sociétés, car, une fois encore, les conventions d'actionnaires peuvent créer des droits d'information et de contrôle très étendus). La **recherche d'un bon équilibre** est délicate. Quarante ans de travaux de réforme (1983-2023) ont visé à étendre – prudemment – ces droits des actionnaires minoritaires dans toutes les sociétés. Cette évolution est indépendante de la **transparence accrue** exigée depuis les années 1990 par les bourses envers les sociétés cotées et, depuis quelques années, de façon générale par les pouvoirs publics et les mouvements citoyens les plus divers – à l'égard de toutes les sociétés[3001], avant tout celles de grande taille et donc, une fois encore, de celles qui sont cotées.   2227

[2999] Cf. *supra* N 1680-1760.
[3000] Cf. *supra* N 968-1228.
[3001] Cf. *infra* N 2878-2882.

2228 Les sociétés cotées de droit suisse étant des sociétés anonymes, les particularités d'une **cotation boursière** seront traitées dans cette section. Elles le seront de façon extrêmement résumée, vu l'ampleur et la technicité des normes[3002].

2229 La présente section IV traitera aussi des **traits qui distinguent le conseil d'administration** des organes dirigeants d'autres sociétés.

B. Les particularités de la répartition des compétences (« principe de parité strict »)

2230 En raison notamment de l'absence de tout devoir de loyauté de l'actionnaire selon le droit des sociétés, la protection de l'intérêt social exige que les **décisions de gestion** soient effectivement prises par l'organe dirigeant, le conseil d'administration, dont les membres sont soumis aux devoirs de fidélité et de diligence. Les compétences du conseil d'administration en matière haute direction (art. 716a CO) sont ainsi **réellement intransmissibles** : non seulement, elles ne peuvent pas être déléguées (d'une façon qui libérerait le conseil de sa responsabilité) à un organe qui lui subordonné, mais elles ne sauraient non plus être déléguées « vers le haut » à « l'organe suprême » qu'est l'assemblée générale.

2231 Cette caractéristique distingue nettement la société anonyme de la société à responsabilité limitée, dans laquelle les statuts peuvent prévoir que les décisions des gérants seront soumises à l'assemblée des associés (art. 811 CO)[3003].

2232 Dans la société anonyme, les compétences intransmissibles du conseil d'administration le sont absolument. On peut donc réellement parler d'un « principe de la parité »[3004] (voire d'une transposition de la théorie de la séparation des

---

[3002] La 3e éd. de l'ouvrage *La société anonyme suisse* de ROUILLER/BAUEN/BERNET/ LASSERRE ROUILLER (2022), N 856-1054, traite le droit boursier dans un chapitre de 125 pages (899-1024), mais il s'agit d'un résumé déjà très concentré. Comptant que le gouvernement d'entreprise – *corporate governance* – fait l'objet d'un autre chapitre (N 679-739) de 55 pages, on doit constater que la matière est de toute évidence très ample.

[3003] Cf. *infra* N 2617-2626.

[3004] En allemand « *Paritätsprinzip* ». Sur ce terme en français, ZEN-RUFFINEN/BAUEN (2017), N 485 ; Mathieu BLANC, RSDA 2006 222 *in fine*. On parle parfois aussi de « *théorie de la parité* » (cf. Olivier BLOCH [2021], p. 147 ad n. 701 ; Rashid BAHAR, Comm. ad art. 70 LFus, [2005] n. 30) ou simplement de « parité des organes sociaux » (cf. p. ex. JdT 1975 I 337, trad. de l'ATF 78 II 375 ; ou JdT 1953 I 279, trad. de l'ATF 78 I 375). V. aussi Message du Conseil fédéral, FF 2017 409 après n. 191.

pouvoirs en droit privé[3005]). Le législateur a résolument rejeté la « théorie de l'omnipotence » de l'assemblée générale[3006].

Bien entendu, la compétence – également intransmissible – de l'assemblée générale d'**élire** le conseil d'administration a une **influence** potentiellement très étroite sur les décisions de gestion : un administrateur qui refuse de prendre une décision de gestion souhaitée par les actionnaires s'expose à être révoqué à brève échéance ; à l'inverse, une personne qui propose sa candidature au poste d'administrateur peut indiquer qu'elle prendra des décisions souhaitées par la majorité des actionnaires une fois élue. Le pouvoir d'élection et de révocation de l'assemblée peut donc évidemment avoir une influence sur les décisions de gestion, très proche d'être directe. 2233

Il n'est pas illicite non plus que les objets traités par l'assemblée expriment qu'elle (c'est-à-dire : la majorité) n'a pas d'objection à ce que le conseil d'administration prenne une décision déterminée. Cela ne libère cependant pas formellement le conseil d'administration de sa **responsabilité**. À l'inverse, la décharge votée *a posteriori* libère – hors faillite – le conseil d'administration de sa responsabilité envers la société, si elle est unanime (si elle n'est votée qu'à la majorité, elle prive *la société* de la faculté d'ouvrir un procès en responsabilité, les actionnaires conservant le pouvoir de le faire, art. 756 CO). 2234

Malgré ces tempéraments (qui peuvent aller parfois s'approcher d'un contournement des règles de compétence), le principe de parité joue un **rôle pratique immense** : le fait que légalement, seul le conseil d'administration ait la compétence de prendre des décisions de gestion signifie que dans l'immense majorité des sociétés anonymes et dans l'immense majorité des situations, c'est bien dans ses mains que se trouve ce pouvoir direct et quotidien sur les affaires de 2235

[3005] On se référera spécialement à l'article de Stoffel/Gabellon, Montesquieu en droit des sociétés anonymes : le principe de la parité constitue-t-il une distribution des pouvoirs bénéfiques ou plutôt un lit de Procuste ?, RSDA 2015 434-443.

[3006] Cf. Message du Conseil fédéral, FF 1983 II 862 s. : « *Le conseil d'administration est ainsi tenu, en tant que haute direction, de diriger effectivement la société. Il en découle aussi pour lui l'interdiction de déléguer ces compétences à l'organe suprême qu'est l'assemblée générale. C'est précisément ce genre de délégation de compétence qu'il s'agit d'empêcher, car, déléguer à l'assemblée générale des attributions du conseil d'administration, revient à supprimer la responsabilité que le conseil d'administration assume pour chacune d'elles. Par cet argument, nous réfutons la théorie dite de l'omnipotence qui voudrait que l'assemblée générale puisse prendre toutes les décisions et qu'elle puisse s'immiscer dans toutes les affaires qui relèvent du pouvoir de décision du conseil d'administration* ». Voir aussi Meier-Hayoz/Forstmoser (2023), § 16, N 558. Sur l'évolution de l'omnipotence vers la parité, voir Christoph von Greyerz, RSDA 1976 171. Cela dit, l'argument selon lequel une décision de l'assemblée supprime forcément la responsabilité n'est pas indiscutable, comme le montre l'art. 811 al. 2 CO pour la Sàrl, cf. *infra* N 2624.

la société. Cela ne signifie pas qu'il soit supérieur à l'organe suprême qui l'élit et peut le cas échéant le révoquer, mais que chaque organe a réellement son domaine de compétence et qu'il existe **une véritable séparation des pouvoirs**.

C.   L'assemblée générale

1.   Compétences

2236   En ce qui concerne les compétences intransmissibles de l'assemblée des sociétaires, on a pu constater qu'elles suivent des règles communes aux sociétés de capitaux et à la coopérative. L'art. 698 al. 1 CO énonce notamment « *le droit intransmissible* » de l'assemblée générale des actionnaires de modifier les statuts (ch. 1), d'élire les autres organes (ch. 2), d'approuver les comptes annuels et intermédiaires, les comptes consolidés et l'éventuel rapport annuel (ch. 3-5) et de donner décharge (ch. 7), de voter les dividendes (ch. 4 s.) et le remboursement des réserves issues du capital (ch. 6) ainsi que « *prendre toutes les décisions qui lui sont réservées par la loi ou les statuts* » (ch. 9 ; il existe notamment une série de compétences impératives dans les sociétés anonymes cotées en bourse[3007]). Comme déjà exposé – et décrit en détail[3008] –, ces compétences sont le cœur de ce qui revient aux sociétaires dans les autres sociétés de capitaux et dans la coopérative. En comparaison de l'assemblée des sociétaires dans ces autres sociétés et surtout de celle de la société à responsabilité limitée, l'assemblée générale des actionnaires **se distingue par les compétences qu'elle n'a pas** et surtout par celles qu'elle ne peut avoir : cela ne résulte pas seulement d'une liste limitée de compétences dans la loi, mais surtout de l'attribution au conseil d'administration de compétences intransmissibles par l'art. 716a CO. C'est de cette disposition-ci[3009] que découle l'impossibilité pour les statuts d'étendre l'activité de l'assemblée au-delà de limites créées par les compétences exclusives du conseil d'administration.

2237   En particulier, l'assemblée générale ne prend **pas de décision de gestion** et les décisions de gestion du conseil d'administration ne peuvent être subordonnées à une approbation de l'assemblée générale pour être valables (contrairement à ce que permet l'art. 811 CO pour la Sàrl[3010]). Elle ne se prononce pas non plus

---

[3007]   Ch. 8 : la décotation. Al. 2 : vote sur les rémunérations des dirigeants (ch. 4) ; l'élection du président du conseil (ch. 1), des membres du comité de rémunération (ch. 2) et du représentant indépendant (ch. 3).

[3008]   *Supra* N 1667-1679.

[3009]   Elle n'a pas d'équivalent dans le droit de la Sàrl (vu l'art. 811 CO) ni dans le droit de la coopérative (art. 894-95 CO).

[3010]   *Infra* N 2617-2626.

sur l'entrée d'un nouvel actionnaire, c'est-à-dire concrètement le transfert d'actions (alors que l'admission d'un associé d'une Sàrl relève de la compétence de l'assemblée des associés, art. 804 al. 2 ch. 8 CO[3011]).

En revanche, comme d'ailleurs dans les autres sociétés, elle doit approuver les décisions de **restructuration** (fusion, scission, transformation)[3012], ce qui serait de toute façon incontournable parce qu'une telle opération requiert de modifier les statuts[3013] ; mais un transfert de patrimoine, opération qui peut être économiquement équivalente[3014], ne requiert pas son approbation (mais seulement que les actionnaires soient informés, cf. art. 74 LFus[3015]). 2238

2. Le déroulement de l'assemblée et les majorités

a. Convergences et spécificités par rapport aux autres formes de société

Une assemblée générale d'actionnaires se distinguera de celle d'autres formes de sociétés de capitaux ou de la coopérative avant tout par la nature des droits de sociétariat[3016] : la légitimation pour participer se déterminera en vertu des actions et de leur mode d'enregistrement, aspects[3017] qui diffèrent du régime des parts sociales dans une société à responsabilité limitée ou de celui de la qualité d'associé dans la coopérative. 2239

Du point de vue purement quantitatif, on sait bien que les assemblées de certaines sociétés anonymes peuvent devoir accueillir de très nombreux actionnaires, ce qui ne devrait pas arriver à des sociétés à responsabilité limitée[3018] (cela peut survenir, en revanche, dans quelques coopératives[3019]). Il reste que non seulement pour l'essentiel, mais aussi pour la plupart des règles de détail, 2240

[3011] *Infra* N 2536-2539.
[3012] *Infra* N 2860 (fusion), 2865 (scission) et 2869 (transformation).
[3013] *Supra* N 1667-1668.
[3014] Équivalente à une scission si la société aliène un pan de son activité, et à une fusion si elle acquiert un tel pan d'une autre société.
[3015] Dans la SA, il n'y aura pas de décision de l'assemblée générale, non parce que l'art. 74 LFus ne le prévoit pas, mais parce l'art. 716a CO réserve les décisions de gestion au conseil d'administration. Dans la Sàrl, même si l'art. 74 LFus ne prévoit qu'une information aux sociétaires, l'art. 811 CO peut leur attribuer une compétence décisionnelle (*infra* N 2617-2626).
[3016] Cf. *supra* N 1664.
[3017] Ils sont décrits en détail *supra* N 2095-2138.
[3018] Cf. *supra* N 1664 et *infra* N 2492 *in fine*.
[3019] Cf. *infra* N 2254 et 2756-2764.

les normes applicables à une assemblée de société anonyme sont les mêmes que pour les autres sociétés de capitaux et la coopérative. Ainsi, l'assemblée générale d'une société anonyme qui n'a que quelques actionnaires pourra fort bien se dérouler de la même façon qu'une assemblée des associés d'une société à responsabilité limitée.

2241 On observera que les règles sur l'approbation écrite remplaçant l'assemblée, le lieu de l'assemblée (y compris les assemblées virtuelles) et la représentation sont communes à toutes les sociétés de capitaux (le droit de la Sàrl renvoyant au droit de la SA)[3020]. Celles sur la détermination de l'ordre du jour et la convocation, les débats, les votes (y compris l'exclusion du vote sur la décharge pour les personnes ayant participé à la gestion) et la tenue du procès-verbal, tout comme sur la contestation des décisions, sont encore davantage répandues, puisque le droit de la coopérative les connaît lui aussi[3021].

2242 Ainsi, les développements ci-après ne concernent en fin de compte que les règles énoncées uniquement dans les dispositions applicables à la société anonyme, sans qu'il y ait un renvoi ou une convergence suffisante pour qu'elles soient traitées ensemble. Comme on le verra, cela concerne pour l'essentiel les notions de majorité et les exigences de majorités qualifiées, bien que la structure du système et la substance soient tout de même largement convergentes.

b.   Convocation de l'assemblée générale

2243 À l'art. 700 al. 1 CO, le droit de la société anonyme prévoit que le délai de convocation de l'assemblée générale ne peut être inférieur à 20 jours (il ne peut être réduit à 10 jours comme dans la Sàrl)[3022].

c.   Majorités

aa.   Majorité ordinaire

2244 Selon le système légal qui vaut à défaut de solution statutaire contraire, l'assemblée générale prend ses décisions et procède aux élections à la **majorité**

[3020] Cf. *supra* N 1968-2014.
[3021] Cf. *supra* N 1680-1778.
[3022] Cf. *supra* N 1681-1689.

des voix attribuées aux actions représentées (art. 703 CO), et non pas à la majorité des voix *exprimées*[3023].

Les actions dont le droit de vote est « gelé » ou exclu[3024] ne sont pas considérées comme « représentées » ; elles ne sont pas comptabilisées dans les bases de calcul.

2245

Étant donné que la majorité se détermine d'après les actions représentées, les votes nuls ainsi que les abstentions jouent un rôle pour la prise de décisions.

2246

Depuis l'entrée en vigueur, en 2023, de la novelle votée le 19. 6. 2020, l'art. 703 CO (comme l'art. 704 CO) n'emploie plus la notion de « *majorité absolue des voix attribuées aux actions représentées* », mais celle de « *majorité des voix attribuées aux actions représentées* ». Ni le Message du Conseil fédéral ni les débats parlementaires, dont est issue la disposition actuelle qui s'écarte du projet gouvernemental, n'apportent de précisions sur les contours de la majorité désormais déterminante[3025]. On peut la définir comme une *ma-*

2247

[3023] Cela ressort irréfragablement des débats parlementaires. Le rapporteur de la majorité de la Commission, Christa MARKWALDER, a exposé (BO 2018 N 1140 s.) « *In Artikel 703 Absatz 2 hat die Kommission beschlossen, dass die Generalversammlung ihre Beschlüsse mit der Mehrheit der vertretenen Aktienstimmen fasst und nicht, wie vom Bundesrat vorgeschlagen und von der Minderheit Leutenegger Oberholzer gefordert, mit der Mehrheit der abgegebenen Stimmen* ». Ce texte, correspondant à celui de l'art. 703 CO-2020, est adopté (BO 2018 N 1146 [134 voix] ; le Conseil des États l'adopte sans discussion, BO 2019 E 511). La position de Simonetta SOMMARUGA était : « *Nach geltendem Recht fasst die Generalversammlung ihre Beschlüsse mit der absoluten Mehrheit der vertretenen Aktienstimmen. Stimmenthaltungen wirken sich faktisch wie Neinstimmen aus* » (p. 1139). On peut observer que la proposition gouvernementale (majorité des voix exprimées, FF 2017 510 s., ég. 485 *in fine*) était si ferme qu'elle était conçue comme de droit impératif, point qui était très critiquable (v. ROUILLER/BAUEN/BERNET/LASSERRE ROUILLER [2017], N 750 : « *Il est évident qu'il n'y a pas d'intérêt public à en faire une règle impérative, les sociétés devant manifestement être libres de déterminer comment les abstentions doivent être comptées* ») et qui a pu conduire, par réaction, les Chambres à adopter une solution différente.

[3024] P. ex. actions détenues par la société elle-même (art. 659a CO), actions nominatives liées sans droit de vote (art. 685f al. 3 CO), actions des personnes ayant participé à la gestion en cas de décision relative à la décharge (art. 695 al. 1 CO) ou actions de celui qui a acquis une participation lui donnant le contrôle sur la société et dont les droits de vote ont été suspendus par le juge en raison de la violation des obligations de communication prévues par la réglementation boursière (art. 135 al. 5 LIMF).

[3025] La notion de majorité absolue ne réglait pas toutes les questions et ne correspondait pas à la solution retenue par la plupart des sociétés dans leurs statuts. Cela étant, le Message de 2017 ne développe guère les raisons d'abandonner la présomption légale pour la majorité absolue (FF 2017 511, relativement à l'art. 704 du projet : « *L'adjectif 'absolue' est supprimé, car dans le cadre d'un vote sur un objet il n'y a aucune différence entre la majorité*

jorité non absolue (utiliser les notions de « majorité simple » ou de « majorité relative »[3026] ne règle pas l'ensemble des questions pratiques)[3027]. Une telle majorité signifie à notre sens qu'une proposition est adoptée si elle recueille plus de voix qu'une proposition qui lui est opposée, d'une part[3028], et que l'ensemble des abstentions, d'autre part (si les abstentions sont majoritaires, l'objet ne recueille pas la majorité, même simple ou relative, des voix *attribuées aux actions représentées*[3029]).

---

absolue et la majorité simple. La notion de majorité absolue n'aurait de sens qu'en cas d'une élection. Or, en vertu de l'art. 703, une majorité simple est toujours suffisante pour l'élection des membres et du président du conseil d'administration », étant précisé qu'en p. 510 relative à l'art. 703, l'abandon de l'adjectif « absolu » n'est pas commenté ; il en allait de même dans le Message du 21. 12. 2007, FF 2008 1482 et 1502, repris en 2017). Les débats parlementaires (BO 2018 N 1140 s.) montrent que les Chambres se sont écartées de la proposition du Conseil fédéral sur la référence aux voix *exprimées*, mais sans que l'abandon de la majorité absolue comme régime ordinaire soit véritablement débattu. Il est intéressant de relever que la Conseillère fédérale Simonetta SOMMARUGA le mentionnait (*ibid.*, p. 1139), mais pour critiquer en réalité la référence aux voix attribuées aux actions représentées plutôt qu'aux suffrages exprimés (*supra* n. 3023).

[3026] Pierre ENGEL, RSJ 1985 p. 302, retient explicitement que les termes de majorité relative et simple sont synonymes.

[3027] Pour Dieter DUBS, BK ad art. 698-706b CO (2023), N 146, le changement de formulation n'a pas d'effet matériel (*« Der Gesetzgeber hat sich entschieden, das allgemeine Beschlussquorum nach Art. 703 OR unverändert zu belassen [...]. Im Wortlaut Art. 703 Abs. 1 OR ist einzig das Wort 'absolut' weggefallen. Aus materieller Sicht besteht aber kein Unterschied zwischen der einfachen Mehrheit und der absoluten Mehrheit »*) ; sur les discussions dans le droit de l'association (art. 67 al. 2 CC), qui n'emploie pas non plus le terme « absolu », cf. *infra* N 2804 (spéc. n. 3606).

[3028] Pierre ENGEL, RSJ 1985 p. 302, définit la majorité relative ou simple (*supra* n. 3026) comme « *celle qui se forme simplement de la supériorité du nombre des voix obtenues par un des concurrents, par une des propositions* ».

[3029] Sans une telle prise en compte des abstentions, l'exclusion délibérée par les Chambres fédérales du critère des *voix exprimées* (*supra*, n. 3023) au profit de la *majorité des voix attribuées aux actions représentées* n'aurait simplement pas de portée et serait justement l'exact équivalent de la majorité des voix exprimées. On précisera que la loi contient une disposition spécifique prévoyant un vote à la majorité des voix exprimées, pour convertir les actions au porteur en actions nominatives (art. 704a CO). Cette disposition a été introduite en 2014 pour favoriser cette conversion, en raison des pressions internationales exercées (à travers le GAFI) pour supprimer les actions au porteur (cf. Message du Conseil fédéral, FF 2014 585 ; le souhait du Conseil fédéral, exprimé dans le Message relatif à la grande réforme [FF 2017 511 *in initio*], « de généraliser » ce système de vote, ne reposait pas sur une analyse comparative des mérites respectifs des différents types de majorité, mais indiquait tout de même que ce système était celui du § 113 AktG).

Comme décrit au sujet des délibérations[3030], il est opportun que la **conduite de**   2248
l'assemblée par le président – le cas échéant par des motions d'ordre – revienne
à opposer dans chaque vote deux propositions ; comme indiqué, en cas de pluralité de propositions, différentes méthodes permettent par votes successifs
d'aboutir à opposer les deux propositions ayant recueilli la majorité dans des
votes préliminaires (les motions d'ordre permettent à chaque actionnaire de
proposer à l'assemblée de décider que le vote préliminaire sera organisé autrement que ce que le président entend opérer). À défaut de cette façon de procéder, faute de règle imposant la majorité absolue, une proposition serait considérée comme adoptée simplement lorsqu'elle recueille plus de voix que les
autres ; si celles-ci sont nombreuses, l'adhésion suffisant pour adopter une proposition pourrait théoriquement être assez faible (p. ex. 30 % si elle est opposée
à deux autres propositions qui recueillent 25 % chacune et que les abstentions
sont à 20 %). Mais le risque concret qu'une proposition soit adoptée et qu'une
solution s'impose à la société alors qu'elle ne recueille qu'une faible adhésion
est en réalité facile à écarter : une majorité insatisfaite peut voter une motion
d'ordre qui induit un nouveau vote, imposant qu'une proposition « somme
toute » préférée à celle issue du premier vote à la majorité simple soit finalement adoptée[3031]. Une assemblée bien conduite, avec l'opposition judicieuse et
progressive des propositions, permet en principe d'éviter ce genre de désordres
qui peuvent être un terreau de contestations.

Les **statuts** peuvent notamment prévoir que les décisions sont prises à la ma-   2249
jorité des voix valablement **exprimées**[3032]. Ils peuvent aussi employer la notion

---

[3030] *Supra* N 1713-1715.

[3031] Cette démarche corrective n'est possible qu'en cas d'assemblée véritablement interactive. Cela illustre que les « facilités » introduites dès mars 2020 par la réglementation
due au coronavirus (p. ex. art. 27 al. 1 lit. a, 1re hypothèse, de l'Ordonnance 3 Covid-19
du 19.6.2020 [RS 818.101.24]) permettant les assemblées par pures propositions
écrites (« *L'organisateur d'une assemblée de société peut, quel que soit le nombre
prévu de participants et sans respecter le délai de convocation, imposer aux participants d'exercer leurs droits exclusivement : a. par écrit [...]* ») ne sont en principe pas
conformes à l'essence même d'une assemblée générale et, sous réserve d'urgence (cas
qui peuvent être couverts par la délégation législative contenue à l'art. 8 de la « Loi
Covid-19 » du 25.9.2020), ils sont probablement contraires au droit supérieur qu'est le
CO dans la mesure où l'interactivité est aujourd'hui facile à mettre en œuvre par des
applications informatiques de vidéoconférence accessibles fondamentalement aux sociétés de toutes tailles. Cela nous semble aller dans le même sens fondamental que
l'ATF 149 III 1 (cf. *supra* n. 2720).

[3032] Même avis, Dieter DUBS, BK ad art. 698-706b CO (2023), N 146 *in fine* et 147. Le
caractère dispositif des systèmes légaux de majorité est une règle générale concrétisant
la liberté des sociétés de s'organiser (cf. p. ex. *infra* N 2804 pour l'association ; sur le
poids accordé à cette liberté, cf. p. ex. *infra* N 2345 ad n. 3141 et n. 3165). Le Message
relevait à juste titre que sous le régime alors en vigueur (art. 703 aCO-1936) en vertu

de majorité absolue, même si la loi y a renoncé. Ils peuvent également prévoir des régimes de majorité différents selon le type de décision[3033], sous réserve bien sûr des cas où la loi requiert une majorité qualifiée, laquelle est alors une exigence minimale[3034].

2250 Fondamentalement, le droit de vote est **calculé sur la base de la valeur nominale** des actions qui appartiennent à chacun des actionnaires (art. 692 al. 1 CO). Les statuts peuvent partiellement s'écarter de ce principe par le biais d'actions à droit de vote privilégié (art. 693 CO) : le droit de vote peut alors être, dans une certaine mesure, déterminé proportionnellement au nombre d'actions de chaque actionnaire (art. 693 CO), sans égard à leur valeur nominale[3035]. Enfin, les statuts peuvent donner au président de l'assemblée une voix prépondérante en cas de vote aboutissant à une égalité des voix, ce que la loi reconnaît désormais explicitement à l'art. 703 al. 2 CO[3036].

bb.   Exigence légale d'une majorité qualifiée pour les « décisions importantes » ; autres exigences de majorité

2251 Pour certaines « décisions importantes », la loi prévoit impérativement une **majorité qualifiée de deux tiers** *des voix* attribuées aux actions représentées et la majorité[3037] des valeurs nominales représentées (il s'agit là du « double seuil » prévu par l'art. 704 al. 1 CO). L'exigence imposant la majorité *des valeurs nominales* représentées n'a d'importance que lorsque la société a émis des actions ayant une valeur nominale différente ; cette exigence neutralise alors le poids accru des actions à droit de vote privilégié (art. 693 CO)[3038].

---

duquel les décisions étaient adoptées à la majorité absolue, « *de nombreuses sociétés prévo[yaient] dans leurs statuts le nombre de voix exprimées (valablement) comme base de calcul* » (FF 2017 510 ad n. 427). Cette possibilité existe à plus forte raison dans le régime de l'art. 703 al. 1 CO-2020.

[3033] En ce sens Dieter DUBS, BK ad art. 698-706b CO (2023), N 147 (2e phr.).

[3034] Cf. *infra* N 2258.

[3035] Cf. à cet égard *supra* N 1962-1964.

[3036] Cette disposition a été introduite par la novelle du 19. 6. 2020. Cette possibilité était déjà reconnue à l'ATF 95 II 555 (*Stichentscheid*, que le résumé traduit par « *voix prépondérante en cas de partage des voix* »).

[3037] Ici aussi, la référence à la majorité *absolue* a été supprimée par la novelle du 19. 6. 2020 (cf. *supra* N 2247 ad n. 3025 s.).

[3038] Cf. à cet égard *supra* N 1962-1964.

La loi[3039] considère comme « importantes » des décisions que l'on peut tenter 2252 de classer en différentes **catégories** de thématiques.

Il y a celles qui ont un **impact sur la valeur relative et la cessibilité des ac-** 2253 **tions** : (i) l'introduction (non pas la suppression) d'actions à droit de vote privilégié (art. 704 al. 1 ch. 8 CO) ; (ii) la restriction (mais non pas l'assouplissement) de la transmissibilité des actions nominatives (cf. art. 704 al. 1 ch. 7 CO)[3040] ; (iii) la limitation ou la suppression du droit de souscription préférentiel (art. 704 al. 1 ch. 4 CO) ; (iv) la transformation de bons de participation en actions (art. 704 al. 1 ch. 6 CO) ; (v) la réunion d'actions, pour autant que le consentement de tous les actionnaires concernés ne soit pas requis (art. 704 al. 1 ch. 2 CO) ; (vi) le changement de la monnaie dans laquelle le capital-actions est fixé (art. 704 al. 1 ch. 9 CO) ; (vii) la décotation des titres de participation de la société (art. 704 al. 1 ch. 12 CO).

D'autres « décisions importantes » concernent **la variation du capital** : (i) 2254 l'augmentation conditionnelle du capital-actions (« création d'un capital conditionnel ») ou la création d'une marge de fluctuation du capital (art. 704 al. 1 ch. 5 CO) ; (ii) l'augmentation du capital-actions au moyen des fonds propres, contre apport en nature ou par compensation, et l'octroi d'avantages particuliers (art. 704 al. 1 ch. 3 CO). On observe que ce sont les augmentations qui présentent des **éléments d'incertitude**, que ce soit sur le caractère différé de leur mise en œuvre, ou sur les apports ; ne sont ainsi exemptées de majorité qualifiée que les augmentations ordinaires par apports en espèces.

Sont aussi des « décisions importantes » celles qui tranchent sur **une orienta-** 2255 **tion fondamentale pour l'existence de la société**, à savoir : (i) la modification du but social (art. 704 al. 1 ch. 1 CO) ; (ii) le transfert du siège de la société (art. 704 al. 1 ch. 13 CO) ; (iii) la dissolution (art. 704 al. 1 ch. 16 CO).

La loi y classe aussi parmi ces décisions quelques règles sur le **fonctionne-** 2256 **ment de l'assemblée** : (i) l'introduction de la voix prépondérante du président à l'assemblée générale (art. 704 al. 1 ch. 10 CO) ; (ii) l'introduction d'une disposition statutaire permettant la tenue de l'assemblée générale à

[3039] Cette liste – que la novelle du 19. 6. 2020 a fait passer de 8 à 16 rubriques – est exhaustive. La Loi sur la fusion exige d'ailleurs pour la décision de fusion (art. 18 al. 1 lit. a LFus), de scission (art. 43 al. 2 LFus) ou de transformation (art. 64 al. 1 lit. a LFus) également la majorité qualifiée indiquée à l'art. 704 CO, sous réserve du fait que l'adjectif « absolue » (de majorité absolue) n'y a pas été supprimé (état au 1. 1. 2024 ; cf. *supra* N 2247 spéc. n. 3025-3029).

[3040] Comme exposé *supra* N 2094, l'art. 704 al. 3 CO permet aux actionnaires qui n'ont pas adhéré à l'adoption de restrictions de céder leurs actions sans entrave pendant 6 mois.

l'étranger (art. 704 al. 1 ch. 11 CO) ; (iii) le renoncement à la désignation d'un représentant indépendant en vue de la tenue d'une assemblée générale virtuelle (dans les sociétés non cotées en bourse) (art. 704 al. 1 ch. 15 CO).

Enfin, vu son importance pour les litiges, **l'introduction d'une clause d'arbitrage** dans les statuts est aussi soumise à la majorité qualifiée (art. 704 al. 1 ch. 12 CO).

2257 Les statuts peuvent exiger la majorité qualifiée **pour d'autres décisions**.

2258 Ils peuvent aussi renforcer[3041] (mais non alléger[3042]) le quorum nécessaire pour prendre des décisions « importantes ». La modification des statuts qui institue un quorum renforcé doit être votée en respectant ce quorum (cf. art. 704 al. 2 CO). Cette majorité qualifiée doit également être atteinte pour supprimer un quorum renforcé qui a été adopté antérieurement (*ibid.*)[3043].

2259 Ce n'est que dans deux cas que la loi prévoit l'exigence de **l'unanimité** : l'unanimité **des actions représentées** à l'assemblée générale pour renoncer à la présence des réviseurs (cf. art. 731 al. 2, 2e phr., CO) ; l'unanimité **de tous les actionnaires** pour renoncer au but lucratif de la société (art. 706 al. 2 ch. 4 CO).

[3041] Une décision restreignant les droits de contrôle que la loi attribue aux actionnaires est par ailleurs nulle (art. 706b ch. 2 CO). Même l'introduction dans les statuts du principe de l'unanimité – et par conséquent du droit de veto – apparaît peu compatible avec les fondements fonctionnels de la société anonyme (cf. BÉNÉDICT/JACQUIER [2005], p. 184 ad n. 109 ; cf. ég. ATF 117 II 290 [313]), censée se gérer de façon autonome, et dans laquelle le droit de vote est proportionnel aux actions détenues (art. 706b ch. 3 CO). Selon la doctrine, les décisions concernant la nomination du conseil d'administration et des réviseurs, l'approbation des comptes annuels et l'emploi des bénéfices sont absolument nécessaires pour que la société se gère de façon autonome et conserve une capacité décisionnelle ; elles doivent donc être prises à la majorité prévue par la loi (art. 703 CO-2020 ; cf. p. ex. Peter BÖCKLI [2009], § 12, N 363 [« Grundsatz der Selbstverwaltung »] et 365 ; ég. Brigitte TANNER, ZK ad art. 703 CO [2003], N 104 et 107).

[3042] Une disposition statutaire selon laquelle le calcul du résultat de vote se baserait en cas de décisions importantes sur les voix exprimées valablement (plutôt que sur les actions représentées) ne serait par exemple pas admissible. En effet, le quorum serait de cette façon réduit puisque les abstentions ne seraient pas comptabilisées (voir à ce sujet *supra* N 2247 et 2249 *in fine*).

[3043] Dans la doctrine germanophone, on nomme cette règle la « *Siegwart-Regel* » (cf. p. ex. DUBS/TRUFFER, BaK ad art. 704 CO [2008], N 11). La novelle du 19. 6. 2020 l'a fait passer dans la loi : « *Les dispositions statutaires qui prévoient pour la prise de certaines décisions une majorité plus forte que celle requise par la loi ne peuvent être adoptées, modifiées ou abrogées qu'à la majorité prévue* » (alors que l'art. 704 al. 2 aCO-1991 ne la prévoyait que pour *adopter* les règles instituant une plus forte majorité que celle requise par la loi).

La loi ne prévoit pas d'**autres quorums**. Excepté pour la suppression du but 2260
lucratif (art. 706 al. 2 ch. 4 CO), il n'y a donc pas d'exigence quant à une participation minimale (« quorum de présence »). Ainsi, toute assemblée générale
qui a été convoquée de manière régulière est autorisée à prendre des décisions,
indépendamment du nombre d'actions représentées. Puisque, dans le régime
ordinaire prévu par la loi, seules les actions représentées à l'assemblée générale
et leur valeur nominale sont prises en compte (art. 704 al. 1 CO), il peut arriver
que des décisions importantes soient votées par une très petite partie du capital-
actions. Pour prévenir cela, les statuts peuvent instituer des quorums de présence. Selon l'opinion dominante, de tels quorums doivent être respectés au
moment d'adopter les modifications statutaires qui les introduisent[3044] ou les
suppriment[3045] (cf. art. 704 al. 2 CO par analogie).

Contrairement à la société à responsabilité limitée (art. 807 CO)[3046], un droit de 2261
veto ne peut pas être accordé à un actionnaire. Seule la détention d'une participation suffisamment haute au regard de la majorité qualifiée exigée pour les
décisions importantes (ou pour certaines d'entre elles) permet d'avoir *de facto*
un droit de veto. L'exercice durable d'un tel droit, qui bloque une évolution
souhaitée par la majorité des actionnaires, peut – selon les circonstances – justifier une dissolution par action judiciaire (y compris, précisément, lorsque la
dissolution ne peut être valablement décidée par l'assemblée du fait de l'opposition de l'actionnaire minoritaire dont la participation est suffisamment haute
pour empêcher qu'un vote l'adopte).

[3044] En ce sens sur l'introduction de tels quorums de présence, FORSTMOSER/MEIER-
HAYOZ/NOBEL (1996), p. 226 ad n. 26 ; DUBS/TRUFFER, BaK ad art. 704 CO [2008], N 9 ;
Carole Lea GEHRER (2003), p. 197 ad n. 746. D'un autre avis, Peter BÖCKLI (2009), § 12,
N 477, pour lequel la question s'apprécie selon les critères de l'art. 706 CO (v. *infra*
N 1737-1740), de sorte que, pour être valables, ces restrictions au droit de vote doivent
être objectivement fondées et nécessaires pour atteindre un but social licite (« *eine
nachträgliche Einführung einer statutarischen Stimmkraftbegrenzung [muss] als Massnahme sachlich begründet werden und zur Erreichung eines rechtmässigen Gesell-
schaftszieles erforderlich sein* ») ; il ajoute que leur licéité suppose qu'elles soient strictement proportionnées (loc. cit., *in fine*) : « *Sie darf nicht schärfer sein als nötig ('schonende
Rechtsausübung bzw. Übermassverbot') und nicht auf eine Gruppendiskriminierung innerhalb des Aktionariats abzielen ('Begünstigungs- und Benachteiligungsverbots')* ».

[3045] En ce sens, FORSTMOSER/MEIER-HAYOZ/NOBEL (1996), p. 227, N 51. Sur la situation en
cas de paralysie de la société (et les éventuelles limites aux quorums de présence), Carole
Lea GEHRER (2003), p. 203 ss.

[3046] Cf. *infra* N 2634-2638.

D. Le droit aux renseignements et l'examen spécial

2262 Le régime du droit de l'actionnaire aux renseignements et l'institution de l'examen spécial sont particuliers aux sociétés anonymes : en raison de l'absence d'un devoir de loyauté de l'actionnaire, le droit aux renseignements est **matériellement limité et formellement très encadré**. Par contraste, dans la société à responsabilité limitée, l'associé – obligé à la confidentialité (art. 803 al. 1 CO) et plus généralement à la loyauté (al. 2) – a un droit aux renseignements très étendu (art. 802 al. 1 et 2 CO, les restrictions constituant l'exception, qui requiert une justification approfondie, al. 3). Pour ces raisons, l'examen spécial n'aurait pas de sens dans la société à responsabilité limitée.

2263 Le législateur a tenté de **trouver un équilibre** à tout le moins depuis 1983. Cela s'est avéré complexe. Le régime voté en 1991 n'a pas donné pleine satisfaction ; dans l'ensemble, il s'est révélé trop restrictif pour les actionnaires minoritaires. La pratique permettra de déterminer si le régime adopté en 2020, entré en vigueur en 2023, constitue un arbitrage acceptable de ces intérêts opposés. Il est décrit ci-après.

1. *Droits aux renseignements et de consultation*

a. Droit général aux renseignements

2264 Les actionnaires peuvent obtenir des informations supplémentaires **lors de l'assemblée générale**, en demandant des renseignements au conseil d'administration sur les affaires de la société et à l'organe de révision sur l'exécution et le résultat de sa vérification (art. 697 al. 1 CO)[3047]. Même si le droit aux renseignements doit s'exercer pendant l'assemblée générale, il n'est pas limité aux seuls points figurant à l'ordre du jour.

2265 **Hors de l'assemblée générale**, la loi organise désormais l'exercice du droit aux renseignements pour les sociétés non cotées en bourse, à l'art. 697 al. 2 CO (pour les sociétés cotées, les règles dites de publicité régulière ou événemen-

---

[3047] Bien que le droit aux renseignements s'exerce lors de l'assemblée générale, les actionnaires peuvent soumettre leurs questions à l'avance au conseil d'administration ou à l'organe de révision. Cela est même souhaitable pour que ces organes puissent donner des explications précises lors de l'assemblée. Les informations demandées peuvent aussi être communiquées après l'assemblée. Dans tous les cas, le procès-verbal doit contenir ces explications afin de garantir à chaque actionnaire l'accès aux mêmes informations (ATF 132 III 71).

tielle vont plus loin que le droit général aux renseignements[3048], et une réglementation dans le Code des obligations n'est donc pas apparue utile). Elle donne à des actionnaires représentant au moins 10 % du capital-actions ou des voix la faculté de demander par écrit des renseignements au conseil d'administration « *sur les affaires de la société* ».

Si le conseil fournit les renseignements, il doit le faire dans un **délai** de quatre mois au plus et les mettre à disposition de l'ensemble des actionnaires (pour ne pas violer l'égalité entre actionnaires), cela au plus tard lors de l'assemblée générale suivante (art. 697 al. 3 CO). **2266**

La société n'a l'obligation de fournir des informations que si un actionnaire le réclame et seulement **dans la mesure nécessaire à l'exercice de ses droits**. Selon la jurisprudence rendue sous le droit antérieur à la novelle entrée en vigueur en 2023, la demande d'information est toujours légitime lorsqu'elle est destinée à permettre à un actionnaire moyen de se faire une opinion à propos de l'approbation des comptes, de l'utilisation du bénéfice, des élections, de la décharge, d'un contrôle[3049] spécial, de la contestation d'une décision de l'assemblée générale, d'une action en responsabilité ou pour vendre ses actions[3050]. **2267**

Selon l'art. 697 al. 4 CO, le conseil d'administration peut **refuser** de donner des renseignements de nature à compromettre le secret des affaires ou d'autres intérêts sociaux dignes de protection ; il doit **motiver** son refus par écrit (*ibid.*, 2e phr.). La jurisprudence (rendue sous l'ancien droit) exige que la société **prouve** alors l'existence d'un danger pour ses intérêts ; la simple vraisemblance ne suffit pas[3051]. Il faut, dans chaque cas, procéder à une balance entre les intérêts des parties, sans perdre de vue que l'actionnaire n'a pas d'obligation de fidélité envers la société[3052]. **2268**

[3048] Sur les multiples devoirs d'information des sociétés cotées, v. ROUILLER/BAUEN/BERNET/ LASSERRE ROUILLER (2022), N 890-927 ; *infra* N 2390-2435.

[3049] C'était le terme alors employé pour le prédécesseur de l'actuel *examen* spécial.

[3050] TF 4. 6. 2003, 4C.234/2002 c. 4.2.1 ; cf. ég. ATF 132 III 71 c. 1.3 (75 *in fine*) et 133 III 453 c. 7.2 (456).

[3051] ATF 109 II 47 ainsi que TF 4. 6. 2003, 4C.234/2002 c. 4.2.2 et surtout c. 4.3.1, 2e par., *in medio* ; la jurisprudence antérieure était différente, cf. ATF 82 II 216.

[3052] L'évolution va vers une conception plus large de la transparence envers les actionnaires. Pendant longtemps, les rémunérations des dirigeants étaient considérées comme relevant de leur sphère privée. Comme le Message du Conseil fédéral l'indique : «*personne ne conteste que le droit aux renseignements des actionnaires (al. 1 à 3) porte aussi sur la politique en matière de personnel du conseil d'administration. On estime ainsi que sur demande, s'ils ne sont pas mentionnés dans le rapport de rémunération, les montants globaux des rémunérations annuelles versées au conseil d'administration et à la direction doivent être communiqués. Ces informations sont importantes pour l'approbation des comptes annuels, pour l'octroi de la décharge au conseil d'administration et pour l'action*

b. Droit de consultation

2269 Selon l'art. 697a al. 1 CO, des actionnaires représentant au moins 5 % du capital-actions ou des voix peuvent demander à consulter les « *livres et les dossiers* ». S'il accorde ce droit, le conseil d'administration doit le faire dans les
quatre mois dès la réception de la demande (al. 2, 1re phr.). La loi précise que
les actionnaires peuvent alors « *prendre des notes* » (al. 2, 2e phr.), ce qui signifie qu'ils ne peuvent exiger des copies des documents consultés[3053].

2270 Le conseil peut refuser la demande si la consultation n'est pas nécessaire à
l'exercice des droits de l'actionnaire et compromet le secret des affaires ou
d'autres intérêts sociaux dignes de protection (al. 3, 1re phr.). Le refus doit être
motivé par écrit (al. 3, 2e phr.).

2271 Dans un groupe de sociétés, le droit de consultation de l'actionnaire d'une société mère peut s'étendre aux rapports annuels et de révision des filiales. Il appartient à un tel actionnaire de prouver que ces renseignements lui sont nécessaires pour l'exercice de ses droits au sein de la société mère[3054].

c. Saisine du tribunal en cas de refus ou d'empêchement

2272 Si le conseil d'administration refuse explicitement de fournir les renseignements ou d'accorder le droit de consultation, ou si l'actionnaire considère que
les renseignements fournis ne satisfont pas sa demande ou que l'accès aux
« *livres et dossiers* » qui a été accordé est insuffisant, ou s'il considère qu'il
a été empêché de toute autre façon d'exercer ses droits, il peut saisir le tribu-

---

en restitution. Elles ne peuvent être refusées sur la base de l'al. 4. Les actionnaires ont le
droit de recevoir ces informations sous une forme suffisamment détaillée pour qu'il leur
soit possible d'exercer leurs droits de manière adéquate selon le cas d'espèce. Si nécessaire, ils peuvent par exemple demander des renseignements sur la rémunération la plus
haute prévue pour un membre du conseil d'administration ou de la direction. Ces informations sont par exemple exigibles lorsque, malgré un exercice réussi, les actionnaires
ne reçoivent pas de dividendes ou qu'ils ne sont pas remboursés par le biais de réserves
librement disponibles » (FF 2017 489).

[3053] En ce sens p. ex. Peter KUNZ, BK ad art. 696-697g CO (2023), N 56 ad n. 138, qui précise
que l'actionnaire peut avoir un ordinateur portable pour prendre des notes.

[3054] ATF 132 III 71 c. 1.2 *in fine* et 1.3 (nié en l'espèce) ; KILLIAS/BERTHOLET (2005), p. 268 s.,
indiquaient que ce principe devait être étendu au contrôle (actuellement : examen) spécial,
en ce sens que le requérant devait pouvoir obtenir du juge qu'il contraigne le conseil d'administration des filiales à renseigner le contrôleur (actuellement : l'expert) ; à ce sujet, cf.
ég. TF 4. 6. 2003, 4C.234/2002 c. 4.1 ainsi que *infra* N 2281.

nal. La loi fixe un **délai** de 30 jours[3055] pour la requête consistant à « *demander au tribunal d'ordonner à la société de fournir les renseignements ou d'accorder le droit de consultation* »[3056]. Le point de départ de ce délai est clair en cas de refus explicite. En cas de consultation insuffisante, le point de départ est le moment auquel la consultation a lieu et que l'actionnaire peut ainsi se rendre compte du caractère selon lui insuffisant de l'accès qui lui a été accordé. Il s'agit d'un délai de péremption, qui ne peut être interrompu (et recommencer à courir) par une démarche judiciaire ensuite retirée ou par une poursuite pour dette.

Cette « action en information » est **indépendante d'autres droits déduits en justice**. Il est certain que dans le cadre d'une procédure en responsabilité ou en annulation (ou constatation de nullité) d'une décision de l'assemblée générale, des réquisitions de preuve peuvent tendre à ce que des « livres et dossiers » soient produits (à titre de réquisition de production de pièces) et que des renseignements soient fournis (par audition de témoin ou interrogatoire des organes de la société, ou le cas échéant par écrit[3057]). La description de ces pièces à produire et des renseignements à fournir peut occasionnellement se recouper avec les « livres et dossiers » visés à l'art. 697a CO et avec les renseignements visés à l'art. 697 CO. Mais les pièces à produire et renseignements à fournir dans un procès dont ils ne constituent pas l'objet des conclusions suivent des exigences spécifiques, tant sur le plan matériel (pertinence pour le litige concerné, et non pour les droits de l'actionnaire en général) que sur le plan formel (notamment en rapport avec les allégués à l'appui desquels ces preuves sont offertes). Leur périmètre peut donc être parfois plus étroit, parfois bien plus étendu que les pièces et renseignements visés aux art. 697 s. CO.

2273

[3055] Il s'agit d'un changement par rapport à la jurisprudence rendue avant l'entrée en vigueur de la novelle du 19. 6. 2020, car aucun délai de péremption n'avait été retenu sous l'empire de l'ancien droit ; en particulier, l'arrêt TF 4. 6. 2003, 4C.234/2002 c. 3.2 (2e par.) avait au contraire signalé qu'une péremption ne pouvait guère être retenue, la situation se distinguant de l'action en annulation d'une décision d'assemblée générale, pour laquelle le délai de deux mois était fixé (c. 3.2 *in fine* : « *Bei der Informationsklage, welche dem Aktionär die sinnvolle Ausübung seiner Rechte ermöglichen soll, stehen dagegen dessen Interessen im Vordergrund, weshalb es grundsätzlich ihm überlassen bleibt, in welchem Zeitpunkt er die Informationsklage erheben will* »). Le délai de 30 jours fixé par le législateur est donc un changement radical sur ce point.

[3056] Comme on l'observait sous l'empire de l'art. 697 aCO-1991, la demande doit indiquer concrètement les renseignements demandés et les documents que l'actionnaire entend consulter. Celui-ci ne peut pas réclamer des renseignements ou une consultation en général. Il doit également établir avoir réclamé en vain de pouvoir exercer ses droits lors de l'assemblée générale.

[3057] Art. 168 lit. e et 190 al. 2 CPC.

d.   Autres droits aux renseignements et de consultation

2274 En plus du droit général aux renseignements et à la consultation des art. 697 s. CO, la loi accorde à l'actionnaire d'autres droits spécifiques d'information et de consultation.

2275 À l'instar des créanciers de la société, l'actionnaire peut demander au conseil d'administration qu'il le renseigne par écrit **au sujet de l'organisation de la gestion**. Il doit pour cela rendre vraisemblable l'existence d'un intérêt digne de protection (art. 716b al. 2, 2ᵉ phr., CO). Ce droit peut être exercé en tout temps, y compris en dehors de l'assemblée générale (contrairement à celui de l'art. 697 al. 2 CO, aucun seuil de participation n'est indiqué à l'art. 716b al. 4 CO).

2276 Tout actionnaire a en outre **le droit de se faire remettre le procès-verbal de l'assemblée générale** dès l'échéance d'un délai de 30 jours (art. 702 al. 4 CO) ; la loi ne prévoit pas de limite temporelle, de sorte qu'il y a lieu de retenir qu'il s'agit d'une créance soumise au délai ordinaire de 10 ans en vertu de l'art. 127 CO (dès l'échéance du délai de 30 jours[3058] suivant l'assemblée ou, le cas échéant, dès qu'il a été rendu accessible quelques jours plus tôt).

2277 La Loi sur les fusions accorde aux actionnaires des droits spéciaux de consultation et d'information dans le cadre d'une **restructuration** (cf. art. 16, 41, 63 et 74 LFus)[3059].

2278 Enfin, le conseil d'administration d'une société cotée en bourse qui est visée par une **offre publique d'acquisition** (OPA) doit adresser aux actionnaires un rapport dans lequel il prend position sur l'offre. Ce rapport doit donner toutes les informations nécessaires pour que les actionnaires puissent se déterminer sur l'offre d'acquisition en toute connaissance de cause. Il doit être publié (art. 132 al. 1 LIMF ; art. 30 ss OOPA)[3060].

[3058] Cette échéance de 30 jours est la date d'exigibilité. La société peut être *mise en demeure* dès l'échéance. Elle est en demeure dès le 30ᵉ jour si un actionnaire a requis, avant ce jour, que le procès-verbal soit remis ponctuellement à l'échéance.

[3059] Cf. *infra* N 2860 (fusions), 2866 (scissions), 2869 (transformations) et 2872 (transferts de patrimoine).

[3060] Cf. *infra* N 2440, (iii) après n. 3235.

2. Droit de faire instituer un examen spécial

a. Contenu matériel de la demande d'examen spécial

Le législateur, en créant le contrôle spécial en 1991 puis l'examen spécial en 2020, a cherché de façon particulièrement attentive à concilier le besoin d'information de l'actionnaire avec l'intérêt au secret de la société[3061]. 2279

Selon le régime adopté en 2020, « *tout actionnaire peut proposer à l'assemblée générale d'instituer un examen spécial* » afin d'élucider certains « *faits déterminés* », à condition que cela soit « *nécessaire à l'exercice de ses droits* » (art. 697c al. 1 CO) ; il s'agit donc du même critère que pour le droit aux renseignements et de consultation (cf. art. 697 al. 4, 1re phr., et 697a al. 3, 1re phr., CO). Par ailleurs, cette relation avec l'exercice du droit aux renseignements et de consultation se manifeste dans la précision que fait la loi, en vertu de laquelle la requête ne peut être formée en justice que pour des questions qui ont fait « *l'objet d'une demande de renseignements ou de consultation ou qui [ont] été soulevée[s] durant les débats de l'assemblée générale concernant la proposition d'institution d'un examen spécial, dans la mesure où la réponse est nécessaire à l'exercice des droits de l'actionnaire* » (art. 697d al. 2 CO). 2280

Concrètement, à l'instar du droit aux renseignements, l'examen spécial est destiné à permettre à l'actionnaire d'obtenir des informations sur les activités de la société qui lui sont **nécessaires pour juger de l'opportunité d'exercer d'autres droits qui lui appartiennent**, soit avant tout celui d'intenter une action en responsabilité et parfois de contester la validité d'une décision (de l'assemblée générale[3062] ou du conseil d'administration) ; parfois, l'examen spécial est le préalable à une action en dissolution ; il peut aussi être opportun, dans le cadre d'une liquidation qui dure, comme étape préalable à une action en révocation des liquidateurs. Plus largement, la pertinence peut se rapporter 2281

[3061] Analyse approuvée *in* TC JU 4. 10. 2013, CC 59/2013, c. 2 *pr.* V. ég. Killias/Bertholet (2005), p. 244, et Meier-Hayoz/Forstmoser (2023), § 16, N 339.

[3062] Vu le délai de deux mois pour introduire l'action en annulation d'une décision de l'assemblée générale, il est impossible d'avoir le résultat de l'examen spécial avant d'introduire l'action. En revanche, il est p. ex. possible d'introduire l'action en annulation et de la suspendre (art. 126 CPC) jusqu'à droit connu sur la requête d'examen spécial et, le cas échéant, jusqu'au résultat de celui-ci. Sur les difficultés tirées de l'expérience en matière de suspension en lien avec un « contrôle spécial » sous l'empire du droit précédant l'entrée en vigueur de la novelle du 19. 6. 2020, cf. *infra* n. 3094.

à l'approbation des comptes annuels et au vote sur la distribution du bénéfice[3063], pour la décharge et l'élection des organes[3064], ou encore pour une possible cession des actions[3065].

2282 L'examen spécial peut être décrit comme un « bras armé » du droit aux renseignements. Il s'agit d'un droit subsidiaire qui ne peut être exercé que lorsque le droit aux renseignements et de consultation ne peuvent plus rien apporter[3066].

2283 Étant donné que l'examen spécial peut être réclamé lorsqu'il est nécessaire à l'exercice des droits des actionnaires, ceux-ci doivent **justifier d'un intérêt**

[3063] Ainsi Bianca PAULI PEDRAZZINI, CR ad art. 697a CO (2017), N 15 ad n. 26 : « *ces droits concernent principalement (voire, dans la pratique, presque exclusivement) l'action en responsabilité à l'encontre du conseil d'administration, mais également le droit de prendre des décisions éclairées dans le cadre de l'assemblée générale, ce qui inclut le droit aux dividendes. L'approbation des comptes et l'action en restitution peuvent également constituer de tels droits des actionnaires justifiant un contrôle spécial* ».

[3064] En ce sens explicitement Bianca PAULI PEDRAZZINI, CR ad art. 697a CO (2017), N 16 ad n. 30, qui emploie un critère très large : « *La relation fonctionnelle [...] doit aussi être admise si les informations servent à l'exercice du droit de vote correct de l'actionnaire (p. ex. élection des membres du conseil d'administration) ou à la participation générale aux débats lors de l'assemblée générale* ». L'ATF 132 III 71 cité se réfère certes au droit aux renseignements, mais il est pertinent puisque les critères sont fondamentalement les mêmes pour l'examen spécial. Ainsi, on peut admettre que le c. 1.3 pr. (75 s.) vaut aussi pour l'examen (à l'époque « contrôle ») spécial : « *In Betracht kommen insbesondere das Stimmrecht, das heisst die Meinungsbildung hinsichtlich der Abnahme der Jahresrechnung und der Gewinnverteilung sowie in Bezug auf Wahlen und Décharge-Erteilung, sodann das Recht auf Durchführung einer Sonderprüfung, die Anfechtung von Beschlüssen der Generalversammlung und die Verantwortlichkeitsklage* ». Cf. aussi MEIER-HAYOZ/FORSTMOSER (2023), § 16, N 340 (« *Stimm- oder Wahlrecht* »).

[3065] En ce sens Bianca PAULI PEDRAZZINI, CR ad art. 697a CO (2017), N 16 ad n. 31 : « *Le droit d'aliéner les parts peut donner droit à un contrôle spécial si l'actionnaire d'une société non cotée en bourse veut connaître la valeur des actions* ». L'ATF 132 III 71 (relatif directement au droit aux renseignements) précise spécifiquement au c. 1.3 pr. (76) : « *Auch das Recht auf Veräusserung der Aktien kann zu Einsichtsbegehren Anlass bilden, wenn der Aktionär den wirklichen Wert seiner Aktien erfahren will* ». Cf. ég. Peter BÖCKLI (2022), § 14, N 47 (« *Zwar kann ein Auskunftsbegehren darauf abzielen, im Hinblick auf eine Veräusserung der Aktien deren Wert durch zusätzliche Information der Gesellschaft besser zu ermitteln* »).

[3066] ATF 123 III 261 et 120 II 392 ainsi que TF 30. 7. 2004, 4C.165/2004, c. 3.3 et 26. 4. 2007, 4C.45/2006, c. 7.2 (2e par. *in fine*). Même si le droit à un examen spécial est subsidiaire, il peut être invoqué aussitôt que les droits aux renseignements et de consultation ont été exercés en vain vis-à-vis des organes de la société et non seulement après que l'actionnaire a intenté en justice une action tendant à l'octroi des renseignements.

actuel et digne de protection[3067]. Un lien étroit («relation fonctionnelle»[3068]) doit exister entre la demande d'un examen spécial et l'exercice des droits pour lequel l'examen est nécessaire. Ces conditions ne sont pas remplies lorsque les questions posées sont constitutives d'abus de droit, lorsque les informations réclamées seront de toute évidence utilisées par des concurrents ou lorsqu'elles ont déjà été données en détail par le conseil d'administration[3069].

Seuls des **faits déterminés** peuvent faire l'objet d'un contrôle spécial. Il s'agit de faits internes à la société[3070] et non de problèmes juridiques ou de décisions des organes pour lesquelles ceux-ci disposent d'un large pouvoir d'examen[3071]. Il est également exclu de procéder par ce moyen à un examen complet de la manière dont la société est dirigée.

2284

b.   Mise en œuvre procédurale : proposition à l'assemblée générale et éventuelle demande en justice

La proposition d'instituer un examen spécial doit être **présentée à l'assemblée générale** (art. 697c CO). Il n'est pas indispensable que la demande d'instituer un examen spécial figure à l'ordre du jour (cf. art. 704b CO). Le conseil d'administration doit la mettre aux voix même s'il la désapprouve ou s'il est

2285

[3067] Cf. ATF 138 III 252 (qui n'admet pas une requête tendant à un examen [alors : «contrôle»] spécial à des fins purement exploratoires, dans «l'espoir» de découvrir une violation dont le soupçon n'est pas précis). ATF 123 III 261 c. 3a (266) : «*das Begehren um Sonderprüfung – wie jede Klage – ein aktuelles Rechtsschutzinteresse des Antragstellers voraus*».

[3068] Bianca PAULI PEDRAZZINI, CR ad art. 697a CO (2017), N 16 ad n. 29, ainsi que ad n. 30 (v. citation *supra* n. 3064).

[3069] ATF 123 III 261 c. 3a (266) : «*An der Erforderlichkeit einer Sonderprüfung fehlt es insbesondere, wenn die Sachverhalte, die abgeklärt werden sollen, aufgrund der Auskunftserteilung des Verwaltungsrats bereits offen zu Tage liegen*». Cet arrêt précise toutefois que le point de vue raisonnable des actionnaires est décisif quant à savoir si les renseignements donnés sont sujets à des doutes (*ibid.* : «*Dabei bleibt es zwar grundsätzlich Sache der betroffenen Aktionäre zu entscheiden, ob sie sich mit den vom Verwaltungsrat gelieferten Informationen zufrieden geben wollen [...]. Voraussetzung für die Zulässigkeit eines Sonderprüfungsbegehrens ist jedoch, dass die Aktionäre bei vernünftiger Betrachtung Anlass haben konnten, an der Vollständigkeit oder an der Richtigkeit der vom Verwaltungsrat erteilten Auskünfte zu zweifeln*».

[3070] TF 31. 10. 2017, 4A_180/2017, c. 4.1 («*interne Vorgänge der Gesellschaft*»), ce qui peut toutefois inclure les relations avec les tiers («*gewisse Beziehungen [...] zu Dritten*»; cf. ég. TF 20. 6. 2013, 4A_129/2013, c. 7.2.2).

[3071] Cf. le résumé in TF 24. 2. 2022, 4A_572/2021, c. 7.2. V. ég. Peter KUNZ, BK ad art. 696-697g CO (2023), N 63 ad n. 166 («*Werturteile oder Ermessensentscheide*»).

d'accord de fournir des informations supplémentaires après l'assemblée générale. La **majorité** des voix représentées l'emporte, à moins que les statuts ne prévoient une majorité différente. La majorité est calculée sans tenir compte des privilèges attachés à certaines actions (cf. art. 693 al. 3 ch. 3 CO).

2286   Si *l'assemblée générale* **donne suite** à la proposition, la société ou chaque actionnaire peut, dans un délai de trente jours, demander au juge de désigner des « *experts indépendants* » (art. 697c al. 2 CO). Si, en revanche, l'assemblée générale **refuse** d'instituer un examen spécial, des actionnaires représentant au moins 10 % du capital-actions ou des voix[3072] (5 % dans les sociétés cotées en bourse) peuvent, dans un délai de trois mois, **demander *au juge* de l'ordonner** (art. 697d al. 1 CO)[3073]. Les demandeurs doivent alors non seulement établir que les conditions ordinaires sont remplies (faits suffisamment déterminés et pertinents, renseignements demandés en vain[3074]) mais aussi rendre vraisemblable que des fondateurs ou des organes de la société ont violé la loi ou les statuts[3075], et que cette violation « *est de nature à porter préjudice à la société* »

[3072]   Les voix, et donc aussi celles découlant d'actions à droit de vote privilégié, déterminent si ce seuil est atteint (cf. p. ex. Peter KUNZ, BK ad art. 696-697g CO [2023], N 90), alors que les privilèges de vote (cf. *supra* N 1962) ne sont pas appliqués pour déterminer la majorité (art. 693 al. 3 ch. 3 CO ; cf. *supra* N 2285 *in fine*).

[3073]   Il s'agit de délais de péremption.

[3074]   ATF 140 III 610 (cf. n. 3077 *supra*). Sur le contour potentiellement plus large de ce qui peut être demandé dans l'examen spécial lorsque cela est induit par les réponses (ou les silences et l'obstruction) du conseil d'administration, cf. *supra* ad n. 3078.

[3075]   La jurisprudence récente (encore sous l'empire du contrôle spécial de l'art. 697a ss aCO-1991) montre clairement que le critère de la vraisemblance interdit d'exiger comme condition de l'examen spécial une démonstration de violations de devoirs génératrices de responsabilité ; seules des perspectives de responsabilité sont exigées (ainsi TF 9. 10. 2023, 4A_84/2023, c. 3.2.2.2 : « *Dem Gesuch um Einsetzung eines Sonderprüfers ist bereits dann zu entsprechen, wenn sich die rechtlichen Vorbringen zu den Anspruchsvoraussetzungen nach Art. 697b Abs. 2 OR bei summarischer Prüfung als <u>einigermassen aussichtsreich</u> oder doch zum Mindesten als vertretbar erweisen* » ; « *die Rechtsfrage, ob Gesetz oder Statuten verletzt wurden, kann nicht bewiesen, sondern nur mehr oder weniger eingehend geprüft werden* » ; c. 3.3.3 : « *[es geht im] Sonderprüfungsverfahren nicht um eine abschliessende Beurteilung der Pflichtverletzung des Verwaltungsrats [...], sondern nur um die Frage, ob bei summarischer Betrachtung eine Verletzung der Treuepflicht nach Art. 717 OR glaubhaft erscheint* »). L'ATF 138 III 252 c. 3.1 (257) le formule clairement : « *En exigeant du demandeur qu'il rende vraisemblable une violation de la loi ou des statuts, le législateur a montré tout d'abord qu'il n'exigeait pas que l'actionnaire apporte déjà des preuves, ce qui réduirait excessivement les possibilités d'obtenir une telle mesure et paraîtrait même contradictoire, puisque le contrôle spécial tend précisément à fournir des preuves ; d'un autre côté, le législateur a indiqué, en exigeant qu'une vraisemblance soit établie, qu'il ne suffit pas que l'actionnaire ne fasse qu'affirmer ou soupçonner, sans aucun indice sérieux, pour entraîner une mesure aussi*

ou aux actionnaires » (art. 697d al. 2 CO)[3076]. Ces conditions doivent permettre d'éviter que des actionnaires « quérulents » abusent de l'examen spécial en entraînant la société dans des procédures et travaux coûteux, si l'on peut raisonnablement déterminer *ex ante* qu'ils sont dénués de tout fondement.

Une question qui peut se poser est **l'éventuelle extension, dans la requête en justice, de l'objet des informations à élucider** par rapport à ce qui a été sollicité antérieurement. La loi précise que les faits à investiguer doivent avoir déjà fait l'objet d'une demande de renseignements ou de consultation[3077]. Le contour de cette nécessaire demande préalable ne s'entend pas trop étroitement, car les réponses fournies à une demande de renseignements peuvent elles aussi donner lieu à des réflexions critiques et soupçons supplémentaires de la part des actionnaires[3078]. Cela peut justifier que – tout en restant dans le même objet pour l'essentiel – la requête en justice vise à élucider des éléments d'information *liés* aux questions posées dans le cadre de l'exercice du droit aux renseignements. Par rapport aux questions posées dans l'exercice préalable du droit aux renseignements, des formulations plus spécifiques, plus approfondies et parfois plus larges sont possibles, si elles sont légitimes au vu des réponses – ou de l'absence de réponse – du conseil d'administration. Un arrêt a exigé que « *les questions posées doivent correspondre, au moins dans les grandes lignes, à celles pour lesquelles le contrôle spécial est ensuite demandé* »[3079]. Il est reconnu en doctrine que l'actionnaire ne peut pas toujours, lors de l'assemblée

2287

---

lourde que le contrôle spécial qui instaure un climat de méfiance à l'intérieur de la société ». Voir aussi TF 15. 6. 2021, 4A_631/2020, c. 3.1.4 : « *le législateur a renoncé à exiger une preuve stricte pour ne pas priver ce droit de toute effectivité : il s'agit d'améliorer l'information des actionnaires, de sorte qu'on ne saurait exiger d'eux des preuves qu'il appartient précisément au contrôleur de réunir* ».

[3076] Peter BÖCKLI (2022), § 14, N 50, résume ainsi les deux critères : « *Erforderlich ist beides : Plausibilität der erfolgten Rechtsverletzung und Eignung zur Schadensverursachung* ». Les deux sont donc l'ordre de la vraisemblance : le premier porte sur le comportement passé et l'autre peut aussi être prospectif (ainsi FF 2017 492 ad n. 387 : « *En effet, si des organes de la société ont vraisemblablement enfreint la loi ou les statuts d'une manière susceptible de porter préjudice, il n'y a aucune raison d'attendre, pour instituer un examen spécial, que le préjudice ait effectivement eu lieu. Une minorité d'actionnaires doit pouvoir agir à titre préventif, autrement dit avant que le préjudice ne survienne* »).

[3077] Si l'examen spécial est réclamé en justice, les requérants doivent *prouver* qu'ils ont tenté d'exercer leur droit aux renseignements (cf. ATF 140 III 610).

[3078] Ainsi la réflexion de Peter KUNZ, RSJ 1996 3, ainsi résumée par l'ATF 123 III 261 c. 3a (265) : « *die vom Verwaltungsrat erteilten Informationen [können] neue Aspekte offenbaren oder zusätzliche Überlegungen und Verdachtsmomente begründen [...] und dass es diesfalls künstlich erschiene, ein weiteres Informationsbegehren zu verlangen, bevor der Antrag auf Sonderprüfung zugelassen würde* ».

[3079] ATF 138 III 252 c. 3.1 (256).

générale elle-même, immédiatement déceler un manque de clarté dans les réponses du conseil d'administration et poser immédiatement des questions complémentaires[3080]. Selon le critère général retenu dans la jurisprudence rendue sous l'empire du droit de 1991, ce qui est déterminant, c'est le besoin d'information des actionnaires en cause tel qu'il peut être déterminé de bonne foi, sur la base de leurs demandes antérieures de renseignements et de consultation[3081]. Ce critère paraît fort équilibré, même s'il est très abstrait.

2288 Sur cet aspect, on observera que la formulation du droit adopté le 19. 6. 2020 (art. 697d al. 1 CO-2020 : « *toute question qui a fait l'objet d'une demande de renseignements ou de consultation ou qui a été soulevée durant les débats de l'assemblée générale concernant la proposition d'institution d'un examen spécial* ») est plus précise[3082] que l'expression succincte de 1991 (art. 697a al. 1 aCO-1991 : « *s'il a déjà usé de son droit à être renseigné* »). Il nous semble que la jurisprudence rendue sous l'empire du droit de 1991 peut être maintenue sous l'empire du nouveau dans la mesure où elle vise à cerner le raisonnable besoin d'information des actionnaires fondé sur le résultat des demandes de renseignement et de consultation[3083].

[3080] En ce sens, Peter Böckli (2022), § 14, N 42 ad n. 141 (« *Auch kann [dem Gesuchsteller] nicht zugemutet werden, allfällige Unklarheiten in der Antwort des Verwaltungsrates sofort zu erkennen und in der Beratung entsprechende Ergänzungsfragen zu stellen* »). La fausseté et l'incomplétude justifient précisément l'intérêt de la requête en justice, cf. TF 27. 7. 2010, 4A_215/2010, c. 3.1.2 : « *On reconnaîtra par contre l'existence d'un intérêt si le conseil d'administration a donné une réponse incomplète ou fausse lors de l'assemblée générale* ».

[3081] ATF 123 III 261 c. 3a (366) cité *supra* n. 3069 *in fine*.

[3082] Le Message du Conseil fédéral ne dit pas explicitement qu'il s'agit d'élargir le critère, mais semble viser à ce que l'exercice de l'examen spécial soit facilité, FF 2017 492 : « *Le projet précise clairement dans l'al. 2 que la requête demandant l'institution d'un examen spécial peut porter sur toute question qui a fait l'objet d'une demande de renseignements ou de consultation, ou qui a été soulevée durant les débats de l'assemblée générale concernant la proposition d'institution d'un examen spécial* »). La volonté législative de faciliter l'exercice de l'examen spécial est exprimée dans l'introduction au chapitre qui y est consacré, cf. FF 2017 491 ad n. 386 : « *Les obstacles à son institution s'étant révélés trop élevés dans la pratique [...] l'ancien contrôle spécial a très peu servi. Aussi le projet en redéfinit-il les conditions, de manière à répondre aux exigences d'une gouvernance d'entreprise améliorée* ».

[3083] Peter Böckli (2022), § 14, N 42, paraît partir du principe que sera maintenue la jurisprudence qu'il désigne comme « *die etablierte Rechtsprechung zur 'Themenkongruenz'* », sans exclure une évolution. D'un point de vue pratique, il exprime que le procès-verbal continuera de jouer un rôle important et qu'il peut devenir lui-même l'un des objets du litige. Il devrait probablement appartenir aux standards contemporains que les propos tenus à l'assemblée soient enregistrés pour régler au moins les contestations factuelles quant aux questions qui ont été posées et aux réponses données. Il est opportun que les statuts le

Le juge statue après avoir entendu la société et le demandeur (art. 697e al. 1 CO). **La procédure est sommaire** (art. 250 lit. c ch. 8 CPC). Le droit fédéral prescrit une **instance cantonale unique** (art. 5 al. 1 lit. g CPC). Les travaux législatifs insistent sur la nécessaire rapidité de la procédure[3084].   2289

c.   Nomination des experts et déroulement de l'examen

Si le juge **admet la demande**, il définit l'objet de l'examen et charge des experts indépendants de son exécution (art. 697e al. 2 CO)[3085]. Même si la loi emploie le pluriel (« des experts indépendants »), il peut confier l'examen spécial ou bien à un expert ou bien conjointement à plusieurs experts[3086].   2290

L'examen spécial doit être **effectué dans un délai utile**, sans perturber inutilement la marche des affaires de la société (art. 697f al. 1 CO). Les fondateurs, organes, mandataires, travailleurs, commissaires (dans l'ancien droit : curateurs) et liquidateurs sont tenus de renseigner les experts sur tous les faits importants ; en cas de litige, le juge tranche (art. 697f al. 2 CO). Avant de clore leur rapport, les experts doivent entendre la société, c'est-à-dire le conseil d'administration, sur le résultat de leurs observations (art. 697f al. 3 CO).   2291

Les experts doivent rendre compte au juge du résultat de leur examen dans un **rapport écrit détaillé, tout en sauvegardant le secret des affaires** (art. 697g al. 1 CO). Le juge transmet le rapport à la société – c'est-à-dire au conseil d'administration – qui lui indique, le cas échéant, les passages qui portent atteinte au secret des affaires ou à d'autres intérêts sociaux dignes de protection ; le   2292

---

prescrivent pour éviter un débat en début d'assemblée sur la possibilité de procéder à un tel enregistrement.

[3084] FF 2017 492 *in fine* : « *Cette accélération de la procédure tient compte du fait que l'examen spécial est conçu comme une étape préalable à une éventuelle action en responsabilité ou à un autre type d'action de la part d'actionnaires. Cet examen doit en outre être effectué rapidement, pour éviter la survenue du préjudice redouté. Toute prolongation de la procédure écarterait l'institution juridique de son but* ».

[3085] Même s'il a été nommé par le juge, l'expert n'est pas un organe. Sa relation avec la société est semblable à un mandat. Il n'est donc pas soumis, en particulier, à la responsabilité des organes du droit de la société anonyme (art. 754 s. CO).

[3086] Cela est confirmé par le Message du Conseil fédéral (FF 2017 493 : « *Il va sans dire que le juge peut désigner une ou plusieurs personnes en qualité d'expert* »). Le choix est une question d'ampleur du travail et de coûts. Pour une petite société, il est usuel qu'un unique expert puisse mener à bien l'examen spécial. Qui plus est, il n'est pas interdit à un expert individuellement désigné d'être assisté de ses collaborateurs, ce qui permet à une personne individuelle de mener à bien un examen spécial de grande ampleur ; il ne peut toutefois pas *déléguer* sa mission.

juge décide si ces passages doivent de ce fait être soustraits à la consultation des requérants (art. 697g al. 2 CO). Le conseil d'administration et les requérants peuvent ensuite se déterminer sur le rapport épuré et poser des questions supplémentaires (art. 697g al. 3 CO).

2293 Le conseil d'administration soumet le rapport des experts, son avis et celui des requérants à l'**assemblée générale** suivante (art. 697h al. 1 CO)[3087]. Tout actionnaire peut, dans l'année qui suit l'assemblée générale, exiger de la société un exemplaire du rapport et des prises de position (art. 697h al. 2 CO).

2294 En ce qui concerne les **coûts**, le principe est qu'ils sont pris en charge par la société. Celle-ci doit toujours procéder aux avances de frais (art. 697h[bis] al. 1 CO). Des circonstances particulières peuvent conduire le tribunal à mettre tout ou partie des frais à la charge des requérants (art. 697h[bis] al. 2 CO). De telles circonstances ne devraient pas être retenues dans les cas où l'assemblée générale a consenti au contrôle spécial[3088] (à moins qu'elle ait été induite en erreur par des allégations intentionnellement fausses des requérants). Elles pourraient l'être si un comportement contraire à la bonne foi des requérants est établi[3089].

2295 L'institution du « contrôle spécial », prédécesseur de l'examen spécial, avait été introduite dans le cadre de la révision du droit de la société anonyme de 1991. Le législateur voulait permettre aux actionnaires de se faire une idée conforme à la vérité des activités internes de la société et de se procurer des informations et des moyens de preuve en vue d'une éventuelle action en responsabilité[3090]. Ce deuxième but n'avait cependant guère été atteint puisque, pour les

---

[3087] Le conseil d'administration n'a pas l'obligation de convoquer une assemblée générale extraordinaire. À l'instar du rapport de gestion (art. 699a CO), le rapport des experts ayant mis en œuvre l'examen spécial doit être mis à temps à disposition des actionnaires.

[3088] Avant l'entrée en vigueur de la novelle du 19. 6. 2020, cette règle était expressément prévue (mais sans aucune exception) à l'art. 697g al. 2 aCO-1991 : « *Si l'assemblée générale a consenti au contrôle spécial, la société en supporte les frais* »).

[3089] Sous l'empire des art. 697a ss aCO-1991, la doctrine citait les cas où les requérants se sont comportés contrairement à la bonne foi, p. ex. parce qu'ils ont demandé le contrôle avec trop de précipitation, dans un esprit chicanier ou pour nuire à la société (cf. p. ex. Rolf WEBER, BaK ad art. 697g CO [2008], N 3). Le Message du Conseil fédéral observe que « *étant donné que l'institution d'un examen spécial par le juge est soumise à des conditions très strictes, les cas d'abus de droit dans le domaine de l'examen spécial devraient rester épisodiques* ».

[3090] ATF 123 II 261. V. ég. le Message du Conseil fédéral FF 1983 II 758, 782 s., 796, 809 et surtout 835 s. : « *Quand l'actionnaire présume qu'une opération délictueuse ou qu'une négligence a été commise, il n'est généralement pas en mesure d'intenter une action en responsabilité, parce que sa plainte ne serait pas suffisamment étayée et qu'il ne saurait fournir des preuves convaincantes [...] même s'il use de son droit d'être renseigné et de son droit de consultation, l'actionnaire ne parviendra pas à élucider les faits comme il*

faits révélés[3091], les actionnaires minoritaires devaient intenter l'action en responsabilité dans un délai de six mois après l'octroi de la décharge au conseil d'administration, même s'ils avaient eux-mêmes refusé d'accorder cette décharge (art. 758 al. 2 CO)[3092]. Ce délai était trop court[3093] : il s'écoulait d'ordinaire bien avant que le contrôle spécial puisse être terminé[3094]. La pratique restrictive des tribunaux (quant à la vraisemblance d'une violation des devoirs et d'un dommage) avait également pour conséquence de limiter le nombre des contrôles spéciaux. On pouvait cependant observer que la simple « menace » d'un contrôle spécial pouvait déjà amener un conseil d'administration récalcitrant à améliorer sa politique d'information[3095].

---

convient. L'exercice du pouvoir sans contrôle n'est compatible ni avec les principes fondamentaux de notre ordre juridique [...]. Aussi le renforcement du contrôle exercé sur le conseil d'administration répond-il aujourd'hui à une impérieuse nécessité ».

[3091] Sur les conditions pour admettre que des faits ont été « révélés » (art. 758 al. 1 *in initio* CO) en rapport avec la décharge, cf. *supra* N 1127, 1131 (spéc. les arrêts cités en n. 1738 et 1739) et 1132.

[3092] Si la décharge n'est pas votée, le délai de prescription ordinaire de trois ans s'applique à l'action en responsabilité (art. 760 al. 1 CO). Dans un tel cas, l'examen spécial est un bon instrument pour obtenir des informations permettant de déterminer les chances de succès d'un procès.

[3093] Comme l'observait Peter BÖCKLI (2009), § 16, N 16 et 97 ad n. 212, avec malice, le délai pour introduire action, dans les six mois après le refus de la décharge, ne correspondait pas à une quelconque réalité quant aux résultats du contrôle spécial : « *Im Monat sechs sind öfters die Sachverständigen noch nicht einmal am Werk* ». Le Message (FF 2017 546) le disait sur le plan de la nécessité de la réforme : « *Cette prolongation est nécessaire, car le délai de péremption actuel de six mois s'avère souvent trop court. Dans les cas complexes, il empêche souvent les actionnaires de réunir les informations nécessaires pour fonder leur action* ». Il faut préciser que la réforme a non seulement consisté à prolonger le délai, mais surtout à la suspendre pendant la durée de l'examen spécial (v. *supra* N 1128 et 1141).

[3094] On admet en effet relativement aisément que des faits ont été « révélés », puisqu'il suffit qu'ils le soient « dans leur principe » (cf. TF 29. 6. 2005, 4C.107/2005, c. 3.2 et réf. citée *in* n. 3091). – En théorie, il était évidemment possible de déposer une action en responsabilité (ou en restitution) et d'en requérir la suspension (art. 126 CPC) jusqu'à l'achèvement de l'examen spécial (sur cette possibilité en lien avec le droit aux renseignements et de consultation, cf. *supra* n. 3062). Sur un plan pratique, il ne faut pas sous-estimer la complexité et les coûts découlant de l'existence formelle de deux procédures. Par ailleurs, le contrôle spécial présentait alors un intérêt limité par rapport à une expertise judiciaire, les requérants n'ayant pas le même droit d'être entendu dans le contrôle spécial que dans une expertise judiciaire ; toutefois, le contrôle spécial demeurait intéressant sous l'angle des frais de justice, qui devaient en principe être avancés et supportés par la société (art. 697g al. 1 aCO-1991).

[3095] En plus de la moindre vraisemblance que des actionnaires demandent un examen spécial si la politique d'information est satisfaisante, il faut souligner un effet de la règle libérant

2296 Le droit entré en vigueur en 2023 a éliminé ces défauts par la **suspension** des délais désormais instituée pour l'action en responsabilité et l'action en restitution : en effet, l'art. 758 al. 2 CO a non seulement étendu le délai pour intenter ces procès en le portant à 12 mois après l'octroi de la décharge ; mais en plus, il dispose que ce délai est suspendu pendant toute la procédure visant à ce qu'un examen spécial soit ordonné et pendant que celui-ci est mis en œuvre ; quant au délai de prescription de l'action en restitution (tant le délai subjectif[3096] de 3 ans que le délai objectif de 10 ans)[3097], l'art. 678a CO dispose qu'il est suspendu pendant la procédure visant à ce qu'un examen spécial soit ordonné et pendant son exécution. Cette suspension vaut aussi lorsqu'en fin de compte, l'examen spécial n'est pas ordonné par le juge (et, à plus forte raison, si l'examen spécial n'établit pas les faits sur la base desquels une action en responsabilité ou en restitution est engagée).

2297 Cette suspension est le changement majeur apporté par la réforme votée le 19. 6. 2020 sur l'examen spécial. L'autre changement substantiel est que ce n'est plus le dommage lui-même (consécutif à la violation de la loi ou des statuts) qui doit être rendu vraisemblable, mais seulement **le fait que la violation est *de nature à causer un dommage*** à la société ou aux actionnaires. Ces modifications paraissent susceptibles de faire de l'examen spécial un instrument d'une réelle importance pratique[3098]. Les autres modifications sont essentiellement d'ordre rédactionnel.

---

les administrateurs de la responsabilité douze mois (jusqu'à l'entrée en vigueur de la novelle du 19. 6. 2020 : six mois) après la décharge : plus nombreux sont les faits que le conseil d'administration « révèle » (cf. art. 758 al. 1 *in initio* CO), plus la portée de la décharge est vaste.

[3096] Sur cette terminologie, employée de préférence à « relatif » et « absolu », cf. *supra* N 1137, n. 1750.

[3097] *Supra* N 1221.

[3098] Ce n'était pas le cas depuis l'introduction du contrôle spécial en 1991, ce que constatait le Conseil fédéral dans son Message (FF 2017 491, cité *supra* n. 3082 ; le Conseiller national Beat FLACH, BO 2020 2388, soutenait que maintenir les conditions du contrôle spécial de 1991 revenait à quasi-supprimer [« *quasi abschaffen* »] le nouvel examen spécial). Ce diagnostic était exact pour les sociétés cotées, mais il est très probable que la situation ait été encore sensiblement plus critique pour les sociétés non cotées. Les premières sont soumises à de nombreux devoirs de transparence (notamment la publicité événementielle, cf. *infra* N 2396-2404) et de contrôle de la bonne gouvernance permettant aux actionnaires de cerner le fonctionnement de la société, et les autorités boursières assurent une mise en œuvre effective de ces devoirs. De tels moyens n'existent pas dans les sociétés non cotées.

E. Le conseil d'administration

1. Traits essentiels

Le conseil d'administration est **l'organe exécutif** de la société anonyme. 2298

Il est chargé de la **gestion interne** (art. 716 al. 2 CO) et de la **représentation** de 2299
la société à l'égard des tiers (art. 718 CO) ; à ce titre, il peut accomplir au nom de
la société tous les actes que peut impliquer le but social[3099] (art. 718a al. 1 CO).

Il existe une « **présomption de compétence** » en faveur du conseil d'adminis- 2300
tration : la loi l'habilite en effet à prendre des décisions sur toutes les affaires
que la loi ou les statuts ne placent pas dans la compétence de l'assemblée générale (art. 716 al. 1 CO). Le conseil d'administration est par conséquent au
moins aussi important, d'un point de vue pratique, que l'assemblée générale
désignée par la loi comme « *pouvoir suprême* » (art. 698 al. 1 CO) : celle-ci ne
se réunit d'ordinaire qu'une fois par an et ses décisions dépendent, dans une
large mesure, des propositions et des informations émanant du conseil d'administration. Cette importance dominante du conseil d'administration, à première
vue contraire à une hiérarchie théorique qui placerait l'assemblée au-dessus,
reflète la réalité juridique selon laquelle les administrateurs ont de sévères devoirs de loyauté et de diligence, tandis que les actionnaires n'ont, en tant que
tels[3100], aucune obligation envers la société si ce n'est libérer les actions qu'ils
ont souscrites. Cette situation implique que les compétences intransmissibles
du conseil d'administration en particulier en matière de haute direction ne peuvent pas être transmises « vers le haut » à l'assemblée générale des actionnaires
(alors que dans le droit de la Sàrl, l'art. 811 CO permet de soumettre des décisions des gérants à l'assemblée des associés[3101]). C'est ce qui a été décrit sous
le terme de « **principe de parité strict** » au début de ce chapitre[3102].

Outre la cessibilité aisée des parts, le rôle du conseil d'administration est la 2301
caractéristique pratique majeure de la société anonyme qui distingue celle-
ci de la société à responsabilité limitée dans la vie quotidienne des affaires et
dans la répartition fondamentale des pouvoirs au sein de la société.

[3099] Cf. *supra* N 533-539.

[3100] Ils peuvent bien sûr avoir des devoirs contractuels en tant que parties à un pacte d'actionnaires (devoirs dont, le cas échéant, la société peut exiger l'exécution s'ils font l'objet
d'une stipulation pour autrui, art. 112 CO), d'un autre contrat créant des obligations en
faveur de la société (mandat, voire engagement contractuel unilatéral comme une déclaration de patronage) ou parce qu'ils deviennent organe de fait.

[3101] *Infra* N 2617-2626.

[3102] *Supra* N 2225-2226 et 2230-2235.

2. Élection et durée du mandat d'administrateur

2302 Le principe de la compétence pour élire les membres de l'organe dirigeant a été traité parmi les règles communes à l'ensemble des sociétés de capitaux et à la coopérative. On y renvoie donc[3103].

2303 Les membres du conseil d'administration sont élus pour trois ans, sauf disposition contraire des statuts, qui ne peuvent toutefois prévoir une **durée des fonctions** excédant six ans (art. 710 al. 2 CO). Les membres du conseil d'administration sont rééligibles (art. 710 al. 3 CO). La loi n'impose aucune limite au nombre de réélections successives, de sorte que la durée effective des mandats renouvelés peut largement excéder six ans. Pour les sociétés cotées, l'art. 95 al. 3 Cst a introduit la règle selon laquelle le mandat ne peut durer qu'un an, une réélection étant ainsi nécessaire à chaque assemblée ordinaire[3104].

2304 De façon générale, il faut préciser que la durée « d'un an » du mandat d'administrateur s'interprète comme s'étendant jusqu'à l'assemblée ordinaire suivante (respectivement, pour un mandat de trois ans, pour l'assemblée ordinaire traitant le troisième exercice consécutif à l'élection). De nombreuses clauses statutaires le prévoyaient expressément depuis longtemps. Il s'agit selon nous d'une règle générale (elle figure d'ailleurs expressément dans la législation d'exécution de l'art. 95 al. 3 Cst[3105]). Dès lors, si les administrateurs ont été élus lors de la dernière assemblée « pour un an » et qu'il s'est écoulé plus d'un an, mais que l'assemblée ordinaire relative à l'exercice non traité dans la dernière assemblée ordinaire n'a pas eu lieu, il ne peut pas être considéré que le conseil d'administration serait composé de façon irrégulière. Il n'y a pas de carence d'organisation au sens de l'art. 731b CO.

2305 L'élection est **en principe individuelle**. Elle doit l'être impérativement dans les sociétés cotées en bourse. Dans les sociétés non cotées, les statuts peuvent prévoir une élection collective. Le président de l'assemblée peut aussi proposer une élection collective si tous les actionnaires présents ou représentés à l'assemblée sont d'accord (art. 710 al. 2, 2e phr., CO).

[3103] *Supra* N 1669 s.

[3104] Art. 95 al. 3 lit. a, 2e phr., Cst : « *[L'assemblée générale] désigne chaque année le président du conseil d'administration et, un par un, les membres du conseil d'administration et les membres du comité de rémunération ainsi que le représentant indépendant* ». L'art. 710 al. 1 CO constitue la législation d'exécution.

[3105] Art. 710 al. 1 CO : « *La durée des fonctions des membres du conseil d'administration d'une société dont les actions sont cotées en bourse s'achève <u>au plus tard à la fin de l'assemblée générale ordinaire suivante</u>. Les membres sont élus individuellement* ». Pour le président, cf. art. 712 CO.

L'élection est soumise à l'**acceptation** de l'élu, qui peut avoir lieu de façon 2306
implicite[3106]. En cas d'acceptation, les membres du conseil d'administration
sont **inscrits** au registre du commerce avec leur nom, leur lieu d'origine (pour
les étrangers : leur nationalité), leur commune de domicile, leur fonction et leur
droit de signature (art. 45 lit. n et o ORC). Lorsqu'ils ont un droit de signature,
ils apposent leur signature au registre du commerce ou en déposent un spéci-
men légalisé (art. 720 CO).

3. Compétences

a. Gestion

La gestion (direction interne des affaires) revient fondamentalement au conseil 2307
d'administration, et même en commun à tous les membres (art. 716 al. 2 CO et
716b al. 5 CO). Le législateur a conçu le conseil d'administration non pas
comme un organe de contrôle ou de surveillance (*Aufsichtsrat*), mais comme
le véritable organe dirigeant.

La **gestion** globale **menée en commun** par le conseil d'administration peut 2308
constituer la forme organisationnelle la plus adaptée pour les petites entreprises
et les sociétés ayant un nombre restreint d'actionnaires, lesquels sont tous
membres du conseil d'administration ; dans de telles situations, il n'est le plus
souvent pas véritablement nécessaire de structurer fonctionnellement l'organe
exécutif.

À l'inverse, pour les sociétés de grande taille, une telle organisation n'est d'ordi- 2309
naire guère praticable. C'est pourquoi le conseil d'administration a la faculté de
déléguer la gestion à certains membres ou à des tiers (art. 716b al. 1 CO), traitée
dans le cadre de son impact sur la responsabilité (sous l'angle du devoir de diligence)[3107] et ci-dessous pour quelques aspects pratiques[3108]. Il peut aussi attribuer la préparation, l'exécution et la mise en œuvre de ses décisions ou la surveillance d'activités à des comités ou à certains de ses membres (art. 716a al. 2
CO). Il peut d'ailleurs déléguer le pouvoir de représentation à un ou plusieurs de
ses membres (les « délégués ») ou à des tiers (« directeurs » ; art. 718 al. 2 CO).

Ces mesures permettent d'adapter l'organisation aux exigences d'une gestion rai- 2310
sonnable et efficace de l'entreprise. Si une société anonyme suisse le souhaite,
elle peut ainsi, en particulier, donner à son organisation les traits de l'une ou

---

[3106] ATF 105 II 130 c. 1 (132).
[3107] *Supra* N 1067-1081.
[3108] N 2313-2316.

l'autre des formes organisationnelles ayant cours à l'étranger (qu'elles y soient usuelles ou prescrites par la loi), comme p. ex. le *board system*[3109] du droit américain, le système allemand du conseil de surveillance (*Aufsichtsratssystem*)[3110] ou le système français classique du président directeur général (PDG)[3111].

b. Représentation

2311 La représentation de la société à l'égard des tiers est également du ressort du conseil d'administration. Le pouvoir de représentation revient **à chacun des membres**, à moins que les statuts ou le règlement d'organisation n'en disposent autrement (art. 718 al. 1 CO). Comme pour la gestion, le conseil d'administration peut réserver le pouvoir de représentation **à certains de ses membres**

[3109] Selon le *board system* américain, la composition du conseil d'administration est répartie entre les membres externes non exécutifs (*non-executive directors, « NEDs »*), qui sont actifs pour la société à temps partiel, et les membres internes exécutifs (*executive directors, « EDs »*), actifs à plein temps. La gestion et la représentation de la société sont confiées aux *executive directors* alors que l'on assigne aux *non-executive directors* surtout des fonctions de surveillance, telle la participation au comité de révision (*audit committee*). En droit suisse, l'emploi par le conseil d'administration de sa faculté de déléguer la gestion et la représentation à certains de ses membres (art. 718 al. 2 CO) et de créer des comités (sur ceux-ci, cf. p. ex. Edgar Philippin [2005], Les comités du conseil d'administration, p. 331-387 ; Rouiller/Bauen/Bernet/Lasserre Rouiller [2022], N 462, 472 et 708 ss) permet de reproduire ce système.

[3110] En droit suisse, le conseil d'administration peut, par une délégation « imposante », quasi complètement transférer la gestion et la représentation de la société à des directeurs qui ne font pas partie du conseil d'administration (ou à une direction institutionnalisée) et exercer uniquement une haute surveillance sur leur direction. Cela revient à s'approcher du système allemand dualiste (système dit du conseil de surveillance), qui prévoit une scission entre la direction (organe de gestion) et le conseil de surveillance (organe de surveillance). Cependant, en droit suisse, le conseil d'administration ne peut jamais, même en cas de délégation maximum des pouvoirs, réduire son rôle de façon à devenir un simple organe de surveillance, car la loi lui attribue des compétences inaliénables en matière de gestion (art. 716a al. 1 CO ; cf. *infra* N 2317-2342).

[3111] Tout comme dans le système français du « président directeur général » (« PDG », cf. Mestre/Pancrazi et al. [2012], N 576 ss), l'administrateur délégué peut être également président du conseil d'administration (et président de la direction institutionnalisée). La loi autorise l'union personnelle dans la conduite du conseil d'administration et de la direction. Si le conseil d'administration se résout à une telle concentration de pouvoirs, il doit aussi prévoir des mécanismes de contrôle appropriés afin de garantir un bon gouvernement d'entreprise (*corporate governance*), cf. ch. 19 al. 2 CSBP. À noter que, depuis le 15. 5. 2001, le droit français permet également un système semblable au droit allemand (« *régime avec directoire et conseil de surveillance* », qui paraît rencontrer un certain succès auprès des grandes entreprises, cf. Mestre/Pancrazi et al. [2012], N 572 et 592 ss).

(les « délégués » du conseil d'administration, ou « administrateurs délégués »)
ou confier ce pouvoir **à des tiers** qui ne sont pas membres du conseil d'administration (directeurs, membres de la direction, autres personnes ayant droit de
signature ; art. 718 al. 2 CO). Au moins un membre du conseil d'administration
doit avoir qualité pour représenter la société (art. 718 al. 3 CO)[3112]. Le pouvoir
de représentation est **octroyé par une décision** du conseil d'administration (cf.
art. 718 al. 2 et 721 CO). Les représentants sont ensuite **inscrits** au registre du
commerce (art. 720 CO). Les personnes habilitées à représenter la société signent pour celle-ci en ajoutant leur signature personnelle à la raison sociale
(art. 719 CO[3113]).

Le pouvoir de représentation recouvre tous les actes juridiques que peut impliquer le **but social** (art. 718a al. 1 CO)[3114]. Quelles que soient les restrictions
imposées « à l'interne » par le conseil d'administration (p. ex. par des instructions générales ou spéciales, par la décision octroyant les pouvoirs ou par un
règlement d'organisation) à l'un de ses membres ou à un directeur au bénéfice
du pouvoir de représentation inscrit au registre du commerce, elles n'ont pas
d'effet à l'égard des tiers de bonne foi. L'ensemble de ces questions ont été
traitées dans le chapitre sur la représentation[3115].
 2312

c. Délégation de la gestion et de la représentation

Le conseil d'administration peut déléguer tout ou partie de la gestion **si les statuts n'interdisent pas la délégation** ; il doit alors adopter un **règlement d'organisation** (art. 716b al. 1 CO). Celui-ci réglera en détail la délégation de façon
à ce qu'elle respecte, outre d'éventuelles règles statutaires, les limites légales,
soit en particulier l'art. 716a CO qui place dans les mains du conseil d'administration des attributions intransmissibles et inaliénables, dont la responsabilité ultime de la conduite de la société (al. 1 ch. 1 : « *haute direction* »). Le règlement d'organisation doit donc fixer les modalités de gestion de la société,
 2313

[3112] Depuis l'entrée en vigueur en 2008 de la novelle votée le 16. 12. 2005, il suffit, si aucun
membre du conseil d'administration ayant le pouvoir de représentation n'a de domicile en
Suisse, qu'un *directeur* ayant son domicile en Suisse soit chargé de la représentation de la
société (art. 718 al. 3 CO).

[3113] Pour les *réquisitions* au registre du commerce, l'art. 17 al. 1 lit. a ORC-2020 a à nouveau
élargi le cercle des personnes habilitées à requérir des inscriptions (l'art. 931a aCO-2005,
abrogé en 2017, exigeait qu'elles émanent de deux membres de *l'organe supérieur de
direction* – soit pour la SA, le conseil d'administration – ou d'un de ses membres autorisé
à signer individuellement ; cf. *supra* n. 151).

[3114] Sur cette notion, cf. *supra* N 533-539.

[3115] *Supra* N 533-624.

déterminer les postes nécessaires à cet effet, définir les attributions et régler en particulier l'obligation de rendre rapport (art. 716b al. 3 CO). Souvent, ce règlement contient également les principes de l'organisation interne du conseil d'administration, ses procédures et les règles sur le pouvoir de représentation de chacun de ses membres.

2314 Le règlement d'organisation est **purement interne** ; il n'est pas public et ne doit donc pas être déposé au registre du commerce[3116]. Le conseil d'administration renseigne par écrit les actionnaires ou les créanciers qui le demandent et rendent vraisemblable l'existence d'un intérêt digne de protection à être informés au sujet de l'organisation de la gestion (art. 716b al. 4 CO)[3117].

2315 La **responsabilité** du conseil d'administration et de ses membres se réduit dans la mesure où les fonctions sont déléguées de façon formellement correcte, et sans transgresser les normes sur l'intransmissibilité et l'inaliénabilité de certaines compétences (art. 716a CO). Cet important aspect de la délégation a été traité dans le chapitre sur la responsabilité (en particulier sous l'angle du devoir de diligence) ; on y renvoie donc[3118].

2316 Pour les sociétés cotées en bourse, la loi indique que « *la gestion peut être déléguée à un ou plusieurs membres du conseil d'administration ou à d'autres personnes physiques* », en précisant que « *la gestion de fortune peut également être déléguée à une personne morale* » (art. 716b al. 2 CO).

d.   Attributions intransmissibles et inaliénables

2317 Même si, comme on vient de le voir[3119], l'organisation de l'exécutif des sociétés anonymes peut être largement adaptée aux exigences pratiques, le conseil d'administration n'a **pas la faculté de déléguer la totalité de ses attributions**. La loi énumère des compétences relatives à la haute direction et à la haute surveillance que le conseil d'administration ne peut pas transférer et qui ne peuvent pas lui être retirées (art. 716a al. 1 CO). Une décision de l'assemblée générale ou du conseil d'administration qui en disposerait autrement serait nulle (art. 706b ch. 3 CO)[3120]. Le conseil d'administration peut certes confier à des

---

[3116] Cf. Mathieu BLANC, La délégation de compétences par le conseil d'administration (2005), p. 291 ss, spéc. 299 s. ad n. 27 ss.

[3117] Il n'existe cependant pas d'obligation de remettre une copie du règlement d'organisation à celui qui le demande. Cf. par ailleurs *supra* N 2275.

[3118] *Supra* N 1067-1081.

[3119] *Supra* N 2309-2310 et 2313-2316.

[3120] Cf. *supra* N 1750-1778.

comités ou à certains de ses membres la charge de préparer et d'exécuter ses décisions ou de surveiller certaines affaires, mais il doit veiller à ce que ses membres en soient convenablement informés (art. 716a al. 2 *in fine* CO) ; les compétences décisionnelles et la responsabilité qui y est liée restent d'ailleurs toujours au conseil d'administration.

Comme énoncé à plusieurs reprises[3121], l'impossibilité de transférer la haute direction et les décisions de gestion « vers le haut » à l'assemblée générale des actionnaires est **l'un des traits distinctifs** principaux de la société anonyme (en particulier par rapport à la Sàrl). 2318

aa. Haute direction et instructions

En vertu de l'art. 716a al. 1 ch. 1 CO, le conseil d'administration a l'attribution intransmissible et inaliénable d'« *exercer la haute direction de la société et établir les instructions nécessaires* ». 2319

Il appartient ainsi exclusivement au conseil d'administration de fixer les objectifs stratégiques de l'entreprise, de déterminer les moyens nécessaires à cet effet et de s'assurer – à travers des directives, des règlements et des contrôles – que la gestion de la société se fait conformément à ces décisions stratégiques. 2320

bb. Déterminer l'organisation

L'art. 716a al. 1 ch. 2 CO impose au conseil d'administration de «*fixer l'organisation* ». Ainsi, la responsabilité de l'organisation revient ultimement au conseil d'administration. Il doit ainsi déterminer les lignes essentielles de la hiérarchie de l'entreprise, la répartition des tâches et l'obligation de rendre rapport. Il lui appartient de veiller constamment à ce que l'organisation soit adaptée aux changements de situations. Enfin, « fixer l'organisation » signifie également déterminer les devoirs et les activités de ses membres[3122]. Le conseil 2321

[3121] *Supra* N 2225-2226 et 2230-2235.

[3122] Seule l'organisation des postes dans l'organigramme de la société qui se trouvent directement soumis au conseil d'administration ne peut pas être déléguée. L'organisation des postes inférieurs et l'organisation interne de la direction peuvent être confiées à la direction ou à l'administrateur délégué. Le conseil d'administration doit cependant veiller à recevoir à temps le compte-rendu des événements importants survenus dans le domaine de compétence de ces postes inférieurs (cf. sur les critères généraux, *supra* N 1067 ss, spéc. 1077-1081).

d'administration ne peut prouver qu'il a rempli son devoir d'organisation que s'il en a posé les principes par écrit dans un règlement d'organisation et, le cas échéant, dans un règlement interne ainsi que dans des organigrammes, cahiers des charges, directives et instructions.

cc. Déterminer les principes financiers

2322 L'art. 716a al. 1 ch. 3 CO attribue au conseil d'administration la compétence intransmissible et inaliénable de «*fixer les principes de la comptabilité et du contrôle financier ainsi que le plan financier pour autant que celui-ci soit nécessaire à la gestion de la société*».

Dans le cadre de cette responsabilité relative aux finances, le conseil d'administration répond de l'organisation d'une comptabilité appropriée, de l'établissement régulier des comptes et du choix du référentiel comptable (Swiss GAAP RPC, IFRS/IAS, US-GAAP)[3123].

2323 Il répond aussi du contrôle financier, c'est-à-dire de la surveillance continue des flux financiers, notamment de la liquidité[3124] ainsi que du système du contrôle interne («SCI», ou révision interne).

2324 Étant compétent pour fixer le plan financier, c'est à lui qu'il appartient de planifier un budget et des projections de liquidités.

2325 Il ne doit pas effectuer lui-même l'établissement des comptes, le contrôle et le plan financiers, mais il doit garantir leur mise en œuvre efficace, s'en tenir informé et, dans le cadre de sa haute direction, adopter à temps les mesures nécessaires.

dd. Nomination des autres gérants et représentants

2326 L'art. 716a al. 1 ch. 4 CO donne au conseil d'administration la compétence intransmissible et inaliénable de «*nommer et révoquer les personnes chargées de la gestion et de la représentation*».

[3123] Sur ces référentiels, cf. *supra* N 465-514.
[3124] Sur la surveillance des liquidités et donc de la solvabilité, cf. *supra* N 863-865. L'établissement d'un tableau de flux de trésorerie au sens propre est, en droit suisse, réservé aux grandes entreprises, cf. *supra* N 329-335.

Ainsi, c'est au conseil d'administration qu'il revient impérativement de désigner les membres de la direction[3125] et de nommer les personnes ayant un pouvoir de représentation (art. 718 al. 2 et 721 CO). Cette compétence inclut celle de révoquer ces personnes le cas échéant[3126].

2327

Le libellé de cette règle est cependant trop vaste, car il est évident que dans les grandes sociétés, ce n'est pas toujours le conseil d'administration qui nomme toutes les personnes avec des tâches de gestion subordonnées et tous les représentants. Cette disposition légale se comprend comme visant le premier rang après le conseil d'administration lui-même (soit en principe les directeurs ; elle signifie concrètement que les directeurs ne peuvent pas nommer eux-mêmes des directeurs).

2328

ee. Haute surveillance

L'art. 716a al. 1 ch. 5 CO prescrit que le conseil d'administration doit « *exercer la haute surveillance sur les personnes chargées de la gestion pour s'assurer notamment qu'elles observent la loi, les statuts, les règlements et les instructions données* ».

2329

Ainsi, le conseil d'administration n'a pas seulement la responsabilité de nommer et de révoquer les personnes chargées de la gestion et de la représentation de la société, il doit aussi mettre sur pied une surveillance appropriée, notamment en déterminant l'obligation de rendre rapport.

2330

Le conseil d'administration n'est pas tenu de contrôler constamment chaque activité menée par la direction ; il doit cependant s'assurer, à travers la remise de comptes-rendus et par le contrôle interne, de demeurer informé de l'activité de la direction afin, le cas échéant, d'être en mesure d'intervenir[3127]. On renvoie

2331

[3125] La nomination aux postes inférieurs peut cependant être déléguée à la direction.

[3126] L'art. 705 al. 1 CO prévoit clairement que « *l'assemblée générale peut révoquer toutes les personnes qu'elle a élues* » – et donc *a contrario* pas les personnes nommées par le conseil d'administration.

[3127] Le conseil d'administration peut être aidé par l'organe de révision (cf. art. 728 ss CO). Même si la loi ne contient plus l'exigence selon laquelle celui-ci devait remettre au conseil d'administration un rapport explicatif sur les insuffisances révélées par l'audit et des propositions pour y remédier (cf. art. 729a aCO), il reste usité que le réviseur adresse une *management letter* au président de la direction ou du conseil d'administration ; elle contient des observations critiques mais aussi des propositions d'améliorations (cf. MÜLLER/LIPP/PLÜSS [2014], p. 615 s.) qui peuvent utilement servir de signaux d'alarme précoces pour les membres du conseil d'administration.

sur ce plan aux développements sur la délégation, en particulier sous l'angle du devoir de diligence[3128].

ff. Rapport de gestion, préparation de l'assemblée générale et exécution de ses décisions

2332 L'art. 716a al. 1 ch. 6 CO oblige le conseil d'administration à « *établir le rapport de gestion, préparer l'assemblée générale et exécuter ses décisions* ».

2333 Dans le cadre de la préparation de l'assemblée générale ordinaire, il revient au conseil d'administration notamment d'élaborer le rapport de gestion[3129] (ou du moins de s'assurer de son élaboration) et de le soumettre avec les autres documents nécessaires à l'examen de l'organe de révision (art. 728 al. 2 CO).

2334 Il doit également adopter la proposition d'allocation du bénéfice (p. ex. paiement d'un dividende ou report du bénéfice) qui sera soumise à l'assemblée générale. Il devra déterminer le lieu de réunion (le cas échéant, opter pour le mode « virtuel », pour autant que les statuts le permettent) et envoyer aux sociétaires[3130] la convocation avec l'ordre du jour et les comptes révisés.

2335 Il doit aussi exercer le contrôle d'admission, tenir le procès-verbal et compter les voix[3131].

2336 Le conseil d'administration est responsable de la mise en œuvre des décisions de l'assemblée générale. Ici aussi, cela ne signifie pas qu'il doive lui-même s'occuper de l'exécution des décisions, mais il doit l'organiser et la surveiller.

[3128] Cf. *supra* N 1077-1081 ; plus généralement sur la délégation, N 1067 ss. Sur l'articulation entre l'aspect matériel du devoir de diligence et le régime de la responsabilité, cf. *supra* N 1035, 1157 et 1174-1178.

[3129] Dans les sociétés qui ne sont pas des « grandes sociétés » qui doivent établir le document nommé « rapport annuel » (au sens de l'art. 961c CO, cf. *supra* N 336-338), le rapport de gestion (à fournir annuellement aux actionnaires en vue de l'assemblée générale, cf. art. 689 et 699a CO) comprend les comptes annuels et, le cas échéant, les comptes consolidés. Les autres documents à fournir annuellement sont les rapports de révision si la société n'est pas libérée de l'obligation de révision (*supra* N 915-922).

[3130] Sur la détermination des personnes autorisées et autres règles relatives à la convocation, cf. *supra* N 2032-2038 (titularité des droits ; sur la représentation, N 1990-2014) et 2096-2101 (registre et autres preuves) ainsi que respectivement N 1681-1689 (convocation) et 2243 (délai).

[3131] Cf. à cet égard *supra* N 1696-1698. Cette obligation de préparation s'applique *mutatis mutandis* aussi à l'assemblée générale extraordinaire. La conduite de l'assemblée générale ne fait pas partie des compétences intransmissibles. Elle est fréquemment déléguée à une personne en particulier, le plus souvent au président du conseil d'administration.

gg.   Dépôt d'une demande de sursis concordataire et/ou avis
       de surendettement

L'art. 716a al. 1 ch. 7 CO attribue impérativement au conseil d'administration   2337
la responsabilité de « *déposer la demande de sursis concordataire et aviser le
tribunal en cas de surendettement* ».

Le sursis concordataire peut être demandé en cas d'insuffisance de liquidités,   2338
hors cas de surendettement. Il sert notamment à éviter la faillite qu'un créancier
peut provoquer par des poursuites pour des montants que la société ne peut
payer de par l'état de sa trésorerie ; cela survient lorsque les actifs sont immobilisés et difficiles à aliéner en temps utile. L'art. 716a al. 1 ch. 7 CO ne permet
qu'au conseil d'administration de faire une telle demande (cette compétence
relève du droit des sociétés ; elle n'est pas prévue par la LP).

En cas de surendettement de la société (art. 725b al. 3 CO), le conseil d'admi-   2339
nistration doit en aviser le tribunal[3132]. Ce devoir d'information ne peut pas être
véritablement délégué, le conseil d'administration répondant du respect de
cette prescription. Si le conseil d'administration estime que des perspectives
d'assainissement existent malgré le surendettement, c'est à lui qu'il appartient
de déposer dans cette situation la demande de sursis concordataire (art. 173a
al. 2 *cum* 293a lit. c LP).

Même si la loi ne décrit comme compétence intransmissible que le devoir d'in-   2340
formation en cas de surendettement – et celle de solliciter un sursis concordataire –, il se justifie de considérer qu'il en va de même de l'obligation de convoquer une assemblée générale en cas de menace d'insolvabilité et de perte de
(la moitié du) capital et de proposer à celle-ci des mesures d'assainissement qui
relèveraient de sa compétence (art. 725 al. 2, 2ᵉ phr., et 725a al. 2, 2ᵉ phr.,
CO)[3133], et cela d'autant plus que la direction n'a pas le pouvoir de convoquer
elle-même une assemblée générale.

hh.   Dans les sociétés cotées : rapport de rémunération

L'art. 716a al. 1 ch. 8 CO prévoit que la responsabilité d'« établir le rapport de   2341
rémunération », découlant de l'art. 95 al. 3 Cst voté le 3. 3. 2013, revient impérativement au conseil d'administration dans les sociétés cotées en bourse (cf.

[3132] Cf. à cet égard *supra* N 835-844.
[3133] Cf. *supra* N 863-865, pour la surveillance de l'insolvabilité (N 864 pour l'éventuelle con-
       vocation de l'assemblée générale), et, pour la perte de capital, N 827 et 1918-1930 (sur les
       compétences de l'assemblée, cf. spéc. N 1922 ss).

art. 734 al. 1 CO). Ainsi, elle ne peut pas être déléguée au comité de rémunération. Les tâches et compétences de ce dernier sont déterminées par les statuts (art. 733 al. 3 CO), mais ils ne peuvent lui déléguer l'établissement du rapport de rémunération, étant donné qu'il s'agit d'une tâche intransmissible du conseil d'administration en vertu de l'art. 716a al. 1 ch. 8 CO.

ii. Autres tâches intransmissibles

2342 La loi assigne au conseil d'administration d'autres compétences intransmissibles : exiger la libération des actions non entièrement libérées (art. 634b al. 1 CO, « appel du non-versé »)[3134], exécuter différentes tâches dans le cadre d'une augmentation ou réduction de capital (cf. art. 652e, 652g, 652 h, 653g, 653 h, 653k, 653o, 653s et 653u CO)[3135], octroyer des pouvoirs de représentation (art. 721 CO)[3136] et interagir avec l'organe de révision[3137].

4. Organisation et décisions

a. Organisation

2343 Comme on vient de le voir, l'une des attributions intransmissibles et inaliénables du conseil d'administration est de « *fixer l'organisation* » de la société anonyme (art. 716a al. 1 ch. 2 CO). Sous réserve des dispositions statutaires relatives au conseil d'administration, sa propre organisation relève de cette

---

[3134] Cf. *supra* N 2142-2148.

[3135] Cf. *supra* N 1858-1863 (augmentation ordinaire) et 2164-2174 (marge de fluctuation du capital ; augmentation ou réduction autorisées).

[3136] Cf. *supra* N 2328.

[3137] L'art. 730b al. 1 CO prévoit que c'est le conseil d'administration qui fournit au réviseur les renseignements et documents utiles (« *Le conseil d'administration remet tous les documents à l'organe de révision et lui communique tous les renseignements dont il a besoin pour s'acquitter de ses tâches ; sur demande, il lui transmet ces renseignements par écrit* »). L'art. 728b al. 1 CO indique que, dans le contrôle ordinaire, c'est d'abord au conseil d'administration que l'organe de révision remet un rapport détaillé (« *L'organe de révision établit à l'intention du conseil d'administration un rapport détaillé contenant des constatations relatives à l'établissement des comptes, au système de contrôle interne ainsi qu'à l'exécution et au résultat du contrôle* ») et un résumé à l'attention de l'assemblée générale (al. 2). Les interactions pratiques peuvent certes avoir lieu d'abord avec la direction, mais en fin de compte, le rapport doit être adressé au conseil d'administration (et la remise de documents est de la responsabilité du conseil d'administration, le cas échéant dans un régime de délégation qui induit la nécessité pour le conseil de surveiller la façon dont la direction informe l'organe de révision).

compétence : c'est donc au conseil d'administration lui-même qu'il revient de **se constituer** et, de préférence dans un règlement d'organisation, de **répartir ses tâches** – tout en en gardant la responsabilité – en les confiant à certains de ses membres, individuellement ou groupés en comités (art. 716a al. 2 CO).

À tout le moins, un **président** doit être désigné (art. 712 CO). Dans les sociétés non cotées en bourse, c'est le conseil qui le désigne parmi ses membres (art. 712 al. 2, 1re phr., CO). Les statuts peuvent cependant réserver à l'assemblée générale la compétence d'élire le président du conseil d'administration (*ibid.*, 2e phr.). Pour les sociétés cotées en bourse, l'art. 95 al. 3 Cst impose la compétence de l'assemblée générale pour l'élection du président[3138]. Dans ces cas, le conseil d'administration a tout de même la possibilité de désigner un président de remplacement en cas de vacance en cours d'exercice[3139].

2344

On peut relever que depuis l'entrée en vigueur de la novelle du 19.6.2020, la fonction de « **secrétaire** » du conseil n'est plus explicitement prévue par la loi. Bien que l'art. 712 al. 1 aCO-1991 prévît une telle désignation (précisant que le secrétaire ne devait pas être forcément membre du conseil), la plupart des sociétés ne désignaient personne ; cette omission ne prêtait pas à conséquence, car un secrétaire (« de séance ») était alors désigné à chaque séance pour tenir le procès-verbal (art. 713 al. 3 aCO-1991) ; les fonctions secrétariales (notamment la conservation des documents) étaient souvent exercées, dans les sociétés d'une certaine taille, par des employés de la société. La désignation d'un secrétaire permanent pouvait d'ailleurs donner lieu à des confusions, car il était parfois inscrit au registre du commerce[3140], alors qu'il n'était pas administrateur. Cela étant, formaliser spécifiquement la fonction de secrétaire du conseil et désigner une personne n'était pas forcément inutile, notamment lorsque le conseil souhaitait garder confidentielles à l'égard de la société un certain nombre

2345

[3138] Art. 95 al. 3 lit. a, 2e phr., Cst : « *[l'assemblée générale] désigne chaque année le président du conseil d'administration et, un par un, les membres du conseil d'administration et les membres du comité de rémunération ainsi que le représentant indépendant* ». Art. 712 al. 1 CO : « *L'assemblée générale [...] élit le président parmi les membres du conseil d'administration. Le mandat s'achève au plus tard à la fin de l'assemblée générale ordinaire suivante* ».

[3139] Art. 712 al. 4 CO : « *Lorsque la fonction de président est vacante, le conseil d'administration désigne un nouveau président pour la durée du mandat restante. Les statuts peuvent prévoir d'autres dispositions afin de remédier à cette carence dans l'organisation* ».

[3140] Le Message du Conseil fédéral le relevait sous une formulation originale (FF 2017 514) : « *Il est ainsi pensable qu'une société renonce à instituer formellement un secrétaire. Il est devenu rare, aujourd'hui, que la fonction de secrétaire soit inscrite au registre du commerce* » (la version française du Message mentionne de façon erronée que cela concernerait le secrétaire « de l'assemblée générale » ; la version allemande est correcte [BBl 2017 567 : « *Sekretär des VR* »]).

d'informations ou décisions sensibles et que cette tâche « de bureau » ne pouvait concrètement être assumée par le président. Ainsi, même si la loi ne mentionne désormais explicitement – incidemment – que « *la personne qui a rédigé [le procès-verbal]* » lorsqu'elle traite de celui-ci (cf. art. 713 al. 3 *in fine* CO-2020), il reste parfaitement possible pour un conseil d'administration de désigner un secrétaire, qu'il s'agisse d'un de ses membres ou d'un tiers. Le but de la réforme est en effet, sur ce plan, de conférer davantage de liberté d'organisation aux sociétés[3141].

2346 De même, les sociétés peuvent nommer **un ou plusieurs** vice-présidents. Elles peuvent aussi décider que le conseil d'administration aura plusieurs co-présidents[3142].

b.   Séances

2347 Les membres du conseil d'administration exercent leurs attributions tout d'abord lors des séances de cet organe. La convocation des séances du conseil d'administration ainsi que leurs conduites sont assurées le plus souvent par le **président**. La loi ne prescrit pas de **fréquence** déterminée pour ces réunions. Les règlements d'organisation prévoient ordinairement que les séances ont lieu « *chaque fois que l'activité de la société l'exige* ». Tout membre du conseil d'administration a par ailleurs le pouvoir d'exiger du président qu'il convoque immédiatement une séance du conseil, en indiquant les motifs de sa **requête** (art. 715 CO)[3143]. Cette requête n'est soumise à aucune exigence formelle, sauf si les statuts ou un règlement en prévoient. Sous cette même réserve, la **convocation** elle-même ne doit pas non plus être effectuée sous une forme déterminée (contrairement à la convocation de l'assemblée générale[3144]). Il sied néanmoins que le conseil d'administration soit convoqué par écrit afin de constituer un moyen de preuve, car les décisions prises lors d'une séance à laquelle tous les

---

[3141] Message du Conseil fédéral, FF 2017 514, 6e par. *in initio* : « *Contrairement à l'avant-projet, le projet ne règle pas la nomination du vice-président ni du secrétaire [...], afin de permettre aux sociétés de s'organiser plus librement* » (cf. *supra* n. 3140 *in fine* sur la notion de secrétaire).

[3142] Cf. p. ex. la société CHE-101.270.301 selon les inscriptions du 14. 9. 2012 au 2. 3. 2015. Cette solution a permis à deux groupes d'actionnaires d'avoir une parfaite égalité au conseil (cf. TD Sion 31. 8. 2012, C2 12 186 et C2 12 265, ainsi que 8. 1. 2015, C2 14 361, et TC VS 6. 5. 2015, C2 15 21), la désignation d'un président étant nécessaire et son absence une carence (cf. p. ex. KGer ZG 2. 2. 2022, ES 2021 743).

[3143] Si le président ne donne pas suite à cette demande, une action en exécution visant à obtenir la convocation d'une réunion du conseil d'administration peut être intentée contre la société.

[3144] Cf. *supra* N 1681-1695.

membres du conseil n'ont pas été conviés sont susceptibles d'être frappées de nullité[3145].

c. Droit à l'information et droit à la consultation

Tout membre du conseil d'administration peut exiger d'être informé sur les affaires de la société (art. 715a al. 1 CO). Lors des séances, tous les administrateurs et les personnes chargées de la gestion sont tenus de fournir les informations qui leur sont demandées, y compris celles qui ont trait à une affaire déterminée (art. 715a al. 2 CO). En dehors des séances, tout administrateur peut obtenir des personnes chargées de la gestion des renseignements généraux sur la marche de l'entreprise, tels ceux qui se rapportent au chiffre d'affaires et à l'évolution des revenus. Pour obtenir des informations relatives à des affaires déterminées, il lui faut l'autorisation du président (art. 715a al. 3 CO). Il peut aussi demander au président l'accès aux livres et aux dossiers de la société, ou leur production, dans la mesure où cela est nécessaire à l'accomplissement de ses tâches (art. 715a al. 4 CO). Si le président rejette une demande de renseignement, d'audition ou de consultation, le conseil d'administration tranche (art. 715a al. 5 CO)[3146].

2348

Toutes ces règles ont un caractère relativement impératif, en ceci qu'elles représentent **un *minima* en matière de transparence** : les droits à l'information et à la consultation peuvent en effet être élargis sur la base de règlements (notamment le règlement d'organisation) ou de décisions du conseil d'administration (art. 715a al. 6 CO et 716b al. 3 et 4 CO)[3147] ; ils ne peuvent être restreints. L'administrateur a d'ailleurs la faculté d'agir en justice pour obtenir les renseignements, par une procédure sommaire[3148].

2349

[3145] Cf. art. 714 CO et CJ GE, SJ 2000 I 437 s. Sur la nullité, cf. *supra* N 1805 ad n. 2481.

[3146] Il n'existe pas de voie de droit directe pour attaquer la décision prise par le conseil d'administration au complet. Le membre concerné peut cependant exiger la convocation du conseil d'administration à une *séance*, au cours de laquelle les obligations de renseignement élargies s'appliquent (art. 715 et 715a al. 2 CO).

[3147] Ce vaste droit des membres du conseil d'administration d'être renseignés n'existe que pendant la durée de leur mandat ; il subsiste cependant au-delà dans la mesure où un ancien membre a besoin d'informations pour apprécier une prétention en responsabilité ou une contestation relative à ses honoraires (ATF 129 III 499, trad. SJ 2004 I 133).

[3148] ATF 144 III 100 c. 5.2.3.2 (107) : «*Ebenso wie die Rechtsprechung (andere) Leistungsklagen gegen die Gesellschaft nach einem ablehnenden Beschluss des Verwaltungsrates zuliess, kann daher auch der Informationsanspruch des Verwaltungsratsmitglieds klageweise gegen die Gesellschaft durchgesetzt werden, ohne dass dem die Nicht-Anfechtbarkeit von solchen Beschlüssen entgegenstünde*».

d. Décisions

2350 Les décisions du conseil d'administration sont prises à la **majorité des voix exprimées** (art. 713 al. 1 CO : «*majorité des voix émises*»)[3149]. On ne tient compte que des votes exprimés positivement ou négativement au sujet du point discuté, sans égard au nombre total des membres du conseil d'administration ou au nombre des membres présents. Contrairement à ce qui vaut pour la prise de décisions par l'assemblée générale[3150], les abstentions ne sont pas comptabilisées ; la loi n'exclut toutefois pas une disposition statutaire contraire[3151] soit adoptée, retenant qu'une proposition n'est adoptée que si elle recueille une majorité tenant compte des abstentions (celles-ci comptent alors comme des refus de la proposition).

2351 Chaque membre du conseil d'administration dispose d'**une voix**. Le membre qui préside *la séance* – ce n'est pas toujours le président du conseil d'administration – a une voix prépondérante à moins que les statuts n'en disposent autrement (art. 713 al. 1 CO)[3152]. À l'instar de ce qui vaut pour l'assemblée générale[3153], la loi n'exige pas un quorum de présence pour la validité des décisions prises par le conseil d'administration. Cependant, les règlements d'organisation prévoient souvent un tel quorum afin d'empêcher, par exemple, que des décisions d'un conseil d'administration de cinq membres soient prises par un seul d'entre eux.

2352 La représentation d'un membre du conseil d'administration par un autre membre (ou par un tiers[3154]) en vertu d'une procuration est impossible, tout comme la communication anticipée d'un vote par écrit. Lorsqu'une séance est convoquée, la volonté du conseil d'administration doit se former lors de cette

---

[3149] Pour les décisions de l'assemblée générale, c'est la majorité des voix *représentées* qui est requise (art. 703 CO) ; cf. *supra* N 2244-2250.

[3150] Cf. *supra* N 2247 spéc. ad n. 3029.

[3151] Vu que la règle de « la majorité des voix émises » est dans la loi (art. 713 al. 1, 1re phr., CO), il nous apparaît que seule une disposition statutaire peut s'écarter de cette solution. Rien ne permet de considérer la règle légale comme étant de droit impératif ; on ne peut sérieusement prétendre qu'un intérêt public exige un certain type de majorité (cf., pour l'assemblée, les réflexions citées en n. 3023 *in fine*).

[3152] Il résulte de cette disposition que le règlement d'organisation ne devrait pas pouvoir supprimer la voie prépondérante. Le président peut indiquer en séance qu'il renoncera à exercer sa voix prépondérante ; comme cela structure alors le débat, cette renonciation doit être opérante dans la séance en question.

[3153] Cf. *supra* N 2244-2250.

[3154] Dans plusieurs ordres juridiques, les suppléants sont admis, tout comme la représentation des membres du conseil. L'avantage pratique de ces possibilités a diminué avec la facilité technique et la propagation des séances « virtuelles » (par audio-ou visioconférences), devenues parfaitement ordinaires.

réunion. Les membres du conseil d'administration qui en sont absents ne peuvent donc pas exprimer leur vote.

Cela étant, les décisions du conseil peuvent être prises « **par circulation** »[3155], c'est-à-dire au moyen d'une approbation écrite à une proposition (cf. art. 713 al. 2 ch. 3 CO). Cette procédure ne peut s'appliquer que si aucun administrateur ne requiert « *une discussion* »[3156] (art. 713 al. 2 ch. 2, 1re phr., *in fine* CO ; les textes allemand et italien précisent qu'il s'agit là d'une « discussion orale »[3157]). 2353

Le terme de « discussion », tout comme celui de « séance » utilisé dans la loi (art. 715 *in fine*, 715a al. 2 et 3 CO) et dans la plupart des statuts, inclut les **visioconférences** (à l'art. 713 al. 2 ch. 2 CO, la loi renvoie notamment à l'assemblée « virtuelle » de l'art. 701d CO[3158]), mais aussi les **conférences téléphoniques** : de telles réunions permettent en principe une discussion satisfaisante entre les membres du conseil d'administration, de sorte qu'il faut considérer qu'avec de telles conférences, celui-ci s'est réuni de manière à pouvoir décider valablement. On peut réserver les **cas où les statuts l'excluent** expressément (ce qui se voit dans la pratique récente, lorsque les statuts se fondent sur l'idée qu'une réunion en un même lieu permet une meilleure interaction entre les administrateurs, plus concentrée et, *in fine*, plus efficace). 2354

Hormis l'exclusion explicite par les statuts, on peut encore réserver les cas très exceptionnels où un administrateur exige une réunion en un même lieu parce qu'il met en exergue un besoin particulièrement sévère de confidentialité ou la nécessité d'une interaction d'une telle qualité qu'elle ne pourrait pas être atteinte par une conférence téléphonique ou audiovisuelle. 2355

À notre sens, une telle requête doit être admise lorsque de tels motifs sont avérés ou plausibles. Ce peut être le cas p. ex. si les moyens de communication ou de stockage de données de la société ou de ses organes ont fait l'objet d'intrusions avérées ou d'attaques ciblées. Elle peut aussi être fondée si des séances virtuelles récentes ont constitué des expériences négatives, que ce soit un manque d'attention ou de réalité de la participation – la présence visuelle (« caméra enclenchée ») étant ici un marqueur utile –, ou au contraire, parce que l'accès à la séance virtuelle a été donné à des tiers non-membres du conseil (par 2356

[3155] Cela est admis depuis longtemps, contrairement aux assemblées générales, pour lesquelles l'art. 701 al. 3 CO-2020 introduit une innovation. Cf. *supra* N 1977-1989.

[3156] Cela ne suppose pas que la décision ne puisse être prise qu'à l'unanimité ; si un administrateur n'exige pas de délibération orale, son vote négatif (rejetant la proposition écrite) n'empêche pas la prise de décision par circulation. Sur la situation analogue de l'assemblée générale prise par circulation, cf. *supra* N 1973, spéc. n. 2718.

[3157] « *Eine mündliche Beratung* », respectivement « *una discussione orale* ».

[3158] *Supra* N 1980-1982 et 1984-1989.

simple présence, le cas échéant cachée, dans la même pièce que l'administrateur) ou qu'un tel accès est soupçonné.

2357 Pour ne pas paralyser l'activité du conseil lorsque de telles requêtes sont trop fréquentes alors que les administrateurs ont des domiciles éloignés les uns des autres et que cela induit des difficultés à organiser une réunion en un même lieu, les membres du conseil qui estiment que de telles requêtes entravent la société doivent proposer à l'assemblée l'adoption d'une règle statutaire qui clarifie la situation (que ce soit, p. ex., en excluant ou en admettant les conférences audiovisuelles, ou en accordant clairement la compétence au président ou au conseil de régler la question[3159]).

2358 À la différence des décisions de l'assemblée générale[3160], les décisions du conseil d'administration ne peuvent pas être attaquées par une action en annulation (art. 706 ss CO)[3161]. En revanche, **l'action en constatation de la nullité** est en soi ouverte. À cet égard, les motifs de nullité des décisions de l'assemblée générale s'appliquent par analogie aux décisions du conseil d'administration (art. 714 *cum* 706b CO)[3162]. La relative rareté de ces actions (sauf pour empêcher une inscription au registre du commerce fondée sur une décision du conseil) a été traitée dans le chapitre des règles convergentes pour l'ensemble des sociétés de capitaux et la coopérative[3163].

e. Procès-verbal

2359 Un procès-verbal des délibérations et des décisions du conseil d'administration **doit être établi**. Il doit être signé par le président et par « *la personne qui a rédigé le procès-verbal* » (art. 713 al. 3 CO) ; le règlement du conseil d'administration (tout comme les statuts) peut prévoir qu'un secrétaire permanent est nommé et qu'il lui appartient de rédiger le procès-verbal[3164], la liberté d'organisation des sociétés étant entière[3165] tant qu'elle aboutit à un établissement

---

[3159] Le règlement d'organisation ne peut selon nous pas exclure le droit à une discussion dans sa plénitude, étant réservé dans la loi à l'art. 713 al. 2 CO ; les actionnaires (par les statuts) doivent avoir le droit de préciser les modalités en fonction de leur appréciation.

[3160] Cf. *supra* N 1733-1735.

[3161] La Loi sur la fusion prévoit en revanche la possibilité d'attaquer en annulation les décisions illicites du conseil sur une fusion, une scission ou une transformation (art. 106 LFus).

[3162] Cf. à cet égard *supra* N 1762-1778.

[3163] Cf. à cet égard *supra* N 1775-1778.

[3164] Cf. *supra* N 2345.

[3165] Le Message du Conseil fédéral a relevé que le but de la réforme quant à la suppression de la mention du secrétaire qui figurait à l'art. 712 aCO-1991 était d'accroître la liberté d'organisation des sociétés (FF 2017 514, 6e par., 1re phr., cité *supra* n. 3141).

fiable du procès-verbal (le règlement peut d'ailleurs prévoir que les délibérations sont enregistrées sur un support de données).

À la différence du procès-verbal de l'assemblée générale[3166], le procès-verbal de séances du conseil d'administration contient, en plus des propositions et des résultats du vote, une **synthèse des principaux arguments** exposés en séance (cela résulte de l'obligation prescrite par le texte légal de consigner aussi « *les délibérations* »). Ce procès-verbal revêt par conséquent souvent une importance considérable dans l'instruction d'une éventuelle action en responsabilité (cf. art. 754 et 759 al. 1 CO)[3167]. Il permet notamment de démontrer que la réflexion des administrateurs est suffisamment complète pour être conforme à leur devoir de diligence[3168].

2360

5. Devoirs des membres du conseil d'administration

Comme on l'a exposé, les devoirs de loyauté (ou « fidélité ») et de diligence sont communs aux organes dirigeants de toutes les formes de société[3169].

2361

En particulier, les conflits d'intérêts créent d'abord la nécessité de les dévoiler. Sauf, en substance, lorsque l'inverse est autorisé par une majorité du conseil, ils conduisent l'administrateur placé dans un tel conflit à devoir s'abstenir d'agir pour la société, tant dans les décisions[3170] que dans les actes de représentation envers les tiers[3171]. La problématique est souvent subtile, ce que montrent les développements antérieurs, auxquels on renvoie.

2362

V. Particularités liées à une cotation en bourse

A. Vue d'ensemble

Les sociétés cotées en bourse ne sont pas très nombreuses, mais leur importance économique est immense : la plupart des plus grandes entreprises suisses sont des sociétés anonymes cotées, dans une bourse suisse ou étrangère, ou

2363

[3166] Cf. *supra* N 1718-1721.

[3167] Cf. *supra* N 1104-1193.

[3168] Cf. *supra* N 1027-1089, spécialement – mais évidemment pas uniquement – pour l'appréciation du risque dans les décisions de nature entrepreneuriale (N 1037-1047) ou pour l'étendue de la surveillance dans les tâches déléguées (N 1077-1081).

[3169] Cf. *supra* N 968-970 (et les développements jusqu'à N 1193).

[3170] Pour la participation aux décisions, cf. *supra* N 990-1001 (et déjà N 981-984).

[3171] Pour les actes de représentation, cf. *supra* N 575-600 (ainsi que N 985-989).

dans plusieurs bourses. Les spécificités de leur régime juridique doivent donc être présentées dans ce précis.

2364 La réglementation boursière est particulièrement foisonnante. Depuis une quinzaine d'années, elle est en constante évolution sur le plan formel, les divers règlements subissant de nombreuses modifications à intervalles rapprochés. On se bornera ci-après à l'exposé des principes, qui ont une certaine constance. Ceux-ci concernent les conditions d'une entrée en bourse puis du maintien de la cotation boursière, en particulier une transparence accrue et spontanée (« publicité régulière » et « publicité événementielle », ainsi que la transparence des acquisitions et aliénations d'actions par les dirigeants et les actionnaires importants). Une série de règles concerne aussi l'obligation pour un important acquéreur de présenter une offre à tous les actionnaires dès que sa participation franchit un seuil (de ⅓ ou de ½ du capital ; « offre publique d'acquisition », « OPA »). Comme indiqué, ces diverses règles ne pourront être présentées que dans leurs traits généraux, vu notamment l'ampleur des textes réglementaires.

2365 Cela étant, outre quelques règles créant un régime spécifique aux sociétés cotées sur des questions qui se posent en soi pour toutes les sociétés (p. ex. convocation de l'assemblée générale[3172], représentants[3173], examen spécial[3174], élections du conseil[3175]), on a déjà traité de façon détaillée les règles de droit des sociétés relatives aux quelques restrictions possibles quant à la transférabilité des actions et autres titres de participation[3176].

2366 Par ailleurs, dans la présente section V, on traitera en détail les règles sur les rémunérations des organes dirigeants, car elles font l'objet d'une disposition constitutionnelle – la seule directement consacrée au droit des sociétés – forcément stable (de par la difficulté de modifier la constitution) et d'une série de dispositions légales qui paraissent appelées à régir durablement la matière. Qui plus est, pour toutes les sociétés cotées, il s'agit d'un domaine qui appelle désormais une analyse juridique précise au moins une fois par année. La matière est aussi le champ d'application d'un certain bouleversement structurel et donc d'un grand intérêt pour l'étude du droit de la société anonyme.

2367 Enfin, la pratique permet d'observer que la plupart des questions « de droit boursier » sont en réalité étroitement liées à d'autres domaines du droit des sociétés. Notamment, les sanctions prononcées par la principale bourse suisse

---

[3172] Cf. *supra* N 1683 (droit de faire convoquer) et 1693 (droit de proposer des points à l'ordre du jour).
[3173] Cf. *supra* N 1995, 2002-2004 et 2009.
[3174] Cf. *supra* N 2286.
[3175] Cf. *supra* N 2303-2305.
[3176] Cf. *supra* N 2068-2085.

(SIX) concernent, pour environ la moitié, des infractions aux règles comptables[3177]. Une partie substantielle des autres sont liées à des violations des devoirs de diligence ou de loyauté des organes, ou des événements définis par le droit des sociétés. Le droit boursier n'est donc pas un monde à part.

B.   Le processus de cotation

1.   Les bourses, le droit boursier et les standards régulatoires (« segments de cotation »)

Une bourse est une infrastructure de marché qui organise la négociation d'instruments financiers[3178]. On dira d'une société qu'elle est cotée en bourse si ses actions (éventuellement d'autres titres de participation, comme les bons de participation) peuvent être achetées et vendues sur cette infrastructure. Elle peut aussi faire coter des titres de dette (obligations émises en série) ou des « produits structurés » plus complexes, qui incluent divers types d'options. Cela étant, une société n'est *elle-même cotée en bourse* que si ce sont ses titres de participation qui sont négociables : en effet, ce n'est que dans une telle situation que, notamment, le contrôle sur elle peut être acquis par des opérations boursières.

2368

Le négoce boursier consiste à ce que les offres d'achat et de vente sont dirigées vers l'infrastructure. L'opération boursière est conclue lorsqu'une offre d'achat converge matériellement (prix, moment) avec une offre de vente. L'acheteur d'un titre coté en bourse n'a pas besoin d'entrer en contact avec un vendeur : il « achète en bourse ». Il en résulte une liquidité accrue. En pratique, tout client d'une banque (ou d'un autre intermédiaire financier actif en bourse, comme une « maison de titres »[3179]) peut en principe acquérir à travers celle-ci des titres cotés en bourse, sans avoir besoin de savoir qui l'a cédée.

2369

[3177] Pour les années 2008 à 2021, on peut se référer aux tableaux synoptiques de ROUILLER/ BAUEN/BERNET/LASSERRE ROUILLER (2022), pp. 960-965 (N 933b à 933e).

[3178] Cf. art. 2 lit. a LIMF, ainsi qu'art. 26 lit. a (« *[on entend par]* plate-forme de négociation : *toute bourse ou tout système multilatéral de négociation* ») et b (« *[on entend par]* bourse : *toute organisation exerçant la négociation multilatérale de valeurs mobilières au sein de laquelle des valeurs mobilières sont cotées et qui vise l'échange simultané d'offres entre plusieurs participants ainsi que la conclusion de contrats selon des règles non discrétionnaires* »).

[3179] Cf. *supra* n. 2864.

2370 Sur un plan économique, la liquidité accrue facilite grandement la levée de fonds pour une société qui émet des titres : un investisseur acquiert d'autant plus volontiers des actions (et souscrit donc les engagements d'apport correspondants) s'il peut s'attendre à aisément revendre les titres en cas de besoin ou simplement pour bénéficier d'une augmentation de valeur (« prendre son bénéfice »).

2371 Cette caractéristique a longtemps été le propre des bourses « classiques » ou « réglementées ». Actuellement, une liquidité équivalente peut être obtenue par le négoce organisé par la société émettrice elle-même, notamment au moyen de registres électroniques « distribués » (décentralisés)[3180], qui offrent une sécurité élevée et un accès tout aussi facile, sans nécessité de passer par un quelconque intermédiaire. Cela étant, ces émissions ne relèvent pas du droit boursier, même si l'on peut observer une tendance à leur appliquer quelques pans des réglementations protectrices des investisseurs instituée dans le cadre du droit boursier.

2372 À l'heure actuelle, il existe deux bourses suisses : SIX Swiss Exchange (SIX) et BX Swiss (BX). Ce nombre est susceptible d'évoluer. Cela étant, SIX regroupe de loin la majeure partie des sociétés suisses cotées.

2373 Chaque bourse a plusieurs « standards régulatoires » ou « segments de cotation ». Certains sont consacrés à des titres autres que les actions, p. ex. les titres de dette ou des produits dérivés. Il peut exister par ailleurs plusieurs standards régulatoires consacrés aux actions, notamment en fonction de la taille de la capitalisation.

2374 Les règles spécifiques qui s'appliquent aux sociétés cotées en bourse peuvent être décrites en deux catégories principales.

2375 La première regroupe les règles qui s'appliquent à une société suisse cotée, quelle que soit la bourse dans laquelle elle l'est, y compris si le siège de la bourse est hors de Suisse. Ces règles se trouvent d'abord dans le Code des obligations (restrictions à la transférabilité, rémunération des dirigeants). Certaines règles peuvent aussi se trouver dans la Loi sur les services financiers (p. ex. celles sur les prospectus)[3181].

[3180] Cf. *supra* N 2125-2129.
[3181] La LSFin s'applique aux « *producteurs d'instruments financiers* », ce qui inclut une société suisse qui émet des actions. En matière de prospectus, l'art. 35 al. 1 LSFin ne s'applique qu'à ceux « *qui soumet[tent] une offre au public [en] Suisse* ». Si l'émetteur est suisse, l'émission est toujours « en Suisse » à ce point de vue. Cela étant, si l'offre au public est faite sur une bourse étrangère, l'art. 54 LSFin permet de reconnaître de nombreux prospectus étrangers, et de renoncer ainsi à ce qu'un prospectus soit établi selon les règles helvétiques.

La seconde catégorie principale comprend les règles dont le point de rattache- 2376
ment est la bourse – et qui s'appliquent par ce biais aux sociétés émettrices qui
y sont cotées. Ainsi, si une société suisse est cotée dans une bourse hors de
Suisse, elle sera soumise aux règles de l'ordre juridique étranger applicable à
cette dernière. Et à l'inverse, une société étrangère cotée dans une bourse suisse
sera soumise aux règles boursières suisses.

On peut ainsi utilement distinguer les règles applicables aux sociétés suisses 2377
cotées en bourse et les règles applicables aux sociétés cotées en Suisse. C'est
cette catégorie qui constitue le « droit boursier suisse » à proprement parler.

En Suisse, le droit boursier se divise entre, d'une part, des dispositions légales 2378
(actuellement surtout celles de la Loi sur l'infrastructure des marchés financiers, LIMF), et, d'autre part, des règlements émis par la bourse elle-même (en
premier lieu le Règlement de cotation [RCot] de SIX ou de BX, soumis à l'approbation d'une autorité de surveillance, concrètement la FINMA dans le droit
actuel, et les multiples autres règlements et directives thématiques). Beaucoup
de dispositions régissent l'organisation et les devoirs des bourses. On traitera
principalement ici les autres dispositions, à savoir celles qui concernent les devoirs des sociétés qui y sont cotées (art. 120-137 LIMF, le Règlement de cotation et quelques-unes des directives de SIX, dont celles sur la publicité événementielle et les « transactions du management »).

2. Les conditions matérielles relatives à la société émettrice et aux titres cotés

Une société qui veut être cotée doit avoir des fonds propres qui ne sont pas 2379
inférieurs à un certain montant. Dans l'état actuel du règlement de cotation de
SIX, ce montant est 25 millions de francs (art. 15 RCot-SIX ; l'art. 4.6 RCot-
BX exige seulement 2 millions de francs).

Des montants plus élevés en termes de « capitalisation » (c'est-à-dire : la valeur 2380
qu'aurait l'ensemble des titres de participation de l'émetteur si le prix boursier
leur était appliqué) induisent l'application de l'un ou l'autre standard régula-
toire ; p. ex., un standard particulier de SIX (« Sparks », art. 89a RCot-SIX)
s'applique aux capitalisations qui, au moment de la cotation, sont inférieures à
500 millions de francs.

Par ailleurs, la société doit exister depuis un certain temps, soit trois ans au 2381
moins pour une cotation auprès de SIX (art. 11 al. 1 RCot-SIX ; des exceptions,
requérant des sûretés, sont toutefois possibles, cf. al. 2 et la Directive Track-
Record [DTR-SIX] ; l'art. 4.2 RCot-BX exige un an d'existence au moins, des
exceptions étant possibles [art. 11.3]).

2382   De plus, la quantité d'actions mises en bourse, désignée comme la diffusion des titres (*free float,* ou « flottant », non contrôlé par l'actionnaire de référence), doit correspondre à une certaine proportion du capital total et à un montant minimal. Pour une cotation à SIX, cette proportion est de 20 % des titres d'une même catégorie et 25 millions de francs (art. 19 al. 2 RCot-SIX ; l'art. 5.3 lit. d RCot-BX limite l'exigence de diffusion à 15 %, sans valeur absolue minimale).

2383   Des exigences s'appliquent aussi concernant la libre transférabilité des actions, étant toutefois précisé que les restrictions de l'art. 685d CO[3182] sont compatibles avec une cotation (cf. art. 21 al. 2 RCot-SIX[3183] ; cf. ég. art. 5.3 lit. a RCot-BX).

2384   Enfin, il faut relever que l'instance d'admission peut poser des conditions complémentaires (cf. art. 16 RCot-SIX).

3.   Le prospectus

2385   Le contenu du prospectus a été traité de façon détaillée en rapport avec les offres faites au public également en dehors d'un cadre boursier, les règles actuelles étant communes à toutes les offres faites au public[3184] ; cela se justifie notamment au regard du développement de la négociabilité sur d'autres types de plates-formes (en particulier par la technologie des registres distribués)[3185]. Le droit boursier *stricto sensu* ne peut plus prévoir que des dispositions complémentaires de détail[3186].

[3182]   Cf. *supra* N 2068-2085.

[3183]   « *Les valeurs mobilières dont le transfert fait l'objet d'une autorisation ou d'une restriction ayant trait aux acheteurs potentiels peuvent être admises à la cotation pour autant que leur négociabilité soit assurée et que l'exécution des transactions ne soit pas compromise* ». En particulier, les restrictions portant sur l'inscription comme actionnaire avec droits de vote au-delà d'un certain seuil (cf. *supra* N 2069-2072) sont admissibles, puisqu'elles n'entravent pas la propriété. Par ailleurs, le franchissement de seuils doit être annoncé selon la réglementation boursière (cf. art. 120 LIMF).

[3184]   Cf. *supra* N 2175-2187. Ces développements figurent dans le chapitre sur les augmentations de capital, alors que les cotations boursières peuvent bien sûr porter sur l'entrée en bourse d'actions déjà existantes, soit hors d'une augmentation de capital. Le contenu des prospectus suit cependant les mêmes règles – excepté évidemment celles qui se rapportent au fait que les titres à coter sont nouveaux ou pas.

[3185]   Cf. *supra* N 2177 et, sur la notion et la mise en œuvre, déjà N 2099-2100 et 2116.

[3186]   Presque toutes les dispositions sur les prospectus (art. 28-40 aRCot-SIX) ont été biffées du Règlement de cotation de SIX lors de l'entrée en vigueur de la LSFin. Même celles qui ont subsisté n'ont qu'une portée limitée (ainsi art. 30 al. 4 RCot-SIX, cité *infra* N 2387), voire, pour certaines, nulle, cf. *infra* n. 3187.

En ce qui concerne le **moment de la publication**, l'art. 64 al. 1 LSFin prévoit 2386
à ce propos que « *[l]e fournisseur de valeurs mobilières ou la personne qui en
demande l'admission à la négociation : (a) dépose le prospectus auprès de
l'organe de contrôle après son approbation ; (b) publie le prospectus au plus
tard au début de l'offre au public*[3187] *ou de l'admission à la négociation des
valeurs mobilières concernées* ». L'al. 2 précise que « *Lorsqu'une catégorie de
titres de participation d'un émetteur est admise pour la première fois à la négociation sur une plate-forme de négociation, le prospectus est mis à disposition au moins six jours ouvrables avant la clôture de l'offre* ».

Par ailleurs, différentes **formes de publication** sont admises, dont la publica- 2387
tion électronique par l'émetteur ou la bourse (« *plate-forme de négociation* »,
al. 3 lit. c) ou par l'organe de contrôle (lit. d). L'al. 5 indique que « *L'organe de
contrôle inscrit les prospectus approuvés sur une liste qu'il rend accessible
durant douze mois* ». À cet égard, le Règlement de cotation laisse toute liberté
aux organes de la bourse pour une publication par leurs soins (art. 30 al. 4
RCot-SIX : « *Le Regulatory Board se réserve le droit de mettre à disposition
les informations relatives aux émetteurs et aux valeurs mobilières via un système électronique sous la forme qu'il juge appropriée* »).

Le Règlement de cotation de SIX maintient une obligation indépendante du 2388
prospectus de publier une « *information officielle* », dont l'objectif est « *d'informer les investisseurs sur : (1) la cotation ou transaction demandée ; (2) les
possibilités d'obtenir gratuitement le prospectus et tout supplément éventuel,
chacun selon la LSFin (y compris des informations sur l'endroit où il peut être
obtenu sous forme imprimée ou consultable électroniquement). Si l'émetteur
n'est pas tenu par la LSFin d'établir un prospectus, cela doit être signalé* »
(art. 40a RCot-SIX ; ég. art. 27 al. 1, 2ᵉ phr., RCot-SIX). Cette information
« *doit être publiée au plus tard à 8h00, heure d'Europe centrale, le jour de la
cotation* » (art. 40b RCot-SIX).

C.   Les conséquences de la cotation

1.   La transparence accrue

La société émettrice doit notamment faire preuve d'une transparence accrue 2389
tant que dure la cotation. Elle doit publier les documents qui sont produits de
façon prévisible, tels les comptes annuels, le rapport annuel et les nombreux

---

[3187] L'art. 31 al. 1 RCot-SIX prescrit que « *si un prospectus doit être établi conformément à la
LSFin, il doit être publié au plus tard le jour de la cotation, avant le début du négoce* » ;
cela ne semble pas différent de l'art. 64 al. 1 LSFin.

rapports exigés désormais en matière sociale (ou sociétale) et environnementale[3188], et informer publiquement sur les événements relevant du « calendrier d'entreprise », comme les élections des organes – c'est la « publicité régulière ». Elle doit ensuite informer immédiatement les investisseurs sur les autres événements susceptibles d'influencer le cours boursier (démission d'un dirigeant, restructuration, acquisition majeure, perte d'un important procès, p. ex.) – c'est la « publicité événementielle ». Elle doit informer sur les acquisitions et ventes de ses titres que font ses dirigeants. Et elle doit publier les informations qu'elle reçoit lorsque la participation d'un actionnaire important ou d'un groupe d'actionnaires franchit certains seuils – c'est la « publicité des participations ».

a.   Publicité régulière *lato sensu*

2390   La publicité régulière au sens large oblige la société à mettre en œuvre des standards de transparence accrue, aussi bien sur le plan du contenu des informations que sur le moment de leur diffusion.

2391   La société cotée doit publier des informations notamment sur sa structure et ses organes. La plupart sont certes contenues dans le prospectus au moment de la cotation, mais la société doit les rendre aisément accessibles de façon permanente et les mettre à jour. Le calendrier d'entreprise inclut notamment les événements qui modifient les structures et les organes (notamment les assemblées générales dans lesquelles les organes sont élus et d'éventuelles modifications de la structure votées). Il doit être clairement communiqué.

2392   Pour les sociétés cotées à SIX, les devoirs d'annonce sont précisés par une « *Directive concernant les devoirs d'annonce réguliers des émetteurs avec droits de participation (titres de participation), emprunts, droits de conversion, instruments dérivés et placements collectifs de capitaux* » (en version courte, « Directive Devoirs d'annonce réguliers », abrégée DDAR[3189]).

2393   Les art. 9 à 14 DDAR énoncent de façon générique les faits soumis à un devoir d'annonce, qui sont précisés par une annexe (de 11 pages pour les sociétés dont les titres de participation sont cotés à titre primaire[3190] à SIX[3191]). Les annexes

---

[3188] Cf. *infra* N 2880-2881.

[3189] La bourse BX Swiss a un règlement équivalent (« *Directive on the Regular Reporting Obligations* »).

[3190] Avant 2020, on parlait de cotation « *à titre principal* ».

[3191] Il s'agit de l'Annexe 1. La publicité régulière relative à d'autres instruments (emprunts, droits de conversion, dérivés, placements collectifs de capitaux, sociétés cotées à titre secondaire) fait l'objet d'autres annexes (Annexes 2 à 6), plus brèves.

précisent les faits – classés sous forme de tableaux et par catégories – et fixent les modalités particulières des annonces (contenu exact, délai d'annonce ; par ailleurs, SIX a établi un Guide sur la DDAR qui facilite la détermination des informations à publier).

Les sociétés cotées doivent aussi suivre des **standards comptables** considérés comme offrant une transparence accrue, notamment sur le plan de l'application du principe dit de l'«image fidèle» (*true and fair view*) et de la prohibition stricte des réserves latentes[3192]. Pour les sociétés cotées à la bourse SIX, en vertu d'une Directive sur la présentation des comptes (DPC), il s'agit notamment des normes Swiss GAAP RPC, des IFRS et des US GAAP[3193].   2394

Outre les comptes annuels, il est exigé des sociétés émettrices qu'elles publient des **comptes semestriels**, lesquels ne sont pas forcément soumis à l'organe de révision (art. 50 al. 1 RCot-SIX ; art. 14.2 RCot-BX). Il leur est loisible de produire des comptes trimestriels[3194] (art. 50 al. 2 RCot-SIX).   2395

b.   Publicité événementielle

La publicité événementielle n'est à l'heure actuelle pas régie directement par des dispositions légales, mais par les règlements promulgués par les bourses. Fondamentalement, leur but est **d'assurer l'égalité**[3195] **entre investisseurs en fournissant immédiatement au public les informations susceptibles d'avoir une influence sur le cours boursier.** Cela doit permettre de prévenir la plupart   2396

[3192]   Cf. *supra* N 462.

[3193]   Cf. *supra* N 465. Pour les US GAAP, cf. N 478. On peut observer que *les sociétés étrangères* peuvent aussi appliquer d'autres normes (Annexe DPC, ch. 2 : «*Les émetteurs n'ayant pas leur siège social en Suisse peuvent en outre appliquer les normes comptables suivantes : [i] IFRS, telles qu'elles sont applicables dans l'UE (EU-IFRS) [ii] Norme comptable de la République populaire de Chine pour les entreprises commerciales (Accounting Standards for Business Enterprises, 'ASBE') ; [iii] UK-IFRS*»). En ce qui concerne BX Swiss, elle publie la liste des standards admis sur son site (cf. art. 15 RCot-BX).

[3194]   L'opportunité d'établir les comptes chaque trimestre – pratique qui était devenue indiscutée – a été remise en cause par le directeur général d'Unilever Paul POLMAN, dès le premier jour de son mandat en 2009 qui a opté pour une fréquence semestrielle (il explique dans la Harvard Business Review de juin 2012 : «*It has saved us work, and I don't have to constantly explain to the market how the weather was slightly worse than we expected [...]. It has allowed us to focus instead on a mature discussion with the market about our long-term strategy*» ; le sujet a continué d'attirer l'attention, cf. p. ex. Andy BOYNTON, Forbes 20. 7. 2015, Unilever's Paul Polman : CEOs Can't Be 'Slaves' To Shareholders, et Owen WALKER, FT 2. 7. 2018, The long and short of the quarterly reports controversy).

[3195]   Cf. *infra* N 2397 ad n. 3199.

909

des délits d'initiés (l'«exploitation d'informations d'initiés» étant, quant à elle, bel et bien une infraction pénale, réprimée par l'art. 154 LIMF[3196] ; v. ég. l'art. 142 LIMF[3197] ; la manipulation de marché, qui est elle aussi largement prévenue par la publicité événementielle, fait également l'objet de dispositions légales, à savoir les art. 143 et 155 LIMF).

2397 En ce qui concerne les cotations à la bourse SIX[3198], l'art. 53 RCot, dont le titre marginal est « *Devoir d'information des faits ayant une influence sur les cours (Publicité événementielle)* », a la teneur suivante :

« *(1) L'émetteur informe le marché des faits ayant une influence sur les cours qui sont survenus dans sa sphère d'activité. Sont réputés avoir une influence sur les cours les faits dont la divulgation est de nature à entraîner une modification notable des cours. Une modification des cours est notable lorsqu'elle entraîne des fluctuations de cours nettement supérieures à la moyenne.*

(1bis) La divulgation du fait ayant une influence sur les cours doit être de nature à influencer le participant au marché avisé dans sa décision d'investissement.

(2) L'émetteur informe dès qu'il a connaissance des principaux éléments du fait.

(2bis) La publication d'informations relatives à des faits ayant une influence sur les cours doit préciser dans son introduction sa classification comme 'annonce événementielle au sens de l'art. 53 RC'.

[3196] Art. 154 al. 1 LIMF : « *Est puni d'une peine privative de liberté de trois ans au plus ou d'une peine pécuniaire quiconque, en qualité d'organe ou de membre d'un organe de direction ou de surveillance d'un émetteur ou d'une société contrôlant l'émetteur ou contrôlée par celui-ci, ou en tant que personne qui a accès à des informations d'initiés en raison de sa participation ou de son activité, obtient pour lui-même ou pour un tiers un avantage pécuniaire en utilisant une information d'initié comme suit : (a) en l'exploitant pour acquérir ou aliéner des valeurs mobilières admises à la négociation sur une plate-forme de négociation ou auprès d'un système de négociation fondé sur la TRD ayant son siège en Suisse, ou pour utiliser des dérivés relatifs à ces valeurs ; (b) en la divulguant à un tiers ; (c) en l'exploitant pour recommander à un tiers l'achat ou la vente de valeurs mobilières admises à la négociation sur une plate-forme de négociation ou auprès d'un système de négociation fondé sur la TRD ayant son siège en Suisse, ou pour lui recommander l'utilisation de dérivés relatifs à ces valeurs* ».

[3197] L'art. 142 LIMF, qui définit le comportement illicite, a une teneur encore plus large quant au cercle des personnes visées (« *Agit de manière illicite toute personne qui, détenant une information d'initié dont elle sait ou doit savoir qu'il s'agit d'une information d'initié, ou une recommandation dont elle sait ou doit savoir qu'elle repose sur une information d'initié :* [identique, sous réserve de la forme verbale, aux lit. a-c de l'art. 154 al. 1 LIMF cité *supra* n. 3196] »).

[3198] Pour BX Swiss, la matière est réglée à l'art. 16 RCot-BX et dans une directive (« *Directive on Ad Hoc Publicity* »).

(3) La publication doit être faite de manière à ce que l'égalité de traitement des participants au marché soit garantie »[3199].

SIX a édicté une Directive sur la publicité événementielle (DPE), qui fait l'objet d'un commentaire (Guide DPE). Il y est notamment précisé que la publication doit avoir lieu, dans la mesure du possible, 90 minutes avant l'ouverture ou après la clôture du négoce (art. 11 DPE[3200]).   2398

En ce qui concerne la notion d'« investisseur avisé »[3201], on peut considérer que l'adjectif est l'équivalent de « raisonnable »[3202] et familier de l'activité de l'émetteur et du type d'instrument financier (soit du marché des titres de participation [*equity markets*] lorsque l'opération porte sur des actions, sans qu'il soit forcément un investisseur professionnel[3203]).   2399

En ce qui concerne la capacité du « fait » d'entraîner des fluctuations de cours « *nettement supérieures à la moyenne* » selon l'expression employée à l'al. 1 de l'art. 53 RCot-SIX[3204], cette notion ne se réfère pas à l'amplitude de la fluctuation   2400

[3199] L'importance de l'égalité de traitement est exprimée également à l'art. 16.5 RCot-BX : « *The publication must be carried out in such a way as to ensure equal treatment of the market participants* ».

[3200] Si la publication doit avoir lieu pendant les heures de négoce, SIX doit en être informée au moins 90 minutes à l'avance. Ce laps de temps permet à celle-ci de décider – généralement en accord avec la société – d'une suspension éventuelle du négoce (cf. art. 12 al. 2 DPE ; Guide DPE [2022], N 160).

[3201] Ce terme est en allemand « *verständiger Marktteilnehmer* ».

[3202] En ce sens Rashid Bahar (2021), par. 7, qui, toutefois, retient que « *raisonnable* » serait synonyme de *verständiger*, alors que ce terme signifie réellement « bien avisé ». Comme observé par cet auteur, il s'agit de se rapprocher du Règlement (de l'UE) relatif aux abus de marché (art. 7 al. 4), cela alors que ce règlement « *conçoit la publicité événementielle comme un moyen de lutter contre les abus de marché* », de sorte que « *le droit suisse de la publicité événementielle se rapproche du droit des opérations d'initiés* » (op. cit., N 7, *in fine*). L'ATF 145 IV 407 (*pr.*) – relatif aux abus de marché (délit d'initié) selon l'art. 161 aCP – emploie le terme d'« *investisseur raisonnable* » mais comme traduction de « *vernünftiger Anleger* » (*pr.* et c. 3.4.1 [423]).

[3203] Circulaire N° 1 de l'Issuers Committee du 10. 3. 2021, N 9 : « *Le participant au marché avisé est une personne agissant de façon rationnelle qui est familière avec l'activité de l'émetteur et le marché de l'instrument financier dans lequel elle investit. Il connaît les principes de base du négoce de valeurs mobilières, du droit des sociétés et des usages du marché financier, mais n'est pas tenu de disposer de compétences spécifiques. Toutefois, le participant au marché avisé ne doit pas être assimilé à l'investisseur professionnel* ».

[3204] Jusqu'en 2021, cette précision figurait à l'art. 4 al. 1 aDPE. Au sujet de l'influence sur les cours, la sentence rendue le 22. 3. 2016 par le Tribunal arbitral de SIX (contre laquelle un recours a été déclaré irrecevable, ATF 143 III 157) examine de façon détaillée (ch. 133-136) si l'absence d'une annonce suite à une fuite sur le montant de l'amende infligée par les autorités (britanniques, américaines et suisses) à une grande banque impliquée dans le scandale de la manipulation du LIBOR a pu influer sur les cours. Au vu des annonces

en termes absolus ou de pourcentage, mais en relation avec la volatilité du cours, comme relevé en doctrine : « *il s'agit donc d'un exercice qui consiste à déterminer si la modification est significative au sens statistique* »[3205].

2401   Évidemment, la gestion de toute société requiert souvent que des informations demeurent **confidentielles**, alors même qu'elles sont précisément susceptibles d'influencer le cours boursier. À cette fin, l'art. 54 RCot-SIX, intitulé « Report d'annonce », ménage l'équilibre de cette façon :

« *(1) L'émetteur peut différer l'annonce d'un fait ayant une influence sur les cours lorsque 1. le fait se fonde sur un plan ou une décision de l'émetteur ; et que 2. la diffusion du fait est de nature à porter atteinte aux intérêts légitimes de l'émetteur.*

(2) L'émetteur doit assurer, en cas d'utilisation d'un report de l'annonce événementielle, au moyen de règles et de processus internes adaptés et clairs, la confidentialité du fait ayant une influence sur les cours pendant toute la durée du report de l'annonce événementielle. En particulier, l'émetteur doit prendre les mesures organisationnelles nécessaires pour que les faits confidentiels soient communiqués uniquement aux personnes qui en ont besoin pour exécuter les tâches qui leur sont confiées. S'il se produit une fuite, le marché doit en être informé immédiatement, conformément aux dispositions de l'art. 53 RC ».

---

préalables – et des montants provisionnés –, elle observe que ni les informations parues dans la presse ni le communiqué n'ont induit une variation sensible des cours (ch. 136 s. : « *Claimant's share price and trading activity did not show any reaction to the press reports or to the LIBOR Ad hoc release* […]. *Ex ante, Claimant fulfilled its duty with its 2010 Annual Report and the updates that were published virtually on a quarterly basis until the third quarter of 2012. Hence, at the time of the leaks, [Claimant] could reasonabl[y] think that there was no price-sensitive fact* ») ; de la sorte, la banque n'a pas violé son devoir d'annonce. La problématique a donné lieu à la nouvelle mouture de l'art. 54 al. 2 RCot-SIX.

[3205]   Rashid BAHAR (2021), par. 6, qui ajoute : « *sans qu'il ne soit clair si une fluctuation nettement supérieure à la moyenne tombe en dehors de l'intervalle de confiance de 95 % ou de 99 % déduit de la volatilité historique du cours* ». L'art. 16 al. 1, 3e phr., RCot-BX va dans le même sens : « *A price change is significant if it clearly exceeds the usual level of volatility* ». – En d'autres termes, si une variation quotidienne de 4 % est fréquente, un fait susceptible d'influencer le cours de 3 % n'est pas forcément « notable », mais il devrait être considéré comme tel si l'impact potentiel est estimé à 6 %. À l'ATF 145 IV 407, relatif à un délit d'initié, il est relevé (c. 3.4.1 [423] : « *Im Übrigen werden in der Literatur beim Aktienhandel nicht erst Kursschwankungen von 20 % und mehr, sondern auch bereits Bewegungen von 5-10 % als relevant erachtet* ». En l'espèce, la variation était d'environ 15 % (et a été jugée pertinente, pour un délit d'initié).

Si, en dépit de la volonté de la société, la confidentialité de l'information n'est 2402
plus assurée (« fuite d'information »), la société doit la publier sans délai[3206].

Dans des circonstances exceptionnelles, une suspension du négoce peut être 2403
décidée s'il n'est pas possible de garantir autrement le fonctionnement régulier
et équitable du marché. Une telle suspension est une solution de dernier ressort
(*ultima ratio*). S'il est encore possible de publier une annonce événementielle,
la suspension du négoce est superflue.

Le négoce peut être suspendu à la demande de la société ou sur l'initiative de 2404
SIX ; dans tous les cas, SIX décide de façon indépendante du principe de la
suspension et de sa durée[3207].

c.   Transactions du management

Les sociétés cotées doivent s'assurer que les membres de leur conseil d'admi- 2405
nistration et de leur direction générale leur annoncent les **opérations par lesquelles ils acquièrent ou aliènent des droits de participation** (« transactions
du management ») et rendre ces données accessibles au public.

Il est légitime que ce type d'information soit partagé avec les investisseurs. Les 2406
administrateurs et directeurs sont les mieux placés pour évaluer l'état de la société, sa marche des affaires et ses perspectives. Même s'il peut exister une
multitude de raisons pour lesquelles un administrateur ou un directeur acquiert
ou cède des actions (p. ex., indépendamment de la marche de l'entreprise, il
peut en vendre parce qu'il a un besoin personnel de liquidités), et que l'interprétation d'un mouvement même substantiel dans de telles opérations n'a rien
d'évident, cela peut conduire les investisseurs à redoubler de vigilance. Alors
que la publicité événementielle – tout comme, bien sûr, les comptes périodiquement communiqués – donne des informations explicites et bien circonscrites sur la marche de la société, les transactions du management peuvent refléter un état d'esprit ou des sentiments dont elles sont la concrétisation. Quoi
qu'il en soit, la réglementation boursière juge juste que chacun puisse élaborer
son opinion sur la base de ces faits.

De plus, ces informations facilitent la tâche des autorités boursières quant à 2407
déterminer s'il y a lieu d'enquêter sur un éventuel délit d'initié.

[3206] Pour SIX, ch. 17 et 18 DPE. Pour BX Swiss, art. 4.9 de la directive citée *supra* n. 3198.
[3207] Cf. art. 18-20 DPE.

2408   Pour les sociétés cotées à la bourse SIX, la matière est traitée par l'art. 56 RCot-SIX et une Directive sur les transactions du management (DTM)[3208]. Un commentaire a aussi été publié.

2409   La **définition des transactions concernées** est très large. Sont en effet soumises au devoir d'annonce « *les transactions portant sur des droits de participation de l'émetteur ou sur des instruments financiers qui leur sont liés* » (art. 56 al. 2, 1re phr. *in fine* RCot-SIX). Il faut qu'elles « *portent directement ou indirectement sur le patrimoine de la personne soumise à l'obligation de déclaration* ». Sont cependant exclues du devoir d'annonce « *les transactions effectuées sans que la personne soumise à l'obligation de déclaration ait la possibilité de les influencer* » (al. 3 ; cette exception ne s'applique pas aux transactions effectuées dans le cadre d'un mandat de gestion de fortune, art. 3 al. 1, 3e phr., DTM ; en revanche, si la transaction est faite par un fonds dans lequel l'administrateur ou le directeur a des parts et qui est géré indépendamment de toute instruction de sa part, elle n'est pas soumise à l'art. 56 RCot-SIX).

2410   En ce qui concerne **plus spécifiquement l'objet des opérations** visées, il peut s'agir, selon l'art. 4 al. 1 DTM : (i) des actions (ou parts semblables à des actions[3209]) de l'émetteur ; (ii) de droits d'échange (conversion), d'acquisition et d'aliénation qui prévoient ou permettent une exécution en nature sur des actions (ou parts semblables) ou sur des droits d'échange (conversion), d'acquisition ou d'aliénation de l'émetteur ; (iii) des instruments financiers qui prévoient ou permettent un règlement en espèces ainsi que les contrats à terme avec règlement en espèces dont la valeur varie en fonction de celle des droits décrits sous (i) et (ii) ; l'al. 2 précise pour ces instruments financiers qu'ils ne sont pas visés si leur valeur n'est fonction de tels droits que pour moins d'un tiers.

2411   En ce qui concerne le **type d'opérations**, l'art. 5 al. 1 DTM précise qu'il peut s'agir autant (i) d'acquisition, (ii) d'aliénation que (iii) d'émission de droits désignés par l'art. 4. Instituant de vastes exceptions, l'al. 2 précise que les opérations visées ne comprennent ni le droit de gage, ni l'usufruit, ni le prêt de

---

[3208]   Pour BX Swiss, cf. art. 18 RCot-BX.

[3209]   Cette expression vise d'une part les titres de participation dans les sociétés autres que les sociétés anonymes (comme les parts sociales d'une société à responsabilité limitée, ou d'autres formes prévues par des ordres juridiques étrangers). D'autre part, elle vise aussi les bons de participation, vu les nombreuses caractéristiques partagées avec les actions. Il doit aussi en aller ainsi, vu la *ratio legis* (informer les investisseurs du comportement des dirigeants quant à leur détention de titres de l'émetteur), des bons de jouissance. Ni la DTM ni le Commentaire TM ne se prononcent toutefois. La *ratio legis* est tout à fait autre que celle de l'art. 120 LIMF, où il s'agit de l'acquisition des droits de vote pour permettre d'évaluer les perspectives de prise de contrôle ou l'influence d'un important actionnaire.

titres, ni les successions, ni les donations, ni les liquidations de régimes matri-
moniaux.

De même, l'art. 6 DTM exclut les opérations répondant certes par ailleurs à la 2412
définition des transactions visées mais « *effectuées sur la base d'un contrat de
travail ou faisant partie de la rémunération [...] à condition que [l'employé
dirigeant] ne puisse pas déclencher ces transactions par l'exercice d'un pouvoir de décision* ».

Ainsi, l'attribution ferme de droits de participation et l'octroi d'options sur ac- 2413
tions sur la base d'un contrat de travail ne sont pas soumis au devoir d'annonce
(art. 6 al. 2 DTM). En effet, ces attributions, décidées antérieurement (lors de
la conclusion du contrat de travail), ne sont pas susceptibles de refléter une
connaissance intime de l'entreprise au moment où elles se produisent concrètement. En revanche, l'exercice des droits attribués ou la cession de ces droits
est soumis à ce devoir (art. 6 al. 3 DTM). Cette distinction se justifie puisque
l'exercice volontaire de ces droits ou leur cession peut notamment avoir pour
motif des faits relevant de la marche intime de l'entreprise (même si une autre
raison n'est pas exclue, à savoir, pour une cession, p. ex. un besoin de liquidités
de l'employé).

L'idée selon laquelle l'effet sur le patrimoine du dirigeant est aussi pertinent 2414
s'il est **indirect** se traduit par des règles assez incisives. L'art. 56 al. 3, 2ᵉ part.,
RCot, précise ainsi que « *sont également soumises à l'obligation de déclaration
les transactions des **personnes proches** qui reposent dans une large mesure
sur l'influence d'une personne soumise à l'obligation de déclaration* ». L'art. 3
al. 2 DTM précise que les « personnes proches » peuvent être des personnes
« *morales ou physiques, ou des sociétés de personnes ou des fiduciaires*[3210]
sous l'influence notable » du dirigeant concerné. En particulier, la réglementation vise (i) le conjoint du dirigeant ; (ii) les personnes résidant au même domicile et (iii) les personnes morales, les sociétés de personnes et les fiduciaires,
lorsque la personne soumise à l'obligation de déclaration (a) y exerce des fonctions de direction, (b) contrôle directement ou indirectement la société, ou (c)
est un bénéficiaire de la société ou de la relation fiduciaire (p. ex., trust) par
laquelle la transaction est effectuée.

Le Commentaire TM précise qu'une transaction effectuée par un *blind trust*, 2415
vu l'absence d'influence que le constituant (*settlor*) peut y exercer, ne devrait
pas être concernée par le devoir d'annonce[3211].

[3210] Par « *fiduciaires* », la DTM entend manifestement les *rapports de fiducie* ou les *relations
de nature fiduciaire*, ce qui comprend la fiducie au sens du droit suisse (*supra* N 768) ou
les trusts des droits anglo-saxons (cf. notamment Commentaire TM [2011], N 89).
[3211] Commentaire TM, N 34.

2416   L'administrateur ou directeur doit **annoncer la transaction à la société au moment de la conclusion du contrat** (c'est-à-dire de l'acte générateur d'obligations)[3212]. Il en va ainsi même pour les transactions soumises à des conditions : le devoir d'annonce naît lorsque la transaction conditionnelle est conclue[3213] (et non lorsque les conditions sont réalisées et que le transfert est effectué). Si plusieurs exécutions partielles d'une transaction globale sont effectuées dans la journée, une seule annonce suffit pour la transaction globale réalisée pendant cette journée[3214]. Si plusieurs transactions ont été réalisées dans une journée par la même personne soumise au devoir d'annonce, il est possible de grouper tous les achats et ventes en une seule annonce. Il est en revanche interdit de compenser les achats avec les ventes[3215].

2417   Pour les opérations boursières résultant de simples ordres de bourse, le devoir d'annonce prend naissance au moment de l'exécution de l'ordre (*matching*)[3216]. La personne soumise au devoir d'annonce doit informer la société au plus tard le deuxième jour de bourse suivant la conclusion de la transaction[3217].

2418   En vertu de l'art. 56 al. 5 RCot-SIX, la société émettrice doit transmettre à SIX les informations communiquées par le dirigeant dans les trois jours de bourse[3218] suivant la réception de la déclaration de celui-ci. Ces indications sont publiées (sauf le nom et la date de l'annonce à l'émetteur). Les informations

---

[3212] Cf. art. 56 al. 2, 2e phr., RCot-SIX : « *Cette déclaration doit intervenir au plus tard le deuxième jour de bourse suivant la conclusion de l'acte générateur d'obligations ou, s'agissant d'opérations en bourse, suivant leur exécution* ». Cf. aussi art. 7 al. 1 DTM. La notion d'acte générateur d'obligation (*Verpflichtungsgeschäft*) sert à distinguer, d'une part, le contrat induisant un transfert d'actif et, d'autre part, l'acte juridique d'exécution par lequel l'aliénateur transfère l'actif (*Verfügungsgeschäft* : acte de disposition).

[3213] Art. 7 al. 1, 1re phr., DTM : « *L'obligation de déclaration naît au moment de la conclusion de l'acte générateur d'obligations, que celui-ci soit soumis ou non à la réalisation de conditions* ». V. aussi Commentaire TM, N 123 et nombreux exemples *in* N 124-137.

[3214] Art. 7 al. 2 DTM.

[3215] Principe dit « de la présentation brute » (Commentaire TM, N 139 : « *Il est [...] interdit de compenser des achats et des ventes. En d'autres termes, c'est le système brut qui s'applique, le netting étant interdit* » ; v. ég. les exemples *in* N 140).

[3216] Art. 7 al. 1, 2e phr., DTM. Le Commentaire TM, N 130, recommande expressément aux personnes soumises au devoir d'annonce de prendre préalablement contact avec leur banque pour s'assurer qu'elles seront informées dans les plus brefs délais de la conclusion de l'opération boursière, de manière à pouvoir l'annoncer en temps utile à la société.

[3217] Art. 56 al. 2, 2e phr., RCot-SIX. Les jours de bourse se calculent d'après le calendrier de négoce de SIX (Commentaire TM, N 20 ; l'exemple au N 21 indique que pour une transaction réalisée le jeudi 3 mai, le délai est respecté si le dirigeant transmet l'information à l'émetteur le lundi 7 mai avant minuit).

[3218] Cf. *supra* n. 3217.

restent ensuite accessibles au public pendant trois ans, grâce à une base de données et une procédure de téléchargement (art. 56 al. 6 RCot-SIX ; art. 8 DTM)[3219].

Si l'annonce de la transaction est susceptible d'avoir un impact notable sur les cours, la transaction représente aussi un fait pertinent au sens des règles sur la publicité événementielle[3220]. Concrètement, cela signifie que la société doit elle-même faire une publication, hors des heures du négoce[3221].   2419

d.   Participations importantes ; franchissement de seuils

Si un actionnaire ou un groupe d'actionnaires a une participation de taille dans une société cotée, son évolution est une information très importante pour les investisseurs : elle indique l'intérêt croissant voire la perspective d'une prise de contrôle par un acteur de marché qui a beaucoup investi dans la société, ou au contraire la diminution de cet intérêt. Ainsi, en cohérence avec la transparence du marché que le droit boursier vise à assurer (cf. p. ex. art. 1 al. 2, 28 s., 39 et 46 LIMF)[3222], l'art. 120 al. 1 LIMF exige des acquéreurs ou aliénateurs d'actions (ou de droits relatifs à l'acquisition ou à l'aliénation d'actions) des sociétés ayant leur siège en Suisse et dont au moins une partie des titres de participations sont cotés en Suisse qu'ils annoncent à la société et à la bourse concernée **toute acquisition et toute cession de ces titres lorsque ceux-ci atteignent ou franchissent (à la hausse ou à la baisse) les seuils** de 3, 5, 10, 20, 33 ⅓, 50 ou 66 ⅔ % des droits de vote. Il est indifférent que ces droits de vote puissent être exercés ou non (*ibid.*).   2420

Cette obligation d'annonce concerne également l'acquisition, l'aliénation ou l'émission de **droits d'échange ou d'acquisition** (en particulier de droits d'emption, options *call*) ainsi que de **droits d'aliénation** (en particulier d'options *put* ; art. 15 al. 2 OIMF-FINMA[3223]).   2421

[3219] Des préoccupations liées à la protection des données ont induit que le déclarant autorise la conservation de l'information (al. 2). Les détails sont réglés par la « *Directive Plateformes électroniques d'annonce et de publication* » (DPEP).

[3220] Cf. en ce sens, Commentaire TM, N 146 (une problématique analogue existe quant à la coordination entre la publicité régulière et la publicité événementielle).

[3221] *Supra* N 2398. Par cohérence, la bourse doit également publier hors des heures du négoce.

[3222] Le deuxième but du droit boursier étant la protection des investisseurs (cf. p. ex. TAF 6. 12. 2012, B-5217/2011, c. 2.1).

[3223] La FINMA a publié le 20. 8. 2015 un rapport explicatif portant sur cette ordonnance.

2422 Par ailleurs, en vertu de l'art. 121 LIMF, les « *groupes organisés* » – qu'ils le soient « *sur la base d'une convention ou d'une autre manière* » – sont eux aussi soumis, en tant que tels, à l'obligation de déclarer instituée à l'art. 120 LIMF. Un tel groupe doit déclarer (a) sa participation globale, (b) l'identité de ses membres, (c) le type de concertation et (d) ses représentants. L'art. 12 al. 1 OIMF-FINMA n'apporte guère de précisions complémentaires sur ce qu'il faut entendre par le fait d'agir de concert ou par groupe organisé[3224] (« *Quiconque accorde son comportement avec celui de tiers, par contrat, par d'autres mesures prises de manière organisée ou par la loi, pour acquérir ou aliéner des titres de participation ou exercer des droits de vote est réputé agir de concert avec des tiers ou constituer un groupe organisé* »)[3225]. L'al. 3 de l'art. 12 OIMF-FINMA précise que « *[l]es modifications du cercle de ces personnes et du type de concertation ou de groupe doivent [...] être déclarées* ».

2423 Les seuils de 3, 5, 10, 20, 33 ⅓, 50 ou 66 ⅔ % **se déterminent** en rapport avec le nombre total des droits de vote de la société (art. 14 al. 2 OIMF-FINMA)[3226].

2424 Pour déterminer la participation d'un actionnaire, on tient compte de tous les droits de vote détenus directement, indirectement ou de façon concertée avec des tiers, et ce indépendamment du mode d'acquisition ou du fait que ces droits peuvent, ou non, être effectivement exercés.

2425 L'art. 14 al. 1 OIMF-FINMA prescrit qu'il convient de déterminer (a) les « positions d'acquisition » et (b) les « positions d'aliénation », cela indépendamment l'une de l'autre (il n'y a pas de compensation entre ces positions).

2426 Les « positions d'acquisition » comprennent (i) les actions et parts semblables à une action[3227] ainsi que (ii) les droits d'échange et d'acquisition, (iii) les droits

---

[3224] Sur un prospectus d'offre spécifiant les personnes agissant de concert, cf. décision COPA 16. 10. 2014, 580/01, dans la cause *Swisslog Holding SA*.

[3225] La difficulté d'employer des éléments sémantiques très précis quant à ce qu'il faut entendre par « agir de concert » ou « constituer un groupe organisé » tient précisément à la nature même de ces agissements, ou bien informels, ou bien résultant d'une des infinies variations des engagements que la liberté contractuelle permet en principe de structurer. Une problématique similaire existe en droit de la concurrence (cf. art. 4 LCart ; cf. ég. art. 101 al. 1 TFUE : « *toutes pratiques concertées* », notion employée dès le Traité de Rome du 25. 3. 1957 instituant la CEE). Voir aussi *supra* N 2072 et 2131.

[3226] Il convient ainsi de tenir compte dans ce calcul des titres de participation dont les droits de vote ne peuvent pas être exercés du fait, s'il s'agit d'actions nominatives, que la société n'a pas encore reconnu leur acquisition (cf. art. 685f al. 3 CO ; *supra* N 2081 et 2083) ou encore en raison du fait que le nombre détenu par un actionnaire dépasse la limite prévue dans les statuts pour pouvoir exercer tous les droits de vote qui y sont attachés (cf. art. 692 al. 2 CO ; cf. *supra* N 2069-2072).

[3227] L'art. 14 al. 1 lit. a OIMF-FINMA mentionne aussi « les droits de vote prévus à l'art. 120 al. 3 LIMF ». Cela semble toutefois reposer sur une confusion entre les droits visés et la

d'aliénation émis et (iv) les autres dérivés de participation définis à l'art. 15 al. 2 OIMF-FINMA. De façon symétrique, les « positions d'aliénation » comprennent (i) les droits d'aliénation, (ii) les droits d'échange et d'acquisition émis et (iii) les autres dérivés de participation.

La **déclaration** doit être faite aux bourses où les titres sont cotés ainsi qu'à la société (art. 120 al. 1 *in fine* LIMF). 2427

La déclaration doit avoir lieu par écrit dans les quatre jours de bourse qui suivent la naissance du devoir d'annonce (art. 24 al. 1 OIMF-FINMA). 2428

Le devoir d'annonce naît avec la constitution du droit d'acquérir ou d'aliéner les titres de participation, soit notamment la conclusion du contrat (art. 13 al. 1 OIMF-FINMA). Le fait que le droit soit soumis à condition n'est pas pertinent (*ibid.*). Par contraste, « *manifester son intention, sans obligation juridique, d'acquérir ou d'aliéner des titres de participation ne fait pas naître l'obligation* » (art. 13 al. 1, 2ᵉ phr., OIMF-FINMA). 2429

Le point de départ du délai de quatre jours est la publication dans la Feuille officielle suisse du commerce lorsqu'un seuil est atteint ou franchi de par une modification du capital social (art. 13 al. 3 OIMF-FINMA). 2430

En cas d'acquisition par dévolution successorale, le délai est de 20 jours de bourse (art. 24 al. 2 OIMF-FINMA). 2431

La société doit **publier** la déclaration dans les deux jours de bourse suivant sa réception (art. 24 al. 3 OIMF-FINMA). 2432

Des exemptions ou des allègements concernant le devoir d'annonce ou de publication peuvent être accordés pour de justes motifs. C'est en particulier le cas lorsqu'il s'agit d'opérations : (i) à court terme ; (ii) qui ne sont liées à aucune intention d'exercer les droits de vote ; ou (iii) qui sont assorties de conditions (art. 123 al. 2 LIMF ; art. 26 al. 1 OIMF-FINMA). Avant toute opération, il est possible de requérir de la bourse (instance pour la publicité des participations)[3228] qu'elle rende une décision préalable sur l'existence ou l'inexistence 2433

---

personne soumise au devoir d'annonce, car l'art. 120 al. 3 LIMF a pour effet de prévoir que la personne soumise au devoir d'annonce est non seulement l'ayant droit économique, mais aussi la personne qui peut librement exercer des droits de vote fondés sur des droits visés à l'art. 120 al. 1 LIMF (*supra*, N 936b). En d'autres termes, « les droits de vote prévus à l'art. 120 al. 3 LIMF » sont ceux de l'art. 120 al. 1 LIMF (actions et parts semblables à des actions). L'énumération est donc redondante sur ce point.

[3228] L'art. 123 al. 3 LIMF évoque qu'une telle décision peut être sollicitée de la FINMA. Les art. 21 et 26 OIMF-FINMA indiquent que c'est à l'Instance (de la bourse) pour la publicité des participations que la demande doit être adressée. Elle émet des recommandations (art. 28 al. 2 et 3 OIMF-FINMA). Lorsqu'une décision est demandée, c'est à la FINMA qu'il incombe de statuer (cf. art. 28 al. 4 à 7 OIMF-FINMA). Ce système est celui qui

du devoir d'annonce et, le cas échéant, qu'elle accorde une exception (art. 123 al. 3 LIMF ; art. 21 al. 1 et 26 al. 2 OIMF-FINMA. Solliciter une telle décision *a posteriori*, pour une opération déjà effectuée, n'est possible qu'à titre exceptionnel, art. 21 al. 2 et 26 al. 3 OIMF-FINMA).

e.   Litiges et sanctions

2434   Les infractions pénales et les procès en responsabilité au titre de la violation des règles de droit boursier[3229] sont soumis aux règles ordinaires. En revanche, les **litiges entre la bourse et les sociétés émettrices** sont traités par une instance de sanctions de la bourse. Une instance de recours est instituée. Les décisions de celle-ci peuvent être portées devant un tribunal arbitral (art. 45 ch. 4 RCot-SIX), dont les sentences ne peuvent être contestées que devant le Tribunal fédéral, sous l'angle restreint applicable aux sentences arbitrales. Le fait que la législation boursière soit de droit impératif et protège l'intérêt public n'est pas considéré comme un obstacle à l'arbitrabilité des litiges[3230]. Le système est en place depuis près de trente ans et semble fonctionnel.

---

prévalait jusqu'en 2008 en matière d'OPA, la COPA n'édictant, à l'époque, que des recommandations, tandis que la CFB prenait les décisions.

[3229]   Les violations des devoirs d'information font partie des comportements des organes qui peuvent permettre aux actionnaires d'ouvrir une action en réparation de leur *dommage direct* (cf. *supra* N 1104 ss, spéc. 1112-1113 ; pour la violation des règles sur les prospectus, cf. *supra* N 2188-2200). En effet, c'est typiquement le patrimoine de l'actionnaire qui peut être lésé (p. ex. acquisition d'une action à un cours trop élevé, ou conservation de l'action en raison d'une occultation d'informations qui auraient conduit à l'aliénation avant une dégradation complémentaire).

[3230]   Dans l'ATF 137 III 37 et la sentence du 23. 4. 2007, l'arbitrabilité de litiges sur des obligations concrétisant un intérêt public, notamment l'égalité entre investisseurs, a été admise malgré l'intérêt public et la conséquence qui s'ensuit selon laquelle, parmi les parties, notamment la bourse n'a pas la libre disposition de sa position juridique (cf. art. 354 CPC : « *L'arbitrage peut avoir pour objet toute prétention qui relève de la libre disposition des parties* »). L'ATF 137 III 37 a simplement tranché que le recours final au juge, prévu par l'art. 9 al. 3 aLBVM (actuellement 37 al. 4 LIMF), ne peut pas être exclu par le seul Règlement de cotation pour une partie qui ne conclut pas une convention d'arbitrage (ainsi : un simple investisseur, à la différence d'un émetteur, qui, lui, adhère aux règles de SIX et notamment à la clause compromissoire, cf. art. 45 ch. 4 RCot-SIX ; pour le texte de la clause compromissoire demandée aux émetteurs lors de la cotation, v. p. ex. le ch. 91 de la sentence du Tribunal arbitral de SIX Swiss Exchange du 22. 3. 2016 [cf. ATF 143 III 157]). – L'ATAF 2021 IV 1 a confirmé la possibilité de l'arbitrage (pour autant qu'il soit prévu contractuellement et pas uniquement par le RCot-SIX) et nié qu'une sanction soit une décision au sens du droit administratif fédéral (c. 2.5).

La plupart des décisions de sanctions sont publiées. On peut observer qu'une 2435
proportion importante des sanctions concernent des infractions aux règles
comptables[3231]. Les infractions au régime de la publicité événementielle[3232] et
des transactions du management représentent également une proportion importante des sanctions prononcées.

2. Les offres publiques d'acquisition (OPA)

La cotation boursière induit qu'une société peut faire l'objet d'une offre pu- 2436
blique d'achat. Ces offres sont obligatoires, pour protéger les actionnaires minoritaires, dès qu'un actionnaire franchit un certain seuil, en principe 33 ⅓ %
des droits de vote (ce seuil pouvant être statutairement élevé à 49 %) : il doit
alors offrir à tous les autres actionnaires de racheter leurs parts, à des conditions
identiques.

D'une part, cela vise, directement, à assurer l'égalité entre actionnaires (les 2437
mêmes conditions devant être offertes à tous). D'autre part, cela protège les
actionnaires existants contre les risques (potentiels) liés aux changements
qu'induit l'apparition d'un nouvel actionnaire de référence (soit p. ex. de nouvelles orientations, une subordination *de facto* aux intérêts d'une autre entreprise) : tout actionnaire peut être méfiant envers ces changements et ne pas souhaiter exposer son investissement aux risques correspondants ; grâce à l'offre
publique que le nouvel actionnaire de référence est obligé de présenter, il a
concrètement la possibilité de céder sa participation et d'écarter ainsi, pour lui,
ces risques indésirés.

La matière est régie par les art. 125 à 141 LIMF et des dispositions d'applica- 2438
tion. Celles-ci sont les art. 30-48 OIMF-FINMA et l'Ordonnance de la Commission des OPA (COPA) sur les offres publiques d'acquisition (OOPA)[3233].

[3231] Pour SIX, de 2008 à 2021, cf. notamment les tableaux synoptiques de ROUILLER/
BAUEN/BERNET/LASSERRE ROUILLER (2022), pp. 960-965 (N 933b à 933e).

[3232] Pour BX, il s'agit de trois des quatre décisions publiées (celles du 9. 10. 2015, du
28. 9. 2018 et 11. 4. 2019 ; celle du 9. 9. 2022 concerne un retard de la remise des comptes
annuels et de la tenue de l'assemblée générale par rapport au calendrier d'entreprise).

[3233] La LEFin (art. 12) et l'OEFin (art. 14 et 65) comprennent des dispositions sur les offres
publiques (sur les « offres au public », cf. *supra* N 2175-2179), mais pas spécifiquement
sur les OPA. L'OIMF contient uniquement des dispositions sur l'annulation des titres de
participation qui demeurent en main du public suite à une OPA ayant par ailleurs abouti,
en application de l'art. 137 LIMF (cf. art. 120 et 121 OIMF).

2439 Ces prescriptions assurent, dans l'intérêt des investisseurs, que le marché de la prise de contrôle des sociétés se maintienne dans un cadre régulé, aux conditions équitables (« *level playing field* »). Les règles de loyauté, de transparence et d'égalité de traitement doivent s'appliquer de façon non discriminatoire à toute personne impliquée dans une telle procédure d'offre publique (cf. art. 1 OOPA)[3234].

2440 On peut résumer les aspects essentiels du droit des OPA dans les termes suivants :

(i) l'offrant a l'obligation de présenter son offre dans un prospectus, lequel doit être publié ; ce prospectus doit contenir des informations exactes et complètes et traiter sur un pied d'égalité tous les détenteurs de titres de la même catégorie (art. 127 al. 1 et 2 LIMF) ;

(ii) l'offrant a un devoir d'annonce renforcé, de même que tous les actionnaires importants (soit les détenteurs d'une participation d'au moins 3 % des droits de vote), les obligeant à déclarer chaque acquisition ou vente d'actions de la société cible[3235], pendant toute la durée de validité de l'offre publique d'acquisition (art. 134 LIMF ; art. 38-43 OOPA) ;

(iii) le conseil d'administration de la société cible est soumis à des règles particulières quant à l'obligation de se comporter de façon loyale et de respecter l'égalité de traitement entre les actionnaires et l'offrant (ou les offrants). Ces règles de comportement apportent quelques modifications par rapport aux compétences ordinaires du conseil d'administration prévues par le droit de la société anonyme (cf. art. 132 LIMF ; art. 30-34 OOPA) ;

(iv) l'acquéreur de titres de participation doit présenter une offre publique d'acquisition lorsqu'il dépasse le seuil de 33⅓ % des droits de vote de la société visée (art. 135 al. 1 LIMF ; ce seuil peut être statutairement rehaussé jusqu'à 49 %)[3236] ; et

(v) si au terme de l'offre publique d'acquisition, les actions qui n'ont pas été acquises par l'offrant ne représentent pas plus de 2 % des voix, elles peuvent être annulées judiciairement, contre indemnisation des propriétaires (art. 137 LIMF)[3237].

[3234] Pour les exceptions au principe de l'égalité de traitement des investisseurs, cf. décision COPA 29. 4. 2016, 624/03, dans la cause *Syngenta SA*.

[3235] Et non pas seulement le franchissement des *seuils* retenus par l'art. 120 al. 1 LIMF, cf. *supra* N 2420-2423.

[3236] Savoir si ce seuil est atteint peut être complexe s'il se pose en même temps la question de savoir s'il existe un « groupe organisé » au sens de l'art. 33 OIMF-FINMA, cf. décision COPA du 26. 1. 2018 dans la cause *SHL Telemedicine Ltd.*

[3237] V. à ce sujet TF 7. 8. 2015, 4A_100/2015 et ATF 135 III 603. Ég. TC VD 31. 5. 2013, HC/2013/379.

Au-delà de ces principes, les règles ont une complexité technique certaine. Une 2441
autorité spécialisée, la Commission des OPA, est chargée d'instruire et statuer
sur les nombreuses questions que soulèvent ces opérations. Il convient ici de
renvoyer à des présentations plus complètes[3238].

3. Les règles sur les rémunérations des organes dirigeants

a. Norme constitutionnelle et particularité

Selon le régime ordinaire des sociétés anonymes, les honoraires des adminis- 2442
trateurs sont fixés par le conseil d'administration (ou par un de ses comités[3239]) ; il s'agit en fin de compte, en effet, d'une question qui relève de la
gestion. Pour les sociétés cotées en bourse, une initiative populaire sur les rémunérations abusives, acceptée le 3. 3. 2013, a créé à l'art. 95 al. 3 lit. a Cst une
compétence incontournable de l'assemblée générale en ce domaine.

Elle a également **interdit certains types de rémunérations** (notamment les 2443
indemnités de départ, les indemnités anticipées et les « provisions » pour fusions et cessions ou scissions ; lit. b) ; pour d'autres, elle a **requis qu'elles
soient prévues** dans les statuts (rémunérations dépendant du résultat, attributions de titres de participation, y compris d'options ; lit. c).

On peut le comprendre d'une part **au regard du conflit d'intérêts** évident con- 2444
sistant, pour le conseil, à décider de sa propre rémunération. Le vote par l'assemblée élimine ce conflit d'intérêts. Mais ce sont surtout **les montants pratiqués** par les sociétés cotées en bourse qui ont motivé l'initiative, et qui la
justifient du point de vue de la structure de la société anonyme : les montants
des rémunérations étaient d'une telle ampleur qu'ils correspondaient économiquement à une distribution de bénéfice[3240]. Le vote des actionnaires se justifie
donc à plus forte raison sous cet angle.

[3238] P. ex. ROUILLER/BAUEN/BERNET/LASSERRE ROUILLER (2022), N 953-1054 (p. 983-1024).

[3239] « Comité de rémunération » (cf. p. ex. Edgar PHILIPPIN [2005], p. 331 ss, spéc. 368 ss).

[3240] En effet, le conflit d'intérêts structurel lié au pouvoir du conseil de décider de sa propre
rémunération a toujours existé, mais il n'est devenu insupportable aux yeux du constituant
(à ce sujet, Explications du Conseil fédéral, Votation populaire du 3. 3. 2013, Arguments
du comité d'initiative, p. 21 : « *L'enrichissement personnel des managers qui accumulent
des millions nuit aux entreprises et à l'économie* ») que lorsque les rémunérations ont atteint une ampleur qui les faisait entrer dans un autre *ordre de grandeur* que les salaires
élevés payés à des employés n'ayant pas ce type de position (sur la mesure du phénomène
des « *super-cadres* », Thomas PIKETTY [2013], not. chap. 9 [p. 481 ss]).

2445 Dans une demi-douzaine de pages de texte légal, les art. 732 à 735d CO concrétisent désormais, avec une approche aussi nuancée que possible, la règle constitutionnelle de vaste portée prohibitive. Pour bien cerner la *ratio legis*[3241], le contexte sur le plan de la **hiérarchie des normes** et ainsi le sens exact de ces amples dispositions légales, il est opportun de les mettre constamment en regard de l'art. 95 al. 3 Cst, dans toute la mesure où ce texte constitutionnel énonce spécifiquement les règles applicables aux rémunérations : « *En vue de protéger l'économie, la propriété privée et les actionnaires et d'assurer une gestion d'entreprise durable, la loi oblige les sociétés anonymes suisses cotées en bourse en Suisse ou à l'étranger à respecter les principes suivants : (a) l'assemblée générale vote chaque année la somme globale des rémunérations (argent et valeur des prestations en nature) du conseil d'administration, de la direction et du comité consultatif. [...] (b) les membres des organes ne reçoivent ni indemnité de départ ni autre indemnité, aucune rémunération anticipée ni prime pour des achats ou des ventes d'entreprises, et ne peuvent pas être liés par un autre contrat de conseil ou de travail à une société du groupe. [...] (c) les statuts règlent le montant des rentes, des crédits et des prêts octroyés aux membres des organes, les plans de bonus et de participation et le nombre de mandats externes de ces derniers, de même que la durée du contrat de travail des membres de la direction ; (d) toute violation des dispositions prévues aux let. a à c sera sanctionnée d'une peine privative de liberté de trois ans au plus et d'une peine pécuniaire pouvant atteindre six rémunérations annuelles* ».

2446 Les art. 733 à 735d CO peuvent être analysés comme comprenant **trois principaux groupes de normes**. Le premier comprend l'attribution incontournable d'une **compétence à l'assemblée générale** pour toutes les rémunérations des organes dirigeants et les modalités de son exercice. Le deuxième comprend les **limites matérielles infranchissables**, que même l'assemblée ne peut dépasser. Le troisième concerne **l'information aux actionnaires**, à effectuer par un rapport de rémunération très minutieusement réglementé.

2447 L'art. 732 CO précise que cet ensemble de normes, impérativement applicable aux sociétés cotées en bourse, peut aussi être librement désigné comme applicable par les statuts des sociétés non cotées (al. 2).

[3241] On trouvera un exposé bref et plein de recul chez Damiano CANAPA, CR ad art. 95 Cst (2021), N 6-8 et 40 s.

b.   La compétence incontournable de l'assemblée générale
        et ses modalités

L'art. 735 CO pose le principe, énoncé à l'art. 95 al. 3 lit. a Cst, de la compé-   2448
tence de l'assemblée pour décider sur les rémunérations versées directement
ou indirectement aux organes dirigeants (al. 1). Il s'agit de **votes annuels** à
l'assemblée générale ordinaire (al. 3 ch. 1)[3242]. Ils doivent porter sur le montant
global accordé au conseil d'administration, puis, séparément, sur celui accordé
à la direction et sur celui accordé au « *conseil consultatif* » (ch. 2). Ces votes ne
sont pas consultatifs mais décisionnels (« *contraignants* », ch. 3).

Concrétisant l'art. 95 al. 3 lit. c Cst, l'art. 735c CO prévoit plusieurs règles qui,   2449
a contrario, rendent licites certaines opérations à condition que leurs principes
soient prévus dans les statuts, à savoir les prêts aux organes dirigeants, les prestations de prévoyance hors LPP et les rémunérations liées aux résultats (ch. 7)
ainsi que les attributions d'actions, de droits d'option et de conversion[3243]
(ch. 8). Un vote de l'assemblée ne doit pas avoir lieu chaque année à leur sujet,
mais la compétence de l'assemblée est assurée par la nécessité d'une **autorisation statutaire** à cet effet – faute de quoi ces opérations sont interdites.

Les rémunérations variables – dont les principes doivent être décrits dans les   2450
statuts (art. 735c ch. 7 CO) – peuvent faire l'objet d'un **vote « prospectif »** de
l'assemblée (art. 735 al. 3 ch. 4). Cela suppose que le rapport de rémunération
ait été soumis à un vote consultatif (*ibid.*). L'art. 735a CO prévoit que les statuts
peuvent prévoir un montant complémentaire pour la rémunération des
membres de la direction qui viendraient à être nommés après l'assemblée qui a
voté sur les rémunérations (al. 1) ; ce montant ne peut être utilisé que si le montant global alloué à la direction est insuffisant (al. 2). L'assemblée n'a en revanche pas à voter *a posteriori* sur l'utilisation qui aura été faite de ce montant
complémentaire statutairement prévu (al. 3).

[3242] En vertu de l'art. 735b CO, les contrats prévoyant les rémunérations sont limités, pour les
administrateurs, à la durée des fonctions (soumise à un vote annuel, art. 710 al. 1 CO,
supra N 2303 ad n. 3104) et à une durée d'un an pour les autres organes dirigeants (« *(1)
La durée des contrats qui prévoient les rémunérations des membres du conseil d'administration ne doit pas excéder la durée des fonctions. (2) La durée maximale des contrats
de durée déterminée et le délai de résiliation des contrats de durée indéterminée qui prévoient les rémunérations de la direction et du conseil consultatif ne doivent pas excéder
un an* »). L'art. 626 al. 2 ch. 2 CO prévoit que les statuts des sociétés cotées doivent réglementer « *la durée maximale des contrats qui prévoient les rémunérations des membres du
conseil d'administration, de la direction et du conseil consultatif, [et] le délai de résiliation maximal pour les contrats à durée indéterminée* ».

[3243] Sur les notions de droits d'option et de conversion, cf. *supra* N 2203-2214.

2451 En vertu de l'art. 735d CO, les mêmes règles s'appliquent aux rémunérations que les **entreprises contrôlées par la société** (en d'autres termes : les sociétés du groupe dont elle est la société mère) versent aux organes dirigeants et à leurs proches. En d'autres termes, les statuts et le vote annuel doivent aussi porter sur ces rémunérations.

2452 Il appartient aussi à l'assemblée générale ordinaire (c'est-à-dire chaque année) de désigner individuellement, parmi les membres du conseil d'administration, ceux qui constitueront le **comité de rémunération** (art. 733 al. 1 et 2 CO). Ils sont rééligibles (al. 3). En cas de vacance au sein de ce comité, le conseil d'administration peut désigner un remplaçant (al. 4), sauf disposition statutaire contraire. Dans leurs principes, les tâches et les compétences du comité doivent être réglementées par les statuts (al. 5 ; cf. ég. art. 626 al. 2 ch. 3 CO).

2453 Ce qui n'est pas tranché par la loi peut faire l'objet de différentes modalités (les statuts devant contenir des dispositions à leur sujet[3244]). Ainsi, puisqu'elle ne prescrit pas la **période de référence des rémunérations** soumises au vote, la loi permet que le vote soit rétrospectif[3245], ou prospectif[3246] ou encore que ces deux modèles soient combinés[3247]. L'exigence d'un vote annuel s'oppose en revanche à une décision de portée pluriannuelle[3248]. Par ailleurs, les statuts peuvent étendre **l'objet du vote** des actionnaires : au lieu de ne porter que sur le montant global alloué au conseil, respectivement à la direction et au conseil

---

[3244] Art. 735 al. 2 *cum* 626 al. 2 ch. 4 CO (« *Lorsque les actions de la société sont cotées en bourse, les statuts doivent également contenir des dispositions : [...] 4. sur les modalités relatives au vote de l'assemblée générale sur les rémunérations du conseil d'administration, de la direction et du conseil consultatif* »).

[3245] Message du Conseil fédéral, FF 2017 539 ad n. 509 : « *Pour tenir compte de la dimension rétrospective, c'est-à-dire pour laisser aux actionnaires un pouvoir décisionnel suffisant en la matière, le conseil d'administration devra soumettre a posteriori le rapport de rémunération annuel au vote consultatif de l'assemblée générale, dans la mesure où la société pratique le vote prospectif sur les rémunérations variables. Cette façon de faire correspond à la* bonne pratique ».

[3246] Message du Conseil fédéral, FF 2017 539 ad n. 510 : « *La possibilité de voter de manière prospective sur la masse globale des bonus permet à la société de renforcer la sécurité de sa planification en ce qui concerne notamment la rémunération des membres de la direction. Cet aspect est particulièrement important en matière de recrutement. Il garantit la compétitivité des sociétés suisses sur ce plan au niveau international* ».

[3247] Message du Conseil fédéral, FF 2017 539 ad n. 511 : « *La combinaison vote prospectif et vote consultatif ultérieur permet aux actionnaires d'exprimer leur avis lors de l'assemblée générale sans compromettre leurs investissements (par ex. par un cours d'actions défavorable) ni leurs relations avec le conseil d'administration. Le vote consultatif sert au conseil d'administration de signal préventif et d'instrument de communication avec les actionnaires* ».

[3248] Message du Conseil fédéral, FF 2017 540 : « *l'exigence du vote annuel fixée à l'al. 3, ch. 1, exclut par exemple le vote prospectif d'un budget de rémunération pluriannuel* ».

consultatif, les votes peuvent aussi porter sur les rémunérations individuelles de certains des membres du conseil ou de la direction. Enfin, les statuts peuvent préciser la **procédure en cas de vote refusant les rémunérations** proposées par le conseil ; s'ils ne contiennent pas de précision, ce sont les règles générales sur le déroulement de l'assemblée qui doivent être employées pour aboutir à une décision[3249]. En l'absence de toute décision adoptant une rémunération, une nouvelle assemblée doit être convoquée. Il semble que depuis l'adoption de l'art. 95 al. 3 Cst et de la législation d'exécution en 2013, un tel cas de figure ne s'est jamais présenté.

c.   Les rémunérations interdites

Outre les interdictions que l'on peut qualifier de dispositives visant les rému-   2454
nérations qu'une disposition statutaire rend licites – et que l'assemblée générale peut donc lever[3250] –, l'art. 735c CO comprend des interdictions inamen-
dables. Parmi celles-ci, il faut distinguer deux catégories : celles qui visent
l'ampleur de certaines rémunérations (interdictions relatives) et celles qui les
prohibent dans leur principe même (interdictions absolues).

Les ch. 2, 3 et 4 énoncent des **interdictions qui visent les indemnités d'am-**   2455
pleur excessive. Ainsi en va-t-il des « *indemnités découlant d'une interdiction
de faire concurrence qui dépassent la rémunération moyenne des trois derniers
exercices ou d'une interdiction de faire concurrence qui n'est pas justifiée par
l'usage commercial* » (ch. 2), des « *indemnités versées en relation avec une
précédente activité en tant qu'organe de la société qui ne sont pas conformes
à la pratique du marché* » (ch. 3) et des « *primes d'embauche qui ne compensent pas un désavantage financier établi* » (ch. 4).

Sont en revanche **interdites dans leur principe même** « *les provisions pour la*   2456
reprise ou le transfert de tout ou partie d'une entreprise » (ch. 6), tout comme
« *les indemnités anticipées* » (ch. 5) et « *les indemnités de départ convenues
contractuellement et celles prévues par les statuts* » (ch. 1).

Quelques brefs commentaires sont utiles ici. Le terme de « provision » (pour la   2457
reprise ou le transfert d'entreprise) signifie ici littéralement « commission »,
mais n'est pas particulièrement éclairant[3251] ; l'art. 95 al. 3 lit. b Cst interdit les
« *primes pour des achats ou des ventes d'entreprise* ». Il faut bien reconnaître

---

[3249] *Supra* N 1699-1716.
[3250] *Supra* N 2449.
[3251] Le terme allemand est « *Provisionen* » (employé dans le droit du travail et de l'agence,
art. 322b s., 349a ss et 418g à 418t CO) et l'italien *« provvigioni »* (qui est surtout employé
pour les agents, art. 322c et 418k à 418t CO) ; cela signifie « commission ».

que l'assemblée ne peut ainsi pas accorder de prime à ce titre, soit pour le seul fait d'avoir négocié et conclu une fusion ou une cession. Comme le reconnaît cependant le Message du Conseil fédéral, « *[il reste] toutefois possible de tenir compte des prestations liées à des restructurations lors de la fixation d'autres indemnités* »[3252]. Cela peut être « automatique » si l'opération de restructuration donne lieu à un important bénéfice et que celui-ci détermine une rémunération variable. Si une fusion ou cession est considérée par les actionnaires comme réussie et bénéfique pour la société sans forcément générer des bénéfices comptables, elle peut amener l'assemblée à tenir compte de la qualité des travaux des « artisans » et « architectes » de l'opération dans le cadre de la détermination de leur rémunération.

2458 En ce qui concerne les « *indemnités anticipées* », absolument interdites au ch. 5, il faut observer qu'en vertu du ch. 4, les « *primes d'embauche* » ne sont pas prohibées si elles « *compensent un désavantage financier établi* ». Ainsi, dans les cas où un administrateur ou directeur rejoint une société en crise et renonce à un poste dont la rémunération était plus élevée ou dont il pouvait être retenu qu'il était stable, il est certain qu'une prime d'embauche couvrant la réduction de salaire et/ou le risque lié à l'instabilité du poste correspond à un « *désavantage financier établi* » et est admissible ; la perte est encore plus nettement établie lorsqu'en quittant l'emploi précédent, le nouvel administrateur ou directeur perd des avantages liés à un plan d'intéressement (actions bloquées, options)[3253]. Ainsi, ne sont visées par l'interdiction des « *indemnités anticipées* » du ch. 5 que les véritables « bonus d'entrée »[3254].

[3252] FF 2017 543, 3ᵉ par. *in fine*.

[3253] Le Message du Conseil fédéral cite précisément ces avantages, FF 2017 542 : « *Les primes d'embauche doivent donc être distinguées des indemnités anticipées, lesquelles sont frappées d'une interdiction générale. Le projet établit cette distinction dans l'intérêt de la sécurité du droit. Les primes d'embauche ont un caractère compensatoire : elles sont versées au moment du changement d'emploi pour compenser des prétentions mesurables en argent vis-à-vis de l'ancien employeur ou mandant (par ex. participation à un plan d'option en cours, actions bloquées), qu'un membre du conseil d'administration ou de la direction aurait pu exercer s'il n'avait pas changé d'entreprise* ».

[3254] Le Message du Conseil fédéral le dit en énonçant la licéité des primes d'embauche compensant un vrai désavantage, à la différence des « *indemnisations octroyées au nom de dommages purement hypothétiques ou d'une renonciation à une activité ayant une valeur affective et les versements forfaitaires à l'occasion de l'embauche ('bonus d'entrée')* » (FF 2017 542) ; ce sont donc celles qui correspondent à cette description qui sont des « indemnités anticipées » prohibées. En revanche, la définition que donne le Message des indemnités anticipées ne permet pas de les distinguer des primes d'embauche, FF 2017 543 : « *Cette disposition a pour but d'éviter que des membres du conseil d'administration, de la direction et du conseil consultatif reçoivent de (grosses) rémunérations en argent ou*

Enfin, en ce qui concerne la prohibition des indemnités de départ contractuellement convenues ou statutairement prévues (ch. 1), elle vise les *engagements* à de telles indemnités – les « parachutes dorés » (dont l'ampleur peut entraver la liberté concrète de l'entreprise de mettre fin à un mandat d'administrateur ou, tout simplement, est choquante). Cette prohibition ne vise pas une décision libre de l'assemblée d'octroyer un bonus *a posteriori* pour récompenser une conduite de l'entreprise jugée bénéfique au terme du mandat.

2459

d.   Le rapport de rémunération

Six articles de loi (art. 734 à 734e CO) sont consacrés au rapport de rémunération. Très précis, ils obligent le conseil d'administration à un haut degré de transparence, tout en ménageant une certaine protection de la sphère privée individuelle des dirigeants lorsque cela est apparu compatible avec la réalisation des objectifs poursuivis par le texte constitutionnel. Bien que celui-ci n'énonce pas explicitement cette exigence, il est certain qu'un rapport détaillé est nécessaire pour une prise de décision informée des actionnaires, qui sont ici dans un rôle qui peut être vu comme étant semblable à celui d'un organe de gestion (matériellement, cette attribution de compétence à l'assemblée s'est imposée notamment parce que, dans un bon nombre de sociétés cotées, les rémunérations des dirigeants avaient atteint une telle ampleur qu'elle équivalait économiquement à une distribution de bénéfices[3255]).

2460

L'art. 734 CO énonce le principe de l'établissement d'un rapport annuel de rémunération (al. 1) et l'obligation de le présenter et de le communiquer en suivant les mêmes règles que le rapport de gestion (c'est-à-dire : les comptes annuels), en particulier le principe de régularité[3256] (al. 2 et 3).

2461

Le cercle des personnes dont les rémunérations (« *indemnités* ») sont concernées par le rapport est défini à l'art. 734a al. 1 CO ; il comprend les administrateurs et directeurs (et les membres du « *conseil consultatif* ») qui sont actuellement en fonction, tout comme ceux qui l'étaient antérieurement dans la mesure où la société leur a encore versé des rémunérations (autre que de prévoyance professionnelle) en lien avec leur ancienne activité au sein d'un organe. Les

2462

---

en nature avant même d'avoir été actifs au sein de la société, d'y avoir assumé des responsabilités et d'avoir généré une plus-value » (cette description recouvre, par définition, aussi les primes d'embauche ; sémantiquement, les primes d'embauche *admissibles* de l'art. 735b ch. 4 CO pourraient tout aussi bien être qualifiées d'*indemnités anticipées admissibles*).

[3255] Cf. *supra* N 2444 ad n. 3240.

[3256] Sur ce principe, v. *supra* N 347-378.

« indemnités » concernées sont, en vertu de l'al. 2, définies de façon à circonscrire tout avantage possible : (i) honoraires, salaires, bonifications et notes de crédit ; (ii) tantièmes, participations au chiffre d'affaires et autres participations au résultat d'exploitation ; (iii) prestations de service et prestations en nature ; (iv) titres de participation, droits de conversion et droits d'option ; (v) primes d'embauche ; (vi) cautionnements, obligations de garantie, constitution de gages et autres sûretés ; (vii) renonciation à des créances ; (viii) charges qui fondent ou augmentent des droits à des prestations de prévoyance ; (ix) l'ensemble des prestations rémunérant les travaux supplémentaires et (x) les indemnités liées à une interdiction de faire concurrence.

2463   Le rapport doit communiquer ces éléments globalement et individuellement pour les membres du conseil d'administration (« *montant accordé à chacun d'entre eux, avec mention de son nom et de sa fonction* », art. 734a al. 3 ch. 1 CO) et globalement pour les membres de la direction, sauf pour le directeur dont la rémunération est la plus élevée, qui doit être nommé individuellement (ch. 2), et pour ceux qui bénéficient d'un « montant complémentaire » au sens de l'art. 734a CO[3257]. Les membres du conseil consultatif font l'objet de la même communication que ceux du conseil d'administration.

2464   Outre les rémunérations à proprement parler, les opérations de crédit doivent aussi être dévoilées dans le rapport (art. 734b CO). Cela concerne « *les prêts et autres crédits en cours consentis aux membres en fonction du conseil d'administration, de la direction et du conseil consultatif* » (al. 1 ch. 1) et « *les prêts et autres crédits en cours non conformes aux conditions du marché qui ont été consentis aux anciens membres du conseil d'administration, de la direction et du conseil consultatif* » (ch. 2). Les indications sont globales et individuelles comme pour les « indemnités » (selon que la personne bénéficiant du prêt est membre du conseil d'administration, de la direction ou du conseil consultatif, et, pour les directeurs, qu'elle est celle qui a reçu comme prêts les montants les plus importants).

2465   En ce qui concerne les indemnités et opérations de crédit accordées aux proches « *de personnes siégeant ou ayant siégé dans le conseil d'administration, la direction ou le conseil consultatif* », l'art. 734c CO se limite à celles qui sont inusuelles. Il prescrit en effet que le rapport de rémunération ne doit indiquer que « *les indemnités non conformes aux conditions du marché* » (al. 1 ch. 1) et « *prêts et autres crédits en cours non conformes aux conditions du marché* » (ch. 2). Le nom des proches ne doit pas être indiqué.

[3257] *Supra* N 2450 ; cela se justifie par le fait qu'il n'y a pas de vote sur l'utilisation du montant complémentaire réservé.

L'art. 734d CO exige que le rapport indique toutes les attributions d'actions, 2466 d'autres droits de participation et d'options sur ces titres aux membres du conseil d'administration, de la direction et du conseil consultatif ainsi qu'à leurs proches. Les noms des membres du conseil ou de la direction concernés doivent être indiqués (*a contrario*, le nom des proches ne doit pas l'être).

Enfin, en vertu de l'art. 734e CO, le rapport de rémunération doit mentionner 2467 les activités visées à l'art. 626 al. 2 ch. 1 CO exercées par les membres du conseil d'administration, de la direction et du conseil consultatif auprès d'autres entreprises, étant rappelé ici que les statuts doivent préciser « *le nombre d'activités que les membres du conseil d'administration, de la direction et du conseil consultatif peuvent exercer dans des fonctions similaires dans d'autres entreprises poursuivant un but économique* » (les entreprises du même groupe ne sont pas comprises par cette définition, art. 626 al. 3 CO). Il convient d'indiquer « *le nom des membres, la dénomination de l'entreprise et la fonction exercée* » (art. 734e al. 2 CO).

Le rapport de rémunération est soumis à l'organe de révision, qui doit en vérifier 2468 la conformité aux dispositions légales et aux statuts (art. 728a al. 1 ch. 4 CO).

§ 28 La société en commandite par actions

I. Origines et rôle social

2469 La société en commandite par actions associe une ou des personne(s) indéfiniment responsable(s) et des titulaires d'actions (soit concrètement de parts de capital aisément cessibles)[3258]. L'associé indéfiniment responsable est typiquement l'entrepreneur, les actionnaires typiquement des investisseurs. Il s'agit *a priori* d'une **combinaison** susceptible de répondre à des besoins dans bon nombre de situations.

2470 Pourtant, à l'heure actuelle, il n'en existe qu'une poignée : nos recherches en repèrent moins de dix[3259]. Cela n'a pas toujours été le cas. Au milieu du **XIX**[e] **siècle**, il se formait en France environ cinquante fois plus de sociétés en commandite par actions que de sociétés anonymes[3260]. La cause du phénomène n'était cependant pas une qualité intrinsèque de ces sociétés, mais l'avantage pratique consistant en ceci que leur constitution ne requérait pas d'agrément de l'État, tandis que cela s'imposait pour former une société anonyme jusqu'en 1867.

2471 Dans le **processus législatif**, cette forme de société a été louée comme étant fort utile. Au sein de nombreuses pages qu'il lui consacrait en 1863 dans son rapport qui a servi de base du premier Code fédéral des obligations, Walther MUNZINGER écrivait notamment : « *Si les fondateurs ne peuvent se procurer, au moyen de la simple commandite, les grands capitaux dont ils ont besoin, s'il leur faut recourir à l'émission d'actions, la forme de la société en commandite par actions est la seule qu'ils puissent adopter pour se procurer les fonds nécessaires tout en restant les maîtres de l'entreprise* »[3261]. Elle a ainsi été adop-

---

[3258] La définition de l'art. 764 al. 1 CO est tout à fait didactique : « *La société en commandite par actions est une société dont le capital est divisé en actions et dans laquelle un ou plusieurs associés sont tenus sur tous leurs biens et solidairement des dettes sociales, au même titre qu'un associé en nom collectif* ».

[3259] Cf. *supra* n. 42.

[3260] Le rapport de Walther MUNZINGER (1865 ; la version allemande date de 1863), p. 168, expose qu'en un an (du 1. 7. 1855 au 1. 7. 1856) seules 13 SA ont été enregistrées auprès du Tribunal de commerce de la Seine (incluant Paris), contre 551 sociétés en commandite par actions (et 842 SNC).

[3261] Walther MUNZINGER (1865), p. 174. Il rapportait cependant (p. 176), même si cette forme semblait avoir déjà commencé à se répandre (« *nous la rencontrons assez souvent dans nos plus considérables villes de commerce* »), une opinion générale prudente à son égard : « *On ne sait encore [...] si elle se conservera et se fortifiera, ou si, faute de répondre à un besoin, elle disparaîtra* ».

tée en 1881[3262]. Un demi-siècle plus tard, en 1928, même s'il observait que le nombre de ces sociétés était faible[3263], le Conseil fédéral retenait que cette forme s'avérait fort utile : « *La société en commandite par actions combine d'une façon très heureuse le crédit réel limité avec le crédit personnel illimité. Cette combinaison de la puissance du capital-actions avec la capacité commerciale des associés indéfiniment responsables a produit de bons fruits dans la pratique ; elle s'est révélée juste au point de vue économique. Étant donné la situation prépondérante qu'occupent ses associés indéfiniment responsables, la société en commandite par actions peut rendre de réels services dans certains cas où il s'agit de donner une base purement capitaliste à une entreprise particulière, société en nom collectif ou en commandite ; c'est une institution intermédiaire fort appropriée entre l'entreprise particulière et la société anonyme* »[3264].

Comment expliquer qu'au fil des ans, cette offre faite par le législateur aux entrepreneurs se soit heurtée à un tel **désintérêt pratique** ? 2472

À notre avis, plutôt que des déficiences fondamentales du régime juridique de la société en commandite par actions, son insuccès provient du fait que l'intérêt pour les entrepreneurs envisagé par le législateur peut être servi dans le cadre d'une **société anonyme**, laquelle leur offre d'autres avantages, notamment la responsabilité limitée de l'entrepreneur. 2473

II. Structure juridique

A. Le rôle ancré dans la loi des associés indéfiniment responsables quant à la gestion et à la représentation

La structure juridique est un assemblage original. Une caractéristique est que **ses traits sont très rigides.** 2474

[3262] Le Rapport de la *Commission du Conseil des États chargée d'examiner le projet de loi fédérale sur les obligations et le droit commercial* est succinct tant sur la SA que sur la société en commandite par actions (FF 1880 III 161-163) et cette forme est adoptée en deux dispositions, art. 676 s. aCFO-1881 (FF 1881 III 216 s.).

[3263] Le Message (FF 1928 I 300) relevait : « *à la seule lumière des statistiques [...], on est tenté d'admettre que cette institution ne joue qu'un rôle insignifiant sur le terrain économique et que son maintien dans le cadre de la révision ne se justifie guère. En effet, le nombre des sociétés en commandite par actions inscrites dans le registre du commerce en Suisse et le total du capital représenté par elles sont peu de chose au regard de ce qui en est des sociétés anonymes* ».

[3264] Message, FF 1928 I 300.

2475   Cette rigidité résulte essentiellement de deux dispositions légales, les art. 765 s. CO.

2476   L'art. 765 al. 1 et 3 dit : « *(1) Les associés indéfiniment responsables forment l'administration de la société. Ils ont le pouvoir de l'administrer et de la représenter. Leurs noms sont indiqués dans les statuts* » ; « *(3) Les décisions de l'assemblée générale concernant la transformation du but social, l'extension ou la restriction du cercle des affaires, de même que la continuation de la société au-delà du terme fixé dans les statuts, ne sont valables que si tous les administrateurs y adhèrent* ». Quant à l'article 766 CO : « *Les décisions de l'assemblée générale concernant la transformation du but social, l'extension ou la restriction du cercle des affaires, de même que la continuation de la société au-delà du terme fixé dans les statuts, ne sont valables que si tous les administrateurs y adhèrent* ».

2477   Ainsi, le **rôle des associés indéfiniment responsables** est ancré dans la loi et il est extrêmement étendu. Ils sont *ex lege* ceux qui ont le **pouvoir d'administrer et donc de représenter** la société – sauf justes motifs qui conduisent à une décision judiciaire retirant le pouvoir de représenter (art. 767 CO). Les dispositions statutaires sur l'activité ne peuvent être modifiées qu'à l'**unanimité** de ces associés.

2478   La modification du cercle des associés indéfiniment responsables, qui forment *ex lege* l'administration, requiert une modification des statuts, et donc une assemblée générale.

2479   L'associé indéfiniment responsable qui perd le pouvoir de représenter ne répond plus des dettes sociales nées après ce retrait (art. 767 al. 2 CO). Par ailleurs, « *la sortie, le décès, l'incapacité ou la faillite de tous les associés indéfiniment responsables* » emporte ***ex lege* la dissolution** de la société (art. 770 al. 1 CO). Dans les autres cas, la dissolution requiert le consentement de l'administration (al. 2). La liquidation suit les règles de la société anonyme, étant ici rappelé que les règles sur la liquidation sont largement communes à toutes les sociétés[3265].

Chaque associé indéfiniment responsable peut exercer un **droit de sortie** comme dans la société en nom collectif[3266], les autres associés pouvant continuer la société, sauf disposition contraire des statuts (art. 771 CO).

[3265]   Cf. *supra* N 1284-1353. Les règles de la SA sont toutefois plus précises sur quelques étapes de la procédure, cf. N 1308-1319. La distribution dans les sociétés de capitaux présente aussi des particularités, cf. N 1328-1332.

[3266]   Cf. *supra* N 1534.

B.   Organe spécial chargé du contrôle et de la surveillance

La loi prescrit « *un organe spécial chargé du contrôle et tenu d'exercer une*   2480
surveillance permanente sur la gestion ; les statuts peuvent lui conférer des
attributions plus étendues » (art. 768 al. 1 CO).

L'équilibre entre le pouvoir des associés indéfiniment responsables, *ex lege*   2481
administrateurs, et les actionnaires se concrétise par l'art. 768 al. 2 CO qui interdit à ces associés de participer à la désignation des contrôleurs (lesquels sont
inscrits au registre du commerce, al. 3).

Ceux-ci « *peuvent, au nom de la société, demander aux administrateurs compte*   2482
de leur gestion et les actionner en justice » (art. 769 al. 1 CO). Ils peuvent d'ailleurs mettre en œuvre la responsabilité des administrateurs en cas de dol même
contre l'avis de l'assemblée générale (al. 2).

Cet organe n'est pas du tout un organe de révision. Il se distingue aussi nette-   2483
ment du conseil de surveillance dans le modèle traditionnel allemand de la société anonyme.

C.   Autres aspects : renvoi au droit de la société anonyme

Pour tous les autres aspects, l'art. 764 al. 2 CO **renvoie au droit de la société**   2484
anonyme[3267]. Cela signifie, entre autres choses, que les statuts peuvent créer
des actions privilégiées, des bons de participation, des bons de jouissance, des
restrictions à la transférabilité des actions. Des augmentations, réductions et
marges de fluctuation du capital sont également possibles. L'assemblée générale, y compris en ce qui concerne les « décisions importantes », suit les mêmes
règles que dans la société anonyme, sauf pour les décisions réservées par
l'art. 765 al. 2 CO. Si l'on fait abstraction de sa composition et du devoir de
rendre compte à « l'organe chargé du contrôle », l'administration fonctionne
comme un conseil d'administration, tant à l'interne qu'envers les tiers. Il n'est
pas certain que toutes les dispositions du droit de la société anonyme soient
ajustées à l'interaction entre l'administration composée des associés indéfiniment responsables, qui peuvent avoir des actions, mais peuvent aussi ne pas en

---

[3267]   L'art. 70 ORC fait le même renvoi aux dispositions de cette ordonnance sur la SA (art. 43-
65). L'art. 764 al. 3 CO n'est pas un renvoi, mais une disposition didactique (« *Lorsqu'un*
capital de commandite est divisé en parts n'ayant pas le caractère d'actions, mais créées
uniquement en vue de déterminer dans quelle mesure plusieurs commanditaires partici-
pent à la société, les règles de la société en commandite sont applicables »).

avoir, et les titulaires de seules actions. La faible pratique n'a pas fait émerger de problématiques déterminées sur ce plan.

III. Perspectives

2485   Il aurait été imaginable que cette structure originale proposée par le législateur rencontrât la faveur de la pratique. Elle construit en effet un équilibre précis entre celui qui apporte son activité et sa responsabilité personnelle comme crédit et ceux qui se bornent à apporter un investissement financier.

2486   Mais en un siècle et demi, on n'a pu observer que de rares situations où il s'est trouvé qu'elle coïncidait avec des besoins particuliers.

2487   La rigidité des rôles est assurément un facteur qui a limité les possibilités pour cette forme de société d'être envisagée.

2488   Cela étant, il nous semble que le facteur décisif a été que le besoin que le législateur lui assignait a pu être satisfait par la société anonyme : en effet, celle-ci permet à l'entrepreneur de garder le contrôle de la société par des actions privilégiées sur le plan des droits de vote, et en accordant aux investisseurs des actions privilégiées sur le plan des dividendes[3268], voire des bons de participation. Concrètement, un entrepreneur peut garder le contrôle de la gestion et s'assurer d'une majorité au conseil d'administration avec une part très réduite du capital. Rien n'interdit par ailleurs un arrangement contractuel grâce auquel ses actions sont financées par les investisseurs.

2489   Les droits de contrôle des actionnaires (dont certains sont basés sur les valeurs nominales et non les droits de vote) et, surtout, leur possibilité de s'assurer – statutairement (p. ex. par des actions de catégories différentes[3269]) et contractuellement (dans un pacte d'actionnaires) – des représentants minoritaires au conseil d'administration sont des instruments aussi robustes que l'organe de contrôle des art. 768 s. CO.

2490   La souplesse du droit de la société anonyme permet ainsi de réaliser, parmi les innombrables autres agencements possibles, l'équilibre que le législateur offre sous la forme rigide de la société en commandite par actions.

[3268] Cf. *supra* N 1960-1964.
[3269] Cf. *supra* N 2034 (types d'actions) et 2038 (bons de participation).

Il n'y a donc, tout bien considéré, pas de raison pour des entrepreneurs et des 2491
investisseurs d'opter pour cette forme de société. Mais, puisqu'elle existe et
représente une structure qui peut exceptionnellement être choisie, il n'y a pas
de nécessité législative de l'abolir.

§ 29 La société à responsabilité limitée

I. Origines et rôle social

2492 La société à responsabilité limitée a longtemps été absente du monde des affaires suisse. Le Code fédéral des obligations de 1881 l'ignorait. Les révolutions économiques du XIXe puis du XXe siècle s'y sont faites sans elle. Elle était pourtant présente dans les droits anglo-saxons et en droit allemand depuis la dernière partie du XIXe siècle ; en Allemagne, adoptée en 1892, elle s'était imposée rapidement comme la forme de société de capitaux largement la plus répandue. Ainsi, lors de la réforme du droit des sociétés proposée en 1928[3270], le Message du Conseil fédéral a préconisé sa réception en mettant en exergue la présentation synthétique qui en avait été faite au Reichstag par son plus fervent promoteur, le député Wilhelm OECHELHÄUSER : « *une société où les bailleurs de fonds puissent se maintenir en contact avec leur capital et personnellement faire fructifier celui-ci, tout en jouissant du bienfait qu'est la responsabilité limitée* » [3271]. En quelques mots, il s'agissait d'introduire une **société de capitaux à caractère personnel**[3272].

2493 Consacrant cette approche, les dispositions légales adoptées en 1936 avaient toutefois donné à la société à responsabilité limitée des traits qui la rendaient peu attrayante en comparaison de la société anonyme. Il n'y en avait que 2964 à la fin de 1992, soit cinquante fois moins que les sociétés anonymes. Ce n'est qu'à la faveur de l'augmentation sensible du montant minimal du capital-actions des sociétés anonymes en 1993, de CHF 50 000.– à 100 000.–, que les entrepreneurs se sont mis à opter pour cette forme de société ; le nombre de sociétés à responsabilité limitée s'est alors sensiblement accru, passant à

[3270] Elle est connue en droit français depuis 1925 (cf. p. ex. FF 1928 I 304 et 307).

[3271] FF 1928 I 304. Pour une citation du propos en allemand, cf. BBl 1928 I 273 : « *Gesellschaftsformen, worin Persönlichkeiten, welche das Kapital hergeben, auch mit dem Kapital unmittelbar in Verbindung treten und es persönlich fruchtbar machen können, dabei aber doch die Wohltat der beschränkten Haftung geniessen* ».

[3272] Dans le droit adopté en 2005, l'art. 772 al. 1, 1re phr., CO contient une définition faisant expressément référence à cette nature : « *La société à responsabilité limitée est une société de capitaux <u>à caractère personnel</u> que forment une ou plusieurs personnes ou sociétés commerciales* ». Cela est pédagogique, car il n'y a pas de portée juridique directe à cette définition (cf. FF 2002 2969 : « *La portée normative de cette disposition réside avant tout dans la mise en lumière des paradigmes qui ont sous-tendu la (nouvelle) réglementation, en vue de l'interprétation de la loi* » ; de façon générale, le Message, *ibid.* ad n. 28, relève que les définitions légales sont l'objet de critiques, au motif qu'elles « *indiquent des éléments qui ne sont pas toujours essentiels sans mentionner certaines caractéristiques structurelles importantes* »).

52 395 vers la fin de 2001, soit une multiplication par 20 en moins de dix ans[3273]. Après quelques années de travaux législatifs clôturés en 2005, des améliorations, en vigueur dès 2008, ont permis à cette forme de société de devenir en quinze ans **celle que préfèrent les petites entreprises**. Depuis 2022, les sociétés à responsabilité limitée sont en effet plus nombreuses que les sociétés anonymes (244 864 Sàrl contre 235 163 SA au 31. 12. 2022 ; leur nombre a donc été multiplié par près de 85 en trente ans).

Cela étant, en comparaison internationale, le nombre de sociétés anonymes en 2494
Suisse reste relativement très élevé. La pratique des affaires montre que les sociétés à responsabilité limitée ne sont choisies, presque toujours, qu'en raison du **capital social sensiblement moins élevé que pour constituer une société anonyme**. Dans des cas statistiquement exceptionnels, ce sont toutefois des **différences juridiques** qui conduisent à ce choix, en particulier lorsque les sociétaires souhaitent que des obligations de fidélité et des droits de préemption soient fixés dans les statuts, et ne se contentent pas d'une convention d'actionnaires à cet effet. Des règles de fiscalité internationale peuvent aussi faire opter pour la société à responsabilité limitée.

II.   Matière traitée

Le chapitre du Code des obligations consacré à la société à responsabilité limi- 2495
tée comprend **beaucoup moins de dispositions que celui consacré à la société anonyme**. Par ailleurs, plusieurs situations sources de complexité ne la concernent pas : d'abord, ses titres de participation ne peuvent pas être cotés en bourse, ce qui exclut de vastes pans de réglementation ; ensuite, l'augmentation de capital conditionnelle, les droits d'option et de conversion et la marge de fluctuation du capital ne lui sont pas ouverts ; il en va de même des bons de participation.

En y regardant bien, les **règles générales communes** à l'ensemble des socié- 2496
tés[3274], aux personnes morales[3275], à l'ensemble des sociétés de capitaux et à la coopérative[3276] ainsi qu'à l'ensemble des seules sociétés de capitaux[3277] constituent de loin la majeure partie du régime juridique de la société à responsabilité limitée. Le présent chapitre, qui se concentre sur les quelques règles du

---

[3273] Cf. Message du Conseil fédéral, FF 2002 2951.
[3274] *Supra* N 52-668 et 968-1353.
[3275] *Supra* N 669-967.
[3276] *Supra* N 1649-1783.
[3277] *Supra* N 1784-2014.

droit de la société à responsabilité limitée qui font sa spécificité par rapport aux autres formes de sociétés, est donc fort bref.

2497 Ces **traits spécifiques** concernent essentiellement les parts du capital, à savoir notamment les règles relatives à leur transfert et les obligations particulières qui peuvent être imposées à leurs titulaires par les statuts[3278]. L'existence d'une obligation générale de fidélité des associés concrétise le « caractère personnel » de la société à responsabilité limitée. Le fonctionnement de la société est influencé par des compétences potentiellement plus étendues pour l'assemblée des associés que pour l'assemblée générale des actionnaires d'une société anonyme – on dira que cette interaction relève d'un *principe de parité souple* – et de divers droits des associés plus étendus, notamment en matière de droit d'information.

III. Les parts sociales et les obligations de leurs titulaires

A. Le devoir de fidélité

2498 Contrairement aux actionnaires, les associés d'une société à responsabilité limitée ont, en cette qualité, un devoir de fidélité à l'égard de la société – l'art. 803 CO a pour titre marginal « *Devoir de fidélité et interdiction de faire concurrence* ». Cela s'applique aussi à ceux qui ne sont pas gérants, étant précisé que la situation ordinaire envisagée par le législateur à l'art. 809 al. 1 CO est que les associés le sont (« *Les associés exercent collectivement la gestion de la société. Les statuts peuvent régler la gestion de manière différente* »).

1. Le devoir de confidentialité

2499 L'art. 803 al. 1 CO statue un devoir de confidentialité, qui est l'une des composantes élémentaires du devoir de fidélité. Il est vrai que la portée de cette disposition – « *Les associés sont tenus à la sauvegarde du secret des affaires* » – n'est pas forcément très ample, car elle ne définit pas les informations confidentielles[3279]. D'après son texte, elle présuppose, pour que le devoir de confidentialité s'applique, qu'une information soit un secret d'affaires ; or, cela **ne couvre pas toutes les informations relatives à la marche de la société**.

[3278] Pour une présentation synthétique, cf. MONTAVON/JABBOUR, TREX 2023 228 s.
[3279] Cf. p. ex. CHAPPUIS/JACCARD, CR ad art. 803 CO (2017), N 9.

Cela étant, cette disposition crée une interdiction spécifique pour tout associé de révéler des informations confidentielles relatives à la société, indépendamment de la façon dont elles lui ont été communiquées. Il en résulte de façon générale que l'art. 803 al. 1 CO a une **portée plus vaste que les dispositions générales sur la protection des secrets d'affaires** que sont l'art. 162 CP (qui ne rend punissable que les révélations intentionnelles) et l'art. 6 LCD (qui suppose d'avoir usurpé ou obtenu l'information de façon autrement indue) ou encore l'art. 2 CC[3280]. Concrètement, tout associé doit prendre des mesures pour préserver la confidentialité des informations secrètes qu'il a apprises d'une façon ou d'une autre ; même une révélation par négligence est une violation de son devoir.

2. Le devoir de ne pas porter préjudice aux intérêts de la société

L'art. 803 al. 2, 1e et 2e phr., CO statue une **interdiction générale de nuire à la société** : « *[Les associés] s'abstiennent de tout ce qui porte préjudice aux intérêts de la société. Ils ne peuvent en particulier gérer des affaires qui leur procureraient un avantage particulier et qui seraient préjudiciables au but de la société* ». La portée de cette disposition est bornée en ceci qu'elle ne comprend pas de façon absolue une interdiction de faire concurrence, car, comme cela résulte de la 3e phrase de la disposition, une telle interdiction générale n'existe que si elle est explicitement stipulée dans les statuts (« *Les statuts peuvent prévoir que les associés doivent s'abstenir de faire concurrence à la société* »). 2500

Ce sont donc d'abord les **actes proprement destructeurs** qui sont prohibés par cette disposition. Cela peut consister dans du dénigrement au sens large ou des propos qui décourageraient un investisseur d'apporter des fonds ou un partenaire commercial de nouer un partenariat, ou l'inciteraient à se retirer. Des **propos négatifs** auprès d'autorités appelées à accorder une autorisation peuvent aussi être contraires au devoir de fidélité ; c'est le cas s'ils ne sont pas véridiques, mais aussi s'il s'agit d'une appréciation que l'associé pouvait s'abstenir d'exprimer. 2501

[3280] Cf. p. ex. Olivier WENIGER (1994), p. 155 et 160 ; Max BAUMANN, ZK ad art. 2 CC (1998), N 176 ; Nicolas ROUILLER (2007), p. 278 s.

2502 De façon générale sont prohibés les actes (mais non les abstentions) qui **entravent la société dans la réalisation de son but effectif**[3281]. Le fait de priver activement la société d'une occasion de réaliser une opération lucrative en la réalisant soi-même peut tomber sous le coup de l'art. 803 al. 1, 2e phr., CO.

2503 Vu l'art. 803 al. 1, 3e phr., CO, n'est pas prohibée par l'art. 803 al. 1, 1e et 2e phr., CO la participation comme investisseur ou associé non-gérant à une **entreprise concurrente**. En revanche, le fait de *gérer* une entreprise directement et étroitement concurrente peut tout de même être problématique au regard de cette disposition.

2504 Cela étant, le devoir de fidélité de l'associé n'est **pas de droit impératif dans sa pleine portée**. Il n'est pas possible de l'exclure de façon générale. Mais les associés peuvent unanimement autoriser un associé à exercer une activité qui serait sinon incompatible avec le devoir de fidélité. Les statuts peuvent aussi prévoir que c'est à l'assemblée des associés qu'il revient de donner une telle autorisation (al. 3 : « *Un associé peut, moyennant l'approbation écrite de tous les autres associés, exercer des activités qui violent le devoir de fidélité ou une éventuelle interdiction de faire concurrence. Les statuts peuvent prévoir, à la place, que l'approbation de l'assemblée des associés est nécessaire* »). Cette seconde variante signifie concrètement qu'une décision prise à la majorité et non unanimement suffit (cf. art. 804 al. 1 ch. 13 CO[3282]) ; il s'agit alors d'une « décision importante », pour laquelle la majorité qualifiée des deux tiers des voix et de la majorité du capital social est nécessaire (art. 808b al. 1 ch. 7 CO[3283]). Par ailleurs, si une telle autorisation est donnée, l'art. 806a al. 3 CO interdit aux associés de participer aux décisions concernant l'activité concernée (« *Les associés qui souhaitent exercer des activités qui sont contraires au devoir de fidélité ou à l'interdiction de faire concurrence ne peuvent prendre part à la décision concernant ces activités* »). Cela se comprend – ce qui concilie ces aspects – par le fait que les associés ont en tant que tels un droit de participation à la conduite de la société beaucoup plus étendu que les actionnaires,

---

[3281] CHAPPUIS/JACCARD, CR ad art. 803 CO (2017), N 21, précisent qu'à leurs yeux, ce n'est pas l'ensemble du but statutaire qui est pertinent. Il faut reconnaître que, malgré l'interdiction de tromper, le but inscrit dans les statuts est souvent bien plus vaste que le but concrètement poursuivi ; cela est légitime au vu de l'utilité pratique de pouvoir étendre les activités concrètes d'une société, au gré des perspectives qui se présentent, sans devoir changer les statuts.

[3282] Art. 804 al. 2 CO : « *[L'assemblée des associés] a le droit intransmissible : [...] 13. d'approuver les activités des gérants et des associés qui sont contraires au devoir de fidélité ou à l'interdiction de faire concurrence, pour autant que les statuts renoncent à l'exigence de l'approbation de tous les associés* ».

[3283] « *approuver les activités des gérants et des associés qui violent le devoir de fidélité ou la prohibition de faire concurrence* ».

mais que ce droit est le corolaire d'un devoir de fidélité ; le droit de participer à cette conduite est réduit dans la même mesure que le devoir de fidélité est amoindri ou supprimé.

Une **interdiction absolue de faire concurrence** – c'est-à-dire non limitée à la gestion d'une entreprise concurrente – peut être **stipulée par les statuts** (cf. art. 803 al. 1, 3ᵉ phr., CO). Elle peut interdire aux associés, notamment, tout investissement dans une entreprise concurrente au sens large, soit de façon générale dans la branche d'activité. Cela peut inclure la participation dans des entreprises qui ne sont pas actuellement concurrentes mais sont concrètement susceptibles de le devenir. Il est en effet légitime que la société puisse s'assurer que ses associés ne favorisent pas, par des mises de fonds, une entreprise dont la prospérité constituerait une entrave à son développement futur.

2505

B. Les obligations potentiellement imposées par les statuts aux détenteurs de parts sociales

1. Vue d'ensemble et exigence de consentement individuel

Outre une éventuelle interdiction de concurrence, qui peut être très étendue, les **statuts peuvent stipuler différentes obligations à la charge des associés**. L'art. 772 CO, immédiatement après la définition de la société à responsabilité limitée, dispose à son al. 2, 2ᵉ phr., que « *[l]es statuts peuvent prévoir l'obligation, pour les associés, d'effectuer des* ***versements supplémentaires*** *ou de fournir des* ***prestations accessoires***». Cette mise en exergue s'explique parce qu'il s'agit d'une différence concrète essentielle par rapport à la société anonyme, dont les actionnaires ne peuvent être tenus, par les statuts, qu'à libérer les apports correspondant aux actions qu'ils ont souscrites (art. 680 al. 1 CO).

2506

Il convient de relever que ces diverses obligations ne peuvent être imposées à l'associé sans son **consentement** : elles sont stipulées ou bien dans l'acte constitutif, ou bien par une décision ultérieure unanime des associés ainsi obligés (art. 797 CO : « *L'introduction subséquente et l'extension des obligations statutaires d'effectuer des versements supplémentaires ou de fournir des prestations accessoires requièrent l'approbation de l'ensemble des associés concernés* »)³²⁸⁴. Quant à l'associé qui acquiert une part dont la détention induit une telle obligation, il consent à cette obligation par l'acte volontaire qu'est l'acquisition de la part sociale.

2507

---

³²⁸⁴ Il s'agit bien de l'unanimité des associés concernés, cf. p. ex. CHAPPUIS/JACCCARD, CR ad art. 795 CO (2017), N 10 s. et ad art. 797 CO (2017), N 2.

943

2508 Sur le plan formel, lorsque ces obligations sont stipulées lors de la constitution de la société, l'art. 777a CO exige que l'acte constitutif[3285] renvoie explicitement aux clauses des statuts qui les prévoient (al. 2 : « *L'acte de souscription doit renvoyer aux dispositions statutaires concernant : 1. l'obligation d'effectuer des versements supplémentaires ; 2. l'obligation de fournir des prestations accessoires ; 3. la prohibition pour les associés de faire concurrence ; 4. les droits de préférence, de préemption et d'emption des associés ou de la société* »).

2509 Vu le grand nombre de règles encadrant le transfert de parts sociales et le rôle que joue alors un **droit de préemption statutaire**, on traitera à part – au même endroit que ces règles[3286] – les obligations qui découlent d'un tel droit, en d'autres termes : l'obligation éventuelle de céder sa part à un acquéreur autre que celui avec lequel l'associé avait décidé de faire affaire. Cela étant, une telle obligation, tout comme celles qui découle d'un **droit de préférence** ou d'un **droit d'emption**, relèvent des « prestations accessoires » ; le régime de leur fondement juridique est celui des prestations accessoires.

2510 Dans une **vue systématique du droit des sociétés**, on peut remarquer que, matériellement, des obligations de ce genre sont susceptibles d'être stipulées dans le contrat de société fondant les sociétés de personnes (bien que le cadre conceptuel et la structure juridique dans lesquels s'inscrivent de telles obligations soient alors largement différents). Dans la société anonyme, toutes ces obligations – et bien d'autres encore – peuvent être stipulées dans un pacte d'actionnaires seulement, et non dans les statuts ; les difficultés sur le plan de l'opposabilité à la société de droits découlant uniquement d'un pacte d'actionnaires peuvent constituer la raison pour laquelle des entrepreneurs optent pour la société à responsabilité limitée. C'est cependant assez rarement le cas en pratique[3287], car les motifs de ce choix sont surtout liés au capital minimal plus bas que dans la SA (ce qui, notamment, induit que les clauses statutaires prévoyant des versements supplémentaires, tout comme celles prévoyant des prestations

---

[3285] L'art. 777 al. 2 CO oblige aussi à une mention explicite de l'acceptation, de la part des associés fondateurs, d'une obligation de versements supplémentaires ou de prestations accessoires : « *Dans cet acte [authentique constitutif], les fondateurs souscrivent les parts sociales et constatent : [...] 4. qu'ils acceptent l'obligation statutaire d'effectuer des versements supplémentaires ou de fournir des prestations accessoires* ».

[3286] *Infra* N 2555-2561, au sein de la section commençant aux N 2532 ss.

[3287] Pour les prestations accessoires, cette impression – qui n'a pas de valeur statistique – converge avec celle de MONTAVON/JABBOUR, TREX 2023 233 (ch. 3.2) : « *le législateur avait pensé que les prestations accessoires, dont les obligations statutaires de faire et de ne pas faire, propres à la Sàrl, trouveraient un écho favorable. Tel ne fut cependant pas le cas. D'une manière générale, on peut relever que le monde économique n'a pas fait usage de l'institution particulière des prestations accessoires qu'offre la Sàrl* ».

accessoires, ne sont pas ce que les entrepreneurs recherchent lorsqu'ils optent pour la Sàrl ; elles se rencontrent donc peu dans la vie des affaires).

2. L'obligation d'effectuer des « versements supplémentaires »

a. Concept et situations visées

L'obligation d'effectuer des versements n'existe que si elle est expressément stipulée dans les statuts. Elle porte sur des montants que les associés sont obligés de verser à la société **en sus de la libération des apports correspondants aux parts sociales** si la société a un besoin de financement aigu ou spécifiquement prévu par les statuts. 2511

Cette obligation joue un rôle similaire à la partie non libérée du capital-actions dans la société anonyme[3288]. En effet, le droit de la société à responsabilité limitée ne connaît pas la libération partielle ; l'entier du capital doit être libéré à la souscription. La différence est que le conseil d'administration peut prendre souverainement la décision d'appeler le non-versé, en tout temps, tandis que les gérants ne peuvent réclamer les versements supplémentaires que **dans les hypothèses spécifiques prévues par la loi ou les statuts**. 2512

Parmi les hypothèses prévues par la loi, on peut les classer selon une gradation, allant de celle où l'appel des versements supplémentaires est un moyen de **prévenir des difficultés** à celle où il ne s'agit plus que d'**éponger partiellement un découvert** irrémédiable. 2513

La situation la moins grave est celle où « *la société ne peut continuer à gérer ses affaires de manière diligente sans ces moyens additionnels* » (art. 795a al. 2 ch. 2 CO). Cela fait référence à la **sous-capitalisation**[3289], qui est une notion dont l'application est sujette à appréciation. Il existe des standards simplificateurs en droit fiscal (p. ex. 30 % au moins de fonds propres pour les sociétés 2514

[3288] Cf. *supra* N 2139-2149.

[3289] Le Message du Conseil fédéral, FF 2002 2994 n'emploie pas la notion de sous-capitalisation mais indique que « *[p]our apprécier s'il est admissible [de] requérir [des versements supplémentaires], les critères suivants peuvent notamment s'avérer utiles : les liquidités sont absorbées si rapidement que l'insolvabilité s'annonce à court terme ; [l]a société n'a plus les ressources nécessaires et elle a grand peine à en réunir de nouvelles. Elle a épuisé ses lignes de crédit et ne peut plus obtenir de nouveaux crédits aux conditions usuelles. Elle règle ses engagements le plus tard possible et les créanciers ne sont pas prêts à prolonger les délais de paiement. Les valeurs qui ne sont pas indispensables à l'exercice des activités de la société ont été aliénées ou ne peuvent l'être dans le délai requis* ».

holding, 15 % pour les sociétés opérationnelles[3290])[3291] et des règles très détaillées pour les banques (dont la source internationale sont les Accords de Bâle) et les assurances.

2515 La situation intermédiaire est celle où « *la somme du capital social et des réserves légales n'est plus couverte* » (ch. 1). C'est une situation où la société a simplement fait des **pertes qui sont supérieures à tout éventuel bénéfice reporté qui aurait été réalisé antérieurement**. Il ne s'agit pas de la « perte de capital » qualifiée au sens de l'art. 725a CO (où c'est plus de la moitié du capital qui doit n'être plus couverte[3292]). Il ne s'agit donc pas d'une situation forcément dramatique ; une société peut très bien redevenir bénéficiaire après une période de pertes. L'appel à effectuer les versements complémentaires n'aura – et de loin – pas toujours lieu dans ces situations.

2516 La dernière hypothèse prévue par la loi est la **faillite** (al. 2). Dans un tel cas, l'administration de la faillite réclame systématiquement les versements supplémentaires. Ce caractère inconditionnel de l'obligation en cas de faillite est la raison pour laquelle le montant dû au titre des versements supplémentaires peut être porté à l'actif du bilan, ce qui correspond à des fonds propres au passif.

2517 Outre les motifs prévus par la loi, les **statuts** peuvent stipuler que les versements supplémentaires sont dus pour un motif qui y est énoncé (al. 1 ch. 3 : « *la société a besoin de fonds propres pour un motif prévu par les statuts* ») ; cela peut être relatif à une expansion des activités qui requiert des fonds propres

---

[3290] Plus précisément, selon ce que retient une Circulaire de l'AFC du 6. 6. 1997 (N° 6, « *Capital propre dissimulé de sociétés de capitaux et de sociétés coopératives* »), une société est considérée comme capable d'obtenir par ses propres moyens des fonds étrangers à concurrence des pourcentages suivants, *calculés sur la valeur vénale de ses actifs* : liquidités (100 %), créances pour livraisons et prestations (85 %), autres créances (85 %), stocks (85 %), autres actifs circulants (85 %), actions cotées suisses et étrangères (60 %), autres actions et parts de Sàrl (50 %), participations (70 %), prêts (85 %), machines, outillages, etc. (50 %), immeubles d'exploitation (70 %), notamment. Pour les sociétés financières, la limite maximale des fonds étrangers est considérée comme étant en règle générale 6/7 du total du bilan (ce qui fait 85 %).

[3291] Concrètement, les autorités fiscales les emploient pour calculer l'assiette minimale de l'impôt sur le capital et déterminer si des intérêts de prêts constituent des « dividendes dissimulés » (donnant lieu à une reconstitution du bénéfice imposable pour la société et à une retenue à la source [« impôt anticipé »]). Les sociétés peuvent toutefois démontrer que même un endettement très fortement supérieur à ces standards ne signifie pas qu'il y aurait sous-capitalisation, des particularités pouvant toujours justifier un écart. Cf. p. ex. TC NE, 17. 1. 2017, CDP 2015.124-FISC c. 9b et 9f (p. 14) ; pour une vue d'ensemble, cf. p. ex. ROUILLER/BAUEN/BERNET/LASSERRE ROUILLER (2022), N 1065 et 1087.

[3292] Cf. *supra* N 1918-1930.

plus étendus ou à une acquisition précise (p. ex. acquisition d'un immeuble[3293] en propriété, pour le siège social ou pour l'exploitation). Cela peut aussi être une situation financière difficile mais moins critique que celles prévues aux ch. 1 et 2[3294].

Même si le texte légal n'est pas limpide à cet égard, il n'est pas douteux que l'obligation d'effectuer des versements supplémentaires **peut ne pas concerner forcément toutes les parts sociales** ; elle peut être concentrée sur quelques-unes des parts sociales, voire sur une seule[3295] (p. ex. celle de l'associé majoritaire). 2518

b.   Montant maximal et mise en œuvre

L'obligation est **précisément circonscrite** : en plus d'être inscrite dans les statuts, elle est attachée à la part sociale et son montant maximum « *ne peut dépasser le double de la valeur nominale de cette part sociale* » (art. 795 al. 2 CO ; l'al. 3 martèle que « *les associés sont tenus uniquement à l'exécution des versements supplémentaires afférents à leurs parts sociales* »). 2519

Il y a, sur ce plan aussi, une similitude avec le capital-actions non versé de la société anonyme, qui ne peut être que le quadruple du capital versé (la part versée doit représenter au moins 20 % du montant souscrit, art. 632 al. 1 CO)[3296]. 2520

En cas d'**aliénation de la part suivie d'une faillite de la société**, et même si c'est en premier lieu le détenteur actuel de la part qui est responsable (cf. 2521

[3293] Le Message du Conseil fédéral, FF 2002 2995, cite cet exemple, parmi d'autres : « *Les conditions d'exigibilité doivent être clairement déterminées statutairement. Il est p. ex. possible de prévoir que les versements supplémentaires peuvent être requis lorsqu'ils sont nécessaires pour acquérir un nouvel immeuble (il conviendrait néanmoins de clarifier dans quelle mesure un financement pourrait aussi résulter de fonds étrangers)* ».

[3294] C'est explicitement reconnu par le Message du Conseil fédéral, FF 2002 2995, qui cite cet exemple, parmi d'autres : « *Il est également admissible d'arrêter les conditions auxquelles des versements supplémentaires doivent être effectués afin de surmonter un manque de liquidités de manière moins stricte que cela résulte du ch. 2* ».

[3295] Cf. Message du Conseil fédéral, FF 2002 2993 : « *[Les statuts] peuvent prévoir que l'ensemble des parts sociales ou certaines d'entre elles seulement sont assorties d'une obligation d'effectuer des versements supplémentaires, ou encore limiter cet engagement à des catégories déterminées de parts sociales. Les parts sociales auxquelles est attachée une telle obligation ainsi que l'étendue de cette dernière doivent toutefois toujours clairement ressortir des statuts* ».

[3296] Cf. *supra* N 2141.

art. 795 al. 2 et 3 CO, précité)[3297], l'associé qui cède ses parts demeure responsable avec l'acquéreur pendant trois ans (art. 795d al. 2 CO : « *Les associés qui ont quitté la société ne sont tenus d'effectuer des versements supplémentaires qu'en cas de faillite de la société* »[3298]). Cette responsabilité subsidiaire n'existe pas si et dans la mesure où ceux qui ont détenu les parts après l'aliénateur ont effectué les versements supplémentaires (al. 3 : « *L'obligation d'effectuer des versements supplémentaires s'éteint dans la mesure où elle a été remplie par les acquéreurs subséquents des parts sociales* »).

2522 L'appel au versement est **décidé** (et notifié aux associés obligés) par les gérants hors faillite, et, en cas de faillite, par l'administration de la masse.

2523 Contrairement au défaut de paiement d'un actionnaire en cas d'appel du non-versé[3299], il n'y a pas de caducité des droits de l'associé. Les gérants ont l'obligation de **poursuivre l'associé qui ne s'exécute pas** ; c'est une procédure où non seulement un titre de mainlevée existe évidemment[3300], mais où un « cas clair » devrait aisément être admis[3301] si les conditions de l'appel aux versements sont établies (c'est-à-dire lorsque le capital n'est plus couvert [art. 795a al. 2 ch. 1 CO] ou si un motif statutaire bien défini est réalisé [ch. 3]).

c.   Réduction et restitution des versements supplémentaires

2524 Le caractère de fonds propres – et non d'engagements de prêt – que revêtent les versements supplémentaires, qu'ils aient été effectués ou restent à effectuer,

---

[3297] Ainsi explicitement le Message du Conseil fédéral, FF 2002 2996 : « *L'obligation d'effectuer des versements supplémentaires est liée à la part sociale et passe donc à l'acquéreur en cas d'aliénation [...]. En principe, elle doit donc être satisfaite par l'associé du moment, détenteur de la part sociale. Ce n'est qu'à la condition qu'un associé n'est pas en mesure d'effectuer les versements supplémentaires qu'il est possible de recourir à ses prédécesseurs* ».

[3298] Vu l'al. 2 qui limite clairement la responsabilité de l'aliénateur aux cas de faillite, l'al. 1 est rédigé d'une manière qui peut induire en erreur à première vue (« *Sous réserve des restrictions qui suivent, l'obligation des associés qui quittent la société d'effectuer des versements supplémentaires subsiste durant trois ans. L'inscription au registre du commerce détermine le moment de la sortie* »).

[3299] Cf. *supra* N 2145-2149.

[3300] Dans les cas ordinaires, il s'agit d'un titre de mainlevée provisoire, car les statuts et l'engagement initial ou ultérieur constituent une reconnaissance de dette sous seing privé. L'exécution directe au sens de l'art. 347 CPC (titres authentiques exécutoires) peut d'ailleurs être stipulée dans l'acte constitutif (forcément notarié) ou dans une introduction ultérieure faite en la forme notariée.

[3301] Cf. TArr Lausanne 6. 8. 2020, JI19.032307, c. IV, pour la libération du capital non versé d'une SA (*supra* n. 2887).

induit l'application de règles strictes pour leur restitution ou, respectivement, pour la réduction de l'obligation de les effectuer.

En ce qui concerne la **réduction** de cette obligation, ce n'est rien moins que la 2525 procédure de réduction de capital qui est appliquée (art. 795c CO)[3302]. Il résulte de ce renvoi (cf. art. 782 al. 1 et 653j al. 1 CO) et de la compétence générale pour modifier les statuts (art. 804 al. 2 ch. 1 CO) qu'une décision de l'assemblée des associés est nécessaire[3303]. La procédure consiste par ailleurs en ceci que les gérants doivent effectuer un appel aux créanciers, que la société doit garantir (à concurrence de la réduction de l'obligation) ou payer les créanciers qui l'exigent dans un délai de 30 jours dès cet appel, à moins qu'il ne soit prouvé que la réduction de l'obligation d'effectuer des versements « *ne compromet pas l'exécution de la créance* » (cf. art. 653k al. 2 et 3, lequel précise que « *s'il existe une attestation de vérification, l'exécution de la créance est réputée ne pas être compromise* »)[3304].

Pour **restituer** des montants correspondants aux versements supplémentaires, 2526 la société doit avoir accumulé suffisamment de fonds propres librement disponibles (art. 795b CO[3305]), c'est-à-dire avoir accumulé du bénéfice ou reçu des fonds propres par d'autres moyens (p. ex. une prime d'émission lors d'une augmentation de capital[3306]) ; ce n'est qu'ainsi qu'elle ne se retrouve pas, par la

---

[3302] « *(1) Une obligation statutaire d'effectuer des versements supplémentaires ne peut être réduite ou supprimée que si le capital social et les réserves légales sont entièrement couverts. (2) Les dispositions concernant la réduction du capital social sont applicables par analogie* ».

[3303] On peut observer que la décision de réduire l'obligation d'effectuer des versements supplémentaires (tout comme la décision de réduire le capital) ne fait pas l'objet d'une mention spécifique à l'art. 804 al. 2 CO sur les décisions intransmissibles de l'assemblée des associés ni *a fortiori* à l'art. 808b CO sur les « *décisions importantes* », et le Message ne mentionne pas explicitement cette compétence (FF 2002 2995 s.).

[3304] Cf. en détail sur cette procédure *supra* N 1901-1912.

[3305] « *Les versements supplémentaires effectués ne peuvent être restitués, en tout ou en partie, qu'au moyen de fonds propres dont la société peut librement disposer ; un expert-réviseur agréé doit l'attester par écrit* ».

[3306] Les réserves qui correspondent aux apports fournis au titre de la prime d'émission ne sont pas tous des fonds librement disponibles. Il faut lire l'art. 671 al. 2 CO ainsi pour la Sàrl : « *La réserve légale issue du capital peut être remboursée aux [associés] si les réserves légales issues du capital et du bénéfice après déduction du montant des pertes éventuelles dépassent la moitié du capital social inscrit au registre du commerce* ». Ainsi, les versements supplémentaires peuvent être remboursés en cas d'augmentation des fonds propres par prime d'émission p. ex. si le capital est de CHF 30 000.– et que la réserve issue de la prime d'émission demeure de CHF 15 000.– après remboursement des versements supplémentaires (p. ex., des versements supplémentaires de CHF 60 000.– peuvent être remboursés à concurrence de CHF 35 000.– si, sans que la société n'ait réalisé de bénéfice, une prime d'émission de CHF 50 000.– a été payée).

restitution, dans la situation où l'appel des versements supplémentaires aurait dû être fait. Il convient d'avoir à l'esprit que ce remboursement n'empêche pas un nouvel appel à effectuer les versements supplémentaires si les conditions de l'art. 795a CO venaient à être remplies derechef. Un nouvel appel ne peut être exclu que si l'obligation d'effectuer ces versements est supprimée, ce qui, comme exposé à l'instant, suppose d'appliquer la procédure de réduction du capital.

3. « Prestations accessoires »

2527 En plus des devoirs légaux de fidélité, de l'éventuelle prohibition de faire concurrence et de l'obligation d'effectuer des versements complémentaires, les associés peuvent encore être **obligés par les statuts à des «** *prestations accessoires***»** (art. 796 al. 1 CO) – c'est un trait de plus qui distingue la société à responsabilité limitée de la société anonyme.

2528 Les règles légales visent ici à **protéger les associés contre des engagements démesurés ou injustifiés.** Cela s'explique parce que les « prestations accessoires » peuvent concerner des actes positifs et, contrairement au devoir de fidélité, non *pas seulement*[3307] *l'abstention* de comportements nuisibles.

2529 L'art. 796 al. 2 CO encadre ainsi le **contenu possible** des prestations accessoires, d'abord en circonscrivant leur fonction ou leur but : « *[Les statuts] ne peuvent prévoir que des obligations de fournir des prestations accessoires qui servent le but de la société ou qui visent à assurer le maintien de son indépendance ou le maintien de la composition du cercle des associés* ». L'al. 3 exige ensuite une **détermination suffisante dans les statuts,** seuls des détails pouvant être précisés par une simple décision des associés (« *L'objet et l'étendue des obligations d'effectuer des prestations accessoires afférentes à une part sociale ainsi que les autres éléments qui, selon les circonstances, s'avèrent essentiels doivent être déterminés par les statuts. Ceux-ci peuvent renvoyer à un règlement de l'assemblée des associés pour les détails* »). Il résulte de l'al. 4 que ce sont des prestations de comportement ou

---

[3307] Le Message du Conseil fédéral, FF 2002 2997, précise que des abstentions peuvent aussi constituer des « prestations accessoires » (« *Celles-ci peuvent aussi bien revêtir la forme d'une obligation de faire que celle d'une abstention. Il peut également s'agir d'une obligation de tolérer une atteinte à un droit* »). Elles se distinguent de la concrétisation du devoir de fidélité en ceci qu'elles ne doivent pas forcément correspondre à ce qui est nécessaire pour être loyal ; elles peuvent aller substantiellement au-delà.

d'activité[3308], ou des échanges de prestations (p. ex. obligation d'acheter des produits de la société)[3309], qui sont concernés ; pour les *apports* en espèces ou en nature, ce sont les dispositions sur les versements supplémentaires qui constituent le régime applicable[3310] (étant rappelé que le droit de la Sàrl ne connaît pas l'augmentation de capital autorisée[3311]).

Les obligations découlant d'un **droit de préemption** statutaire, d'un droit **d'emption** statutaire ou d'un droit **de préférence** statutaire sont considérées comme des prestations accessoires[3312] et leur création suit le régime de celles-   2530

[3308] CHAPPUIS/JACCCARD, CR ad art. 796 CO (2017), N 8 ad n. 13 : « *les associés peuvent [...] se voir imposer l'obligation de collaborer activement avec l'entreprise de la société, à titre onéreux et gratuit* » ; dans le même sens, MEIER-HAYOZ/FORSTMOSER (2023), § 18 N 71.

[3309] MONTAVON/JABBOUR, TREX 2023 233 ad n. 44 citent : « *des obligations de livraison à la société, [...] de mise à disposition à celle-ci de biens ou de services, d'acquisition de sa production, de recours à ses services, etc.* ».

[3310] Art. 796 al. 4 CO : « *L'obligation statutaire d'effectuer un paiement en espèces ou de fournir une autre prestation de nature patrimoniale est régie par les dispositions relatives à l'obligation d'effectuer des versements supplémentaires lorsqu'aucune contre-prestation équitable n'est prévue et que la prestation sert à couvrir un besoin de la société en fonds propres* ». Défendant une approche nuancée, MONTAVON/JABBOUR, TREX 2023 234, après avoir relevé que « *[l]es prestations accessoires peuvent avoir un caractère à la fois patrimonial et social* », relèvent que « *[l] es prestations accessoires de nature pécuniaire que l'associé peut être obligé de fournir en vertu des statuts peuvent être des prestations en nature à titre gratuit ou à prix privilégié, l'octroi de prêts financiers ou de cautionnements à des conditions préférentielles, voire des dons dans le cadre de sponsoring ou l'octroi de prix artistiques, littéraires ou sportifs* ».

[3311] Cette faculté conférée à l'organe dirigeant d'augmenter le capital n'existe que dans le droit de la SA, cf. *supra* N 2162.

[3312] Le Message du Conseil fédéral, FF 2002 2973 le dit clairement au sujet de la nécessité pour l'acte constitutif de renvoyer aux clauses statutaires prévoyant des droits de préemption, d'emption ou de préférence (art. 777a al. 2 CO : « *L'acte de souscription doit renvoyer aux dispositions statutaires concernant : [...] 4. les droits de préférence, de préemption et d'emption des associés ou de la société* ») : « *Il s'agit d'un type particulier de prestation accessoire* ». À la FF 2002 2997, le Message précise à propos de l'art. 796 al. 2 CO : « *Cette disposition vise à exclure des obligations mal ciblées, à l'image de celles qui ne profitent pas à la société elle-même mais servent les intérêts particuliers de certaines personnes. Une obligation de livraison ou d'acquisition, un droit d'utiliser une place de stationnement <u>ainsi que des droits de préférence, de préemption et d'emption sur des parts sociales</u> sont admissibles, par exemple* ». Cela étant, le droit de la Sàrl n'exclut pas que des droits de préemption, d'emption ou de préférence soient stipulés dans un instrument contractuel (« *pacte d'associés* ») autre que les statuts (cf. FF 2002 2973 : « *L'institution de droits d'acquisition préférentiels par voie contractuelle et hors statuts demeure réservée* »). En doctrine, cf. p. ex. CHAPPUIS/JACCCARD, CR ad art. 796 CO (2017), N 8 ad n. 12 ; MONTAVON/JABBOUR, TREX 2023 233 ad n. 44.

ci. Comme déjà indiqué, elles sont traitées avec les règles sur la cession des parts sociales.

2531 Ce peuvent être, selon ce que déterminent les statuts, toutes les parts sociales, ou seulement quelques-unes, qui engendrent l'obligation de fournir des prestations accessoires[3313].

C. La cession des parts sociales

1. Vue d'ensemble

2532 La cession est soumise à des formalités, la forme écrite étant requise et le contenu du contrat de cession ayant un contenu minimal. Elle doit ensuite être soumise à l'approbation de l'assemblée des associés, sauf exception prévue par les statuts. Elle doit enfin être inscrite au registre du commerce. Il en résulte que la cession est un **processus soumis à maintes entraves potentielles** qui, dans la plupart des cas, n'est pas rapide. C'est la raison pour laquelle la cotation boursière directe de parts de sociétés à responsabilité limitée n'est pas possible (ce qui n'empêche pas forcément un associé d'offrir au public de partager, par un instrument financier dérivé négociable, les avantages qu'il tire de la détention d'une part sociale[3314]).

2533 On relèvera que le processus d'approbation d'une cession par l'assemblée des associés est **accru d'un facteur de complexité** lorsqu'un droit de préemption est prévu statutairement et est donc opposable à la société. Quant aux droits d'emption et de préférence, ils influencent aussi la cessibilité des parts sociales, laquelle est moindre lorsque des obligations de versements supplémentaires ou de prestations accessoires leur sont attachées.

2. Forme du contrat de cession

2534 L'art. 785 al. 1 CO prévoit, d'une part, la **forme écrite** (« *La cession de parts sociales et l'obligation de céder des parts sociales doivent revêtir la forme écrite* ») et, d'autre part, un **contenu minimal** si les parts sont liées à des obligations de versements supplémentaires ou de prestations accessoires, y

---

[3313] Ainsi explicitement le Message du Conseil fédéral, FF 2002 2997 : « *Comme les versements supplémentaires* [cf. *supra* n. 3295], *les prestations accessoires peuvent être attachées à l'ensemble ou à une partie seulement des parts sociales* ».

[3314] Cf. *infra* n. 3351.

compris des droits de préférence, d'emption ou de préemption statutaires (al. 2[3315] *cum* art. 777a CO[3316]). Ce renvoi n'est pas exigé si le cessionnaire est déjà associé[3317].

Si la forme écrite n'est pas respectée (p. ex. si le contrat n'est signé que par une partie, p. ex. que par l'aliénateur au motif que c'est lui qui cède, ou que la signature n'est ni manuscrite ni conforme aux exigences de la signature électronique), la cession est simplement **nulle** en vertu de l'art. 11 al. 2 CO[3318]. Il en va de même si le contrat ne contient pas les renvois aux dispositions statutaires lorsqu'ils sont applicables[3319]. La nullité empêche en tout cas l'inscription de la cession ; la question est plus complexe, et **les effets d'anéantissement liés à la nullité peuvent être parfois écartés** (que ce soit en vertu de la prohibition de l'abus de droit[3320] ou d'une conception prudente de la nullité[3321]), lorsque la cession a été inscrite et que l'absence de renvoi n'a pas d'impact, notamment si les obligations de versements supplémentaires ou de prestations accessoires qui constituaient la justification du renvoi ont été supprimées.

2535

[3315] « *Le contrat de cession doit contenir les mêmes renvois aux droits et obligations statutaires que l'acte de souscription des parts sociales, à moins que l'acquéreur ne soit déjà un associé* ». Ces renvois aux dispositions des statuts doivent évidemment figurer dans l'acte aussi lorsque les obligations ont été introduites postérieurement à la constitution ou à une *souscription* ultérieure proprement dite.

[3316] Cf. *supra* N 2508, spéc. n. 3285.

[3317] Cet allègement a été introduit par la novelle du 17.3.2017, adopté sans discussion au parlement, de sorte qu'on peut se référer à la justification proposée par le Conseil fédéral dans son Message, FF 2015 3264 : « *On peut en effet attendre des associés qu'ils connaissent les statuts de leur propre société et par conséquent, aucun besoin de protection ne justifie que cet élément du contrat de cession soit obligatoire. Par contre, en cas de cession des parts sociales à des tiers, ce besoin de protection existe* ». Il s'agit d'une appréciation, ou plutôt d'un jugement de valeur, qui peut être discuté. Les statuts sont accessibles en ligne gratuitement. S'il s'agit de protéger contre l'inattention consistant à ne pas lire les statuts, l'expérience montre que le besoin de protection existe à peu près autant pour un tiers acquéreur que pour une personne déjà associée.

[3318] Cf. p. ex. CHAPPUIS/JACCARD, CR ad art. 785 CO (2017), N 10 (« *le non-respect de la forme écrite entraîne en principe la nullité de l'acte* »).

[3319] Cf. p. ex. CHAPPUIS/JACCARD, CR ad art. 785 CO (2017), N 14 (« *la conséquence du non-respect des mentions obligatoires est en règle générale la nullité du transfert de la part sociale* »).

[3320] L'application de l'art. 2 al. 2 CC aux prescriptions de forme a été notamment posé aux ATF 112 II 330 et 116 II 700. Elle a été nuancée à l'ATF 121 III 38.

[3321] On peut se référer à l'approche selon laquelle l'anéantissement n'est pas un but en soi mais doit être au service du but qui fonde la nullité (l'anéantissement n'étant donc en principe pas justifié lorsque le besoin de protection a été atteint autrement), cf. p. ex. Nicolas ROUILLER (2002), p. 535-541 (pour le concept de « *nullité utile* » ou « *verbotsdurchsetzende Nichtigkeit* ») ; Domenico ACOCELLA, RSJ 2003 494 ss ; GUILLOD/STEFFEN, CR ad art. 19/20 CO (2021), N 91-100.

3. Exigence d'une approbation de l'assemblée des associés

a. Régime ordinaire

2536 Le régime ordinaire prévu par l'art. 786 al. 1 CO est une nécessité de soumettre le transfert de parts sociales à l'approbation de l'assemblée des associés (ce qui ressortit aux compétences intransmissibles, cf. art. 804 al. 2 ch. 8 CO) qui a un **pouvoir discrétionnaire** de la refuser (« *La cession de parts sociales requiert l'approbation de l'assemblée des associés. Cette dernière peut refuser son approbation sans en indiquer les motifs* »).

2537 De plus, l'approbation du transfert n'est valablement accordée que si elle recueille une **majorité qualifiée** réunissant les deux tiers des voix représentées et la majorité absolue du capital social « pour lequel le droit de vote peut être exercé » (art. 808b al. 1 ch. 4 CO).

2538 En vertu de l'art. 787 al. 1 CO, **la cession n'a d'effet que si l'approbation est accordée** (« *Lorsque l'assemblée des associés doit approuver la cession de parts sociales, celle-ci ne déploie ses effets qu'une fois l'approbation donnée* »). En d'autres termes, un engagement de céder est conditionnel, de par la loi.

2539 Un important tempérament est prévu à l'al. 2 : « *L'approbation est réputée accordée si l'assemblée des associés ne la refuse pas dans les six mois qui suivent la réception de la requête* ».

b. Systèmes statutaires divergents

2540 Une multiplicité de systèmes alternatifs s'offre à la société. Certains vont dans le sens d'une **cessibilité nettement accrue**. D'autres vont jusqu'à l'**exclusion totale** de la cessibilité.

2541 L'introduction d'un système accroissant ou restreignant davantage la cessibilité est une « décision importante » qui requiert la **majorité qualifiée** (art. 808b al. 1 ch. 3 CO : « *Une décision de l'assemblée des associés recueillant au moins deux tiers des voix représentées et la majorité absolue du capital social pour lequel le droit de vote peut être exercé est nécessaire pour : [...] 3. rendre plus difficile, exclure ou faciliter le transfert de parts sociales* »).

aa. Cessibilité accrue par rapport au régime ordinaire

aaa. Suppression totale de l'exigence d'une approbation

La société peut adopter dans ses statuts un régime par lequel aucune approbation n'est nécessaire (art. 786 al. 2 ch. 1 CO). Matériellement, les parts sociales sont alors aussi **librement cessibles** que des actions nominatives d'une société anonyme sans restrictions de transmissibilité («actions nominatives non liées»). Il reste que la cession doit respecter la forme écrite et être inscrite au registre du commerce.

2542

Un tel régime est usuellement perçu comme **facilitant l'entrée d'investisseurs non majoritaires**, puisqu'il leur permet de sortir aisément de la société par une vente non soumise au processus potentiellement long et arbitraire de l'approbation ; mais – et c'est le dilemme de toute réglementation sur la cessibilité – il expose la société à l'**entrée d'associés indésirables** (même si le devoir de fidélité, sous ses diverses facettes, atténue le risque d'une nocivité de tels associés).

2543

bbb. Introduction de motifs statutaires déterminés

La cessibilité peut aussi être accrue en **restreignant le pouvoir de l'assemblée des associés**, lequel, au lieu d'être discrétionnaire comme dans le régime ordinaire, est conditionné à l'existence de motifs déterminés par les statuts (art. 786 al. 2 ch. 2 CO). Si les statuts se bornent à introduire de tels motifs, la procédure demeure pour le reste identique au régime ordinaire, de sorte que l'obtention de l'approbation peut demeurer laborieuse. Le cédant et le cessionnaire peuvent toutefois (l'un comme l'autre, ou ensemble) actionner la société en justice pour faire constater que les motifs ne sont pas réalisés[3322].

2544

L'arbitraire de l'assemblée des associés est ainsi réduit, même si la majorité pour **(ré)introduire le régime ordinaire ou modifier les motifs de refus** est en principe la même que celle prévue pour l'approbation ; on ne peut donc exclure que, dans une situation où aucun motif de refus défini par les statuts n'apparaît réalisé, l'assemblée des associés réintroduise le régime ordinaire – discrétionnaire – ou étende les motifs (situation qui, outre une problématique de droits acquis, est susceptible de justifier l'invocation du droit légal de sortie au sens de l'art. 822 al. 1 CO[3323]).

2545

[3322] Cf. *supra* N 2050.

[3323] Cf. *infra* n. 3334 sur l'invocation des justes motifs en rapport avec une impossibilité de cession. V. ég. N 2580.

2546 L'art. 786 al. 2 ch. 5 CO traite explicitement une sous-catégorie de la limitation des possibilités de refus à des « motifs déterminés ». Il permet à la société de prévoir dans ses statuts que « *l'approbation peut être refusée lorsque l'exécution d'une obligation d'effectuer des versements supplémentaires ou de fournir des prestations accessoires est douteuse et que les sûretés exigées par la société n'ont pas été fournies* ». Une telle clause statutaire répond à une préoccupation évidemment légitime (qui rejoint d'ailleurs celle justifiant le régime légal de la SA relatif aux actions non entièrement libérées[3324]).

ccc.   Allègement des exigences de majorité et d'autres modalités

2547 Étant donné que les statuts peuvent totalement supprimer l'exigence d'approbation, il est aussi possible de l'alléger[3325]. Les allègements peuvent concerner les **diverses modalités du processus d'approbation**.

2548 Ainsi, bien que l'art. 808b al. 1 ch. 4 CO dispose que l'approbation est une décision importante et que la majorité qualifiée (deux tiers des voix, majorité du capital) est nécessaire, et malgré le principe général en vertu duquel les dispositions prescrivant une majorité qualifiée sont relativement impératives (c'est-à-dire que la majorité requise peut être encore élevée, mais pas abaissée)[3326], il découle de la possibilité de supprimer toute approbation qu'un **régime de majorité simple** peut être introduit. Plus encore, un régime en vertu duquel il faut une **majorité qualifiée pour prendre la décision de *s'opposer*** (p. ex. 75 %) est aussi admissible (dans cet exemple, une approbation votée par 25,1 % des associés suffirait à ce que l'approbation soit accordée).

2549 Les allègements peuvent concerner d'autres aspects. Ainsi, le **délai à l'échéance duquel l'approbation est réputée accordée** peut être raccourci, et passer de six mois (art. 787 al. 2 CO)[3327] à une durée sensiblement inférieure. Tant que la compétence est celle de l'assemblée des associés, il faut cependant que le délai soit compatible avec la nécessité de respecter le délai de convocation (auquel s'ajoute un certain temps pour préparer la convocation)[3328] ; un délai de l'ordre d'un mois[3329] peut donc être introduit. Puisque l'assemblée des associés peut être

---

[3324] Cf. *supra* N 2046 et N 2512 (ad n. 3288). Même remarque chez CHAPPUIS/JACCARD, CR ad art. 786 CO (2017), N 17.

[3325] Sur la portée du « caractère exhaustif », voir *infra* n. 3332.

[3326] *Supra* N 2258.

[3327] *Supra* N 2539.

[3328] *Supra* N 1681-1689.

[3329] Dans la Sàrl, le délai de convocation peut même être réduit par les statuts à 10 jours seulement (art. 805 al. 3 CO ; *supra* N 1686 ad n. 2377). Un délai de l'ordre d'une vingtaine de jours est alors concevable.

totalement privée du droit d'approuver un transfert, il faudrait en déduire (*a majore ad minorem*) que – malgré le texte de l'art. 804 al. 2 ch. 8 CO qui en fait un « droit intransmissible »[3330] – la **compétence** peut aussi être confiée aux gérants. Il ne nous semble pas que la doctrine ait envisagé cette possibilité[3331], logique, qui va assurément *contra verbum legis*[3332].

ddd.   Reprise à la « valeur réelle »

Les statuts peuvent prévoir que « *l'approbation peut être refusée si la société propose à l'aliénateur de lui reprendre ses parts sociales à leur valeur réelle* » (art. 786 al. 2 ch. 3 CO). On pourrait envisager cette faculté de refus comme relevant des motifs déterminés ; sémantiquement, il ne s'agit cependant pas d'un motif de refus à proprement parler, mais d'une **proposition d'échange**. 2550

Sur la détermination de la « valeur réelle » et la procédure à suivre concrètement, on renvoie aux développements généraux portant sur les différentes réglementations qui prévoient les propositions de rachat à la « valeur réelle »[3333]. 2551

bb.   Cessibilité restreinte par rapport au régime ordinaire

L'art. 786 al. 2 ch. 4 CO permet à la société d'**exclure totalement la cessibilité** des parts sociales (« *Les statuts peuvent déroger [au régime ordinaire] : [...] 4. en excluant la cession de parts sociales* »). 2552

[3330] *Supra* N 2536.

[3331] Cf. CHAPPUIS/JACCARD, CR ad art. 786 CO (2017), N 7 ; Nicolas IYNEDJAN, CR ad art. 804 CO (2017), N 44-46.

[3332] Le Message du Conseil fédéral, FF 2002 2985, indique que « *[l] 'al. 2 énumère les configurations statutaires envisageables de manière exhaustive. Par là même, le projet de réglementation garantit la sécurité du droit nécessaire à la cession de parts sociales et simplifie in concreto le modelage des statuts. Les variantes [...] peuvent en outre être partiellement combinées* ». Voir aussi FF 2002 2961 (« *Le projet détermine de manière exhaustive quelles alternatives sont offertes* ») et CHAPPUIS/JACCARD, CR ad art. 786 CO (2017), N 10. Ce caractère exhaustif n'a toutefois pas trouvé son expression dans le texte légal (alors qu'il aurait suffi d'employer le terme « *uniquement* », entre autres formulations aptes à exprimer le caractère exhaustif des possibilités ; le texte n'a pas été modifié sur ce plan par les Chambres fédérales, cf. FF 2002 3068, BO 2005 N 101, BO 2005 E 631 et FF 2005 6822 s.).

[3333] *Supra* N 1229-1260. L'art. 789 CO n'apporte aucune précision (cf. *infra* N 2571).

2553 Cette situation accroît la faculté de l'associé minoritaire d'invoquer de justes **motifs pour sortir de la société** (al. 3[3334]), au sens de l'art. 822 al. 1 CO[3335], ce qui tend concrètement à ce qu'il soit indemnisé à la valeur réelle de sa part (art. 825 al. 1 CO)[3336].

2554 Il découle de la possibilité d'exclure totalement la cessibilité que **les modalités de la cession peuvent aussi être rendues plus strictes.** Ainsi, les statuts peuvent élever au-delà des seuils légaux la majorité qualifiée requise pour approuver un transfert de parts. Au lieu des deux tiers des voix représentées et de la majorité du capital social, une majorité des trois quarts ou de 80 % est possible. Le délai de six mois à l'échéance duquel l'approbation est réputée avoir été accordée peut aussi être prolongé (p. ex. à huit ou dix mois). De telles réglementations statutaires élargissent, pour l'associé minoritaire, la perspective de pouvoir invoquer efficacement de justes motifs lui permettant d'exercer le droit légal de sortie, au sens de l'art. 822 al. 1 CO.

4. Exercice d'un droit de préemption

2555 En cas de cession convenue entre un associé et un acquéreur qu'il a choisi, l'existence d'un droit de préemption opposable à la société peut empêcher cette

---

[3334] « *Lorsque les statuts excluent la cession de parts sociales ou que l'assemblée des associés refuse de l'approuver, le droit de sortir de la société pour de justes motifs est réservé* ». Ce texte n'est pas limpide. Il semble reconnu qu'il ne crée pas un droit automatique à la sortie (le Message du Conseil fédéral, FF 2002 2986, ne va pas aussi loin et dit seulement en substance que le droit de sortie est un facteur d'équilibre important au vu de cette restriction possible et donc qu'il doit être envisagé plus favorablement : « *il n'est concevable d'envisager des possibilités aussi étendues de restreindre le transfert des parts sociales d'une Sàrl (à la différence de la société anonyme) qu'au vu du droit qu'ont, le cas échéant, les associés de sortir de la société pour de justes motifs (art. 822 P CO). L'al. 3 précise qu'en cas de refus de l'approbation de la cession de parts sociales, le droit de sortir de la société pour de justes motifs est toujours réservé. Cet alinéa revêt également son impor-*tance pour interpréter l'art. 822 P CO. Une restriction excessive de la cession de parts sociales peut – selon les circonstances personnelles et matérielles – représenter un juste motif qui légitime une sortie de la société* »). En effet, en principe, beaucoup de projets entrepreneuriaux peuvent justifier une interdiction de cession (« *lock-up* » ou « *lock out periods* »). Dans les sociétés anonymes, cela se fait fréquemment par des conventions d'actionnaires. Ainsi, le droit de sortie ne peut être invoqué automatiquement. Ce n'est qu'en cas de désaccord avec la gestion et d'impossibilité de faire prévaloir son point de vue, et cela pendant plusieurs années, que l'associé peut faire valoir de justes motifs légitimant le droit de sortie.

[3335] Cf. *infra* N 2578-2581.

[3336] Sur la problématique et la détermination de la « valeur réelle » en général, cf. *supra* N 1229-1260 ; sur les particularités de l'exigibilité, cf. *infra* N 2593-2597.

cession. **L'acquéreur sera la personne qui exerce le droit de préemption** ; la société n'a pas le droit d'accepter un acquéreur autre que le titulaire du droit de préemption qui a exercé celui-ci. Le droit de la société à responsabilité limitée permet de conférer ces droits de préemption à des associés, à des tiers définis ou à la société elle-même[3337] (dans ce dernier cas, l'acquisition est soumise aux limites applicables à la détention de propres parts sociales[3338]).

Lorsque c'est la société qui est titulaire du droit de préemption, c'est à l'assemblée générale qu'il revient de prendre la décision (art. 804 al. 2 ch. 10 CO ; il ne s'agit toutefois pas d'une « décision importante » requérant une majorité qualifiée au sens de l'art. 808b CO).　2556

La loi ne régit pas les **modalités** de l'exercice du droit de préemption. Elles peuvent être réglementées de façon détaillée dans les statuts ou dans un règlement adopté par l'assemblée des associés (cf. art. 796 CO[3339]).　2557

De façon générale, vu la compétence de l'assemblée des associés d'approuver un transfert, l'exercice du droit de préemption *de la société* est particulièrement simple : l'assemblée, qui, après avoir reçu la requête d'approuver la cession, a six mois pour décider[3340], peut aménager un vote avant cette échéance ou même à cette échéance (juste avant de décider sur l'approbation de la cession qui lui a été soumise).　2558

La situation est plus complexe si l'exigence d'approbation a été supprimée (art. 786 al. 2 ch. 1 CO) mais que le droit de préemption existe en faveur de la société. La société doit toutefois être informée, puisqu'en plus de tenir le registre des parts sociales (art. 790 CO), c'est elle qui doit procéder à l'inscription de la cession au registre du commerce (cf. art. 82 ORC). Le cas échéant, puisque le droit de préemption est attaché à la part sociale[3341], un transfert déjà opéré dont l'efficacité ne supposait pas l'approbation (cf. art. 787 al. 1 CO[3342] *a contrario*) n'empêche pas que le droit de préemption puisse encore être exercé.　2559

Lorsque des associés ou des tiers définis sont titulaires d'un droit de préemption opposable à la société, et si les statuts ou un règlement de l'assemblée des　2560

[3337] Cf. Message du Conseil fédéral, FF 2002 2997 : « *les statuts peuvent toutefois prévoir des droits préférentiels d'acquisition de part sociales au profit de la société [...], des associés ou de tiers définis, aussi longtemps que ces droits visent à assurer le maintien d'une configuration déterminée du cercle des sociétaires* ».

[3338] Art. 783 CO, cf. *supra* N 1935 et 1938 et *infra* N 2598-2602.

[3339] Cf. *supra* N 2529.

[3340] Cf. *supra* N 2539.

[3341] Cf. *supra* N 2527-2531, spéc. ad n. 3313 (avec aussi réf. à n. 3295).

[3342] Cf. *supra* N 2538.

associés (cf. art. 796 CO) ne régissent pas les modalités d'exercice, celles-ci résultent des principes généraux sur les droits de préemption. En droit suisse, il est possible de se référer *mutatis mutandis* et *cum grano salis* à la réglementation légale des art. 216b à 216e CO en matière de droits de préemption immobiliers, qui est rationnelle et équilibrée[3343].

2561 En substance, le cédant doit informer les titulaires du droit de préemption de la conclusion du contrat de cession et de son contenu[3344]. Le titulaire peut acquérir la part aux conditions dont le cédant est convenu avec le cessionnaire[3345]. Si le titulaire du droit de préemption entend exercer son droit, il doit l'invoquer dans un délai raisonnable, que l'on peut retenir être de trois mois au plus[3346], en s'adressant au cédant[3347]. Ce délai court dès le jour où le titulaire a eu connaissance de la conclusion du contrat et de son contenu[3348].

5. Inscription de la cession au registre du commerce

2562 La société à responsabilité limitée tient, en vertu de l'art. 790 CO, un registre des parts sociales (à l'instar du registre des actionnaires de la SA). Une différence majeure par rapport à la société anonyme est que la société doit inscrire ses associés au registre du commerce, **cette inscription étant publique et figurant sur l'extrait** qui constitue le premier document auquel accèdent les personnes qui recherchent une information sur la société.

2563 L'art. 791 CO dit simplement que « *[l]es associés doivent être inscrits au registre du commerce, avec indication du nombre et de la valeur nominale des parts sociales qu'ils détiennent* ». C'est l'art. 82 ORC qui précise que c'est bien

---

[3343] Le Message du Conseil fédéral, FF 1988 1007, indiquait à juste titre que les solutions ne s'écartaient pas de ce qui était considéré par la doctrine et la jurisprudence comme du droit non écrit (« *Le projet a codifié pour l'essentiel la doctrine et la jurisprudence actuelles relatives au contenu du droit de préemption* »).

[3344] Cette règle correspond à l'art. 216d al. 1 CO.

[3345] Cette règle correspond à l'art. 216d al. 3, 2e part., CO.

[3346] Cette règle correspond à l'art. 216e, 1re phr., CO.

[3347] Du moins si le cessionnaire n'a pas encore été inscrit comme nouvel associé. Si tel est le cas, il convient de s'adresser au cédant et au cessionnaire. *Mutatis mutandis*, on peut observer que, pour les droits de préemption immobiliers, le Message du Conseil fédéral, FF 1988 1019 s., indiquait : « *Si, dans l'intervalle, un nouveau propriétaire a déjà été inscrit au registre foncier, la déclaration d'exercice doit lui être adressée, car seul le propriétaire inscrit est en mesure de procurer la propriété sur l'immeuble au titulaire du droit de préemption* ».

[3348] Cette règle correspond à l'art. 216e, 2e phr., CO.

à la société[3349], et non au cédant ou au cessionnaire, d'inscrire le cessionnaire (al. 1 : « *La société doit requérir l'inscription au registre du commerce de tout transfert de parts sociales, que ce dernier ait lieu sur la base d'un contrat ou en vertu de la loi* »[3350]).

L'art. 82 al. 3 ORC est particulièrement important car il prescrit que **seul un** **transfert direct d'un associé inscrit au nouvel associé est possible** (« *L'acquéreur ne peut être inscrit au registre du commerce que s'il est établi sans discontinuité que la part sociale a été transférée de l'associé inscrit à l'acquéreur* »). Cette disposition a une portée matérielle, car il en résulte qu'une série de contrats induisant des cessions successives ne pourrait pas donner lieu à une inscription qui entérinerait que la qualité d'associé passe de la personne inscrite à un cessionnaire final, qui clôturerait une série de cessions[3351].

2564

6. Cession produite par l'exercice d'un droit d'emption

Un droit d'emption sur une part sociale est le pouvoir de son titulaire de décider unilatéralement qu'**un associé est obligé de céder sa part**. L'exercice d'un tel droit, opposable à la société s'il est inscrit dans les statuts[3352], peut être envisagé sous l'angle d'une restriction pour l'associé dans la liberté de céder sa part.

2565

L'exercice du droit d'emption – décidé par l'assemblée des associés lorsque c'est la société qui en est le titulaire[3353] – a matériellement un **effet proche de**

2566

[3349] C'est concrètement le président des gérants ou le gérant unique, cf. art. 810 al. 3 CO : « *Le président des gérants ou le gérant unique a les attributions suivantes : [...] 3. s'assurer du dépôt des réquisitions nécessaires à l'office du registre du commerce* ».

[3350] L'al. 2 de l'art. 82 ORC ne traite que de formalités (« *La réquisition est accompagnée : a. d'une pièce justificative relative au transfert de la part sociale au nouvel associé ; b. d'une pièce justificative relative à l'approbation du transfert de la part sociale par l'assemblée des associés, à moins que les statuts ne prévoient que l'approbation n'est pas nécessaire* »).

[3351] C'est pourquoi une titrisation d'une part de Sàrl par laquelle un titre aisément négociable représentant la part serait créé ne serait pas utile. Seuls sont titrisables les avantages qu'un associé tirera de la détention d'une part sociale et qu'il s'engage à partager avec les acquéreurs de ces titres (lesquels sont ainsi des instruments financiers dérivés). Cf. *supra* N 2533.

[3352] L'art. 777a al. 2 ch. 4 CO prévoit le nécessaire renvoi dans l'acte de souscription aux clauses statutaires sur un éventuel droit d'emption. Le droit d'emption étant considéré comme relevant des « prestations accessoires », son régime est celui de l'art. 796 CO (cf. *supra* N 2530 et déjà 2508-2509).

[3353] L'art. 804 al. 2 ch. 10 CO prévoit que c'est l'assemblée des associés qui a le droit intransmissible de décider de son exercice.

l'exclusion de l'art. 823 CO[3354], mais il est en principe **sensiblement plus rapide à mettre en œuvre** : en effet, car le prix est ou bien déjà déterminé, ou bien déterminable par un mécanisme beaucoup plus simple (p. ex. application de critères arithmétiques ou détermination par un expert dont la désignation est réglementée) que ne peut l'être l'indemnisation dans une procédure judiciaire. En outre, s'il est possible de soumettre l'exercice du droit d'emption à la réalisation préalable de conditions, cet exercice peut aussi ne dépendre que de la volonté de la société.

7. Cessions non contractuelles

2567 De façon similaire au transfert des actions nominatives liées[3355], les situations où l'acquisition s'opère par succession (y compris partage successoral), liquidation du régime matrimonial ou exécution forcée ne requièrent **pas d'approbation** de la part de l'assemblée des associés.

2568 L'al. 1 de l'art. 788 CO dit qu'alors, « *l'ensemble des droits et obligations qui y sont attachés passent à l'acquéreur* », mais l'al. 2 précise qu'en réalité, le droit de vote ne l'est pas sans que l'acquéreur soit « *reconnu en tant qu'associé avec droit de vote par l'assemblée des associés* ». Ainsi, l'acquéreur doit bel et bien bénéficier d'une espèce d'approbation de l'assemblée des associés – nommée « **reconnaissance** » – pour que le droit de vote lui soit également transféré. Les statuts peuvent toutefois supprimer cette exigence (al. 5).

2569 L'al. 4 précise par ailleurs que « *[l]a reconnaissance est réputée accordée si l'assemblée des associés ne la refuse pas dans les six mois suivant le dépôt de la demande* » (on peut observer que cette règle est identique au régime de l'approbation pour les acquisitions contractuelles[3356]).

2570 Sur le fond, la faculté de l'assemblée des associés de refuser la reconnaissance est étroitement limitée, car elle présuppose que la société offre à l'acquéreur (pour elle-même, pour le compte d'associés ou de tiers) de reprendre la part sociale « à la valeur réelle » (al. 3, 1re et 2e phr.). Elle ne peut invoquer de quelconques justes motifs pour refuser cette reconnaissance.

2571 L'offre de la société qui indique ce que celle-ci estime être la valeur réelle est réputée acceptée par l'acquéreur s'il ne la refuse pas dans un délai d'un mois (cf. al. 3, 2e phr.). En cas de désaccord sur la valeur réelle, le tribunal du siège

---

[3354] Dans le même sens, Christophe BUCHWALDER, CR ad art. 823 CO (2017), N 26 (« *Le résultat est proche de celui d'une décision d'exclusion statutaire* »).

[3355] Cf. *supra* N 2065-2067.

[3356] Cf. *supra* N 2539.

doit être saisi pour qu'il la détermine (cf. art. 789 CO). On renvoie sur ce plan aux développements généraux sur cette question fréquente[3357].

D. Particularité de la dissolution ; le droit de sortie et la possibilité d'exclusion

1. Dissolution

Comme déjà signalé, la dissolution est généralement une **solution subsidiaire** parmi celles qui permettent de surmonter une impasse[3358]. Dans le droit de la société à responsabilité limitée, c'est particulièrement marqué, car l'art. 821 al. 3, 2e phr., CO prévoit en particulier que **l'indemnisation (à la « valeur réelle ») de l'associé demandeur** en dissolution doit être préférée – le cas échéant contre la volonté de celui-ci – à la dissolution (« *Le tribunal peut adopter une autre solution, adaptée aux circonstances et acceptable pour les intéressés, notamment l'indemnisation de l'associé demandeur pour ses parts sociales à leur valeur réelle* »). 2572

Si c'est la société qui prend une conclusion en ce sens, on peut considérer qu'il s'agit d'une **conclusion reconventionnelle *en exclusion*** contre le demandeur en dissolution. Cela étant, il nous semble certain que cette conséquence peut être décidée **d'office** : d'une part, elle nous semble clairement être un *minus* plutôt qu'un *aliud*[3359] ; d'autre part et surtout, l'action en dissolution est originale en ceci que c'est la société qui est défenderesse, alors que les associés et d'autres personnes impliquées[3360] (employés, créanciers, voire collectivités publiques et communautés sociales) peuvent avoir un intérêt au maintien de la société. Si une telle situation lui est perceptible, le juge doit en tenir compte (sans que cela n'implique, en l'état actuel du droit, que le juge doive procéder 2573

[3357] N 1229-1260. Voir aussi N 2551.

[3358] Cf. *supra* N 1272-1279. Cf. en particulier déjà le traitement, dans le contexte de la dissolution en général, de l'art. 821 al. 3, 2e phr., CO, N 1274. On fera aussi référence à l'ATF 147 III 505 c. 6.4 cité *supra* n. 1919.

[3359] La décision d'indemnisation est donc *infra petita* par rapport à une conclusion en dissolution et non pas *extra petita*.

[3360] Le Message du Conseil fédéral, FF 2002 3017, fait référence aux sociétaires et aux tiers, terme dans lequel on perçoit qu'il s'agit de la notion large de *stakeholders* (« *Cette marge de manœuvre laissée au tribunal s'avère justifiée ; en effet, il ne faut pas perdre de vue que la dissolution d'une société peut avoir des <u>conséquences pour les sociétaires et pour les tiers</u>. Il convient de permettre au tribunal d'adopter une solution adaptée aux circonstances ; dans sa décision, <u>le tribunal doit tenir compte des intérêts de l'ensemble des parties prenantes</u>* »).

à une *instruction* d'office, la procédure – ordinaire – restant régie par la maxime des débats).

2574   Par ailleurs, dans les motifs de dissolution, le « **caractère personnel** » de la société à responsabilité limitée peut conduire à ce que l'on admette plus aisément la dissolution que dans la société anonyme. Toutefois, il faut se garder d'un schématisme excessif, car il existe aussi des sociétés anonymes où l'élément personnel est concrètement très important.

2575   Pour le reste, la dissolution d'une société à responsabilité limitée ne présente pas de particularité par rapport à la problématique telle qu'elle se pose, notamment, pour la société anonyme.

2576   La **liquidation** d'une société à responsabilité limitée est identique à celle de la société anonyme[3361].

2577   S'il reste un solde après le paiement des dettes, la loi dit que « *chaque associé a droit à une part du produit de la liquidation qui soit proportionnelle à la valeur nominale de ses parts sociales* » (art. 826 al. 1, 1ʳᵉ phr., CO), mais elle précise que le montant des « versements supplémentaires » doit être « *ajouté à la valeur nominale des parts sociales* » (2ᵉ phr.).

2.   Le droit de sortie

2578   L'art. 822 CO consacre le droit de sortie de l'associé. Ce droit existe *ex lege* en **présence de justes motifs** (al. 1). Outre ces justes motifs, il peut exister pour d'autres motifs ou conditions prévus par les **statuts** (al. 2).

2579   Les justes motifs peuvent être retenus au regard de multiples situations (le Message du Conseil fédéral dit à cet égard : « *Les justes motifs pertinents peuvent relever **aussi bien de la sphère de la société que de la situation personnelle d'un associé**. Lorsqu'il prend sa décision, le tribunal doit tenir compte de l'ensemble des intérêts en présence. Il doit également prendre en considération la difficulté de céder des parts sociales pour des motifs juridiques ou factuels* »).

2580   Il est certain qu'une clause statutaire empêchant la cession purement et simplement ou une pratique de la société qui refuse systématiquement d'approuver une cession (par une application de son pouvoir discrétionnaire ou par une interprétation de justes motifs de refus de cession définis par les statuts) facilitent l'admission de « justes motifs » fondant le droit de sortie[3362]. On doit cependant se garder d'un automatisme sur ce plan. Il n'est pas moins vrai que le droit de

---

[3361] Cf. *supra* N 1308-1339. On rappellera pour le bon ordre le renvoi de l'art. 826 al. 2 CO.
[3362] Cf. *supra* N 2553.

sortie est le pendant des restrictions potentiellement très grandes à la cessibilité et à l'éventuelle exclusion totale de la cessibilité[3363].

En cas de justes motifs fondant la sortie, l'indemnisation de l'associé sortant doit se faire à la **valeur réelle**[3364] (art. 825 al. 1 CO). Un **autre mode** d'estimation peut être désigné par les statuts pour les sorties fondées uniquement sur un motif qu'ils instaurent (cf. al. 2).

2581

3. Droit de sortie conjointe

Le droit de sortie protège l'associé insatisfait qui ne peut céder sa part. Cette protection a un coût pour la société et donc pour les associés restants : la liquidité moindre résultant du paiement d'une indemnité signifie que la société est plus fragile et que ses risques sont accrus. Dans un autre registre, il arrive que l'associé sortant ait été considéré par certains des autres associés comme ayant eu un rôle utile dans la société ; son départ peut substantiellement changer objectivement le mode de fonctionnement, les relations et les ressources pratiques de la société, ou subjectivement la confiance placée en elle ou ses perspectives. Face à l'une ou l'autre de ces évolutions, ceux des autres associés qui ne sont pas à l'aise avec la situation nouvelle de la société[3365] peuvent légitimement ne pas vouloir y demeurer.

2582

La loi aménage **le droit des associés de se joindre à la sortie de l'un d'eux**, en invoquant à leur tour de justes motifs – la sortie du premier pouvant constituer en soi un juste motif, bien que ce ne pas automatique[3366] –, à moins que les

2583

[3363] Ainsi les citations du Message du Conseil fédéral *supra* n. 3334 ; ég. FF 2002 2986, 2e par. : «*L'exclusion de la cession de parts sociales n'est défendable au regard de la protection des associés qu'au vu de l'existence d'un droit de sortir de la Sàrl pour de justes motifs*». La relation d'équilibre ressort aussi de ce passage, FF 2002 2984 ad n. 44 : «*Comme, à la différence de la société anonyme, le départ d'un associé peut s'opérer non seulement en aliénant les parts sociales mais aussi en sortant de la société pour de justes motifs ou pour des motifs prévus dans les statuts [...], on peut admettre les restrictions de la cessibilité de parts sociales bien plus largement qu'en droit de la société anonyme*».

[3364] Sur la problématique et la détermination de la «valeur réelle» en général, cf. *supra* N 1229-1260.

[3365] Le Message du Conseil fédéral dit simplement, FF 2002 2965 que «*la sortie d'un associé peut représenter un inconvénient pour les autres sociétaires*».

[3366] Cf. p. ex. Christophe BUCHWALDER, CR ad art. 822a CO (2017), N 5 («*[L'art. 822a] ne confère pas aux autres associés le droit de sortir de la société en raison de la sortie d'un premier associé. Il faut bien plus que l'associé qui entend suivre un autre associé [...] puisse invoquer lui-même de justes motifs [art. 822 al. 1] ou les conditions d'un droit de sortie statutaire propre [art. 822 al. 2]*») et 6 («*On admettra [...] que dans certains cas, l'exercice d'un droit de sortie par un associé puisse, en soi, constituer un juste motif de*

statuts ne prévoient un droit de sortie plus vaste ou qu'ils ne prévoient que la sortie de l'un crée un droit des autres de sortir sans condition additionnelle. L'ensemble des associés sortants devront être traités de façon égale[3367]. La loi aménage aussi une protection de la société sur le plan de la liquidité, en prévoyant que l'indemnité n'est payée que si la société a suffisamment de fonds propres librement disponibles (art. 825a CO)[3368].

2584 Concrètement, la protection des associés autres que l'associé sortant est d'abord assurée par le devoir des gérants de les **informer immédiatement** que celui-ci a ouvert en justice une action en justice tendant à la sortie de la société pour justes motifs (art. 822a al. 1 CO).

2585 Si d'autres associés décident d'**ouvrir action** à leur tour – dans les trois mois suivant la réception de la communication[3369] – pour demander à sortir de la société pour justes motifs (ou s'ils exercent un droit statutaire de sortie), tous les associés sortants seront traités de façon égale[3370] (art. 822 al. 2, 1re phr., 1re part., CO). En termes pratiques, cela signifie qu'ils recevront une **indemnité proportionnelle** à la valeur nominale de leurs parts sociales, à laquelle s'ajoute les éventuels « versements supplémentaires » (art. 795a ss CO)[3371] qui auraient été payés (art. 822 al. 2, 1re phr., 2e part., et 2e phr., CO).

---

sortie pour un autre associé, notamment si, selon les conditions de [l'art. 822 al. 1], l'on ne peut plus exiger de l'autre associé qu'il reste dans la société après le départ du premier. Ceci pourra notamment être le cas si le départ de l'associé sortant compromet de manière grave le fonctionnement de la société. Cette conséquence n'est toutefois ni nécessaire ni automatique, et dépendra de l'ensemble des circonstances »).

[3367] C'est l'objectif premier mis en exergue par le Message du Conseil fédéral pour cette disposition, FF 2002 2965 et 3018 (« Les sociétaires informés ont alors la possibilité de garantir l'égalité de traitement avec l'associé qui quitte la société en se joignant à la sortie dans le délai de trois mois [...]. Cette disposition tend en réalité à garantir le principe de l'égalité de traitement lorsque plusieurs associés quittent la société »).

[3368] Cf. infra N 2593-2597.

[3369] Ce délai est manifestement proportionné à la réflexion et au travail qu'induisent la décision de déposer une action en justice (sur une question qui a forcément de la complexité) et la préparation effective de ce dépôt. Le Message du Conseil fédéral s'exprime sur ce plan de façon plutôt allusive (FF 2002 3018) : « Un délai de trois mois paraît nécessaire, car, dans une petite société, la qualité d'associé est fréquemment la source de revenus principale des sociétaires ».

[3370] Selon le Message du Conseil fédéral, la réglementation « doit en outre éviter que les circonstances exercent une certaine pression à quitter la société ; en effet, une sortie très rapide pourrait aboutir à un privilège, notamment en ce qui concerne le versement de l'indemnité » (FF 2002 3018).

[3371] Cf. supra N 2511-2526.

4. L'exclusion

Le « caractère personnel » de la société à responsabilité limitée peut justifier qu'un associé soit exclu[3372] : **la loi** permet à la société d'agir en justice en ce sens s'il existe de justes motifs (art. 823 al. 1 CO) ; par ailleurs, **les statuts** peuvent prévoir des motifs d'exclusion déterminés (al. 2). L'associé exclu est indemnisé à la « valeur réelle » [3373] (cf. art. 825 CO). 2586

On peut présenter cette possibilité d'exclusion comme le pendant du droit de sortie[3374]. Il n'y a toutefois rien de symétrique. En effet, tandis que l'associé minorisé ne peut souvent que subir les décisions de la société dirigée par les associés majoritaires et se borner à exercer des droits de contrôle pour éviter les abus, mais sans que cela lui permette d'orienter la direction entrepreneuriale, de son côté, la société dispose de nombreux moyens pour empêcher un associé minoritaire de nuire : elle peut le priver de toute position de gérant et du pouvoir de représenter la société ; de plus, au vu du devoir de fidélité qui s'impose à l'associé, elle peut intenter des actions en cessation de trouble et en dommages-intérêts, qui peuvent être précédées de mesures provisionnelles urgentes. Dès lors, si l'action en dissolution est subsidiaire à l'action en exclusion[3375], l'action en exclusion est elle-même **subsidiaire** aux nombreux autres moyens que la société peut employer envers un associé dont le comportement est jugé nocif[3376]. 2587

[3372] Le Message du Conseil fédéral y fait référence en ces termes, FF 2002 3019 : « *Cette possibilité d'exclure un associé tient compte des liens personnels le plus souvent étroits qui lient les sociétaires d'une Sàrl ; elle offre une porte de sortie aux sociétés dans lesquelles la coopération avec un associé ne saurait plus être exigée* ».

[3373] Sur la problématique et la détermination de la « valeur réelle » en général, cf. *supra* N 1229-1260.

[3374] Message du Conseil fédéral, FF 2002 2965 : « *Le droit de sortir pour de justes motifs a un contre-pied : la société peut en effet requérir du tribunal l'exclusion d'un associé lorsqu'il existe un juste motif* » (le terme « contre-pied » est ici la traduction de l'allemand « *Gegenstück* », BBl 2002 3166).

[3375] Cf. *supra* N 2572 s., l'exclusion pouvant être en particulier l'objet de conclusions reconventionnelles face à une action en dissolution (N 2573).

[3376] Cela est reconnu depuis longtemps, cf. Werner VON STEIGER, ZK ad art. 822 CO (1965), N 16. S'y référant, v. Reto SANWALD (2009), p. 386. V. aussi Christophe BUCHWALDER, CR ad art. 823 CO (2017), N 4 : « *La mesure doit respecter le principe de proportionnalité. L'exclusion est une mesure subsidiaire. Si la société dispose d'un autre moyen raisonnable de protéger ses intérêts (par exemple par la révocation des pouvoirs de gestion ou de représentation de l'associé concerné ou par une action en cessation de trouble ou en dommages-intérêts), l'action en exclusion devra être rejetée* ».

2588 L'action en exclusion pour justes motifs, qui existe *ex lege*, vise donc **notamment des situations de blocage**, p. ex. lorsqu'une majorité qualifiée particulièrement élevée (prescrite statutairement pour certaines décisions importantes)[3377] ne peut pas être atteinte. En ce qui concerne la **violation de ses devoirs par l'associé**, il faut qu'elles soient persistantes – p. ex. de par l'irrespect de décisions de justice – de sorte que la présence de l'associé ne peut plus être raisonnablement tolérée. Cela étant, une faute de l'associé concerné n'est pas une condition de l'action en exclusion[3378].

2589 Par contraste, **les statuts peuvent prévoir des motifs d'exclusion beaucoup plus étendus**. Ils doivent cependant être *déterminés* et l'on s'accorde à reconnaître que cette détermination doit être claire et ne peut consister dans de vagues clauses générales[3379]. Même si l'introduction (à la majorité[3380]) de motifs d'exclusion peut paraître problématique sur le plan de la proportionnalité lorsqu'ils sont très étendus, bien que clairement déterminés, il faut toutefois admettre que cela fait partie du système de la société à responsabilité limitée ; l'équilibre est apporté par l'indemnisation, laquelle est ici strictement réservée à l'associé exclu

---

[3377] En effet, la décision d'ouvrir action est elle-même soumise à la majorité qualifiée (cf. *infra* N 2590) ; le blocage au titre d'une majorité qualifiée « ordinaire » des deux tiers des voix et de la moitié du capital ne pourra donc, en pratique, pas donner lieu à l'action en exclusion. En d'autres termes, p. ex., l'impossibilité d'atteindre une majorité de 85 % prescrite statutairement pour certaines décisions peut donner lieu à l'action en exclusion, dont l'ouverture ne requiert « que » 66,66 % (2/3) des voix. En revanche, si une décision importante ne parvient pas à recueillir 66,66 % des voix (plus de 33,33 % des voix s'y opposant), il ne devrait en pratique pas être possible d'atteindre la majorité requise pour engager l'action en exclusion, si la même minorité (plus de 33,33 %) est cohérente. Des votes divergents sur ces deux questions ne sont cependant pas absolument exclus, suivant les configurations.

[3378] Cf. p. ex. Werner von Steiger, ZK ad art. 822 CO (1965), N 16 ; Reto Sanwald (2009), p. 389 ; Christophe Buchwalder, CR ad art. 823 CO (2017), N 3 ad n. 6.

[3379] Cette exigence de clarté n'a pas trouvé d'expression explicite dans la loi, sauf le sens raisonnable du terme « motifs *déterminés* » ; elle ne figurait d'ailleurs pas dans le projet du Conseil fédéral (FF 2002 3082), contrairement à ce que dit le texte français du Message (FF 2002 3019 : « *le projet de révision précise que les motifs d'exclusion statutaires doivent être clairement définis dans les statuts. Des clauses générales ne sont donc pas admissibles ; les formulations peu claires doivent être interprétées de manière restrictive* » ; le texte allemand dit « *bestimmt umschrieben* » [BBl 2002 3222] ce qui signifie, « *décrits/circonscrits de façon déterminée* »). La doctrine admet que les clauses générales ne sont pas admissibles et qu'en cas de doute, une interprétation restrictive doit être choisie (cf. Reto Sanwald [2009], p. 399 ; Trüeb/Bhend, CHK ad art. 823 CO [2016], N 4 ; Christophe Buchwalder, CR ad art. 823 CO [2017], N 16).

[3380] Il ne s'agit même pas d'une majorité qualifiée, mais celle-ci est requise pour invoquer la clause, cf. art. 808b al. 1 ch. 9 CO.

(aucun droit de participer au « mouvement » d'exclusion et d'indemnisation n'étant offert, comme l'art. 823 al. 3 CO le précise explicitement[3381]).

En tous les cas, l'exclusion suppose une décision prise à la **majorité qualifiée** des deux tiers des voix et de la majorité du capital, en vertu de l'art. 808b al. 1 ch. 8 et 9 CO. 2590

Pour l'invocation des **justes motifs _légaux_**, le vote porte sur l'engagement d'un procès dans lequel la société prendra des conclusions en exclusion (ch. 8 : « _décider de requérir du tribunal l'exclusion d'un associé pour de justes motifs_ »). Il n'y a pas de délai légal pour entreprendre cette action. Mais comme l'exclusion ne prend effet que par l'entrée en force du jugement, suivi de la radiation de la qualité d'associé au registre du commerce[3382], la société n'a pas d'intérêt à procrastiner l'engagement du procès. 2591

Pour l'invocation d'un **motif déterminé d'exclusion _prévu par les statuts_**, il s'agira de décider, à la majorité qualifiée, d'émettre une **déclaration de volonté**, qui est performative (ch. 9 : « _exclure un associé pour un motif prévu par les statuts_ »). Cela étant, si l'associé qui se fait notifier cette décision d'exclusion conteste que soit réalisé le motif qui en fonde la validité, un **procès** devra bel et bien avoir lieu pour, d'une part, constater la réalisation du motif et, d'autre part, en tirer les conséquences, à savoir la détermination de l'indemnisation. **La société** intéressée à ce que l'associé concerné ne perturbe plus le fonctionnement de la société pourra avoir intérêt à procéder elle-même et notamment à requérir des mesures provisionnelles (l'art. 824 CO prévoyant spécifiquement que de telles mesures sont possibles) ; la différence formelle avec le procès en exclusion est alors très ténue et se borne à la formulation des conclusions. Toutefois, sauf si la décision est frappée de nullité absolue – ce qui est fort rare –, **l'associé exclu** ne peut attendre plus de deux mois pour contester la décision l'excluant par une action en annulation, soumise au délai de péremption de cette durée (art. 808c _cum_ 706a al. 1 CO)[3383] ; ce sera donc lui qui sera demandeur dans la plupart des cas d'exclusion fondée sur un motif statutaire déterminé. 2592

[3381] « _Les dispositions concernant la sortie conjointe ne sont pas applicables en cas d'exclusion_ ».

[3382] En ce sens, Christophe BUCHWALDER, CR ad art. 823 CO (2017), N 22 ad n. 31.

[3383] Cf. _supra_ N 1733-1749.

5. Particularités dans l'exigibilité de l'indemnité

2593 L'art. 825a CO **protège la situation financière de la société** obligée d'indemniser l'associé qui a exercé valablement son droit de sortie ou qui a été exclu (y compris en réaction à une action en dissolution qu'il avait introduite[3384]) : cette disposition subordonne l'exigibilité de l'indemnité à la capacité de la société de la payer sans mettre en danger le paiement des dettes.

2594 Concrètement, la société a une telle capacité si elle a des fonds propres librement disponibles, si elle peut vendre les parts sociales concernées (ce qui suppose qu'elle les reprenne[3385]) ou si elle peut réduire son capital social (art. 825 al. 1 CO).

2595 C'est un expert-réviseur agréé qui doit déterminer si la société dispose des fonds propres librement disponibles, suffisants et dans quelle mesure. En cas d'insuffisance, il doit prendre « *position sur le montant possible de la réduction du capital social* » (al. 2).

2596 Tant qu'elle n'est pas exigible, la créance ne porte pas intérêt (al. 3, 1ʳᵉ phr.) ; l'associé sortant a tout de même des droits de contrôle accru, car il peut obliger la société à désigner un organe de révision, qui effectuera un contrôle ordinaire[3386] (al. 4). Elle devient exigible dès que les comptes annuels établissent que la société a suffisamment de fonds propres librement disponibles (al. 3, 2ᵉ phr.) ; cela signifie concrètement qu'elle l'emporte sur la possibilité de verser des dividendes[3387].

2597 L'al. 3, 1ʳᵉ phr., précise aussi que l'indemnité « *une créance de rang inférieur* »[3388]. Cela signifie concrètement qu'en cas de liquidation (et notamment en cas de faillite), elle est payée après les autres créances. Mais bien sûr, elle est payée avant tout excédent de liquidation qui revient aux associés.

[3384] Situation décrite *supra* N 2573.

[3385] Cf. *infra* N 2598-2602 et *supra* N 1931-1953.

[3386] Cf. *supra* N 882-906.

[3387] Cf. Message du Conseil fédéral, FF 2002 3021 : « *Le versement d'une indemnité qui est encore due l'emporte donc sur l'attribution de dividendes* ».

[3388] Le Message du Conseil fédéral, FF 2002 3021 indique que « *l'associé qui quitte la société [...] dispose d'une créance postposée [...]. La prétention restante en indemnisation doit être postposée par rapport aux autres créances, car il s'agit en réalité de la restitution d'une participation au capital social* ».

E. Particularités sur la détention de propres parts sociales

En principe, l'acquisition par une société à responsabilité limitée de ses propres parts sociales est soumise à des règles identiques à l'acquisition de ses propres actions par la société anonyme : elle doit avoir **suffisamment de fonds propres librement disponibles** pour financer cette acquisition, laquelle **ne peut dépasser 10 % du capital social** (l'art. 783 al. 1 CO correspond aux art. 659 al. 1 et 2 CO pour la SA). 2598

La particularité est que si le seuil de 10 % doit être **dépassé pour permettre une acquisition par la société dans le cadre d'une restriction de transférabilité** (laquelle est systématiquement applicable pour les Sàrl, sauf exception statutaire, fort rare au demeurant), **le seuil exceptionnel est de 35 %** (et non de 20 % comme dans la SA). Qui plus est, outre dans les cas d'acquisition dus à des restrictions de transférabilité, ce seuil peut être atteint **pour permettre la sortie ou l'exclusion d'un associé** (art. 783 al. 2, 1ʳᵉ phr., CO : « *Lorsque des parts sociales sont acquises à la suite d'une restriction du transfert, ou de la sortie ou de l'exclusion d'un associé, cette limite s'élève à 35 % au plus* » ; dans le droit de la SA, l'autre hypothèse envisagée est la dissolution [cf. art. 659 al. 3 CO][3389], qui, on le rappelle, peut être évitée en organisant un rachat des actions du demandeur en dissolution ou d'un actionnaire dont le comportement a donné lieu à l'action en dissolution [cf. art. 736 al. 2 CO][3390], ce qui équivaut économiquement au droit de sortie ou à l'exclusion). 2599

Pour le reste, le même régime qu'à la société anonyme s'applique quant au **délai dans lequel ce dépassement du seuil de 10 % doit être éliminé** : la société a deux ans pour le faire (art. 783 al. 2, 2ᵉ phr., CO : « *Lorsque la société détient plus de 10 % de son capital social, elle doit ramener cette part à 10 % en aliénant ses parts sociales propres ou en les supprimant par une réduction de capital dans les deux ans* » ; matériellement identique pour la SA, art. 659 al. 3, 2ᵉ phr., CO)[3391]. 2600

Une particularité du droit de la société à responsabilité limitée tient aux **obligations « *d'effectuer des versements supplémentaires ou de fournir des prestations accessoires* »** qui peuvent être attachées à des parts sociales. De telles obligations doivent être **supprimées avant que la société acquière les parts** (art. 783 al. 3 CO)[3392]. Cela est logique, car comme ces obligations constituent 2601

[3389] Voir *supra* N 1945.
[3390] Voir *supra* N 1275.
[3391] Cf. *supra* N 1946.
[3392] « *Lorsqu'une part sociale liée à une obligation d'effectuer des versements supplémentaires ou de fournir des prestations accessoires est liée à une part sociale qui doit être acquise, cette obligation doit être supprimée avant l'acquisition* ».

des actifs de la société et induisent l'inscription de fonds propres au passif, elles seraient trompeuses si elles étaient maintenues malgré l'acquisition par la société : elles créeraient une obligation de la société envers elle-même, ce qui est évidemment une non-valeur et un actif littéralement illusoire – et donc ne justifient aucunement que des fonds propres soient inscrits.

2602 La suppression doit s'effectuer par la **procédure de réduction du capital**[3393]. Cela induit que la protection des créanciers est prise en considération.

IV. Les particularités de la répartition des compétences (« principe de parité souple »)

A. L'organe dirigeant

1. *Traits généraux et composition : désignation légale, statutaire et par élection*

2603 L'organe dirigeant de la société à responsabilité limitée est désigné sous l'appellation collective « **les gérants** » (art. 810 CO ; cf. aussi art. 809 al. 2-4 et 811-815 CO). Les gérants sont des personnes physiques (art. 809 al. 2, 1re phr., CO).

2604 Dans un très grand nombre de sociétés à responsabilité limitée, l'élection des gérants et le fonctionnement concret de cet organe sont, sur un plan pratique, quasi identiques à celle d'un conseil d'administration de société anonyme. Cependant, d'un **point de vue conceptuel**, le régime a été pensé par le législateur comme étant plutôt celui de la société en nom collectif[3394].

2605 En effet, comme dans celle-ci, la loi présume que « *[l]es associés exercent collectivement la gestion de la société* » (art. 809 al. 1, 1re phr., CO). Ainsi, dans le **système ordinaire selon le législateur**, tous les associés sont de droit les gérants et n'ont donc **pas à être élus** à la fonction de gérant. Le législateur réserve évidemment une solution différente, qui doit être prévue par les statuts (art. 809 al. 1, 2e phr., CO).

2606 Dans la **solution de loin la plus répandue en pratique** selon nos observations, les statuts prévoient que **l'assemblée des associés élit** des gérants, qui ne doivent pas forcément être des associés. La solution envisagée par le législateur comme la principale est en réalité exceptionnelle.

[3393] Cf. *supra* N 2525.
[3394] Sur ce régime, cf. *supra* N 1509.

Lorsque l'assemblée a la compétence d'élire les gérants, elle le fait par une **procédure** que les statuts peuvent régler de façon tout à fait spécifique (tout mode de scrutin est en soi admissible) ; dans les régimes les plus fréquemment adoptés, il s'agit d'une décision prise à une majorité ordinaire (non qualifiée), comme ce que retient la loi pour l'élection au conseil d'administration d'une société anonyme (art. 703 al. 1 et 707 et 709 s. CO). Contrairement à celle-ci, un mandat de **durée indéterminée** est aussi possible (jusqu'à démission, révocation ou perte d'une qualité à laquelle est conditionnée la position de gérant[3395]) ; d'ailleurs, la doctrine reconnaît qu'il s'agit de la solution qu'il convient de présumer[3396], sauf si les statuts ou la décision d'élection en disposent autrement.

2607

Une solution alternative est que les **statuts** eux-mêmes **désignent nommément** les gérants[3397]. Il ne s'agit donc pas d'une élection à proprement parler (mais d'une décision des associés puisque les statuts sont fondés sur une telle décision).

2608

Les statuts peuvent aussi **donner un droit à certains associés** (d'être désigné gérant) voire décréter que tout associé ayant plus d'un certain pourcentage du capital social est *ipso jure* gérant.

2609

La loi contient une disposition explicite pour le cas où le droit d'être gérant reviendrait à un associé qui se trouve être une **personne morale** : celle-ci désigne alors – unilatéralement – la personne physique qui sera gérant ; les statuts peuvent toutefois exiger une décision de l'assemblée (art. 809 al. 2, 2e et 3e phr., CO : « *Lorsqu'une personne morale ou une société commerciale a la qualité d'associé, elle désigne le cas échéant une personne physique qui exerce cette fonction à sa place. Dans ce cas, les statuts peuvent prévoir que l'approbation de l'assemblée des associés est nécessaire* »).

2610

Outre la règle explicite qui réserve la possibilité d'être gérant aux seules personnes physiques, la seule règle impérative – de droit non écrit – relative à la nomination des gérants est **l'interdiction d'une clause en vertu de laquelle ceux-ci coopteraient d'autres gérants**[3398] (pour compléter l'organe dirigeant ou pour leur succéder) ; cela contreviendrait en effet à l'équilibre fondamental

2611

[3395] P. ex. celle d'associé dans le régime légal dispositif ou, selon une clause statutaire particulière, celle de propriétaire d'un bien utilisé par la Sàrl.

[3396] Ainsi explicitement : MONTAVON/MONTAVON/BUCHELER/MATTHEY/JABBOUR/REICHLIN (2017), p. 749 ; Christophe BUCHWALDER, CR ad art. 809 CO (2017), N 8 ad n. 13.

[3397] Christophe BUCHWALDER, CR ad art. 809 CO (2017), N 6 ad n. 10 ; WATTER/ROTH-PELLANDA, BaK ad art. 809 CO (2016), N 4.

[3398] Ainsi explicitement : MONTAVON/MONTAVON/BUCHELER/MATTHEY/JABBOUR/REICHLIN (2017), p. 748 (ch. 2) ; Christophe BUCHWALDER, CR ad art. 809 CO (2017), N 6 ad n. 11.

entre sociétaires et gérants[3399]. Bien entendu, les gérants peuvent avoir[3400] la compétence de nommer (et révoquer, cf. art. 815 al. 3 CO) d'autres personnes qui gèrent la société : des directeurs ou fondés de pouvoir. Ces personnes n'ont pas la responsabilité ultime de la gestion.

2. Révocation de la position de gérant ; retrait des pouvoirs

2612 La révocation d'un gérant peut être librement décidée **par l'assemblée des associés si elle l'a élu** (art. 815 al. 1 CO). En revanche, s'il est désigné par les statuts, seule une action judiciaire en révocation peut opérer une révocation – sauf disposition contraire des statuts[3401]. À ce propos, on peut observer que les statuts qui désignent un gérant nommément peuvent être modifiés. Dans ce cas, la **modification des statuts** a bel et bien le même effet qu'une révocation. On reconnaît qu'il n'y a pas de droit acquis à conserver un mandat de gérant[3402].

2613 Chaque associé a la capacité de former une **demande en justice tendant au retrait des pouvoirs** de gestion et de représentation d'un gérant pour justes motifs (art. 815 al. 2 CO[3403]). La procédure est ordinaire (le retrait pouvant cependant être prononcé à titre provisionnel, dans une procédure sommaire, voire à titre superprovisionnel). C'est la société (et non le gérant) qui a la qualité pour défendre[3404]. Même si la loi ne le dit pas, la société – agissant par une **décision de ses gérants** – peut retirer les pouvoirs de représentation d'un gérant en requérant la radiation de ces pouvoirs au registre du commerce (c'est pourquoi la loi ne prévoit pas explicitement que la société a une action en justice en retrait des pouvoirs de représentation).

[3399] Cf. *supra* N 1669-1670. L'argument selon lequel cela résulte de la nature de « corporation » (cf. Christophe BUCHWALDER, CR ad art. 809 CO [2017], N 6 ad n. 11) n'est pas convaincant, puisque la cooptation est précisément le trait de l'élection des membres du conseil de fondation, laquelle est aussi une corporation.

[3400] Le principe présumé est toutefois que c'est l'assemblée des associés qui nomme les directeurs et fondés de procuration (art. 804 al. 3 CO, qui n'en fait précisément *pas* une compétence intransmissible de l'assemblée : « *L'assemblée des associés nomme les directeurs, les fondés de procuration et les mandataires commerciaux. Les statuts peuvent aussi conférer ce droit aux gérants* »).

[3401] Cf. p. ex. Rolf WATTER, BaK ad art. 815 CO (2016), N 8 ; Christophe BUCHWALDER, CR ad art. 815 CO [2017], N 9 ad n. 9.

[3402] Cf. Christophe BUCHWALDER, CR ad art. 815 CO (2017), N 8.

[3403] « *Chaque associé peut demander au tribunal de retirer ou de limiter les pouvoirs de gestion et de représentation d'un gérant pour de justes motifs, en particulier si le gérant a gravement manqué à ses devoirs ou s'il est devenu incapable de bien gérer la société* ».

[3404] Ainsi TF 6. 6. 2014, 4A_8/2014, c. 2.3 *in fine*.

3. Le président des gérants

Dans la conception selon laquelle le pouvoir est en principe directement en mains des associés, l'art. 809 al. 3 CO présume que l'assemblée **désigne** elle-même le président des gérants (à l'inverse de la présomption qui prévaut pour la SA non cotée en bourse à l'art. 712 al. 2 CO[3405]). La règle n'est pas impérative. Les statuts peuvent donc prévoir que les gérants eux-mêmes désignent leur président par une décision majoritaire.   2614

L'art. 809 al. 4, 2ᵉ phr., CO confère au président des gérants une **voix prépondérante** si un vote des gérants aboutit à une égalité des voix. Les statuts peuvent opter pour l'absence de voix prépondérante (3ᵉ phr.).   2615

Par ailleurs, le président des gérants a des **compétences** importantes, en particulier celle de convoquer l'assemblée des associés (à la différence de la SA, ce n'est pas l'organe dirigeant collectivement qui doit prendre une décision de convocation) ; il dirige aussi cette assemblée (art. 810 al. 3 ch. 1 CO). Il est également chargé de « *faire toutes les communications aux associés* » (ch. 2) et de « *s'assurer du dépôt des réquisitions* » au registre du commerce (ch. 3). Ces compétences ne sont pas intransmissibles ; les statuts peuvent prévoir un régime différent (p. ex. convocation de l'assemblée des associés par décision collective des gérants ; conduite de l'assemblée par un président élu par celle-ci en début de séance[3406], etc.).   2616

B. La compétence pour les décisions de gestion : principe de parité souple

La **répartition** des compétences entre l'assemblée des associés et les gérants est un des traits qui peuvent, concrètement et juridiquement, distinguer le plus fortement la société à responsabilité limitée de la société anonyme.   2617

De prime abord, les compétences des gérants sont certes très proches de celles du conseil d'administration. L'art. 810 al. 1 CO pose une présomption de compétence (« *Les gérants sont compétents pour toutes les affaires qui ne sont pas attribuées à l'assemblée des associés par la loi ou les statuts* ») identique à celle que l'art. 716 al. 1 CO statue en faveur du conseil d'administration[3407]. L'art. 810 al. 2 CO réserve aux gérants des « *attributions intransmissibles et inaliénables* » quasi identiques à celles du conseil d'administration selon   2618

[3405] Cf. *supra* N 2344.
[3406] Cf. *supra* N 1696 (par une motion d'ordre).
[3407] Cf. *supra* N 2300.

l'art. 716a CO[3408], à savoir : « *1. exercer la haute direction de la société et établir les instructions nécessaires* ; *2. décider de l'organisation de la société dans le cadre de la loi et des statuts* ; *3. fixer les principes de la comptabilité et du contrôle financier ainsi que le plan financier, pour autant que celui-ci soit nécessaire à la gestion de la société* ; *4. exercer la surveillance sur les personnes chargées de parties de la gestion pour s'assurer notamment qu'elles observent la loi, les statuts, les règlements et les instructions données* ; *5. établir le rapport de gestion* ; *6. préparer l'assemblée des associés et exécuter ses décisions* ; *7. déposer une demande de sursis concordataire et aviser le tribunal en cas de surendettement* ».

2619 **L'inaliénabilité vaut sur le plan de la délégation** (« vers le bas »), qui ne peut être totale, la responsabilité ultime des tâches ne pouvant être entièrement transférée aux délégataires. Ici, la situation rejoint celle du conseil d'administration dans la société anonyme.

2620 La grande particularité est que **le transfert des compétences inaliénables « vers le haut », à l'assemblée des associés, n'est pas interdit**. Les statuts peuvent l'autoriser ou l'imposer.

2621 La disposition clef à cet égard est l'art. 811 al. 1 CO. Il dispose en effet que « *[l]es statuts peuvent prévoir que les gérants : 1. doivent soumettre certaines décisions à l'approbation de l'assemblée des associés* ; *2. peuvent soumettre certaines questions à l'approbation de l'assemblée des associés* ».

2622 Dans la première hypothèse (« *les gérants doivent soumettre* »), et dans toute l'ampleur du champ d'application de cette attribution statutaire de compétences aux associés, le pouvoir de gestion est concrètement – aussi – en mains des associés. Pour les décisions concernées, on pourrait dire que les gérants ont une fonction qui n'est que préparatoire, puisqu'ils n'ont pas « le mot de la fin ». La décision des associés étant une « approbation », il y a tout de même préalablement une *décision* de la part des gérants : on est donc dans un **régime de codécision**.

2623 Dans la seconde hypothèse, les statuts permettent aux gérants, selon leur propre appréciation, « d'associer les associés » à des décisions de gestion. Il s'agit plutôt d'une **approche participative**, due à leur initiative.

2624 Pour les cas relevant de la seconde hypothèse, on pourrait avoir l'impression que l'objectif poursuivi par les gérants adoptant cette approche participative serait d'alléger voire supprimer leur (risque de) responsabilité en lien avec des décisions difficiles. **La loi restreint largement l'allègement éventuel** qui peut découler d'une approbation par les associés, car en vertu de l'art. 811 al. 2 CO

[3408] Cf. *supra* N 2317-2340. Dans les sociétés cotées en bourse, le conseil a des attributions inaliénables additionnelles.

« *l'approbation de l'assemblée des associés ne restreint pas la responsabilité des gérants* ». Cette disposition est cruciale pour la protection de la société, car seuls les gérants ont un devoir de diligence envers la société. Quant au devoir de loyauté des gérants, il est entier, tandis que celui des associés a des limites et peut, selon les dispositions statutaires, n'être que parcellaire[3409]. Le maintien d'une pleine responsabilité des gérants n'est pas un vain mot, et il implique concrètement que les gérants doivent préparer minutieusement – et assumer – les décisions qu'ils soumettent à l'approbation des associés.

On rappelle d'ailleurs que la décision des associés dans ces matières de gestion consiste dans une **approbation** et non dans une prise de décision libre : présupposant une décision préalable des gérants, **le pouvoir des associés de l'accepter ou de la rejeter est un droit de veto** ou, comme déjà énoncé, une compétence de codécision. 2625

Dans l'ensemble, il reste donc que l'organe suprême et l'organe dirigeant (ou de gestion) demeurent dans une relation de parité en ce qui concerne l'exercice de leurs compétences respectives (la supériorité de l'organe suprême étant avant tout la compétence de l'élection – variable selon le régime statutaire[3410] – et pas la faculté de décider *à la place* de l'organe dirigeant en « appelant à soi » des questions de gestion). Le droit de veto ou de codécision que peuvent aménager les statuts permet de décrire la relation entre ces deux organes comme suivant un **principe de parité souple** (tandis que dans la SA, ce principe peut être qualifié de « strict » ou rigide[3411]). 2626

V. Le fonctionnement

A. La règle de majorité

Contrairement au droit de la société anonyme, où la référence au caractère « absolu » de la majorité requise dans les votes ordinaires de l'assemblée générale a été supprimée par la novelle du 19. 6. 2020[3412], le droit de la société à responsabilité limitée a maintenu cette référence, à l'art. 808 CO (« *Si la loi ou les statuts n'en disposent pas autrement, l'assemblée des associés prend ses décisions et procède aux élections à la majorité **absolue** des voix représentées* »). 2627

[3409] Cf. *supra* N 2498-2505. Voir aussi N 2527-2531.
[3410] Cf. supra N 2604-2610.
[3411] Cf. *supra* N 2230-2235.
[3412] Cf. *supra* N 2247.

B.   Droit aux renseignements des associés

2628   Vu l'existence d'un devoir de loyauté à la charge des associés assez étendu, qui comprend notamment une obligation de confidentialité[3413], ils bénéficient d'un droit aux renseignements très vaste.

2629   L'art. 802 al. 1 CO dispose que « *chaque associé peut exiger des gérants des renseignements sur toutes les affaires de la société* ».

2630   La consultation des documents comptables est articulée en fonction du **besoin de protection (des droits d'associés** à vérifier la qualité de la gestion et donc *in fine* de son droit à une part du profit) déterminé, assez schématiquement, par l'existence d'une révision : « *Lorsqu'une société n'a pas d'organe de révision, chaque associé peut consulter les livres et les dossiers sans restrictions. Lorsqu'elle a un organe de révision, le droit de consulter les livres et les dossiers n'est accordé que dans la mesure où un intérêt légitime est rendu vraisemblable* » (al. 2).

2631   Malgré l'obligation de confidentialité qui existe en principe, le **besoin de protection de la société** peut justifier un refus (al. 3 : « *S'il existe un risque que l'associé utilise les informations obtenues pour des buts étrangers à la société et au préjudice de cette dernière, les gérants peuvent lui refuser le renseignement ou la consultation dans la mesure nécessaire ; sur requête de l'associé, l'assemblée des associés décide* »).

2632   L'associé peut **contester en justice un refus** de renseigner ou d'accorder la consultation (al. 4). Il s'agit d'une procédure sommaire (art. 250 lit. c ch. 7 CPC).

2633   L'ampleur du droit aux renseignements et à la consultation, beaucoup plus ample que ce dont bénéficient les actionnaires, induit qu'il n'existe **pas de procédure similaire à l'examen spécial** dans le droit de la société anonyme[3414]. Cette procédure apparaît en effet inutile au vu de ce que peut en principe obtenir l'associé. On aurait toutefois pu lui trouver une utilité dans les situations – certes rares – dans lesquelles le refus d'informer est légitime mais que des soupçons de gestion dommageable n'en sont pas moins fondés.

[3413]   Cf. *supra* N 2499-2247.
[3414]   Cf. *supra* N 2279-2297. L'ATF 140 III 206 c. 3.6.1 (215) confirme que l'examen (alors « contrôle ») spécial n'a pas été voulu pour la Sàrl.

C.   Droit de veto conféré à un ou plusieurs associé(s)

Une autre particularité de la société à responsabilité limitée est la **possibilité**   2634
d'un droit de veto « *contre certaines décisions de l'assemblée des associés* »
(art. 807 al. 1 CO). Un tel droit peut être conféré à un associé désigné nommément, à plusieurs[3415] (le cas échéant : à plusieurs collectivement), ou à tous.
Dans ce dernier cas, le régime décisionnel repose sur l'unanimité[3416], comme
dans les sociétés de personnes[3417].

Le **champ d'application** des décisions potentiellement visées par le droit de   2635
veto n'est pas limité matériellement. La loi exige simplement que les statuts
« *défini[ssent] les décisions contre lesquelles le droit de veto peut être exercé* ».
Comme ce sont les décisions de l'assemblée des associés qui sont potentiellement visées, ce seront d'abord les décisions structurelles et l'élection des gérants (lorsqu'ils ne sont pas désignés par les statuts[3418]) qui pourront être affectées par l'exercice du droit de veto. Toutefois, comme les statuts peuvent
conduire les associés à se prononcer sur l'approbation des décisions de gestion
(art. 811 al. 1 CO)[3419], le droit de veto peut dans ces cas s'appliquer aussi à la
gestion.

C'est dire combien le droit de veto **peut paralyser** une société. La solution   2636
consistera dans le traitement d'une carence organisationnelle (qui peut conduire à la dissolution), si ce droit empêche l'élection des organes ou la prise
d'autres décisions indispensables, ou dans une action en dissolution[3420].
L'exercice d'un droit de sortie[3421] peut aussi être justifié par l'emploi fréquent
d'un droit de veto par un autre associé.

[3415]   Pascal MONTAVON (2008), p. 266 et 432, mentionne la possibilité d'octroyer un droit de
veto à tout détenteur d'une part représentant une certaine proportion du capital social
(p. ex. 30 %). Cédric CHAPUIS, CR ad art. 809 CO (2017), N 4, n. 13, estime que ce rôle
revient aux quorums statutaires. Il nous semble cependant que la loi, qui permet d'octroyer
le droit de veto à tout associé, n'empêche pas – *a majore ad minorem* – de limiter par une
telle définition le cercle des titulaires du droit de veto.

[3416]   Andreas VON PLANTA (2006), p. 70, qualifie le droit de veto de « *système de prise de décision à l'unanimité* » (critique à cet égard, Cédric CHAPUIS, CR ad art. 809 CO [2017],
N 5, n. 16), ce qui est exact dans le cas particulier où chaque associé a un tel droit.

[3417]   Cf. *supra* N 1391 s.

[3418]   Cf. *supra* N 2604-2610.

[3419]   Cf. *supra* N 2620-2626.

[3420]   Cf. *supra* N 2572-2577 et déjà N 1272-1279.

[3421]   Cf. *supra* N 2578-2581. En revanche, l'action en exclusion est difficilement concevable,
puisqu'elle doit être décidée par l'assemblée des associés (cf. art. 808b al. 1 ch. 8 CO, qui
prescrit d'ailleurs la majorité qualifiée, ce qui n'a pas de pertinence en présence d'un droit
de veto ; cf. *supra* N 2586-2592).

2637 L'**introduction** d'un droit de veto est toujours unanime : ou bien il est adopté dans les statuts constitutifs adoptés par les fondateurs forcément unanimes, ou bien elle est soumise à la règle de l'art. 807 al. 2 CO : « *L'introduction subséquente d'un droit de veto requiert l'approbation de tous les associés* ». La **suppression** du droit de veto, en tant que modification des statuts qui passe par une décision de l'assemblée des associés, suppose que le (ou les) titulaire(s) d'un tel droit ne s'y oppose(nt) pas ; même si les statuts ne désignent pas explicitement la décision de suppression du droit de veto parmi les décisions concernées par celui-ci, on doit admettre que sans cette règle, le droit de veto serait illusoire. Il n'y a en revanche pas de raison de prévoir l'unanimité : un tel parallélisme des formes[3422] avec la règle prescrite pour l'introduire n'a pas lieu d'être ; seul le titulaire a un intérêt suffisant à sa préservation ; s'il y renonce, on ne voit pas qu'un autre associé isolé puisse valablement s'opposer à sa suppression[3423].

2638 L'art. 807 al. 3 CO énonce l'incessibilité du droit de veto. Le titulaire peut cependant se faire représenter à l'assemblée des associés, selon les règles générales[3424].

[3422] Ce parallélisme existe pour l'introduction et la suppression de majorités qualifiées, cf. art. 808b al. 2 CO. Pour la société anonyme, cf. art. 704 al. 2 CO et *supra* N 2259.

[3423] Dans le même sens, Cédric CHAPUIS, CR ad art. 809 CO (2017), N 11.

[3424] Cf. *supra* N 1990-2014.

§ 30   La société coopérative

I.   État actuel et évolution de 1970 à 2024

Depuis une cinquantaine d'années, l'**état démographique** des coopératives en   2639
Suisse ne donne pas une impression de dynamisme : le nombre de coopératives
a diminué de près de la moitié (d'un sommet de 15 386 en 1969, il passe à 8248
en 2022, en baisse quasiment continue) ; en 2022, elles sont soixante fois moins
nombreuses que les sociétés de capitaux (235 166 SA et 244 864 Sàrl au
31. 12. 2022). De très grandes entreprises conservent cependant cette forme de
société, même si elle a été vivement critiquée dans la première décennie du
XXIᵉ siècle au motif qu'une bonne gouvernance serait inatteignable avec elle
(et que les grandes coopératives devraient être transformées en SA[3425]).

L'idée de l'**égalité entre sociétaires** propre à la coopérative n'a cependant pas   2640
perdu de son **attrait** et la pratique du droit des sociétés enseigne que cette forme
de société est souvent envisagée, à tout le moins au début de projets qui se
conçoivent originellement comme non capitalistes.

C'est lors de la mise en œuvre des questions pratiques que le choix de la coo-   2641
pérative manque à être confirmé. La question du financement et des garanties
de participation des investisseurs à la gestion de la société et aux bénéfices
s'avère souvent, en fin de compte, la **pierre d'achoppement**.

Les **rigidités de la réglementation** adoptée en 1936 – qui ont été délibérément   2642
voulues par le législateur pour empêcher l'utilisation abusive de la coopérative
jusque-là presque épargnée par le droit impératif[3426] – nous paraissent expliquer ces freins. Vu l'importance philosophique du mouvement coopérativiste,

---

[3425]   Le nombre gigantesque de coopérateurs a pour effet concret de rendre illusoire une influence réelle de ceux-ci sur l'administration, ce qui a conduit l'ancien président de la
Commission de la concurrence, Walter STOFFEL (Bilan 23. 4. 2008), à préconiser la transformation des deux grandes coopératives de distribution (Migros et Coop) en SA (l'idée
s'expliquait aussi par le contexte résumé *in* RPC 2008 15 et 21 ss ; l'article de Bilan du
4. 7. 2011 cité *infra* n. 3428 rapportait qu'il avait déclaré que « *Coop et Migros, par leur
taille, se sont éloignées de l'idée de coopérative à un point tel que cette idée est devenue
méconnaissable. Leurs coopérateurs ne sont plus en mesure d'exercer une quelconque
influence* » ; plusieurs années auparavant, Alexandre BRUGGMANN, LT 11. 5. 2002, esti-
mait que « *les coopérateurs n'exercent plus de pouvoir effectif* » et que « *ces belles constructions démocratiques n'ont plus joué de rôle déterminant depuis des décennies* »). Au
1. 1. 2024, les coopératives Migros ont centralisé des pans de l'exploitation de leurs ma-
gasins en une SA (Migros Supermarché SA [CHE-153.847.047]) sans que, toutefois, cela
ne change quoi que ce soit à la propriété finale de l'entreprise, en mains des coopérateurs.

[3426]   Cf. *supra* N 18 et n. 25.

alors que sa mise en pratique actuelle en Suisse[3427] est devenue relativement modeste[3428], il nous paraît important d'effectuer ci-dessous un parcours historique plus vaste que pour les autres formes de sociétés.

II. Origines et perspectives

2643   Une fois l'absolutisme politique renversé (en France provisoirement dès 1789 et plus durablement dès 1830) et les libertés individuelles garanties ou du moins renforcées face au pouvoir de l'État, la philosophie politique s'est intéressée de

---

[3427] Dans le monde, les coopératives conservent manifestement un dynamisme. L'Alliance Coopérative Internationale indique, dans un rapport de 2022 («*Exploring the Cooperative Economy, World Cooperative Monitor*»), que les 300 plus grandes coopératives réalisent un chiffre d'affaires de 2171 milliards de dollars. Elle énonce aussi que les coopératives fournissent «un emploi ou une possibilité d'emploi» à 10 % de la population mondiale et que 12 % «font partie» de coopératives. Un rapport établi par le cabinet DAVE GRACE & ASSOCIATES de 2014 pour le Département des affaires économiques et sociales de l'ONU («*Measuring the Size and Scope of the Cooperative Economy : Results of the 2014 Global Census on Co-operatives*») a recensé 2 614 598 coopératives et plus d'un milliard de «membres ou clients». Comme marqueur de l'importance et de l'intérêt de cette forme de société, on peut relever que le 3. 7. 2011 (lors de la «*Journée internationale des coopératives*») le Secrétaire général de l'ONU Ban KI-MOON a déclaré que 2012 serait l'«*Année internationale des coopératives*» (en exposant que «*les coopératives ont montré qu'elles constituaient un modèle commercial, robuste et viable, susceptible de prospérer même pendant les périodes difficiles*» et qu'elles avaient «*empêch[é] de nombreuses familles et communautés de sombrer dans la pauvreté*»).

[3428] Le mouvement préconisant des entrées en bourse des entreprises de distribution, coopératives à transformer en SA (cf. *supra* N 2639 ad n. 3425), s'est heurté à des résistances fondées sur des arguments économiques et idéaux, comme le montre l'article de Bilan du 4. 7. 2011 intitulé «*Migros et Coop en société anonyme ? L'idée ne convainc pas les spécialistes*», dans lequel Bernard LOEB exposait que «*Walter Stoffel se trompe. La SA n'apporterait aucun profit pour le consommateur. Il est illusoire de croire que la pression des actionnaires entraînerait une baisse des prix [...] la coopérative est une démarche économique et sociale et pas seulement financière*». Par ailleurs, l'article d'Alexandre BRUGGMANN, LT 11. 5. 2002, retenait que dans la distribution, la situation suisse se démarquait en comparaison internationale par l'importance des coopératives : «*Jadis nombreuses et florissantes dans toute l'Europe, les coopératives ne jouent plus qu'un rôle marginal dans le commerce de détail, aujourd'hui dominé par de grands groupes constitués en SA. La Suisse fait exception. Migros et Coop y contrôlent plus de 30 % du marché total, et quelque 45 % du marché alimentaire*». GACHET/GONIN (2013), p. 28, notaient toutefois l'«*absence de la coopérative comme forme juridique dans les divers documents d'information pour les personnes souhaitant créer leur entreprise [...] symptomatique de [l'] indifférence que les milieux économiques portent actuellement à ce modèle d'entreprise*».

près au **pouvoir économique des particuliers**. La liberté a été progressivement perçue comme celle des nantis d'asservir les ouvriers et les employés en les maintenant dans la misère ou la précarité par une concurrence impliquant la dureté des conditions contractuelles, notamment sur le plan du salaire et du droit de mettre abruptement fin à l'emploi.

La recherche de **solutions alternatives à l'entreprise capitalistique** (entendue comme celle d'un propriétaire ou de quelques-uns) s'est manifestée par des études théoriques – dont le marxisme mais aussi bien d'autres approches solidaristes moins radicales, conçues comme réalisables sans révolution – et des expérimentations pratiques. Avant l'expérience soviétique à large échelle dès octobre 1917, c'est pendant près d'un siècle que diverses tentatives d'entreprises non capitalistiques vont être mises sur pied. Beaucoup ont été éphémères, mais plusieurs ont été fort durables, y compris en Suisse. Il faut remarquer que c'est d'abord sans un cadre légal spécifique que ces entreprises non capitalistiques ont été créées. 2644

En Grande-Bretagne, on rattache souvent le début du mouvement coopératif à l'entrepreneur et pédagogue Robert OWEN. Il géra d'abord – des alentours de 1800 à 1823 – la filature New Lanark (environ 2000 employés), dont la famille de sa femme était la principale propriétaire, en appliquant des règles sociales particulièrement respectueuses des conditions de vie des ouvriers à l'aune des standards de l'époque (il proclamait le slogan « 8 heures de travail, 8 heures de loisirs, 8 heures de sommeil », qui apparaissait alors pour d'autres comme un but utopique très éloigné des nécessités de l'industrie). Les résultats tant sur le plan de la santé des ouvriers (notamment des enfants) que sur celui du succès commercial attiraient l'attention, et de grandes personnalités s'associèrent à lui (dont le philosophe utilitariste Jeremy BENTHAM et le quaker William ALLEN). On peut ne voir dans cette gestion qu'un paternalisme particulièrement bienveillant. La structure de la propriété et le pouvoir de gestion demeuraient dans les mêmes mains. Sa réflexion le conduisit à proposer la constitution de « *villages of co-operation* », qui réuniraient chacun de 500 à 3000 personnes et seraient capables de former une nouvelle forme de société. Deux tentatives de les réaliser eurent lieu en 1825 (par un élève d'Owen, en Grande-Bretagne) et 1826 (par Owen lui-même, aux États-Unis, dans l'Indiana, sous le nom « New Harmony »). Ces deux expérimentations furent abandonnées après deux ans. Deux autres tentatives eurent lieu en Irlande et en Grande-Bretagne en 1831 mais furent également abandonnées après quelques années. Toutefois, l'idée du mouvement coopératif avait pris racine. 2645

Des projets coopératifs aux objectifs bien plus circonscrits que les « *villages of co-operation* » réussirent, notamment celui initié par les tisserands d'une ville proche de Manchester (Rochdale). Ayant échoué à obtenir des hausses de salaire, ces tisserands observèrent que leur niveau de vie était aussi affecté par 2646

983

les prix des biens de consommation (en premier lieu la nourriture) et qu'il apparaissait possible de mettre sur pied une acquisition en commun de tels biens, évitant les marges des intermédiaires et la part du profit capitalistique. Ils créèrent en 1844 un magasin coopératif (*Rochdale Society of Equitable Pioneers*), offrant des produits à bas prix. On peut désigner cette entreprise comme étant une *coopérative de consommation*. La coopérative comptait une quarantaine de souscripteurs en 1844, près de 400 membres cinq ans plus tard et 10 000 vers 1880. Cette coopérative élargit progressivement son champ d'activités en fondant une *coopérative d'habitation* vers 1860 puis acquérant une usine textile (ce qui permit de créer une entreprise « intégrée », réunissant, pour les produits textiles, la production et la vente au sein de la coopérative)[3429]. Vues dans une perspective large, les coopératives de consommation se sont durablement établies dans le monde économique britannique : au début du XXᵉ siècle, on comptait un million de membres de telles coopératives. Les *coopératives de production* n'ont pas connu un tel développement.

2647   En France, sur le plan philosophique, Charles FOURIER[3430] marquera les esprits en publiant – notamment – la « *Théorie des quatre mouvements et des destinées générales* » (1808) puis « *de l'Association domestique et agricole* » (1821-1822, résumé dans *Le Nouveau Monde industriel et sociétaire* en 1829) et en proposant le concept de « *phalanstères* » (1832[3431]), à savoir un ensemble de bâtiments permettant la vie communautaire d'environ 1500 personnes associées librement. La pensée de Fourier est riche, constituée d'une part d'une critique radicale et acerbe de la domination, du commerce et de l'industrie, et d'autre part de son analyse très détaillée des caractères humains comme de propositions minutieuses (les phalanstères sont décrits, pour ainsi dire, au mètre près). Un essai fut effectué en 1833, un député ayant offert 500 hectares pour créer une telle communauté, et 1100 personnes y participeront ; mais les lieux furent abandonnés en 1834. Un autre essai eut lieu en 1841, mais fut abandonné en 1846. Des tentatives eurent aussi lieu sur le continent américain dès 1840[3432] mais on ne rapporte pas de succès durable du modèle des phalanstères.

2648   Néanmoins, la critique approfondie par Fourier des mécanismes de marché et de la structure des entreprises (notamment la critique radicale de la domination) resta présente dans les esprits. En particulier, en 1839, Louis BLANC fonda la *Revue du progrès* et publiera *l'Organisation du travail*. En substance, il voit la

---

[3429] Cf. *supra* n. 21 et *infra* N 2653.

[3430] Il est parfois considéré comme le dernier des *physiocrates* (cf. Nicolas ROUILLER [2021], n. 11).

[3431] *Le Phalanstère* est le titre du journal que des disciples de sa pensée feront paraître de 1832 à 1834.

[3432] Cf. *infra* n. 3436.

concurrence entre entreprises comme une cause de ruine pour beaucoup d'entrepreneurs, qui conduit finalement au monopole (ce qui nuit à la collectivité) ; celle entre travailleurs conduit à l'appauvrissement[3433]. Il préconise, notamment dans la grande industrie et les chemins de fer, la création d'associations à but lucratif – les *ateliers sociaux* –, contrôlées *à leur lancement* (soit pendant un an) par l'État ; une fois franchie cette étape, on peut les décrire comme des coopératives de production. *Les cadres sont élus par les travailleurs.* Par ailleurs, le crédit doit être nationalisé (dispensé par une banque publique) et une assurance d'État doit être créée.

L'idée d'expérimenter des formes alternatives aux entreprises de production capitalistes fut notamment mise en œuvre, dans l'urgence, par la IIe République en 1848, par la création – alors que Louis Blanc venait de devenir membre du gouvernement provisoire – des Ateliers Nationaux, qui existèrent du 27 février au 21 juin 1848. Plutôt qu'une entreprise à but lucratif, il s'agissait d'un moyen d'occuper les chômeurs devenus nombreux, alors que le *droit au travail* venait d'être reconnu. Malgré leur proximité lexicale avec les ateliers sociaux, ils s'en distinguent donc nettement. 2649

Sur le plan de la philosophie politique et économique, le communisme (ou marxisme) s'imposa comme la proposition radicale d'un modèle alternatif au mode de production capitaliste ; l'avènement de ce modèle présuppose une révolution. De son côté, **l'idée coopérative parvint à se concrétiser dans le cadre juridique existant** par les mutuelles d'assurances (des caisses maladie ou de chômage), dès 1850, ainsi que par des banques coopératives, dès 1860. On peut observer qu'en Allemagne, les *coopératives de crédit* Raiffeisen se développèrent dès 1846 (le concept fut notamment repris en Suisse en 1899 et y connaîtra une propagation rapide). 2650

Pendant cette période, les coopératives *de production* ne connurent pas un envol similaire. La pensée coopérative devint cependant moins utopiste. Son positionnement la plaça d'ailleurs comme une **voie médiane entre le libéralisme économique et les thèses communistes**. Un courant de pensée organisé, connu 2651

[3433] Il est clair que le diagnostic de Louis BLANC est assez proche de celui de Pierre-Joseph PROUDHON (cf. p. ex. *Système des contradictions économiques ou Philosophie de la misère* [1846]), mais les solutions que celui-ci préconise, relevant de l'anarchisme – aussi sous la forme du *mutuellisme* (*De la Capacité politique des classes ouvrières* [1865], chap. VII [dont le titre est « *Loi économique de l'offre et de la demande – correction par le principe de mutualité* »], ch. 1, par. 1 *in fine* : « *L'égalité des personnes est la première condition du nivellement des fortunes, laquelle ne résultera que de la mutualité, c'est-à-dire de la liberté même* ») –, sont censées advenir plus spontanément que dans la doctrine de Louis BLANC.

comme l'École de Nîmes, la mit particulièrement en exergue ; l'un de ses représentants éminents, Charles GIDE, écrivit ainsi dans son *Rapport général sur
l'économie sociale*, en 1889 : « *Entre notre socialisme coopératif et le socialisme collectiviste, même le plus sympathique, il restera toujours cette différence essentielle que le premier est facultatif et volontaire tandis que le second
est coercitif* »[3434].

2652   L'idée de coopérativité et de solidarité prospérera intellectuellement ; parmi les
auteurs les plus illustres, on se bornera à citer Léon BOURGEOIS[3435], David
DURKHEIM et Charles RIST.

2653   Cela étant, sur le plan pratique, les **coopératives de production** restèrent un
phénomène limité. En France, en 1900, on en comptait environ 250, avec
20 000 salariés, ce qu'il convient de mettre en rapport avec environ 6 millions
d'emplois dans le secteur industriel conduit par les entreprises capitalistes. Les
coopératives de production demeurèrent ainsi quantitativement marginales. Le
nombre d'emplois industriels des coopératives correspondait, selon ces
chiffres, à moins d'un demi-pourcent. Il faut cependant relever que certains

---

[3434] Sans entrer dans le détail de la pensée originale de Hilaire BELLOC, on citera aussi son
œuvre – étonnamment prémonitoire voire prophétique au regard de l'évolution observée
dans la future Union soviétique – *The Servile State* (1912), p. 105 : « *not a* Distributive
but a Collectivist *solution is the easiest for a Capitalist State to aim at, and that yet, in the
very act of attempting Collectivism, what results is not Collectivism at all, but the servitude of the many, and the confirmation in their present privilege of the few ; that is, the
Servile State* » ; p. 116 : « *It is becoming increasingly certain that the attempted transformation of Capitalism into Collectivism is resulting not in Collectivism at all, but in some
third thing which the Collectivist never dreamt of, or the Capitalist either ; and that third
thing is the* SERVILE *State ; a State, that is, in which the mass of men shall be constrained
by law to labour to the profit of a minority, but, as the price of such constraint, shall enjoy
a security which the old Capitalism did not give them* ». Le cadre du présent ouvrage ne
permet pas de traiter les multiples routes de la servitude (et pas seulement celles dénoncées
par Friedrich VON HAYEK dans *The Road to Serfdom* [1944]) sur lesquelles les sociétés
humaines sont invitées à s'engager en dépit d'un cadre juridique conçu comme fondamentalement libéral et respectueux de la personne.

[3435] Léon BOURGEOIS est notamment l'auteur de l'ouvrage *Solidarité* (1897), dont la préface
permet de mesurer la propagation de la notion de solidarité : « *Le mot de* solidarité *n'est
entré que depuis peu d'années dans le vocabulaire politique. Au milieu du siècle, Bastiat
et Proudhon ont bien aperçu et signalé les phénomènes de solidarité 'qui se croisent' dans
toutes les associations humaines. Mais aucune théorie d'ensemble ne s'est dégagée de ces
observations ; le mot, en tout cas, ne fit pas fortune [...]. Aujourd'hui, le mot de* solidarité
*paraît, à chaque instant, dans les discours et les écrits politiques. On a semblé d'abord le
prendre comme une simple variante du troisième terme de la devise républicaine : frater-
nité. Il s'y substitue de plus en plus* ».

exemples montrent que le modèle peut fonctionner sur la durée : ainsi, le « *Familistère de Guise* » fondé en 1858 par Jean-Baptiste GODIN[3436] (dès 1880 la « *Société du Familistère* ») est une coopérative de production qui durera plus de 100 ans (jusqu'en 1968).

Dans l'ensemble, au début du XXe siècle, malgré l'importance des coopératives dans le monde des idées, **leur rôle économique concret n'apparaissait pas très considérable** par rapport à la marche des sociétés de capitaux qui avaient crû et continuaient de croître en force de par l'accumulation massive de capital dans un contexte de progrès technique et d'ample développement de l'économie. Le **souhait de solidarité** se manifestait parfois par le paternalisme des entreprises ou de leurs propriétaires[3437], qui ne créait cependant aucune nouvelle forme juridique d'entreprise. Durant toute cette période, beaucoup de réformes furent adoptées, notamment les premières assurances sociales. Elles relevaient en bonne partie de ce qu'il fallait accomplir pour éviter l'explosion sociale, mais la structure fondamentale de l'économie et les instruments juridiques de l'entreprise restèrent les mêmes.   2654

La première guerre mondiale entraîna un prodigieux **développement de la part prélevée par l'État sur l'économie**[3438], avec de nouveaux impôts comme celui sur le revenu[3439], de sorte que changèrent d'échelle les moyens de l'État, lequel acquit alors la mainmise sur des ressources d'une telle ampleur qu'elle   2655

[3436] Jean-Baptiste GODIN avait participé à un essai de phalanstère au Texas en 1855 (« La Réunion »), qui avait échoué (cf. *supra* ad n. 3432).

[3437] Des exemples connus sont, en France, les entreprises des frères Adolphe et Eugène Schneider au Creusot (fonderie, puis équipement ferroviaire et machines) et les pneumatiques Michelin ; en Belgique, le chimiste Solvay ; en Allemagne, où est employé le terme *private betriebliche Sozialpolitik*, l'entreprise sidérurgique Krupp. Pour plus d'exemples, André GUESLIN, Genèses 1992, p. 201-211 ; Michel PINÇON, Actes de la recherche en sciences sociales 1985, p. 95-102 ; Gérard NOIRIEL, Le mouvement social N° 144 (1988), p. 17-36. Ce concept est très différent du paternalisme libertarien de THALER/SUNSTEIN, Amercian Economic Review 2003, p. 175-179 (*Libertarian Paternalism*).

[3438] Pour une perspective large, Bertrand DE JOUVENEL (1947), notamment p. 199.

[3439] Pour la France, l'imminence de la confrontation militaire a permis un vote favorable du parlement au sujet de l'impôt sur le revenu, le 18. 7. 1914. Un tel impôt existait en Grande-Bretagne depuis 1842 et dans l'Empire allemand depuis 1893 (avec un taux progressif allant de 0,6 % à 4 %). Aux États-Unis, un tel impôt avait été brièvement prélevé pendant la Guerre de Sécession en 1862 (au taux de 3 %) puis en 1894 (avec un taux de 2 %) avant d'être déclaré anticonstitutionnel ; un amendement à la constitution le rendit permanent dès 1919 (avec un taux initialement de 1 %). Pour un aperçu, voir p. ex. Philippe NEMO (2017), p. 33, 55 et 69 s. (pour une vision d'écrivain sur l'évolution entre la société d'avant 1914 et celle d'après la Première Guerre mondiale, on peut se référer à Stefan ZWEIG, Le monde d'hier [trad.], p. 43 : « *On se plaignait plus par habitude que par conviction des 'lourds' impôts qui, en fait, si on les compare à ceux de l'après-guerre, ne représentaient qu'une sorte de petit pourboire laissé à l'État* »).

commença à rendre concevable l'État providence. Les entreprises coopératives apparurent moins incontournables comme solution aux maux économiques et sociaux, au fur et à mesure que se développait l'intervention de l'État en ces matières.

2656 L'avènement de la collectivisation dans l'**Union soviétique** puis dans les pays suivant son modèle ne fut pas favorable, lui non plus, à l'avènement des coopératives : certaines exploitations agricoles portèrent cette dénomination, mais elles étaient dirigées par l'État (bien que dans la théorie marxiste, il fût censé dépérir) ; elles n'étaient donc ni des entreprises ni des sociétés appartenant *réellement* à leurs « membres ».

2657 Dans les **pays occidentaux,** dans tout le XXe siècle, les formes d'entreprises n'ont pas été modifiées fondamentalement, ni l'utilisation qui en est faite, même si l'on observe que **certaines coopératives sont devenues au fil des ans des entreprises gigantesques,** comme dans le secteur bancaire français (p. ex. le Crédit Agricole)[3440] ou la distribution de détail en Suisse (« Migros » ou « Coop »)[3441]. Les coopératives *de production* demeurent rares hors du domaine agricole.

2658 Quant aux sociétés coopératives qui acquièrent une taille gigantesque, comme certaines banques ou des sociétés de distribution, force est d'observer que **la pratique s'éloigne d'une véritable mutualisation du crédit respectivement d'une acquisition de produits en commun** ; ces grandes sociétés coopératives tendent à devenir des entités dont la direction (ou « l'administration ») est très forte tandis que le sociétariat, très dispersé et convoqué à une assemblée annuelle, n'a pas un grand poids pratique. Une des caractéristiques concrètes est la faible distribution de dividendes et, conséquemment, le réinvestissement d'une part très importante du profit.

2659 **En Suisse,** le dernier tiers du XXe siècle se caractérise par une **faible fréquence,** en tout cas, du choix pour la forme de la coopérative par les entreprises nouvelles. Le mouvement baissier qui en résulte au fil des ans ne semble pas enrayé à l'heure actuelle. Toutefois, outre les grands distributeurs précités, il est indéniable que, probablement en raison de la tension permanente du marché du logement en Suisse, les **coopératives d'habitation** conservent un dynamisme remarquable. Elles sont propriétaires d'immeubles, qu'elles louent[3442],

---

[3440] Il existe bien une entité Crédit Agricole SA adossée à une entité coopérative, le socle du groupe étant constitué par environ 2500 caisses locales.

[3441] Cf. *supra* n. 3425 et 3428.

[3442] Cf. p. ex. ATF 136 III 65 (pr. : « *contrat de bail à loyer conclu entre la coopérative et le coopérateur-locataire* ») et 101 II 125, cités *infra* n. 3474.

avec le but d'assurer des loyers abordables[3443]. On en compte au moins 1300 au début de l'année 2024[3444]. Certaines, qui existent depuis plus de cent ans, ont un parc immobilier extrêmement vaste et en expansion, les bénéfices étant réinvestis. Un certain volontarisme politique contribue à ce dynamisme. Ainsi, plus de 100 000 m² ont été mis à disposition de ces coopératives par le canton de Genève en 2016 pour la construction d'environ 1000 logements à loyers modérés[3445]. Un « Plan d'action coopératives » a été adopté par le canton de Genève en 2017. Le Groupement des coopératives d'habitation genevoises (GCHG) compte près de 80 sociétés coopératives. La seule Société coopérative d'habitation Genève (SCHG) possède environ 2000 logements répartis en 80 immeubles et est le cinquième propriétaire foncier de ce canton.

Dans **plusieurs pays européens** se manifeste dès environ 2010 la volonté de développer « l'économie solidaire » en favorisant l'éclosion d'entreprises agissant dans une telle perspective (« à lucrativité limitée »)[3446]. Les coopératives

2660

[3443] On peut p. ex. citer l'art. 2, al. 1, 1re phr., des statuts (version 28. 6. 2018) de la Société Coopérative d'Habitation Lausanne, fondée en 1920 (CHE-107.036.838) : « *La Société a pour but d'améliorer les conditions de logement de la population et, plus particulièrement, de favoriser, par une action commune, les intérêts économiques de ses membres en leur procurant, avec ou sans le concours des pouvoirs publics, des habitations à des conditions avantageuses* ». Voir aussi l'art. 2 ch. 1 et 2 des statuts (version 19. 10. 2023) de la Société coopérative d'habitation Genève, fondée en 1919 (CHE-107.744.183) : « *1. mettre à disposition, exclusivement de ses associés et de leurs familles, des logements à des conditions favorables, ainsi que des surfaces d'activités. Elle peut déroger à cette règle dans des situations conjoncturelles ou personnelles exceptionnelles. 2. La Société encourage les activités menées avec un esprit coopératif dans les Cités dont elle est propriétaire. Elle promeut l'entraide sociale et la solidarité entre ses associés* ».

[3444] Une recherche au 31. 12. 2023 fait apparaître exactement 222 sociétés actives dont la raison sociale comprend les termes « *coopérative d'habitation* » en français, 653 dont la raison sociale comprend le terme allemand « *Wohnbaugenossenschaft* » et 496 dont la raison sociale comprend le terme « *Baugenossenschaft* » (sans que ce terme soit partie de « *Wohnbaugenossenschaft* »), le terme « *Mietergenossenschaft* » ayant 7 occurrences et le terme « *Mieterbaugenossenschaft* » 2.

[3445] En 2002, le canton de Genève a créé la Fondation pour la promotion du logement bon marché et de l'habitat coopératif (CHE-109.582.980), dont le but comprend notamment de « *mettre à disposition en droit de superficie ses immeubles à des coopératives d'habitation sans but lucratif, subsidiairement à d'autres organismes sans but lucratif ; construire ou rénover, principalement pour le compte d'un des bénéficiaires énumérés et à sa demande ; favoriser le développement de coopératives d'habitation* ».

[3446] Voir sur ce plan le rapport général sur « l'économie solidaire » présenté à l'Association Henri Capitant des amis de la culture juridique française en 2019, Nicolas ROUILLER (2021), p. 52-88, et plusieurs rapports nationaux, en particulier celui du Luxembourg, présenté dans une perspective européenne par David HIEZ (2021), p. 431, 437 et 441, ainsi que les rapports français (*supra* n. 764), belge (Roman AYDOGDU, p. 402), allemand (Günter RAINER, p. 364-366 et 385 s.) et roumain (Lucian BERCEA, p. 451). Voir aussi le

apparaissent *a priori* appelées à jouer un rôle accru dans ce cadre, car selon certaines législations, cette forme peut en soi créer l'éligibilité à des régimes conçus comme réservés à des entreprises solidaires (et liés à des traitements privilégiés par rapport aux entreprises ordinaires purement lucratives). Il est probablement encore trop tôt pour observer si ce phénomène induit une propagation substantielle des coopératives.

III. Matière traitée dans ce chapitre

2661 Les sociétés coopératives aiment mettre en exergue leurs particularités, qui sont évidemment substantielles. Leurs promoteurs tiennent à ce qui distingue les coopératives des sociétés de capitaux[3447]. Cela étant, d'un point de vue objectif, on doit d'abord reconnaître que **la plus grande partie des règles juridiques sont communes** (formellement, ou dans le sens d'une convergence matérielle) à l'ensemble des sociétés[3448], à l'ensemble des personnes morales[3449] ou aux sociétés de capitaux et à la coopérative[3450].

2662 Ainsi, les dispositions sur le registre du commerce, sur le droit comptable ou sur la révision sont formellement communes à toutes les sociétés. Les règles sur la représentation, sur les devoirs de loyauté et de diligence des gérants sont

---

Règlement CE n° 346-2013 du Parlement européen et du Conseil du 17. 4. 2013 relatif aux fonds d'entrepreneuriat social européens, art. 3.1 (e).

[3447] Cette volonté, qui peut s'observer aujourd'hui, était déjà manifeste voici un siècle lors de l'adoption d'un régime (en apparence) nettement différencié, comme le relevait le Message du Conseil fédéral, FF 1928 I 328 : «*[...] la société anonyme et la société coopérative offrent beaucoup d'analogies internes et [...] elles présentent, pour la vie économique du pays, une communauté d'intérêts qui devrait trouver son expression dans des dispositions communes. Toutefois, les sociétés coopératives s'élèvent avec vigueur contre la tendance à une assimilation aux sociétés anonymes. Elles insistent sur ce qui différencie les deux organismes et s'opposent à l'assujettissement à des 'dispositions communes'*» ; 239 : «*la société anonyme et la société coopérative ont maint trait commun. Et si nous traitons séparément ces deux sociétés, nous ne pourrons pourtant pas empêcher que la pratique ne tire, comme cela fut le cas jusqu'ici, de principes établis pour l'un d'eux des conclusions à l'égard de l'autre. Nous ne nous dissimulons pas, du reste, qu'au point de vue économique lui-même il n'est pas loisible de faire une distinction absolue entre la société anonyme et la société coopérative ; celle-ci empiète bien souvent sur le terrain des sociétés commerciales. Mais, quoi qu'il en soit, nous ne saurions traiter les sociétés coopératives comme des sociétés commerciales, leur faire violence pour les assimiler à des associations de capitaux*».

[3448] *Supra* N 52-668 et 968-1353.

[3449] *Supra* N 669-967.

[3450] *Supra* N 1649-1783.

matériellement convergentes : l'administrateur ou le directeur d'une coopérative ne peut, au titre des spécificités de cette forme de société, être moins loyal ou moins diligent, ni ses pouvoirs de représentation être interprétés selon un régime s'écartant de ce qui prévaut dans les autres sociétés. La liquidation n'a pas à être opérée différemment, sauf pour la répartition d'un excédent, la protection des créanciers n'ayant pas à diverger selon la forme de société.

Enfin, même si cela relève peut-être d'une contingence[3451], les choix du légi- **2663** slateur suisse ont consisté à ce qu'un grand nombre de règles d'équilibre entre les sociétaires et les gérants soient convergentes entre les sociétés de capitaux – particulièrement la société anonyme – et les coopératives : il aurait pu en être autrement, mais ces choix démontrent qu'il n'y a pas de raison profonde qui justifierait des régimes divergents. Cela concerne notamment, outre la fondation de la société, la compétence des sociétaires pour modifier les statuts ou pour élire (ou révoquer) les gérants, tout comme les règles relatives à la convocation et au déroulement de l'assemblée des sociétaires ou à la contestation des décisions de celle-ci[3452].

L'analyse montre donc que les **traits distinctifs** de la coopérative concernent **2664** pour l'essentiel le but social et – ce qui est le plus concret – la qualité de membre. Il s'ensuit des particularités sur le fonctionnement de la société, notamment sur la tenue de l'assemblée générale (ou de la votation par correspondance qui la remplace) et le droit aux renseignements, ainsi que sur l'utilisation du bénéfice.

IV. La qualité de membre et ses effets

A. Rapport avec le but social

À moins que la coopérative ait un but purement idéal, la qualité de membre est **2665** étroitement liée au but social, puisque la coopérative vise à **servir, par son activité, les intérêts économiques de ses membres** (art. 828 al. 1 CO : « *La société coopérative est celle que forment des personnes ou sociétés commerciales d'un nombre variable, organisées corporativement*[3453], *et qui poursuit*

[3451] Cf. *supra* N 1650 s.

[3452] Cf. *supra* N 1667-1778.

[3453] La version française du texte légal n'est pas erronée et a même une certaine élégance, mais fait le choix de dire que « les personnes » qui forment la société sont « organisées corporativement » (cette expression ne se rapporte pas aux sociétés commerciales énoncées quelques mots avant elle) ; ce n'est pas l'essence des personnes la composant, *mais leur organisation commune* qui est de nature corporative. La version allemande montre que

principalement le but de favoriser ou de garantir, par une action commune, des intérêts économiques de ses membres ou qui poursuit un but d'utilité publique »).

2666 Il s'ensuit que la qualité de membre n'est pas semblable à celle d'un investisseur : elle implique de **coopérer à l'« action commune »** qui sert à favoriser les intérêts économiques de l'ensemble des coopérateurs.

B. Règles de base

1. Chaque coopérateur a un droit de vote égal

2667 Le principe de l'**égalité entre coopérateurs** est posé de la façon la plus concrète dans les règles relatives au fonctionnement de l'assemblée générale. L'art. 885 CO dispose : « *Chaque associé a droit à une voix dans l'assemblée générale ou dans les votations par correspondance* ». Il s'agit d'une règle impérative[3454].

2668 **La portée directe de ce principe est le droit de vote.** Cela étant, ses **implications pratiques** sont décisives sur tous les plans et déterminent quels usages reçoit la société coopérative. L'importance d'un investissement n'est pas susceptible de conférer davantage de poids à l'assemblée générale. Il s'ensuit que les personnes qui souhaitent effectuer un investissement-risque et en retirer un rendement potentiellement important, ce qui dans les autres sociétés se fait en souscrivant des titres de participation donnant des droits de vote qui assurent

---

c'est l'union des personnes qui est organisée corporativement (« *eine als Körperschaft organisierte Verbindung einer nicht geschlossenen Zahl von Personen oder Handelsgesellschaften* »).

[3454] ATF 128 III 375 c. 3.1 (377 : « *Diese Vorschrift ist zwingend* ») ; 72 II 91 c. 3 (103 : « *Nach der zwingenden Vorschrift des Art. 885 revOR hat aber jeder Genossenschafter* eine *Stimme* »). Le Message du Conseil fédéral, FF 1928 I 330, est parfaitement limpide : « *Le contraste entre la société coopérative et la société anonyme ne se manifeste nulle part autant que dans le domaine du droit de vote. Or, à supposer, que celui-ci soit accordé en proportion des parts sociales, que le sociétaire puisse posséder autant de parts que bon lui semble et que la négociation de ces titres soit libre, nous verrions disparaître ce qui distingue essentiellement la société coopérative de la société anonyme. En accordant un droit de vote unique dans tous les cas, même s'il existe des parts sociales, la société coopérative reste dans son rôle qui est démocratique. Nous faisons de ce principe une disposition de droit impératif* ».

un poids à l'assemblée générale[3455], ne peuvent le faire dans une société coopérative. En vertu du choix législatif, ce profil de sociétaire n'est pas celui qui est (ou peut être) recherché pour une coopérative. De façon générale, la qualité de coopérateur n'est tout simplement pas conçue comme une valeur patrimoniale. Cette caractéristique induit qu'elle n'est en principe pas cessible – sauf exceptions bien circonscrites –, ce qui influence l'approche que le coopérateur a de sa participation.

L'égalité entre coopérateurs est aussi proclamée à l'art. 854 CO (« *Tous les associés ont, en dehors des exceptions prévues par la loi, les mêmes droits et les mêmes obligations* »), mais cette règle n'a pas la même portée directe que l'art. 885 CO.   2669

2.   Émission, ou non, de « parts sociales »

La coopérative n'est **pas une société de capitaux**. Elle peut toutefois émettre des parts sociales et avoir un capital social.   2670

Les dispositions à ce sujet sont éparses, mais il nous semble possible d'en faire une description systématique.   2671

Le **capital social** doit être créé par les statuts (art. 833 ch. 1 CO) et il doit être **divisé en parts sociales** (*ibid.*). Si le choix d'avoir un capital social a été fait, chaque coopérateur doit avoir au moins une part sociale (cf. art. 853 al. 1 CO)[3456]. La détention de plusieurs parts sociales est possible, suivant la solution   2672

[3455] Certains investisseurs-risque sont certes prêts à n'avoir que des droits de participation sociaux limités, ce qui donne leur sens aux bons de participation ; ceux-ci ne sont actuellement admis que dans les SA (cf. *infra* N 2677). Ils y sont rares, sauf circonstances très particulières (les droits de vote privilégié de certaines actions, voire les dividendes privilégiés d'autres actions, pouvant atteindre l'objectif des premiers actionnaires de garder le contrôle sur la conduite de la société, cf. *supra* N 1960-1964 et 2035-2038), sauf dans les sociétés cotées en bourse, en rapport avec lesquelles l'idée d'influencer la marche de la société par le droit de vote est assez lointaine pour beaucoup d'investisseurs.

[3456] En ce sens, Jacques-André Reymond (1996), p. 17 et 64 ; s'y référant, Isabelle Chabloz, CR ad art. 853 CO (2017), N 7 ad n. 15 ; Kilgus/Fabrizio, BK ad art. 833 CO (2021), N 19 (« *Wird Genossenschaftskapital geschaffen, hat jeder Genossachfter mindestens einen Anteilschein zu zeichnen und ganz oder teilweise zu liberieren* »). La formulation de l'art. 853 al. 1 CO, qui énonce les titres constatant les parts sociales, induit en erreur (« *Lorsque les parts sociales sont constatées par des titres, toute personne qui entre dans la société doit en acquérir un au moins* » ; n'est pas déterminante la constatation par des titres, mais l'existence de capital social et donc de parts sociales).

retenue par les statuts, lesquels peuvent aussi bien interdire la détention de plusieurs titres que prévoir un nombre maximal de parts sociales par coopérateur (cf. art. 853 al. 2 CO)[3457].

2673 La détention de parts sociales a **de l'importance dans la répartition du bénéfice**, mais une **lucrativité limitée** est prévue à l'art. 859 al. 3 CO : « *S'il existe des titres constatant les parts sociales, la portion du bénéfice de l'exercice y afférente ne peut dépasser le taux de l'intérêt usuel pour des prêts à longue échéance accordés sans garanties spéciales* » (les coopératives de crédit peuvent prévoir une rémunération des parts sociales différente, art. 861 al. 1 CO, c'est-à-dire supérieure). D'un point de vue des marchés financiers, une telle rémunération – qui est celle de titres de dette sans risque autre que le défaut – n'est pas attractive pour des titres de participation liés pleinement au risque d'entreprise[3458] ; elle n'est donc pas le moteur de l'acquisition de parts sociales.

2674 Les parts sociales sont **cessibles**, entre coopérateurs ou à des tiers (cf. art. 849 CO). Les statuts peuvent prévoir des restrictions. Le transfert de la part sociale à un tiers n'emporte pas l'acquisition de la qualité de coopérateur (art. 849 al. 2

[3457] Comme le relèvent à juste titre Jacques-André REYMOND (1996), p. 67 et Isabelle CHABLOZ, CR ad art. 853 CO (2017), N 15 ad n. 26, il n'y a pas de portée à déterminer si l'art. 853 al. 2 CO (« *Les statuts peuvent permettre l'acquisition de plusieurs de ces titres dans les limites d'un maximum* ») est impératif en ceci qu'il obligerait la coopérative à fixer un nombre maximal de parts pouvant être détenues par un associé (le Message du Conseil fédéral, FF 1928 I 323, semble aller dans ce sens : « *Les statuts peuvent permettre d'acquérir plusieurs parts. Toutefois, ils doivent fixer un certain maximum* » ; il faut toutefois relever que la disposition du projet, art. 841 P-CO-1928, avait un texte qui diffère de celui qui a été finalement adopté). Puisque la loi ne fixe pas ce maximum, rien n'empêcherait que les statuts prévoient un nombre extrêmement élevé. Pour KILGUS/FABRIZIO, BK ad art. 833 CO (2021), N 14, la norme est dispositive.

[3458] L'intérêt se calcule *sur la valeur nominale* de la part sociale ; dans l'environnement de taux généralement bas en Suisse, l'ordre de grandeur du taux autorisé par cette disposition a oscillé, selon nous, entre 3 et 6 % depuis l'année 2000 (Isabelle CHABLOZ, CR ad art. 859 CO [2017], N 10 *in fine*, fait référence aux taux publiés par l'AFC pour la rémunération maximale des prêts accordés par les actionnaires à la société comme crédit d'exploitation, et précise qu'il faut « *ajouter 1 à 2 % pour tenir compte du critère de 'longue durée'* » ; les taux publiés par l'AFC ne sont qu'un *safe haven* et un taux plus élevé peut être prouvé, cf. ROUILLER/BAUEN/BERNET/LASSERRE ROUILLER [2022], N 1233a-1251, ce qui implique a fortiori qu'ils ne sont pas décisifs en droit civil, même avec une majoration ; ils sont cependant pratiques, cf. *supra* N 1205 s.). En comparaison des rendements à long terme des actions mesurés par rapport à la valeur nominale, il s'agit bien sûr de rendements d'un autre ordre de grandeur (les actions Nestlé ont une valeur nominale de CHF 0,10.– et un dividende de l'ordre de CHF 2,50.– par année, ce qui correspondrait à 2500 % ; de même valeur nominale, les actions UBS ont un dividende de l'ordre de CHF 0,50.–, ce qui correspondrait à 500 %).

CO). Il peut ainsi y avoir une dissociation entre la titularité de parts sociales et la qualité de coopérateur, qui peut être problématique[3459]. Quoi qu'il en soit, le caractère (éventuellement) fongible ou négociable des parts sociales n'en fait pas un instrument d'investissement intéressant en soi.

Les règles sur le type d'**apports** possibles (art. 833 ch. 2 CO) et leur libération (art. 867 al. 2 CO), ainsi que les règles de protection (réduction [art. 874 al. 1, 2e phr., et al. 2 CO[3460]], perte de capital [903 al. 2 CO], obligation de révision [art. 906 al. 2 ch. 2 CO]) rejoignent par ailleurs fondamentalement celles qui prévalent pour les sociétés de capitaux. De ce point de vue, la situation de la coopérative avec capital social n'a rien de compliqué. On relèvera par ailleurs que d'autres apports de fonds peuvent survenir en vertu d'obligations de « versements supplémentaires » (comme dans la Sàrl) ou de par une responsabilité (limitée ou illimitée) des coopérateurs[3461].   2675

Dans l'ensemble, le capital social est assurément, pour une coopérative, un **moyen utile pour récolter des fonds** employés à « l'action commune » dans l'intérêt des associés qui constitue l'essence et le but de la coopérative. Mais la détention de ce capital et sa rémunération ne sont **nullement le centre de la réglementation ni l'élément autour duquel s'articule le fonctionnement de la coopérative**. C'est autour de la qualité de coopérateur qu'il s'articule.   2676

On observera encore que la jurisprudence a exclu que des **bons de participation** puissent être émis par une coopérative[3462]. Sans entrer ici dans trop de détails sur les raisons de cette interprétation, on peut la lire[3463] comme une ana-   2677

[3459] Cf. Isabelle CHABLOZ, CR ad art. 853 CO (2017), N 6. Cf. aussi *infra* N 2697.

[3460] Art. 874 al. 2 CO : « *Les dispositions du droit de la société anonyme concernant la réduction du capital-actions s'appliquent au surplus à la réduction et à la suppression des parts sociales* » (cf. *supra* N 1884-1917). L'art. 874 al. 1 (cf. *infra* N 2736), 2e part., CO, réserve la modification des statuts (« *il en est de même de la réduction ou de la suppression de parts sociales* »).

[3461] Cf. *infra* N 2719-2746.

[3462] ATF 140 III 206 c. 3.6-3.7 (215-200) ; cf. *supra* N 2035.

[3463] L'ATF 140 III 206 procède essentiellement par une interprétation de la volonté du législateur déterminée par la chronologie de l'introduction de la réglementation légale des bons de participation dans le droit de la SA. Toutefois, certains passages suivent partiellement une approche fonctionnelle : « *Im Gegensatz zur Aktiengesellschaft sollte nach dem Willen des Gesetzgebers auch die Kapitalbeteiligung bei der Genossenschaft nicht als mobilisierbare Anlagemöglichkeit, sondern als Folge personaler Mitgliedschaft ausgestaltet werden [...]. Entsprechend soll die Negotiabilität der Anteilscheine mit Art. 853 Abs. 3 OR (vgl. auch Art. 784 Abs. 1 OR, der nunmehr die Errichtung von Stammanteilen in Form von Namenpapieren vorsieht) auch bei der Genossenschaft verhindert werden [...]. Die gesetzgeberische Wertung, die Möglichkeit von Partizipationsscheinen*

lyse selon laquelle la présence d'investisseurs titulaires de droits de participation, même sans droit de vote, intéressés à un rendement capitalistique serait trop nettement étrangère au fonctionnement de la coopérative. Cela confirme que la conception de la société est essentiellement structurée autour de la qualité de coopérateur.

3. Nombre minimal de coopérateurs

2678   L'art. 831 al. 1 CO prescrit que le nombre de coopérateurs doit être de **sept au moins** lors de la fondation. La société connaît forcément ses membres (cf. art. 837 CO[3464]). Si le nombre de coopérateurs tombe au-dessous de sept, il s'agit d'une carence d'organisation (art. 831 al. 2 CO) ; cela implique qu'il y soit remédié, faute de quoi, après l'échéance d'un délai et l'introduction d'une action en justice (par un coopérateur ou par le registre du commerce), la société peut être dissoute (cf. art. 731b CO[3465]).

4. Acquisition de la qualité de coopérateur

2679   La qualité de membre s'acquiert par une « **déclaration écrite** » **de l'impétrant** (art. 840 al. 1 CO) : il doit concrètement demander par écrit à l'administration d'être admis. Selon le cas ordinaire, c'est l'administration qui a la compétence de se prononcer sur l'**admission** (art. 840 al. 3, 1re part., CO). Les statuts peuvent réserver cette compétence à l'assemblée générale (art. 840 al. 3, 2e part., CO). Ils peuvent aussi prévoir que l'admission s'opère par la seule remise de la déclaration écrite (*ibid.*).

2680   Il existe quelques **cas particuliers.**

---

nur für Rechtsformen in Betracht zu ziehen, deren Struktur für die Aufnahme von Eigenkapital auf dem Kapitalmarkt geeignet ist, spricht demnach grundsätzlich auch bei der Genossenschaft für eine abschliessende gesetzliche Regelung des Grundkapitals » (c. 3.6.2 [216]) ; « Es kann daher nicht entscheidend sein, dass das Gleichbehandlungsgebot (Art. 854 OR) und die gesetzliche Ausschüttungsbeschränkung (Art. 859 Abs. 3 OR) nur auf Genossenschafter anwendbar seien und sich eine Genossenschaft grundsätzlich verpflichten darf, Dritte an ihrem Gewinn zu beteiligen » (c. 3.6.5 [218]). V. ég. Isabelle Chabloz, CR ad art. 853 CO (2017), N 14.

[3464] « La société coopérative tient une liste des associés où sont mentionnés soit le prénom et le nom, soit la raison sociale ainsi que l'adresse de chaque associé. Elle tient cette liste de manière à ce qu'il soit possible d'y accéder en tout temps en Suisse ».

[3465] Cf. *supra* N 145-154.

Si la qualité de membre induit l'obligation d'effectuer des versements supplé- 2681
mentaires ou une responsabilité personnelle, la déclaration écrite doit explicitement mentionner l'acceptation de ces obligations (art. 840 al. 2 CO).

Par ailleurs, lorsque la qualité de coopérateur « *dépend de la conclusion d'un* 2682
contrat d'assurance avec la société », elle ne s'acquiert que si ce contrat est
effectivement conclu. Vu qu'en droit suisse, c'est toujours l'assuré potentiel –
le « proposant » – qui fait l'offre à l'assureur[3466], cela suppose que le service
(« *organe compétent* ») de la compagnie d'assurance coopérative chargé des
ventes « *accepte la proposition d'assurance* » (art. 841 al. 1 CO).

5. Sortie de la société

La sortie du coopérateur est le sujet auquel le législateur a consacré le plus de 2683
dispositions dans le droit de la coopérative. Elles sont caractérisées par un principe simple et la possibilité pour les statuts de prévoir des régimes qui s'en
écartent.

a. Régime ordinaire

En principe, le coopérateur a le **droit de sortir** de la coopérative, tant que sa 2684
dissolution n'a pas été décidée (art. 842 al. 1 CO). La sortie doit faire l'objet
d'une déclaration prenant effet à la fin d'un exercice annuel et envoyée au
moins un an à l'avance (art. 844 al. 1 CO). Aucune indemnité n'est due au coopérateur au titre de la fortune sociale (cf. art. 845 CO *a contrario*), et il ne doit
aucune indemnité à la société ou aux coopérateurs restants (art. 842 al. 2 CO).

La qualité de coopérateur **s'éteint** par le décès (art. 847 al. 1 CO) ; les héritiers 2685
n'ont ni le droit de devenir coopérateur, ni celui d'obtenir une part de la fortune
sociale.

Lorsque la qualité de coopérateur est liée à une caractéristique bien définie 2686
(p. ex. la qualité d'assuré), elle s'éteint de plein droit si cette caractéristique
disparaît (art. 848 CO[3467]).

[3466] Art. 1 et 2 LCA. Ce principe a cependant été battu en brèche par le droit de révocation
introduit à l'art. 2a LCA.

[3467] « *Lorsque la qualité d'associé est attachée à une fonction ou à un emploi ou qu'elle dépend de la conclusion d'un contrat, notamment avec une société coopérative d'assurance,
elle s'éteint par la perte de la fonction ou de l'emploi ou par la fin du contrat, à moins
que les statuts n'en disposent autrement* ».

2687 Toutes ces règles valent pour autant que les **statuts** (ou une convention) ne comprennent pas de dispositions divergentes.

2688 La société a le droit d'**exclure le coopérateur pour justes motifs** (art. 846 al. 2 CO). La compétence pour prononcer l'exclusion appartient à l'assemblée générale, sauf si elle est statutairement conférée à l'administration sous réserve d'un recours à l'assemblée générale (art. 846 al. 3, 1re phr., CO). L'exclusion prononcée ou confirmée par l'assemblée peut être contestée en justice dans un délai de trois mois (2e phr.)[3468].

b. Restrictions statutaires au droit de sortie

2689 Le droit de sortie peut être **exclu** par les statuts ou par une convention pour une durée de **cinq ans** au plus (art. 843 al. 1 CO). Le droit de sortir pour justes motifs ne peut être supprimé (cf. art. 843 al. 2, 1re phr., CO).

2690 Par ailleurs, les statuts peuvent imposer au coopérateur sortant le paiement d'une **indemnité** si sa sortie cause un préjudice à la société ou met en danger son existence (art. 842 al. 2 CO : « *Les statuts peuvent prescrire que si la sortie, en raison des circonstances où elle a lieu, cause un sérieux préjudice à la société ou en compromet l'existence, l'associé sortant doit verser une indemnité équitable* »). Cette indemnité ne doit pas être « onéreuse à l'excès » (cf. art. 842 al. 3 CO).

2691 Si elle est prévue statutairement, il est présumé qu'elle est due même lorsque le coopérateur exerce son droit de sortie pour de justes motifs (pendant la période où les statuts ou une convention interdisent la sortie ; cf. art. 843 al. 3, 2e phr., CO).

c. Elargissement des droits du coopérateur en relation avec la sortie

aa. Délai de sortie abrégé

2692 Le délai ordinaire d'un an pour la fin d'un exercice annuel auquel est soumise la sortie déclarée par un coopérateur peut être abrégé par les statuts ; ils peuvent supprimer le terme de la fin d'un exercice annuel (art. 844 al. 2 CO).

[3468] Ce délai est différent du délai ordinaire pour contester les décisions de l'assemblée générale, qui est de deux mois (art. 891 al. 2 CO ; cf. *supra* N 1733-1760 et *infra* N 2753).

bb.   Droit à une indemnité (« part de la fortune sociale »)

Les **statuts** peuvent aussi prévoir que le coopérateur sortant a droit à une in-   2693
demnité (« *une part de la fortune sociale* », cf. art. 845 CO, qui traite uniquement de son exercice par l'office des poursuites ou des faillites si le coopérateur fait l'objet d'une saisie ou est failli[3469]). L'art. 865 al. 1 CO le prévoit lui aussi *a contrario* : « *À défaut de disposition des statuts, les associés sortants et leurs héritiers n'ont aucun droit à la fortune sociale* ».

C'est la disposition consacrée au calcul concret de la somme due le cas échéant,   2694
l'art. 864 al. 1 et 2 CO, qui est la plus explicite : « *(1) Les statuts décident si les associés sortants ou leurs héritiers possèdent des droits sur la fortune sociale et quels sont ces droits ; ils déterminent l'étendue de ces droits, qui se calculent sur l'actif net constaté par le bilan à la date de la sortie, réserves non comprises. (2) Ils peuvent conférer aux associés sortants ou aux héritiers le droit de se faire rembourser tout ou partie des parts sociales, à l'exclusion du droit d'entrée. Ils peuvent prévoir que le remboursement sera ajourné jusqu'à l'expiration d'un délai de trois ans au plus à compter de la sortie* ».

En substance, la société dispose d'une grande liberté dans ses statuts pour ré-   2695
gler l'ampleur du droit à une part de la fortune sociale et le moment auquel le paiement arrive à échéance. Les **règles impératives** concernent l'interdiction de restituer le droit d'entrée (art. 864 al. 2, 1re phr. *in fine*, CO) et la durée maximale du délai pendant lequel le coopérateur sortant doit attendre le paiement (trois ans, 2e phr. *in fine*, CO).

cc.   Cessibilité (*de facto*) entre vifs

Même si la loi ne l'exprime qu'indirectement, les statuts peuvent prévoir que   2696
la qualité de coopérateur est cessible entre vifs. Il s'agit en réalité d'un **aménagement statutaire du droit de sortie du coopérateur et du droit de la personne intéressée** qui trouve un accord avec celui-ci. Si l'acceptation de cette personne n'est soumise à aucune approbation ou qu'un droit à l'approbation existe (y compris si les motifs de refus ne sont que des cautèles limitées à des problèmes extrêmes, non réalisés dans l'immense majorité des cas), la qualité de coopérateur représente alors aussi une valeur patrimoniale.

[3469] « *Lorsque les statuts réservent en faveur de l'associé sortant une part de la fortune sociale, le droit de sortie qui lui appartient peut être exercé dans sa faillite par l'administration de la faillite, ou par le préposé aux poursuites si cette part devait être saisie* ».

2697 Sans poser le principe de la cessibilité[3470], l'art. 849 CO exprime des règles de détail, consacrées aux cas particuliers – mais non rares – où des parts sociales ont été émises : « *(1) La cession des parts sociales et, lorsque la qualité d'associé ou la part sociale est constatée par un titre, le transfert de ce titre ne suffisent pas à conférer à l'acquéreur la qualité d'associé. Celle-ci ne lui est attribuée que par une décision conforme à la loi ou aux statuts. (2) Les droits personnels attachés à la qualité d'associé ne passent à l'acquéreur que lors de son admission. (3) Lorsque la qualité d'associé dépend de la conclusion d'un contrat, les statuts peuvent prescrire que la qualité d'associé est transférée de plein droit par la reprise du contrat* ». En d'autres termes, l'al. 1, 2ᵉ phr., et l'al. 2 rappellent que pour devenir coopérateur, il faut respecter le processus d'admission. Mais, comme on l'a vu, celui-ci peut aussi se faire par une simple déclaration écrite de l'impétrant, si les statuts le prévoient ; ou encore, l'approbation peut ne pas dépendre d'une quelconque appréciation, mais être conditionnée à des critères précis, comme p. ex. le fait qu'un coopérateur sortant a passé un accord avec l'impétrant.

2698 Certaines des diverses sociétés coopératives immobilières peuvent adopter un régime où la qualité de coopérateur se transfère bel et bien juridiquement. L'art. 850 CO traite les **cas particuliers où la propriété d'un immeuble ou son exploitation par une personne induit que celle-ci est membre de la coopérative** : « *(1) La qualité d'associé peut être liée par les statuts à la propriété ou à l'exploitation d'un immeuble. (2) En pareils cas, les statuts peuvent prescrire que l'aliénation de l'immeuble ou la reprise de l'exploitation transfère de plein droit la qualité d'associé à l'acquéreur ou au reprenant. (3) La clause portant transfert de la qualité d'associé en cas d'aliénation de l'immeuble ne peut être opposée à des tiers que si elle est annotée au registre foncier* ». La règle de l'al. 2 permet aux statuts de faire en sorte que le transfert de la qualité de coopérateur ne soit pas une réalité de fait découlant de la sortie et de l'admission (non conditionnée, *de facto*, à une approbation), mais s'opère de plein droit avec le transfert de la propriété ou de l'exploitation[3471].

2699 Il ne faut pas confondre ces sociétés coopératives immobilières avec les **coopératives d'habitation**, dont le dynamisme a été évoqué[3472]. Contrairement à celles envisagées par l'art. 850 CO, elles sont elles-mêmes propriétaires d'immeubles, qu'elles mettent en location[3473] (avec le but d'assurer des loyers abor-

---

[3470] Il est parfaitement juste de rappeler que « *le sociétariat est, en principe, intransmissible* » (Isabelle CHABLOZ, CR ad art. 849 CO [2017], N 3).

[3471] Cf. p. ex. Isabelle CHABLOZ, CR ad art. 850 CO (2017), N 6 : « *[L'art. 850 al. 2] constitue une exception au principe selon lequel le sociétariat ne peut être transféré* ».

[3472] *Supra* N 2659.

[3473] Cf. p. ex. ATF 136 III 65 et 101 II 125.

dables). Le principe est que seuls les coopérateurs peuvent être locataires[3474], mais des non-locataires peuvent aussi être coopérateurs[3475]. Dans ce dernier cas, la qualité de coopérateur ne s'éteint pas forcément avec la fin du bail, contrairement à ce que présume l'art. 848 CO pour les cas où elle dépend de l'existence d'un contrat (« *Lorsque la qualité d'associé est attachée à une fonction ou à un emploi ou qu'elle dépend de la conclusion d'un contrat, notamment avec une société coopérative d'assurance, elle s'éteint par la perte de la fonction ou de l'emploi ou par la fin du contrat, à moins que les statuts n'en disposent autrement* »). Dans certaines situations, où il est opportun qu'un bail soit transféré (p. ex. en raison de la volonté de restituer l'usage des locaux de façon anticipée), il est possible que ce transfert fasse de l'opération une cession de la qualité de coopérateur, mais cela doit ici aussi s'analyser juridiquement comme une sortie d'un coopérateur (ancien locataire) couplée avec l'admission d'un autre (nouveau locataire). La qualité de coopérateur n'a, ici non plus, pas de valeur patrimoniale.

dd.   Transmissibilité à cause de mort

Enfin, les **statuts** peuvent prévoir que la qualité de coopérateur s'hérite, contrairement à la solution présumée par le législateur à l'art. 847 al. 1 CO.   2700

La société a ici la plus grande liberté pour déterminer l'effet de la dévolution ; par exemple, en cas de pluralité d'héritiers, la loi n'interdit ni le transfert successoral de la qualité de coopérateur à l'un des héritiers, que l'hoirie doit alors   2701

[3474] Pour des extraits des statuts de la Société Coopérative d'Habitation Lausanne et de la Société coopérative d'habitation Genève, cf. *supra* n. 3443. Voir aussi le § 2 des statuts de la *Mieterbaugenossenschaft Vrenelisgärtli* cité à l'ATF 101 II 125 c. 3b (128 : «*bezweckt [...], 'ihren Mitgliedern zeitgemässe Wohnungen zu möglichst niedrigen Mietzinsen zu verschaffen'* »). À l'ATF 136 III 65, la correspondance n'est pas absolument systématique : «*Selon ses statuts, cette société a 'pour but de procurer à ses membres des logements familiaux salubres, agréables et à bon marché dans des quartiers urbains' (art. 2) ; les appartements sont destinés à être loués en priorité aux membres de la coopérative (art. 3)* » (A.a [66]) ; «*Selon les statuts, les appartements sont destinés à être loués 'en priorité' aux membres de la coopérative, ce qui montre qu'il n'est pas exclu de dissocier la qualité de coopérateur et celle de locataire* » (c. 2.4.1 [71]).

[3475] On se référera p. ex. à ce qu'indique le site de la Société Coopérative d'Habitation Lausanne (*supra* n. 3443) sous la rubrique « sociétariat » : «*Lors de l'adhésion, vous devez souscrire 3 parts de base de CHF 300.– chacune et régler une taxe unique de CHF 100.– (CHF 20.– pour les enfants mineurs). Si vous devenez locataire, vous devrez souscrire 3 parts supplémentaires par pièce à la signature du bail. À tout moment, vous pourrez souscrire des parts supplémentaires (jusqu'à un maximum de 300) pour soutenir l'activité de la SCHL* ».

déterminer[3476], ni le transfert à tous les héritiers (de sorte que le décès d'un coopérateur entraîne l'accroissement du nombre de coopérateurs). Il s'agit ici d'**interpréter** la clause statutaire. Si la qualité de coopérateur donne droit à une part de la fortune sociale, on ne devrait *a priori* pas interpréter une clause dans le sens que chaque héritier devient membre de la société (sauf si l'activité attendue de chaque coopérateur est d'une importance telle pour la société que la part à la fortune sociale n'est qu'un aspect parfaitement secondaire ; il en va de même lorsque les statuts prévoient que chaque coopérateur a une certaine responsabilité personnelle pour les dettes de la société, voire une responsabilité illimitée, ou qu'il doit des versements supplémentaires).

2702 Selon la solution retenue par les statuts, la succession peut impliquer que la qualité de coopérateur s'acquière **de plein droit** (art. 847 al. 2 CO : «*Les statuts peuvent disposer toutefois que les héritiers sont de plein droit membres de la société*»). L'acquisition de la qualité peut aussi **dépendre d'une déclaration** (al. 3 : «*[Les statuts] peuvent prescrire aussi que les héritiers ou l'un d'eux devront, sur demande écrite, être reconnus membres de la société à la place du défunt*»). En cas de **pluralité d'héritiers** et tant que n'est pas déterminé quel héritier remplacera le coopérateur défunt (p. ex. tant que court le délai de répudiation, notamment en cas de bénéfice d'inventaire, ou si la clause statutaire implique que les héritiers désignent l'un d'eux pour remplacer le défunt), un représentant doit être désigné[3477] ; ce peut être le représentant officiel de l'art. 602 CC (notamment en cas de désaccord entre héritiers), mais il est plus simple que les héritiers s'accordent à désigner une personne (y compris l'un d'eux) pour agir simplement dans le cadre de la coopérative (le mandat relève alors des art. 32 ss CO).

2703 La transmissibilité héréditaire de la qualité de coopérateur peut avoir pour effet pratique que celle-ci revêt une certaine **valeur patrimoniale**.

[3476] C'est ce que préconise, à défaut d'autre solution statutaire, Isabelle CHABLOZ, CR ad art. 847 CO (2017), N 16 : «*L'acquisition automatique de [l'art. 847 al. 2 CO] peut poser des problèmes si le défunt laisse plusieurs héritiers. À défaut de règles statutaires sur ce point, la SCoop ne doit admettre qu'une seule personne comme associée. [L'art. 847 al. 4] (obligation de désigner un représentant) doit dont être interprété comme le passage du sociétariat à la communauté héréditaire jusqu'à ce qu'un héritier soit choisi jusqu'au partage, à la reprise d'un bien ou d'une activité. La communauté est ainsi temporairement membre et doit être représentée par une personne qu'elle désigne*».

[3477] La formulation de l'art. 847 al. 4 CO («*La communauté des héritiers désigne un représentant de ses intérêts dans la société*») est courte – et à vrai dire elliptique, car la désignation d'un représentant n'est pas indispensable dans les cas où les héritiers deviennent automatiquement tous coopérateurs (soit s'ils acceptent explicitement ou que le délai de répudiation est échu à l'époque du premier acte de coopérateur à accomplir après le décès).

d.　Exclusion

Outre la faculté d'exclure un coopérateur pour **justes motifs**, qui existe impé-　2704
rativement (art. 846 al. 2 CO), les statuts peuvent prévoir d'**autres clauses
d'exclusion**[3478] (ou préciser ce qui est considéré comme de justes motifs, ce
qui peut bel et bien représenter une extension des justes motifs par rapport à la
notion légale).

La **procédure** d'exclusion (art. 846 al. 3 CO)[3479] et l'éventuelle obligation de　2705
payer une indemnité sont (al. 4)[3480] les mêmes lorsque l'exclusion est prononcée pour des causes statutaires que si elle l'est au titre des justes motifs légaux.
Les statuts peuvent cependant différencier les deux types de situations ou faire
encore d'autres distinctions.

C.　« Principe de la porte ouverte »

En vertu d'un principe juridique impératif, **la coopérative ne peut avoir un**　2706
nombre de membres _a priori_ limité. L'art. 839 al. 1 CO dispose que « _[l]a
société peut en tout temps recevoir de nouveaux membres_ ». Le législateur a
expressément voulu que « _le principe de la non-limitation du nombre des sociétaires soit sauvegardé_ »[3481]. La coopérative n'est pas conçue comme un club
ou un cercle fermé.

Il est donc juste de parler d'un « principe de la porte ouverte ». Il est interdit à la　2707
coopérative de s'interdire en soi d'accueillir de nouveaux coopérateurs. Ce principe ne doit toutefois pas être mécompris : les statuts peuvent poser des **conditions à l'admission** (art. 839 al. 2 CO), par des critères précis ou vagues, et il
existe alors une procédure par laquelle l'administration ou l'assemblée générale
statue sur la question de la réalisation de ces conditions[3482]. Comme le relevait le
Message du Conseil fédéral, le principe de la non-limitation du nombre de coopérateurs « _ne signifie pas d'ailleurs qu'il existe pour le candidat un droit à être
admis dans la société et pour celle-ci une obligation de le recevoir. Les statuts_

[3478]　Art. 846 al. 1 CO : « _Les statuts peuvent spécifier les causes d'exclusion d'un associé_ ».
[3479]　Cf. _supra_ N 2688.
[3480]　Cf. _supra_ N 2693-2695.
[3481]　Message du Conseil fédéral, FF 1928 I 320 (l'art. 828 al. 1 P-CO-1928 qui codifiait la
　　　volonté ainsi exprimée a été repris, inchangé au cours du processus législatif, à l'art. 839
　　　al. 1 CO-1936 encore en vigueur aujourd'hui ; l'al. 2 proposé en 1928 n'a pas subi de mo-
　　　dification matérielle devant les Chambres fédérales ; cf. d'ailleurs la remarque en ce sens
　　　à l'ATF 98 II 221 c. 4c _in fine_ [229]).
[3482]　Cf. _supra_ N 2679.

[...] peuvent en particulier créer des restrictions en partant de considérations d'ordre professionnel, local, politique, confessionnel, etc. ».

2708 La jurisprudence a confirmé que la personne intéressée à être admise comme coopérateur n'a pas de **prétention** qui puisse être déduite en justice, sous réserve de l'interdiction de l'abus de droit ou des implications de la protection de la personnalité[3483], ou encore d'une loi spéciale[3484] (y compris la loi sur les cartels[3485]). Les statuts peuvent toutefois peuvent toutefois créer un tel droit si, comme l'envisage l'art. 840 al. 3 CO, ils permettent l'adhésion par une simple déclaration écrite de l'impétrant (sans décision de l'administration ou de l'assemblée)[3486] ou s'ils contiennent une clause statutaire dont l'interprétation conduit clairement à reconnaître qu'il existe un véritable droit à l'adhésion[3487]. Une

---

[3483] La jurisprudence est établie depuis l'ATF 98 II 221 c. 5 (231). Cet arrêt reprend les critères de l'ATF 69 II 41 c. 3 (45 *in fine*). Plusieurs arrêts s'en étaient écartés dès l'ATF 76 II 281 c. 6 (294 s.), lequel avait laissé la question indécise, de même que l'ATF 81 II 117 c. 4 (126), avant que l'ATF 82 II 292 c. 8 (307) admette une obligation d'accepter l'impétrant (dans une association, mais par référence à l'art. 839 al. 2 CO) ; l'ATF 86 II 365 c. 1 (370) avait laissé la question à nouveau irrésolue. L'ATF 98 II 221 a été confirmé par l'ATF 118 II 435 c. 2a (437) et 3a (439). Ce dernier arrêt, de 1992, a été cité à une reprise (état au 31. 12. 2023) dans un arrêt TF 25. 2. 2003, 4C.350/2002, c. 3.1 *in fine* (« *la doctrine dominante et la jurisprudence du Tribunal fédéral considèrent que les candidats au sociétariat n'ont en principe aucun droit à entrer dans une société coopérative, même s'ils remplissent les conditions statutaires d'admission, sauf exception fondée sur les principes généraux du droit tels que l'interdiction de l'abus de droit et la protection de la personnalité* »).

[3484] Isabelle CHABLOZ, CR ad art. 839 CO (2017), N 4, cite, outre des réglementations pour les coopératives de droit public (l'arrêt VerwGer SZ 24. 7. 1991, publié in ZBl 1991 507 c. 2, reconnaît une obligation d'admettre un candidat sur la base du principe constitutionnel de l'égalité de traitement), l'art. 6 al. 2 LAMal et l'art. 5 al. 1 lit. i LSAMal ; les assureurs-maladie sont certes des entités de droit privé (cf. art. 5 al. 1 lit. a, dont des coopératives), mais le domaine de l'assurance-maladie obligatoire est très largement régi par le droit public.

[3485] L'obligation de la Coopérative des producteurs de fromages d'alpages « L'Etivaz » d'admettre un producteur de fromage a été reconnue par un arrêt TC VD 31. 8. 2011 (« *condamné la défenderesse à admettre le demandeur en qualité de sociétaire* »), confirmé par l'ATF 139 II 316 c. 7 (326 : « *la défenderesse refuse d'admettre le demandeur à titre de sociétaire et de recevoir sa production pour l'affinage. Ce refus empêche le demandeur de commercialiser cette même production sous l'appellation protégée 'L'Etivaz'. Étant la seule entreprise à pratiquer l'affinage, la défenderesse est également la seule à pouvoir commercialiser du fromage sous ladite appellation* ») et c. 8 *in fine* (328 : « *Faute de répondre à une justification objective, le refus [...] se révèle abusif, et partant illicite aux termes de l'art. 7 al. 1 LCart* »).

[3486] Cf. *supra* N 2679 *in fine*.

[3487] En ce sens, Isabelle CHABLOZ, CR ad art. 839 CO (2017), N 5, qui précise : « *En revanche, ce n'est pas le cas de [la clause statutaire] plus large selon laquelle toute personne remplissant les conditions d'admission peut devenir associée* ».

telle interprétation n'a, le cas échéant, rien d'incongru : l'adhésion par simple déclaration écrite unilatérale de l'impétrant étant possible, les statuts peuvent parfaitement prévoir un véritable droit d'adhésion conditionné à des critères précis en faveur des personnes les remplissant (on peut analyser la cause en question comme un type de stipulation pour autrui).

Une autre règle impérative est énoncée à l'art. 839 al. 2 CO *in fine* : «*les conditions particulières de l'admission [réglées par les statuts] ne doivent pas rendre l'entrée onéreuse à l'excès*». Outre l'idéal démocratique général suivi par le législateur, cette règle se justifie par la conception selon laquelle la qualité de coopérateur n'est pas une valeur patrimoniale[3488]. En particulier, un droit d'entrée très onéreux irait à l'encontre de cette conception et risquerait de donner lieu à des arrangements qui la contournent ou à des abus[3489].   2709

Les coopérateurs ou l'administration peuvent **contester** l'adoption de dispositions statutaires qui rendraient l'adhésion onéreuse à l'excès en violation de l'art. 839 al. 2 *in fine* CO ; ils doivent agir par l'action en annulation (art. 891 CO), voire en constatation de nullité[3490].   2710

L'impétrant confronté à des conditions d'adhésion onéreuses à l'excès qui l'empêchent de rejoindre la coopérative ne peut intenter cette action, réservée aux coopérateurs ou à l'administration, mais il peut **invoquer qu'elles induisent un abus de droit ou une violation de ses droits de la personnalité** (ou qu'elles sont incompatibles avec une loi spéciale)[3491]. L'existence d'un abus de droit suppose que toutes les circonstances soient évaluées[3492]. Il peut alors   2711

[3488] Cf. *supra* N 2668 et 2699 (les situations décrites aux N 2696 et 2703 ayant précisément un caractère d'exception).

[3489] Il y a lieu de rappeler que le droit d'entrée n'est pas remboursable en vertu de l'art. 864 al. 2 CO, cf. *supra* N 2694 s. Une exclusion qui ferait suite à une adhésion pour laquelle un droit d'entrée élevé a été payé est susceptible de constituer assez aisément un traitement abusif.

[3490] Cf. *supra* N 1733-1760 et *infra* N 2753.

[3491] Cf. *supra* N 2708, spéc. ad n. 3483-3485.

[3492] Ainsi Isabelle CHABLOZ, CR ad art. 839 CO (2017), N 11 ad n. 17 s. : «*Il n'est pas possible de définir de manière générale et abstraite quand une clause rend l'entrée onéreuse à l'excès. Il faut tenir compte de toutes les circonstances concrètes (patrimoine social, situation financière des associés et des candidats, prestations de la société, obligations imposées par les conditions d'admission*)». L'ATF 118 II 435 c. 3c (439) énonce que l'action échoue parce que le caractère excessivement onéreux n'est pas concrètement démontré («*Die Klägerin [...] legt aber nicht dar, inwiefern die angefochtene Statutenbestimmung das erträgliche Mass vermissen lässt, sich als unerträglich, unzumutbar erweist*»).

conclure en justice[3493] à ce que la coopérative soit condamnée à accepter son adhésion à des conditions conformes à l'art. 839 al. 2 CO.

D. L'obligation de « veiller de bonne foi à la défense des intérêts sociaux »

2712 L'art. 866 CO dispose que « *[l]es associés sont tenus de veiller de bonne foi à la défense des intérêts sociaux* ».

2713 Cette règle impose assurément davantage aux coopérateurs que le seul devoir général de se comporter de bonne foi, lequel existe dans toute relation juridique soumise au droit suisse (art. 2 al. 1 CC). Elle exige en effet que les coopérateurs défendent les intérêts sociaux.

2714 Cela suppose, contrairement aux actionnaires, qu'il leur est **interdit d'accomplir des actes préjudiciables** aux intérêts de la coopérative. Cela inclut notamment une prohibition de dénigrer la coopérative[3494]. Le coopérateur ne devrait pas non plus s'approprier personnellement une occasion d'affaires avantageuse si elle peut aisément être accomplie par la coopérative[3495].

2715 D'un autre point de vue, la notion **va moins loin que le devoir de fidélité ou de loyauté des gérants**, lequel, couplé avec le devoir de diligence, induit l'obligation d'agir potentiellement tous azimuts et de façon proactive[3496].

2716 Le devoir de défendre de bonne foi les intérêts de la coopérative peut se **concrétiser** dans l'obligation, au sein d'une coopérative de production dont les installations sont mises à disposition des membres contre un paiement modéré (avec une modeste marge bénéficiaire), d'utiliser ces installations[3497] afin

---

[3493] L'ATF 118 II 435 c. 3b (439) reconnaît *a contrario* cette action en cas d'abus de droit ou, notamment, de clause statutaire prévoyant un droit d'adhérer (« *der Abgewiesene [kann] kein Rechtsmittel ergreifen [...], auch wenn er die Aufnahmevoraussetzungen erfüllt, es sei denn, der Beitrittswillige könne sich auf einen allgemeinen Rechtsgrundsatz, ein Spezialgesetz oder ein statutarisch vorgesehenes Beitrittsrecht stützen* »).

[3494] Cf., pour comparaison avec les cas les plus nets de la violation du devoir de fidélité de l'associé d'une Sàrl, *supra* N 2501.

[3495] Cf. *supra* N 2502 *in fine* (comparaison avec la position de l'associé d'une Sàrl).

[3496] Cf. *supra* N 968-1103.

[3497] Cf. Jacques-André REYMOND (1996), p. 192 ; Isabelle CHABLOZ, CR ad art. 866 CO (2017), N 5 ad n. 10. L'arrêt TF 2. 9. 2003, 4C.137/2003, c. 1.3, reconnaît une obligation d'un producteur de lait de livrer sa production à la coopérative laitière dont il est membre ; il s'agit toutefois d'une obligation explicitement décidée par l'assemblée générale (et non seulement d'une obligation déduite du devoir de défendre de bonne foi les intérêts sociaux).

d'éviter qu'elles soient sous-utilisées et que leur coût ne puisse être amorti. Il en va de même *mutatis mutandis* dans une coopérative de consommation. Une obligation de non-concurrence peut aussi être fondée sur ce devoir[3498].

Cela étant, **les statuts et les décisions de l'assemblée générale** peuvent préci-   2717
ser les obligations des coopérateurs[3499].

Il importe encore d'avoir à l'esprit que les – éventuelles – **obligations de na-**   2718
ture financière des coopérateurs, lesquelles supposent que des clauses statutaires soient adoptées à cet effet, sont spécifiquement régies par diverses dispositions légales, traitées ci-après.

E.   Éventuelles obligations statutaires du coopérateur relatives à des « versements supplémentaires » et à une responsabilité individuelle

La loi comprend un assez grand nombre de dispositions consacrées aux « ver-   2719
sements supplémentaires » et à la responsabilité individuelle auxquels les statuts peuvent obliger les coopérateurs. La plupart sont communes à ces deux
types d'obligations. Cela dit, celles-ci n'apparaissent pas (ou plus) très répandues dans la pratique.

[3498] Cf. Jacques-André REYMOND (1996), p. 192 ; Isabelle CHABLOZ, CR ad art. 866 CO (2017), N 5 ad n. 10.

[3499] L'ATF 101 II 125 insiste sur le fait que même le devoir de défendre de bonne foi les intérêts de la coopérative selon l'art. 866 al. 1 CO se détermine par les statuts (c. 3a [127 s.]) : « *Die Treuepflicht beurteilt sich in erster Linie nach dem von der Genossenschaft angestrebten Zweck und den dafür in den Statuten vorgesehenen Mitteln [...]. Der weitere Statuteninhalt ist für die Bestimmung der Treuepflicht beachtlich, wenn sich aus diesem über die eigentliche Zweckbestimmung und die dafür vorgesehenen Mittel hinaus besondere Pflichten der Genossenschafter ergeben [...]. Die Statuten sind somit einerseits Grundlage und andererseits Schranke der Treuepflicht des Genossenschafters. Aus ihnen müssen alle den Genossenschaftern aus der Mitgliedschaft erwachsenden Verpflichtungen, zu denen nicht nur jene auf Geldleistung gehören, ersichtlich sein [...]. Eine Beschränkung der Individualrechtssphäre der Genossenschafter kann nur insoweit angenommen werden, als die Rechtssphäre der Genossenschaft nach den Statuten erkennbar reicht* ». Sous l'ancien droit, cf. ATF 46 II 313 c. 2 (319 *in fine*) : « *Genossenschaften können somit von ihren Mitgliedern persönliche Leistungen, sofern sie wenigstens von etwelcher Bedeutung sind, nur verlangen, soweit diese Leistungen in den Statuten vorgesehen sind* ».

1. « Versements supplémentaires »

2720 Les **statuts** peuvent obliger les coopérateurs à effectuer des versements à fonds perdus si la société a subi des pertes (art. 871 al. 1 CO : « *Les statuts peuvent, au lieu d'imposer une responsabilité aux associés ou à côté de cette responsabilité, les obliger à faire des versements supplémentaires, qui ne seront toutefois employés qu'à éteindre les pertes constatées par le bilan* »). Cette obligation est potentiellement importante, car elle permet à la coopérative d'exiger de ses membres l'apport de ressources alors qu'elle est encore pleinement fonctionnelle et, notamment, bien avant la faillite et même avant que celle-ci ne menace.

2721 Les montants correspondant aux versements supplémentaires effectués sont un actif de la coopérative lors de leur paiement. Au passif, ils devraient être des fonds propres, mais comme leur fonction est de **compenser des pertes**, leur effet comptable sera d'effacer celles-ci (en tout ou en partie) ; il n'y aura donc pas de position de fonds propres intitulée « versements supplémentaires effectués ».

2722 L'obligation d'effectuer des versements supplémentaires peut être **illimitée** : la coopérative peut alors appeler ses membres à de tels versements chaque fois qu'elle subit des pertes. Elle peut aussi ne porter que sur des montants **limités** par les statuts. Une fois le montant statutaire atteint, l'obligation s'éteint. Cette limitation peut être énoncée par un montant global exigible de l'ensemble des coopérateurs ou déterminée par rapport à chaque coopérateur (la définition des versements supplémentaires dus étant alors un montant individuel fixe [« par tête »] ou un montant *par part sociale*, ou une formule plus complexe, y compris par une limitation à une catégorie de coopérateurs[3500])[3501]. Il s'agit, chaque fois, d'interpréter minutieusement les statuts.

2723 L'art. 871 al. 4, 1re phr., CO indique que « *[l]es versements peuvent être exigés en tout temps* ». En réalité, vu la fonction d'éteindre les pertes affichées au bilan,

---

[3500] L'art. 872 CO ne s'applique pas aux versements supplémentaires, ce qui ressort clairement des travaux législatifs, cf. BO 1934 N 763 (séance du 6. 11. 1934). V. ég. Jacques-André REYMOND (1996), p. 200 s. ; Isabelle CHABLOZ, CR ad art. 872 CO (2017), N 2 ad n. 2 s. ; Max GUTZWILLER, ZK ad art. 872 CO (1974), N 1 s.

[3501] L'art. 871 al. 2 et 3 CO n'est pas rédigé de façon très limpide : « *(2) Cette obligation peut être illimitée ou restreinte à des sommes déterminées, ou encore proportionnée aux contributions statutaires ou aux parts sociales. (3) Lorsque les statuts ne contiennent pas de dispositions concernant les versements à opérer par chacun des associés, la répartition se fait proportionnellement au montant des parts sociales ou, s'il n'en existe pas, par tête* ».

cela **suppose que des pertes aient préalablement été réalisées**[3502]. Il n'y a cependant pas de seuil de pertes particulier (notamment, il n'est pas nécessaire que la coopérative soit en situation de surendettement ou de perte de capital).

La coopérative peut utiliser les moyens apportés en vertu de l'obligation de versements supplémentaires pour **tout usage qui réduit les pertes** (p. ex. acquisition d'actifs immobilisés, paiements de dettes). Elle ne peut cependant « profiter de l'occasion » pour créer simultanément des amortissements ou provisions comptables qui induiraient la renaissance immédiate de pertes, lesquelles permettraient à la coopérative de faire un nouvel appel de versements complémentaires[3503].   2724

Les versements supplémentaires peuvent être réclamés **en cas de faillite** (c'est alors l'administration de la faillite qui est compétente, art. 871 al. 4, 2ᵉ phr., CO).   2725

2. *Responsabilité individuelle du coopérateur*

a. Principe

La coopérative est une personne morale ; son patrimoine est donc parfaitement distinct de celui de ses sociétaires[3504]. Dans le régime ordinaire, ceux-ci n'ont qu'une **responsabilité limitée aux apports** correspondants à leurs parts sociales. Ils n'ont pas de responsabilité pour les dettes de la coopérative. L'art. 868 CO le rappelle de façon limpide.   2726

Cette disposition réserve toutefois un **régime divergent** aménagé par les statuts, qui relève alors clairement de l'exception sous l'angle conceptuel[3505] (et, d'ailleurs, aussi sur un plan pratique).   2727

[3502] Ainsi Isabelle CHABLOZ, CR ad art. 871 CO (2017), N 13 ad n. 10 (« *les versements supplémentaires ne peuvent être réclamés que lorsque des pertes au bilan ont été constatées* ») ; Jacques-André REYMOND (1996), p. 202.

[3503] En ce sens Jacques-André REYMOND (1996), p. 203 ; même avis, Isabelle CHABLOZ, CR ad art. 871 CO (2017), N 19 ad n. 18.

[3504] Cf. *supra* N 995. Voir aussi N 1627 et 1630.

[3505] Le régime était inverse de 1881 à 1936 (cf. ATF 133 III 105 c. 2.2.3 [111], qui relève la même évolution pour l'association, le système de responsabilité des sociétaires applicable de 1912 et 2004 ayant été supprimé au profit d'une responsabilité exclusive du patrimoine social en 2005 [*supra* N 734]).

2728 Les art. 869 s. et 872 CO aménagent ce régime exceptionnel, avec les art. 873 à 878 CO qui posent des dispositions communes pour la responsabilité individuelle des coopérateurs et leur obligation d'effectuer des « versements supplémentaires ».

b. Responsabilité individuelle illimitée

2729 La responsabilité individuelle illimitée des coopérateurs est possible en vertu de l'art. 869 CO (sauf pour les coopératives d'assurances concessionnaires). Il s'agit d'une responsabilité **subsidiaire** : contrairement aux versements supplémentaires qui peuvent être réclamés en cas de simples pertes à éponger, elle n'est engagée que si la société a fait faillite. La responsabilité de chaque coopérateur est **solidaire** : chacun doit assumer l'ensemble des engagements de la coopérative qui demeurent inexécutés du fait de la faillite.

2730 **Sur un plan interne**, c'est-à-dire entre coopérateurs, on admet que chaque associé doit assumer une part proportionnelle aux parts sociales si la société en a émis[3506] ; sinon, chaque associé doit assumer une part égale. Le coopérateur qui paie plus que sa part a un recours envers ses associés (cf. art. 873 al. 2, 878 al. 2 et 148 al. 2 CO).

c. Responsabilité individuelle restreinte

2731 En vertu de l'art. 870 CO, les statuts peuvent prévoir une responsabilité des coopérateurs qui, allant au-delà de l'obligation de verser les apports correspondants aux parts sociales souscrites et d'éventuels « versements supplémen-

---

[3506] En ce sens, Isabelle CHABLOZ, CR ad art. 869 s. CO (2017), N 12 ad n. 18 et *in fine* ; Hans NIGG, BaK ad art. 869 CO (2016), N 24. Pour une répartition par tête (vu l'art. 8 al. 1 de l'Ordonnance du TF sur la faillite de la société coopérative, qui ne mentionne que les cas de responsabilité restreinte : « *La somme à verser par les associés pour couvrir la perte probable de la faillite est répartie dans un état de répartition provisoire, également entre tous les associés individuellement responsables ; en cas de responsabilité restreinte, jusqu'à concurrence du montant fixé et, s'il existe des parts sociales, proportionnellement à celles-ci* »), Jacques-André REYMOND (1996), p. 199. L'art. 873 al. 2 CO ne permet pas de trancher : « *Les sommes non recouvrables se répartissent dans la même proportion entre les autres associés et le solde actif est restitué après l'établissement définitif du tableau de distribution. Demeure réservé le recours des associés les uns contre les autres* ». – L'ATF 78 III 33 c. 12 (48) confirme l'application d'une disposition statutaire qui attribue à tous les coopérateurs une part interne égale, indépendamment du nombre de parts sociales détenues par chacun.

taires », les obligent à payer les dettes de la société jusqu'à un **montant limité** (al. 1 : « *les statuts peuvent prescrire que les associés répondent subsidiairement, à titre personnel, des engagements de la société au-delà de leurs contributions statutaires et de la libération de leurs parts sociales, mais à concurrence seulement d'une somme déterminée* »).

La loi envisage manifestement un **montant global**, qui doit être réparti proportionnellement aux parts sociales (art. 870 al. 2 CO : « *S'il existe des parts sociales, cette somme se calcule pour chacun des associés proportionnellement au montant de ses parts* »). Cependant, les statuts peuvent aussi prévoir un montant fixe maximal **par associé**[3507], ou aussi un montant correspondant à une portion (quote-part) de l'ensemble des dettes.   2732

Les statuts peuvent prévoir que cette responsabilité est solidaire (la loi ne le présume pas[3508]). Dans ce cas, chaque associé pourra être amené à payer une somme supérieure à celle qui lui revient dans les rapports internes[3509], ce qui donne lieu à une action récursoire entre associés (cf. art. 878 al. 2 et 148 al. 2 CO[3510]).   2733

d.   Règles communes aux responsabilités illimitée et restreinte

Les responsabilités illimitée et restreinte ont en commun que tant que la faillite n'est pas clôturée, c'est l'administration de la faillite qui **réclame** les montants nécessaires (art. 869 al. 2, 2e phr., et 870 al. 3 CO). Pour la procédure qui suit la clôture de la faillite, l'art. 878 al. 1 CO prescrit que « *[l]es droits des créan-*   2734

[3507] Cf. Isabelle CHABLOZ, CR ad art. 869 s. CO (2017), N 7 ad n. 8 (« *le montant maximum [...] peut être fixé soit par associé, soit globalement* ») ; Jacques-André REYMOND (1996), p. 197.

[3508] Cela résulte du texte légal de l'art. 870 al. 1 CO, qui contraste avec l'art. 869 CO. L'art. 17 de l'Ordonnance du TF sur la faillite des sociétés coopératives le montre aussi : « *Si les associés sont indéfiniment responsables des engagements sociaux <u>ou si</u>, restreintes à un montant déterminé ou proportionnées aux parts sociales, leur responsabilité ou leur obligation d'opérer des versements supplémentaires <u>sont déclarées solidaires par les statuts</u>, la procédure de répartition a lieu suivant les dispositions des art. 18 et 19* ».

[3509] Cf. art. 18 al. 4 de l'Ordonnance du TF sur la faillite des sociétés coopératives (« *On dressera autant d'états complémentaires qu'il sera nécessaire <u>pour répartir entre les autres associés les contributions irrécouvrables</u>, toutefois seulement jusqu'à épuisement de la responsabilité personnelle restreinte ou de l'obligation d'opérer des versements supplémentaires* »).

[3510] Voir aussi l'art. 19 al. 2, 2e phr., de l'Ordonnance du TF sur la faillite des sociétés coopératives (« *Si certains associés ont payé plus qu'ils ne devaient par rapport aux autres [...]* »).

ciers dérivant de la responsabilité personnelle des divers associés peuvent encore être exercés par chacun d'eux dans l'année qui suit la clôture de la procédure de faillite ».

2735 L'art. 872, 1re part., CO prévoit que ce sont **l'ensemble des dettes** qui bénéficient de la responsabilité individuelle : les statuts ne peuvent limiter son champ d'application à des dettes nées pendant une certaine période ou à certaines catégories de dettes[3511]. Par ailleurs, il n'est pas possible d'exclure la responsabilité de certains associés (art. 872, 2e part., CO)[3512].

3. Dispositions communes à la responsabilité individuelle et à l'obligation d'effectuer des « versements supplémentaires »

a. Consentement individuel du coopérateur

2736 Les engagements des coopérateurs relatifs à la responsabilité individuelle ou aux versements supplémentaires ne peuvent être **modifiés** que si les statuts le sont (art. 874 al. 1, 1re part., CO : « *La responsabilité des associés ou leur obligation d'opérer des versements supplémentaires ne peuvent être modifiées que par une révision des statuts* »). La décision modifiant les statuts dans le sens d'une introduction ou d'un alourdissement de ces engagements doit réunir une **majorité qualifiée** (art. 889 al. 1 CO : « *Pour les décisions qui tendent à introduire ou aggraver la responsabilité individuelle ou l'obligation d'opérer des versements supplémentaires, la majorité doit réunir les trois quarts de tous les associés* »).

[3511] D'ailleurs, en cas d'introduction ou d'aggravation des engagements (cf. *infra* N 2736-2737), l'art. 874 al. 4 CO prévoit explicitement que « *[l]a révision des statuts qui a pour objet soit d'introduire, soit d'aggraver la responsabilité des associés ou leur obligation d'opérer des versements supplémentaires profite à tous les créanciers dès qu'elle a été inscrite* ». Il y a cependant une inégalité de traitement en vertu de l'al. 3 : « *L'atténuation de la responsabilité des associés ou de leur obligation d'opérer des versements supplémentaires ne s'applique pas aux dettes nées antérieurement à la publication des statuts révisés* » ; en d'autres termes, les dettes anciennes sont privilégiées dans le cas d'une atténuation.

[3512] Art. 872 CO : « *Ne sont pas valables les dispositions statutaires qui limitent la responsabilité à une période déterminée ou à la garantie d'engagements spéciaux, ou à certaines catégories d'associés* ». Comme énoncé, cette règle ne s'applique pas à l'obligation d'effectuer des versements supplémentaires, cf. *supra* n. 3500. L'art. 875 CO exclut explicitement que les nouveaux coopérateurs puissent être traités différemment en ceci qu'ils ne répondraient pas des dettes antérieures à leur adhésion (cf. *infra* N 2742).

Ces engagements ne peuvent pas être imposés aux coopérateurs. Leur adoption 2737 crée un **droit de sortie, franc d'indemnité**, aux coopérateurs qui n'ont pas adhéré à leur introduction ou à leur alourdissement (art. 889 al. 2 et 3 CO : « *[2] Ces décisions n'obligent pas ceux qui n'y ont point adhéré, s'ils déclarent leur sortie dans les trois mois à compter du jour où elles ont été publiées. Une telle déclaration porte effet à la date de l'entrée en vigueur de la décision. [3] L'exercice du droit de sortie ne peut être subordonné, dans ce cas, au paiement d'une indemnité* »).

Ces engagements ne sont pas imposés aux **coopérateurs originaires** contre 2738 leur gré, puisqu'ils doivent figurer dans les statuts (art. 833 CO : « *Ne sont valables qu'à la condition de figurer dans les statuts les dispositions concernant : [...] 5. la responsabilité individuelle des associés et leur obligation d'effectuer des versements supplémentaires ou de fournir des prestations en argent ou sous une autre forme, ainsi que la nature et le montant des prestations concernées* »). Quant au **coopérateur qui entre dans la société**, sa déclaration écrite par laquelle il sollicite son admission doit contenir explicitement une acceptation de ces engagements (art. 840 al. 2 CO : « *Lorsque la société est de celles qui, en dehors de la responsabilité frappant la fortune sociale, imposent à leurs membres une responsabilité personnelle ou des versements supplémentaires, la déclaration d'entrée n'est valable que si le candidat accepte expressément ces obligations* »).

b.   Publicité des coopérateurs responsables

En cas de responsabilité individuelle ou d'obligation d'effectuer des verse- 2739 ments supplémentaires, la coopérative doit informer le **registre du commerce** de toute modification du cercle des coopérateurs (art. 877 al. 1 CO). Les associés sortants ou exclus, ou les héritiers, sont également habilités à informer le registre du commerce (al. 2).

c.   Dispositions bénéficiant aux dettes antérieures à un allègement
       de responsabilité comme à une adhésion d'un nouveau coopérateur

Le législateur a veillé à protéger par des **dispositions impératives** les dettes 2740 nées avant des modifications concernant la responsabilité.

Ainsi, en cas d'allègement de la responsabilité des coopérateurs, l'art. 873 al. 2 2741 CO préserve la **plénitude de la responsabilité antérieure à l'allègement** (« *L'atténuation de la responsabilité des associés ou de leur obligation d'opé-*

*rer des versements supplémentaires ne s'applique pas aux dettes nées antérieu-
rement à la publication des statuts révisés »*). Cela se comprend parce que le
créancier avait accordé du crédit à une époque où la responsabilité des coopérateurs n'était pas amoindrie par cet allègement.

2742 En sens inverse, lorsqu'un **nouveau coopérateur** entre dans la société – et
donc accroît potentiellement le substrat de responsabilité dont bénéficient les
créanciers –, l'art. 875 CO interdit de ne pas en faire bénéficier les anciens
créanciers : « *(1) Celui qui entre dans une société dont les membres répondent
individuellement des engagements sociaux ou sont obligés d'opérer des versements supplémentaires est tenu, comme les autres associés, des dettes nées antérieurement à son admission. (2) Toute disposition contraire des statuts ou
convention contraire passée entre les associés est sans effet à l'égard des
tiers »*.

d. Préservation de la responsabilité individuelle

2743 Le coopérateur personnellement **responsable qui sort de la société** demeure
lié (pour les dettes existant au moment de sa sortie[3513]) si la société tombe en
faillite « *dans l'année qui suit l'inscription de la sortie* » au registre du commerce, en vertu de l'art. 876 CO. Les statuts peuvent prévoir un délai plus long
(al. 1 *in fine*), la disposition protectrice étant ainsi *relativement impérative*.

e. Mise en œuvre de la responsabilité individuelle

2744 L'administration de la faillite établit d'abord un **état provisoire** des montants
réclamés à chaque coopérateur, au moment où elle dresse l'état de collocation
(art. 873 al. 1 CO). Si ces montants s'avèrent insuffisants en raison de la défaillance d'un coopérateur, l'administration réclame le surplus.

[3513] Est déterminante l'existence des dettes, non leur exigibilité, cf. Jacques-André REYMOND
(1996), p. 209 et Isabelle CHABLOZ, CR ad art. 876 CO (2017), N 6 ad n. 6. L'art. 8 de
l'Ordonnance du TF sur la faillite de la société coopérative dispose que « *[l]es contributions qui peuvent, en vertu de l'art. 876 CO, être réclamées aux associés sortis, individuellement responsables ou tenus à des versements supplémentaires, doivent être calculées sur la perte éprouvée dans la faillite par les créanciers bénéficiant de la garantie
desdits associés, et non sur le découvert qui existait au moment de leur sortie de la société »*).

L'Ordonnance du Tribunal fédéral sur la faillite de la société coopérative con- 2745
tient une marche à suivre très précise sur les **états de répartition complémentaires** à dresser éventuellement[3514].

Le coopérateur qui paie plus que sa part a une **action récursoire** contre ses 2746
associés, qui suit les règles ordinaires (art. 148 al. 2 et 3 CO)[3515]. Le délai de
prescription de l'action récursoire est de trois ans (art. 878 al. 2 CO, qui reprend
la règle générale de l'art. 139 CO).

V. Répartition des compétences entre l'organe suprême et l'organe dirigeant (« parité souple »)

Matériellement, la répartition fondamentale des compétences entre l'organe su- 2747
prême (l'assemblée des coopérateurs) et l'organe dirigeant (l'administration)
dans la coopérative est un domaine où il y a une **convergence pour l'ensemble
des sociétés de capitaux et la coopérative**[3516] : les coopérateurs ont, en vertu
de l'art. 879 al. 2 CO, le droit intransmissible (i) de modifier les statuts (ch. 1),
(ii) d'élire l'organe dirigeant et l'organe de révision (ch. 2) et donc de les révoquer (art. 890 al. 1 CO), (iii) de donner décharge aux membres de l'organe dirigeant (ch. 4), (iv) de voter sur les comptes annuels (ch. 2bis, y compris consolidés, ch. 3) et l'utilisation de l'éventuel bénéfice (ch. 2bis), ainsi que le
remboursement des réserves issues du capital (ch. 3bis), et (v) plus généralement
de prendre les autres décisions que les statuts ou la loi lui réservent (ch. 5).

[3514] Art. 16 al. 1, 1re phr. : « *Sitôt l'état de répartition passé en force, l'administration de la
faillite pourvoit à l'encaissement des contributions des associés* ». Art. 18 : « *(1) Les
sommes irrécouvrables, ainsi que celles dont le recouvrement retarderait à l'excès la clôture de la procédure, font l'objet d'un état de répartition complémentaire dans lequel elles
seront mises à la charge des autres associés en proportion du montant de leurs parts ou
des versements supplémentaires ; si leur responsabilité ou leur obligation d'opérer des
versements supplémentaires est restreinte, la répartition s'opérera à concurrence de la
somme fixée. [...] (4) On dressera autant d'états complémentaires qu'il sera nécessaire
pour répartir entre les autres associés les contributions irrécouvrables, toutefois seulement jusqu'à épuisement de la responsabilité personnelle restreinte ou de l'obligation
d'opérer des versements supplémentaires. (5) L'administration de la faillite peut cependant différer l'établissement des états complémentaires jusqu'au compte final (art. 19),
s'il est probable que la perte constatée dans la faillite n'atteindra pas la somme indiquée
dans l'état de répartition provisoire et si les sommes déjà encaissées suffisent à couvrir
cette perte probable* ».

[3515] Cf. *supra* N 1183-1186.

[3516] Cf. *supra* N 1664-1679.

2748 **L'assemblée des coopérateurs** ne peut donc **pas déléguer** l'exercice de ces compétences à un autre organe (sous réserve d'une assemblée de délégués qui émane d'elle[3517]). Il n'y a là rien qui diverge de ce qui vaut pour la société anonyme et la société à responsabilité limitée.

2749 En revanche, **la loi ne réserve pas impérativement à *l'administration* des compétences intransmissibles**. Les tâches de l'administration qui résultent des art. 902 et 903 CO ne sont pas décrites explicitement comme intransmissibles : c'est là un fort contraste avec la société anonyme (art. 716a CO)[3518] et, dans une mesure importante, avec la société à responsabilité limitée (art. 810 al. 2 CO)[3519]. Il est bien sûr dans l'ordre des choses que la haute direction soit assumée par l'administration, qui, outre son devoir général de loyauté et de diligence (lui imposant d'«*applique[r] toute la diligence nécessaire à la gestion des affaires sociales et contribue[r] de toutes ses forces à la prospérité de l'entreprise commune*», art. 902 al. 1 CO)[3520], doit en particulier «*surveiller les personnes chargées de la gestion et de la représentation, afin d'assurer à l'entreprise une activité conforme à la loi, aux statuts et aux règlements*», et «*se faire renseigner régulièrement sur la marche des affaires*» (al. 2, ch. 2). Il en va de même de la responsabilité d'établir le rapport de gestion, qui comprend les comptes annuels, et de les remettre le cas échéant à l'organe de révision (al. 3, ch. 2) ainsi que de surveiller la solvabilité et d'annoncer au tribunal la survenance d'un surendettement (art. 903 CO, qui renvoie au droit de la SA).

2750 L'absence d'une interdiction explicite de déléguer « vers le haut » implique qu'il est **loisible à l'administration de saisir l'assemblée des coopérateurs** de questions qui relèvent de la **gestion**. Cela ne s'observe pas, nous semble-t-il, dans les grandes coopératives, mais peut être pratiqué avec raison dans celles qui ont un nombre restreint de membres, et cela d'autant plus que le délai de convocation légal peut être de cinq jours seulement (art. 882 al. 1 CO[3521]).

[3517] Cf. *infra* N 2764-2769.

[3518] Cf. *supra* N 2317-2342 («*principe de parité strict*»).

[3519] Cf. *supra* N 2617-2626.

[3520] Cf. *supra* N 968-1228, spéc. N 979 et 1031.

[3521] Le caractère particulièrement bref du délai minimum ne paraît pas être le fruit d'une volonté claire du législateur de favoriser la prise de décisions de gestion par l'assemblée des coopérateurs. Dans le Message du Conseil fédéral, ce délai de cinq jours était proposé tant pour la SA que pour la coopérative et la Sàrl (cf. FF 1928 I 281, pour la SA ; cf. concrètement art. 698 P-CO-1928 [FF 1928 I 430], 776 P-CO-1928 [FF 1928 I 451] et 869 P-CO-1928 [FF 1928 I 474]). Les Chambres fédérales l'ont modifié pour la SA (art. 696 et 700 aCO-1936, dix jours [FF 1936 III 644 et 646] mais pas pour la Sàrl ni pour la coopérative (art. 809 aCO-1936 et 882 CO-1936 [FF 1936 III 674 et 693]). Voir aussi la critique de ce délai par CARRON/CHABLOZ, CR ad art. 882 (2017), N 8 (Jacques-André REYMOND [1996], p. 220, exige d'ailleurs un délai de dix jours pour l'assemblée générale ordinaire,

L'idéal démocratique qui a présidé à la conception de la société coopérative[3522] apparaît mis en œuvre de façon positive par cette démarche participative. Cela étant, si l'on envisage la question sous un autre angle, il est certain que le devoir de loyauté et de diligence n'est pas amoindri par une telle intervention de l'assemblée des coopérateurs : ces devoirs sont impératifs[3523]. Cela implique que les administrateurs devront préparer l'assemblée, informer les coopérateurs et défendre l'adoption d'une décision conforme à l'intérêt de la société (devoir de loyauté), mûrie et raisonnée (devoir de diligence). Mais il est possible à l'administration de faire trancher les décisions de gestion à l'assemblée et, contrairement à ce qui est prévu pour la société à responsabilité limitée[3524], pas seulement sous la forme d'une approbation d'une décision prise par l'administration (ce qui est un régime codécisionnel[3525]). Bien entendu, il est possible à l'administration de n'offrir à l'assemblée des coopérateurs que la faculté d'approuver, ou non, une décision préalablement arrêtée par l'administration, et non de statuer seule sur l'objet.

Les **statuts** peuvent obliger l'administration à transmettre la compétence de   2751
traiter ces objets à l'assemblée des coopérateurs ; ils peuvent aussi interdire de telles transmissions ou les limiter à la faculté d'approuver, ou non, les décisions de l'administration. Dans ces derniers cas, il y a une véritable parité des organes, chacun ayant son domaine de compétence ; dans les autres, la parité n'est que partielle et n'existe que *de facto*, pour les objets dont l'assemblée n'est pas saisie.

Il est ainsi correct de décrire la relation entre l'assemblée des coopérateurs et   2752
l'administration comme un « **principe de parité souple** ».

---

puisque l'art. 856 al. 1 CO exige la remise du rapport de gestion dix jours avant l'assemblée [« *Le rapport annuel, les comptes consolidés et les comptes annuels ainsi que le rapport de révision sont déposés au siège de la société afin que les associés puissent les consulter ; ce dépôt se fait dix jours au plus tard avant la tenue de l'assemblée générale chargée d'approuver le rapport annuel, les comptes consolidés et les comptes annuels ou avant le vote par correspondance qui en tient lieu* »] ; il reste que la loi permet une convocation dans les cinq jours pour les autres sujets que l'approbation des comptes annuels et donc pour toute assemblée générale ayant pour objet une décision de gestion).

[3522] Cf. le Message du Conseil fédéral, FF 1928 I 330, cité *supra* n. 3454 ; v. aussi N 2709.
[3523] Cf. *supra* N 2624 pour la Sàrl.
[3524] Cf. *supra* N 2617-2626.
[3525] Cf. *supra* N 2667-2669.

VI. Fonctionnement

A. Particularités de l'assemblée générale, y compris de la votation par correspondance (*Urabstimmung*) et de l'assemblée des délégués

1. Vue d'ensemble

2753 Fondamentalement, l'assemblée générale d'une coopérative se déroule d'une manière **similaire** à celle d'une société anonyme. Sa convocation et la fonction de l'ordre du jour qu'elle doit contenir suivent les mêmes principes[3526]. Le rôle de l'administration dans la conduite de l'assemblée est semblable. De façon générale, les débats et l'organisation du vote sont identiques[3527]. La contestation des décisions suit les mêmes règles[3528]. La **différence fondamentale**, qui a une portée structurelle sur l'ensemble de la vie de la société, est le droit de vote égalitaire, dont il a déjà été question[3529]. Cette conception se concrétise aussi par des limitations très sévères du droit de représenter, afin d'éviter toute concentration de pouvoir au sein de l'assemblée.

2754 Cela étant, les principales différences sont la possibilité de remplacer statutairement l'assemblée générale par une **votation par correspondance**, si la coopérative comprend plus de 300 membres, ou si ceux-ci sont en majorité d'autres sociétés coopératives. Dans les mêmes circonstances, les pouvoirs de l'assemblée peuvent être transférés à une **assemblée de délégués**. Ces mécanismes ont été prévus tout simplement pour que la conduite des grandes coopératives demeure praticable[3530].

[3526] Cf. *supra* N 1681-1695.

[3527] Cf. *supra* N 1696-1721.

[3528] Cf. *supra* N 1736-1760.

[3529] Cf. *supra* N 2622.

[3530] La doctrine se réfère à cette préoccupation du législateur (ainsi CARRON/CHABLOZ CR ad art. 880 CO [2017], N 4 ad n. 4 ; Andreas MOLL, BaK ad art. 880 CO [2016], N 2), qui tombe certes sous le sens, mais qui n'est en réalité pas dite explicitement dans le Message du Conseil fédéral (cf. FF 1928 I 329-332), si ce n'est sous la formulation générale citée *infra* n. 3531.

Il est loisible aux coopératives qui remplissent les conditions précitées de faire 2755
exercer certaines compétences de l'assemblée générale à l'assemblée des délégués et les autres au moyen du vote par correspondance[3531]. Par ailleurs, dans
une société où les pouvoirs sont en principe exercés par une assemblée de délégués, la faculté peut être conférée à l'administration ou à un certain nombre
de coopérateurs d'exiger la tenue d'un vote par correspondance ; celui-ci est
alors l'équivalent d'un référendum dans le monde politique suisse.

2. Votations par correspondance (Urabstimmung)

Une coopérative de plus de 300 membres (ou dont ceux-ci sont en majorité 2756
d'autres sociétés coopératives) peut remplacer, en prévoyant des dispositions
statutaires à cet effet, que **l'assemblée générale est remplacée** par des votes
par correspondance des coopérateurs[3532] (art. 880 CO[3533], disposition succincte
qui ne précise en rien les modalités du vote par correspondance).

Les statuts doivent alors préciser le **champ d'application** de ce mécanisme. 2757

Ils peuvent prévoir que le vote par correspondance **remplace entièrement l'as-** 2758
semblée générale, pour tous les objets (l'art. 880 CO dit bel et bien que ce sont
« tout ou partie » des attributions de l'assemblée qui peuvent être exercées par
un tel vote). À cet égard, il faut reconnaître que le vote par correspondance ne
permet pas un débat interactif semblable à une assemblée générale[3534]. Le pou-

---

[3531] Le Message du Conseil fédéral, FF 1928 I 329, évoque la possibilité de diverses solutions :
« *Il convient de laisser la société s'organiser le plus librement possible, en raison de l'extrême diversité des circonstances qui l'entourent. Les statuts peuvent dès lors remplacer l'assemblée générale par une assemblée de délégués ou par la votation par écrit, ou prévoir celle-ci parallèlement à l'assemblée des délégués* ». L'art. 869 P-CO-1928 était rédigé de façon différente des art. 880 et 892 CO finalement adoptés en 1936, mais ceci
n'apparaît nullement comme un désaveu de la volonté de souplesse quant à la diversité
d'aménagements possibles exprimée dans le Message.

[3532] Le terme employé en allemand est *Urabstimmung*. Ce choix lexical n'est pas commenté
par le Message du Conseil fédéral (BBl 1928 I 277-299). Le terme est usité pour les votations au sein de syndicats ou de partis politiques. On pourrait en rendre la tonalité en français par l'expression « consultation de la base ».

[3533] « *Les sociétés de plus de trois cents membres, de même que celles où la majorité des membres est formée de sociétés coopératives, peuvent disposer, dans leurs statuts, que les associés exercent tout ou partie des attributions de l'assemblée générale en votant par correspondance* ».

[3534] Pour cette préoccupation, cf. p. ex. Jacques-André REYMOND (1996), p. 242, et Pascal
MONTAVON (1999), p. 112. Plus radical, Max GUTZWILLER, ZK ad art. 880 CO (1974),
N 5.

voir de l'administration, qui **formule les questions soumises au vote**, est accru[3535] par rapport à celui qui existe dans une assemblée, où les participants peuvent – par des motions d'ordre – demander une reformulation des points soumis au vote ou de modifier la manière par laquelle les diverses propositions sont confrontées les unes ou autres[3536]. Il est donc opportun que les statuts ne placent pas toutes les décisions dans le champ d'application du vote par correspondance[3537]. Le pouvoir de l'administration dans la formulation des questions est soumis aux limites générales en vertu desquelles la conduite du vote doit permettre une prise de décision conforme à la volonté réelle de la majorité des sociétaires[3538] ; si la formulation ne s'inscrit pas dans ces limites, le vote peut être contesté dans le cadre de l'action en justice tendant à son annulation (art. 889 CO)[3539].

2759 Le vote par correspondance peut aussi être **limité à certains objets** définis statutairement. Il peut aussi être entrepris à l'initiative de l'administration, si les statuts lui confèrent cette faculté. Enfin, on peut imaginer que les statuts permettent à un certain nombre de sociétaires d'exiger un vote par correspondance lorsque les pouvoirs de l'assemblée générale sont en première ligne exercés par une assemblée de délégués (le vote par correspondance a ici la fonction de ce qui revient au référendum en politique suisse).

2760 En ce qui concerne les **modalités**, la loi fixe expressément un délai de convocation minimal de cinq jours pour l'assemblée générale (art. 882 CO), qui doit inévitablement être de dix jours lorsqu'il s'agit d'approuver les comptes annuels, lesquels doivent être disponibles dix jours à l'avance (art. 856 al. 1 CO). Les statuts peuvent prévoir un délai plus long (le cas échéant, substantiellement). L'administration (ou un organe spécifique, cf. art. 881 CO) doit faire

---

[3535] En ce sens, CARRON/CHABLOZ, CR ad art. 880 CO (2017), N 5.

[3536] Cf. *supra* N 1713-1715. C'est sous l'angle de l'absence d'influence sur les propositions que Pascal MONTAVON (1999), p. 112, exprime le plus d'inquiétude.

[3537] CARRON/CHABLOZ, CR ad art. 880 CO (2017), N 6, proposent notamment de ne pas soumettre au vote par correspondance « *certaines attributions importantes – telles que les élections, la modification des dispositions sur la responsabilité ainsi que les décisions de fusion ou de dissolution* ». Semblable, Jacques-André REYMOND (1996), p. 243. CARRON/CHABLOZ, CR ad art. 880 CO (2017), N 11 ad n. 15, proposent d'ailleurs de permettre à des coopérateurs représentant au moins 10 % de l'ensemble d'exiger la tenue d'une véritable assemblée générale (en application analogique de l'art. 881 al. 2 CO, ce qui n'est pas une analogie évidente, puisqu'il s'agit, selon cette disposition, de faire entendre les sociétaires, ce que le vote par correspondance permet précisément, étant un mode d'expression) ; v. aussi Pascal MONTAVON (1999), p. 112.

[3538] Cf. par analogie, pour l'assemblée générale « interactive », *supra* N 1700 (« *un processus de vote* non faussé, *apte à retranscrire la volonté réelle du sociétariat* ») et 1701 (« *efficacité décisionnelle* »).

[3539] Cf. *supra* N 1736 (principe) et 1739 (processus viciant la volonté).

parvenir à chaque coopérateur[3540] le « matériel de vote », lequel doit comprendre l'ordre du jour, les explications nécessaires (à savoir au moins les propositions et le délai jusqu'à quand le vote peut être exprimé) et le document permettant d'exercer le vote. Les propositions doivent être formulées de façon complète et définitive[3541] (et non dans leur « teneur essentielle », comme c'est le cas dans la convocation à l'assemblée générale[3542]).

Il est possible d'organiser un scrutin dans lequel le vote est exprimé par voie électronique. 2761

À cet égard, il faut signaler que, depuis l'entrée en vigueur de l'art. 893a CO en 2023, qui renvoie aux modalités de l'assemblée générale de la société anonyme en ce qui concerne le lieu de réunion et l'emploi de médias électroniques[3543], l'assemblée générale de la coopérative peut notamment être tenue virtuellement ou de façon hybride (une assemblée étant tenue en un endroit physique, mais en permettant que les associés participent et votent à distance, par voie électronique). L'usage de cette faculté pourrait supplanter le vote par correspondance ; elle permet en tout cas des votations de plusieurs dizaines voire centaines de milliers de coopérateurs[3544], qui n'étaient sinon réalistes que par le vote par correspondance. 2762

On observera encore que les statuts d'un certain nombre de coopératives membres d'un important groupe de distribution ont prévu la faculté de supprimer un scrutin prévu pour être tenu selon un vote par correspondance lorsque, pour une élection, il n'y a pas plus de candidats que de postes à pourvoir : l'élection est alors tacite. La pratique des registres du commerce ne s'y est nullement opposée pendant de nombreuses années. Une décision récente d'un registre cantonal[3545] a retenu que cela reviendrait à priver les coopérateurs du 2763

[3540] Vu la nécessité de permettre le vote, et non seulement de se rendre à une assemblée, la convocation par simple publication (« convocation par avis public », art. 882 al. 2 CO) ne suffit pas. Toutefois, les grandes coopératives qui ont un bulletin d'information peuvent y insérer le matériel de vote.

[3541] En ce sens explicitement Jacques-André REYMOND (1996), p. 242, et CARRON/CHABLOZ, CR ad art. 880 CO (2017), N 15 *in initio*.

[3542] Cf. *infra* N 2771 – étant précisé que l'exigence d'une formulation résumant l'essence de la proposition ne vaut, dans le droit de la coopérative, que pour les modifications des statuts (art. 883 al. 1, 2e part., CO).

[3543] Cf. *supra* N 1977-1989.

[3544] Sur l'initiative populaire (« contre les rémunérations abusives » ou « initiative Minder ») qui a abouti à l'adoption de l'art. 95 al. 3 lit. a, 4e phr., Cst imposant la possibilité d'un vote électronique à distance, cf. *supra* n. 2722.

[3545] RC NE 2. 3. 2023. Le dispositif de la décision a été confirmé par l'arrêt TC NE 18.3.2024, CDP.2023.114-DIV, c. 3b, qui reconnaît cependant que l'élection tacite en en soi possible

droit d'élire les organes. Cette approche ne semble pas convaincante au vu de la conception largement reconnue dans les législations relatives aux droits politiques en Suisse, selon laquelle une élection peut être tacite lorsqu'il y a autant de candidats que de sièges à repourvoir[3546].

3. Assemblée des délégués

2764   Dans les mêmes situations que celles qui permettent le vote par correspondance, les **statuts** peuvent disposer que « *les attributions de l'assemblée générale sont exercées, en tout ou en partie, par une assemblée de délégués* » (art. 892 CO). L'objectif poursuivi par le choix d'instituer une telle assemblée est évidemment une préoccupation de praticabilité : il s'agit de permettre que, dans les grandes coopératives, les décisions revenant aux sociétaires puissent être prises de façon plus rapide et à moindre coût que s'il fallait tenir l'assemblée générale à laquelle tous les membres sont invités à participer ou organiser un vote par correspondance (lequel limite par ailleurs les possibilités d'interaction et de débats[3547]). Alors que l'assemblée générale et le vote par correspondance s'apparentent à la démocratie directe, l'assemblée des délégués ressortit à la démocratie représentative.

2765   La loi ne prévoit aucune disposition spécifique, si ce n'est que les **règles légales** régissant l'assemblée générale s'appliquent (art. 892 al. 4 CO).

2766   La seule exception est que la règle impérative[3548] en vertu de laquelle chaque membre a une seule voix à l'assemblée générale n'est pas imposée à l'assemblée des délégués : le **nombre de voix** peut différer selon le délégué, en vertu

---

(p. 5 : « *A priori, ce mode d'élection est admissible* »), mais requiert que la société communique aux coopérateurs l'identité de l'unique candidat pour le seul poste à pourvoir (p. 6 : « *En ne portant pas à la connaissance des électeurs [...], avant de le proclamer élu tacitement, le nom du seul candidat proposé comme organe de révision, le conseil d'administration ne peut pas prétendre que celui-ci a été nommé à cette fonction par le pouvoir suprême [...], auquel appartient ce droit intransmissible* »).

[3546] En droit genevois, cf. art. 164 al. 2 LEDP pour les élections au système proportionnel. En droit jurassien, cf. art. 42, 1re phr., LDP-JU pour le Parlement cantonal et art. 68 al. 1 LDP-JU pour l'élection au Gouvernement. En droit valaisan, cf. art. 129 LcDP-VS pour le Grand Conseil et art. 205 al. 1 LcDP-VS pour les élections au système majoritaire. En droit bernois, art. 78 LDP-BE pour le Grand Conseil et art. 119 LDP-BE pour les préfets. En droit neuchâtelois, cf. art. 63 et 85 LDP-NE. – Un avis de Peter FORSTMOSER du 30. 11. 2022 retient que le système de l'élection tacite dans le cas où le nombre de candidats ne dépasse pas celui des postes à repourvoir ne viole pas la structure de la coopérative.

[3547] Cf. *supra* N 2758 ad n. 3534-3537.

[3548] Cf. *supra* N 2667.

de ce que déterminent les statuts. En particulier, les délégués qui représentent des entités collectives (p. ex. une autre société coopérative) peuvent avoir plus de voix que d'autres. Ce nombre peut varier notamment en fonction de la taille de l'entité représentée (cela étant, il est aussi possible que la taille plus grande induise un nombre *de délégués* plus important, plutôt qu'un nombre de voix plus grand par délégué[3549]).

Pour le reste, « *[l]es statuts règlent la composition, le mode d'élection et la convocation de l'assemblée des délégués* » (art. 892 al. 2 CO). Les **systèmes d'élection** les plus divers sont licites. Il est licite que l'ensemble des coopérateurs forment une « circonscription électorale » unique ; l'est aussi un système de sections ou (sous-)groupes (formés par des critères géographiques ou d'autres catégories, p. ex. professionnelles) dans lequel chacune des sections élit son ou ses délégué(s). Vu le **principe d'égalité de chaque coopérateur**, le nombre de délégués par section (ou le nombre des voix de chaque délégué) doit être proportionnel à la taille de la section (en nombre de coopérateurs, et non en fonction du volume des parts sociales ou d'autres critères)[3550].   2767

Les statuts peuvent aussi prévoir divers **critères d'éligibilité** pour les délégués.   2768

En cas de vices procéduraux ou matériels, les décisions de l'assemblée des délégués sont sujettes à l'**action en annulation**[3551], comme celles prises par l'assemblée générale ou par un vote par correspondance[3552]. Les statuts peuvent aménager une voie de contestation interne, en donnant le droit de déférer la décision à l'assemblée générale ou à un vote par correspondance.   2769

[3549] C'est la solution préconisée par Max GUTZWILLER, ZK ad art. 892 CO (1974), N 37, Andreas MOLL, BaK ad art. 892 CO (2016), N 32 et CARRON/CHABLOZ, CR ad art. 892 CO (2017), N 38 ad n. 43 (« *Il semble préférable de prévoir une pondération de nombre de délégués plutôt qu'un droit de vote plural dans la mesure où cette solution favorise les délibérations* » ; c'est précisément la question du bon nombre de personnes qui est délicate, certaines organisations ne fonctionnant efficacement que si l'organe délibérant a, au plus, une vingtaine ou une trentaine de membres, tandis que d'autres fonctionnent aussi lorsqu'un tel organe regroupe plus de cent membres, voire plusieurs centaines).

[3550] En ce sens, Jacques-André REYMOND (1996), p. 246 (spéc. n. 104) ; aussi CARRON/CHABLOZ, CR ad art. 892 CO (2017), N 15 ad n. 16.

[3551] Cf. *supra* N 1736-1760.

[3552] Cf. *supra* N 2758, spéc. ad n. 3539.

4. Règles spécifiques à l'assemblée générale de la coopérative

2770 Comme déjà indiqué[3553], la convocation et le déroulement de l'assemblée générale suivent en principe les mêmes règles que dans les sociétés de capitaux, en particulier que dans la société anonyme.

2771 Outre le délai de convocation minimal, très bref, de cinq jours, déjà mentionné, une différence se manifeste à l'égard du contenu ou du degré de détail de l'ordre du jour envoyé avec la convocation. En effet, cet ordre du jour ne doit pas forcément contenir les **propositions** de l'administration (ni, à plus forte raison, celles d'autres membres ; art. 883 al. 1 CO, *a contrario*, à comparer avec l'art. 700 al. 2 ch. 3 et 4 CO pour la SA[3554]) ; la seule exception concerne les modifications des statuts (à propos desquelles il faut communiquer « *la teneur essentielle des modifications proposées* », art. 883 al. 1, 2ᵉ part., CO).

2772 La **représentation** obéit à un régime sévère destiné à éviter toute concentration de pouvoir dans l'assemblée : un coopérateur ne peut être représenté que par un autre coopérateur, cette règle étant impérative[3555], sous réserve de la possibilité que les statuts autorisent la représentation d'un coopérateur « *par un membre de sa famille* » (art. 886 al. 1 et 3 CO). Qui plus est, aucun coopérateur ne peut représenter plus d'un autre coopérateur (art. 886 al. 1 *in fine* CO), sauf dans les coopératives de plus de 1000 membres, dans lesquelles, en vertu de l'art. 886 al. 2 CO, les statuts peuvent autoriser un coopérateur à représenter 9 autres coopérateurs au maximum (soit avoir concrètement 10 voix).

2773 Les décisions sont prises à la « ***majorité** absolue des voix émises* » (et non des voix représentées ; art. 888 al. 1 CO). La majorité des deux tiers est requise pour décider de la dissolution de la coopérative ou de la révision des statuts (al. 2, 1ʳᵉ phr.), sous réserve d'un seuil encore plus élevé fixé par les statuts (2ᵉ phr.).

B. L'administration

2774 L'organe dirigeant de la coopérative, l'administration, fonctionne concrètement, au quotidien, comme le conseil d'administration d'une société anonyme. L'**équilibre avec l'assemblée des sociétaires** peut toutefois différer très substantiellement, puisque les compétences de l'administration (art. 902 CO) ne

---

[3553] Cf. *supra* N 2753.
[3554] Cf. *supra* N 1686-1687.
[3555] En ce sens, Jacques-André REYMOND (1996), p. 225 s. ; CARRON/CHABLOZ, CR ad art. 886 CO (2017), N 8 ad n. 7.

sont pas strictement intransmissibles de la même façon que celles du conseil d'administration (art. 716a CO), comme déjà examiné spécifiquement[3556]. Dans la pratique, il est toutefois rare qu'un tel « rééquilibrage » en faveur de l'assemblée des sociétaires soit mis en œuvre.

Les particularités de l'administration de la coopérative consistent dans le nombre minimal d'administrateurs, que la loi fixe à trois (art. 894 al. 1 CO) ; ils doivent être en majorité des coopérateurs (*ibid.*). L'irrespect de ces exigences légales constitue une carence d'organisation[3557]. 2775

La durée maximale du mandat est de quatre ans (art. 896 al. 1, 1re part., CO) ; les statuts peuvent fixer une durée plus brève. Les administrateurs sont rééligibles, sauf disposition contraire des statuts (art. 896 al. 1, 2e part., CO). 2776

L'art. 897 CO prévoit que « *[l]es statuts peuvent conférer une partie des obligations et des pouvoirs de l'administration à un ou plusieurs comités élus par elle* ». Un règlement d'organisation n'est pas nécessaire, mais il est important que l'administration obtienne des rapports réguliers afin d'être en mesure d'exercer la surveillance qui lui incombe (art. 902 al. 2 ch. 2 CO)[3558], dont l'insuffisance peut engendrer sa responsabilité[3559]. Un règlement ou une instruction générale aux comités qu'elle élit apparaît comme un instrument indispensable en pratique. 2777

C.   Le droit aux renseignements

A l'origine, les obligations de la coopérative de renseigner ses membres – impératives en vertu de l'art. 857 al. 4 CO – étaient plus étendues que celles de la société anonyme de renseigner ses actionnaires[3560]. Cela s'explique par le devoir de loyauté du coopérateur (obligé de « *veiller de bonne foi à la défense des intérêts sociaux* », art. 866 CO[3561]). 2778

L'art. 857 CO permet ainsi aux coopérateurs de « ***demander les explications nécessaires*** » à l'organe de révision lorsqu'ils lui « *signale[nt] les évaluations douteuses* » (al. 1). Ils peuvent aussi s'adresser à l'assemblée générale ou à l'administration pour obtenir un accès aux « ***livres et [à] la correspondance*** » 2779

[3556] Cf. *supra* N 2747-2752.

[3557] Cf. *supra* N 145-154.

[3558] Cf. *supra* N 2747 et 2749.

[3559] Art. 908 *cum* 731b CO. Cf. *supra* N 1067-1081 et 1157.

[3560] Le Message du Conseil fédéral, FF 1928 I 323 *in fine* ne faisait pas une comparaison précise et exposait que le droit aux renseignements du coopérateur « s'inspirait » de celui de l'actionnaire.

[3561] Cf. *supra* N 2712-2718.

(al. 2). Le secret des affaires doit être préservé (al. 2). En cas de refus d'accès, le coopérateur peut demander en justice que la société le renseigner « *par des extraits certifiés conformes de ses livres ou de sa correspondance, sur des faits précis qui sont importants pour l'exercice du droit de contrôle* » (al. 3, 1re phr.). Les intérêts de la coopérative ne doivent pas être compromis par ces communications (2e phr.).

2780 Au vu de l'extension (en 1992 puis en 2023) des droits de l'actionnaire d'être renseigné ou d'accéder à des documents (ainsi qu'à l'examen spécial)[3562], l'art. 857 CO, resté inchangé depuis 1936, semble aujourd'hui aller moins loin.

D. L'utilisation des bénéfices

2781 On a déjà traité l'absence de droit des coopérateurs, sauf exception, à une part de l'avoir social lorsqu'ils quittent la société[3563]. Le principe est le même en cas de liquidation qui laisse un excédent[3564].

2782 **Le principe est le réinvestissement de l'intégralité du bénéfice,** sans distribution aux coopérateurs (art. 859 al. 1 CO : « *le bénéfice de l'exercice de l'exploitation rentre pour le tout dans la fortune de la société* »). Les statuts peuvent en disposer autrement et il existe une ample liberté pour les coopératives. Toutefois[3565], le **rendement de l'investissement financier que représentent les parts sociales est impérativement limité** : la distribution au titre de ces parts ne peut dépasser « *le taux de l'intérêt usuel pour des prêts à longue échéance accordés sans garanties spéciales* » (al. 3) ; comme évoqué, le droit de la coopérative ne permet qu'une « lucrativité limitée » des investissements financiers[3566]. Des réserves doivent être créées (art. 860-863 CO). On relèvera que les coopératives de crédit peuvent s'écarter de ces diverses règles (art. 861 CO).

[3562] Cf. *supra* N 2262-2297.

[3563] Cf. *supra* N 2684 et 2693-2695.

[3564] Cf. *supra* N 1337.

[3565] L'un des importants buts du législateur de 1928-1936 était de mettre fin aux pseudo-coopératives (Message du Conseil fédéral, FF 1928 I 317 [cité *supra* n. 25 et 2110], 318 : « *les milieux coopératifs se plaignent [...] d'avoir vu se créer sous le régime de la loi actuelle des sociétés soi-disant coopératives qui se rapprochaient de plus en plus de la société anonyme. Ils demandent que l'on n'admette plus à l'avenir comme sociétés coopératives des groupements qui se soucient fort peu du mouvement coopératif. [... La] tâche [du législateur] est [...] de mettre autant que possible un terme, par des moyens qu'il lui incombe de trouver, à la constitution de ces sociétés auxquelles l'idée coopérative est étrangère* ». V. aussi Isabelle CHABLOZ, CR ad art. 859 CO (2017), N 10 ad n. 12.

[3566] Cf. *supra* N 2673.

En cas de **liquidation** qui laisse un excédent après paiement des dettes, il existe une liberté totale en fonction des **dispositions statutaires**. Si le principe légal est l'allocation de l'excédent « *à des buts coopératifs ou d'utilité publique* » (art. 913 al. 4 CO), les statuts peuvent prévoir toute autre solution (art. 913 al. 2, 3 et 5 CO)[3567], y compris en théorie une répartition en fonction des parts sociales (même si cela ne semble pas se pratiquer[3568]). La liberté au moment de la répartition de l'excédent se justifie au regard du fait que l'activité coopératrice a alors cessé ; une approche financière n'est donc plus incongrue.

2783

VII.   Fédérations de coopératives

La loi consacre quatre articles (art. 921-925 CO) aux « fédérations » que peuvent créer plusieurs coopératives. Outre quelques allègements concrets (trois membres suffisent pour une « fédération », art. 925 al. 1 CO, contre sept pour une coopérative « ordinaire », art. 831 al. 1 CO[3569]), l'intérêt de cette création législative est de créer un régime de groupe de sociétés[3570] (explicite, alors que cela fait défaut dans le droit codifié de la SA, sauf sur le plan comptable[3571]). L'art. 924 CO confère explicitement la possibilité à la fédération de contrôler l'activité des coopératives fédérées (al. 1 : « *Les statuts peuvent conférer à l'administration commune le droit de contrôler l'activité des sociétés fédérées* »[3572]).

2784

[3567] Cf. *supra* N 1337.

[3568] Ainsi p. ex. Max Gutzwiller, ZK ad art. 913 CO (1974), N 6 ss ; Amstutz/Wiprächtiger, CR ad art. 913 CO (2017), N 37 ad n. 105.

[3569] Cf. *supra* N 2678.

[3570] Cf. Amstutz/Wiprächtiger, CR, Intro. ad art. 921-925 CO (2017), N 3.

[3571] Cf. p. ex. Rouiller/Bauen/Bernet/Lasserre Rouiller (2022), N 648-678.

[3572] L'al. 2 (« *[Les statuts] peuvent conférer à l'administration commune le droit d'attaquer devant le tribunal les décisions prises isolément par les sociétés fédérées* ») semble de prime abord de peu d'effet original, puisque tout coopérateur peut attaquer les décisions de l'assemblée des sociétaires. Mais ici, d'une part, la fédération n'est précisément pas membre des sociétés fédérées et d'autre part, les décisions attaquables sont aussi celles de *l'administration* ou d'un autre organe d'une société fédérée (ainsi Max Gutzwiller, ZK ad art. 924 CO [1974], N 26 ss ; Amstutz/Wiprächtiger, CR ad art. 924 CO [2017], N 9 ad n. 18).

Chapitre 3 : Les autres personnes morales (aperçu)

2785 Ce bref chapitre entend n'offrir qu'un aperçu très succinct des personnes morales que l'on n'inclut pas dans l'étude du droit suisse des sociétés.

2786 La première est l'**association**, qui est pourtant bien une société. L'immense majorité des règles qui la régissent sont des règles traitées dans le présent ouvrage. Elle se distingue des autres sociétés en ceci qu'elle n'a jamais principalement un but économique à atteindre par une activité commerciale. Quelle que soit la légitimité de ce critère de distinction, il se justifie d'en esquisser le portrait. Celui-ci ne vise nullement à rendre superflue la consultation des ouvrages très pratiques consacrés exclusivement aux associations[3573] ; il présente l'intérêt original de montrer les liens très étroits du régime juridique de l'association avec celui des autres sociétés, et donc de mettre en exergue les quelques caractéristiques juridiques qui lui sont propres et font sa spécificité concrète.

2787 La **fondation** est une personne morale, mais n'est clairement pas une société : elle n'a pas de sociétaires. Elle n'en remplit pas moins, parfois, des fonctions étonnamment proches de celles qui reviennent à des associations, à des coopératives voire à des sociétés anonymes. Un aperçu en quelques traits se justifie aussi. Sans la moindre prétention à remplacer la consultation d'ouvrages sur la fondation[3574], il aura l'utilité de révéler à quel point, malgré la différence de nature, le régime juridique de la fondation a beaucoup d'aspects communs avec celui des sociétés.

2788 Les **sociétés de droit public** sont bel et bien des sociétés, mais leur base légale n'est pas le Code des obligations ; celle-ci est une loi spéciale adoptée par un canton ou la Confédération. La plupart de leurs traits juridiques se trouvent coïncider avec les sociétés de droit privé, avant tout la société anonyme, pour des raisons pratiques : le cadre des sociétés de droit privé est bien connu et est souvent désigné applicable à titre de droit supplétif ; sinon, il l'est dans le cadre du comblement de lacunes.

2789 Enfin, les **entités de droit étranger** actives en Suisse méritent quelques mots. D'une certaine façon, elles participent à ce qu'est le droit des sociétés en Suisse.

[3573] Dans la doctrine récente en français, on se référera notamment à l'ouvrage de WYNNE/ GILLIÉRON (2023) intitulé « L'association » (274 pp.) et au chapitre II de l'ouvrage de Philippe MEIER (2021) sur le droit des personnes (p. 623-694).

[3574] L'ouvrage de Loïc PFISTER (2024) fait partie de ceux qui constituent une présentation complète en français, tout comme le chapitre III de l'ouvrage de Philippe MEIER (2021) sur le droit des personnes (p. 695-784).

§ 31   L'association

I.   Matière traitée

Tout ce qui est applicable aux personnes morales en tant que telles l'est à   2790
l'association. Cela inclut la responsabilité pour le comportement des organes,
la séparation des patrimoines[3575], le droit comptable[3576] et l'obligation de révision[3577]. Matériellement, les règles sur la représentation **communes à toutes
les sociétés** s'appliquent aussi aux associations[3578]. Il en va de même des devoirs de loyauté et de diligence des personnes chargées de la gestion[3579]. Quant
à l'assemblée générale, elle aussi se déroule, pour l'essentiel, comme dans les
autres sociétés qui sont des personnes morales[3580]. La dissolution et la liquidation suivent également des règles largement communes[3581].

Enfin, dans la mesure où une association est soumise à l'obligation de s'inscrire   2791
au registre du commerce, toutes les règles relevant de ce domaine du droit s'appliquent[3582]. Cela induit alors l'application des règles sur la menace d'insolvabilité et le surendettement[3583].

Parmi les 25 articles que le Code civil consacre aux associations, seuls   2792
quelques-uns contiennent des **règles véritablement spécifiques**. C'est celles-
ci qui seront brièvement exposées ci-après.

II.   Règles spécifiques à l'association

A.   But « idéal »

L'association peut avoir tout type de **but idéal**. Elle ne peut pas avoir le but de   2793
viser à générer directement par une activité commerciale un revenu à distribuer
à ses membres. Elle peut cependant défendre les intérêts économiques de ses
membres ; un tel but est considéré comme « idéal »[3584]. Si une association

---

[3575]   Cf. *supra* N 669-822.
[3576]   Cf. *supra* N 245-514.
[3577]   Cf. *supra* N 866-967.
[3578]   Cf. *supra* N 515-635.
[3579]   Cf. *supra* N 968-1228.
[3580]   Cf. *supra* N 1696-1732.
[3581]   Cf. *supra* N 1261-1353.
[3582]   Cf. *supra* N 63-244 (y compris le droit des raisons sociales).
[3583]   Cf. *supra* N 823-865.
[3584]   Cf. *supra* N 50 et 82 (ad n. 111-113).

exerce une **activité commerciale** pour atteindre son but idéal[3585], elle doit être inscrite au registre du commerce (art. 61 al. 2 ch. 1 CC)[3586] ; cette inscription n'est que déclarative, par contraste avec ce qui prévaut pour les personnes morales du Code des obligations[3587]. Par ailleurs, toute association, même si elle n'exerce aucune activité commerciale, peut opter – facultativement – pour une inscription au registre du commerce (art. 61 al. 1 CC).

B. Début de l'existence juridique

2794 La rédaction de **statuts écrits** propres à assurer l'élection de personnes agissant comme membres de l'organe dirigeant (« la direction ») suffit à créer la personne morale (art. 60 al. 1 *in fine* CC).

2795 Les statuts doivent déterminer « *le but, les ressources et l'organisation* » de l'association (al. 2). La loi ne fixe de limites qu'au regard du but (qui, comme on vient de le voir, ne peut viser la réalisation d'un bénéfice à distribuer à ses membres par une activité commerciale). Si les dispositions sur les ressources ou l'organisation manquent de réalisme ou sont d'une façon ou d'une autre déficientes, cela n'empêche pas l'association de commencer à exister[3588]. Contrairement aux personnes morales dont l'existence dépend d'une inscription au registre du commerce, aucune autorité ne vérifie systématiquement que les statuts soient correctement rédigés et créent une entité *a priori* fonctionnelle ou structurellement viable.

[3585] Cette activité commerciale ne peut être la *finalité réelle* de l'association (cf. *supra* N 82 ad n. 113).

[3586] Cf. *supra* N 82 ad n. 114.

[3587] Cf. *supra* N 1652-1654.

[3588] La formulation de Philippe MEIER (2021), N 1085 (« *Les statuts doivent prévoir par quels moyens financiers l'association entend réaliser son but. En l'absence d'une telle information, essentielle pour les créanciers de la personne morale, l'association ne peut acquérir la personnalité juridique. [...] Il suffit que les statuts contiennent le principe de l'obligation de cotiser ; le montant de la cotisation pourra être déterminé ultérieurement* »), nous paraît exacte dans sa conclusion. L'exigence de précision quant aux moyens financiers envisagés est très peu élevée *en tant que condition d'existence* de l'association. L'impossibilité de récolter les fonds faute de capacité de préciser les moyens doit avoir pour conséquence la liquidation de l'association, et non son inexistence.

C.   Qualité de membre

Les statuts peuvent créer un grand nombre de catégories de membres. Le prin   2796
cipe est que chaque membre a une voix. Toutefois, il s'agit d'une règle dispositive[3589]. Les membres peuvent être obligés de verser des cotisations si les statuts le prévoient (art. 71 CC) ; ces cotisations peuvent varier en fonction de la
catégorie de membres[3590].

Outre les membres fondateurs, l'association peut accepter **l'adhésion** de nou   2797
veaux membres, selon ce que prévoient les statuts. Ceux-ci peuvent aussi instituer une association qui est un cercle en principe fermé, le législateur n'ayant
pas interdit une telle conception[3591] (contrairement à ce qu'il a institué pour la
coopérative[3592]). À l'inverse, les statuts peuvent prévoir que toute personne
remplissant des conditions déterminées a le droit de devenir membre[3593]. L'adhésion doit forcément reposer sur une demande du candidat, dans la forme prévue par les statuts (la loi n'exige pas de forme)[3594].

[3589] ATF 90 II 333 c. 5b (342) : « *Dans l'association [...], le droit de vote égal prévu à l'art. 67
al. 1 CC est une norme dispositive (cf. art. 63 CC), qui laisse aux statuts la faculté de
régler la question selon les besoins propres à chaque cas particulier* ». Cf. ég. p. ex.
Scherrer/Brägger, BaK ad art. 67 CC (2022), N 4.

[3590] Cf. p. ex. Philippe Meier (2021), N 1163 ad n. 2897.

[3591] Il faut réserver les cas où le sociétariat est nécessaire pour participer à une activité, comme
dans le monde sportif : l'arrêt TF 10. 2. 2012, 5A_2011, c. 5.2.1.3 (rappelant, plus largement, la jurisprudence sur le boycott [ATF 86 II 365] et sur l'adhésion d'un syndicat à
une convention collective [ATF 113 II 37]) a ainsi retenu que « *le refus du sociétariat peut
occasionner une atteinte à la personnalité du candidat lorsqu'il s'agit de l'adhésion à une
association professionnelle, corporative ou économique, ou encore à une association
sportive* ».

[3592] Cf. *supra* N 2706-2711.

[3593] TF 29. 4. 2020, 5A_142/2019, c. 3.3.1 *in fine* : « *l'association est en principe libre d'admettre de nouveaux sociétaires ; les statuts peuvent néanmoins prévoir que tout intéressé
ou toute personne présentant les qualités statutairement définies aura le droit de devenir
membre* ».

[3594] Sur la construction juridique, l'arrêt TF 11. 3. 2014, 4A_575/2013, c. 2.3, opte pour la
formulation suivante : « *l'adhésion à l'association résulte bien de l'échange de manifestations de volonté [...], mais son effet juridique se limite à l'accession au sociétariat. La
relation entre le nouveau membre et l'association n'est ensuite plus régie par la relation
contractuelle initiale, mais par un rapport juridique particulier soumis au droit de l'association* ». L'arrêt TF 29. 4. 2020, 5A_142/2019, c. 3.3.1 (2ᵉ par. *in initio*) emploie la notion de « contrat de statut » (« *L'adhésion ultérieure résulte d'un acte juridique bilatéral
en ce sens que l'adhérent manifeste sa volonté de devenir membre, ce qui implique qu'il
déclare accepter – ne serait-ce que tacitement – les statuts, tandis que l'association [...]
manifeste de son côté sa volonté d'admettre le candidat en qualité de membre. Cet
échange de manifestations de volonté constitue un contrat dit de statut, en ce sens que son*

2798   C'est l'assemblée générale qui prononce l'admission – comme l'exclusion – des membres (art. 65 al. 1 CC), mais cette compétence peut être transmise à la direction[3595].

2799   La qualité de membre est incessible (art. 70 al. 3, 1re part., CC). Elle ne s'hérite pas (2e part.). Bien que la jurisprudence ait exprimé un considérant restrictif sur ce plan[3596], la doctrine admet en majorité que les statuts peuvent y déroger et prévoir la cessibilité[3597] ; cela paraît raisonnable, notamment, lorsque les membres doivent payer une haute finance d'inscription et s'ils ont un droit à l'avoir social.

2800   Chaque membre peut librement **sortir** de la société en l'annonçant six mois avant la fin d'une année ou la fin d'un exercice administratif (art. 70 al. 2 CC). Cette faculté ne peut être restreinte[3598]. Les statuts peuvent stipuler un délai plus bref et l'absence de tout terme.

2801   L'**exclusion** suppose, à défaut de disposition explicite dans les statuts, une décision fondée sur de justes motifs (art. 72 al. 3 CC) ; l'exclusion peut alors être contestée en justice. Les statuts peuvent prévoir que l'association peut exclure un membre pour des motifs déterminés et même sans indiquer de motifs (al. 1) ; la contestation de l'exclusion est alors restreinte (al. 2), mais le membre exclu peut invoquer des vices procéduraux [3599] ou des vices matériels graves, y

---

effet juridique se limite à l'accession au sociétariat, la relation entre le nouveau membre et l'association étant ensuite régie par un rapport juridique particulier soumis au droit de l'association »).

[3595]   Cf. p. ex. SCHERRER/BRÄGGER, BaK ad art. 65 CC (2022), N 2.

[3596]   ATF 88 II 209 c. II.2f (234), toutefois dans le cadre d'une interprétation pour déterminer si le groupement en cause était une société simple ou une association.

[3597]   En ce sens p. ex. Philippe MEIER (2021), N 1137 ad n. 2815 ; SCHERRER/BRÄGGER, BaK ad art. 70 CC (2022), N 50 ; Hans Michael RIEMER, BK ad art. 70 CC (1990), N 91.

[3598]   Cette question est influencée par la liberté constitutionnelle d'association, qui est aussi celle de ne pas faire partie d'une association (art. 23 al. 3 Cst ; cf. ég. art. 11 CEDH). L'ATF 71 II 194 (197) a en outre reconnu que le membre peut toujours sortir avec effet immédiat en cas de justes motifs qui rendent l'attente du terme intolérable (« *Der Grundsatz der Möglichkeit sofortigen Austritts wegen wichtigen Gründen ist [...] auch für die Vereine zu bejahen. Wieviel zur Annahme wichtiger Gründe verlangt werden muss, ist im konkreten Falle zu untersuchen. Ob ein geltend gemachter Grund wichtig genug ist, den Austritt mit sofortiger Wirkung oder doch auf kürzere Zeit. als in Art. 70 ZGB vorgesehen, zu rechtfertigen, läuft weitgehend auf eine Frage der Interessenabwägung hinaus* »).

[3599]   TF 24. 2. 2022, 5A_578/2021, c. 3.1, ainsi que les ATF 90 II 346 et 85 II 525 cités *infra* n. 3600.

compris l'abus de droit[3600] voire la violation du principe de proportionnalité[3601].

L'associé sortant n'a aucun droit à l'actif social (art. 73 al. 1 CC), sauf si les statuts prévoient une autre solution[3602]. Il est parfois énoncé en doctrine qu'une association doit avoir au moins trois membres. Toutefois, la loi n'exige pas un tel nombre minimal. Une association à deux membres est donc possible[3603] (mais une association unipersonnelle ne l'est pas[3604]).   2802

D.   Assemblée générale

Le Code civil comprend quelques règles spécifiques.   2803

1.   Règles sur la majorité déterminante

L'art. 67 al. 2 CC retient que *« les décisions sont prises à la **majorité** des membres présents »*. Cette règle exclut de considérer qu'une décision n'est adoptée que si elle réunit les votes d'une majorité de *l'ensemble* des membres.   2804

[3600] ATF 90 II 346 c. 1 (347) : « *Lorsque les statuts déterminent, comme en l'espèce, les motifs d'exclusion d'un sociétaire, la décision prise à ce sujet ne peut être revue par le juge – à moins d'une irrégularité de la procédure – que sous l'angle restreint de l'arbitraire ; un prononcé d'exclusion insoutenable constitue en effet un abus manifeste du droit conféré aux organes de l'association* ». ATF 85 II 525 c. 8 (541) : « *In solchen Fällen kann die Ausschliessung vielmehr [...] nur mit der Begründung angefochten werden, sie beruhe auf einer Formwidrigkeit, d. h. sie sei unter Verletzung gesetzlicher oder statutarischer Verfahrensvorschriften erfolgt, oder sie bedeute, weil materiell schlechterdings unhaltbar, einen offenbaren Rechtsmissbrauch und verdiene folglich nach Art. 2 Abs. 2 ZGB keinen Rechtsschutz* ». Ces arrêts ont été confirmés à l'ATF 123 III 193 c. 2c/aa (196) : « *in diesen Fällen [ist] eine Anfechtung der Ausschliessung wegen ihres Grundes nicht statthaft, wobei dies allerdings [...] lediglich unter dem Vorbehalt des Rechtsmissbrauchsverbots* ».

[3601] L'ATF 118 V 264 le mentionne, mais dans le cas particulier d'une caisse maladie. Sur la proportionnalité en droit privé, et particulièrement des sociétés, cf. *supra* N 152 (spéc. n. 225), 793, 797, 797, 815, 1272-1278, 1342, 1701, 1733 et 1744 ainsi que n. 3376.

[3602] Cf. p. ex. SCHERRER/BRÄGGER, BaK ad art. 73 CC (2022), N 3 ; Philippe MEIER (2021), N 1154 (« *pour autant que [cette solution] ne menace pas l'autonomie financière de l'association* »).

[3603] Cf. p. ex. SCHERRER/BRÄGGER, BaK ad art. 60 CC (2022), N 30 ; JEANNERET/HARI, CR ad art. 60 CC (2023), N 34.

[3604] Cf. p. ex. Philippe MEIER (2021), N 1082 *in fine*.

2805 Force est de constater que la norme n'emploie pas le terme de majorité « absolue ». Plusieurs auteurs retiennent qu'elle fait cependant référence à ce type de majorité (50 % + 1 voix)[3605], de sorte que les abstentions ont le même effet que des votes négatifs (ainsi, p. ex., sur 12 membres présents, une proposition qui recueille 5 votes favorables, 4 votes négatifs et 3 abstentions n'est pas adoptée ; de même, vu que la moitié ne suffit pas, une proposition qui recueille 6 votes favorables, 2 votes négatifs et 4 abstentions). D'autres soutiennent l'application de ce type de majorité, mais en indiquant qu'il s'agit d'une « majorité simple »[3606] (cet adjectif ne s'oppose pas à « absolue » mais à « qualifiée »). Le texte légal n'exclut pas une interprétation en faveur d'un système de majorité relative (est adoptée la proposition qui recueille le plus de voix[3607]), la référence à la majorité des « membres présents » s'opposant à la notion de « membres votants » (ou de « voix exprimées »[3608]). **À notre sens**, faute de mention du terme « absolu »[3609], et sauf disposition statutaire contraire, le régime légal est bien un **système de majorité simple des membres présents** ; c'est la proposition qui recueille le plus de voix qui l'emporte, sauf si les abstentions sont majoritaires[3610]. Afin d'éviter une majorité de hasard, due p. ex. à ce qu'un grand nombre de propositions ont été soumises au vote en même temps, une bonne conduite de l'assemblée, opposant soigneusement les différentes propo-

---

[3605] Ainsi SCHERRER/BRÄGGER, BaK ad art. 67 CC (2022), N 8 : « *Verlangt wird vom Gesetz also das absolute Mehr der an der Vereinsversammlung anwesenden stimmberechtigten Mitglieder (50 % der Stimmen plus eine Stimme)* ».

[3606] Ainsi Hans Michael RIEMER, BK ad art. 67 CC (1990), N 51. SCHERRER/BRÄGGER, BaK ad art. 67 CC (2022), N 8, retiennent que le terme employé par cet auteur (« *einfaches Mehr* ») est incorrect (« *unzutreffend* »). Il faut relever que l'ATF 143 III 537 c. 4.2.3 (542) fait référence à l'art. 67 al. 2 CC comme une règle de majorité simple : « *modifier le mode de calcul de la majorité simple (art. 67 al. 2 CC)* ». Il nous apparaît que Philippe MEIER (2021), N 1156-1179, évite prudemment la question. Dans la nouvelle édition de son commentaire, Hans Michael RIEMER, ne nomme plus le type de majorité dans ce passage BK ad art. 67 CC (2023), N 48-51, mais bien ad art. 74 CC, N 4.

[3607] Comme relevé *supra* en n. 3026 et 3028, Pierre ENGEL, RSJ 1985 p. 302, retient que la majorité relative ou simple est « *celle qui se forme simplement de la supériorité du nombre des voix obtenues par un des concurrents, par une des propositions* ».

[3608] Il reste qu'en cas de pluralité de propositions, il n'est pas exclu d'interpréter l'art. 67 al. 2 CC comme permettant de considérer comme adoptée la proposition qui recueille le plus de voix « parmi les membres présents ».

[3609] Pierre ENGEL, RSJ 1985 p. 303, observe avec lucidité que « *lorsque le législateur veut que la majorité soit absolue, il trouve les mots pour le dire ; à défaut, c'est la majorité simple qui fait règle* ».

[3610] En effet, dans un tel cas, la proposition arrivée en tête après les abstentions ne recueille pas une majorité (simple) des membres *présents*, mais seulement des suffrages *exprimés* (cf. *supra* N 2247 ad n. 3029).

sitions dans plusieurs votes éliminatoires, permet de faire émerger une proposition réellement majoritaire[3611].

On précisera que les **membres sans droit de vote**, même présents, ne devraient évidemment pas être comptés[3612].   2806

Par ailleurs, ce qui est parfaitement certain, c'est que l'art. 67 al. 2 CC est de **nature dispositive**. Il est très opportun d'adopter dans les statuts une règle claire[3613], en particulier sur la question de l'assimilation des abstentions à un vote négatif. On relèvera qu'en pratique, les clauses statutaires ne sont pas forcément limpides et qu'il arrive que l'usage de l'association (« *Vereinsübung* »)[3614] soit invoqué pour retenir l'une ou l'autre interprétation – ce qui est légitime[3615]. L'association a toute liberté pour adopter une **réglementation statutaire prévoyant un quorum ou des majorités qualifiées**, le cas échéant variables selon les objets.   2807

Une exception résulte cependant de l'art. 74 CC, en vertu duquel « *[l]a transformation du but social ne peut être imposée à aucun sociétaire* ». Il en découle que **l'unanimité est exigée pour transformer le but social**. Il s'agit d'une « protection extrême » des minoritaires (« *Extremfall von Minderheitsschutz* »)[3616]. Elle ne s'applique pas aux moyens d'atteindre le but, lesquels peuvent – sauf règle statutaire contraire – être modifiés selon les règles ordinaires. Par ailleurs, même si l'art. 74 CC est en soi impératif, il est soutenu en doctrine que les statuts originaires eux-mêmes (ou une décision unanime) peuvent valablement prévoir que le but peut être modifié à la majorité[3617]. Enfin, l'art. 74 CC doit être interprété restrictivement, en ceci qu'une modification secondaire du but (qui ne peut être assimilée à une « transformation » à proprement parler) devrait pouvoir être adoptée à la majorité (l'usage lexical allemand   2808

[3611] *Supra* N 1713-1715.

[3612] En ce sens l'expression employée par SCHERRER/BRÄGGER, BaK ad art. 67 CC (2022), N 8, cités *supra* n. 3605, et Hans Michael RIEMER, BK ad art. 67 CC (2023), N 48 : « *Weitgehend unumstritten dürfte immerhin sein, dass allfällige überhaupt (oder in der betreffenden Frage) nicht stimmberechtigte Mitglieder [...] nicht in Betracht fallen* ».

[3613] Cf. p. ex. Hans Michael RIEMER, BK ad art. 67 CC (2023), N 48 et 53-68, spéc. 65.

[3614] Cf. p. ex. Hans Michael RIEMER, BK ad art. 67 CC (2023), N 65.

[3615] Il s'agit du critère général de la pratique antérieure, fréquent pour l'interprétation des contrats bilatéraux (cf. p. ex. Nicolas ROUILLER [2007], p. 505-512) ou du « sens usuel pour les parties » (*op. cit.*, p. 518-520). Dans le cadre de l'interprétation des statuts d'une association, il est légitime de l'opposer même aux nouveaux membres, car ceux-ci rejoignent librement une communauté préexistante, dont les usages sont une composante, bien qu'elle ne soit pas « codifiée ».

[3616] Hans Michael RIEMER, BK ad art. 74 CC (2023), N 1.

[3617] Ainsi SCHERRER/BRÄGGER, BaK ad art. 74 CC (2022), N 9 ; Hans Michael RIEMER, BK ad art. 74 CC (2023), N 1.

distingue la « *Zweckumwandlung* », véritable transformation essentielle, d'une simple « *Zweckänderung* »[3618]).

2. Possibilité statutaire de décider hors de l'ordre du jour

2809   L'art. 67 al. 3 CC interdit à l'assemblée de prendre une décision sur un objet qui n'est pas à l'ordre du jour, ce qui correspond à la règle applicable à toutes les sociétés, mais il permet à l'association d'adopter une règle divergente dans les **statuts**. En permettant cette dérogation statutaire, susceptible de donner lieu à des décisions hors de l'ordre du jour (et hors des assemblées universelles[3619]), l'art. 67 al. 3 CC diverge du régime légal impératif qui vaut pour les sociétés de capitaux et la coopérative[3620].

3. Exclusion du droit de vote du sociétaire placé dans certains conflits d'intérêts

2810   L'art. 68 CC comprend une règle intéressante en ceci qu'elle **interdit au <u>sociétaire</u> placé dans certains types de conflits d'intérêts de voter** sur les objets qui le concernent : « *Tout sociétaire est de par la loi privé de son droit de vote dans les décisions relatives à une affaire ou un procès de l'association, lorsque lui-même, son conjoint ou ses parents ou alliés en ligne directe sont parties en cause* ». Dans les sociétés de capitaux ou la coopérative, les règles sur les conflits d'intérêts concernent les gérants[3621] et autres représentants[3622] ; de son côté, le sociétaire peut voter malgré un conflit d'intérêts, à l'exception de l'interdiction de voter la décharge des organes lorsque l'on a été impliqué dans la gestion[3623].

2811   La portée de l'art. 68 CC se limite d'une part aux **décisions relatives à des « procès » ou à des « affaires »**, terme par lequel il faut comprendre en première ligne la conclusion ou l'exécution de contrats. La doctrine retient qu'un vote sur l'admission d'un membre, sur la révocation d'un organe, sur la mise

---

[3618]   Ainsi ZivGer BS, BJM 1992 38 ss (43). V. aussi SCHERRER/BRÄGGER, BaK ad art. 74 CC (2022), N 4 ; Hans Michael RIEMER, BK ad art. 74 CC (2023), N 10-14 et 16.

[3619]   Cf. *supra* N 1722-1729.

[3620]   Cf. *supra* N 1690-1695.

[3621]   Cf. *supra* N 981-1001.

[3622]   Cf. *supra* N 575-600.

[3623]   Cf. *supra* N 1127 ad n. 1728 et N 1730-1732.

en œuvre de prétentions contre celui-ci et la décharge sont aussi des « affaires »[3624]. L'élection d'un organe ne devrait pas l'être, puisque l'on peut voter pour soi-même ; à plus forte raison doit-on pouvoir voter lorsqu'un membre de sa famille est candidat[3625].

D'autre part, le champ d'application de l'art. 68 CC **se limite aux personnes spécifiquement nommées**. À cet égard, il faut relever que le texte français diverge des textes allemand et italien, qui ne comprennent pas la notion d'« alliés ». Ces deux textes sont déterminants ici, la rédaction française paraissant avoir été adoptée par inadvertance[3626]. Ainsi, les procès ou les « affaires » avec des parents hors du cercle visé ou des amis même très proches ne sont pas visés par la disposition et le droit de vote est préservé (sauf disposition statutaire contraire). Il en va de même si ce ne sont pas les personnes énoncées, mais des personnes morales où ils sont propriétaires ou organes qui sont les parties adverses ou les cocontractants. 2812

L'**abus de droit** est cependant réservé, si l'usage de la dualité juridique[3627] ne poursuit pas d'autre but essentiel que le contournement de l'interdiction. Si la partie adverse ou le cocontractant agit à titre fiduciaire pour une personne énoncée à l'art. 68 CC, l'interdiction de vote s'applique. 2813

4. *Délai pour contester les décisions de l'assemblée en justice*

Le délai pour contester les décisions de l'assemblée générale est d'un mois (art. 75 CC), et non de deux mois comme dans les sociétés de capitaux et la coopérative[3628]. Pour le reste, les règles ne se distinguent pas de la contestation des décisions de l'assemblée des sociétaires dans les autres sociétés personnes morales. 2814

[3624] Ainsi SCHERRER/BRÄGGER, BaK ad art. 68 CC (2022), N 9 ; Hans Michael RIEMER, BK ad art. 68 CC (2023), N 13-18.

[3625] L'ATF 39 II 479 (483) retient que « *l'élection [n'est pas] une 'affaire' ('Rechtsgeschäft') au sens de l'art. 68 CCS, mais. bien [un] acte d'administration interne auquel peuvent participer même les sociétaires dont l'élection est en jeu* ». Un arrêt relativement récent l'a confirmé : ATF 134 III 481 c. 3.5 (486 : « *[bei] Wahlen in den Vereinsvorstand [handelt] es sich [..] nicht um Rechtsgeschäfte i. S. von Art. 68 ZGB, sondern um interne Verwaltungsakte* »).

[3626] Cf. BO 1905 E 947 ; BO 1907 N 236 et 242. Même remarque, Hans Michael RIEMER, BK ad art. 68 CC (2023), N 8.

[3627] Hans Michael RIEMER, BK ad art. 68 CC (2023), N 9, évoque le *Durchgriff* (cf. *supra* N 723-749).

[3628] Cf. *supra* N 1736-1737, spéc. N. 2415.

E.   La direction

2815   L'organe dirigeant de l'association («la direction») ne se distingue guère de l'organe dirigeant des sociétés de capitaux et de la coopérative. Même si la direction «*a le droit et le devoir de gérer les affaires de l'association et de la représenter*» (art. 69 al. 1 CC), il n'y a **pas de liste d'attributions intransmissibles et inaliénables** (comme l'art. 716a CO pour la SA[3629] et l'art. 810 CO pour la Sàrl[3630]). En soi, l'assemblée générale peut être saisie des questions qui relèvent de la gestion. Il n'y a pas de «principe de parité strict»[3631] entre l'organe dirigeant et l'assemblée des sociétaires.

[3629] Cf. *supra* N 2317-2342.
[3630] Cf. *supra* N 2618-2626. Pour la coopérative en revanche, cf. *supra* N 2749-2752.
[3631] Cf. *supra* N 2300.

§ 32   La fondation

I.   Nature ; convergences des règles juridiques avec celles applicables aux autres personnes morales

La fondation est une personne morale mais n'est aucunement une société : elle   2816
n'a **pas de sociétaires**. Elle sort donc du champ du présent ouvrage. Il se justifie pourtant d'en esquisser un très bref portrait parce que, malgré tout, elle joue
parfois un rôle très proche de celui qui peut revenir à certaines sociétés. Cette
forme juridique est concrètement envisagée par des créateurs d'entités comme
solution alternative à la création d'une société, en fonction de besoins spécifiques[3632].

Par ailleurs, ce bref portrait est intellectuellement opportun, car il présente l'in-   2817
térêt de faire émerger cette réalité juridique : l'immense majorité des **règles
applicables aux sociétés** s'appliquent aussi aux fondations. Ces règles couvrent notamment le registre du commerce[3633], le droit comptable[3634], la représentation[3635], les devoirs de loyauté et de diligence des gérants[3636], la protection
contre le surendettement et la surveillance de la solvabilité[3637], l'obligation de
révision[3638], le concept de dissolution et la liquidation[3639].

Ce ne sont que les **règles spécifiques essentielles** qui sont traitées dans ce   2818
chapitre.

II.   Le but de la fondation et les compétences du fondateur

Le fondateur détermine le **but** de la fondation. Il lui alloue les **moyens initiaux**   2819
qui lui permettent de poursuivre la réalisation de ce but. La fondation peut être
créée au décès du fondateur en vertu d'une disposition d'un testament ou d'un

---

[3632] Cf. *supra* N 50.
[3633] Cf. *supra* N 63-244 (y compris le droit des raisons sociales).
[3634] Cf. *supra* N 245-514. Cf. art. 83a CC.
[3635] Cf. *supra* N 515-635.
[3636] Cf. *supra* N 968-1228.
[3637] Cf. *supra* N 823-865. Cf. art. 84a CC.
[3638] Cf. *supra* N 866-967. Cf. art. 83b al. 3 et 4 CC.
[3639] Cf. *supra* N 1261-1353.

pacte successoral, mais aussi – et c'est d'ailleurs le cas nettement le plus fréquent de nos jours – par un acte notarié « entre vifs » (art. 81 al. 1 CC), la fondation coexistant en parallèle à son fondateur, resté bien vivant.

2820 Une fois la fondation créée, le fondateur ne peut plus la maîtriser d'une façon analogue à l'actionnaire unique ou majoritaire d'une société anonyme. En particulier, il ne peut décider de la dissoudre[3640]. L'organe dirigeant est le **conseil de fondation** ; dans une fondation, cet organe est aussi l'**organe suprême**, sous réserve des interventions éventuelles de l'autorité de surveillance.

2821 S'il a bien sûr nommé les premiers membres du conseil de fondation, ce n'est pas le fondateur qui a en principe la **compétence d'élire de nouveaux membres**. Cette compétence revient au conseil lui-même (par cooptation).

2822 Les statuts peuvent toutefois **réserver au fondateur différents pouvoirs quant à la nomination**. Le plus étendu est celui de nommer directement les membres (droit que la jurisprudence a reconnu[3641]), voire de les révoquer[3642]. Les statuts peuvent aussi conférer ce pouvoir à des tiers (p. ex. les descendants du fondateur). Cela peut poser des questions sur le plan de l'indépendance de la fondation[3643]. Vu les devoirs – de loyauté et de diligence – des membres du conseil d'agir au bénéfice de la fondation, le fondateur ne peut pas leur donner d'instructions.

2823 Il est aussi licite, si une disposition à cet effet figure dans les statuts, que seules des personnes que le fondateur **propose** puissent être élues au conseil par celui-ci[3644]. Si cette compétence aboutit à un blocage durable et à un empêchement de renouveler le conseil de fondation – et donc d'atteindre le but de la fondation –, le conseil peut requérir une modification des statuts pour supprimer ce droit du fondateur (cf. art. 85 CC : « *L'autorité fédérale ou cantonale compé-*

[3640] Cf. Loïc PFISTER (2024), N 732.

[3641] ATF 144 III 264 c. 2.2 (268), qui se réfère à un arrêt TF 20. 3. 1995, 5A.19/1994, c. 2b/bb : « *Lehre und Praxis anerkennen zudem sog. Einwirkungsrechte des Stifters gegenüber der Stiftung, wie es hier mit Bezug auf die Bezeichnung des Stiftungsrats in [...] der Stiftungsurkunde besteht* ». Voir aussi Loïc PFISTER (2024), N 230.

[3642] Loïc PFISTER (2024), N 389, écrit que « *le pouvoir de révoquer appartient à celui qui a nommé le membre* ». Il précise que le conseil de fondation doit toujours avoir le pouvoir de révoquer pour de justes motifs le membre qui a été nommé par le fondateur ou par un tiers (cf. ad n. 3643).

[3643] Cf. Loïc PFISTER (2024), N 230.

[3644] Ainsi les statuts de la fondation zougoise dont l'IDE est CHE-290.597.458, dans leur version initiale du 21. 3. 2017 (« *Vorschlagsrecht betreffend die Wahl neuer Mitglieder des Stiftungsrates* » ; « *right to nominate new members of the Foundation Council* »). Ce droit du fondateur a été supprimé ultérieurement (cf. version du 26. 2. 2019).

tente peut, sur la proposition de l'autorité de surveillance et après avoir en-
tendu l'organe suprême de la fondation, modifier l'organisation de celle-ci,
lorsque cette mesure est absolument nécessaire pour conserver les biens ou
pour maintenir le but de la fondation »[3645]*).*

Le but est en principe immuable, mais le fondateur peut se réserver un droit 2824
– soumis à des limites sévères – de l'**adapter** : ce droit ne peut être exercé
qu'après 10 ans (art. 86a al. 1, 1re phr., CC : « *L'autorité fédérale ou cantonale*
compétente modifie, sur requête du fondateur ou en raison d'une disposition
pour cause de mort prise par celui-ci, le but ou l'organisation de la fondation
lorsque l'acte de fondation réserve cette possibilité et que 10 ans au moins se
sont écoulés depuis la constitution de la fondation ou depuis la dernière modi-
fication du but ou de l'organisation requise par le fondateur »)[3646]. Par ailleurs,
si le but initial est d'utilité publique, le nouveau but doit s'inscrire dans une
telle sphère d'activités (art. 86a al. 2 CC).

Une modification du but **antérieure à l'écoulement d'un délai de 10 ans** est 2825
possible, mais uniquement en cas de bouleversements, à savoir « *lorsque le ca-*
ractère ou la portée du but primitif a varié au point que la fondation ne répond
manifestement plus aux intentions du fondateur » (art. 86 al. 1 CC) ; c'est une
autorité, et non le fondateur, qui décide d'une telle modification du but. Le
critère ne consiste pas dans les intentions actuelles du fondateur, postérieures à
la création, mais bien dans celles qui existaient au moment où la fondation a
été créée. Il faut que la situation factuelle ou l'environnement ait changé à un
point tel que la fondation ne peut plus raisonnablement réaliser l'essence de ce
que souhaitait le fondateur au moment de créer sa fondation. La règle légale est
susceptible de s'appliquer notamment lorsque le fondateur a créé la fondation
par une disposition testamentaire ou un pacte successoral adopté plusieurs années, voire décennies, avant le décès.

La loi permet à l'autorité de modifier aussi, dans les mêmes circonstances, « *les* 2826
charges et conditions qui compromettent le but du fondateur » (art. 86 al. 2
CC).

Enfin, des modifications accessoires aux statuts de la fondation sont possibles 2827
(art. 86b CC : « *L'autorité de surveillance peut, après avoir entendu l'organe*

[3645] Le Message du Conseil fédéral consacre quelques lignes à l'autorité compétente, mais pas
aux conditions d'application de cette disposition (cf. FF 2003 7440).

[3646] Le délai de 10 ans est bien une condition cumulative (cf. FF 2003 7441 : « *Lorsque la*
requête en modification du but intervient avant l'écoulement du délai de 10 ans, l'autorité
compétente doit attendre avant de rendre sa décision, sans que ce soit un motif de refus
de la requête » ; sur la justification, *ibid.* : « *Ce délai de 10 ans doit garantir une certaine*
pérennité de la fondation et éviter que les activités de la fondation ne soient bloquées en
raison de changements fréquents de but »).

suprême de la fondation, apporter des modifications accessoires à l'acte de fondation lorsque celles-ci sont justifiées par des motifs objectifs et qu'elles ne lèsent pas les droits de tiers »).

2828 Cela étant, il reste que le fondateur a une grande liberté pour structurer la fondation selon ses conceptions. Notamment, il peut prévoir différents organes (cf. art. 83 CC : « *L'acte de fondation indique les organes de celle-ci et son mode d'administration* »). L'organe suprême doit cependant rester le conseil de fondation.

III.   L'organe dirigeant : le conseil de fondation

2829 Comme énoncé, l'une des grandes particularités concrètes de la fondation consiste en ceci que **son organe dirigeant est aussi son organe suprême**, en raison de l'absence de sociétaires qui élisent ses membres et du rôle limité qui revient au fondateur une fois la fondation créée.

2830 Mais, hormis l'absence d'une assemblée générale où l'organe dirigeant doit rendre compte de son activité, être questionné et être réélu, le fonctionnement du conseil de fondation « au quotidien » est quasi identique à celui de l'organe dirigeant d'une société de capitaux ou d'une coopérative – ou d'une association. La gestion de l'entité, y compris la délégation à des directeurs (désignation, instruction, surveillance), et les interactions avec les tiers (soit la représentation de la fondation) sont en principe identiques. *L'orientation* de **l'activité** est différente puisque le but ultime n'est pas de distribuer un bénéfice à des sociétaires comme dans les sociétés commerciales, mais uniquement de réaliser le but fixé par les statuts. Un tel but et donc l'orientation de l'activité peuvent cependant être très proches de ceux d'une association.

2831 L'**interaction avec l'organe de révision** est, elle aussi, en principe identique à ce qui s'applique dans les sociétés de capitaux et les coopératives (et les associations soumises à la révision).

2832 La **reddition de compte** et, le cas échéant, la nécessité de répondre à des demandes de renseignement existent à la charge du conseil de fondation envers l'autorité de surveillance. La relation avec cette autorité est évidemment différente de ce qui prévaut entre l'organe dirigeant d'une société et les sociétaires, mais la substance de l'information à livrer n'est pas radicalement autre : le conseil doit expliquer les résultats de son activité, soit les résultats financiers et les actes essentiels de gestion à portée interne (délégation, situation du personnel). Ce qui change fondamentalement, c'est de s'adresser à une autorité et non à des sociétaires personnellement intéressés aux résultats de l'entité.

IV.   L'autorité de surveillance

On a déjà mentionné les compétences de l'autorité de surveillance quant aux   2833
éventuelles **modifications du but ou de l'organisation**.

De façon générale, « *[l]'autorité de surveillance pourvoit à ce que les biens*   2834
des fondations soient employés conformément à leur destination » (art. 84 al. 2
CC). Concrètement, elle reçoit annuellement un rapport du conseil de fondation
(ou du président, approuvé par le conseil) et peut **vérifier** par ce moyen à tout
le moins si le conseil de fondation est conscient de sa mission d'utiliser les
biens conformément au but de la fondation ; elle peut vérifier sur cette base que
les affirmations du conseil sont cohérentes avec la conscience de sa tâche. À
cela s'ajoute que le rapport de l'organe de révision indique si des utilisations
non conformes des biens de la fondation ont été détectées. Si ces deux rapports
ne révèlent pas d'écart par rapport à la définition de la tâche du conseil et à ce
qui doit être sa réalisation, il est rare que l'autorité de surveillance interpelle le
conseil.

Elle le fait en revanche si elle reçoit une **plainte**. À cet égard, dès le 1. 1. 2024,   2835
la loi énonce le droit de plainte explicitement : « *Les bénéficiaires ou les créan-*
ciers de la fondation, le fondateur, les contributeurs ultérieurs de même que
les anciens et les actuels membres du conseil de fondation qui ont un intérêt à
contrôler que l'administration de la fondation est conforme à la loi et à l'acte
de fondation peuvent déposer une plainte auprès de l'autorité de surveillance
contre les actes ou les omissions des organes de la fondation » (art. 84 al. 2
CC). Le droit de participer à la procédure demeure cependant réservé aux parties (art. 30 ss PA) ; or, la qualité de partie suppose d'être touché dans ses droits
et obligations (art. 6 PA[3647]). Dans la plupart des situations de l'art. 84 al. 2 CC,
le plaignant n'est pas touché de cette façon[3648]. Il n'a donc que la qualité de
dénonciateur (ce qui lui permet en principe seulement d'être informé du résultat
de la procédure) ; il peut aussi être invité à témoigner.

L'autorité de surveillance est **fédérale, cantonale** ou, théoriquement, **commu-**   2836
nale selon le champ des activités de la fondation (cf. art. 84 al. 1 CC). Au niveau fédéral, c'est le Département fédéral de l'intérieur (DFI) qui a en son sein
l'Autorité fédérale de surveillance des fondations. Les cantons désignent pour
la plupart une autorité de surveillance qui est compétente également lorsque

---

[3647] « *Ont qualité de parties les personnes dont les droits ou les obligations pourraient être*
touchés par la décision à prendre, ainsi que les autres personnes, organisations ou auto-
rités qui disposent d'un moyen de droit contre cette décision ».

[3648] Cela peut expliquer que le Conseil fédéral ne se soit pas attendu à ce que cette procédure
soit largement usitée (Message, FF 2021 485, p. 8 [ch. 4.1] : « *Les plaintes qu'elles traitent*
ne devraient pas sensiblement augmenter »).

l'activité de la fondation relèverait en soi de la sphère communale. On peut observer qu'au cours de la décennie 2010-2020, les cantons ont tous (sauf Genève) créé (ou adhéré à) des autorités intercantonales de surveillance regroupant entre deux et sept cantons.

V. Fondations de prévoyance professionnelle

2837 De très importantes fondations sont consacrées à la prévoyance professionnelle. Elles recueillent et administrent notamment les fonds importants accumulés au moyen des cotisations (primes) obligatoires et facultatives (« sur-obligatoires ») que les travailleurs versent dans le cadre du système de retraite par capitalisation institué par le droit suisse (LPP). Le moment venu, soit lorsqu'un travailleur atteint l'âge de la retraite ou que sa situation correspond à un cas d'assurance (soit avant tout en cas d'invalidité), elles servent des rentes (à moins que le travailleur retraité ne souhaite récupérer le capital accumulé). Vu les enjeux, la surveillance de ces fondations est extrêmement rigoureuse. Leur régime fait l'objet, d'une part, de l'art. 89a CC, très détaillé, et, d'autre part, des art. 48 ss, spéc. 53 h-53k et 61-71b LPP ainsi que d'ordonnances d'application (notamment l'OPP-1, déterminant la surveillance, et l'OPP-2, déterminant largement l'organisation des fondations de prévoyance).

§ 33 Les sociétés de droit public

Les sociétés de droit public sont bel et bien des sociétés suisses. Il ne faut pas les confondre avec des sociétés de droit privé qui appartiennent à des collectivités publiques ou auxquelles ces dernières confient des tâches de droit public. 2838

Les sociétés de droit public sont créées par un acte administratif, en principe par une loi fédérale ou cantonale spécialement adoptée à cet effet. La loi spéciale décrit le régime de la société de droit public. La liberté du législateur de droit public est quasi illimitée[3649]. Cela étant, très souvent, la loi renvoie largement aux dispositions du Code des obligations applicables à un type de société (d'ordinaire, au droit de la SA) pour toutes les questions qui ne sont pas réglées spécifiquement dans la loi spéciale[3650]. La matière ressortit toutefois en première ligne au droit public et chaque société de droit public doit être étudiée d'abord pour elle-même. Lorsque le renvoi au droit privé fédéral est fait par une loi cantonale, l'application du droit des sociétés relève du droit cantonal supplétif[3651]. 2839

Malgré l'importance des sociétés de droit public, on doit se borner à cet aperçu extrêmement succinct : comme chacune d'elles a son propre système normatif, un traitement plus ample dépasserait sensiblement le cadre du présent ouvrage consacré aux règles applicables à la généralité des sociétés. 2840

[3649] Elle est totale pour le législateur fédéral. Pour le législateur cantonal, s'il décide de créer une société anonyme, il a toute liberté si le canton est subsidiairement responsable des dettes de la société anonyme, même si des particuliers détiennent des actions (art. 763 al. 1 CO). Sans responsabilité subsidiaire, le législateur cantonal ne peut créer une société anonyme dont le régime s'écarterait des art. 620-762 CO. Le législateur cantonal peut de toute façon créer des *établissements* de droit public s'il souhaite s'écarter du régime des art. 620-762 CO. Sur l'inscription au registre du commerce, cf. *supra* N 74.

[3650] Pour les SA de droit fédéral, c'est p. ex. le cas des Chemins de fer fédéraux CFF (art. 10-14 de la Loi sur les Chemins de fer fédéraux), de La Poste Suisse SA (art. 4 de la Loi fédérale sur l'organisation de La Poste Suisse) et de Swisscom SA (art. 2 al. 1 de la Loi fédérale sur l'organisation de l'entreprise fédérale de télécommunications). Pour des SA de droit cantonal, cf. art. 6 de la Loi sur la Banque cantonale du Valais (LBCVs) et art. 6 de la Loi sur la Banque cantonale de Genève (LBCGe). En revanche, les lois équivalentes vaudoise et fribourgeoise ne comprennent que des renvois limités au CO (en rapport avec l'obligation de révision).

[3651] Cf. p. ex. Etienne POLTIER, CR ad art. 763 CO (2017), N 9 ad n. 19. Les art. 6 LBCVs et 6 LBCGe emploient explicitement la notion (« *à titre supplétif* »).

§ 34   Les entités de droit étranger en Suisse

I.   La reconnaissance et le droit applicable

2841   Les sociétés et autres entités de droit étranger sont reconnues comme telles en Suisse, même lorsqu'elles ne correspondent pas à une forme connue du droit suisse, comme en particulier les « établissements » (*Anstalt*) de droit liechtensteinois qui sont des personnes morales ne correspondant ni à une société ni à une fondation. Cela procède du principe selon lequel c'est le droit étranger en vertu duquel une entité est organisée (art. 154 LIDP) qui est applicable pour régir le « statut social », soit notamment « *la nature juridique de la société* » (art. 155 lit. a LDIP), sa jouissance et son exercice des droits civils (lit. c), son nom ou sa raison sociale (lit. d), son organisation (lit. e) et « *les rapports internes, en particulier les rapports entre la société et ses membres* » (lit. f).

2842   La représentation de l'entité est, elle aussi, régie en principe par le droit étranger (art. 155 lit. i LDIP). Si les pouvoirs font l'objet de restrictions inconnues du droit dans lequel est établi le cocontractant[3652], elles ne sont opposables à celui-ci que s'il connaissait ou devait de bonne foi[3653] connaître ces restrictions (art. 158 LDIP).

2843   La responsabilité des personnes agissant pour la société étrangère au titre de violations des règles du droit étranger des sociétés est en principe régie par ce droit (art. 155 lit. g LDIP), mais l'art. 159 LDIP énonce que « *[l]orsque les activités d'une société créée en vertu du droit étranger sont exercées en Suisse ou à partir de la Suisse, la responsabilité des personnes qui agissent au nom de cette société est régie par le droit suisse* ». Il pourrait en résulter une dichotomie[3654] dont les conséquences ne seraient pas simples. La doctrine et la juris-

---

[3652]   En droit suisse, les restrictions les plus diverses sont concevables – c'est la bonne foi qui crée des restrictions, notamment pour les limitations internes, comme celles résultant des instructions (cf. *supra* N 533 ss, spéc. 560-568) –, de sorte qu'il est difficile de concevoir *a priori* des restrictions véritablement « inconnues » du droit suisse. À l'inverse, dans l'arrêt TF 2. 6. 2021, 4A_60/2021, c. 3.2, le cocontractant avait invoqué – sans succès – le caractère inconnu, en droit français, du régime de signature collective à deux du droit suisse (cf. *supra* N 637-639).

[3653]   Pour les restrictions des pouvoirs de disposer en rapport avec les avoirs du parti communiste est-allemand votées dans la phase de la réunification de 1990, cf. TF 17. 1. 2019, 4A_302/2018, c. 2 (qui retient que le cocontractant, en l'occurrence une banque suisse, devait de bonne foi connaître ces restrictions).

[3654]   Ainsi DUTOIT/BONOMI, ad art. 159 LDIP (2022), N 5 : « *curieuse dichotomie* ».

prudence ont restreint la portée de cette disposition aux cas où la société étrangère donne l'impression d'être une société de droit suisse[3655], ce qui est exceptionnel[3656].

II.   L'activité des sociétés étrangères en Suisse

Une société étrangère peut être active en Suisse sans restrictions de principe ni nécessité d'un enregistrement administratif. Cela vaut non seulement pour des opérations ponctuelles (comme la conclusion d'un contrat commercial), mais aussi pour des activités durables, comme l'acquisition d'actions ou parts d'une société suisse ou la conclusion d'un contrat de bail.

2844

Si une société étrangère exerce une activité commerciale stable et substantielle à partir de la Suisse, il peut devenir nécessaire d'inscrire une succursale au registre du commerce. La succursale est alors régie par le droit suisse. Il convient ici de renvoyer à ce qui a été exposé dans le chapitre consacré aux succursales[3657]. Une société étrangère peut inscrire une succursale au registre suisse du commerce sans que l'activité ait atteint une ampleur telle que cette inscription soit obligatoire (on peut parler ici d'inscription facultative). À l'inverse, si l'activité est d'une telle ampleur qu'une inscription serait nécessaire, mais que la société étrangère s'en abstient, on devrait retenir l'existence d'une « succursale de fait »[3658] ; les conséquences en matière de for (judiciaire et de poursuite), de représentation et de responsabilité des organes sont alors les mêmes que si la société étrangère avait inscrit une succursale.

2845

[3655] TF 3. 11. 2011, 4A_271/2011, c. 7.2.1 : «*Prise à la lettre, cette disposition signifierait qu'en matière de responsabilité, la théorie de l'incorporation consacrée à l'art. 154 al. 1 LDIP serait battue en brèche par celle du siège effectif. En réalité, il s'agit d'une règle exceptionnelle prévue pour les cas d'abus. À l'origine, la commission d'experts voulait réserver cette disposition aux cas où la société étrangère donnait l'impression d'être soumise au droit suisse. Pour que l'art. 159 LDIP s'applique, il faut donc que le tiers concerné puisse croire de bonne foi que la société a son siège en Suisse et que le droit suisse est applicable*».

[3656] Dutoit/Bonomi, ad art. 159 LDIP (2022), N 2 («*Tel ne sera pas le cas si la société se réfère dans l'en-tête de son papier à lettre à son incorporation étrangère*»). On peut se référer aux situations dans lesquelles diverses sociétés (d'un même groupe), dont l'une est suisse, ont des raisons sociales semblables et entretiennent une certaine confusion quant à l'entité qui intervient dans la relation avec un partenaire d'affaires.

[3657] Cf. *supra* N 647-648 (principe de l'inscription), 652-662 (conséquences pratiques) et 664-668 (raison sociale).

[3658] Cf. Dutoit/Bonomi, ad art. 159 LDIP (2022), N 11.

III.   L'immigration d'une société étrangère

2846   L'article 161 al. 1 LDIP permet à une société étrangère dont le droit applicable permet « l'émigration »[3659] de se soumettre au droit suisse sans devoir procéder à une liquidation ou à une nouvelle fondation ; il faut qu'elle puisse **s'adapter à une forme du droit suisse**[3660]. Concrètement, cette dernière condition est aisément remplie pour les sociétés anonymes ou les sociétés à responsabilité limitée étrangères. L'al. 2 prévoit que, même si le droit étranger ne permet pas l'émigration de la société, le Conseil fédéral peut accorder une dérogation (« *notamment si des intérêts suisses importants sont en jeu* »). Pour être inscrite au registre du commerce, la société doit produire le rapport d'un expert-réviseur agréé « *prouvant que son capital est couvert conformément au droit suisse* » (art. 162 al. 3 LDIP). L'objectif est qu'une société suisse issue de l'immigration remplisse les mêmes conditions de solvabilité que celles que le législateur a prescrites pour les sociétés d'origine suisse.

2847   L'art. 126 al. 2 ORC énonce un certain nombre de pièces justificatives à fournir, dont « *la preuve que le transfert de siège transfrontalier est admis au regard du droit étranger* » (à ce défaut, une autorisation du DFJP ; lit. b) et « *la preuve que l'entité juridique peut s'adapter à une forme juridique du droit suisse* » (lit. c). Sur un plan pratique : un **avis de droit** doit être produit.

2848   En ce qui concerne la question portant sur la capacité de la société étrangère de s'adapter à une forme du droit suisse, il convient de suivre une **approche fonctionnelle** – plutôt que terminologique –, ce que les comparatistes font depuis plus d'un siècle[3661]. Comme il s'agit d'analyser ce qu'il en est pour une société étrangère concrète, l'enjeu n'est *pas seulement* de comparer fonctionnellement de façon abstraite le type de société étrangère et le type de société suisse concernés, *mais aussi* la société étrangère telle qu'elle existe au moment de décider

---

[3659]   DUTOIT/BONOMI, ad art. 161 LDIP (2022), N 2, lit. a, observent qu'il est « *admis que cette 'permission' peut résulter implicitement du droit étranger* ».

[3660]   La teneur exacte de l'art. 161 al. 1 LDIP est : « *Si le droit étranger qui la régit le permet, une société étrangère peut, sans procéder à une liquidation ni à une nouvelle fondation, se soumettre au droit suisse. Elle doit satisfaire aux conditions fixées par le droit étranger et pouvoir s'adapter à l'une des formes d'organisation du droit suisse* ».

[3661]   On se référera p. ex. aux ouvrages de DAVID et al., Les grands systèmes de droit contemporains (12ᵉ éd., Paris 2016), et ZWEIGERT/KÖTZ, Einführung in die Rechtsvergleichung auf dem Gebiete des Privatrechts (3ᵉ éd., 1996). Dans une contribution récente parue en trois langues, Stefan GRUNDMANN, in Bilingual Study and Research : The Need and the Challenges (Berlin/Heidelberg 2021), p. 202, emploie à juste titre à leur propos le concept de « *méthode fonctionnaliste* ». Pour une mise en application, cf. p. ex. Nicolas ROUILLER, Droit suisse des obligations et Principes du droit européen des contrats (2007) et International Business Law (2015).

de son déplacement en Suisse (soit la dernière décision qu'elle prend en tant que société étrangère) et la société qu'elle devient au moment d'adopter les statuts suisses (soit la première décision en tant que société suisse). Dans cet examen, il s'agit de discerner ce que l'on peut nommer *la compatibilité fonctionnelle* concrète ou *l'équivalence fonctionnelle essentielle*. Ce cadre théorique posé, il faut avoir à l'esprit que dans la plupart des cas, la compatibilité d'une société étrangère avec une société suisse est évidente ; l'avis de droit à fournir pour prouver la capacité de la société étrangère à s'adapter à une forme d'organisation du droit suisse sera donc relativement simple dans la plupart des cas.

La simple équivalence terminologique des sociétés n'est assurément pas suffisante. Malgré les dénominations souvent semblables, les formes de sociétés de deux ordres juridiques peuvent différer de façon fondamentale ; mais les caractéristiques *concrètement présentes* de la société étrangère peuvent ne différer que sur des points secondaires ou, en tous les cas, elles peuvent être écartées ou modifiées dans la nouvelle société, suisse, sans que la **nature et les traits fondamentaux** de la société d'origine disparaissent. 2849

Il convient ainsi, parmi les organisations sociales permises par le *numerus clausus* des types de sociétés du droit suisse, au-delà d'inévitables et nombreuses différences de détail, d'**examiner les *caractéristiques essentielles* de la structure suisse concrète envisagée et de la société tel qu'elle existait dans l'État d'origine**[3662]. La société originellement étrangère devant être en mesure de « *s'adapter* » à l'une des formes du droit suisse, on peut dire qu'il s'agit d'un *examen de compatibilité des caractéristiques essentielles*[3663]. On peut envisager les conditions du droit suisse sous un angle formel et un angle matériel, mais dans l'ensemble, pour la société anonyme, on perçoit que l'existence d'un capital-actions minimum (art. 621 CO) et de statuts (art. 626 ss CO) est déterminant, ainsi que la responsabilité des sociétaires pour les dettes (c'est-à-dire l'absence de responsabilité essentielle autre que libérer le capital-actions souscrit, art. 620 et 680 CO), leur position au sein de la société notamment par rapport au conseil d'administration et le pouvoir de représentation à l'égard des tiers[3664]. Une société à responsabilité limitée s'imposera si des obligations statutaires complémentaires des sociétaires sont prévues – qui sont conservées lors 2850

[3662] Cf. p. ex. Florence GUILLAUME, CR ad art. 161 LDIP (2011), N 8 ; VON DER CRONE/GERSBACH/KESSLER/VON DER CRONE/INGBER (2017), N 1081.

[3663] Dans cet esprit, cf. Jolanta KREN-KOSTKIEWICZ, BaK ad art. 161 LDIP (2019), N 3 : « *Die bisherige Gesellschaftsform muss mit einem schweizerischen Gesellschaftstypus kompatibel sein [...]* ».

[3664] Cf. Florence GUILLAUME, CR ad art. 161 LDIP (2011), N 8.

de l'immigration –, telle l'obligation d'effectuer des « versements supplémentaires », de ne pas faire concurrence, ou s'il existe des droits de préemption statutaires.

2851 Pour bien appréhender l'enjeu de cet examen, il faut avoir à l'esprit que **la société immigrante adopte des statuts de droit suisse** ; l'enjeu n'est donc pas de déterminer si les statuts originaires de la société étrangère seraient valables tels quels en droit suisse (ce ne sera en principe *jamais* le cas), mais si la société étrangère abandonnerait des traits absolument essentiels en devenant la société suisse envisagée. Très concrètement, vu la grande souplesse qui caractérise la société anonyme suisse, laquelle peut remplir les rôles les plus divers, presque toutes les sociétés dans lesquelles la responsabilité (des propriétaires) est limitée peuvent « s'adapter » à cette forme du droit suisse au sens de l'art. 161 LDIP. Ainsi, il peut arriver qu'une Sàrl étrangère (« LLC », « Ltd ») puisse s'adapter pour devenir une société anonyme suisse. À plus forte raison cela vaut-il pour les sociétés anonymes simplifiées (p. ex. la « SAS » du droit français) et formes similaires. Ce ne sont donc pas que les « pures » sociétés anonymes étrangères qui peuvent devenir des sociétés anonymes suisses[3665]. Mais l'inverse peut aussi être vrai : une société anonyme étrangère, dans le régime de laquelle différentes obligations complémentaires sont prévues dans les statuts, peut devenir une société à responsabilité limitée. Même si elle a dans ses statuts des clauses incompatibles avec la société suisse à responsabilité limitée (p. ex. des dispositions sur une augmentation de capital autorisée ou une marge de fluctuation), l'immigration comme la société à responsabilité limitée est concevable si elle renonce à ces clauses en adoptant des statuts suisses.

2852 Il arrive que le registre du commerce demande un avis de l'Institut suisse de droit comparé. Malgré la haute qualité, reconnue mondialement, des travaux de cet Institut, il est évident que tout avis de droit élaboré par des juristes qualifiés, qui suit l'approche fonctionnelle décrite ci-dessus, remplit la condition de l'art. 126 al. 2 lit. b ORC. On ajoutera que dans des cas simples, l'avis de droit peut même être fort bref[3666].

2853 Les principales solutions alternatives à « l'immigration » pure et simple sont la fusion par absorption (une société suisse déjà constituée absorbant la société étrangère) ou le transfert de patrimoine.

[3665] DUTOIT/BONOMI, ad art. 161 LDIP (2022), N 2 lit. c, relèvent que ce sont des formes comme les *trusts* ou les *Anstalt* liechtensteinois qui ne peuvent s'adapter à une forme d'organisation du droit suisse.

[3666] Cf. Alexander VOGEL, HRegV Kommentar ad art. 126 (2023), N 29 : « *Vielmehr ist auch hier nach der Komplexität des Einzelfalls zu differenzieren und für den Regelfall einer unkomplizierten Äquivalenz eine kurze Erläuterung der ausländischen Rechtsform nach hier vertretener Auffassung als hinreichend zu erachten* ».

Chapitre 4 : Les restructurations

§ 35 Aperçu des types de restructuration

I. Vue d'ensemble

Le présent ouvrage n'est pas consacré aux « restructurations », entendues comme la transformation de la structure juridique des sociétés[3667]. Celles-ci ne concernent qu'un tout petit nombre de sociétés, dans la plupart des cas une unique fois au cours de leur existence. Par ailleurs, le domaine des restructurations est « un monde en soi ». Nous avons proposé dans un autre cadre une présentation plutôt synthétique[3668]. Dans ce chapitre, c'est un résumé très concentré qui est offert aux lecteurs. | 2854

Les préoccupations du législateur concernent avant tout, matériellement, la **protection équitable de la valeur des droits de participation des sociétaires**, puisque leur objet est modifié juridiquement (en cas de fusion ou de scission) ou économiquement (en cas de transfert de patrimoine), et la **protection des créanciers** lorsque certaines des sociétés concernées par la restructuration ont un substrat moindre qu'avant celle-ci (ainsi les sociétés issues d'une scission et la société qui transfère un patrimoine). Formellement, le législateur a veillé à ce que le **processus de restructuration** soit suffisamment protecteur des intérêts touchés. | 2855

[3667] Le terme restructuration est aussi employé dans un sens économique, sous l'angle de la gestion d'entreprise, sans qu'il n'implique un changement de la structure juridique de la société : il peut s'agir d'une importante réduction du personnel ou d'un abandon d'un ou plusieurs pans d'activité. Plusieurs types de restructurations juridiques impliquent presque forcément une restructuration économique, en particulier les fusions d'entreprises (*infra* N 2856-2861) jusque-là indépendantes (les « synergies » recherchées consistent fréquemment dans la quête de la capacité de réaliser une activité additionnant celles de deux entreprises avec moins de postes [suppression de « doublons »]). Certaines restructurations juridiques, comme la transformation (*infra* N 2867-2870), ne sont pas nécessairement liées à une restructuration juridique. Le *transfert de patrimoine* (*infra* N 2871-2874), qui n'est pas une restructuration juridique *de la société* (mais bien de la titularité – juridique – d'actifs et passifs), est souvent lié à une restructuration économique.

[3668] ROUILLER/BAUEN/BERNET/LASSERRE ROUILLER (2022), N 784-855m (p. 851-896).

II. Types de restructurations

A. Fusions

2856 Une fusion peut être effectuée par la fondation d'une nouvelle société : les deux sociétés qui fusionnent disparaissent, absorbées dans la nouvelle société. Les associés des sociétés fusionnantes reçoivent des titres de participation de la nouvelle société. Cette opération est nommée « **fusion par combinaison** » (art. 3 al. 1 lit. b LFus).

2857 Une fusion peut aussi résulter de ce qu'une société est absorbée par une société qui continue d'exister après la fusion. La société absorbée disparaît. Les associés de la société absorbée reçoivent des titres de participation de la société absorbante, laquelle doit augmenter son capital à cette fin (cf. art. 9 al. 1). On se réfère à cette opération sous le terme de « **fusion par absorption** » (art. 3 al. 1 lit. a LFus).

2858 Dans tous ces cas, l'aspect crucial est le nombre de titres de la société absorbante que recevront les associés de chaque entité absorbée en échange des titres qu'ils avaient dans cette dernière (« **rapport d'échange** »). Le principe matériel est posé à l'art. 7 al. 1 LFus : « *Les associés de la société transférante ont droit à des parts sociales ou à des droits de sociétariat de la société reprenante qui correspondent à leurs parts sociales ou droits de sociétariat antérieurs, compte tenu du patrimoine des sociétés qui fusionnent, de la répartition des droits de vote ainsi que de toutes les autres circonstances pertinentes* ». Un ajustement pécuniaire est possible (« soulte », art. 7 al. 2 LFus). Un dédommagement est aussi possible *à la place* de titres de participation dans la société absorbante (art. 8 LFus). Un autre aspect important est que l'entreprise que détenaient les associés d'une société absorbée perd son autonomie : au-delà de la valeur au moment de la fusion, les bases et les perspectives de l'activité future sont profondément modifiées.

2859 Le contrat de fusion est conclu par les **organes dirigeants des sociétés concernées** (art. 12 s. LFus). Ils doivent aussi, dans un rapport (art. 14 LFus), « *expliquer et justifier du point de vue juridique et économique : a. le but et les conséquences de la fusion ; [...] c. le rapport d'échange des parts sociales et, le cas échéant, le montant de la soulte, ou le sociétariat des associés de la société transférante au sein de la société reprenante ; d. le cas échéant, le montant du dédommagement et les raisons pour lesquelles seul un dédommagement est attribué au lieu de parts sociales ou de droits de sociétariat ; e. les particularités lors de l'évaluation des parts sociales eu égard à la détermination du rapport d'échange* ». Ce rapport est soumis à la vérification d'un **expert-réviseur** (art. 15 LFus).

Le processus de fusion suppose d'informer les **sociétaires** de façon détaillée, notamment par le rapport de fusion (art. 16 LFus). Leur approbation[3669] est nécessaire (art. 18 LFus). 2860

Les intérêts des créanciers et les travailleurs ne sont pas désavantagés par une fusion[3670], sauf si la société absorbée avait des **sociétaires personnellement responsables** alors que, de par le type dont elle relève, l'entité absorbante n'en a pas. Le principe est que ces sociétaires continuent de répondre des dettes nées avant la fusion (art. 26 al. 1 et 27 al. 3 LFus), mais pendant un temps limité (trois ans après la fusion ou l'exigibilité, art. 26 al. 2 LFus). 2861

B.   Scissions

La scission de société peut consister à ce que deux « sociétés reprenantes » reçoivent chacune une partie du patrimoine de la société originelle, laquelle disparaît suite à la scission. Les associés de la société originelle reçoivent des titres de participation dans les sociétés reprenantes. Il s'agit de la « **division** ». Le modèle classique est que les sociétés reprenantes sont issues de la société originelle et sont donc de nouvelles sociétés (art. 34 et 36 al. 2 LFus) ; il est toutefois possible que ces sociétés soient des sociétés existantes (art. 33 et 36 al. 1 LFus)[3671]. 2862

La scission peut aussi consister en ceci qu'une « société reprenante » reçoive une partie du patrimoine d'une société qui continue d'exister après cette scission. On parle ici de « **séparation** ». Les associés de la société originelle reçoivent des titres de participation de la société reprenante. D'ordinaire, le capital de la société existante doit être réduit (art. 32 LFus) pour refléter la diminution de son patrimoine résultant de la séparation (transfert d'une partie de celui-ci). 2863

Sur le plan des titres de participations dans la ou les société(s) reprenante(s) que reçoivent les associés de la société originelle, la scission peut être dite « **symétrique** » lorsque les titres reçus répliquent exactement la participation dans la société originelle (cf. art. 31 al. 1 lit. a LFus). Cette situation est de loin la plus simple, car la justesse du « rapport d'échange » n'est pas en question. Si 2864

[3669] Sur le type de majorité, v. *supra* n. 3039.

[3670] Il est ainsi possible pour les créanciers de demander des garanties. L'art. 25 al. 3 LFus prévoit cependant que « *[l]'obligation de fournir des sûretés s'éteint si la société prouve que la fusion ne compromet pas l'exécution de la créance* », ce qui est presque toujours aisé à démontrer.

[3671] Conceptuellement, cette seconde variante se distingue moins nettement du transfert de patrimoine ; la différence demeure que les associés de la société originelle reçoivent des titres de participation dans les sociétés reprenantes (cf. art. 69 al. 1, 2e phr., LFus).

les titres de participation des sociétés reprenantes reçus par les associés de la société originelle ne sont pas proportionnels à ceux qu'ils avaient dans celle-ci, la scission est dite « **asymétrique** » (lit. b). Le rapport d'échange doit alors être justifié et vérifié. Une soulte peut être prévue.

2865 L'un des aspects les plus délicats dans les scissions consiste dans la **protection des créanciers**, y compris des travailleurs : un patrimoine global étant réparti entre deux sociétés nouvelles (division) ou entre une société nouvelle et une société qui poursuit son existence avec un patrimoine amoindri (séparation), chacun des patrimoines des sociétés qui existent après la scission est moindre que le patrimoine global initial de la société originelle. Les dettes étant attribuées à l'une ou l'autre des sociétés[3672], celui qui était créancier de la société originelle ne bénéficie, après la scission, que d'un substrat de responsabilité moindre qu'avant la scission. Ainsi, outre la possibilité de réclamer une garantie (art. 46 al. 1 LFus)[3673], l'art. 47 LFus prévoit une **responsabilité subsidiaire** des sociétés participant à la fusion auxquelles la dette n'a pas été attribuée[3674].

2866 Les **organes** de la société originelle établissent (unilatéralement) un *projet* de scission si les sociétés qui en sont issues sont à constituer (art. 36 al. 2 et 37 LFus). Si les sociétés reprenantes existent déjà, ils doivent, avec les organes de celles-ci, conclure un *contrat* de scission (art. 36 al. 1 et 37 LFus). Un rapport de scission doit ensuite être établi (art. 39 LFus). Les **associés** doivent être informés (art. 41 s. LFus). La décision finale de scission est de leur ressort[3675] (art. 43 s. LFus).

C.   Transformations

2867 Les transformations concernent uniquement le **changement de la forme juridique** d'une société.

[3672] L'art. 38 LFus permet une copropriété des actifs qui ne peuvent être répartis et une responsabilité solidaire des dettes qui ne peuvent être attribuées. Le but d'une scission étant précisément de séparer des entreprises, ces situations sont, selon nos observations, exceptionnelles.

[3673] Selon l'al. 2, « *[l]'obligation de fournir des sûretés s'éteint si la société prouve que la scission ne compromet pas l'exécution de la créance* ». Cette preuve n'est, par la nature d'une scission, pas aussi évidente qu'en cas de fusion (cf. *supra* n. 3670).

[3674] Al. 1 : « *Les autres sociétés participant à la scission (sociétés responsables à titre subsidiaire) sont solidairement responsables envers les créanciers qui n'ont pas été désintéressés par la société à laquelle les dettes ont été attribuées en vertu du contrat de scission ou du projet de scission (société responsable à titre principal)* ». L'al. 2 énonce les situations dans lesquelles cette responsabilité subsidiaire peut être mise en œuvre.

[3675] Sur le type de majorité, v. *supra* n. 3039.

La proportion de titres de participation que chaque associé a dans la société 2868
sous sa forme originelle n'est pas modifiée par la transformation (art. 56 al. 1
LFus : « *Les parts sociales et les droits de sociétariat des associés sont main-
tenus lors de la transformation* »). Il n'y a donc en principe pas de question
relative à un rapport d'échange. Toutefois, certains droits existants selon la
forme originelle de société peuvent ne pas avoir de correspondance exacte dans
la nouvelle forme[3676]. Des droits représentant une équivalence économique ou
un dédommagement doivent alors être accordés (al. 2-5).

L'**organe dirigeant** de la société doit établir un projet et un rapport de trans- 2869
formation (art. 60 s. LFus), qui doivent être vérifiés par un expert-réviseur
(art. 62 LFus), dont la tâche consiste en particulier à examiner « *si le statut juridique des associés est maintenu après la transformation* » (al. 4). Les **associés** doivent être informés (art. 63 LFus). La décision d'approuver, ou non, la
transformation est en fin de compte de leur ressort[3677] (art. 64 s. LFus).

Une question d'importance est le maintien de la **responsabilité personnelle** 2870
d'associés lorsque la nouvelle forme n'en connaît pas (ainsi dans la SA) ou que
de manière limitée (ainsi dans la Sàrl). La règle appliquée en matière de fusions
vaut ici aussi, à savoir que l'associé personnellement responsable qui cesse de
l'être en principe selon la nouvelle forme de société continue de répondre des
dettes existant avant la transformation pendant trois ans dès celle-ci ou dès leur
exigibilité (art. 68 *cum* 26 LFus).

D.   « Transferts de patrimoine »

L'institution juridique du « transfert de patrimoine » au sens des art. 69-77 2871
LFus sert à faciliter la **transmission d'un ensemble d'actifs et passifs**, qui
peut constituer une entreprise, d'une société à une autre (soit : de la société
transférante à la reprenante), sans modifier les titres de participation relatifs
aux sociétés parties à ce transfert[3678]. D'ailleurs, au lieu d'allouer des titres de

---

[3676] P. ex., les bons de participations de la SA ne sont pas admissibles ni dans la Sàrl ni dans
la coopérative (cf. *supra* n. 2775). Les droits de vote privilégiés, assez fréquents dans la
SA et la Sàrl (cf. *supra* N 1962-1964), sont exclus dans la coopérative (art. 885 CO, à plus
forte raison ; cf., sur l'égalité de chaque coopérateur à l'assemblée, indépendamment du
nombre de parts sociales, *supra* N 2667-2669). Mais dans la pratique telle qu'elle peut
s'observer depuis l'entrée en vigueur de la LFus, la plupart des transformations se font
vers les SA, et non l'inverse.

[3677] Sur le type de majorité, v. *supra* n. 3039.

[3678] L'art. 69 al. 1, 2ᵉ phr., LFus, précise qu'il faut appliquer les règles sur la scission « *si les
associés de la société transférante reçoivent des parts sociales ou des droits de sociétariat
de la société reprenante* » (cf. *supra* N 2862, spéc. n. 3671).

participation aux sociétaires de la société transférante, la société reprenante doit d'ordinaire verser une contreprestation (usuellement pécuniaire[3679]) en échange du patrimoine qui lui est transféré (cf. art. 71 al. 1 lit. d LFus).

2872 Étant donné que **la structure de la société demeure inchangée** – les titres de participation n'étant en rien modifiés –, la décision de transférer un patrimoine relève de la **compétence des organes de gestion**. Ainsi, la loi sur la fusion n'impose pas que les sociétaires votent[3680], mais seulement qu'ils soient informés, pour autant que les actifs transférés représentent au moins 5 % du total du bilan de la société transférante (cf. art. 74 LFus).

2873 Le transfert ôtant à la société transférante une partie de son patrimoine, la loi prévoit une **protection des créanciers** : en substance, la société transférante demeure solidairement responsable trois ans après le transfert ou l'exigibilité si elle est postérieure au transfert (art. 75 al. 2 LFus).

2874 Le rôle facilitateur que revêt l'institution juridique du transfert de patrimoine résulte de l'**unicité du contrat** par lequel tous les actifs et les dettes concernés sont transférés. La forme authentique est nécessaire dans la mesure où un immeuble est concerné, mais, par exception, tous les immeubles peuvent faire l'objet du même contrat indépendamment du canton de situation (art. 70 al. 2 LFus[3681]).

E. Émigration

2875 Le transfert d'une société suisse à l'étranger est aussi une décision de **portée évidemment structurelle** : les droits des sociétaires sont modifiés de par leur soumission à un ordre juridique différent ; les autorités compétentes pour la mise en œuvre de ces droits changent également. Le transfert de siège est de toute façon une « décision importante » qui doit recueillir une majorité quali-

---

[3679] Un engagement de continuer p. ex. de fournir des livraisons ou, à l'inverse, de passer des commandes peut être la contrepartie. Par ailleurs, un patrimoine qui représente une exploitation déficitaire peut être transféré sans que la société reprenante ne verse une quelconque contreprestation.

[3680] Les *statuts* d'une Sàrl (*supra* N 2617-2626), d'une coopérative (*supra* N 2747-2752) ou d'une association (*supra* N 2815) peuvent imposer que le transfert de patrimoine (s'il représente un certain seuil, p. ex. celui de l'art. 74 al. 3 LFus) soit soumis à l'approbation des sociétaires. Vu le principe de parité strict, cela n'est pas possible dans la SA (cf. *supra* N 2300).

[3681] « *Le contrat de transfert revêt la forme écrite. Lorsque des immeubles sont transférés, les parties correspondantes du contrat revêtent la forme authentique. Un acte authentique unique suffit, même lorsque les immeubles qui font l'objet du transfert de patrimoine sont situés dans différents cantons* ».

fiée des **associés** (art. 704 al. 1 ch. 13 CO pour la SA et art. 808b al. 1 ch. 10 CO pour la Sàrl). Lorsque le siège est déplacé à l'étranger, l'art. 163 al. 2 LDIP impose à la société de publier un avis aux **créanciers** ; renvoyant à l'art. 46 LFus, il permet à ceux-ci d'exiger (en faisant une telle demande dans les deux mois) que leurs créances soient garanties ; la société peut toutefois prouver que le transfert de siège ne compromet nullement l'exécution de la créance (art. 46 al. 2 LFus par analogie[3682]).

Il est utile d'avoir à l'esprit que le déplacement du siège à l'étranger a de nombreuses **conséquences fiscales**, en particulier parce que les réserves latentes sont dissoutes sur le plan fiscal et donc, en principe, imposées à ce moment[3683]. Les obstacles résident donc davantage dans la charge d'impôt immédiatement exigible que dans l'approche de **droit privé**. L'art. 163 al. 1 LDIP pose qu'**en principe toute société suisse peut quitter le pays**[3684] (« *Une société suisse peut, sans procéder à une liquidation ni à une nouvelle fondation, se soumettre au droit étranger si elle satisfait aux conditions fixées par le droit suisse et si elle continue d'exister en vertu du droit étranger* ») ; la preuve doit être apportée que la décision de transférer le siège a été valablement prise, que la société continue d'exister à l'étranger[3685] et que les conditions de l'art. 46 LFus sur le plan de la garantie des dettes[3686] ont été respectées.

2876

[3682] L'art. 125 al. 1 ORC requiert en particulier, outre « une preuve que l'entité juridique continue d'exister à l'étranger » (lit. a), un « *rapport d'un expert-réviseur agréé attestant que les créanciers ont obtenu des garanties ou ont été désintéressés conformément à l'art. 46 LFus ou qu'ils consentent à la radiation* » (lit. b). L'ORC ne mentionne donc pas explicitement la possibilité de prouver que l'exécution des créances n'est pas compromise, pourtant prévue par l'art. 46 al. 2 LFus (cf. *supra* n. 3673). Il est possible que le Conseil fédéral, en adoptant l'ORC, ait considéré que le déplacement du siège à l'étranger rendait la preuve trop difficile à apporter pour qu'il soit opportun d'en mentionner la possibilité. La hiérarchie des normes induit toutefois que cette preuve doit pouvoir être apportée et ne peut être exclue par voie d'ordonnance, quelque exigeante que puisse être, le cas échéant, l'appréciation du registre du commerce.

[3683] En général, cf. ROUILLER/BAUEN/BERNET/LASSERRE ROUILLER (2022), N 1066, spéc. n. 2859 et p. ex. art. 61b LIFD : « *(1) [...] Lorsque l'assujettissement prend fin, les réserves latentes qui n'ont pas été imposées et qui existent alors, y compris la plus-value créée par le contribuable lui-même, sont imposées. (2) Sont considérés comme fin de l'assujettissement [...] le transfert à l'étranger du siège [...]* ». Sur le plan de l'impôt anticipé, le transfert du siège à l'étranger entraîne l'échéance immédiate de l'impôt (art. 16 al. 3 LIA).

[3684] Cette condition est l'équivalent de ce qu'exige le droit suisse en cas d'immigration de société étrangère, cf. *supra* N 2847.

[3685] Il n'est pas nécessaire de prouver le changement de l'administration effective, la Suisse suivant la théorie de l'incorporation (cf. DUTOIT/BONOMI, ad art. 163 LDIP [2022], N 2a).

[3686] *Supra* n. 3682.

Chapitre 5 :   Quelques perspectives

§ 36   Les multiples responsabilités sociales des entreprises

I.   Nouvelles fonctions assignées au droit des sociétés

2877   Le droit des sociétés a été longtemps été perçu comme technique et apolitique[3687] : il était « une façon comme une autre » de déterminer les rapports entre sociétaires et organes, entre sociétaires les uns avec les autres et entre la société et ses partenaires contractuels. L'essentiel était que des solutions soient arrêtées ou des cadres d'organisation mis à disposition. Les entrepreneurs et les autres protagonistes (investisseurs, organes, cocontractants) y recouraient pour conduire leurs affaires, comme à de simples instruments.

2878   Vu, d'une part, l'importance que revêt le travail – exercé majoritairement dans des entreprises – dans l'existence quotidienne des êtres humains, et, d'autre part, l'impact des entreprises sur la société au sens large, des attentes de plus en plus vastes sur le plan du comportement des entreprises, en son sein et vers l'extérieur, se sont progressivement cristallisées dans des normes juridiques. Ces normes ne se conçoivent pas comme techniques, mais comme portant des valeurs éthiques ou morales, y compris sur le plan de la défense de la nature[3688]. La « quête de sens » qui anime beaucoup de citoyens semble de plus en plus se manifester ou être canalisée dans des normes juridiques relevant du droit des sociétés[3689]. Le domaine est à l'heure actuelle dans une période de foisonnement intense.

[3687]   Cf. p. ex. Peter KUNZ, PJA 2015 415 n. 45 (« *das Aktienrecht [wurde] – zumindest bis anhin – primär als Organisationsrecht verstanden* »). Dans son aperçu éloquent de l'ensemble du droit des sociétés, Peter KUNZ (2012) préconise de préserver les « *Neuralität und Ideologiefreiheit* » ayant caractérisé le droit des sociétés (p. 219-221 ; v. aussi p. 8 s. ad n. 34), tout en soulignant que « *das Wirtschaftsrecht ohne ethische Basis erschein[t] m. E. geradezu undenkbar* » (p. 222).

[3688]   Pour de nombreux développements, on peut se référer p. ex. à la thèse de doctorat de Christophe GEORGE (2023) et à l'étude de droit comparé de Giulia NERI-CASTRACANE, *Sustainable purpose-driven enterprises – Swiss legal framework in a comparative law perspective* (2023).

[3689]   Cf. p. ex. Nicolas ROUILLER, Économie solidaire (2021), p. 8, 44-52 et 97.

II.   Quelques exemples de réglementations

Dans la législation de l'Union européenne, une importante directive a été adop-   2879
tée en 2022 concernant « *la publication d'informations en matière de durabilité
par les entreprises* »[3690]. Elle ajoute une série de normes à celles qui figuraient
dans une directive de 2014 créant « *l'obligation pour les entreprises de publier
des informations relatives au moins aux questions environnementales, aux
questions sociales et de personnel, de respect des droits de l'homme et de lutte
contre la corruption* »[3691]. Ces textes s'inscrivent dans une démarche ambi-
tieuse, la Commission européenne ayant exprimé le souhait d'assurer l'émergence d'un système économique durable, juste et inclusif[3692] ; la doctrine observe qu'il s'agit de « *mettre en marche 'l'effet normatif' des expectatives
sociétales* »[3693]. Le législateur suisse a adopté plusieurs dispositions, notamment les art. 964a-964c CO, entrés en vigueur en 2022, qui obligent les grandes
entreprises à publier un « *rapport sur les questions non financières* », lequel
doit rendre « *compte des questions environnementales, notamment des objectifs
en matière de CO2, des questions sociales, des questions de personnel, du respect des droits de l'homme et de la lutte contre la corruption* » (art. 964b al. 1
CO)[3694].

Fondamentalement, il s'agit d'informer le public – c'est-à-dire non seulement   2880
les actionnaires – en lui présentant (cf. al. 2) : (i) une description du modèle
commercial de l'entreprise ; (ii) une description des concepts appliqués en ce
qui concerne les questions mentionnées à l'al. 1, y compris les procédures de
diligence mises en œuvre ; (iii) une description des mesures prises en application de ces concepts ainsi qu'une évaluation de l'efficacité de ces mesures ;
(iv) une description des principaux risques liés aux questions mentionnées à

[3690]   Directive (UE) 2022/2464 du Parlement européen et du Conseil du 14. 12. 2022, souvent
désignée, même dans la doctrine qui s'exprime en français, par son appellation anglaise
de *Corporate Sustainability Reporting Directive*, abrégée CSRD.

[3691]   Cf. en particulier le ch. 6 de la Directive 2014/95/UE du Parlement européen et du Conseil
du 22. 10. 2014 concernant « *la publication d'informations non financières et d'informations relatives à la diversité par certaines grandes entreprises et certains groupes* ».

[3692]   Cf. Communication de la Commission européenne, Plan d'action : financer la croissance
durable, 8. 3. 2018, COM/2018/097 final, p. 1 : « *la préparation d'un avenir qui garan-
tisse la stabilité, une planète saine, des sociétés justes, inclusives et résilientes ainsi que
des économies prospères* ».

[3693]   Pour des auteurs ayant publié dans des revues suisses – les articles étant très abondants
sur l'ensemble du continent –, on peut se référer à Neri-Castracane/Brander, RSDA
2023 587-602, spéc. 588 ad n. 6, et Peter/Rocher, RSDA 2023 453 ss.

[3694]   Sur ce rapport, cf. *supra* N 339-344. À cela s'ajoutent des devoirs de diligence particuliers
– et non seulement l'émission d'un rapport – dans les opérations relatives à des minerais
et des métaux, cf. *supra* N 1036.

l'al. 1 et la manière dont l'entreprise gère ces risques (la notion de risques incluant « *ceux qui découlent de l'activité propre de l'entreprise* », et, « *lorsque cela s'avère pertinent et proportionné, ceux qui découlent de ses relations d'affaires, de ses produits ou de ses services* ») ainsi que (v) les « indicateurs clés de performance »[3695] dans les domaines mentionnés à l'al. 1, qui sont déterminants pour l'activité de l'entreprise.

2881   La société peut fournir une explication « *claire et motivée* » si elle « *n'applique pas de concept en ce qui concerne une ou plusieurs des questions mentionnées à l'al. 1* » (al. 5)[3696].

2882   En soi, les préoccupations ne sont pas nouvelles et les obligations de comportement matériel des sociétés ne sont pas forcément modifiées par ces nouvelles normes : par exemple, le respect des droits de l'homme par les entreprises privées a depuis longtemps pu être exigé grâce à la reconnaissance des droits de la personnalité des employés et d'autres parties prenantes ; quant au respect des normes environnementales ou de lutte contre la corruption, il suffirait le plus souvent, pour bien faire, d'observer les lois existantes. Toutefois, la vive attention que provoquent les nouvelles obligations des sociétés *de publier* leurs concepts sur ces matières et les moyens qu'elles mettent en œuvre est sans doute justifiée : élaborer un concept induit la possibilité d'une mise en œuvre systématique et méthodique plutôt que simplement spontanée ou réactive ; publier les efforts et les résultats accomplis suppose de les mesurer, et donc de détecter les insuffisances. En d'autres termes, les obligations de publication présupposent de l'attention aux problématiques énoncées et un travail, des plus sérieux, de gestion de leur traitement. Elles sont donc bel et bien susceptibles d'apporter des améliorations concrètes dans les importants domaines concernés. On ne peut que s'en réjouir, tout en gardant à l'esprit qu'il sera opportun d'évaluer de façon critique la fiabilité des instruments qu'il y aura lieu d'employer pour mesurer l'impact concret de ces réglementations.

[3695] C'est la traduction de l'expression anglaise *key perfomance indicator*, souvent abrégée KPI.

[3696] C'est une situation où l'on applique l'alternative *comply or explain* (appliquer ou expliquer), cf. ROUILLER/BAUEN/BERNET/LASSERRE ROUILLER (2022), N 718 spéc. ad n. 2296 s.

Index